북한 교회사

한국기독교역사연구소
북한교회사집필위원회 지음

한국기독교 역사연구소

이 책은 김복윤 선생님의 연구비와
출판비 지원으로 간행된 것입니다.

간 행 사

　조국이 분단된 지 어언 50년이 지났다. 일제강점기의 칠흑같은 어두움을 말들 해 왔지만, 이제는 그보다 더 긴 시간을 서로를 탓하면서 허비하고 있다. 분단과 시련의 날들이 우리 민족사에 반드시 부정적으로 평가되지는 않겠지만, 통일을 늦추는 것은 어떠한 이유로도 정당화될 수 없다. 오히려 민족사의 준엄한 심판을 면치 못할 것이다. 지나간 50여년의 세월은 우리 민족이 봉건적인 사회와 제국주의의 침략으로부터 벗어나 새로운 민족사를 건설해야 할 '황금같은' 시간이었고 해방된 조국으로서 세계사에 대하여도 일정한 책임을 감당했어야 할 시점이었다. 그러나 그 동안 우리는 분단의 책임을 서로에게 전가하면서 분단을 기정사실화하였고, 표면적으로는 통일을 논하면서 실제로는 분단에서 오는 반사이익을 오히려 즐기고 있었다. 이 점은 특히 지도자라는 자들이 그랬고, 그런 지도자들을 온존시킨 우리들 모두에게도 책임은 없지 않다. 이런 조바심과 책임감은 조국통일을 달성하는 것이야말로 우리 시대의 민족적 과제이며, '분단'이라는 민족사적인 죄악에 동참하고 있는 부채감에서 스스로를 조속히 해방하도록 촉구하고 있다.

　조국의 분단은 기독교회의 분단을 의미했다. 한국 기독교는 초기부터 반봉건·반외세의 민족의식이 강렬하였고, 개화·독립운동과 함께 형성·성장하였으므로 '민족교회'적인 성격이 강했다. 그러나 해방은 그 교회를 갈라 놓았고, 남북의 정치적·이념적 갈등이 심화되면서 교회는 그 갈등구조에 편승하게 되었다. 남한교회가 반공이데올로기에 적극 편승하여 북진통일론을 옹호하는 동안 북한교회는 정권으로부터 핍박을 받아 점차 소멸하게 되었다. 특히 북한교회는 6·25 민족상잔을 겪으면서 그루터기조차 찾기 어려운 상황에까지 이르게 되었다. 이것은 북한이 헌법에 종교의 자유를 보장하고 있는 것과는 대조적인 현상이다.

　1980년대에 들어서서 북한에서도 기독교의 존재를 드러내려는 징후들이 나타났다. 그것이 북한정권의 정책 변화 여부에 관계없이 우리에게는 반가운 소식임이 틀림없었다. 봉수교회와 장충성당의 설립이 알려지던 80년대에는 남한교회에서도 상응하는 변화가 일고 있었다. 즉, 과거 이데올로기에 편승하여 분단고착화에 직·

간접으로 영향을 미치던 남한교회가 〈민족의 통일과 평화에 대한 한국기독교회선언〉을 발표하는 것을 전후하여 통일운동에 적극적으로 나서고 있었다. 북한교회의 기지개와 남한교회의 변화는 민족통일이라는 과제 앞에서 남북교회가 서로 만나도록 하였다. 이러한 만남이 조국의 평화적 통일을 가져오는 자그마한 실마리라도 되었으면 하고 기대한다. 그렇게 되는 날, 한국교회는 과거 민족교회로서의 전통을 새롭게 회복하는 동시에 민족사에 부끄럽지 않은 존재로 남게 될 것이다.

남북교회의 계속적인 만남은 남북관계에도 일정하게 영향을 미쳤다. 이 만남이 비정치적인 분야의 것이긴 해도, 남북의 접촉가능성을 확대시켰기 때문이다. 그 뒤 소련이 해체되고 동구권 체제가 붕괴되는 세계사적인 지각변동이 일어났다. 그 파장이 한반도에도 밀려와 남북고위급 회담을 가능하게 하였다. 남북기본조약이 체결되고 한반도의 비핵화가 토의되었다. 바야흐로 통일의 바탕이 마련되는 듯했다. 이 시기에 한국교회도 크게 고무되어 북한에 무너진 제단을 수축하자는 움직임이 여러 교회와 교단에서 일어났다.

《북한교회사》가 기획된 것은 1992년 5월경이다. 당시 우리 연구소는 《한국기독교의 역사 Ⅰ, Ⅱ》를 출판한 바 있었고, 그 Ⅲ권의 계획에 여념이 없을 때였다. 그 때 할렐루야교회의 김복윤 집사님이 이순근 목사님을 통해 《북한교회사》를 집필·출간해 달라는 제의가 있었다. 그 전에 이목사님은 우리 연구소의 '한국기독교 역사강좌'에 참석한 바 있었는데, 김집사님이 자신의 특별 소득에서 '열의 하나'를 북한선교를 위해 드리고 싶다고 의논을 청했을 때, 북한선교를 위해서는 먼저 북한교회의 역사를 연구하여 알리는 작업이 급선무라고 설명하고 한국기독교역사연구소에 부탁하는 것이 좋겠다고 권고하였던 것이다. 김집사님은 오랫동안 전문직에 종사하시면서 하나님의 나라 확장을 위해 노력해 오셨고, 그 동안 전문적인 저서를 남기기도 하신 신실한 성도다. 그러니까 이 책은 연구비와 출판비 지원을 약속해 주신 김집사님의 헌신에 따라 기획된 것이다. 이 자리를 빌려 한국교회에 이 책을 선물하는 김집사님께 깊이 감사드린다.

《북한교회사》의 집필과 출판을 조속히 이룩하기 위하여 우리는 공동연구에 임하기로 하였다. 먼저 자료 수집과 집필 방향, 목차 등을 토론하였다. 준비기간을 거쳐 연구가 본격화된 것은 그 이듬해 3월부터였다. 우리는 한달에 한번씩 모여 그 동안 각자가 집필한 것을 검토하고 문제점을 토론하였다. 집필에서 유의한 점은 사실을 밝히는 데에 역점을 두자는 것이었다. 초고가 마련된 것은 1994년 7월경이었다. 그러나 공동연구이기 때문에 사관이나 서술의 일관성에 문제가 있고 체제면에서도 깔끔하지 못하다는 연구소 내부의 비판이 있어 약 1년간에 걸쳐 윤독하며 수정·보완하는 작업을 계속하였다. 그러나 이미 집필된 것을 근본적으로 수정하거나 다시 쓸 수는 없었기 때문에 수정·보완에 한계가 있을 수밖에 없었다. 짧은 시간에 최선을 다해 출판하는 이 책이 북한교회사 연구의 밑거름이 되어 앞으로 더욱 완벽하게 다듬어지기를 기대한다.

이 책의 집필·출판에 참여한 분들은 강인철·김승태·김윤성·박혜진·신광철·옥성득·이순자·이진구·한규무 제씨들이고 초고의 수정·보완에 참여한 분들은 김흥수·윤경로·이덕주 제씨들이며 필자도 간간이 도왔다. 이들의 노고에 깊이 감사한다. 이 책은 북한교회사 본문과 부록으로 되어 있다. 부록 가운데 북한교회 명단은 우리 연구소에서 제공하여 문화체육부에서 발행한 《북한지역 종교자료집》(1994)의 부록에 출처를 밝히지 않고 실렸다. 그 뒤 다른 기관에서도 전거를 밝히지 않은 채 이를 이용하고 있는 것 같다.

이 책이, 연구비와 출판비를 지원한 김집사님의 뜻처럼, 북한교회의 재건과 선교에 도움이 되기를 바라며, 이를 대하는 독자들도, 이 책이 궁극적으로 추구하는 민족의 평화적 통일과 참된 복음화를 이룩하기 위해, 기도와 나눔을 더욱 적극적으로 전개하기를 간절히 고대한다.

1996년 2월 24일
한국기독교역사연구소
소장 이 만 열

머리글

　1980년대 후반은 북한교회의 역사에서 커다란 전환점을 맞이한 시기였다고 볼 수 있다. 북한교회 대표들은 1946년 조선기독교도연맹이 창설된 이후 처음 공식적으로 스위스 글리온에서 남한교회 대표들과 만나 한반도의 평화통일 문제를 협의했으며, 6·25전쟁 이후 처음으로 평양에는 봉수교회와 장충성당이 설립되었다. 글리온에서의 남북교회 대표들의 만남이 일제 때부터 해방 이후 그 관계가 단절된 남북한 교회들의 재결합을 위한 움직임이라면, 평양의 교회 설립은 전쟁 이후 소멸의 길을 걷고 있던 북한교회가 다시 살아나고 있음을 보여주는 사건이었다. 북한교회의 회생 소식이 전해질 무렵 남한교회에서는 〈민족의 통일과 평화에 대한 한국기독교회 선언〉이 발표되었으며, 북한교회 재건에 대한 관심이 커지기 시작하였다. 북한과 남한의 기독교인들에게서 일어나고 있는 이러한 변화와 관계회복 노력을 인지한 우리는 그러한 움직임에 응답하기 위해 이 책의 저술에 착수하였다.

　교회사가들의 일차적 직무는 기독교 공동체들이 간직하고 있던 기억을 재생시키는 일이며, 이러한 노력은 특히 남북의 교회 관계가 수십년 동안 단절되어 왔던 한국교회 전체에 그리고 소멸의 위기를 겪음으로써 역사가 단절상태에 놓여 있던 북한교회에 필요한 일이 아닐 수 없다. 말하자면, 이 책에서 우리가 하는 작업은 프랑스 역사가 Henry Marrou의 표현을 빌려 말한다면 단절된 남과 북의 교회 사이에 그리고 북한교회의 과거와 현재 사이에 하이픈을 긋기 위해서 과거로 파송받은 선교사로서의 작업이라고 할 수 있겠다. 북한교회의 기억을 되살리려는 일은 최근 몇년 사이에 몇몇 북한 연구자들에 의해서 수행되어 왔지만, 우리는 이 책에서 그것들의 연구결과를 토대로 하고 또 새로운 사료를 발굴해서 북한교회의 역사를 좀더 체계적으로 그리고 깊이있게 살펴보려고 노력했다.

　이 책은 시기적으로는 북한지방에 개신교 복음이 전파·수용되기 시작한 19세기 중반 이전부터 1990년대 초반까지의 역사를 다루고 있으며, 지역적으로는 현재의 북한 전역과 해방 이전의 만주지방의 교회들을 대상으로 했다. 해방 이전의 북한교회사에 대한 서술은 전반부에서 평안도·함경도·황해도, 그리고 경기 북부와 강원도 북부, 만주지방으로 나누어 이 지역들에서의 교회 설립과 발전을 살펴보았고, 후반부에서는 주로 그 지역 전역에서의 기독교인들의 사회·민족운동의 전개과정과 그로 인한 시련을 다루었다. 전반부에서 북한지방 교회들의 형성과정과 지역에 따른 신앙형태의 특성에 주목했다면, 후반부에서는 북한교회와 사회 그리고 북한교회와 민족의 문제를 밝히는 데 관심을 기울였다.

해방 이후 교회의 역사에 대한 서술은 앞부분에서와 같은 지역별 서술형태를 취할 수 없었다. 남북 분단 이후의 북한교회는 1950년대 말경에는 그 활동과 조직이 거의 와해되었을 뿐만 아니라 지역에 따른 역사 서술을 할 수 있는 사료도 미미하기 때문이었다. 또 해방 이후 시기에 대한 서술 부분이 해방 이전 시기와 다른 점은 후자가 신앙공동체의 발전 과정과 함께 교회의 일제 지배에 대한 민족운동을 함께 다루었다면, 전자는 교회와 사회주의 정부 사이의 관계 속에서 일부 교회가 친사회주의적 입장을 취함에도 불구하고 1970년대 후반까지는 위축·소멸해가는 과정에 주로 초점을 맞추고 있는 점이다. 그것은 해방후 북한지역의 교회들이 전체주의적 정치세력으로부터 겪은 시련의 정도가 일제 치하에서 겪었던 시련보다 훨씬 더 컸다는 점을 시사해 주고 있다. 동시에 교회가 당한 시련과 관련된 서술 부분은 반공을 근간으로 하는 북한교회의 정치적 성격과도 연관시켜 서술하고 있으며, 특히 6·25전쟁후 교회의 소멸은 전쟁시 유엔군과 국군이 잠시 북한지역을 점령했을 때 북한의 기독교인들이 북한의 정치 지도력에 대해 보인 반감과 점령군에 대한 환대와도 연관시켜 그 원인이 설명되고 있다. 물론 이것은 북한교회의 수난과 소멸에 대한 공산정권의 책임을 약화시키려는 것이 아니라 북한의 기독교 지도자들 다수가 교회의 안보를 별로 고려하지 않고 행한 정치적 처신의 미숙한 점을 지적하는 것이다.

그밖에도, 해방 이후 북한교회의 역사에 대한 서술은 1980년대 후반 이전에 행해진 연구들보다 냉전의 관념에서 좀더 벗어났다고 할 수 있다. 이같은 서술 경향은 필자들의 입장 때문이 아니라 지난 수십년 동안 남한사회를 휩쓴 냉전의 세찬 바람이 북한사회와 북한교회의 진상을 정확히 파악하는 데 도움이 되지 않는다는 최근 남한사회의 분위기에 힘입은 것이며, 또 사회주의 사회 속의 북한종교는 자본주의 사회 속의 남한종교와는 다른 독특성을 지니고 있다는 것을 인정하는 것과도 관련되어 있다. 이런 관점 때문에 1980년대 이후 두드러지게 활동하기 시작한 조선기독교도연맹이나 재건된 교회들 속에서 사회주의형 기독교의 점진적 발전 모습을 보고 있으며, 또 그것들을 부정적 이미지와 경멸의 의미가 깔려있는 '어용종교집단'이나 '위장종교집단'으로 보기보다는 일종의 '국가교회' 형태로 파악하고 있다. 국가교회란 지난 2천여년의 교회사에서 시공을 넘어서 다수의 교회들이 처했던 형태로 국가가 교회를 지배하고 국가의 정치적 목적을 위해 교회를 지배하는 형태의 교회를 말한다. 여기서는 교회가 정치에 봉사하는 한 교회의 존재가 인정되나 오늘날 북한에서는 교회의 존재 자체가 몇몇 특수한 경우를 제외하고는 인정되지 않고 있다는 점에서 현재의 북한교회는 허약한 형태의 '국가교회'라고 해도 좋을 것이다.

이 책은 저술 과정에서 몇해 동안의 자료 수집과 토론 과정을 거쳤으나 집필자들이 역사학·종교학·사회학 등 전공이 각기 다르고, 여러 명인 관계로 서술 방법이나 사관에서 일관성을 나타내지 못한 부분이 있을 것이며, 그것은 이 책의 미흡한 점으로 보일 수밖에 없을 것이다. 해방 이후 교회사 부분은 사료의 부족으로 안타깝게도 원래의 집필 의도대로 서술할 수 없었다. 새로운 자료가 발견되면 이 부분의 서술과 관점은 수정될 수밖에 없을 것이다. 우리는 이 작업을 하면서 북한에 대한 정보를 제대로 듣지 못하고 자라온 남한의 사가들이 북한교회의 기억을 되살린다는 것이 얼마나 힘든 일인가를 실감해 왔다. 빠른 시간 안에 북한사회에 살면서 그곳 교회들의 경험을 공유한 역사가가 남북한 교회사의 잃어버린 시간을 다시 찾아주기를 기도할 뿐이다.

차 례

간행사 · 3
머리글 · 6

I. 지역적 · 역사적 배경과 복음의 수용

제1장 북한지방의 자연환경과 역사

1. 북한의 자연환경과 경제활동 / 20
   1. 위치와 지형적 특색 / 20
   2. 경제활동 / 22
2. 북한지방의 역사와 지역차별의 문제 / 24
   1. 일반 역사 / 24
   2. 지역감정과 지역차별의 역사 / 28
   3. 청(淸)과의 국경무역사 / 32
   4. 만주 · 간도 이민사와 간도귀속문제 / 33
   5. 19세기 말 북한의 종교 실태 / 35

제2장 북한지역의 개신교 복음 수용

1. 귀출라프의 탐방 / 40
2. 윌리암슨의 한국선교에 대한 관심 / 41
3. 토마스 목사의 조선선교 여행과 제너럴 셔먼호 사건 / 42
4. 만주지역에서의 한글성서 번역과 한국인 개종 / 47
5. 한국인 권서(勸書)들의 전도와 자생교회의 출현 / 49
6. 이수정의 미국 선교사 파송 요청 / 52

II. 북한의 각 지방별 교회의 설립과 발전

제1장 평안도 지방의 교회

1. 평안도의 지역적 특성과 종교 문화 / 57
   1. 지역적 특성 / 57

2. 종교 문화 / 59
  2. 선교활동과 교회의 설립 / 60
     1. 미국 북장로회 / 60
     2. 미국 북감리회 / 71
     3. 안식교 / 72
     4. 동양선교회 / 73
     5. 성공회 / 73
     6. 구세군 / 74
     7. 천주교 : 파리외방전교회의 사목활동 / 74
  3. 교회의 조직과 발전 / 75
     1. 장로교 / 75
     2. 감리교 / 82
     3. 안식교 / 85
     4. 성결교 / 86
     5. 천주교 : 메리놀 외방전교회와 평양교구의 활동 / 88
     6. 소종파운동 / 89

제2장 함경도 지방의 교회

  1. 함경도의 지역적 특성과 종교 문화 / 93
     1. 지역적 특성 / 93
     2. 종교 문화 / 94
  2. 여러 선교부들의 함경도 선교 / 95
     1. 미국 북장로회 / 95
     2. 미국 북감리회 / 96
     3. 미국 남감리회 / 97
     4. 침례교 / 99
     5. 캐나다장로회 / 100
     6. 원산부흥운동 / 105
  3. 교회의 발전과 시련 / 108
     1. 장로교 / 108
     2. 감리교 / 117
     3. 침례교 / 118
     4. 성결교 / 121
     5. 천주교 및 기타 교단 / 122
     6. 소종파운동들 / 123

제3장 황해도 지방의 교회

1. 황해도의 지역적 특성과 종교 문화 / 126
    1. 황해도의 지역적 특성 / 126
    2. 황해도의 종교 문화 / 129
2. 황해도의 기독교 / 131
    1. 한국개신교의 요람지로서의 황해도 / 131
    2. 황해도의 천주교 / 132
    3. 황해도의 개신교 / 133
3. 황해도 개신교 각 교파의 발전 / 135
    1. 장로교 / 135
    2. 감리교 / 146
    3. 기타 교단 / 151
4. 황해도 개신교와 동학·천주교와의 만남 / 154
    1. 황해도 개신교와 동학의 만남 / 154
    2. 해서교안 / 155

제4장 경기 북부·강원 북부·만주지역의 교회

1. 경기 북부지역의 교회-개성지방을 중심으로 / 160
    1. 개성지역의 특성 / 160
    2. 남감리회의 개성구역 설정과 정착 / 161
    3. 개성지역 교회의 발전 / 164
    4. 개성지역에서의 교육·의료·사회 사업 / 172
    5. 성결교·구세군의 선교활동 / 177
2. 강원 북부지역의 교회-철원지방을 중심으로 / 179
    1. 철원의 지역적 특성과 역사 / 179
    2. 남감리회의 철원선교 착수 / 181
    3. 철원지방 교회의 발전과 특성 / 182
    4. 철원지방 교회의 의료·교육 사업과 자치활동 / 186
    5. 성결교회의 선교활동 / 188
3. 만주지역의 교회 / 188
    1. 만주의 지역적 특성과 역사 / 188
    2. 장로교회 / 191
    3. 감리교회 / 195
    4. 조선기독교회 / 197

5. 성결교회·안식교회·동아기독교회·천주교회 / 198

Ⅲ. 북한교회의 신앙사조와 사회·민족 운동

제1장 일제의 강점과 기독교정책

1. 구한말 일제의 기독교 인식과 정책 / 205
2. 무단통치기 일제의 기독교 박해 / 209
　　1. 안악·105인 사건과 북한교회의 수난 / 209
　　2. 기독교정책의 강화와 조합교회의 확산 / 214
　　3. 3·1운동과 북한교회의 피해 / 218
3. 문화정치기 일제의 기독교 회유 / 223
　　1. 선교사 회유와 각종 규칙의 완화 / 223
　　2. 교회에 대한 감시 및 공작 / 225
4. 민족말살정책기 일제의 기독교 탄압 / 227
　　1. 전시체제의 강화와 기독교정책 / 227
　　2. 신사참배 강요와 북한교회의 수난 / 229
　　3. 종교단체법의 제정과 선교사 추방 / 234
　　4. 각 교단의 해산과 친일어용교단의 성립 / 235

제2장 북한교회의 민족운동

1. 기독교인의 민족의식 형성 / 236
2. 통감부 시기의 민족운동 / 240
　　1. 정치결사운동 / 240
　　2. 항일무장운동 / 244
　　3. 항일경제운동 / 248
3. 무단통치와 3·1운동 / 254
　　1. 비밀결사운동과 의열투쟁 / 254
　　2. 3·1운동 / 257
4. '문화정치기'의 민족운동 / 261
　　1. 경제운동 / 262
　　2. 사회운동 / 263
　　3/ 기타 민족운동 / 265
5. 민족말살정책과 신사참배 거부운동 / 266
6. 간도지방의 민족운동 / 268

1. 교육운동 / 269
  2. 결사운동 / 270
  3. 사회운동 / 271
  4. 무장독립운동 / 272

제3장 북한교회의 신앙사조와 부흥운동

1. 북한교회의 신앙사조 / 275
  1. 서북지역 교회의 신앙사조 / 275
  2. 관북지역 교회의 신앙사조 / 282
2. 북한교회의 부흥운동 / 284
  1. 부흥운동의 배경 / 284
  2. 부흥운동의 전개과정과 양상 / 287

제4장 북한의 기독교 기관

1. 기독교 의료기관 / 303
  1. 한국선교의 시작과 의료 선교 / 303
  2. 북한지역의 선교병원 설립과 발전 / 306]
  3. 일제의 보건의료정책과 선교사들의 대응 / 312
  4. 일제의 간섭과 의료 선교의 쇠퇴 / 316
2. 기독교 교육기관 / 320
  1. 한국선교의 시작과 교육 선교 / 320
  2. 북한지역에서의 사립학교 설립과 발전 / 322
  3. 사립학교에 대한 일제의 탄압 / 326
  4. 기독교 학교의 민족운동 / 328
  5. 일제말 신사참배 강요와 기독교 학교의 대응 / 330
3. 북한의 기독교 사회사업기관 / 333
4. 북한의 기독교인이 운영한 회사 / 336

Ⅳ. 해방 이후 북한교회의 역사

제1장 교회의 재건과 부흥

1. 해방 전후의 교회사정과 재건의 과제 / 343
  1. 해방 당시의 교세 동향 / 343

    2. 교회 재건의 과제 / 351
  2. 해방후 교파교회들의 재건과 부흥 / 354
    1. 장로교의 재건과 재건파의 형성 / 354
    2. 감리교의 재건과 부흥 / 361
    3. 성결교의 재건 / 365
    4. 제칠일안식일예수재림교(안식교)의 재건 / 368
    5. 성공회·구세군·침례교의 재건문제 / 371
    6. 천주교의 재건과 부흥 / 373

제2장 기독교의 정치화와 내적 갈등의 심화

1. 인민정권의 수립과 종교정책의 형성 / 376
    1. 인민정권의 수립과 '민주개혁' / 376
    2. 기독교정책의 형성과 특징 / 379
2. 기독교의 정치화와 갈등 / 383
    1. 개신교의 정치화 / 383
    2. 국가와의 갈등과 기독교의 분열 / 393

제3장 기독교의 분단과 위축

1. 사회주의화와 본격적 추진 / 402
2. 사회주의적 종교정책의 형성과 반기독교 정서의 확산 / 404
    1. 기독교 통제의 강화와 사회주의적 종교정책의 점진적 확립 / 405
    2. 전쟁에 따른 통일전선정책의 강화, 휴전후 반종교적 정서의 확산 / 409
3. 기독교 영역의 분단 및 재편 / 412
    1. 기독교의 반공투쟁과 교권의 재편 / 412
    2. 전쟁과 월남, 기독교 분단의 완결 / 418
    3. 기독교인들의 반미(反美) 사회주의화와 기독교의 위기상황 / 422

제4장 반종교운동과 기독교의 위기

1. 사회주의혁명과 반종교운동의 전개 / 426
    1. 사회주의 건설의 본격화와 사상개조사업 / 426
    2. 종교정책의 전환 : 반종교투쟁 / 429
2. 기독교의 위기국면 / 432

제5장 반종교운동의 부분적 이완과 사회주의화된 기독교의 점진적 활성화

1. 사회주의국가 선포와 반종교운동의 부분적 약화 / 439
    1. 유일체제의 확립과 경제적 곤란 / 439
    2. 반종교선전의 상대적 완화와 통일전선정책의 점진적 복원 / 441
2. 사회주의형 기독교의 부분적 활성화 / 444
    1. 조직적·신학적 발전 / 444
    2. 대내적 연대활동의 강화 / 447
    3. 국제적 연대활동의 강화 / 449
    4. 사회주의에 적응한 기독교 / 453

제6장 신종교정책의 등장과 사회주의형 기독교의 발전

1. 위기와 개혁, 그리고 신종교정책의 등장 / 463
    1. 심화되는 위기와 가속화되는 개혁 / 463
    2. 신종교정책의 등장 : 새로운 종교론의 등장과 통일전선의 전면적 발전 / 467
2. 사회주의형 기독교의 점진적 발전 / 477
    1. 기독교의 사회적 지위 향상과 조직적 발전 / 478
    2. 천주교회의 재등장 / 485
    3. 대내적 연대활동 / 491
    4. 국제적 연대활동(1) : 기존의 채널들 / 496
    5. 국제적 연대활동(2) : 남북한 기독교인들의 만남 / 506

☐ 부록 1 해방 이전 북한지역에 설립된 교회·517
☐ 부록 2 북한교회 인물·605
☐ 부록 3 북한교회사 연표·642

☐ 찾아보기·659

이 책에 자주 인용되는 영문 잡지 및 회록의 약자는 다음과 같다.

AMEC	Annual Meeting of the Korea Mission of the Methodist Episcopal Church
ARGC	The Annual Report of the General Council of the Protestant Missions in Korea
ARMEC	Annual Report of the Board of Foreign Missions of the Methodist Episcopal Church
ARMS	The Annual Report of the Missionary Society of the Methodist Episcopal Church
ARPC	The Annual Report of the Board of Foreign Mission of the Presbyterian Church in the U.S.A.
CHA	The Church at Home and Abroad
FMC	Annual Report of the Foreign Mission Committee
FR	The Foreign Missionary
JKAC	Journal of the Korea Annual Conference of the Methodist Episcopal Church, South
KF	The Korea Field
KM	The Korea Methodist
KMC	Official Minutes of the Annual Session of the Korea Mission Conference of the Methodist Episcopal Church
KMEC	Official Minutes of the Korea Mission Conference of the Methodist Episcopal Church
KMF	The Korea Mission Field
KRP	The Korean Repository
KRV	The Korea Review
MAMK	Minutes of the Annual Meetings of the Korea Mission of the Methodist Episcopal Church, South
MASM	Minutes of the Annual Meeting of the Siberia-Manchuria Mission of the Methodist Episcopal Church, South
MC	Morning Calm
MECS	The Minutes of the Annual Meeting of the Korea Mission of the Methodist Episcopal Church, South
MR	The Missionary Review
MRM	The Methodist Review of Missions
MRW	The Missionary Review of the World
OMKA	Official Journal Minutes of the Korea Annual Conference of the Methodist Episcopal Church
OMKM	Official Minutes of the Korea Mission Conference of the Methodist Episcopal Church
RM	The Review of Missions
UPMR	The United Presbyterian Missionary Record
WFMS	The Annual Report of the Woman's Foreign Missionary Society

I. 지역적·역사적 배경과 복음의 수용

김정호의 대동여지전도 가운데 북한지역 부분

제 1 장 북한지방의 자연환경과 역사
제 2 장 북한지역의 개신교 복음 수용

제1장 북한지방의 자연환경과 역사

오늘날 '북한'에 해당되는 이 지역은, 고려 때에 서계(西界), 동계(東界)로 불려지기도 하였고 조선조·일제시대에는 경기도 이북의 북도(北道), 곧 황해도·평안도·함경도를 가리키는 말로 사용되었다. 이 경우 '서북'(西北) 지방이라는 말과 동의어였다. 서북지방은 다시 관서(關西 ; 평안도)와 관북(關北 ; 함경도), 해서(海西 ; 황해도) 지방 등으로 구분되어 불려지기도 하였다.

'북한'이라는 말이 한 지역을 의미하는 용어에서 정치적인 의미를 지니게 된 것은 1945년 해방과 더불어 38°선이 그어지면서부터다. 일제의 무장해제를 위해 진주한 미·소의 분할점령과 그 뒤를 이어 한반도가 남북으로 분단되었기 때문이다. 이 지역에 1948년 9월 9일 '조선민주주의인민공화국' 정부가 수립되었고, 1950~1953년의 동족상잔의 한국전쟁과 그 결과로 주어진 휴전선으로 인해 남·북한이 갈라지면서 '북한'은 남쪽의 '대한민국'에 대응하는 정치적인 실체로 인식되게 되었다

'북한기독교사'는, 그것이 지역을 의미하든 정치적인 실체를 의미하든, 공간적인 의미로 한반도의 휴전선 북쪽지역의 '기독교회사'를 말한다. 시간적으로는 한말, 만주로부터 복음을 수용하여 세례식이 행해지고 교회와 각 기관이 건립되는 데서 시작하여 그 실체가 모호하다고 평가되는 북한의 기독교인들과 그들이 모이는 현재 북한교회에 이르기까지를 다루고자 한다.

북한기독교사를 서술하기 전에, 북한 땅의 지리적 특성과 역사를 간단히 살펴보는 것이 필요할 것이다. 하나님의 섭리와 은혜의 손길이 수천년간 펼쳐진 터였던 북한지방의 자연환경과 역사와 문화가 기독교 역사 전개에도 영향을 미쳤을 것으로 생각되기 때문이다.

1. 북한의 자연환경과 경제활동

1. 위치와 지형적 특색

1) 위치

위도상 약 38°에서 43°사이에 위치하고 있는 현 북한의 면적은 한반도 총면적의 55%인 122,762㎢이다. 행정구역상 평안도·함경도·황해도와 경기도·강원도 일부가 해당된다.[1]

북측에 위치하여 대륙인 만주(滿洲)지방과 러시아의 연해주지방과 접경하여 역사상 대륙 문화가 한반도에 유입되는 통로 역할을 하는 한편, 대륙세력의 정세 변화와 침략에 많은 영향을 받아왔다.[2] 한국에 전래된 모든 고등종교가 북한을 경유하여 들어왔으며, 기독교 역시 예외가 아니었다.

2) 산지 지형

지형은 우리나라의 척추라고 할 수 있는 낭림산맥이 태백산맥이 시작되는 곳까지 남북으로 길게 뻗어 관서와 관북의 경계를 이룬다.[3] 평안도에는 낭림산맥에 머리를 두고 서해안쪽으로 강남·적유령·묘향산맥이 갈비뼈처럼 뻗어내리고 있다. 이들 대부분은 평북에 몰려 있어 험준한 산악지대를 이룬다. 반면 평남은 이들의 영향이 거의 없어 서반부에 너른 평야가 펼쳐진다.

황해도는 북쪽의 언진산맥과 남동쪽의 마식령산맥으로 둘려 있으며, 주맥을 이루는 멸악산맥이 그 한가운데를 지나 서남쪽으로 뻗어내렸다. 따라서 멸악산맥 북부지방은 평남과, 남부지방은 경기도와 문화적으로 가깝고, 중심부에서는 함경도 지방의 문화적 요소가 발견된다.[4]

함경도 북부에는 백두산에서 내려온 마천령산맥이 남북으로 달리고 이에 함경산맥이 동서로 가로질러 도내 대부분이 해발 2,000m를 웃돈다. 개마고원을 비롯한 고원지대는 한국의 지붕을 이루고 있다.[5]

---

1) 북한정부는 여러 차례 행정구역을 개편하여, 현재 9도(평안남북도·자강도·양강도·황해남북도·함경남북도·강원도), 1특별시(평양), 2직할시(개성·남포), 21시, 150군, 844동, 3,398리, 223노동자구 등으로 만들었다(고태우,《북한新풍물기》, 우아당, 1991, pp. 19~24).
2) 임덕순,《우리 國土 전체와 각 地域 Ⅱ》, 법문사, 1992, p. 178.
3) 정장호,《한국지리》, 우성문화사, 1986, pp. 378~379.
4) 김광언,《韓國의 住居民俗誌》, 민음사, 1988, p. 174.

따라서 북한에는 이름난 명산이 많다. 민족의 최고봉이요 영산이자 압록강과 송화강(松花江)·두만강을 발원시켜 한중 정계비(定界碑)를 세워놓았던 백두산, 최고의 경관을 자랑하는 금강산, 북한의 두 젖줄인 대동강과 청천강이 좌우로 흘러 내려 조선 역사의 요람지가 된 묘향산, 단군제사와 임꺽정·장길산 및 구월산유격 대로 널리 알려져 있는 구월산 등이다.

3) 대조적인 서해안과 동해안

백두산을 발원지로 한 압록강과 두만강이 각각 서해와 동해로 흘러 중국과 러시아와 접경을 이룬다. 대부분의 나머지 강들은 높은 동부 산지에서 낮은 서해안 쪽으로 흐르고, 강 중하류 유역에 충적평야가 발달되어 취락을 형성시키고 있다. 압록강 하류에 용천평야, 청천강 유역의 안주·박천평야, 대동강 유역의 평양평야, 재령강 유역의 재령평야, 예성강 유역의 연백평야 등이 그것이다. 그러나 가장 큰 재령평야나 평양평야 등도 500km²를 넘지 못한다.

동해안은 산지와 해안선의 거리가 가까워 절벽이 많고 경사가 급하며, 좁고 긴 해안평야가 있을 뿐이다. 해안선도 비교적 단조로우며 섬들도 많지 않다. 원산의 명사십리는 맑은 동해와 조화를 이루면서 아름다운 경치를 자랑한다. 예로부터 청진·나진·함흥·원산 등 좋은 항구들이 발달되어 전통적으로 부동항을 얻으려는 러시아의 남진정책의 목표물이 되어 왔다.

한편 낮은 평야지대가 끝나는 서해안에는 수많은 섬들이 널려 있다. 해안선의 굴곡이 심해 우리나라에서 제일 큰 옹진반도, 몽금포로 유명한 장연반도, 철산반도 등이 발달해 있고, 신의주·남포·해주 등은 예로부터 중국대륙과의 해상 교통의 중심항이었다. 해안은 수심이 낮고 밀물과 썰물의 차도 심해 썰물 때의 바닷가는 넓은 뻘판을 드러낸다.

4) 기후의 특색

북한의 기후는 한서차가 심한 대륙성 기후로, 여름은 남부지방과 다름없이 덥지만, 특히 겨울이 매우 춥고 길다. 우리나라 남부지방의 연평균 기온이 14℃인데 비해, 북한지방은 4℃로, 가장 추운 중강진, 혜산지역은 1월 평균 기온이 보통 영하 30℃까지 내려간다. 따라서 겨울이 5개월이나 되며, 강물이 어는 기간도 두만강이 4개월, 압록강이 3개월(12월 초·중순~3월 중·하순)이나 된다.

겨울철의 건조기와 여름철의 우기가 확실하며, 연간 강우량은 대동강 하류와

---

5) 함경도는 우리나라 평균고도 482m의 약 2배인 957m나 되고, 경작지는 총면적의 11.86%뿐이며, 이 가운데 논은 8.5%에 지나지 않는다(위의 책, p. 157).

개마고원의 약 600㎜를 제외하면 대개 1,000㎜ 정도이며, 청천강 중상류와 원산 부근 지방은 지형적으로 많은 비가 내린다.

2. 경제활동

1) 농목업

경지면적이 좁고 밭이 많아 잡곡 생산이 중심이다. 좋지 않은 기후조건을 극복하기 위해 내한성 조생종을 재배하고, 건조농법 및 윤작·혼작 등의 여러 농법이 사용된다. 개마고원 지대에는 화전이 많았다. 조선후기 관북지방 국경지대에 사는 많은 농민들이 흉년과 관리들의 가렴주구를 피하기 위해 월경하여 만주의 간도에 가서 정착하거나, 농기에 임시로 이주하여 농사를 지었다.[6]

경작 양식은 황해도와 평남의 대부분과 함남 남부 및 평북 해안지방은 2년 3작이고, 평남 북부와 평북 대부분 및 관북은 1년 1작이다. 쌀은 주요 평야지대에서 생산되지만 충분하지 못하다. 조·밀·콩·메밀·사과 등은 황해도에서, 수수·땅콩·옥수수 등은 평안도에서 많이 생산된다. 관북지방에서는 귀리·감자가 많이 재배된다. 황주·안변·남포 등은 과일 산지로 유명하다.

개성의 고려 인삼은 외국에까지 널리 알려진 특산물로, 해방 이전 전국 생산량의 약 2/3를 차지할 정도였다. 누에고치와 비단은 평북에서 많이 생산되었다. 고원과 경사지가 많은 북부 산지는 목축업에 유리한 조건이 갖추어져 예로부터 목축이 성하였다. 평북의 소와 돼지, 함북의 면양이 유명하다.

2) 임·수산업

압록강과 두만강 상류는 침엽수림이 무성하다. 벌채한 원목은 뗏목이나 육로로 혜산진·만포진·무산·회령 등지로 운반되고, 이는 다시 삼림 철도에 의해 선진·길주·평양 등지로 운반되어 목재·펄프·종이 등의 원료로 사용된다.

동해안은 한류성 어족이 풍부한 세계적 어장이다. 명태·대구·고등어·청어·연어·방어 등이 잡힌다. 주요 어항은 웅기·청진·어대진·성진·신포·원산 등이다. 황해안은 동해안에 비해 수산업이 성하지 못하며, 여름에 주로 고기를 잡는다. 조기로 유명하였던 용암포를 비롯하여 남포·옹진·해주 등의 주요 어항이 있다. 비가 적게 오는 광량만 부근은 천일제염으로 유명하다.

---

6) 정장호,《한국지리》, p. 381.

3) 광·공업

평양에서 오래 활동한 블레어(W. N. Blair, 邦緯良)는 한국의 지하자원에 대해 다음과 같이 썼는데, 이는 북한에 대한 묘사라고 해도 좋을 것이다.

> 한국은 세계에서 가장 아름답고 기름진 나라 중의 하나이다. 또한 지하자원이 가장 풍부하게 매장된 나라 중의 하나이다. 특히 석탄과 철이 풍부하고, 금은 13도 어디에서나 나온다. 이것이 바로 이웃나라들이 한국을 탐내고 한국을 놓고 전쟁을 해온 이유이다. 이것이 1910년 일본이 한국을 강제로 병합한 참된 이유이다. 그들이 내세우는 인구과잉은 구실에 불과하다.[7]

이만큼 북한은 지하자원이 풍부하게 매장되어 있다. 금은 '노다지'의 고장 운산금광[8]을 비롯하여, 대유동·삭주·창성·수안·순안 등에서, 무연탄은 평안도의 순천·개천·덕천 등과 함남의 고원·문천 등에서, 갈탄은 아오지를 비롯한 관북에서 주로 생산된다.

한국 최고 품질의 단천철광과 최고 매장량의 무산철광이 함경도에 있고, 평안도에서는 은율·개천·하성 등지에 철광산이 있다. 그외 곡산의 중석, 단천의 마그네사이트, 성진의 흑연과 대리석, 후창과 갑산의 동, 몽금포·구미포의 규사 등이 유명하다. 수풍발전소를 비롯하여 수력발전이 발달되어 있는데, 지형적 특성을 이용한 유역변경식 발전소가 많다.

8·15 해방 당시 전국 중화학공업의 중심지로서, 화학공업이 전국의 82%, 금속공업 90%, 요업 80%, 전기공업 64%를 차지하였다. 관북 공업지대는 풍부한 전력과 지하자원을 토대로 우리나라 최대규모의 중화학 공업지대를 형성하였는데, 함흥·흥남 지역은 비료·제련·금속·제재 등이, 길주·성진 지역은 유지·제철·펄프·제재·석탄액화 등이, 청진지역은 제철·유지·제동·제재·석탄액화 등의 공업이 발달하였다. 관서 공업지대는 풍부한 농·임·광산물을 기초로 중공업·요업·농산물 가공업 등이 발달하였다. 평양을 중심한 지역의 농기구·섬유·제철·요업·제동·제련·고무·시멘트 등의 공업, 신의주지역의 제련·펄프·인견·알코올·정유·

---

7) W. N. Blair, *Gold in Korea,* The Presbyterian Church in the U. S. A., 1946, p. 2.
8) 운산금광은 1896년 미국인 모스가 매년 2만 5천원을 내고 구한국 황실로부터 채굴권을 얻어 동양합동광업회사를 설립하면서 개발되었다. 당시 조선에 대한 러시아의 영향력이 막강하여 각종 이권을 독점하였는데, 이에 대한 열강의 비판 분위기가 고조되자 타국의 이권개입을 일부 묵인하였고, 이때 미국이 운산금광을 차지한 것이다. 1932년 통계에 의하면 1,454,000g을 생산하는 국내 최대 금광이었다. 1939년 일본에 운영권이 넘어갈 때까지 40여년간 순금만 80여톤을 생산한 세계적 금광이었다.

경금속 공업, 해주지역의 시멘트·화약·제분 등의 공업이 발달하였다.[9]

2. 북한지방의 역사와 지역차별의 문제

1. 일반 역사

1) 원시공동체사회와 북한지방

약 40~60만년 전부터 타제석기를 사용하는 구석기인들이 대동강 주변과 두만강 하류 주변에 살았다. 그러나 한국인의 직접 조상은 3~4만년 전의 구석기 후기인이다. 이들은 모계씨족공동체사회를 이루며 생활하였다.

기원전 5,000년 무렵 한반도 전역과 요하(遼河) 유역에 동일문화권의 신석기시대의 여러 종족이 살았다. 이들은 마제석기와 빗살무늬의 질그릇을 사용하였으며, 농사를 지으면서 정착생활을 시작하였는데, 움집 집터유적과 조개무지유적을 남겼다.

기원전 2,000년을 전후로 청동기를 사용하는 부계씨족사회가 같은 지역에서 등장하였다. 고인돌·석관묘 등의 무덤은 이 시대에 노예 순장제와 강력한 지배계층이 등장하였음을 보여준다. 이때 물활론적인 토테미즘, 정령숭배와 샤머니즘 신앙이 널리 퍼졌다.

2) 고조선·부여와 북한지방

고조선(古朝鮮)은 기원전 8~7세기에 동이족(東夷族: 예족과 맥족)에 의해 서북조선, 요동·요서 지역을 포괄하는 지역에서 성립되었다. 단군신화(檀君神話)는 청동기와 발달된 농업문화를 가진 선진 환웅부족에 의해 다른 부족들이 통합, 배제되면서 제정일치의 고대국가가 성립된 것을 잘 보여주고 있다.

고조선은 기원전 3세기에 중국 연(燕)과 대립할 때까지 만리장성 경계선까지 영토를 확장하면서 발전하였다. 기원전 194년에 지방 세력을 규합한 위만(衛滿)에 의해 왕조가 교체되었다. 위만의 손자 우거왕(右渠王)은 기원전 109년 중국의 대제국 한(漢) 무제(武帝)의 대규모 침략에 1년간 강경하게 저항하였으나, 내부 분열로 살해되고 왕검성이 함락되면서 마침내 고조선은 멸망하였다.

한은 식민통치를 위해 이른바 한사군(漢四郡: 낙랑·진번·임둔·현도)을 설치하였다. 그러나 북한 지역민들의 강력한 투쟁으로 진번군과 현도군은 설치된 지 20년

---

9) 정장호, 《한국지리》, pp. 383~384.

만인 기원전 82년에 폐지되었고, 현도군도 곧 쫓겨났다. 다만 토착민에게 많은 양보를 한 낙랑군만 존속하다가 결국 고구려의 성장으로 사라졌다. 낙랑군은 북한 땅에 중국문화를 이식시키는 역할을 하였다.

부여는 기원전 5세기에 맥족이 세웠다. 장춘(長春), 농안(農安)을 중심으로 세워져 가장 강성하였던 기원전후에는 동으로 읍루족(말갈)의 땅인 연해주에 이르고, 서쪽으로는 열하 동쪽지방까지, 북으로는 송화강 이북의 넓은 지역을, 남으로는 고조선과 접하였다. 부여는 고구려 대무신왕 5년(A.D. 22)에 고구려에 복속되었다.

고조선과 부여 사회의 법은 생명, 사유재산 등에 대한 보호를 주 내용으로 하고 있다. 이는 가부장제인 가족을 중심으로 사유재산이 확립되고, 계층이 귀족·평민·노예 등으로 분화되어 있던 사회임을 보여준다.

부족연맹국가의 지배층들은 건국신화로 통치 이념을 확립해 나갔다. 일반민들은 '공무도하가'(公無渡河歌)에서 보듯이 한의 공감대를 형성하고 있었는가 하면, 하늘에 제사를 지낸 기풍제(祈豊祭)와 추수감사제(秋收感謝祭)를 통해 밝은 민속문화도 가꾸어 나갔다. 부여의 영고(迎鼓), 동예의 무천(舞天), 고구려의 동맹(東盟) 등이 그 예들이다.

3) 고구려·발해와 북한지역

고구려족은 기원전 3세기부터 고조선의 문화를 계승하고 진번·임둔군을 몰아내면서 소국을 형성해 나가다가, 기원전 37년경 부여에서 망명해 온 전쟁 영웅 고주몽에 의해 건국되었다. 압록강 중류의 첫 도읍지 국내성(지금의 集安) 부근은 산악지역이므로 점차 인근 국가의 평야지역으로 영토를 확대해 나갔다. 1세기 말 태조왕 때는 중앙집권화와 정복사업을 본격적으로 추진해 옥저(沃沮)와 동예(東濊)를 정벌하여 동해까지 이르고, 남으로는 청천강까지 진출하였으며, 서로는 현도군을 몰아냈다. 313년 낙랑군의 축출은 대동강 유역의 풍부한 자원과 대륙진출의 출구를 제공해 주었다.

소수림왕은 372년 불교를 수용하고 관리 양성을 위한 태학(太學)을 설립하였으며, 이듬해에는 율령을 반포하는 등 국가체제 정비에 힘썼다. 광개토왕(391~413)과 장수왕(413~491) 때 고구려는 최대 영토를 자랑하며 동북아 최대 강국으로 떠올랐다. 이때 요동·요서를 차지하여 고조선의 옛땅을 700년만에 다시 회복하였다. 장수왕은 체제 정비와 남진정책의 일환으로 427년 평양으로 천도하고, 백제를 쳐 아산만까지 영토를 넓혔다.

그후 고구려는 을지문덕과 연개소문 등의 활약으로 중국 통일국가인 수(隋)·당(唐)의 거듭된 침입을 물리쳤으나, 신라·당의 연합군의 공격에 결국 667년에 망하였다. 당은 평양에 안동도호부를 설치하고 군정을 실시하였다.

고구려가 멸망한 지 약 30년 후 당 세력의 약화를 틈타 만주 동부·연해주·한반도 북부에 걸쳐 발해(渤海, 699~926)가 일어나 고구려를 계승하였다. 수도는 오늘날 길림성의 상경용천부에 두었다. 10대 선왕 때는 국력의 전성기로 '해동성국'(海東盛國)으로 불렸다.

4) 고려와 북한지역

신라 말기 송도 호족 출신 왕건이 고구려를 계승한다는 뜻에서 고려(高麗, 918~1392)를 건국하였다. 935년 신라의 경순왕이 항복하고 이듬해 후백제도 항복하여 한반도의 민족 통일을 달성하였다. 불교를 국교로 받아들였고, 문종 때에는 완전한 중앙집권적 관료체제가 완성되었다.

대외관계는 북진정책을 추진하여 서경을 중시하고, 북계(서북면)와 동계(동북면)를 설치하여 거란과 여진의 침입을 막았다. 강감찬의 귀주대첩(1018)에 의한 거란[遼] 격퇴와 윤관의 함경도 지역 9성 설치(1107)에 의한 여진 견제는 유명하다. 그러나 여진은 곧 금(金)을 세우고 고려를 침공, 군신의 예를 얻어냈다. 송(宋)으로부터는 선진 문화를 수입하는 관계였다. 개경의 해상문호인 예성강의 벽란도는 국제항으로 유명하였다.

그러나 문치주의와 귀족정치로 인해 무인들의 불만이 높아졌고, 귀족문벌간에 투쟁이 계속되었다. 서경세력인 이자겸의 난과 묘청의 난(1135)으로 고려사회는 흔들리기 시작하였고, 정중부의 난 이후 무인정권이 들어섰다. 최충헌 이후 60년간 계속된 최씨 무인정권 동안에는 각지에서 농민반란이 끊이지 않았다.

1231년 이후 거듭된 원(元)의 침입에 강화도의 항전도 오래가지 못하고 항복하고 말았다. 삼별초의 항쟁은 고려 무인의 기상을 유감없이 보여주었다. 그러나 그 후 약 80년간 고려왕실은 원의 부마국으로 자주성을 잃었다. 원이 쇠약하고 명(明)이 일어나자 공민왕은 국권회복을 시도하였으나, 신돈의 발호와 홍건적과 왜구의 침입 등으로 실패하고, 함경도 출신의 이성계와 같은 무신들이 새로운 세력으로 등장하였다.

5) 조선과 대한제국

위화도 회군으로 실권을 잡은 이성계는 사대부 세력의 지지를 받아 1392년 조선을 건국하고 인심을 새롭게 하기 위해 한양으로 천도하였다. 국시는 유교주의, 농본주의, 사대교린책 등이었다.

세종대에 4군(여연·자성·무창·우예)과 6진(종성·온성·회령·경원·경흥·부령)을 개척하여 압록강과 두만강이 국경선이 되었다. 세조는 《경국대전》(經國大典)을 편찬하고 이시애(李施愛)·이징옥(李澄玉)의 난을 평정하여 왕권을 확립하였다.

중기에 와서 대토지를 소유한 훈구파와 신진사림파의 대립으로 사화(士禍)가 일어났다. 세력을 키운 사림들은 선조대에 와서 실권을 잡았으나, 다시 사림 내에 동서노소의 4색 분당이 생겼다. 이들 당파간의 대립에 곁들여 7년간의 왜란과 두 번의 호란은 백성의 삶과 국토를 황폐화시켰다.

참담한 현실사회에 대한 반성과 청(淸)의 고증학 및 서양 문화에 영향을 받아 실학(實學)이 대두되었으나, 현실 정치에 채택되지 않았다. 이때 전래된 천주교는 극심한 박해를 받아 많은 순교자를 내었다. 세도정치로 인해 전정·군정·환곡의 삼정(三政)이 문란해지고 농민의 생활이 도탄에 빠지자, 도처에 도적이 들끓고 농민의 반란이 끊이지 않았다. 19세기 민란의 효시인 평안도에서 일어난 홍경래 난 (1811)은 진주민란(1862)으로 이어졌다.

대원군은 4색 등용, 서원철폐 등 개혁정치를 시도해 누적된 부패를 추방하는 데 일단 성공을 거두었으나, 천주교 박해, 경복궁 중수, 인플레 조장 등의 내정 실패와 국제정세에 어두워 쇄국정책(鎖國政策)을 고집함으로써 병인양요(1866)와 신미양요(1871)를 겪었고, 근대화를 가로막았다.

민씨정권은 강화도조약에 의해 1876년 일본에 문호를 개방한 뒤, 밀려드는 외세에 전혀 손을 쓰지 못하였다. 개국에 따른 갈등과 모순으로 임오군란(1882)과 갑신정변(1884)이 일어났다. 그리고 외세의존적인 정부와 탐관오리의 수탈, 일본과 구미 제국주의 침략에 항거하는 동학농민전쟁(1894)이 일어났으나, 청·일 군대의 진주로 실패했다. 청일전쟁에서 일본이 승리하자, 친일정권에 의한 갑오개혁(1894)이 시행되었다. 한편 러시아 세력의 확대는 친러파 내각을 형성시켰고, 친일파와 친러파의 대결은 명성황후 시해라는 을미사변(1895)과 아관파천(1896)을 가져왔다.

조선은 1897년 자주국가를 표방하기 위해 국호를 대한제국(大韓帝國), 연호를 광무(光武), 왕은 황제라 일컬어 표면으로는 독립국가로 새출발하였으나, 실제적으로는 외세의존적인 태도를 버리지 못했다. 그러나 민간에서는 개신교 세력이 중심이 된 독립협회(獨立協會) 등의 단체들이 반외세·반봉건 운동을 추진하였다.

그러나 기울어진 국운은 회복되기 어려웠고, 러일전쟁(1904)에서 승리한 일본은 미국의 묵인하에 1차 한일협약(1904)으로 '고문정치', 을사늑약(1905)으로 이른바 '보호정치'를 실시하다가 결국 1910년 '한일합방'을 통해 한국을 병탄하였다. 이로써 우리 민족은 총독부의 식민정치하에서 36년 동안 나라없는 백성으로 신음하여야 하였다.

2. 지역감정과 지역차별의 역사

북한의 역사와 기독교 전래사를 이해하는 데는 북한의 지역차별 문제와 북한인들의 기질을 빼놓을 수 없다. 왜냐하면 이것들이 개신교가 북한에서 쉽게 수용되고 다른 지역보다 흥왕한 데 대한 역사적·사회적인 배경이 되기 때문이다.

1) 통일신라에 의한 고구려 유민의 차별

지역차별이 처음 구체적으로 드러난 것은 신라가 삼국을 통일한 뒤 고구려와 백제 유민을 소외시키면서부터였다. 그래서 신라 말기 궁예(弓裔, 재위 901~918)는 후고구려를 세우고 다음과 같이 말하였다. "이전에 신라가 당나라에 청병을 하여 고구려를 격파하였기 때문에 평양의 옛 서울이 묵어서 풀만 성하게 되었으니 내가 반드시 그 원수를 갚겠다."[10] 서북지방의 차별에 대한 첫 항거였다.

2) 고려시대 서경과 개경 세력의 대립

왕건은 고구려 부흥의 기치를 내걸고 고려를 건국하였다. 그러나 도읍을 평양 대신 개경(개성)으로 정하였으며, 이후 개경은 500년간 수도로 영화를 누렸다. 그러나 서경이 비록 거란이나 여진 등의 북방 대륙세력을 막기 위한 군사 요충지로서 중요성은 인정되었으나, 정권은 개경 세력이 독점하다시피 하였다. 1135년 불승 묘청(妙淸)은 서경 천도를 도모하다가 개경 세력의 반대로 뜻을 이루지 못하자 '칭제건원'(稱帝建元)과 '금국정벌'(金國征伐)을 내세우고 항쟁을 벌였다. 무신과 문신, 자주와 사대, 불교와 유교의 대결이기도 하였던 이 묘청의 난은 한편으로 개경과 서경의 지역대립을 심화시켰다.[11]

3) 조선시대 서북지방의 차별

조선을 세운 이성계는 자신이 함경도 출신이었지만, 무신이 많은 서북지방을 늘 경계하여 '서북지방 사람을 높은 벼슬에 임용하지 말라'는 명을 내렸다.[12] 그러나 건국한 지 50년쯤 되었을 때인 단종 1년(1453) 함길도 도절제사 이징옥은 자신의 부당한 파직과 수양대군의 계유정란에 항거하여 스스로 황제를 칭하며 조직적인 반란을 일으켰다. 이징옥의 난에 이어, 길주의 호족 이시애의 난(세조 13년, 1467)이 세조의 함경도 차별에 대한 불만으로 일어나자, 반역향으로 지목된 함경

---

10) 사회과학원 역사연구소, 《조선통사(상)》, p. 170.
11) 이이화, 《한국의 파벌》, 여강출판사, 1991, p. 119.
12) 이중환, 《擇里志》, "八道總論".

도는 물론 서북 출신 모두에게 벼슬길이 거의 막혔다. 특히 개경 인사의 중앙 관계 진출이 봉쇄되었다.

세조는 《경국대전》을 편찬하면서 노사신(盧思愼)으로 하여금 등용제한의 금제(禁制)를 명문화하도록 하였다. 성종은 1474년 이 법전을 완성하면서, 이를 구체화하여 다른 도에 비해 절반 수준으로 제한하였다.

그리하여 중종 38년(1543)에 편찬된 《대전후속록》(大典後續錄) 금제조에는 "평안도·함경도·황해도 사람은 여러 관원이나 응사(鷹師)에 소속시키지 말라"고 하였다. 이것은 하급관원이나 왕의 측근에 서북계가 진출하지 못하도록 못박은 것이었다. 영조 22년(1746)에 이루어진 《속대전》(續大典) 제수(除授) 조에도 "영남·함경·평안·송도 사람은 망단자(望單子 : 관리 임용시 3배수로 후보자를 추천하는 문서)에 주를 달아라"라고 하여, 영남 남인과 서북계의 등용을 억제하였다.

법조문에 비해 실제 서북계에 대한 등용 제한은 더 심각하였다. 조선 전기에 서북 출신의 당상관은 한 명도 없었고, 후기에 와서도 지방관에 한해서 몇 사람의 예외가 있을 뿐이었다. 또 어쩌다가 변장(邊將)에 임명되었을지라도 모두 다른 도로 바꾸게 하였고 군졸을 지휘·통솔하지 못하도록 하였다.[13]

성호 이익(李瀷)은 서북 인재의 차별에 대해 다음과 같이 말하였다.

> 이제 큰 정사로는 반드시 서북 사람을 가려 써줄 것을 이조·호조에 말하는 것이 예로 되어 있다. 그러나 이른바 가려 쓰는 것은 장령(掌令) 한 자리에 불과할 뿐이요, 그것도 또한 어쩌다가 있는 일이다. …… 틀어 막기에만 급급해서 비록 뛰어난 식견과 특이한 인재라도 보배를 품고 말라 죽을 뿐이다. …… 원통하고 분노가 쌓일 것은 뻔한 일이다.[14]

울분과 한은 민심을 이반시켜 여러 차례 중앙정부에 대한 비협조와 무관심, 간접적 저항에서 직접적인 저항으로 표출되었다. 1559년부터 1562년에 걸쳐 일어난 임꺽정의 난은 훈구파 지배층의 가혹한 수탈에 대한 민중, 곧 토지를 잃은 농민과 수공업자·소상인·포수·백정들의 저항이었지만, 황해도를 중심 무대로 하여 황해도민의 절대적 지지를 받았다는 점에서 지역차별에 대한 항거이기도 하였다.

임진왜란(1592~1598) 때 서북에서는 의병이 거의 일어나지 않았고, 오히려 회령의 아전 국경인 같은 자는 "우리는 조정에서 버림받은 백성이다. 누구에게 충성하겠는가?"라고 외치며, 피난해 온 왕자나 대신을 잡아 왜군에게 투항하였다. 정묘(1627)·병자호란(1636) 때에도 서북인들은 수수방관하며 변을 구경만 하였다.[15]

---

13) 이이화, 《한국의 파벌》, pp. 125~127.
14) 《星湖僿說類選》, "人事門 西北人材條".

홍경래의 난은 세도정치로 피폐한 현실의 부조리를 타파하려는 조직적인 민란이었지만 다른 한편으로는 계속된 서북차별정책에 대한 서북민의 저항이 폭발한 것이었다. 그가 돌린 격문의 일부분을 보자.

> 우리 관서의 부로자제와 공사노비들은 모두 이 격문을 들으시오. 우리 관서는 기자의 옛 성이 있고 단군의 옛 굴이 있어서 인물이 우뚝하고 문물이 빛났소. …… 그런데도 조정에서 서쪽땅 버리기를 똥덩이와 다름없이 하고 심지어 권문세가의 노비들도 서쪽 사람을 보면 평안도 놈이라고 하니 그 서쪽 사람이 된 자 어찌 원통하고 억울하지 않겠소. 만일 나라에 어려운 일이 있으면 서쪽 땅의 힘에 의지하고 또 글을 지을 적에는 서쪽 땅의 글을 빌렸는데, 4백년 이래 서쪽 사람이 언제 조정에 등진 일이 있었습니까?

홍경래 난(일명 평안도 농민전쟁)은 서북인의 절대적인 지지를 받아 한때 청천강 이북지역을 휩쓸며 세도정권을 위협하였다.

19세기 서북지방의 경제적 피폐상과 문화 불모현상은 어느 정도였던가? 농경지가 적어 농작물도 넉넉하지 못하고, 막대한 양의 인삼·철·가죽 등의 특산물을 바쳐야 하였으며, 벼슬길이 막힌 상황에다 계속된 북방의 외적들의 침입, 그리고 해마다 열 몇 차례씩 지나가는 중국행 사신들에 대한 노역과 공물 제공 등으로 서북 주민들의 생활상은 비참하였다. 따라서 생계를 위한 밀무역이 성할 수밖에 없었고, 많은 도둑이 들끓었다.

그런데도 중앙에서는 그 근본 원인을 캐어 정책 대안을 제시하는 데는 소홀하고, 대신 도적과 반역의 소굴로 지목하고, 서북지역의 인심과 풍속의 타락만을 개탄하였다.[16] 그러한 구체적인 예를 조선 후기 문서를 통해 확인해 보자.

4) 서북인의 인심과 풍속에 대한 묘사

조선 8도에 대한 평으로 널리 알려진 글은 숙종 40년(1714)에 간행된 이중환(李重煥)의 《택리지》(擇里志)이다. 서북지방에 대한 서술을 요약해 보자.

> 평안도 : 온 도가 동쪽으로는 산맥에 가까워서 산이 많고 평지가 적다. …… 청천강 남쪽은 내지와 가까워서 지방 풍습이 문학을 숭상하나 청천강 북쪽은 풍속이 우매하고 무예를 숭상한다.
> 함경도 : 함흥 이북은 산천이 험악하고 풍속이 사나우며 기후가 춥고 토지가 메말

---

15) 위와 같음.
16) 이이화, 《한국의 파벌》, p. 132.

라 곡식은 조와 보리뿐이며, 벼는 적고 면화도 없다. 지방 사람이 개가죽을 입고 추위를 막으며 굶주림을 견디는 것은 여진과 같다. …… 태조가 '서북지방 사람을 높은 벼슬에 임용하지 말라'는 명을 내렸기에, 평안도·함경도에는 3백년 이래로 높은 벼슬을 한 사람이 없었다. …… 또 나라의 풍속이 문벌을 중하게 여겨서 서울 사대부는 서북지방 사람과 혼인을 하거나 벗으로 사귀지 않았다. …… 서북 사람도 또한 감히 서울 사대부와 더불어 동등하게 생각하지 않았다. 그리하여 서북 두 도에는 드디어 사대부가 없게 되었고, 서울 사대부로서도 거기에 가서 사는 자가 없었다. …… 이런 까닭으로 서북방면인 함경·평안 두 도는 살 만한 곳이 못된다.
　황해도 : 대체로 이 도는 서울의 서북쪽에 위치하여 지경이 평안·함경도와 이웃하여서 습속이 활쏘기·말달리기를 좋아하는 한편 문학을 공부하는 선비는 적다. 산과 바다에 끼어 있어서 …… 비교적 부유한 자는 많으나 사대부는 적다. 그러나 평야에 있는 여덟 고을은 땅이 기름지고 바닷가 열 고을은 경치로 이름난 곳이 많으니 또한 살지 못할 곳은 아니다.[17]

　대체로 서북지방을 부정적으로 묘사하고 있다. 이어 정조 때의 학자 순암 안정복(安鼎福)은 그의 《임관정요》(臨官政要) 풍속장(風俗章)에서 각 도의 인심과 교화 방법을 논하면서, "…… 해서의 풍속은 강하고 사악하므로 마땅히 강의(剛毅)와 과단(果斷)으로써 교화해야 하며, 관서의 풍속은 공순하고 명달(明達)하므로 마땅히 정직과 화이(和易)로써 교화해야 하며 ……"라고 하여, 편견을 보이고 있다.
　정도전 혹은 흥선대원군이 말하였다고 전해지는 팔도 총평 가운데 북한지방에 대한 것만 보자.

　함경도 : 이전투구(泥田鬪狗, 진흙탕에서 싸우는 개)
　평안도 : 맹호출림(猛虎出林, 숲 속에서 뛰어나오는 사나운 호랑이)
　황해도 : 석전경우(石田耕牛, 돌밭에서 갈이하는 소)

　다른 도[18]에 비해 개·호랑이·소 등의 동물로 비유한 데서 낮추어 본 면이 없지 않지만 다른 면에서 보면 진취적인 행동, 강인한 자주정신과 저항정신을 알 수 있다.

---

17) 이중환, 《택리지》, "팔도총론".
18) 강원도 : 암하노불(巖下老佛), 경기도 : 경중미인(鏡中美人), 충청도 : 청풍명월(淸風明月), 경상도 : 송죽대절(松竹大節), 전라도 : 풍전세류(風前細柳), 혹은 청산미호(淸山美狐) 등이다.

3. 청(淸)과의 국경무역사

왜란과 호란 이후 17·8세기 조선은 사회경제적으로 전환기였다. 농업생산력의 증가, 상품화폐경제의 발달, 민간 수공업의 확대, 신분질서의 해체 등은 사회구조 전체를 바꾸어 경제력이 점점 더 중요하게 되었다.

17세기 중엽 이후 청(淸)과의 무역이 발전하면서, 사신을 따라가서 진행하는 사행무역과 국경에서 진행하는 개시(開市)가 발달하였다. 두만강 방면의 회령(1년에 1~2차)과 경원(2년에 1차)에서는 정기시가 열려, 소·보습·소금·가마 등을 주고 가죽제품을 들여왔다. 압록강 방면에서는 °1646년 이래 해마다 두번씩 난자도에서 관무역인 '중강개시'가 열렸으나, 나중에는 사무역인 '중강후시'(中江後市)가 더 성행하였다.

그러나 중강후시만으로 만족하지 못한 개성의 송상(松商)[19]들과 의주의 국경무역상인 만상(灣商)들은 책문후시(柵門後市)[20]를 개척하였다. 책문후시가 성하자 1700년 중강후시는 사라졌다. 책문후시의 주요 교역품은 상대측의 비단·당목·약재·보석·안경·문방구 등과 우리 측의 인삼·은·종이·명주·모시·가죽제품 등이었다.

18세기 이후 청과의 무역은 개성의 송상들과 의주의 만상들이 독점하다시피 하였다. 이들 가운데는 밀무역을 하는 잠상들도 상당히 많았다. 대청 무역상인인 송상과 만상들은 해마다 동래상인을 통해 교환한 수십 만냥의 일본산 은을 수출하고 청의 고급비단, 흰실모자 등을 수입하여 국내는 물론 일본에 팔았다. 이러한 중개무역은 막대한 이윤을 남겨주었다. 이들은 사무역을 통해 축적된 부를 토지에 투자하여 상인지주로 성장하였고, 지방사회의 유력자로 군림하게 되었다.

그러나 1747년 일본상인들이 나가사키를 통해 직접 청나라와 무역하게 된 이후, 만상과 송상들은 은 대신 수달피 등의 털가죽·장지·백면지·무명·해삼 등으로 수출원천을 넓혀야 하였다. 무엇보다 개성의 질좋은 홍삼이 희귀한 약재로 인

---

19) 조선조로 왕조가 바뀌면서 벼슬하기를 꺼린 개성인들은 상업에 전념하였다. 이들 개성 상인들은 송도 상인, 송상(松商) 혹은 송방(松房)으로 불렸는데, 개성 부기(簿記)를 기록하는 상술과 착실한 신용을 자랑하였다. 이들은 전국 각 고을에 지점인 송방을 가지고 장(場 : 18세기 중엽 이후 국내 상거래는 주로 장을 통해 이루어졌다. 장을 돌아다니는 보부상들과 배를 가진 상인들에 의해 여러 지방의 특산물이 거래되었다. 덕원의 원산장, 박천의 진두장, 은진의 강경장, 토산의 비청장 등이 유명하였다)을 장악하고, 상업활동에 적극 참여하여 화폐경제를 발전시켰으며, 국내 매점과 청과의 무역, 청일 무역 중개를 통해 막대한 부를 축적하였다.
20) 의주-봉황성 사이의 변문에서 이루어진 사무역.

기가 높았다. 그후 19세기에 들어와서 홍삼은 은보다 더 비중이 큰 수출품이 되었다. 당시 대청 무역에 돌려진 은과 홍삼의 양은 국내 재정의 세입·세출보다 엄청나게 많은 것이었다.[21]

4. 만주·간도 이민사와 간도귀속문제

1) 서간도 이민

만주(서간도)와 간도(북간도)는 본래 고조선과 발해·고구려의 고토이나 고려·조선시대에는 국경이 압록강과 두만강을 넘지 못해 거란·여진·몽고·만주족의 땅이 되었다. 청은 만주를 청 태조의 발상지로 성역화하고 만주족 이외의 이주를 금하는 봉금(封禁)정책을 펴고 조선과의 교류와 분쟁을 막기 위해서 위원·영액·왕청·성창·요양·고려 등 6개 문을 연결하는 장책(長柵)을 설치하고, 조선의 사신과 상인의 통로를 고려문(高麗門)에 국한시켰다.

조선은 이에 대항해 청에 대한 독립의식을 상징하는 변방정책을 시행하여 압록강·두만강을 경계로 이를 넘어 만주로 이주하는 것을 엄금하였고, 정조 9년(1785)에는 압록강을 넘는 자는 사형에 처하도록 하였다.[22]

따라서 만주 일대는 황폐화되어 사람이 거의 살지 않았고, 압록강 대안의 서간도는 1870·80년대 초까지 일종의 중립지대(neutral teritory)로 존속하였다. 그러나 양국의 국력과 조선의 변방금지령이 해이해진 헌종 11년(1845)부터 압록강 대안으로 이주하는 농업이민이 나타나기 시작하였다. 관리의 가렴주구에 시달린 농민들이 비옥한 서간도의 농토를 동경해 도강해 갔던 것이다. 철종 12년(1861)에는 청인의 혼강(渾江) 벌목사업에 참여하였던 벌목꾼들이 그 땅의 비옥함과 개간의 용이함을 보고 즉시 농업에 종사하였는데, 이때 "한인의 부락적 이주를 하는 자가 있기에 이르렀다."[23] 특히 고종 6년(1869)의 대흉년은 기아에 쫓긴 한인들을 앞다투어 월강하게 만들었다. 이후 계속된 5년간의 기근은 조선의 국시인 변방정책을 허구화시켰고, 압록강 대안 서간도에는 대규모 한인촌이 형성되었다.

이에 1870년 강계부사는 한인의 보호를 위해 왕의 명을 기다리지 않고 서간도를 28개 면으로 구획하여 강계(江界), 초산(楚山), 자성(慈城), 후창(厚昌)의 4개 군에 편입시켜 관할하게 하였다. 1884년 집안(集安)을 중심한 한인촌(Corean Valley) 28개 면을 답사한 로스(J.Ross)와 웹스터(J.Webster)는 그 주민이 약 3만명이라고

---

21) 사회과학원 역사연구소, 《조선통사(상)》, p. 449.
22) 고승제, "만주 농업이민의 사회사적 분석", 〈白山學報〉 10, 1971, pp. 173~175.
23) 朝鮮總督府, "國境地方視察復命書", 1915, 〈白山學報〉 11, 1971, p. 196.

보고하였다.[24] 4개 군의 군수는 앞다투어 대안 한인의 관할을 확장하려고 그 관할 면을 통폐합하거나 증감하였다. 고종 26년(1889) 당시 한인촌의 행정구역은 다음 표와 같이 24개 면이었다.[25]

〈표 Ⅰ-1〉 압록강 대안 한인촌의 행정구역 명칭(1889)

관할郡	소 속 면 명 칭
江 界	新兵堡(興京), 大荒(大荒溝), 小篁(通溝), 八道江(八道江) 九龍(麻泉溝), 泰平(大平溝), 楡樹(楡樹林子), 福江(江甸子) 新上(大淸溝門子), 新下(冷水泉河), 芦靑(拉占河)
慈 城	帽兒山, 流靑(七十二道河子), 葦沙(葦沙河), 詳和(三道溝)
楚 山	雲上(外盆河下流), 雲下(外盆河上流), 連上(二服流), 連下(雙盆河), 橫道(橫道川), 邱山(馬鹿洵門), 中島(冷水泉子)
碧 潼	水上, 水下

( ) 안은 淸國의 명칭임

광무 원년(1897)에는 서상무(徐相懋)가 서변계관리사(西邊界管理司)에 임명되어 한인촌을 보호·관리하였는데, 당시 인구는 약 3만 7천명이었다고 한다.[26]

2) 간도귀속문제와 북간도·연해주 이민

송화강과 두만강 사이의 간도(間島)는 간도(墾島) 혹은 간토(墾土)로도 불렸다. 청과 조선·러시아 사이에 일종의 섬처럼 무주(無主), 무인(無人) 지대로 방치되었으나, 점차 조선인들이 이주하여 개간하였다.

숙종 38년(1712) 참판 박권, 함경도 관찰사 이선부는 청의 오라총관 목극등과 만나 경계선을 결정하고, "서위압록 동위토문"(西爲鴨綠 東爲土門) 내용의 백두산 경계비를 세웠다. 즉 서쪽은 압록강으로 경계를 삼고, 동쪽은 백두산에서 발원하여 송화강으로 들어가는 토문강(土門江)으로 하였다. 이것은 청이 북간도를 조선 영토로 인정한 것이었다.

그러나 서양 열강에 강제 개항을 당한 뒤 영토의 중요성을 깨달은 청은 1881년 간도 개척에 착수하면서, 간도의 한국인을 청국인으로 취급하겠다고 하였다. 조선

---

24) 露國大藏省 編,《滿洲通志》(中野二郞·縣文夫 역), 1906, p. 241 ; 고승제, 앞의 글, p. 175.
25) 조선총독부, 앞의 글, p. 197.
26) 위와 같음.

정부는 어윤중(魚允中)을 서북경략사(西北經略使)로 삼아 정계비를 조사하도록 하고, 안변부사 이중하로 감계사(勘界使)로 삼아 회령에 보내어 청의 덕옥·가원계와 담판케 하였다. 청은 토문강을 두만강이라고 고집하고, 우리측은 간도를 우리 영토라고 주장하였다. 3차에 걸친 회담은, 불리한 것을 깨달은 청이 일방적으로 취소함으로써 결렬되었다.

1900년(광무 4) 러시아가 간도를 점령하자 조선정부는 간도의 영토권을 주장하였으나, 러일전쟁으로 중단되었다. 을사늑약이 체결되자 간도문제는 청일간의 외교문제로 되었다. 일본은 처음에 용정(龍井)에 통감부 간도파출소를 두고 관리를 파견하여 한국의 영토로 인정하였으나, 1909년(융희 3) 간도협약(間島協約)을 체결하고 길회선(연길-회령) 철도부설권을 얻는 대신 간도지방을 청국에 양보하였다. 대륙침략을 위한 일본의 정치적 흥정에 의해 간도문제가 해결된 것이다.

연해주 이민도 1860년대부터 본격화되었다. 1897년 이 지역을 방문한 비숍(I.B. Bishop)은 1863년 한국인 13호가 함경도에서 첸호 지방에 이주하였고, 1869년에는 4,500명이 이민해 왔는데, 대개가 가난한 농민이었다고 하였다. 1897년 당시 블라디보스토크 주변에 약 18,000명의 한인들이 5개 완전자치 행정구역으로 나누어져 살고 있었다고 하였다.[27]

5. 19세기 말 북한의 종교 실태

1) 전통종교

19세기 서양인의 눈에는 한국 전통종교(샤머니즘·불교·유교)는 생명력을 잃고 현실 생활에서 무력하거나 밀려나 있는 것으로 보였다. 귀츨라프는 1832년 한국 선교여행후 "한국인은 무종교적 본성을 가지고 있으며, 삶과 죽음에 확신과 위로를 주는 구원의 교리에 관심이 없는 것 같다"[28]고 말하였다.

1883년 말부터 이듬해 초까지 한국에 머물렀던 로웰(P. Lowell)은 서울에는 종교 집회가 열리는 곳이 없으며, 전국에 많은 신사(神祠)나 신수(神樹) 등이 널려 있지만, 종교의 형태로 이른 것은 하나도 없다고 하였다.[29] 한국 종교에 대해 비교적 폭넓은 지식을 가지고 있었던 비숍도,

　한국 도성에는 사제나 사원이 없다. 집에는 신단이 없고, 마을 제사에는 그 행렬

---

27) Isabella B. Bishop, *Korea and her Neighbours*, London : John Murray, 2 vols., 1898.
28) K. F. A. Gützlaff, *The Journal of Three Voages along the Coast of China in 1831, 1832, 1833*, London : Thomas Ward, 1834, p. 239.
29) P. Lowell, *Chosen the Land of Morning Calm*, Boston : Ticknor & Co., 1886, p. 183.

에 있어야 할 우상이 없다. 혼례와 상례에 사제의 축복이 없고, 종교적 의례나 경전도 없다. 종교가 이 겨레의 마음에 아무 자리도 차지하고 있지 않다고 하는 것이 한국인의 특징이다.[30]

라고 지적하면서, 다만 조상숭배 의식만 남아 있다고 하였다.

이러한 초기 선교사나 여행가들의 관찰은 불교가 조선의 숭유억불(崇儒抑佛) 정책에 의해 질식당해 현실적 요소가 약하였고, 유교가 충효(忠孝)의 정치나 윤리 차원에 머물러 신비적 초월성을 상실해 있었기 때문이었을 것이다.

그러나 선교사들은 내면적으로 흐르는 한국인의 종교적 심성과 뿌리깊은 재래종교의 영향력을 곧 알게 되었다. 뒷날 게일은 겉으로는 "한국은 이상하게도 종교가 없는 것으로 보이지만, 한국인 역시 대단히 종교적인 민족으로서, 실제는 각종 미신과 샤머니즘·불교·유교·귀신·도깨비 신앙이 혼합된 상태로 존재한다"고 지적하면서, 조상숭배가 가장 두드러진다고 하였다.[31]

2) 천주교

1784년 북경에서 세례를 받고 돌아온 이승훈은 이벽·권일신에게 세례를 주고, 이들 3인은 적극적으로 전도하여, 1년내에 서울과 경기도 양근, 충청도 내포, 전라도 전주·진산 지방에 자생적 신앙공동체를 형성하였다. 이보다 앞서 천주교는 '서학'(西學)으로 남인 실학자들에 의해 현실개혁의 수단으로 연구되었다. 그러나 '무부무군'(無父無君)의 반체제적 '사'(邪)로 규정한 보수세력에 의해 계속 정치적인 박해를 받게 되면서, 점차 소외되었던 중인 이하 민중계층을 기반으로 한 교회로 정착되었고, 조선후기 사회변동을 가능케 하는 반봉건(反封建) 세력이 되었다.

서구제국주의 열강의 동양침략과 맞물려 천주교 선교가 추진되었기 때문에, 서양인 신부들은 그 선봉자로 오해받을 소지가 충분하였다. 〈황사영백서〉(黃嗣永帛書)에 나타난 외세의존적 태도나 프랑스 신부들의 위협적 언동들은 천주교를 서구제국 침략세력으로 간주하도록 하였고, 이는 천주교 박해의 실질적인 원인이 되었다.[32] 이 점에서 당시 시대과제였던 반외세(反外勢) 민족자주국가 형성에는 부정적인 역할을 하였다.

교세는 서울 이남지방이 대다수를 차지하였으나, 19세기 중반 이후 서울에서 가까운 황해도와 평양지역으로 교세가 확대되어 나간 것으로 보인다. 1866년 병

---

30) I. B. Bishop, *Korea and her Neighbours*, p. 399.

31) J. S. Gale, *Korea in Transition*, New York : Young People's Missionary Movement of the United States and Canada, 1909, pp. 67~70.

32) cf. W. E. Griffis, *Corea, the Hermit Nation*, New York : Charles Scribners, 1882.

인교난(丙寅敎難) 때 평양에서 대동군 출신 유정율이 순교한 것이나, 당시 토마스 선교사를 안내하였던 천주교 신자들이 황해도 출신이었다는 점에서 이를 확인할 수 있다.

황해도에 본격적인 천주교 선교가 시작된 것은 1895년 신부 빌헬름(J.Wilhelm)이 정착하면서부터였다. 그러나 빌헬름이 부임할 당시 600여명을 넘지 못하였던 신도수는 1902년 7,000명으로 증가하였다.[33] 1900년부터 1903년 황해도에서 일어난 해서교안(海西敎案)은 황해도에 형성된 이러한 천주교 세력을 바탕으로 하였다.

3) 동학

동학은 경주 출신 교조 최제우(崔濟愚, 1834~1863)에 의해 창시되어, 최시형(崔時亨)에 의해 기틀이 잡혔으며, 1890년대 혁명적인 민중운동으로 발전되었다. 종교면에서 동학은 그 신관에서 천주교와 유사성이 많았다.[34] 스피어의 지적대로 "동학이 봉기하게 되었던 바로 그 불만과 불안의 상황이 기독교의 메시지 전파에는 비옥한 토양이"[35] 되었다.

동학은 삼남지방 중심이었고 서북지방에는 크게 파급되지 않았다. 전봉준(全琫準)도 "5도(五道)는 다 전교(傳敎)하였으나 서북3도는 알 수 없다"[36]고 하였다. 이것은 이미 개신교가 많이 퍼져 있었기 때문이기도 하였다.

그러나 청일전쟁 와중에서 서북지방의 일부 동학도들이 개신교로 개종하면서, 동학과 개신교간의 만남이 있었다. 1895년 선교사 매켄지(J.McKenzie, 1861~1895)가 황해도 장연(長淵) 송천교회(松川敎會)를 떠나지 않고 있을 때, 서경조(徐景祚)와 한 사람의 신자가 동학군의 막사에 가서 전도하였다. 서경조는 동학 지휘관의 호주머니 속에 신약성경이 있는 것을 목격하였다.[37] 그 지휘관은 서경조와 구면이었고, 매켄지와 예수교인을 보호해 줄 것을 약속하였다. 1895년 1월 동학군과 일본군이 이 부근에서 접전할 때, 솔내에 있는 사람들은 동학교도이거나 예수교인이거나 모두 매켄지의 집 앞에 모여 '성 조지' 십자가 깃발을 높이 달고 찬송을 불렀다.[38] 매켄지는 관군과 동학군을 중재·조정하여, 동학군은 무기를 버렸고, 관

---

33) 한국기독교역사연구소, 《한국기독교의 역사 Ⅰ》, 기독교문사, 1989, p. 234.
34) 최석우, "西學에서 본 東學", 〈敎會史硏究〉 1, 한국교회사연구소, 1977.
35) R. E. Speer, *Mission and Modern History*, Vol. 2, p. 387 ; L. G. Paik, *The History of Protestant Missions in Korea*, Yonsei University Press, 1970, p. 260.
36) "全琫準 再招問目", 《東學亂 記錄(下)》, 국사편찬위원회, 1978, p. 538.
37) S. A. Moffet, "The Work of the Spirit in North Korea", *MRW* 1895. 11, p. 835.
38) E. A. McCully, *A Corn of Wheat or the Life of Rev. W. J. Mckenzie of Korea*, Tononto, The Westerminster Co., 1903, p. 184.

군은 동학군의 과거를 불문한다는 약속을 얻어냈다. 난리가 지나간 뒤 여러 동학도들이 매켄지를 찾아와 개종하였다. 1895년 송천교회당을 세울 때 동학 지휘관 세 사람이 신자가 되고 교회 건축헌금을 냈다.[39]

언더우드가 1896년 겨울 솔내에 갔을 때, 동학 지휘관 출신 한 명에게 세례를 베풀었다. 그는 자수하여 법에 따라 사형선고를 받았으나, 옥중에서 늘 찬송하였는데, 아관파천으로 석방되었다.[40]

돌아갈 곳이 없는 동학도들에게 기독교는 마지막 보명(保命)의 길이 되어 주었다. 억눌림을 받는 자라는 동일의식, 부패한 관리에 대한 항거의식, 참 하나님을 찾는 신앙심 등이 동학도로 하여금 기독교 안으로 들어올 수 있게 하였다.[41]

---

39) S. A. Moffett, op. cit., p. 836.
40) L. H. Underwood, *Fifteen Years among the Top-Knots*, p. 195.
41) 민경배,《알렌의 宣敎와 近代韓美外交》, 연세대출판부, 1992, pp. 34~35.

제 2 장 북한지역의 개신교 복음 수용

　한국 개신교 복음의 수용은 천주교와 마찬가지로 외국인 선교사가 한국에 발을 들여 놓기 전에 한국인들에 의해 주체적으로 이루어졌다. 물론 한국인들이 주체적으로 복음을 수용하기 전에 한국에 대한 선교적 관심을 가진 외국선교사가 전혀 없었다는 말은 아니다. 예를 들면 1832년에 한국 서해안을 탐방한 귀츨라프라든지 윌리암슨, 한국인에게 복음을 전하려고 몇차례 탐방을 하고 1866년 미국의 무장상선 제너럴 셔먼호를 타고 내한하였다가 한국인의 공격을 받고 죽은 영국인 선교사 토마스 목사가 바로 그들이다. 그 사건의 10년 후인 1876년 일본의 강요로 조선은 문호를 개방하기는 하였지만, 기독교는 여전히 엄한 금교령에 묶여 있었고, 개신교 외국인 선교사가 공식적으로 처음 한국땅에 발을 붙인 것은 개항으로부터 8년이 지난 1884년 이후의 일이었다. 그러나 그 때에 이미 만주지역에서 활약하던 로스와 매킨타이어 등이 선교 준비작업의 일환으로 그 지역에 나온 한국인들의 도움을 받아 성경을 한국어로 번역하는가 하면 그 번역된 성경과 기독교 교리서를 한국인 매서인들을 통해 압록강 양안의 한국인들에게 배포함으로써 이를 받아들인 이들에 의해 이 지역에 자생적 교회들이 출현하였다.

　대체로 한국에 개신교 복음이 수용된 길은 넷으로 구분할 수 있는데, 중국·만주·일본·미국으로부터가 그것이다. 중국과 만주를 북방으로부터 전래된 것으로 본다면 일본·미국으로부터의 전래는 남방으로부터의 전래라 할 수 있다. 그리고 시기적으로 남방보다는 북방으로부터의 전래가 앞섰기 때문에 북한지역은 개신교 복음을 먼저 접촉하여 수용하였다. 한말 일제하 북한지역에 기독교가 성하였던 것은 다음 각 장에서 논할 그 지역적인 특성과 함께 초기 복음 수용의 과정에서도 그 원인을 찾아볼 수 있다. 이 장에서는 이러한 선교사 내한활동 이전 복음과의 접촉과 한국인의 복음 수용에 대해서 살펴보기로 한다.

1. 귀츨라프의 탐방(1832)

　귀츨라프(K.F.A.Gützlaff, 郭實獵, 1803~1851)는 1832년(순조 2) 북한지방을 처음 방문한 독일 출신의 개신교 선교사이다. 그는 독일 북부지방의 유태계 경건주의 가정 태생으로, 어학에 뛰어난 재질을 가지고 있었다. 17세기 경건주의 운동의 중심지였던 할레에서 수학하였고, 런던에서 모리슨(R.Morrison, 馬禮遜)의 중국 선교담에 감동되어 중국선교에 뜻을 두게 되었다. 1827년 1월 화란선교회 소속으로 동남아의 바타비아(Batavia)에 도착하였다. 1828년 화란선교회를 사면하고 사이암에서 1831년까지 선교하면서, 중국어를 익히고, 사이암어로 신약성경을 번역하였다. 그러나 그간 선교에 만족할 만한 성과를 거두지 못한 채 아내와 사별하는 고통까지 겪었다. 그는 1832년 모리슨이 있는 중국의 마카오[澳門]로 옮겨와 함께 한문 구약성경을 번역·완성하였다.

　당시 영국의 해외식민지 개척의 전위 역할을 하면서 중국무역권을 독점하고 있던 영국 동인도회사는, 새로운 통상항을 물색하기 위해 군함 로드 앰허스트(Lord Amherst)호로 중국 북부, 타이완, 한국과 오키나와를 순방하도록 하였다. 그 배에 귀츨라프는 통역인·의사 겸 선목(chaplain)으로 동승하였다. 그는 이 여행을 선교의 기회로 받아들이고, 한문성경을 비롯해 많은 전도문서를 준비하였던 것이다.

　1832년 2월 27일 선장 린제이(H.H.Lindsay)를 태운 로드 앰허스트호는 광동(廣東)을 출발하여, 타이완·복주·영파·상해를 거쳐, 산동반도의 위해위(威海衛)까지 중국 북부 항구들의 개항 가능성과 관헌 및 주민들의 반응을 조사하였다. 이어서 배는 황해를 건너 조선 해안에 도착하였다.

　7월 17일 귀츨라프가 처음 도착한 곳은 황해도 장산곶 부근 백령도(白翎島)였던 것 같다.[1] 그는 그곳에서 한 노인을 만나 한문으로 필담을 나누며, 물건과 서책, 한문성경 등을 주며 접근하였다. 그리고 한국인과 물물교환을 원한다는 것을 알리고, 지방관헌을 통해 청원서를 조정에 보내려고 하였다.

　그러나 서양인과의 접촉이 없었던 한국인들은 호기심은 있었으나 국법에 어긋나기 때문에 두려워하였다. 주민들은 받았던 책을 되돌려주고, 귀츨라프 일행을 지방관에게 제대로 알선해 주지도 않았다. 귀츨라프는 지방관이나 정부당국과 접촉하는 데 실패하고, 백령도를 떠나 서해안을 따라 충청도 홍주만으로 향하였다.

　이 며칠간의 백령도 방문이 한국 최초의 개신교 선교사의 조선 방문이자, 북한

---

1) H.H.Lindsay, Report of Proceedings on a Voyage to the Nothern Ports of China, p. 215.

지방이 처음으로 복음과 접한 때였다. 귀츨라프는 뒷날 항해기에 다음과 같이 썼다.

> 어쨌든 이는 하나님의 역사였다. 이 땅에 뿌려진 하나님의 진리의 씨가 소멸되리라고 나는 믿지 않는다. 하나님의 영원한 섭리로서 그들에게 하나님의 자비가 미칠 날이 오고야 말 것이다. 우리는 이 날을 기다리고 있다. 한편 이 날을 오게 하기 위하여 십자가의 도를 애써 전파하지 않으면 아니될 것이다. …… 하나님께서 이 미약한 첫 방문사업도 축복할 수 있다고 성경은 가르치고 있다. 우리는 한국 땅에 광명의 아침이 찾아오기를 기다려야 한다.[2]

2. 윌리암슨의 한국선교에 대한 관심

그후 한국선교에 깊은 관심을 가지고 지원한 개신교 선교사는 중국에서 선교사역을 하던 영국인 윌리암슨(Alexander Williamson, 韋廉臣)이었다. 그는 1855년에 런던선교회 선교사로 중국에 와서 활약하다가 2년만에 과로로 귀국하였다. 그러나 그는 중국선교의 꿈을 버리지 못하고 1863년에 스코틀랜드성서공회의 중국주재 책임자로 다시 중국에 건너와 중국선교와 한국선교에 많은 공적을 남겼다.[3] 중국의 지푸[芝罘]를 중심으로 성서의 출판과 보급 사업을 하던 그가 한국의 선교를 지원한 것은 다음과 같은 몇가지 사실을 통해서 확인할 수 있다. 그는 1865년 가을 죽음을 무릅쓰고 박해를 피해 황해를 건너 지푸에 온 한국인 두 사람을 접촉하였다.[4] 그들은 몸 속에 묵주와 그리스도 십자가상을 가지고 있었던 것으로 미루어 천주교 신자들임에 틀림없었다. 윌리암슨은 이들을 마침 그곳에 있던 토마스(Robert J. Thomas) 목사에게 소개하였다. 토마스 목사는 그들과 함께 한국에 갈 결심을 하고, 윌리암슨에게 "여행중 봉급을 받지 않고 성서공회의 직원 자격으로 봉사하기를" 제의하였다. 그리하여 그는 윌리암슨의 후원으로 다량의 한문성경을 얻어 1865년 9월 마침내 제1차 한국 방문을 단행하였다.

윌리암슨은 1867년 만주를 방문하여 마침 봄철 개시(開市)에 나와 있던 한국

---

2) K. F. A. Gützlaff, *Journal of Three Voages along the Coast of China in 1831, 1832 & 1833, with Notices of Siam, Corea, and the Loo-Choo Islands*, London : Frederick Westley & A. H. Danis, 1834, p. 355.
3) 한국기독교역사연구소,《한국기독교의 역사 I》, 기독교문사, 1989, p. 134.
4) 김양선은 이들이 金子平과 崔善一이라고 하였다(김양선,《한국기독교사연구》, 기독교문사, 1971, p. 43).

상인들에게 전도하고, 동지사 일행이었던 이풍익을 만나기도 하였다. 그는 한국인들을 통하여 전 해에 제너럴 셔먼호를 타고 한국에 들어갔다가 행방불명이 된 토마스 목사의 소식을 알아내고 선교를 위해 한국에 관한 정보를 얻고자 하였다. 그해 가을철 개시 때에도 책문에까지 가서 전도하며 한국에 관한 정보를 수집하였다. 이러한 그의 한국선교에 대한 관심은 로스(John Ross)와 매킨타이어(John MacIntyre) 선교사로 이어져 한글 성서번역과 만주를 통한 한국인 선교가 이루어졌다.

그는 그 후에도 한국선교에 지대한 관심을 갖고, 1883년 중국내지선교회 소속 의료선교사 다우드웨이트(Arthur Douthwaite)에게 한국을 방문하여 선교하도록 요청하여 이를 지원하기도 하였다. 다우드웨이트의 한국방문에 대해서는 허드슨 테일러가 다음과 같이 보고하고 있다.

> 우리 선교부의 한 멤버인 다우드웨이트 씨는 윌리암슨 박사의 요청에 따라 스코틀랜드성서공회의 일로 한국을 방문하였다. 그는 그곳에서 아주 많은 양의 '하나님 말씀'을 반포하였다. 그의 반포활동은 곧 금지되었다. 그러나 금지조처가 내려지기 전에는 그곳에 있었다.[5]

3. 토마스 목사의 조선선교 여행과 제너럴 셔먼호 사건

1865년과 1866년, 대원군의 강력한 통상거부정책과 천주교 박해가 진행되던 시기에, 두 차례에 걸친 선교여행을 한 끝에 평양 대동강변에서 살해된 영국 선교사가 있었다. 한국 개신교사에서 첫 희생자가 된 토마스(R. J. Thomas, 托馬俟, 1840~1866) 목사가 바로 그이다.

그는 영국 웨일즈의 회중교회 목사의 아들로 태어나, 런던대학교의 뉴 칼리지(New College)에서 학사 및 신학과정을 마쳤다. 1863년 6월 고향인 하노버(Hanover) 교회에서 목사안수를 받고 7월 중국선교의 길에 오를 때, 그는 "이교(異敎)의 잔멸과 이교도의 회심을 향한 선교사"[6]로서의 사명감에 불타고 있었다.[7]

---

5) China's Million, 1884. 7, p. 98 이하 ; 백낙준,《한국개신교사》, 연세대출판부, 1973, pp. 80~81 참조.
6) *The Candidate's Answers to the Questions, R. J. Thomas*, The Record of the Rev. Robert Jermain Thomas, London Missionary Society, Livingstone House Library.
7) 민경배, "로버트 토마스 : 韓國初期 宣敎師의 한 類型과 東西交涉의 問題",《敎會와 民族》, 대한기독교출판사, 1981, pp. 46~52.

1863년 12월 런던선교회 소속 선교사로 상해에 도착한 토마스의 선교활동은 처음부터 순탄하지 못하였다. 도착 4개월만에 아내가 유산하면서 사망하는 불행이 일어났다. 또한 상해 주재 런던선교회 책임자인 무어헤드(Wm.Muirhead)와 선교방법론을 놓고 불화가 생겼다.[8] 결국 토마스는 중국에 온 지 1년만에 런던선교회에 사표를 제출하고, 1864년 12월부터 영국인 하트(R.Hart, 河文德)[9]가 세관장으로 있던 지푸의 청(淸) 해관에 통역으로 자리를 옮겼다. 하트와 토마스는 세관의 세속직을 통해서 좀더 폭넓은 계층의 사람들과 접촉하며 선교사직을 수행할 수 있다고 믿었으나, 런던선교회의 반응은 "경멸과 적의, 그리고 불신뿐이었다."[10]

당시 지푸에 있던 스코틀랜드성서공회(National Bible Society of Scotland, 이하 NBSS)의 윌리암슨 총무가 위에서 언급한 대로 토마스를 이해하고 런던선교부에 적극적으로 변호하고 나섰다. 토마스는 지푸에서 해관 일을 보며, 매일 성경연구반을 운영하여 수세자도 만들었고, 중국인 주일예배를 윌리암슨과 번갈아 인도하였으며, 영어사용 교회를 운영하는 등 다양한 선교사업을 진행하였다. 점차 대다수 선교사들이 토마스를 지지하게 되었고, 런던선교회도 그의 몽고선교 계획을 긍정적으로 수용할 정도가 되었다.

그런데, 1865년 8월 어느 날, 토마스는 윌리암슨의 소개로 천주교 박해를 피해 황해도에서 건너온 2명의 한국인 천주교인[11]을 만나게 되었다. 8개월간의 세관근무를 사직하고 새로운 선교지역으로 떠날 준비를 하고 있던 토마스는, 이들과의 만남을 계기로 조선 선교여행을 시도하기로 하였다. 그는 한국 천주교인들이 성경을 모르는 것을 발견하고 성경을 전해주기로 결심하였다.

토마스는 지푸 주재 영국영사관에 여권을 신청하고, 9월 4일 작은 범선을 타고 지푸를 출발하였다. 스코틀랜드성서공회 중국지부 직원 자격이었다. 토마스는 다수의 한문 성경과 전도책자를 휴대하고, 9월 13일 황해도 옹진군 창린도 해안 자

---

8) 토마스는 서투른 말로 전도에 바로 뛰어들기보다는 약 2년 동안 대도시 상해를 떠나 소도시에서 일반 중국인과 함께 어울려 살아야 한다고 생각하였고, 선교사들이 모이는 교회나 선교부가 개척해서 관할하는 교회에는 나가지 않았다. 무어헤드는 이런 태도를 선교사업보다 세속적인 일에 더 관심하는 것으로 비판하였다.
9) 세관장 하트는 초기 북한선교에 간접적으로 참여한 인물이다. 지푸에서는 토마스의 친구로 그를 후원하였고, 뒷날 우장의 營口에 재직할 때에는 李益世를 한국어 어학교사로 채용하는 등 많은 한국인 상인들과 접촉하면서, 로스와 매킨타이어의 북한선교를 도왔다.
10) 민경배,《韓國基督敎會史》, 대한기독교출판사, 1982, p.141.
11) 김양선은 이들의 이름을 金子平과 崔善一로 밝혀 놓고 있다(김양선,《韓國基督敎史研究》, p.45). 柳洪烈은 이들이 묵주와 십자가, 성패를 가지고 윌리암슨을 만났다고 하였다(유홍렬,《천주교회사》, 가톨릭출판사, 1962, p.689).

라리(紫羅里)에 도착하였다. 이에 대한 《고종실록》의 기록을 보자.

> 황해감사 홍순목이 수사 윤석구로 하여금 급히 보고하기를 '청나라 배 한 척이 자라리 근처 항구에 도착하였는데, 배 안에 있는 9명은 모두 청나라 사람이었습니다. 그 중 한 명은 키가 5척이고 붉은 얼굴에 푸른 눈을 가진 자로 머리카락과 수염은 가늘고 곱슬곱슬하였으며 허리에 권총을 차고 손에는 철추를 들고 있었습니다. 그는 영국사람이라고 하였습니다. 종이 뭉치 하나를 모래사장에 던져놓고는 곧 남쪽 바다로 가버렸습니다. 잡고자 하여도 어쩔 수 없고 묻고자 하여도 겨를이 없었습니다. 그러므로 던진 종이 뭉치만 단단히 봉해서 올려보낸다고 합니다. …… 종이 뭉치란 것은 이단 서적 16권과 책력 1권인데 아직 그대로 놔두고 회답 공문을 기다려서 처리하려고 합니다'라고 하였다.[12]

그는 이렇게 2개월 반 동안 해안을 항해하면서 한국 천주교인으로부터 한국어를 배우기도 하고 윌리암슨으로부터 받은 성경을 나누어 주면서 선교활동을 폈다. 그는 그후 서울을 향해 항해하였지만 태풍을 만나 겨우 목숨만을 건지고 만주를 거쳐 1866년 1월 초에 북경에 되돌아갔다. 그 사이에 그는 런던선교회로부터 그의 새로운 임지가 북경임을 통보받았던 것이다. 그는 그곳에서 마침 조선의 동지사 일행으로 북경에 와 있던 '박가'라는 인물을 만나 교제하였다. 그는 그가 선교부에 보낸 편지에서 이러한 사실을 다음과 같이 이야기하고 있다.

> 연례적인 한국의 사절단이 방금 떠났습니다. 북경에 있는 어떤 외국인보다도 더 이들 일행과 친근한 교제를 할 수 있었던 것은 나의 행운이었습니다. 나는 그들의 말과 그 나라에 대해서 조금 알고 있었기 때문에 그들의 숙소에 드나들 수 있었습니다. …… 인간적으로 말하자면 한국인들 모두가 기독교의 진리를 거부하는 것은 아닙니다. 중국의 지식인들에게 인도 불교가 별 영향력이 없는데, 한국에서는 더 약합니다. 나는 그들이 종교서적들까지도 탐독하고 있다는 사실을 확신합니다. 지난 가을, 내가 서해안지역에 반포한 호기심을 줄 만한 책들이 아름답고 인구가 많은 평안도 지방의 수도인 평양에까지 갔다는 것을 알았습니다. 올 겨울에 여기 사절단을 수행해 온 박가라는 한 수행원이 며칠전에 평양에서 그 책들 중의 하나를 가지고 주의깊게 탐독하였다고 나에게 말하였습니다. 그는 한국말로 '야소교 책이 매우 좋

---

12) "黃海監司洪淳穆 以水使尹錫九馳報 淸船一隻來到于紫羅里近浦 船中人九名具是淸人 其中一人 身長五尺 紫面靑眼 鬚髮細捲 腰佩短銃 手執鐵椎 稱云 英吉利國人 一塊紙束 擲下砂場 仍向南海 欲執無奈 欲問未遑 故所投紙塊 堅封上送云矣 …… 而紙塊段 異端書十六卷 曆書一卷 姑爲留置 待回關擧行爲辭矣." (《高宗實錄》 고종 2년 8월 20일조)

소이다' 하고 말하였습니다. 중국 문자는 한국에서 잘 이해되고 지식인들이 독점적으로 쓰고 있습니다. …… 그래서 지식인들에게 중국어로 된 것을 갖게 하기만 하면 우리책을 전국에 있는 소년 소녀들이 이해할 수 있는 문자와 언어로 번역하는 것은 조금도 어려움이 없습니다. 왜냐하면 팔도에 방언이 그다지 심하지 않기 때문입니다. 한국의 어느 도시에나 불교 사원이 없다는 것도 중요한 사실입니다.[13]

이러한 편지를 통해서도 그의 한국선교에 대한 관심과 어느 정도 한국과 한국어에 대한 이해를 가지고 있었음을 알 수 있다. 더욱이 자신이 지난해에 반포한 중국어로 된 기독교 서적들이 평양에까지 들어가 읽히고 있다는 사실을 알고 어떠한 방법을 써서든 한국에 다시 들어가려고 하였다. 그 때 마침 프랑스 신부들의 학살을 구실로 조선 원정을 하려던 로즈 제독이 이끄는 프랑스 함대로부터 통역으로 조선에 동행할 것을 제의받았다. 그러나 이 원정은 인도지나 방면에 긴급사태가 발생하여 함대가 그곳에 투입됨으로써 무기 연기되었다. 천진을 거쳐서 지푸에 와서 이 사실을 알게 되어 실망하였던 토마스 목사는 한국을 향해서 떠나는 또다른 배가 있음을 알게 되었다. 미국 프레스톤(Preston) 소유의 중무장한 상선 제너럴 셔먼호(The General Sherman)였다. 이 배에는 영국인 선장 호가드(Hogarth)를 비롯하여 5명의 서양인과 19명의 아시아인이 선원으로 타고 있었다. 토마스 목사는 이 배에 통역 겸 안내인으로 타고, 1866년 8월 9일 지푸를 떠나 한국으로 향하였다.

제너럴 셔먼호가 평안도 용강 다미면 주영포에 닿은 것은 8월 16일이었다. 대포로 중무장한 낯선 배의 출현에 조선 관리들은 당황하였으며, 이에 문정관(問情官)이 배에 올라 목적지를 묻자 토마스는 평양까지 간다고 밝혔다. 제너럴 셔먼호는 이튿날 황해도 황주의 송산리를 거쳐 8월 20일 평양 부근 호리방 사포구에 이르렀다. 이 때 토마스는 문정관에게 조선에서 천주교인을 박해한 까닭을 물으며, 예수교(개신교)는 인의충효(仁義忠孝)를 모두 갖추었으며 천하인민(天下人民)을 선량하게 만들기 때문에 천주교와는 다르다고 하였다.[14] 이 때 평양 서윤(庶尹) 신태정(申泰鼎)은, 조선에서는 천주교이든 예수교이든 모두 금하고 있다고 경고하는 한편, 쌀·고기·땔감 등을 배에 대주었다.

그러던 중 양측의 충돌이 일어났다. 8월 21일 제너럴 셔먼호에서는 선원 6명을 태운 소청선(小靑船)을 따로 띄웠다. 이 배는 만경대 아래 두로도 앞에서 머물렀다가 상류로 올라갔으며, 이 때 조선측에서는 순영중군(巡營中軍) 이현익(李玄益)이 배로 소청선을 따라가다가 제너럴 셔먼호의 선원들에게 붙잡힌 것이다.[15] 그들

---

13) Letter from R. J. Thomas to Dr. Tidman, 1866년 4월 4일.
14) 《高宗實錄》 고종 3년 7월 18일조.

을 풀어달라는 평양 서윤 신태정의 요구를 묵살한 채 제너럴 셔먼호는 22일 상류로 올라오며 대포와 소총을 마구 쏘아댔다.[16]

그러자 평양 군민(軍民)들은 대동강변에 모여들어 중군을 풀어달라고 소리를 질렀으며, 제너럴 셔먼호에서 이에 따르지 않자 돌을 던지고 활을 쏘았다. 이 틈을 타서 퇴교(退校) 박춘권(朴春權)이 배에 숨어들어 인질을 구출하였다. 이렇게 양측이 서로 대치하던 중 조선측도 사망 7명, 부상 5명의 희생을 가져왔다. 그러던 중 강물이 줄어들어 배가 양각도 모래톱에 빠져 움직일 수 없게 되었고, 이 때 군민들이 화공(火攻)을 벌여 제너럴 셔먼호는 불길에 휩싸이게 되었고, 선원들은 배에서 빠져나오지 않으면 안 되었다. 9월 5일의 일이었다.[17]

토마스도 예외일 수 없었으니, 그의 최후에 대하여 다음과 같은 기록이 전하고 있다.

> 그들 최난헌(토마스)과 조능봉은 앞장서서 도망쳐 나와 처음에는 살려달라고 청하였으나 즉시 사로잡혀 묶인 채 해안으로 끌려오니 군민(軍民)들이 분하게 여겨 일제히 몰려들어 때려 죽였으며, 그 나머지도 남김없이 죽였다.[18]

결국 그는 복음의 씨앗을 이 땅에 제대로 뿌려보기도 전에 비참하게 최후를 맞고 말았다. 조선의 복음화를 위한 그의 노력은 의심할 여지가 없는 것이었지만, 그 경위야 어찌되었든 조선측의 제지에도 아랑곳하지 않고 평양을 향하여 무력을 쓰며 올라왔다는 점은 비난받을 소지를 안고 있다. 또한 이 사건으로 말미암아 조선측에서는 천주교이든 개신교이든 모두 침략적이고 위험스러운 종교로 인식하게 되었을 것이기 때문에, 그 이후 선교에 지장을 가져온 점도 없지 않다.

---

15) 붙잡힌 이현익의 아들 李興根의 수기 《浿江錄》에 따르면, 토마스는 자신들이 온 목적에 대하여 '첫째는 예수교를 전파하고, 둘째는 白米·紅蔘·牛皮를 교역하며, 셋째는 각처의 樓臺를 玩賞하려는 것이다'라고 밝혔다고 한다(민경배, 앞의 글, p.65).

16) 제너럴 셔먼호 선원들의 태도가 이처럼 돌변한 이유에 대하여, 민경배, 앞의 글, p.65에는 다음과 같은 견해가 실려 있다.
"問情에 나섰던 進士 安尙洽이 중군보다 앞서 샤만호에 접근할 때 한 기밀문서를 빼앗아 調讀한 결과, 조선 관원들은 샤만호의 선원 전부를 유인 상륙시킨 뒤에 斬殺한다는 음모를 찾아낼 수 있었다. 그래서 필경 샤만호에서는 방포하게 되었다는 것이다."

17) 한국기독교역사연구소,《한국기독교의 역사 I》, p.140.

18) "彼人 崔蘭軒·趙凌奉 跳出先頭 始請求生 卽爲擒捉 縛致岸上矣 軍民憤念 齊會打殺 其餘殲滅無遺."(《高宗實錄》高宗 3년 7월 27일조)

한편 제너럴 셔먼호 사건은 토마스 목사의 사건과 함께 끝나버린 것이 아니다. 그 선적(船籍)이 미국이었기 때문에 미국 해군은 이 배의 행방을 찾으려고 노력하였고, 결국 이는 훗날 신미양요(辛未洋擾)의 원인이 되었다. 그리고 이 때 비로소 알려지기 시작한 조선에 대한 미국의 관심이 1882년의 한미수호조약의 체결과 그 뒤를 이은 미국 각 교단의 선교사 파송으로 이어졌다.[19]

4. 만주지역에서의 한글성서 번역과 한국인 개종

토마스의 한국선교 시도가 좌절된 뒤 한동안 선교사의 파송은 이루어지지 않았다. 그 대신 만주지역에서는 성서가 한글로 번역되고 이 작업에 참여하거나 성서를 탐독한 사람들 가운데 개종자가 나오고 신앙공동체가 형성됨으로써 장차 국내 선교의 터전이 마련되었다. 실제로 이 무렵에 이루어진 성서의 한글 번역은 그 이후 한국의 복음화에 지대한 영향을 끼쳤고, 이 지역에서 기독교인이 된 사람들이 복음서를 가지고 전도에 나서 신앙공동체 및 교회 설립의 주역이 되었으니, 그 의미는 실로 크다고 하겠다.

이 과정에서 중요한 역할을 한 선교사가 스코틀랜드 연합장로교회에서 1872년 중국에 파송된 로스(John Ross, 羅約翰)였다. 그는 전임자인 매킨타이어(John MacIntyre, 馬勤泰)와 스코틀랜드성서공회 소속 윌리암슨의 영향을 받아 한국선교에 관심을 가지게 되었다. 그리하여 1874년 10월 영구를 출발, 고려문에 이르러 한국인에게 전도하기 시작하였다. 봉황성(鳳凰城) 아래의 작은 마을인 고려문은 국경지역이자 교역의 관문이었기 때문에 한국 상인들의 왕래가 잦은 곳이었다.

한국 상인들의 반응은 그리 신통치 않았다. 그러나 이 때 50대의 한국 상인이 로스를 찾아왔고, 로스는 그로부터 한국 정세와 한국어의 발음을 배울 수 있었다. 로스는 그에게 한문 신약성서와 《정도계명》(正道戒命)을 건네 주었다. 그 한국인은 고향인 의주로 돌아와 아들인 백홍준(白鴻俊)과 그의 친구들에게 복음서와 소책자를 주어 돌려 읽게 하였는데, 이들이 뒷날 한국 개신교 최초의 수세자가 되었다.[20] 이처럼 로스의 첫번째 전도는 당장 효과를 거두지는 못하였으나 장차 풍성한 결실을 맺게 될 옥토에 뿌려진 씨앗이었던 것이다.

당시 의주에는 청과의 교역을 통하여 부를 축적한 상인들이 많이 있었다. 이들은 대개 중국어와 만주어에 능한 독서층이었고, 개방적이고 독립적인 의식을 가

---

19) 한국기독교역사연구소, 앞의 책, p. 141.
20) 이만열, 《대한성서공회사 I》, 대한성서공회, 1993, p. 35.

지고 있으면서 새로운 문화와 질서에 대한 욕구가 강한 사람들이었다. 그러므로 새로운 종교에 대하여도 남다른 관심을 보였던 것이다.

로스는 1876년 4월에 다시 고려문을 방문하였으며, 이 때 역시 의주 상인인 이응찬(李應贊)을 만나 함께 봉천으로 와서 그에게 한국어를 배우기 시작하였다. 이듬해부터 로스는 성서 번역에 착수하여 이응찬과 1~2명의 한국인의 도움을 받으며, 1878년에 요한복음과 마가복음을 번역하였다. 이응찬이 귀국한 뒤 로스는 의주 상인인 서상륜(徐相崙)을 어학선생으로 삼았다. 서상륜은 매킨타이어의 전도를 받고 기독교인이 된 뒤 로스에게 소개된 것이다.

한편 1879년에는 백홍준·이응찬 등 4명의 한국인들이 영구에서 매킨타이어로부터 세례를 받음으로써 한국교회사에 이정표를 남겼다. 이들은 모두 적극적으로 복음을 받아들였던 진취적인 사람들이었으니, 다음 기록이 그 점을 잘 보여준다.

> 매킨타이어는 또한 4명의 학식있는 한국인들에게 세례를 주었다. 이들은 앞으로 있을 놀라운 수확의 첫 열매들이라고 확신한다. 비록 현재 한국이 서구의 나라들과 어떠한 접촉도 철저하게 격리되고 있지만, 그 쇄국은 곧 무너질 것이고, 또한 한국인들은 중국인보다 선천적으로 꾸밈이 없는 민족이고 보다 종교적인 성향을 지니고 있으므로, 나는 그들에게 기독교가 전파되면 곧바로 급속하게 퍼져나갈 것으로 기대한다. …… 작년(1879)에 모두 학식있는 4명의 한국인이 세례를 받았으며, 이들 외에도 기독교의 본질과 교리를 탐구하는 11명의 다른 사람들이 있고, 현재 동일한 수의 사람들이 한국 민족을 위해 성경과 기독교 문학을 준비하는 우리의 문서사업을 위해서 7~8일이 걸리는 우리 선교본부까지 기꺼이 올 것으로 기대된다. 그러므로 바로 여기에 기독교회를 향해 열려 있는 새 민족, 새 나라, 새 언어가 있는 것이다.[21]

이렇게 해외에서 개종한 한국인들은 성서 번역에도 선교사들을 도우며 적극 참여하였다. 우선 로스는 1877년 여름 요한복음의 번역에 착수한 이래 1879년 4월까지 백홍준·서상륜·이응찬 등 한국인 6~7명의 도움을 받으며 마태복음에서 로마서까지를 번역하였다. 그후 로스가 휴가를 맞자 매킨타이어는 이응찬·최성균 등과 함께 1879년 5월부터 1881년 5월까지 번역을 계속하면서 실습과 연구, 수정을 겸행하였다. 이어 1881년 6월에 돌아온 로스는 다시 번역을 재개하였다. 특히 번역에 참여한 한국인들이 거의 의주 출신이기 때문에 그 지역 방언이 많이 섞여 있는 한계를 극복하기 위하여 1881년 가을부터 서울 출신의 학자들이 동참하였고, 1884년에는 일부 망명군인들도 합류하여 작업을 거들었다. 그리하여 마침내

---

21) J. Ross, "Manchuria Mission", *UPMR* 1880. 10. 1, pp. 333~334.

1886년 가을에 신약성경의 번역이 완료되었다.[22]

번역된 성서의 출판 사업은 로스가 돌아온 1881년 6월부터 시작되어 '한글로 된 최초의 기독교 문서'인 《예수셩교문답》과 《예수셩교요령》이 10월에 간행되었다. 그 뒤를 이어 《예수셩교 누가복음젼셔》와 《예수셩교 요안니복음젼셔》가 발간되어 만주와 일본을 거쳐 국내에 반포되었다.

그러던 중 1882년 9월부터는 성서 출판 사업이 스코틀랜드성서공회에서 대영성서공회로 이관되었다. 그 뒤 1883년에 《예수셩교셩셔 누가복음 데자힝젹》과 《예수셩교셩셔 요안니복음》, 1884년에 《예수셩교셩셔 맛디복음》과 《예수셩교셩셔 말코복음》, 1885년에 《예수셩교 요안니복음 이비쇼셔신》 등이 속속 출간되었다. 그러다가 마침내 1887년 339쪽의 《예수셩교젼셔》 5천부가 발행됨으로써 번역에 착수한 지 10년만에 신약전서의 번역이 완결되었다. 이 《예수셩교젼셔》는 국내에서 신약전서가 발간되는 1900년까지 한국인 권서들에 의하여 주로 북한교회에 널리 반포되어 이 지역 복음화의 불길을 당겼다.[23]

5. 한국인 권서(勸書)들의 전도와 자생교회의 출현

만주에서 번역·간행된 성서를 한국에 들여와 보급한 것은 한국인 개종자들이었으며, 이들의 노력에 의하여 1880년대에 들어오면 북한지역에서 한국인들의 신앙공동체가 형성되기에 이르렀다.

물론 한글성서가 들어오기 이전에도 한문성서가 비밀리에 들어오기는 하였지만 그 수효가 많지 못하였고 독자층이 주로 지식인들이었다는 점에서 여러 가지 제약을 안고 있었다. 그러던 것이 1882년 3월 《예수셩교본》이 간행되자 식자공이었던 김청숭이 권서가 되어 즙안(楫安) 일대의 한인촌에 이를 반포하였고, 그 결과 많은 개종자가 나타났다.   檜

이들 가운데 상당수는 봉천으로 로스를 찾아가 세례를 받기도 하였고, 1884년에 로스는 동료 선교사 웹스터(J. Webster)와 함께 직접 한인촌을 방문하여 4개 마을에서 75명의 남자에게 세례를 주기도 하였다.

여기에 당시의 모습을 생생히 전하는 기록이 있다.

　　…… 이 온순한 농민들은 지난 20년간 이 골짜기를 개간하고 농사를 지어 왔다.

---

22) 한국기독교역사연구소, 앞의 책, pp. 146~149.
23) 위의 책, pp. 151~152.

그들의 유일한 염원은 그저 하루하루 탈없이 살아가는 것이었다. 그런데 2년 전에 그들의 생에 큰 변화가 일어났다. 그것은 그리스도의 복음이 이 계곡에 들어온 것이었다. 그리하여 수백명의 한국인들이 구원의 길을 찾아 날마다 즐거운 생활을 보내고 있다. 이 운동의 유래와 과정, 그리고 그 결과는 한결같이 놀라운 것이다. 한명의 선교사도 찾아온 일이 없는 이 곳에, 다만 심양에 와서 진리의 영향을 받았던 몇 사람의 개인적인 증거와 함께, 로스에 의해 준비되고 보내진 복음서와 소책자들이 이 놀라운 결과를 일으킨 도구들이었다. 이들 계곡에서 본 일은 우리를 겸손케 하였다. 한 계곡에서 다른 계곡으로 가면서 매일 우리는, 어제는 이교의 암흑 속에 살았으나 지금은 예수 안에서 죄사함을 받고 하나님과 세상이 화목하게 되었다는 지식으로 인해 기뻐하는 자들을 만났기 때문이다. 우리는 다만 '가만히 서서 하나님의 구원을 바라볼' 수밖에 없었다. 모두 4계곡에서 75명의 영혼이 세례를 받고 교회 안으로 들어왔다. 수년 후에 이 기초가 자라서 계곡들의 기독교회가 되고, 그들의 고국에 복음을 전해주며, 한국의 전 북부지방에 퍼지는 기독교 진리의 누룩이 될 것을 희망한다. 우리는 그들을 하나님과 그의 은혜의 말씀에 맡기고 돌아왔다.[24]

이는 비록 해외이기는 하지만 김청송 등의 전도 결과 선교사들의 도움을 받지 않고도 주체적이고 자생적으로 신앙공동체가 형성되었음을 선교사들 스스로도 인정하였으며, 세례식을 통하여 이들이 명실상부한 기독교인이 되었고, 이들이 선교사들의 예상대로 훗날 북한지역 복음화의 '누룩'이 되었다는 점에서 그 의미가 매우 크다고 하겠다.[25]

이같은 한국인들의 자발적이고도 열성적인 복음 수용의 결과 1884년 말 압록강 연안 계곡의 28개 한인촌에는 수세자 100여명, 남자 세례 요청자 600여명 등 '매일 가정예배를 드리고 하나님의 말씀을 읽는 수천 가정들'이 있게 되었다.[26]

그런데 이듬해에 중국인들은 한국인 기독교인들을 핍박하며 구타하고 재산을 파괴하였으며, 이에 따라 한국인 개종자들은 다음 기록에서와 같이 한국 내륙으

---

24) J. Ross, "A Bright Light in Northern Korea", *Foreign Missionary* 1886. 9, pp. 151~152 ; 이만열, "1880년대 서간도 한인촌 기독교공동체 연구",《한국기독교와 민족의식》, 지식산업사, 1991, p. 50.

25) 이에 대하여 김양선은 '1884년 겨울에 서간도 한인촌에는 75명의 세례교인을 가진 한국 최초의 Protestant 교회가 설립되었다. 여기서 우리가 주시해야 할 것은 선교사의 선교 이전에 한인촌의 사람들이 자진하여 복음을 받아들인 사실과 한국 최초의 Protestant 교회가 고조선의 고지였고, 고구려의 수도였던 楫安縣 裡楊子에 설립되어 모국 교화의 교두보가 되었다는 사실이다'("Ross Version과 韓國 Protestantism",〈白山學報〉3, 1967, p. 437)라고 하였다.

26) J. Orr, "The Gospel in Corea", *UPMR* 1890. 6. 2, p. 188 ; 한국기독교역사연구소, 앞의 책, p. 154.

로 들어와 복음을 전하면서 신앙생활을 계속하였다.

얼마후 개종자들의 대부분은 한인 계곡을 떠나 고국으로 돌아갔다. 그러나 이들은 복음을 듣고 갔고, 뒷날 미국 선교사들이 북부지방에 들어갔을 때 곳곳에서, 압록강 옛 거주지에서 진리를 소유하였던 신앙공동체를 발견하였다.[27]

한편 의주에서는 1879년부터 백홍준의 전도로 기독교에 관심을 보이는 사람들이 나타나기 시작하였으며, 성경의 수효도 그만큼 늘어났다. 그리하여 이전에 몰래 반입되던 성경만으로는 부족하게 되었으며, 이에 1882년에는 서상륜이 대영성서공회 최초의 한국인 권서로서 파송되어 약 3개월간 의주 일대에서 전도 활동을 하였다. 백홍준은 교리문답반을 운영하며 꾸준히 말씀을 전하였고, 그 결과 1885년에 이르러서는 18명의 신자에 예배처가 마련될 정도가 되었다. 이것이 곧 국내 최초의 자생교회인 의주 신앙공동체이다.[28]

의주에 이어 평양에도 복음서가 전하여졌다. 김청송에 이어 두번째 식자공이 된 동지사(冬至使) 수행원 출신의 한 청년이 평양으로 돌아올 때 약 1천권의 누가·요한복음서를 가지고 왔다. 이 복음서들은 '위험하지는 않지만 공공연한 길거리가 아닌 집과 여관에서 판매'할 수 있었다.[29]

서울에서는 1883년에 서상륜이 위에서 언급한 식자공에게 받은 4백권의 복음서를 반포하였다. 그의 전도는 빠른 결실을 맺어 적지 않은 한국인이 개종하였다. 이에 그는 로스에게 '서울로 와서 세례를 원하는 13명의 친구들에게 세례를 베풀어 교회를 조직해줄 것을 요청'하는 편지를 보내기에 이르렀다. 그러나 아직 내한할 형편이 되지 못하였던 로스는 대신 1884년에 한문·한글 성경과 소책자를 서상륜에게 보내주었고, 서상륜은 당시 조선정부에 고문으로 와 있던 묄렌도르프의 도움으로 이들을 받아 널리 반포하였다.

이어 서상륜은 1885년 봉천을 방문하여 국내에 70여명의 세례 청원자가 있음을 보고하면서 로스의 한국 방문을 재차 요청한 뒤 의주를 거쳐 고향인 황해도 장연의 소래(松川)로 돌아왔다. 여기에서 동생 서경조(徐景祚)와 함께 열심히 전도한 그는 20여명의 구도자들을 지도하며 성경과 교리를 가르쳤고, 집집을 돌아가면서 예배를 드리다가 늦어도 1886년까지는 예배처를 구하여 주일마다 예배를 드리게

---

27) J. Webster, "The Maker of the Manchurian Mission—An Appreciation of the late Rev. John Ross, D. D.", *The Missionary Record of the United and Free Church of Scotland*, Vol. 15, 1915, p. 396 ; 한국기독교역사연구소, 앞의 책, p. 154.
28) 한국기독교역사연구소, 앞의 책, p. 155.
29) Ross's letter to Dr. Wright, 1883. 6. 11 ; 한국기독교역사연구소, 앞의 책, p. 155.

되었다. 이것이 바로 한국 개신교회의 요람으로 불리는 소래 신앙공동체이다.[30] 이 신앙공동체는 그 지역 사람들의 힘으로 설립·운영되었으며, 58세대 가운데 50세대의 어른들이 교회에 나올 정도로 발전하였다.[31] 그리고 이들은 신앙을 위해서라면 목숨까지도 바칠 각오가 되어 있는 신실한 기독교인이었으니, 언더우드의 다음과 같은 편지가 이를 증명한다.

> 그들은 자기들의 목숨이 위험할 것이라는 사실도 인식하고 있었습니다. 그들 중 한명은 '하나님께서 우리를 구원해 주셨으니 임금님이 우리를 처형한다고 해도 괜찮습니다'라고 말하였으며, 다른 한명은 '하나님을 섬긴다는 이유로 임금님이 내 목을 자른다 해도 상관치 않습니다'라고 고백하였습니다.[32]

이처럼 초기 한국인 개종자들은 갖은 고난과 위험을 무릅쓰고 만주에서 간행된 복음서를 국내로 들여와 반포하며 전도함으로써 선교의 발판을 마련하였다. 그뿐만 아니라 선교사들의 힘에 기대지 않고 주체적이고 자립적으로 신앙공동체를 형성하는 자생적인 한국교회의 모습을 보여주었던 것이다.

6. 이수정의 미국 선교사 파송 요청

만주를 통하여 한국선교가 시도되고 있을 무렵, 일본에서는 이수정(李樹廷)이 그 일을 위하여 노력하고 있었다. 이수정은 1882년 12월 수신사 박영효(朴永孝)의 수행원으로 일본으로 건너갔는데, 그는 개화된 선진문물을 시찰하려는 목적 외에 기독교인 농학자 쓰다센(津田仙)을 만나려는 의도도 가지고 있었다.

동경에 도착한 뒤 바로 쓰다센을 방문한 이수정은 그와 함께 기독교에 대한 대화를 나누었고, 신약성경 한권을 받았다. 이미 국내에서도 기독교에 대한 관심과 지식을 가지고 있던 이수정은 매일 성경을 읽으면서 동경 치쿠지교회(築地教會) 예배에도 참석하였고, 체계적인 성경공부도 시작하였다. 점차 기독교에 매력을 느끼게 된 그는 쓰유게쓰초교회(露月町教會) 야스카와(安川亨) 목사로부터 기독교와 불교의 차이점에 대한 의문을 푼 후 1883년 8월 쓰유게쓰초교회에서 미국 선교사

---

30) 한국기독교역사연구소, 앞의 책, p.156.
31) 민경배, 앞의 책, p.171.
32) H. G. Underwood's Letter to Dr. Ellinwood, 1887년 1월 22일자 ; 이만열, 앞의 글, p.83.

녹스(G. W. Knox)에게 세례를 받았다. 그는 그 해 5월 열린 전국기독교도 대친목회에서 한국어로 공중기도와 신앙고백을 함으로써 더욱 성숙한 신앙인으로서의 면모를 보여주었다.[33]

그 뒤 이수정은 일본에 유학을 온 한국 학생들에게 전도를 하고 성경도 가르치며 유학생들의 신앙공동체를 형성하였고, 이 모임은 미국 선교사들의 지도 아래 더욱 발전되어 마침내 1883년 말에 일본 최초의 한인교회의 설립을 보게 되었다.

이러한 전도 활동 외에도 이수정은 성서 번역과 선교사 초치운동에 각별한 노력을 기울였다. 먼저 그는 1883년 5월부터 시작하여 이듬해 6월까지 4복음서와 사도행전 등 5권을 번역하였는데, 이들은 한자에 토를 다는 방식의 이른바 '현토성서'(懸吐聖書)였다. 그리고 이어 마가복음의 한글 번역에 착수, 이듬해 4월에 완결을 보았다. 1885년 4월 5일 아펜젤러와 언더우드가 제물포에 상륙할 때 들고 온 복음서가 바로 이수정이 번역한 마가복음이었다.

성서 번역 못지 않게 이수정이 한국기독교사에 끼친 큰 공헌은 바로 선교사 초치운동이었다. 녹스 선교사에게 세례를 받은 뒤 이수정은 그에게, 자신은 미국인과 미국 선교사를 좋아한다고 하면서 미국 선교부에서 한국에 선교사를 파송해 달라고 요청하였다. 이른바 '한국의 마게도니아인의 부름'[34]이라고 불려진 이수정의 요청은, 그에게 성서 번역을 적극 권유하기도 하였던 재일미국성서공회 총무 루미스(H. Loomis)의 도움으로 미국교회에 알려지기 시작하였다. 즉 루미스는 이수정과 한국인 개종자들, 그리고 성서 번역에 관한 기사를 미국의 선교 잡지에 기고하여 한국선교에 대한 관심을 고조시키면서 선교사 파송의 필요성을 역설하였던 것이다.[35]

당시 일본교회에서도 한국선교를 시도하려는 분위기가 있었지만, 이수정은 반드시 미국에서 직접 선교사가 파송되어야 한다고 주장하였다. 1883년 12월 그가 미국교회에 보낸 진정서의 한 대목이다.

> 여러분의 나라는 기독교 국가로 우리에게 잘 알려져 있습니다. 그러나 여러분들이 우리에게 복음을 전해주지 않으면, 나는 다른 나라가 그들의 교사들을 신속히 파송하리라 생각하며, 또한 그 가르침이 주님의 뜻과 일치하지 않을까 하여 걱정하는 것입니다. 비록 나는 영향력이 없는 사람이지만 여러분들이 파송하는 선교사들을 돕는 데 최선을 다하겠습니다.[36]

---

33) 한국기독교역사연구소, 앞의 책, pp. 158~159.
34) "A Macedonian from Corea", *FR* 1883. 6.
35) 한국기독교역사연구소, 앞의 책, p. 160.

이러한 이수정의 요청은 이듬해에도 계속되었고, 마침내 언더우드와 아펜젤러가 한국에 오게 됨으로써 결실을 맺게 되었다. 그 뒤에도 그는 성서 번역에 힘을 기울였으며, 아울러 동경에 있는 외국어대학에서 한국어 강사로도 활동하면서 유학생들에게도 전도하는 등 바쁘고 보람된 나날을 보냈다.[37] 이처럼 이수정은 성서 번역과 선교사 초치활동을 벌임으로써 기독교가 한국에 수용되는 데 기틀을 마련하는 선구적 역할을 하였다.

---

36) Rijutei, "Rijutei to the Christians of America, Greeting", *MR* 1884. 3., pp. 145~146.
37) 吳允台,《韓國基督敎史－先驅者 李樹廷 IV》, 惠先出版社, 1983, p. 96 ; 김수진, "이수정과 그의 일본 행적", 〈한국기독교와 역사〉 1, 기독교문사,' 1991, pp. 188~189. 한편 귀국후 그의 행적 및 사인(死因)에 대해서는 여러 설이 있다(이만열, 앞의 책, pp. 172~175 참조).

II. 북한의 각 지방별 교회의 설립과 발전

한국 최초로 설립된 소래교회를 개축한 모습

제 1 장 평안도 지방의 교회
제 2 장 함경도 지방의 교회
제 3 장 황해도 지방의 교회
제 4 장 경기 북부·강원 북부·만주지역의 교회

제1장 평안도 지방의 교회

1. 평안도의 지역적 특성과 종교 문화

1. 지역적 특성

평안도는 평안북도와 평안남도로 이루어져 있다. 평안북도는 한반도의 서북단에 위치하여 동쪽은 낭림산맥을 경계로 함경남도와 접하고, 서쪽은 황해에 임하여 멀리 중국본토를 바라보며, 남쪽은 묘향산맥과 청천강을 경계로 평안남도와 매매지역을 이루고, 북쪽은 압록강을 국경으로 만주대륙에 접속되어 옛부터 국방상 제일의 요충이 되어왔을 뿐만 아니라 대륙과의 문물교류의 관문으로서 중요한 구실을 해왔다. 남북길이 약 280km, 동서길이 약 300km, 면적 28,442.9km²로 전 국토의 12.9%에 해당하며 함경남도 다음으로 넓은 도이다. 인구는 1943년 당시 1,930,987명이었다.[1] 또한 평안북도는 공업발전에 유리한 지하자원, 수력자원, 수산자원, 산림자원을 풍부하게 가지고 있다.[2]

평안남도는 한반도의 북서부에 위치하며 동쪽은 함경도, 서쪽은 황해, 남쪽은 황해도, 북쪽은 평안북도와 접하고 있다. 대체로 북쪽은 묘향산맥, 동쪽은 낭림산맥, 남쪽은 언진산맥 등으로 둘러싸여 대동강 유역을 포함한다. 남북길이 140km, 동서길이 200km, 면적 14,944km²로 전체 국토의 약 8%를 차지한다. 인구는 1943년 당시 1,719,636명이었다.[3] 또한 평안남도에는 농경지가 많고 풍부한 지하자원이 매장되어 있어 일찍부터 농업 및 광업·수공업이 발전하였다.[4]

---

1) 《한국민족문화대백과사전》 23, 한국정신문화연구원, 1991, p. 450.
2) 《력사사전 II》, 사회과학출판사, 1971, p. 881.
3) 위의 책, p. 442.

평안도 지역은 단군왕검이 최초의 국가인 조선을 세운 옛터였다고 전해지고 있으며, 후에 위만조선과 한사군의 하나인 낙랑군 지역으로도 편입되었다고 한다.[5] 그뒤 고구려가 이 지역을 점유하고 장수왕에 의해 평양이 도읍으로 정해지면서 발전하기 시작하였다. 그러나 신라의 삼국통일로 고구려가 멸망하자 평양에 당나라의 안동도호부(安東都護府)가 설치되어 당나라의 영토로 편입되었다. 그후 고려 초부터 시행한 북진정책으로 다시 그 지역이 회복되면서 평양은 서경(西京)으로 불리워졌다. 조선조 건국시에는 서북면(西北面)으로 불리던 이 지역에 관찰사가 파견되었고 태종이 전국을 8도로·개편할 때 평안도로 개칭되었다. 세종 때는 북방 이민정책으로 많은 이민들이 이주하였다. 이처럼 조선시대까지는 평안도 지역이 하나의 구역으로 통합되어 있었으나 1896년 13도제가 실시되면서 평안남도와 평안북도로 분리되었다.

평안도 사람들은 조선조 이래 중앙정부의 서북지역 차별정책 때문에 고위관직에 나아갈 수 없었다. 그러나 이러한 사회적 푸대접에 대한 반발에서 남부지방보다 훨씬 교육열이 높았기 때문에 아무리 벽촌이라도 서당 없는 동네가 없었고, 문맹이 거의 없었다고 한다. 1915년 당시 평안북도에 설립되어 있던 서당은 1,015개였으며 학동수는 30,702명이었다.[6] 조선시대 과거의 문과급제자를 기록한 《국조방목》(國朝榜目)에 의하면 전체 합격자 14,000명 가운데 평안도 출신이 1,000명 정도로 나타나고 있다.[7] 이것을 다시 군별로 보면 정주군이 277명으로 수위를 차지하고 있고, 박천이 62명, 영변이 57명으로 되어 있다. 정주의 급제자 수는 전국적으로 보아도 서울 다음 가는 2위로서 유림의 본산지라고 하는 안동보다도 많았다.[8] 그러나 조선조 동안 일관된 서북 푸대접으로 말미암아 급제자들은 '기껏해야 지평(持平, 정오품) 장령(掌令, 정사품)이오, 만호(萬戶, 종사품, 무관직) 첨사(僉使, 종삼품, 무관직)지'라는 말로 상징되듯이 고위관료로 진출할 수가 없었다.[9] 특히 조선후기의 세도정치하에서는 소수의 벌열(閥閱)가문이 관직을 독점하고 있었으므로 중앙정계 진출이 사실상 불가능하였다. 개항 이후 평안도 지역이 새로운 문화와 종교를 적극적으로 받아들일 수 있었던 주요한 배경 가운데 하나는 바로 여기에 있

---

4) 《력사사전 II》, p. 877.
5) 아직까지는 하나의 가설에 불과하다.
6) 平安北道誌編纂委員會, 《平安北道誌》, 1973, p. 438.
7) 李光麟, "開化期 關西地方과 改新敎", 《韓國의 近代化와 基督敎》, 숭실대출판부, 1983, pp. 40~41.
8) 평안북도지편찬위원회, 앞의 책, p. 438.
9) 李昇薰, "西北人의 宿怨新慟", 〈新民〉 14, 1926. 6 ; 南岡文化財團 編, 《南岡李昇薰과 民族運動》, 南岡文化財團出版部, 1988, p. 399.

2. 종교 문화

었다고 볼 수 있다.

조선시대 이래 지배체제로부터 소외당한 평안도인들은 체제이념이었던 유교에 그다지 기대를 걸지 않았다. 물론 이들은 신분상승을 위해 전통적인 한학교육에 힘썼지만 양반사대부들처럼 '성리학 지상주의적' 태도를 취하지는 않았다. 따라서 평안도에서는 유교문화의 구속력이 남부지역에 비하여 상대적으로 약하였을 것이며, 개신교가 진출할 무렵인 개항기에는 유교문화의 힘이 더욱 약화되었을 것이다.

한편 조선조의 불교는 성리학적 지배질서에 의하여 억압된 상태에 처하여 있었으므로 주로 '산중불교'의 형태로 존재하거나 민간신앙과 습합된 형태로 존재하였다. 따라서 조선조의 불교는 공적인 지배 영역에서는 사회적 힘을 발휘할 수 없었다. 개항 이후 국가권력이 약화되는 틈을 타서 불교는 다시 수면 위로 부상하는 모습을 보여주었으나 일제의 식민통치로 말미암아 커다란 사회적 힘을 발휘할 수는 없게 되었다. 일제는 본말사법(本末寺法)을 제정하여 전국 사찰을 31개의 본산을 중심으로 통제하였다. 1937년 당시 평안도에 소재한 본산으로는 평남의 영명사(永明寺)와 법흥사(法興寺), 그리고 평북 영변군 묘향산에 있는 보현사(普賢寺)뿐이었다. 당시 전국의 사찰수는 1,336개였으나 위의 3개 본산에 소속된 평안도의 사찰은 총 128개에 불과하였다.[10] 그리고 당시 전국의 승려는 6,648명이었으나 평안도의 승려는 198명에 불과하였고, 전국 불교신자 194,177명 가운데 평안도의 불교신자는 12,218명에 지나지 않았다.[11] 이러한 측면에서 볼 때 평안도의 불교 교세는 전반적으로 약세에 처해 있었다고 볼 수 있다.

이처럼 유교와 불교로 대표되는 전통종교가 약세를 보이던 지역에서는 새로운 종교가 비교적 쉽게 진출할 가능성이 있다. 개항 당시 한국의 새로운 종교는 자생적으로 등장한 동학(東學)과 서구종교인 천주교와 개신교로 대표될 수 있다. 반봉건 반외세를 외치며 등장한 동학은 갑오농민전쟁에서 결정적인 타격을 받은 이후 삼남지방으로부터 북부지방으로 북상하기 시작하였다. 평안도에 동학이 전파된 것은 주로 북접(北接) 출신의 동학교도들이 황해도와 강원도를 거쳐 북부의 산간지역으로 피난하는 과정에서이다. 1900년대에 이르러서 동학은 평북 각군에까지 급속히 확산되기 시작하여 3년만에 '가가동학 인인송주'(家家東學 人人誦呪)의 소리

---

10) 《朝鮮における宗教及享祀一覽》, 朝鮮總督府學務局社會教育課, 1937, pp. 49~51.
11) 위의 책, p. 49.

를 듣게 되었다고 한다.[12] 1905년 3세 교주 손병희(孫秉熙)에 의해 천도교(天道敎)로 교명을 바꾸어 '근대종교'로 등장한 동학은 일제시대에도 평안도 지역에서 막강한 교세와 활동을 자랑하였다.

1934년 당시 평안도의 천도교인은 59,772명으로 전국 천도교인 103,544명의 60%에 육박하고 있었고 전국적으로 설치된 포교소 821개 가운데 448개가 평안도에 설치되어 있었다.[13] 천도교는 교육사업을 비롯한 사회활동도 적극적으로 전개하여 1930년 당시 평안도에서는 보광(普光)학교를 비롯한 8개의 서당이 운영되고 있었다.[14] 그리고 천도교의 3대운동이라고 간주되는 갑진(甲辰)혁신운동과 3·1운동도 주로 평안도의 교인들이 중심이 되어 일으켰다.[15]

2. 선교활동과 교회의 설립

평안도 지역에서 최초로 선교활동을 펼쳤던 교파는 미국 북장로회와 미국 북감리회이다. 이어 안식교·성결교·성공회·구세군 등의 여러 교파가 들어와 선교활동을 펼쳤으나, 평안도의 기독교 지형은 장로교와 감리교 중심으로 형성되어 갔다. 교회조직이 본격화되기 이전의 평안도 기독교의 모습은 각 선교부의 활동을 중심으로 이루어졌다.

1. 미국 북장로회

미국 북장로회 선교부는 한국에서 활동한 선교부들 가운데 가장 넓은 지역을 담당하였을 뿐만 아니라 가장 왕성한 선교활동을 하였다. 미국 북장로회 선교부가 관할하였던 지역 가운데 가장 커다란 교세를 보인 지역은 평안도이다. 1907년 독노회의 설립으로 '자주적인' 치리조직을 갖는 한국 장로교가 성립되기 이전까지 미국 북장로회 선교부는 평양과 선천에 설치된 선교거점(station)[16]을 중심으로 선교활동을 하였다.

---

12) 평안북도지편찬위원회, 앞의 책, p. 483.
13) 村山智順,《朝鮮の類似宗敎》, 조선총독부, 1935, p. 64.
14) 위의 책, pp. 73~74 참조.
15) 평안북도지편찬위원회, 앞의 책, p. 483.
16) 여기서는 '스테이션'(station)을 선교거점, 선교기지, 선교지부로 혼용하여 사용한다.

1) 평양 선교지부
① 선교지부의 설치와 선교구역의 설정

선교 초기에 서울을 중심으로 활동해오던 미국 북장로회 선교부는 북부지방의 선교를 위해 선교기지를 물색하게 된다. 당시 북부지역의 선교기지로서 먼저 물망에 오른 곳은 의주와 평양이었다.

의주지역은 선교사가 들어오기 이전부터 만주지역을 통해 자생적인 신앙공동체가 형성되고 있었기 때문에 선교기지로서 유력하였다. 그러나 지리적으로 너무 변경에 위치하고 있는 단점이 있었다. 반면 평양은 당시 서울 다음으로 큰 도시로서 북부지방의 중앙에 위치하고 있었을 뿐만 아니라 교통의 요지라는 장점을 지니고 있다. 결국 선교사들 사이에서 선교기지 장소를 놓고 논의를 한 결과 평양이 북한지방의 선교기지로 결정되었다. 이 때 평양을 선교기지로 확정하는 데 결정적 역할을 한 사람은 선교사 마펫(S. A. Moffett)이었다.[17]

1893년 1월 조선주재 선교사공의회는 마펫을 비롯하여 리(Graham Lee), 스왈른(W. L. Swallen) 등 3명을 평양개척 선교사로 임명하였다.[18] 그러나 당시까지만 해도 외국인이 직접 나서서 선교기지용 땅이나 대지를 구입하는 것은 매우 위험하였기 때문에 한국인 조사(helper)가 절대적으로 필요하였다. 그래서 마펫은 의주에서 만난 한석진(韓錫晋)[19]을 조사로 삼아 평양개척의 실무를 맡겼다. 한석진은 마펫의 부탁에 의하여 선교기지용으로 평양 서문밖에 조그마한 벽돌집 한채를 자신의 이름으로 구입하였다.[20] 그러나 그의 배후에 선교사가 있다는 사실이 알려지면서 그에게 집을 판 사람이 관아에 체포되고, 관아의 사주를 받은 평양 주민들이 들고 일어나 선교사들에게 돌팔매질을 하였다.[21] 결국 집은 원소유주에게 돌아갔고, 마펫과 리는 한석진에게 평양을 맡기면서 잠시 평양을 떠났다. 홀로 남은 한석진은 가족을 평양으로 데려온 후 작은 집을 다시 하나 구입하였다.[22] 이번에는 그가 가족을 거느린 평양주민으로서 집을 구입한 것이었기 때문에 아무도 이의를

---

17) S. A. Moffet's Letter to Dr. Ellinwood, 1897. 3. 17.
18) Jong Hyeong Lee, *Samuel Austin Moffett, His Life and Work in the Development of the Presbyterian Church of Korea, 1890~1936*, Union Theological Seminary, Richimond, Virginia, 1983, pp. 29~30 ; 이덕주,《나라의 독립, 교회의 독립》, 기독교문사, 1988, p. 69에서 재인용.
19) 그는 후일 한국 장로교 최초의 7명의 목사 가운데 1명이 된 의주 청년이었다.
20) S. A. Moffett, "Early Days in Pyengyang", *The Korea Mission Field*, Vol. XXI, No. 3, 1925. 3., p. 53.
21) 훗날 장로교 최초의 목사 가운데 한 사람이 된 이기풍이 마펫의 이마에 돌을 던져 상처를 남기게 된 것도 이 때였다. 위와 같음.
22) S. A. Moffett's Letter to Dr. Elinwood, 1893. 1. 6 ; 이덕주, 앞의 책, p. 72.

제기하지 않았다. 그 해 5월 마펫이 다시 평양에 돌아와 한석진의 집에 거주하게 됨으로써 마침내 평양 선교기지가 확보되었다.[23]

이러한 과정을 통해 설치된 평양 선교지부는 선교사들을 각 지역으로 순회하게 하면서 교인과 교회를 돌보게 하였다. 당시 평양지부 산하의 순회지역과 순회선교사들은 다음과 같았다.[24]

〈표 II-1〉

순회지역	순회선교사
평안북도	휘트모어(N. C. Whittemore)
평안남도(북부)	마펫
평안남도(동부·서부)	베어드(W. M. Baird)
황해도	리

그후 교세가 날로 팽창하자 1901년 선천에 새로운 선교지부가 설치되어 평안북도를 관할하게 되고, 1906년에는 재령에도 선교지부가 설치되어 황해도를 담당하게 되었다. 따라서 평양 선교지부의 관할지역은 평안남도 전지역과 황해도 북부의 일부지역으로 국한되었다. 황해도 3개군은 지리적으로 재령보다는 평양이 가까웠으므로 평양지부의 관할지역이 되었던 것이다. 1906년 이후 평양 선교지부가 담당한 순회구역과 순회선교사는 다음과 같다.[25]

〈표 II-2〉

순회지역	순회선교사
동부	마펫
강동	번하이슬(C. F. Bernheisel)
북부(안주·영유·순안)	블레어(W. N. Blair)
서평양	베어드
서부	스왈른
중화·황해도(황주·곡산)	리
남평양	매큔(G. S. McCune)

---

23) 위와 같음.
24) H. A. Rhodes, *History of the Korea Mission Presbyterian Church U.S.A. 1884~1934*, p. 154 참조.
25) 위의 책, p. 154 참조.

② 평양 기독교인 박해와 청일전쟁

1894년 청일전쟁이 발발하기 몇달 전 평양에서 기독교인에 대한 박해가 일어났다. 평양에서 본격적인 선교가 시작된 지 1년만의 일이었다. 당시 평양에는 한석진을 중심으로 한 장로교인과 김창식(金昌植)을 중심으로 한 감리교인들의 초기 신앙공동체가 형성되어 있었다.

1894년 2월 음력 정월을 맞아 동리 발피(潑皮)[26] 김낙구란 자가 마을을 돌며 우물제사를 지낼 비용을 걷다가 평양주재 감리교 선교사 홀(Hall)의 어학선생으로 있던 노병선(盧炳善)에게 거절당한 사건이 발생하였다.[27] 그러자 김낙구를 비롯한 일부 주민들은 평양감사를 찾아가 "이교를 수입하여 다수의 양민을 유혹하게 하며 외인으로 협잡하는 유(類)를 방지하여 금지"[28] 하도록 요청하였다. 당시 평양감사였던 민병석(閔丙奭)은 "셔양 사람은 잡을 수 업슨즉 조션 교인만 잡으라"[29]는 지시를 내렸다. 결국 한석진과 김창식을 비롯한 상당수의 평양교인들이 체포되고, 그들에게 집을 판 평양주민들도 함께 체포되었다. 체포된 교인들은 외국인 선교사와의 관련여부에 대해 집중 심문을 받았고 나중에는 배교하면 석방하겠다는 식의 심문을 받기도 하였다. 교인들이 체포되었다는 소문이 홀을 통해 서울로 전해지자 당시 서울에 있던 마펫은 즉시 미국공사와 영국공사를 통하여 중앙정부에 항의하였다. 마침내 구금되었던 교인들은 중앙정부의 조치에 의하여 풀려났을 뿐만 아니라 나중에는 정부로부터 배상금도 받아냈다.[30]

이 사건은 선교사들을 배척하려는 평양 주민들의 반외세 감정, 선교사들의 돈을 갈취하려는 지방 부패 관리의 음모, 그리고 기독교라는 외래종교에 대한 전통종교 및 문화의 배척 과정에서 일어났다고 볼 수 있다.[31] 그러나 이 사건은 우리나라 기독교사에서 매우 중요한 의미를 지니고 있다. 왜냐하면 이 사건을 계기로 교회를 떠난 교인들도 있었지만 '죽음의 위기'를 극복한 교인들의 신앙은 더욱 강고해졌기 때문이다. 그와 동시에 기독교인들에 대한 '공식적' 탄압은 완전히 종식되었으며, 개신교는 이제 한국인들에게 '힘이 있는 종교'로 간주되었기 때문

---

26) '발피'는 '일정한 직업도 없이 떠돌아 다니는 부랑자'를 의미한다(신기철·신용철 편,《새우리말 큰사전》, 삼성출판사, 1974 참조).
27) 황명모, "나의 지낸 일을 회상함",《승리의 생활》, 조선예수교서회, 1927, pp. 78~79.
28) 한국교회사학회 편,《조선예수교장로회사기(하)》, 연세대출판부, 1968, p. 136.
29) 황명모, 앞의 글, p. 79.
30) *ARPC* 1895, p. 119.
31) 김승태, "1894년 평양 기독교인 박해사건",〈韓國基督敎史硏究〉 15·16호, 1987, pp. 19~20.

이다.

이러한 사건이 일어난지 얼마 안 되어 평양 기독교인들은 또다른 수난을 당해야만 하였다. 그해 6월에 일어난 청일전쟁의 격전장이 바로 평양이었기 때문이다. 전쟁이 일어나자 대부분의 평양 주민들은 전란을 피해 산간지역으로 피신하였다. 따라서 당시 6만의 인구를 가지고 있었던 평양은 15,000명의 인구로 줄어들고 말았다. 평양지방의 선교사들과 교인들도 안전을 위해 시골로 피란하였다. 당시 마펫 선교사는 피하지 못한 교인들을 보호하기 위해 평양에 남아 있으려고 하였으나 교인들의 설득에 의해 마침내 서울로 피하였다고 한다.[32] 한석진도 황해도 수안으로 가족과 함께 피란하였다. 그해 9월 청나라가 일본에게 패배함으로써 전쟁이 종료되자 마펫과 리, 그리고 한석진은 다시 평양으로 돌아왔다. 이들이 난민들을 헌신적으로 돌보아 주었기 때문에 평양 주민들은 기독교에 대하여 호의적인 인상을 갖게 되었다. 마펫은 청일전쟁과 교회성장의 관계에 대하여 다음과 같이 말하였다.

> 이 나라 전체는 (청일전쟁으로 인해) 오랫동안의 잠자던 극단적인 보수주의로부터 깨어났다. 확고한 근거가 닦여져 있던 교회는 그러한 상황을 잘 활용할 수 있는 위치에 있었다. 그리하여 이 때부터 교회는 후퇴함이 없이 꾸준히 그리고 신속하게 성장하였다.[33]

이처럼 평양에서의 기독교인 박해와 청일전쟁은 기독교의 성장과 발전에 오히려 긍정적인 계기로 작용하였던 것이다.

③ 사랑방 전도와 사경회

평양에 교회당 건물이 정식으로 세워지기 전에는 주로 사랑방을 통해서 복음이 전해졌다. 당시 평양 사람들은 서양 선교사들을 경계하면서도 동시에 그들에 대한 호기심을 가지고 있었다. 그들은 때때로 선교사의 집으로 무리를 지어 찾아가 여러 가지 물음을 던지곤 하였다. 그러면 선교사와 조사들은 그들의 질문에 일일이 응답하면서 그 시간을 복음전파의 기회로 삼았다. 간혹 저명한 인사가 사랑방으로 초청되어 가면 거기에는 으레 많은 사람들이 이미 와 기다리고 있었고, 만일 그 집주인이 예수 믿을 마음이 생겼을 때에는 그날 밤에 그 집 사랑방에서 성경공부를 하곤 하였다.[34] 널다리골교회로 알려진 평양 최초의 교회도 사실은 한석진

---

32) *ARPC* 1895, p. 119.
33) S. A. Moffett, "Some Evangelistic Work", *Quarto-Centennial Papers before Annual Meeting*, 1909. 8. 27. p. 25 ; 서명원, 앞의 책, p. 140 참조.

의 사랑방에서 시작되었다. 이 사랑방에서 한석진과 마펫의 주도하에 정기적인 예배와 학습이 진행되면서 사랑방은 점차 교회로 성장하여 갔던 것이다. 이처럼 초기선교에서는 사람들과 직접 접하고 함께 만날 수 있는 사랑방이 복음전파의 중요한 역할을 하였다.

마펫과 한석진의 열성적인 선교활동으로 마침내 1893년 11월 22명으로 이루어진 교리학습반이 조직되었고,[34] 다음해인 1894년 1월에는 그 가운데 7명이 세례를 받았다.[36] 그리고 청일전쟁을 거친 다음해에는 세례교인 73명, 학습인 195명으로 늘어났다. 그뿐 아니라 평안도 지역에 4개의 교회가 설립되었고 교인들의 헌금액 수도 59,422냥이나 되었다.[37] 이처럼 놀라울 정도의 속도로 교세가 확대되자 제한된 숫자의 선교사들만으로는 교인들을 관리할 수 없게 되었다. 따라서 본토인 지도자의 필요성이 절박하게 요청되면서 한국인 교회 지도자를 양성하는 교육이 시작되었다. 사경회가 바로 이러한 기능을 담당하였다.

1898년 1월 평양 최초의 사경회가 열렸다. 선교사들은 원래 25명의 한국 교인들만을 초청하였으나 교인들은 75명의 친구와 친척들을 함께 데리고 왔다. 이들 중에는 100마일 이상이나 떨어진 지역에서 걸어온 사람들도 있었다.[38] 이것은 당시 사경회에 대한 한국인들의 관심이 얼마나 컸던가를 잘 보여주는 사례이다.

사경회는 철저히 성서중심으로 운영되었다. 여기에서는 영어나 지리 또는 그밖의 서양문화를 가르칠 시간이 없었다고 한다.[39] 또한 사경회의 숫자가 급증하였기 때문에 선교사들만으로는 수업이 운영될 수 없었다. 따라서 선교사로부터 가르침을 받은 한국인들이 수업을 맡게 되었다. 수업이 한국인에 의해 직접 운영되었기 때문에 당시 교인들은 기독교를 마치 우리나라의 종교로 생각하게 되었다.[40]

이러한 사경회의 또 한가지 특색은 그것이 전도운동과 관련을 가지고 행해졌다는 점이다. 사경회가 끝나면 교인들은 항상 복음을 전하러 나갔다.

> 아침에는 성경공부를 하고 오후에는 조직적인 축호전도에 나섰다. 그들은 두사람씩 짝을 지어서 실제로 평양시내 집집마다 들어가 전도하였다.[41]

---

34) 《평양노회사》, 대한예수교장로회 평양노회, 1990, p. 83.
35) Jong Hyeong Lee, 앞의 책, p. 78.
36) S. A. Moffett's Letter to Dr. Ellinwood, 1894. 1. 12.
37) S. A. Moffett, *Evangelistic Work in Pyengyang and Vicinity*, Pyengyang Station, 1895. 10.
38) 서명원, 앞의 책, p. 154.
39) 위의 책, p. 155.
40) 위와 같음.

이처럼 평안도 지역 사람들의 복음과 성경에 대한 열정으로 말미암아 사경회는 급속히 확장되어 갔다. 다음의 표는 평양에서 사경회가 얼마나 급속하게 성장하였는가를 잘 보여주고 있다.

〈표 II-3〉 평양 동계 남자사경회 성장표[42]

연 대	1898	1899	1900	1901	1902	1903	1904	1905	1906	1907
등록자수	100	150	250	360	600	713	610	800	…	940

④ 네비어스 선교정책과 교세의 성장

1890년 재한 선교사들은 중국에서 오랜 선교경험이 있는 네비어스(J. L. Nevius) 선교사를 초청하여 선교방법에 관한 자문을 구하였다. 그후 이른바 '네비어스 정책'이라고 하는 선교방법을 공식적인 선교정책으로 채택하였다.[43] 네비어스 정책의 목표는 자립교회를 형성하는 것이었다. 그러한 자립교회의 기초는 자급(自給), 자전(自傳), 자치(自治)의 원리였다. 그런데 이러한 자립교회의 정신이 가장 성공적으로 이루어진 곳이 바로 평안도 지역이다.

1897년 평양지부가 관할하는 관서지방에는 정규적인 예배를 위하여 모이는 53개의 집단이 있었는데 그 가운데 25개 집단은 자체의 예배당을 가지고 있었다.[44] 그 다음해에는 예배집단이 126개로 늘어났고 자체 예배당을 가진 집단은 69개였다.[45] 결국 1년 동안 44개의 예배당이 세워진 셈이다. 이처럼 북부지역의 교인들은 초기부터 선교사의 도움을 받지 않고 자체적으로 교회를 세워 나갔던 것이다.

교회가 자립하기 위해서는 본토인이 스스로 교회를 다스리는 자치가 중요하다. 초기에는 선교사들이 지도능력을 갖춘 지도자를 선택하여 교회 지도자로 임명하였으나, 교회가 점차 자발적으로 성장함에 따라 교회의 지도권도 본토인 지도자들에게 넘어갔다. 우리나라의 초기 교회 지도자가 형성되는 과정의 한 단면이 다음과 같이 서술되고 있다.

---

41) W. L. Swallen, "Rivival in Pyongyang, Korea", *Commission on Ecumenical Mission and Relations of the United Presbyterian Church U.S.A.*, 1906. 2. 16 ; 서명원, 앞의 책, p. 155에서 재인용.
42) 서명원, 앞의 책, p. 155.
43) 한국기독교역사연구소, 《한국기독교의 역사 I》, pp. 218~225.
44) *ARPC* 1897 ; 서명원, 앞의 책, p. 147에서 재인용.
45) 서명원, 앞의 책, p. 147.

한 교인이 새신자를 교회로 많이 인도하여 교인수를 증가시켰을 때에는 자연스러이 지도자로 인정되었고 이를 계기로 하여 장로도 되고 그 지방 전도목사도 되었다.[46]

결국 한국교회가 스스로의 힘으로 교회를 세우고 스스로 치리를 해나갈 수 있는 자립교회로 형성될 수 있었던 기반은 교세의 놀라운 성장이었다. 특히 평안도에서의 교세확장은 당시 선교사들을 놀라게 하였다. 스피어(Speer)는 관서지방에서의 교회성장에 대해 다음과 같이 말하였다.

북쪽의 교회는 이 세상 어느 곳에서도 넘을 수 없을 정도로 확산되고 침투되고 있다. 교회는 붐빈다. 기회는 무한하다.[47]

또한 당시의 잡지도 다음과 같이 관서지방의 교세확장을 경이롭게 서술하고 있다.

영국성공회 선교회가 우간다에서 세운 선교실적 다음으로 이 한반도에서의 장로교 선교부처럼 놀라운 발전을 이룩한 곳을 찾아볼 수 없다고 하는데, 그 普及지역은 서북쪽 兩道의 全幅이다. …… 그 지역에 3,000명 이상의 교인이 있는데, 그 가운데 1,000명은 1900년 7월부터 1901년 12월까지 18개월 사이에 입교한 교인들이다. …… 아마 이 평양 선교지부 구역은 …… 진정한 의미의 자립교회가 존립되어 있다.[48]

이렇게 급속한 성장을 보여주고 있는 평안도 지방의 교세발전 과정을 살펴보면 〈표 II-4〉와 같다.[49]
이 표에서 나타나듯이 평안도의 세례교인은 5년만에 20배 가량 늘어났으며, 전국 장로교 세례교인의 절반에 이르렀음을 알 수 있다. 1901년 선천 선교지부가 설치되면서 평안북도의 통계는 별도로 작성되었으므로 1906년 재령 선교지부가 설치되기 전까지 평안남도와 황해도의 세례교인수를 살펴보자.[50]

---

46) 白樂濬,《韓國改新敎史》, 연세대출판부, 1973, p. 310.
47) *ARPC* 1898, p. 158.
48) *The Missionary Review of the World, N.S.*, Vol. XV, No. 7, 1902. 7., p. 553 ; 백낙준, 앞의 책, p. 286 참조.
49) Rhodes의 앞의 책과 서명원의 앞의 책의 통계를 조합하여 작성한 것임.

〈표 II-4〉

연 도	평안도	전 국
1894	52	236
1895	73	286
1896	243	530
1897	377	932
1898	1,058	2,079

연 도	평남/황해도	전 국
1901	2,994	4,793
1902	3,100	5,481
1903	3,765	6,491
1904	4,703	7,916
1905	5,468	9,756

평양 선교지부가 관장하는 평안남도와 황해도의 세례교인이 전국 장로교 세례교인의 60% 정도를 차지하고 있음을 알 수 있다. 여기에 평안북도의 교인까지 합하면 관서지방의 세례교인은 전국 장로교인의 80%에 이른다. 1907년 독노회가 설립될 당시 평양 선교지부의 관할지역은 평안남도와 황해도의 3개 군으로 축소되었다. 그러나 평양지부의 교세는 지칠 줄 모르고 성장하여 갔다.

2) 선천 선교지부
① 선교지부의 설치와 선교구역의 설정
평안도 지역의 교세가 날로 성장하자 평안북도를 전담하는 새로운 선교지부의 설치가 시급히 요청되었다. 처음에는 의주가 평안북도의 선교지부로서 유력하였다. 의주는 평북지역에서 가장 큰 도시였을 뿐만 아니라 선교사들이 도착하기 이전부터 다수의 기독교인이 있었기 때문이었다. 반면 선교지부가 설치되기 이전의 선천은 거의 무명의 도시였다. 당시 선천의 인구는 3,000명도 채 안 되었고 기독교인도 거의 발견되지 않았다.[51] 더구나 당시 선천지역의 교통수단은 조랑말이나

---

50) 위와 같음.
51) 선교지부가 설치된 이후에는 5,000명으로 늘어났고, 1934년에는 13,000명으로 급성장하였다. H. A. Rhodes, 앞의 책, p. 198.

인력거밖에 없었기 때문이었다.[52]

그러나 평북지방을 담당한 휘트모어 선교사는 몇번에 걸쳐 평북지방을 답사한 후 의주보다 선천이 선교지부로서 더 적합하다고 판단하였다. 그 주요한 이유는 선천이 지니는 지리적 중요성 때문이었다. 지리적인 측면에서 볼 때 의주는 평안북도의 북서부 끝에 위치하였기 때문에 선교거점으로서는 불리한 점을 지니고 있는 데 비해 선천은 평안북도 남부의 중앙에 자리잡고 있었기 때문에 교인들과 교회를 관리하는 데 좀더 유리하였다. 마침내 1901년 샤록스(A. M. Sharrocks, 謝樂秀) 부부와 휘트모어가 선천으로 거처를 옮김으로써 선천 선교지부가 정식으로 설치되었다.[53]

선천지부는 평북지역을 7개의 순회구역(circuit)으로 나누어 전도활동을 하였다. 1902년 당시 각 구역의 전도상황은 다음과 같았다.[54]

〈표 II-5〉

순회구역	예배집단수	순회선교사	조사
선천·구성	5	휘트모어	양전백(梁甸白)
선천의 동쪽	7	로스(Cyril Ross)	강제건(Kang Chei Kun)
용천·철산	7	로스·블레어	정기정(鄭基定)
서의주	6	휘트모어	김창건(金昌鍵)
동의주	8	휘트모어	김관근(金灌根)
삭주·창성·벽동	6	휘트모어	한득룡(韓得龍)
극북지역	후에 강계지부에 속하게 됨		

② 러일전쟁과 교회의 수난

1904년에 일어난 러일전쟁으로 평안북도 지역의 한국인들과 교회들은 많은 피해를 입었다. 의주에서는 러시아군과 일본군이 충돌하는 과정에서 한 마을이 완전히 파괴되었다. 당시 그 마을에 있던 두 기독교 가정은 각각 1천달러에 상응하는 재산상의 손실을 입기도 하였다.[55] 박천에 있던 어떤 교회는 일본군에 의해 마구간으로 사용되었고, 정주교회는 일본군 부상병을 위한 병동으로 점령되었다.[56]

---

52) 위의 책, pp. 198~199.
53) 위의 책, p. 199.
54) 위의 책, pp. 203~204.
55) 위의 책, p. 220.
56) 위의 책, p. 221.

또한 선천에 주둔한 러시아군은 동림교회를 근거지로 하여 마을을 약탈하였기 때문에 그 마을 사람들이 동림교회당을 불태워 버리기도 하였다.[57] 한편 일본군대가 진주하면서 노동력 품귀현상이 일어나 일시적으로 고임금이 형성되자 한국교인들 가운데 일부의 남자들과 소년들이 교회에서 이탈하기도 하였다.

이처럼 교회는 전쟁의 와중에서 상당한 수난을 겪었음에도 불구하고 오히려 전쟁으로 인해 새로운 발전의 계기를 마련할 수 있었다. 전쟁이 한창 벌어지는 와중에서도 선교지부에 게양된 미국의 성조기는 교인들만이 아니라 비기독교인들에게도 커다란 심리적 안정감을 주었다. 따라서 성조기로 상징되는 미국선교사들은 한국인들로부터 놀라운 위신을 얻을 수 있었고,[58] 이것이 바로 교회발전의 주요한 계기가 되었다. 한편 러일전쟁 이후 경의선이 선천을 통과하게 됨으로써 선천은 일약 '신흥도시'로 발전하였고, 선천지부의 교세는 가속화될 수 있었다.

③ 교세의 확장

선천지부에 속한 평북지역의 교인들은 매우 적극적으로 전도활동을 하였다. 교인들은 장이 서는 곳을 전도의 장으로 이용하였을 뿐만 아니라 약방에 대기하고 있는 환자들을 전도의 대상으로 삼기도 하였다.[59] 또한 군(郡) 당국으로부터 허가를 받아 감옥에서 전도활동을 하기도 하였다. 그리고 크리스마스가 다가오면 조그마한 책자 안에 크리스마스 선물을 함께 끼워 사람들에게 나누어 주기도 하였다.[60] 이러한 헌신적인 전도활동의 결과 교세는 아래의 표와 같이 급속히 증가하였다.[61]

〈표 II-6〉

보고 연도	예배집단	세례인	학습인	총 교인	전국 교인 (장로교)
1902	44	677	1,340	3,429	16,333
1903	61	1,027	1,646	4,537	22,662
1904	57	1,265	1,792	5,119	23,356
1905	60	1,958	1,952	6,507	30,386
1906	78	3,121	3,020	11,943	44,587
1907	100	4,039	4,667	15,348	54,987

---

57) 위와 같음.
58) *ARPC* 1905, p. 253.
59) *ARPC* 1904, p. 216.
60) 위와 같음.

위의 표에서 드러나듯이 선교지부 설치 직후부터 6년 사이에 예배집단 2.5배, 세례인 6배, 학습인 3.5배, 그리고 총 교인은 3.5배나 증가하였다. 전국 장로교인과 비교하면 해가 갈수록 점유율이 늘어나 독노회 설립시 전국 장로교인의 약 30% 정도까지 차지하고 있음을 알 수 있다.

선천읍만 국한하여 보면 인구 10명 가운데 1명이 교인이었다. 후에 선천은 인구의 절반 이상이 교인이 되어 '한국의 예루살렘'으로 불리워졌다.

2. 미국 북감리회

1885년부터 서울을 중심으로 한국선교를 시작한 미국 북감리회 선교부는 점차 북부지방 선교를 모색하였다. 1887년 이래 아펜젤러를 비롯한 몇몇 선교사들이 북부지방을 다녀간 적은 있었지만 북부지방에서 본격적인 선교활동을 한 선교사는 홀(W. Hall)이다. 그는 1892년 8월 북감리회 선교부로부터 평양개척 선교사로 임명을 받은 뒤 그해 9월 평양에 도착하였다. 의사이기도 하였던 홀은 환자들을 열심히 진료하여 평양 주민들에게 좋은 인상을 심어주었다. 다음해 2월에는 한국인 조사 김창식(金昌植)을 내세워 성내에 집을 구입함으로써 선교기지를 마련하였다.[62] 이처럼 북감리회는 북장로회보다도 먼저 평양에 선교기지를 마련하여 활동하였던 것이다. 당시 홀과 함께 평양 개척에 참여한 한국인으로는 조사 김창식을 비롯하여 어학선생 노병선(盧炳善)과 황정모가 있었다. 그 이외에도 평양출신인 이항선·김낙선·박관수·조한수·김재선·주겸조·전용기·조영순 등이 교인으로 활동하였다.[63]

이 무렵 김창식과 그에게 집을 판 사람, 그리고 몇몇 장로교인들과 감리교인들이 관아에 끌려갔다. 그들이 체포된 이유는 마을제사에 소요되는 제사 비용을 내지 않았기 때문이었다. 교인들은 우물에 제사를 드리는 행위를 우상숭배로 보았기 때문에 비용을 낼 수 없었던 것이다.[64] 홀은 감옥에 갇힌 교인들을 구하기 위해 감사와의 면담을 요청하였으나 실패하였다. 그래서 서울의 선교부로 전보를 쳐서 구조를 요청하였다. 결국 미국과 영국 공사관의 도움으로 교인들은 풀려났다. 그때 감옥에 갇혔던 김창식은 당시 상황을 다음과 같이 회고하였다.

---

61) *ARPC* 1907, p. 280.
62) R. S. Hall, *The Life of W. J. Hall*, 1897, pp. 254~265 ; 한국기독교역사연구소, 앞의 책, p. 249 참조.
63) 황명모, "나의 지낸 일을 회상함",《승리의 생활》, p. 77 참조.
64) 이덕주, 앞의 책, p. 81 참조.

래방 비쟝 신덕균 씨가 분부하되 너희들을 죽일터이로되 내 용셔하고 무러볼 말
이 잇노라 너희가 이제라도 나아가셔 도를 배반하고 하나님을 욕하면 살일거시오
그러치 안으면 죽이겟다하고 하나식 무릎 새 쳐음 김호세의게 무른대 하나님을 욕
하고 또 한셕진의게 무른대 하나님을 욕하고 또 홍종대의게 무른대 하나님을 욕하
고 그 다음 내게 왓노니 마암이 대단히 분하고 원통하여 하날을 쳐다보고 욕할 수
업다하니 그 놈들이 좌우에셔 대단 따리며 욕하라 하며 무수히 란타하매 …….[65]

그후 3개월 뒤 일어난 청일전쟁은 평양시내를 황폐케 하였다. 그러나 평양을 점령한 일본군은 선교사와 관련된 교회의 재산은 건드리지 않았다. 따라서 감리교회는 전쟁중에 주민들의 재산을 보호하고 있다가 전쟁이 끝난 후에 돌아온 주민들에게 다시 돌려줄 수 있었다.[66]

한편 전쟁이 끝난 후 평양시내는 죽은 말과 사람들의 시체로 온통 덮여 있었기 때문에 전염병이 창궐하였다. 홀은 의사의 직분을 최대한 이용하여 헌신적으로 환자들을 돌보았다. 그러한 과정에서 과로한 나머지 그 자신이 열병에 걸려 죽고 말았다. 그러나 평양에서 그가 보여주었던 헌신적인 활동은 많은 한국인들에게 깊은 감명을 주었다. 결국 전쟁의 소용돌이 속에서 민중들의 피난처 역할을 한 교회와 교인들의 헌신적인 자세는 교회발전의 밑거름이 되었다.

3. 안식교

우리나라에 안식교가 처음 전래된 것은 1904년 하와이 노동자 이민선을 타고 가던 한국인들에 의해서였다. 일본 고베(神戶)에서 일본인 전도사 구니야(國谷喜之介)로부터 침례를 받은 유은현과 손흥조(孫興祚)가 귀국하면서 전도활동이 시작되었다. 손흥조는 귀국 도중 임기반(林基磐)을 만나 복음을 전하였고, 임기반은 고향인 진남포와 용강 등에서 전도활동을 하였다.[67] 30여명 이상의 교인이 생기자 구니야 전도사와 일본선교회 소속 필드(F. W. Field) 목사가 한국을 방문하였다.

그동안 평안도에는 네 지역에 교회가 세워졌다. 그 가운데 평남 용강에 세워진 선돌교회의 교인들은 주로 그 지역에 있던 감리교회에서 나온 사람들이었다. 따라서 그 지역 감리교회와 갈등을 빚기도 하였다. 감리교회의 핵심적인 교인들이 안식교로 넘어왔기 때문에 그 감리교회는 결국 다른 감리교회에 흡수되고 말았다.[68] 그 해 9월 네 지역의 교회 대표들은 진남포에 모여 임기반을 책임자로 선출

---

65) 이만열 편, 《아펜젤러─한국에 온 첫 선교사》, 연세대출판부, 1986, p. 360.
66) 한국기독교역사연구소, 앞의 책, p. 255.
67) 이영린, 《한국재림교회사》, 시조사, 1965, p. 23.

하고 한국을 일본선교부의 선교지로 삼을 것을 건의하였다.

1905년 첫 공식 선교사인 스미스(W. R. Smith)가 내한하면서 본격적인 선교활동이 시작되었다. 이 때 선교본부를 진남포에서 순안으로 옮겼다. 1910년 전국을 동해안·남한·중한·서한 등 4개의 전도구역으로 나누자 평안도는 서한지역에 속하게 되었다.[69] 다음해 조선선교연회(조선미순연회)가 조직되고 1916년에 조선대회(The Korean Conference)가 조직되었다.

4. 동양선교회

1907년 '동양선교회 복음전도관'으로 시작된 성결교는 초기에는 교파나 교회를 조직하지 않고 서울을 중심으로 복음전도에만 전념하였다. 평안도에서 동양선교회의 전도가 시작된 것은 1908년 무렵부터였다. 평남 출신인 김혁준(金赫濬)은 진남포 전도관을 담당하면서 한 달 동안 회심자 4명, 성결자 2명, 구도자 다수를 얻는 등 활발한 전도활동을 하였다.[70] 그후 진남포 전도관은 교인이 40여명 이상으로 증가되었으나 1910년 감리교로 넘어가고 말았다. 또한 선교 초기에 성결교는 성결교리 때문에 타교파로부터도 핍박을 받았다고 한다.[71]

5. 성공회

1890년 영국성공회 주교 코르프(C. J. Corfe, 高要翰)가 내한하면서 성공회의 선교활동이 시작되었다. 초기에는 서울과 인천·강화를 중심으로 선교활동을 하다가 점차 전국으로 확대되었다. 성공회의 활동영역은 북으로는 평안남도, 남으로는 충청남도에 이르렀다. 평안도에 성공회가 들어온 것은 1920년대였다. 1921년 정동 성 니콜라 기숙사생인 김일룡이 평남 순천군 신창면 마동리에 전도하여 그 해 남자 25명이 망세입안식을 가졌다.[72] 그후 평양전도구가 설정되어 평양을 중심으로 교회설립이 활성화되었다. 1928년에는 제3대 주교인 트롤로프(M. N. Trollope, 趙馬可)가 교회의 자립과 교세확장을 근거로 북한지역에 별도의 교구를 세우려고 하

---

68) 위의 책, pp. 20~21.
69) 위의 책, p. 29.
70) 基督敎大韓聖潔敎會歷史編纂委員會,《韓國聖潔敎會史》, 기독교대한성결교회출판부, 1992, p. 157.
71) 위의 책, p. 156.
72) 대한성공회백년사편찬위원회,《대한성공회백년사 1890~1990》, 대한성공회출판부, 1990, p. 155.

였으나 실현되지는 못하였다.[73]

1920년대 이후 평안도에서의 성공회 교세 추이를 보면 다음과 같다.[74]

〈표 II-7〉

구분	1926		1932		1934		1939		1940	
	교당	교인	교당	교인	교당	교인	교당	교인	교당	교인
평남	1	212	3	549	14	519	34	1,690	30	1,386

6. 구세군

1908년 영국인 호가드(R. Hoggard, 許加斗)가 내한하면서 구세군의 한국선교가 시작되었다.[75] 구세군이 주로 활동한 지역은 중부와 남부 지방이었기 때문에 평안도 지역의 교세는 매우 미약하였다. 1911년 호가드 사령관은 피그스(Piggs)와 맨톤(Manton)을 평양지방관으로 임명하고, 매서인으로 활동하였던 김성찬 사관을 평양영 담당자로 임명하였다. 1917년 권태화 사관과 강형원 사관이 진남포를 개척하였고,[76] 1938년 권영상 사관이 신의주를 개척하였다. 1930년대 이후 평안도에서의 구세군 교세 추이를 보면 다음과 같다.[77]

〈표 II-8〉

	1934		1939		1940	
	교당	교인	교당	교인	교당	교인
평남	2	75	2	89	3	100
평북			1	?	1	?

7. 천주교 : 파리외방전교회의 사목활동

개항과 한불조약을 계기로 천주교의 선교활동은 본격화되었다. 그와 동시에 기

---

73) 위의 책, pp. 158~159.
74) 《基督敎大年鑑》, p. 152 참조.
75) 장형일, 《한국구세군사》, 구세군대한본영, 1976, pp. 21~22.
76) 위의 책, pp. 384~385.
77) 《기독교대연감》, pp. 152~153 참조.

호지방을 중심으로 이루어졌던 포교활동이 북한지역으로 확대되기 시작하였다. 1896년 봄 평안도의 중심지인 평양 외성(外城)에 처음으로 본당이 신설되었고, 최루도비꼬(Ludovicus Le Gendre)가 초대 신부로 부임하였다.[78] 평양교회 창설 이전의 평안도의 교세는 극히 미미하였으므로 당시 평양사람들은 천주교인을 동학교인으로 오인하거나 마리아 우상숭배 교인이라고 부르는 경우도 있었다.[79] 그러나 교인이 늘어나면서 본당 설립이 가속화되었다. 1898년 섭가지본당, 1900년 진남포본당, 1902년 영유본당, 1911년 의주본당과 비현본당, 1922년 신의주본당이 설립되었다.[80]

한편 1887년에 한국에 진출한 샬트르 성 바오로 수녀회는 평안도에서도 활동하였다. 1909년 평안도에 진출한 샬트르 성 바오로 수녀회는 평양 관후리본당에서 설립한 기명(箕明)학교와 성모(聖母)여학교를 담당하였을 뿐만 아니라 양로원과 보육원에서 봉사하였다.[81]

1923년 메리놀(Maryknoll) 외방전교회가 진출할 때까지 평안도에는 7개 본당, 5명의 신부, 50개의 공소, 5천여명의 신도가 있었다.[82] 본당의 분포상황을 보면, 평안북도의 3개 본당은 경의선 연변의 구읍과 신흥도시에 설립되고, 평안남도의 4개 본당은 평양을 제외한 3개 본당이 모두 경의선 서쪽지방에 분포되어 있었다. 이것으로 보아 관서지방의 초기 본당설정은 교통이 편리한 평야지대와 새로 발전하는 신흥도시에 치우쳐 있었음을 알 수 있다.[83]

3. 교회의 조직과 발전

1. 장로교

1) 조직의 정비 : 노회와 총회의 조직

1907년 대한예수교장로회 독노회가 성립됨으로써 한국 장로교회는 '자립교회'로 성장하였다. 각 선교부들은 활동을 계속하였지만 이제 한국교회의 중심이 된 것은 전국적 차원의 조직을 가진 독노회였다. 독노회는 전국 각 지역에 7개의 대리

---

78) 天主教平壤教區史編纂委員會,《天主教平壤教區史》, 분도출판사, 1981, p. 47.
79) 위의 책, p. 48.
80) 위의 책, pp. 49~52 참조.
81) 위의 책, pp. 60~63 참조.
82) 위의 책, pp. 52~53.
83) 위와 같음.

회를 두었다. 대부분의 도에 하나의 대리회가 설치되었지만 평안도에는 2개의 대리회가 설치되었다. 이것은 평안도의 교세를 반영한 것이다. 독노회의 성립과 함께 한국 장로교 최초의 목사 7명이 배출되었다. 이들 또한 대부분 평안도 출신의 목사다.[84] 당시 한국 장로교회가 평안도를 중심으로 발전하고 있음을 보여주는 또 한가지 사례는 독노회가 최초로 개최된 장소가 수도인 서울이 아니라 평양이었다는 사실이다. 그리고 독노회장으로 선임된 사람도 평양주재 선교사인 마펫이었고, 노회 서기 또한 그의 조사인 한석진이었다.

독노회 체제하에서 날로 교세가 확장됨에 따라 총회 조직이 요청되었다. 1912년 9월 조선예수교장로회 총회가 성립됨으로써 한국 장로교회는 조직교회로서의 완전한 면모를 갖추게 되었다. 총회의 등장과 동시에 과거의 7개 대리회는 노회로 각각 승격되었다. 이에 따라 평안도에서는 평북(북평안)노회와 평남(남평안)노회가 설립되었다.

평북노회는 1912년 2월 15일 선천읍 남예배당에서 창립되었다. 노회장에 휘트모어 선교사, 서기에 정기정(鄭基定), 그리고 회계는 김석창(金錫昌)이 취임하였다. 당시 회원은 선교사 5인, 목사 13인, 장로 11인이었다.[85] 초기에 평북노회는 광대한 지역을 담당하고 있었기 때문에 점차 분립되어 갔다. 평북노회의 분립과정과 관할지역을 도표화하여 살펴보면 〈표 II-9〉, 〈표 II-10〉과 같다.

평안남도 지역을 관할하는 평남노회는 1912년 1월 18일 평양신학교에서 창립되었다. 회장에 주공삼(朱孔三), 서기에 사병순(史秉淳), 회계에 박치록(朴致祿)이 취임하였다. 관할지역은 평안남도 전체와 황해도 황주·수안·곡산의 3개 군을 포함하였다.[86] 황해도의 3개 군은 지리적으로 해주보다 평양에 가깝고 그 지역을 개척한 선교사들이 평양노회 소속 선교사들이었기 때문에 평양노회의 관할로 되었다.

〈표 II-9〉

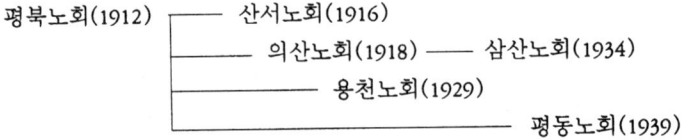

---

84) 7명의 목사 가운데 방기창(邦基昌)만이 황해도 신천 출신이고 나머지 6명은 모두 평안도 출신이었다.
85) 《조선예수교장로회사기(하)》, p. 82.
86) 위의 책, p. 115.

〈표 II-10〉

노회명	관 할 지 역
평북노회	구성·철산·선천
산서노회	초산·위원·강계·자성·후창
의산노회	신의주·의주
용천노회	용천
삼산노회	삭주·창성·벽동
평동노회	정주·박천 일부지역과 구성·영남 지방 전부

그러다가 1939년 황동노회로 이관되었다.[87] 평남노회의 분립과정과 관할지역을 도표화하여 보면 다음과 같다.

〈표 II-11〉

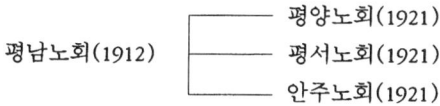

평남노회(1912) ─┬─ 평양노회(1921)
              ├─ 평서노회(1921)
              └─ 안주노회(1921)

〈표 II-12〉

평양노회	평양부·대동군 동남·중화·남궁리·말메골·사회골·관산·칠골·안골·송산·성천·강동
평서노회	서면·서북
안주노회	안주·덕천·영원·맹산·순천

2) 부흥운동과 전도운동

1903년 원산지역 선교사들의 기도모임에서 시작된 부흥운동은 전국적으로 확산되기 시작하였다. 평양에서는 1905년부터 부흥운동의 바람이 불다가 1907년에 이르러 절정에 달하였다. 그해 1월 6일부터 10여일간 장대현교회에서 열린 부흥사경회는 길선주 장로의 영도 아래 불길처럼 타올랐다. 당시 1,500명이 모인 예배당에서 설교를 맡았던 길선주의 모습은 마치 광야에서 죄를 회개하라고 외쳤던 세례 요한의 모습과 같았으며, 죄를 자복하고 통회하는 참석교인들의 열기는 초대

---

87) 〈조선예수교장로회총회 제28회 회의록〉, p. 13.

교회 마가의 다락방에서 있었던 성령의 불길과 같았다.[88]

그후 해를 넘기면서 대부흥운동의 열기가 점차 식어가자 선교사들 사이에서 부흥운동의 열기를 되살려 보려는 운동이 나타났다. 1910년 9월 선천에서 개회된 장로회 제4회 독노회는 모든 안건에 앞서 백만구령운동 결의안을 통과시켰다. 이 운동과정에서 평양 교인 1천명은 연 2만 2천일의 날을 전도활동에 바쳤고, 장대현 교회의 교인들은 가가호호 방문을 통해 무려 7만 3천여매의 전도지를 전하였다. 그리고 선천에서도 교인들에 의해 3만 5천부의 쪽복음서가 배포되었다.[89] 그러나 이 운동은 기대하였던 것만큼 양적으로 커다란 성과를 거두지는 못하였다.

3) 교세의 증가와 강계 선교지부의 신설

평양 선교지부가 관할하는 평안남도와 황해도 3개군의 교세증가는 놀라운 속도로 진행되었다. 1894년 평안도 전체의 세례교인수는 52명에 지나지 않지만, 1904년에는 평안남도와 황해도 3개군에 세례교인 700명과 교인 1만명으로 증가하였다. 1914년에는 세례교인 14,800명과 교인 31,400명으로 급증하였다. 이 당시 평안남도에는 5명의 한국인 목사가 활동하고 있었다. 10년 뒤인 1924년에는 세례교인이 17,000명, 교인은 35,300명으로 완만한 증가를 보였지만, 한국인 목사는 53명으로 급증하였다. 1933년에는 세례교인 20,932명, 교인 54,300명으로 증가하였고 한국인 목사는 112명으로 늘어났다. 이처럼 교세가 증가하였기 때문에 1929년 당시 평양 선교지부 관할지역에서는 19명 가운데 1명이 기독교인이었다.[90]

선천지부가 관할하는 평안북도 지역에서도 교세는 놀라운 속도로 급증하였다. 특히 선천읍은 인구의 반 이상이 기독교인이었다. 따라서 주일날은 애초부터 장이 서지 않으며, 장날이더라도 주일날은 대부분의 상점이 문을 닫았다. 그 대신 거리는 예배드리러 가는 사람들로 가득 차 있었다고 한다.[91] 평안북도의 교세는 선천을 중심으로 한 서해안에 집중되어 있었다. 즉 의주·용천·철산·선천·곽산·정주 등 6개군이 평북 전체 교인의 대부분을 차지하고 있었다. 이 6개군은 모두 선천에서 50마일 이내에 있으며 철로변에 위치하고 있었다. 당시 어느 선교사는 선천 선교지부의 교세가 얼마나 컸던가를 아래와 같이 이야기하였다.

> 남의주나 용천군의 언덕에 올라 사방을 쳐다보면 우리 앞에는 4~6개의 교회들이

---

88) 한국기독교역사연구소, 앞의 책, p. 270 참조.
89) 이만열, "한국성서반포사업", 〈神學正論〉 13권 2호, 1985, pp. 340~348.
90) H. A. Rhodes, 앞의 책, p. 155.
91) 平北老會史編纂委員會, 《平北老會史》, 기독교문사, 1979, p. 202.

눈에 들어온다. 용천의 양당교회를 중심으로 그 주위의 10마일을 원으로 그려보면 총 3,000명의 신자를 가진 20개의 교회가 원안에 들어올 것이다.[92]

특히 의주인들은 자신들의 지역에 선교지부를 설치하기 위하여 10,000명의 교인이 서명한 청원서를 선교부에 제시하기도 하였다. 그 결과 의주에 외국인 거주지가 세워졌다.[93] 이처럼 선천과 의주를 중심으로 하는 평안북도 서남부지역의 교세는 막강하였다. 1929년 선천지부 관할지역 인구 16명 가운데 1명이 기독교인으로서, 이것은 전국에 설치된 선교지부 가운데 기독교인의 비율이 가장 높은 것에 해당된다.[94]

평북지역의 교세가 급증함에 따라 1908년 강계에 새로운 선교지부가 세워졌다. 강계는 옛날부터 '강변 7읍'이라 불리는 평안북도 동북지역의 심장부에 위치하여 그곳의 정치·경제·문화의 중심지를 이루어 왔다.[95] 그러나 워낙 산악으로 둘러싸인 고립된 지역이기 때문에 본격적인 선교가 어려웠으므로, 그래서 선교 초기에는 주로 만주와 의주를 통해 복음이 전해지면서 선천 선교지부의 관리를 받아왔다. 그렇지만 선천으로부터의 거리가 너무 멀었기 때문에 평안북도 내륙지방의 선교를 위해 별도의 선교지부가 필요하게 되었던 것이다.

선교지부 설치 당시 1만명의 인구를 가진 강계읍은 평안북도에서 의주 다음으로 큰 도시였다. 그리고 당시 강계 선교지부가 관할하는 지역에는 25개의 예배당과 스스로 기독교인임을 고백하는 2천명의 교인들이 살고 있었다.[96] 그후 이 지역의 교회는 급성장하기 시작하여 강계는 평안북도에서 선천 다음가는 기독교의 중심지가 되었다.

4) 교회의 수난과 발전

일제는 한국을 병합한 이래 민족주의 성향이 강한 기독교 세력을 제거할 기회를 엿보고 있다가 이른바 '105인 사건'을 일으켰다. 이 사건은 서북지역의 기독교 세력을 탄압하기 위해 조작된 사건이었다. 1911년 10월 선천읍에 있는 기독교 학교인 신성학교 학생 3명의 검거를 필두로 하여, 신성학교 교원 전부와 많은 수의 학생들, 남교회와 북교회의 직원, 그리고 철산·정주·용천·의주 등 평북의 여러 군에 있는 교인들 100여명이 경성감옥에 구금되었다. 체포 이유는 그 학교에서 데

---

92) *ARPC* 1910, p. 299.
93) H. A. Rhodes, 앞의 책, pp. 205~206.
94) 위의 책, pp. 204~205.
95) 《한국민족문화대백과사전》 1, p. 381.
96) H. A. Rhodes, 앞의 책, p. 345.

라우치 총독 암살음모가 행해졌기 때문이라는 것이다.[97]

결국 대다수의 사람들이 무죄로 석방되었지만, 평안도 지역의 많은 교인들이 감옥에 수감되는 수난을 당하였다. 평북노회에서는 목사 5인과 장로 1인, 그리고 교인들이 수감되었고, 평양교회에서는 장로 5인과 영수 1인, 그리고 교인 몇명이 수감되었다.[98] 특히 당시 평안북도 교회의 지도자 역할을 하던 양전백 목사는 3년간의 옥고를 치렀다. 그렇지만 대다수의 교회지도자들이 감옥에 있는 동안 새로운 지도자들이 나타나 교회를 발전시켜 나갔다. 그 결과 이 지역의 교회는 계속 성장하였다.[99]

1930년대 후반 전시체제로 접어들면서 일제는 더욱 조직적으로 교회를 압박하기 시작하였다. 일제가 기독교에 대해 취한 가장 무서운 조치는 신사참배 강요였다. 천주교와 감리교가 교단차원에서 일찍 신사참배에 응한 반면 장로교는 저항하였다. 그러나 당시 전국에서 교세가 가장 막강한 평북노회가 강압에 눌려 신사참배를 허용하자 점차 다른 노회들도 신사참배를 허용하기 시작하였다. 그 결과 1938년 9월 9일 제27회 장로회 총회가 열리기 전까지 전국 23개 노회 가운데 17개 노회가 신사참배를 허용하였다.[100] 당시 평양 경찰국장은 총회 개회전에 평양노회, 평서노회, 안주노회 3노회장을 불러 각본을 꾸몄다. 그는 이번 총회가 평양에서 열리는 것인 만큼 평남의 3노회는 솔선수범하여야 한다고 강경하게 지시하였다. 결국 총회에서 평양노회장이 신사참배를 제안하고 평서노회장이 동의를 하고 안주노회장이 재청을 하면서 신사참배는 가결되었다.[101] 물론 당시 많은 교인들은 교단의 신사참배 허용에 대해 반대하면서 신사참배 거부운동을 전개하였다. 그러나 그들은 많은 탄압과 수난을 당해야만 하였다.

당시 신사참배 강요를 부추기고 조종하였던 평양기독교친목회라는 친일기독교 집단이 평양에 있었다. 이 단체는 1938년 일제의 기독교 멸절 시책에 부응하여 조직된 단체로서 평양노회와 총회가 모두 이들 손에 의해 조종되었다.[102] 당시 대표적인 친일기독교단체였던 이 단체에 대해 다음과 같은 이야기가 있다.

> 평양주구파는 정통교리는 버리지 않으나 사람을 해쳐 경찰서에나 헌병대에 잡아

---

97) 윤경로, 《105인 사건과 신민회연구》, 일지사, 1990, pp. 18~36.
98) 〈대한예수교장로회 제1회 총회록〉, pp. 46~50.
99) 서명원, 앞의 책, p. 169.
100) 金良善, "神社參拜 强要와 迫害", 《한국기독교와 신사참배문제》, 한국기독교역사연구소, 1991, p. 30.
101) 《평양노회사》, p. 298.
102) 위의 책, p. 304.

넣었고 서울주구파(혁신교단)는 사람은 별로 해치지 않으나 성경말씀을 파괴하였다.[103]

그럼에도 불구하고 교회는 계속하여 발전하였다. 일제에 의해 본격적인 탄압이 가해지던 무렵인 1939년 당시 평안도 장로교의 교세는 다음과 같다.[104]

〈표 II-13〉

노 회	목 사	교 회	교 인
평 북	37	141	26,321
용 천	31	57	19,155
의 산	26	76	32,975
삼 산	10	45	6,705
산 서	12	148	12,266
합 계	116	467	97,422
전 국	580	3,316	360,838

〈표 II-14〉

노 회	목 사	교 회	교 인
평 양	66	278	38,234
평 서	31	67	18,112
안 주	28	102	13,479
합 계	125	447	69,825
전 국	580	3,316	360,838

위의 표에서 드러나듯이 평안북도와 평안남도는 각각 전체 장로교인의 26%와 19%를 차지하고 있고, 평안도 전체로는 전국 장로교인의 45%를 차지하고 있다. 여기에서 우리는 다시 한번 우리나라 기독교에서 평안도가 차지하는 위치를 확인할 수 있다.

---

103) 위의 책, p. 305.
104) 〈조선예수교장로회총회 제28회 회의록〉, 1939, pp. 127~128.

2. 감리교

1885년 한국선교회를 조직한 이래 선교활동을 펴오던 미국 북감리회 선교부는 1897년 서울구역회를 조직하면서 교회치리 조직에 착수하였다. 그에 따라 평안도에는 노블(W. A. Noble)을 구역장으로 하는 평양구역과 삼화구역이 설정되었다. 그 후 1901년 구역이 재조정되면서 전국은 서지방회, 북지방회, 남지방회 등 3개 지방회로 확대 개편되었다. 이 때 평안도는 함경도·강원도와 함께 북지방회에 속하게 되었다. 이렇게 연회조직의 기틀이 마련된 후 1905년 북감리교 한국선교연회가 조직되었다.[105]

당시 평안도 지역에는 북장로회가 진출하고 있었으므로 상호간에 선교지역의 분할이 요청되었다. 따라서 그해 미국 북장로회와 평안북도 지역을 합의하여 분할하였다. 이 협정에서 북감리회는 태천·희천·영변, 그리고 박천군의 일부를 할당받았고 북장로회는 평북의 나머지 지역을 할당받았다.[106] 그 결과 북감리회의 선교지역은 북장로회의 관할지역에 둘러싸인 평안북도의 동남부 내륙지방에 국한되었다. 또한 다음해인 1906년 평안남도 지역에서도 북장로회와 선교지역 분할협정을 하였다.[107] 그 결과 북감리회는 평안남도의 서남부지역과 동부 내륙지역을 주로 담당하게 되었다.

같은 해에 북지방회가 평양지방회와 영변지방회로 나뉘어졌고, 1908년에는 북감리회 한국연회가 설립되었다. 이 때 한국연회 산하의 평양지방회는 평안남도를 담당하였고 영변지방회는 평안북도를 담당하게 되었다. 1909년 평양지방회와 영변지방회의 관할지역은 다음과 같다.[108]

〈표 II-15〉

- 평양지방회 : 평양·양덕·함종·삼화·맹산 일부, 성천 일부, 개천 일부, 은산 일부, 강서 일부, 중산 일부, 강동 일부, 용강 일부
- 영변지방회 : 태천·운산·희천·영변

한편 1908년 평안도 지역의 감리교 교세는 다음과 같다.[109]

---

105) *OMKA* 1905, pp. 25~78.
106) *ARPC* 1906, p. 270.
107) 백낙준, 앞의 책, p. 400.
108) 한국기독교역사연구소, 앞의 책, pp. 216~217 참조.
109) *OMKA* 1908 ; 李成森,《韓國監理教會史 1884~1930》, 기독교조선감리회본부교육국, p. 129 참조.

〈표 II-16〉

지방	교 역 자		원입인	교 인		교 회
	목사	전도사		입교인	학습인	
평양	6	11	7,259	2,154	3,218	89
영변	1	2	500	159	159	16
전국	16	30	19,820	5,298	18,617	241

   평안북도 지역을 관장하는 영변지방회는 감리교의 북방기지 역할을 담당하였다. 당시 선교사들의 보고에 의하면 영변은 우리나라에서 악령숭배가 가장 많이 행해지던 곳이었으나 선교기지가 설치된 후에는 점차 줄어들었다고 한다.[110] 그리고 영변에 선교기지가 설치될 당시에는 평안북도의 도관찰부가 이곳에 설치되어 있었기 때문에 영변은 평안북도의 중심지 역할을 하고 있었다. 그러나 새로 부설된 경의선이 영변을 통과하지 않고 의주로 곧바로 연결되었기 때문에 1907년 도관찰부가 의주로 옮겨졌다. 그 결과 영변지역은 상업발전과 교세발전에 커다란 타격을 받았다.[111] 그러나 영변의 서쪽에 위치한 운산금광이 개발되면서 영변지역은 어느 정도 활력을 회복할 수 있었다.

   1907년 이후 전국을 휩쓴 부흥회와 백만구령운동의 열풍은 평안도 지역의 감리교회에도 불어닥쳤다. 부흥회에 참여한 사람들은 공개적으로 죄를 고백하였고, 그러한 과정에서 교회의 성격은 '혁명적'으로 변화되었다.[112] 평안도의 감리교회는 3·1운동에도 적극적으로 참여하였다. 특히 평양에 있던 다섯 감리교회의 목사 6명이 모두 금고되었기 때문에 평양지방의 교회는 거의 마비되기도 하였다. 그러나 이러한 시련에도 불구하고 평안도의 감리교회는 계속 발전하여 갔다.

   1930년 한국에서 활동하던 북감리회와 남감리회가 합동하면서 완전한 자치교회인 기독교조선감리회가 설립되었다. 이와 동시에 총회 산하에 동부·중부·서부 연회 등 3개 연회와 만주선교연회가 조직되었다.[113] 평안도 지역은 서부연회에 속하게 되었고 그 산하에 평양·영변·진남포 지방이 소속되었다. 다음해에 영변지방으로부터 신창지방이 분립됨으로써 평안도에는 4개 지방회가 활동하게 되었다. 당시 평안도의 지방회별 관할지역은 다음과 같았다.[114]

---

110) *ARMEC* 1905, p. 335.
111) *ARMEC* 1917, p. 283.
112) *ARMEC* 1907, pp. 420~421.
113) 梁柱三,《基督敎朝鮮監理會要覽》, 기독교조선감리회총리원, 1932, pp. 78~137.
114) 위와 같음.

〈표 II-17〉

지방회	관 할 지 역
영 변	영변·개천·희천·태천·운산
신 창	순천·성천·강동·개천·양덕·맹산
평 양	평양·대동·중화
진 남 포	진남포·용강·삼화·강서·증산·함종

감리교는 장로교만큼 교세의 서북편중현상이 나타나지는 않았으나, 아래의 표에서 나타나듯이 재정적인 측면에서는 평안도 지역이 다른 지역보다 훨씬 앞서 있었다.[115]

〈표 II-18〉

| 지방명 | 교인수 | 재 정 | | 예배당 |
		목회자 급료	연회부담금	
영 변	3,567	3,763.00	411.00	43
평 양	3,730	6,475.00	472.30	22
진남포	4,379	6,585.00	427.86	34
소계(A)	11,676	16,823.00	1,311.16	99
전국(B)	58,526	51,023.88	5,143.60	735
(A/B)(%)	19.95	32.97	25.49	13.46

위의 표에서 보이듯이 영변·평양·진남포 지방으로 이루어진 평안도 지역의 교회와 교인수는 전국 감리교의 20%에 못 미치지만, 재정적 측면에서는 30%를 넘어서고 있음을 알 수 있다. 특히 진남포지방의 재정적 자립도는 매우 컸다. 제2차 합동연회 때 진남포지방 감리사 임두화(林斗華)는 진남포지방의 특성을 다음과 같이 보고하고 있다.

    1.기독교 조선감리교내에서 목사와 감리사를 많이 산출하기로는 진남포지방이 제일인 줄 아는 동시에 총리사 되신 분까지라도 이 지방에서 산출한 것은 본 지방에서 큰 광영으로 생각합니다. 2.지방적으로 남녀교역자들에 대하여 순전히 자치하기는 진남포지방외에는 없는 줄 압니다. 3. 본 지방내 14구역과 남녀 교역자들이 지방사업에 열심으로 합력하여 약한 구역을 상조하여 구역 유지를 잘하게 합니다.[116]

---

115) 〈기독교조선감리회 제1회 연회록〉 1931, pp. 197~205.

한편 1893년 이래 북장로교와 북감리교 사이에 협정된 지역분할이 준수되어 오다가, 1936년 장로교회 측에서 선교구역 철폐를 통고하여 왔다. 이에 감리교에서도 장로교 선교구역인 신의주와 함경도 지역에 교회를 설립하기 시작하였다. 신의주는 당시 인구 6만명으로 평북의 도청소재지였고, 이미 장로교회 4개처, 성결교회 2개처, 그리고 천주교회와 일본기독교회 등이 설립되어 있었다. 감리교회에서는 1937년 신의주감리교회를 세웠다.[117]

1941년에는 일제의 강요에 의해 연회가 해산되고 이른바 '혁신교단'이 출범하였다. 따라서 평안도와 황해도를 관할하던 서부연회도 해산되면서 평안동교구, 평안서교구, 황해교구로 대체되었다. 그 결과 영변지방과 평양지방은 평안동교구에, 강서지방과 진남포지방은 평안서교구에 속하게 되었다.[118]

1930년 기독교조선감리회 성립 이후 평안도 지역 감리교회의 교세 추이를 보면 다음과 같다.[119]

〈표 II-19〉

구 분	1932		1934		1939		1940	
	교당	교인	교당	교인	교당	교인	교당	교인
평 남	92	9,141	93	10,091	102	10,995	105	13,471
평 북	34	2,251	33	2,093	35	2,206	36	3,203

3. 안식교

1919년 조선합회가 조직되면서 전국은 하나의 대회와 두개의 선교회(미순)로 나뉘었다. 이 때 대회가 조직된 지역은 평안도와 황해도로 이루어진 서선(西鮮)지방이었다. 그 이유는 서선지방이 타지방에 비해 교인도 많고 헌금의 총액도 많았기 때문이었다.[120] 아래의 표에서 보듯이 서선지방은 전국 교세의 약 40% 이상을 차지하였다.

---

116) 〈기독교조선감리회 제2회 연회록〉 1932, p. 127.
117) 이성삼, 《韓國監理教會史 II 1930~1945》, 기독교대한감리회본부교육국, 1980, pp. 128~129.
118) 김광우, 《韓國監理教會百年》, 展望社, 1990, pp. 239~245 참조.
119) 《기독교대연감》, pp. 152~153.
120) 이영린, 앞의 책, p. 39.

〈표 II-20〉 1929년 안식교회의 지역별 교당수[121]

중선	북선	영남	호남	서선
26	14	12	10	45

1920년대 이후 평안도 지역 안식교회의 교세 추이를 보면 다음과 같다.[122]

〈표 II-21〉

구 분	1926		1932		1934		1939		1940	
	교당	교인	교당	교인	교당	교인	교당	교인	교당	교인
평 남	30	952	34	1,634	33	1,724	41	1,429	41	1,639
평 북			5	326	4	374	4	?	4	?

이처럼 안식교는 평안도에서 상당한 교세를 가지고 있었기 때문에 교육사업과 의료사업을 활성화시킬 수 있었다. 1919년 당시 평안도에 설립된 소학교는 의명학교, 희명학교, 진명학교, 용흥사숙, 선돌사숙, 함명사숙 등이 있었고,[123] 중등교육기관으로는 순안에 설립된 의명학교가 있었다. 1939년 당시 서선지방의 안식일학교는 53개, 학생은 3,444명이었다.[124] 또한 의료기관으로는 순안에 설립된 순안병원이 있었다.

4. 성결교

1921년 '동양선교회 복음전도관'은 '성결교회'라는 독립된 교파를 조직하였다. 1925년에는 관서지방의 중심도시인 평양에 이건(李鍵) 목사가 파견되어 활동하였고,[125] 평안북도의 국경도시인 신의주에도 김하석 전도사가 파송되었다.[126] 특히 김하석 전도사의 후임으로 신의주교회를 담당한 이성봉(李聖鳳) 목사는 연건평 200평에 3층 벽돌 교회당을 세웠다. 이 교회는 당시 성결교회 가운데 가장 큰 교회당

---

121) 위의 책, p. 58.
122) 《기독교대연감》, pp. 152~153 참조.
123) 이영린, 앞의 책, p. 152.
124) 위의 책, p. 65, 274 참조.
125) 기독교대한성결교회역사편찬위원회, 앞의 책, p. 314.
126) 위의 책, p. 315.

이 되었다. 그뿐 아니라 신의주교회는 만주 안동을 비롯하여 신의주서부교회, 구의주교회, 양시교회, 피현교회, 용암동교회 등의 지교회를 계속하여 설립하였다.[127]

1933년 성결교 총회가 조직됨으로써 한국 성결교회는 '자립'하게 되었다. 그러나 동양선교회 이사회가 총회의 실질적 권한을 계속 행사하려고 하는 과정에서 교단 내의 갈등이 발생하였다. 당시 이사회는 주로 선교사들과 경성 출신자들로 이루어져 있었고 지방 출신들은 소외되어 있었다. 이러한 상황에서 1935년 제3회 총회에서 평남 용강 출신으로 자치운동에 적극적인 관심을 보였던 변남성(邊南星) 목사가 소장층의 지지를 얻어 총회장에 당선되었다. 그러자 이사회는 총회를 '불법선언'하였고 변남성 목사를 면직 처분하였다.[128] 이에 분격한 곽재근(郭載根), 서재철(徐載喆), 송태용(宋台用), 안형주(安衡柱), 오계식(吳癸植) 등 소장 목회자 13명이 성결교를 탈퇴하였고,[129] 총 200여개의 성결교회 가운데 12개 교회가 교단을 탈퇴하였다.[130] 이들은 주로 관서지방 출신의 소장 목회자들로서 1936년 11월 평양에서 '하느님의교회'를 창설하였다.[131] 이 사건을 계기로 하여 평안남도 성결교회는 교세가 약화되었다. 1920년대 이후 평안도 성결교회의 교세 추이를 살펴보면 다음과 같다.[132]

〈표 II-22〉

구 분	1926		1932		1934		1939		1940	
	교당	교인	교당	교인	교당	교인	교당	교인	교당	교인
평 남	1	131	2	1,055	9	1,126	5	631	6	474
평 북	?	?	2	?	6	582	9	1,802	10	2,029

---

127) 위와 같음.
128) 이덕주, "1936년 성결교회 총회분규사건-1930년대 한국교회 자치운동의 한계", 〈한국기독교사연구〉 17호, 1987, pp. 20~21.
129) "하느님의교회 第一會公議會", 〈聖火〉 1937. 1, p. 34 ; 한국기독교역사연구소, 앞의 책, p. 201 참조.
130) 기독교대한성결교회역사편찬위원회, 《한국성결교회사》, 기독교대한성결교회출판부, 1992, p. 347.
131) 위와 같음.
132) 《기독교대연감》, pp. 152~153 참조.

5. 천주교 : 메리놀 외방전교회와 평양교구의 활동

1923년 미국 메리놀 외방전교회가 평안도 사목을 담당하게 되었다. 따라서 그 해 5월 방(方, Patrick J. Byrne)신부를 필두로 하여 길(吉, Parick Cleary)신부와 목(睦, Joannes Morris)신부가 내한하였고, 다음해에는 강(姜, Josephus Cassidy)신부, 도(都, Patrick Duffy)신부, 서(徐, Josephus Sweeney)신부 등 3명이 내한하였다.[133] 엄격하고 보수적인 파리외방전교회 성직자들과 대조적으로 개방적이고 진취적인 메리놀 외방전교회 성직자들은 활발한 전교활동과 교구설립을 위한 준비를 하였다. 그 결과 1927년 서울교구로부터 평양교구가 독립되고 초대교구장에 방신부가 임명되었다.

1930년대 접어들어 평양교구는 더욱 활발한 활동을 보였다. 제2대 교구장 목신부는 1934년 '평양교구 평신자 대회'를 열어 평신도운동의 지침을 마련하는 한편 '평양교구 가톨릭운동 연맹'을 조직하였다. 평양교구 가톨릭연맹은 중앙부(中央部)를 중심으로 각 본당과 공소에 지부(支部)와 분부(分部)를 조직하여 문맹퇴치, 수계범절, 교회단체 지도, 극(劇)운동, 교무금 적극 납부 등의 운동을 전개하였을 뿐만 아니라 자체 기관지로 〈가톨릭연구〉를 발행하였다.[134] 〈가톨릭연구〉는 평양교구의 차원을 넘어 전국적인 교회 월간지로 발전하였으나 〈가톨릭조선〉으로 명칭을 바꾼 후 1938년 폐간되고 말았다. 한편 한국인 사제 양성에도 노력하여 1930년 평양교구 최초로 양기섭(梁基涉)이 교구사제로 서품받은 이래 해방전까지 9명의 본방인 신부가 배출되었다.

메리놀 외방전교회의 평안도 진출과 거의 동시에 메리놀 수녀회 소속 수녀들도 평안도에 들어왔다. 1924년 메리놀회 수녀 6명의 내한을 필두로 하여 1939년에는 23명의 수녀들이 활동하고 있었다. 이들은 시약소·양로원·고아원 등을 설치하여 헌신적인 봉사활동을 하였지만 언어와 문화의 차이에서 오는 한계 때문에 한국인 수녀의 양성을 서둘렀다. 그 결과 1932년 한국 최초의 방인(邦人) 수녀회인 '영원한 도움의 성모 수녀회'가 창설되었다. 따라서 1909년 이래 평양교구에 파견되어 학교, 본당, 자선사업 등을 맡아 오던 샬트르 성 바오로회 수녀들은 모든 소임을 '영원한 도움의 성모 수녀회'에 인계하고 1940년 서울 본원으로 복귀하였다.[135]

1941년 태평양전쟁이 발발하면서 미국 메리놀회 소속 성직자와 수도자들이 모두 감금되었고, 다음해에는 모두 추방되었다. 따라서 평양교구는 잠시 서울교구장

---

133) 《천주교평양교구사》, pp. 76~77.
134) 위의 책, pp. 117~121.
135) 위의 책, p. 105.

의 관할을 받다가 1943년 홍용호(洪龍浩) 신부가 평양교구장에 임명됨으로써 방인(邦人) 교구로 발전하였다.[136] 해방 이전 평안도에서의 천주교 교세 추이를 보면 다음과 같다.[137]

〈표 II-23〉

구분	1926		1932		1939		1940	
	교당	교인	교당	교인	교당	교인	교당	교인
평 남	23	4,772	34	6,486	54	13,002	60	14,862
평 북	5	936	9	2,102	39	2,874	43	2,967

6. 소종파운동

평안도 지역에서 발생한 대표적인 소종파운동은 자유교회, 예수교회, 하느님의 교회, 성주(聖主)교회, 평양기도단운동 등이다.

1) 자유교회

1911년 강계교회는 지도자 문제로 분열되었다. 강계 최초의 교인이었던 이학면(李學勉)과 의주출신의 조사였던 차학연(車學淵) 사이에 경쟁이 벌어졌기 때문이었다.[138] 중재에 의해 이학면은 위원지방으로 가서 유급 조사로 일하도록 권장되었고, 차학연은 강계에 남아 있게 되었다. 그런데 교인들 사이에 차학연에 대한 반대운동이 일어났다. 135명의 세례인과 학습인이 차학연을 쫓아내려는 청원서를 선교사에게 제출한 것이다. 선교사들이 그러한 요청을 받아들이려고 결정하자 차학연은 50명의 교인을 데리고 교회를 나갔다.[139] 그리고 그는 수백명의 교인을 끌어들여 별도의 교회를 세우고 스스로 '자유교회'라고 불렀다. 이 교회는 과거에 파직된 목사 최중진(崔重珍)과 연계되어 장로교회에 커다란 위협을 가하였다.[140]

2) 예수교회

예수교회는 감리교의 부흥사 이용도(李龍道)를 중심으로 하여 세워진 교회이다. 이용도는 1929년부터 부흥사로 활동하면서 전국을 무대로 열광적인 집회를 주도

---

136) 위의 책, p. 154.
137) 《기독교대연감》, pp. 152~153.
138) H. A. Rhodes, 앞의 책, p. 169.
139) 위의 책, p. 332.
140) 車載明, 《조선예수교장로회사기(상)》, 신문내교회당, 1928, pp. 228~229.

하였다. 그는 집회과정에서 기성교회에 대해서도 날카롭게 비판하였기 때문에 기성교회로부터 여러 차례에 걸쳐 징계를 받았다. 즉 1931년 장로교 황해노회의 이용도 금족령을 비롯하여 감리교측에서의 사문위원회(査問委員會) 구성, 장로교 평양노회와 장로교총회의 '이단'규정, 안주노회의 '정죄' 등의 조치를 계속적으로 받았다.[141] 이처럼 장로교와 감리교를 비롯한 제도권 교회로부터 '이단' 징계를 받게 된 이용도 목사와 그 추종세력은 1933년 6월 평양에서 90명의 교인이 모인 가운데 예수교회 창립공의회를 열었다.[142]

예수교회의 창립에는 당시 원산을 무대로 활동한 열광적 신비주의자들이 개입하고 있었다. 즉 원산신학산(元山神學山) 교수였던 백남주(白南柱)와 세칭 '접신녀'로 알려진 유명화(劉明花)와 이유신(李維信) 등이 이용도를 내세워 새로운 교회를 세웠던 것이다.[143] 그러나 백남주는 예수교회의 신전과 헌법 등을 스스로 기초하였으나 예수교회를 떠나 철산의 김성도와 함께 성주교회를 세웠다.[144]

3) 하느님의교회

하느님의교회는 1936년 성결교 분규 당시 성결교에서 이탈한 서북지방의 소장 목회자들을 중심으로 평양에 세워진 교회이다. 이들은 평양 상수리성결교회에서 하느님의교회의 '신앙 및 행위의 표준 5개조'를 다음과 같이 선언하였다.[145]

㉠ 信者로서만 敎會 組織 ㉡ 宗派 및 人間的 名稱 不用 ㉢ 聖書外에 信仰個條나 條例不用 ㉣ 外國의 管轄權 不服 ㉤ 各敎會의 自給

하느님의교회에 속하였던 사람들은 여러 종파의 출신배경을 가지고 있었기 때문에 새로운 종파를 형성하거나 교회를 떠나기도 하였다. 초창기 핵심인물의 하나였던 정남수(鄭南水)는 나사렛교회를 독자적으로 창립하여 나갔고, 송태용은 장로교회로 옮겼다.[146] 그러나 끝까지 교단을 지켰던 곽재근(郭載根)과 안형주(安衡柱)는 웨슬레주의에 입각하여 1956년 한양신학교를 설립하였다.[147]

---

141) 金南植,《日帝下 韓國敎會 小宗派運動硏究》, 새순출판사, 1987, p. 95.
142) "예수敎會 創設의 由來及現狀",〈基督申報〉1937. 3. 10, p. 7.
143) 김남식, 앞의 책, p. 107.
144) 위와 같음.
145)〈신앙생활〉1937. 1 ; 김남식, 앞의 책, p. 45 참조.
146) 김남식, 앞의 책, p. 46.
147) 위와 같음.

4) 성주교회

성주교회는 1935년 평북 철산에서 생긴 소종파로서 일명 '새주교회'라고도 불렸다. 이 교회는 창립후 평남 숙천(肅川)에서 총회를 열어 49명의 참석자 모두에게 목사안수를 주어 지도자로 양성하였다.[148] 김성도(金成道)와 예수교회 출신 백남주(白南柱)가 중심적으로 활동하였으며, 남녀혼처 숙소배정으로 사회적 물의를 일으키기도 하였다.[149]

5) 평양기도단

1930년대 초반에 접어들어 평양 일대의 교인들 사이에서 일종의 기도운동이 일어났다. 평양 장대현교회의 김예진(金禮鎭)을 비롯한 50여명의 교인이 별도의 모임을 가지고 기도운동을 하자 당회에서 해산명령을 내렸다. 그들의 기도는 종래의 장로교적인 것과 달리 땅을 치며 대성통곡하거나 몸부림치는 경우가 많았기 때문에 평양노회와 평양신학교 그리고 여러 교회에서 이들에 대해 부정적인 반응을 보이면서 조사연구회를 조직하였다. 그 결과 1932년 제22회 노회가 기도단운동을 부정하는 다음과 같은 4개의 건의안을 제출하였다.

㉠ 각 교회가 통상예배시, 사경회, 부흥회, 수양회시 강도와 교수는 가급적 장로회 인허를 받은 자로 할 일. ㉡ 기도는 은밀히 조용히 할 일. ㉢ 안수받지 못한 자가 병자에게 안수 말 일. ㉣ 상회가 인정치 아니한 단체는 용납지 아니할 일.[150]

이 안이 노회에서 확정되어 통과되었지만, 내용이 명확하지 못하고 기도의 자유가 제한되어 있으며 바리새주의적인 요소가 많다고 하여 많은 비판을 받기도 하였다. 특히 김인서(金麟瑞) 같은 사람은 이 건의안에 대한 재검토를 요청하였다. 어떻든 이 사건은 1930년대 평양 교회를 혼란케 하는 한가지 요소였다.[151]

6) 기타 교회

그외에 평안도에서 활동한 교파로는 일본계 기독교회들이 있다. 조선회중교회, 일본기독교회, 일본메소디스트교회, 일본조합기독교회, 동양선교회홀리네스교회 등이 대표적이다. 이 가운데 조선회중교회는 일본의 조합교회를 모태로 하여 생겨난 조선인 교회로서 3·1운동 이전에는 15,000명 이상의 교인을 가진 커다란 교

---

148) 민경배, "성주교회", 《한국민족문화대백과사전》 12, p. 515.
149) 《평북노회사》, p. 240 참조.
150) 《평양노회사》, p. 147.
151) 위의 책, p. 147.

회였다.[152] 그러나 3·1운동 이후 팽배된 배일감정으로 인해 교세가 급격하게 축소되자 1921년 교회대표자를 일본인 와다세(渡瀨常吉) 대신 한국인 유일선(柳一宣)으로 내세우면서 교회 명칭도 조선회중교회로 바꾸었다.[153] 그외 평안도에서 미미하나마 활동한 교회로 김장호(金庄鎬)의 조선기독교회와 침례교의 전신인 동아기독교회가 있었다.

해방전 평안도에서 활동하였던 군소교파들의 현황과 교세를 살펴보면 다음과 같다.[154]

〈표 II-24〉

구 분	1926		1934		1939		1940	
	교당	교회	교당	교회	교당	교회	교당	교회
일본메소디스트교회	2	282	2	186	2	300	2	321
일본조합기독교회	1	108	2	85	2	96	2	110
동양선교회홀리네스교회			3	12				
조선기독교회	1	32	1		1		1	
조선회중교회	3	1,135	8	941	8	400	8	430
하느님의교회					3	333	4	386
예수교회							2	
성주교회							13	94
나사렛교회							1	92
동아기독교회							1	
일본기독교회	2	170	2	212	2	36	2	283

---

152) 朝鮮總督府學務局宗敎課,《朝鮮に於ける宗敎及享祀一覽》, 1928, pp. 46~54.
153) 한국기독교역사연구소, 앞의 책, p. 93.
154)《기독교대연감》, pp. 152~153 참조.

제 2 장 함경도 지방의 교회

1. 함경도의 지역적 특성과 종교 문화

1. 지역적 특성

험준한 고령(高嶺)들이 첩첩이 가로놓여 있는 관북지방은 조선시대까지 사실상 고립된 곳이었다. 고대에 옥저와 동예, 그리고 북부여에 속해 있던 이 지역은 이어서 고구려·통일신라·발해로 이어지면서 한반도 역사의 중요한 부분을 이루어 왔다. 그러나 이곳은 발해가 거란족에게 망한 후부터는 여진족의 영토가 되어버렸다. 그후 고려시대의 강력한 북방정책으로 함남지역의 일부를 되찾기도 하고, 몽고와의 갈등 속에서 다시 빼앗기기도 하다가 조선시대에 이르러 비로소 두만강 이남이 한반도의 온전한 영역으로 자리잡게 되었다. 이 지역은 단지 지리적인 환경에서 뿐 아니라 사회정치적으로도 고립되어 있던 곳이었다. 고려시대나 조선시대에 정책적으로 남부지방의 주민들을 이곳으로 이주시키기도 하였지만 이 지방 출신이 중앙정계로 진출할 수 있는 길은 사실상 차단되어 있었고, 게다가 열악한 교통조건으로 인하여 고립된 지방으로 남아 있을 수밖에 없었던 것이다. 그러나 비록 외적인 요인들에 의한 것이긴 하였지만 개항기와 일제하를 거치면서 이 지역도 그 고립성을 벗어나 발전하기 시작하였다.

개항기에 관북지방은 정치·경제·문화의 오랜 중심지였던 함흥과, 강화도조약으로 1879년에 개항해서 동북아의 요항(要港)이 된 원산, 1899년에 개항한 성진, 교통의 요지인 청진 등을 중심으로 교통과 광·공·상·어업 등의 산업이 급속하게 발전하였다.[1] 이에 따라서 인구도 급증하였으며, 특히 개항장이었던 원산과 성진

---

1) "Won-san", *KRV* 1901. 2, pp. 60~62.

등지에는 외국인들이 많이 거주하였다.[2] 그래서 선교사들도 원산 등지를 중심으로 기독교 복음을 전하기 시작하였다. 한편 일방적인 개항과 일본인들의 수탈 행위에 대해 함경도 지방민들은 끊임없이 이에 저항하였다. 한 예로 1888년에 함경도 관찰사 조병식이 내린 방곡령은 비록 한계가 있기는 하였지만, 밀고 들어 오는 외세에 대한 자주적 대응의 대표적인 경우라 할 수 있을 것이다.

2. 종교 문화

관북지방의 종교 문화도 다른 지역에서와 마찬가지로 유교와 불교 그리고 여러 가지 형태의 민간신앙들이 공존하고 있었다. 그런데 조선 후기에 들어서면서 유교나 불교는 이미 그 영향력을 잃어가고 있었고, 한말 개항기에는 새로운 신앙 형태들이 강한 영향을 미치기 시작하였다. 가장 대표적인 민중종교 운동인 동학은 점차 북상하면서 그 활동 범위를 넓혀 왔으며, 교계 지도자 최린(崔麟)의 고향인 함흥 일대에서 특히 많은 신도들을 확보할 수 있었다. 천주교는 1894년에 무역항에 한해 신교(信敎)의 자유가 허락됨에 따라 파리외방전교회의 브레(L. E. A. Bret, 類斯) 신부와 베르모렐(J. Vermorel) 신부를 원산에 파견함으로써 함경도 전교(傳敎)를 시작하였다.[3] 그들은 운흥리에 성당을 건립하였는데, 이 때 많은 동학교도들이 천주교로 개종하기도 하였다.[4]

개신교는 1892년에 이 지역 선교를 시작하였다. 한말 일제하로 넘어가면서 동학이 천도교로 재정비되고 시천교가 새로 등장하면서 교세가 갈라지기는 하였지만 상당한 기간 동안 그 신도수는 천주교와 개신교의 신도수를 웃돌았다.[5] 아무튼

---

2) 함경남도의 경우 1924년에는 인구 141만 2996명이었던 것이 1944년에는 201만 5732명으로 증가하였고, 함경북도는 1907년에 39만 45명이었던 것이 1943년에는 121만 8841명으로 증가하였다("함경남도", "함경북도", 《한국민족문화대백과사전》 24, pp. 324~336). 한편 개항장인 원산은 1898년에 인구 15,000명이던 것이 1932년에는 42,453명(일본인 9,511명)으로 증가하였다(H. A. Rhodes, *History of the Korean Mission Presbyterian Church U. S. A. 1884~1934*, p. 136).

3) 유홍렬, 《한국천주교회사》, 가톨릭출판사, 1962, p. 914.

4) 《함해노회80년사》, 대한예수교함해노회, 1992, p. 104. 《咸鏡南道誌》(咸鏡南道誌編纂委員會, 1968, p. 429)에는 조불조약이 성립된 다음 해인 1887년에 원산에 처음으로 교회가 세워졌다고 되어 있으나 그 사실 여부는 확실하지 않다.

5) 1920년 총독부의 통계에 의하면 당시 함남지방의 경우 개신교도는 9,538명, 천주교 922명, 천도교 13,596명 그리고 시천교 14,738명으로서 동학 계열의 신도수가 기독교 계열보다 훨씬 많았다. 하지만 같은 시기에 원산에서는 기독교가 1,732명인데 비해 천도교가 40명, 시천교는 신도가 아예 없는 것으로 나타나 기독교가 원산을

관북지방에서의 교회의 성장은 다른 지방에 비해서 상당히 더딘 편이었다. 그나마 초기에 입교한 교인들 가운데 상당수도 관서지방에서 이주해 온 사람들이 대부분이었다.[6] 그러나 선교사들과 여러 신자들의 헌신적인 활동으로 교회는 꾸준히 성장하였으며, 또 한국 교회의 커다란 전환점이 되었던 대부흥운동이 바로 원산 기독교인들의 회개운동에 의해서 시작되는 등 기독교도 서서히 관북지방에서 자리를 잡아가기 시작하였다.

2. 여러 선교부들의 함경도 선교

1. 미국 북장로회

개신교의 여러 교파 가운데 함경도 지방에서 가장 먼저 선교를 시작한 것은 바로 미국 북장로회였다. 선교사로서 관북지방에 최초로 왔던 사람은 게일(J. S. Gale, 奇一)[7]과 마펫(S. A. Moffett, 馬布三悅)이었다. 그들은 서상륜(徐相崙)을 인도자로 하여 1891년 2월 27일부터 여러 달 동안 관서지방과 압록강 이북지역을 돌면서 여행을 하고 만주의 기독교인들을 격려하기도 하였는데,[8] 돌아오는 길에 백두산 밑을 지나 관북지방의 성진·함흥 그리고 원산에 들렀던 것이다.[9]

서울로 돌아온 그들은 함경도 지역의 선교를 시작할 것을 주장하였다. 그리하여 그 이듬해인 1892년 7월에 게일이 선교부의 파송을 받아 원산에 도착하였다. 그 사이에 게일은 남편을 잃은 헤론 부인과 결혼도 하였다. 당시에 원산은 이미

중심으로 점차 그 영향력을 확대시켰음을 알 수 있다(《咸鏡南道誌》, pp. 275~277).
6) 북장로회 선교사인 스왈른(W. L. Swallen)의 보고에 의하면 1898년 당시 원산의 기독교인들 중 8할이, 그리고 함흥의 기독교인들 중 6할이 평안도와 황해도 지방에서 이사 온 사람들이었다고 한다[R. E. Shearer, *Wildfire : Church Groth in Korea*; 서명원, 《한국교회성장사》(이승익 역), 대한기독교서회, 1966, p. 200].
7) 게일은 처음에는 토론토대학 YMCA의 선교사로 한국에 왔지만 이 선교회의 지원계약이 끝나면서 미국 북장로회로 소속을 옮겼다.
8) 게일은 이 여행에 대해서 기록을 남겼는데, 그것은 그의 저작인 *Korean Sketches* [Edinburgh : Oliphant Anderson and Ferrier, 1898 ; 《코리언 스케치》(장문평 역), 현암사, 1970]에 실려 있다.
9) W. Scott, *Canadians in Korea : Brief Historical Sketch of Canadian Mission Work in Korea*, unpublished, 1975, p. 18. 그들이 원산에 도착한 것은 5월 9일이다(전택부, 《토박이 신앙산맥》, 대한기독교출판사, 1977, p. 142).

개항후였으므로 중국인과 일본인을 비롯한 외국인들이 12명이나 있었다. 원산에 도착한 게일은 이창직(李昌稙)과 김준건에게서 말과 문학·미술 등을 배웠다. 그리고 이어서 평북 정주에서 이사와서 한약방을 하고 있던 모학수(毛鶴壽)를 어학선생으로 맞았다.[10]

그러나 게일은 성서 번역과 한영사전 편찬, 그리고 《천로역정》 번역 등의 일에 얽매여 있었기 때문에 선교에서는 큰 성과를 거두지 못하고 있었다. 이에 선교부는 1894년에 스왈른(W. L. Swallen, 蘇安論) 목사 부부를 추가로 원산에 파송하였다.[11] 게일과 스왈른 부부는 함경도 곳곳으로 순회전도를 다니는 한편 차을경(車乙慶), 모학수, 고찬익(高燦益), 전계은(全啓殷) 같은 교인들을 전도인으로 양성하였다.[12]

선교사와 전도인들의 노력에도 불구하고 처음에는 선교사업이 크게 성공하지 못하였다.[13] 그러나 원산의 교회는 계속 성장하여서 1894년에는 4명의 여성도에게 세례가 베풀어졌고, 1896년에는 세례교인 34명, 학습교인 24명 그리고 일반교인 80명으로 증가하였다. 또한 선교사들은 물론 차을경 같은 한국인 전도자들이 함경도 각지로 순회전도를 다닌 결과 얼마 후에는 함흥·경성·북청·홍원·단천·갑산 등지에도 신자가 많이 생겼다.[14]

한편 1892년 6월에 장로교와 감리교간에 선교구역 분할에 관한 협정이 있었고, 이어서 장로교 내부에서도 자체적인 선교구역 협정이 이루어졌다. 북장로회는 1898년에 연합선교사공의회가 함경도 지역을 캐나다장로회의 선교구역으로 하기로 결정함에 따라 그들이 원산에 세운 교회와 학교를 캐나다 선교사들에게 양도하고 함경도에서의 선교활동을 공식적으로 철수하게 되었다. 이 때 함경남도에는 전부 14곳의 예배처소가 있었다.[15] 그리고 게일과 스왈른은 1899년에 원산을 떠나 각각 서울과 평양으로 가서 사역을 하게 되었다.

2. 미국 북감리회

---

10) 모학수뿐만이 아니라 당시에는 청일전쟁을 피하여 원산 등지로 이사해 온 사람들이 무척 많았다. 이곳은 호남지방이나 관서지방처럼 청군과 일본군 간에 치열한 전투는 벌어지지 않았기 때문이었다(전택부, 위의 책, pp. 147~150).
11) 백낙준, 앞의 책, p. 257.
12) 《함해노회80년사》, p. 105.
13) 위의 책, p. 289.
14) H. A. Rhodes, 앞의 책, pp. 137~139.
15) W. Scott, 앞의 책, pp. 43~45.

미국 북감리회도 북장로회와 거의 같은 시기에 함경도 선교사업을 시작하였다. 1886년에 이미 스크랜튼(Wm. B. Scranton)이 이 지역을 돌아보기도 하였으며, 1893년에는 맥길(William B. McGill) 의사가 원산에 정착하면서 기독교 서적도 팔고, 환자도 치료하면서 그 선교의 문을 열었다.[16] 그의 사업은 상당한 성과를 거두었다. 1896년에 맥길이 선교부에 보고한 바에 의하면 정식 교인과 입교 희망자가 219명에 이르고 있었다. 그 해에 그는 원산에 거주하는 외국인들을 치료해 준 수입을 가지고 원산에 조그마한 예배처소를 하나 마련할 수 있었다.[17]

맥길은 1898년에 안식년을 맞아 미국으로 귀국하였다가 안식년을 마친 후 다시 한국으로 돌아와 계속해서 원산에서 선교사역에 종사하였다. 그러나 1901년에 북감리회가 뒤늦게 한국선교에 진출한 남감리회에게 원산지역을 양도하기로 결정함에 따라서[18] 그도 1902년에는 부동산을 비롯한 모든 것을 남감리회 선교부에게 넘겨주었다. 맥길의 보고에 의하면 1901년 당시 원산에는 주일 예배장소가 세 곳 있었고, 6명의 학생을 가르치던 여학교가 하나 있었으며, 14명의 세례교인을 가진 교회가 하나 있었다.[19] 이로써 미북감리회도 함경도에서의 선교활동을 공식적으로 철수하게 된 것이다.

3. 미국 남감리회

윤치호의 호소로 1896년에 한국선교를 시작한 남감리회는 서울·송도·원산을 중심으로 선교사업을 전개하고 있었다. 그 가운데 원산에서의 선교는 하디(Robert A. Hardie, 河鯉泳)에 의해서 이루어졌다. 하디는 캐나다 출신으로서 1890년에 토론토대학 의과대학을 졸업한 후 캐나다대학 기독교청년회의 선교사로 그 해 9월에 가족과 함께 한국에 왔다. 그는 게일의 요청에 따라 부산에서 의료활동을 할 예정이었지만, 게일이 토론토대학 선교부를 떠나 북장로회로 옮기면서 서울에서 활동하게 된 데다가, 부인이 둘째 아이를 해산할 무렵이었고, 다음해 봄에 제중원에 새로 부임할 빈튼(C. C. Vinton) 의사가 오기 전까지 병원 일을 도와야 하였기 때문에 서울에 당분간 머물렀다.[20]

다음해에 하디는 부산으로 가서 잠시 의료사업을 하다가 1892년 11월 11일부터

---

16) W. Scott, 앞의 책, p. 45.
17) 백낙준, 앞의 책, p. 219.
18) C. D. Morris, "Division of the Territoy between the Presbyterian and Methodist Missions," *KMF* 1914. 1, p. 8.
19) 백낙준, 앞의 책, p. 288.
20) W. Scott, 앞의 책, pp. 21~22.

는 원산에서 의료활동과 선교활동에 종사하기 시작하였다. 1898년에 캐나다선교회와의 계약기간이 끝나자 그는 5월 5일에 남감리회 선교부로 소속을 옮겼다. 소속을 옮긴 하디는 1899년에 개성에서 의료사업을 시작하였는데, 이것이 후에 개성 남성병원이 되었다. 이듬해에 남감리회 선교부는 서울과 개성구역 외에 원산구역을 새로 설정하였고, 이에 따라 12월 15일에 하디 부부가 원산으로 파견되어 의료선교사업을 재개하였다.[21] 따라서 남감리회의 함경도 지역 전도는 이 해부터 비로소 시작된 것이라 할 수 있다. 하디는 1901년에 로스(J. B. Ross, 羅約耳) 의사가 원산으로 부임해 온 후로는 복음사역에만 전념하였다. 하디는 원산 이남과 강원도에서 복음을 전하였으며, 1901년 3월에는 강원도 김화군(金化郡) 지경터에서 15명의 교인에게 세례를 베풀고 교회를 조직하기도 하였다. 원산지방의 복음사역에는 한국인들도 활발히 참여하였는데, 그 대표적인 사람이 정춘수(鄭春洙)이다. 그는 1906년의 지방회에서 전도사로 임명을 받아 원산상리교회에서 사역하였으며 원산지방 초기 전도에 큰 역할을 하였다.[22]

남감리회는 1901년 10월 21일에 북감리회와의 협정하에[23] 원산 이남지역을 양도받음으로써 이 지역에서 더욱 본격적으로 활동하기 시작하였다. 이에 따라 캐롤(Arrea Carrol, 葛月)과 노울스(Mary Knowles)가 추가로 원산에 파송되었다. 그들은 1903년에 여자기숙사를 시작하였는데 이것이 후에 원산 루씨여학교(樓氏女學校)가 되었다.[24] 여선교사들은 여성을 상대로 한 활동도 활발히 하여서 1906년에 노울스는 남촌예배당 아래에 5~6간짜리 초가집을 구하여 '반렬방'이라 이름짓고 여기서 여성들에게 성경과 한글을 가르쳤다. 마침 원산을 방문하였던 남감리회 해외선교부 총무 콥(Alice Cobb)은 이를 보고 미국에서 후원금을 모집하여 그 기금으로 1909년에 원산에 성서학원을 설립하였다. 성서학원과 반렬방에서는 성경공부와 사경회가 열렸으며, 여기서 훈련받은 여성들의 전도도 활발하였다. 성서학원과 반렬방은 이후 1925년에 '보혜여자관'(保惠女子館)으로 발전하였다.[25]

---

21) 梁柱三 編,《朝鮮南監理敎會史》, 朝鮮南監理敎會傳道局, 1930, pp. 21~22, 58~59.
22) 金光祐,《韓國監理敎會百年》, 展望社, 1990, p. 86.
23) 송도는 남감리회가 개척한 곳이었기 때문에 자연스럽게 남감리회의 선교구역으로 설정되었고, 서울은 대부분의 선교부들이 함께 활동하던 곳이었기 때문에 공동구역으로 설정되었다(한국기독교역사연구소,《한국기독교의 역사 I》, 기독교문사, 1989, p. 215).
24) 양주삼, 앞의 책, pp. 23~24.
25) 巨布(Kate Kooper), "元山普惠女子館事業", 양주삼, 앞의 책, pp. 113~114.

4. 침례교

침례교(대한기독교회)도 함경도 지역을 중심으로 한국선교를 시작하였는데, 그 선구자는 1889년 말엽에 독립선교사 자격으로 서울에 온 캐나다인 펜윅(M. C. Fenwick, 片爲益, 1863~1935)이었다. 젊은 사업가였던 그는 전문적인 신학교육을 받지는 않았지만 그의 친구였던 헤론(J. W. Heron)의 부인이 전도를 하다가 옥에 갇혔다는 소문을 듣고 한국선교를 결심하게 되었다.[26] 그는 서울 정동에 머물면서 언어와 풍습을 배우다가 황해도 소래로 가서 계속적인 선교 준비에 임하였다. 이후 그는 원산에서 본격적으로 선교를 하고자 하였으나 뜻을 이루지 못하고 1893년에 귀국하였다.

본국으로 돌아간 펜윅은 캐나다와 미국 각지를 돌면서 한국선교의 필요성을 알렸으며,[27] 침례교회 목사인 고든(A. J. Gordon)이 운영하는 보스톤선교훈련학교에 참석하였다. 고든 목사 밑에서 침례교인이 된 그는 피어슨(A. T. Pearson) 목사와 고든 목사로부터 목사안수를 받았다.[28] 그는 1894년에 한국순회전도단(The Corea Itinerant Mission)을 조직하고, 1896년에는 이 선교회의 책임자로서 다시 한국으로 돌아와 원산에 선교본부를 두고 본격적인 선교사업에 착수하였다.[29] 펜윅은 1901년에는 재정난으로 선교사업을 중단한 엘라 씽 기념선교회의 선교사업을 인수하기도 하였다.

펜윅과 그가 양성한 문서 순회전도자들은 원산지역 이외에도 공주·강경·칠산을 비롯하여 한산·온양·옥천·영동·고산 등지로 선교 영역을 넓혀갔다. 이어서 교단을 체계화하기 위해 1906년 10월 6일 강경에서 최초의 대화회(大和會)를 열었다. 이 총회에서는 교단명칭을 '대한기독교회'라고 정하였고, 초대감목으로 펜윅을

---

26) M. C. Fenwick, *The Church of Christ in Corea*, New York: George H. Doran Company, 1911 ;《대한기독교회사》(허긴 역), 침례신학대학출판부, 1989, p. 28.

27) 펜윅이 어느날 보스톤 클라렌돈가 침례교회에서 집회를 하였는데 그 교회 집사였던 사업가 씽(S. B. Thing)이 이에 감명을 받아서 1895년에 그의 외동딸 엘라(Ella)의 죽음을 기념하는 엘라 씽 기념선교회를 조직하였다. 이 선교회는 1895년에 폴링(E. C. Pouling) 선교사 부부와 가들라인(Amanda Gardeline)을, 1896년에는 스테드맨(F. W. Steadman) 선교사 부부와 애클스(Sade AcKles), 엘머(Arma Ellmer)를 추가로 파송하여 부산·공주·강경 등지에서 선교를 하였으나 재정난으로 1900년에 선교부를 철수하였다(M. C. Fenwick, 위의 책, pp. 76~77 ; 金容海,《大韓基督敎浸禮會史》, 대한기독교침례회, 1964, p. 15).

28) W. Scott, 앞의 책, p. 20.

29) 基督敎韓國浸禮會總會歷史編纂委員會 編,《韓國浸禮敎會史》, 침례회출관사, 1990, pp. 43~47.

선출하였으며, 교회본부를 원산에 두는 것과 교규 제정 문제, 조직 편성 문제 등이 거론되었다. 그리고 아울러 원산·강경·공주·영동 등의 구역이 설정되었으며, 원산구역에서는 펜윅과 함께 이종덕(李鐘德)이 봉사하게 되었다.[30]

5. 캐나다장로회

이렇게 선교 초기부터 여러 교파들이 함경도 지역 선교에 임하였지만 아직 함경도 전역에서 본격적으로 선교사업이 이루어진 것은 아니었다. 1898년에 캐나다 장로회 선교사들이 한국에 오자 북장로회는 선교구역 협정에 따라 이 지역에서 철수하였으며, 북감리회도 1901년에 남감리회에게 원산지역을 양도하고 이곳에서 완전히 철수하였다. 남감리회의 선교활동도 원산 중심의 함경남도 일부와 강원도 등지에 국한되어 있었을 뿐 함경도 전역을 포괄하지는 못하였다. 다만 대한기독교회의 펜윅과 소수의 한국인 전도자들이 함경도 곳곳을 순회하면서 활발하게 선교에 임하고 있었을 뿐이다. 따라서 함경도의 본격적인 선교활동은 캐나다장로회가 이 지역 선교에 착수하면서부터 비로소 시작되었던 것이다.

1) 한국선교에 착수하게 된 경위

위에서 살펴보았듯이 캐나다장로회가 한국선교에 착수하기 이전에도 이미 몇 명의 캐나다인들이 독립선교사 자격으로 한국에 나와 있었다. 1888년에 내한한 게일과 1890년에 내한한 하디 부부, 그리고 1893년부터 서울에서 의료선교에 종사하고 있던 에비슨(O. R. Avison)은 모두 토론토대학선교부의 지원을 받았다. 그런데 선교지원을 약정한 기간이 지남에 따라 게일과 에비슨은 북장로회로, 하디는 남감리회로 각각 그 소속을 옮기게 되었다. 그리고 1889년에 내한한 펜윅은 독자적으로 대한기독교회를 조직하였다.

그런데 이들 네 명의 캐나다인들보다 더 직접적으로 캐나다장로회가 한국선교에 관심을 갖도록 동기를 부여한 사람이 있었는데, 그가 바로 매켄지(W. J. McKenzie, 梅見施)이다. 매켄지는 1893년 12월에 독립선교사로 한국에 와서 소래에 정착하여 헌신적으로 사역을 하였다. 그러나 그는 무리한 사역으로 건강이 악화되어 일사병과 신열 그리고 정신이상에 시달리다가 1895년 7월 25일에 권총으로 목숨을 끊었다.[31] 한편 매켄지가 별세하던 7월 중순에 열린 캐나다장로회 제21회 총회에서는 한국에서 선교사업을 시작할 것을 시사하고 이 문제를 총회 해외선교

---

30) 위의 책, p. 55.
31) W. Scott, 앞의 책, pp. 28~34 ; 백낙준, 앞의 책, pp. 203~204.

제 2 장 함경도 지방의 교회 101

위원회(Foreign Mission Committee)에 넘기기로 결정하였다.[32] 해외선교위원회가 몇 달에 걸쳐서 이 문제를 검토하고 있는 동안 매켄지의 죽음에 대한 소식과 그의 유서가 도착하였고 그와 함께 소래교회 교인들의 진정서가 도착하였다. 소래교인들은 진정서에서 매켄지의 신앙을 본받아 살겠다는 결의를 보여주면서 기독교인 선생을 한사람 보내달라고 요청하였다.[33] 그들의 편지 내용은 다음과 같다.

> 우리는 매켄지 목사님의 친구요, 동역자이며, 형제이신 여러분께 이 편지를 씁니다. 우리는 여러분께서 이 편지를 읽어 주시고 또 기도 어린 관심을 보여주시기를 원합니다. 매켄지 목사님이 한국에 오신 후에 그분은 황해도 장연의 소래마을로 내려오셔서 열심히 하나님 아버지의 사업을 하셨습니다. 그리고 많은 사람들을 주님께로 이끌어 주셨습니다.
>
> 소래마을은 언제나 아주 사악한 곳이었고 축복이 없는 곳이었습니다. 이제는 매켄지 목사님의 본을 따르려는 사람들이 많이 있습니다. 하지만 그분은 더이상 우리와 함께 계시지 않습니다. 그리고 우리는 기도하면서 하나님의 뜻을 알기를 원하고 있습니다. 우리는 하나님 앞에서 기도하면서 캐나다에 계신 우리의 형제님들께서 기독교인 선생님 한분을 보내 주시기를 기다리고 있습니다.
>
> 주님의 이름으로 소래에 있는 기독교인들 올림
> 1895년 12월 26일[34]

매켄지의 죽음에 대한 소식과 소래교인들의 호소는 캐나다 교회내에 한국선교에 대한 깊은 관심을 불러 일으켰다. 〈장로교인〉(*Presbyterian*)이라는 한 잡지는 "한국이 많은 사람들에게 관심의 초점이 되어가고 있으며, 몇몇 학생들이 이미 한국선교를 자원하였다는 것을 부인할 사람은 아무도 없을 것이다"라고 쓰고 있다. 하지만 한국선교를 시작하는 데 대해서 반대하는 사람들도 많이 있었는데, 그들은 다른 선교지역에서 지금까지 해오고 있던 선교활동에 더욱 힘을 쏟을 것을 주장하면서 한국선교를 지원한 두명의 학생은 미국선교회로 보내고 매켄지의 유산도 그들에게 넘겨 주자고 제안하였다.[35] 결국 해외선교위원회는 한국선교 문제를 계속 논의한 결과 1896년에 열린 총회에 다음과 같은 부정적인 보고서를 제출하였다.

---

32) *Acts and Proceedings of the Twenty-First General Assembly of the Presbyterian Church in Canada,* 1895, pp. 31, 79.
33) 백낙준, 앞의 책, pp. 289~290.
34) W. Scott, 앞의 책, pp. 35~36.
35) W. Scott, 앞의 책, p. 36.

한국의 선교사업 개시문제에 대한 총회의 건의를 본 위원회는 신중하게 검토하였으며, 현재로는 사업을 착수하기가 어렵다는 결론을 내렸다. 지난 총회 시에 매켄지는 사망하였다. 그는 유서를 통해 자신의 유산을 한국선교 사업에 써달라는 뜻을 남겼다. 그 액수는 2,000달러였음을 확인하였다. 그러나 본 위원회는 이 사업을 착수하는 데 큰 어려움이 있음을 인정한다. …… 만일 사업을 추진하려면 적어도 두사람은 파송해야 할 것이다. 하지만 두사람을 파송하자면 지금 가지고 있는 자금으로는 부족하다.[36]

한편 이와 때를 같이 하여 몇몇 신학생들이 한국선교에 관심을 가지고 캐나다 교회가 한국선교를 시작해야 한다는 글을 교회 잡지에 기고하였다.[37] 또한 부인여성해외선교회(W. F. M. S.)는 한국에 파송할 선교사 한사람을 지원할 만큼의 재정 부담을 자청하기도 하였으며,[38] 그 실행위원이 1896년 2월에 열린 장로교 총회에 참석해서 한국선교의 필요성을 역설하기도 하였다.[39] 특히 매켄지의 고향인 노바 스코시아(Nova Scotia)를 비롯한 동부지역의 교회들이 한국에 대해 깊은 관심을 나타내었다.[40] 그리하여 이 안건이 캐나다 동부지역의 몇몇 노회에 정식으로 제출되었고, 그후 다시 캐나다 동부지역 노회들의 연합회인 매리타임대회(The Synod of the Maritime Province)에 회부되어 마침내 1897년 10월 7일에 이 대회에서 한국선교를 시작할 것이 가결되었다.[41] 그리고 이 대회의 요청에 따라 캐나다장로회의 해외선교위원회에서도 이 결정을 받아들여 서둘러 한국선교에 착수하였다. 그 결과 그리어슨(Robert Grierson, 具禮孫, 1868~1965) 의사 부부, 푸트(W. R. Foote, 富斗一) 목사 부부, 맥레(D. M. McRae, 馬具禮) 목사가 첫 선교사로 한국에 파송되었다.[42]

이들은 1898년 8월 2일에 캐나다 밴쿠버를 출발하여 15일에 요코하마에 도착하였으며, 고베, 시모노세키를 거쳐 8월 29일에는 나가사키에 도착하였다. 그들은 9월 3일에 다시 나가사키를 출발하여 4일 저녁에 부산에 도착, 하룻밤을 정박하고 다음날 서해를 항해하여 7일에는 마침내 제물포에 도착하였다.[43] 그때의 감격을

---

36) Elizabeth A. McCully, *A Corn of Wheat : The Life of the Rev. W. J. McKenzie*, pp. 252~253.
37) E. A. McCully, 위의 책, p. 252.
38) E. A. McCully, 위의 책, p. 253.
39) W. Scott, 앞의 책, pp. 36~37.
40) 한국기독교역사연구소, 《한국기독교의 역사 I》, p. 189.
41) W. Scott, 앞의 책, pp. 37~40.
42) *FMC* 1898, p. 175.
43) *FMC* 1899, p. 133.

그리어슨은 이렇게 적고 있다. "아침을 먹고 아내와 나는 오늘의 묵상 본문을 읽었는데, 첫 구절을 대하자마자 굉장한 감동을 받았다. 그 구절은 창세기 29장 1절로 '그때에 야곱이 길을 떠나 동방사람의 땅에 이르러'라는 말씀이었다. 우리도 하나님이 함께 하시고 내내 지켜 주셨던 긴 여행의 끝에 도달한 것이다." 숙소에 도착해서 그들은 북감리회의 콜리어(C. T. Collier) 목사와 제중원 책임자인 의사 에비슨, 그리고 평양에서 온 휘트모어(N. C. Whittemore) 목사를 만났다.[44]

2) 선교활동의 전개

다음날 선교사들은 나룻배를 타고 한강을 따라 서울에 도착하였다. 캐나다장로회 선교사들은 언더우드의 집과 다른 선교사들의 집에 당분간 묵으면서 한국장로교선교사연합공의회(The United Council of Presbyterian Mission)[45]에 가입하고 본격적인 한국선교를 준비하였다. 이들은 당연히 매켄지가 사역하던 황해도에서 선교활동을 시작하고자 하였다. 그러나 소래에 다녀온 그들은 그곳이 너무 작은 마을인데다가 매켄지 사후 지난 3년 동안 미국 북장로회가 여기서 선교사업을 추진해 오면서 많은 발전을 보이고 있는 것을 알게 되었다. 그래서 그들은 다른 선교지를 희망하게 되었으며, 장로교선교사공의회는 협정을 통해 캐나다장로회에게 함경남도와 함경북도를 선교지로 설정해 주었다.[46] 이에 따라 북장로회 선교사들은 원산에서 공식적으로 철수하게 되었고, 캐나다장로회의 선교사들이 원산을 중심으로 선교사업을 시작하게 되었다.

1898년 11월에 원산에 도착한 푸트 목사 부부는 북장로회가 설립한 교회와 남학교를 인수받고 선교활동에 착수하였다. 그 교회에는 64명의 세례교인과 많은 학습교인이 있었으며 더 큰 예배당을 지을 준비를 하고 있었다.[47] 다른 선교사들은 다음해 2월에 원산에 도착하였다.[48] 그 동안에 북장로회의 선교사들은 그들의 사역을 서서히 넘겨주면서 1899년 9월에는 이곳에서 완전히 철수하였고, 캐나다 선교사들은 선교활동을 하는 중에 틈틈이 각지를 돌면서 실정을 조사하였다. 이

---

44) *Diary of Robert Grierson, M.D. Missionary to Korea, August 1, 1898, to March 25, 1901*, United Church Archives 소장 문서, pp. 1~10.
45) 백낙준의 《한국개신교사》, p. 290에서는 이들이 가입한 공의회의 명칭이 "在韓 長老會治理機構遂行 宣敎部委員會"(The Council of Missions in Korea holding the Presbyterian form of Government)로 되어 있는데 이는 푸트 목사가 1899년에 선교부에 보낸 보고서에서 그렇게 부른 것을 인용한 듯하다.
46) *Diary of Robert Grierson*, p. 20.
47) *FMC* 1899, p. 133.
48) *FMC* 1900, p. 117.

순회전도에서는 차을경 등의 한국인 조사들이 중요한 역할을 하였으며, 그들에 의해 함흥·영흥·정평·홍원·단천·갑산 등지에 많은 교회가 설립되었다. 그들은 문천에서 훗날 교회의 주요 지도자가 된 전계은을 만나기도 하였다.[49] 이렇게 순회전도를 통하여 교회는 서서히 자리를 잡아갔으며, 1900년에는 세례교인이 105명, 학습교인이 46명이 되었고, 17명의 아기가 유아세례를 받았다.[50]

선교사들은 그후 계속 보충되어서 1900년에는 캐나다에서 맥레 부인이 도착하였고, 중국선교사로 있던 여선교사 매컬리(L. H. McCully)가 '의화단(義和團)의 난'을 피해 한국으로 왔다.[51] 이어 1901년에는 럽(A. F. Robb, 業亞力) 목사 부부와 맥밀란(Kate McMillan) 의사가,[52] 1903년에는 럽 목사의 누이인 제니 럽(Jennie B. Robb)이[53] 내한하였다. 그후로도 메어(Catherine F. Mair, 1905) 선교사, 영(L. L. Young, 榮在醫, 1906) 목사 부부, 그리고 로스(A. R. Ross, 1907) 목사 부부가 내한하였다. 그들은 서울과 원산에서 말과 관습을 익힌 후 곧바로 의료와 교육활동을 비롯하여 주일학교와 여자성경반 등 각종 선교활동에 본격적으로 참여하였다.

이렇게 선교사들이 증원되자 선교사들과 전도인들은 이제 함경도의 다른 지역으로 진출하기 시작하였다. 1901년에는 그리어슨 부부가 함북 성진으로 이주하여 선교부를 설치하였으며,[54] 곧 이어서 럽 부부도 이곳으로 이사하였다. 성진에서는 원산과 다른 관북지방에서 이주해 온 많은 교인들이 중심이 되어 교회가 시작되었으며, 점차 캐나다선교부의 주요 요지들 가운데 하나로 성장하였다. 그리하여 1903년에 성진지방에는 7개의 예배처가 생겼으며, 14명의 세례교인, 22명의 학습교인이 있었고, 3명의 아기가 유아세례를 받았다.[55] 1904년과 1905년 사이에는 러일전쟁으로 인해 여러 달 동안 선교부가 폐쇄되고 전란 속에서 교인들이 어려움을 겪기도 하였다.[56] 그러나 전쟁이 끝난 후 교회는 다시 정비되어서 1906년에는 세례교인이 58명, 학습교인이 84명, 일반교인이 208명에 이르렀다. 이렇게 어려움을 극복하고 복음사업이 진척된 데에는 럽이 "한국 복음사역의 희망"이라고 묘사하였던 매서인과 전도부인들의 활약이 상당히 큰 역할을 하였다.[57]

---

49) W. Scott, 앞의 책, p. 47 ; 전택부, 앞의 책, pp. 174~191.
50) *FMC* 1901, p. 89.
51) *FMC* 1901, p. 115.
52) *FMC* 1902, p. 140.
53) *FMC* 1905, p. 147.
54) W. Scott, 앞의 책, p. 48 ; *FMC* 1902, p. 134.
55) *FMC* 1903, p. 140.
56) *FMC* 1906, p. 54.
57) *FMC* 1907, pp. 114~115.

한편 1903년에는 맥레 목사 부부와 맥밀란 의사가 이미 순회여행을 통해서 개척해 온 함흥지역으로 이주해 그곳에 선교부를 설치하였고, 이후 메어 선교사와 영 목사 부부도 이곳에 정착하였다. 이곳은 캐나다장로회의 중심적인 선교지로 성장하여 1903년에 교회 5개, 선교지부(out-station) 7개, 교인수 104명, 학습교인 100명이었던 것이[58] 10년 후에는 선교사들 외에 한국인 목사와 장로 각 1명, 조사 10명, 전도부인 9명, 교회 10개(미조직교회 포함), 세례교인 369명, 일반교인 727명, 주일학교 3개가 될 정도로 성장하였다.[59] 선교구에서는 성경반과 순회여행을 통한 전도뿐 아니라 각종 계몽사업도 활발히 이루어졌다. 1913년에는 기존의 의료사업을 확대하여 제혜병원(濟惠病院)을 설립하였다.[60] 이 병원은 이후 40병상 규모로 발전하였으며, 여기서는 맥밀란과 앨런(Allan) 의사 부부, 샌들(A. Sandell) 간호사가 활동하였으며, 서울에서 의학을 공부하고 온 모학복(毛鶴福) 등의 한국인 의사들도 함께 활동하였다. 한편 선교부의 교육사업도 활발하여서 선교사들이 1903년과 1907년에 설립한 함흥영생여학교와 남학교도 점차 관북 최고의 명문학교로 발전하였다.

〈표 II-25〉 함경도 장로교회의 세례교인수(1893~1942)[61]

연도	세례교인수	연도	세례교인수	연도	세례교인수
1893	5	1907	814	1923	4,105
1896	23	1910	1,691	1925	5,333
1899	115	1912	2,325	1930	5,504
1900	92	1916	3,001	1935	6,396
1903	311	1919	4,632	1940	7,838
1905	492	1920	5,058	1942	7,868

6. 원산부흥운동

1900년을 전후해서 함경도 지방에는 캐나다장로회, 남감리회, 대한기독교회(침례교)의 세 교파가 정착하게 되었다. 이렇게 서서히 선교의 틀이 잡혀가는 가운데 1903년에 한국교회의 역사에 커다란 획을 긋는 신앙 체험이 원산을 중심으로 일

---

58) *FMC* 1905, p. 148.
59) *FMC* 1915, p. 99.
60) *FMC* 1914, p. 105.
61) 서명원, 앞의 책, pp. 284~286 참조.

어나기 시작하였다. 그 체험은 1907년의 평양 대부흥운동으로 이어졌고, 이후 전국으로 파급되면서 한국교회에 커다란 발전과 변화를 가져오는 계기가 되었다.

원산부흥운동의 도화선이 된 것은 선교사들의 작은 기도 모임이었다. 1903년에 중국의 여선교사 화이트(M. C. White)가 한국을 방문하였는데, 그녀와 캐나다장로회 여선교사 매컬리는 선교사업을 위해서 날마다 함께 기도하였다.[62] 한편 같은 때에 스칸디나비아 선교연맹 소속의 스웨덴 목사 프란슨(F. Franson)도 한국을 방문하였다. 이들과 원산의 남감리회 선교사들은 일주일 동안 사경회를 가졌다. 화이트 선교사 등으로부터 중국의 어려운 선교여건과 특히 의화단의 사건으로 선교사정이 더욱 악화된 형편을 전해들은 여러 선교사들은 자신들이 선교활동에 대해 가졌던 태도에 대해 깊이 반성하게 되었다. 이 사경회는 더욱 확장되어서 장로교와 침례교의 다른 선교사들은 물론 몇 명의 한국 교인들도 이에 참가하였고 창앞[倉前]예배당에서 연일 집회가 열렸다.[63]

뜨거운 기도와 진지한 성경 연구 모임이 계속되는 가운데 어느날 남감리회의 하디 선교사가 커다란 은혜를 경험하게 되었다. 원산과 강원도 지역에서 의료선교사로 활동해 오던 그는 자신의 선교활동에 큰 성과가 없는 것에 대해 고민하다가 자신의 선교동기와 신앙상태를 근본적으로 반성하기 시작하였다. 그는 당시의 고충을 이렇게 쓰고 있다.

> 나는 3년 동안 강원도에 처음 교회가 세워진 지경터에서 애써 일하였으나 거기서 선교사업에 실패하였다. 이 실패감은 나에게 헤아릴 수 없는 타격을 주었고 일을 포기할 수밖에 없는 기진맥진의 상태에 이르렀다.[64]

그러던 중 그는 동료 선교사들과 함께 모인 이 사경회에서 기도에 대한 연구를 발표하는 순서를 맡게 되었는데, 이 과정에서 강력한 성령의 임재와 새로운 신앙의 갱신을 경험하게 되었다. 그는 자신의 체험을 동료 선교사들에게 이야기하였고, 그의 간증에 다른 선교사들은 큰 감동을 받았다. 그는 한국 교인들도 자기처럼 죄의 고백과 실제적인 살아있는 종교적 체험을 하기를 바라는 마음으로 한국인 신자들 앞에서 자신의 신앙적 허물과 교만, 그리고 백인으로서 가졌던 우월감 등의 죄를 고백하였다. 그는 선교부에 보낸 보고서에서 그 때의 일을 이렇게 쓰고 있다.

---

62) W. Scott, 앞의 책, p. 55.
63) 《조선예수교장로회사기(상)》, p. 179.
64) *MECS* 1905, pp. 39~40.

제 2 장 함경도 지방의 교회 107

내가 성령의 충만함을 받은 후 첫 주일 아침 예배시에 우리 원산 교인들 앞에 섰을 때 나는 부끄러움과 혼돈을 띠고 나의 교만을 고백하였다. 그리고 마음의 완악함과 믿음의 결핍, 이런 것들로 말미암아 오는 많은 잘못에 대하여 고백하였다. 이 때 그들은 생전 처음으로 실제적 경험에서 죄의 자각과 회개가 무엇을 의미하는지를 알게 되었다. 그들에게 내가 어떻게 하나님의 약속에 대한 단순한 믿음을 가지고 성령의 은사를 받게 되었는지를 이야기하고 또 다음 세 주간 동안에 내 경험과 생활에서 분명한 변화가 일어난 것을 그들이 보았을 때, 그들은 믿음에 대한 새로운 교훈을 배우게 되었고 하나님이 그 백성을 죄악에서 구원하시는 능력에 대해서도 배우게 되었다.[65]

그의 고백은 선교사로서의 자존심과 외국인이라는 거만을 다 떨어버린 행위였고, 따라서 이에 감동한 한국 교인들도 커다란 신앙의 체험을 겪게 된 것이다.

원산의 회개운동은 1904년 1월에도 각 교파 연합으로 모인 사경회에서 계속되었다. 이번에는 캐나다장로회 선교사 럽이 특별한 은혜를 받아 여러 날 동안 금식통회하였고 심지어는 길가에서 기도하기도 하였다. 이 때 그의 모습을 보고 비웃는 신자도 있었고, 불신자들은 그가 술취한 것으로 생각하기도 하였다. 하지만 럽의 회개운동은 큰 반향을 불러 일으켰으며 그 회개와 자복의 열기는 이듬해 여름에 열린 원산 제직사경회에서도 계속되었다. 이 기간 중에 어떤 사람은 40일간 기도를 하다가 이상(異象)을 경험하기도 하였고, 기이한 능력을 받은 사람도 있었으며, 온 교회가 울며 통회하는 소리가 마치 초상집 같았다고 한다. 장로교 신자인 전계은(全啓恩)과 감리교 신자인 정춘수(鄭春洙)도 이 집회에서 감화를 받아 원산부흥운동의 주역이 되었다. 그들은 원산 거리를 누비며 성령의 임재와 그 은사를 선포하며 대대적인 전도와 회개운동을 벌였다.[66]

한편 원산과 평양에서의 부흥운동을 목격한 캐나다선교회 총무 마가이와 중국 양자강 연안의 선교사 고요한도 특별한 은혜를 경험하였으며, 이후 본국으로 돌아가 유명한 부흥강사가 되었다.[67] 이렇게 불붙은 회개와 부흥의 열기는 곧바로 평양으로 전파되었고, 이어서 목포 등지에서도 회개운동이 일어나게 되었다.[68] 그리고 마침내 1907년 1월 6일부터 평양 장대현교회에서 열린 사경회에서 한국교회

---

65) *MECS* 1904, p. 24.
66) 梁柱三,《朝鮮南監理教會史》, 서울, 1926, p. 61 ; 전택부, 앞의 책, pp. 174~205 참조.
67) 《조선예수교장로회사기(상)》, pp. 179~180.
68) J. F. Preston, "A notable Meeting", *The Missionary*, 1907. 1, p. 21 ; 서정민, "초기한국교회 대부흥운동의 이해 : 민족운동과의 관련성을 중심으로", 이만열 외,《한국기독교와 민족운동》, 보성, 1986, pp. 233~283 참조.

의 대부흥운동이 절정에 이르게 된 것이다.

3. 교회의 발전과 시련

 부흥운동을 통하여 교회가 내적으로 성숙해 가는 것과 함께 선교사업의 틀도 더욱 확고하게 자리를 잡아갔다. 그 대표적인 예가 선교구역을 마저 분할하여 교파간의 협조와 분업을 더욱 효율적으로 만든 것이다. 장로교와 감리교는 연합공의회를 통하여 양 교파간의 선교구역 분할을 완전히 마무리하였다. 그리하여 1905년에는 북장로회와 미감리회 사이에, 1907년에는 북장로회와 남감리회 사이에 협정이 이루어진 데 이어서, 1908년에는 함경도 지역을 놓고 캐나다장로회와 남감리회 사이에 협정이 이루어졌다. 협정에 따라 강원도를 포함한 원산 이남 대부분의 지역은 남감리회가 맡게 되었고, 원산 이남 중에서 안변과 덕원 일부 그리고 함경도의 나머지 전역을 캐나다장로회가 맡게 되었다. 캐나다장로회 해외선교부에 보낸 선교 보고서에 의하면 이 때 캐나다장로회가 남감리회에게 넘겨준 원산 이남의 교회는 27개 처소였으며, 세례교인이 97명, 입교예정자가 171명, 그밖에 교회에 출석하는 사람이 모두 1천여명이었다. 한편 남감리회도 캐나다장로회에게 교회 한 곳을 넘겨 주었는데, 그 교회의 교인은 20명이었고, 그 가운데 세례교인은 3명이었다.[69] 선교구역 분할이 마무리되면서 각 선교부들은 교파적 차원에서 본격적으로 교회를 조직화하기 시작하였다.

1. 장로교

1) 노회의 성립과 민족적 시련
 장로교에서는 1907년에 독노회(獨老會)가 조직됨에 따라 전국에 7개 대리회가 설치되었고, 함경도에도 함경대리회(咸鏡代理會)가 설치되어 노회의 위임 사무를 처리하게 되었다.[70] 캐나다선교부는 계속해서 영흥·단천·경성·고원·북청·회령·명천·문천 등 함경도 전역에 교회를 속속 설립하였고, 동만주(東滿洲)와 시베리아 일부에까지 선교사업을 확장하였다. 이렇게 교회가 확장되는 데에는 한국 교인들의 역할이 상당히 컸다. 대표적인 예로 원산 교인이었던 김사겸(金仕謙)은 양계사업으로 번 재산을 전도사업에 회사하여 시베리아에 김유보(金有甫)를 파송하였으

---

69) *FMC* 1909, p.120 ; 백낙준, 앞의 책, p.401 ; 민경배, 앞의 책, pp.266~267.
70) 《조선예수교장로회사기(상)》, pp.182~183.

며, 문천·고원·영흥 등지에도 모학수와 유문환(柳文煥)을 파송하였다.[71)]

1910년에 캐나다장로회 선교부는 전지역을 다시 원산·함흥·성진·회령·동만주의 다섯 구역으로 나누어 각 지방 선교사회를 설정하고, 전도회를 조직하였다.[72)] 이 때 회령지방에는 럽 부부가 순회하여 복음을 전하였는데, 1912년에는 이곳에 정식으로 선교부가 설치되어[73)] 맨스필드(T. D. Mansfield) 의사 부부와 맥도날드(D. A. Macdonald) 목사 부부가 선교사로 파송되었다. 1913년에는 맥레란(Enda McLellan) 선교사와 맥이크렌(Ethel McEachren) 선교사가 추가로 이곳에 파송되었다.[74)] 간도 용정지방에서는 1910년에 파견된 바커(A. H. Barker, 朴傑) 목사 부부가 김석현과 함께 순회전도를 하며 교인들을 돌보았다. 1913년에는 이곳에도 선교부가 설치되었으며, 곧이어 프록터(S. J. Proctor) 목사 부부와 스미스(Esther Smith) 선교사가 동역자로 파견되었다.[75)]

한편 1911년 9월 17일 대구 남문안교회에서 열린 제5차 장로회 노회에서는 기존의 대리회들을 노회로 승격 조직할 것이 가결되었다. 이에 따라 노회소집장을 맡은 푸트는 1912년 1월 29일 원산 상리(上里) 상동예배당에서 목사 14명과 장로 16명으로 함경노회를 결성하였다.[76)] 이 때 초대 노회장에 김영제(金永濟), 서기에 김종섭(金鐘燮), 회계에 전훈석(全燻錫)이 각각 선출되었다. 노회 창설 당시 회원은 선교사 푸트, 럽, 맥레, 그리어슨, 영(L. L. Young), 로스(A. R. Ross), 블랙(D. M. Black)과 한국인 목사 박예헌(朴禮憲), 김종섭, 한병직(韓秉職), 한득룡(韓得龍), 김영준(金永俊), 김영제, 그리고 장로 전훈석, 황준식, 박치형(朴致衡), 전계은, 이두섭, 장두익, 장예학 등 모두 20명이었다. 노회의 관할구역은 함경남북도와 동만주, 시베리아의 블라디보스토크 지방이었다.

같은 해 8월 15일에 함흥 신창리교회에서 열린 제2회 노회에서는 선교사 럽이 노회장으로 선출되었고, 김영준이 성진에, 그리고 한득룡이 갑산에 각각 동역 목사로 파견되었다.[77)] 1913년에 원산 창앞교회에서 열린 제3회 노회에서는 박예헌 목사가 노회장이 되었다. 이 해에는 김내범(金迺範), 박창영(朴昌英) 등이 목사로 안수를 받아 함경노회에서 첫 목사가 배출되었다. 1914년 제4회 노회에서는 푸트

---

71) 위의 책, pp. 309~327.
72) 위의 책, p. 328.
73) *FMC* 1913, pp. 104~110.
74) *FMC* 1914, p. 101.
75) *FMC* 1914, pp. 101~106.
76) 《조선예수교장로회사기(하)》, 연세대출판부, 1968, p. 195 ; 金良善의 《韓國基督教史研究》, p. 108에는 2월 20일로 되어 있다.
77) 《조선예수교장로회사기(하)》, pp. 195~196.

가 노회장에 선출되었고, 이 때 전계은과 박치형이 목사안수를 받았으며, 교회는 부활주일 헌금을 모아 블라디보스토크 선교를 지원하기로 하였다. 그런데 당시 블라디보스토크에서 활동하던 최관흘(崔寬屹) 목사가 러시아정교회로부터 월급을 받으며 활동한 것이 알려지자 함경노회는 선교사 1인과 목사 1인을 시찰원으로 보내 이 사실을 확인하고 그에게 정교회와 손을 끊을 것을 권고하였다. 하지만 최 목사가 이를 거절하자 노회는 1916년 제6회 노회에서 그를 면직처분하고 박치형을 블라디보스토크에 후임 전도목사로 파송하였다.[78]

교회는 계속 성장하여서 노회내에서는 노회를 둘로 나누어야 한다는 의견이 대두하게 되었다. 이에 1917년 8월에 성진에서 열린 노회에서 함경노회를 함남노회와 함북노회로 분할하자는 안건이 상정되었다. 이에 따라 함남 전지역과 함북 성진·길주·명천 지방은 함남노회가, 그리고 나머지 함북 전지역과 북간도지역은 함북노회가 각각 맡을 것이 가결되었다.[79]

함남노회 노회조직 위원장으로 임명된 이두섭(李斗涉) 목사는 1918년 3월 27일에 함흥 신창리교회에서 함남노회 창립노회를 소집하였다.[80] 여기에서는 초대 노회장에 맥레, 부회장에 이두섭과 전계은, 서기에 김이현, 회계에 영이 각각 선출되었으며, 김현찬과 오문근이 목사로 안수를 받았다. 노회 관할구역은 함남 전지역과 함북의 성진·길주·명천 그리고 블라디보스토크였다. 특히 블라디보스토크에는 박정찬이 전도인으로 파견되어 복음확장에 힘썼다. 같은 해 8월 24일에는 원산 상동교회에서 제2회 노회가 열렸으며, 회장에 그리어슨, 서기에 김광표(金光票), 회계에 영이 각각 선출되었다. 한편 블라디보스토크에서 선교를 하던 박치형이 순교하자 노회는 그의 후임으로 박찬(朴燦) 목사를 파견하였다.[81] 1918년 말에 함남 노회의 교세는 교회(미조직교회 포함) 166처소, 목사 7명, 선교사 8명, 장로 35명, 교인수 6,570명, 성경학교 4개, 소학교 32개, 중학교 1개였다.[82]

함북노회의 노회조직장을 맡은 푸트는 1917년 11월 20일에 간도 용정교회에서 창립노회를 소집하였다.[83] 여기에서 초대 노회장에는 푸트가, 부회장에 김내범, 서기에 채필근(蔡弼近), 부서기에 강두화(姜斗華), 회계에 맥도날드(D. W. Macdonald, 梅道捺), 부회계에 김약연이 각각 선출되었다. 노회 관할구역은 성진·길주·명천을 제외한 함북 전지역과 북간도지역 전체였다. 또한 노회내에는 전도국(傳道局)이

---

78) 위의 책, pp. 197~198.
79) 위의 책, p. 199.
80) 위의 책, p. 328.
81) 위의 책, p. 329.
82) "함남노회",《基督教大百科事典》16, 기독교문사, p. 193.
83)《조선예수교장로회사기(하)》, p. 335.

설치되어 전도 업무를 전담하였으며, 그해 성탄 헌금의 절반을 전도사업에 쓰기로 가결하기도 하였다.[84] 노회 성립 당시에 교회수는 103처소였으며, 목사 2명, 선교사 3명, 장로 19명, 교인수 7,124명, 성경학교 2개, 소학교 40개, 중학교 1개였다.[85]

이렇게 노회조직을 갖추고 새롭게 발전하기 시작한 함경도의 장로교회도 3·1운동에 대한 일제의 탄압으로 인해 큰 타격을 입게 되었다. 독립운동이 활발하던 북간도에서는 교회가 독립운동에 상당히 큰 역할을 하고 있었으며, 3·1운동 때에도 이 지역의 교회는 일제에게 엄청난 박해를 받았다. 성진에서도 만세운동이 일어났는데, 이 때에 강학린(姜鶴麟) 목사와 이두섭 목사가 시위의 주동자로 활약하여 2~3년간의 옥고를 치르기도 하였으며, 많은 교인들도 함께 옥고를 치렀다. 특히 함흥 신창리교회의 조영신은 고문으로 결국 옥사하였다. 3·1운동에 대한 가혹한 탄압으로 교회는 큰 어려움을 겪게 되었다. 전국의 많은 기독교 학교와 교회가 문을 닫아야 하였다. 함경도에서도 회령읍교회를 비롯한 많은 교회당이 일본군에 의해 파괴되었으며, 어떤 교회에서는 아예 집회가 금지되기도 하였다.[86] 그리하여 3·1운동 직후에 함경도의 교회는 상당한 어려움에 처하게 되었다.

그러나 이런 난관은 서서히 극복되었다. 그것은 민족의 아픔에 참여한 교회의 애국심을 보고 많은 사람들이 감동을 받아 교회로 많이 들어왔기 때문이다. 그리하여 1920년 이후에는 교회가 오히려 더욱 성장하였고, 복음사업도 더욱 활발히 이루어졌다.[87] 함경도의 복음사업도 더욱 활기를 띠어 1920년에는 함남·함북 노회 내에 하나뿐이던 전도국을 두개로 분리하여 국내와 해외 전도사업에 박차를 가하였다. 1921년에는 그리어슨, 럽, 홍순국(洪淳國) 등이 선교초기부터 개척해 온 간도지방을 하나의 노회로 독립시킨다는 총회의 결정에 따라 동만노회(간도노회)가 설립되었다.[88] 1922년에는 캐나다선교부의 후원으로 김관식 목사를 미국에 유학 보낼 것이 결정되었으며, 함흥에 남자고등학교를 설립할 것이 확정되기도 하였다.[89]

함경도의 교회는 캐나다 교회들의 해외선교에 대한 관심이 증폭되면서 더욱 크게 성장하였다. 제1차 세계대전이 끝나자 구미와 캐나다에서는 국내선교와 해외선교에 대한 관심이 부활하였다. 그 열기를 타고서 1918년 6월에 열린 캐나다장

---

84) 위의 책, p. 336.
85) "함북노회", 《基督敎大百科事典》 16, p. 199.
86) 《조선예수교장로회사기(하)》, p. 335 이하.
87) *FMC* 1920, p. 131.
88) 《함해노회 80년사》, pp. 120~121.
89) 《조선예수교장로회사기(하)》, p. 331.

로회 총회는 400만달러의 선교자금을 모으는 목표를 내걸고 '진흥운동'(Forward Movement)에 착수하였다. 이 운동은 매우 성공적이어서 목표액 이상의 선교자금을 모으는 성과를 거두었다. 그 영향으로 한국에 대한 선교자금 지원도 늘어서, 전쟁 중에는 연 4만달러이던 선교자금이 1919년에서 1923년 사이에는 그 다섯 배인 연 20만달러로 증가하였다. 이 자금으로 선교부는 더 많은 학교와 병원, 기숙사를 지을 수가 있었다.[90] 진흥운동은 미국과 캐나다뿐 아니라 곧이어 아시아의 다른 지역들과 한국에서도 이루어졌으며, 그 영향으로 교회의 복음사역도 더욱 발전하였다.[91]

2) 캐나다연합교회의 성립과 그 영향

1925년에 캐나다에서는 장로교와 감리교, 그리고 회중교회가 연합하여 단일교회인 '캐나다연합교회'(The United Church of Canada)가 새로이 발족하였다. 이 연합의 구상은 1908년에 처음으로 제시되었다가 1909년의 장로교 총회와 1910년의 감리교 연회에 각각 상정된 바 있었다. 각 교단내에서는 연합에 대해 찬반 투표를 한 결과 찬성이 압도적으로 많이 나왔다. 그러나 전쟁이 발발하자 그 연합의 시기는 전쟁후로 미루어졌다. 전쟁이 끝나고 이 문제가 다시 총회에 상정되었을 때에도 연합을 찬성하는 결과가 나왔다. 그런데 이번에는 반대표가 좀 많아졌고, 결국 17%에 달하는 장로교회들이 이 연합에서 탈퇴하여 캐나다장로교회를 따로 구성하였고, 1925년 7월에 캐나다연합교회가 탄생하였다.[92]

연합교회가 성립함에 따라 각 교파에서 해외에 진행 중이던 해외선교사업들도 이 연합교회의 산하에 놓이게 되었다. 1925년에 열린 연합교회와 캐나다장로회의 합동회의에서는 선교활동에 관한 합의가 이루어졌다. 그것은 "연합교회에 들지 않는 선교사가 활동하는 곳에서도 연합교회 선교부의 적극적인 협조가 있어야 한다"는 것과 "어떤 지역을 분할할 경우에는 반드시 선교사업의 유익을 고려하고 그곳에서 선교사역을 하고 있는 당사자의 의견을 존중해야 한다"는 것이었다.[93] 이 원칙은 한국에 와 있던 캐나다장로회 해외선교부에도 마찬가지로 적용되었다. 이 때 대부분의 선교사들은 캐나다연합교회에 그대로 소속되어 선교활동을 계속하고자 하였다. 그러나 몇몇 선교사들은 보수적인 장로교 신앙을 고수하고자 하였다. 그 대표적인 예가 영, 맥도날드(D. W. Macdonald), 베시(F. G. Vesey)이다. 맥도날드는 아내의 별세로 1924년부터 잠시 캐나다로 가 있었는데, 연합교회 성립 소

---

90) W. Scott, 앞의 책, pp. 92~93.
91) *FMC* 1920, pp. 76~77.
92) W. Scott, 앞의 책, pp. 96~97.
93) *The United Church of Canada Year Book*, 1926, pp. 33~34.

식을 듣고는 한국으로 되돌아오지 않았다. 한편 영과 베시는 연합교회에 들지 않은 것과 상관없이 기존의 선교사공의회에서 다른 선교사들과 함께 선교사역을 계속하였다.[94] 한편 럽은 연합교회선교부를 탈퇴하지는 않았지만 이후 평양으로 옮겨서 평양신학교에서 활동하였다.[95]

캐나다장로회 해외선교부는 제1차 세계대전 이후로 줄곧 재정적인 어려움에 처해왔는데, 1925년에 장로교회의 일부가 분리된 채 연합교회가 성립되자 더욱 큰 재정적 압박을 겪게 되었다. 이 때문에 1923년부터는 원산지역을 남감리회에게 넘겨 주자는 문제가 줄곧 거론되기도 하였다. 그러나 선교부내의 반대에도 불구하고 원산의 선교사업은 지속되었다. 1925년에서 1926년 사이에는 선교구역을 놓고 캐나다연합교회와 캐나다장로회 사이에 협약이 이루어졌다. 이 문제는 캐나다장로회 선교사들이 한국에서 철수하여 재일 한국인들에 대한 선교사업을 맡기로 함으로써 일단락되었다.[96] 그리하여 1927년에는 조선예수교연합공의회의 결정에 따라 캐나다장로회가 재일 한국인 선교에 참가하게 되었다. 그리고 캐나다연합교회를 탈퇴한 후 휴가차 캐나다에 가 있던 영 부부가 고베에 정착하여 간사이(關西) 지방의 한국인을 위한 선교사로 활동을 시작하였다. 캐나다장로회의 재일 한국인 선교는 아주 활발하여 1928년에는 맥리언(J. MacLean)이, 그리고 1929년에는 캐나다로 돌아갔던 맥도날드가 이곳으로 파송되었으며, 그후로도 머피(G. Murphy), 앤더슨(M. E. Anderson), 매케이(M. Mackay) 등이 고베와 나고야로 계속 파견되었다.[97]

연합교회의 성립에 따른 변동을 겪으면서도 함경도의 교회는 계속 성장하여서 1925년에는 함북노회가 제14회 총회에 노회를 함북노회와 함중노회로 분립할 것을 청원하였고, 총회가 이를 승인하였다. 함북노회의 조직책임자는 곽권응 목사가, 함중노회의 조직책임자는 강학린 목사가 각각 맡게 되었다. 관할구역은 함북노회가 경성에서 경흥까지, 그리고 청진에서 회령까지 이르는 지역을 맡고, 함중노회가 이원에서 명천까지, 그리고 성진에서 중간도까지 이르는 지역을 맡게 되었다.[98] 노회의 결정에 따라 강학린 목사는 같은 해 10월 4일에 성진에서 노회를 소집하였으며, 초대노회장에 강학린, 부회장에 프록터(Procter), 서기에 이호조, 회

---

94) W. Scott, 앞의 책, pp. 97~98.
95) 金良善, 《韓國基督敎解放十年史》, pp. 185~186.
96) W. Scott, 앞의 책, pp. 98~99.
97) L. L. Young, "The Presbyterian Church in Canada and the Koreans in Japan", *KMF* 1936. 3, p. 68.
98) 〈조선예수교장로회총회 제14회 회록〉 1925, p. 33. 함중노회의 관할구역은 함북의 성진·명천·길주, 함남의 이원·단천·삼수·갑산 등지를 포괄하였다.

계에 김원배가 각각 선출되었다. 함중노회는 내륙의 교회 없는 곳에서 집중적으로 전도를 하여 1927년에는 교인이 2,933명으로 늘어났다.[99] 1934년에는 총회전도부와 협력하여 이홍수를 단천지방에 파송하여 상당한 복음사역의 성과를 거두기도 하였다. 1937년에는 성진 옥정교회에 이 지역 복음사역의 문을 연 그리어슨 기념비를 설립하기도 하였고, 이듬해부터 교회자립운동을 전개하기 위한 자립전도비를 모금하였다.[100]

함경도 각 지역의 교회들은 선교사들과 한국인 교역자, 신자들의 협조 속에서 착실히 성장하여 갔다. 원산에서는 1929년 한해 동안만도 세개의 교회당이 새로 세워지고, 두곳의 예배처소가 늘었으며, 주일학교도 더욱 발전하였다. 1931년에는 전국적인 흐름을 따라 열흘간의 농업학교가 열렸는데, 180명의 사람들이 이에 참가하여 여러 가지 영농법을 배우기도 하였다.[101] 성진에서는 1928년에 100명의 강사진으로 '일일 방학 성경학교'를 개최하여서 매일 세시간 씩 강연을 가지기도 하였다. 또한 1929년에는 6일간의 청년하기집회가 개최되었는데, 밤마다 500명 이상의 교인들이 모여들었다. 이 집회에서는 청년과 기독교의 관계, 한국의 경제상황, 교육 문제, 농촌 문제, 사회주의 문제 등이 거론되었다.[102] 회령에서는 1930년에 교회들이 러시아에서 동만주로 이주하는 교인들을 돕기 위하여 구제부를 설립·지원하였다.[103] 1938년에는 교회자립운동의 일환으로 캐나다선교부가 회령 신흥학교의 부동산 일체를 노회에 기증하였으며, 함북노회 단독으로 함북성경학원을 설립하려는 계획을 추진하였다.[104]

3) 일제 말기의 장로교회

본격적인 전시체제로 돌입하면서 일제는 기왕에 진행해 오던 기독교 학교와 교회에 대한 신사참배 강요에 더욱 열을 올리기 시작하였다. 장로교회는 많은 교단들이 일제의 신사참배 강요에 굴복한 후에도 결사적으로 이에 저항하였다. 그러나 장로교도 1938년 2~3월에 몇몇 노회가 신사참배를 결의한 데 이어 그해 9월 평양에서 개최된 총회에서 19개 노회간의 사전 담합과 일경의 감시 속에 마침내 신사참배를 가결하였다. 한편 장로교 전체의 이러한 흐름과 관계없이 함경도의

---

99) 〈조선예수교장로회총회 제16회 회록〉 1927, p. 113.
100) 〈조선예수교장로회총회 제26회 회록〉 1937, p. 142.
101) *The United Church of Canada Year Book*, 1931, p. 118.
102) *The United Church of Canada Year Book*, 1929, p. 112.
103) 《함해노회 80년사》, p. 124.
104) 〈조선예수교장로회 제27회 회록〉 1938, p. 114. 그러나 이 계획은 40년대에 한국 교회 전체가 일본화의 압력에 굴복하면서 좌절되었다.

장로교는 처음부터 신사참배를 받아들이는 입장을 가지고 있었다. 물론 1933년에 장로교계 학교인 원산 진성여자보통학교가 "만주사변 2주년 기념 위령제"에 참가하라는 통고를 받고도 "종교상의 견지로부터 절대로 참가하기 어렵다"고 회답하여 이를 거부한 일이 있기도 하였다.[105] 그러나 캐나다장로회가 신사참배를 국가의 례로 보는 입장을 갖고 있었고,[106] 함경도 지역의 노회들도 신사참배를 받아들였으므로 함경도의 장로교회와 기독교 학교들은 신사참배로 인한 수난을 별로 겪지 않았다. 이에 대해서 스코트 선교사는 1939년의 한 보고서에서 이렇게 쓰고 있다.

> 우리는 아직도 그리스도인이 증거할 부분이 있는 것을 봅니다. 예배와 성경 연구는 전처럼 행해지고 있고, 기독교인 선생들은 아직도 그 영향력을 끼치고 있습니다. …… 선교사 한사람의 존재는 교회의 성도들이 견고하게 신앙을 지킬 수 있게 해 줍니다. 어떤 이는 선교부내의 분열을 한탄하지만 저는 기도하건대 하나님께서 당신의 지혜를 따라 문을 닫은 이들의 증거나 계속 봉사하는 이들의 증거를 모두 다 당신의 영광이 되도록 사용하실 것을 믿습니다.[107]

그러나 교단적 차원의 이러한 결정에도 불구하고 일부 교인과 지도자들은 선교사와 총회의 이같은 결정을 따르지 않고 신사참배에 끝까지 저항하였다. 대표적인 예로 함주군에서 목회를 하던 이계실(李桂實) 목사가 노회를 탈퇴하고 독자적인 노선을 걸으면서 신사참배에 투쟁하였던 것을 들 수 있다.[108] 그밖에도 함남의 신의균·신필균·안숭주·위병언·이창수·한복현·한상몽·한윤몽·한치상·홍종선·홍종현 등의 교인들이 신사참배 반대운동을 벌였다.[109]

이런 상황 속에서도 장로교단 내부에서는 분쟁이 끊이지 않았다. 당시에 총회는 서북계와 경충계로 나뉘어 갈등을 일으키고 있었는데, 이에 함남노회 지도자들은 1940년 총회에서 총회의 추태를 비판하고 화해를 촉구하였다. 함남노회는 총회에 청원형식을 빌어 이렇게 촉구하였다.

> 지금 국내 각 교회와 신자 개인들은 다각적으로 심신에 충동을 받아 자기 반성적 신앙으로 나아가 하나님의 성전에서 강대를 붙잡고 통곡하면서 호소하는 이 때에 소위 교회기관의 상층부에 있다는 인사들이 지방적으로 과쟁하여 총회분립 문제를 비롯 기타 여러 가지 상스럽지 못한 문제들을 추출하여 지방에서는 총회 이탈문제

---

105) "進誠女子普通學校가 위령제 參列을 거부", 〈朝鮮新聞〉 1933년 9월 27일자.
106) *The United Church of Canada Year Book*, 1938, p. 90.
107) W. Scott, 앞의 책, pp. 130~131.
108) 《함해노회80년사》, p. 123. 이계실 목사는 후에 순장로교단을 창설하였다.
109) 한국기독교역사연구소, 《한국기독교의 역사 I》, p. 336.

며 심지어 총회 불필요론까지 대두하는 현상인 즉 자기도취로만 능사를 삼지 말고 충성된 하나님의 종으로 환원하여 본 장로회 총회가 명실상부하게 10만 성도의 중심기관이 되기를 비나이다.[110]

이 때까지만 해도 갈등을 겪고 있는 한국장로교단의 이같은 상황에서 비교적 제3자적인 위치를 견지할 수 있었던 함경도 지방의 장로교회가 중도적인 화해의 노력을 펼 수 있었던 것이다. 그러나 이런 노력은 흔들리는 교단을 바로잡기에는 너무 미미하였다.

일제는 전쟁이 막바지에 접어들자 선교사들을 비롯한 외국인들을 강제로 추방하였다. 그리하여 1941년 함경도는 스코트, 프레이저, 머레이(Florence Murray), 번즈(Beulah Bourns) 등만 남고 다른 선교사들은 캐나다로 돌아갔다.[111] 남은 선교사들은 교인들을 위로하고 병원사업을 계속하면서 조심스럽게 처신하였다. 일제는 선교사들에 대한 감시와 통제를 철저히 하는 한편 한때는 프레이저 선교사를 스파이 혐의로 투옥하기도 하였다. 그리고 스코트 선교사의 집에는 일본 헌병과 한국인 한명이 배치되어서 주야로 선교사와 가족들을 감시하였다.[112] 1942년에 전쟁에서 위기에 몰리기 시작하자 일제는 남아 있던 소수의 선교사들과 외국인들을 캐나다와 미국에 거주하는 일본인들과 교환하는 협상을 하였다. 이에 따라 선교사들은 그 해 3월 31일 주일에 함흥에서 교인들과 작별을 하였다. 그들은 6월 1일 밤에 서울을 출발하여 다음날에는 마침내 반세기에 걸친 선교사역을 마감한 채 다시 돌아올 날을 기약하며 부산항을 떠났다.[113]

선교사들이 떠난 후에도 교회는 "흔들리지 않고 참되게, 폭풍 앞의 나무처럼 꺾이지 않고 뿌리를 더 깊게 뻗으며"[114] 서 있었다. 그러나 교회에 대한 일제의 탄압은 계속되었다. 일제는 1943년 성탄절 축하예배에서 이스라엘의 출애굽사건을 설교한 것을 트집잡아 함흥중앙교회 장로인 이순기를 비롯해 많은 목사와 교인들을 체포하여 심한 고문을 가하였다. 이것이 '함흥헌병대사건' 또는 '함흥구국투쟁위원회사건'이다. 이 때에 김연 목사가 고문으로 순교하였으며, 이순기 장로와 김용준 목사가 빈사상태에서 겨우 풀려나기도 하였다. 그러나 이런 산발적이고 소규모적, 개인적 저항은 날로 악화되어 가던 교단의 변절과 굴복을 막을 수 없었다.

---

110) 〈조선예수교장로회총회 제14회 회록〉 1940, p. 98.
111) *The United Church of Canada Year Book*, 1941, p. 109.
112) W. Scott, 앞의 책, pp. 139~147.
113) *The United Church of Canada Year Book*, 1943, pp. 120~121.
114) *The United Church of Canada Year Book*, 1944, pp. 126~127.

일제는 끊임없이 한국교회를 일본교회에 종속시키고자 획책하였다. 그리하여 1938년에 서울에서 '조선기독교연합회'가 발족한 데 이어 함흥에서도 기독교의 일본정신화를 위한 '내선(內鮮)기독교연합회'의 결성이 준비되었다.[115] 또한 모든 교단들도 일본교단으로 복속되어 갔다. 그리하여 장로교는 1943년 5월에 '일본기독교 조선장로교단'으로 바뀌었으며,[116] 이에 따라 장로교의 함남노회와 함북노회도 각각 함남교구와 함북교구로 개편되어 그 주체성을 상실하고 말았다.

2. 감리교

감리교는 북감리회가 1908년에 한국연회를 조직한 데 이어서, 남감리회도 기왕의 선교지방회들을 확대개편하여 1914년에 한국선교연회(Korea Mission Conference)를 조직하였다. 제1회 선교연회는 원산에서 열렸으며, 여기에는 한국인 교역자들도 정회원 자격으로 참가하였다. 선교연회는 1918년 10월 31일에 다시 한국연회(Korea Annual Conference)로 변경되었다. 이에 따라 남감리회가 맡은 원산 이남의 선교구역은 연회에서 관리하게 되었다.[117]

3·1운동 이후에 한국교회가 전반적으로 부흥하는 것과 맥을 같이 하여 남감리회의 선교사업도 부흥의 계기를 맞았다. 1919년 9월에는 원산에서 제2회 연회가 열렸는데, 여기서는 유철수(劉轍洙), 김기순(金基純)이 집사목사로 안수를 받았다. 또한 같은 해에 원산 명사십리에서 열린 선교사회에서는 램버트 감독이 스톡스(M. B. Stokes, 都瑪蓮)와 양주삼(梁柱三)을 위원으로 임명하여 해삼위(海參威)와 시베리아·만주 등지의 선교를 위한 예비조사를 하게 함으로써 본격적인 해외선교 준비에 착수하였다.[118] 남감리회의 선교사업은 이렇게 안팎으로 발전하여서 1918년에는 교인수가 614명이었던 것이[119] 1921년에는 교회 63개에 교인수 2,843명으로 늘었으며, 주일학교도 33개나 되었다. 또한 3백명의 학생을 수용할 수 있는 국민학교가 두개 세워지기도 하였다.[120]

선교부에서 운영하던 루씨여학교도 새로이 고등학교를 열어서 좀더 높은 수준의 교육을 시작하였다.[121] 교회교육에서도 주일학교와 성경학교의 활동이 활발하

---

115) 민경배, "일제말 한국교회의 전향", 〈기독교사상〉 1990년 8월호, p. 41.
116) 한국기독교역사연구소, 《한국기독교의 역사 I》, p. 306.
117) 이성삼, 《한국감리교회사》, 1978, pp. 139~144.
118) 양주삼, 앞의 책, p. 33.
119) *MECS* 1919.
120) *MECS* 1922.
121) *MECS* 1923.

여 1924년에는 성경학교에 참석한 사람의 수가 200명에 달하였다.[122] 그밖에 선교 병원도 더욱 활기를 띠어서 원산병원에서 한해에 치료한 환자의 수는 2,100명에 달하였으며, 그 가운데 485명이 신앙을 갖게 되었다.[123] 여선교회의 활동도 활발하여 1906년에 시작된 보혜여자관은 1925년 6월에 새 건물을 짓기 시작하여 1926년 9월에 준공하였으며 점차 전문여자관으로 발전하였다. 여기서는 성경과 한글 뿐 아니라 영어·재봉·요리도 가르쳤으며, 아동복지사업도 함께 이루어졌다. 이 여자관은 1929년 4월에 제1회 성경과 졸업생을 배출하였다.[124]

1930년에는 남·북감리회가 연합하여 기독교조선감리회가 발족하였다. 이에 따라 원산지방은 하나의 지방회로서 동부연회에 속하게 되었다.[125] 이 해에 원산지방회에서는 안지선이 감리사로 임명되었으며, 선교사와 목사·전도부인을 포함한 교역자가 33명, 교인수 2,942명, 주일학교 학생수 3,019명, 예배당 51개, 기도소 9개였으며, 그밖에도 52개의 여선교회, 3개의 청년단체 그리고 25개의 소년전도단체가 있었다.[126]

1930년대 중반부터 일제가 신사참배를 강요하기 시작하자 감리교는 그것을 국가의례로 해석하여 신사참배를 인정하였다. 따라서 감리교는 개인적인 저항을 제외하고는 신사참배로 인한 수난을 그리 크게 겪지 않았다. 그러나 기독교에 대한 일제의 간섭이 계속되어 장로교가 일본교단으로 통폐합된 것과 마찬가지로 감리교도 마침내 1943년 8월에 '일본기독교 조선감리교단'으로 바뀌어 그 자주성을 상실하고 말았다.

3. 침례교

1) 교단의 정비와 교회의 발전

대한기독교회는 계속되는 대화회를 통해 교회를 조직화하였으며, 만주와 시베리아 지역에도 전도인을 계속 파송하였다. 그런데 교회가 조직화되면서 교단 내부에 적지않은 마찰이 일어나게 되었다. 그동안 대한기독교회의 전권을 맡아서 교회를 움직여 온 펜윅이 선교 일선에서 은퇴를 하면서 1914년에 원산에서 열린 제9회 대화회에서 이종덕이 제2대 감목으로 임명되었다.[127] 그러자 교회설립 초기

---

122) *MECS* 1924.
123) *MECS* 1929.
124) 김광우, 앞의 책, p. 107.
125) 한국기독교역사연구소,《한국기독교의 역사 I》, pp. 183~184.
126) 김광우, 앞의 책, p. 183.
127) 김용해, 앞의 책, p. 28 ;《韓國浸禮敎會史》, p. 73.

부터 펜윅과 함께 일해 온 사람들이 이에 불만을 갖고 교단에서 탈퇴하여 교회를 옮기거나 따로 교회를 세우기도 하였다. 그 가운데 한사람인 신명균은 펜윅의 독재적인 행정처사와 조직운영, 그리고 세속 교육에 대한 병적인 기피가 교단의 장래를 어둡게 한다고 생각하였다.[128] 결국 그는 펜윅을 떠나 조합교회로 옮겨갔으며, 이어서 김규면(金圭冕)과 손필환(孫弼煥) 목사도 각각 성리(聖理)교회와 대동(大同)교회를 세우면서 독립해 나갔다.[129]

대한기독교회 역시 1920년대에는 일본정부의 극심한 탄압 아래서도 오히려 부흥하였다. 전치규와 한봉관 등이 원산·회령·경흥·강경 등 전국 각지에서 사역하였으며, 노재천·김재형·김영진 등이 만주와 시베리아 등지로 나아갔다.[130] 또한 1919년에는 1915년에 이미 번역이 완료되었으면서도 그동안 경비 관계로 미루어 오던 독자적인 신약성서 발간사업이 비로소 완성되었다. 그러나 3·1운동의 여파와 고종 황제의 인산(因山)으로 치안이 소란하여 국내에서 출판이 어렵게 되자 일본 요코하마 인쇄소에서 이를 인쇄하여 마침내 원산번역본 신약성서를 펴냈다.[131]

1921년에 대한기독교회는 교단명칭을 '동아기독교회'로 바꾸었다. 그것은 조선총독부가 대한기독교회가 교단명칭에 '대한'이라는 말을 넣는 것을 못마땅해하면서 계속해서 교단명칭을 바꿀 것을 강요하였기 때문이다. 교단측은 이런 일로 불필요한 싸움을 할 필요가 없다는 판단하에 교단명칭을 바꾼 것이다. 교단명칭은 펜윅의 선교정신에 따라 포교지역을 동북아시아로 삼는 아시아적 교단이라는 의미에서 '동아기독교회'로 정한 것이다.[132]

동아기독교회의 대화회는 원산을 비롯한 전국 각지에서 매년 열렸으며, 이를 통해서 교회의 틀이 더욱 공고하게 잡혀갔다. 1922년에는 제17회 대화회가 함북 경흥군 증산리교회에서 소집되었다. 여기서는 이종근이 목사안수를 받았으며, 박성은·최성업·박성홍·박성도가 감로로 임명받았고, 중국인 이충신 여인과 그 아들 왕수용 등이 전도직에 임명되었다. 1923년은 펜윅이 한국에 온지 34주년 되는 해이며, 그가 환갑이 되는 해였다. 그래서 8월 30일부터 15일간 원산에서 대안회(待安會)가 개최되었으며, 9월 14일에는 펜윅의 환갑축하예배가 있었다.[133] 1929년의 제24회 대화회는 원산에서 열렸는데, 이 때에는 당시 시베리아에서 공산군을 피해서 함북 웅기군으로 몰려온 교인들을 돕는 구호운동이 교단 전체 차원에서

---

128)《한국침례교회사》, p. 74.
129) 김용해, 앞의 책, p. 28 ;《한국침례교회사》, p. 73.
130)《한국침례교회사》, pp. 81~82.
131) 위의 책, pp. 82~83.
132) 위의 책, p. 84.
133) 위의 책, pp. 87~88.

이루어지기도 하였다.[134]

한편 펜윅은 목회 일선에서 물러서기는 했어도 여전히 교회에 큰 영향을 끼치고 있었다. 따라서 그가 비록 한국인 지도자들의 역할을 충분히 인정하고 있기는 하였지만[135] 종종 독단적으로 자신의 주장을 관철시킴으로써 다른 교단지도자들과 마찰을 빚기도 하였다. 그 대표적인 예가 1926년에 그가 교단내 모든 교역자와 교인들에게 자녀들의 학교교육을 금지하도록 한 것이다. 이는 그가 "진화론 등의 세속교육을 받는 것이 신자로서 타당치 않으며, 주님이 오실 날이 멀지 않았으니 그런 교육은 전연 불필요하다"고 생각하였기 때문이다. 그리하여 1926년에 발행된 교단 소식지인 〈달편지〉를 통해 그는 "아는 바는 교만케 하는 것이요, 의심은 죽게 하는 것이다. 세상의 지식은 하나님께서 미워하시는 것"이라고 하면서 학교교육을 전면 금지시켰다. 그러나 이런 처사는 다른 교계지도자들의 반발을 샀으며, 이로 인해 교인들의 교육적 진보가 크게 둔화되고 말았다. 나중에는 펜윅 자신도 자신의 이런 처사를 크게 후회하였다.[136]

펜윅은 또한 1933년에 원산에서 열린 제28회 대화회에서 오직 자신의 생각만으로 교단명칭을 '동아기독대'로 변경하였다. 이런 변경은 당시의 교회가 세속화되어 가는 데 대해 반발하는 것이었다. 성별된 무리를 뜻하는 에클레시아라는 말이 이제는 더 이상 거룩하지 않으며 너무나 세속화되었기에 이 말을 버리고 진정으로 성별된 예수를 따르는 무리들이라는 의미에서 '대'(隊)라는 말을 사용한 것이다.[137] 그러나 다른 교단지도자들은 이 이름이 오히려 일본 탄압의 구실이 된다고 생각하였다. 따라서 펜윅이 별세한 후 몇 년 뒤 1940년에 원산에서 열린 제35회 대화회에서 교단명칭은 다시 '동아기독교'로 환원되었다.[138]

2) 일제 말기 침례교의 수난

일제는 한국지배 말기에 장로교와 감리교를 통폐합하여 일본교단으로 복속시키고자 하였다. 그리고 이와 함께 많은 중소교단들을 폐지시킴으로써 종교에 대한 통제를 가하였다. 따라서 동아기독교도 신사참배는 물론 교리적인 이유로 일제의 탄압을 받게 되었다. 1941년에 발생한 우태호(禹泰浩) 사건은 침례교에 대한 일제 탄압의 대표적인 예이다. 우태호는 미국에서 신학을 공부하였으며, 1939년에 내쉬

---

134) 위의 책, pp. 97~98.
135) 한국인 교회지도자에 대한 펜윅의 기대는 그의 저서 《대한기독교사》 후반부에 잘 나타나 있다.
136) 《한국침례교회사》, pp. 91~92.
137) 위의 책, p. 102.
138) 위의 책, p. 130.

빌(Nashville)에 있는 벨몬트 하이츠 침례교회(Belmont Hights Baptist Church)에서 목사안수를 받고 귀국하였다. 그는 동아기독교에 대해 큰 관심을 갖고 1941년 9월에 원산총부를 찾아와 교단에서 일하게 해 줄 것을 요청하였다. 그러나 교단은 그를 신빙할 만한 근거가 희박하다는 이유로 그를 받아들이기를 꺼려하였고, 이에 우태호는 다른 교단의 목사에게 중재를 요청하였다. 이것이 동아기독교단의 오해를 사서 교단은 일경에게 우태호에 대한 조사를 의뢰하였다. 조사를 받던 우태호는 오히려 동아기독교의 지도자들에게 의혹을 갖게 되었고 헌병대에게 동아기독교단이 이상한 단체라고 고발하였다. 그 이유는 동아기독교단이 독자적인 신약성서 번역본과 그리스도의 재림을 강조하는 복음찬미를 사용한다는 것이었다. 이 일로 동아기독교 원산총부가 소장하고 있던 성서 6,500권이 압수되었고 제반 서류와 복음찬미가를 모두 몰수당하였다.[139]

동아기독교에 대한 일제의 탄압은 계속되어서 1942년에 이른바 '원산사건'이 일어났다. 같은 해 6월에 일제는 이종근 감목을 치안유지법 위반죄로 구속 심문하기 시작하였는데, 그 이유는 천년왕국에 대한 설교와 동방요배 반대였다. 일제는 그가 심문을 받으면서도 조금도 흔들리지 않자 이어서 전치규 목사와 김영관 목사를 구속하였고, 원산교회의 집회를 금지하였다. 그 후로도 일제는 전국 각지의 동아기독교회 목사와 교인들을 구속하였는데, 이는 그 해 9월 11일까지 계속되어서 구속된 사람은 32명이나 되었다. 이들은 함흥형무소로 이관되어 고문을 당하였으나 굴하지 않았으며 그 가운데 23명이 병으로 출감하게 되었다. 옥중에서 병고에 시달리던 전치규는 1944년 2월 13일에 순교하였다.[140] 이러한 일제의 탄압 속에서 교단은 점차 힘을 잃어 갔다. 결국 동아기독교회는 많은 교인과 지도자들이 구속된 가운데 마침내 1944년 5월 10일 함흥재판소의 판결에 의해 강제 해산당하고 말았다. 이로써 동아기독교회의 집회는 금지되고 재산은 몰수당하였으며, 교인들은 신앙을 포기하거나 다른 교단으로 옮겨서 신앙의 명맥을 겨우 유지할 수밖에 없었다.[141]

4. 성결교

1907년에 '동양선교회복음전도관'이라는 명칭으로 한국선교를 시작한 성결교회는[142] 1920년대에 이르러 함경도 지역까지 진출하게 되었다. 1922년에 곽재근(郭載

---

139) 《한국침례교회사》, pp. 138~139.
140) 위의 책, pp. 140~147.
141) 위의 책, p. 148.

根) 목사가 함남 북청에 교회를 설립한 것을 시작으로 하여[143] 어포리·예원리·평산·함흥·회령 등지에도 교회와 순회소가 들어섰다.[144] 그리하여 1926년에 함남에는 12개의 교회와 6곳의 기도소, 그리고 6개의 주일학교가 있었으며, 여기에 교역자가 12명, 신자가 514명, 주일학교 학생이 666명(북청에만 178명) 있었다.[145] 함경북도에도 함남과 비슷한 정도의 교회가 생겼으며, 1928년의 연회의사록에 의하면 신자수가 357명인 것으로 보고되었다.[146] 성결교단에서는 함흥성경학교와 청진성경학교를 설립하여 활발한 신앙교육을 실시하였다. 1930년대에는 교회가 더욱 성장하여 함남과 함북을 통괄해 온 북부지방회의 분립이 건의되었다.[147] 그러나 성결교는 일제 말기의 탄압 속에서 다른 중소 교단들과 함께 1943년 12월에 강제 해산되었다.

5. 천주교 및 기타 교단

한편 함경도 지방의 가톨릭 전교활동도 활발하였다. 뮈텔 주교의 요청으로 독일의 베네딕투스회가 한국에 온 것은 1908년의 일이었는데, 이들은 함흥과 원산 지방을 중심으로 활발히 전교활동을 하였다. 파리외방전교회와 베네딕투스회의 활동으로 함경도 지역의 천주교회는 계속 성장하여서 마침내 1920년 8월 25일에는 함경도와 간도지방이 서울교구에서 독립하여 원산교구로 분립되었다. 이 원산교구는 베네딕투스회가 전담하게 되었으며, 초대교구장에는 보나파시오 사우에르 (Bonifacius Sauer, 辛) 신부가 임명되었다.

함경도의 천주교회는 원산교구를 맡은 베네딕투스회의 활동으로 계속 발전하여서 1926년에 성당수 4개, 성직자 5명, 교인수 1,494명이던 것이 1934년에는 성당 15개, 성직자 17명, 교인수 5,542명이 되었다.[148] 베네딕투스회는 대사회적인 활동도 활발히 하여서 신학교와 병원을 설립하고, 1927년에는 덕원지방에 '덕원 성 베네딕트 수도원'을 설립하였다.[149] 원산교구는 1940년에 다시 둘로 분할되어 함경남

---

142) 한국기독교역사연구소, 《한국기독교의역사 II》, p.89. 성결교단은 1921년에 교단 명칭을 '조선예수교동양선교회성결교회'로 변경하였다. 李明稙, 《朝鮮耶蘇教東洋宣教會聖潔教會略史》, 東洋宣教會聖潔教會出版部, 1929, pp.14~28.
143) 《韓國聖潔教會史》, 基督教大韓聖潔教會, 1992, p.271.
144) 위의 책, p.242.
145) 〈活泉〉, 1926년 4월호, p.56.
146) 〈연회제1회의사록〉, 1928, pp.42~50.
147) 《한국성결교회사》, p.253.
148) 朝鮮總督府, 《朝鮮に於ける宗教及享祀要覽》, 1926, 1934.

북도를 주관하는 함흥교구와 덕원수도원 일대를 주관하는 덕원수도원교구가 설정되었다.[150]

함경도에는 장로교·감리교·침례교·성결교·천주교 이외에도 안식교·구세군을 비롯한 여러 중소교단들이 정착하였다. 안식교는 1904년에 평안도에 첫 교회를 설립한 이후 함경도에도 진출하였다. 1932년의 총독부 통계에 의하면 이미 안식교의 교세가 함남지방에 교회수 6개, 목사 3명, 교인수 520명, 함북지방에 교회수 1개, 목사 1명, 교인수 30명에 이르는 것으로 나타났다. 1908년에 한국선교를 시작한 구세군도 역시 함경도에 진출하여서 1927년에는 함남의 교회수가 5개, 성직자 5명, 교인수 361명이 되었다. 구세군은 1930년대 후반에는 함경북도에도 진출하였다. 한편 몇몇 일본교단들도 한국에 침투하였는데 이들은 '한일합방'을 계기로 전국으로 확산되었다. 그리하여 1910년대에는 일본조합교회와 일본메소디스트교회가 원산 등지에 침투하였다. 조합교회는 함남 전체에 4개의 교회를 세웠으며 100명 정도의 교인을 갖고 있었다.[151] 메소디스트교회는 1910년대에 목사 1명과 교인 30명이던 것이[152] 1940년에는 목사 3명, 교회수 5개, 신도수 231명으로 증가하였다. 함경도에는 그밖에도 1930년대에 들어서 일본교단인 동양선교회홀리네스교회와 소종파교단인 기독교조선복음교회, 성주교회, 그리스도의교회, 예수교회 등이 정착하였다. 그러나 이러한 교단들은 일제 말에 한국교단을 일본교회에 종속시키고 중소교단을 정비하려는 일제의 정책에 의해 계속 탄압을 받았다. 그리하여 일제 말에는 안식교·구세군 등의 교단들이 일제의 강압에 의해 해산되었고, 해산되지 않은 교회들도 일제의 탄압과 감시 속에 겨우 신앙의 명맥만을 유지하였다.

6. 소종파운동들

한국교회가 틀을 잡아가기 시작하면서부터 교회 내부에서는 선교사들의 영향력은 물론 교회의 교권적 횡포로부터도 벗어나 별도의 교회를 세우려는 노력이 이어졌다. 1918년에 김장호 목사가 황해도 봉산에서 조선기독교회[153]를 창립한 것을 비롯해서 전국 곳곳에서 자치 교회들이 설립되었다. 함경도에서도 이러한 자치 교회를 세우려는 노력들이 있었는데, 이에는 원산신학산을 중심으로 한 예수교회와 동석기(董錫祺) 목사가 설립한 그리스도의교회가 있다.

---

149) 유홍렬, 앞의 책, pp. 999~1,000.
150) 유홍렬, 앞의 책, p. 1,075.
151) 문병원,《한일기독교관련사》, 성광문화사, 1993, p. 45.
152) *Korea : Hand Book of Missions,* The Federal Council of Korea, 1920, p. 41.
153) 金(金谷)庄鎬,《朝鮮基督敎會小史》, 朝鮮基督敎會傳道部, 1941, pp. 46~49.

동석기 목사가 세운 그리스도의교회는 미국의 그리스도의교회에서 직접 영향을 받은 것이다. 미국의 그리스도의교회는 19세기 초반에 '환원운동'(還元運動, Restoration Movement)을 주창하면서 나타난 교파이다.[154] 이들은 '초대교회로 돌아가자'는 취지하에 인위적인 신조와 교리 및 조직을 부인하였으며, 최소한의 교회조직만을 유지하고자 하였다. 20세기에 접어들자 미국의 그리스도의교회는 진보와 보수간의 갈등으로 인해 두파로 나뉘었다. '그리스도의교회'(Church of Christ)와 '그리스도의제자'(Disciples of Christ, 혹은 Christian Church)로 나뉜 이 두교파는 각각 그 특성에 따라 유악기파와 무악기파로 불렸다.[155]

미국의 그리스도의교회는 미국 유학 출신의 목회자들에 의해서 처음으로 한국에 도입되었다. 동석기 목사와 강명석(姜明錫) 목사는 미국 유학시절에 무악기파의 영향을 받았다. 동석기 목사는 1927년에 도미하여 신시내티대학원에서 수학하는 동안 그리스도의교회의 여러 지도자들과 접촉하면서 환원운동에 공감하게 되었다. 1930년 11월에 귀국한 그는 그길로 고향 북청으로 가서 그리스도의교회를 세웠으며, 계속해서 북청군에 모두 7개의 교회를 세웠다. 그는 1935년에 다시 미국으로 가서 미국 무악기파 그리스도의교회로부터 '정신적' 물질적 협조를 얻고 돌아와 북청을 중심으로 교회를 이끌어갔다.[156]

함경도 지역의 또다른 소종파 운동으로는 예수교회가 있었다. 열정적인 부흥집회로 교계의 의혹을 사던 이용도(李龍道) 목사는 1932년에 원산의 신비주의파와 연관됨으로써 교계로부터 배척당하게 되었다. 1932년 2월부터 원산에서 활동해오던 유명화(劉明花)는 스스로 친림주(親臨主)를 자처하고 있었는데, 이용도는 그 것을 하나님의 말씀으로 받아들였다.[157] 1933년 2월에 최석주(崔錫柱) 목사가 원산에서 이용도 목사를 만났을 때, 그는 최목사에게 "명화(明花)라는 그 개인(個人)은 주도 아니요, 하나님도 아니다. 그를 통하여 나타나시는 말씀만이 곧 주(主)시라. 그러므로 그 말씀 앞에는 경배하지 않을 수 없다"[158]고 하였다. 이런 태도 때문에 교계에서 추방을 당한 그는 1933년 6월에 예수교회의 창립에 동의하고 선도감(宣道監)직을 맡게 되었다.[159] 예수교회의 설립에는 감리교의 이호빈(李浩彬) 목사, 장

---

154) 김세복,《한국그리스도의교회 교회사》, 참빛사, 1969, pp. 28~40.
155) 한국기독교역사연구소,《한국기독교의 역사 I》, pp. 257~258.
156) 같이 무악기파의 영향을 받은 강명석 목사는 밀양에서 교회를 세웠다. 한편 유악기파는 1936년에 내한한 미국 선교사 체이스(J. T. Chase)에 의해 전래되었는데, 최상현(崔相鉉) 목사가 그와 함께 동역하였다(김세복, 앞의 책, pp. 47~51).
157) 邊宗浩,《李龍道牧師傳》, 心友園, 1958, p. 196 ; 閔庚培,《韓國基督敎 民族・信仰運動史》, p. 378.
158) "石柱, 새생명의 發祥地?",〈기독신보〉1933년 3월 22일자.

로교의 백남주(白南柱), 한준명(韓俊明) 등도 참여하였다. 초대 선도감을 맡은 이용도가 4개월만에 별세하자, 이호빈 목사가 그를 이어서 2대 선도감이 되었다. 예수교회는 원산에 신학산이라는 신학수련기관을 설립하였고 기관지로 〈예수〉를 발간하는 등 활발한 활동을 벌였다.[160]

〈표 II-26〉 1937년 기독교 관련 총독부통계[161]

	장로교	감리교	안식교	동양선교회	구세군	일본교파	천주교	계	전국
교회수	함남 172 함북 85	13 —	9 1	19 2	6 —	3 4	14 8	236 109	5,004
목회자수	122 81	13 —	4 1	22 16	4 —	7 5	15 6	189 109	3,936
선교사수	9 9	5 —	— —	— —	— —	— —	15 6	29 15	406
신자수	9,627 8,666	948 —	336 36	1,522 1,039	639 —	14 16	6,432 1,769	19,698 11,676	499,323

---

159) "예수敎會 創設의 由來及現壯", 〈기독신보〉 1937년 3월 10일자.
160) 1933년 9월 당시 원산신학산의 교수진은 다음과 같았는데, 선도감에는 백남주, 교수에는 백남주·한준명·박승걸 등이었다(〈예수〉 1, 1934년 1월호, p. 29 ; 한국기독교역사연구소, 《한국기독교의 역사 II》, p. 198).
161) 《朝鮮に於ける宗敎及享祀一覽》, 1937, pp. 61~71. 이 통계에는 침례교와 다른 소종파들의 통계가 누락되어 있다.

제3장   황해도 지방의 교회

1. 황해도의 지역적 특성과 종교 문화

1. 황해도의 지역적 특성

1) 황해도의 지리와 산업

황해도의 서쪽은 황해를 접하여 멀리 중국의 산동성을 마주하고 있고, 남쪽은 예성강을 사이에 두고 경기도와 접해 있으며, 북쪽은 대동강을 사이에 두고 평안남도와 접해 있고, 동쪽은 함경남도·강원도와 접해 있다. 황해도는 지리적인 위치로 볼 때 경기지방과 관서지방의 중간지대를 이루고 있는 것이다. 이러한 지리적 특성 때문에 황해도는 일찍부터 남방세력과 북방세력이 만나는 곳이 되어 왔다.

황해도의 지세는 남북이 짧고 동서가 긴 형국을 이루고 있다. 황해도는 멸악산맥과 언진산맥이 도의 중앙을 관통하고 있어서 황해도 북부지역과 남부지역 사이의 교통이 용이하지 않았다.[1] 이러한 황해도의 지세는 실제로 장로교와 감리교의 선교구역 분할에도 영향을 미친 것으로 보인다.

황해도내에는 멸악산맥을 사이에 두고 재령평야·연백평야를 비롯하여 평지가 잘 발달하여 농업이 주산업을 이루었다. 황해도의 경지율은 약 34%로 전국에서 제일 높았으며, 특히 연백·신천·재령·안악 등의 경지율은 50%에서 60%에 이를

---

1) 이와 같은 지형적인 요인으로 인하여 황해도는 평안도에 비하여 상대적으로 기동성(mobility)이 약할 수밖에 없었다. 기동성이 약하다는 것은 문화 형태가 상대적으로 보수적이고 정적인(static) 특성을 지닐 수 있음을 암시한다. 실제로 황해노회 출신의 목회자·신학자들 가운데에는 신학적으로 보수적인 입장을 취한 이들이 많았다. 황해도 출신 월남 개신교인들에 의해 1952년 재건된 황해노회는 '예장'의 합동·통합 분열시 상대적으로 보수적인 합동측을 지지하였다.

정도로 높았다.[2] 《황해도향토지》에서 제시되고 있는 1935년도 도내 산업별 생산액을 살펴보면 다음과 같다.[3]

〈표 II-27〉

산업별	생산액(엔)	비율(%)
농 업	92,122,363	60
공 업	37,377,268	25
광 업	8,028,665	5
수산업	5,931,902	4
임 업	5,109,447	3
축산업	3,555,224	2
잠 업	944,936	1
총 계	153,069,805	100

1925년 6월호 〈개벽〉지에 "황해도 답사기"가 실린 바 있는데, 이것에 따르면 당시 황해도의 인구는 1,320,179인이었다.[4]

2) '서북지방의 문화'와 황해도

황해도는 서울과 평양의 중간 지점에 위치하면서도 일반적으로 평안도와 함께 '서북지방'으로 불려졌다.[5] 따라서 황해도의 문화적 지형은 '서울문화'에 대응하는 '서북지방의 문화'에 속한 편이었다.[6] 서북지방 곧 평안도와 황해도 지방은 홍경래의 거사 이후 중앙정부의 경계의 대상이 되어 왔다. 따라서 서북인들은 과거에 급제하여도 실제 벼슬에 오르는 기회가 매우 적었다. 이러한 사실 때문에 서북지방

---

2) 이들 도시는 황해도 개신교의 중심 도시이기도 하였다.
3) 黃海道敎育會 編,《黃海道鄕土誌》, 帝國地方行政學會朝鮮本部, 1937, pp. 116~117.
4) "황해도 답사기", 〈開闢〉 1925년 6월호, p. 45.
5) '서북지방'이란 용어는 이른바 '서북3도'라는 말에서처럼 함경도를 포함한 북한지역 전체를 일컫는 의미에서 사용되기도 한다. 하지만 일반적으로 한국교회사 연구에서 '서북지방'이라 함은 '황평지방', 곧 황해도와 평안도 지방을 지칭하는 용어로 사용되고 있다. 따라서 여기에서 사용된 '서북지방'이란 용어는 '관서지방'이라는 말과 같은 뜻으로 사용된 것이다.
6) 같은 서북지방이지만 황해도 지역과 평안도 지역의 개신교인들의 사회경제적 배경에는 약간의 차이가 있었던 것으로 보인다. 예컨대 '해서교안'에 관련된 개신교인들의 신분을 검토해 보면, 황해도 개신교인들의 상황이 상당히 열악하였음을 미루어 짐작할 수 있다.

의 지식층은 사상적으로 진취적인 성향을 갖게 되었다. 이와 같은 정황에 대하여 《황해도향토지》는 다음과 같은 분석을 하고 있다.

> 황해도인은 이조의 抑西政策 아래 기용되지 못하였고, 수차례에 걸쳐 西北人들을 起用하라는 왕명이 있었음에도 불구하고 계속 정치권 밖으로 밀려났다. 추천을 해줄 만한 선배가 없는 서북인들이기에 종내 중앙정계에 나아가 활동할 기회를 얻지 못하였다. 따라서 여러 각도에서 마음속 깊이 울분이 쌓여갈 뿐이었다.[7]

한편 숭실학당의 설립자인 베어드(William M. Baird, 裵偉良)는 다음과 같이 서북 사람들의 특성을 논하고 있다.

> 북쪽지방에 여행해 본 사람이라면 그 지방 사람들의 독립적이고 굳센 기개(the independant, manly spirit)로 인해 깊은 인상을 느끼게 된다. 사람의 도량이 북쪽에서는 남쪽에서보다 훨씬 커 보인다. 그 까닭이 무엇일까 곰곰히 생각해 보니, 북쪽지방에는 소위 '양반'계급(the so-called 'gentleman' class)이 현저히 존재하지 않는다는 것을 알게 되었다. 남쪽지방에서 자립적인 중산층(the Independent middle class)은 점잔을 빼며 거들먹거리는 '양반'('yangban')과 굽실거리는 농노들(serf) 사이에서 산산조각나버리기 십상이다. 북쪽지방은 보다 희망적인데, 그 이유는 자립적인 중산층이 강세를 보이고 있기 때문이다.[8]

위의 글에서 우리는 두가지의 사실을 주목할 수 있다. 서북 사람들의 성향이 진취적이었다는 사실과 자립적 중산층이 형성되어 있었다는 사실이다. 이광린 교수는 초기에 개신교를 받아들인 사회계층이 이들 '자립적 중산층'이었다고 보면서, 이러한 사실이 이 지방에서 일어난 단시일내의 개신교의 발전을 설명해주는 것이라고 말한 바 있다.[9] 한편 서북지방 사람들이 진취적일 수 있었던 것은 벼슬길에 오를 기회를 가지지 못한 이들이 일종의 독서계급을 형성하여 새로운 문화나 문물을 받아들이는 데 개방적인 태도를 취할 수 있었기 때문이었다. 이러한 '새로운 문화와 문물'에 대한 접근의 한 통로가 바로 종교였다. "황해도 답사기"에서는 '근래 조선은 하도(何道)를 물론(勿論)하고 각종의 종교가 선포되야 그 파당과 문호가 심히 만치만은 황해도처럼 각종의 종교가 만흔 곳은 업슬 것 갓다'는 진단을 내리고 있다.[10]

---

7) 《황해도향토지》, pp. 36~37.
8) W. M. Baird, "Northern and Southern Korea", *KRP* 1897. 5, p. 196. 이 글은 본래 영문판 〈독립신문〉(*The Independant*)에 실렸던 글이다.
9) 이광린, "개화기 관서지방과 개신교", 《한국개화사상연구》, 일조각, 1981, p. 249.

2. 황해도의 종교 문화

1) 민간신앙

《황해도향토지》에서는 기독교가 소개되기 이전의 황해도의 종교적 상황을 다음과 같이 설명하고 있다.

> 본도민은 淫祠邪敎에도 귀를 기울이고, 妖女의 活佛을 봄에 이르니, 마음이 공허하기 이를 데 없었는데, 여기에 天主敎의 광명이 비춰지자 순식간에 全道를 풍미하고 海西敎案으로 당국을 괴롭히게 되었다. 종교가 용이하게 선포되는 것과 함께 新時代思潮에도 빨리 눈을 떠 私學의 勃興을 보게 되었는데 특히 安岳과 같은 곳은 宗敎와 私學 양 방면에 두각을 나타내었다.[11]

위의 설명을 통해서 우리는 기독교(천주교와 개신교)가 선교활동을 벌이기 전의 황해도의 종교적 상황은 민간신앙의 형태가 지배적이었음을 알 수 있다.

《황해도향토지》에 의하면 "도내의 민중일반의 신앙의식은 고유의 원시종교를 본류로 하고, 거기에 각종 외래종교의 신앙의식이 합류"된 것이다.[12] 여기에서 언급되고 있는 고유의 원시종교는 아마도 단군신앙을 중심으로 하는 조선의 전통적인 민간신앙이었을 것이다.

2) 불교와 유교

이러한 전통적인 민간신앙의 바탕 위에서 황해도 지방에는 다른 지방에서와 마찬가지로 불교와 유교가 수용되었다. 《황해도향토지》에 조사된 바에 의하면 황해도에는 2개의 본사가 있었는데, 신천(信川)에 소재한 패엽사(貝葉寺)와 황주(黃州)에 소재한 성불사(成佛寺)가 그것이다. 1935년경의 황해도 지방의 불교계의 현황은 다음과 같다.[13]

---

10) "황해도 답사기", p. 46.
11) 《황해도향토지》, p. 37.
12) 위의 책, p. 238.
13) 위의 책, p. 240.

〈표 II-28〉

본사/말사	포교소수	신도수
성 불 사	1	57
성불사말사	22	293
패 엽 사	1	80
패엽사말사	24	374
계	48	804

한편 일제치하에 이르러 황해도에는 다른 지역과 마찬가지로 일본불교의 침투가 심각하였다.《황해도향토지》에 의하면 진종본원사파(眞宗本願寺派 : 10개 포교소, 신도수 5,084명)를 위시하여 총 12개의 일본불교의 종파가 23개소의 포교소를 설립하여 9,893명의 신도수를 거느리고 있었다. 이러한 숫자는 위에서 소개한 한국불교의 신자수와 비교해 볼 때 실로 엄청난 숫자라고 할 수 있다. 비록 이들 신도수 가운데 대부분이 일본인이었지만, 이러한 일본불교의 활동은 일제 통치하에서 큰 영향력을 지녔을 것으로 추측된다.

서북지방이 일반적으로 그랬듯이, 황해도 지방의 유교 세력이 전체 조선사회에서 차지하는 비중은 미미하였다. 이는 한말까지 전개된 우리나라 성리학이 큰 테두리에서 볼 때 기호학파와 영남학파의 전통을 계승하고 있다는 점과도 상당한 관계가 있다.[14] 이와 같이 황해도의 유교 세력이 조선 성리학의 주류에서는 벗어났지만, 한말 황해도에는 유교가 일반 백성의 정신세계를 지배하고 있었으며 박은식(朴殷植) 같은 유교 개혁가도 배출되기도 하였다. 이상과 같은 황해도의 종교적 상황속에서 기독교가 천주교와 개신교라는 두 흐름으로 합류하게 된 것이다.

3) 민족종교

일제의 종교정책은 기본적으로 불교와 기독교와 신도(神道)만을 종교로 인정하고 여타의 종교는 소위 종교유사단체로 치부해버리는 방향을 취하였다. 이러한 일제의 종교정책으로 인하여 한말 이후 구체화된 민족종교의 흐름이 커다란 타격을 받기에 이르렀다. 황해도의 종교적 상황에서 마지막으로 언급하고자 하는 것은 민족종교의 활동이다.《황해도향토지》에 조사된 바에 의하면 1935년경 황해도 지방에서 활동하였던 민족종교 계열은 총 11개였으며, 집회소의 숫자는 109개, 신도수는 총 5,118명이었다. 자세한 내용을 소개하면 다음과 같다.[15]

---

14) 금장태, "유교사상사",《한국종교사상사 - 유교·기독교편》, 연세대출판부, 1986, p. 160.
15)《황해도향토지》, pp. 269~270.

〈표 II-29〉

종교명	집회소수	신자수	증감(전년도비)
天道敎	60	2,813	－211
侍天敎	22	936	－25
普天敎	22	833	＋150
上帝敎	4	400	＋155
人天敎	－	54	－
正道敎	－	7	－1
水雲敎	1	21	＋10
無窮敎	1	34	＋2
元道敎	－	4	－48
大華敎	－	11	＋11
仙　敎	－	5	＋5
계	109	5,118	＋48

 이상과 같이 황해도의 종교적 상황을 개략적으로 살펴보았다. 끝으로 일제치하 황해도의 종교적 상황을 좀더 정확하게 이해하기 위해서 당시 일본신도의 활동에 주목해야 할 것이다. 이는 구체적으로 신사참배 강요와 연관되는 문제이기도 하다. 당시 황해도에는 해주신사를 필두로 총 21개소의 신사가 있었다.[16]

2. 황해도의 기독교

1. 한국개신교의 요람지로서의 황해도

 황해도 지방은 한국개신교 역사상 중요한 자리를 차지한다. 한국개신교의 처음 교회는 선교사들이 입국하기 이전에 이미 한국인들의 힘으로 세워졌다. '한국개신교의 요람'이란 칭호를 받는 소래교회가 한국개신교사상 처음으로 황해도 장연의 소래[松川]에 설립된 것이다.
 한국개신교의 수용과정은 그 시기와 지역을 고려할 때 4가지(중국·만주·일본·미국)로 구분할 수 있다.[17] 황해도 교회의 초기 복음 수용은 중국과 만주를 통해서 이루어졌다. 황해도와 개신교의 첫 만남은 1832년 귀츨라프의 황해도 해안지방

---

16) 《황해도향토지》, pp. 270~271.
17) 한국기독교역사연구소, 《한국기독교의 역사 Ⅰ》, 기독교문사, 1989, p. 127.

선교로 거슬러 올라간다. 귀츨라프의 선교는 비록 실질적인 결실을 맺지는 못하였지만, 한국 최초의 개신교 선교의 시도라는 역사적 의의를 지닌다. 이밖에도 1865년과 1866년 두차례에 걸친 토마스의 선교활동도 황해도와 평안도의 해안지방이 주요한 통로가 되었다.

한편 1882년 이후 서간도·평안도·황해도 지방을 중심으로 성경 반포 활동이 있었으며, 이러한 활동은 서간도·의주·소래 등지의 자생교회 형성에 뒷받침이 되었다. 소래 공동체는 초기 한국교회사에서의 복음 확산에 크게 공헌하였다. 1886년말 소래의 서상륜은 서울의 언더우드를 찾아와 소래 공동체의 신자들에게 세례를 베풀어줄 것을 요청하였다. 하지만 당시는 선교사들의 지방 선교여행이 여의치 못한 상황이었으므로, 서상륜은 1887년 1월 소래 교인 4명을 서울로 데리고 왔다. 그리하여 1887년 1월 23일 서경조·최명오·정공빈 3인이 세례를 받았다. 그후 소래 출신의 다른 교인들이 서울에 올라와 세례를 받아서 1887년 9월초에는 소래 출신 세례교인이 11명에 이르렀다.

이와 같은 소래 교인들의 자발적인 개종과 수세 지원은 선교의 직접적인 방법과 간접적인 방법을 둘러싸고 갈등하고 있던 선교사들에게 영향을 미쳤다. 그리하여 1887년 4월부터 5월에 걸쳐 있은 아펜젤러의 선교여행을 필두로 선교사들의 북한 선교활동이 활발히 전개되기에 이르렀다. 이와 같은 선교사들의 북한 선교여행에는 언제나 소래가 중요한 경유지의 하나였다.

2. 황해도의 천주교

한국천주교 역사에서도 황해도는 중요한 자리를 차지한다. 황해도 지방에 천주교가 전래된 시기는 대체로 1801년 신유박해 이전으로 보고 있다.[18] 그러나 서북지방, 곧 황해도와 평안도 지방은 이른바 삼남지방에 비하면 발전이 더딘 편이었다. 따라서 천주교 선교부는 초기에 황해도와 평안도 지방을 하나로 묶어서 선교활동을 하였다. 그러다가 1896년 빌렘(Wilhelm, 洪錫九) 신부가 이 지방의 선교사로 부임하면서부터 황해도는 평안도로부터 분리되어 독립된 교구가 되었다. 이 때부터 황해도 지방에 대한 천주교의 본격적인 선교가 시작되었다. 그런데 이 시기에는 이미 개신교가 황해도 지방에서 적극적인 선교활동을 펴고 있었다. 따라서 양자간의 갈등은 예견된 것이었다. 양자는 동일한 선교지에서 선교활동을 벌여야 하였기 때문에 상호간에 경쟁의식을 가지게 될 수밖에 없었다. 이러한 양자간의 경

---

18) 한국교회사연구소 편,《황해도천주교회사》, 황해도천주교회사간행사업회, 1984, p. 49.

쟁과 갈등이 폭발한 사건이 1900년에 들어서면서 발생한 '해서교안'(海西敎案)이다.

황해도 천주교의 교세 신장은 결코 다른 도에 비길 바가 아니었다. 특히 19세기 말 20세기 초에 걸친 기간은 가히 황해도 포교의 전성기였다고 할 수 있다. 1896년만 하여도 황해도에는 본당이 하나밖에 없었는데, 불과 4년 동안에 4개의 본당이 생기게 되었다. 신도수는 1896년 빌렘 신부 부임 당시 600명에 불과하였던 것이 1902년에는 10배가 넘는 7,000여명으로 급증하였다. 이리하여 황해도는 본당이 창설된 이래 8도 가운데 개종운동이 가장 활발한 지역이 되었다. 특히 대인영세자 수는 다른 지방을 압도하였다. 1902년의 경우 한국천주교 전체 대인영세자 5,807명 가운데 황해도의 대인영세자 수는 2,360명이었다.[19]

3. 황해도의 개신교

개신교의 경우 황해도 지방에서 주도적으로 선교활동을 편 교파는 북장로회와 미감리회(북감리회)였다. 1909년 당시 북장로회가 담당한 지역은 봉산·수안 일부, 곡산·황주·은율·문화·장연·신천·송화·풍천·안악·재령·평산·서흥 일부지역 등이었으며, 미감리회가 담당한 지역은 옹진·강녕·해주·연안·배천·평산·신계·봉산 일부, 수안 일부, 서흥 일부지역 등이었다.[20]

황해도 지방이 '한국개신교의 요람'으로 불리웠음에도 불구하고 1906년 이전까지 황해도에는 선교지부(mission station)가 없었다.[21] 1906년 재령에 장로교 선교지부가 설치되면서부터 1919년에 이르기까지 이루어진 황해도 교회의 성장은 엄청난 것이었다. 이 점은 이 기간중 다른 지방들이 침체 상태에 있었던 것과는 아주 대조적인 현상이다.[22] 한편 서명원에 의하면, 1919년 이후 1934년의 기간중에는 오히려 다른 지방의 성장과는 대조적으로 황해도 지역의 교회는 별로 성장하지 못하였다. 이는 3·1운동 이후 황해도 교회가 일제로부터 집중적인 탄압을 받았음을 시사해주는 것이다. 기독교인 주도의 시위운동을 각도별로 집계해 보면, 경기도 7, 강원도 9, 경상북도 13, 경상남도 10, 전라남도 4, 황해도 24, 평안남도 10, 평안북도 16, 함경북도 11, 함경남도 13회 등이었는데, 우리는 여기에서 황해도 교회의 민족주의적 측면을 잘 살펴볼 수 있다.[23]

---

19) 최석우, "황해도 포교 전성기", 〈경향잡지〉 1978년 12월호, pp. 84~86.
20) 한국기독교역사연구소, 앞의 책, pp. 213~218.
21) 서명원, 《한국교회성장사》(이승익 역), 1986, p. 124.
22) 《한국교회성장사》, p. 127.
23) 한국교회백주년준비위원회사료분과위원회, 《대한예수교장로회백년사》, 대한예수교장로회총회, 1984, p. 317.

황해도 개신교의 주요한 흐름이 장로교와 감리교 양대 교파인 것은 분명하지만, 그밖의 개신교 교파의 활동이 없었던 것은 아니다. 《황해도향토지》에 조사된 바에 의하면 1935년경 황해도에서 활동하던 개신교 각 교파의 상황은 아래와 같다.[24]

〈표 II-30〉

교 파 별	포교소수	포교자수	신도수
기독교조선감리회	70	49	2,871
성 공 회	11	11	643
구 세 군	9	22	467
천 주 공 교	64	118	10,323
동 양 선 교 회	2	4	106
조선야소교장로회	222	236	31,426
안 식 교	10	6	298
일본메소디스트	2	2	65
조 선 기 독 교 회	39	60	2,708
계	429	508	48,907

1935년경 당시의 황해도 기독교 지형의 윤곽을 잡아보기 위해 장로교·감리교·천주교, 기타 교단으로 압축하여 위의 도표를 재구성해보면 다음과 같다.

---

24) 《황해도향토지》, pp. 245~246. "황해도 답사기"에도 황해도의 기독교 지형의 구조를 살펴볼 수 있는 통계 자료가 제시되고 있다. 이를 간략히 도표화하면 다음과 같다.

교 파 별	포교소수	포교자수	신도수
조선야소교장로회	228	209	22,686
미 감 리 교 회	85	91	4,669
남 감 리 교 회	55	35	2,287
성 공 회	5	3	286
구 세 군	9	9	414
안 식 교	4	4	166
천 주 공 교	51	40	4,445
일본메소디스트	1	2	93
조 선 기 독 교 회	7	5	335
계	445	398	35,381

위의 도표를 통해서 볼 때, 특기할 만한 하나의 사실은 황해도 지역의 감리교가 순전히 북감리교에 의해서만 주도되었던 것은 아니었다는 것이다.

〈표 II-31〉

교 파 별	포교소수	포교자수	신도수
조선야소교장로회	222	236	31,426
기독교조선감리회	70	49	2,871
천 주 공 교	64	118	10,323
기 타 교 단	73	105	4,287
계	429	508	48,907

위의 도표에 의하면 장로교를 제외한 감리교·천주교, 기타 교단의 포교소수는 비슷한 형세를 보여주고 있으며, 포교자수는 감리교보다 오히려 기타 교단이 훨씬 많은 숫자를 점하고 있다. 뿐만 아니라 신도수에서도 기타 교단의 숫자가 감리교의 숫자를 넘어서고 있음을 알 수 있다. 따라서 황해도의 기독교 지형을 제대로 살피기 위해서는 기타 교단의 흐름을 파악할 필요가 있다. 필자는 황해도 교회의 발전을 북장로회와 미감리회(북감리회)를 중심으로 고찰하되, 기타 교단의 흐름에 대해서도 간략히 언급하고자 한다.

위의 사실과 연관하여 우리는 한국교회사를 서술할 때, 유의해야 할 점이 있다. 선교구역 분할이 한국교회사에서 매우 중요한 사건이었음은 틀림없지만, 그것이 한국교회사에 지속적인 영향력을 가졌다고만 볼 수는 없다. 아울러 선교구역 분할이 장로교와 감리교를 중심으로 이루어졌으며, 다른 교파들과는 관련이 없었다는 사실도 고려에 넣어야 할 것이다.

3. 황해도 개신교 각 교파의 발전

1. 장로교

1) 노회 조직 이전
① 재령 선교지부 설치 이전

황해도 지역 교회의 전도사업은 재령 선교지부가 설치되면서 본격화되었다. 물론 재령 선교지부 설치 이전에도 이 지역의 전도사업은 꾸준하게 진행되었다. 주지하는 바와 같이 소래교회는 '한국개신교의 요람'으로 간주되어 왔다. 뿐만 아니라 초기 선교사들 대부분이 북부지방으로 긴 여정의 선교여행을 하였는데, 이 때 그들이 방문한 지역 가운데 중요한 곳이 바로 소래·평양·의주와 같은 곳이다. 따라서 황해도 지방에서는 상당히 초기부터 활발한 선교활동이 이루어졌다. 1898년에 이미 해주와 소래를 중심으로 하는 황해도 서부지역에 42개의 예배처소(meeting place)와 14개의 예배당(church buildings)이 있었고, 600명 이상이 세례를 받았으며, 350명 이상의 학습인(catechumens)이 있었다.[25]

② 재령 선교지부 설치 이후

재령에 선교지부가 설치되기 이전에 황해도 지방의 전도사업은 서울과 평양의 선교지부가 각각 담당하였다. 서울 선교지부는 안악을 중심으로 전도사업을 하였고, 평양 선교지부는 해주를 중심으로 전도사업을 하였다. 그러다가 1904년에 선교부는 재령에 선교지부를 세우기로 결정하였으며, 1906년 5월 1일부터 "재령에 선교지부를 개설할 것"을 결정하였다. 그전의 선교 중심지가 안악과 해주였음에도 불구하고, 선교부가 재령에 선교지부를 설치하기로 결정한 데에는 무엇보다도 지리상의 요인이 강하게 작용하였다.[26] 이밖에도 재령의 기후조건이 좋았다는 점과 함께 수로(재령강)를 이용할 수 있었다는 점도 중요한 고려사항이었다.[27]

당시 재령은 인구 5,000여명의 상업중심 도시의 하나였지만, 안악이나 해주와 같은 곳에 비하여 볼 때 규모가 크거나 유서가 깊은 도시는 아니었다. 그럼에도 불구하고 재령 선교지부의 설치 효과는 몇년 안 되어서 나타나기 시작하였다. 재령은 그후 철도 노선과 연계되면서 황해도 교통의 중심지가 되었으며, 이는 전도사업에도 매우 유리한 조건을 이루었다. 그리하여 재령은 황해도 교회의 중심도시가 되었다. 1907년부터 1914년까지 설립된 재령의 교회수는 20여개에 달한다.

재령에 선교지부가 설치될 당시 황해도 지방에는 이미 100여개의 교회와 신앙공동체(churches and groups)가 있었으며, 5,000여명의 신자(adherents)가 있었다. 황해도 지방의 신자수는 이듬해에 약 7,000여명으로 증가하였다.[28]

황해도 지역 교회의 전도사업은 세개의 순회전도구역(circuit)으로 나뉘어 진행되었다. 세개의 순회전도구역은 동부 순회전도구역, 서남부 순회전도구역, 서북부 순회전도구역이다. 동부 순회전도구역은 1909년에 동지방(the East District)과 동남지방 등 2개의 지방으로 나누어졌으며, 1910년에는 이것을 동부지방과 동부중앙지방(the East Central District)으로 불렀다.[29] 동부 순회전도구역의 책임자는 헌

---

25) Harry A. Rhodes, *History of the Korea Mission — Presbyterian Church, U. S. A.*, Vol. 1 (1884~1934), p. 226.
26) 위의 책, p. 228.
27) W. B. Hunt, "Sketch of the Beginning of Chai Ryung", *KMF* Vol.3. No. 4, 1907. 4., pp. 50~51. 재령선교지부가 폐쇄된 것은 1941년이었다.
28) Harry A. Rhodes, 앞의 책, p. 230.

트(Wm. B. Hunt, 韓緯廉), 서남부 순회전도구역의 책임자는 샤프(Charles Edwin Sharp, 史佑業),³⁰⁾ 서북부 순회전도구역의 책임자는 쿤스(E. W. Koons, 君芮彬) 선교사였다.

재령 선교지부의 관할구역은 감리교와의 교계예양으로 변화를 맞게 되었다. 장로교의 재령 선교지부는 6개의 군(county)과 3개 군의 일부를 감리교측에 넘겼다. 그리하여 장로교의 재령 선교지부에는 12개의 속회가 남게 되었다. 황해도 지역에서 있었던 교계예양은 장로교측의 상당한 양보를 바탕으로 한 것이었다. 장로교측에서는 43개에 이르는 교회와 신앙공동체, 460여명의 세례교인, 그리고 2,000여명에 달하는 신자를 감리교측에 넘겼으며, 감리교측으로부터는 200여명의 신자만이 장로교측으로 이관되었다.³¹⁾ 이는 당시 황해도 지역 교회의 선교가 장로교를 중심으로 이루어졌음을 시사하는 것이기도 하다. 이러한 교계예양 과정을 통해 해주에 감리교의 선교지부가 설치되었다. 1909년 미감리회와 미북장로회 사이의 협정으로 한반도에 대한 선교구역이 확정된 이후 황해도 지방의 각 선교부별 담당구역은 다음과 같다.³²⁾

┌ 북장로회 : 곡산·황주·은율·문화·장연·신천·송화·풍천·안악·재령·평산·봉산 일부, 수안 일부, 서흥 일부
└ 미감리회 : 옹진·강녕·해주·연안·배천·평산·신계·봉산 일부, 수안 일부, 서흥 일부

③ 재령 선교지부와 성경공부에 대한 열의

황해도 교회는 1931년 5월 18일 재령 선교지부 설치 27주년 기념일을 지켰다. 27주년 기념일에 즈음한 황해도 교회의 교세는 재령 선교지부 설치 당시의 4배로 증가하였다.³³⁾ 이러한 교세의 증가는 감리교와의 교계예양으로 인한 관할구역의 축소라는 상황을 고려해 볼 때 엄청난 것이라고 할 수 있다. 이러한 성장의 배경으로는 여러 가지를 들 수 있겠지만, 황해도 교회가 보여준 성경공부에 대한 열정은 황해도 교회 성장의 한 배경을 이루었을 것이다. 성경이 한국기독교에서 차지하는 위치는 매우 독특하다. 그래서 한국의 기독교는 '성경기독교'(Bible Christianity)

---

29) Harry A. Rhodes, 앞의 책, p. 233.
30) 1909년부터 1910년까지 서남부 순회교구의 책임을 서경조가 맡은 바 있다.
31) Harry A. Rhodes, 앞의 책, p. 234.
32) 한국기독교역사연구소, 앞의 책, pp. 216~217의 각 선교부별 담당구역 지도를 참조할 것.
33) Harry A. Rhodes, 앞의 책, p. 234.

로 불리워지기도 하였다.³⁴⁾

재령 선교지부가 설치되기 1년전에 황해도 지방에는 이미 64개의 성경공부반이 있었다. 1906년 12월 12일부터 22일에는 성인 남자 성경공부반이 개설되어 600여명이 참석하였다. 1906년 북장로교 선교회 보고서에 따르면, 4명의 한국인 조사와 1명의 권서가 이 사역을 도왔는데, 조사 3명의 월급을 완전히 지역 교회에서 충당하였다.³⁵⁾ 1910년과 1911년에는 328개의 성경공부반이 개설되었으며, 1912년부터 1921년까지의 기간에는 해마다 평균 278개의 성경공부반이 개설되었다. 1918년과 1919년에 재령에서의 성경공부에 대한 열의는 절정에 달하여 총 28,000여명이 성경공부반에 참여하였다. 이는 당해년도 평양이나 선천의 2배에 달하는 수치이다. 그리하여 재령은 한국뿐만 아니라 세계에서도 가장 두드러진 성경공부반을 가졌다고 이야기되고 있다.³⁶⁾

한편 이 지역의 교세 성장의 이면에는 황해도 교회의 자립적인 토대가 놓여 있다는 점을 주목할 수 있을 것이다. 재령에서의 사역은 다른 어떤 선교지부의 사역보다 자급적인 토대를 구축해 왔다.³⁷⁾

이상과 같은 성경공부의 열의와 자급의 추구로 재령 선교지부 관할구역의 교회는 빠른 성장을 보였다. 이와 같은 교회의 성장에 대하여 "황해도 답사기"에서는 다음과 같은 분석을 하고 있다.

> 재령이야말로 基督敎天下이다. 邑村을 毋論하고 재령에서 기독교만 際하고 보면 별로 보잘 것이 업는 것이 사실이다. 종교방면은 毋論 교육도 기독교, 상업도 기독교, 농업도 기독교, 고리대금까지도 기독교인이다. 평북에서 宣川을 기독교국이라 함과 가티 황해도에서는 재령을 기독교천하라고 한다. 황해도뿐 안이라 全鮮에서도 재령이상으로 기독교가 熾盛한 곳은 아직 발견할 수 업다.³⁸⁾

이밖에도 수로 및 해상교통을 이용한 선교의 기동력도 황해도 교회 성장에 한 몫을 하였을 것임을 추측할 수 있다. 이미 살펴본 것처럼 황해도는 지형적인 요인으로 인하여 육로를 통한 기동성이 상당히 제약을 받았다. 이에 비해 수로 및 해상교통이 상당히 발전하였다. 그리하여 이른바 '해상 10읍'이 형성되었다.³⁹⁾

---

34) 이만열, "한국기독교의 '성경기독교적' 성격", 〈한국기독교역사연구소소식〉 12, 한국기독교역사연구소, 1993, pp. 3~6.
35) *ARPC* 1906, p. 242.
36) Harry A. Rhodes, 앞의 책, p. 237.
37) 위의 책, p. 244.
38) "황해도 답사기-재령은 기독교천하", p. 62.

2) 노회 조직 이후

① 독노회 조직의 의의와 총회의 결성

1907년은 한국교회사의 중요한 전환점을 이룬 해였다. 이 해는 대부흥운동의 불길이 평양에서부터 타오르기 시작하여 전국적으로 파급된 해였다. 뿐만 아니라 이 해는 장로교 최초의 노회가 결성된 해이기도 하다. 1907년 9월 17일 평양 장대현교회에서 한국인 장로 36명, 남·북 장로교와 캐나다장로교, 오스트레일리아장로교 등 4선교부의 선교사 33명과 찬성원 9명 등 78명이 모여 대한예수교장로회의 노회 창립을 선포하였다. 이날 첫 노회에서는 7명의 한국인 목사가 장립되었으며, '장로회신경'이 채택되었다. 사실상 정미7조약 체결로 국권을 일제에게 강점당한 절망적인 상황 속에서 한국장로교가 외국선교부 소속에서 벗어나 독립된 노회를 조직하였다는 사실은 커다란 의의를 지니는 것이었다고 할 수 있다.[40]

제1회 노회는 전국을 7구역으로 나누어 대리회(代理會)를 두었다.[41] 이 7구역은 1912년 9월 2일 조선예수교장로회총회가 결성될 때에 '노회'(老會)로 바뀌었다.

② 황해노회의 조직과 황해노회 및 남평안노회의 각 구역 관할

황해노회는 1911년 12월 8일 하오 6시 반에 봉산군 영천면 모동교회 예배당에서 이원민(李元敏)의 인도로 조직되었다.[42] 창립노회의 회원은 목사 3인, 선교사 3인, 장로 16인이었으며, 초대 노회장으로는 쿤스(E. W. Koons, 君禮彬) 선교사가 선출되었다.

황해노회는 황해도 지역을 4개의 시찰구역으로 나누었다. 제1시찰구역은 장연·송화·신천 지역이었으며, 제2시찰구역은 재령·봉산, 제3시찰구역은 안악·은율·구풍천·구문화, 그리고 제4시찰구역은 서흥·평산 지역이었다.[43] 한편 황주·수안·곡산 등지는 지리적으로는 황해도 지방에 위치하고 있었으나 교회 치리의 편의로 말미암아 남평안노회(南平安老會)가 관할하였다. 남평안노회는 1912년 1월 28일 '평양샹슈구밧신학교'에서 조직되었으며, 초대 노회장으로는 주공삼(朱孔三) 목사

---

39) 장련·은율·풍천·송화·장연·옹진·강령·해주·연안·백천 등지를 말한다. 《황해도향토지》, p. 36.
40) 한국기독교역사연구소, 《한국기독교의 역사 I》, p. 284.
41) 이 때 나누어진 7구역은 경충·평북·평남·황해·전라·경상·함경 등이다.
42) 〈조선예수교황해로회 제1회 회록〉 1911, p. 2 ; 〈예수교장로회조선총회 제1회 회록〉 1913. 4. 10., p. 44 "황히도로회보고셔".
43) 각 구역별 시찰위원은 다음과 같다(〈조선예수교황해로회 제1회 회록〉 1911, p. 4).
제1구역 : 사우업·김익두·리승철. 제2구역 : 한위렴·리원민·윤문옥.
제3구역 : 도병직·군례빈·우종서. 제4구역 : 공위량·윤문옥.

가 선출되었다.[44]

③ 조직 당시의 황해노회의 현황

1912년의 '죠선예수교장로회총회총계'를 통해서 황해노회의 현황을 살펴보기로 한다.[45] 먼저 교회의 조직을 살펴보면, 목사 10인(이하 괄호안은 전국통계, 128인), 장로 34인(225인), 강도사는 없으며(6인), 조사 36인(230인), 남전도인 6인(46인), 여전도인 6인(70인), 매서인 9인(128인) 등이었다. 다음으로 교인수를 살펴보면, 당해년도 수세교인 919인(8,836인), 세례교인 전체수 5,718인(53,008인), 유아세례 수세자 1,113인(5,431인), 당해년도 학습인 744인(10,049인), 학습인 전체수 1,651인(26,400인) 등 전체 교인수가 11,439인(127,228인)이었다. 셋째로 예배처의 수를 살펴보면, 예배처소는 171개소(20,054개소), 예배당은 115개소(1,438개소)였다.[46]

위의 자료에 나타난 전국의 지방은 '경긔충청, 남평안, 북평안, 황히, 전라, 경샹, 함경' 등인데, 황해노회는 목사의 숫자로는 전국의 7.8%, 장로의 숫자로는 15.1%를 차지하였으며, 세례교인의 수가 10.8%, 그리고 전체 교인수는 약 9%를, 예배당의 수는 약 8%를 차지하였다.[47]

④ 황해노회의 성장과 사경회에 대한 열의

황해노회는 조직 이후로 꾸준한 성장을 보여서 얼마 지나지 않아 한국장로교 중심 노회의 하나가 되었다. 서명원(Roy E. Shearer)은 황해도에서의 교회 성장이 하나의 수수께끼라고 말한 바 있다.[48] 황해도 지역 교회의 성장 원인에 대해서는 여러 가지를 생각할 수 있겠지만, 그 첫번째 요인으로 이 지역 교회의 부흥사경회에 대한 열의를 들 수 있을 것이다.

1915년 '죠선예수교장로회총회 뎨4회총계표'에서 우리는 당시 사경회의 현황을

---

44) 위의 회의록, p.46(남평안로회보고). 평남노회는 1921년 총회의 결정에 따라 평양노회, 안주노회, 평서노회로 분립되었다. 기왕에 평남노회의 관할구역이었던 황주·수안·곡산 등지는 평양노회가 관할하였다.

45) 이 자료를 바탕으로 황해도 교회 전체의 상황을 설명할 수는 없다. 왜냐하면 이미 언급한 바와 같이 황주·수안·곡산 등지 교회의 통계는 남평안노회의 통계 속에 함께 처리되었기 때문이다. 따라서 여기서 우리가 살펴보는 것은 엄밀하게 말하자면 황해노회의 현황이 되는 것이다.

46) 〈예수교장로회조선총회 제1회 회록〉 야소교서회, 1913. 4. 10., p.60(주후 1912년 조선예수교장로회총회총계).

47) 앞서 언급한 바와 같이 남평안노회 소속 황해도 지역 교회의 통계가 포함되지 않은 것이므로 황해도 지역 교회가 차지하는 비중은 이를 상회할 것이다.

48) 서명원,《한국교회성장사》(이승익 역), 대한기독교서회, 1966, p.124.

살펴볼 수 있다.[49]

〈표 II-32〉

	황해	경충	평남	평북	전라	경상	함경	합계
사경회	239	128	*	328	246	138	134	1,213
학 도	18,500	2,298	*	18,693	5,229	7,691	5,267	57,678

(평남지방의 통계는 나타나 있지 않음)

위의 도표를 보면, 황해노회내의 사경회 수는 총 239회로서 전국의 19.7%를 차지하고 있으며, '사경회 학도'의 수(사경회에 참여한 사람들의 수)는 전체의 32%를 차지하며, 평북노회와 함께 계산하면 60%를 훨씬 넘는 수치를 보여주고 있다. 여기에서 제시된 수치는 평남노회에 속한 3개 지역의 통계가 포함된 것이 아니라는 점을 염두에 두면, 황해도 지역 교회의 사경회에 대한 관심이 얼마나 컸던가를 알 수 있다. 한편 '죠션예수교장로회총회 뎨4회총계표'에 제시되어 있는 황해노회의 교인 총수는 16,472명이다. 위의 도표에 나타난 황해노회의 사경회 학도 수는 18,500명이다. 이는 황해노회의 교인 총수를 2,000여명이나 뛰어넘는 숫자이다. 서명원 역시 황해도 전역에 걸쳐서 개최되었던 모든 사경회에 참석한 신자들의 총수가 이 지역 기독교인 전체의 수보다 많았다는 점을 지적하고 있다.[50]

한편 사경회와 함께 부흥운동의 열기가 황해노회 지역 교회의 성장에 크게 영향을 미쳤다. 황해도 지역 교회 부흥운동의 대표적 인물로는 김익두 목사를 꼽을 수 있다. 김익두 목사는 1874년 11월 3일 황해도 안악에서 태어났다. 그는 1900년 2월 안악교회에서 선교사 스왈른(W. L. Swallen, 蘇安論)의 '영생'(永生)이란 제목의 설교를 듣고 감동을 받아 개심(改心)하였다. 1910년 평양장로교신학교를 졸업하면서 안수를 받고 1913년에 신천교회에서 시무위임을 받았다.

기록상 그가 처음으로 부흥회를 인도한 것은 1916년 평양도사경회(都查經會)였다. 이 때 그는 평북 선천의 양전백과 함께 부흥회를 인도하였다.[51] 그후 김익두는 전국에 걸쳐서 부흥회를 인도하였으며, 간도에서까지 부흥회를 여는 등 총 776회에 걸친 부흥회를 인도하였다.[52] 황해도 지역 교회의 부흥운동에서 김익두가 차지한 비중은 상당하였던 것으로 보인다. 제18회 황해노회에서는 "김익두시는 만혼

---

49) 〈조선예수교장로회총회 제4회 회록〉 1915, p. 79.
50) 서명원, 《한국교회성장사》, p. 127.
51) 〈조선예수교장로회총회 제5회 회록〉 1916, p. 67.
52) 박성겸, 《황해노회100회사》, 황해노회100회사편찬위원회, 1971, p. 81.

병인 위ᄒᆞ야 긔도ᄒᆞ야줄 일노 회셕에 불참홈을 허가"하기로 결의하고 있다.[53] 김익두의 부흥운동은 '기도치병 기적의 운동'이었다.[54] 그의 부흥회를 통해서 이루어진 이적현상에 대해서는 격렬한 찬반의 논쟁이 있었다. 한편에서는 '이적명증회'(異蹟明證會)가 조직되어 그의 이적을 객관적으로 입증하려는 흐름이 있었는가 하면, 다른 한편에서는 그의 이적현상을 신랄하게 비판하기도 하였다.

⑤ 황해노회의 발전과 황동노회의 분립

황해노회는 이후 꾸준히 성장하였다. 노회의 규모가 점차 비대해지자 황해노회는 1939년 9월 총회에 '황동노회 신설안'을 상정하였으며, 총회는 즉각 이를 인준해 주었다.[55] 황동노회는 황해노회 관할의 봉산 등 일부지역과 평양노회가 관할하던 황주·수안·곡산·신계·봉산·서흥·평산·금천 등 8개 군을 담당하게 되었다. 분립 후에 열린 제29회 총회에 보고된 양 노회의 교회수는 황해노회가 238개소(조직교회 139, 미조직교회 76, 기도소 19)이며 황동노회의 교회수는 140여개소이다.[56]

황해노회 설립시부터 황동노회 분립시까지의 황해노회의 교세 현황을 해당 기간 총회록의 총계표를 토대로 정리해 보면 아래와 같다.

이 도표를 통해서 우리는 1911년과 1912년의 급락현상과 이후 계속적인 성장현상을 발견할 수 있다. 그런데 이러한 성장은 1920년에 와서 무려 4,702명의 감소라는 급락으로 바뀌었으며, 이후 1920년대 말까지 침체의 모습을 보여주고 있음을 알 수 있다. 이러한 감소와 침체현상은 1930년대로 접어들면 급증현상으로 반전되고 있다. 1911년과 1912년의 급락현상의 이면에는 이른바 '105인 사건'을 통한 일제의 교회에 대한 탄압이 있었다고 본다. 그리고 1920년 이후의 급격한 침체현상의 원인으로는 3·1운동으로 교회가 극심한 타격을 받았던 점을 지적할 수 있으리라고 본다. 황해도 지역의 3·1운동은 다른 도에 비하여 기독교인의 활동이 두드러지게 나타났다. 그리고 기독교인과 천도교인의 연합시위운동이 자주 전개되었다.[57] 따라서 황해도의 교회들은 1919년 3·1운동 이후 일제로부터 매우 혹독한 탄압을 받았던 것이다.[58]

---

53) 〈조선예수교황해로회 제18회 회록〉 1920, p. 10.
54) 민경배, 《일제하의 한국기독교 민족·신앙운동사》, 대한기독교서회, 1991, p. 297.
55) 〈조선예수교장로회총회 제28회 회의록〉 1939, p. 13. 장소는 황주읍교회였으며, 회장에는 오응식 목사가 결정되었다.
56) 〈조선예수교장로회총회 제29회 회의록〉 1940, pp. 106~107.
57) 김진봉, "삼일운동", 《한국민족문화대백과사전》 11, p. 381.
58) 황해도 지역 교회의 피해 상황에 대해서는 제16회 노회록의 도표를 참조할 것.
〈조선예수교황해노회 제16회 회록〉 1919, pp. 18~19.

〈표 II-33〉

연 도	목 사	장 로	세례교인	교인합계	증 감
1908	5	8	2,974	12,893	
1909	6	16	2,921	13,108	215
1910	6	21	4,740	13,892	784
1911	7	25	5,021	12,676	−1,216
1912	10	34	5,718	11,439	−1,237
1913	9	37	6,262	13,520	2,081
1914	12/5*	49	7,399	17,353	3,833
1915	22/4	74	7,600	16,472	−881
1916	21/5	79	7,893	16,960	488
1917	22/5	90	8,833	18,271	1,311
1918	30/5	102	9,243	19,306	1,035
1919	30/4	111	9545	21,584	2,278
1920	32/3	112	8,481	16,882	−4,702
1921	33/3	109	9,148	18,845	1,963
1922	30/1	113	8,767	17,197	−1,648
1923	22/1	131	9,198	17,092	−105
1924	26	131	9,192	16,110	−982
1925	28/3	130	9,932	17,905	1,795
1926	37/3	144	9,156	16,328	−1,577
1927	32/6	113	8,353	14,219	−2,109
1928	33/7	153	8,039	13,525	−694
1929	40/6	150	9,120	16,179	2,654
1930	40/6	164	9,055	16,100	−79
1931	46/4	177	9,063	18,493	2,393
1932	43/5	172	10,420	19,432	939
1933	59/7	228	10,162	22,447	3,015
1934	59/10	179	10,037	22,773	326
1935	60/8	201	12,308	29,022	6,249
1936	49/7	205	12,871	32,024	3,002
1937	55/6	239	13,264	34,420	2,396
1938	55/6	282	15,537	36,216	1,796
1939	54/6	305	15,822	38,349	2,133

* 1914년 이후의 목사수 = 조선목사/외국목사(선교사)의 순서임.
* 1928년 이후의 전체 교인수=주일에 모이는 평균수임.
* 통계의 시간적 범위의 예 : 1920년=1919년 6월부터 1920년 5월까지의 통계임.

⑥ 일제 말기의 수난과 해방후의 노회 재건

황해노회는 일제 말기의 교회탄압으로 1942년 노회를 마지막으로 폐쇄되었다. 그러다가 1945년 민족해방과 함께 노회가 재건되었으나, 한국전쟁과 남북분단으로 인해 많은 사람들이 순교하거나 수난을 당하였다. 이와 같은 어려움을 피하여 일부 교역자와 신도들은 한국전쟁을 전후하여 월남하였다. 이들은 1952년 3월 황해노회를 재건하여 오늘에 이르고 있다. 황동노회 역시 1952년 남한에서 노회를 재건하여 오늘에 이르고 있다.

⑦ 황해도 지역 장로교 개교회

황해도 지역의 개교회 가운데 가장 중요한 교회의 하나는 '한국개신교 최초의 교회' 혹은 '한국개신교의 요람'이라 불리는 소래교회를 꼽을 수 있다. 소래교회에 관해서는 본서 제2절 1장에 서술되어 있으므로, 여기에서는 소래교회 이외의 몇몇 중요한 교회를 간단히 살펴보도록 하겠다.

재령군 신환포교회 재령군 신환포교회는 1893년 설립된 교회로서, 선교사 마펫과 리, 전도인 한치순(韓致淳)이 이곳에 와서 복음을 전함으로써 설립되었다. 최종엽(崔宗燁), 차종학(車宗學), 김경엽(金京燁), 문재현(文在賢), 문장호(文章灝), 정이헌(鄭利憲), 한선주(韓善周), 이현서(李賢瑞) 등이 믿음을 작정하고 한치순의 집에 모여 예배를 드리다가, 그 해에 가옥을 구입하여 예배당으로 사용하게 되었다. 이 때 신환포교회가 선정한 직원으로는 조사(助事)에 송인서(宋麟瑞), 영수(領袖)에 한치순, 집사(執事)에 송은범(宋殷範) 등이 있었다. 신환포교회는 얼마 지나지 않아서 예배당을 신축하였으며, 그후에 한치순을 장로로 장립하여 당회를 조직하였다.[59]

한편 신환포교회를 중심으로 천주교도와 개신교도 간에 충돌이 일어나기도 하였다. 이 지역에 소재한 천주교 교인들이 그들의 예배당[敎堂]을 건축하면서 신환포교회 교인들에게 부역을 강요하고 건축비를 낼 것을 종용함으로써 양자간에 갈등이 일어났으며, 법률적인 송사로 이어지기도 하였다.[60]

신환포교회를 설립하는 데 중요한 역할을 한 바 있는 초대 장로 한치순은 그후 황해도 일대에 10여개의 교회를 세운 전도인이었다. 한치순이 1893년 한해 동안 황해도 지역에 설립한 교회는 신환포교회 이외에도 재령군 상거동교회, 같은 군 북율면 강촌교회, 안악군 덕산면교회, 같은 군 서하면 대동교회, 봉산군 사인면 당포동교회 등이 있다.[61]

---

59) 《조선예수교장로회사기(상)》, p. 22.
60) 위의 책, p. 77.

재령읍교회 재령읍교회(재령군 읍내교회)는 전도인 김백영(金伯榮)의 권면으로 신자 80여명이 1895년 설립한 교회로서, 송정신(宋正信)이라는 여성이 가옥을 기부하여 예배당으로 사용하였다.[62] 그러나 천주교인들과 불신자들의 박해가 극심하여 별다른 진보를 보이지 못하다가 1898년에 이르러서 부흥하기 시작하는데, 이 부흥에는 송정신의 역할이 매우 컸다. 송정신은 당시 평양여학교 교사로 있었는데, 재령읍교회의 어려운 실정을 전해 듣고 교사직을 사임하고 고향에 돌아와 열심히 전도하였다. 그후 선교사 헌트(Wm. B. Hunt, 韓緯廉)가 시무하였고, 정찬유·김익수·김두찬·최석호 등이 계속 입교하여 적극적으로 활동하였다.[63]

이들 가운데 재령읍교회의 유명한 장로가 된 정찬유(鄭贊裕)는 1920년대 이후 관서지방의 유명한 부자가 되었으며, 1929년에는 총회 부회계를 지내기도 하였다. 정찬유 장로는 많은 일화를 남긴 인물이었다. 그 가운데 그가 김익두 목사를 만났던 이야기는 유명하다. 1910년경 사업에 실패한 정찬유 집사는 김익두 목사를 만나서 "목사님, 부자되어 교회에 봉사하고 싶은데 그 비결이 있습니까?"라고 물었다. 정집사의 물음에 대해 김목사는 "주일 잘 지키고 십일조 꼭 하면 되지요"라고 답하였다. 그후 정찬유는 주일을 지키는 일과 십일조를 드리는 일을 생명보다 소중히 여기게 되었으며, 사업도 날로 번창하여 31세에 재령읍교회의 장로가 되었다.[64]

재령읍교회는 계속 부흥하여 1922년에는 재령 서부교회와 재령 동부교회로 분립하였다. 재령읍교회가 낳은 인물로 또한 유명한 이가 박태로 목사이다. 박태로 목사는 김익두를 신앙의 길로 이끈 장본인이었으며, 그 자신 목사가 되어 1911년부터 1913년까지 재령읍교회에서 시무하기도 하였다.[65]

은율읍교회 은율읍교회는 1898년 선교사 언더우드의 전도로 이찬영·홍성서 등이 믿게 되면서 설립되었고, 김승교·이상근 등이 계속 입교하여 점차 부흥하게 되었다.[66] 이상근·이찬영 등은 1914년에 장로로 장립되었으며, 이로써 당회가 조직되었다.[67]

은율읍교회의 초대 장로인 이찬영은 십일조와 새벽기도의 모범을 보인 인물이

---

61) 위의 책, pp. 23~25.
62) 위의 책, p. 31.
63) 위의 책, p. 54.
64) 박용규, 《북녘에 두고온 교회》, 생명의 말씀사, pp. 90~93.
65) 위의 책, p. 84, 88~89.
66) 《조선예수교장로회사기(상)》, p. 54.
67) 《조선예수교장로회사기(하)》, p. 159.

었다. 그는 늘 "내가 오늘 부자된 것은 새벽기도와 십일조 덕분이다"라고 말하였다. 그는 새벽기도를 빠뜨리는 법이 없었다고 한다. 그는 "나는 예수를 믿고 오늘까지 새벽기도에 빠져 본 적이 없습니다"라고 고백하였다.[68]

겸이포교회 겸이포교회는 1906년 황주군 송림면 형제정에 설립된 교회이다. 홍종두·배영조 등 12인이 홍종두의 집에서 예배를 드리면서 시작되었다. 이 교회는 형제정교회(兄弟井敎會)로 불리기도 하였다. 선교사 리가 이 교회를 관리하였으며, 교인들이 힘을 다해 연보하여 예배당을 구입하고 겸이포의 신앙공동체와 합하여 겸이포교회가 완성되었다.[69]

겸이포교회는 후에 겸이포중앙교회로 개칭하였다. 겸이포중앙교회의 인물로는 이승길 목사를 꼽을 수 있다. 이승길 목사는 겸이포교회에서 시무하는 동안 평양노회장에 두번 당선되었으며, 1936년 제25회 총회에서 총회장으로 선출되기도 하였다.[70]

신원교회 신원교회는 황해도 봉산군에 설립되었다. 이 교회는 1894년 설립된 모동교회에서 1895년에 분립하였다.[71] 1902년에 김규엽이 장로로 장립되어 당회가 조직되었으며, 김장호(金庄鎬) 목사가 시무하게 되었다.[72] 봉산 신원교회 교인들은 김장호 목사를 중심으로 1918년 '조선기독교회'를 창설하였다. 그 과정은 이렇다. 조선기독교회는 성경에 대한 미신적 해석을 반대하며 그같은 신학과 신앙을 주입하는 선교사들에 대해 비판적인 태도를 취하였던 교회였다고 한다.[73] 이러한 조선기독교회 창설로 인하여 김장호 목사는 '교리를 위반하고 노회를 부진(不振)한 사(事)'로 황해노회에서 면직당하였다. 이에 신원교회의 교인들이 불복하자 노회는 신원교회를 치리하였다.[74]

2. 감리교

1) 해주지방회 이전 시기

미감리회는 1897년 한국선교회(The Korea Mission)의 하부조직으로 서울구역회

---

68) 박용규,《북녘에 두고온 교회》, pp. 115~120.
69) 《조선예수교장로회사기(상)》, p. 153.
70) 박용규,《북녘에 두고온 교회》, pp. 143~153.
71) 《조선예수교장로회사기(상)》, p. 32.
72) 위의 책, p. 98.
73) 한국기독교역사연구소,《한국기독교의 역사 Ⅱ》, pp. 193~194.
74) 《조선예수교장로회사기(하)》, p. 160.

(circuit)를 조직하였다. 그후 1901년에는 남지방회(district, 서울 중심), 서지방회(인천 중심), 북지방회(평양 중심)를 조직하였으며, 1905년 6월 21일에는 제1회 한국연회(The Korea Annual Conference)를, 1908년 3월 11일에는 한국선교연회(The Korea Mission Conference)를 조직하였다.

미감리회의 초기 황해도 선교는 서지방회와 북지방회가 관할하였으며, 서지방회는 연안과 해주를 중심으로, 그리고 북지방회는 신계를 중심으로 선교활동을 전개하였다.[75] 연안구역은 연안·백천·평산·해주 등지를 관할권(prefectures)으로 하였다.[76] 이 구역에서 특히 유명한 교회는 연안읍교회였다. 연안읍교회는 감리교 농촌 지역 교회 가운데 가장 성과있는 곳이었으며, 주변의 교회에 큰 영향을 끼쳤다.[77] 연안구역의 선교활동에서 중요한 역할을 한 인물은 그 지방전도사(Local Preacher) 김기범이었다. 그는 여러 지역을 순회하면서 설교와 권면을 하였다.[78] 1901년 현재 연안구역의 교세는 교회 9곳, 학습인 435인, 입교인 32인, 합계 467인, 주일학교 6곳(교사 6인, 학생 85인)이었다.[79] 황해구역회는 1902년에 하춘택을 그 지방전도사로 임명하였는데,[80] 하춘택은 해주읍교회를 설립하는 등 해주지방을 중심으로 활발한 활동을 벌였다.[81]

해주지역은 선교 초기부터 장로교와 감리교가 모두 중요한 곳으로 생각하였던 곳이었다. 하지만, 1909년 북장로회와 감리회 사이에 선교구역 분할이 있기 전까지만 해도 해주에 주재하는 선교사가 없었다. 1906년 북장로회가 황해도 선교의 전초기지로 재령 선교지부를 설립하게 되었고, 해주지역은 1909년 선교구역 분할 시 미감리회 관할구역으로 넘겨졌다. 1908년 미감리회의 선교부 보고에 따르면, 선교구역 분할 이전부터 이미 감리교 교회의 빠른 성장이 있었던 것으로 보인다. 1908년 보고서는 "작년에 2,103명을 보고하였는데, 올해에는 3,559명을 보고하게 되었으니, 이는 68%의 성장을 기록한 것"이라고 보고하고 있다.[82]

---

75) *The Annual Meeting of the Korea Mission of the M. E. C.*, 1902년 통계표(서지방회－연안구역). *AMEC* 1903~1905년 통계표(북지방회－신계구역, 서지방회－황해구역). *AMEC* 1906~1909년 통계표(평양지방회－신계구역, 해주구역).
76) *ARMEC* 1900(한국기독교역사연구소 영인본), p. 169.
77) *AMEC* 1903, p. 25.
78) *AMEC* 1901, p. 38.
79) *AMEC* 1901, p. 40.
80) *AMEC* 1902, p. 34.
81) "황해도교회 진보함", 〈신학월보〉 1903년 1월호, pp. 9~12.
82) *ARMEC* 1908, p. 387.

2) 해주지방회 시기

1909년 선교구역 분할까지만 해도 황해도 지역의 교회는 평양지방회의 관할하에 있었다. 그러다가 1911년에 이르러 해주구역회가 해주지방회로 승격하면서, 봉산·서흥·수안·신계 지역을 제외한 황해도 남부지방의 미감리회 선교구역을 담당하게 되었다.[83] 봉산·서흥·수안·신계 지역은 멸악산맥을 기준으로 황해도 북부지역을 이루며, 평양지방회가 계속 담당하였다. 이후 황해도 지역은 해주지방회와 평양지방회가 함께 관할하였다. 이는 지리적인 요인에 기인한 바가 컸다. 한편 봉산·서흥·수안·신계 지역은 북장로회와 미감리회가 함께 선교구역으로 삼았던 곳이기도 하다.

해주구역회가 해주지방회로 승격되면서 데밍(C. S. Deming)이 감리사로 부임하였으며, 해주를 동서 두 구역으로 나누어 동구역은 츄(N. D. Chew)가 담당하였고 서구역은 그로브가 담당하였다. 츄는 특히 순회전도에 열심이었다.[84]

미감리회는 해주를 중심으로 의료선교에 상당한 노력을 기울였다. 대표적인 병원으로는 1910년 설립된 해주구세병원이 있었다. 한국 사람들은 이 병원이 세상 사람들을 구하는 구실을 한다고 '구세병원'이라고 불렀다.[85] 이 병원은 의료선교사 노튼(A. H. Norton)이 설립한 까닭에 노튼기념병원으로 불리기도 하였다. 노튼은 츄 선교사와 함께 각 지역을 순회하면서 진료활동과 전도활동을 벌이기도 하였다.[86] 미감리회는 복음전도를 위해 다른 교파와 협력하기도 하였는데, 대표적인 사례가 구세군과의 협력이었다.[87]

황해도 지역 감리교회는 3·1운동 이후 어려움을 겪게 된다. 1919년 선교 보고서에 따르면, 황해도 지역을 책임지고 있던 목사 14명 가운데 7명이 체포되어 목사가 없는 지역은 본처전도사가 임시로 책임을 맡기도 하였다.[88] 1920년 보고서는 이와 같은 정치적 상황 때문에 황해지방회 소속 14개의 구역이 7개로 축소운영됨을 보고하고 있다.[89] 3·1운동 당시 서명자 33인 가운데 기독교측 인사는 16명이었으며, 그 가운데 10명이 감리교측 인사들이었다. 감리교측 서명자 가운데 황해도 교회와 관련되는 인사로는 서울 출신으로 해주 남본정교회 목사 최성모, 해주 출신으로 서울 기독청년회 간사 일을 본 박희도, 해주 출신으로 서울 종교교회 목사

---

83) *ARMEC* 1911, p. 390.
84) *ARMEC* 1912, p. 420.
85) F.E.C. Williams, *The Korea Mission Yearbook*, C.L.S., 1928, p. 46.
86) "해주구세병원의 시설", 〈신학세계〉 18권 6호, 1933.
87) *ARMEC* 1919, p. 597.
88) *ARMEC* 1919, p. 597.
89) *ARMEC* 1920, p. 631.

오화영 등이 있었다.[90]

　1921년에는 김창식이 해주지방 순행목사로 부임하여 1924년 9월 은퇴하기까지 해주지방의 교회들을 돌보았다.[91] 김창식(황해도 수안 출생)은 1901년 5월 14일 김기범과 함께 한국인으로서는 처음으로 목사 안수를 받은 인물이다. 그의 목회 방법은 독특한 것이었다. 그는 한곳에 머물러 찾아오는 사람들을 지도하는 것이 아니라, 직접 교인들과 불신자들을 찾아다니면서 전도하는 '순행목회'를 실시하였다.

　1922년에는 황해도 감리교의 중심적인 교회 가운데 하나인 해주읍교회가 꾸준한 성장 끝에 남본정(南本町)교회와 남욱정(南旭町)교회로 나뉘었다. 1928년에는 해주구세병원안에 결핵요양원이 생겨서 결핵환자들을 위한 특수 선교사업이 진행되기도 하였다.

3) 남북감리교회 합동 이후

　미감리회와 남감리회는 1930년 12월 2일 하나로 합하여 제1회 기독교조선감리회 총회를 조직하였다. 제1회 총회에서는 동부(6지방회), 중부(11지방회), 서부(6지방회), 만주선교연회(2지방회)의 4개 연회, 25개 지방회가 조직되었다. 황해도 지역의 경우 평산을 제외한 대부분의 지역이 서부연회의 관할하에 있었다. 평산의 경우는 지리적인 여건으로 인해 중부연회의 개성 북지방에 소속되었다.[92] 나머지 지역의 경우, 해주·청단·연안·백천·옹진·이목 등은 서부연회 해주지방회 소속으로, 사리원·봉산·수안·신계·서흥 등은 서부연회 사리원지방회 소속으로 결정되었다.

　한국감리교는 1934년으로 선교 50주년을 맞이하였다. 선교 50주년을 기념하는 지방 연합 전도집회가 각 지방에서 열렸다. 황해도 지방의 경우는 사리원교회에서 연합 전도집회가 개최되었다.[93] 한국교회가 선교 50주년을 기념한 1934년 현재 한국기독교의 현황을 살펴보면 다음과 같다.

---

90) 이성삼,《한국감리교회사 : 조선감리회》, 기독교대한감리회 교육국, 1975, pp. 227~228.
91) 이덕주,《한국그리스도인들의 개종이야기》, 전망사, 1990, p. 35.
92) 한국기독교역사연구소,《한국기독교의 역사 II》, 기독교문사, 1990, pp. 184~185. 평산은 개성북지방회에서 평산지방으로(〈기독교조선감리회 중부연회 제3회 연회회록〉, 1933), 다시 평천지방으로 바뀌게 되는 등 변화를 겪었다(〈기독교조선감리회 중부연회 제3회 연회회록〉 1936).
93) 한국기독교역사연구소,《한국기독교의 역사 II》, p. 244.

150 II. 북한의 각 지방별 교회의 설립과 발전

〈표 II-34〉 한국기독교 각 교파 및 지방별 신도수

	경기	충북	충남	전북	전남	경북	경남	황해	평남	평북	강원	함남	함북	총계
천주공교회	21,198	4,139	8,931	16,216	2,852	10,383	7,567	6,205	8,011	3,788	6,942	4,370	1,172	101,774
노공정교회	274	—	—	—	—	—	—	—	—	—	—	—	—	274
소계	21,471	4,139	8,931	16,216	2,852	10,383	7,567	6,205	8,011	3,788	6,942	4,370	1,172	102,048
조선야소교장로회	5,975	2,135	1,997	17,575	16,420	31,965	15,725	33,451	40,994	66,512	—	8,937	7,252	248,938
기독교조선감리회	18,874	1,735	4,469	28	54	—	—	5,878	10,091	2,093	8,625	917	—	52,764
성결교회	4,487	629	602	—	—	—	93	408	519	—	—	—	—	5,808
제칠일안식일예수재림교	510	59	197	179	240	458	350	317	1,724	374	283	310	40	5,041
공회	2,647	145	791	791	200	1,436	—	53	1,126	582	469	362	929	9,004
동양선교회	2,114	717	648	200	—	1,006	146	417	75	380	380	395	—	6,098
동경서국선교회기독교	113	—	—	—	—	—	—	—	—	—	—	—	—	113
기독교오순절교회	99	—	—	—	—	—	—	—	—	—	—	—	—	99
소계	33,819	5,420	8,704	18,246	16,914	34,935	16,314	40,524	54,529	69,512	9,757	10,921	8,221	327,865
일본기독교회	304	—	103	391	259	150	298	—	71	141	—	—	—	1,717
일본메소디스트교회	653	—	14	—	—	110	313	70	186	—	—	215	134	1,695
일본조합기독교회	799	33	—	—	131	—	—	—	85	—	—	—	—	1,048
동양선교회홀리네스교회	65	—	—	—	49	—	711	—	12	—	—	21	—	858
기독동신회	—	—	—	—	423	—	—	—	—	—	—	—	—	423
소계	1,821	33	117	391	731	391	1,322	70	354	141	—	236	134	5,741
조선기독교회	76	195	—	—	—	—	256	318	—	—	—	—	—	845
조선회중교회	3,122	—	—	220	—	42	—	—	500	441	595	—	—	4,920
소계	3,198	195	—	220	—	42	256	318	500	441	595	—	—	5,765
총계	60,310	9,787	17,752	35,073	20,497	45,751	25,459	47,117	63,394	73,931	17,294	15,527	9,527	441,419

《朝鮮に於ける宗教及享祀一覽》, 1934년 12월말 조사)

4) 일제 말기의 수난

1940년대에 접어들면서 일제는 선교사들을 강제로 본국으로 송환시켰다. 해주 지방 감리사를 역임한 쇼(W. E. Shaw) 선교사와 해주구세병원의 홀(S. Hall)도 일제의 탄압으로 본국으로 돌아갈 수밖에 없었다. 홀은 한국인 의사 문창모(文昌模)에게 병원을 맡기고 본국으로 돌아갔다.

선교사들뿐만 아니라 한국인 목회자와 신자들도 친일화의 길을 걷거나 아니면 엄청난 탄압을 겪었다. 해방 이후에도 공산 정권의 탄압이 계속되기는 마찬가지였다. 많은 사람들이 수난을 당하였으며, 일부는 탄압을 피하여 월남하기도 하였다.

3. 기타 교단

1) 성공회

성공회의 황해도 선교는 백천지방을 중심으로 이루어졌다. 백천지방은 비교적 일찍부터 성공회 선교부의 관심 대상이 되었다. 1893년부터 강화 선교의 책임을 맡았던 워너(Warner, 왕란도)가 만났던 입교자들 가운데 백천 출신의 입교자가 있었던 인연으로 워너는 백천지방을 왕래하면서 전도활동을 벌였다. 그후 이 지방에는 신자가 급증하였으며, 이 지방 신자들 스스로의 힘으로 주택을 구입하여 성당으로 사용하기도 하였다.

성공회의 황해도 지방 선교는 1908년 7월 김희준이 백천지방 전도사로 부임하면서 본격화되었다. 김희준은 한국인 최초의 성인 세례자였으며, 1915년 12월 21일 한국인으로서는 처음으로 사제 서품을 받은 인물이기도 하다. 김희준의 부임으로 백천지방 선교는 활기를 띠게 되어, 1908년 10월 18일에는 9명의 남자와 10명의 여자 신자가 영세성사를 받았다. 이 날 백천성당이 '제성성당'(諸聖聖堂, All Saints)으로 축성되었다.[94]

성공회 선교부는 1908년 전국을 서울·강화·수원·진천 등 4개의 선교지역으로 나누었는데, 백천을 중심으로 하는 황해도 지역 교회는 강화 선교지역 관할하에 두었다.[95] 1909년 초 현재 백천성당에는 영세자 36명(유아세례자 9명 포함), 망세자가 89명, 입교자가 188명이었으며, 1909년 5월 7일에는 17명이 처음으로 견진성사를 받았다.[96]

1916년 5월 성공회는 '대한성공회 헌장과 법규'를 채택하였다. 트롤로프 주교는

---

94) "Local News—Paik Chun", *MC* 1909. 4, p. 72.
95) "Our New Map", *MC* 1908. 10, pp. 175~179.
96) 이재정, 《대한성공회백년사》, 대한성공회출판부, 1990, p. 79.

새 헌장에 따라 교회를 경성·강화·수원·진천·천안·백천 등 6개의 전도구로 분할하였다. 백천전도구는 백천성당과 황해도에 있는 모든 교회를 담당하였다. 백천전도구는 교리공부를 위한 한글 교육, 중하류층을 대상으로 하는 사랑의 선교, 전도집회 기도모임 수련회 등 조직을 통한 선교, 평신도 지도자 양성 등의 선교정책을 펼쳐서 발전을 거듭하였을 뿐만 아니라 여러 지교회를 세우기도 하였다.[97]

트롤로프 주교는 1930년을 하나의 전환점으로 내세우면서 교구 분할 계획을 세웠다. 그는 엠블링(Hugh Embling)을 보좌주교로 임명하여 북한지역 선교를 맡도록 하여 1928년 평양에 파송하였다. 이러한 노력이 현실로 구체화되지는 못하였으며, 1930년 11월 6일 트롤로프 주교가 사망하게 되었다. 트롤로프의 뒤를 이은 쿠퍼(Ceril Cooper) 주교는 왕성한 전도순행을 하였다. 그는 오지에 있는 교회까지 방문하여 신자들과 침식을 같이 하였다. 이러한 과정 중에 해주·사리원·연안 등지에 새로운 전도 개척지가 생겼다.[98]

성공회는 1940년 9월 29일 선교 50주년을 기념하였다. 하지만 다른 모든 한국 기독교 교파들이 1940년대를 암흑의 시대로 보냈던 것처럼 성공회 역시 1941년부터 해방까지의 시기를 암흑기로 보냈다. 백천전도구 역시 사양길에 접어들었다. 신자들은 일제의 강제 징발로 시달리게 되고, 외국인 추방령으로 선교사들이 본국으로 송환되기까지 하여 교세는 날로 쇠퇴하게 되었다.[99]

2) 조선기독교회

조선기독교회는 1918년 김장호(金庄鎬) 목사를 중심으로 황해도 봉산에서 창설되었다. 김장호 목사는 한국에 온 장로교 선교사 커(William. C. Kerr)에게서 신학적인 영향을 받았다.[100] 김장호 목사는 수년 동안 커 선교사의 조사로 사역하는 동안 커의 자유주의 신학사상에 영향을 받았다.[101] 1916년 황해노회는 고등비평, 성경무오성 부인, 성경의 초자연적 성격과 관련하여 김장호 목사의 총대 자격을 심사하였다. 황해노회는 또한 1918년에는 김장호의 목사직 휴직을 결정하였다. 이에 김장호 목사는 봉산 신원교회 교인들을 중심으로 1918년 7월 16일 조선기독교회를 창설한 것이다.

조선기독교회는 성경에 대한 미신적 해석을 반대하며 그같은 신학과 신앙을 주

---

97) 장창륜, "되돌아본 성공회 백천전도구", 《대한성공회 선교 100주년 회고록—선교 백년의 증언》, 대한성공회출판부, 1990, pp. 96~105.
98) 이재정, 《대한성공회백년사》, pp. 190~197.
99) 장창륜, "되돌아 본 성공회 백천전도구", p. 102.
100) 한국기독교역사연구소, 《한국기독교의 역사 II》, pp. 193~194.
101) 박용규, 《한국장로교사상사》, 총신대출판부, 1992, p. 156.

입하는 선교사들에 대해 비판적인 태도를 취하였던 교회였다고 한다.[102] 이러한 조선기독교회 창설로 인하여 김장호 목사는 '교리를 위반하고 노회를 부진(不振)한 사(事)'로 황해노회에서 면직당하였다. 이에 신원교회의 교인들이 불복하자 노회는 신원교회를 치리하였다.[103] 김장호는 《조선기독교회소사》에서 신원교회를 설명하면서 "본교회는 본래 명치 33년 6월 장로교회로 설립되었다가 대정 7년 7월 21일 김곡장호(金谷庄鎬) 목사가 정신의 상위로 황해노회와 대립될 때에 노회의 부당을 통격하고 거기에서 탈퇴하야 '조기'(朝基) 발상의 교회가 된 유서가 있고"라 말하고 있다.[104]

조선기독교회가 지향한 조선의 기독교는 무엇이었는가? '조선기독교취지서'와 '강령대개'(綱領大槪)를 통해서 보면, 조선기독교회는 신학적 근대주의를 부르짖는 동시에 동양교회에 신선한 정신을 불러 일으킬 것을 주장하고 있다.

  現今文化가 고상한 20세기 新風潮에 생존하야 過去한 野昧時代에 이용하든 教會中律法政治를 一掃蕩盡하고 진정한 교리를 百練改良할 목적으로 左에 多少條款을 付하야 ······.[105]

  1. 조선기독교의 교리 : 1) 교리해석상에 문명각국의 현행하는 진정고상한 神學說을 자유 채용하고 野昧人種을 유도하난 眩惑迷疎의 假說寓言을 一切曉破覺悟하야 我東教會에 신선한 정신을 激醒新興케할 事.[106]

조선기독교회는 반선교사의 기치를 내걸면서 동양적 기독교를 표방하였다. 이같은 반선교사 취지가 1930년대 이후 일제의 종교정책에 유합되면서 1940년대에는 '친일적' 기독교로 전락하고 말았다.[107]

《조선기독교회소사》에 수록된 황해도 지역 조선기독교회는 봉산 신원교회, 사리원교회, 탑촌리(塔村里)교회, 진곡리(津曲里)교회, 안악 동창포(東倉浦)교회, 원용리(元龍里)교회, 수안 능리(陵里)교회, 창석리(槍石里)교회, 나옥동(羅玉洞)교회, 서흥 양학리(陽鶴里)교회, 오운리(五雲里)교회, 오동리(梧洞里)교회, 상평리(上坪里)교회, 황주 상산리(商山里)교회 등이다.

---

102) 한국기독교역사연구소, 앞의 책, pp. 193~194.
103) 《조선예수교장로회사기(하)》, p. 160.
104) 김장호, 《조선기독교회소사》, 조선기독교회전도부, 1943, p. 75.
105) 김장호, "조선기독교취지서", 위의 책, pp. 12~13.
106) 김장호, 위의 책, p. 14.
107) 한국기독교역사연구소, 앞의 책, p. 194.

3) 기타

구세군의 경우 1909년 4월 15일 동은면 군량포에 해주에서는 처음으로 구세군영이 개설되었다. 해주지역의 구세군은 처음에는 개성지방에 속하였으나 1915년 해주읍 북욱정(北旭町)에 해주영이 개설되면서 해주지방으로 독립하였다. 해주지방은 해주외에도 평산·연백·사리원 등지의 구세군영을 관장하였다.[108]

성결교회는 황해도 개척을 계획하던 중에 1926년 8월 리준수와 변남성을 파송하여 사리원에 교회를 설립하였다.[109] 1932년에는 해주에 성결교회가 설립되었다. 안식교도 1920년대에 해주지역에 들어 왔다.

4. 황해도 개신교와 동학·천주교와의 만남

1. 황해도 개신교와 동학의 만남

개신교에 대한 동학의 반발은 1893년 3월 16일 시작된 복합상소(伏閤上疏) 때부터 구체적인 양상을 띠게 되었다. 동학도들은 선교사들이 조약 중에도 없는 전교활동을 벌이고 있다고 비난하면서 빨리 퇴거할 것을 강권하는 내용의 괘서(掛書)들을 미국 공사관이나 선교사들의 주택 담벼락에 붙였다. 따라서 개신교와 동학의 만남은 그다지 순탄할 수만은 없었다.

황해도 개신교와 동학과의 만남에 관한 자료는 캐나다 출신의 선교사 매켄지(W. J. MacKenzie)와 관련되는 것이다. 당시 매켄지는 황해도 소래에서 선교활동을 벌이고 있었다. 후에 언더우드의 부인이 된 릴리아스 홀튼(L. Horton)은 매켄지 때문에 소래지역이 동학군의 침략을 받지 않았음을 기록하고 있다.[110] 매켄지는 서양의 관습을 버리고 한국인의 관습대로 생활하면서 선교활동을 벌였다. 그래서 그 지역의 한국 사람들은 그에게 좋은 인상을 가지고 있었다.

매켄지는 동학군이 진입하리라는 소식을 듣고도 오히려 자신이 가지고 있던 총을 부셔 버렸다. 이 소식은 동학군에게도 전해졌으며, 동학군은 그의 이같은 뜻을

---

108) "해주선교",《기독교대백과사전》16, pp. 258~259.
109)《朝鮮耶蘇教東洋宣教會 聖潔教會略史》, 京城 : 朝鮮耶蘇教東洋宣教會 聖潔教會理事會, 1929, p. 129.
110) L. H. Underwood, *Fifteen Years Among the Top-Knots*, N. Y. : American Tract Society, 1904, p. 128 ; "Seven Months Among The Tong Haks", *KRP* 1985. 6, pp. 201~208.

존중하여 소래 근방에서 더 이상 진격하지 않았다. 그뒤 1896년 봄 언더우드 부부가 소래에 찾아갔을 때 여러 사람에게 세례를 주었는데, 그 가운데 동학군 출신 한사람이 있었다고 한다.[111]

2. 해서교안

한국에서 하나의 외래종교로 수용된 기독교는 크게 천주교와 개신교라는 두 갈래의 흐름으로 전개되어 왔다. 지난 1984년은 한국기독교의 역사에 하나의 획을 그은 해였다. 한국천주교는 1984년을 맞이하여 '교회창설 200주년'을 기념하였고, 같은 해에 한국개신교는 '선교 100주년'을 기념하였다. 한국천주교와 한국개신교가 각각 '교회창설 200주년'과 '선교 100주년'을 기념한 것은 각각의 흐름이 지니는 역사성의 차이를 반영한 것이었다고 할 수 있다.[112]

한국천주교와 개신교가 이와 같이 뚜렷한 역사성의 차이를 가지고 있기는 하지만, 양자는 개신교 수용의 초기 단계에서부터 자주 접촉하였다. 이러한 접촉이 때때로 동일한 목표를 가지고 협력하는 양상으로 나타나기도 하였지만, 대부분의 접촉은 서로에 대한 부정적인 시각을 바탕으로 하는 갈등의 양상으로 전개되어 왔다. 이와 같은 갈등의 양상이 가장 첨예하게 전개된 시기는 개항기였다고 할 수 있다.

한국천주교와 개신교의 경쟁적 관계라는 인식은 신자들간의 충돌이라는 상황으로까지 전개되기도 하였다. 이러한 충돌의 구체적인 예로 '해서교안'에서의 충돌을 들 수 있다. 해서교안은 1900년부터 1903년에 걸쳐 황해도 일대에서 벌어졌던 교인과 주민들 사이의 충돌 사건을 말한다.[113] 해서교안은 단순히 천주교인들과 일반인들과의 관계에서 그친 사건이 아니라 조선정부, 그리고 개신교와도 깊이 관련되었던 사건이었다.[114] 따라서 해서교안은 개항기 기독교와 국가의 관계를 연구하

---

111) 민경배, "기독교와 동학의 접촉사", 《敎會와 民族》, 대한기독교출판사, 1981, p. 188.
112) 이러한 역사성의 차이는 근본적으로 전통(tradition)과 敎階制度를 중심으로 하는 로마가톨릭과 성경의 권위를 중심으로 하는 프로테스탄티즘의 성격 차이에 기인하는 것으로 볼 수 있다(이원순, "초기 한국 그리스도교사의 비교사적 일고", 《한글성서와 겨레문화》, 기독교문사, 1985).
113) 黃玹, 《梅泉野錄》 1903년 6월조.
114) 해서교안에 대한 기존의 연구로는 다음의 것들이 있다.
  송순희, "해서교안연구", 고려대 석사학위논문, 1978.
  최석우, "해서교안", 《황해도천주교회사》, 한국교회사연구소, 1984.
  윤경로, "초기한국 신구교 관계의 사적 고찰", 《한글성서와 겨레문화》, 1985.

기 위해서나 천주교와 개신교의 초기관계사를 연구하는 데에 매우 중요한 사건의 하나이다. 해서교안에는 천주교도와 개신교도의 몇 가지 구체적인 충돌 사례가 나타나고 있다.[115]

해서지방 즉, 황해도 지방에서 천주교와 개신교의 충돌이 심각하였던 이유로는 그곳이 한국개신교의 요람지였다는 점과 함께 가장 활발한 개신교 선교지였다는 점을 들 수 있다. 한편 황해도 지방은 한반도의 다른 지역과는 달리 천주교의 활동이 상대적으로 뒤늦은 지역이기도 하였다. 이러한 두가지 사실로 인하여 황해도 지방에서는 1890년도 중반 이후부터 본격적인 천주교 포교활동 대상지역이 되었다. 황해도 지방만을 담당하는 선교사가 파송된 것은 1896년이었다. 뮈텔 주교는 황해도를 전담할 선교사로 빌렘(Wilhelm, 洪錫九) 신부를 임명하였으며, 이로써 황해도가 평안도에서 분리 독립되고 본당시대로 접어들게 되었다.[116] 빌렘 신부는 당시 36세의 패기만만한 청년 선교사였다. 빌렘 신부의 활발한 활동은 그후 황해도 지방이 가장 활발한 개종운동이 일어나는 지역이 되게끔 하였다. 당시 황해도 지방의 천주교 교세 신장률은 결코 다른 도에 비길 바가 아니었다. 1896년 빌렘 신부가 처음 황해도에 부임하였을 때 1천명 미만이던 총 교세가 1899년에 1,800명, 1900년에 4,185명, 그리고 1902년에는 7,000명으로 급증하였다. 황해도 천주교회사가 차지하는 비중은 여기에서 그치지 않는다. 황해도는 특히 대인 영세자수에서 모든 도를 훨씬 능가하였다. 일례로 1902년의 전국 대인영세자수 5,807명 가운데 황해도 지방의 대인영세자수는 2,360명이나 되었다.[117]

위에서 살펴본 것처럼 황해도 지방은 한국개신교의 역사에서나 한국천주교의 역사에서 대단히 중요한 지역이었다. 개신교의 경우 황해도 지방은 개신교의 요람지였으며, 평안도 지방과 함께 사실상 한국개신교 초기 역사의 중요한 부분을 형성하였다고 할 수 있다. 한편 한국천주교에서도 비록 뒤늦게 선교에 열성을 보인 지역이기는 하였지만 그후 활발한 천주교 개종운동의 중심지가 되었을 뿐만 아니라 대인영세자의 비율에서 살펴볼 수 있는 것처럼 주목할 만한 성장을 보인 지역이기도 하였다. 이러한 사실은 양측에서 황해도 지방에 상당한 정책적 배려를 하게끔 만드는 주요한 원인이 되었을 것이며, 또한 충돌의 배경도 되었을 것이

해서교안에 대한 자료로는 《뮈텔주교일기》, 《뮈텔문서》 등 천주교측 자료, 개신교측 자료인 KRV, 《海西事覈使報告書》, 《法案》 등 관변자료가 있다.

115) 예를 들어 信川에서는 개신교도인 이승혁의 소가 병이 든 연후에 그의 이웃인 천주교도의 소가 병들게 되자 천주교도들이 이승혁을 결박, 구타한 사건이 일어났다[《海西事覈使報告書》, p. 16(2번째 사건) 이하 ; KRV vol. 3, pp. 25~28].
116) 한국교회사연구소 편, 《황해도천주교회사》, p. 57.
117) 위의 책, pp. 70~72.

다.

　'교안'(教案)이라는 용어는 한국·중국·일본 등에서 기독교로 말미암아 야기되는 모든 분쟁과 서구 열강과의 외교적 교섭을 말한다.[118] 특히 중국에서는 대부분의 교안이 외교적인 문제와 직접적인 관계를 가지고 있었으며, 중국기독교사 연구에서 교안이 차지하는 비중은 매우 크다고 할 수 있다.[119] 한국의 경우에는 교안이라는 주제가 기독교사 연구에서 그다지 큰 관심의 대상이 되지 않은 것으로 보인다. 하지만 교안이라는 주제는 국가권력(정치)과 기독교(종교)간의 갈등이나 전교자(傳教者)와 수용 주체자간의 갈등, 그리고 동일한 기독교권 안에서의 천주교와 개신교의 갈등과 같은 주제를 해명하는 하나의 열쇠가 될 수 있다.

　해서교안의 원인으로는 부패한 관리들의 착취, 토지제도의 문란 등으로 발생한 사회경제적 혼란을 일차적으로 꼽을 수 있다. 당시 일반 인민들은 사회경제적으로 착취를 당하였으며, 이를 극복하기 위하여 기독교 선교사의 세력을 의지하게 되었다. 그리하여 소위 '양대인자세'(洋大人藉勢)라는 입교의 동기가 발생한 것이다. 이것은 천주교나 개신교에서 모두 나타나고 있었다. 많은 사람들이 구체적인 사회경제적 압박에서 비롯된 상황을 자신에게 유리하게 풀어가기 위해 기독교(천주교와 개신교)의 세력에 의탁하였으며, 이러한 사건들이 천주교도와 개신교도 양측에 걸려 있을 때에는 상황이 상당히 복잡하게 전개되기도 하였다. 교안 가운데에는 이들 천주교도와 개신교도간의 충돌과 연관되는 사건들이 상당수 있다. 이러한 상황은 지방권력 담당자층의 애매한 종교정책에 의해 더욱 미묘하고 복잡하게 전개되기도 하였다. 지방관리들 가운데 상당수가 당시 발생한 많은 소송 사건들을 천주교도와 개신교도간의 단순한 갈등으로 축소하려는 의도를 보인 것이 사실이다. 해서교안의 배경을 이루고 있는 이와 같은 사회경제적 상황을 고려한다면 해서교안을 단순히 '천주교인들에 의한 교폐'로 보는 시각은 수정되어야 할 것이다.

　교안은 황해도 지방만이 아니라 전국적으로 일어난 보편적 현상이었다. 하지만 황해도 지방에서의 교안이 가장 두드러진 사건이었다. 그렇다면 그 이유는 무엇인가? 이러한 물음에 대한 해답을 위해 당시 황해도 지방의 사회경제사적 특성과 기독교사적 의미에 대한 해명이 필요하다. 당시 황해도 지방은 중국과 서울을 잇는 주요한 상업지대의 역할을 담당하였다. 따라서 일찍부터 빈번한 사회경제적 갈등이 발생하였던 지역이었다. 다음으로 황해도는 개신교 최초의 자생교회인 소

---

118) 이원순, "교안과 교민조약", 〈교회와 역사〉 166, 1989. 3., p. 16.
119) 중국 교안에 관하여는 다음의 글을 참조할 수 있다.
　　김배철, "'教案'과 義和團", 《講座 中國史 6》, 지식산업사, 1989.
　　張力·劉鑒唐, 《中國教案史》, 四川省社會科學院出版社, 1987.

래교회가 설립된 개신교의 요람지였다. 그리고 개신교 초기 발전의 중심지가 된 지역이었다. 따라서 황해도 지방은 개신교보다 100여년 앞서 한반도에서 선교활동을 전개한 천주교보다도 더 큰 세력을 형성한 지역이다. 여기에 자극받은 천주교 역시 황해도의 중요성을 인식하여 본격적인 황해도 선교에 열을 올리게 되었다. 그리하여 1897년 이후 황해도 지역의 교인숫자가 급격하게 늘어가는 현상이 나타났다. 뿐만 아니라 장연의 두섭마을 같은 곳에서는 마을 전체가 개신교도였다가 천주교도로 집단 개종하게 되는 사례까지 발생하기도 하였다. 이러한 상황으로 인하여 기왕에 존재하고 있던 천주교와 개신교도간의 갈등이 황해도 지방에서는 더욱 크게 증폭되었으며, 때로는 구체적인 사회경제적 현안을 놓고 천주교도들과 개신교도들간의 직접적인 갈등이 노출되기도 하였다. 이러한 갈등 노출의 이면에는 이미 지적한 양대인자세의 입교동기가 작용하였음은 물론이다.

해서교안에서 천주교-개신교간의 갈등과 관련된 사건으로는 교당 건립을 둘러싼 사건, 토지 문제를 둘러싼 사건, 그리고 기타 사안을 둘러싼 충돌 사건 등을 꼽을 수 있다. 그 가운데 몇몇 사례를 사건 관련 당사자와 사건 개요를 중심으로 살펴보면 다음과 같다.

1901년 7월 장연교안 천주교인 조병길과 개신교인 김윤오를 중심으로 벌어진 사건이다. 이 지방의 향장(鄕長)인 김윤오가 공금을 유출하였다고 조병길이 고소를 내었으나 각하되고 도리어 조병길이 피체됨으로써 일어난 사건이다. 조병길이 다시 법부에 소송을 제기하여 승소 판결을 얻어냈으나(1902년 봄), 사핵사는 오히려 무죄판결을 내렸다. 이에 1903년 1월 신천의 천주교인인 안태건(안중근의 숙부) 등이 장연 관청에 몰려가 항의하기도 하였다. 이 사건으로 말미암아 양측 선교사들간에는 서신을 통한 공방전이 벌어지기도 하였지만, 양측 선교사들은 전혀 다른 정세 판단을 보이기도 하였다.

1901년 신환포교안 천주교인 김병오 등과 개신교인 한치순·최종신 등을 중심으로 벌어진 사건이다. 천주교인들이 교당을 건립할 때 마을 사람들에게 '강당부비'(講堂浮費)를 강요하던 중 이치복이란 인물에게 강당부비를 요구하면서 일어난 사건이다. 천주교측의 주장에 의하면 이치복은 본래 개신교도였다가 천주교로 개종한 인물이었다. 이에 한치순[120]·최종신 등은 이치복이 다시 개신교도가 되었으므로 강당부비를 냄이 불가하다고 반박함으로써 양측의 충돌이 발생하였다.

1902년 신환포교안 천주교인 홍병용·김형남·박재환 등과 개신교인 한치순·

---

120) 한치순은 1893년 신환포교회를 설립한 인물로 이후 재령군 일대에 10여개의 교회를 세운, 당시 개신교의 영수이자 전도사였다.

최종신·황덕영 등을 중심으로 벌어진 사건이다. 홍병용·김형남 등이 신환포에 새로 강당을 짓는데 한치순 등에게 부역과 애긍천(愛矜錢)을 청함으로써 일어난 사건이다. 홍병용·김형남 등은 한치순 등을 묶고 형을 가하기도 하였으며, 동년 8월 다시 박재순 등이 한치순 등을 구타하기도 하였다.

천주교-개신교간의 충돌이 나타나는 교안 가운데 가장 많은 비중을 차지하는 것이 바로 위와 같은 교당 건립 혹은 교당 사용을 둘러싸고 일어난 사건들이다. 백낙준은 그의 《한국개신교사》에서 당시 황해도 지방에서 일어난 천주교인들의 교당 공동사용 요구나 교당 난입, 그리고 교당 건립시 경비 부담 및 부역 강요에 대하여 언급하고 있다.[121] 교당 건립과 관련된 교안으로는 천주교인들이 교당 건립을 위해 도당송목(都堂松木)을 베어냄으로써 일어난 사건들도 있었다.

이승혁 우질(牛疾) 사건 천주교인 김순명·김형남·최제우 등과 개신교도 이승혁을 중심으로 벌어진 사건이다. 이승혁의 소가 갑자기 죽었는데, 김순명의 소가 연이어 죽게 되자 김형남 등이 이승혁을 감금 구타함으로써 일어난 사건이다.

---

121) 백낙준,《한국개신교사》, 연세대출판부, 1973, pp. 369~370.

제 4 장 경기 북부·강원 북부·만주지역의 교회

1. 경기 북부지역의 교회 — 개성지방을 중심으로

1. 개성지역의 특성

경기도 북서부에 위치하고 있는 개성은 마식령산맥의 말단부가 북쪽에서 남쪽으로 뻗어내려 있고, 남쪽 일부는 한강과 예성강의 하류지역으로서 좁은 분지를 이루며, 서울에서 북서쪽으로 78km 떨어져 있다. 고려의 도읍으로서 문화 유적이 많은 이 지역의 북쪽에는 천마산, 그 남쪽에 송악산이 있으며, 동남쪽에는 용수산, 서남쪽에 진봉산이 있다. 남쪽으로는 한강이 흘러 평야가 이루어져 마치 부산대수(負山帶水)의 지세를 보이고 있다. 한서(寒暑)의 차가 심한 대륙성 기후이지만 같은 위도상의 다른 지역에 비하면 온화한 편이다.

그 역사를 살펴보면, 919년(태조 2) 고려의 태조인 왕건(王建)이 송악 남쪽에 도읍을 정한 다음 개성군(현재의 개풍군)과 합병하여 개주(開州)라고 하였으며, 935년(태조 18) 신라를 복속한 뒤 국도(國都)로 삼았다. 960년(광종 11)에는 개경(開京)으로 바뀌었다가 995년(성종 14)에 개성부(開城府)가 되었다. 조선이 건국된 뒤 도읍이 한양(漢陽)으로 옮겨지면서 이후 수차례 행정 구역상의 변화가 있었으며, 1896년(고종 33)에는 관찰부(觀察府)가 되어 장단·풍덕·이천·안협·토산·곡산·삭령·마전·신계·수안·평산·금천 등 12군을 관할하다가 이듬해 다시 개성부로 바뀌었다. 1906년에는 개성군(開城郡)이라 하고 동·서·남·북의 4면(面)을 두었고, 1914년에 송도면(松都面)이 되었다가 1930년에 다시 개성군으로 바뀌었다. 해방 이후 개성은 남한지역이 되어 1949년에 개성시(開城市)가 되었으나 1953년 휴전협정에 따라 북한지역이 되었다.

개성은 기후 조건이 좋고 토양이 기름져서 농사에 알맞기 때문에 각종 곡식 및 과일·야채의 생산이 많다. 특히 인삼이 유명하여 1945년까지 전국 인삼 재배 면적의 약 58%를 차지할 정도였다. 그리고 직물업과 주류업 또한 발달하였다. 특히 이 지역에서는 일찍부터 상업이 활발하게 이루어졌다. 고려시대 무역항 구실을 하였던 예성강 입구의 벽란도(碧瀾渡)가 가까이 있어 외국 사신의 왕래에 의한 공무역과 내외국 상인 사이의 사무역이 번창하여 상업도시로 발전하였다. 고려 초부터 설치한 개성 시전(市廛)은 국내외의 교역을 도맡았다. 조선시대에 들어와 사무역이 금지되면서 일시 타격을 받았으나, 상재(商材)가 뛰어난 개성 사람들은 전국의 행상을 조직, 그 기반을 다져 개성을 굴지의 상업도시로 만들었다.[1]

이들은 일제하에서도 자립적이고 적극적인 상업활동을 벌였으며, 그 결과 다른 지역과는 달리 개성의 상권은 조선인들이 장악할 수 있었다. 다음과 같은 탐방기가 그러한 모습을 잘 보여준다.

> 西洋人의 恩德을 만히 밧은 開城人은 그 報答을 함인지 自動의 氣分이 濃厚한 것을 驚嘆하엿다. 商街에 나가보면 모다 朝鮮人의 商店뿐이요 外人의 商店은 하나도 업다. 外人들은 모다 市外로 밀녀나간 貌樣이니 이는 朝鮮人이 市外로 밀녀나가고 外人이 市內로 드러오는 京城이나 仁川 等과 正反對이다. 보기에 甚히 爽快하엿다. '잇는대로 우리의 것으로 살자' 하는 것이 開城人의 自覺인 듯하다. (京)城이나 平壤에 가보면 눈의 씌우는 것은 飮食店과 酒店이드니 開城에는 飮食店은 차자보기 어렵다. 집에 飮食을 두고 사서 먹을 必要가 업다는 것이 開城人의 普通 말이다. 엇던 旅館의 손님이 中國料理집에 가랴고 할 때에 그 旅館(主)人은 말하기를 '外國人料理집에 가는 대신에 우리집에서 먹으라' 하는 것을 드럿다. 이처럼 開城人은 自立的이다. 아마 朝鮮人이 다 開城人이 된다면 朝鮮은 當場 復活할 것갓다. 朝鮮人은 開城人化하기를 힘써야 하겠다.[2]

이처럼 적극적이고도 개방적인 개성 사람들은 복음을 받아들이는 데도 그러하였으며, 이 지역의 교회는 평안도의 평양, 황해도의 재령과 같이 활발한 성장을 보였다.

2. 남감리회의 개성구역 설정과 정착

경기 북부지역에서 가장 활발한 선교활동을 벌인 것은 미국 남감리회 선교회였으며, 그 중심지가 바로 개성[松都]이었다. 이미 다른 지역에서는 앞서 들어온 북

---

1) 《한국민족문화대백과사전》 1, 한국정신문화연구원, 1991, pp. 581~586.
2) 韓稚振, "開城求景의 雜感(上)", 〈青年〉 1931년 7월호, p. 15.

장로회와 북감리회의 선교가 활발히 진행되고 있었으므로, 자연히 남감리회는 이들 선교회에 소속되지 않은 경기 북부지역에 관심을 가지게 되었고, 개성이 그 선교기지가 되었다.[3] 그 과정을 살펴보면 다음과 같다.

러시아 황제의 대관식에 특사로 파견되었던 윤치호는 1897년 1월 남감리회 선교사 콜리어(C.T.Collyer, 高永福)[4]와 합류하여 함께 귀국하였다. 그 이전에 내한한 리드(C.F.Reid, 李德)[5]에 이어 콜리어는 두번째 남감리회 선교사가 되는 셈이었다. 한국에서 고군분투하던 리드는 오랜 친구였던 콜리어와 윤치호를 만나게 되어 큰 힘을 얻었고, 이들은 함께 한국선교를 위한 계획을 세웠다. 그리고 리드와 윤치호가 먼저 2월에 개성으로 떠났다. 남감리회의 개성선교를 위한 사전 답사를 위해서였다. 개성에 도착한 이들은 윤치호의 이모부인 이건혁(李建赫)의 집에 머물면서 선교를 위한 준비 작업에 착수하였다.[6]

이들의 첫번째 개성 방문은 장차의 선교를 위한 정보 수집에 목적이 있었으므로 당장 큰 성과를 거둔 것은 아니었다. 그러나 6주 뒤 언더우드와 함께 이곳을 찾은 이들은 선교기지를 세우기 위한 대지를 구입하는 성과를 거두었다. 이어 그해 초여름 콜리어와 리드는 다시 개성으로 오게 되었는데, 도중에 그들은 몇명의 기독교인들과 만나게 되었다. 이들이 여관에 머물고 있을 때 개성 부근인 문산포(汶山浦)의 기독교인들이 소문을 듣고 면담을 요청하였으며, 콜리어와 리드가 이들을 찾아간 것이다. 그들은 서울에서 구입한 복음서를 읽고 스스로 기독교인이

---

3) 金仁泳, "朝鮮新教派 中 第三位되는 南監理教會(2)", 〈기독신보〉 1928년 9월 5일자.
4) 콜리어는 영국에서 출생하였으며, 대영성서공회 선교사로 중국 상해에서 활동하다가 남감리회 선교사 스미디(L. Smithy)와 결혼하면서 남감리회로 이적하였다. 1897년 남감리회 선교사로 내한한 그는 개성지역에서 선교활동을 벌이다가 1906년 춘천으로 자리를 옮겼다. 1908년에 서울 광희문교회를 담임하였으며, 1909년 다시 개성 동구역을 맡았다. 1909년 부인이 죽자 이듬해 재혼하였으며, 1919년 블라디보스토크의 YMCA 군인휴양소에서 봉사하였다. 1921년부터 미국에서 목회활동을 하였다.
5) 리드(1849~1915)는 미국 뉴저지주에서 출생하였다. 평신도운동을 벌이던 그는 1878년 남감리회 중국선교사로 파송되어 상해·서주 등지에서 활동하였다. 남감리회 헨드릭스(E. R. Hendrix) 감독에 의해 한국선교사로 임명된 그는 1895년 10월 내한하였다가 일단 상해로 건너간 뒤 1896년 다시 돌아와 선교활동을 시작하였다. 남감리회 출신 윤치호와 미감리회 출신 김주현(金周鉉), 김흥순(金興順) 등의 협력을 받으며 그는 1900년까지 정열적인 활동을 벌이다가 신병으로 귀국하였고, 그 아들(W. T. Reid, 李慰萬)이 의료선교사로서 한국선교의 대를 이었다. 건강을 회복한 그는 다시 평신도운동에 힘쓰다가 켄터키주에서 사망하였다.
6) "朝鮮南監理教會 歷史上에 特出하는 事件(1889~1929)", 《朝鮮南監理教會三十年紀念報》, 朝鮮南監理教會傳道局, 1930, pp. 20~21.

된 사람들이었으며, 그 열심 또한 놀라울 정도였다. 이들과의 만남은 선교사 일행에게 큰 용기를 주었으며, 여섯달 뒤 다시 이들을 찾았을 때 14명이던 교인이 34명으로 늘어나 있었다.[7]

한편 1897년 9월 서울에서 열린 남감리회 제1회 지방회에서는 선교지역을 둘로 나누었는데, 서울 근방과 파주(坡州)까지를 '경성구역'이라 하고 개성 근방과 문산포까지를 '송도구역'이라고 하였다. 경성지방은 리드, 송도지방은 콜리어가 각각 책임을 맡았다. 이에 그 해 11월 콜리어가 가족들을 데리고 개성 북부 산지현(山芝峴)으로 이주하면서 개성선교가 본격화되었다.[8] 그는 지역 주민들의 환대를 받으며 활동을 벌일 수 있었으며, 어떤 사람은 "나는 당신이 이곳에 와서 보다 나은 것을 가르치니 매우 기쁩니다. 이곳의 모든 사람들은 우상을 숭배합니다"라고 말하였다.[9] 이것은 개성 일대가 그 이전까지 복음이 거의 알려져 있지 않은 지역이었지만, 몇몇 '자생적'(自生的) 기독교인들이 신앙생활을 하면서 교회의 설립과 선교사의 도래(到來)를 고대하고 있었음을 짐작케 한다. 즉 복음에 대한 한국 교인들의 갈망과 선교사들의 열정이 함께 어우러져 시작된 것이 개성선교였던 것이다. 따라서 선교사들의 일방적인 노력이 아닌 한국 교인들과의 협력에 의하여 이 지역 선교는 처음부터 활기를 띠게 되었으며, 특히 윤치호의 이모부인 이건혁은 선교사들을 도우며 개성에서 남감리회가 정착하는 데 크게 공헌하였다.[10]

이들의 노력이 결실을 맺어 그 해 말에는 9명의 학습인(probationers)을 얻게 되었다. 그런데 열번째로 교인이 되고 싶어 하는 사람을 콜리어는 쉽게 받아들이지 않았다. 그가 여러 명의 부인을 두고 있기 때문이었다.[11] 초기의 대부분 선교사들이 그러하였던 것처럼 교인 확보가 아무리 시급하더라도 그 자격을 까다롭게 심사하였던 모습을 그에게서도 찾아볼 수 있다.[12]

---

7) *Fifty—Second Annual Report of the Board of the Methodist Episcopal Church, South*, 1898. 5, p. 34·37.
8) 양주삼, "朝鮮南監理教會小史", 《조선남감리교회삼십년기념보》, p. 55.
9) *Fifty—Second Annual Report of the Board of the Methodist Episcopal Church, South*, 1898. 5, p. 38.
10) 양주삼, 앞의 글, p. 54.
11) C. T. Collyer, "Report of the Songdo Circuit", *MAMK* 1897, pp. 13~14.
12) *Fifty—Second Annual Report of the Board of the Methodist Episcopal Church, South*, 1898. 5, p. 38.

3. 개성지역 교회의 발전

> 500년 동안 송도는 조선의 상업 중심지였다. 상인들은 전국에 퍼져 있다. 그들은 '한국의 유태인'으로 불린다. 상업을 통하여 이곳 사람들은 부유하게 되었다. 그렇기 때문에 이들은 자존심이 강하고 남에게 의지하지 않으며, 은둔적(隱遁的)이다. 교회 사업이 빠른 속도로 발전하였고, 10년 동안 기독교인들이 활동하여 다른 지역에서보다 좋은 결과를 매년 얻었다. 그러나 아직도 교회 사업은 이들의 완고한 의지와 거만한 마음을 물리치려는 끊임없고 격렬하며 힘겨운 싸움이며, 이것은 차라리 전쟁이다.[13]

개성에서 선교활동을 벌였던 한 선교사의 고백이다. 이처럼 개성은 서울과 인접하고 상업이 발달하였으며 교통이 편리하다는 등의 좋은 조건을 갖추고 있었음에도 불구하고, 선교사업이 순탄하지만은 않았음을 짐작하게 한다. 그러한 가운데서도 '교회사업이 빠른 속도로 발전'하고 '다른 지역에서보다 좋은 결과'를 얻을 수 있었던 것은 물론 한국 교인들의 열심과 선교사들의 헌신 덕분이었다.

선교지로서 개성의 지방 및 구역 개편을 보면, 1898년 남감리회의 선교 '구역'(circuit)으로 설정된 뒤 1902년에 송도구역과 송도북구역, 1904년에는 송도북구역과 송도남구역으로 분할되었다. 그러다가 1908년에 이르러 보다 큰 단위인 '지방'(district)으로 승격되었다. 즉 이 해에 이르러 남감리회에서는 경성과 송도지방을 구분하여 선교사업을 보다 조직적으로 전개하였고, 이에 따라 개성지방에서의 선교사업도 더욱 활발하여졌다. 이와 아울러 선교구역도 종종 변화를 보였는데, 이것을 정리하면 다음과 같다.

이를 살펴보면 1908년 설정된 송도지방은 1910년에 송도지방·송도동지방으로 구분되었고, 1926년에는 송도지방·송도북지방으로 조정되었다. 1931년에는 다시 개성동·개성서·개성북 지방으로 개편되었다가 이듬해 개성북지방이 평산(平山)지방으로 개칭되었고, 1935년에 개성지방과 평천(平川)지역으로 재편되었다. 그뒤 1942년 기독교조선감리회가 기독교조선감리교단으로 개편되면서 이 일대가 경기북교구로 설정되었다. 그리고 이와 같은 지방의 변화는 물론 그 지방에 속한 구역 또한 수시로 변화를 보이고 있다.

이제 좀더 구체적으로 그 발전 모습을 살펴보자. 1898년 5월에는 산지현 콜리어의 집에서 예배를 드린 뒤 9월에 남부교회(南部敎會)가 설립되었으니, 이것이 남감리회 개성선교의 첫 결실이었다.[14] 그리고 1901년 9월에 산지현 삼포막(蔘圃

---

13) "The City of Songdo", *KMF* 1908. 1, p. 7.
14) "조선남감리교회 역사상에 특출하는 사건", p. 22.

〈표 II-35〉 개성지역의 선교지 분할

연도	지 방	구 역
1898	조 선	송도
1902	조 선	송도·송도북
1904	조 선	송도남·송도북
1908	서울·송도	송도북·송도남·송도동
1910	송 도 송도동	송도남·송도북·송도서·풍덕·장단·은천·금천·평산 송도동·토산·삭령·이천남·이천북
1911	송 도 송도동	송도남·송도북·풍덕·장단·은천·송도북·평산 송도동·토산·삭령·이천남·이천북
1926	송 도 송도북	중앙·장단·고랑포·광덕·신장단·송도·송도남·송도서 이천·이천북·이천남·한포·금천·평산·신계·토산·동문안
1928	송 도 송도북	중앙·창포·광남·서선·신장단 이천·이천북·이천서·한포·금천·평산·신계·토산·동문안
1931	개성동 개성서 개성북	남부·중앙·장단·고랑·신장단 북부·동문내·광덕·개성남·서선 남천·김천·한포·평산·신계남·토산
1932	개성동 개성서 개성북	중앙·남한·장단·신장단·고랑 북부·동문내·광덕·풍덕·서선·백천 평산·신계남·토산·김천·한포
1933	개성동 개성서 평 산	중앙·남한·장단·신장단·고랑 북부·동문내·백천·서선·광덕·풍덕 평산·신계남·토산·김천·한포
1935	개 성 평 천	북부·동문내·백천·백천남·풍덕·서선·중앙·남한·장단·신장단·고랑포 평산·신남·토산·김천·한포·이천·낙양·가려주
1937	개 성 평 천	북부·동문내·백천·백천남·풍덕·광덕·중앙·남한·장단·신장단 평산·신계남·토산·김천·한포·이천·지석·가려주
1939	개 성 평 천	북부·동문내·백천·백천남·풍덕·광덕·중앙·남한·장단·신장단 남천·평산·신계남·토산동·토산서·김천·한포·이천·지석·가려주
1942	경기북 교 구	북부·동문내·중앙·남부·한천·백천·백천남·광덕·풍덕·장단·신장단·남천·평산·신계남·토산·김천·한포·이천·지석·가려주

幕)에서 남자 6인과 여자 2인이 예배드리기 시작하였는데, 이것이 점차 발전되어 북부교회가 되었다.[15] 이로써 남감리회의 개성선교는 어느 정도 발전의 기틀을 마련하게 되었다.

특이한 것은, 서울에서는 전도부인이 전도활동에서 중요한 비중을 차지하였지만, 개성에서는 남자 전도인이 보다 효과적이었다는 것이다. 그 이유는 개성의 부인들은 좀처럼 밖에 나오지를 않기 때문에 그들과 접촉할 수 있는 유일한 방법은 먼저 그 집의 가장(the head of the house)에게 접근하는 것이기 때문이었다고 한다.[16]

사실 개성지역에서의 여성 선교는 처음부터 적지 않은 난관에 부딪혔다. 콜리어 부인의 다음과 같은 보고가 그러한 정황을 잘 보여준다.

> 제가 개성에 있는 동안 그곳 여성과 아이들을 상대로 한 사업이 시급함을 느꼈습니다. 산마루나 언덕마다 사당이 있어 귀신을 섬기는데 여인들이 끝없이 제물을 이고 우리 곁을 지나갔습니다. 우리 예배당이나 사택을 찾아오는 여인들도 상당수 있었습니다. 어떻게든 전도부인 한명을 얻어보려고 애썼으나 실패하고 말았습니다. 대영성서공회 총무인 켄뮤어(Kenmure) 씨도 우리를 위해 전도부인을 채용해 주려 애썼으나 그 역시 성공하지 못하였습니다.[17]

이처럼 개성은 서울보다 더 보수적이었으며, 여성들이 외부인과의 접촉을 매우 꺼려하였기 때문에 단 한명의 전도부인을 얻는 것조차 쉽지 않았다. 더욱이 콜리어 부인이 병으로 인하여 4개월만에 개성을 떠나게 되어 이 지역에서의 여성 선교는 차질을 빚게 되었다.[18]

그러다가 1899년 11월에 캐롤(A.Carrol), 1900년 1월에 힌즈(F.Hinds)가 이 지역에 부임하면서부터 여성 선교가 다시 활기를 띠게 되었고, 상황도 점차 달라졌다. 이에 대한 캐롤 선교사의 증언이다.

> 지난 한해는 우리에게는 참으로 바쁜 1년이었습니다. 쉴새 없이 몰려드는 여인들을 만나고 가르치며, 약을 처방해 주고 또 틈틈이 한국어를 배우며 기계처럼 살았습니다. 저나 힌즈에게는 전문 의료 기술이 없습니다만 주민들은 하디 박사가 개성에 머물던 기간중에 자신들의 고통스러운 육체를 돌보아 주었던 구제 행위를 잊지 못하고 우리를 찾아와 도움을 요청합니다. 우리로서는 최선을 다해서 간단한 치료밖에는 해 주지 못합니다. 대부분은 다시 찾아오지 않습니다만 어떤 이들은 다시 와서

---

15) 위의 글, p. 23.
16) "The City of Songdo", p. 7.
17) "Mrs. C. T. Collyer Report", *MECS* 1988, pp. 24~25 ; 이덕주,《한국감리교 여선교회의 역사》, 기독교대한감리회 여선교회 전국연합회, 1991, p. 108에서 재인용.
18) 이덕주, 위의 책, pp. 108~109.

고쳐준 데 대해 심심한 감사를 표하고 또 보답하는 뜻에서 계속 찾아오는데, 올 때마다 친척이나 친구를 데리고 와서는 복음을 경청하고 영혼의 치료까지 받기도 하였습니다.[19]

1898년 5월부터 이듬해 8월까지 의료선교사 하디(R. A. Hardie)가 개성에 머물면서 진료활동을 벌인 적이 있었는데, 그같은 의료 선교가 개성 주민들의 폐쇄적인 성향을 바꾸어 놓는 계기가 되었던 것이다. 여성 선교사들은 비록 전문적인 의학 지식은 없었지만 정성껏 환자들을 치료해 주었고, 그러한 수고가 결실을 맺게 된 것이다.

그 결과 여성 교인들이 증가하여 1900년에 세례인 10명, 학습인 9명이었던 것이 1901년에는 세례인 20명, 학습인 20명으로 배가(倍加)되었다. 1901년에 캐롤이 원산으로 옮겨가자 그 대신 하보(S.B.Harbough)가 부임하여 힌즈와 함께 여성 선교에 힘썼다.

한편 부흥운동을 통한 교인들의 각성이 교회 성장의 원동력이 되었다. 1903년 원산에서 남감리회 선교사들에 의하여 시작된 부흥운동의 열기는 머지않아 개성에도 불어왔다. 1904년 2월 26일부터 10일 동안 개성의 남부교회에서는 원산부흥회의 주역 하디의 인도로 부흥회가 열렸는데, 이 자리에는 개성의 남부·북부교회는 물론 다른 지역의 교인들도 몰려왔다. 하루 3번 열린 집회에서 참석자들은 자신의 죄를 깊이 깨닫고 통회의 눈물을 쏟으며 하나님께 용서를 구하였다. 이들은 이전에 알지 못하였던 성령의 역사를 체험할 수 있었다.[20]

이듬해인 1905년에도 부흥운동의 물결은 계속 이어졌다. 특기할 만한 것은 이때 열린 부흥회가 신년부흥회(A New Years Revival)였다는 것이다. 전통적으로 한국에서는 새해를 맞으면 조상에게 제사를 지내기 마련이지만 기독교인들은 하나님께 기도를 드리고 성령을 구하는 뜻깊은 시간을 가졌던 것이다. 이 신년부흥회는 나라의 개화와 교회의 부흥이라는 주제를 가지고 열렸다. 첫날부터 자리를 가득 메운 교인들은 성령을 충만히 받았다.[21] 이 집회에 참석하였던 한 노인은 다음과 같이 고백하였다.

　　나는 여러날 이런 증거를 찾았지만 그것을 찾지 못하다가 오늘 아침에야 그것을 찾았고 찬송을 부르면서 기쁨을 느꼈습니다. 그래서 지금은 춤을 추고 싶습니다.[22]

---

19) A. Carrol, "Woman's Work in Songdo", *MECS* 1901, p. 30 ; 이덕주, 위의 책, p. 128 에서 재인용.
20) 石東起, "韓國最初의 改新教 信仰復興運動에 관한 硏究", 연세대 연합신학대학원 석사학위논문, 1990, p. 39.
21) 위의 글, p. 49.

이러한 현상은 이듬해에도 지속되어, 성령의 인도를 통하여 수많은 사람들이 죄를 고백하고 회개하였다. 이들은 각양각색의 죄를 자복하며 용서를 구하였다. 그리고 주님께서 축복하여 주실 때까지 힘써 기도하였다. 이 기간 동안 이들은 자신들이 성령을 체험하는 데 그치지 않고 이웃과 친구들에게 복음을 전하는 데도 힘썼다. 이러한 장면은 선교사들조차 일찍이 경험하지 못하였던 것이었다. 부흥회를 통하여 많은 사람들이 예수를 믿게 되었다.[23] 그리고 그에 못지 않게 중요한 것은 과거에 예수를 믿었던 사람일지라도 하나님의 사랑과 자신들의 죄를 깨닫는 가운데 성령을 충만히 받음으로써 새로운 기독교인이 되었다는 점이다. 다음과 같은 한 교인의 고백이 그것을 잘 보여준다.

> 10년 동안 나는 그리스도를 하나님의 아들로 믿었습니다. 그러나 오늘 나는 하나님의 성령과 나의 영혼이 서로 하나임을 깨닫게 되었습니다.[24]

이같은 부흥운동을 통하여 개성지역의 교회는 양적·질적으로 새롭게 성장할 수 있는 기틀을 마련하게 되었다. 그리고 이같은 부흥회는 이후에도 거의 매년 빠짐없이 자체적으로 열리고 있었음이 각종 보고서에서 확인된다. 이처럼 개성지역의 교인들은 부흥회를 통하여 지속적으로 영적 무장을 하면서 복음 전파와 교회 발전에 매진하였던 것이다. 그리고 부흥사경회 시간에는 때때로 농업강습회가 열려 형편이 어려운 농촌 교인들에게 많은 도움을 주기도 하였다.[25]

복음이 전해진 다른 지역에서도 그러하였지만, 개성에서도 사람들에게 감동을 주는 많은 사건이 일어났다. 우상을 숭배하던 여인이 복음을 접한 뒤 그 진리를 깨닫고 자기 손으로 우상을 불사르고 기독교인이 되는가 하면,[26] 안정된 직업을

---

22) W. G. Cram, "A New Year's Revival in Songdo", *KMF* 1905. 3, p. 54.
23) W. G. Cram, "The Revival in Songdo", *KMF* 1906. 6, pp. 112~113.
24) 위와 같음.
25) "개성디방 남녀대사경회는 음정월 四일부터 十三일까지 중앙회관에서 개최할 터인대 특히 금번에는 농업에 경험잇는 연사를 청하야 경작법, 비료법, 조합법, 양잠, 양봉, 양계, 양돈 등에 대한 강연이 잇스리라더라."(〈기독신보〉 1929년 1월 13일자) 이러한 현상은 기독교 농촌운동이 본격적으로 시작되는 1928년부터 종종 나타났다. 그리고 부흥사경회 시간을 빌지 않은 별도의 농업강습회도 물론 열렸다(〈기독신보〉 1929년 7월 10일자).
26) "기성교우 리각균 씨의 통신을 거혼즉 기성셔구역 아래 벌말에 사는 혼 부인이 잇는디 성은 왕씨라 나히 미만 三十이나 우상봉亽ᄒᆞᄂᆞᆫ디 열심이 잇셔 여러가지로 헛된 일을 만히 죵亽ᄒᆞ더니 월젼에 우연히 젼도ᄒᆞᄂᆞᆫ 말을 듯고 숑연(悚然)히 ᄭᅢ도라 곳 ᄌᆞ긔손으로 그 여러 우상을 불사르고 곳 교회에 입참ᄒᆞ야 열심으로 쥬를 밋ᄂᆞᆫ다ᄒᆞ니 우리는 영광을 하ᄂᆞ님께 돌니노라."(〈그리스도회보〉 1911년 4월 15일자)

마다하고 월급도 받지 않으면서 교회를 섬기며 교회를 부흥시킨 사람도 있었다.[27] 남의 잘못으로 자기 집에 불이 붙자 먼저 불낸 집의 직조기(織造機)를 꺼내놓고 자기 세간은 모두 잃어버렸는데도 조금도 남을 원망하지 않아 이에 감동한 이웃사람들이 예수를 믿게 되는 미담도 있었다.[28]

이와 아울러 선교회에 의지하지 않고 자기들의 힘으로 전도인의 월급을 자급(自給)하려는 성숙한 모습도 이미 이 무렵에 나타났으니, 아래의 기록들이 그러한 예이다.

> 각교회에서 교회를 ᄌᆞ유ᄒᆞᆯ ᄉᆞ샹이 진흥ᄒᆞ야 젼도인 월급을 각구역닉에셔 ᄌᆞ급ᄒᆞ기로 작뎡ᄒᆞ야 열심으로 연보ᄒᆞᄂᆞᆫᄃᆡ 이쳔북구역 가려주교회 졍홍국씨는 압못보는 소경으로 쇼미 五十승을 연보ᄒᆞ고 괸돌교회 김익죠씨는 쇼미 百승을 연조ᄒᆞ엿스며 교우마다 ᄒᆞᆯ수잇ᄂᆞᆫ로 힘써 出연ᄒᆞ엿ᄂᆞᆫᄃᆡ 그 금익은 북구역 다셧 교회에셔 二百二十八원 四十젼이오 남구역 닐곱교회에셔 二百四十九원 三十二젼이오 ᄯᅩ 교유 김한표씨는 녀젼도인 월급을 독담ᄒᆞ엿스며 토산 구역은 一百三十四원이오 삭녕구역과 개성동구역은 아즉 작뎡되지ᄂᆞᆫ 못ᄒᆞ엿스나 쟝ᄎᆞᆺ열심연보ᄒᆞ야 잘될 희망이 잇스며 ……[29]

---

27) "긔셩동부교회 젼도ᄉᆞ 권ᄉᆞ용 씨의 통신을 거ᄒᆞ즉 그곳 교우 홍영셥 씨는 본릭 일어졸업ᄉᆡᆼ인ᄃᆡ 그곳 헌병분견소에셔 통변으로 오라 ᄒᆞ되 교회일을 힘쓰기 위ᄒᆞ야 후ᄒᆞᆫ 월급을 ᄉᆞ양ᄒᆞ고 악의악식ᄒᆞ면셔 열심으로 쥬의 일을 만히 ᄒᆞ매 그 교회가 흥왕ᄒᆞ야 교유수효가 七八十명에 달ᄒᆞ엿다ᄒᆞ니 이 형뎨의 열심은 참 본밧을 만ᄒᆞ다고 칭숑이 ᄌᆞᄌᆞᄒᆞ더라."(〈그리스도회보〉1911년 6월 15일자)

28) "경긔도 긔셩군 쟝호경 씨의 통신을 거ᄒᆞ즉 동군 남부 관현동 김덕슈 씨는 三ᄃᆡ가 예수를 밋ᄂᆞᆫᄃᆡ 그 부친 즁옥씨는 범ᄉᆞ에 덕을 셰워 외인의게ᄭᆞ지 칭찬을 밧고 열심젼도ᄒᆞ야 하ᄂᆞ님ᄭᅴ 영광을 만히 돌니더니 수년젼에 셰상을 ᄯᅥ날 ᄯᅢ에 무ᄉᆞᆷ 이샹ᄒᆞᆫ 셔긔가 잇셔 텬당에 가ᄂᆞᆫ 증거를 나타ᄂᆡᆫ지라 그 ᄌᆞ부가 이런 령젹을 보고 더욱 독실히 밋어 오ᄂᆞᆫᄃᆡ 금년 녀름에 리웃집에셔 불이 나셔 여셧집이 몰소ᄒᆞ엿ᄂᆞᆫᄃᆡ 이곳 부쟈 몃사ᄅᆞᆷ이 도아줌도 잇고 교회에셔 연보ᄒᆞ야 二十二환은 김덕수씨와 죠부인 마리아씨의게 보내엿더니 ᄯᅩ 미샹(米商)ᄒᆞᄂᆞᆫ 김태운씨가 二十환으로 여셧집을 구휼ᄒᆞᆯ ᄯᅢ에 十二환을 특별히 김죠량씨의게 젼ᄒᆞ라ᄒᆞᆫ지라 혹이 그 연고를 무른ᄃᆡ ᄃᆡ답ᄒᆞ기를 예수교인이 챡ᄒᆞ단 말은 이왕 들엇더니 김덕슈씨를 본즉 리웃집의 직죠긔계(織造機械)를 몬져 구ᄒᆞ노라고 ᄌᆞ긔의 셰간을 구치 못ᄒᆞ엿고 죠씨부인은 불낸 집을 조곰도 원망치 아니ᄒᆞ고 하ᄂᆞ님 인도ᄒᆞ시ᄂᆞᆫ대로 ᄒᆞᆯ 수밧게 업다ᄒᆞ니 다 챡ᄒᆞᆫ 사ᄅᆞᆷ이기로 내 ᄆᆞ음이 감동ᄒᆞ야 더 도아주엇다 ᄒᆞ엿스니 김죠량씨의 거듭ᄂᆞᆫ 증거로 김태운씨가 챡ᄒᆞᆫ 일을 더욱 만히 ᄒᆞ게 되엿다고 칭숑이 ᄌᆞᄌᆞᄒᆞ며 불탄 집은 四간이더니 새로 지은 집은 九간이니 초소위 변화위복이라 ᄒᆞ엿더라."(〈그리스도회보〉1911년 11월 15일자)

29) 〈그리스도회보〉 1912년 2월 29일자.

170 II. 북한의 각 지방별 교회의 설립과 발전

  황히도 금천군 양여진씨의 통신을 거한즉 긔성북구역 형미졔씨들이 젼브터 젼도인의 주급을 홀 수 잇눈대로 미삭 二三환식 지출ᄒ더니 금년에는 잇눈 힘을 다ᄒ야 열심으로 주급을 내기로 쟉뎡ᄒ엿눈더 一년 예산이 一百四환 七젼 五리요 실시ᄒ기는 오눈 七월브터 곡식으로 낼터이라더라.[30]

 그리고 어느 지역에서는 교우들이 자체적으로 '삼약회'(三約會)라는 것을 조직하여, '(一) 입으로 져쥬ᄒ눈 말을 내지 아니홈이오 (二) 각싁 슐을 마시지 아니홈이오 (三) 각싁 담비를 퇴우지 아니홈이라'는 규정을 정하고 경건한 신앙 생활을 실천하기도 하였다.[31]

 그리하여 1916년 무렵이 되면 개성은 다음 기록에 나타나듯이 남감리회 선교지방 가운데 가장 뚜렷한 발전을 보이기에 이르렀다. 그리고 교회의 설립뿐 아니라 학교와 병원 등을 통한 교육 선교와 의료 선교도 활발하게 전개되었다.

  남감리교회에 즁심대라 ᄒ눈 긔성은 그말과 ᄀᆞ치 눈으로 보이는 형샹도 그럴뜻ᄒ고 학교 병원 교회가 다 남감리교회 디방즁에는 뎨一 완비ᄒ엿다 홀만하고 다수ᄒ 교역쟈도 이곳에 만히 모여 잇더라[32]

 1927년의 보고 역시 이러한 사정을 잘 반영하고 있다.

  기간에 선교부에서와 교역자들도 열심종사하엿거이와 天恩이 지극하야 지금(주: 1929년인듯함)에는 개성에 예배당이 5처이니 즉 북부·남부·중앙·동대문·한천동교회 등이다. 1927년 9월에 매년회에서 보고한 통계를 본 즉 교인총수가 1,849인인데 기중에 입교인이 1,107인이라 하엿스며 송도고등보통학교와 제1, 제2 송도보통학교와 호수돈녀자고등보통학교와 미리흠녀학교와 3처 유치원과 고려녀자관과 중앙회관과 여성경학원과 남성병원 등 교회의 기관이 굉장하야 개성시내에서만 유력한 사업을 할 쑨 안이라 주위 수백리내에 거생하는 인민의게까지 대하야 문화를 향상식히며 사회사업을 행함이 지광지대하야 一筆難記이다.[33]

 이처럼 이 지역 선교의 특징으로는 교회 이외에도 다양한 교육·의료·사회 기관 등을 통하여 간접이면서도 실질적인 선교를 수행할 수 있었다는 점을 꼽을 수 있다.

---

30) 〈그리스도회보〉 1912년 7월 30일자.
31) 〈그리스도회보〉 1912년 2월 29일자.
32) 고영복, "주일학교", 〈기독신보〉 1916년 3월 29일자.
33) 양주삼, 앞의 글, p.55.

제4장 경기 북부·강원 북부·만주지역의 교회 171

또한 교회마다 특색있는 방법으로 아이들을 지도하여 큰 효과를 거둔[34] 주일학교의 발전도 주목할 만하다. 1933년 현재 총리원교육국에 등록된 주일학교는 다음과 같다.[35]

〈표 II-36〉

지 방	구 역	주 일 학 교
開城北	金 川	廣灘主日學校·金川邑主日學校·餠店主日學校
	新溪南	歌採洞主日學校·新星里主日學校·芝里主日學校·九灣里主日學校
	兎 山	市邊里主日學校·邱闌里主日學校·桃川里主日學校·東山洞主日學校·石月洞主日學校
	平 山	南川主日學校
開城東	南 寒	南部主日學校
	中 央	中央主日學校
	長 湍	周山洞主日學校·區谷里主日學校
	高浪浦	高浪浦主日學校
	新長湍	晦岩洞主日學校·訪花洞主日學校·菊花洞主日學校

위와 같은 개성지역의 발전은 이후에도 계속되었으니 일제 말기인 1939년에 이르러 개성지방의 교회 형편은 아래와 같았다.

1. 지방 형편
본 지방은 신장단·장단·풍덕·광덕·백천남·백천·동문내·북부·중앙·남한 10구역으로 조직되었는데, 교회수는 25처요 기도처가 27개소요 교인총수는 2,673인이요 남녀교역자수는 24인이요 남녀선교사는 13인과 본처목사가 2인 본처전도사 32인이외다.

2. 기관 사업
高麗女子館·中央會館·南星病院·松都中學校·松都尋常小學校·好壽敦高等女學校·

---

34) "…… 세교회 유년쥬일학교에 다 각기 훈지 특식이 잇스니 (一) 북부례비당에는 오젼에 유년쥬일학교를 열고 오후에는 유년회라 ᄒᆞ야 밋지 안는 쟈의 조질들이 모혀 놀며 교제를 목뎍ᄒᆞ야 초초 성경을 비호게 ᄒᆞᆫ다 ᄒᆞ는 것이오 (二) 남부례비당은 질서가 잇슴이니 ᄋᆞ희들을 잘 조미잇게 ᄒᆞ야 셔들지 안케 홈이오 (三) 동부례비당에는 휘장을 만들어 ᄋᆞ희들을 츠게홈이라 내가 긔셩유년쥬일학교에셔 ᄒᆞ가지 젼에 보지 못ᄒᆞᆫ 것은 북부와 남부 례비당에셔는 교소가 온유ᄒᆞ고 아리다우 ᄀᆞᄅ치기 됴ᄒᆞ며 ᄋᆞ희들도 잘비운다 ᄒᆞᆯ지라." (고영복, "주일학교", 〈기독신보〉1916년 3월 29일자)

35) 〈監理會報〉1933년 1월 20일자.

好壽敦女子尋常小學校·美理欽女學校·彰東學校, 幼稚園 10개소, 男女書堂 11개소가 있어 사업이 잘 발전되고 있읍니다.

3. 神靈上 형편

본 지방 각구역에서는 각 담임자들과 제직들이 동심합력하야 부흥전도회와 사경회등을 형편따라 구역마다 개최하였고 농촌지도자양성회와 여자성경학원을 매년 1개월식 개최하였고 其外에 의무사역자양성회와 가정개량과 보건사업강습회에 대표자 4인식을 파견하야 공부케 하였읍니다.

지난 연회 후로 본 지방에 毁撤한 예배당이 2처이옵고 신축한 곳이 2처입니다. 이 신축한 두곳 중에 하나인 白川 葛山洞敎會는 작년중에 최경운·김원규 두분 목사가 그곳에 출장하야 3일간 장막전도를 행한 결과 80여명이 믿기로 작정하고 이래 그곳 신자들의 열심과 최목사의 誠力으로 건축비 700여원을 鳩聚하야 함석제 8간반 예배당을 신축하고 50여원 가치의 종과 기타 비품까지 완비하였읍니다. 근일 長湍邑敎會에서는 강태희 목사를 청빙하야 부흥전도회를 개최하야 新信者가 90여명에 달하고 白川南區域 芳杻內기도처에서는 金一鎬 전도사를 청하야 부흥사경회를 개최한 바 新信者 60여명을 얻었읍니다.

4. 재무 상황

시내 교회는 대체로 자치하나 향촌 구역은 전부 선교사의 보조를 받습니다. 현재 재정 상황은 신장단구역을 제외한 외에 온 지방이 전에 비하야 다 증진되었읍니다. 부담금은 540원 전부를 완납하였읍니다.[36]

이처럼 개성지역의 교회는 부흥회·사경회를 통한 교세 확장은 물론 각종 교육·사회 기관의 운영과 농촌사업·가정개량·보건사업 등도 활발히 전개하였으며, 재정자립면에서도 비교적 안정된 모습을 보이고 있었다.

4. 개성지역에서의 교육·의료·사회 사업

앞의 기록에서 나타나듯이 개성지역에서는 이른바 '기관사업'이 활발히 전개되었다. 즉 "고려여자관·중앙회관·남성병원·송도중학교·송도심상소학교·호수돈고등여학교·호수돈여자심상소학교·미리흠여학교·창동학교, 유치원 10개소, 남녀서당 11개소가 있어 사업이 잘 발전되고"[37] 있었으며, 이는 이 지역 선교의 두드러진 특색이기도 하였다.

이제 이들 가운데 몇몇 기관들을 살펴보면서 이 지역에 끼친 교회의 영향을 알아보고자 한다.

---

36) 〈基督敎朝鮮監理會 第7回 東部·中部·西部年會會錄〉 1939, pp. 140~142.
37) 위와 같음.

1) 교육 사업

한영서원(韓英書院) 이 학교는 1906년 10월 남감리회의 후원을 얻어 윤치호가 설립한 초등 및 중등 교육기관이다. 일찍이 1893년 윤치호가 미국 에모리대학에서 유학할 때 그 대학 학장이었던 캔들러에게 2백달러를 맡기며 "한국에 기독교 학교를 설립하는 데 기금으로 써달라"고 부탁한 적이 있었다. 그러나 그것이 실현된 것은 10년이 지난 뒤였다. 즉 1906년 1월 남감리회 선교사 왓슨(A. W. Wasson, 王永德)과 크램(W. G. Cram, 奇義男), 콜리어 등이 개성 교회 안에 있는 작은 한옥에서 영어와 산술을 가르치기 시작한 데서 이 학교가 태동하였다. 이어 6월에 남감리회 감독 캔들러(W. A. Candler)가 내한하였을 때 이 기회를 놓치지 않고 야간 학생 10여명이 그에게 학교를 설립해 줄 것을 서면으로 상정, 마침내 10월에 학생 14명으로 한영서원이 개원된 것이다. 초대 교장에는 윤치호가 취임하였고 삼포막(蔘圃幕)을 임시 교사(校舍)로 사용하였다.

1년이 채 못되어 학생이 2백명에 가깝게 불어나게 되자 수업 공간을 넓힐 필요가 생겼다. 그리하여 1908년에 만원을 들여 석제 기숙사를 건축하였고, 1912년에도 그 정도의 경비로 실업장을 구비하고 실업 교육을 실시하였다. 1916년에는 실업부를 없애고 대신 교육부를 신설, 송도보통고등학교라고 이름하였는데 한영서원이 송도고등보통학교로 정식 개명된 것은 1917년 4월 조선교육령에 의해서였다. 이리하여 송도고보는 고등과와 보통과로 편성되었고 보통과는 다시 제1송도보통학교 및 제2송도보통학교로 분리시켰으며, 1918년에 제1보통학교 교사 및 이화학실이 신축됨으로써 학교의 면모를 더욱 새롭게 하였다. 그뒤 이 학교는 교사(校舍) 확장과 설비 투자를 통해서 개성에서 제일가는 학교 건물과 전국에서 손꼽히는 학습 여건을 갖추게 되었다.

한편 송도고보에서는 전도사업도 활발히 벌였으니, 1920년 7월에는 송도고보 전도단이 편성되었고, 1922년 7월에 하기 전도단, 8월에 순회 전도단이 발족되어 각 지역을 순회하며 전도 및 계몽 활동을 펼쳤다. 그러나 이 학교는 1927·1928·1930년에 연속적으로 대규모 동맹휴학 사태를 맞게 되어 곤경에 빠지기도 하였다. 1942년 5월 당시 5학년 15학급에 876명의 학생이 재학하고 있었다.

1945년 해방을 맞아 일제 치하에서의 식민지 교육을 청산하고 즉시 민주적인 기독교 교육기관으로 새로운 출발을 하려 하였으나 6·25 전쟁으로 인하여 개성이 이북으로 넘어가면서 그 희망이 사라졌다. 월남한 교사와 학생들은 1951년 인천에 송도중고등학교를 재건하여 그 명맥을 잇고 있다.[38]

---

38) 《기독교대백과사전》 9, pp. 705~708 및 林斗華, "松都高普의 由來와 現狀", 《조선남감리교회삼십년기념보》, pp. 79~88.

호수돈여학교(好壽敦女學校) 이 학교는 1904년 12월 감리회 여선교사 와그너 (E. Wagner, 王來)와 캐롤(A. Carrol, 葛月)이 개성에서 한옥 한채를 매입하여 여아 12명을 교육시킴으로써 시작되었다. 초기에는 개성여학교(開城女學校)라고 불렸으나 1906년에 설립 초기부터 후원해 준 사람의 이름을 따서 두을라학당(杜乙羅學堂, The Tallulah Institute)으로 개명하였다. 1908년 5월에 교사를 신축하고 이듬해 중학과를 설치하여 인가를 받았다. 그 해 6월 스텔리(T. F. Staley) 박사가 거액을 기부하여 그의 거주지 홀스톤(Holston)을 한자로 '호수돈'으로 표기하여 교명을 호수돈여숙(好壽敦女塾)으로 변경하고 7월에 인가를 받았다.

1910년 5월에 교사를 신축하였으며, 1913년에 첫 졸업생을 배출하였고, 1916년에 보통학교 교사가 준공되어 고등보통학교 교사를 함께 쓰던 것을 분리하였다. 1918년 3월 호수돈여자고등보통학교로 인가를 받고 수업 연한을 4년으로 연장하였다. 1919년 3·1운동이 일어나자 이 학교 학생들이 만세운동을 주도하였으며, 2명의 학생이 체포되기도 하였다. 1930년 당시 15명의 교사가 봉직하고 7학급에 239명의 학생이 재학하고 있었다.

1938년 4월 교명을 호수돈여학교로 개명하였으며, 1941년 선교사들이 일제에 의해 추방되자 다시 명덕여학교(明德女學校)라 개명하였다. 그후 학교의 운영이 어려워져 존폐의 위기에 놓이게 되었으나 개성 유지인 황면규·진홍섭 등이 50만원을 기부하고 황면규가 이사장으로 취임하면서 계속 유지되었다. 1945년 해방 이후 호수돈이라는 이름을 되찾고 개교하였으나 6·25전쟁으로 인하여 대전에서 호수돈여학교를 재건하였다.[39]

미리흠여학교(美理欽女學校) 1906년 4월 개성에 설립된 이 학교는 남감리회 선교사 크램의 부인이 개성에 있는 선교사 주택에서 8명의 10대 과부들을 모아 가르치기 시작한 것이 그 기원이 되었다. 그후 개성시 고려동 270번지에 한옥을 한채 구입하여 과부 이외에도 기혼 여성들까지 모아 본격적인 교육을 실시하였다. 초기 교사는 크램 부인·윤치호·김광기 등이었다.

1909년 3월 크램 선교사 부부가 귀국하고 갬블 부인이 대신 학교를 관장하였다. 그녀는 미국 남감리회 해외선교부에 교섭하여 큰 지원을 받았다. 해외선교부에서는 메리 햄(Mary Halm)의 기념 사업의 일환으로 거액을 희사하였다. 이 때부터 선교부에서는 학교 이름을 메리 햄이라고 불렀다. 반면 한국인들은 영어학교, 성경학교 등으로 부르다가 음역하여 미리흠(美理欽)이라고 불렀다. 교육방침은 기독교 정신을 바탕으로 하여 가정 형편상 학령을 초과한 여자, 배움의 기회를 얻지

---

39) 《기독교대백과사전》 16, p. 566 및 芮吉秀, "好壽敦女子高等普通學校", 《조선남감리교회삼십년기념보》, pp. 96~102.

못한 여성(13세 이상)들에게 초등교육과 신체 발달 훈련, 부덕의 함양, 그리고 실제 생활에 필요한 기능을 전수하는 데 주안점을 두었다.

1911년 개성 시내의 호수돈여학교 구내로 학교를 옮겨 여선교사들이 쓰던 가옥을 교실로 사용하였다. 그러나 학생수가 35명을 초과하자 증축을 서두르게 되었다. 1912년 교장으로 존 스톤이 정식 부임하였고 1915년 새 교사를 신축하였다. 1917년 4월에는 일제 총독부의 신교육령에 의하여 호수돈여자고등보통학교 기예과에 부속되었다. 그후 1922년 4월 기예과가 폐지되고 사립학교령에 의하여 사립 미리흠여학교로 인가를 받았다. 수업 연한은 4년으로 본격적인 여성 보통 교육을 실시하였다.

주요 시설로는 재봉자수실·도서실·운동실·요리실습실·음악실·기숙사 등을 갖추었다. 점차 교과과정을 보충하였고 많은 졸업생들을 상급 학교에 진학시키거나 각계 각층에서 사회활동에 참여할 수 있는 능력을 배양하였다. 특히 협성여자신학교에 많은 졸업생이 진학하였고, 여전도사로 활약하는 경우도 많이 있었다. 이것은 철저한 기독교 교육을 병행한 결과이며, 기독교 정신에 입각한 여성 교육의 일익을 담당하였다.[40]

2) 의료 사업

개성구역에서의 의료 선교는 1898년 남감리회로 이적한 하디(R.A.Hardie, 河鯉泳)에 의하여 추진되었다. 그 해 5월 그는 의료선교사로 임명되어 1899년 개성에 파송되어 삼포막(蔘圃幕)에서 진료활동을 시작하였으니,[41] 이것이 이른바 '인삼 진료'(Ginseng Shed)이다.[42] 앞서 언급한 바와 같이 1901년 9월부터 이곳에서 남녀 교우 8인이 예배를 드리기 시작하여 뒤에 북부교회로 발전하였는데, 이같은 신앙공동체가 형성될 수 있었던 것은 하디가 벌인 의료선교의 영향으로 보아도 좋을 것이다.

하디의 뒤를 이어 1907년에는 리드 선교사의 아들(W. T. Reid, 李慰萬)이 새로이 의료선교사로서 이곳에 와서 의료 사업을 계승하여 아이비병원(Ivey Hospital)으로 발전시켰다.[43] 그의 아버지 리드 선교사는 1900년 신병으로 귀국하여 개성의 병원 설립을 위한 모금활동을 벌였다. 이때 버지니아주의 린취벅교회(Church in Lynchburg) 신도 아이비(W. C. Ivey)가 5천달러를 기부하여 이 기금으로 1907년에 건축을

---

40) 《기독교대백과사전》 6, p. 792 및 幸吉, "美理欽女學校歷史", 《조선남감리교회삼십년기념보》, pp. 106~110.
41) "조선남감리교회 역사상에 특출하는 사건", p. 22.
42) 金光雨, 《韓國監理敎會百年》, 展望社, 1990, p. 82.
43) 이 병원은 '남성병원'(南星病院)이라 불리기도 하였다.

시작, 1908년에 병원이 완공되었다.[44]

리드가 20여년 동안 헌신한 결과 아이비병원은 1928년 무렵 50개의 침상과 6개의 병실, 현대식 식수 장치와 자동 보온 장치, X-Ray 등을 갖춘 현대식 병원으로 발전하였으며, 어려운 수술을 잘하는 병원으로 명성을 얻게 되었다.[45] 그리고 1911년에는 병원 부속으로 간호원 양성소가 설치되었다. 1914년 7월에 첫 졸업생 3명을 배출한[46] 이 양성소는 1928년 무렵 11명의 학생이 교습받고 있었다.[47]

또한 많은 마약 중독자들이 이곳을 통하여 새 삶을 찾았으며, 진료과정에서 복음을 접한 환자들이 육체는 물론 영혼까지 치료받게 되어 이후 이 지역에서 많은 교회가 설립되는 계기가 되기도 하였다.[48] 예컨대 이 병원을 찾은 한 부인은 몇주 동안 입원하면서 전도를 받고 교인이 되었다. 그후 그녀는 우선 가족 8명을 인도하였고, 이어 이웃들에게도 복음을 전하여 36명이 모이는 신앙공동체가 형성되기도 하였다.[49] 이처럼 개성지역의 남감리회 의료 사업은 주민들의 좋은 반응을 얻으며 전도 사업으로도 이어져 교회 설립의 기초가 되었다.

3) 사회 사업

남감리회에서는 1922년 5월 개성에 고려여자관(高麗女子館)을 개관하였다. 이 기관에서는 특히 시내 여자들에게 교육 및 복지 사업을 실시하였으며, 사회 교육과 종교 훈련도 병행하였다. 아울러 이미 공부할 기회를 놓친 가정 주부들을 모아 1주에 4일씩 야학을 시행하여 성경·창가·재봉·요리 등을 가르쳐 실제 생활의 편리를 도모하였다. 특히 청년을 위한 구령 사업과 가정 방문을 통한 개인 면담, 학부모 전도의 기회를 만들어 복음을 전하였다. 그 사업 가운데 흥미있는 것은 유치원 사업인데, 호수돈여학교의 동·남·북쪽에 세개의 유치원을 1919년 10월 동시에 개원하였다.[50]

그리고 개성중앙회관(開城中央會館)도 설립하였는데, 이것은 '기독교청년회의 성

---

44) 김광우, 앞의 책, p. 82 ; "조선남감리교회 역사상에 특출한 사건", p. 27.
45) F.E.C. Williams & Gerald Bonwick, *The Korea Missions Year Book*, The Christian Literature Society of Korea, 1928, pp. 119~120.
46) "조선남감리교회 역사상에 특출하는 사건", p. 28·30.
47) *The Korea Mission Year Book*, p. 120.
48) 김광우, 앞의 책, p. 82.
49) W. T. Reid, "Incidents Showing Evangelistic Efficiency of Medical Work", *KMF* 1914. 7, p. 201.
50) 《기독교대백과사전》 1, p. 358 및 具禮咸, "高麗女子館事業", 《조선남감리교회삼십년기념보》, pp. 121~122.

질과 활동을 가진 기관으로 기독교의 선전 및 문화 사업, 개성 시내 5개 교회의 연합적 활동의 실행, 교회와 일반사회와의 밀접한 관계, 청년의 수양과 교양을 목적하면서' 조직된 것으로서, 그 안에 종교부·교육부·체육부·구락부·사회사업부 등의 부서를 두고 활동을 벌였다.[51] 특히 사회사업부에서는 1933년 2월 개성기독교여자절제회(開城基督敎女子節制會)를 비롯한 개성의 모든 기독교 기관과 연합하여 대대적인 금주선전행진(禁酒宣傳行進)을 하기도 하였다.[52]

이밖에도 성경학원·한천학원 등과 개성 시내의 다섯 교회를 비롯하여 초중고등 교육 기관, 그리고 의료 기관으로 남성병원 외에 자혜병원, 간호학교 등 20여 개의 기관을 통하여 남감리회의 선교가 이루어지고 있었다.

이처럼 속속 세워진 근대식 기관들은 곧 개성의 명물이 되었다. 따라서 개성에 들어선 여행자들의 눈에도 자연히 이 건물들이 먼저 들어왔다. 다음은 감리교 연회에 참석하려 개성을 방문하였던 한치진(韓稚振) 목사의 감상이다.

> 開城에 到着할 때에 눈에 쯰우는 것은 現代의 名物인 石造洋屋들이다. 이 名物들은 大槪가 西洋人의 恩德으로 된 것이니 곧 中央會館·好壽敦女學校·松都高普校禮拜堂과 其他 西洋人의 住宅들이다. 禮拜堂만이 東部·北部·中央·南部·寒泉 等의 五個所이니 모다 巨大한 石造建物들이다. 實로 貧窮에서 헤매는 今日 朝鮮人에게 過度한 恩德이라 할 만하다. 西洋人들은 文物制度가 生疎한 朝鮮에 와서 朝鮮人을 爲하야 禮拜堂을 지어노코 唯一上帝 곧 愛의 神을 崇拜케 하여 男女學校를 지어노코 朝鮮人 子女를 敎育식히며 病院을 지어노코 不治病에 걸닌 朝鮮人의 生命을 救援하니 이는 예수의 福音이 안이엿드면 求景하기 어려워슬 것이다. 實際로 예수를 밋는 西洋宣敎師들의 博愛心을 感謝하여 마지안엇다.[53]

5. 성결교·구세군의 선교활동

성결교에서는 1909년 5월 강태온과 김두엽을 파송하여 개성선교에 착수하였다. 그러나 큰 발전을 보이지는 못하다가 1922년 6월 30여명의 신자들을 남감리회에 양여(讓與)하고 철수하였다. 역대 교역자들은 〈표 II-37〉과 같다.[54]

구세군은 1908년 내한한 호가드(Robert Hoggard) 정령 일행이 1908년 8월 개성 북본정에 지방영(地方營)을 설치하고 개성선교에 착수하였고, 이어 1912년에는 영

---

51) 〈基督敎朝鮮監理會中央年會 第三回會錄〉 1933, pp. 111~114.
52) 위의 책, p. 113.
53) 韓稚振, "開城求景의 雜感(上)", 〈靑年〉 11권 7호, 1931. 7, p. 15.
54) 李明稙, 《聖潔敎會略史》, 聖潔敎會理事會, 1929, pp. 58~59.

178 II. 북한의 각 지방별 교회의 설립과 발전

북면에 원당영을 설치하였다. 그러나 전반적으로 볼 때 그리 활발한 활동을 벌이지는 못하였다.[55] 역대 사관들은 〈표 II-38〉과 같다.[56]

〈표 II-37〉

주 임 자	부 임 자	여교역자
강태온(1909~1916)	김두엽(1909~1911)	최홍은(1910)
	이명직(1911~1914)	
	이명헌(1912)	
	노경모(1914~1915)	이유겸(1913~1914)
	박형순(1915~1916)	허순성(1914~1915)
박형순(1916~1918)	손갑종(1917~1919)	백신영(1917~1919)
배선표(1918~1922)	김성곤(1920~1921)	장사라(1920~1921)
	사병식(1921)	강라운(1921~1922)
사병식(1922)		

〈표 II-38〉

직 책	담 당 자
지 방 관	워드(1909) 픽스(1909) 까우(1910) 헙스(1911) 로드(1913) 설보덕(1915) 로드(1915) 옥길함(1916) 우울선(1916) 에릭손(1920) 소서벌(1922) 쿠퍼(1923) 황종률(1925) 월빈(1926)
개성영문 담임사관	성재헌(1909) 김성재(1910) 이덕화(1911) 성재헌(1911) 양만석(1912) 신순일(1913) 오만선(1914) 김성찬(1914) 허곤(1914) 이건영(1916) 박정훈(1916) 김병도(1916) 김치성(1918) 김병규(1919) 박기묵(1921) 신순일(1921) 백낙선(1922) 이태영(1923) 이호달(1924) 조봉윤(1926) 손웅선(1926) 김헌기(1927) 이규연(1928) 권영선(1930) 이원영(1932) 김동성(1934) 조인선(1937) 우주섭(1938) 조선행(1940)
원당영문 담임사관	윤명옥(1912) 이진영(1913) 양영식(1913) 김병도(1914) 김치성(1915) 김태제(1919) 김팔준(1920) 백낙삼(1921)

---

55) 《기독교대백과사전》 1, p. 358 및 장형일, 《한국구세군사》, 구세군대한본영, 1975, p. 373.
56) 장형일, 위의 책, pp. 378~379.

2. 강원 북부지역의 교회 — 철원지방을 중심으로

1. 철원의 지역적 특성과 역사

강원도 북서부에 위치한 철원군은 동으로 양구군, 서로 경기도 연천군, 남으로 화천군과 경기도 포천군에 접하고 있으며, 북으로는 휴전선이 지난다. 이 군은 북동으로 태백산맥이 지나고 북서로 용암대지가 있어 평지를 이루며, 남동으로는 1,000m 내외의 산지로 태백산맥의 줄기와 닿는다. 그리고 한탄강이 군의 중앙을 북동에서 남서 방향으로 흐르면서 지류인 남대천과 만나서 임진강으로 흐른다. 내륙지방으로 고도가 높아 여름과 겨울의 기온차가 큰 대륙성기후가 나타나며 우리나라 3대 다우(多雨) 지역에 속한다. 특히 여름철 강수집중량이 가장 높은 곳이기도 하다.

이 일대에서 신석기시대의 유물들과 청동기시대의 주거지가 다수 발견되는 것으로 미루어 선사시대부터 이곳에서 사람들이 생활하였던 것을 알 수 있다. 삼국시대에는 고구려에 속하여 철원군(鐵圓郡)이라 하였으며, 통일신라시대에는 철성군(鐵城郡)이라고 불렸다. 특히 901년 후고구려를 건국한 궁예(弓裔)가 905년 이곳에 도읍을 세웠던 것으로 유명하다. 고려시대에는 동주(東州), 동주현(東州縣), 철원부(鐵原府) 등으로 불리다가 조선시대에 들어와 철원도호부(鐵原都護府)로 고쳐졌고, 경기도에서 강원도로 그 소속이 바뀌었다. 그러다가 1895년(고종 32) 부제(府制)가 실시되면서 춘천부 철원군으로 되었으며, 이듬해 다시 도제(道制)로 환원되면서 강원도 철원군이 되었다. 일제시대에 들어와 1931년에는 철원면이 철원읍으로 승격되었고, 1941년 10월 1일에는 경기도의 일부지역이 철원군에 편입되어 1읍 9면의 행정구역을 이루게 되었다.[57]

이 지역의 역사 가운데 특기할 것은 1919년 3·1운동을 전후하여 항일운동이 활발히 일어났다는 점이다. 강원도에서 가장 먼저 만세운동이 일어난 곳이 바로 철원군이었다. 그 대표적인 것으로는 3월 10·11·18일 일어난 철원읍 만세운동, 3월 12일 일어난 갈말면 만세운동, 4월 8일 일어난 내문면 만세운동 등을 들 수 있다. 그리고 기독교인과 천도교인 등 종교인들이 이 만세운동을 주도하였다는 점도 주목된다.

그 경위를 살펴보면 3월 2·3일에 천도교인들이 천도교 대교구로부터 받은 독

---

57) 《한국민족문화대백과사전》 22, 한국정신문화연구원, 1991, pp. 37~38.

립선언서 200여장을 군내에 배포하며 만세운동을 계획하다가 일본경찰에 발각되어 일단 계획이 무산되는 듯 하였다. 그러나 그후 기독교인들이 청년과 학생을 중심으로 만세운동을 벌였는데, 특히 3월 10일의 만세시위에서는 박연서(朴淵瑞) 목사[58]가 주동적 역할을 하였다. 당시 만세운동의 추진세력은 철원농업학교와 보통학교 학생, 교회와 지방 청년 등의 두 계열이었으며, 이들 1,000여명은 철원군청에 함께 모여 독립만세를 부르고 이어 일본헌병대로 몰려가서 전날 붙잡힌 사람들의 석방을 요구하였다. 그러나 뜻이 관철되지 않자 이들은 다시 군청으로 달려가서 일본인 직원들을 위협하여 독립만세를 부르게 하였다. 이어 200여명의 청년들은 철원역으로 행진하며 마침 정차하고 있던 열차의 승객들을 향하여 독립만세를 외쳤으며, 이 때 승객들이 모두 호응하였다. 또한 이들은 독립연설회를 여는 한편 친일파 조선인들을 폭행하기도 하였다. 그리고 3월 18일에는 이병준(李炳準)이 장날을 이용하여 수백명의 천도교인들과 함께 만세운동을 벌였다.

한편 갈말면에서는 3월 12일 신성규(申聖奎), 김칠룡(金七龍) 등이 1,000여명의 군중과 더불어 청양주재소와 면사무소에서 독립만세를 외쳤으며, 이 때 면장 황희수(黃熙秀)도 호응하였다. 아울러 내문면에서는 최재명(崔在明), 최재청(崔在淸) 형제가 독검리 천도교인들과 함께 4월 8일 만세시위를 일으켰다. 이 때 모인 700여명의 군중은 북창리 사무소를 파괴하는 등 격렬한 시위운동을 벌였으며, 석교리에서는 일본 헌병이 공포를 발사할 때까지 만세시위를 벌였다.[59]

이와 더불어 1919년 8월 이 지역에서 조직된 철원애국단(鐵原愛國團)이라는 항일단체도 주목할 만하다. 3·1운동으로 인하여 구속되었다가 그 해 8월에 석방된 김상덕(金相德)은 대한독립애국단(大韓獨立愛國團)에 가입하여 친지인 권인채(權仁采)로부터 강원도에 지부를 조직하라는 권고를 받았다. 이에 그는 그 달 8일 박연서, 강대려(姜大呂), 김철회(金喆會), 박건병(朴健秉) 등과 함께 애국단의 철원군단을 조직하였다. 그리고 그 달 12일 상경한 박연서가 권인채의 주선으로 만난 신현구(申鉉久)의 권고를 받아들여 애국단의 철원군단을 애국단강원도단(愛國團江原道團)으로 바꾸었다. 이들은 도단의 활동 자금을 모금하고, 지방의 독립운동 상황을

---

58) 박연서(1894~1950) 목사는 감리교 목사로서 경기도 고양군에서 태어났다. 1908년 경성 보성소학교, 1910년 개성 보창학교, 1917년 피어선성경학교 등을 졸업한 그는 1923년 목사안수를 받고 이듬해 일본으로 건너가 교민들에게 복음을 전하다가 1927년 돌아왔다. 그는 1928년 감리교 협성신학교를 졸업하고 강원도 철원·화천, 경기도 연천·서석·포천 등지에서 목회하였다(《기독교대백과사전》 7, 기독교문사, 1984, p.114). 그러므로 1917년부터 1923년 사이에 철원군에서 복음을 전하고 있었던 것 같으며, 당시는 목사가 아니었다고 여겨진다.

59) 《한국민족문화대백과사전》 22, p.50.

조사하여 임시정부에 보고하였으며, 임시정부로부터 전달된 문서를 반포하는 등의 활동을 벌였다. 또한 조직을 확대하기 위하여 조종대(趙鍾大)를 비롯한 단원들이 각 군을 순회하며 동지를 규합하였다. 그러나 1920년 봄 김상덕·박연서·강대려·김철회 등 23명이 일본 경찰에 체포됨으로써 이 단체도 해산되고 말았다.[60]

그런데 이 단체에서 주동적 역할을 하였던 박연서·신현구·김상덕·조종대 등 핵심인물들이 대부분 기독교인이었다. 비록 철원군단이 사찰인 도피안사(到彼岸寺)에서 결성되고, 신상완(申尙玩)과 같은 승려가 참여하기도 하였지만 전반적으로 볼 때 이 단체는 기독교인들의 활동이 더욱 두드러졌다.[61] 그러므로 3·1운동을 전후한 시기 철원지역에서의 항일운동은 기독교인들의 적극적인 참여와 주도 아래 이루어졌다고 하여도 과언이 아닐 것이다. 물론 서울과의 거리가 비교적 가깝고 교통이 편리하다는 지정학적 요인도 작용하였겠지만, 기독교인들의 민족의식 역시 이 지역 독립운동에 많은 영향을 미쳤다고 보아도 좋을 것이다.

2. 남감리회의 철원선교 착수

강원도 북부지역에서는 남감리회가 먼저 선교에 착수한 것으로 알려져 있으나 자세한 내용은 알려져 있지 않다. 1901년 3월 31일 김화군(金化郡) 지경터[地境垈]에서 하디 선교사가 장년 15인에게 세례를 주고 교회를 조직한 것이 '강원도에서 선교한 처음 결과'라고도 하니,[62] 강원도는 다른 지역에 비하여 비교적 선교가 늦게 시작되었음을 짐작할 수 있다.

그런데 앞에서 나온 '지경대' 또는 '지경터'[63]라는 곳이 훗날 철원구역에 편입되므로, 강원도 북부지역의 선교는 철원 일대를 중심으로 이루어졌다고 볼 수 있다. 강원도 북부 일대를 순회하던 남감리회 선교사 하디가 지경터에 들른 것은 1901년 3월 초순이었다. 그는 약 2주간 머물면서 복음을 전하였는데, 약 40~50리 주위의 사람들까지 이곳에 와서 성경공부를 하였다. 그런데 전도 초기부터 복음에 접한 한국인들은 흐느끼면서 자신의 죄를 고백하기 시작하였고, 성인 22명이 세례를 받으려 하였으며, 그 가운데 15명이 그 달 31일에 세례를 받았다. 하디는 이것을 '강원도 최초의 기독교인 모임'이라고 하였다. 그후 하디가 다시 이 지역을 찾았을 때 새로 12명이 세례를 받았으며, 10리 떨어진 '새술막'(Sai-sule-mak)에

---

60) 위와 같음.
61) 《한국기독교의 역사 II》, pp. 53~54.
62) "조선남감리교회 역사상에 특출하는 사건", 《조선남감리교회삼십년기념보》, p. 23.
63) 선교사 보고에는 'Che-kyung-te' 또는 'Che-kyung-tu'라고 나온다.

도 이러한 모임이 만들어졌다. 지경대와 새술막 두 곳의 기독교인 모임에는 27명의 세례교인과 63명의 학습인이 나오고 있었다.[64]

이듬해에는 두 교회에 출석하는 세례교인이 41명으로 늘어났다. 그 가운데 7명은 서울구역으로부터 이주한 사람들이었다. 그런데 그 해 봄에 지경대에 큰 불이 나서 예배당은 물론 일반 가옥까지 타버리고 말았다. 그러나 지역 주민들이 자발적으로 복구를 위하여 노력하였고, 서울·송도·원산 구역의 기독교인들도 협조를 아끼지 않은 결과 단기간에 사태를 수습할 수 있었다. 이러한 시련을 겪은 뒤 이곳에서의 선교사업은 오히려 한층 활기를 띠었다.[65]

그러나 지경대지역은 독립된 선교구역이 되지 못하고 서울과 원산 구역에 속하여 있다가 1904년에 춘천구역이 독립되면서 다시 여기에 속하게 되었으나, 1905년에는 독립된 순회구역(circuit)으로 재편되었던 것 같다. 1905년 당시 교세를 보면, 선교사 1명, 매서인 1명, 교인 123명이었으며, 한국인으로서 직분을 맡은 사람은 보이지 않는다. 그리고 신앙모임(society)이 5개, 예배처(chaple)가 2개였으며, 독립된 교회당(chapel built)은 아직 없었다.[66] 1명의 선교사는 콜리어(C.T.Collyer, 高永福)였는데, 그는 이 지역 전담은 아니었고 서울과 송도 담당이었으므로, 지경대구역은 아직도 완전한 독립 체제를 갖춘 것은 아니었다.

그러나 불과 1년 후에는 신앙모임이 14개, 예배처가 7개, 교회당이 4개로 늘어남으로써 다시 발전하는 조짐을 보였다. 이 때 담당 선교사는 무스(J.R.Moose, 茂雅各)였으며, 한국인으로서는 김홍순(金興順)이 선교 사역을 도왔다.[67]

3. 철원지방 교회의 발전과 특성

이처럼 지경대구역은 꾸준히 성장을 하고 있었음에도 불구하고 전담 선교사가 부임하지 않았으므로 교회 운영과 관리에 어려움이 많았다. 그 뿐만 아니라 그 소속이 자주 바뀌었기 때문에 생기는 혼란도 없지 않았다. 이미 언급한 대로 이 구역은 처음에는 서울 및 송도 구역의 관할 아래 있다가 일시 춘천으로 그 소속을 옮겼다. 1905년부터는 지경대구역으로 구분되었으며, 여기에 철원·평강·김화·김성 등이 속하였으나 1912년에는 지경대라는 이름이 없어지고 대신 '서강원'구역이라 불려지다가 뒤에는 철원구역으로 다시 이름이 바뀌게 되는 등, 소속과 명칭이

---

64) R. A. Hardie, "Condensed Report of the Wonsan circuit for the year 1901", *MAMK* 1899·1900·1901, p. 26.
65) R. A. Hardie, "R. A. Hardie's Report", *MAMK* 1902, p. 33.
66) *MAMK* 1905, p. 59.
67) *MAMK* 1906, p. 5·13.

수차례 바뀌었던 것이다.

〈표 II-39〉

연도	지 방	구 역
1905	조 선	지경터
1910	서울-송도	지경대
1911	지경대	철원·평강·김화·김성
1912	서강원	철월·김화·김성·평강
1926	철 원	안협·창도·철원동·철원서·김화·포천·평강·상영·연천·시베리아
1931	철 원	철원읍·철원동·철원서·김화·김성·창도·평강·삭령·연천
1935	철 원	철원제일·철원제이·김화·김성·창도·내금강·철원동·철원서·평강·안협·월정·연천·삭령
1941	강원서교구	철원

 이러한 철원지역에서의 선교활동이 본 궤도에 오른 것은 1920년부터라고 할 수 있다. 즉 이 해 5월에 철원읍교회가 낙성되었으며, 7월에 선교사 주재소가 신설되고 앤더슨(E.W.Anderson, 安烈) 의료선교사 부부와 어윈(Cordelia Erwin, 魚源) 여선교사가 여기에 상주하게 되었던 것이다. 그 이전까지만 하더라도 선교사들이 서울에 주재하면서 철원의 선교활동을 관장하였음은 이미 살펴본 바 있다.[68] 그러므로 교인 관리, 교회 운영 등에 적지 않은 문제가 있었을 것이다. 물론 선교사들이 없는 상황에서도 한국 기독교인들을 중심으로 철원지역의 교세가 꾸준히 발전하고 있었던 점을 간과하여서는 안될 것이지만, 행정적인 면이나 재정적인 면에서 선교사들의 영향력이 중요하였던 것 또한 사실이다.

 그런데 이들이 부임한 1920년에는 교회 형편이 매우 좋지 않았다. 3·1운동이 일어난 바로 이듬해였기 때문이다. 앞서 언급하였듯이 이 지역 기독교인들은 3·1운동은 물론 그후 독립운동에서도 중심적 역할을 하였고, 그 결과 많은 교인들이 체포되거나 은신하였기 때문이다. 따라서 선교사들은 열악한 상황 속에서 선교활동을 벌인 결과 1년 사이에 괄목할 만한 성과를 거두었다.

---

68) 위의 글, p. 34.

(남감리교) 백주년은 우리에게 위대한 일을 하였다. 다섯 교회가 건축 중에 있다. 다른 두 교회는 곧 세워질 것이고, 새로운 선교사 주재소(station)가 전 한국 영토의 지리적 중심지에 가까운 인구 7,000의 도시 철원에서 문을 열었다. 백주년 기념 헌금으로 아름다운 대지를 샀고, 두 선교사 주택이 거의 완성 단계에 있으며, 내년에 여성 사역자의 주택도 건립될 것이며, 진료소와 학교도 설립될 것이다. 점차 철원은 우리의 가장 유력한 선교사 주재소 중의 하나가 될 것이다.[69]

이처럼 1920년을 고비로 하여 철원지역의 교회는 전환기를 맞게 되었고 새로운 성장을 할 수 있는 발판을 마련하게 되었다. 물론 여기에는 다른 지역에서와 마찬가지로 부흥사경회를 통한 영적 각성과 신자 증가가 큰 역할을 하였다. 1920년대 빈번히 나타나는 부흥사경회의 한 모습을 소개하면 다음과 같다.

남감리교 철원지방 대사경회는 2월 16일노 1쥬간까지 부흥사경회를 열고 강조원·안지선·장병익·남천우·권사용·이상의·이진희 제씨가 인도하였는데 6처에서 모여온 100여명 교인들은 신령상 많은 은혜를 받았다더라.[70]

사람들을 교회로 모아서 인도하는 부흥사경회와는 달리 각처로 사람들을 찾아다니며 전도하는 순회전도 역시 이 지역 교회의 발전에 큰 도움이 되었다. 순회전도의 한 예를 들면 다음과 같다.

텰원디방견도대원 리셕원 쟝죵식 한사연 리마리아 배노라 제씨는 一월 十五일노 十七일까지 평강군 현내면 북촌리교회에 가셔 견도한 결과 十三인의 새 신쟈를 엇어 연약하든 남아에 큰 부흥이 되엿스며 또 갈궁뎡교회에 가셔 三일간 견도회를 하는 중 밤마다 수백명식 모혀 강연을 듯는대 새로 밋기 작뎡한 이가 四十三인에 달하엿더라.[71]

이러한 교우들의 열심과 아울러 이 무렵 철도가 철원지역을 지나가게 됨으로써 지역 및 교회의 발전에도 큰 도움을 주었다.[72] 그리하여 1935년에는

---

69) *Seventy—Fifth Annual Report, Board of Mission, Methodist Episcopal Church, South*, p. 110.
70) 〈기독신보〉 1926년 3월 10일자.
71) 〈기독신보〉 1929년 1월 30일자.
72) F. E. C. Williams & Gerald Bonwick, *The Korea Missions Year Book*, The Christian Literature Society of Korea, 1928, p. 114.

철원지방은 김화·평강·연천·김천 등 5군을 포함한 지역에 9구역 54교회 신도총수 2,035인으로 조직된 지방인데 교통이 편리하여지고 경작지가 증가됨에 따라 물질적으로나 영적으로나 신흥기분이 나타나 뵈입니다.[73]

라는 보고에서 알 수 있듯이 꾸준한 성장을 계속하고 있었던 것이다. 다음 기사에 나타나듯이, 교세가 매우 미약하였던 오리정(五里亭)교회의 발전은 이러한 철원지방 교회의 성장을 잘 상징해 주고 있다.

五里亭敎會는 鐵原地方 여러 區域中 가장 微弱한 西區域의 中心되는 敎會로 過去 連三年間 試驗을 當하여 거이 敎會가 끊어질 地境에 이르렀더니 今春에 張宗湜 牧師와 全順德 夫人이 赴任되신 以後 區域에 모든 事業과 敎會에 諸般事가 日新하여 가는 中 農閑期를 利用하야 陰七月 七日 저녁부터 열하로 동안 계속하여 大傳道를 하였는대 張牧師와 傳道夫人을 비롯하야 隊員 三四十名이 總出動하야 먼곳은 十五里나 되는 길이라도 熱心活動을 하였으며 全順德 傳道夫人에 指導를 받은 어린이들의 遊戱와 노래는 鄕村人民들에게 많은 기쁨을 주었다. 一般讚揚隊員들에게 特別히 準備한 音樂은 一般聽衆의 흥금을 쇄락케 하였고 張宗湜 牧師의 十餘年 熱烈한 說敎는 數百聽衆에게 많은 감동을 주었다. 어떤 날은 回路에 비를 맛나 의복이 젖고 寸步를 行하기 困難하였으나 隊員一同은 기쁨이 充滿하여 괴로움을 이젔다. 기쁨과 感謝 가온대 大傳道會를 無事히 끝하였는대 其結果로는 하나님께 無限한 榮光을 돌리였고 많은 사람이 悔改하고 主께로 돌아왔다. 새로 믿기로 決心한 者가 二十餘名이요 其中 씩씩한 靑年이 十餘名인대 至今까지 계속하여 禮拜에 出席하는 新信者가 十餘名에 達하고 있다.[74]

일제 말기에 해당되는 1939년 당시 철원지방 감리사 장종식(張宗湜)은 다음과 같이 지방 형편을 보고하였다.

1. 본 지방은 철원제일·철원제이·철원동·철원서·월정·평강·김화·김성·창도·내금강·연천·삭령·안협 13구역에 58 예배당과 22 기도처에 신도총수 2,960인으로 조직된 지방입니다.
2. 神靈上 형편
  남녀선교사의 열심과 담임목사 및 남녀전도사·일반직원들의 합심기도와 성신의 감화로 조선교회사상에 찾아보기 드문 난국을 당하였으나 별이상없이 부흥회와 전도회로 일반 튼튼한 신앙에 있아오며 연 1차식 지방대사경회와 부흥회가 있었

---

73) 〈기독교조선감리회 제5회 동부·중부·서부연회록〉 1935, p. 102.
74) 〈감리회보〉 1934년 10월 10일자, p. 32.

는데 皮道秀 목사와 李東旭 목사를 청하여 열심인도하여 주심으로 전지방적으로 큰 은혜를 받았읍니다.
3. 종교교육 형편
주일학교 33처에 직원 134인과 하기성경학교 9처에서 684명과 유치원 7개소에 285명이 종교적 훈련을 받았아오며 작년 9월에 농촌교회의무교역자 수양회가 철원읍에서 魏任世 목사의 인도하에서 전남감리회 6지방 청년들이 회합하야 다대한 성과를 얻었으며 韓錫源 목사와 여러 선생들의 열성수고중에서 농한기마다 철원성경학원을 개최하고 30유여 남녀청년들을 배양하는 중 장래 본처교회 사역자를 많이 양성하고 있읍니다.
4. 재정 형편
13구역 담임교역자의 보수는 3,422원인데 생활난이 이루 말할 수 없는 형편에 있는 곳도 있아오며 경상비는 3,885원인데 각교회의 필요한 경비에 충당하옵고 부담금은 521원인데 완납되었나이다.
5. 건축 형편
전감리사 都瑪蓮時에 주선되었든 건축보조금으로 좌기 예배당들을 건축하였나이다. 鐵原第一·金化·北村(平康)·回山(月井) 5처는 봉헌이 되었고 鐵原第二·大北浦敎會는 건축되었고 長浦里禮拜堂은 건축중입니다.
6. 복무 사항
경험없는 生이 중대한 직무에 감당할 수 없으나 주님의 총애와 남녀선교사 여러분의 후원과 지방 동역자 여러분의 후의로 연회간 몸 건강하야 잘 지나왔음을 성심껏 감사합니다. 구역회와 26차 지방회 2차에 동참하였으며 30여명에게 施洗한 것 외에 別無합니다.[75]

4. 철원지방 교회의 의료·교육 사업과 자치활동

앞서 언급한 바와 같이 1920년 앤더슨 선교사 부부가 철원으로 이주하였다. 자세한 기록이 나와 있지는 않지만, 의료선교사였던 앤더슨이 이 지역에서 의료 사업에 힘썼을 것임은 분명하다. 또 함께 이주한 어윈 여선교사는 아동 및 여성 교육에 헌신하였다. 그의 노력에 힘입어 여선교회가 조직되었음은 물론 1921년 무스 선교사의 사저에서 여자야학교가 조직되었다. 그리고 1924년에는 역시 무스 선교사의 사택에서 여자관(女子館)이 설립되어 여성 교육과 보호에 공헌하였다. 그후 조직된 여자기독교금주동맹회(女子基督敎禁酒同盟會)는 이 지역 절제운동(節制運動)의 중심 역할을 하였다. 이밖에 1930년 무렵까지 8개의 유치원과 7개의 서당이 설립되어 아동 교육의 구심점이 되었다.

---

75) 〈기독교조선감리회 제7회 동부·중부·서부연회회록〉 1939, p. 134.

한편 철원지방 교인들의 주목할 만한 사회활동으로는 철원지방실업장려회(鐵原地方實業獎勵會)의 설립을 꼽을 수 있다. 1928년 7월에 조직된 이 단체는 다음 기사에서 보듯이 기독교 정신에 입각한 노동활동을 통하여 교인들의 정신적·경제적 수준을 향상시키려고 하였다.

> 철원지방실업장려회는 작년 7월에 조직되어 지방적으로 실업을 장려하는 중 철원읍에서 10리 되는 강변리라는 곳에 잇는 기도처에서는 20여년간 움집을 짓고 새끼를 꼬는 기계 여섯대를 사다 놓고 새끼를 꼬면서 교인들은 단체행동으로 매일 상오 4시에 일제히 일어나 이 움집에 모여 새벽기도회를 하고 또 나팔을 불어 일반동민을 깨워서 사무를 보게 한다 하며 또 동송면 장흥리교회에서도 20여간의 움집을 만들어 놓고 새끼기계 아홉대로써 새끼도 꼬고 가마니도 짠다는데 이것은 다 본회 총무 최긍섭 씨의 노력으로 된 것이라 한다. 그리고 이 장려회의 임원은 아래와 같다더라.
> 회장 李錫源·劉時國 총무 崔兢燮 서무 鄭基泰 재무 白學信 조사연구장려 張宗湜[76]

이어 철원지방실업장려회에서는 농사강습회를 개최하여 농사개량을 통한 기독교인들의 소득증대를 꾀하였다.[77] 또한 농촌지도자양성기관을 설치하기로 하고, 이를 위하여 기독교청년회를 조직하여 서울지방과 연합하려는 계획도 세웠다.[78] 안협 지회(支會)에서는 24명의 회원이 매일 밤마다 모여 공동작업을 벌이는데, 3일을 이유없이 빠지면 출회시키는 등 규정을 엄격히 하였다. 이들은 누에채반[蠶箔] 수백개를 만들어 판매하고, 명절에도 거르지 않고 노동을 하여 기금을 적립하였다. 또한 남의 토지를 빌어 공동경작을 하여 모범농장으로 꼽힐 정도로 좋은 성과를 거두었으며, 소비조합을 조직하였는데 큰 성황을 이루어 지역 상권을 장악할 정도였다.[79]

철원군 동농면 관우리교회에서도 1928년 가을 실업장려회 지회를 조직하고 농한기에 모여 새벽기도회를 마친 후 공동작업을 벌여 그 수입으로 무산아동을 위한 야학을 운영하였다.[80] 이들 역시 남의 토지를 빌어 공동경작을 시작하였다.[81]

이러한 공동경작·공동작업을 통해 얻어진 수입은 개인에게 돌아가기도 하였지만 앞서 살펴본 바와 같이 교육활동이나 공동사업에 쓰여지는 경우가 많았고, 특

---

76) 〈기독신보〉 1929년 1월 16일자.
77) 〈기독신보〉 1929년 1월 9일자.
78) 〈기독신보〉 1929년 3월 13일자.
79) 〈기독신보〉 1929년 7월 31일자.
80) 〈기독신보〉 1929년 8월 7일자.
81) 위와 같음.

히 교회의 운영에 쓰여지기도 하여 농가의 소득증대와 교회의 재정적 자립에 큰 기여를 하였다. 그리고 이 과정에서 회원들의 신앙과 유대가 더욱 깊어졌다.[82]

5. 성결교회의 선교활동

성결교에서는 1914년 11월 배선표를 당지로 파송하였다. 그는 집 한채를 매입하여 예배당으로 사용하다가 1915년 4월 새로운 예배당을 건축하였다. 그후 남녀 전도사가 함께 노력한 결과 60~70명의 신자를 얻을 수 있었으며, 특히 배선표는 한국인뿐만 아니라 일본인에게도 복음을 전하였다고 한다. 역대 교역자들은 아래와 같다.[83]

〈표 II-40〉

주 임 자	부 임 자	여교역자
배선표(1914~1916)	박형순(1915)	곽진근(1915~1920)
강태온(1916~1917)	김영일(1915~1916)	
김병선(1917~1919)		
손갑종(1919~1921)	김웅조(1920~1921)	손은숙(1920~1921)
김하석(1921~1924)		이규희(1921~1928)
조정현(1924~1929)		이한경(1928~1929)
김웅희(1929)		이규희(1929)

3. 만주지역의 교회

1. 만주의 지역적 특성과 역사

중국의 동북부지역인 만주는 그 면적이 한반도의 6배나 되며, 중국에서는 '동북지방'으로, 한국과 일본에서는 '만주'라고 불렸다. 그리고 압록강 건너편을 서간도(西間島), 두만강 건너편을 북간도(北間島) 또는 동간도(東間島)라 하였으며, 봉천성 일대와 길림성 남부를 합하여 남만주, 흑룡강성 일대와 길림성 북부를 합하여 북만주라 불렀으며, 흔히 간도(間島)라고 하면 북간도를 일컫는다.[84]

---

82) 禹利岩, "敎會所有土地에 對하야", 〈神學世界〉 19권 5호, 1935 참조.
83) 이명직, 앞의 책, pp.66~67.

역사적으로 볼 때 만주는 오랫동안 우리 민족의 활동 무대였으나 발해의 멸망 이후로는 중국이나 만주족(거란족·여진족)의 지배에 들어감으로써 우리의 역사에서 멀어져 갔다. 그러나 조선 후기에 접어들면서 경제적 궁핍 때문에 이 지역으로 건너오는 평안도·함경도 출신 농민들의 수가 점차 늘어났다. 즉 19세기 중반부터 한인들의 이주가 시작되었으며, 특히 1900년대 이후 정치적 이유로 망명하거나 경제적 이유로 이주하는 사람들이 급증하던 곳이다. 그 결과 1910년 무렵에는 약 10만명 정도의 한국인이 이 지역에 거주하고 있었다. 이러한 경향은 일제시대에도 계속되어 1920년에는 약 46만명, 1930년에는 약 61만명, 1940년에는 110만명, 1945년에는 210만명에 이르렀다.[85]

만주의 자연 환경은 겨울이 매우 춥고 길며, 여름은 비가 적고 더워 농사에 적합하지 않았고 토양 또한 척박하였다. 더욱이 한국인들은 중국과 일본 모두로부터 통제와 핍박을 당하였고, 군벌(軍閥)과 비적(匪賊)의 행패 또한 극심하였으며, 한국인들 사이에서도 크고 작은 내분이 계속되었다.

그렇지만 한국인들은 좌절하지 않고 농법을 개발하며 황무지를 개척하면서 삶의 터전을 일구어 나갔으며, 곳곳에 한인촌을 건설하고 학교를 설립하여 민족의식을 고취시키는 한편 독립운동에도 협조를 아끼지 않았다.

이들은 대부분 일제의 경제적 착취에서 벗어나고자 이주한 것이기 때문에 자연히 반제국적인 의식을 갖게 되었으며, 정치적 이유로 망명한 독립운동가들의 영향과 지도를 받으면서 민족주의적 성향을 띠게 되었다. 아울러 각국의 정보와 새로운 사상을 국내에서보다 쉽게 접할 수 있어 개방적이고 진보적인 성향을 보일 수 있었다.[86]

한편 한국 교회에서도 이 지역 선교의 중요성을 깨닫고 선교사를 파견, 선교사업을 전개하였다. 그리하여 남만주는 평북지방의 장로교회와 미북장로회 선교부가, 동만주는 함경지방의 장로교회와 캐나다장로회 선교부가, 북만주지역은 미감리회 선교부와 조선연회가 선교를 담당하였다. 그리하여 1930년대 중반이 되면 〈표 II-41〉에서 보듯이 이 지역의 종교 가운데 가장 큰 세력을 형성하게 되었다. 이제 각 교파 선교회의 만주선교에 대하여 좀더 상세히 알아보도록 하자.[87]

---

84) 채현석, "만주지역의 한국인 교회사", 〈한국기독교와 역사〉 3, 기독교문사, 1994, p. 70.
85) 위의 글, pp. 70~71.
86) 위의 글, p. 72.
87) 이 부분은 《한국기독교의 역사 II》, pp. 114~139를 참조.

190 II. 북한의 각 지방별 교회의 설립과 발전

〈표 II-41〉 만주지역의 종교별 교세[88]

	1934년		1936년	
	회당수	교인수	회당수	교인수
기독교	162	31,886	233	38,251
천도교	17	1,933	14	2,035
시천교	7	751	9	891
불교	14	2,446	23	3,899
유교	5	17,794	5	14,515
기타	1	126	9	1,515
합계	206	54,936	293	61,156

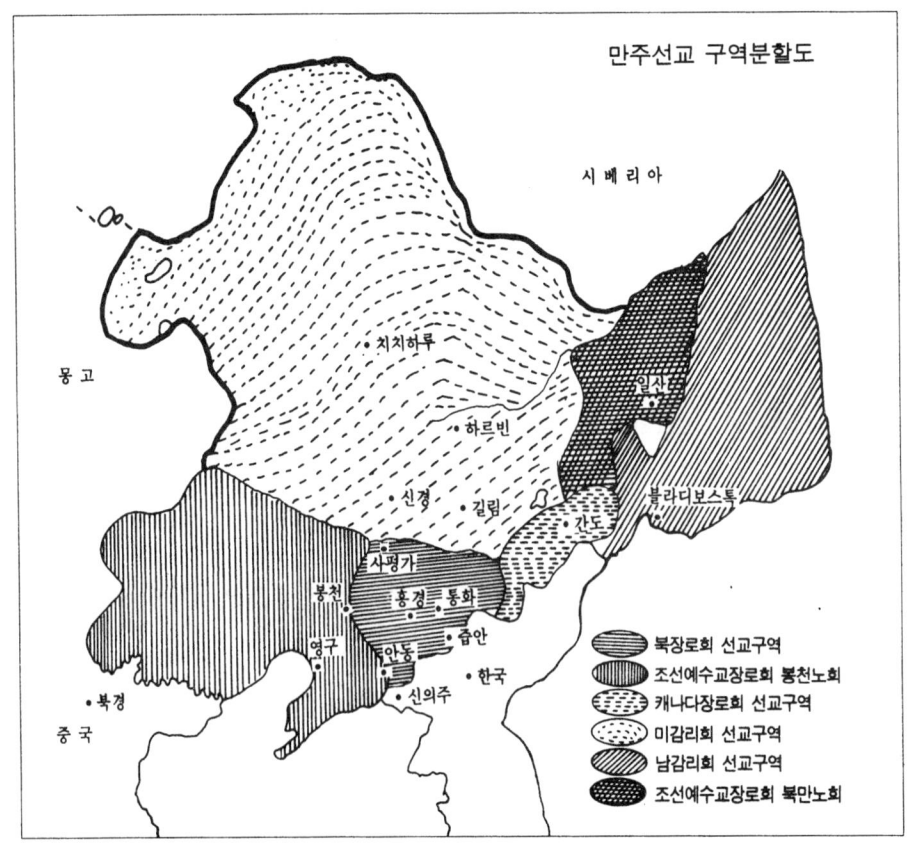

《한국기독교의 역사 II》, p.114

2. 장로교회

1) 북장로회의 남만주·시베리아 선교

남만주에서는 1898년 즙안현에 이양자(裡楊子)장로교회가 설립되었으나[88] 1900년 의화단 사건으로 교회가 파괴되고 교인들이 고통을 겪었다. 그러자 이듬해 선천에 있던 선교사 휘트모어(N.C.Whittemore)와 안승원(安承源)이 그 지역으로 파견되어 교회 재건에 협조하였으니, 이것이 한국 교회 남만주선교의 효시였다.[90] 이 무렵 남만주에서 선교하던 스코틀랜드장로교회 선교사들로부터 만주의 한인 선교를 맡아달라는 요청을 받은 미북장로회 선교부에서는 1901년에 주상도, 1903년에 김상년을 파송하였다.[91] 초기의 남만주선교는 선천 선교기지(station)에서 주관하였으며 1900년 선천에서 결성된 평북전도회가 재정을 지원하였다.[92] 1912년 장로교 총회가 조직되고 평북노회가 설립된 후에도 평북지역 교회는 남·북만주 지역에 계속하여 전도인을 파송하였다.[93]

만주지역의 교회가 늘어감에 따라 1921년 4월 21일에 남만노회가 조직되었다.[94] 남만노회가 조직되면서 남만주지역에 대한 전도활동도 활성화되어 1922년 지산은(액목현), 장현도(화전현), 홍혜범(반석현), 박규현(관전현), 조옥현(동풍·서풍), 김홍연(액목현), 최봉성(길림), 임군석(홍경현) 등이, 1923년 김봉조(동풍), 정낙영(즙안현), 김덕해(반석현), 박정엽(양디소), 신기초(홍경), 박창식(화전현) 등이 남만노회 전도부 파송을 받아 만주 전역에서 활동하였다.[95]

그러나 이 지역의 교회는 눈에 띄는 성장을 보이지 못하였다. 이것은 우선 당시 만주지역의 반(反)기독교적 사회 분위기에서 그 원인을 찾아볼 수 있다. 러시아혁

---

88) 현규환, 《한국유이민사》, 1976, pp. 794~800.
89) 車載明, 《조선예수교장로회사기(상)》, 新門內敎會, 1928, p. 55.
90) 위의 책, p. 59.
91) Korean Presbyterian Mission Report of Syen Chun Station 1901~1902, 1902. 9, p. 12 ; H. R. Rhodes, *History of the Korea Mission of the Presbyterian Churches in the U.S.A., 1884~1934*, p. 368.
92) 차재명, 앞의 책, pp. 74~75.
93) 한국교회사학회 편, 《조선예수교장로회사기(하)》, 연세대 출판부, 1968, pp. 108~110.
94) 본래 남만주지역은 1912년 총회의 창립 때 평북노회에 속하여 있다가 산서노회(1917), 의산노회(1918)가 창립될 때 두 노회에 속하였고, 1921년 남만노회로 통합된 것이다.
95) 앞의 책, p. 390.

명의 여파로 일기 시작한 사회주의·공산주의 세력의 반종교운동, 만주를 근거로 삼고 있는 마적단의 습격, 거기에 3·1운동 이후 더욱 심해진 일제의 감시와 탄압이 복합적으로 작용하여 교회 발전을 저해하였던 것이다. 다음과 같은 1921년 남만노회장의 보고는 그같은 사정을 보여준다.

> 작년에 여러 가지 모양으로 인력에 지나치는 극한한 환난핍박을 당회와 각처 교회가 반년 동안이나 단합회집하야 예배볼 사세가 못됨으로 교회의 정황이 목자 일흔 양무리와 갓치 각산분리하여 가련한 모양이 외인소시에 교회가 태반이나 문허져 다시 성립 못될 것 갓사와도 하나님의 특별 권고하시는 능력으로 각 교회들은 은한 중 보존하시사 ……. [96]

이러한 상황에서도 남만노회를 중심으로 한 만주지역의 교회는 꾸준히 성장하여 1932년에 북만노회, 1935년에 봉천노회, 1937년에 영구노회가 각각 분립되었다.

한편 미국 북장로회 선교부는 스코틀랜드자유교회 선교부와 연합으로 1921년 흥경(興京)에 선교기지를 개설하고 쿡(W.T.Cook), 솔타우(T.S.Soltau), 헨더슨(L.P. Henderson) 등을 상주시키며 한인선교를 지원하였다. [97]

여기서 만주선교의 연장으로 이루어진 장로교회 시베리아선교에 대하여 간략히 살펴보자. 시베리아선교는 1909년 독노회에서 최관흘(崔寬屹) 목사를 선교사로 파송한 것이 효시이다. [98] 그러나 정교회를 국교로 삼고 있는 러시아에서 선교하는 데는 수많은 어려움이 있었고, 결국 장로교는 1912년에 블라디보스토크 선교를 '부득이 정지'하게 되었다. [99]

그러다가 1918년에 김현찬 목사를 다시 파송함으로써 이 지역의 선교가 재개되었다. 3·1운동 직후 시베리아 이주 한인들이 늘어나면서 교세도 성장하여 김현찬 목사는 1921년에 교회 32처, 교인 1,763명이라고 보고할 수 있었다.

1922년에는 최흥종(崔興宗) 목사가 합류하였고 김익두 목사의 부흥회를 통하여 교세가 크게 신장되어 1년 사이에 교회가 26개로 늘어나는 발전을 보였다. 그 결과 1922년 2월에 시베리아노회가 조직되었던 것이다. 그러나 1923년 최흥종 목사가 1년만에 본국으로 소환되었고 공산당의 박해를 받아 교회가 위축되었다. 1924년에는 오소리지방에서 목회하던 권승경 전도사가 공산당에 체포되어 사형선고까지 받은 일이 있으며, 1925년에는 노회조차 "피차에 국경 내왕을 허락지 아니함으

---

96) 〈조선예수교장로회총회 제10회 회록〉 1921, p. 95.
97) H. A. Rhodes, 앞의 책, pp. 367~382.
98) 〈예수교장로회조선로회 제3회 회록〉 1909, p. 23.
99) 〈예수교장로회조선로회 제5회 회록〉 1911, pp. 20~27.

로 모히지 못하고" 본국에서 시찰목사로 파송되었던 박정찬(朴禎燦) 목사와 안내인 신빠벨이 러시아 당국에 체포되어 수십일간 구금되었다가 석방되기도 하였다.[100]

이처럼 선교 상황이 악화되자 장로교 총회는 1925년에 시베리아노회를 폐지하기로 결정하였다.[101] 그리고 이 지역은 남만노회와 함북노회로 나누어 관리하도록 하였다. 그러나 시베리아지역의 선교 상황은 계속 악화되어 1926년 이후 최일형·권승경·최홍종·한가자 등이 전도인으로 파송되었으나 투옥·추방당하기 일쑤였고, 1929년 조사 박문영과 전도부인 한가자가 8개 교회 9백여 신자를 돌보고 있다는 보고를 총회에 낸 것을 마지막으로 시베리아의 장로교 선교는 사실상 끝나고 말았다.[102]

2) 캐나다장로회의 동만주선교

간도라고 불리는 동만주지방의 전도 사업은 캐나다장로회 선교부에서 시작하였다. 즉 1902년 성진에 주재하고 있던 그리어슨(R.Grierson)이 홍순국(洪淳國)과 함께 시베리아를 거쳐 동만주지역을 여행하였으나 당시에는 교인을 만나지 못하였고, 대신 안순영(安順永)을 보내 전도하게 함으로 1906년에 이르러 양무정자(楊武亭子), 광제암(廣濟岩)교회가 설립되었다.[103]

1906년 용정(龍井)에 있던 중국인 교인 단금(單金)이 원산에 와서 간도에 있는 한인 전도를 위하여 기독교 서적을 구입하여 간 사실이 알려지자 한국 교회에서도 간도지역의 전도에 대한 관심이 높아지게 되었다. 이에 1907년 남감리회에서 이화춘(李化春), 이응현(李應賢) 등을 전도인으로 파견하였고 그리어슨도 김문삼을 파송하였다. 그 결과 1907년에 이화춘은 민족주의자 박무림(朴茂林)의 지원을 받으며 와룡동교회를 설립하였고, 1908년에는 이응현의 주도로 모아산(帽兒山)교회가 설립되었다. 이어 1909년에 한인들의 노력으로 명동(明洞)교회가 설립되었다. 이 교회는 일찍이 간도로 망명한 민족주의자인 김약연(金躍淵), 김하규(金河奎), 김정규(金定奎), 문치정(文治定), 문정호(文定鎬), 최봉기(崔鳳岐) 등이 설립한 것이다. 그들은 1908년에 명동학교를 세우고 평남 출신 기독교인 정재면(鄭載冕)을 교사로 초빙한 것이 계기가 되어 집단으로 개종하고 교회를 세웠던 것이다.[104]

---

100) 한국기독교역사연구소, 《한국기독교의 역사 II》, pp. 117~118.
101) 〈조선예수교장로회총회 제14회 회록〉 1925, p. 34.
102) 〈조선예수교장로회총회 제18회 회록〉 1929, p. 69.
103) 차재명, 앞의 책, p. 171 ; 〈간도로회 제1회 제2회 회록〉 1922, p. 1.
104) 한국기독교역사연구소, 앞의 책, pp. 118~119.

이처럼 불과 1, 2년 사이에 동만주지역에 5, 6개의 교회가 세워지고 그곳 교민들의 적극적인 활동으로 1911년에는 이미 24개의 교회가 세워지는 발전을 보였다.

거의 동시에 간도선교에 착수한 남감리회와 캐나다장로회는 1909년에 선교지역 협정을 맺고 남감리회가 간도지역을 포기하는 대신 강원도 지역의 캐나다장로회 구역을 이양받는 것으로 조정하였다.[105] 이로써 남감리회는 간도선교에 착수한지 1년만에 철수하고 캐나다장로회가 이 구역을 관장하게 되었다.

동만주지역의 교회는 '한일합방'을 전후하여 크게 발전하였는데, 1911년 2월 성진에서 파송되어 사경회를 인도하던 이동휘(李東輝)를 중심으로 결성된 '삼국전도회'(三國傳道會)가 "열광적으로 3년간 활동한 결과 36처 교회가 신설되었고 교회마다 학교도 병설되어 명동학교 출신들이 교사로 봉직하였다."[106] 1913년에 간도에 정착한 첫 목회자인 김내범 목사를 초빙한 것도 삼국전도회의 결의에 의한 것이었다.

1914년에 이동휘가 간도로 망명하여 온 후 계속하여 민족운동가들이 합류함에 따라 간도는 민족운동의 요람이 되었다. 이 지역 최초의 민족운동 단체인 연변교민회(1907)가 김약연·김영학·구춘선·강백규·유찬희·문치정·김정규·마진 등 기독교계 인사로 조직된 것이라든지, 그것이 간민회, 간민교육회 등의 명칭을 거쳐 1919년 3·1운동 직후 국민회로 정착하였을 때 회장 구춘선을 비롯하여 대표적 인물들이 "모두 북간도에서 교회를 개척하고 발전시켜 온 중요 인물들"이었다는 사실이 간도지역의 교회가 가지고 있는 민족사적 의미를 확인시켜 준다.[107] 국민회를 통한 기독교인들의 항일운동은 3·1운동 이후에도 군자금 모집, 독립군 양성, 민족계몽교육 등을 통하여 꾸준히 계속되었던 것이다.

3·1운동 직후 일제의 무력 탄압으로 막심한 피해를 당한 간도지역의 교회는 박해 속에서도 간도노회를 결성하는 저력을 보여주었다. 1921년 12월 1일 간도노회가 함북노회에서 분리되어 토성보교회에서 조직된 것이다.

동만주지역의 선교를 관장한 캐나다장로회(1925년 이후에는 캐나다연합교회) 선교부는 1912년 용정에 선교기지를 설치하였고, 바커(D.A.Barker), 로스(A.R.Ross), 프레이저(E.J.O.Fraser), 캐스(G.L.Cass), 암스트롱(A.L.Armstrong), 블랙(D.M.Black) 등이 거주하며 활동하였다. 선교부가 운영한 용정의 은진중학교, 명신여학교나 제창병원 등은 간도지역 한인 사회에 좋은 인상을 심어준 선교기관이었다.[108] 특히

---

105) W. Scott, *Canadians in Korea*, pp. 68~69.
106) 위의 책, pp. 61~62.
107) 서광일, "북간도 기독교인들의 민족운동 연구", pp. 463~471.

제창병원의 창설자 바커와 의사 마틴(S.H.Martin)은 3·1운동 무렵에 부상당한 한인들을 헌신적으로 치료하고 한국의 독립운동을 지원하기도 하였다.

2. 감리교회

1) 미감리회의 북만주선교

감리교의 만주선교를 살펴보면, 1930년 이전에는 미감리회와 남감리회가 별도로 선교를 추진하고 있었다. 먼저 미감리회의 경우를 보면, 미국 북감리회 조선연회에서는 1911년 목사 안수를 받은 손정도(孫貞道)를 중국선교사로 파송하였다. 그는 만주와 천진·북경 등을 왕래하며 중국어를 익히다가 1912년 연회의 결의에 따라 하얼빈에 정착하였다.[109] 여기에서 그는 국외 선교를 적극 추진할 것을 본국 교회에 촉구하였다.

사실 손정도의 중국행은 순수한 선교적인 목적 외에 '한일합방' 이후 해외에서 독립운동을 하려는 민족적인 동기도 강하게 작용하였다. 그는 만주의 한인 사회를 순회하며 민족의식을 고취시켰다. 그 때문에 1912년 일경에 체포되어 전남 진도에 유배당함으로 그의 민족운동 의지와 함께 미감리회의 만주선교도 좌절되었다.

그후 1918년 만주선교사로 파송된 배형식(裵亨湜)은 1년간 하얼빈을 중심으로 북만주 전역과 시베리아를 순회하며 선교 상황을 관찰한 후 귀국하였다가 1921년 3월에 다시 파송되어 본격적인 전도활동에 착수하였다. 그 결과 1년 사이에 장춘(長春)과 하얼빈에 교회가 설립되었고 사평가·연화가·합라소·영고탑·도로소·고유수·공주령·오가자·진가둔·철영·무산·봉천 등지에 기도처 또는 예배소가 설립되어 이 지역의 교세가 세례교인 158명, 총 교인 481명에 이르는 괄목할 만한 발전을 보였다.[110]

1923년 1월에는 남감리회에서 관장하던 길림지역의 신안촌·신참·화전·액목·돈화동 등지의 교회들이 미감리회 구역으로 편입되면서 교세가 성장하였다. 그 결과 1923년에 만주지방회가 별도로 조직되어 감리사에 배형식 목사가 선임되었고 액목에 이광태, 장춘에 이홍주, 길림에 김웅태, 봉천에 동석기, 화전에 허영백, 철령에 김성홍 등이 파송됨으로 목회자 진영도 갖추어졌다.

그 당시 교세를 보면 교회 32처, 세례교인 463명, 총 교인 1,353명으로 1922년에

---

108) 위의 글, pp. 474~475.
109) 裵亨湜, "滿洲宣敎狀況(一)", 〈기독신보〉 1922년 9월 13일자, p. 8.
110) 배형식, "만주선교상황(二)", 〈기독신보〉 1922년 9월 20일자, p. 8.

비할 때 1년 사이에 3배 정도의 성장을 보였음을 알 수 있다.[111]

이처럼 북감리회가 북만주지역의 선교를 활성화시킴에 따라 그 범위가 넓어졌고 이에 다른 선교부와 지역적인 중복현상이 일어났다. 특히 남만주를 중심으로 선교지역을 확장시키려는 북장로회와 중첩되는 지역이 늘어남에 따라 두 선교부는 선교지역 협상을 벌였다. 1924년 1월 29일 봉천장로교회에서 양측 대표자들이 모여 '장·감전도구역위원회'를 열고 선교구역을 확정하였다.[112] 대략 봉천→신경(장춘)→하얼빈으로 연결되는 철도선을 경계로 하여 그 서북부를 북감리회가, 동남부를 북장로회가 맡기로 구획을 정하였다. 국내에서 추진되었던 외국선교부 사이의 선교구역 분할협정이 국외의 선교지역에서도 그대로 적용되어 추진되었던 것이다.

2) 남감리회의 동만주선교

남감리회는 이미 1908년 동만주 간도지방에 선교를 착수한 바 있다. 그러나 캐나다장로회 선교부와의 협정에 따라 1909년 간도지방 선교를 중단한 뒤 국내 전도에 전념하다가 1920년에 북간도·시베리아 지역의 전도를 재개하였다. 그 지역이 장로교 선교구역으로 확정되었지만 그곳에 이주한 감리교인들이 장로교회에 속하지 않고 감리교회를 따로 세워 운영하고 있었으며, 그 수가 점차 늘자 만주·시베리아 선교를 본격적으로 추진하게 된 것이다.[113]

이에 1920년 5월에 열린 남감리회 조선연회에서는 만주·시베리아 선교를 정식으로 결의하였고 크램(W. G. Cram)을 지방 감리사로 임명하는 한편 양주삼(梁柱三)과 정재덕(鄭在德)을 관할 목사로 파송하였다. 이들은 1920년 10월에 개성을 출발하여 길림·하얼빈·블라디보스토크·니콜스크에 이르는 순회 전도를 실시하여 1년만에 30교회의 설립을 보고할 수 있었다. 이 교회들은 이미 오래전부터 모이고 있었던 감리교인들의 집회를 공식화한 것으로 보인다. 그 결과 남감리회는 1921년에 만주·시베리아 선교처를 조직하게 되었다. 북감리회가 북만주선교에 착수한 지 12년만에 만주지방회를 조직할 수 있었던 것에 비하면 그 발전의 속도를 짐작할 수 있다. 그리하여 1922년에는 5개 지방회와 17개 구역회로 성장하였다. 그 가운데 길림을 중심으로 한 북만주지역의 선교는 북감리회 선교부와의 협정을 거쳐 1922년 12월부터 북감리회에 이양하였다.[114]

---

111) 한국기독교역사연구소, 앞의 책, pp. 121~122.
112) "滿洲宣敎區域劃定", 〈기독신보〉 1924년 3월 12일자 ; 〈예수敎美監理會朝鮮年會錄〉 17회, 1924, pp. 58~59 ; 〈조선예수교장로회총회 제13회 회록〉 1924, p. 40.
113) 이호운, 《그의 나라와 그의 생애》, 대전감리교신학대학, 1965, p. 58.
114) 한국기독교역사연구소, 앞의 책, p. 124.

아울러 캐나다장로회와 중첩되는 북간도지역에 대하여서도 1923년 선교지역 분할협정을 맺어 연길구역 24개 교회가 장로교로 이양되었다.[115] 따라서 남감리회의 초기 만주선교는 오히려 시베리아에 더 많은 비중을 두었으며, 블라디보스토크·니콜스크·연추 등이 그 중심지였다.

한편 1924년부터는 1908년에 간도선교에 착수한 바 있는 이화춘 목사가 다시 간도지역의 관리자로 부임하였으며, 1925년에는 도인권(都寅權), 신광현(愼光顯), 이호빈(李浩彬), 한국보(韓國輔) 등이 합류하였다.[116] 이들 중에 니콜스크·해림에서 목회하던 장죽섭은 105인 사건 때 만주로 망명하여 봉천에서 독립운동을 벌였으며, 연추구역을 관할하였던 서영복은 김약연·구춘선 등과 함께 간도지역의 교회와 민족운동을 이끌었다. 또한 블라디보스토크 구역을 담당하였던 김영학도 강원도 양양의 3·1운동을 주도하였으며, 용정에서 목회하였던 이용정은 본래 동아기독교 출신으로 피어선성경학교 재학 시절 3·1운동에 가담하고 만주에서 독립군 양성에 관여하였다. 이같은 전력과 성향을 가진 목회자들의 선교활동으로 인하여 이 지역 한인 교회의 성격은 자연스럽게 민족주의적 색채를 띠게 되었다.

4. 조선기독교회

1935년 1월 현성원(길림), 박세평(사평가), 한동규(신경), 변성옥(하얼빈), 우인철(해림·영안) 등 북만주지방을 담당하고 있던 감리교 목사들이 대거 조선기독교회(朝鮮基督教會)에 참여함으로써 큰 파문을 일으켰다.[117]

그러자 총리원에서는 오기선·유형기 목사를 현지로 파견하여 면담을 하는 한편 그 경위를 조사하여, ① 북만주지방 전도상 교파 초월의 필요 ② 자작자급(自作自給)의 필요 ③ 기성 교회의 부패 등이 그들이 탈퇴한 원인임을 파악하였다.

앞서 언급한 바와 같이 만주지역에서도 국내에서와 마찬가지로 선교사들 사이에 선교지역 분할협정이 맺어졌고, 만주 한인 기독교인들은 이로 인한 혼선을 빚게 되었다. 예컨대 함경도에서 북만주로 이주해 온 경우 함경도는 장로교 선교구역이라도 북만주는 감리교 선교구역이기 때문에 장로교회가 없었고, 부득이 감리교회에 나가야 했던 것이다. 만주 한인들의 출신을 보면 함경도·평안도·경상도의 순이었다. 즉 주로 장로교의 선교구역 주민들이 대부분이었던 것이다. 따라서 장로교 출신의 한인들은 북만주지역에 장로교회의 설립을 총회에 요청하였지만 이

---

115) 〈南監理教會西比利亞宣教處朝鮮人教會事業部 第四會年會會錄〉 1924, p. 12 ; "Report of J. S. Ryang", *MASM* 1924, p. 9.
116) 〈南監理教會西比利亞宣教處朝鮮人教會事業部 第四會年會會錄〉 1925, p. 3.
117) 〈기독신보〉 1935년 2월 27일자.

에 대한 장·감 사이의 협상이 결렬되고 말았다.[118]

5. 성결교회·안식교회·동아기독교회·천주교회

1) 성결교회의 만주선교

먼저 성결교회의 경우 간도 용정에 이주한 박기래(朴祺來), 박장환(朴章煥)과 한치국(韓致國) 등의 성결교회 교인들이 예배를 보면서 본국 교회에 목회자 파송을 요청한 것이 만주선교의 기원이 되었다.[119]

이에 동양선교회는 1924년 최석모(崔錫模) 목사를, 1925년 이원근(李元根) 전도사를 담임자로 파송하였다. 이원근 전도사가 부임하였을 때는 이미 30여명의 신자들이 모여 예배를 보고 있었으며, 그 해 7월에 초가집을 매입하여 기와집으로 개수한 후 예배당으로 사용하였다. 부교역자로 김경흡이 1925년부터 시무하였고, 박노희·한경신 등이 여전도사로 활동하였다.[120] 1931년 현재 용정교회의 교세는 세례교인 33명, 총 교인 89명이며, 천보산에 지교회를 두고 있었다.[121]

이 용정교회가 중심이 되어 간도 연길현 곳곳에 교회가 설립되었으니 1932년에 옹성나자(甕聲磖子)교회, 1934년에 조양천(朝陽川)교회가 각각 설립되었다. 남만주 지역에도 1932년에 봉천(奉天), 북릉(北陵), 포하(蒲河) 교회, 1933년에 봉천 구연둔(溝連屯)교회, 1934년 무순(撫順)교회가 각각 설립되었는데, 남만주지역의 교회는 1932년 1월에 동양선교회에서 파송한 박문익(朴文翼), 신원식(申元湜)의 전도 성과에 힘입은 바 컸다.[122]

2) 안식교회의 만주선교

안식교의 만주선교도 안식교인들의 만주 이주를 계기로 하여 시작되었다. 1910년 겨울 원산에 살던 안식교인 최영식 가족이 간도에 이주하였고 얼마후 주한명 등 교인들이 생겨나면서 1912년 본국 교회에서 안창모를 전도인으로 파송하였다.[123] 1919년에는 김예준 목사, 박윤순 전도사가 간도에 파송되어 김예준은 두도

---

118) 〈기독신보〉 1934년 12월 21일자 ; 김진형, "북만주의 감리교 선교", 《성서·토지 그리고 역사》, 한림저널사, 1992, pp. 332∼333.
119) 李明稙, 《朝鮮耶蘇敎東洋宣敎會聖潔敎會略史》, 1929, p. 120.
120) 이원근, "룡정성결교회례배당신건축긔", 〈活泉〉 110, 1932. 1, p. 50.
121) 〈朝鮮耶蘇敎東洋宣敎會聖潔敎會 第四回 年會議事錄〉 1932, p. 30 ; 이명직, 앞의 책, p. 120.
122) 한국기독교역사연구소, 《한국기독교의 역사 II》, p. 129.
123) 이영린, 《한국재림교회사》, p. 314.

구(頭道溝), 박윤순은 삼도구(三道溝)에 정착하여 교회를 설립하고 본격적인 전도 활동을 폈다. 그 결과 1919년 10월 현재 3개 교회에 46명 교인을 확보할 수 있었다.[124] 그후 1922년 최태현 목사가 노두구(老頭溝)에 교회를 설립하였고, 1925년에는 정동심 전도사가 용정에 각각 교회를 설립하였다. 이 지역 교회들은 1926년에 간도지방회를 조직하였으며, 1931년에 간도성회로 승격하였다.

3) 동아기독교회의 만주선교

침례교회의 전신인 동아기독교회의 만주선교는 한국에 독립선교사로 왔던 펜윅(M.C.Fenwick, 片爲益)에 의하여 시작되었다. 그는 이미 장·감 양 교파의 활동이 활발한 국내보다는 만주·몽고·시베리아 지역의 한인들을 선교의 대상으로 삼았다. 1900년 무렵 펜윅은 매서인 형태의 전도사를 파송하여 선교사업에 착수하였는데, 이들은 쪽복음서를 가지고 행상에 나서 만주일대를 유랑하며 복음서를 팔고 말씀을 전하였다. 이들은 좀더 안정된 문서전도를 위하여 각처에 전도소를 설치하였으며, 이것이 뒤에 교회로 발전하기도 하였다.

한편 만주지역을 남북으로 나누어 길림·연길·훈춘·강청·화룡 등지가 속하는 북만지역은 최성업 선교사가, 봉황성·임강현·매화구·강밀봉·계석현·안산 등지가 속하는 남만지역은 이종덕 선교사가 관할하였다.[125]

이어 1906년에는 한태영 외 4인을 간도에 파송하였고, 다시 1917년에 신명균 목사를 길림에, 박기양 목사를 즙안에, 노재천 목사를 서간도일대에 파송하였다. 1918년 박노기·김희서·김영태·최응선 등이 시베리아로 파견되었으나 도중에 선박이 파선되어 순직한 일이 있었고, 1921년에는 만주에서 선교하던 손상렬 목사가 일본군에게 총살당하였다. 그리고 1925년에도 길림에서 활동하던 김상준·안성찬·이창현·박문기·김이주·윤학영 등이 조선독립군에게 총살당하는 수난을 겪었다. 또한 1932년에 만주 종성동에서 김영국·김영진 형제가 공산주의자들에게 총살당하였으며, 1938년 이윤용 목사가 만주 영안현에서 순직하는 등 수많은 난관에 부딪히기도 하였다.[126]

이러한 난관에도 불구하고 동아기독교회의 만주선교는 꾸준히 진행되었다. 1926년 2월에는 당시 동아기독교 총장이던 김상순이 안동성·봉황성에 봉황기독교를 설립하였고, 1936년 7월에는 당시 총장 신혁균이 선교활동을 활성화하여 1940년 무렵에는 1천여명의 신도가 모일 정도로 발전하였다. 1941년 만주조선기

---

124) 위의 책, p.315.
125) 《기독교대백과사전》 5, 기독교문사, 1982, p.979.
126) "한국침례교회약사", 《침례교회》, 한국침례교회진흥원, 1981, pp.29~30.

독교연맹으로 통합되기 전 만주지역의 동아기독교는 6개 구역에 100여개 교회가 있었다.[127]

4) 천주교회의 만주선교

천주교회의 만주선교는 간도 호천포(湖泉浦)에 살던 함북 온성 출신의 김영렬(金英烈)이 1896년 5월 원산에서 베르모렐 신부에게 세례를 받고 가족과 친지들에게 전도한 것이 그 계기가 되었다.[128] 그의 인도로 1896년 가을에 최규여·유패룡, 1897년 봄에 박연삼·김진오·김중렬·이도선·최익세 등 12명이 원산에서 세례를 받았다. 특히 1897년 봄에 세례받은 박연삼 등 12인에게는 '북관(北關) 12종도'라는 이름이 붙여졌는데, 그것은 이들이 연길·화룡현에 흩어져 전도함으로써 간도 천주교회의 초석이 되었기 때문이다.[129] 그리하여 간도의 학서골·싸리밭굽·사기골·삼원봉 등지에 공소(公所)가 설립되었고 이것을 중심으로 가옥건설·토지개간 등의 사업을 공동으로 추진하는 생활공동체가 형성되었다.

그후 1897년 조선교구장 뮈텔 주교는 1897년에 원산성당 주임 브레(L.E.Bret) 신부를 간도로 파견하여 성사를 집행하게 하였다. 브레 신부는 1908년 사망할 때까지 거의 매년 간도지방을 방문하여 교인들을 지도하였으며, 그 결과 1908년 무렵 그 지역 천주교인이 1,750명에 이르게 되었다.[130] 초기에는 연길·화룡현에만 교인이 있었으나 1907년 훈춘에도 100명 이상의 교인이 생겨났으며, 간도 전역에 교회가 설립되었다. 그리하여 1909년 간도에서는 처음으로 연길현 용정과 화룡현 삼원봉·영암촌에 본당이 설립되었고, 1910년에는 조양하 팔도구에도 본당이 건립되었다.

3·1운동 이후 한인들의 만주 이주가 늘어나면서 천주교인도 크게 증가하여 1916년에 5,891명이던 것이 1921년에는 7,789명이 되었다.[131] 이에 간도지역 선교를 담당하고 있던 경성교구에서는 1921년 함경도와 간도지역을 담당할 원산교구를 독립시켜 독일 계통의 베네딕투스수도회에게 전담시켰다. 이로써 파리외방전교회 신부들이 맡았던 간도지역도 독일의 신부들이 맡게 되었다.

특히 1921년 부임한 브레헤르(T.Breher) 신부의 헌신적 노력으로 연길·화룡·훈춘 지역의 교세가 크게 성장하였다. 교육기관도 많이 늘어나 1923년에는 천주교 학교가 39개소, 1926년에는 4년제 초등학교만 41개소가 설립되어 있었으며, 1929

---

127) 《기독교대백과사전》 5, p.979.
128) 韓興烈, "延吉敎區天主敎會略史", 〈가톨릭靑年〉 41, 1936, p.809.
129) 韓允勝, "間島天主敎傳來史", 〈가톨릭靑年〉 41, pp.829~835.
130) 한홍렬, 앞의 글, pp.815~816.
131) 위의 글, p.826.

년에는 간도지역에만 8개 본당이 있었다. 1928년 연길교구가 원산교구에서 분립하였고, 브레헤르 신부가 초대 교구장에 임명되었다. 연길교구 창설 당시 간도지역 교인수는 11,756명으로 같은 지역에서 선교하는 장로교(동만노회) 교인수 6,094명에 비하여 거의 2배에 이르고 있었다.[132]

---

132) "延吉敎區各敎會沿革과 現勢", 〈가톨릭靑年〉 41, p. 486.

III. 북한교회의 신앙사조와 사회·민족 운동

1911년 9월, 이른바 '105인 사건' 피의자들이 공판정으로 끌려가는 모습

제1장 일제의 강점과 기독교정책
제2장 북한교회의 민족운동
제3장 북한교회의 신앙사조와 부흥운동
제4장 북한의 기독교 기관

제1장 일제의 강점과 기독교정책

1. 구한말 일제의 기독교 인식과 정책

　1876년 조선을 개항시킨 일본은 그후 끊임없이 정치·경제적인 진출을 시도하였다. 특히 저들은 1894년 청일전쟁과 1904년 러일전쟁에서 승리함으로써 조선에서의 위치가 확고하게 되었으며, 병탄을 위한 행보에 박차를 가하였다.

　그런데 1905년 이른바 '을사조약'이 맺어지기 전에는, 일제의 조직적이고 구체적인 기독교정책이라고 할 만한 것이 나타나지 않았다. 따라서 기독교정책이라는 표현은 '을사조약' 이후 상황에서야 어울릴 것 같다. 그 대신 '을사조약' 이전의 경우는 일제의 기독교 인식이라고 보는 것이 좋을 듯 하다.

　구한말 한국인들이 기독교에 입교한 동기는 신앙적인 것을 비롯하여 정치·경제·사회 등 여러 가지 각도에서 이해될 수 있을 것이다.[1] 그런데 다음의 기록들을 살펴보면, 일제의 입장에서는 특히 한국인들이 정치적 또는 사회적 동기에서 교회에 출석한 점에 주목하였던 것 같다.

　　입교의 동기는 대개 그 세력을 빙자하여 權威者에게 대항하고자 함에 있거나 혹은 관리의 誅求를 면하고자 함에 있어서 천차만별이라 하나 예수교가 盛大하게 된 요인이 된 것은 日露戰爭으로서 ……[2]

　　수년 이래로 대한인민이 정부의 압박과 일인의 학대를 不堪하야 莫知所歸하는 故

---

1) 이에 대하여는 이만열, "한말 기독교인의 민족의식 형성과정", 《한국기독교와 민족운동》, 보성, 1986 참조.
2) 《駐韓日本公使館記錄》, "韓國現時에 있어서의 地方人心狀況"(1909. 11. 1) ; 이만열, 위의 글, p. 51에서 재인용.

로 入於 西敎者이 日增月加하더니 至于近日하야 愈益旺盛하니 彼其驅除가 反動力이 되야 대한은 장차 기독교국이 될 터이니 정부의 압박과 일인의 학대가 기독교계에 第一有功하도다.³⁾

위의 기사들은 비록 '을사조약' 이후의 것이기는 하지만, 이미 그 이전부터 구한국 정부의 압박과 일본인의 학대를 피하기 위하여 기독교인이 된 사람들이 적지 않았음을 보여준다. 따라서 당시 일제도 기독교인들 가운데는 반일적인 인물들이 많았을 것으로 파악하였으며, 이같은 점은 '을사조약' 체결을 전후한 기독교인들의 항일투쟁에서 여실히 드러났다.

일제가 '을사조약'을 통하여 사실상 조선을 장악하기는 하였지만, 교회에 대하여는 신중한 정책을 펴나갔다. 그 이유는 선교사들의 본국인 미국·캐나다·오스트레일리아 등의 반응을 염두에 두지 않을 수 없었기 때문이다. 따라서 직접적인 통제와 탄압보다는 간접적인 회유와 공작을 통하여 한국 교회를 수중에 넣으려 하였다.

우선 초대 통감으로 부임한 이토 히로부미(伊藤博文)는 교묘한 방법으로 한국 교회에 영향을 끼쳤다. 즉 그는 선교사를 회유하고 친일파를 육성하면서 한국 교회의 친일화를 유도하였던 것이다.

이토의 한국 통치에 대한 기본 방침은 두가지였다. 하나는 외교권 박탈로 인한 한국인들의 분노와 저항을 무마하는 것이고, 다른 하나는 동양의 '유일한 문명개화국'이라는 일본의 면모를 조선 통치를 통하여 세계에 홍보하는 것이었다. 이 두 가지 목적을 동시에 달성하기 위한 방법의 하나가 바로 한국 교회의 친일화 유도책이라고 하겠다.⁴⁾

우선 그는 평양에 있는 감리교회의 건축 때 1만엔을 기부하였고, 황성기독교청년회에도 매년 1만엔을 희사하여 기독교인들의 환심을 사려고 노력하였다.⁵⁾ 특히 그는 황성기독교청년회의 신축 회관 개관식 때 직접 참석, 아래와 같은 취지의 연설을 하기도 하여 자신이 기독교에 관심과 호감을 가지고 있음을 역설하였다.

> 내가 쳥년회와 예수교회를 만히 스랑하며 또 어느 나라이든지 문명하랴면 몬져

---

3) 〈大韓每日申報〉 1907년 8월 21일자 ; 이만열, 앞의 책, p. 51에서 재인용.
4) 윤경로, "통감부시기 일제의 기독교정책과 성격",《한국근대사의 기독교사적 이해》, 역민사, 1992, p. 142. 그는 이 책에서 이 시기 일제의 기독교정책을 ① 친일화 유도 정책 ② 반일 민족세력과의 분리 차단정책 ③ 일본기독교 세력의 침투정책 등으로 나누어 설명하고 있다.
5) 朝鮮總督府,《朝鮮の統治と基督敎》, 1921, p. 6.

예수교를 밋어셔 ᄆᆞ음에 터를 셰우는거시 됴흔 자라 우리 일본에 불도와 신도와 공밍의 도가 다 잇ᄂᆞᆫ더 처음 긔혁ᄒᆞᆯ 때에 내가 예수교를 힝ᄒᆞ쟈 ᄒᆞ즉 사ᄅᆞᆷ이 다 불가ᄒᆞᆫ줄노 알기로 내가 말ᄒᆞ기를 범위를 너무 좁게 ᄒᆞ지 말고 좀 넓게 싱각ᄒᆞ야 죵교ᄂᆞᆫ ᄆᆞ음대로 ᄒᆞ게 ᄒᆞ자 ᄒᆞ엿더니 지금은 내가 이기엿노라.[6]

또한 그는 선교사들을 비롯한 외국인들이 누려왔던 각종 기득권을 법적으로 보장해 주었다. 예컨대 선교사의 명의로 되어 있는 부지·전답·가옥 등의 소유권을 계속 인정해 주었으며, 면세 특권까지 허용하였다. 그리고 수시로 이들을 초청하여 그들의 노고를 치하하며 향응을 베풀었다. 그 결과 상당수의 선교사들이 이토의 정책을 지지하고 나서게 되었다.[7]

아울러 이 시기 일제는 스티븐스(D. Stevens), 캐넌(G. Kennan), 래드(G. Ladd) 등 친일적 외국인을 육성하였으며, 대표적 친일 선교사 해리스(M. C. Harris)를 한국으로 불러들여 기독교계의 친일화를 획책하였다. 그리고 통감부의 고급 관리를 기독교인으로 임명하여 선교사들과 자주 접촉하도록 하기도 하였다.[8]

한편 '을사조약' 체결을 전후하여 기독교인들 가운데 반일운동에 참여하는 사람들이 증가하였다. 당시 기독교인들은 예배나 기도회 시간을 통하여 항일의식을 교인들에게 고취시켰으며, 연합상소(聯合上疏), 가두연설(街頭演說)은 물론 무력으로 친일파를 처단하려고 하는 등 적극적인 항일투쟁도 전개하였다. 그리고 때로는 조세불납(租稅不納)이나 국채보상(國債報償) 등 경제적인 반일운동이나, 서북학회(西北學會) 또는 황성기독교청년회(YMCA) 등 단체를 통한 정치적 민족 운동에도 기독교인들이 적극 참여하였다.[9] 그러므로 교회에 대한 일제의 인식은 다음 기록들에서 나타나듯이 부정적일 수밖에 없었다.

　　예수교인들에게는 특권상 포학자의 학대, 그 중 일본군대의 압박 등을 면할 수 있었을 뿐만 아니라, 문명적인 교의(敎義)에 기초하여 생명·명예·재산 등에 관한 권리를 얻었으므로 전제적 정치의 법령, 즉 인도(人道)에 반대되는 금제(禁制) 및 가혹한 세금에는 복종할 수 없다.[10]

---

6) 〈예수교신보〉 1908년 11월 30일자 "쳥년회만찬회".
7) 윤경로, 앞의 글, pp. 144~146.
8) 위의 글, pp. 147~148.
9) 이에 대하여는 이만열, "한국기독교 민족운동의 전개과정",《한국기독교와 역사의식》, 지식산업사, 1981, pp. 289~298 참조.
10) 〈機密警察月報〉 1909년 4월분 ; 이만열, 위의 글, p. 293에서 재인용.

서북학회와 기독교청년회는 학술과 종교를 표방하는 기관이라 하나, 전자는 이근택 일파의 사주에 의해 정치적 행위를 하고 여러 가지 계책을 꾀하고 회장 정운복이 새로이 제국신문사에 입사하였다. 후자는 미국과의 본거지로서 일반 기독교에 연락을 갖고 조직적으로 신지식 연구에 종사하고 새로이 굉대(宏大)한 회당 건축에 착수하였다.[11]

이에 일제는 '정교분리'라는 미명하에 교회의 현실 참여를 미연에 방지하려고 하였다. 그리고 이것은 선교사들의 의향과도 일치하는 것이었다. 이와 관련하여 이토와 해리스가 나눈 다음과 같은 대화는 특히 유명하다.

정치상 일체의 사건은 본인에게 맡기고, 금후 조선에 있어서 정신적 방면의 계몽 교화에 관해서는, 원컨대 귀하 등이 그 책임을 맡아 주시오. 이렇게 하여야 조선인민 유도의 사업은 비로소 완성될 수 있을 것입니다.[12]

이러한 '정교분리' 원칙은 향후 한국을 식민지로 지배할 때 일제측은 정치 분야를, 선교사측은 종교 분야를 계도한다는 이른바 '역할분담론'을 시사하고 있다. 이같은 이토의 제의는 교회의 반일 세력화를 차단하려는 기만적인 명분에 불과하였지만 당시 선교사들은 그러한 저의를 간파하지 못하였고, 그 결과 일제의 식민 통치를 묵인 내지 비호한 모양이 되고 말았다.[13]

이 무렵 빼놓을 수 없는 일제의 정책은 일본기독교의 침투이다. 1904년 3월 일본중앙선교연회에서 조선 전도를 가결하고 이듬해 기하라(木原外七), 혼다(本多庸一) 등을 전도자로 서울에 파견하면서 일본기독교의 한국 침투가 시작되었다. 그 결과 1905년 기하라가 서울에 경성교회(京城敎會)를 조직하였으며, 1906년 무라타(村田重次)가 평양에, 야마시타(山下篤志)가 인천에 교회를 설립하였다. 그러나 아직은 교세가 미미한 상태였다.

그러던 것이 1907년 일본조합교회(組合敎會)에서 파견된 와다세(渡瀨常吉)가 이른바 '조선전도론'(朝鮮傳道論)을 제창하면서부터 침투가 활기를 띠게 되었다. 이것은 통감부는 물론 일본 재벌까지도 후원을 아끼지 않았던 어용 교회로서 일제의 식민지정책을 적극 옹호하고 나섰다. 즉 한국을 영원한 일본의 식민지로 종속시키기 위해서는 정치가나 군인의 역할 못지 않게 국민의 마음과 정신을 회유위무할 종교인의 역할이 중요하다는 것이다. 아울러 선교사들로부터 한국 교회가 독

---

11) "警務局機密文書" 第137-1(1907. 7. 16) ; 이만열, 앞의 글, p. 296에서 재인용.
12) 朝鮮總督府,《朝鮮の統治と基督敎》, 1921, p. 6.
13) 윤경로, 앞의 글, pp. 155~157.

립하여야 한다고 주장함으로써 양자를 이간시키려고 하였다.[14] 이처럼 '을사조약' 이후 일제는 친일화 유도, 반일민족 세력과의 분리, 일본기독교의 침투 등의 기독교정책을 추진하였던 것이다.

그렇다고 하여 일제가 한국 교회에 대하여 감시를 게을리 하였던 것은 아니다. 그들은 평소 반일적인 교인의 동정을 주의깊게 관찰하였으며, 순수한 부흥운동이었던 백만구령운동(百萬救靈運動)조차 반일적 색채를 띠지 않을까 의심할 정도로[15] 교회의 동향에 신경을 쓰고 있었다.

한편 이 시기에는 기독교계 학교의 증가가 두드러진다. 1908년 당시 전국에는 약 5,000여개의 사립학교가 있었는데, 이들 가운데 기독교계 학교가 적지 않았다. 1909년 현재 기독교계 학교는 장로교 501개교, 감리교 158개교 등이었다. 이 수치는 1908년 8월에 공포된 사립학교령에 의하여 종전에 5,000여개였던 사립학교가 820여개로 감소된 것을 감안하면 전체의 97%에 해당되는 것이다.[16]

이러한 현상이 나타난 원인은 사립학교령 반포 이후 사립학교에 대한 통제 및 감시가 강화되자 민족계 인사들에 의해서 설립된 소규모 학교들이 자구책의 일환으로 그 운영권을 선교사들의 명의로 이전하였기 때문이다. 이같은 경향은 특히 서북지방에서 두드러졌는데, 그 결과 마펫(S. A. Moffett)은 134개교, 노블(W. A. Noble)은 74개교, 쿤스(E. W. Koons)는 35개교의 운영자 겸 교장의 직함을 가지는 기현상을 낳기도 하였다.[17] 말하자면 이 지역의 사립학교 가운데 상당수가 기독교계 학교로 전환됨으로써 그 명맥을 유지할 수 있었던 것이다. 따라서 적어도 교육활동에서 교회는 일제로부터 어느 정도 혜택을 받고 있었던 셈이다.

2. 무단통치기 일제의 기독교 박해

1. 안악·105인 사건과 북한교회의 수난

이른바 '한일합방'이라는 형식으로 한국이 일본에 강제로 병탄되었고 통감부를 대신하여 총독부가 설치되었다. 이제 명실상부하게 한국을 지배하게 된 일제로서는 '무단통치'라는 표현에 걸맞게 강압적으로 반일 세력을 제거해 나갔다. 그 과정

---

14) 윤경로, 위의 글, pp. 163~167.
15) 한국기독교역사연구소,《한국기독교의 역사 Ⅰ》, 기독교문사, 1989, p. 282.
16) 위의 책, pp. 329~330.
17) 위의 책, p. 330.

에서 구한말부터 항일운동에 앞장섰던 교회가 자연히 탄압 대상이 되었다.

그렇다고 하여서 일제가 아무런 명분도 내세우지 않고 무조건 기독교인들을 박해한 것은 아니었다. 초대 총독이었던 데라우치(寺內正毅)의 다음과 같은 훈시처럼 형식상으로는 그들도 신앙의 자유를 표방하고 있었기 때문이다.

> 신교(信敎)의 자유는 문명열국이 다같이 인정하는 바요, 각인이 그 숭배하는 교지에 의하여 안심입명(安心立命)의 땅을 구하려고 하는 것은 원래 그 본령이라 하더라도 종파의 이동(異同)으로써 부질없이 분쟁을 시도하고 또는 명분을 신교에 빙자하여 외람되게 정사를 논하고 혹은 달리 계획을 기도하는 것은, 곧 양속(良俗)을 다독(茶毒)하여 안녕을 방해하기 때문에 마땅히 법을 만들어 처단하지 않을 수 없다. 그렇지만 유·불 제교와 기독교를 불문하고 그의 본 뜻은 필경 인심과 세태의 개선에 있기 때문에 원래부터 시정의 목적에 배치되지 않을 뿐 아니라 도리어 이것을 돕는 것이 됨을 의심치 않는다. 이로써 각종의 종교를 대우함에 털끝만치도 친소(親疎)의 생각을 끼워넣지 않음은 물론 그 포교 전도에 대하여는 적당한 보호와 편의를 제공하는 데 인색하지 말아야 한다.[18]

그런데 위의 기록에서 보면 신앙의 자유는 어디까지나 그들의 통치에 방해가 되지 않는 한도에서만 보장될 수 있다는 점도 아울러 명시되어 있다. 교회의 정치 참여나 치안 방해를 결코 용납하지 않겠다는 것이다. 따라서 그러할 우려가 있는 반일적 교인들에 대한 감시 및 규제가 뒤따르지 않을 수 없었다.

일제의 기독교 탄압은 병탄 직후부터 시작되었으며, 서북지방의 교회가 그 우선 대상이 되었다. 그 대표적인 것이 황해도에서의 안악(安岳) 사건과 평안도에서의 '105인 사건'이다.

먼저 '안명근(安明根) 사건'이라고도 불리는 안악 사건은, 안중근의 사촌동생인 안명근이 1910년 11월 입국하여 서간도에 무관학교를 설립하기 위한 자금을 모금하다가 황해도 신천지방에서 관련 인사 160명과 함께 검거된 사건이다.

그 경위를 살펴보면 안명근의 처음 모금 방식에 다소 무리가 있었으므로 서북지방 기독교계의 지도급 인사인 김구(金九), 김홍량(金鴻亮), 최명식(崔明植) 등은 과격한 방법을 취하지 말도록 그에게 권유하였다. 그러나 안명근과 그의 동지들은 그 지역의 유지들을 방문하여 자금을 요구하였으며, 이 과정에서 거부인 민모(閔某)에게 거절을 당하자 안명근은 권총으로 위협하며 '조국광복의 큰 뜻을 모르는 자'라고 질책한 뒤 평양으로 떠났다. 그러자 민모는 즉시 헌병대에 밀고하여

---

18) 朝鮮總督府,《日本の保護と倂合》, 1917, p. 336 ; 한석희,《일제의 종교침략사》(김승태 옮김), 기독교문사, 1990, p. 77.

안명근은 1910년 12월 평양에서 체포되었다. 서울로 압송된 그는 모진 고문을 당하였고, 결국 배경진(裵敬鎭), 박만준(朴萬俊), 한순직(韓淳稷) 등 동지들도 검거되었다.[19]

이어서 일제는 무관학교 설립 자금을 데라우치 총독 암살을 위한 준비 자금으로 날조하고 관련 인사들을 체포하였는데, 이 과정에서 김구·김홍량·최명식·이승길(李承吉)·도인권(都寅權)·김용제(金庸濟) 등 기독교인들도 다수 검거되었다. 이들은 안악의 양산학교(楊山學校)와 면학회(勉學會) 등을 중심으로 활동하던 애국지사들이었다.[20]

이들 가운데 도인권을 제외하고는 모두 1915년을 전후하여 출옥하였지만, 이 사건은 일제시대를 통하여 한국 교회가 당해야 할 시련의 서곡에 불과하였다.[21] 숨돌릴 사이도 없이 105인 사건이라는 수난이 기다리고 있었던 것이다. 즉 황해도에 이어서 이제는 평안도의 교회가 핍박의 대상이 되었다.

105인 사건은 이 사건에 연루되어 온갖 고문 끝에 제1심에서 유죄 선고를 받은 사람이 105인이기 때문에 붙여진 이름이다. 이 사건으로 구속된 사람은 700여명, 정식 기소된 사람은 123명이었다. 그 개요인즉 1910년 8월 데라우치 총독이 서북지방을 시찰한다는 풍문이 있자 윤치호·양기탁·안태국·이승훈·옥관빈 등이 서울 임치정의 집에서 수차에 걸쳐서 밀회를 가지고 총독 암살의 방법을 논의하였다는 것이다. 거사가 계획되자 서북지방의 배일 의식이 강한 인물을 중심으로 동지를 동원하며 선교사들의 협조를 받아 총독을 암살하려고 하였다는 것이다.[22]

일제가 105인 사건을 조작한 의도는 비밀 결사인 신민회(新民會)의 실체를 포착하여 이를 제거하려는 것[23] 외에도 당시 다른 지역에 비하여 반일 의식이 강하였던 서북지방의 기독교 교세의 확장과 그 배후 세력으로 단정하였던 선교사들을 축출하려는 데도 있었다.[24]

병탄 이전까지 일어난 각종 반일활동은 그 인맥(人脈)이나 기맥(氣脈)에서 상호

---

19) 그런데 최근의 자료에 따르면 일제가 이 사건의 단서를 포착하게 된 경위가 이 지역의 빌렘(J. Wilhelm) 신부가 신도인 안명근의 모금운동을 서울의 뮈텔(G. C. Mutel) 주교에게 보고하였으며, 뮈텔 주교는 다시 총독부에 이를 제보한 것이라고 한다(한국기독교역사연구소, 앞의 책, p. 352).
20) 吳世昌, "安岳事件", 《한국민족문화대백과사전》 14, 한국정신문화연구원, 1991, p. 511.
21) 閔庚培, 《韓國基督敎會史》, 大韓基督敎出版社, 1982, p. 282.
22) 윤경로, "105인 사건의 기독교사적 이해", 《한국근대사의 기독교사적 이해》, 역민사, pp. 175~176.
23) 신민회의 조직과 활동에 대하여는 이 책 3부 2장 2절 1항 '정치결사운동' 참조.
24) 윤경로, 앞의 글, p. 172.

밀접한 관련을 맺고 있었다. 인맥으로는 '일찍이 해외에 나가 문명 공기에 접촉한' 인물들이었으며, 기맥으로는 종교적으로 기독교계 인사들이었다. 그리고 이 두 가지 조건을 갖춘 사람들은 대부분 서북지방 출신이라는 공통점을 가지고 있었다. 105인 사건이 주로 서북지방에 근거를 두고 있는 기독교인들을 대상으로 하여 조작된 이유도 바로 여기에 있다.[25]

이제 기소자 123인을 출신지 및 종교에 따라 분류하면 다음과 같다.[26]

〈표 Ⅲ-1〉 105인 사건 기소자의 출신지별 분류

도 명	지역 및 인원
평안북도	선천 46 / 정주 6 / 납청정 24 / 철산 4 / 곽산 4 / 의주 3 / 용천 2 (합 89)
평안남도	평양 27
황 해 도	신천 2
경 기 도	서울 5 총 123인

〈표 Ⅲ-2〉 105인 사건 기소자의 종교별 분류

종 교	교파 및 인원
개 신 교	장로교 81 / 감리교 6 / 조합교 2 / 기타 2 (합 91)
천 주 교	2
천 도 교	2
무 교	10 총 105인

우선 기소된 123인의 출신지를 살펴보면, 서북지방 출신자가 117명으로 전체의 96%를 차지하고 있다. 그리고 122인 가운데 신앙을 가진 것으로 확인되는 108명 가운데 기독교인은 천주교인 2명을 포함하여 93명으로서 전체의 87%를 점유하고 있다.[27] 이는 105인 사건의 연루자가 대부분 서북지방의 개신교인들이었음을 잘 보여주고 있다.

이 사건으로 인하여 투옥된 사람들은 모진 고문에 시달려야만 하였다. 이들에게 자백을 강요하기 위하여 사용된 고문은 무려 72가지였다고 한다. 당시 자행된 고문은 그 방법이 잔인하고도 교활하였다. 즉 고문의 흔적을 남기지 않고 고통을

---

25) 앞의 글, p. 176.
26) 아래의 표들은 윤경로, 《105人 事件과 新民會 硏究》, 일지사, 1990, p. 73의 〈표 3〉 및 p. 89의 〈표 9〉를 정리한 것임.
27) 위의 책, p. 88. 개신교인 가운데 장로교인이 81명, 감리교인이 6명, 조합교인이 2명, 기타 2인이다.

주기 위하여 단근질을 할 때 온몸에 기름을 바른 다음 지졌는가 하면, 천장에 매달 경우 새끼줄에 붕대를 감아서 팔이나 어깨를 묶어서 상처가 나지 않도록 하였다. 또한 상처의 회복이 빠른 입속에 막대기를 쑤셔넣어서 고문의 흔적을 남기지 않으려고 하였다. 한번 고문이 시작되면 1～4시간 동안이나 계속되었으며, 이같은 고문을 35일 동안 하루도 거르지 않고 겪어야 하였다.[28]

이러한 고문 방법들 가운데 가장 견디기 힘들었던 것은 여러 날을 굶긴 후 그 앞에서 경찰들이 음식을 먹으며 이를 바라보도록 하는 것이었다고 한다. 허기를 견디지 못하면 자기 옷 속의 솜을 뜯어먹거나 창호지, 또는 깔고 자는 짚을 씹어 먹기도 하였다는 것이다.[29]

그러나 홍성린(洪成麟), 선우훈(鮮于勳) 등 몇 사람은 모진 고문에도 불구하고 신앙의 힘으로 허위 자백을 끝까지 거부할 수 있었다. 이들은 고문을 받을 때마다 "생을 저주하고 탄식하며 이를 갈면서 만단의 고통을 하나님께 향한 신앙심으로 극복하였던" 욥을 생각하면서 용기를 얻었다. 그리고 스데반의 순교를 연상하면서 "나는 내 갈 길이 있으니 십자가의 용사가 되어 불의와 싸울 뿐이다. 죽고 사는 것이 내게는 벌써 문제가 안 된다"는 굳은 신앙으로 고난을 감내하였다. 아울러 교회에서는 이들의 가정을 심방하여 위로하였고, 그 결과 교인이 된 가족들도 적지 않았다.[30]

한편 이 사건에 연루된 선교사들은 대부분 서북지방의 평양과 선천에서 활동하고 있었던 미국인이었다. 그리고 소속 교파로는 미국 북장로교가 대부분이었다. 일제의 처음 의도는 이 사건을 이용하여 선교사들을 국외로 추방하려던 것이었다. 그러나 사건이 확대되어 세계 여론으로부터 규탄을 받자 선교사들을 무마하는 것은 물론 대부분의 한국인들도 석방하지 않을 수 없게 되었다. 즉 제1심에서 유죄 선고를 받은 105명 가운데 99명이 제2심에서 무죄로 석방되었던 것이다.[31]

이처럼 일제의 조작에 의한 105인 사건은 특히 서북지방의 기독교인들에게 막대한 타격을 주었다. 이들이 겪은 정신적·육체적 고통은 이루 말할 수 없는 것이었다. 그리고 비록 누명이 벗겨졌다 하더라도 이 지역 교회는 당분간 항일운동의 기운을 잃지 않을 수 없었다.

그러나 이들 가운데 상당수가 3·1운동 이후 독립운동 또는 사회활동에 적극 참여한 것은,[32] 이 지역 기독교인들의 불굴의 의지와 신앙을 잘 보여준다고 하겠다.

---

28) 윤경로,《105인 사건과 신민회 연구》, 일지사, 1990, pp. 132～133.
29) 위와 같음.
30) 위의 책, pp. 134～135.
31) 윤경로, "105인 사건과 기독교 수난",《한국기독교와 민족운동》, p. 322.
32) 위의 글, pp. 328～329.

2. 기독교정책의 강화와 조합교회의 확산

안악 사건과 105인 사건에서 나타나듯이, '한일합방' 이후 일제의 기독교 박해는 더욱 심하여졌다. 그 이유는 구한말부터 민족의식을 가지고 성장해 왔으며, 그 조직과 훈련이 뛰어난 집단은 교회뿐이기 때문이었다. 다음의 보고는 이 점을 제대로 파악하고 있다.

> 일본이 한반도를 합병하고 난 그 때부터 아니꼽게 본 것이 한국의 프로테스탄트 교회였다. 그 이유는 딴 데 있지 않았다. 기독교회가 초대교회 시대부터 전제정치에 대해서 주어 온 문제성 바로 그것이었다. 이런 상황이 로마시대에도 있었다. 그런데 이 문제가 조선에서는 더 현저히 대두된 것이다. 그 이유는, 이 교회야말로, 침략국가가 통제하고 국민성을 말살해서 완전 병합하려고 하는 백성 중에서 가장 강력한 조직을 가진 기관이라는 데에 있다.[33]

그렇다고 강경 일변도로 정책을 펼 수 없었다는 데 일제의 고민이 있었다. 기독교 세력의 배후에는 선교사들과 서구 열강이 있었기 때문이다. 그렇기 때문에 일제는 통감부 시기부터 국제 여론을 의식하는 정책, 특히 대외 선전을 강화하였던 것이다. 즉 미국인 스티븐스(Durham Stevens)를 외교고문으로 추대하였고, 래드(George T. Ladd) 및 캐넌(George Kennan) 등 친일적 미국 언론인을 통하여 해외 언론을 호도하였다. 그리고 이토는 북장로교 선교부 총무 브라운(Arther J. Brown)과 감리교 감독 해리스(M. C. Harris) 등과 교유하며 선교사들을 포섭하려고 노력하였다. 고등법원장에 기독교인 와타나베(渡邊暢)를 임명한 것도 같은 맥락에서 이해될 수 있다.[34]

물론 일제가 한국인 기독교 지도자들을 회유하려는 노력이 없었던 것은 아니다. 예컨대 1910년 가을 이상재·양전백·최병헌·이원긍 등 기독교 지도자 19명을 일본으로 초청한 것이 그러하다.[35] 그렇지만 전반적으로 볼 때 일제가 회유하려고 노력한 대상은 대부분 선교사들이었다고 여겨진다. 여하튼 일제는 회유와 탄압이라는 양면정책을 필요에 따라 구사하였다. 이에 대하여 총독부 경시 구니토모(國友尙謙)는 다음과 같이 설명하였다.

---

33) 미국기독교연합회 동양문제연구회 편, "3·1運動 秘史(4)", 〈基督敎思想〉 1966년 5월호, p. 96.
34) 이만열, 앞의 글, p. 300.
35) 위의 글, p. 302.

대개 조선인을 통제하는 방책은 추상열일(秋霜烈日)같이 털끝만큼도 가차없이 우선 그 처음부터 토벌하는 데 있다. 토벌하고 나서 위압하고, 위압하고 나서 어루만져 평안하게 하고, 어루만져 평안하게 하고 나면 조선 국토가 비로소 평안하게 될 것이다.[36]

일제의 회유 및 탄압 정책은 1913년 일어난 이른바 '유신회(維新會) 사건'에서도 분명하게 드러난다. 이는 총독부가 김린(金麟)을 매수하여 황성기독교청년회를 수중에 넣으려고 하였던 사건이다. '한일합방' 이전에는 표면적으로 황성기독교청년회를 후원하였던 총독부가 비밀리에 그 세력을 와해시키려고 공작하였다는 점에서 이는 저들의 이중적인 모습을 드러낸 것이라고 하겠다.[37]

이처럼 일제시대에 들어와 교회에 대한 총독부의 정책이 더욱 강화되었으며, 그 결과 교회에 대한 탄압이 가중되었음은 이미 안악 사건과 105인 사건을 통해 실증된 바 있다. 사실 그들은 일본의 천황제와 기독교가 서로 공존할 수 없는 것으로 보고 있었다. 1911년 공포된 '조선교육령'(朝鮮敎育令) 작성에 즈음하여 동경제대 교수 호즈미(穗積八束)가 제출한 다음과 같은 의견서는 그러한 사정을 제대로 보여준다.

기탄없이 말하면 소위 예수교의 본의(本義)는 원래 우리 국체 및 도덕의 근본과는 서로 합일되는 것이 아니라는 것을 고백하지 않을 수 없다. …… 하루아침에 일이 있어 국가적 대의명분을 바르게 하고, 한 몸을 바쳐 봉공해야 할 것 같은 경우에 이르면 과연히 그 근본사상이 전혀 서로 용납되지 못함을 발견할 것이다. 충효의 대의를 근본 축으로 하는 도덕과, 인도를 대본으로 하는 도덕과는 그 근저(根底)에 차이가 있다. 인간을 평등이라 하여 존비의 구별을 비리(非理)로 하는 교의와, 황위를 신성하다 하여 군부를 존경하고 조상을 예배하는 교의와는 전혀 그 주의를 달리한다. …… 이 본래의 교의의 정신에 착안하여 상당한 취체가 있기를 간절히 바라마지 않는다.[38]

기독교와 천황제와의 갈등이 표출되는 것이 1930년대부터라고 하지만, 그 갈등의 소지는 이미 '한일합방' 직후부터 잠재하고 있었던 것이다. 그리고 이같은 이유에서도 일제는 교회에 대하여 탄압책을 쓰지 않을 수 없었다. 1915년에 반포된

---

36) 國友尙謙,《不逞事件에 의하여 본 朝鮮人》, p. 49 ; 한석희, 앞의 책, p. 82에서 재인용.
37) '유신회 사건'에 대하여는 전택부,《한국기독교청년회운동사》, 정음사, 1978, pp. 171~175 참조.
38) 大野謙一,《朝鮮敎育問題管見》, 1936, p. 49 ; 한석희, 앞의 책, p. 80.

'포교규칙'(布敎規則)과 '사립학교규칙'(私立學校規則)도 이러한 정책의 일환이었다.
포교규칙에 따르면 교회당이나 설교소, 또는 강의소를 설치하거나 유급직원을 임용할 때는 당국의 허가를 받아야 되었다. 이는 종교의 자유를 인정한다는 총독부의 공식적인 태도와는 달리 기독교계를 비롯한 종교계를 감시하기 위한 것이었다. 박은식의 다음과 같은 언급은 이 규칙으로 인한 교회의 피해를 잘 묘사하고 있다.

> 총독부는 포교규칙을 제정하였다.……교회가 전도사업이나 교회당 건축을 하려고 청원하는 자가 있으면 고의로 미루어 해가 넘도록 허가하지 않는다. 전도회 부흥회 기도회 예배 및 선강회(宣講會)에는 반드시 순사를 파견하여 감시하고 혹 그 기도나 선강하는 언사에 신앙의 자유니 정신의 자유니 마귀의 권세를 꺾어 깨뜨린다는 말이 있으면 경찰서로 불러 심문하기를 '네가 원하는 자유와 자립은 한국의 자유 독립을 원하는 것이 아니냐' 하고 매를 치고 가두었다가 여러 날 후에 석방한다. 교직자로서 조금이라도 명성이 드러난 자는 형사의 미행과 정탐을 받지 않는 날이 없다.[39]

이러한 불만을 갖기는 선교사들도 마찬가지였다. 뒷날 3·1운동이 일어난 뒤 나온 다음과 같은 건의도 그러한 상황을 잘 보여준다.

> 복음선전은 종래 끊임없이 방해를 당해 왔다. 전도사가 길가나 혹은 시장에서 설교하려 할 때는 언제나 간섭을 받아야 하였고, 또 신자가 그 가정에서 예배를 위해 집합하려 할 때는 집합허가를 받지 않았다는 이유로 금지당하기가 일쑤였다. 교회 또한 전도소를 개설하려 할 때는 이유없이 연기하거나 각하(却下)하기 일쑤여서 우리의 사업에 지장이 크며, 교회역원의 성서연구회, 전도집회 등도 또 쓸데없는 제한을 받아 불법적인 간섭을 면할 수 없는 상태에 있다. 선교사가 여행을 할 때는 당국의 끊임없는 감시를 받아야 하며 또 그 간섭을 면할 길 없다. 외국인 손님이 찾아올 때는 24시간내에 경찰에 신고해야 한다는 규칙이 있는데 만일 순회전도사가 헌병주둔소 우체국이 멀리 떨어진 민가에 숙박할 경우 조선인 가주(家主)는 큰 불편을 당해야 한다.[40]

사립학교규칙으로 인한 교회의 피해도 막대하였다. 이미 총독부에서는 1911년 '조선교육령'을 발포하여 민족의식의 말살을 획책한 바 있었는데, 1915년 새로이

---

39) 朴殷植,《韓國獨立運動之血史》, p.54 ; 이만열, 앞의 글, p.307에서 재인용.
40) 조선총독부,《조선의 통치와 기독교》, p.421 ; 독립운동사편찬위원회,《독립운동사자료집》12, 고려서림, 1983.

사립학교규칙을 제정함으로써 기독교계 학교에 커다란 타격을 주었다. 즉 '향후 10년후에는 기독교계 학교의 교과과정에서 성경과목을 제외시키고 예배의식을 금지하며, 5년 이내에 모든 교사가 일본어를 배워 일본어만으로 학생들을 가르치도록' 하였던 것이다.[41] 기독교 정신에 입각해 설립된 학교에서 성경공부와 예배의식을 불허한다는 것은 그 존립 근거를 부정하는 중대한 문제가 아닐 수 없었다.

이처럼 일제시대에 들어와 데라우치 총독에 의하여 시행된 교회에 대한 회유와 탄압이라는 양면정책은 1916년에 부임한 하세가와(長谷川好道) 총독에게 계승되었으며, 특히 탄압책이 강화되었다. '기독교 학교의 목사나 전도사들은 때때로 협박을 받았고 예배는 경찰에 의하여 감시되고 목사는 설교뿐만 아니라 평소의 말에 대해서도 책임을 물었다'는 당시의 상황은, 한국의 기독교인들이 독립의 쟁취라는 민족적인 차원에서 뿐만 아니라 신교(信敎)의 자유 획득이라는 신앙적인 측면에서도 3·1운동에 대거 참여하게 된 이유가 되었을 것이다.[42]

한편 총독부는 일본조합교회의 한국 진출을 적극 지원함으로써 한국 기독교계의 분열을 획책하였다. '한일합방' 이전에도 조합교회가 한국에 진출하였음은 이미 살펴본 바 있거니와, 1910년 10월 제26회 총회의 신도대회에서 "새로이 더해진 조선동포의 교화" 착수를 결의하여 실행위원회를 구성하고 이듬해 6월 와다세를 주임에 임명함으로써 본격적인 조선 전도를 시작하였다.

와다세는 서울에 한양교회(漢陽敎會), 평양에 기성교회(箕城敎會) 등을 설립하였다. 조합교회에는 평소 선교사에 반감을 가진 교인들도 다수 출석하여 1918년 12월 현재 교회 149개, 교사 86명, 교인 13,631명으로 그 교세가 확장되었다. 그리고 총독부에서 연간 6천엔을 후원하는 등 일본의 정계와 재계에서도 적극적으로 지원하였다.[43]

이 조합교회는 단순히 종교적 포교에만 전념한 것이 아니고 일제 통치의 당위성을 선전하는 역할도 하였기 때문에 많은 문제를 일으켰다. 조합교회의 정치성은 다음과 같은 와다세의 발언에서 극명하게 드러난다.

조선인을 인류동포의 입장에서 이를 단지 종교적 신앙에 인도하는 것에 그치지 않고 다시 일보 나아가 일본과 병합된 조선인으로서……일본 국민으로서 일어설 각오에 도달시키지 않으면 안 된다. 외국선교사는 전자만 할 수 있을 뿐, 두가지를 함께 할 수 있는 것은 일본 종교가뿐이다. 우리는 기독교로 말미암아 황운(皇運)을 부

---

41) 이만열, 앞의 글, p. 308.
42) 위의 글, pp. 308~309.
43) 한석희, 앞의 책, pp. 83~84.

익(扶益)하고 이로 인하여 국민 도덕에 도움을 주고 있다. 그렇다면 이로 인하여 조
선의 민초(民草)를 교화하고, 저들을 충량한 신민으로 만드는 데 어려울 까닭이 없
다고 믿는 바이다.[44]

 이러한 조합교회의 방침에 대하여는 내부에서도 반발이 있었지만 이후 조합교
회의 활동은 대체로 와다세의 의도대로 이루어졌다. 그 결과 온 민족과 교회가 대
대적으로 참여한 3·1운동 당시에도 조합교회 교인들은 소극적 태도를 보이는 것
은 물론 오히려 각지를 순회하며 총독부의 입장을 대변하는 역할을 하기도 하였
다.[45]
 그렇지만 조합교회의 선교는 결국 실패하지 않을 수 없었다. 노골적인 친일 어
용 교회의 종교활동이 우리 민족의 계속적인 지지를 받지 못한 것은 당연한 일이
었다. 뒷날 일제측에서도 그 실패의 당위성을 다음과 같이 지적한 바 있다.

 일본은 조선에서 일본적 기독교의 건설에 노력하였지만 지나치게 정치적 강압을
 하여 국가적 영합을 요구하였기 때문에, 국가의 패퇴와 함께 그 성과는 영(零)이 되
 고, 일본에서 건너온 일본기독교는 일본인만의 것이었기 때문에 일본인의 철퇴와 운
 명을 같이 하였던 것이다.[46]

3. 3·1운동과 북한교회의 피해

 한국 교회가 3·1운동에 얼마나 참여하고 어떻게 활동하였는가에 대하여는 장
을 달리하여 살펴보려 하며, 여기서는 3·1운동으로 인하여 북한교회가 일제로부
터 입은 피해를 알아보고자 한다. 사실 3·1운동이 일어나자 일제가 즉각적으로
취한 조치는 '정책'(政策)보다는 '대처'(對處)라고 표현하는 편이 더 어울린다. 거사
계획을 거의 눈치채지 못한 저들로서는 3·1운동이 일어나자 당황하지 않을 수 없
었고, 따라서 체계적인 대응보다는 폭력적인 진압으로 일관할 수밖에 없었다.[47] 그
결과 적지 않은 피해자들이 속출하게 되었다. 3·1운동을 주도적으로 계획하고 적
극적으로 참여하였던 한국 교회가 당한 핍박 역시 적지 않은 것이었다. 그 대체적
인 윤곽을 파악하는 데는 다음의 표가 참고된다.

---

44) 渡瀨常吉, 《朝鮮敎化의 急務》, 1914, p. 11 ; 한석희, 위의 책, p. 84에서 재인용.
45) 한석희, 위의 책, pp. 88~90.
46) 日本大藏省管理局, 《日本人의 海外活動에 關한 歷史的 調査》 통권 제4책, 조선편 제
  3분책, p. 79 ; 김승태, 《한국기독교의 역사적 반성》, 1994, p. 128에서 재인용.
47) 3·1운동의 전개과정에 대하여는 이 책 3부 2장 1절 3항 '무단통치와 3·1운동' 참
  조.

〈표 III-3〉 각 도의 교파별 수감자[48]

구분	장로교	감리교	기타기독교	합계	전체수감자	백분비	천도교	주요선교부
평안	556	165	9	730	2,453	(29.8)	635(25.9)	미북장로회 미북감리회
함경	101	18	4	123	808	(15.2)	223(28.0)	캐나다장로회
황해	131	75	6	212	945	(22.4)	147(15.6)	미북장로회 미북감리회
경기	86	144	29	259	1,978	(13.1)	178(9.0)	미북장로회 미남감리회
충청	1	36	2	39	601	(6.5)	20(2.3)	미북감리회
강원			6	6	105	(5.7)	36(34.3)	미남감리회
전라	234		3	237	618	(38.3)	75(12.1)	미남장로회
경상	340		49	389	2,028	(19.2)	5(0.25)	호주장로회
전국	1,449	438	108	1,995	9,059	(22.0)	1,363(15)	

〈표 III-4〉 장로교 각 노회의 3·1운동 피해 보고(제8회 총회, 1919년 10월)[49]

지역노회명	피 해 상 황
평 남 노 회 (222/25,123)	사망 12 / 복역 208 / 태형 115 / 벌금 7 / 악형 80
평 북 노 회 (112/15,763)	사망 3 / 부상 20 / 예심 3 / 복역 29 / 구류 50 / 수금 30 / 미결 1
함 남 노 회 (123/5,778)	복역 55 / 태형 21 / 구류 21 / 상고 18 / 방면 13 / 악형 10
함 북 노 회 (55/7,935)	사망 9 / 중상 10 / 복역 30
황 해 노 회 (48/21,584)	사망 4 / 중상 6 / 태형 80 / 복역 85 / 미결 27 / 훈방 112 / 심문 수욕 178
의 산 노 회 (65/11,912)	사망 4 / 복역 3 / 수감·태형·구류·벌금 다수
산 서 노 회 (104/11,469)	사망 4 / 복역 10 / 보석 3 / 태형 55 / 구류 70

---

48) 김형석, "韓國基督敎와 3·1運動", 《한국기독교와 민족운동》, p. 359에서 일부 수정하여 전재.

49) 김승태, "종교인의 3·1운동 참여와 기독교의 역할", 〈韓國基督敎史硏究〉 25, 한국기독교사연구회, 1989, pp. 22~23에서 발췌하여 전재.

위의 〈표 Ⅲ-3〉를 통하여 알 수 있듯이, 3·1운동으로 인하여 수감된 기독교인들이 전국적으로 1,995명이었는데, 그 가운데 평안·함경·황해 3도의 기독교인들은 1,065명으로 전국 기독교인 수감자의 53.4%를 점유하고 있다. 이 통계가 과연 얼마나 사실에 가까운 것인가는 알 수 없지만, 대체적으로 볼 때 북한지역의 기독교인들이 남한지역의 기독교인들에 비하여 다소 많은 박해를 당한 것을 짐작할 수 있다. 특히 평안도의 경우 수감된 기독교인들이 전국의 기독교인 수감자의 36.6%라는 매우 높은 비율을 차지하고 있다. 수감자의 수만 놓고 본다면 평안도 교회가 입은 피해는 전국 교회가 입은 피해의 1/3을 상회하고 있는 것이다. 그리고 이 3도의 기독교인 수감자는 이 지역 전체 수감자의 25.5%에 해당된다.

다음으로 북한지역 교회의 피해 상황을 좀더 구체적으로 살펴보자. 장로교의 경우 〈표 Ⅲ-4〉와 같은 통계가 남아 있어 그 상황을 이해하는 데 도움을 준다.

이러한 통계는 사실보다 훨씬 축소되었을 가능성이 많다. 실제대로 보고를 하였을 경우 열강의 규탄이나 상부의 문책이 뒤따를까 우려하였기 때문이다.[50] 따라서 이 수치보다 더욱 많은 교회와 교인들이 박해를 당하였을 것임을 짐작하기 어렵지 않다. 사망자의 경우 모두 북한지역의 7개 노회에서 36명으로 나타나는데, 부상자나 구금자의 수는 이보다 훨씬 많았을 것이다. 감리교라고 형편이 크게 다르지는 않았다. 평양지역에서는 "금번 지방회는 감옥에서 개최하면 좋겠다"는 말이 나올 정도로 교역자들이 많이 체포되어 한동안 예배를 드릴 수 없을 지경이었다.[51]

앞서 제시한 두 표에서도 드러나듯이 가장 탄압이 심하였던 지역은 평안남도, 그 가운데서도 평양지역이었다. 예컨대 평양의 남산현교회에서는 집회후 일본인들이 많이 살고 있는 곳까지 시가 행진을 벌이다가 많은 교역자와 교인들이 일본 경찰들의 총격에 의하여 희생되었다.[52] 평남 신창리에서는 일본 군인들이 그 곳 감리교회의 종을 부수고 임신중인 목사 부인을 총대로 마구 때려 기절시켰다.[53] 특히 다음과 같은 한 여성 교인의 증언은 기독교인에 대한 일제의 만행을 생생히 보여주고 있다.

나는 평양에서 3월 2일 체포되어 경찰에 구금되었다. 그 감옥에는 여자들도 여럿 있었고 남자들도 많이 있었다. 경관들은 우리가 기독교인인가를 자세히 물어 보았으

---

50) Shanon McCune, "3·1운동의 사회지리", 〈기독교사상〉 1984년 3월호, p. 79.
51) 《한국감리교회사 1》, 기독교대한감리회 본부교육국, 1982, pp. 232~233.
52) "박재창 회고담", 《3·1운동 기념예배 사례집》, 기독교대한감리회 창천교회, 1984, p. 265.
53) 김용복 편역, "기미독립운동과 한국교회", 〈기독교사상〉 1980년 12월호, p. 65.

나, 그 날은 별로 심한 형벌을 받지 않았다. 거기에는 열두명의 감리교 여자들과 두명의 장로교 여자 및 한명의 천도교 여자가 있었다. 감리교 여자 중 세사람은 전도부인이었다. 그런데 경관들은 채찍으로 우리 여자들을 내려치면서 옷을 다 벗기고, 벌거숭이로 여러 남자들 앞에 세워 놓았다. 경관들은 나에게 대해서는 길거리에서 만세를 불렀다는 죄목밖에 찾지 못하였다. 그들은 내 몸을 돌려가면서 마구 구타해서 전신에 땀이 흠뻑 젖었다. …… 내 양손은 뒤로 잡혀져서 꽁꽁 묶였다. 그리고는 내 알몸을 사정없이 때리고 땀이 흐르면 찬물은 끼얹곤 하였다. 춥다고 말하면, 그 때는 담뱃불로 내 살을 지졌다. …… 어떤 여자는 정신을 잃도록 심한 매를 맞았다. …… 또 한 전도부인은 두손을 다 묶였을 뿐만 아니라, 두발을 꽁꽁 묶인 채 기둥에 매달려 있게 하였다. 우리들은 성경책을 다 빼앗기고, 기도는 고사하고 서로 말도 못하게 하였다. 사람으로서는 견딜 수 없는 무서운 욕과 조롱을 우리는 다 받았다.[54]

이 기록을 통하여 일제가 특히 기독교인들을 박해하였으며, 여자에게조차 이같은 잔인한 고문을 가할 정도로 이성을 잃고 있었음을 확인할 수 있다. 이같은 현상이 북한지역에만 국한된 것은 아니었겠지만, 이 기록을 보면서 우리는 평양지역의 기독교인들이 당하였던 고초를 넉넉히 짐작할 수 있다.

한편 만주지역의 교회들도 3·1운동으로 인하여 일제로부터 혹독한 박해를 받았다. 특히 이 지역 기독교인들은 3·1운동 이후 적극적인 항일 투쟁을 벌이다가 더욱 많은 박해를 당하기도 하였다. 1919년 제4회 함북노회의 보고에 따르면, 북간도의 경우 3·1운동으로 인한 교회의 피해가 다음과 같이 집계되고 있다.

〈표 Ⅲ-5〉 3·1운동으로 인한 북간도지역 교회의 피해(1919년 9월 현재)[55]

지 역	사 망	부 상	구 금	방 면
간 동 지 역	2		32	
간 서 지 역	3	2	다 수	
간 북 지 역	3	3	10	12

이 지역의 피해에 관한 한 기록에서도 "금년 봄 독립만세사건으로 교인 중 총과 창에 별세한 이가 9인인데, 그 중에는 교사와 학생들이 많다. 중상자는 10인이

---

54) 미국기독교연합회 동양문제연구회 편, "三一運動秘史", 〈기독교사상〉 1966년 3월호, pp. 88~89.
55) 〈함북노회 제4회 회록〉 1919, pp. 6~9 ; 서굉일, "北間島 基督敎人들의 民族運動 硏究", 《한국기독교와 민족운동》, pp. 424~425에서 발췌하여 정리.

요, 일년 반 이하 징역을 선고받고 감옥 중에 있는 이가 아직도 30여인인데……"56) 라고 하여 비슷한 상황을 전하고 있다. 아울러 이 지역의 청산리 백운평(白雲坪) 교회, 간장암(間獐岩)교회, 양무정자(楊武亭子)교회, 의란구(依蘭溝)교회, 훈춘 남별리(南別里)교회, 명동(明洞)교회, 용정(龍井)교회, 장은평(藏恩坪)교회, 구세동(救世洞)교회 등이 환란을 당하였던 것으로 보고되고 있다.57) 아울러 이 지역에서는 일본군이 아닌 중국군에 의하여 기독교인들이 살상되는 비극도 일어났다. 이것은 만세운동이 소요 시위로 발전할 것을 두려워하여 저지른 만행이었으니, 다음의 기록이 참고된다.

> 三一事件으로 因하여 風雲이 罷收할 날이 無하였으니 龍井市를 中心으로 하고 …… 中國 陸軍에게 銃殺을 當한 者 17人이고 拘留監禁된 敎人과 敎會의 困難은 不可形言이며 外地 各老會로 困難의 波及을 當하였다.58)

그런데 이러한 통계와 기록만 가지고 보면 그 피해의 정도가 그리 심하였다고 볼 수는 없다. 그러나 1920년부터 일제는 이 지역 기독교인들의 독립운동을 뿌리 뽑기 위하여 대대적인 토벌을 시작하였으며, 그 결과 많은 교회가 파괴되고 교인이 살상되었던 점을 지나쳐서는 안 된다.59) 이것 역시 3·1운동으로 인한 피해의 연장선상에서 이해하여야 할 것이다.

1920년 간도의 노루바위[間獐岩]에서 일제에 의하여 자행된 만행은 당시 교회가 받은 핍박을 단적으로 보여준다. 캐나다 선교사 마틴(S. H. Martin)의 기록이다.

---

56) 《조선예수교장로회사기(하)》, p. 355.
57) 서굉일, 앞의 글, p. 420의 표에서 발췌.
58) 《조선예수교장로회사기(하)》, p. 354.
59) 서굉일, 앞의 글, pp. 424~425에서는 〈제7회 함북노회록〉(1920), p. 12와 《조선예수교장로회사기(하)》, p. 354의 내용을 인용하여 훈춘지방 교회의 피해를 다음과 같이 설명하고 있다.
"훈춘교회 토벌시 衝火된 교회는 금당촌교회(영수 1인, 전도인 2인, 교인 7인 피살), 간장암교회(피해교인 14인, 교회, 학교, 교인 집 충화), 청산리교회(영수 1인, 교인 14인, 교회, 교인 가옥 소실), 명동교회(명동중학교 소실, 교인 집 소실), 토성포교회(교인 1인 피살), 백운평교회(교회학교 소실, 참살교인 9인), 양무정자교회(교회 소각, 학교 소실), 의란구교회, 훈춘 남별리교회(교인 50명 참살, 감옥에 갇힌 자, 징역선고 받은 자, 유리자, 행방불명자 不可勝數), 장은평교회(교인 가옥 소실, 구속된 자 10여인), 합모당교회(교인 가옥 소실 3동, 피살자 3인), 구세동교회(교회 소실, 교인 가옥 소실, 피살자 수십인) 등 12개처의 교회가 그 피해상황을 보고하고 있다."

전율할 만한 소식들이 사방에서 밀려와 한 인간의 삶이 이런 것인가 비통해집니다. 지금 내 정보로는 33촌락이 전부 혹은 일부 불탔고, 그와 함께 한국인 주민들도 전부 아니면 거의 살해되었습니다. 누가 대신 지켜주지 못하는 이 가련한 백성들을 위해 세계 여론을 일으키려면 무슨 일을 어떻게 해야 합니까.[60]

그는 구체적인 피해 규모에 대하여 600여 촌락이 방화되고 800여명이 학살되었으며, 1,000여채의 가옥과 15처의 교회 및 학교가 소실되었다고 언급하였다.[61] 간도지역의 교회가 겪은 참화는 현지 보고에서도 나타난다.

> 三一運動을 因하여 南滿 各老會가 無理한 慘殺을 當한 者 不知其數인데 …… 同年에 霸王槽 禮拜堂은 衝火를 當하고 華甸者 禮拜堂은 馬廐로 使用되고, 敎人의 家屋, 書籍은 全部燒失되어 禮拜할 處所가 없으므로 山中에 避入하니 …… 그 困難은 不可形言이라.[62]

만주지역에서 한국 교회와 교인들이 입은 피해 사례는 얼마든지 있다. 가난에서 벗어나고자, 자유롭게 살아보고자 낯선 만주로 이민와서 어렵게 생활하던 한인들은 3·1운동으로 인하여 일본과 중국 양쪽으로부터 핍박을 당하였으며, 그 피해 정도는 오히려 국내보다도 컸다. 특히 그후 공산주의자들에게 당한 수난까지 고려하면, 이 지역에서 기독교 신앙을 지킨다는 것은 그야말로 어려운 일이 아닐 수 없었다.

3. 문화정치기 일제의 기독교 회유

1. 선교사 회유와 각종 규칙의 완화

3·1운동의 규모와 열기에 놀란 일제로서는 한국에 대한 지배 정책을 바꾸지 않을 수 없었다. 특히 3·1운동에서 중심적인 역할을 하였던 교회에 대하여 새로운 정책을 취하게 되었다.

그런데 일제의 한국 교회에 대한 정책은 곧 선교사에 대한 정책이라고 할 수

---

60) E. M. Palethorpe's Letter to A. E. Armstrong, 1920년 11월 6일자 ; 민경배,《한국기독교회사》, 연세대출판부, 1993, p. 347에서 재인용.
61) 민경배, 위의 책, p. 348.
62)《조선예수교장로회사기(하)》, p. 393.

있을 정도로 저들은 선교사의 회유에 많은 관심을 기울였다. 왜냐하면 아직도 한국 교회에서는 선교사의 영향이 적지 않았으며, 특히 그들은 일본과 우호관계에 있었던 열강의 국민이었기 때문이다.

1919년 8월 하세가와에 이어 조선총독이 된 사이토(齋藤實)는 이미 부임 이전에 "야소교도 중에서도 특히 선교사에 대해서 의심이나 증오를 품지 말고, 총독과 총감은 특히 선교사와 접촉을 가지면서 그들의 의견을 잘 듣는 몸가짐을 해주었으면"[63] 하는 충고를 들은 바 있었다. 실제로 그는 이 충고대로 선교사들과 우호적인 관계를 유지하면서 그들을 회유하는 데 노력하였다. 그는 수시로 선교사들을 불러 대화를 나누었으며 지방을 순시할 때는 반드시 그 지역 선교사들을 만나서 다과나 오찬을 베풀었다. 이러한 그의 선교사 회유 능력이 너무도 유명하여 총독부 안에서는 그를 '선교사 담당'이라고 불렀을 정도였다. 그 결과 선교사들 가운데는 그의 '문화정치'를 예찬하는 사람들도 나타났다.[64]

그는 부임 직후인 1919년 9월 선교사들과 회담을 열고 그들의 의견을 들었는데, 이 무렵 선교사들은 다음과 같은 내용을 담은 〈연합종교회건백서〉를 제출하였다.

- 교회 및 선교사에 대한 단속을 완화할 것.
- 기독교 및 기독교인에 대한 관리의 차별을 철폐할 것.
- 기독교계 학교에서의 성서교육과 종교의식을 허용할 것.
- 기독교문서에 대한 검열을 철폐할 것.
- 교회의 출판물 발행의 제한을 완화할 것.
- 교회 및 선교기관을 재단으로 인정할 것.
- 기독교인으로서 구금된 정치범에 대한 학대를 중지할 것.
- 형무소의 교화사업에 교회가 참여할 수 있도록 법을 제정할 것.[65]

실제로 이러한 건의는 상당수 받아들여져 각종 규칙이 선교사들에게 호감을 줄 수 있도록 개정되었다. 그리고 행정상의 조치로서 총독부에 종교과를 두고 선교사들과 연락을 취하도록 하였다. 종교과에는 영어에 능통한 기독교인을 직원으로 두고 주로 선교사들을 담당하도록 하였다.[66] 그리고 번잡하였던 포교규칙을 완화

---

63) 《齋藤實文書》 1919년 8월 6일자 '齋藤實에게 보낸 阪谷書翰'; 姜東鎭, 《日帝의 韓國侵略政策史》, 한길사, 1980, pp. 179~180.
64) 友邦協會, 《齋藤實總督의 文化政治》, 1970, pp. 159~169 ; 강동진, 위의 책, pp. 86~87.
65) 위와 같음.
66) 조선총독부, 《조선의 통치와 기독교》; 독립운동사편찬위원회, 《독립운동사자료집 12》, p. 389.

하여 교회당·설교소·강의소의 설립을 허가제에서 신고제로 전환하였다. 그렇지만 '종교 선포라는 이름 아래 안녕질서를 문란할 경우에는 필요에 따라 교회당 설교소의 사용을 정지 또는 금지한다'는 조항을 달아 교회가 항일운동의 근거로 이용될 소지를 없애버렸다.[67]

또한 사립학교규칙도 개정하여 기독교계 사립학교에서 성서를 가르치는 것을 인정하였다. 아울러 종교 단체가 소유한 부동산을 내국인법으로 허가하였다. 이러한 조치들이 선교사들의 친일화 경향에 적지 않은 영향을 끼쳤으며, 그 결과 한국 교회의 반일 기운을 어느 정도 약화시킬 수 있었다.[68]

그렇지만 한국 교회는 종전의 직접적인 항일 투쟁보다는 간접적인 계몽활동을 통하여 민족 역량을 증진시키려는 노력도 하였다. 1920년대 이후 간행된 수많은 교계 잡지를 통하여, 또는 신간회(新幹會), 근우회(槿友會) 등을 비롯한 각종 사회단체를 통하여 기독교인들은 활동의 영역을 넓혀나갈 수 있었던 것이다. 그럼에도 불구하고 전체적으로는 일제의 감시와 통제를 벗어날 수 없었다는 데 그 한계가 있었다.

2. 교회에 대한 감시 및 공작

이 시기에 이르러 일제가 교회에 대하여 다소 유화적인 정책을 표방하였다고 하여서 완전한 종교활동의 자유가 얻어진 것은 아니었다. 교회는 여전히 일제의 견제를 받고 있었기 때문이다. 한 선교사의 다음과 같은 증언은 그 점을 분명히 보여준다.

> 그들(일본 경찰)은 가끔 교회에 와서 학생 예배에의 참석을 주장하고 무슨 말을 하는가, 무엇을 하는가 하고 규제하려고 하였다. 그들은 학교 강당에 몇 번이고 발을 들여 놓고 여러 가지 혐의를 걸고 학생들을 체포하고, 또 모든 출판물을 검열하였으며 때로는 교회 주보의 기사에 대해서도 반대한다.[69]

그리고 앞서 언급한 대로 포교규칙의 개정에 따라서 허가제가 신고제로 전환되었지만, 그 대신 "교회당에 있어서 안녕질서를 문란할 우려가 있다고 인정될 경우에는 그 사용의 정지 또는 금지를 명할 수 있다"고 단서를 붙임으로써 사실상 교회에 대한 견제를 계속하고 있었다.[70]

---

67) 《독립운동사자료집 12》, p. 392.
68) 강동진, 앞의 책, p. 87.
69) 강위조, 《日帝統治下 韓國의 宗敎와 政治》, 대한기독교서회 1977, pp. 51~52.

이처럼 일제가 '문화정치'를 표방하였음에도 불구하고 교회의 사정은 크게 나아지지 않았다. 그 때문에 선교사들 가운데는 여전히 반일적인 태도를 버리지 않는 사람들도 적지 않았다. 그 구체적 내용은 다음과 같다.

1. 당국의 선전과 약속이 있었는데도 교회에 대한 경찰의 부당한 간섭과 위압이 여전히 계속된 데 대한 반감.
2. 사립학교 학생에게 일본에 대한 충성심을 강요하는 교육을 하도록 선교사에게 요구한 데 대한 반감.
3. 당국이 일부 신도를 매수하여 외국인 선교사 배척운동을 부추기고 있는 데 대한 반감.
4. 간도 등에서 빚어진 조선인 신도 무차별 대량 학살과 교회 파괴에 대한 반감.[71]

여기서 특히 눈여겨 볼 대목은 일제가 일부 교인을 매수하여 선교사 배척운동을 사주하고 있었다는 점이다. 이에 대하여는 후술하겠지만, 일제는 겉으로는 선교사들을 회유하면서도 속으로는 그들을 추방하려고 하였다는 점은 선교사들에 대한 그들의 우호적 태도 역시 기만적인 것이었음을 보여준다.

특히 장로교 선교사들 중에는 여전히 배일적인 인물들이 많았다. 1921년 6월 27일에는 만주와 조선의 외국인 선교사 100여명이 평양신학교에서 비밀리에 회동하였으며, 다음과 같은 안건을 의결하였다.

1. 일본 관헌의 선교사 압박에 대한 대항책의 강구.
2. 일본 관헌의 간도교회 압박에 대한 교권의 회복책.
3. 1920년 여름 동경에서 열렸던 일요학교대회에서 미국 대표의 조선 사정보고 중 친일적 발언에 대한 변박서(辯駁書) 송부.
4. 조선 각지에 신학교를 증설하고 조선인 교직자와 미국유학방법 토의.[72]

따라서 사이토의 선교사 회유 노력에도 불구하고 근본적인 문제는 여전히 남아 있었던 셈이다. 총독부로부터 우대를 받고 있었던 선교사들이 이러한 불만을 가지고 있을 정도라면, 한국 기독교인들이 받은 처우는 새삼 재론할 여지도 없다. 그들은 정치적 예속, 경제적 빈곤이라는 문제에다 신앙적 박해까지 받으면서 힘겨운 생활을 하지 않으면 안되었다.

---

70) 강동진, 앞의 책, p. 87.
71) 《齋藤實文書》문서번호 1,022, '在留外國人對總督政治思想變遷'; 강동진, 앞의 책, pp. 92~93.
72) 강동진, 앞의 책, p. 93.

4. 민족말살정책기 일제의 기독교 탄압

1. 전시체제의 강화와 기독교정책

일제는 '문화정치기'를 통해서 회유와 감시라는 방법으로 교회를 통제하였다. 이는 그 이전에 비하면 다소 완화된 정책이라고 할 수 있으나 교회에 대한 그들의 근본적 인식이 바뀐 것은 아니었다. 일제는 기본적으로 교회에 대해서 호감을 가지고 있지 않았다.

그 이유는 첫째, 천황숭배와 신사신앙을 주축으로 하는 그들의 정치·문화·종교적 이데올로기가 기독교와는 서로 조화될 수 없기 때문이다. 즉, 기독교의 교의(敎義)와 일본의 국체(國體)는 서로 공존할 수 없었다. 둘째, 당시 한국 교회는 가장 조직적이고 적극적인 반일 세력이었기 때문이다. 즉, 교회가 각종 민족운동 내지 독립운동과 밀접한 관련을 맺고 있었으므로 자연 일제의 감시와 탄압을 받게 되었던 것이다. 셋째, 교회는 선교사들을 매개로 하여서 일제와 경쟁 내지는 적대 관계에 있던 서구 제국들과 연결되어 있었으므로 통제하기 어려웠기 때문이다. 즉 1930년대 이전만 하더라도 일본은 서양 열강들과 협력관계에 있었으므로 선교사들에게 우호적 태도를 취할 필요가 있었으나, 그 이후 세계 정세의 변화에 따라서 영국·미국과의 관계가 악화되면서 선교사들도 제거 대상이 되었던 것이다.[73]

한편 신사참배문제가 절정에 이르렀던 1938년 2월 조선총독부에서는 이른바 '기독교에 대한 지도대책'이란 것을 마련하였다. 이 기록은 일제의 기독교정책을 잘 보여주고 있다.

1. 시국 인식의 철저를 위하여 야소교 교역자 좌담회를 개최하고 지도 계몽에 노력하여, 이를 통하여 일반 교도의 계몽을 담당하게 할 것.
2. 시국 인식의 철저를 위한 지도 및 시설
   1) 교회당에는 될 수 있는 한 국기게양탑을 건설하게 할 것. 건설하지 않는 경우라 하더라도 축제일 또는 이유있는 경우에는 국기를 게양하게 할 것.
   2) 야소교도의 국기에 대한 경례, 동방요배, 국가봉창, 황국신민의 서사 제창 등을 실시하게 할 것. 아울러 전승축하회, 출정황군의 환송영 등 국가적 행사에는 일반 민중과 마찬가지로 적극적으로 참가를 종용할 것.
   3) 학교 생도의 신사참배는 국민교육상 절대적으로 필요하지만 일반 야소교도의 신사참배에 대하여는 지방의 실정을 참작하여 우선 교도의 신사에 대한 관념

---

73) 한국기독교역사연구소,《한국기독교의 역사 II》, pp. 279~282.

4) 서력 연호는 역사적 사실을 증명하는 경우 외에 될 수 있는 한 사용하지 않도록 습관을 붙일 것.[74]

요컨대 저들은 탄압과 회유로써 기독교인들을 일제의 시책에 순응하게 하고, 이를 거부하면 단호히 처벌한다는 것이었다. 그리고 이른바 '국체에 적합한 야소교'가 되도록 한국 교회를 변질시켜 그들의 침략정책의 수행에 이용하려 하였던 것이다.[75]

이와 아울러 1940년에 나온 아래와 같은 기독교에 대한 방침에서도 한국 교회를 저들의 수중에 넣어 어용화시키려는 의도가 분명하게 드러난다.

지도의 근본 방침
물심 양면에 걸친 조선기독교의 구미 의존관계를 금절하여 일본적 기독교로 순화 갱생하게 할 것.
1. 물질적 방면에 대한 지도
  1) 외국인 선교사회가 경영하는 교육기관 기타 각종 사회사업을 점차 접수할 것.
  2) 외지 전도국에 대한 재정적 의존관계를 차단하고 내선 기독교에 의한 재정의 자립을 촉진시킬 것.
2. 정신적 방면에 대한 지도
  1) 교역자 양성기관에 대한 학무국의 지도 감독에 대하여 적극적으로 원조할 것.
  2) 각파에 상설적 집행기관을 설치하게 하여 감독 지도의 철저를 기할 것.
  3) 성서 찬송가에 대하여 재검토를 가할 것. 아울러 일요학교 교과서 기타 각파의 출판물에 대하여 엄중하게 단속을 할 것.
  4) 각파의 교헌(敎憲) 교규(敎規)를 재검토하여 적정한 개혁을 하게 할 것.
  5) 현재 경영중인 각파의 기관지에 대하여 그 편집 내용에 적극적인 지도를 가하여 국체관념의 함양과 시국인식을 철저하게 하도록 개선하고 각 교도에게 구독하게 할 것.
  6) 신사참배의 철저
    ① 일반 민중의 신사참배에는 교도를 반드시 참배하게 할 것.
    ② 기독교계 경영 학교 직원 생도는 일반 학교와 마찬가지로 신사에 참배하게 할 것.
  7) 교도는 각 집에 국기를 구입하여 갖춤과 동시에 교회당은 국기게양탑을 설치하고 축제일 기타 이유가 있는 경우에는 게양하게 할 것.

---

74) 朝鮮總督府警務局,《最近의 朝鮮治安狀況》, 1938, pp. 390~391 ; 한국기독교역사연구소, 앞의 책, pp. 283~284.
75) 위와 같음.

8) 집회시에는 반드시 다음의 행사를 실시하게 할 것.
   ① 4대절 기타 이유가 있는 의식을 거행할 때에 국가의 봉창.
   ② 궁성요배
   ③ 황국신민의 서사제창
9) 국체와 아울러 시국인식의 철저를 위하여 강연회·좌담회 등을 개최할 것.
10) 각파를 국민정신총동원연맹에 가맹하게 할 것.
11) 교도는 될 수 있는 한 청년단·반공단 또는 애국부인회·국방부인회·애국여자단 등에 가입할 것.
12) 조선숭배(祖先崇拜) 관념의 양성을 조장하고 기독교의 조선숭배 배격의 잘못을 깨우치게 할 것.
13) 국체에 순응하는 기독교 재건의 자각에 기초한 운동에 대하여 이를 견제 또는 저해하는 것 같은 장애를 제거할 것.
14) 외국 선교사에 대한 지도 단속을 강화할 것.[76]

이는 1938년의 '기독교에 대한 지도대책'보다 더욱 치밀하고 강력한 내용을 담고 있다. 즉 해외 선교부와의 관계를 차단하고 선교사 및 각 교파에 대한 감시 감독을 강화하며, 신사참배·궁성요배·국기게양·황국신민 서사제창·국가봉창 등을 통해 민족의식을 약화시키고, 각종 친일단체의 가입을 강요하는 등 한국 교회를 전시체제에 편입시켜 일제의 꼭두각시로 만들려는 방침이었다. 이같은 강력한 일제의 태도는 결국 한국 교회가 당할 시련과 고난을 예고하는 것이었다.

2. 신사참배 강요와 북한교회의 수난

1930년대에 들어서 대륙 침략을 시작한 일제는 종전의 '문화(文化)정책'을 수정하고 폭압적인 '동화(同化)정책'을 실시하였으니, 그것이 이른바 '황민화(皇民化)정책'이다. 이 정책은 천황(天皇) 신앙을 강요하여 민족의 정체성(Identity)를 희석시킴으로써 민족성을 말살하고 식민 통치의 안정을 도모하려는 것이었다. 이러한 목적을 달성하기 위하여 일제는 신사참배·동방요배·창씨개명·일어상용 등을 한 국민에게 강요하였다.

이같은 일제의 정책, 특히 그 가운데서도 신사참배는 기독교계에 심각한 고민을 안겨 주었다. 왜냐하면 우상숭배를 절대 금지하는 교회로서는 일종의 종교 의식인 신사참배를 허용할 수 없었기 때문이다. 그러나 평소 기독교인들을 경계하

---

76) 朝鮮總督府 高等法院檢査局思想部,〈思想彙報〉제25호, 1940. 12, pp. 81~101 ; 김승태,《한국기독교의 역사적 반성》, 1994, pp. 126~127에서 재인용.

고 있던 일제는 오히려 이것을 교회에 대한 회유와 탄압의 계기로 삼고자 하였다. 그리고 우선 기독교계 학교에 대하여 신사참배를 강요하였다. 전국의 기독교계 학교가 강요 대상이 되었지만, 특히 북한지역의 학교들이 일제와 잦은 마찰을 빚다가 탄압을 받게 되었다.

 1932년 9월 일제는 평양에서 '만주사변 1주년 기념 전몰자(戰歿者) 위령제'를 열고 이 행사에 기독교계 학교의 학생들도 참석하도록 도지사가 공문을 보냈다. 그러나 숭실전문학교를 비롯한 평양의 10개 기독교계 학교는 이에 응하지 않고, 대표를 도지사에게 보내 불참에 대한 양해를 구하였다. 그러자 일제는 각 학교에 재차 관리를 보내 참석을 종용하였지만, 학교에서는 초혼제(招魂祭)에 참렬한 전례가 없으며, 참례 자체가 교리에 위배된다고 주장하며 뜻을 굽히지 않았다.

 그러자 도당국은 불참한 학교에 대하여 시말서를 제출하게 하고 학교의 폐쇄와 교장의 추방 등을 고려하기도 하였지만, 다시 교장들을 불러 '국민적 의식'은 '종교적 의식'과 다르므로 다음부터는 반드시 참렬하도록 지시하는 선에서 사건을 수습하였다. 그러나 동시에 보복적 조치도 취하여 이듬해부터는 "기독교계 사립학교에 국민교육을 철저"히 한다는 명분으로 사찰을 강화하고 일본어를 모르는 교사를 도태시키도록 하였으며, 졸업식의 축사·답사 등도 일본어로 하게 하는 등의 방침을 통첩하였다.[77]

 그런데 북한지역의 기독교계 학교는 이듬해에도 계속 일제의 위령제 참렬 요구에 부딪히게 되었다. 즉 일제는 1933년 9월 원산에서 열린 '만주사변 2주년 기념 순란자(殉亂者) 위령제'에는 캐나다장로회 소속 진성여자보통학교(進誠女子普通學校)와 함흥의 영생학교(永生學校)의 학생들을 20명 이상씩 참석하라고 요구하였던 것이다. 그러나 이들 학교에서는 위령제가 신도 의식에 의한 일종의 종교 행사이므로 참석할 수 없다고 단호히 거부하였다. 뿐만 아니라 1934년 12월에도 영생학교에서는 '일본황태자 탄신 봉축일' 행사에도 그날이 주일이라는 이유로 불참하여 문제가 되었다. 이러한 반발에 대하여 일제는 각종 행정기관을 동원, 엄중한 경고와 함께 기독교계 학교에 대한 사찰을 강화하고 탄압을 가중하였다.[78]

 요컨대 1932년의 경우가 일제의 평안도 지역 기독교계 학교에 대한 강요였다면 1933년의 경우는 함경도 지역 기독교계 학교에 대한 강압이었던 것이다. 그리고 두 지역의 학교들은 일제의 위령제 참렬 요구를 신앙적 양심에 따라 분연히 거부하고 나섰던 것이다. 이러한 상황이 반드시 북한지역에만 국한된 것이라고는 할

---

  77) 김승태, "1930년대 기독교학교의「신사문제」소고",《한국기독교와 신사참배 문제》(김승태 엮음), 한국기독교역사연구소, 1991, pp. 369~370.
  78) 위와 같음.

수 없지만, 이들 사건이 가장 대표적인 것으로 알려지고 있으므로, 북한지역 기독교계 학교에 대한 일제의 공작 및 이에 대한 교장·교사·학생들의 반발을 충분히 짐작할 수 있다.

그러나 1935년에 일어난 '평양 기독교계 사립학교 교장의 신사참배 거부사건'을 계기로 일제는 기독교 학교에 대하여 직접적이고도 강경한 제재를 가하기 시작하였다. 조선총독부에서는 1935년부터 이른바 '심전개발'(心田開發)이라는 정신 개조 운동을 전개하고 정무총감·학무국장 등이 각 도지사들에게 통첩을 보내 '경신관념'(敬神觀念)을 철저히 보급시키도록 지시하였다. 이에 따라 평안남도의 야스타케(安武直夫) 지사는 각 면마다 신사를 세울 계획을 발표하였다. 그러자 그 해 9월 평양에서 열린 제24회 장로회 총회에서는 야스타케 지사의 계획을 문제삼고 나섰다. 그리고 그 해 11월 야스타케 지사의 주재로 그 지역 초등학교장 회의와 중등학교장 회의가 잇달아 열렸고, 회의가 끝난 후 참석자들에게 신사참배를 강요하였으나 기독교인 교장들은 이에 응하지 않았다. 이어 야스타케 지사는 이후 개최된 중등학교장 회의에 앞서 교장들에게 신사참배를 요구하였으나 숭실학교 교장 매큔(G. S. McCune), 숭의여학교 교장대리 정익성(鄭益成), 의명학교 교장 리(H. M. Lee) 등은 교인으로서 양심상 응할 수 없다고 거부하였다.[79]

이러한 기독교계 학교의 저항에 대하여 일제는 강력히 경고하면서 이에 대한 보복으로 기독교계 학교에 대한 감시와 탄압을 강화하였다.

한편 교단적 차원에서도 이 문제는 심각하게 논의되었다. 일찍이 1932년 평양에서 열린 제21회 장로회 총회에서는 "교회 학생들이 신사급제제식(神社及諸祭式)에 참배하는 것과 일요일에 송영 등에 관하야 할 수 없다"고 결의하고 이를 총독부와 교섭하기 위하여 차재명·유억겸·마펫 등 3인을 선출하였다. 1933년 선천에서 열린 제22회 총회에서도 '종교학교의 신사참배'에 관한 문제를 교섭위원회에 위임하였고, 1934년 평양에서 열린 제23회 총회에서는 '기독교학교 학생의 신사참배에 관한 교섭'의 제의와 이에 대한 차재명의 보고가 있었다. 아울러 그 해 10월 총회장 이인식(李仁植) 목사의 이름으로 "기독교 신자의 자녀들이 신사에 참배하는 것은 종교성 위반이니 당국의 양해를 바란다"는 내용의 청원서를 총독에게 제출하려다가 저지되었다. 그리고 12월에도 비슷한 내용의 청원서를 제출하려다가 역시 저지되었다.

이처럼 해마다 문제가 일어나자 1935년 평양에서 열린 제24회 총회에서는 정인과·염봉남·이인식·곽진근·이학봉·오천영 등을 연구위원으로 선임하여 이 문제를 연구하도록 하였다. 그러던 중 '평양 기독교계 사립학교 교장의 신사참배 거부

---

79) 위의 글, pp. 370~371.

사건'이 일어난 것이다. 그러자 안주노회에서는 임시노회를 열고 이 문제를 토의한 결과 만장일치로 "학교 문을 닫을지라도 교리에 위반되는 참배를 할 수 없다"고 결의하고 총회 및 산하학교에 통고하였다. 평양노회에서도 이 문제를 토의하기 위하여 임시노회를 열기로 하였으나 신사참배 불가를 결의할 것을 짐작한 평양경찰서의 금지 명령으로 인하여 성사되지 못하였다.

아울러 '평양 기독교계 사립학교 교장의 신사참배 거부사건' 이후 평안남도 당국과 총독부는 신사참배 거부에 대하여 경고에 그쳤던 종전의 방침을 바꾸어 강경책을 쓰게 되었다. 즉 이후 교장들 자신은 물론 학생들의 신사참배 여부까지 명확히 서면으로 회답하도록 요구하였다. 그리고 회답 여부에 따라 교장의 파면은 물론 학교의 폐교까지도 불사한다는 방침을 세웠다. 아울러 다음과 같은 이유를 들어 신사참배를 합리화하였다.

1. 신사참배는 종교의식이 아니라 국민의례이며, 예배행위가 아니라 조상에게 최대의 경의를 표하는 것일 뿐이다.
2. 교육의 목적은 학생들의 지적인 육성에만 있는 것이 아니라 학생들로 하여금 천황의 신민(臣民)이 되게 하는 데 있다. 그러므로 교사와 학생들이 모두 함께 신사참배를 통하여 천황에 대한 경의를 표하여야 한다. 그러나 일반인들의 신사참배는 자유에 맡길 뿐이고 강제하는 것은 아니다.[80]

이같은 일제의 강압적 태도에 눌려 안식교 계통의 의명학교 교장 리는 신사참배에 응하기로 하였으나, 숭실학교 교장 매큔과 숭의여학교 교장 스눅(V. L. Snook)은 끝내 뜻을 굽히지 않다가 이듬해 1월 교장직에서 파면되었다. 이처럼 북한지역의 기독교계 학교에서 일단 기선을 제압한 일제는 이후 전국의 기독교계 학교에 대하여서도 신사참배를 강요, 불응할 경우 파면과 폐교의 강경 조치를 쓰면서 기독교계를 지배하려고 하였다. 비록 일제의 무력에 맞서기에는 역부족이었고, 탄압에 의하여 일제의 의지가 관철되기는 하였지만 일제의 강요에 대한 북한지역 기독교계 학교의 저항은 일단 긍정적인 의미를 부여할 수 있을 것이다. 특히 숭실학교 교장 매큔의 다음과 같은 고백은 당시 신앙의 지조를 굽히지 않았던 기독교인들의 생각을 잘 대변하고 있다.

나는 아무것도 잘못하고 있다고 생각하지 않기 때문에 두려움은 없습니다. 세상 사람들의 말과 같이 하여 또한 저항이 가장 적은 길을 걷고 원리를 왜곡하여 사는 것은 무엇보다도 쉽겠지요. 정부와의 관계에서 신사문제에 있어서는 하나님께서 나

---

80) *The International Review of Missions* No. 114, 1940. 4, pp. 182~183.

에게 깨끗한 양심을 주신 것을 감사하고 있습니다. 내가 그 입장을 관철함으로써 나의 지위가 빼앗기고 한국에서 추방되더라도, 또한 옥에 갇히거나 살인의 총탄을 받더라도 '모든 것을 이해하시는 하나님의 평화'가 나를 지키십니다. '기뻐하고 즐거워하라. 하늘에서 너희 상이 큼이라' 하신 예수님 자신의 말씀이 큰 위로가 됩니다.[81]

한편 일제는 1937년 중일전쟁을 일으킨 뒤 1938년부터 황민화(皇民化)정책의 강화에 따라 본격적으로 한국 교회에 신사참배를 강요하였다. 이에 따라 1938년 2월 '기독교에 대한 지도대책'을 세우고, 그 해 여름부터는 각 교회에 '천황이 높으냐 하나님이 높으냐? 신사참배는 종교의식이냐 국가의식이냐?'와 같은 내용을 담은 질의서를 보내 그 답변 여부에 따라 집회를 해산시키겠다고 위협하였다.[82]

천주교의 경우 천주교 신자들이 신사에 참배하여도 좋다는 교황청의 훈령에 따라 이미 1936년 일제의 신사참배 강요에 굴복하였으며, 감리교 역시 1936년과 1938년 신사참배가 교리에 어긋나지 않는다는 입장을 밝혔고, 성결교·안식교·구세군·성공회 역시 저항을 포기하였다.

끝까지 신사참배에 반대하며 외롭게 투쟁하던 장로교도 1938년 9월에 열린 제27회 총회에서 신사참배를 가결하고 말았다. 경찰의 삼엄한 감시 아래 열린 이날 총회에서 이미 일제에 매수된 총대들은 짜여진 각본에 따라 신사참배를 가결하였고, 총회가 불법이라고 외치던 선교사들은 경찰들에게 끌려나갔다.[83] 물론 적지 않은 기독교인들이 목숨을 아끼지 않고 신사참배 반대투쟁을 벌이기도 하였지만,[84] 다음과 같은 신사참배 결의성명으로 한국 교회는 적어도 교단적 차원에서는 신앙적 양심을 잃어버리게 되었다.

> 아등(我等)은 신사가 종교가 아니오 기독교의 교리에 위반하지 않는 본의를 이해하고 신사참배가 애국적 국가의식임을 자각하며 이에 신사참배를 솔선 여행(勵行)하고 추히 국민정신총동원에 참가하여 비상시국하에서 총후(銃後) 황국신민으로서의 적성(赤誠)을 다하기로 기함.
>
> 소화13년(1938) 9월 10일
> 조선예수교장로회 총회장 홍택기[85]

---

81) From McCune to McAfee, 1935, 12. 30.
82) 한국기독교역사연구소,《한국기독교와 역사 II》, p. 293.
83) 김양선, "신사참배 강요와 박해",《한국기독교와 신사참배문제》, pp. 31~32.
84) 신사참배 반대투쟁에 대하여는 한석희, "신사참배의 강요와 저항",《한국기독교와 신사참배문제》참조.
85) 〈조선예수교장로회총회 제27회 회록〉 1938, p. 9.

3. 종교단체법의 제정과 선교사 추방

1930년대에 들어와 일본 정부는 종교단체법안을 제정하려고 노력하였으며, 특히 전시체제하에서 종교를 통제하려는 의도를 강화하여 '종교단체법안요강'·'종교단체법초안' 등을 마련하였다. 그러다가 마침내 1939년 제74회 일본제국의회에서 이 법을 통과시킴으로써 본격적으로 종교를 통제하였다. 이 법은 종교 단체와 그 교화 활동을 정부가 엄격히 감독하고, 황도정신(皇道精神), 신국사상(神國思想) 등 신도적 이데올로기를 고취하는 것이 목적이었다. 따라서 이에 위배되는 종교는 가혹한 탄압을 받고, 그 존립을 위하여는 변질까지 강요받았던 것이다.[86]

사실 3·1운동 이후 한국인과 선교사 사이에는 갈등과 마찰이 종종 일어났다. 그 이유로는 우선 종전 선교사들의 절대적인 영향에서 점차 벗어나 주체적 역량을 쌓게 된 한국 교인들의 양적·질적 성장을 들 수 있다. 다음으로 선교사들 가운데 상당수는 일제의 회유에 현혹되어 한국 교인들의 정치 참여와 독립운동을 금지시켰으며, 더욱이 1920년대에 내한한 '제2세대' 선교사들 가운데 일부가 백인우월주의적 편견과 오만으로 인하여 물의를 일으키기도 하였다.[87] 그러자 일제는 그같은 상황을 이용해서 자신들에게 껄끄러운 존재였던 선교사들을 한국에서 축출하고자, 겉으로는 회유하는 척하면서도 속으로는 음모를 꾸미고 있었던 것이다. 이러한 계획은 1940년대에 들어와 구체화되기 시작하였다.

한국 교회들은 '일제에 덜미를 잡혀'[88] 선교사들을 배척하는 태도를 취하기 시작하여 감리교에서는 1940년 10월, 장로교에서는 그 해 12월에 각각 선교사들과의 관계를 단절하는 내용의 성명을 발표하였다. 이어서 선교 재단의 기독교 학교들이 '공식적인' 절차를 통하여 한국인 또는 일본 재단에 이양되기 시작함으로써[89] 선교사들의 입지를 더욱 어렵게 만들었다.

이같은 분위기 속에서 마침내 1940년 10월 주경미영사(駐京美領事) 마쉬(G. Marsh)는 선교사들의 완전 철수를 명령하였으며, 이에 따라 그 해 11월 219명이 본국으로 귀환하였다. 일부 선교사들은 한국에 남아 선교활동을 계속하려고 하였지만 일제는 '반전기도일사건'(反戰祈禱日事件)과 같은 사건을 날조하여 이들을 박해하였고, 그 결과 1942년 6월 마지막으로 남아 있던 99명의 선교사들이 부산을

---

86) 한국기독교역사연구소, 앞의 책, pp. 278~279.
87) 이에 대해서는 한국기독교역사연구소, 《한국기독교의 역사 I》, pp. 169~176 참조.
88) 민경배, 《한국기독교회사》, p. 492.
89) 위의 책, p. 493.

떠나게 되었다.[90]

이로써 한국 교회는 선교사라는 보호막을 잃어버리게 됨으로써 이전보다 더욱 심한 일제의 간섭과 탄압을 받지 않을 수 없었다. 일제로서는 그동안 세계 여론을 등에 업고 활동하던 가시같던 존재인 선교사들이 사라짐으로써 한국 교회를 저들의 의도대로 좌지우지할 수 있게 되었던 것이다.

4. 각 교단의 해산과 친일어용교단의 성립

1943년 5월 장로교는 일본기독교조선장로교단으로, 그 해 8월 감리교는 일본기독교조선감리교단으로 각각 그 명칭을 바꾸었다. 동아기독교·성결교·안식교 등은 일제로부터 해산 명령을 받게 되었다. 그리하여 마침내 성결교와 안식교는 '미국에 종속되고 일본에 불충하였던 과오를 뉘우친다'는 취지의 성명을 발표하고 1943년 12월에 해산하였다.

그리고 마침내 한국의 모든 교파 교회들은 1945년 7월 일제의 강요에 의하여 일본기독교조선교단(日本基督敎朝鮮敎團)으로 통합되었다. 장로교 대표 27명, 감리교 대표 21명, 구세단 대표 6명, 그리고 5개 소교파 대표 각 1명씩이 모여 이 교단의 성립을 발표하였던 것이다. 초대 통리(統理)는 장로교의 김관식, 부통리는 김응태, 총무는 송창근 등이 총독부로부터 임명받았다. 그리고 이 교단에 속하지 않은 교역자들은 투옥되거나 강단에서 추방되었다.[91] 해방을 불과 몇 주 남겨놓은 시점에서 한국 교회가 교단적으로 친일어용화(親日御用化)되고 만 뼈아픈 상처를 입게 된 것이다.

---

90) 위의 책, pp. 493~494.
91) 위의 책, p. 506.

제 2 장 북한교회의 민족운동

1. 기독교인의 민족의식 형성

한국 기독교인의 민족의식 형성은 초기 기독교의 수용과 동시에 시작되고 있었다.[1] 개신교가 수용되기 시작한 한말(韓末)에 기독교인들의 민족의식이 형성되고 있었던 것이다.

초기 개신교인들의 경우 순수한 종교적 동기에서 교회에 들어간 경우도 있지만 사회적 정치적 요인에 의해 입교한 경우도 많았다.[2] 당시 봉건적 수탈구조에 의하여 신음하던 민중들은 선교사들의 치외법권이나 교회의 방패막이를 이용하여 봉건적 질곡에서 벗어나기 위해 입교하는 경우가 많았던 것이다. 당시의 신문에 그러한 현상이 잘 나타나고 있다.

> 서도관장들은 해 지방 백성의 재산을 어떻게 보호를 하여 주는지 그 지방 백성들의 말이 관장의 보호를 믿다가는 큰 낭패들을 보겠으니, 다시는 관장을 믿지 말고 외국교에나 들어가서 각기 생명과 재산을 보호받게 하자.[3]

이처럼 서북지역의 민중들은 생명과 재산을 보호받기 위해 봉건권력의 방패막이가 될 수 있는 교회에 들어갔던 것이다. 청일전쟁후에 신자가 급증하였다거나 동학교도가 관의 탄압을 피하여 교회에 들어가는 경우도 대부분 교회를 도피처 즉 '포도의뢰(逋逃依賴)할 곳'으로 인식하였기 때문이었다.[4] 따라서 당시의 교인은

---

1) 한국기독교역사연구소, 《한국기독교의 역사 I 》, 1989, p. 289.
2) 이만열, "韓末 기독교인의 민족의식 형성과정", 〈韓國史論〉 1, 서울대 한국사학회, 1973, pp. 18~19 참조.
3) 〈독립신문〉 1899년 8월 1일자.

생계를 위해 교회에 들어가는 '모식신자'(謀食信者, Rice Christian)[5] 또는 서양인의 힘에 의지하여 행세하려는 '양대인자세'(洋大人藉勢) 교인이라고 불리워지기도 하였다.

지식층의 경우는 개신교를 '개화문명'의 도구로 생각하여 입교하는 경우가 많았다. 그들은 위기에 처한 나라를 구하기 위해서는 강력한 근대국가가 필요하다고 보고 서구 문명의 근원을 개신교에서 찾았다.

> 서양 각국에 구세주를 숭봉하는 나라들은 하나님을 공경하고 사람을 사랑하는 고로 법률을 실시하고 정치가 문명하여 백성이 요족하고 나라가 부강하며 ……[6]

이처럼 서구가 부강한 원인을 개신교에서 찾은 개화지식인들은 속속 교회로 들어갔다. 이들은 대체로 유교적 소양을 몸에 지니고 있었으므로 기독교 신앙 자체도 매우 정치지향적 태도를 가지게 되었다.

이처럼 한말에 개신교에 입교한 사람들은 대체로 봉건적 압제에 시달렸던 사람들이거나 새로운 문명의 도입을 통해 근대국가를 건설하고자 하였던 사람들이라 할 수 있겠다. 따라서 이들의 개신교 신앙은 내세에 대한 믿음이나 영적 구원의 성격보다는 현실 문제를 해결하기 위한 사회정치적 성격이 강하였다. 그들의 신앙 속에서는 강렬한 반봉건의식과 개화지향적 태도가 엿보인다. 그들이 지녔던 반봉건 개화의식의 몇가지 사례를 살펴보자.

먼저 그들은 불법적인 인신구속에 대한 정당한 법절차를 요구하였다.

> 昨日에 耶蘇敎徒 李昌植 氏等이 平理院에 請願하기를 敎友 鄭雲復이가 自日渡韓 以來로 敎堂에 在하여 聖書를 飜譯하더니 무슨 事故인지 警廳에 被捉한지 月餘에 監獄署로 移送하였으나 一次 裁判도 아니하니 速卽 裁判하여 有罪卽當罪하고 無罪卽放送하라 하였더라[7]

법과 재판에 의하지 않고는 인신을 구속할 수 없다는 법치주의적 입장이 나타나고 있다. 개신교인들의 이러한 태도는 전통사회에서는 찾아보기 어려운 새로운 의식의 성장이었다. 또한 개신교인들은 관에 의한 재산약탈과 불법적인 세금징수에 저항하기도 하였다. 특히 서북지방의 개신교인들은 관찰사와 군수에게 재산을 이유없이 탈취당하자 내부대신에게 품목(稟目)하였고,[8] 부당한 세금징수에 대해

---

4) 이만열, 앞의 글, p. 22.
5) 白樂濬,《韓國改新敎史》, 연세대출판부, p. 175.
6) 〈독립신문〉 1898년 12월 24일자.
7) 〈황성신문〉 1900년 2월 28일자.

항거하였다.

> 黃州郡守 趙胤熙 氏가 該郡上納事로 度支에 請願하되 本人名下에 四萬兩愆納으로 縣錄하였으나 該錢은 前郡守 金完秀가 已該條上納으로 持去하여 考尺지아니하고 民未收라하기 文簿를 考準한 即 謂民未收는 戶排坊斂이라 金完秀가 本道觀察로 在任時에 派巡督捧하나 耶蘇敎人들이 謂之不當하고 頑拒한지라 現今 文簿調査 中 本人의 姓名으로 縣錄奏本하였다니 該公錢은 本人의 所當이 不可하다 하였더라.⁹⁾

개신교인들의 이러한 항거는 선교사들의 힘에 의존하려는 외세의존적 태도로 보이기도 하지만 봉건적 수탈에 대한 새로운 의식과 실천을 보여주는 것이었다. 어떤 지방관들은 개신교도들이 많은 서북지역의 고을에 수령으로 부임하는 것을 꺼리고 있었다.

> 이번에 새로 난 북도 군수 중에 어떤 유세력한 양반 한분이 말하되 예수교 있는 고을에 갈 수 없으니, 영남 고을로 옮겨달란다니 어찌하여 예수교 있는 고을에 갈 수 없나뇨. 우리교는 하나님을 공경하고 사람을 사랑하는 도라. 교를 참 믿는 사람은 어찌 추호나 그른 일을 행하며 관장의 영을 거역하리요. 그러나 관장이 만약 무단히 백성의 재물을 뺏을 지경이면 그것은 용이히 빼앗기지 아닐터이니 그 양반의 갈 수 없다는 말이 이 까닭인 듯……¹⁰⁾

위의 내용은 서북지방에서 급속히 성장하는 개신교의 힘과 그들의 반봉건의식을 선명히 보여주는 예이다.

이러한 반봉건적인 개화운동은 청일전쟁후에는 열강의 침략으로부터 나라의 이권과 주권을 보호하기 위한 '충군애국'(忠君愛國)운동으로 나타난다.

> 어저께 모화관에서 서울 야소교회 교원들이 대군주탄신경축회를 하였는데 사람들이 근 천명이나 모여 애국가를 하고 하나님께 기도하기를 성체안강하심과 조선인민의 부강함을 축수하고 전국인민이 동심협력하여 서로 돕고, 서로 자랑하여 아무쪼록 조선이 자주독립이 되고 인민이 타국인민과 같이 세상의 대접을 받고 학문과 재능이 늘며 …… 조선을 불쌍히 여겨서 태서 각국과 같이 복을 받게 도와줍소사 하고 여러 백명이 일심으로 머리를 숙이고 기도하는 것을 보니……¹¹⁾

---

8) 〈황성신문〉 1899년 10월 16일자.
9) 〈황성신문〉 1901년 12월 20일자.
10) 〈대한크리스도인회보〉 1899년 3월 1일자.
11) 〈독립신문〉 1896년 9월 3일자.

이것은 국왕·국가·조선인이 모두 잘되기를 기원하는 모임으로서 개신교가 결코 단순한 외국 종교가 아니라 민족과 나라를 위하는 종교임을 보여준 것이다. 이처럼 군주에게 충성하고 나라를 사랑하는 한말 개신교의 애국심 고양은 국기게양을 통해서 더욱 진작되었다. 이들은 성탄절과 교회명절에 십자기와 태극기를 좌우에 게양하였고, 기독교 계통의 학교행사에서도 태극기를 달고 애국가를 제창하였던 것이다.[12]

기독교인들의 정치적 각성이 더욱 심화되고 본격화된 것은 교인들이 정치단체에 가입하거나 동조하면서부터였다. 대표적인 것이 배재학당내의 협성회(協成會)와 독립협회 활동이다. 1896년 설립된 협성회는 배재학당내의 학생회로서 회의진행법의 교수와 시국토론을 목적으로 창립되었으나, 일반시민 및 관리들도 참여하여 전체 재적회원은 600명이나 되었다.[13] 이 회는 지방에 간혹 지회(支會)를 두기도 하였는데 한국교회의 요람지로 알려진 황해도 장연의 소래에서 개신교인 25명으로 협성회를 조직하여 서울 본부와 유대를 맺는 모습도 나타나고 있다.[14]

독립협회도 개신교와 깊은 관련을 갖고 있었다. 이 협회의 중심인물인 서재필과 윤치호(尹致昊)가 모두 개신교인이었고, 이상재(李商在), 남궁억(南宮檍) 등도 독립협회가 해산된 몇년 뒤에 개신교에 입교하여 개신교 민족운동의 중추가 되었다. 독립협회는 특히 지방에서 더욱 교회와 밀접한 연관을 보여주었는데, 관서지부의 경우 80여명이 회집하여 충군애국하는 모임을 가졌으며, 뒷날 기독교 지도자로 활약한 안창호(安昌浩), 한석진(韓錫晋), 방기창(邦基昌), 김종섭(金鍾燮) 등이 중심이 되어 활약하였다.[15] 특히 평양의 개신교인들이 독립협회운동을 적극 지원하고 있었다는 것은 다음의 기사에서 뚜렷이 나타난다.

> 평양 예수교인들이 모여 이번에 서울서 외국사람과 고문관을 해고한 일로 백성들이 종로에 모여 연설하고 독립관에서 의리에 죽기로 동맹한 일과 시폐를 들어 상소한 일이며, 정부에 몇번 편지한 일을 듣고 일제히 말하되 우리도 백성이 되어 이러한 충의 있는 일에 어찌 수수방관하리요, 서울 사람들이 옳은 일과 충절만 가지고 죽을 것 같으면 우리도 그 뒤를 좇아 백성의 직분에 마땅하다고들 하였다.[16]

평양과 인천의 경우와 같이 황해도에서도 기독교와 독립협회는 밀접한 관계를

---

12) 〈대한크리스도인회보〉 1899년 3월 22일자.
13) 《培材八十年史》, p. 196 ; 이만열, 앞의 글, p. 35.
14) 〈협성회회보〉 1898년 1월 8일자 ; 이만열, 앞의 글, p. 36.
15) 蔡弼近 編, 《韓錫晋 牧師와 그 時代》, 대한기독교서회, 1971. pp. 95~97.
16) 〈협성회회보〉 1898년 4월 2일자 ; 이만열, 앞의 글, p. 38.

갖고 있었던듯, 뒷날 정부에서 독립협회 회원들을 검속할 때 예수교인들을 잡아 가두라고 명령하고 있다.

> 黃主郡守 金完秀 報告內開에 本郡 昨年冬에 獨立協會亂類輩가 會集하여 民邑間 作弊가 多端하옵더니 至于陰曆十二月 初一日하야 府下로서 詔勅을 欽奉하신 內部訓令을 接準하시와 協會僞名을 一切革罷하되 頑拒不違하거든 該頭領을 捉囚馳報하시라는 訓令이 有하옵기로 등번令飭하온즉 協會之有名俱是悖類로 頑拒不違하옵기 該頭領 金相說과 亂民魁首 鄭亭九 等을 推捉하온대 今之協會는 卽前日之耶蘇敎人이라.[17]

이처럼 개항기에 수용된 개신교는 반봉건과 반외세라고 하는 당시 우리 민족의 시대적 과제에 일정한 기여를 하였다고 볼 수 있다. 다시 말해 이 시기의 개신교는 후에 좀더 조직적인 방법을 통해 기독교 민족운동이 전개될 수 있는 토대를 닦는 시기였다.

2. 통감부 시기의 민족운동

1. 정치결사운동

1905년 대한제국의 외교권이 일제에 의해 박탈되어 사실상 독립국으로서의 지위를 상실하게 되자 국권회복을 위한 구국운동이 본격적으로 진행되었다. 이것은 두가지 방향으로 전개되었는데, 하나는 교육과 산업을 육성하여 일제에 대항하자는 실력양성론에 입각한 '자강(自强)운동'이고, 다른 하나는 직접 무력투쟁에 의해 일제에 대항하자는 '의병운동'이었다. 당시 기독교는 주로 자강운동의 형태로 민족운동에 참여하였다. 대표적인 것이 독립협회와 만민공동회의 정신을 계승한 신민회(新民會)였다. 신민회는 자강운동기에 국권회복을 목적으로 창립된 전국 단위의 비밀결사이다. 신민회의 조직이 드러난 것은 1912년 105인 사건을 통해서이다. 105인 사건은 이 책의 다른 부분에서 상세히 설명하고 있으므로 여기서는 신민회에 대해서만 다루겠다.

1907년 4월 기독교인 안창호(安昌浩)의 발기에 의해 설립된 신민회는 양기탁(梁起鐸), 전덕기(全德基), 이동휘(李東輝), 이동녕(李東寧), 이갑(李甲), 유동열(柳東說),

---

17)《黃海道案》, 光武 三年(1900) 三月 十四日 觀察使 李垠鎔이 外部大臣 朴齊純에게 올린 報告文 ; 이만열, 앞의 글, p. 38에서 재인용.

안창호 등 7인의 창건위원이 중심이 되어 조직되었다.[18] 안창호가 귀국한지 2개월 만에 조직이 완비된 것이다. 이처럼 빠른 시일내에 신민회가 조직될 수 있었던 것은 '상동파'(尙洞派)라는 국내 조직이 존재하고 있었기 때문이다. 안창호를 제외한 창건위원 6인은 모두 당시 상동교회 교인이거나 상동청년학원과 직·간접으로 연관을 맺고 있었다.[19]

평남 강서 출신의 기독교인으로 미국에서 활동하던 안창호는 국내에서의 국권 회복단체의 필요성을 절감하고 입국하였다. 그는 당시 〈대한매일신보〉의 주필이자 국채보상기성회(國債報償期成會)의 총무로서, 민중의 지명도가 높은 기독교인 자강운동가 양기탁을 만나 신민회의 결성을 제의하여 마침내 조직에 착수하였다. 그리하여 총감독에 양기탁, 총서기에 이동녕, 재무에 전덕기, 집행원에 안창호가 추대되었고, 나머지 창건위원들은 각도의 총감(總監)을 맡았다.[20] 창건위원들은 신민회 조직후 곧바로 자신들의 영향력하에 있는 인사들을 가입시켰으므로 1910년경에는 회원이 거의 800명에 달하였다. 따라서 신민회는 당시 전국 최대의 비밀결사조직이 되었다.[21]

이러한 과정을 거쳐 창립된 신민회의 설립목적은 '부패한 사상과 습관을 혁신하여 국민을 유신케 하며 쇠퇴한 발육과 산업을 개량하여 사업을 유신케 하며 유신한 국민이 통일연합하여 유신한 자유문명국을 성립함'에 있었다.[22] 그러나 이러한 설립취지는 표면적인 것이었고, 궁극적으로는 상실되어 가고 있던 국권을 회복하기 위한 비밀결사로서 내적으로는 중세적 봉건왕조를 청산하고 근대적인 공화정을 설립하며, 외적으로는 외세의 침략을 물리친 후 명실상부한 자주독립국가의 수립을 목표로 삼고 있었다.[23] 이러한 목표를 지니고 있던 신민회의 입회는 매우 엄격한 심사기준과 까다로운 절차를 거쳐 비밀리에 진행되었다.[24] 그리고 엄선된 회원들은 종선(從線)으로만 연결되어 당사자 2인 이상은 서로 알지 못하게 하였고, 횡선(橫線)으로는 누가 누군지 모르게 하는 철저한 비밀조직이었다.

---

18) 윤경로,《105인 사건과 신민회 연구》, 일지사, 1990, pp. 180~181 참조.
19) 위와 같음.
20)《續編 島山 安昌浩》, pp. 134~145 ; 윤경로, 앞의 책, p. 187 참조.
21) 신용하, "신민회",《한국민족문화대백과사전》13, 한국정신문화연구원, 1991, p. 798.
22) "大韓新民會運用章程",《韓國獨立運動史 11》(資料), 國史編纂委員會, p. 1028 ; 한국기독교역사연구소, 앞의 책, pp. 295~296 참조.
23) 愼鏞廈, "新民會의 創建과 그 國權恢復運動",《韓國民族獨立運動史硏究》, 을유문화사, 1985, pp. 27~28.
24) 윤경로, 앞의 책, 1990, pp. 188~203 참조.

전국조직을 가진 신민회의 지방조직이 가장 활성화되었던 곳은 서북지방이었다. 앞서 말한 바 서북지역은 조선시대부터 늘 정치적으로 소외되어 왔던 역사적 특성과 아울러 지리적 조건 등으로 서북인 특유의 저항기질이 강하였으며, 거기에 기독교 교세의 확장 등의 요인이 작용하여 신민회 조직이 보다 쉽게 결성되었다.[25] 105인 사건에 기소된 123인의 출신지별 현황을 보면 다음과 같다.

〈표 Ⅲ-6〉 105인 사건 기소자 123인의 출신지별 분류[26]

도 명	인 원	계
평 북	선천(46) 정주(6) 납청정(24) 철산(4) 곽산(4) 의주(3) 용천(2)	89
평 남	평양(27)	27
황 해	신천(2)	2
경 기	서울(5)	5
계		123

위의 표를 보면 서북지방 가운데서도 특히 평양·선천·의주·정주·용천 등 비교적 기독교 교세가 강하였던 지역을 중심으로 조직이 결성되었음을 알 수 있다. 그리고 이들은 대체로 평안도의 교회와 대성(大成), 숭실(崇實), 일신(日新), 양실(養實) 학교의 교사와 학생, 그리고 근대적인 상공업 종사자였다.[27] 이들을 직업별로 살펴보면 교사 31, 학생 20, 상공업 종사자 50, 기타 전문업 10, 목사 6, 농업 6명으로 나타나고 있다.[28]

또한 기소자 123명을 종교별로 분류하면 〈표 Ⅲ-7〉과 같다. 서북지역은 기독교 세력이 강하였던 곳이므로 105인 가운데 기독교인이 93명으로 전체의 88% 이상을 차지하고 있으며, 특히 장로교는 기독교인의 87%를 차지하고 있다. 이것은 바로 서북지역이 장로교의 중심지였음을 반영하는 것이다.

평안남도의 신민회 조직원은 대부분 신민회 외곽 단체로 불리워지던 청년학우회(靑年學友會), 동제회(同濟會), 면학회(勉學會), 그리고 권장회(勸奬會) 등에 소속되어 서로 유기적 관계를 맺고 있었다.[29] 따라서 표면적으로는 이러한 단체 이름

---

25) 윤경로, "105인 사건에 연루된 상공업자 활동", 〈한국사연구〉 56, 1987, pp. 92~104 참조.
26) 윤경로, 앞의 책, 1990, p. 73 참조.
27) 윤경로, "新民會의 地方組織에 대하여", 〈漢城史學〉 4, 1987, pp. 3~10.
28) 윤경로, 앞의 책, 1990, pp. 79~80.
29) 윤경로, "신민회의 지방조직에 대하여", pp. 31~42.

〈표 Ⅲ-7〉 105인 사건 기소자의 종교별 분류[30]

종교명		인　　　　　명						계	
개신교	장로교	姜奎燦	姜鳳羽	郭泰鍾	吉鎭亨	金東元	金斗和	金鳳洙	81
		金溶燁	金應鳳	金益謙	金仁道	金燦五	金昌鍵	金昌煥	
		金泰軒	金賢軾	羅奉奎	羅昇奎	魯晶瓘	魯孝郁	朴贊亨	
		白夢奎	白夢良	白用錫	白日鎭	邊麟瑞	鮮于爀	鮮于燻	
		孫廷郁	宋子賢	申尙昊	申孝範	安光浩	安世桓	安　濬	
		安泰國	梁起鐸	梁甸白	梁濬明	梁濬熙	吳大泳	吳宅儀	
		玉觀彬	玉成彬	劉學濂	尹聖運	尹愿三	李德煥	李東華	
		李明龍	李鳳朝	李順九	李昇薰	李龍赫	李在熙	李　正	91
		李廷淳	李昌植	李昌錫	李春燮	李泰建	林冏燁	任道明	
		張寬善	鄭德燕	鄭益魯	趙德燦	趙永濟	朱賢則	池尙周	
		車均高	車利錫	車永俊	車熙善	崔德潤	崔聖柱	崔周杙	
		片康烈	洪規晃	洪成麟	洪成益				
	감리교	金應祚	徐基禮	安慶祿	尹致昊	林蚩正	鄭周鉉		6
	조합교	羅一鳳	張膺震						2
	기 타	金時漸	李根宅						2
천 주 교		李基唐	安聖濟						2
천 도 교		金一濬	白南俊						2
無　　教		金龍五	羅義涉	吳學洙	柳東說	李圭葉	李秉濟	李載允	10
		林秉行	鄭元範	崔聖民					
계									105

으로 각종 행사와 구국계몽활동을 추진하였으므로 신민회의 조직은 드러나지 않았다. 특히 대성학교의 교사와 학생이 중심이 된 청년학우회의 활동은 매우 활발하였다.[31]

평안남도의 신민회 조직이 평양을 중심으로 한 단선적인 조직인데 비해 평안북도의 경우는 선천의 신민회 조직 산하에 곽산·철산·의주·용천 등지의 분회조직과 정주·납청정(納淸亭) 등의 주요 도시에 폭넓은 조직망을 갖추고 있었다.[32] 인맥으로 보면 이승훈을 정점으로 양준명(梁濬明), 이용혁(李龍赫), 선우혁(鮮于爀)

---

30) 윤경로, 앞의 책, 1990, p. 89에서 재인용.
31) 윤경로, "1900년대 한국교회와 민족운동", 《한국근대사의 기독교사적 이해》, 역민사, 1992, pp. 33~34.
32) 윤경로, "신민회의 지방조직에 대하여", pp. 10~26.

등이 평북지방의 조직을 총괄하였다.[33] 그리고 평북지방 신민회는 평남과 달리 주로 상공업자들로 구성되었다. 평남의 조직이 평양내의 대성학교 등 3개 학교와 이를 후원하는 지방유지들로 구성된 데 반하여 평북의 경우는 도내에 흩어져 활동하고 있던 상공업자가 주축이 되고 그 산하에 지방학교의 교사와 학생들이 활동하고 있었다. 요컨대 평남의 경우 최광옥·장응진·차이석·변인서 등 주로 교육계 인사가 중심이 된 데 비하여, 평북의 경우는 행동반경이 넓은 상공업에 종사하고 있던 이승훈·양준명·이용화·홍성린 등의 인맥으로 결성되어 있었다.[34] 이외에 평남지방에 비해 평북지방의 조직은 중간층이 좀더 두터웠다는 특징도 지니고 있다.

1910년 일제의 '병합'을 전후하여 신민회의 지도급 인사들은 중국 청도(靑島)와 해삼위(海蔘威)에서 향후 독립운동노선 설정을 위한 논쟁을 벌였다.[35] 안창호로 대표되는 온건파는 우선사업으로 간도 노령지역에 흩어져 있는 교포들을 모아 농지개척 등을 통해 경제적 기반을 건설하자는 주장을 폈고, 반면 유동열로 대표되는 급진파는 신문·잡지 발간을 통해 교민들의 민족의식을 고양시키는 사업이 더욱 시급하다는 입장을 취하였다. 이처럼 양측은 온건론과 급진론의 입장에 서 있기는 하였지만 양측 모두 당장의 무장투쟁론 내지 독립전쟁을 주장한 것은 아니었다.[36] 이것은 신민회의 지도급 인사와 일반회원 대부분이 기독교인이었다는 사실과 무관하지 않을 것이다. 기독교의 성격상 무력투쟁의 방식은 받아들이기 힘들었기 때문이다. 이러한 측면에서 볼 때 점진적인 실력양성론과 친화성을 가진 신민회 운동은 기독교 민족운동, 특히 서북 기독교 민족운동의 하나로 자리매김할 수 있을 것이다.

2. 항일무장운동

신민회의 활동이 실력양성론의 입장을 강하게 띤 운동이었던 데 비해 일부 기독교인들은 과격한 방법을 사용하여 일제에 대항하였다. 물론 무력을 사용하여 항일운동이나 독립운동에 참여한 기독교인의 숫자는 많지 않았다. 그 이유는 앞서 이야기하였듯이 무장투쟁이 기독교 정신과 조화되기 어렵다고 생각하였기 때문일 것이다. 그러나 일제의 부당한 침략에 맞서 무력을 사용한 기독교인들의 행

---

33) 위의 글, p. 25.
34) 위의 글, p. 26 참조.
35) 蔡根植,《武裝獨立運動秘史》, 민족문화사, 1985, p. 47 ; 윤경로, 앞의 책, 1992, p. 37 참조.
36) 주요한,《安島山全書》, p. 856.

위는 기독교 민족운동의 하나로 간주될 수 있을 것이다.

항일무장투쟁에 가담하였던 기독교인은 대체로 정치사회적 추이에 민감하였던 서울과 서북계 출신, 그리고 해외에 망명중이던 신지식층이 중심을 이루고 있었다.[37] 이들은 대체로 당시의 교단이나 교회조직 등에 얽매이지 않은 '개별성'이 강한 기독교인들로서 이른바 '제도교회'의 교인들은 아니었다. 그리고 교회를 통해 근대적인 문명에 눈을 뜨게 되었고 기독교 정신을 통해 민족의식과 자주독립사상이 고취된 인물들이었다.[38]

서북계인이 참여한 기독교인의 무장투쟁은 '보호조약' 후에 본격적으로 나타나기 시작하였다. 1905년 11월 27일 평양의 기독교인인 최재학(崔在學), 이시영(李始榮) 등이 상경하여 을사조약의 철폐와 오적의 처단을 요구하는 상소(上疏)운동을 하였다.[39] 이들은 당시 기독교 민족운동의 구심체 역할을 하고 있었던 서울의 상동청년회와 일정한 관련을 맺으면서 상소운동을 벌였다. 이들이 상소를 위해 대한문 앞으로 나아가자 일본 헌병대가 이들을 체포하여 경무청으로 잡아갔다. 그러자 남은 사람들은 상소 대신 종로에서 가두연설을 하기로 하였다. 11월 30일 평안도 출신의 김하원(金河苑), 김홍식(金弘植), 이기범(李基範), 차병수(車炳修) 등은 '2천만 동포에게 보내는 글'(警告我二千萬同胞之文)이라는 유인물을 종로에 뿌리고 모여든 군중 앞에서 연설하였다. 이에 일본 경찰들은 착검을 하고 총을 쏘며 이들을 해산시키려고 하였다. 그러자 일부 군중들은 폐허가 된 상점에 숨어 돌을 던지며 대항하였다.[40] 이러한 상소운동이나 시위운동이 진행되면서 친일파, 매국노, 침략원흉, 경찰서 등에 대한 보다 과격한 테러와 폭파행위가 나타났다. 당시 서북계 기독교인의 대표적인 암살사건에 대해서 살펴보자.

1) 장인환(張仁煥)과 전명운(全明雲)의 스티븐스(D. W. Stevens) 저격사건

미국인 외교관이었던 스티븐스는 구한말 외부고문으로 있으면서 일제통감부의 대외정책을 선양하는 등 극히 친일적인 입장을 취하였다. 그는 1908년 3월 21일 휴가차 미국에 귀국하여 "한국황실과 정부는 부패하였고 한국인은 우매하여 독립할 자격이 없다"라는 요지의 기자회견을 가졌다.[41] 이 사실에 격분한 재미 한인단체인 공립협회(公立協會) 등에서는 그를 찾아가 기자회견 내용을 철회할 것을 요

---

37) 한국기독교역사연구소, 앞의 책, p. 333.
38) 윤경로, 앞의 책, 1992, p. 39.
39) 鄭喬,《大韓季年史(下)》, p. 91 ; 金九,《白凡逸志》, pp. 162~163 참조.
40) 한규무, "구한말 상동청년회의 설립과 활동", 서강대 대학원 석사학위논문, 1988, p. 19.
41) 〈대한매일신보〉 1908년 3월 25일자 雜報, "知分者當守口" 참조.

구하였다. 그러나 그의 태도에 조금도 변화가 없자 격분한 공립협회 회원들 가운데 다수가 그를 총살할 것을 주장하였다. 마침내 그해 3월 23일 전명운이 권총으로 스티븐스에게 발사하였으나 불발하여 둘이 엉키어 있을 때 평양 출신의 독실한 기독교인이었던 장인환이 다시 발사하여 스티븐스는 치명상을 입었고 이틀후에 사망하였다.[42] 이 사건은 세계언론에 대대적으로 보도되어 장인환은 살인범으로 재판에 회부되었으나 종신형으로 감형되었다가 1924년 석방되었다.[43] 이 사건은 물론 미국에서 일어난 사건이기는 하나 서북출신의 독실한 기독교도에 의해 일어난 사건이므로 기독교 무장항일운동의 하나로 볼 수 있을 것이다.

2) 안중근(安重根)과 우연준(禹連俊)의 이토(伊藤) 암살사건

1909년 10월 26일 오전 9시경 안중근은 조선침략의 원흉으로 꼽히던 이토를 저격하였다. 당시 이토는 일본의 '조선병합'에 대한 러시아의 양해를 얻기 위한 목적으로 러시아 순방을 마치고 귀국 도중에 있었다. 이 때 황해도 해주 출신의 독실한 천주교도인 안중근이 하얼빈역에 하차하는 그를 권총 4발로 명중시켜 즉사시켰다. 안중근은 젊은 시절에 실추된 국권을 회복하기 위해 대학설립을 추진하려고 하는 등 철저하게 민족주의적인 신앙을 지니고 있었다.[44]

그런데 이 거사는 안중근이 단독으로 준비한 것이 아니라 개신교 신자인 우연준과 함께 준비한 사건이었다. 충북 제천 출신의 우연준은 상동교회에서 민족운동과 신앙에 접한 후 블라디보스토크로 망명하여 청년교육 사업과 항일의병운동을 전개하던 중 1908년 안중근을 만났다.[45] 두사람은 의기투합하여 이토 암살계획을 비밀리에 진행하였다. 1909년 10월 이토의 러시아 순방이 지상에 발표되자 그들은 채가구(蔡家溝)와 하얼빈을 저격장소로 선정하였다. 처음에는 우연준이 하얼빈쪽을 맡기로 하고, 안중근이 채가구쪽을 맡기로 하였다.[46] 그러나 마지막 순간에 안중근이 자신이 하얼빈쪽을 맡겠다는 주장에 따라 뒤바뀌게 되었다. 이토가 타고가는 특별열차가 채가구를 지나는 시각은 새벽 6시 30분경이었으며 하얼빈 도착 예정 시간은 오전 9시 경이었다. 따라서 이토가 하차할 가능성은 하얼빈쪽이 높았고, 예상은 적중하였다. 우연준이 지키고 있던 채가구지역은 하차없이 통과하였다. 그러나 9시가 지나자 곧 채가구 역에 대기하고 있던 우연준은 러시아 헌병

---

42) 이덕주, "스티븐스 암살사건", 〈韓國基督敎史硏究〉 11, p. 14 참조.
43) 김택용, 《재미한인교회 75년사》, 1979 참조.
44) 윤경로, "安重根思想硏究", 〈민족문화〉 3, 漢城大學 民族文化硏究所, 1985, pp. 69~72 참조.
45) 〈警視의 訊問에 대한 禹連俊의 供述〉(1), 《한국독립운동사 7》(자료), pp. 392~393.
46) "禹德淳先生回顧談", 《安重根先生公判記》, pp. 209~211.

에게 체포되었다. 그 이유는 이토 암살로 인한 한인들의 체포령이 내려졌기 때문이었다. 따라서 그는 안중근의 거사가 성공하였음을 알았고 그 순간 '코레이시케 우라!'라는 러시아말로 '대한만세'를 외쳤다.[47]

안중근이 암살을 결심하게 된 주요한 동기의 하나는 기독교의 정의와 평화정신에 의한 것이었다. 암살 직후 신문조서에서 답한 내용은 그의 그러한 신앙을 잘 보여준다.

> ……성서에도 사람을 죽임은 죄악이라고 되어 있다. 그러나 남의 나라를 탈취하고 사람의 생명을 빼앗고자 하는 자가 있는 데도 수수방관한다는 것은 죄악이므로 나는 그 죄악을 제거한 것 뿐이다.[48]

그는 이토의 살해계획을 세운 후 항시 기도하였고 신문과정에서 이토가 사망하였다는 사실을 확인하자 '하나님께 감사드린다'라고 하며 가슴에 십자가를 그리며 '대한만세'를 외쳤다. 이 거사를 앞두고 그는 매일 아침마다 하나님께 기도를 드렸으며 사건 당일도 하나님께 기도하며 무엇인가 소리를 내어 읽었으며, 그의 가방 속에는 성경이 들어 있었다고 한다.[49]

3) 이재명(李在明)의 이완용(李完用) 암살사건

비록 안중근처럼 저격에 성공하지 못하고 미수에 그치기는 하였지만 국내에서 기독교인에 의해 거행된 또 하나의 항일 테러사건이 있다. 이재명이 이완용을 암살하려다 미수에 그친 사건이다. 이재명은 평북 선천 출신으로 평양 일신학교를 졸업한 후 1905년 안창호의 도움으로 도미하여 공립협회 회원으로 활약하였다. 1907년 귀국한 후 시베리아와 블라디보스토크를 여러 차례 왕래하면서 이토를 살해할 기회를 엿보던 중 안중근 사건에 접하였다. 그러므로 그는 다시 국내에 잠입하여 이완용·이용구·송병준 등 매국노에 대한 응징을 계획하였다.[50]

1909년 12월 23일 지금의 명동천주교성당 앞 고개 마루에서 벨기에 황제 추도식에 참석한 후 인력거에 오르려는 이완용을 향해 군밤장수로 변장하여 대기하던 이재명이 달려들었다. 그는 준비해온 칼로 이완용의 어깨와 허리를 세번 찔렀으나 마부의 제지를 받아 미수에 그치고 말았다.[51]

---

47) 위와 같음.
48) "被告人 安應七 第10會 訊問調書",《한국독립운동사 6》(자료), p. 284.
49) 井田泉, 앞의 글, p. 142 ; 한국기독교역사연구소, 앞의 책, p. 338 참조.
50) 윤경로, 앞의 책, 1992, pp. 46~47 참조.
51) 〈대한매일신보〉 1909년 12월 23일자.

이 사건은 이재명이 단독으로 행하기는 하였지만 준비과정에는 다수의 기독교인이 관계되었다. 즉 1909년 6월 평양 태극서관에서 안창호·이동휘·이갑·임치정·유동열·안태국 등 신민회 간부들이 비밀집회를 열어 거사를 계획하였다. 이 자리에서 안창호는 '부모처자의 번루(煩累)는 물론 자신을 포기할 수 있는 담대한 자이어야만 그 목적을 달성할 수 있다'고 하며 결행 적임자의 선정에 신중을 기할 것을 주지시켰다고 한다. 바로 이 때 이재명이 나서 '미국에서 돌아온 후 고심은 오로지 암살하려는 데 있었다. 나는 부모처자도 없고 자산도 없으니 안선생님의 희망에 부합한다. 나에게 그 일을 맡겨 주기 바란다'고 하여 선정되었고 이어 그를 도울 결사대 20명이 선발되었다고 한다.[52]

이러한 기독교인들의 암살과 테러행위는 대체로 개인적인 차원에서 이루어졌다. 그러나 일제하에 들어서는 만주·노령 등지를 무대로 하여 더욱 조직적이고 집단적인 항일무장투쟁이 전개되었다.

3. 항일경제운동

기독교인들의 항일무장투쟁이 기독교계의 민족지도급 인사들에 의한 정치운동의 성격을 띠었다고 한다면, 항일경제운동은 토착자본을 규합하여 일본의 경제적 침투에 대항한 경제적 투쟁이자 생존권 운동이었다.[53]

기독교인들에 의한 항일경제운동은 서북지방에서 가장 활기차게 진행되었다. 서북지방은 지역적 특성, 입지조건, 정치적 소외 등의 요인으로 인해 일찍부터 다른 지역에 비하여 상공업이 발달한 곳이었다.

청일전쟁 이전까지만 해도 청나라와 일본의 경제적 침투는 심각하지 않았다. 그러나 전쟁이 일본의 승리로 굳어지면서 일본 상인들이 대거 침투하여 개항장 주변의 도시는 물론 내지(內地)까지 일본 상인들의 점포가 개설되어 한국 상인들의 상권을 잠식하였다. 일본 상인들의 상권 침투현상은 1904년 러일전쟁을 계기로 더욱 가속화되어 본격적인 식민지 경제침탈이 자행되었다. 특히 러일전쟁중 군용지 확보와 경의선 철도부설사업의 명분으로 경의선 연변의 농토와 가옥 등이 강제 수용되어 이 지역 주민들은 '태반이 실소(失巢)에 처하여 길가로 쫓겨나는' 처지가 되었다.[54]

---

52) 國友尙謙,《不逞事件シテ親クル朝鮮人》, pp. 38~41 ; 한국기독교역사연구소, 앞의 책, p. 343 참조.
53) 윤경로, 앞의 글, 1992, p. 48.
54) "平壤監理報告書"(議政府訓令 第15號, 1906. 5. 8) ; 윤경로, 앞의 글, 1987, p. 96

이러한 상황에서 기독교계의 경제적 항일민족운동은 두가지 형태로 전개되었다. 하나는 열악한 소규모의 토착자본을 규합해서 강력하게 침투해오는 일제의 자본과 상품에 대항할 만한 민족기업 육성책이었고, 다른 하나는 일본상품에 대한 불매(不買)운동과 시장세 등 잡세징수에 대한 항세(抗稅)운동이었다.[55] 전자는 주로 신민회에 의해서 주도된 민족자본 형성책이었고, 후자는 당장 생존권에 위협을 받는 소상공업자들 사이에서 자구책으로 표출된 항일경제운동이었다. 또한 전자는 종교성을 초월한 민족운동적 차원에서 추진된 것이라고 한다면 후자는 순수 기독교인 중심의 운동이었다고 할 수 있다.[56] 한편 통감부 시기에 일어난 국채보상운동도 이 시기의 항일경제운동에 포함될 수 있다.

1) 민족기업 육성책

한국교회는 민족적 성격을 띤 기업가들과 일정한 연관을 맺음으로써 경제적 민족운동에 합류하였다.[57] 1908년 이후 서북지방의 토착자본가 및 상공업자로 구성된 신민회 인사 중심의 항일경제운동은 그러한 흐름속에서 나타났다. 대표적인 단체는 용천 양시(楊市)에 설립된 상무동사(商務同事)와 선천의 상무동사총지점(商務同事總支店), 그리고 정주 남청정에 설립된 협성동사(協成同事)였다.[58] 이들 상사는 본래 수입상품을 주로 취급하던 토착상인들이 단합하여 만든 단체였다. 또한 오늘날의 주식회사처럼 일정한 출자금을 받아 이윤을 배당하는 회사형태를 취하였다. 선천의 상무동사총지점의 출자자는 백여명에 달하였으며, 이 때 모인 자본금은 오늘날의 금액으로 환산하면 9천만원에 달하였다.[59] 창설 1년후 이윤배당을 실시한 바 있으며 주주총회를 갖기도 하였다.[60] 상무동사는 1909년 말부터 1910년 5월 사이에 인천에 지점을 개설하고 있던 이태리계 무역상사인 파마양행(巴馬洋行)과 직수입 무역거래를 시도하기도 하였다. 그 거래량은 총 1만 5천원에 달하였으며 먼저 선수금으로 4천 5백원을 지급하는 등 대규모의 무역업이었다.[61] 그러나 일제측이 이 계획을 '일본상품 배척운동'으로 단정하면서 방해하였기 때문에 실천에 옮겨지지는 못하였다.[62]

참조.
55) 윤경로, 앞의 책, 1992, p. 50 참조.
56) 위의 책, p. 51.
57) 노치준,《일제하 한국기독교 민족운동 연구》, 한국기독교역사연구소, 1993, p. 242.
58) 신용하, 앞의 책, 1985, p. 89.
59) "梁濬明 京城覆審 第9會 公判始末書"; 윤경로, 앞의 글, 1987, p. 107 참조.
60) 〈대한매일신보〉 1909년 2월 28일자.
61) 國友尙謙, 앞의 책, p. 115 ; 한국기독교역사연구소, 앞의 책, p. 347 참조.

이상과 같은 일련의 민족자본 형성을 위한 계획은 이승훈이 제창한 이른바 '관서자문론'(關西資門論)[63]에 잘 나타나 있다. 이승훈은 경제적 자립이 전제되지 않고는 실추된 국권회복이 불가능하다고 보았다. 따라서 전국적인 토착자본의 규합을 위한 선행작업으로 서북지방의 토착자본을 하나로 규합하기 위한 관서자문론을 제창하였다.[64]

이승훈은 관서자문론의 구체적인 실천 방안으로 평양 마산동에 자기(磁器)주식회사의 설립을 추진하였다. 그래서 1908년 2월 평양 관동(貫洞)에서 자본금 6만원에 달하는 대규모의 자기회사 설립을 목표로 하여 한 주당 50원씩인 주식 1,200주를 1차로 공모하였다.[65] 그러나 민족사업 육성의 한 표본으로서 추진된 이 사업은 1910년 12월 현재 8백주만이 소화되었을 뿐 그 이상은 진척을 보지 못하였다. 나머지 4백주를 만주(滿株)시키기 위해 이승훈은 갖은 노력을 다하였으나 결국 이를 달성하지 못하였다.[66] 따라서 회사설립 1년반이 지나도록 실제 판매에 이르지 못한 채 이승훈이 105인 사건에 연루되어 구속됨으로써 결국 이 사업은 중도에서 좌절되고 말았다.[67] 그러나 이 사업이 항일민족운동사적인 차원에서 지니는 의의는 컸다. 배일의식이 강하였던 많은 젊은이들이 이 회사에 입사하여 민족의식을 공고히 하였으며 다수의 신민회원이 여기서 배출되고 양성되었기 때문이다.[68]

2) 항세운동 및 불매운동

항세운동 및 일본상품 불매운동은 좀더 직접적이고도 현실대응적인 항일경제운동이었다. 규모와 조직면에서는 민족기업 육성운동에 미치지 못하였으나 운동의 양태는 대단히 격렬하였으며 실천성이 더욱 강한 면을 갖고 있었다.

① 항세운동

1905년 일제 통감부는 가옥세·연초세·주세 등 새로운 각종 세금을 신설하였

---

62) 國友尙謙, 앞의 책, pp. 371~372 ; 한국기독교역사연구소, 앞의 책, p. 347 참조.
63) 윤경로, "신민회와 남강의 경제활동연구",《南岡 李昇薰과 民族運動》, 南岡文化財團, 1988, pp. 96~100 참조.
64) 金道泰,《南岡 李昇薰》, 文敎社, 1950, pp. 42~46 ; 金亨錫, "南剛 李昇薰 硏究",〈東方學志〉46·47·48 합집, p. 635.
65)〈대한매일신보〉1908년 10월 16일자.
66) "李昇薰 京城覆審 第21會 公判始末書",《한민족독립운동사자료집 1》, 국사편찬위원회, p. 303 ; 윤경로, 앞의 책, 1992, p. 52 참조.
67) 윤경로, 앞의 책, 1992, p. 52.
68) "姜鳳羽警察訊問調書(第11號)",《한민족독립운동사자료집 3》, pp. 36~37 ; 윤경로, 앞의 책, 1992, p. 52.

다. 그 이유는 일제가 식민지 한국을 통치하기 위해서는 관료기구의 유지, 경찰조직의 강화, 교통 및 통신 기관의 완비 등에 막대한 재정자금을 필요로 하였기 때문이다. 당시 기독교인들은 이러한 세금이 한국을 망하게 하는 것이라고 주장하면서 세금불납운동을 전개하였다.[69]

함북 경성(鏡城)군 서면(西面) 신향동(新鄕洞)의 기독교인들은 연초경작세·주세 등을 징수하러 온 일인 경찰에게 폭행을 가하였고, 나아가 일제의 전제적인 법령 및 가혹한 세금에는 복종할 수 없다고 주장하였다.[70] 한편 성진에서는 선교사 그리어슨(R. G. Grierson)과 로스의 지시에 따라 기독교인들이 각종 시장세에 대한 불납운동을 전개하였다. 진남포에서도 장로교인들이 배일사상을 앞세워 "통감부의 신세(新稅)는 나라를 망하게 한다"는 주장을 널리 유포시켰다.[71]

1909년 4월 일제는 통감부령으로 시장세를 제정, 공포하여 이를 강제로 징수하고자 하였다. 이에 기독교인을 중심으로 한 상인들이 일제히 이를 거부하는 항세운동을 전개하였다. 일명 '백일세(百一稅)사건'[72]이라고도 지칭되는 이 사건은 평남 순천에서 가장 격렬하게 일어났다. 순천에서 시장세를 징수하기 시작한 것은 1909년 11월이었다. 상인들은 이 부당한 고율과세를 공개적으로 비난하면서 납세를 거부하였다. 이에 일본인 재무담당 노자와(野澤)는 순천 상무회 위원 최봉환(崔鳳煥) 장로를 불러 납세를 요구하였으나, 그는 철시(撤市)로써 항의하였다.[73] 그후 상인들은 납세거부 투쟁을 좀더 조직화하여 철시투쟁을 계속하였다. 1910년 1월 29일 다시 시장이 섰을 때 노자와가 다시 상인들에게 시장세를 요청하였다. 이 때 한국 상인이 납세를 거부하자 그의 갓을 찢어버리면서 세금을 강탈해 갔다. 이에 격분한 한국 상인들이 항의하자 노자와는 투석하는 한국인들에게 발포하여 6명을 사살하고 12명을 사상하였다. 이에 흥분한 군중들이 관아에 방화하고 일인들을 살해하였다.[74] 또 3,000명의 순천 군중들은 요소에 경비원을 두어 일인의 도망을 막으면서 일제의 순사주재소, 일인잡화상, 일본 상인들의 공동점포, 약종화점(藥種貨店), 매약점 등을 파괴하였다. 이 사건으로 순사주재소가 소실되고, 농사시작소 주임, 우편취급소장 및 다수의 일인들이 살해되었다. 이에 일제는 헌병과 경

---

69) 徐紘一, "韓末 基督敎人들의 反植民運動 — 平南 順天의 市場稅 反對鬪爭을 중심으로", 〈韓國基督敎史硏究〉 10, 1986. 10, pp. 7~8.
70) 서굉일, 위의 글, p. 8.
71) 이만열, 앞의 글, 1973, p. 67.
72) 모든 상품의 매상고에서 백분지일을 징수한다는 것이었기 때문에 이러한 명칭이 붙었다.
73) 서굉일, 앞의 글, p. 14.
74) 위의 글, p. 14.

찰을 동원하여 99명의 순천 시민을 체포하고 26명을 평양지법에 기소하였다.[75] 이 사건이 순천 기독교인과 밀접한 연관을 가지고 있음이 아래의 보고서에서 잘 나타나고 있다.

> 이번 順天 暴動事件의 主謀者 魁首 崔鳳煥은 耶蘇長老派 順天 支敎會 主宰者로서 그 追從者 敎人 김성오·최진환 등 2人의 輔弼을 받고, 執事 최학성과 더불어 事件을 계획하였는데, 특히 김성오·최학봉은 商民會의 會員으로 출석하는 자이다. 또한 이들은 支敎會 信者 男女 161人과 매주일마다 회동하여 평소 排日사상을 고취하였다.[76]

이처럼 순천의 항세운동은 기독교인과 순천 시민의 항일의식이 그 근본동인으로 작용하여 일어났다.

일제는 훗날 이러한 서북지역에서의 항세운동을 가리켜 "교회에 희사금으로 1년에 16만원씩이나 기쁜 마음으로 내는 자들이 1~2전 하는 시장세에 불만을 품고 폭동을 일으키는 것은 미국인들의 종용에 의한 것이다"라고 하며 기독교인의 항일경제운동을 비난한 바 있다.[77]

② 불매운동

한국 상인들로 조직된 상회나 상업회의소를 중심으로 추진된 일본상품 불매운동은 집단적으로 행해져 회원중에서 이를 위반할 시에는 징계를 가하기도 하였으며, 이에 대해 정부의 압력이 가해질 때는 집단철시 등의 실력행사로 대응하기도 하였다.[78] 개성과 같은 곳에서는 한국 상인들의 결집력이 대단히 강력하였음을 전해 주고 있을 뿐만 아니라 서북지방에서는 목욕탕 이용에서도 "일탕(日湯)이 4전 하는 것을 이용하지 않고 오히려 7전씩 하는 한탕(韓湯)으로 몰려들었고 거리에서는 한인과 일인간에 싸우는 것을 매일같이 볼 수 있었다"고 한다.[79]

3) 국채보상운동

1907년 2월 대구에 있던 출판사 광문사(廣文社)의 사장 김광제(金光濟)와 부사

---

75) 위와 같음.
76) "順天騷擾事件의 狀況",《한국독립운동사 1》, 국사편찬위원회, p. 968 ; 서굉일, 앞의 글, p. 12.
77) 國友尙謙, 앞의 책, pp. 323~324 ; 윤경로, 앞의 책, 1992, p. 53.
78) 윤경로, 앞의 글, 1987, p. 95.
79) 국사편찬위원회,《한국독립운동사 1》, p. 1023.

장 서상돈(徐相燉) 등이 중심이 되어 발족시킨 국채보상기성회(國債報償期成會)가 모체가 되어 국채보상운동이 일어났다.[80] 이 운동의 취지는 당시 일본에 빚지고 있었던 국채를 국민운동적 차원에서 갚자는 것이었다. 1906년 통감부 설치 이래 일본으로부터 들여온 차관이 1907년 현재 1,300만원에 달하고 있었다. 이러한 국채를 갚지 아니하고는 자주적인 국권회복운동은 불가능하다는 인식에서 국민성금운동으로 추진되었다. 구체적인 방법은 2천만 국민 모두가 3개월 동안 금연(禁煙)하여 돈을 모아 부채를 갚자는 것이었다.

기독교계는 전도운동의 일환으로 이 운동에 적극 참여하였다. 국채보상운동본부를 서울의 황성기독교청년회(YMCA)에 설치한 후 각종 강연회와 토론회·음악회·사경회 등을 개최하여 교인대상으로 모금운동에 나섰다. 또 각 지방에서도 이 운동을 위해 기독교단체가 조직되었는데, 북한지역의 대표적인 단체는 선천의성회(宣川義成會), 안악국채보상 탈환회(脫環會) 등이었다.[81] 황해도 장연군에서는 기독교 학교 여학생 최씨가 은가락지를 바치고, 평남 덕천군에서는 기독교인 김문근 씨의 연설로 많은 지지자들을 얻었으며, 황해도 재령군에서는 기독교 학교 여중학생들이 하루저녁에 50원에서 60원을 모금하였으며, 역시 장연군에서는 국채보상운동을 듣던 기독교 학교 학생 30여명이 방청하다가 각자 눈물을 터뜨리면서 의연금을 다투어 내기도 하였다. 원산에서도 기독교인들은 물론 기독교 학교까지 이 운동에 적극 참여하였다.[82]

전국 각지에서 모금운동을 통해 모아진 성금은 1908년 5월말 현재 총 231만원에 달하였다.[83] 이러한 운동의 확산에 당황한 일제는 와해공작을 꾸미기 시작하였다. 그 일환으로 당시 이 운동을 주도하고 성금의 일부를 보관하고 있던 〈대한매일신보〉의 총무 양기탁이 국채보상의연금을 횡령하였다는 허위사실을 조작하여 그를 재판에 회부하였다.[84] 그는 무죄로 석방되었으나 일제에 의한 집요한 방해공작으로 운동주체들간에 분열이 일어나면서 결국 이 운동은 좌초되고 말았다.

---

80) 崔埈, "국채보상운동", 《한국민족문화대백과사전》 3, p. 763.
81) 〈대한매일신보〉 1907년 3월 14일자 ; 崔埈, "國債報償運動과 프레스캠페인", 《韓國新聞史論攷》, pp. 106~131 참조.
82) 〈대한매일신보〉 1907년 3월 14일자~6월 28일자.
83) 한국기독교역사연구소, 앞의 책, p. 350.
84) 윤경로, "양기탁의 생애와 항일민족운동", 〈국사관논총〉 10, 국사편찬위원회, 1989.

3. 무단통치와 3·1운동

1910년 일제는 '한일합병조약'을 강요하여 한국을 완전히 병탄함으로써 총독부와 헌병경찰제에 기초한 잔혹한 무단통치를 실시하였다. 이러한 폭압적인 무단통치하에서는 본격적인 정치적 민족운동이 불가능하였다. 따라서 많은 우국지사들은 울분을 머금고 해외로 망명하여 독립운동의 역량을 키웠고 무단통치하의 국내에 남았던 사람들은 대체로 비밀결사나 의열투쟁의 형태로 민족운동을 전개하였다. 당시 북한지역의 기독교인들이 참여한 대표적인 비밀결사운동으로는 송죽회(松竹會), 조선국민회(朝鮮國民會), 대한애국부인회(大韓愛國婦人會)가 있었으며, 대표적인 의열투쟁가로는 강우규(姜宇奎)와 박치의(朴致毅)가 있었다.[85] 그러나 전민족적인 차원에서 일제의 무단통치에 저항한 것은 3·1운동이었다.

1. 비밀결사운동과 의열투쟁

1) 비밀결사운동

송죽회(松竹會) 1913년 평양 숭의여학교의 교사 김경희(金敬喜)와 황에스더, 그리고 졸업생 안정석(安貞錫)은 약 20여명의 재학생을 선발하여 송죽회를 조직하였다. 기독교인들이 중심이 된 송죽회는 본부를 평양에 두고 각 지방에 산하조직을 결성하였다. '송죽결사대'라고도 불리웠던 송죽회는 항일독립군의 자금지원, 망명지사의 가족돕기, 독립을 위한 회원들의 실력양성을 주요 목적으로 하였다. 회원들은 수예와 편물 등으로 자금을 마련하여 적립하였으며, 그 금액이 600여원에 달하였다고 한다.[86] 3·1운동 당시 각 지방에서 여성들이 많이 참여할 수 있었던 것은 송죽회의 영향이고, 3·1운동 직후 평양을 중심으로 조직된 애국부인회의 활동도 송죽회가 그 기초가 되었다.[87]

조선국민회(朝鮮國民會) 1915년 3월 평양에서 숭실학교의 재학생과 기독교 청년들이 중심이 되어 조선국민회를 조직하였다. 비밀결사의 형태를 취한 조선국민회의 설립목적은 다음과 같았다.

---

85) 3·1운동 직후인 1919년과 1920년에 조직된 비밀결사운동은 엄밀하게는 '문화통치기'의 민족운동에 속하지만 여기서는 편의상 무단통치하의 민족운동에 포함시켜 서술하고자 한다.
86) 朴容玉, "송죽회", 《한국민족문화대백과사전》 13, pp. 56~57 참조.
87) 위와 같음.

將來 歐美의 勢力은 漸次 東洋에 扶植되어 日本은 이에 係累케 될 時期가 반드시 올 것인데 이 때 日本은 民主主義를 標榜하고 東洋聯邦을 形成함으로써 歐美의 勢力에 對抗할 것이다. 그러나 우리들은 韓國은 韓國人, 中國은 中國人에 의해 自治의 自由를 享有함을 希望하여야 한다. 그런고로 우리는 將來 그 機會에 이 目的을 達成하기 위하여 오늘에 있어서는 同志의 結束을 圖謀하고 그 準備를 하여야 한다. [88]

조선국민회는 이러한 취지에 근거하여 재미국민회를 비롯한 재외동포들과의 연결 및 국내외로의 조직 확대, 군자금 조달 등을 통한 독립운동을 구체적인 실천사항으로 하고 있었으나 본격적인 활동을 전개하기 전인 1918년 2월 일경에게 발각되어 조직이 와해되었다.[89]

이 외에도 1919년 당시에 북한지역을 중심으로 기독교인들이 주도한 비밀결사로는 대한국민회(大韓國民會), 한민회(韓民會), 대한독립대동청년단(大韓獨立大同靑年團) 등이 있었고,[90] 1920년에 조직된 비밀결사로는 청년전도회(靑年傳道會), 사천대한독립청년회(沙川大韓獨立靑年會), 의법청년회(懿法靑年會), 대한민족자결회(大韓民族自決會), 대한독립일신청년단(大韓獨立日新靑年團) 등이 있었다.[91]

대한애국부인회(大韓愛國婦人會) 3·1운동 직후 상해에서 대한민국임시정부가 수립되자 국내에서는 이를 지원하기 위해 서울과 평양을 중심으로 항일여성단체인 대한애국부인회가 조직되었다. 당시 임시정부는 국내외의 효율적인 연락과 운송을 목적으로 연통제를 실시하였다. 연통제가 비교적 잘 실시된 곳은 기독교 교세가 강한 서북지역이었다.[92] 평양 중심의 애국부인회는 장로교계 부인회와 감리교계 부인회를 모체로 하여 창립되었다. 즉 1919년 6월 장로교계 애국부인회는 한영신(韓永信)을 중심으로 교회 지도급 부인들로 조직되었고, 감리교계 애국부인회도 그 무렵 박승일(朴昇一), 손진실(孫眞實) 등을 중심으로 조직되었다.[93] 그러나 1919년 11월 임시정부의 권유에 의해 두 단체는 대한애국부인회로 통합되었다. 그 과정에서 연합회 본부를 평양에 두고 평안도 각지에 7개의 지회를 두었다. 임원으로는 총재 오신도(吳信道), 회장 안정석, 부회장 한영신 등이 선출되었다.[94] 대한애국부인회의 주요사업은 동지규합, 군자금 모금, 배일사상 고취, 결사대 및 독

---

88) 崔永禧 外,《日帝下의 民族運動史》, 民衆書館, 1971, p. 55.
89) 국사편찬위원회,《한국사》21, pp. 122~125 참조.
90) 張錫興, "1920년대 초 國內 秘密結社의 성격", 〈한국독립운동사연구〉 7, pp. 248~250 참조.
91) 장석흥, 위의 글, pp. 259~263 참조.
92) 한국기독교역사연구소,《한국기독교의 역사 II》, 1990, p. 51.
93) 〈동아일보〉 1920년 6월 7일자.
94) 朴容玉,《韓國近代女性運動史硏究》, 한국정신문화연구원, 1984, p. 183.

립운동요원 원조 등이었다. 1920년 10월 일제에 발각되기 전까지 대한애국부인회는 2,400여원의 군자금을 모금하여 임시정부로 보냈다.[95]

이외에도 기독교 여성들이 중심이 되어 북한지역에서 조직한 항일여성단체로는 평안남도 강서의 반석대한애국여자청년단(盤石大韓愛國女子靑年團), 순천의 대한민국부인향촌회(大韓民國婦人鄕村會), 대동의 대한독립부인청년단(大韓獨立婦人靑年團) 등이 있었다.[96]

2) 의열투쟁

1919년 9월 20일 강우규는 남대문 역에서 총독으로 부임하던 사이토(齋藤實)의 마차에 폭탄을 던져 수행원과 일본경찰 등 37명의 사상자를 냈다. 강우규는 평남 덕천 출신으로서 원래 장로교 전도사까지 지낸 독실한 기독교인이었다. 젊은 시절에는 함남 홍원에서 학교를 세워 국권회복운동에 투신하였고, 일제 강점 이후에는 국외로 이주하여 북만주와 시베리아를 전전하면서 독립운동에 힘썼다. 그후 3·1운동이 일어나자 1919년 5월 블라디보스토크에서 결성된 대한노인동맹단(大韓老人同盟團)에 가입하여 독립운동에 참여하였다.[97]

그러던 중 그는 일본이 한국을 독립시키지 않고 총독만 경질하여 신임총독이 부임한다는 소식을 듣고, "이 총독은 첫째 하느님의 계명에 '네 이웃을 사랑하라. 또 남의 것을 탐내지 말라'한 계명에 위배되고 만국공법을 규탄하며 민족자결주의를 멸시하며 세계의 여론을 무시하는" "극흉극악한 죄인"이므로 죽이려고 결심하였다고 한다. 그는 교수형에 처해질 당시 65세의 나이임에도 불구하고 끝까지 당당한 자세를 보였다.[98]

한편 1920년 8월 미국 국회의원들의 방한을 즈음하여 국내에서는 이들에게 일제의 만행을 폭로하려는 움직임이 있었다. 비록 이러한 계획은 일제의 적극적 방해와 의원들의 소극적 조사로 인하여 큰 성과는 거두지 못하였으나, 같은 해 9월 1일 선천 신성학교 출신의 박치의는 선천경찰서를 폭파함으로써 한국인들의 항일정신을 국내외에 보여주었다.[99] 이 사건으로 16명이 재판에 회부되어 실형을 언도받았고, 박치의는 사형을 구형받았다. 그는 그 순간 "일어서서 두손을 들고 하날에 높히 부르지저 하나님 은혜 감사하외다"라고 외쳤다.[100]

---

95) 朴容玉, "1920年代初 抗日婦女團體 指導層 形成과 思想", 〈歷史學報〉 69, 1976, pp. 157~159.
96) 한국기독교역사연구소, 앞의 책, p. 52.
97) 〈기독신보〉 1920년 3월 3일자.
98) 위와 같음.
99) 이덕주, "기독교인 테러리스트 朴致毅", 〈한국기독교사연구〉 5호, 1985, p. 26.

2. 3·1운동

1) 배경과 준비과정

1910년대 일제의 잔혹한 무단통치하에서 한민족은 독립의 기회가 오기를 절실히 고대하면서 은밀하게 독립운동의 역량을 기르고 있었다. 그러던 차에 제1차 세계대전이 종료되면서 미국 대통령 윌슨의 민족자결주의 제창, 파리강화회의 개최 등 국제정세가 식민지의 독립에 유리하게 전개되어 갔다. 한민족은 그동안 키워왔던 주체적 역량과 이러한 외적 계기를 충분히 이용하여 독립운동에 박차를 가하였다. 마침내 1919년 3월 1일 한민족은 일제의 무단통치에 항거하여 거족적으로 일어났다.

3·1운동은 전국적인 차원에서 일어난 운동이기는 하나 각 지역마다 상이한 환경과 여건 때문에 각기 다른 형태로 나타났다. 한말 신민회 등의 비밀결사를 통해 민족운동의 전통을 축적해 온 서북지방에서는 3·1운동 역시 선진적인 형태를 취하였다. 서북지방에서 3·1운동에 관한 구체적 논의가 시작된 것은 1919년 2월초 선우혁(鮮于爀)이 상해에서 국내로 들어오면서부터였다. 2월 1일 상해 신한청년당은 선우혁을 조선으로 파견하여 종교계 및 사회의 지도자들을 만나 독립운동을 계획키로 하였다.[100] 선우혁은 선천·정주·평양을 순방하면서 서북 기독교계의 지도자들을 만나 구체적인 독립운동 계획을 논의하였다. 이 과정에서 평양을 중심으로 한 서북지방의 운동계획이 수립되었다. 당시 일제측은 선우혁의 활동을 다음과 같이 기록하고 있다.

> 平北 定州郡 西面 출신으로 현재 中國 上海의 조선인이 경영하는 海松洋行에 거주하는 鮮于爀이란 자는 금년 2월 6일경 宣川 居住 牧師 梁甸伯을 방문하여 금번 來鮮한 用務를 설명하였다. …… 鮮于爀은 첫 목적지 宣川에서 이와 같이 하여 梁甸伯의 승낙을 얻은 다음 定州의 李昇薰을 방문하여 그에게도 같은 내용의 청원을 하여 찬성을 얻었다. 鮮于爀은 다시 平壤으로 가서 吉善宙를 비롯한 平壤基督敎界의 有力人士들인 姜奎燦, 安世桓, 邊麟瑞, 李德煥, 金東元, 都寅權, 金聖澤, 尹愿三 등 105인 사건 동지들과 商人 尹聖運과 회동하여 독립운동 계획과 資金擧出問題에 대하여 협조를 얻고 上海로 돌아왔다.[102]

---

100) 〈동아일보〉 1921년 4월 14일자.
101) 在上海總領事館警察部,《朝鮮民族運動年鑑》, 1932, p.1 ; 金亨錫, "韓國基督敎와 3·1運動",《한국기독교와 민족운동》, p.346.
102) "騷擾事件報告, 平南機密 第118號", 姜德相,《現代史資料 25》, p.446 ; 김형석, 위의 글, pp.346~347 참조.

그후 평양에서는 선우혁의 권유를 기초로 하여 독립선언을 할 것을 결정하고, 구체적인 논의에 들어가 교계에서 운영하는 숭실전문학교, 숭실학교, 숭덕고등보통학교, 숭의여학교, 숭현여학교 및 보통학교의 교사, 학생들과 기독교도, 시민들을 동원하여 독립을 선언하고 시위를 감행하기로 의견을 모았다.[103] 이 무렵 이승훈이 연합전선을 펴자는 천도교측의 연락을 받고 천도교와의 연합을 성사시켰다.[104] 거사 직전 기독교측에서는 천도교측으로부터 독립선언서 1천여매를 받아 평양·선천·의주 소재 교회를 중심으로 배부하는 등 만반의 준비를 하고 거사를 기다리고 있었다.[105]

2) 전개과정

이러한 준비와 조직과정을 거친 서북 기독교계는 드디어 3월 1일 서울 파고다공원에서 만세의 함성이 퍼지자 거의 같은 시간에 시위운동에 들어갔다. 평양·진남포·안주·선천·의주·원산 등 사전조직이 잘 되어 있었던 곳에서부터 급격하게 만세운동이 일어났다.[106] 평양에서의 운동은 3월 1일 오후 1시 교회당의 종소리를 신호로 하여 장로교는 숭덕학교 교당에서, 감리교는 남산현교회에서 각각 일제히 시위에 돌입하였다.[107] 초기에는 시위가 독립선언서 격문 배포, 집회, 만세시위행진 등 평화적인 방법으로 진행되었으나, 군대를 동원한 일제의 폭력적 유혈탄압에 맞서, 헌병·경찰·군청·면사무소·우편국 등 식민통치의 말단기관들을 습격, 파괴하는 등 폭력적 시위로 발전하기도 하였다.[108] 중남부지역에서 시위가 시작되는 3월 중순에 이르기까지 평안도에서는 이미 대부분의 지역에서 한차례 이상의 시위를 벌였다.[109]

평남 강서군 성대면 사천교회에서는 대동군 금제면 원장교회의 운동과 연결되어 사망 43명, 중상 20여명, 입원치료중 사망자 20여명이 발생하였다.[110] 이 만세운동이 바로 3·1운동 중에 발생한 최대의 사건인 '강서(江西)사건'이다. 사건의 발단은 3월 3일 사천교회 목사 송현근이 약 130명 가량의 교인을 거느리고 시위운동

---

103) 이윤상, "평안도 지방의 3·1운동", 《3·1민족해방운동연구》, 청년사, 1989, p. 273.
104) 위의 글, pp. 273~274 참조.
105) 위의 글, pp. 274~275 참조.
106) 위의 글, p. 265.
107) 김형석, 앞의 글, p. 362.
108) 한국기독교역사연구소, 《한국기독교의 역사 I》, p. 33.
109) 이윤상, 앞의 글, p. 302.
110) 朴殷植, 《韓國獨立運動之血史(下)》, p. 61 ; 〈대한예수교장로회 제8회 총회록〉, pp. 79~80 참조.

을 일으켰는데 헌병들이 사격을 가하여 현장에서 즉사자 1명을 내고 주동자 8명을 체포한 데서 비롯되었다. 이에 격앙된 군중들이 다음날 인접한 원장 장날을 이용하여 원장교회 장로 차병규·지석용·임이걸 등이 주도한 행사에 합세하자 시위대는 약 3,000명으로 증가되었다. 이에 시위대는 30세 이하의 결사대 40여명을 앞세우고 사천헌병대로 행진하며 만세를 부르고 피체자(被逮者)들의 석방을 요구하였다. 이 때 군경이 시위군중에게 무차별 사격을 가하였으나 이에 굴하지 아니하고 쓰러진 시체를 넘고 넘으면서 발사하는 군경에게 대항하여 그들 3명을 쓰러뜨리고 만세를 높이 불렀다.[111]

또한 33인 가운데 한사람인 유여대 목사의 경우 지방시위를 주도하기 위하여 서울의 선언식에는 불참하였지만, 그는 의주지역의 김창건 목사, 김이순 전도사, 안석용, 김두칠 등 동지를 규합하여 3월 1일 의주서부교회당 공터에 7, 8백여명을 모아 자신이 직접 독립선언서를 낭독하고 만세시위를 지휘하다가 체포당하였다.[112]

당시 장로교 총회장이던 김선두 목사도 이일영·김이제·강규찬 목사·정일선 전도사 등과 함께 평양에 있는 6개 교회가 연합하여 선언식과 시위를 계획하고 3월 1일 숭덕학교 운동장에 약 1천 수백여명을 회집시켜 김선두 목사 사회로 독립선언식을 거행하였다.[113]

평남 순천군 신창감리교회 신자인 박창빈(朴昌彬)은 서울에서 독립선언서를 가져와 목사 이윤영(李允榮)에게 전달하면서 순천에서의 시위를 준비하였다. 예정된 3월 5일 장날 면사무소 앞 광장에 3천 5백명 가량의 시위대가 거리를 행진하면서 독립만세를 불렀다.[114] 한편 '강변 7읍'에 속하는 산촌인 평북 창성군 창성교회에서도 대대적인 시위가 행해졌다. 창성교회 장로이자 큰 상점의 주인인 강제희(姜濟羲)의 주도하에 4월 1일 군민 3천여명이 '대한독립만세'를 고창한 후 시위행진을 벌였다.[115] 이외에도 서북지역의 교인들은 곳곳에서 일제에 저항하는 격렬한 시위를 벌였다.

---

111) '江西事件'에 대해서는 국사편찬위원회,《한국독립운동사 2》, pp. 380~383에 상세히 기록되어 있음.
112) 李炳憲, "劉如大先生取調書",《3·1運動秘史》, pp. 275~277 ; "유여대·안웅석 등 판결문",《독립운동사자료집 5》, pp. 875~877 ; 한국기독교역사연구소, 앞의 책, pp. 33~34 참조.
113) "김선두·이일영 등 판결문",《독립운동사자료집 5》, pp. 786~789 ; 한국기독교역사연구소, 앞의 책, p. 34 참조.
114) 이윤상, 앞의 책, pp. 287~288.
115)《한국독립운동사 2》, pp. 468~472 ; 이윤상, 앞의 책, pp. 288~289 참조.

3) 참여방식과 성격

서북지역 특히 평안도가 3·1운동의 초기단계에서 중요한 역할을 할 수 있었던 것은 서북지역의 종교지형과 매우 밀접한 관련이 있다. 당시 서북지역에서는 기독교와 천도교가 강세를 보이고 있었다. 따라서 이른바 '민족대표'로 불리는 종교인들이 주도한 운동의 초기 단계에서 서북지역은 전위역할을 할 수 있었다. 그뿐 아니라 3·1운동 전과정 중 피검된 자의 도별 및 교파별 현황을 보아도 서북지역의 종교인은 타도에 비해 압도적으로 많음을 알 수 있다.

〈표 Ⅲ-8〉 각 도별 입감자를 통해본 종교별 참여도[116]

	장로교	감리교	기타기독교	계	전체입감자	비율(%)	천도교(%)
경 기	86	144	29	291	1,978	14.7	178(9.0)
충 청	1	36	2	39	601	6.5	20(2.3)
강 원	−	−	6	6	105	5.7	36(34.3)
황 해	131	75	6	212	945	22.4	147(15.6)
평 안	556	165	9	730	2,453	29.8	635(25.9)
함 경	101	18	4	123	808	15.2	223(28.0)
전 라	234	−	3	237	618	38.3	75(12.1)
경 상	340	−	49	389	2,028	19.2	5(0.25)
전 국	1,441	438	153	2,032	9,059	22.4	1,363(15.0)

위의 표에서 드러나듯이 기독교의 경우 평안도·함경도·황해도 등 서북지역은 전체 기독교인의 과반수를 넘고 있으며, 천도교의 경우에도 서북지역의 교인이 전체 천도교인의 거의 80%에 육박하고 있다.

기독교와 천도교는 연합하여 운동을 전개하였지만 평안도와 함경북도는 기독교가 주도하고 천도교가 협력하였으며, 함경남도의 경우에는 천도교가 주도하고 기독교가 협력하였다.[117] 평안도에 국한하여 보면 철도가 통하거나 평야지대인 평양·진남포·안주 등지에서는 기독교가 중심이 되고 성천·양덕·영원·맹산·덕천 등지의 산간이나 내륙지방에서는 천도교가 중심적인 역할을 하였다.[118]

서북지역의 3·1운동은 기독교적인 운동으로 진행되는 특성을 보였다. 행사의

---
116) 김형석, 앞의 글, p. 359 참조.
117) 김승태, "종교인의 3·1운동 참여와 기독교의 역할", 〈한국기독교사연구〉 25, 1989, pp. 17~24.
118) 이윤상, 앞의 글, p. 271.

장소가 교회였고 교역자들을 비롯한 교계의 지도자들이 앞장서 운동을 주도하였다. 특히 평양 소재 감리교의 경우 남산현교회의 집회를 맡았던 김찬흥·주기원·박석훈을 비롯하여 지방내 교역자 28명 가운데 14명이 금고되었으며, 특히 시내 다섯교회의 목사 6명이 모두 금고되었다.[119] 따라서 운동후 한동안 평양의 기독교계는 그 기능이 마비될 수밖에 없었다. 당시 한 감리교 선교사는 연회에 "금년 지방회는 감옥에서 개회하면 좋겠다"는 보고를 할 정도였다.[120]

평안도의 3·1운동은 그 투쟁양상 또한 대단히 격렬하였다. 민족대표가 표방한 비폭력의 원칙은 처음부터 잘 지켜지지 않았다. 때문에 평안도는 4월말까지 전국에서 가장 많은 피기소자와 사상자를 내었다.[121] 그리고 거사계획이 매우 치밀하게 준비되고 진행되었다. 서울의 경우 민족대표들의 장소 변경으로 행사가 제대로 진행되지 못하고 독립선언서만이 급작스레 낭독된 것과는 좋은 대조를 이루고 있다.[122] 또한 평양의 봉독식장에는 마펫이 참여하였고 모우리(E. M. Mowry, 牟義理) 선교사가 독립운동 관련혐의로 구속되기도 하였다.[123] 이처럼 서북지방에서는 선교사들의 관여도가 다른 지방에 비해 훨씬 강하였다.

3·1운동은 한말 이래 민족운동의 총집결장인 동시에 새로운 민족운동의 분수령이었다. 이러한 거대한 민족운동의 흐름에 한국기독교는 적극적으로 참여하였으며, 특히 서북지방의 교회는 3·1운동의 주요한 통로 역할을 하였다.

4. '문화정치기'의 민족운동

3·1운동 이후 한국교회의 민족운동은 3·1운동과 같은 직접적인 정치운동보다는 경제운동이나 사회운동에 치중하게 되었다. 1920, 30년대 대표적인 경제운동 및 사회운동으로는 물산장려운동, 민족기업 육성운동, 사회사업, 그리고 절제운동 등이 있었다. 그러나 다른 한편으로는 동우회나 신간회와 같은 단체들에 의한 정치운동이 지속되고 있었다.

---

119) 〈미감리회조선연회록 제12회 회록〉, p. 82.
120) 김형석, 앞의 글, p. 363.
121) 이윤상, 앞의 글, pp. 276~277.
122) 김형석, 앞의 글, p. 364.
123) 위와 같음.

1. 경제운동

1) 조선물산장려운동

1920년 봄 평양 기독교계의 민족지도자들은 민족기업의 건설과 육성을 촉구하는 조직체 결성을 논의하였다. 그 결과 그 해 7월 평양예수교서회에서 '조선물산장려회'가 발족되었다. 이 운동은 기독교인들만에 의해 추진된 것은 아니지만, 이승훈·조만식·김동원·오윤선·오화영 등 기독교 지도자들의 주도로 이루어졌으며, 교회에서는 예배시간에 자급자족 등의 선전표어를 제창하는 등 적극적인 반응을 보였다. 평양물산장려회의 창립취지문에는 다음과 같은 표현이 있다.

> 직접으로 실업계의 진흥과 융창을 도하고 간접으로 일반사회의 발전과 진보를 기하여 근역 삼천리가 이천만 민족의 眞個樂園 眞個에덴이 되기를 지성으로 갈구하는 바로다.[124]

이 취지문에 나오는 '진개낙원 진개에덴'이라는 표현은 이 운동의 주도적인 세력이 기독교인이었다는 사실을 보여준다. 1923년 1월 서울에서 조선물산장려회가 창립되면서 본격적인 활동을 폈으나 공산주의자들의 반대, 일부 상인들과 생산자들의 그릇된 이윤추구 등이 원인이 되어 1년이 채 못되어 흐지부지 되고 말았다. 그러나 평양에서는 이 모임이 일제말 강제 해산될 때까지 그 활동이 꾸준히 계속되었다. 이렇게 된 데에는 '한국의 간디'라고 불리운 조만식의 지도력과 그것을 지지해준 평양의 기독교도 및 기독교인 민족자본가들의 뒷받침이 큰 힘이 되었다고 할 수 있다.[125]

2) 민족기업 육성운동

일제시대 이전부터 서북지역은 타지역에 비하여 상공업이 발달하였고 상공업자층과 기독교의 관련성이 높았다. 따라서 기독교인 상공업자들이 타지역에 비하여 상대적으로 많았다. 이들은 거대한 일본자본에 대항하기 위해 민족자본을 결집시켜야만 하였다. 대부분의 공업이 일본자본에 예속되었던 데 비하여 평양의 고무신공업과 양말공업은 일제시대 전체를 통해 민족계가 우위를 차지하고 있었다.[126] 조기준은 다음과 같이 표현하였다.

---

124) 전택부, "물산장려운동", 《기독교대백과사전》 6, pp. 668~669 참조.
125) 노치준, 앞의 책, p. 246.
126) 조기준, "평양의 민족기업", 《한국의 민족기업》, 한국일보사, 1975 참조.

여기서 우리가 간취할 수 있는 하나의 특색은 평양의 고무공업을 건설한 사람들은 모두가 기독교인이었다는 점이다. 기독교인은 그들 상호간의 친화력과 또 단결력을 갖고 있어서 이것이 평양지방에서 일인의 고무공업의 진출을 막아낸 중요한 요인의 하나였다고 생각한다.[127]

한편 조만식은 평양 YMCA를 중심으로 장감연합 저축조합을 조직하여 15,000원의 자금을 적립하였다. 그리고 이덕환 장로가 그 자금으로 양말공업을 시작하였다.[128] 당시 민족기업을 이끈 대표적인 기독교인 실업가들로는 김기호·이건순·노덕규·손창윤·방윤·이용석·이덕환·이병두·김동원·김환복 등이 있었다.[129]

2. 사회운동

1) 절제운동

1892년 감리교 여선교사 커틀러(M. M. Cutler)가 내한하여 평양에서 의료활동을 벌이면서 개인적으로 절제운동을 소개하고 동조자를 모았던 적이 있었으나 본격적인 절제운동이 전개된 것은 3·1운동 이후였다.[130] 1923년 세계기독교여자절제회에서 파송된 틴링(C. I. Tinling)이 내한하여 6개월간 머물면서 서울·평양·개성·해주·원산·재령 등지를 순회하면서 절제운동 강연을 하였다.[131] 그 영향을 받아 1924년 '조선여자기독교절제회연합회'가 창설되었고, 1928년에는 전국에 52개 지회와 3,217명의 회원을 갖는 여성운동단체로 성장하였다.[132] 이 단체의 주요활동은 금주운동을 위한 순회강연이었다. 당시 서북지역에서의 강연회 상황을 보면 다음과 같다.

> 평북 선천읍교회당 앞 술집은 강연회에 참석하고 감동을 받아 술장사를 그만두었고 25명의 신자가 금연하기로 하였으며, 황해도 재령읍에서는 강연시 경관 5인이 입석하였다가 그 중 한 경관이 금주하기로 결심하고 진실한 신자가 되었으며……[133]

그러나 이들의 금주운동은 단순한 술끊기 운동이 아니라 '조선을 살리는 운동'으

---

127) 조기준, 위의 책, p. 201.
128) 古堂傳發刊委員會,《古堂 曺晩植》, p. 107 ; 노치준, 앞의 책, p. 245 참조.
129) 민경배,《韓國民族敎會形成史論》, 연세대출판부, 1974, pp. 223~232.
130) 한국기독교역사연구소, 앞의 책, p. 232.
131) "Miss Tinling's Work in Korea", *KMF* 1924. 1, pp. 12~13.
132) B. W. Billings, "Temperance Work in Korea", *KMF* 1928. 10, p. 206.
133) 〈기독신보〉 1924년 12월 24일자.

로 나타났다. 따라서 이 운동은 민족운동의 성격을 강하게 띠었다고 볼 수 있다.

이러한 여성들의 절제운동은 기독교계 전반에 커다란 자극과 영향을 미쳤다. 조선주일학교연합회는 절제운동을 적극 지원하여 1927년 11월에 열린 황해도 황주 주일학교연합대회 기간중 '주마정벌'(酒魔征伐) 행군식을 갖는 등 금주·단연(斷煙) 운동을 대대적으로 선전하였다.[134] 이처럼 산발적으로 진행된 남성들의 절제운동은 1932년 5월 창립된 조선기독교절제회의 출현으로 본격화되었다. 평양장로회신학교에서 열린 창립총회에서는 초대임원으로 회장에 채필근·조만식, 서기에 우호익·이권찬, 총무에 송상석이 선출되었다.[135] 임원 구성에서 드러나듯이 이들은 대부분 장로교인들로 조직된 교파적 성격을 지니고 있었다. 조선기독교여자절제회가 감리교 중심의 단체였던 것과 대비된다. 이 회는 미성년자 음주·끽연금지법 실시를 요구하는 촉성회를 구성해 총독부를 상대로 법제정촉구운동을 벌였다. 그 결과 마침내 미성년자 음주·흡연 금지조항이 포함된 '청소년보호법'을 제정할 수 있게 되었다.[136]

2) 사회복지사업

절제운동 이외에도 한국교회와 기독교인들은 다양한 형태의 사회사업활동을 하였다. 북한지역 기독교인들이 행한 대표적인 사회사업으로는 다음과 같은 사례들이 있다. 1918년 선천의 이창석(李昌錫) 장로가 창신(昌信)양로원을 설립하였고, 그의 아들 이영학(李英學)은 1935년 사재를 들여 3층짜리 선천회관을 건립하여 지역사회 복지기관으로 사용케 하였다.[137] 그리고 1921년에는 평양교인 박경석(朴經錫)이 평양고아원을 세웠고, 1926년 선천의 주현측[朱賢則] 장로가 대동고아원을 설립하였으며,[138] 1934년에는 김진국(金鎭國)에 의해 원산에 고아원이 설립되었다.[139] 1936년에는 평양에서 정지강(鄭志強) 목사가 애린원이란 고아원을 설립하였다.[140] 한편 1932년부터 해주구세요양원에서는 홀(R. S. Hall)이 도입한 크리스마스 실 발행을 통해 결핵퇴치운동을 벌였고,[141] 평양맹인학교에서는 맹인구제와 교육을 위

---

134) 〈기독신보〉 1927년 12월 14일자.
135) 〈기독신보〉 1932년 5월 25일자.
136) 〈조선일보〉 1938년 3월 27일자.
137) 宣川郡誌編纂委員會,《宣川郡誌》, 1977, pp. 219~220.
138) 위의 책, p. 219.
139) 김덕준, "사회사업, 한국기독교의",《기독교대백과사전》8, p. 675.
140) 위와 같음.
141) 셔우드 홀,《닥터 홀의 조선회상》(김동렬 역), 동아일보사, 1984, pp. 315~330 참조.

한 활동을 하였다.[142]

3. 기타 민족운동

1) 동우회

동우회는 홍사단의 조선지부적 성격을 띤 수양동맹회와 동우구락부가 1926년 통합되어 수양동우회로 되었다가, 1929년 11월 '신조선운동과 혁명대당의 일지대가 된다'는 정치적 성격을 좀더 뚜렷이 하기 위해 '수양'이라는 말을 빼고 동우회로 불리게 되었다.[143] 일제는 "이들이 평양 및 선천 지방의 기독교 실권을 장악"[144]하고 있다고 하였으며, 송창근도 "동우회와 기독교와는 상호간에 서로 합치되는 면이 많으므로 기독교도와 연락을 취하여 동우회의 확대강화를 도모해야 한다"[145]고 주장하였다. 이러한 측면에서 볼 때 동우회는 기독교도가 중심이 된 단체임을 알 수 있다.

2) 신간회운동과 기독교

1927년 '민족주의 좌파'와 사회주의자들이 연합하여 '범민족적 독립운동단체'인 신간회를 결성하였다. 일제하 최대의 합법단체로 등장한 신간회에 한국기독교는 3·1운동에서 보여준 조직적인 참여가 아니라 간접적이고 개인적인 차원에서 참여하였다. 신간회에 참여한 대표적인 기독교계 인사로는 초대 회장 이상재를 비롯하여 이승훈·박동완·유억겸·조만식 등을 들 수 있다. 그리고 목사와 전도사 등의 교역자 255명이 참여한 것으로 나타난다.[146] 특히 신간회 평양지부의 경우에는 기독교인들이 주도권을 행사하였다. 즉 평양지부에서는 조만식·오긍선(吳兢善)·김동원 등의 기독교계 지도자들이 중요한 역할을 담당하였고, 조만식이 총무로 있던 평양기독교청년회가 신간회의 주요한 세력기반이 되었다.[147] 따라서 평양지부의 경우 기독교적인 영향으로 인해 신간회의 활동이 비교적 온건한 성격을 띠었다.[148]

---

142) I. Haynes, "The School for Blind Girls", *Fifty Years of Light*, pp. 56~58 ; 한국기독교역사연구소, 앞의 책, p. 240 참조.
143) 민경배, "한국교회 민족주의 운동, 그 계보의 상관성",《敎會와 民族》, 대한기독교출판사, 1981 참조.
144) 국사편찬위원회,《한국독립운동사 5》, 1968, p. 18.
145) 독립운동사편찬위원회,《독립운동사자료집 12》, 1977, p. 1305.
146) 水野直樹, "신간회운동에 관한 약간의 문제",《신간회연구》, 동녘, 1983, p. 86.
147) 노치준, 앞의 책, p. 227.

3) 이상촌 건설운동

한국의 기독교인들 가운데는 이상촌 형태의 농촌공동체를 건설하여 민족의 경제적 문제를 극복하려는 노력도 행해졌다. 남강 이승훈은 자신이 살던 용동(龍洞)에 오산학교를 중심으로 한 경제·문화·윤리적 공동체를 건설하고자 하였으며,[149] 평남 대동군 문발리의 허염 목사도 모범촌을 건설하였다.[150]

5. 민족말살정책과 신사참배 거부운동

일제는 1930년대 후반 본격적인 전시체제로 접어들면서 황민화정책의 일환으로 신사참배를 강요하였다. 이러한 신사참배 강요에 대해 기독교계는 저항하였지만 1938년 9월 장로교를 마지막으로 하여 모든 교단은 신사참배에 굴복하고 말았다. 그러나 모든 기독교인이 신사참배에 응하였던 것은 아니다. 많은 목회자들과 평신도들은 여러 가지 형태로 일제의 신사참배 강요에 저항하였다. 당시 신사참배에 대한 저항운동은 크게 두가지 방향으로 전개되었다. 하나는 일제당국이나 일제의 영향력 있는 기관 또는 인사들에게 신사참배를 강요하지 말 것을 청원하는 '신사참배 강요 금지 청원운동'이고, 다른 하나는 일제의 강요에 끝까지 저항하여 신앙과 교회를 지키고자 한 '신사참배 거부 권유운동'이었다.[151]

박관준(朴寬俊) 장로는 총독에게 여러 차례 청원서와 신사참배의 부당성을 경고하는 경고문을 보내다가 경찰서에 끌려가 취조를 받기도 하였다. 그러나 별 효과가 없자 1939년 2월 교사직을 사퇴하고 당시 신사참배 거부운동을 하던 안이숙(安利淑)과 함께 일본으로 건너갔다. 이들은 일본 정계의 지도자들을 만나 신사참배를 철회하여 줄 것을 진정하였으나 실패하였다. 그러자 이들은 마침내 '종교단체법안'을 심의하던 제74회 일본 제국의회장에 들어가 종교법안 제정반대, 신사참배 강요 등 악법 실시 강요와 양심적 교역자 투옥을 철폐할 것 등을 내용으로 하는 경고서를 단상을 향하여 투척하였다. 이 사건으로 이들은 즉각 체포되었다가 평양으로 회송되어 옥고를 치렀으며, 박관준은 6년간의 옥고로 병을 얻어 세상을 떠났다.[152]

---

148) 위와 같음.
149) 金道泰,《南剛 李昇薰傳》, pp. 240~241, 306.
150) 〈기독신보〉 1929년 1월 2일자.
151) 한국기독교역사연구소, 앞의 책, p. 331.

한편 장로교 총회장을 지내고 신사참배문제로 평양서 고등계에 체포된 경험이 있던 김선두(金善斗) 목사와 사경회 강사 김두영(金斗英)은 일본으로 건너가서 신사참배 강요를 철회하려고 시도하였다. 이들은 일본 정계의 기독교인 지도자들을 만나 진정하고 그들과 함께 한국에 건너와 장로교 총회의 강제 신사참배 결의를 막고자 하였다. 그러나 이 사실이 탄로나면서 김선두는 구속되고 총회도 신사참배를 가결함으로써 그 계획은 성과없이 끝나고 말았다.[153]

이러한 청원운동에도 불구하고 결국 한국교회가 일제에 굴복하자 이것에 반대하는 교역자와 신도들은 더욱 조직적인 저항운동을 하였다. 평안도에서 신사참배 거부운동을 벌인 대표적인 사람은 이기선(李基善)과 주기철(朱基徹)이었고, 만주 봉천지역에서는 박의흠(朴義欽)과 헌트(B. F. Hunt, 韓富善) 선교사가 중심적인 활동을 하였다.

의주 북하단동교회 목사 이기선은 1938년 7월 교회를 사면하고 각지를 순회하면서 신사참배 반대운동을 전개하였다. 그로 인해 경찰에 여러 차례 검속당하기도 하였던 그는 1940년에는 만주 안동을 방문하여 이 지역의 신사참배 거부운동가들인 최용삼·김형락·박의흠·계성수·김성심 등과 회합을 갖고, 첫째, 신사참배를 죽어도 반대할 것, 둘째, 신사참배를 하는 학교에 자제들을 입학시키지 말 것, 셋째, 세속화되어 신사참배하는 현 교회에 절대 출입하지 말 것, 넷째, 신사불참배 동지들끼리 가정예배를 드릴 것, 다섯째, 신앙동지들을 확보하여 신령한 교회출현의 소지를 육성할 것 등을 협의하고 결정하였다. 그리고 계성수와 함께 지방전도를 하면서 신사참배와 궁성요배 거부를 역설한 뒤 평양의 채정민 목사에게 자신의 활동을 보고하고 향후 대책을 협의하였다. 그리고 황해도 지역 순회운동 계획을 세워 김의창과 함께 황해도 각지를 돌며 활동하다가 그 해 6월경 일경에게 체포되었다.[154] 평양지역의 신사참배 거부운동의 본거지는 주기철 목사가 시무하는 산정현교회였다. 주기철 목사는 순교를 각오하고 신사참배를 공개적으로 반대하였기 때문에 일제의 주목을 받아 1938년 1차 검속 이래 1944년 4월 21일 평양감옥에서 순교할 때까지 전후 4차에 걸쳐 검속되어 7년간의 옥고를 치르고 순교하였다.[155] 산정현교회도 주기철 목사를 좇아 신사참배를 거부하였다가 1940년 폐교되었다. 당시 북한지역에서 신사참배 거부운동을 벌인 대표적인 사람을 살펴보면 다음과 같다.

---

152) "朝鮮人 基督敎人의 衆議院 議場에 建議書 投下 事件", 《昭和特高彈壓史 6》, pp. 251~254 ; 한국기독교역사연구소, 앞의 책, p. 332 참조.
153) 金斗英, "神社參拜決議前夜秘話", 〈基督敎界〉 1-1, 1957, pp. 134, 152~157.
154) 안용준, 《태양신과 싸운 이들(상)》, pp. 263~389.
155) 민경배, 《순교자 주기철 목사》, 대한기독교출판사, 1985 참조.

〈표 Ⅲ-9〉 북한지역 신사참배 반대운동자[156]

교파	지역	신사참배 반대운동자
장로교	평북	고흥봉 목사, 김기성 목사, 김승룡 집사, 김영락 전도사, 김의홍 전도사, 김인희 전도사, 김창인 전도사, 김화준 전도사, 박신근 집사, 서정환 전도사, 심을철 전도사, 안이숙 선생, 양대록 집사, 오영은 집사 이광록 집사, 이기선 목사, 이병희 집사, 장두희 집사
	평남	김의창 목사, 박관준 장로(출옥후 사망), 방계성 전도사, 오윤성 전도사, 오정모 집사(주기철 목사 부인), 이약신 목사, 이주원 전도사, 주기철 목사(옥사), 채정민 목사, 김선두 목사(만주로 이거)
	황해	박경구 목사, 이종근 목사
	함남	신의균, 신필균, 안승주, 위병언, 이계실 목사, 이창수, 한복현, 한상몽, 한윤몽, 한치상, 홍종선, 홍종현
	만주	계성수, 김성심, 김순복 전도사, 김양순 전도사, 김윤섭 전도사(옥사), 김웅필 전도사, 김택영 집사, 김형락 전도사, 박명순 집사, 박의흠 전도사(옥사), 박인지 집사, 신옥녀 전도사, 전봉성 전도사, 전준덕 전도사, 전최선 전도사, 정치호 전도사, 최용삼, 한수환 전도사

　신사참배 거부운동을 벌인 사람들은 대체로 보수적인 신앙을 가진 사람들이었다. 따라서 이들은 일제에 대한 정치적 민족운동의 차원에서 신사참배를 거부하였다기보다는 순수한 신앙의 차원에서 우상숭배에 저항한 것으로 보아야 할 것이다. 그러나 대부분의 민족운동가들이 변절하거나 은둔하던 일제말의 시점에서 일제에 대해 철저하게 저항하였다는 의미에서 신사참배 거부운동은 민족운동사에서도 일정한 위치를 차지한다고 볼 수 있다.

6. 간도지방의 민족운동

　간도지방으로 한국인이 진출하기 시작한 것은 1850년대부터이며 1900년대에 접어들어서는 대규모의 집단한인촌이 형성되기 시작하였다. 초기 이주자들은 생활고 등 주로 경제적 이유로 이민을 떠났으나 1910년대를 전후하면서부터는 정치적 이유가 더욱 강했고, 그 규모 역시 대규모 집단이주의 성격을 띠고 있었다. '보호조약' 직후부터 3·1운동 이전까지 간도지방으로 이주한 한인의 통계를 연도

---

156) 한국기독교역사연구소, 앞의 책, pp. 336~337 참조.

〈표 Ⅲ-10〉

연도	이민자수
1907	71,000
1910	109,000
1912	163,000
1918	253,961

별로 보면 위의 표와 같다.[157]

1910년대는 일제의 무단통치 때문에 국내에서는 조직적인 민족운동이 일어나기 어려운 시기였다. 그러나 북간도는 1915년 이전까지는 일제의 영향력이 적극적으로 미치지 못하여 한인사회의 민족독립운동이 비교적 자유로웠다. 러일전쟁 이후 북간도에서 민족운동이 활성화될 수 있었던 것은 일찍이 형성된 한인들의 이민촌락이 국외 독립운동기지로 발전되었기 때문이다. 북간도에서는 1910년 '병합' 전후부터 1919년까지는 이주 한인사회를 중심으로 교육운동·결사운동·사회운동 등이 전개되는 역량축적기였고, 3·1독립선언 이후는 그렇게 축적된 역량이 실질적인 독립을 쟁취하기 위한 무장투쟁으로 발전되었던 시기였다.

1. 교육운동

북간도 이주 한인들은 망명촌락을 형성하면서부터 교육활동을 시작하였다. 당시 한인사회의 역량은 어떤 다른 본격적인 저항형태로 발전하기에는 힘이 미약하였고, 민족역량을 성장시키기 위해서는 교육 이외에 다른 부분에서 그 역할을 기대할 수 없었기 때문이었다.[158] 북간도의 기독교인들은 교회가 있는 곳에 학교를 반드시 세웠으며, 교회와 학교를 중심으로 민족운동을 추진하였다.

1906년 간도에 최초의 교회가 성립되고 1921년 간도노회가 조직될 때까지 간도 4현에는 조직교회 30처, 미조직교회 57처, 기도회 처소(개척교회) 28처 등 모두 100여처의 교회가 형성되었다.[159] 한편 1916년 당시 간도지역 한인학교의 총수는 161개교였다. 그 가운데 종교계에서 설립한 학교는 78개교이며, 특히 개신교에서 세운 학교는 50개교였고, 천주교에서 9개교를 세웠다.[160] 이 학교들 가운데 1916년

---

157) 한국기독교역사연구소, 앞의 책, p. 353.
158) 조동걸, "1910년대 민족교육과 그 평가상의 문제", 〈한국학보〉 6, 1977, p. 112 ; 서굉일, 앞의 글, p. 434.
159) 서굉일, 위의 글, p. 409.
160) 서굉일, 위의 글, pp. 435~436.

일제에 의해 배일주의(排日主義) 학교로 지목된 학교는 총 25개교였다. 그 가운데 개신교계 학교는 창동(昌東)학교, 야소(耶蘇)학교, 명동(明東)학교, 동창(東昌)학교, 신풍(新豊)야소학교, 기독동명(東明)학교, 광진(光振)학교, 창동(彰東)학교, 청호(淸湖)학교, 길동(吉東)중학교 등이었고, 천주교 계통으로는 광동(光東)학교가 있었다.[161]

이처럼 배일의식으로 가득찬 기독교계 학교들은 《대한역사》(大韓歷史), 《유년필독》(幼年必讀), 《대동역사략》(大東歷史略), 《월남망국사》(越南亡國史), 《내외역사》(內外歷史) 등 국내에서 사용금지된 교과서를 사용하고 있었다.[162] 대성학교의 역사교사였던 황의돈(黃義敦)은 '국권회복'이라는 작문 제목을 학생들에게 주어 폭탄과 암살이 최선책이라 쓴 답안지에 만점을 준 것이 문제되어, 1912년 대성학교가 폐교당한 뒤에 북간도에 건너와 명동학교의 교사가 되었다.[163] 그는 명동학교에서도 작문시험에 애국과 독립의 내용을 쓰지 않으면 성적을 주지 않았으며, 토요일마다 독립사상을 고취하는 토론회를 가졌다.[164] 또한 기독동명학교의 교사와 학생들은 수업이 끝난 후 거리에 나가서 왕래하는 조선인들의 언동과 의복을 관찰하여 만약 조선인이 중국옷을 입었거나 중국어를 쓰는 사람이 발견되면 폭행을 가할 만큼 애국혼이 매우 강하였다.[165]

한편 강건한 신체와 민족적 정신을 함양하기 위하여 체육활동과 조직적인 체육단체운동이 전개되었다. 그래서 북간도 기독교 학교는 모두 체육을 학교과목으로 채택하였으며, 배일주의로 유명한 기독동명학교는 역사와 체육만을 가르쳤다. 체육시간에는 각종 근대체육을 총망라하여 가르쳤지만 특히 병식(兵式)체조 위주로 수업이 진행되었다. 이러한 학교교육에 근거한 민족의식의 고양은 사회운동과 밀접한 관련을 가지고 전개되었다.

2. 결사운동

1907년 일제는 북간도 용정에 조선인의 생명과 재산을 보호한다는 미명하에 통감부 임시 간도파출소를 설치하였다. 이에 맞서 청국정부도 한인들의 청국입적을 요구하며, 세금·변발·호복(胡服) 등을 강요하였다. 이러한 양국의 압력을 극복하

---

161) 서굉일, 앞의 글, p. 447.
162) 국사편찬위원회, 《한국독립운동사 1》, p. 338.
163) 김용덕, "1910년대 기독교와 민족주의", 《한국사의 탐구》, 을유문화사, 1967, p. 183.
164) 서굉일, 앞의 글, p. 456.
165) 위와 같음.

기 위해 한인들은 1907년 비밀단체 연변교민회(延邊僑民會)를 조직하였다.[166] 1909년에는 공식적인 한인친목단체인 간민회(墾民會)가 조직되었다. 간민회는 연변교민회를 모체로 하여 표면에 나타난 단체로서, 1911년 당시 회원은 120~130명이었고, 회장은 기독교인 이동춘이 맡았다.[167] 그 해 간민회는 행정조직을 강화하면서 북경정부로부터 정식으로 자치단체 허가를 받았다. 그리하여 본부에 7부를 두고, 4현에는 분회를 두는 한편, 각 구에는 지회를 설치하여 자치행정을 집행하게 하였다. 한인들은 간민회를 정부와 같이 신뢰하고 모든 법령에 복종하였고, 각 호당 30전의 의무금을 납부하여 간민회의 재정을 충당하였다.[168]

그러나 원세개의 등장으로 신해혁명이 실패로 돌아가자 1913년 11월 간민회는 간민교육회(墾民敎育會)로 이름을 개칭하였다. 간민교육회의 초대회장에는 기독교인 김약연(金躍淵)이 취임하였고, 그는 교육활동에 치중하면서 간민회의 활동을 꾸준히 이어나갔다. 3·1운동 이후 간민교육회는 독립운동단체의 성격을 띤 국민회(國民會)로 개편되었다. 국민회는 간민교육회의 자치, 민족교육, 독립운동의 전통을 이어받은 확장기구로서 군정과 민정 양면으로 활동을 전개하였다.

3. 사회운동

민족이념이 투철하였던 북간도 교회는 정치적인 사회결사 운동에만 국한하지 않고, 교회를 통해 민중적 사회운동에 동참하였다. 교회를 토대로 하여 행한 대표적인 운동은 의료 선교를 통한 민중구제 운동이었다. 1914년 캐나다연합교회 선교사 바커(A. H. Barker) 부부가 내한하면서 제창(濟昌)병원이 설립되었다. 이 병원은 실비 진료를 행하였으며 빈곤자에 대해서는 무료시료를 실시하였고, 오지에 있는 한인촌을 찾아 다니면서 환자들을 치료해 주었다.[169] 또한 제창병원은 치외법권 지대로 간주되었기 때문에 민족운동가들의 피난처 역할도 하였다. 당시 제창병원의 지하실은 북간도 독립선언서와 독립신문이 인쇄된 곳이며, 간도지역에서의 만세운동 이후 일본군의 저격으로 쓰러진 애국동포의 시체안치소 및 부상자에 대한 치료소로도 이용되었다.[170]

교회는 또한 민중운동의 일환으로 토론회를 자주 개최하였다. 토론회에서는 경제적 자구책으로 일화(日貨)배척운동을 결의하였으며, 주류·아편·축첩·매음·잡기

---

166) 홍상표, 《간도독립운동소사》, 한광출판사, 1966, p. 21.
167) 李鍾鼎, 《墾島事情》, 이문당, 1926, p. 64 ; 서굉일, 앞의 글, pp. 464~465.
168) 이종정, 위의 책, p. 56 ; 서굉일, 위의 글, p. 466에서 재인용.
169) 홍상표, 앞의 책, p. 35 ; 서굉일, 위의 글, p. 474.
170) 서굉일, 위의 글, p. 475.

(몰패·마작·화투 등의 노름)를 금하는 삼단(三斷)운동과 사회정화운동을 벌였다.[171] 간도 삼단동맹회는 간도 용정촌 기독여자청년회의 활동을 중심으로 주색잡기를 금단하자는 운동을 벌였다.

교회는 또한 연극을 통해 민중운동을 전개하기도 하였다. 1921년 8월경 북간도 장로교 교회에서 배일을 풍자한 '백몽식'(白夢食)이라는 제목의 풍자극이 열렸다. 이 연극에서는 양장(洋杖), 시계, 연죽(烟竹) 등 3가지 소도구가 등장하였는데, 양장은 친일파 왜노(倭奴)를 박살하라는 뜻으로 당시 북간도에 있던 친일단체인 보민회의 회원을 살해하라는 것이었고, 시계는 조선독립의 시기가 가까이 왔으니 모두들 행동할 준비를 하라는 암시였으며, 연죽은 재래 조선인의 인습을 버리라는 뜻이었다.[172] 이 연극은 북간도 서부지역 각 교회를 순회하면서 공연되었고, 그 수입은 독립군의 군자금으로 제공되었다.

4. 무장독립운동

1919년 3월 1일 국내에서 만세운동이 일어나자 그 해 3월 13일 북간도 용정에서도 1만명 이상의 한인들이 모여서 만세운동 축하식을 가진 후 가두행진을 벌였다. 그러나 한인들은 평화적인 시위운동은 희생만 많이 초래할 뿐 성과는 적음을 절감하였다. 따라서 이들은 좀더 체계적이고 적극적인 무장투쟁만이 일제에 대항할 수 있는 길임을 절감하면서 여러 무장단체들을 조직하여 활동하였다. 대표적인 것이 대한국민회(大韓國民會)와 대한신민단(大韓新民團)이었다.

1) 대한국민회

1919년 4월 상해에서 대한민국임시정부가 수립되자 조선독립기성회(朝鮮獨立期成會)는 임시정부를 지지하면서 대한국민회로 개칭하였다. 회장 구춘선(具春先), 부회장 서상용(徐相傭)을 비롯한 대부분의 회원들이 기독교인이었다. 이 회는 1920년 8월 당시 연길현·왕청현·화룡현 등 3개현에 10개의 지방회와 133개의 지회를 둔 북간도 최대의 독립운동 단체로 발전하였다.[173] 대한국민회는 무력투쟁을 위하여 북간도와 함경도 등지에서 군자금을 모금하고 노령 연해주에서 무기를 구입하였다. 또한 독립군 양성을 위하여 징병제를 실시하고, 사관학교도 설립하였

---

171) 〈동아일보〉 1920년 7월 30일자.
172) 日帝軍警情報記錄, 國外情報 "耶蘇敎會의 排日諷刺劇" 高警 第28673號, 1921. 11. 4 ; 서굉일, 앞의 글, p. 479.
173) 박환, "在滿韓人 獨立運動硏究", 서강대 박사학위논문, 1990, pp. 141~145 ; 한국기독교역사연구소, 앞의 책, p. 61.

다. 아울러 구역회·지구회·촌회 등 통신기관을 설치하고 정보를 수집하였다.[174]

대한국민회는 홍범도(洪範圖)가 이끄는 대한독립군(大韓獨立軍)과 최진동(崔振東)이 이끄는 군무도독부(軍務都督府) 등과 합류하여 봉오동(鳳梧洞) 전투에서 일본군에게 대승하였다. 그리고 대한신민단(大韓新民團), 대한의민단(大韓義民團), 훈춘한민회(琿春韓民會) 등의 기독교 단체들과 연합하여 완루구(完樓溝) 전투와 고동곡(古洞谷) 전투 등에서 일본군을 물리쳤다. 또한 이들은 대종교 단체인 북로군정서(北路軍政署)와도 연합하여 어랑촌(漁郞村) 전투에서 일본군과 싸우기도 하였다.[175]

2) 대한신민단

1919년 3월 12일 북간도 왕청현에서 조직된 대한신민단은 단장 김규면(金圭冕)을 비롯한 단원들의 대부분이 기독교인이었다.[176] 대한신민단은 구한말의 대표적 국권회복단체인 신민회(新民會)를 계승하여 스스로 독립전쟁을 위한 교전(交戰)단체임을 표방하였으며, 민주제에 의한 독립국가 건설을 목적으로 하였다. 그 해 4월 중국 관헌의 감시를 피하기 위해 블라디보스토크 신한촌으로 본부를 옮기고 북간도에는 지회와 의사부를 두었다. 일제의 보고에 의하면 이 회는 "기초가 자못 공고(鞏固)하고 독립계획의 실행방법 등에서도 착실(着實)한 바가 있어서 일반으로부터 호평을 받았다"[177]고 한다.

대한신민단은 무기구입과 훈련강화에 힘쓰면서 국내에 의연대(義捐隊)를 파견하여 단원을 확보하고 군자금도 모집하였다. 이러한 노력의 결과 유명한 삼둔자(三屯子) 전투에서 승리하였다. 또한 대한신민단은 수시로 국내로 진입하여 일본군과 유격전을 벌였다. 특히 1920년 6월 4일 두만강을 건너 함북 종성군(鍾城郡) 강양동(江陽洞)으로 진입하여 일본군 헌병순찰소대를 격파하고 귀환하였는데 뒤쫓아온 일본군 1개 중대를 박승길(朴承吉) 휘하 30여명의 단원들이 섬멸하였다.[178] 이외에도 북간도지역에서 일어난 한인들의 개별적인 또는 집단적인 무력투쟁의 사례는 무수히 많았다.

한편 서간도지역에서도 민족운동이 활발하게 일어났다. 1919년 4월 2일 대황구(大荒溝)교회에서는 약 300여명의 기독교인들이 모여 삼원보(三源堡) 부민단(扶民

---

174) 박환, 위의 글, pp. 158~160.
175) 송우혜, "북간도 대한국민회의 조직형태에 관한 연구", 〈한국민족운동사연구〉 1, pp. 135~139.
176) 신용하, "대한신민단 독립운동의 연구", 〈동양학〉 18, 단국대 동양학연구소, 1988, p. 222.
177) 강덕상, 《현대사자료 26》, 1966, p. 209 ; 한국기독교역사연구소, 앞의 책, p. 61.
178) 신용하, 앞의 글, pp. 231~232.

團)의 총기구입 문제를 협의하고 성금을 거두었다. 그리고 일요일에는 예배를 마친 후 교회에서 청년 70여명이 곤봉으로 군사훈련을 받으며 항일투쟁에 대비하였다.[179] 그리고 통화현의 최봉석(崔奉錫) 장로와 홍경현(興京縣)의 오대규(吳大奎) 목사 등은 급진파(急進派)라는 단체를 결성하고 일제를 습격하려고 계획하였다. 또한 즙안현의 기독교인들은 천도교인들과 연합하여 의용단(義勇團), 청년회(靑年會) 등의 단체를 설립하고 허선로(許善老) 장로를 총장으로 추대하였다. 이후 이들은 항일연합전선을 구축하고 다른 독립운동단체들을 지원하기도 하였다.[180]

그러나 이같은 간도에서의 항일투쟁은 1920년 10월 일본군의 간도 출병에 즈음하여 그들에 의해 자행된 이른바 '훈춘사건'을 계기로 큰 타격을 받았다. 일본군은 이 지역 독립운동 기지를 초토화하고 수많은 독립운동가들을 색출하여 처형하였으며 교회와 가옥을 불살랐다. 이 과정에서 적지않은 기독교인들이 희생되었다.[181] 이러한 일제의 탄압으로 인하여 기독교인들의 항일투쟁은 표면적으로는 다소 약화되었으며 일부에서는 경건주의적 비정치화의 경향도 나타났다. 또한 상당수 기독교인들은 러시아에 의존하여 독립을 달성하려 하였고 그 결과 공산주의자가 되는 경우도 많이 나타나게 되었다.

조국을 떠나 간도지역에서 개척생활을 해야 했던 대다수의 한인들은 교회를 통하여 현실생활에서의 곤경을 극복하려고 하였다. 따라서 간도지역 한인의 종교운동은 독립운동·교육운동·사회운동 등과 서로 구분하여 생각할 수 없었다. 이곳의 민족주의자들은 교육자인 동시에 종교인이며 또 한인사회의 지도자였던 것이다.[182]

---

179) 국회도서관, 《韓國民族運動史料 3》(3·1運動篇), 1979, p. 343 ; 한국기독교역사연구소, 앞의 책, p. 63.
180) 국회도서관, 위의 책, p. 369 ; 박영석, 앞의 책, pp. 20~21.
181) 박영석, 위의 책, pp. 21~23.
182) 서굉일, 앞의 글, p. 385.

제3장 북한교회의 신앙사조와 부흥운동

1. 북한교회의 신앙사조

1. 서북지역 교회의 신앙사조

1) 서북지역 교회의 성장과 그 배경

한국 초대교회의 성장과 부흥에 관한 논의를 하고자 하면 먼저 서북지역의 신앙에 대해 언급해야 한다.[1] 서북지역의 교회는 초대 한국교회에서 절대적인 비중을 차지하였다. 1898년 당시 한국 장로교인 전체 교인수가 7,500명이었는데, 평안도와 황해도, 곧 서북지역의 교인수가 5,950명으로 전체 교인의 79.3%를 차지하였다.[2] 한국 장로교의 '서북 주도 현상'이 초기부터 나타나고 있음을 볼 수 있는 것이다. 이러한 한국 장로교의 '서북 주도 현상'은 시간이 흐를수록 더욱 뚜렷하게 나타났다. 장로교 세례교인의 도별 통계를 보면, 1900년부터 서북지역의 비중이 커지기 시작하고 1910년에 이르면 결정적인 차이가 나타난다.[3]

장로교뿐 아니라 감리교에서도 '서북 주도 현상'을 어느 정도 발견할 수 있다. 1930년 6월에서 1931년 5월까지 각 지방의 교세 통계를 살펴보면, 서북지역의 각 지방이 연회 파송 교역자수나 교인수 그리고 재정에서 다른 지방보다도 상대적으로 강세임을 알 수 있다.[4] 서북지역 교회의 강세는 장로교와 감리교 모두의 같은

---

1) 서북지역의 개신교 수용과정과 특색에 대하여는 李光麟, "開化期 關西地方과 改新敎",《韓國開化思想硏究》, 일조각, 1979 참조.
2) 한국기독교역사연구소,《한국기독교의 역사 I》, p. 258.
3) 계단실,《개화기 서북지방의 개신교 성장》, 연세대 연합신학대학원 석사학위논문, 1990, p. 43.
4) 김광우,《한국감리교회백년》, 전망사, 1990, pp. 172~173.

특성이었다. 서명원(Roy E. Shearer)은 한국교회의 초기 성장이 사실상 서북지역이라는 지리적으로 제한된 범위안에서 이루어진 것이라고 지적한 바 있다.[5]

이와 같이 서북지역 교회의 교세가 급증한 이유로는 몇 가지를 들 수 있다. 첫째로, 이 지역이 청일전쟁의 주전장(主戰場)이었다는 점이다. 전쟁중에 생명과 재산을 보전하려는 민중계층이 대거 교회로 몰려들었다. 또한 이들 피난 교인들에 의해 신앙의 지방 확산이 이루어져 지방교회 설립이 본격화되었다. 특히 평양 출신 교인들이 청일전쟁 중에 황해도·평안도 각 지역으로 피난하면서 그 광범위한 지역에 교회가 설립되었는데, 일제시대 최대의 교인수를 자랑하던 재령읍교회도 피난갔던 평양교인 한치순과 이영언의 전도로 설립되었다.[6] 교인들의 지방 피난으로 인한 지방교회의 설립은 중대한 의미를 지닌다. 당시 선교부의 전도사업은 대체로 주요 도시를 거점으로 진행되었는데, 이들에 의해서 선교가 지방으로 확산되기에 이른 것이다.

둘째로, 서북지역에는 양반계층의 영향력이 상대적으로 미약하였다는 점이다. 이 점은 조선 사회 전반에 걸쳐 강력한 영향력을 행사하였던 유교의 힘이 서북지역에는 그다지 크지 못하였음을 시사해주는 것이다. 조선 중앙정부는 서북지역을 정책적으로 배제해 왔다. 서북지역 곧 평안도와 황해도 지방은 홍경래 거사 이후 중앙정부의 경계 대상이 되어 왔다. 따라서 서북인들은 과거에 급제하여도 실제 벼슬에 오르는 기회가 매우 적었다. 이러한 사실로 인해 서북지방의 지식인층은 사상적으로 진취적인 성향을 갖게 되었다. 숭실학당의 설립자인 베어드(William M. Baird)는 "남과 북의 조선"이라는 글에서 서북 사람들의 특성을 '독립적이고 굳센 기개'(the independant, manly spirit)로 묘사하고 있다. 한편 서북지방 사람들이 진취적일 수 있었던 것은 벼슬길에 오를 기회를 가지지 못한 이들이 일종의 독서계급을 형성하여 새로운 문화나 문물을 받아들이는 데 개방적인 태도를 취할 수 있었기 때문이었다. 이러한 '새로운 문화와 문물'에 대한 접근의 한 통로가 바로 종교였다.

셋째로, 서북지역에는 일찍부터 '자립적 중산층'(the independent middle class)이 형성되어 있었다는 사실이다. 이광린 교수는 초기에 개신교를 받아들인 사회계층이 이들 '자립적 중산층'이었다고 보면서, 이러한 사실이 이 지방에서 일어난 단시일 내의 개신교의 발전을 설명해주는 것이라고 주장한다. 서북지역은 평야보다 산지가 더 많았기 때문에 다른 지방에 비해 농업보다는 상업에 종사하는 사람들의 수가 많았다. 또 중국과 지리적으로 접해 있었기 때문에 일찍부터 상업이 발전하게

---

5) 서명원, 《한국교회성장사》(이승익 역), 대한기독교서회, 1966, p. 13.
6) 한국기독교역사연구소, 앞의 책, p. 257.

되었다.

넷째로, 중국과 접해 있다는 지리적인 조건은 개신교의 수용과 성장에 상당한 영향을 미쳤다. 한국개신교의 수용과정은 그 시기와 지역을 고려할 때 네가지로 구분할 수 있다.[7] 중국·만주·일본·미국이란 네가지의 통로로 한국개신교는 수용되었다. 만주지역을 통한 개신교의 수용은 진취적인 서북 청년들에 의해 이루어졌다. 중국과 만주를 통한 복음의 전래에 접하면서 서북지역 사람들은 일찍부터 개신교 수용에 적극적인 태도를 가지게 되었다.

마지막으로, 당시 선교사들의 활동이 서울과 평양을 중심으로 이루어졌다는 사실이다. 초기에 한국선교사들은 서울과 평양을 거점으로 하여 인근의 각 지방을 순회하면서 복음을 전하였다.

2) 서북지방 교회의 신앙사조와 그 의의
① 서북지방 교회의 신앙사조와 기호지방 교회의 신앙사조

초기 한국교회사에서 서북지방 교회가 차지하는 비중은 실로 컸다. 그러한 비중은 단지 양적인 면에만 그치는 것이 아니다. 개신교의 한국선교가 시작된 초기의 한국교회사는 서울을 비롯한 기호지방을 중심으로 전개되었다. 그러나 얼마 지나지 않아 서북지방의 교회가 한국교회사 전면에 부각되기 시작하였다. 1900년부터 서북으로 비중이 크게 기울기 시작하였고, 1910년에는 결정적인 차이가 나타났다. 장로교의 경우 서북지방의 신도수가 23,483명인 데 반하여 기호지방의 신도수는 2,975명에 불과하여 약 8:1의 비율을 보였다.[8]

왜 이와 같은 현상이 발생하였는가? 초기 선교과정에서 교회의 성장을 이끌어 내는 주체는 크게 두 부류로 볼 수 있다. 선교 주체인 선교사들과 수용 주체인 신앙대중이 곧 그들이다. 1887년부터 1910년까지 활동한 선교사들 가운데 서울지방에서 활동한 이가 25인이었고, 서북(평양·선천·정주·재령)에서 활동한 이가 45인이었다.[9] 숫자상으로만 볼 때에는 서북지방에 훨씬 많은 비중을 둔 것으로 볼 수 있다. 하지만 위에 지적된 바와 같이 서북지방의 선교사수는 4개의 선교지부를 총괄한 것이다. 그리고 전체 신도수의 비율을 고려한다면, 선교사들은 여전히 서울지방에 훨씬 큰 비중을 두고 있음을 알 수 있다. 따라서 서북지방의 성장요인의 하나로 가정하였던 '선교 주체'의 변수는 그다지 큰 의미가 없다고 할 수 있다. 그렇다면 '수용 주체'의 변수와 서북지방 교회의 성장은 어떠한 함수관계를 갖는가? 이 물음에 대한 해명은 우리의 관심인 북한교회의 신앙사조를 밝히는 데 하나의

---

7) 위의 책, p. 127.
8) 민경배, 앞의 책, p. 106.
9) 위와 같음.

길잡이가 될 수 있을 것이다.

　수용 주체의 측면에서 볼 때 기호지방과 서북지방의 교회는 상당한 차이를 드러낸다. 서울을 중심으로 하는 기호지방은 유교전통사회를 지탱하는 양반사회의 중심지를 이루어 왔다. 초기 단계에 기독교에 입교한 신자층 가운데는 상당수의 양반 출신 인사들이 있었다.[10] 그리고 이들 서울의 상류 유가층, 곧 양반 출신의 존재 양식은 기호 교회의 독특한 성격을 형성하였다. 이들은 기독교와 유교를 어느 정도는 상계적(相繼的)인 것으로 보았다. 예컨대 한국신학의 선구자로 알려진 최병헌 목사와 같은 이는 "서양의 하늘은 곧 동양의 하늘"(西洋之天 卽 東洋之天)이라고 하여 유교와 기독교의 상보성을 논하고 있다.[11] 이들은 기본적으로 보수적인 성격을 지녔다. 따라서 황제에 대한 충성을 축으로 하는 충군애국적 성향을 띠기도 하였다. 또한 이들은 기독교를 서구문명의 기호로 인식하여 민족자존과 국권회복을 달성하기 위한 한 통로로서 기독교를 수용하는 사람들이 많았다. 대표적인 흐름이 독립협회를 중심으로 하는 지식인층의 입교이다. 독립협회에 참여한 대표적인 지식인층 교인들이 서재필·윤치호 등이다. 독립협회 활동은 초기에는 충군애국적 성향을 띤 것이었으나, 점차 체제개혁적 성격을 띠게 되었다.[12]

　기호지방의 성격 형성에 상당한 영향을 끼쳤던 지식인층의 입교 동기에서 이른바 '개화지향적 동기'가 강하였다면, 이와는 상대적으로 서북지방 교회의 신자들의 입교에는 '신앙적 동기'가 강하였다고 할 수 있다. 실제로 복음이 전파되는 과정이나 통로를 살펴보면 이러한 성격의 차이가 더욱 뚜렷이 드러난다. 서울지방의 선교가 교육·의료·사회사업 등 이른바 '간접선교'에 상당한 비중을 두었다면, 서북지방의 선교는 전도와 같은 '직접선교'에 좀더 비중을 두었다. 서북지방에서의 이와 같은 직접선교의 성공에 선교사들이 끼친 영향도 컸지만, 무엇보다도 서북지방 교인들 스스로의 노력이 엄청난 성장을 낳는 가장 중요한 요인이 되었다. 이미 살펴본 바와 같이 서북인들의 개방성, 서북지방 상인 출신 교인들의 헌신적인 전도 등에 힘입어 서북지방의 교회는 놀라운 성장을 이룩하였던 것이다.

　서북지방은 정치적으로 서울—중앙에 의해 배제되어 왔다. 따라서 서북인들은 늘 현실변혁적 사고를 키워 왔다. 이러한 서북지방의 일반적인 성격은 서북지방 교회의 성격 형성에도 영향을 미쳤다. 서북지방 교회의 신자들은 기호지방에서 나타나는 존왕적인 사고를 가지고 있지 않았다. 따라서 그들은 보편적인 진리와

---

　10) 李能和는 이들 유가 출신 기독교인들의 출현을 일컬어 '관신사회 신교지시'(官紳社會 信教之始)라고 한 바 있다(李能和,《朝鮮基督教及外交史》, 朝鮮基督教彰文社, 1928, pp. 203~204).
　11) 崔炳憲, "奇書",〈황성신문〉1903년 12월 22일자.
　12) 한국기독교역사연구소, 앞의 책, pp. 259~266.

정의를 성서 자체에서 찾게 되었다.[13] 이 때부터 서북지방 교회의 신자들에게 성서는 절대적인 위치를 차지하게 되었다. 1907년 평양에서 폭발한 부흥운동도 기본적으로 부흥회와 성경공부의 개념이 결합된 부흥사경회의 형태를 취한 것이었다. 성경의 절대적인 권위의 인정을 바탕으로 한 보수적 근본주의 신학의 중심인물인 길선주·박형룡 등이 서북지방 출신이었다는 것은 우연한 일이 아니었다.

서북지방 교회의 신앙운동이 지니는 또 다른 특성 가운데 하나는 그것이 지니는 대중운동적 성격이다. 한국교회 대중신앙운동의 가장 전형적인 형태인 부흥운동은 바로 서북지방에서부터 꿈틀거리기 시작하였고, 해방 이전까지의 부흥운동을 지도하였던 부흥운동가들 가운데에도 서북 출신들이 많았다.

서울을 중심으로 하는 기호지방의 교회가 충군애국적 성격을 지녔음을 지적한 바 있다. 기호지방의 교회가 이같은 성격을 지녔기 때문에 이 지방의 선교사들과 지도부는 권력에 대해 조심스러운 태도를 취하는 것이 보통이었다. 이러한 선교사들과 지도부의 동태가 일반 신앙대중에게도 영향을 미쳤음은 물론이다. 이와는 상대적으로 서북지방 교회와 교인들은 토지문제와 같은 사회경제적 문제를 놓고 권력에 항거하기도 하였다. 서북지방의 교인들은 일제의 경제적인 침투에 대해서도 강한 저항운동을 펼쳤다.

서북지방 교회의 성장은 곧 초기 한국교회사에서의 서북형 신앙 대세 현상으로 이어졌다. 서북지방의 신앙형태는 교회 지도부의 인적 구성, 신앙운동의 큰 줄기 형성, 성서 중심주의 사상을 중심으로 하는 보수신학의 패권 장악 등을 통해 한국교회 신앙사조의 대세를 결정하였다. 1907년 장로회 독노회가 결성되면서 7명의 한국인이 목사 안수를 받으면서 한국 장로교사상 최초로 한국인 교권을 형성하였다. 이 때 목사 안수를 받은 7명 가운데 6명이 서북지방에 배치되었다. 나머지 한 명인 이기풍 목사는 제주도에 선교사로 파송되었다. 서울지방에 한국인 목사가 부임한 것은 1910년에 가서였다. 한석진이 안동교회 전도목사로, 서경조가 새문안교회의 동사목사로 파송된 것이다. 뿐만 아니라 한국교회 신앙운동의 큰 산맥을 형성한 1907년 대부흥운동은 서북지방의 중심 도시인 평양에서 비롯되었다.

② 보수신학의 구형 : 길선주와 박형룡

유동식 교수는 한국신학사를 정리하는 자리에서 한국신학의 유형을 진보적 사회참여의 신학, 종교적 자유주의의 신학, 보수적 근본주의 신학으로 나눈 바 있다.[14] 유동식 교수는 보수적 근본주의 신학을 태동시킨 인물로 길선주를, 그리고 그 초석을 놓은 인물로 박형룡을 꼽고 있다.

---

13) 민경배, 앞의 책, p. 110.
14) 유동식,《한국신학의 광맥》, 전망사, 1982.

가. 길선주의 성서이해와 말세론

길선주는 1869년(고종 7) 3월 15일 평남 안주에서 출생하였다. 그는 젊은 시절에 선도(仙道) 수련에 뜻을 두고 수행을 하기도 하였다. 실제로 길선주는 열아홉에 선도를 시작한지 10여년만에 도인의 경지에 이르기도 하였다. 평양에서 사람들이 그를 길도인(吉道人)이라고 부르기도 하였다.[15] 이와 같이 선도 수행을 하는 중이던 1893년 2월에 미국인 선교사 마펫(S. A. Moffett)이 평양에 상주하여 조사 한석진과 함께 전도활동을 벌이기 시작하였다. 길선주는 그의 도우(道友) 김종섭(金鍾燮)을 마펫에게 보내 그 '서양의 도'를 알아보도록 하였다. 그러나 길선주는 오히려 김종섭을 통하여 복음을 접하게 되었다. 김종섭은 자주 길선주를 찾아와서 전도문서들을 건네주며 복음을 전하였다. 특히《쟝원량우샹론》과《천로역정》은 길선주의 개종에 결정적인 영향을 미쳤다.[16]

결국 길선주는 김종섭의 안내로 장대현교회(널다리골교회)에 출석하게 되었고, 1896년 8월 15일 세례를 받았다. 그는 1907년 장로교 최초의 신학교 졸업생 가운데 한사람이 되었고, 장로교 최초의 목사 가운데 한사람이 되었다. 한편 길선주는 1907년 평양대부흥운동의 중심인물이 되었다. 선교사들의 기도모임이 1907년 대부흥운동의 도화선이 되었던 것은 사실이지만, 우리는 대부흥운동을 낳은 또 다른 흐름인 한국교회의 깊은 경건의 전통을 간과해서는 아니 된다. 부흥운동은 사경회(Bible class)를 축으로 진행되었다. 초기 기독교인들의 특색 가운데 하나는 사경회를 통한 성경공부가 활발하였다는 데 있다. 사경회의 성경공부 전통과 함께 대부흥운동의 기반을 형성한 한국교회의 또 하나의 신앙전통은 '기도'이다. 초기의 부흥회는 대체로 오전의 기도모임과 성경공부, 오후의 방문전도, 저녁의 간증과 말씀증거 순으로 구성되었다. 대부흥운동의 기반을 형성한 기도 전통 가운데 무엇보다도 중요한 것이 바로 길선주 목사로부터 비롯된 '새벽기도운동'이다.

길선주는 새벽마다 일찍 일어나서 기도를 하고 계시록을 묵상하였다. 그리고 부흥집회를 통해서 교인들에게 새벽기도회의 필요성을 역설하였다. 부흥운동의 도화선이 된 새벽기도회는 서양 어느 국가에서도 찾아보기 힘든 한국적인 신앙유산이다.[17]

새벽기도회를 통한 경건 수행과 함께 길선주 신앙의 축을 형성한 것은 성경에 대한 그의 열정이었다. 그의 성서이해의 특징은 '성경을 성경으로' 해석한다는 데 있었다. 이러한 그의 성서이해는 성서무오설에 토대를 둔 것이었다. 이러한 그의

---

15) 이덕주,《한국 그리스도인들의 개종이야기》, 전망사, 1990, pp. 336~338.
16) 위의 책, pp. 340~342.
17) 위의 책, p. 344.

성서해석에 대한 견해는 실제로 오늘날의 보수신학에서도 전형적으로 나타나고 있다. 한편 그는 성서 가운데서도 계시록을 특히 중요시하였다. 그리고 그의 사상의 중심에는 말세론이 자리하고 있었다. 그의 설교의 핵심적인 주제는 재림(再臨)과 종말(終末)이었다.[18] 길선주의 성서이해와 말세론은 한국 보수신학의 기초를 만들었다.

나. 보수신학의 초석 박형룡

박형룡(1897~1978)은 평안북도 벽동 태생으로 초대 한국선교사들이 씨를 뿌린 보수주의 신학사상의 기틀을 잡은 인물이다. 박형룡은 보수주의 신학사상을 지닌 선교사들에 의해 세워진 숭실대학을 졸업하고 미국으로 건너가서 신학수업을 하였다. 미국에서의 신학수업에서 그에게 결정적인 영향을 미친 것은 프린스턴 신학교의 신학이었다. 당시의 프린스턴은 메이첸(G. Machen)을 중심으로 하는 보수주의 신학의 영향력이 막강하였다. 당시 미국의 보수주의 신학은 근대 과학정신과 진화론에 부정적인 반응을 보였으며, 성경에 대한 고등비판을 부정하는 등 성경의 절대적인 권위를 강조하였다. 이와 같은 성경에 대한 이해는 한국교회에 결정적인 영향을 미쳤다.[19]

박형룡은 1928년 귀국하여 산정현교회에서 잠시 시무한 후 평양신학교 교수로 취임하여 본격적인 신학활동을 벌이게 되었다. 그리하여 1935년에는 한국 최초의 조직신학 서적인 《기독교 근대신학 난제선평》을 저술하였다.

그는 이 책에서 당시의 온갖 근대사조를 비판하였다. 박형룡은 이후 끊임없는 저술활동을 통해 한국 보수주의 신학의 기틀을 닦았다. 그가 평생을 통하여 저술한 신학 서적과 논문들은 《박형룡 박사 저작전집》으로 간행된 바 있다. 이 전집 전반에 걸쳐 나타나는 그의 신학사상은 하나님의 주권사상, 성경무오설, 그리스도의 동정녀 탄생과 대속(代贖)의 죽음, 그리고 그리스도의 육체적 부활과 재림의 교리 등이다.[20]

박형룡은 한국신학계에서 보수주의 신학과 자유주의 신학 사이에 대결이 벌어졌을 때, 보수주의 신학의 선두에서 논쟁을 이끌었다. 1930년대 한국신학계에 큰 파문을 일으켰던 김춘배 목사의 '여권문제 필화사건'과 김영주 목사의 '모세오경 저작부인(著作否認) 사건'에 대해 총회에서 조사위원회가 결성되었을 때, 박형룡은 평양신학교 교수 로버츠(S. L. Roberts, 羅富悅)와 함께 조사위원회에서 중심적인 역할을 담당하였다. 뿐만 아니라 1947년 이른바 '조선신학교 진정서 사건'이 일어났

---

18) 유동식, 앞의 책, p. 58.
19) 유동식, 앞의 책, pp. 186~188.
20) 신복윤, "박형룡 신학의 한국 보수신학사적 의의", 〈신학사상〉 25, 1979년 여름호, pp. 226~227.

을 때에도, 박형룡은 보수주의 신학의 사수를 위해 노력하였다. 그리하여 1948년 4월에는 김재준 교수의 진술서를 비판하여 보수주의 신학의 기치를 들었다.[21] 그의 비판은 그의 성서관을 토대로 한 것이었다. 그는 김재준 교수의 성서관을 '파괴적 고등비평의 성서관'이라고 비판하였다.

박형룡의 신학사상은 그 자신의 표현에서도 볼 수 있는 것처럼 '근본주의적' 성향의 신학사상이었다. 그는 "근본주의는 별다른 것이 아니라 정통주의요 정통파 기독교이다. 한걸음 나아가서 근본주의는 기독교의 역사적, 전통적, 정통적 신앙을 그대로 믿고 지키는 것, 즉 정통신앙과 동일한 것이니만치 이것은 기독교 자체라고 단언하는 것이 가장 정당한 정의일 것이다. 근본주의는 기독교 자체이다"라고 말하였다.[22] 그가 말하는 근본주의란 "기독교의 역사적, 전통적, 정통적 신앙을 그대로 믿고 지키는 것"이었다. 따라서 그의 신학은 어느 정도 전투적인 경향을 띠었음을 부인할 수 없다. 그의 본의야 어떠하였든간에 그의 신학사상은 한국교회 내에서의 보수주의 대 자유주의 논쟁의 핵심이었으며, 한국교회내 서북계 교권과 비서북계 교회의 갈등의 배경을 이루었음을 부인하기는 어려울 것이다.

2. 관북지역 교회의 신앙사조

관북지역(함경도 지역)은 조선시대까지만 해도 지리적으로 뿐만 아니라 정치적·문화적으로 고립되어 있었다. 하지만 이같은 관북지역 문화의 고립성은 '개항'으로 인하여 점차 탈피되어 갔다. 관북지역은 원산(1879년 개항), 성진(1899년 개항) 등 개항장과 교통의 요지인 청진 등을 중심으로 빠른 속도의 발전을 보였다.

관북지역에서 개신교 선교사들이 선교활동을 시작한 것은 1890년대에 들어서였다. 1890년대 초반부터 북장로교·북감리교·남감리교·침례교 등 여러 선교회가 선교활동을 시작하였다. 하지만 함경도 전역에 걸친 본격적인 선교활동이 이루어진 것은 캐나다장로회가 이 지역에서 선교활동을 착수한 이후부터였다. 따라서 캐나다장로회 선교부의 성격은 관북지역 교회의 성격을 결정짓는 하나의 요소가 된다고 하겠다.

캐나다장로회 동부지역 노회연합회(메리타임대회)는 1897년 10월 한국선교를 결의하였다.[23] 그리하여 그리어슨(Robert Grierson), 푸트(W. R. Foote), 맥레(D. M McRae) 등이 한국선교사로 파송되었다. 이들은 장로교선교사공의회의 협정에 따라 원산

---
21) 김양선,《한국기독교해방십년사》, 대한예수교장로회총회 종교교육부, 1956, pp. 229~231.
22) 박형룡, "근본주의", 〈신학지남〉 25권 1호, 1960. 9, pp. 12~24.
23) W. Scott, *Canadians in Korea*, unpublished, 1975, pp. 37~40.

을 중심으로 선교활동을 시작하였다.

캐나다장로회 선교부의 성격은 1925년 7월 선교본국인 캐나다에서 장로교·감리교·회중교회가 연합하여 단일교회인 '캐나다연합교회'(the United Church of Canada)가 발족되면서 변화를 맞게 되었다. 캐나다연합교회가 성립되면서 각 교파가 해외에서 벌이던 선교활동들이 연합교회의 지도를 받게 되었다. 이러한 상황의 변화는 한국에도 적용되었다. 따라서 캐나다연합교회의 성립과 활동은 캐나다선교부의 선교구역인 함경도·간도 등의 교회 성격에도 영향을 미치게 되었다. 본래 캐나다장로회의 선교활동은 그리어슨, 푸트, 맥레, 영(Young), 럽(Robb) 등 보수적 선교사들의 주도로 시작되었다. 그러나 캐나다연합교회 성립 이후 스코트(W. Scott), 맥도날드(D. A. Macdonald), 프레이저(E. J. O. Fraser) 등 자유주의적 경향의 선교사들이 선교부의 주도권을 장악하게 되었다. 스코트는 신학사상과 성경관에서 매우 자유주의적인 인물이었는데, 선교회의 책임자가 되었다. 더욱이 일본과 미국에서 공부하고 돌아온 두명의 자유주의적 경향의 한국인들이 캐나다연합교회의 선교활동에 동참하게 되었다.[24] 이들의 영향 아래 관북지역 교회는 다른 지역보다 상대적으로 진보적·자유주의적 경향을 띠게 되었다.

스코트, 프레이저, 맥도날드 등이 선교부 활동을 주도하였을 뿐 아니라, 캐나다 선교회 관할구역이었던 간도지역에서 선교사들이 민족운동을 후원하면서 캐나다 선교회의 자유주의 사상은 빠른 속도로 한국인들에게 파급되었다. 그리하여 간도지역과 함경도 지역에서 자유주의 신학자들이 많이 배출되었다.[25]

한국교회 자유주의 전통의 사상적 배경을 고찰한 최근의 연구를 보면, 한국교회 자유주의의 원천으로는 감리교 선교회와 교회, 캐나다연합교회 선교회와 함께 일본에서 공부하고 돌아온 자유주의적 성향의 한국인 신학자들을 들 수 있다.[26] 이와 같은 상황은 관북지역 교회에서도 잘 나타난다. 관북지역 교회의 자유주의적 성향의 또 다른 흐름으로 일본에서 공부하고 돌아온 자유주의적 성향의 한국인 목회자들을 지적할 수 있을 것이다. 그들 가운데 대표적인 인물들이 김춘배(金春培)와 김영주(金英珠)이다.

김춘배 목사는 1933년 함남노회 22개 교회가 여성장로직 허락을 청원하였을 때, 이를 지지한 기사를 〈기독신보〉에 실었다.[27] 그는 여인은 교회에서 잠잠하라

---

24) 박용규,《한국장로교사상사》, 총신대출판부, 1992, p. 171.
25) 한국기독교장로회 역사편찬위원회,《한국기독교 100년사》, 한국기독교장로회출판사, 1992, p. 312. 간도지역에서는 김재준·문익환·문동환·안병무·강원용 등이 배출되었고, 함경도에서는 김관식·조희염·김영주·김춘배 등이 배출되었다.
26) 박용규, 앞의 책, pp. 162~182.
27) 김춘배, "장노회총회에 올리는 말씀",〈기독신보〉1934년 8월 15일자 및 22일자.

한 바울의 이야기는 "2천년전의 한 지방교회의 교훈과 풍습"일 뿐이라고 발언하여 교회에 커다란 파문을 일으켰다. 김춘배 목사는 1934년 24회 총회의 결정에 따라 자신의 입장을 철회하였다.[28] 이것이 이른바 '여권문제사건'이다. 한편 김영주 목사는 함경도 출신으로 경성노회 남대문교회에서 시무하던 중 창세기 모세 저작설을 부인하여 교회에 커다란 파문을 일으켰다. 김영주는 캐나다선교회 스코트 선교사의 영향을 받아 오경의 모세 저작설에 대해 회의를 갖게 되었다.[29] 장로교 총회는 1934년 총회에서 위의 두가지 문제를 조사하기 위해 위원회를 조직하였다. 조사위원 가운데 중심인물은 평양신학교 교수 로버츠와 박형룡이었다. 위원회는 "신구약 성경은 하나님의 말씀이니 신앙과 본분에 대하여 정확무오한 유일의 법칙"이라는 '조선예수교장로회 신조 제1조'의 내용을 재확인하였다. 김영주 목사 역시 총회의 결정 앞에서 자신의 입장을 바꾸지 않으면 안 되었다. 이상과 같은 두가지 사건이 시사하는 바는 매우 크다. 한국의 장로교는 1930년대에 들어서 성경에 대한 자유주의적·현대적 해석의 가능성을 내비쳤다. 그러나 한국 장로교는 성경에 대한 현대적 해석을 성경의 권위에 대한 도전으로 받아들였던 것이다.[30]

관북지역의 신앙사조를 정리하는 자리에서 마지막으로 언급할 사항은 관북지역의 소종파운동의 흐름들이다. 그 가운데 대표적인 것이 원산신학산의 '예수교회'이다. 이 예수교회는 한국교회의 신비주의적 전통의 원류를 형성한 것이었다.

2. 북한교회의 부흥운동

1. 부흥운동의 배경

1907년 1월 평양에서 시작된 대부흥운동은 이후 전국적으로 파급된 신앙운동으로 한국교회사에서 큰 획을 그은 사건으로 평가되고 있다.[31] 대부흥운동은 두개의 흐름에서 비롯되었다. 선교사들의 기도회 모임은 대부흥운동의 도화선이 되었다. 이러한 기도모임은 1903년 원산에서 열린 기도모임으로 거슬러 올라간다.[32] 원산

---

28) 김홍수, "김춘배 목사의 여권문제 필화사건", 〈한국기독교사연구〉 27·28호, 1989. 11, pp. 20~22.
29) 박용규, 앞의 책, p. 183.
30) 물론 여기에는 '서북' 교회 대 '비서북' 교회의 대립구도가 어느 정도 작용하였음을 부인하기 힘들다.
31) 한국기독교역사연구소, 《한국기독교의 역사 I》, p. 268.

지역에서 활동하던 감리교 선교사들은 중국에서 활동하던 남감리교 선교사인 화이트(M. C. White)의 내한을 계기로 기도모임을 가졌다. 장로교와 동아기독교(오늘날의 침례교)의 인사들이 참여함으로써 이 기도모임은 연합기도회의 성격을 띠기도 하였다. 이 기도모임은 한 선교사의 통회 자복으로 말미암아 폭발적인 힘을 얻게 되었다. 남감리회에 소속되어 있던 캐나다 출신의 의료선교사인 하디(R. A. Hardie, 河鯉泳)는 선교사로서의 자신의 무력함을 고백하면서 통회의 기도를 하였다. 그는 자신이 실패한 원인을 자신의 신앙적인 허물에서 찾았다. 자신이 한국인들 앞에서 백인으로서의 우월의식을 지녔으며 권위주의적인 사고를 가졌음을 고백한 것이다. 하디 선교사의 이와 같은 고백과 통회는 이날 참석한 모든 사람들에게 깊은 감동을 가져다 주었으며, 그후 평양 일대와 전국 각지에서 일어난 부흥운동과 회개운동의 발단이 되었다.

1907년의 대부흥운동이 일어나기 전에 열린 북한지역 교회의 대표적인 부흥회로는 1904년 1월 원산에서 열린 연합기도모임과 1906년 8월의 평양 연합사경회를 들 수 있다. 1904년 1월 원산에서 열린 연합기도회에서 장로교 선교사 럽(A. F. Robb)이 성령을 체험하는 역사가 있었다. 이 때 전계은(全啓殷), 정춘수(鄭春洙) 등이 큰 은혜를 받아 선교사 럽과 함께 원산지역 부흥운동을 주도하기도 하였다. 전택부는 《토박이 신앙산맥》에서 이들을 '기도꾼'으로 묘사하고 있다. 이들의 성령체험은 깊은 기도생활을 바탕으로 한 것이었다. 전계은은 럽 선교사의 어학선생이었다. 이 두사람은 한글성경을 교본으로 어학 공부를 하였다. 전계은은 어학을 가르치다가 성경 말씀의 진리를 깨달으면 감격하여 함께 기도를 드렸고, 럽 선교사는 한국말을 배우다가 어려움에 처하면 안타까워서 함께 간절히 기도하였다.[33]

평양선교부의 선교사들은 1906년 8월 평양에서 장로교와 감리교의 선교사들이 다수 참여한 연합사경회를 개최하였다. 이 때 하디 선교사가 초청되었다. 그들은 함께 〈요한일서〉를 공부하였다. 그들은 자신들과 한국교회에 성령의 세례(a bap-

---

32) 최근의 한 연구에 의하면 1903년 원산부흥운동이 일어나기 전에도 부흥회(Revival Service)라는 집회 형태가 존재하였음을 알 수 있다. 〈조선감리회연회록〉 1903년도 연례보고서에 의하면 1903년 1월중 약 2주일간 서울지역에서 권사와 속장을 대상으로 교회지도자 훈련반이 개설되었는데, 이와 때를 같이하여 부흥회가 개최되었음을 알 수 있다. 이 부흥회는 북감리교 선교사인 존스(G. H. Jones, 趙元時)가 인도하였다. 이것을 보면 한국교회의 초기 단계에 사경회와는 별도로 부흥회도 열렸을 가능성을 생각해 볼 수 있다. 하지만 1907년의 대부흥운동의 본격적인 배경이 된 것은 아무래도 1903년의 원산부흥운동이라고 할 수 있다(석동기, "한국 최초의 개신교 신앙부흥운동에 관한 연구", 연세대 연합신학대학원 석사학위논문, 1990, pp. 27~28).

33) 전택부, 《토박이 신앙산맥》, 대한기독교출판사, 1977, p. 193.

tism of the Spirit)가 필요함을 깨달았으며, 겨울에 열릴 평양사경회(Bible class in Pyengyang)에서 그러한 축복을 받을 수 있도록 기도드렸다.[34]

    이 사경회가 끝나자 선교사들은 9월에 열리는 선교연회에 참석하기 위해 서울로 갔다. 서울에서는 미국으로부터 존스턴(Howard Agnew Johnston) 박사를 초청하였다. 존스턴 박사는 인도와 웨일스(Wales) 교회의 부흥에 관한 소식을 한국교회에 전해 주었다.[35] 이 집회를 마친 존스턴 박사는 평양을 방문한 길에 장대현교회에서 주일예배 설교를 하게 되었다. 이 설교를 통해 그는 영국 웨일스에서 일어난 성령의 역사가 인도교회에 번져 부흥의 역사가 크게 일어났음을 말하면서, "조선에서는 누가 교회를 부흥시킬 성령의 은혜를 충만하게 받겠느냐"고 물었다. 이 때 당시 장로로서 교회에 봉사하던 길선주가 손을 들고 일어섰다.[36]

    선교사들의 기도모임이 1907년 대부흥운동의 도화선이 되었던 것은 분명한 사실이다. 하지만 우리는 대부흥운동을 낳은 또 다른 흐름인 한국교회의 깊은 경건의 전통을 간과해서는 안 된다. 대부흥운동에 미친 사경회의 영향과 한국교회의 새벽기도회 전통의 의의를 분명하게 밝혀야 하는 것이다. 부흥운동은 사경회를 매개로 진행되었다.[37] 초기 기독교인들의 특색 가운데 하나는 사경회를 통한 성경공부가 활발하였다는 데 있다.[38] 사경회는 일반적으로 오전의 성경공부, 오후의 각종 회의 및 당면 문제 토론회, 저녁의 부흥전도회 및 대중강연회로 구성되었다. 이러한 사경회의 성격은 부흥운동 성격 형성의 기반이 되었다.

    사경회의 성경공부 전통과 함께 대부흥운동의 기반을 형성한 또 하나의 한국교회 신앙전통은 기도이다. 초기 부흥회는 대체로 오전 기도모임과 성경공부, 오후의 방문전도, 저녁의 간증과 말씀증거 순으로 구성되었다.[39] 대부흥운동의 기반을 형성한 기도 전통 가운데 무엇보다도 중요한 것은 길선주로부터 비롯된 '새벽기도운동'이다.

    한국교회의 사경회 전통과 새벽기도운동과 함께 대부흥운동의 배경을 이루는 또 하나의 사실은 한국인 목회 지도자의 배출이다. 대부흥운동 직전의 시기는 경건형의 기독교 지도자들이 막 배출되기 시작하는 무렵이었다.[40] 감리교에서는

---

34) Harry A. Rhodes, *History of the Korea Mission Presbyterian Church U.S.A.*, Vol. 1(1884~1934), p. 281.
35) 위의 같음.
36) 길진경,《靈溪 吉善宙》, 종로서적, 1980, p. 182.
37) 노대준, "1907년 개신교 대부흥운동의 역사적 성격", 〈한국기독교사연구〉 15·16, 1987. 8, p. 8.
38) 석동기, 앞의 글, p. 16.
39) 위의 글, pp. 52~53.

1900년부터 신학반(Theological class)이 운영되기 시작하였고, 1901년에는 김기범과 김창식이 최초의 한국인 목사가 되었다. 장로교는 1901년부터 평양에서 신학교육을 시작하였고, 1907년에는 7명이 신학교 졸업과 동시에 최초로 목사가 되었다. 이밖에도 수없이 많은 평신도 지도자들이 사경회와 부흥회에서 주도적인 역할을 담당하였다. 만일 선교사들에 의해서만 1907년의 대부흥운동이 주도되었다면, 오늘날 우리가 볼 수 있는 것 같은 폭발적인 부흥은 없었을지도 모른다. 길선주를 위시해서 전계은·정춘수 등의 한국인 지도자들과 수많은 평신도들의 열정이 대부흥운동에 끼친 영향은 실로 지대한 것이었다.

2. 부흥운동의 전개과정과 양상

1) 한국교회 부흥운동사를 어떻게 볼 것인가?

부흥운동은 한국교회의 주요한 특성 가운데 하나로 인식되어 왔다. 따라서 한국교회 부흥운동의 성격을 파악하는 것은 한국교회의 역사적 성격을 규명하는 데 하나의 중요한 잣대가 된다.

한국교회의 부흥운동은 시대에 따라 조금씩 다른 양상으로 전개되어 왔다. 따라서 이 분야의 연구자들은 한국교회 부흥운동의 역사를 몇몇 시기로 나누어 고찰해 왔다. 김진환은 한국교회 부흥운동사의 시기를 10년 단위로 나누어 정리한 바 있다.[41] 한국교회 부흥운동사를 이처럼 단순히 10년 단위로 나누어 정리하는 것이 편리한 방법일 수는 있겠으나, 한국교회사의 일반적인 역사과정과 부흥운동이 지니는 함수관계를 설명하는 데에는 한계가 따르게 된다. 뿐만 아니라 때에 따라서는 무리한 역사해석이 이루어질 수도 있다. 예컨대 김진환은 1910년대(1910년에서 1920년까지)를 부흥운동의 발아기로 보면서 그 중심인물을 김익두 목사로 지

---

40) 서정민, "초기 한국교회 대부흥운동의 이해", 《한국기독교와 민족운동》, 보성, 1986, p. 243.
41) 김진환,《한국교회부흥운동사》, 서울서적, 1993. 김진환은 1900년부터 1990년까지의 부흥운동을 10년 단위로 ① 부흥운동의 시대적 배경 ② 부흥운동의 동기 ③ 부흥운동의 중심인물 ④ 부흥운동의 방법 ⑤ 부흥운동의 결과라는 주제하에 정리하고 있다. 그는 해방 이전까지의 부흥운동을 다음과 같이 구분하고 있다.

시 기	중 심 인 물
1900~1910(여명기)	길선주·한석진
1910~1920(발아기)	김익두
1920~1930(시련기)	이용도
1930~1940(쇠퇴기)	임종순·주기철·최봉석

적하고 있지만, 김익두가 한국교회 부흥운동사에 등장하기 시작한 시기는 3·1운동이 막 끝나가던 1919년 말이다. 1919년 10월, 평안남도 강동(江東)의 열패교회 사경회를 인도하러 가면서부터의 일이다.[42]

한국교회 부흥운동사의 시기구분은 한국교회사의 획을 긋는 사건과의 함수관계를 고려한 것이어야 할 것이다. 민경배 교수는 길선주 목사를 한국교회 부흥운동의 제1세대의 중심인물로, 김익두 목사를 제2세대의 중심인물로, 이용도·임종순·정남수 목사를 제3세대의 중심인물로 꼽고 있다.[43] 민족자존이 위협받는 역사적 정황 속에서 구형된 민족적 위기감이 제1세대 부흥운동의 배경을 이루었다면, 3·1운동의 좌절과 이후 계속되는 일제의 회유와 탄압 속에서 우리 민족이 경험한 실의의 사회심리에 대한 영적인 조명의 필요성이 제2세대 부흥운동의 배경을 이루었다고 할 수 있을 것이다. 다음 시기 부흥운동의 성격에 대해서도 이와 같이 한국교회사 전체 흐름과의 연관성을 고려한 연구가 있어야 할 것이다. 하지만 현단계에서의 부흥운동 연구 성과의 한계와 필자 역량의 한계로 제3세대 이후 부흥운동의 성격을 한국교회사 전체 흐름과 연관하여 고찰하는 것은 앞으로의 과제로 남겨 두고자 한다.

이상에서 지적한 한계로 인하여 한국교회 부흥운동의 역사적 전개과정을 단계별로 정밀하게 서술하는 것은 쉬운 일이 아니다. 북한교회 부흥운동의 역사를 따로 서술한다는 것은 더욱 어려운 일일 수밖에 없다. 따라서 필자는 북한교회 부흥운동의 역사를 큰 흐름으로 파악하고자 하며, 부흥운동의 '양상' 혹은 '현상'에 주목하고자 한다. 따라서 구체적인 서술과정에서 어느 정도는 북한교회 부흥운동의 각 세대를 주도한 인물들을 중심으로 서술하게 될 것이다.[44]

우선 1907년 대부흥운동의 역사적 전개과정과 양상에 주목하게 될 것이다. 필자는 1907년 대부흥운동을 단순하게 선교사들의 기도운동에 연원하는 것으로 파악하지 않고, 한국교회의 신앙운동의 전통이 구체적인 역사적 정황에서 폭발적으로 나타난 것으로 보게 될 것이다.

다음으로 백만구령운동의 전개과정을 서술하고자 한다. 백만구령운동은 여타의 부흥운동과 약간 성격을 달리하는 것으로 볼 수도 있겠지만, 기본적으로 부흥운

---

42) 민경배, 《일제하의 한국기독교 민족·신앙운동사》, 대한기독교서회, 1991, pp. 280~281.

43) 위의 책, pp. 279~280. 민경배 교수는 한국교회 부흥운동의 제4기를 1950년대 중반, 제5기를 1970년대로 잡고 있다.

44) 이러한 의미에서 필자의 방법은 일종의 종교현상학적 접근이 될 것이다. 그렇다고 해서 필자가 역사적인 접근을 도외시하겠다는 뜻은 아니다. 가능한 범위에서 당시의 역사상을 충분히 재구성해 보도록 하겠다.

동의 성격을 띠는 것이었다고 본다. 3·1운동 이후 전개된 제2세대 및 제3세대의 부흥운동에 대해서는 그것의 '현상'에 주목하고자 한다. 이 시기 부흥운동이 어떤 사람들에 의해서 주도되었으며, 어떠한 동기와 목표를 지녔는가, 그리고 어떠한 양상으로 전개되었는가를 살펴보도록 하겠다.

2) 1907년 대부흥운동
① 대부흥운동의 발단과 전개

한국교회 부흥운동의 흐름은 1907년에 이르러 폭발적인 모습으로 전개되었다. 1907년의 대부흥운동은 평양을 진원지로 하여 작열하였다. 평양 장대현교회에서는 부흥사경회를 연례행사로 치러 왔다. 그런데 1907년의 부흥사경회는 처음부터 고조된 분위기였다. 연례사경회를 앞두고 길선주·박치록 등이 새벽기도회와 특별집회를 인도하여 분위기가 고조되었다. 새벽기도회는 한국교회의 하나의 전형을 이루었으며, 부흥운동의 기폭제가 되었다.[45] 1월 6일 주일 밤 장대현교회에서 길선주 목사가 설교를 하였는데, 이 날 많은 사람들이 성령의 역사를 체험하였다.

1월 12일 열린 평양의 장로교와 감리교의 부흥회에서 블레어(W. N. Blair, 邦緯良) 목사가 고린도전서 12장 27절을 주제로 설교를 하였다.[46] "여러분은 그리스도의 몸이요, 한사람 한사람은 그 지체입니다". 이 말씀이 선포되자 많은 사람들이 뜨거운 감동을 받았다. 1월 14일밤의 집회에서 부흥의 불길은 절정에 달하였다. 이날 밤 집회에서 리(G. Lee) 선교사가 강단에 올라 "나의 아버지여"라는 말을 하자마자 사람들은 강력한 힘에 압도되어 성령의 역사를 체험하였다.[47] 청중들의 심령은 이미 갈급한 상태였던 것이다. 다음 날에도 같은 형태의 집회가 계속되었다. 1월 15일 화요일의 집회에서 길선주 목사가 설교를 하였는데, 집회가 끝이 나서도 육백에서 칠백명의 청중들이 돌아가지 않고 남았다. 그들이 남은 목적은 계속해서 기도를 드리기 위한 것이었다.[48] 평양의 부흥회는 9일째인 화요일 저녁의 집회로 일단 끝을 맺었다. 그러나 그것은 결코 끝이 아니었다. 그것은 새로운 시작이었다. 그날 이후 평양 부흥운동의 열기는 사회적으로는 각계 각층으로, 지리적으로는 북한 전역으로, 나아가서는 전국으로 확산되었다.

평양의 부흥운동은 학생들과 여성들에게까지 확산되었다. 부흥운동은 학생들에게서 가장 열렬히 진행되었다. 먼저 평양의 신학교에서 부흥의 불길이 활활 타올랐다. 1907년 봄 신학교 이사회는 석달 학기 동안 매일 저녁 한시간씩의 특별기도

---

45) 서정민, 앞의 글, p. 248.
46) W. N. Blair, *Gold in Korea*, 3rd. ed., Presbyterian Church, U.S.A., 1957, p. 63.
47) 한국기독교역사연구소, 앞의 책, p. 271.
48) 길진경, 앞의 책, p. 192.

회를 열기로 결정하였다. 개학하자마자 열린 부흥회는 신학생들의 눈물어린 간증으로 채워졌으며, 성령의 역사가 나타났다. 선교사 매큔(G. S. McCune, 尹山溫)이 말한 것처럼 장차 한국교회의 목회자가 될 이들 신학생들은 "성령의 불로 그들의 죄가 모두 태워져 버림을" 체험하였다.[49] 위의 사례에서 볼 수 있는 것처럼 선교사들은 학생들 사이에서 부흥운동이 확산될 수 있도록 하기 위하여 많은 노력을 기울였다. 때때로 선교사들과 교사들은 정규 수업을 중단하면서까지 학생들의 부흥운동을 장려하기도 하였다.[50] 이와 같은 사실은 초기 한국교회의 성격 형성에 중요한 영향을 끼쳤다. 신학생들에게 부흥운동이 파급된 것은 특히 중요한 의미가 있다. 선교사의 경건주의적 보수신앙에 영향을 받은 이들 신학생들이 후일 한국교회의 지도자로 등장하게 되는 것이다. 이와 같은 경건적 보수신앙은 신앙의 내면적 발전에 상당한 공헌을 하였던 것이 사실이지만, 외부 세계를 비판적으로 바라볼 수 있는 여유를 가지지 못하게 될 때에는 교회의 사회적 기능을 간과할 가능성이 생기는 것이다. 특히 대부흥운동이 진행되던 시기인 1907년이 한국사회가 실질적으로 주권을 일제에 강점당했던 시기임을 고려할 때 문제의 심각성은 더해지는 것이다.

부흥운동은 여성에게도 확산되었다. 1907년 3월 16일 평양에서 개최된 부흥사경회는 12일 동안 열렸는데, 이 집회를 통하여 전국 각지의 550명의 여성 지도자들이 성령의 역사를 체험하였다.[51] 학생과 여성들 사이에서 부흥운동이 확산된 것은 한국교회 성장을 더욱 가속화시키는 계기가 되었다.

평양의 부흥운동은 지역적으로도 확산되었다. 부흥운동은 먼저 선교지부가 있는 도시로 확산되었고, 도시에서 인근 농촌지역으로 확산되는 추세였다.[52] 부흥운동은 평양 선교지부의 지도자 지방 파견과 지방교회 지도자들의 평양수련회 참가, 그리고 선교사들의 순회 전도 등을 통하여 전국적으로 확산되었다. 1907년 대부흥운동에서 평양교회가 차지하였던 역할은 실로 엄청난 것이었다. 평양의 부흥운동 중심인물들은 각지로 나아가 복음 전도활동을 펼쳤다. 리 선교사는 선천으로, 스왈른(W. L. Swallen, 蘇安論) 선교사는 광주로, 헌트(W. B. Hunt, 韓緯廉) 선교사는 대구로, 그리고 길선주는 의주와 서울로 각각 나아가 복음 전도활동을 펼쳤다. 길선주는 평양 대부흥 소식에 접한 서울 교회의 초청을 받아 부흥집회를 인도하였는데, 서울의 중심교회들이 상당한 영향을 받았다. 길선주는 1907년 10월 22일

---

49) G. S. McCune, "Opening Day at the Theological Seminary", *KMF* 1907. 6, p. 89.
50) 노대준, 앞의 글, p. 9.
51) 서정민, 앞의 글, p. 253.
52) Report of the Korea Mission of the Presbyterian Church in the U.S.A. to the Annual Meeting Held at Pyeng Yang, 1907. 9, p. 10.

의주 서부교회의 초청을 받아 부흥회를 인도하였다. 이곳에서도 커다란 변화가 일어났다. 한편 부흥운동의 열기는 중국의 교회에도 영향을 미쳤다.[53]

② 1907년 대부흥운동의 현상과 의의

1907년 대부흥운동의 상황을 기록한 문서 가운데 하나인 《한국의 종교적 각성》은 1907년 대부흥운동의 특징을 두가지로 요약하고 있다. 그 두가지 특징은 기도와 성령의 강림이다.[54] 한국 기독교인들의 기도에 대한 열정은 성경공부에 대한 열정과 함께 대부흥운동의 밑바탕을 형성하였다. 성경공부와 기도가 밑거름이 되어 이루어진 한국 기독교인들의 경건은 '죄에 대한 각성과 통회'로 이어졌다. 이 모든 과정을 통해서 한국 기독교인들은 폭발적인 성령의 역사를 체험한 것이다. 이와 같은 한국교회 대부흥운동의 현상을 다음과 같이 도표로 그릴 수 있다.

〈표 Ⅲ-11〉

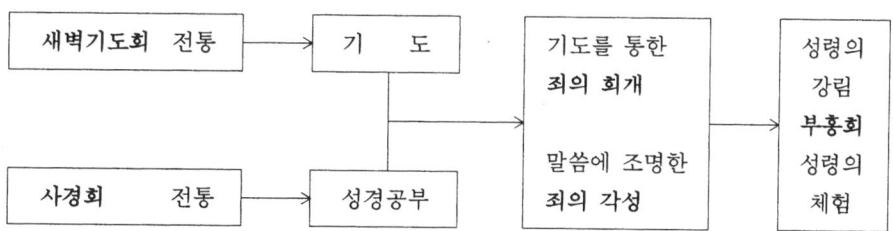

부흥회는 보통 10일에서 15일 정도의 기간에 걸쳐 열렸으며, 오전의 기도모임과 성경공부, 오후의 축호전도, 저녁의 부흥집회로 구성되는 것이 보통이었다. 부흥집회는 대체로 간증과 말씀의 증거로 이루어졌는데, 간증의 순서는 보통 공중 고백의 형태를 취하였다. 집회 도중 어떤 사람이 말씀에 비추어 자신의 죄를 심각하게 느끼고 모든 사람들 앞에 나아가 공적으로 죄를 고백하면, 참석한 사람들은 하나님께 그의 죄를 용서해주실 것을 눈물로 기도드렸다. 그리하여 모든 사람들은 성령의 역사 속에서 하나가 되는 체험을 하였던 것이다. 《한국의 종교적 각성》에도 위와 같은 사례가 자주 보고되고 있다. 그 가운데 하나의 사례를 여기에 소개한다.

평양교회에 '김'이라는 남자가 있었는데, 그는 동네에서 소문난 불한당이었다.

---

53) 한국기독교역사연구소, 앞의 책, pp. 272~273.
54) *The Religious Awakening of Korea—an Account of the Revival in the Korean Churches in 1907*, Board of Foreign Missions Methodist Episcopal Church, New York, 1908. 1, p. 7.

그는 술주정뱅이였으며, 주기적으로 곤드레가 되어 며칠 동안이나 아내와 가족들에게 말할 수 없는 불행을 끼치기도 하였다. 어느 날 부흥집회가 열렸을 때, 먼저 축복을 경험한 몇몇이 그에게 다가가서, "스스로를 하나님께 내어 맡겨 깨끗함을 구할 것"을 권면하였다. 그는 그다지 진지한 자세를 보이지는 않았지만 집회에 참석하였다. 공중고백의 기회가 주어졌을 때 그는 자리에서 일어나 큰 소리를 지르면서 앞쪽으로 뛰어나갔다. 그는 "내 말좀 들어 보시오. 나는 이 고을에서 가장 못된 깡패입니다. 여러분들 모두가 잘 알고 있을 것입니다. 나는 수년간 술주정뱅이였고, 아내를 학대하였으며, 우리 가정을 끔찍한 곳으로 만들었습니다. 여러분들 모두는 내가 악마와 같은 자였다는 것을 알고 있을 겁니다"라고 울부짖었다. 그는 오랫동안 마루바닥에 엎드려 울부짖었다. 모든 사람들이 그가 신실한 사람이 아닌 것을 알고 있었으며, 회중들 사이에 살을 에는 듯한 비탄이 감돌았다. 이내 모든 사람들이 무릎을 꿇고 이 무정하고 불쌍한 사람을 위해 소리를 높여 기도하였다. 천여명의 소리가 한사람의 소리처럼 교회와 도시 전체를 날려버릴 것같이 소용돌이치는 파도가 되어 울려퍼졌다. 그들은 "오 하나님이시여, 이 죄 많고 불쌍한 형제를 구원하소서"라고 울부짖었다.[55]

위의 사례에서 볼 수 있는 것처럼 부흥회는 죄에 대한 가책(conviction), 회개와 공중고백(public confession), 용서와 화해를 통한 하나됨의 체험이라는 '내용'으로 채워졌던 것이다. 이와 같은 대부흥운동의 '내용'(대부흥운동의 경건성)은 어떠한 '사회적 기능'으로 드러났을까? 이 물음은 1907년 대부흥운동의 성격을 규명하는 데 중요한 관건을 이룬다.

《한국의 종교적 각성》은 1907년 대부흥운동의 직접적인 영향을 몇 가지로 정리하고 있다. 첫째로, 의(義)와 죄에 대한 인식이 생겼다는 것이다. 둘째로, 교회의 개개 신자들의 심령이 깨끗해졌다는 것이다. 셋째로, 그리스도인들의 기도의 삶이 심화되었다는 것이다. 부흥운동의 가장 주목할 만한 발전 가운데 하나가 통성기도(audible prayer)와 합심기도(united prayer)이다. 넷째로, 부흥운동은 선교사들로 하여금 한국인들의 삶을 이해하게끔 하였다. 그들은 이제 한국의 그리스도인들을 좀더 잘 알 수 있게 되었다.[56]

이 책이 본래 한국교회 부흥운동의 성과를 미국교회에 알려 지원을 얻으려는 목적으로 씌여졌다는 한계가 있긴 하지만, 선교사들의 대부흥운동에 대한 관점이 어떠하였는지를 살펴볼 수 있다. 선교사들이 대부흥운동을 보았던 관점은 교회내적인 문제 혹은 신앙내적인 문제에 극히 치우쳐 있다. 그들은 대부흥운동으로 형

---

55) 위의 책, pp. 26~27.
56) 위의 책, pp. 25~29.

성된 '경건'에 맡겨진 '사회적 기능' 혹은 '사회적 책임'의 문제에는 관심이 없었던 것이다. 이 때문에 부흥운동은 당시 한국인의 정치 사회적 관심을 전혀 반영하지 않았으며, 민족운동의 흐름을 종교운동으로 바꾸었다는 비판이 제기되기도 하였다.[57]

대부흥운동과 민족운동의 함수관계를 푸는 것은 결코 쉬운 작업은 아니다. 확실히 표면적으로는 대부흥운동 과정을 통해서 한국교회의 비민족화가 어느 정도 진행되었다. 당시의 민족지인 〈대한매일신보〉가 대부흥운동에 지면을 거의 할애하지 않은 반면에, 친일 성향의 영국 신문 〈런던타임즈〉가 대부흥운동을 대서특필하였다는 점은 1907년 대부흥운동의 성격을 어느 정도 드러내주는 것이라 하겠다.[58]

대부흥운동과 민족운동의 함수관계를 풀기 위해서는 좀더 치밀한 역사 해석이 요청된다. '대부흥운동이 한국교회를 비민족화하였는가'라는 물음에 해답을 내리려면 우선 두가지 사실을 분명히 해야 한다. 첫째로, 역사의 연속성과 연관된 문제이다. 지금까지 대부흥운동과 민족운동과의 관련성에 대한 물음과 해답은 '1907년 대부흥운동'의 기간에 한정된 채 이루어져 왔다. 이 문제를 올바로 풀기 위해서는 1907년 대부흥운동 이전, 대부흥운동 기간, 대부흥운동 이후의 한국교회의 성격을 각각 분명히 규명해야 하는 것이다. 1907년 대부흥운동의 핵심 인물의 한 사람인 길선주를 예로 들어 보자. 그가 대부흥운동 기간을 통해 견고히 하였던 '경건'과 그의 '삼일운동에 대한 참여'라는 사건이 역사적 연속성을 지니는 것인가? 아니면 단절된 것인가? 이 물음은 곧 대부흥운동의 '내용'과 '사회적 기능'을 묻는 물음이 된다.[59] 둘째로, 대부흥운동의 주체와 관련된 문제이다. 우리는 대부흥운동의 밑바탕이 된 두 흐름을 말한 바 있다. 이 두 흐름은 곧 대부흥운동의 두 주체를 구성한다. 선교사들과 한국인 지도자들이 똑같은 목적과 동기를 가지고 대부흥운동에 참여하였다고 볼 수는 없을 것이다.

3) 백만구령운동

백만구령운동은 일제에 의해 강토가 병탄당하던 비운의 시기인 1909~1910년에

---

57) 노대준, 앞의 글, p. 12.
58) 서정민, 앞의 글, p. 275.
59) 대부흥운동과 민족운동의 관련성에 대한 물음의 해명은 과제로 남겨 두기로 한다. 현재 교회사가들 가운데는 이 물음에 대한 긍정과 부정이 교차되고 있다. 노대준의 연구는 부정의 입장을 분명히 하고 있으며, 서정민의 연구는 대부흥운동이 궁극적으로 민족교회의 형성에 기여한 것으로 보고 있다. 그는 특히 그의 "초기 한국교회 대부흥운동의 이해", p. 277의 도표를 통해 대부흥운동을 전후한 한국 교회와 민족운동의 관련성에 주목하고 있다.

전개되었던 신앙운동이었다. 1903년의 원산부흥회, 1907년 평양대부흥운동을 거치면서 전국으로 확산되었던 신앙부흥의 열기가 수그러들자 선교사들은 이것을 걱정하기 시작하였다. 특히 원산지역의 남감리교 선교사들이 이 문제를 심각하게 제기하였다. 1908년 여름 스톡스 목사, 하디 박사, 쿠퍼 여사, 화이트 여사 등은 한국교회에 새로운 신앙부흥이 요청되고 있음에 공감하고 6주 동안 기도회를 가졌다.[60] 이듬해에는 송도지방의 남감리교 선교사들이 이 문제를 놓고 기도회를 열었다. 이들 가운데 스톡스 목사, 겜블 목사, 리드 박사 등은 기도회가 끝나고 나서도 계속해서 모임을 갖고 이 일을 위하여 금식기도와 산상기도를 하였다. 이들 가운데 한사람인 스톡스 목사가 곧 지방여행에 나서게 되었는데, 지방전도여행에 앞서 자신이 시무하는 교회의 교인들에게 1년 사이에 5만의 영혼을 구원할 수 있도록 기도해줄 것을 부탁하였다. 이것이 백만구령운동의 발단이다.[61]

위에서 살펴본 바와 같이 백만구령운동이 처음부터 백만을 목표로 한 것은 아니었다. 일련의 논의과정 속에서 그 목표가 5만에서 20만으로, 다시 20만에서 100만으로 상향조정된 것이다. 1909년 9월 남감리회 13차 선교연회에서 "20만의 심령을 그리스도에게로"라는 표어가 채택되었다. 이윽고 열린 복음주의선교부 연합공의회에서는 "100만 심령을 그리스도에게로"라는 실로 과감한 표어가 채택되었다. 처음에 선교사들의 걱정과 기도에서 출발하였던 움직임이 마침내 한국교회 선교사들 전체의 야심찬 프로젝트로 전개된 것이다. 한편 장로교에서도 1910년 9월 19일 선천에서 열린 제4회 독노회에서 백만구령운동 결의안을 통과시켰다. 각 교파는 백만구령운동의 효과적인 진행을 위해 특별위원회를 조직하기도 하였다.

포사이드(W. H. Forsythe)에 따르면 백만구령운동에서는 연합기도, 호별방문, 복음서 전파, 매일기도 등의 전도방법이 채택되었다.[62] 백만구령운동의 전도방법에는 앞서의 1907년 대부흥운동과 아주 다른 형태가 부가되고 있다. 그것은 다름아닌 직접전도의 형태이다. 백만구령운동에서는 호별방문이나 복음서 전파와 같은 직접전도의 형태가 강조되고 있다. 1907년 대부흥운동이 기성교인들의 영적인 부흥을 목표로 하였다면, 백만구령운동은 말 그대로 '구령'(救靈)을 목표로 한 것이었다. 1907년 대부흥운동이 신자 자신의 결단에 초점을 두었다면, 백만구령운동은 다른 사람의 영혼구원을 위해 신자 개개인이 헌신하고 봉사할 것에 초점을 맞추었다고 할 수 있다.

백만구령운동은 이처럼 다른 사람의 영혼구원을 위해 신자 개개인이 헌신하고

---

60) 한규무, "개신교의 백만구령운동과 한일합병(1)", 〈기독교사상〉 1990년 8월호, p. 127.
61) 한국기독교역사연구소, 앞의 책, p. 277.
62) *MRW* 1910. 3, p. 232.

봉사할 것을 촉구하였기 때문에 아주 독특한 전도방법이 사용되었다. 그것이 다름아닌 '날연보'(day-offering, 獻日)제도이다. 이것은 전도활동을 위해 물질적인 헌금과는 별도로 자신의 시간을 할애하는 전도방법이었다.[63] 수많은 사람들이 이러한 날연보에 적극적으로 참여하였다. 평양의 경우 1천명의 신자가 연 2만 2천일을 날연보하였으며, 재령의 경우는 1만일이 날연보되었다. 이 전도운동 기간중 전국에서 무려 10만일이 넘는 날연보가 있었다고 한다.[64] 이러한 날연보와 함께 대규모의 문서전도가 행해졌다는 것도 백만구령운동의 중요한 특성 가운데 하나이다. 평양 장대현교회 교인에 의해서 집집마다 뿌려진 전도지만도 7만 3천매에 달하였다고 한다.[65]

이와 같은 적극적인 전도방법에도 불구하고 백만구령운동은 애초의 목표를 달성하지 못하였다. 이 운동은 1911년 초까지 계속되었지만, 목표의 10분의 1도 달성하지 못하였다. 이러한 점에서 백만구령운동을 시작한 선교사들의 문제의식과 판단은 당시의 역사적 정황에 비추어 볼 때 과연 합당한 것이었는가 하는 물음을 던지게 된다. 만일 우리 민족의 비운이 단순하게 '전도의 호기'로 판단되었다면 역사적인 반성이 뒤따라야 할 것이다.

백만구령운동이 그 목표를 달성하지 못하였고, 민족을 위해 교회가 무엇을 할 것인가에 대한 천착이 없었다고 해서 실패한 운동이었다고 볼 수는 없다. 백만구령운동은 기본적으로 전도운동의 성격을 띠는 것이었기 때문에, 신자들은 필연적으로 비신자들과 잦은 만남을 가질 수밖에 없었다. 이러한 전도과정을 통해서 신자들은 안으로는 일종의 공동체의식을 형성할 수 있었고, 밖으로는 교회에 대한 민족의 요청을 생생하게 들을 수 있었을 것이다. 또 백만구령운동이 교파간의 연합운동으로 진행되었기 때문에 한국 그리스도인으로서의 일체감을 고양시켜 주었다. 마지막으로 백만구령운동을 계기로 만주지역에 대한 선교가 본격화되었다는 점이다. 백만구령운동이 시작된 후 한국인 선교사들이 간도지역에 파송되었다.[66]

4) 김익두(1874~1950) 목사의 부흥운동

1920~30년대 일제 치하에서 우리 민족은 두가지 생존양태 가운데 하나를 선택해야만 하였다. 그 두가지 생존양태의 가능성은 '친일'과 '반일'(독립운동)을 축으로 하는 것이었다. 이와 같은 상황 속에서 대다수 민중들은 고민과 갈등 속에서 살 수밖에 없었다. 이들 민중들은 그러한 갈등 돌파의 한 출구를 종교에서 찾기도 하

---

63) 한규무, 앞의 글, p. 135.
64) "The Million Movement and its Result", *KMF* 1911.1, p. 5.
65) 위의 책, pp. 4~6.
66) 한규무, 앞의 글, p. 132.

였다. 그리고 그들의 이러한 출구에 대한 기대는 현실의 어려움을 초월하는 그 무엇에 대한 동경으로 이어지기도 하였다. 이러한 면에서 1920~30년대 한국교회의 부흥운동은 큰 의미를 지닌다고 하겠다. 특별히 이적치병(異蹟治病) 현상을 중심적인 내용으로 하였던 김익두의 부흥운동은 1920~30년대 한국교회사를 이해하는 중요한 열쇠가 되는 것이다.[67] 뿐만 아니라 김익두 이후의 부흥운동에서 그의 방법이 대개 유형적으로 답습되었다는 의미에서 김익두의 부흥운동에 대한 이해는 한국교회 초기 부흥운동의 원형을 살펴보는 길이 될 수 있을 것이다.[68]

김익두 목사는 1874년 11월 3일 황해도 안악에서 태어났다. 그는 젊은 시절 과거와 사업에 실패하여 깊은 좌절을 경험하였다. 이러한 좌절 속에서 그는 죽음의 문제를 놓고 심각한 고민에 빠졌다. 그는 '불사의 도'를 추구하였다. 그래서 그가 제일 먼저 접한 종교는 선도(仙道)였다. 그는 선도의 수행 방법의 하나인 벽곡(僻穀)을 행하기도 하였지만 그의 뜻을 이룰 수는 없었다. 다음으로 그는 동학(東學)에 심취하기도 하였지만 역시 그의 뜻을 이루지는 못하였다. 그는 친구 박태환(朴泰煥)의 전도를 받아 교회에 나가게 되었다. 1900년 2월 그는 안악교회에서 선교사 스왈른의 '영생'(永生)이란 제목의 설교를 듣고 감동을 받아 개심(改心)하였다. 김익두는 1900년 7월 안악읍교회에서 세례를 받았다. 하지만 이 때 안악읍교회 교인들 사이에 내분이 있어 세례만 받고 성만찬은 받지 못하였다. 성만찬은 그 후 19개월이 지나서였다. 김익두는 세례받기 1개월 전부터 성찬식이 거행될 때까지 금욕과 근신 생활을 하였다. 이같은 근신생활을 하는 동안 김익두는 교사가 되어 읍내 학교에서 학생들을 가르쳤으며, 양약(洋藥)을 파는 약종상(藥種商)을 경영하기도 하였다.[69]

김익두는 1910년 평양장로교신학교를 졸업하면서 안수를 받고 1913년에 신천교회에서 시무위임을 받았다. 기록상 그가 처음으로 부흥회를 인도한 것은 1916년 평양도사경회(都査經會)였다. 이 때 그는 평북 선천의 양전백과 함께 부흥회를 인도하였다.[70] 그후 김익두는 전국에 걸쳐서 부흥회를 인도하였으며, 간도에서까지 부흥회를 여는 등 총 776회에 걸친 부흥회를 인도하였다.[71]

김익두의 부흥운동이 1910년대에 시작된 것이 사실이지만, 그의 부흥운동이 한국교회사에 큰 자취를 남기기 시작한 것은 아무래도 1920년대에 들어와서이다.

---

67) 이덕주, "이적과 신유의 부흥운동가 김익두",《한국 그리스도인들의 개종이야기》, 전망사, 1990, p. 348.
68) 민경배, 앞의 책, p. 280.
69) 이덕주, 앞의 책, pp. 348~356.
70) 〈조선예수교장로회총회 제5회 회록〉 1916, p. 67.
71) 박성겸,《황해노회 100회사》, 황해노회100회사편찬위원회, 1971, p. 81.

제 3 장 북한교회의 신앙사조와 부흥운동 297

그가 인도한 부흥회 가운데 대표적인 것으로는 1920년 6월말의 평양 연합집회와 1920년 10월의 서울 연합집회이다. 여기서는 1920년 6월말의 평양 연합집회를 살펴 보도록 하겠다. 이 때의 한국교회는 3·1운동의 실패로 인한 좌절과 일제의 교회 탄압으로 절망에 빠져 있었다. 이 연합집회의 강사로 초빙되었던 김익두 자신도 신천 3·1만세운동의 배후인물로 지목되어 일제의 주목을 받고 있는 처지였다. 이같은 상황 속에서 김익두의 부흥운동이 한국교회사의 한 페이지를 장식하게 된 것이다. 김인서(金麟瑞)는 당시의 상황을 다음과 같이 기록하고 있다.

> 大正 九年(1920) 夏라, 吉목사(길선주 목사)는 있지 안었다. 사람들은 새벽기도회에 모히면 悔改하여 울고 슬퍼 울었나니 울고 울어 눈물의 집회였고, 낫 工夫에 모히면 두려운 기운에 잠기였고 저녁에 모히면 웃고 또 울었다. 그런데 사람이 너무 많이 모힌 때문에 다수의 회중은 金목사(김익두 목사)의 말을 잘 듯지도 못하면서 김목사의 모양만 보고 웃고 울었다.[72]

한국교회의 신자들은 단지 모여서 '웃고 또 울었던' 것이다. 그들은 '그리스도 안에서' 모이면 웃고 또 울었다. 그렇게 다시금 하나가 되고자 하였던 것이다. 그들은 한데 모여서 자꾸만 흩어져가는 마음들을 하나님께 내어 맡기고 하나님의 위로를 간구하였던 것이다. 이러한 의미에서 김익두를 정점으로 하는 1920~30년대의 부흥운동은 '고난의 민족에 대한 하나님의 위로와 권고'였던 것이다.[73]

고난에 처한 한국교회 신자들과 백성들은 그 고난에 대한 하나님의 위로를 기다렸으며, 하나님의 임재하심을 직접 목격하고 또한 체험하기를 원하였다. 그러한 소망을 살아있는 현실로 만드는 데 공헌한 인물이 다름아닌 김익두였다. 김익두 부흥운동의 기본적인 성격이 '이적치병'의 구조를 이루고 있었다는 것은 널리 알려진 사실이다. 사람들은 스스로의 눈으로 고난을 물리치시는 하나님의 임재하심을 목도하기를 간절히 희구하고 있었다. 림택권은 당시 한국교회 신자들과 백성들의 심리상태를 다음과 같이 기록하고 있다.

> 성각컨더 지금이 엇던 써이뇨. 쟉년 3월 1일 만세 스건 이후로 온 죠션 전국에 신쟈들은 무쌍한 고난을 당ᄒ얏스며, 또는 환난과 흉년으로 인ᄒ야 굶는 쟈도 만히 잇나니, 이러한 곤고와 궁핍 환난을 당한 이 불샹한 신쟈들을 뉘가 무엇으로 위로ᄒ며 그 밋음을 굿게 ᄒ랴. 이는 하ᄂ님씌셔 이 이젹들을 보이신 까닭의 하나니라.[74]

---

72) 金麟瑞, "金益斗 牧師 小傳(四)", 〈信仰生活〉 1941. 2. 9, pp. 20~21 ; 이덕주, 앞의 책, p. 358에서 재인용.
73) 민경배, 앞의 책, p. 287.

사람들은 엄청난 좌절 속에서 눈에 보이는 징표를 원하였다. 그리고 그것을 가시화(可視化)하는 역할을 김익두가 담당하였던 것이다. 그것이 맺은 결실은 놀라운 것이었다. 1919년에서 1923년까지의 장로교의 교세 상황(표 III-12)을 살펴보면 이 시기 부흥운동의 놀라운 성과를 살펴볼 수 있다.[75]

〈표 III-12〉

	1919	1920	1921	1922	1923
목 사	192	180	208	246	234
교 인	144,062	153,915	179,158	187,271	193,850
교 회	3640	3,659	3,969	4,248	4,503

엄청난 시련과 전환에도 불구하고 교인수와 교회의 숫자는 활발한 증가의 추세를 보여주고 있는 것이다. 이러한 교회 성장의 이면에 김익두의 부흥운동이 있었음을 부인할 수 없을 것이다.

김익두의 부흥운동은 어떠한 성격의 것이었는가? 김익두의 부흥사경회는 대형 집회의 성격을 띤 것이었다.[76] 그가 인도하는 부흥성회는 어디에서나 전례없는 인파에 휩싸이곤 하였다. 이미 살펴본 것처럼 1920~30년대의 부흥운동은 '고난의 민족에 대한 하나님의 위로와 권고'의 성격을 띤 것이었고, 한국교회의 신자들은 그러한 위로와 권고에 대한 희구태(希求態)를 그리스도인들의 모임의 형태로 풀어낸 것이다.

김익두의 부흥사경회는 대체로 새벽기도회, 오전 두세시간에 걸친 성경공부, 낮 시간의 요리(要理) 공부, 그리고 저녁 시간의 강설회(講說會) 등으로 구성되었다. 이와 같은 일정은 부흥회에 참여하는 사람들로 하여금 사실상 거의 온종일을 집회에 매달리게끔 하는 것이었음을 알 수 있는 것이다. 이처럼 당시 한국교회 신자들에게 하나님의 임재하심은 진정으로 절박한 것이었다.

김익두 부흥사경회의 특징은 무엇보다도 기적과 신유(神癒)를 수반하는 것이었다. 그리고 그 신유의 대상은 대개 가난한 서민층이었다. 실제로 김익두 목사의 설교는 가난하고 병마에 시달리는 소외계층 사이에서 환영을 받았다. 그는 겸손·양보·가난·소박함을 찬양하고 부(富)에 대한 경원, 현질서의 종말과 심판을 설교하였다. 그리고 그가 설교에 사용한 언어의 소박성이 이들 소외계층의 영혼을 파

---

74) 林澤權 編著, 《죠션예수교회 이적명증》, 朝鮮耶蘇敎書會, 1921, p. 3.
75) 민경배, 앞의 책, p. 290.
76) 위의 책, p. 305.

고든 것이다.⁷⁷⁾ 김익두의 '치병'은 초기 단계에는 직접적인 개별 안수기도의 형태를 취하였으며, 그 효과도 곧바로 나타나는 것이 아니라 시일을 두고 나타나는 경우가 많았다. 그러다가 치병을 원하는 사람들의 수를 감당하기 어려운 지경에 이를 정도가 되자 직접적 안수기도의 형태에서 간접적인 기도의 형태로 차츰 변화하기에 이르렀다. 김익두의 부흥사경회에서는 치병을 체험한 사람들의 '공개간증'이 있었다. 이러한 간증을 통해 사람들은 그들이 체험한 부흥의 역사를 내면화할 수 있었고 신앙공동체로서의 일체감을 느낄 수 있었던 것이다.

김익두의 부흥사경회를 통해서 벌어진 '치병' 현상에 대해서 당시의 교계와 사회에서는 상반된 견해가 있었다. 한편에서는 림택권 목사를 중심으로 '김익두 목사 이적명증회'가 조직되어 김익두 부흥사경회를 통해 치유를 체험한 사람들의 신상과 사건기록을 정리하여 《죠선예수교회 이적명증》이란 문서를 만들기도 하였다.⁷⁸⁾ 하지만 다른 한편으로 교계 일각에서는 김익두의 부흥사경회를 통해서 벌어진 '치병' 현상에 대해서 의혹의 눈초리를 보내기도 하였다. 1923년 황해노회가 장로회총회에 "금일에는 이적 행하는 권능이 정지되었느니라"라고 규정한 장로교 헌법 조항의 수정을 건의하였다. 그러나 1924년 열린 총회에서 황해노회의 이같은 헌의는 부결되었다. 이러한 총회의 공적인 '이적불인(不認)'은 김익두 부흥사경회의 의미를 상당부분 감소시키게 되었다. 뿐만 아니라 교회 안의 지식계층과 교회 밖의 사회주의자들로부터도 김익두 부흥사경회에 대한 비판이 제기되었다. 그리하여 1926년 간도 용정에서는 좌익 청년들의 물리력에 의해 김익두가 인도한 부흥사경회가 중단되는 일도 있었다. 김익두 부흥운동은 이와 같은 교회 안팎의 반대에 부딪혀 급격히 위축되었다.

김익두 부흥운동은 한국교회사의 한 전환기를 신앙운동의 차원에서 내면화한 도도한 흐름이었다. 그의 부흥운동이 역기능적인 요소가 전혀 없었다고 말할 수는 없지만, 당시의 암울한 시대상황에서 현실을 헤쳐나갈 신앙의 한 양태를 보여주었다는 점에서 의의가 있었다고 말할 수 있을 것이다.⁷⁹⁾ 이러한 의미에서 그의 부흥운동은 상당한 정도의 대중성을 확보하고 있었다. 그러나 그의 부흥운동이 교회의 제도권 차원에서도 호응을 얻었던 것은 아니었다. 교회의 제도권은 이른바 '이적불인'을 통해서 그의 부흥운동을 신비주의로 규정하였던 것이다. 제도권 교회의 이같은 흐름은 다음 세대에서의 부흥운동이 더욱 신비적인 형태를 취하게끔 하는 하나의 실마리를 제공하였다.

---

77) 정성구, 《한국교회설교사》, 총신대출판부, 1991(5판), pp. 156~159.
78) 김대인, "죠션예수교회 이적명증", 〈한국기독교사연구〉 7, 1986. 4, pp. 19~22.
79) 이덕주, 앞의 책, p. 360.

300   Ⅲ. 북한교회의 신앙사조와 사회·민족 운동

마지막으로 김익두의 부흥운동은 민족사에서 어떠한 자리를 차지하였는가의 문제에 대해 간단히 생각해 보도록 하겠다. 김익두의 부흥운동은 사회주의 계열에서 비판하는 바와 같이 '요언망행'(妖言妄行)이었는가?[80] 사회주의자들의 지적은 일견 타당한 것으로 보인다. 김익두 부흥운동의 주요 대상은 소외계층이었다. 그리고 김익두의 부흥운동은 소외계층의 현상(現狀)을 변혁하려는 어떠한 시도도 하지 않았다. 하지만 김익두는 이들 소외계층에 필요한 다른 부분들을 메워 주었다고 할 수 있다. 뿐만 아니라 김익두의 설교를 듣고 회심한 인물들 가운데에는 김재준이나 주기철 같은 인물도 있었다.[81]

5) 이용도 목사의 부흥운동

이용도는 28세에 교역을 시작하여 33세를 일기로 세상을 떠난 젊은 목사였다. 그가 실제로 부흥운동을 지도한 것은 1930년대에 들어선 마지막 2, 3년에 불과하였다. 그러나 그의 부흥운동은 전국의 교계를 뒤흔들 만큼 강렬한 것이었다.

이용도 목사는 1901년 4월 6일 황해도 금천군에서 태어났다. 그는 3·1운동 때 송도고보 학생으로서 만세시위에 참여하였다가 2개월간 구금되는 등 4차례에 걸쳐 3년 이상 옥살이를 할 정도로 민족의식이 투철한 청년이었다. 이용도는 1924년 감리교 협성신학교에 입학하여 1928년 1월말 졸업하였다. 신학교를 졸업한 이용도는 강원도 통천(通川)에 부임하였다. 이용도는 그 해 12월 24일 새벽기도중에 '교회안에 가득찬 악마들과의 치열한 싸움 끝의 승리'를 경험하였다. 다음날 성탄절 집회에서부터 놀라운 일이 벌어지기 시작하였다. 많은 사람들이 이용도 목사를 통해 예수를 알게 되었다. 그리하여 불과 몇 주일 안에 통천읍교회의 신도가 5, 60명 정도에서 150, 60명 정도로 늘어났다. 연말에 이러한 역사를 경험한 이용도는 연초부터 자신이 담임한 구역내 일곱교회에서 부흥회를 열었다. 그리하여 구역내의 전교회가 크게 부흥하였다.[82]

이용도는 1930년 목사 안수를 받고 이듬해 연회에서 순회부흥사로 파송을 받으면서 전국적인 부흥운동가가 되었다. 이용도의 전국적인 부흥운동은 1931년과 1932년의 2년간에 절정에 이르렀다. 이용도 목사의 전기를 쓴 변종호 목사는 1931년 이용도가 인도한 중요한 부흥집회의 목록을 정리해 주고 있다.[83] 이를 통

---

80) 김명식, "김익두의 迷妄을 論하고 기독교도의 覺醒을 促하노라", 〈新生活〉 6, 1922. 6.
81) 민경배, 앞의 책, p. 334.
82) 변종호 편저, 《이용도 목사전》(이용도 목사 전집 제2권), 장안문화사, 1993, pp. 36~39.
83) 위의 책, p. 68. ① 평양 중앙교회 ② 재령 동부교회 ③ 재령 서부교회 ④ 경남 거창

해서 우리는 그의 부흥집회가 전국을 망라한 것이었고 멀리 간도땅에까지 그의 부흥운동의 열기가 미쳤음을 알 수 있다. 그리고 그의 부흥운동의 영향력은 감리교에만 국한되지 않았음을 알 수 있다.

이용도 목사의 설교는 일정한 형식이나 방법이 없었다. 그는 몇 시간이고 엎드려 기도하다가는 하나님이 주시는 말씀이 있든지 영감이 떠오르든지 하면 설교를 하곤 하였다. 그의 설교 시간도 때로는 10분에 그칠 때도 있었지만, 어떤 경우는 7시간이나 계속되기도 하였다. 그러다가 목이 잠기면 그의 설교는 손짓과 몸짓, 그리고 눈물의 설교가 되곤 하였다. 그는 온몸 전부로 설교한 것이다.[84] 따라서 그의 부흥회는 언제나 열광적인 것이었고, 신비주의적인 양태를 띠기도 하였다. 이용도 목사 부흥운동에서 나타나는 신비주의는 '그리스도와의 일체감'과 '그리스도를 향한 사랑'을 바탕으로 한 것이었다. 그에게는 오직 그리스도뿐이었다. 그에게 '주(그리스도)는 신랑, 나는 신부'였으며, 그는 예수를 '유일 최대의 애인'이라고 고백하였다.

이용도 목사는 부흥운동을 통하여 '무조건적인 무제약적인 사랑'을 강조하였다. 그리고 그의 이러한 '무조건적인 사랑'은 한준명(韓俊明), 백남주(白南柱) 등 '극단적' 신비주의자들에 대해서도 예외없이 적용되었다. 이것은 기성교회가 이용도를 이단시하게 된 결정적인 요인이 되었다.

이용도 목사는 부흥운동을 주도하면서 당시 교권적 교회가 안고 있던 부정적인 현상들을 신랄하게 비판하기도 하였다.[85] 이러한 교권에 대한 도전과 그가 주도하는 부흥운동이 지닌 열광적 성격 또는 신비주의적 요소로 인해 이용도 목사는 제도권 교회로부터 이단 시비를 받게 되었다. 어떤 의미에서 이용도의 신비주의 자체가 기성교회의 제도나 신학과 의식에 반발하는 체험적 직접성을 생명으로 하는 것이었다.[86] 결국 1931년 황해노회가 그에게 '금족령'을 내렸고, 1932년에는 평양노회가 그의 집회를 규제하기에 이르렀다.

한편 이용도에 대한 의혹은 처음부터 제기된 것이 사실이지만, 이른바 원산과와의 합류가 그를 결정적으로 몰락하게끔 하는 계기가 되었다. 특히 한준명·유명화 등이 관련된 '강신극' 소동이 일어나면서 이용도에게 비난의 화살이 쏟아졌다.

교회 ⑤ 간도 용정교회·국자가교회·두도구교회 ⑥ 평양 남문외교회 ⑦ 함남 영무수양회 ⑧ 은률교회 ⑨ 선천 남교회·북교회 ⑩ 아현성결교회 ⑪ 경남 통영교회 ⑫ 사천교회 ⑬ 충북 진천교회 ⑭ 경성 삼청동교회 ⑮ 중앙전도관 ⑯ 인천 내리교회 ⑰ 개성 남부교회 ⑱ 화천교회 ⑲ 평양 명촌교회·산정현교회.

84) 정성구, 앞의 책, p. 188.
85) 한국기독교역사연구소, 앞의 책, p. 190.
86) 민경배, 앞의 책, p. 383.

제도권 교회로부터의 비판과 제재, 그리고 지병인 폐병의 악화가 겹쳐 이용도는 1933년 3월 감리교 중부연회에서 '휴직'하였다. 그는 원산에서 요양하던중 그 해 10월 33세의 젊은 나이에 세상을 떠났다. '한국의 마이스터 에크하르트'[87] 이용도는 그의 신비주의 신앙운동을 그렇게 마감하였다.

---

87) 변선환, "이용도와 마이스터 에크하르트", 〈신학과 세계〉 4, 1978.

제 4 장 북한의 기독교 기관

1. 기독교 의료기관

1. 한국선교의 시작과 의료 선교

만주와 일본을 통한 한국선교의 시도가 있기는 하였지만 그 선교의 문이 열린 것은 1884년 7월의 일이다. 그 해 6월 말부터 두주간 한국을 방문한 매클레이(R. S. Maclay)가 고종으로부터 '학교와 병원' 사업을 시작해도 좋다는 허락을 받은 것이다.[1] 이에 따라 한국선교의 기회를 기다려 오던 미북감리회는 아펜젤러(H. G. Appenzeller) 부부와 스크랜톤(Wm. B. Scranton) 부부를 선교사로 파송하였다. 미북장로회는 1884년 9월 알렌(H. N. Allen)의 내한을 계기로 그 이듬해에 언더우드(H. G. Underwood)를 선교사로 파송하였다. 그러나 아직 국내에서는 본격적인 선교활동이 불가능하였기 때문에 이들의 신분은 모두 의사 혹은 교사로 제한되어 있었다.

직접적인 선교의 길이 막혀 있던 상황 속에서 선교사들은 가장 먼저 의료 선교에 착수하였다. 이는 미국공사관의 공의(公醫) 신분으로 한국에 왔던 알렌에 의해서 시작되었다. 그는 갑신정변 때 중상을 입은 민영익을 치료해 줌으로써 국왕과 정부측 인사들의 신임을 얻게 되었다.[2] 정부의 신임을 바탕으로 알렌은 서양식 병원 설립을 건의하였으며, 고종으로부터 병원 설립을 인가받아[3] 1885년 4월 14일에 최초의 근대식 병원인 광혜원(廣惠院)을 설립하였다.[4] 여기서는 환자 치료뿐

---

1) Robert S. Maclay, "Korea's Permit to Christianity", *MRW* 1896. 3, p. 289.
2) 민경배,《알렌의 宣敎와 近代韓美外交》, 연세대출판부, 1991, pp. 107~128.
3)《高宗實錄》高宗 22년 2월 29일조.
4) 광혜원이라는 이름은 4월 23일에 제중원(濟衆院)으로 개칭되었다.

아니라 기초적인 의학교육도 실시되었다. 그러나 병원의 운영과 행정은 통리교섭 통상사무아문에서 맡았기 때문에 사실상 행정과 실무가 나뉘어져 운영상의 문제점이 많았다.[5]

이 병원은 의료사업뿐 아니라 초기의 선교사업에서도 중심적인 역할을 하였다. 교사 자격으로 입국한 언더우드도 처음에 이곳에 머물면서 말과 풍습을 익혔고, 북감리회의 의료선교사 스크랜톤도 당분간 이곳에서 활동하였다. 그러나 스크랜톤은 1885년 6월 21일에 미북장로회 소속 의료선교사인 헤론(John W. Heron, 蕙論) 의사가 부임해 오자 제중원을 사임하였다. 헤론은 1887년 9월에 알렌이 주미한국공사관 서기관으로 부임한 후 제중원의 책임자가 되어 1890년에 과로로 사망하기까지 봉사하였다. 1886년에 북장로회는 엘러즈(Annie J. Ellers) 선교사를 파송하였으며, 그녀는 부녀자를 위한 의료와 선교 사업을 시작하였다. 1887년에 제중원은 구리개[銅峴]로 이전하였고, 엘러즈가 결혼하자 그 후임으로 1888년 3월 27일에 호튼(Lilias S. Horton) 의사가 부임하였다. 그녀는 제중원의 부녀과를 담당하였을 뿐 아니라 민비의 시의도 맡았으며, 1889년에 언더우드와 결혼한 후에도 의료 선교사업을 계속하였다.

1890년 7월에 헤론이 과로로 순직하자 북장로회 선교부는 1891년에 빈튼(C. C. Vinton) 의사를 파송하여 제중원의 책임을 맡겼다. 제중원은 여러 가지 어려움에 부딪혀 있었다. 의료활동에 대한 정부의 지원도 불충분하였고, 병원을 운영하던 한국인 관리들의 부정부패도 극심하였다. 게다가 의료선교사들의 병원내 전도 행위도 상당히 제약되어 있었다. 그러나 1893년에 빈튼에 이어 제중원을 맡게 된 에비슨(O. R. Avison, 魚丕信)의 노력으로 병원내 선교활동이 비교적 자유로워졌다.[6] 1894년에는 재정난으로 인해 정부가 제중원을 지원하기 힘들게 되자 북장로회 선교부가 정식으로 제중원 운영권을 인계받았으며 따라서 제중원은 순수한 선교병원으로 자리잡게 되었다.

한편 제중원을 사임한 스크랜톤은 1885년 9월 10일 정동에 구입해 둔 한옥에다가 시병원(施病院)이라는 진료소를 독자적으로 개설하였다. 시병원의 의료활동은 주로 민중들을 대상으로 이루어졌다. 선교사들의 의료활동은 상당한 성과를 거두었으며 환자수가 늘어남에 따라 더 많은 의료선교사가 요청되었다. 이에 북감리회는 1887년에 맥길(W. B. McGill) 의사와 하워드(Meta Howard) 의사를 파송하였고, 1890년에는 셔우드(Rosetta Sherwood)를, 1891년에는 홀(Wm. J. Hall, 忽) 의사를 파송하는 등 계속적으로 의료선교진을 보강하였다. 제중원과 달리 시병원에서는 특

---

5) 《承政院日記》高宗 22년 3월 7일조 ; 《高宗時代史 2》, 國史編纂委員會, p. 724.
6) *ARPC* 1894, p. 157.

별 종교예배를 드릴 수가 있었고, 기도회와 성경공부가 이루어지기도 하였다. 북감리회의 의료활동은 계속 발전하여서 1887년에는 하워드가 이화학당내에 여성진료를 위한 보구녀관(保救女館)을 세웠으며,[7] 1888년에는 아현동에 애오개진료소를,[8] 그리고 1890년에는 남대문에 상동병원(尙洞病院)을 세웠다.[9]

북장로회와 북감리회에 의해 시작된 의료 선교는 한국 근대사 및 기독교회사에서 상당히 중요한 의의를 가진다. 먼저 선교사들의 의료활동은 서적을 통해서 또는 일본인들을 통해서 부분적으로만 소개되던 서구 의술을 직접 도입해서 한국의 의료상황 전반을 재편성하였다. 우리 사회의 전통적인 의료 체계는 한방이나 민간요법 그리고 치병굿 같은 민간신앙으로 구성되어 있었다. 특히 한방은 중국 의학의 수입 단계를 벗어나 독자적이고 체계적인 발전을 이루고 있었다. 그러나 서구 의학의 월등한 효과는 전통의료의 발전 가능성을 차단하였으며, 뒷날 우리 사회의 의료상황을 서구의학이 지배하게 되는 결과를 가져왔다. 또한 이는 일제하에 일본의 왜곡된 서양의학과 침략적 의료정책이 기승을 부리면서부터는 결국 일제의 기만적인 관제의료에 의해 밀려나고 말았다.

선교사들의 의료활동은 민중의 생활양식에도 변화를 가져왔다. 서구 의학은 합리적이고 과학적이라고 여겨진 반면 민간요법이나 치병굿 같은 전통적 신앙-치유 행위들은 비과학적이고 비기독교적이라고 여겼다. 따라서 이는 결국 전통적인 삶의 방식이 우리 사회에서 서서히 주변으로 밀려나는 계기를 만들어 주었다.[10]

그러나 선교사들의 의료활동이 한국사회의 의료상황을 대폭 개선하여 발병률과 사망률을 줄였고, 소외되어 온 민중의 삶을 돌아보았다는 점은 높이 평가되어야 한다. 또한 그들이 보여준 희생정신과 복음을 위한 헌신은 결국 이 땅에 기독교가 정착할 수 있는 비옥한 토양을 마련해 주었다는 점에서도 중요한 의의를 가지는 것이다. 1889년의 한 선교부 보고서를 보면 의료 선교가 한국선교에서 어떤 위치를 차지하고 있었는지를 잘 알 수 있을 것이다.

　　의료는 한국 선교사업에서 두번째 위치에 있지 않다. 이 나라의 선교사업의 위치

---

7) 보구녀관(Salvation-for-all-wemen Hospital)이라는 이름은 민비가 하사한 것이다. *WFMS* 1898~1899, p. 90.
8) *ARMEC* 1889, p. 298.
9) *ARMEC* 1891, pp. 275~276.
10) 물론 이와 같이 전통사회가 근대사회로 재편되는 과정은 아주 서서히 이루어졌다. 그 전통의 해체와 재구성은 일제와 미군정 그리고 1960, 70년대의 새마을운동에 이르기까지 지속적으로 이루어졌다. 그러나 이런 변화의 싹은 이미 개항기에 움트고 있었으며 이후의 변화는 그 싹이 자라는 과정이라 할 수 있다.

는 사실 의료와 더불어 시작한 것이며, 앞으로 오랜 동안 중요한 요소로 남아 있을 것이다. 의료는 나라의 문호를 열었고 아직도 넓게 그리고 멀리 하나님의 씨를 뿌리고 있는 중이다.[11]

2. 북한지역의 선교병원 설립과 발전

서울을 중심으로 시작된 북장로회와 북감리회의 선교사업은 점차 다른 지방으로 확대되기 시작하였으며, 의료 선교도 이와 함께 확대되었다. 1890년대에는 다른 교파들도 한국에 진출하였으며 역시 의료와 교육을 중심으로 선교활동을 전개하였다. 여러 선교부들 가운데 북한지역에서 의료 선교를 전개한 것은 북장로회, 북감리회, 남감리회, 캐나다장로회였으며, 이는 선교거점(mission station)인 평양·선천·원산·함흥·성진·개성 등을 중심으로 점차 확산되었다.

평양 평양의 의료 선교는 1892년 8월 북감리회의 홀 의사에 의해 시작되었다. 그는 1893년에 평양 서문에 한옥을 구입하여 진료소를 설치하였으나 그 이듬해에 벌어진 청일전쟁으로 인해 서울로 귀환하였다. 평양에서 전쟁이 끝난 뒤 1895년 10월에 홀은 북장로회 선교사인 마펫과 함께 평양으로 내려와 부상자와 전염병 환자를 치료하였다. 그러나 그는 과로한 데다가 이질에 걸려 서울로 귀환하였는데, 서울로 오는 도중 발진티푸스까지 겹쳐 그 해 11월에 사망하였다. 홀의 사후에 그의 부인 홀 여사(Rosetta Sherwood Hall)는 기금을 마련하여 그를 기념하는 기홀병원(紀忽病院, The Hall Memorial Hospital)을 세웠다. 병원의 원장직은 1895년에 내한한 폴웰(E. D. Follwell)이 맡았으며, 병원은 1897년 2월 1일에 개원하였다. 폴웰과 홀 부인의 노력으로 기홀병원은 관서지방 굴지의 병원으로 발전하여서 개원 후 4년 반 동안 24,000명을 치료하였다.[12]

한편 1894년에 남편의 진료소 한쪽에서 부인진료를 시작하였던 홀 부인은 홀의 사후 1898년 5월 1일에 다시 부인진료를 시작하였는데, 이 때 평양감사가 부인진료소에 광혜여원(廣惠女院, Women's Dispensary of Extended Grace)이라는 이름을 하사하였다.[13] 1900년에는 홀 부인에게서 의료강습을 받다가 추천을 받아 미국으로 유학을 떠났던 박에스더가 최초의 여성 의학박사가 되어 돌아와 함께 의료봉사에 전념하였다. 박에스더는 1910년에 폐결핵으로 사망하였는데, 그녀의 죽음을 슬퍼한 홀 부인은 결핵병원의 필요를 절감하였고 이는 후에 해주결핵요양원으로 결실

---

11) *ARMEC* 1889, p. 292.
12) *ARMEC* 1902, p. 317.
13) Sherwood Hall,《닥터 홀의 조선회상》(김동열 역), 동아일보사, 1984, p. 135.

을 맺었다. 홀 부인은 여성진료 이외에도 맹인들을 위한 치료와 점자교육을 실시하였으며, 이를 위해서 죽은 딸의 이름을 딴 에디스 마가렛 어린이병동(Edith Margaret Children Wards)에서 교육을 시작하여 1899년에는 한국 최초의 맹인학교를 열었다.[14]

북장로회가 평양에서 의료사업을 시작한 것은 북감리회보다 3년 늦은 1895년이었다. 북장로회의 평양 선교는 1893년에 마펫과 리(Graham Lee)가 시작하였는데, 1895년 6월에 내한한 웰즈(J. Hunter Wells, 禹越時) 의사가 이에 합류함으로써 의료선교가 시작되었다. 그는 1896년에 진료소를 개설하였고, 그후 4년 동안 36,000여 명의 환자를 진료하였다. 웰즈는 한국인에게 의학을 가르쳐 주었으며, 선천까지 가서 진료를 하기도 하였다. 그는 또한 운산(雲山)금광과 은산(殷山)금광에서 외국인과 한국인을 위한 의료사업에도 관여하였다. 진료환자수가 계속 늘자 의료선교사의 증원이 요청되었고 이에 1901년에는 샤록스(A. M. Sharrocks, 謝樂秀)가, 그리고 1903년에는 화이팅(H. C. Whiting, 黃浩里)이 각각 내한하여 봉사하였다. 1906년에 휴가에서 돌아온 웰즈 의사는 오레곤주 포틀랜드 제일교회의 래드 부인의 후원을 받아 래드병원(Caroline A. Ladd Hospital, 혹은 濟衆病院)을 설립하였다. 이 병원은 북감리회의 기홀병원과 함께 연합기구(Union Institute)로 운영되었으며, 의학반 교육도 공동으로 진행하였다.

선천 선천의 의료사업은 평양에서 활동하던 북장로회의 샤록스에 의해서 시작되었다. 그는 1901년 11월에 진료소를 개설하였지만 약품 도착이 늦어진 데다가 이듬해에는 자신이 장티푸스에 걸려 4개월만에 진료를 중단하게 되었다. 이 기간에 샤록스는 1,100명 가량의 환자들을 치료하였으며, 1902년에는 환자수가 3,500명으로 늘어났다. 이 진료소는 1905년에 샌프란시스코청년회가 보낸 기금으로 미동병원(In His Name Hospital)으로 개원하였는데, 이후 9개월간 8,541명의 환자와 다수의 아편중독자를 치료하는 활동을 보였다.

개성 개성의 의료사업은 남감리회의 하디(R. A. Hardie, 河鯉泳)에 의해서 시작되었다. 하디는 1890년에 캐나다대학 선교부의 선교사로 한국에 와서 1892년부터 원산에서 활동하였다. 그후 선교부와의 계약 기간이 끝난 1898년부터 그는 남감리회로 소속을 옮겨서 그 해 5월부터 9월까지 서울 제중원에서 에비슨을 도우며 업무를 배운 후 개성에 진료소를 개설하였다.[15] 비록 재정적인 문제로 인해 진료

---

14) 홀 부인의 맹인 사업은 1894년에 평양주재 전도사 오형석의 딸 오봉래를 만난 것이 계기가 되었다. 위의 책, p. 137.
15) 李慰萬, "南監理教會 醫藥事業의 歷史", 《조선남감리교회삼십년기념보》, 양주삼 편, 조선남감리교회전도국, 1930, p. 69.

활동이 8일 동안밖에 이루어지지 않았지만, 그 짧은 기간 동안에도 그는 549명에 이르는 환자를 치료하였다. 한편 진료소에는 성경과 소책자를 판매하는 서점이 있어서 2,000명의 환자에게 이를 배부하기도 하였다. 그러나 하디가 1900년 말에 원산으로 옮겨가게 되자 개성의 의료활동은 사실상 중단되었다. 따라서 이후 한 동안은 의료선교사 없이 단지 원산의 로스(J. B. Ross, 羅約耳) 의사가 가끔 방문진료를 하였다.[16] 1908년에는 신병휴가로 미국에 갔던 리드(C. F. Reid, 李德) 감독이 버지니아주 린취버교회의 성도인 아이비(W. C. Ivey) 부부가 희사한 5천달러를 가지고 귀국하였다. 그의 아들 리드(W. T. Reid) 의사는 이 자금으로 1909년에 아이비기념병원(Ivey Memorial Hospital)을 세웠는데, 이것이 바로 남성병원(南星病院)의 시작이다. 이 병원은 특히 아편중독자를 위한 활동을 전개하였는데[17] 1911년의 보고서에 의하면 한해에 162명의 아편환자를 치료하였으며, 그 가운데 반 이상이 완치되었고 10명이 기독교 신자가 되었다.[18]

원산 원산에서 의료 선교를 시작한 것은 북감리회의 맥길 의사였다. 그는 1892년부터 원산에서 순회진료를 시작하였으며, 1897년에는 이곳에 여자 병동을 마련하였다. 그러나 1902년에 북감리회가 남감리회에게 원산지역을 양도함에 따라 맥길 의사는 평양으로 옮기게 되었다. 따라서 원산의 의료 및 선교 사업은 남감리회가 전담하게 되었는데, 이를 맡게된 사람이 하디였다. 하디는 1898년에 잠시 개성에서 사역을 하다가 1900년 12월 13일에 원산으로 파송되어 맥길 의사와 함께 원산구세병원(元山救世病院)을 세워 진료를 시작하고 순회진료를 하면서 전도도 해왔다. 그후 1901년에 로스 의사가 원산으로 부임해 오자 하디는 전도에만 전념하였으며, 맥길이 평양으로 떠난 1902년부터는 로스가 단독으로 병원 일을 맡게 되었다.[19] 1908년부터는 메이어즈 의사가 함께 일을 맡았으며, 최승현이 병원 일을 도왔다. 진료횟수도 계속 늘어서 1908년부터 1년간 병원을 거쳐간 환자의 수는 모두 6,579명이었다. 원산구세병원은 1915년에 원산연합기독병원(Union Christian Hospital)이 세워질 때까지 의료와 선교 사업의 중추적인 역할을 담당하였다.

한편 함경도 지역으로 진출한 캐나다장로회도 원산에서 의료 선교를 시작하였다. 1898년에 푸트(W. R. Foote, 富斗一), 맥레(D. MacRae, 馬求禮)와 함께 한국에 온

---

16) W. T. Reid, "History of our Medical Work", J. S. Ryang(梁柱三) ed., *Southern Methodism in Korea*, Seoul : Methodist Episcopal Church South, 1930, pp. 92~97.

17) W. T. Reid, "Incidents Showing Evangelistic Efficiency of Medical Work", *KMF* 1914. 7, p. 201.

18) *MECS* 1911, pp. 93~95.

19) 이위만, 앞의 글, pp. 69~70.

그리어슨(R. Grierson, 具禮善)은 이듬해 2월에 원산에 도착한 후 한국인 신자와 외국인들에게,[20] 그리고 중환자와 응급환자에게만 진료를 베풀었다.[21] 1901년에는 맥밀란(Kate McMillan, 孟美蘭) 의사가 내한하여 의료진이 보강되었으나 그 해에 그리어슨 부부가 함북 성진(城津)으로 선교지를 옮기면서 원산의 의료활동은 맥밀란이 전담하게 되었다. 그러나 그녀는 1903년 이후 함흥선교부의 일도 맡게 되어 원산과 함흥을 왕래하며 진료하였고 따라서 원산의 의료활동은 크게 성장하지 못하였다. 그러나 1907년 초에 맥밀란 의사의 부친이 400달러를 보내오자 이 기금으로 3월 15일에 진료소를 새로 개원하여 더욱 많은 환자들을 치료할 수 있게 되었다.[22]

성진 성진은 1900년에 캐나다장로회의 그리어슨과 맥레가 순회전도를 함으로써 처음으로 선교가 시작된 곳이다. 그후 1901년에 정식으로 선교부가 설치되고 그리어슨 의사가 부임함으로써 의료 선교가 시작된 것이다.[23] 그는 홍순국(洪淳國)의 도움을 받아 전도활동을 전개하면서 시약소 형태의 소규모 의료사업을 시작하였다. 그러나 러일전쟁과 그리어슨의 휴가로 1905년과 1906년에는 진료소가 제대로 운영되지 못하였다. 1907년에 그리어슨은 새 진료소를 개설하고[24] 이름을 제동병원(濟洞病院)이라 하였다. 여기서는 김용배가 그를 도왔는데, 이후 그리어슨은 선교에만 전념하고 병원 일은 김용배가 전담하였다.

함흥 함흥의 의료활동은 맥밀란 의사에 의해서 시작되었다. 그녀는 1903년에 맥레 목사 부부와 함께 함흥으로 발령받아 선교부와 함께 진료소를 개설하였다.[25] 처음에는 사람들이 외국인 의사를 신뢰하지 않아서 그리 많은 환자들이 찾아오지 않았지만 점차 환자의 수도 늘고 시설도 확충되어 진료소는 이후 제혜병원(濟惠病院)으로 발전하였다. 1910년에 안식년 휴가를 마치고 돌아온 맥밀란은 11월에 소학교 건물을 진료소로 개조해서 의료활동을 계속하였다.[26]

영변 1906년에는 북감리회에 의해 영변에 선교부가 설치되었고 의료사업도 시작되었다. 이 해에 폴웰이 2회에 걸쳐 순회진료를 하였으며, 1908년에는 노튼(A. A. Norton) 의사가 임명되어 정식으로 의료활동이 시작되었다.[27] 그는 처음에 초가

---

20) *FMC* 1901, p. 120.
21) *Canada Presbyterian Church Report*, 1901, pp. 77~78.
22) *FMC* 1908, p. 121.
23) *FMC* 1902, p. 134.
24) *FMC* 1908, p. 130.
25) *FMC* 1904, p. 136.
26) *FMC* 1911, p. 93.

집을 진료소로 쓰다가 이듬해에 새 진료소로 이전하였다. 1910년 10월에 그가 해주진료소로 옮겨가자 영변의 의료사업은 새로 부임한 밀러(I. M. Miller) 의사 부부가 담당하게 되었다.[28]

재령 북장로회는 1906년에 화이팅 의사를 재령에 파송함으로써 이 지역의 의료사업을 시작하였다. 그는 처음에는 초가집에서 진료를 하다가 1907년에 뉴욕 메디슨가(Madison Avenue) 장로교회로부터 병원건축 기금을 받아 1908년 1월 3일에 정식으로 재령병원을 개원하였다.[29]

강계 강계의 의료사업은 1908년에 북장로회 선교부가 설치된 다음해 5월에 밀즈(R. G. Mills) 의사가 부임하면서 시작되었다. 진료소는 나무 창고를 사용하였으며, 첫해 여름에만도 300여명의 환자를 진료하였다. 1910년에는 뉴욕의 케네디(J. S. Kennedy) 부부의 헌금으로 병원건물을 지어 1911년 2월에 케네디병원[桂禮知病院]이라는 이름으로 정식 개원하였다.

순안 순안의 의료사업은 1908년 안식교의 러셀(R. Russell, 魯雪) 의사가 진료소를 개설함으로써 시작되었다. 순안에서는 1905년부터 스미스(W. R. Smith) 목사 부부가 선교활동을 해오고 있었는데, 그들의 요청으로 러셀이 한국에 오게 된 것이다. 그는 스미스 목사의 집과 안식교가 세운 학교인 의명학교 교실에서 진료를 하다가 1909년에 여선교사 샤펜버그(Mimi Scharffenberg)가 서울로 임명되어 떠나자 그 집을 구입하여 순안병원을 시작하였다. 그는 이 진료소에서 이후 4년간 2만명이나 되는 환자를 진료하였다.[30]

해주 북감리회는 1909년 가을 해주에서 의료사업을 시작할 것을 결정하고 이후 해주구세병원(救世病院)의 전신이 될 병원건물을 짓기 시작하였다. 병원을 짓고 있는 동안 11월에 켄트(E. W. Kent) 의사가 파견되어 진료를 시작하였다. 12월에 완공된 병원은 입원실 4개와 임상실·수술실·부엌·세탁실을 갖추고 있었다. 켄트는 이듬해 2월까지 999명의 환자를 진료하였다.[31] 1910년에는 켄트가 미국으로 돌아가고 영변에서 활동하던 노튼 의사가 새로 부임해 왔다.[32]

이와 같이 전국적으로 의료사업이 확산됨에 따라 병원을 중심으로 한 선교활동

---

27) *ARMEC* 1909, p. 193.
28) *ARMEC* 1911, p. 208.
29) *ARPC* 1908, p. 309.
30) 이영린,《한국재림교회사》, p. 199.
31) *ARMEC* 1910, p. 187.
32) *ARMEC* 1911, p. 190.

〈표 III-13〉 1910년대 북장로회 선교병원 통계

병 원	연 도	진 료	입 원	수 술	왕 진
제중병원 (평양)	1911	13,836	256	497	288
	1915	11,590	220	421	
미동병원 (선천)	1911	10,299	401	134	390
	1918	20,909	1,251		
재령병원 (재령)	1911	8,411	180	35	544
	1918	27,065	214		
계례지병원 (강계)	1912	3,000			
	1918	17,891	256		

은 더욱 활기를 띠었으며, 나아가 선교활동과 의료활동이 분업화됨으로써 선교사들은 복음전도에, 의사들은 환자 치료에 전념할 수 있게 되었다. 그러나 의료가 선교와 별도로 그 자체의 목적과 의미를 갖는지에 대해서는 선교사들간에 이견이 분분하였다. 대부분의 선교사들은 의료사업이 복음전도에 부수적인 것이라고 보았다. 그러나 일부 의료선교사들은 의료사업 자체가 그리스도의 사랑을 실천하는 것이지 결코 복음전도에 종속되는 것이 아님을 강조하였다. 이렇게 의료사업의 위상에 대한 논의가 이루어지는 가운데 병원과 진료소는 계속 발전하였다. 병원 운영의 경제적 자립도도 높아졌으며, 의료사업의 양적 성장과 함께 질적인 성장도 상당히 이루어져서 처음에 간이진료소 정도로 출발한 전국 각지의 병원들은 점차 종합병원으로 발전해갔으며, 시설도 더욱 확충되었다.[33] 의학교육도 더욱 진전되어서 1899년에 창설된 세브란스의학교에서 뿐 아니라 대부분의 진료소와 병원에서도 체계적인 의학교육이 실시되었다. 그 가운데서도 세브란스의학교는 선교역사뿐 아니라 한국의학사에도 새로운 장을 여는 계기가 되었다. 의료활동은 교파간의 연합이 잘 이루어질 수 있는 분야였다. 따라서 세브란스병원과 의학교, 기홀병원, 래드병원 등은 이후 교파간 연합활동의 중요한 터전이 되었다.

---

33) 참고로 북한지역 이외에 전국에 설립된 종합병원을 들면 다음과 같다. 전킨기념병원(부산, 1904), 세브란스기념병원(서울, 1904), 메리라이트기념병원(대구, 1906), 덩컨병원(청주, 1910), 재령병원(1908), 케네디병원(강계, 1910), 옛킨슨기념병원(군산, 1906), 릴리안해리스기념병원(서울, 1909). 이만열 외,《韓末 西洋醫學受容史》, 國史編纂委員會, 1989, p. 200.

3. 일제의 보건의료정책과 선교사들의 대응

한국정부의 보호 아래 비교적 자유롭게 전개되던 의료 선교는 일제의 한국강점과 함께 새로운 국면을 맞게 되었다. 일제는 이제 의료사업마저도 식민통치의 한 수단으로 사용하기 시작한 것이다. 먼저 일제는 한말 정부의 내무부 소관이던 대한의원을 총독부의원으로 개칭하고 모든 보건의료사무를 총독부 내무부에 소속시켰다. 그러나 1911년에 이는 다시 헌병경찰의 관할로 바뀌어서 경무총감 위생과가 보건과 방역사업을 맡으면서 조선 민중에 대한 식민지적 보건의료정책을 강행하였다.[34] 1910년부터는 각 지방에 우수한 의료진과 풍부한 재정을 갖춘 도립 자혜병원을 설치함으로써 서서히 선교병원을 무력화시켰다. 일제는 또한 의사시험제도를 제정하고, 약품 및 약품영업 취체령(1912), 의사규칙(1913), 사립병원규칙(1917)[35] 등의 법령을 제정함으로써 선교사들의 의료활동에 제재를 가하였다. 의학교육도 대한제국정부가 운영해 오던 대한의원 부속학교를 조선총독부의원 부속 의학강습소로 개편한 후, 모든 강의를 일본어로 진행하였다.

선교사들 가운데는 이러한 총독부의 정책이 여타의 식민정책들과 마찬가지로 한국을 발전시키는 것이라 여겨 비교적 긍정적으로 받아들이는 이들이 많았다. 한 예로 의료선교사 플레쳐(A. G. Flecher)는 어느 글에서 "러일전쟁후에 한국은 다소 변화국면으로 접어들었으나 참으로 새로운 이름을 가지고 발전적인 변화를 이룬 것은 '한일합방' 이후부터이다"[36]고 쓰기도 했다. 다른 선교사들도 일제의 보건의료정책이 한국인의 보건상태를 향상시키는 데 큰 기여를 하고 있다고 보았다. 물론 선교사들은 한국인 의사가 더 많아져야 한다고 말하기도 하였으며,[37] 한국민족과 교회의 미래가 한국인 자신에게 달려있음을 강조하기도 하였다.[38] 그러나 이러한 선교사들의 인식은 일제의 식민지 의료정책이 결국 질병과 건강을 매개로 해서 한국 민족 개개인을 철저하게 지배하기 위한 기만적인 수단이었음을 깨닫지 못한 한계를 가진 것이다. 이런 상황 속에서 선교사들 사이에는 의료 선교 폐지론

---

34) 홍순원,《조선보건사》, 청년세대, 1989, pp. 279~281.
35) 總會 제100호(1913. 11. 15 발포) "의사규칙". 이것은 총독부가 인정하는 의사면허를 얻기 위해 의사시험을 치르도록 한 규정이다. 이는 한국교회에 대한 탄압책의 하나로서 105인 사건 이후 선교사들의 활동을 제한하려는 의도에서 나온 것이다.
36) A. G. Flecher, "Concentration and Efficiency", *KMF* 1916. 2, p. 39.
37) J. D. Buskirk, "Christian Medical Education, Its Place and Opportunity", *KMF* 1914. 7, p. 213.
38) Hugh Heung-wu Cynn, "Dr. and Mrs. Avison-An Appreciction", *KMF* 1923. 8, pp. 158~159.

까지 대두하게 되었다. 곧 의료 선교가 일종의 뇌물이나 사탕발림 같은 것으로서 오히려 그리스도의 성령에 반대되는 것이라는 주장이 대두한 것이다.[39]

이와 같은 일제의 기만적 정책과 선교사 내부의 갈등에도 불구하고 에비슨을 비롯한 많은 선교사들은 여전히 의료 선교의 중요성을 확신하였으며, 꾸준히 의료사업을 확장시키고자 노력하였다. 그 결과 1912년에는 세브란스병원이 더욱 정비되어 명실공히 종합병원의 면모를 갖추게 되었다.[40] 의학교육도 발전하여서 1913년에는 세브란스의학교가 연합의학교로 발전하였으며, 이는 다시 1917년에 세브란스 연합 의학전문학교(Severance Union Medical College)가 되었다. 이 학교에서는 많은 한국인들이 의학수업을 받았으며, 그들은 졸업후 전국 각지로 흩어져 의료활동을 하였다.

그 가운데 북한지역에서 활동한 사람을 보면, 원산구세병원에서 일하고 이어서 칙산탄광에서 일하다가 1920년에 폐결핵으로 죽은 김희영, 만주에서 개업한 박서양, 선천과 만주에서 개인병원을 운영한 신창희 등이 있다. 이러한 한국인 의사의 양성은 일제의 의료지배에 대항하여 한국인에 의한 민족적 의료, 그리고 기독교인에 의한 의료 선교의 기반을 마련한 것이었다.

북한지역의 의료 선교도 여러 가지 어려움 속에서 계속 성장하였다. 북장로회가 평양에서 운영하던 제중병원은 1915년 이후 웰즈 의사의 사임과 재정 문제로 문을 닫고 북감리회와의 연합을 모색하다가 1919년 8월 1일자로 북감리회의 폴웰이 운영하던 기홀병원과 연합하였다. 여기에는 북장로회의 비거(J. D. Bigger) 의사와 레이너(E. M. Reiner) 간호사, 그리고 북감리회의 앤더슨(A. G. Anderson) 의사가 부임하였으며, 그들과 함께 한국인 의사 2명, 간호사 2명, 조수 16명이 봉사하였다. 연합병원은 1923년에 다시 광혜여원과 연합하여 평양연합기독병원(Pyengyang Union Christian Hospital)으로 발전하였으며,[41] 북감리회·북감리회 여선교회·북장로회의 대표 5인으로 구성된 병원관리위원회(The Board of Control of the Hospital)에 의해서 운영되었다. 기홀병원 당시부터 연합병원이 된 후까지 통계를 살펴보면 다음과 같다.[42]

---

39) Hugh H. Weir, M.B., "The Place of Medical Work in Korea", *KMF* 1914. 7, pp. 192~193.
40) "Severance Hospital, Seoul", *KMF* 1912. 9, pp. 273~274.
41) J. D. Bigger, "Evolution of Medical Work in Pyengyang", *KMF* 1925. 3, p. 63.
42) *OMKA* 1912, p. 76 ; 1915, p. 56 ; J. D. Bigger, 위의 글, p. 62.

〈표 Ⅲ-14〉

연 도	입 원	외 래	수 술	치료수입	총지출(￥)
1910	52	13,206	214		
1911	43	10,373	118	1,473.00	2,803.90
1917	450	18,389	1,014	4,835.79	8,360.13
1918	434	14,886	1,152	7,588.00	12,628.00
1920	519	14,524	625	15,573.00	19,078.00
1921	262	21,289	165	28,304.86	33,138.41
1922		20,707	165	29,266.12	38,343.51
1924	893	24,823			

 북장로회의 선천 미동병원은 18년간 병원을 맡은 샤록스 의사의 헌신으로 계속 발전하였다. 그는 2명의 한국인 의사와 함께 하루도 거르지 않고 병원을 여는 열성을 보였다. 그러나 1917년에 안식년 휴가를 마치고 돌아온 그는 건강이 악화되어 미국으로 돌아간 후 1919년 12월 25일에 사망하였다.[43] 그의 사후에 팁톤(S. P. Tipton) 의사와 키스홀름(Wm. H. Chisholm) 의사가 차례로 병원을 맡으면서 병원은 꾸준히 의료와 선교 사업을 지속하였다.

 북감리회의 영변 선교구에서는 1910년에 해주로 떠난 노튼을 이어 밀러(I. M. Miller, 密羅)가 진료소를 계속 운영하였으며,[44] 1912년에는 영변 근처의 산성골(고성)에도 분원진료소가 설치되었다.[45] 그러나 1913년에 밀러 의사의 건강이 악화되어 진료가 중단되었으며, 재정 문제로 진료소조차 폐쇄될 위기에 처하게 되었다. 이 때 교회측의 요청으로 한국인 의사가 사립진료소로 병원을 계속 운영하기로 하고 장비와 시설 일체가 그에게 인계되었다.

 해주구세병원도 노튼 의사와 발로우(Jane Barllow) 간호사의 노력으로, 그리고 김우범·김영진 등 한국인 의사들의 헌신으로 계속 발전하였다. 1922년에는 노튼이 서울로 떠나면서 하이디(K. W. Hidy, 許友善) 의사가 병원을 맡았다. 이 해에는 병원의 후원으로 의학을 공부한 최인모·김평세 두사람이 의학교를 졸업하고 이 병원에서 일을 시작하였다.[46]

 남감리회의 원산구세병원은 로스 의사의 활약으로 더욱 발전하였고, 1910년에

---

43) "In Memoriam", *KMF* 1920. 3, p. 62.
44) *ARMEC* 1911, p. 208.
45) *ARMEC* 1912, p. 85.
46) *ARMEC* 1923, p. 213.

는 새 건물을 완공하였다. 1915년에는 남감리회와 캐나다장로회의 연합병원 운영이 결정되어서 로스 의사와 캐나다장로회의 맨스필드(T. D. Mansfield) 의사가 함께 원산연합구세병원(Union Christian Hospital)을 설립하였다. 연합병원은 설립되던 해에만도 진료 환자수가 12,000명에 이르는 등 매우 큰 성과를 거두었다.[47] 그러나 1920년에 맨스필드가 세브란스로 임명되어 감으로써 병원은 다시 남감리회가 단독으로 맡게 되었다.[48] 남감리회의 하우저(E. Branche Hauser, 厚瑞)는 간호사 양성학교를 운영하여 한국인 간호사를 양성하였다. 원산구세병원은 1922년에 앤더슨(E. B. Anderson) 의사가 부임하면서 더욱 발전하였으며, 1924년에는 금강산 고저(庫底)에 분원진료소를 설치하였는데 여기서는 박태순(朴泰淳) 의사가 근무하였다.[49]

남감리회가 개성에서 운영하던 남성병원(아이비병원)도 역시 리드 의사의 책임하에 지속적으로 발전하였으며, 1916년에는 남대문 근처에 분원진료소를 개설하였다.[50] 남성병원에서는 로우덴(Lowden)과 로서(Rosser)가 간호사 양성학교를 운영하여 12명의 한국인 간호사를 양성해 내기도 하였다.[51]

캐나다장로회는 원산·함흥·성진·회령·용정 등지를 중심으로 의료활동을 계속 전개하였다. 그러나 물가폭등과 선교후원금의 감소로 선교사업은 전반적으로 어려워지고 있었다. 회령에서는 1912년에 맨스필드 의사가 진료를 시작하여 서울에서 공부한 김석현과 함께 1915년에 정식으로 진료소를 열었다. 그러나 6개월후에 운영상의 어려움으로 진료소는 폐쇄되었고, 맨스필드는 원산으로 옮겨가게 되었다. 원산에서는 1920년에 원산구세병원에서 일하던 맨스필드 의사가 서울로 임명받아 떠나게 되었다. 이에 캐나다장로회는 원산연합구세병원을 남감리회에 일임하고 함흥·성진·용정 세곳을 중심으로 의료활동을 전개하였다.[52]

1903년에 작은 진료소로 시작되어 1913년에 한양(韓洋) 절충식 건물을 갖추게 된 함흥 제혜병원은 계속 성장하여 연 10,000명 이상의 환자를 치료할 수 있게 되었으며, 환자의 증가에 따라 건물도 계속 증축·보수하여 갔다. 여기서는 서울 관립의학교를 졸업한 모학복(毛鶴福)이 맥밀란 여의사와 함께 활동하였으며, 그밖에도 선교부의 후원으로 2명의 학생이 서울에서 의학을 공부하고 있었다.[53]

성진의 제동병원은 병원을 맡은 김용배가 세브란스에 입학하게 됨에 따라 그리

---

47) 이위만, 앞의 글, p. 71.
48) *FMC* 1921, p. 135.
49) 이위만, 앞의 글, p. 72.
50) 이위만, 위의 글, p. 71.
51) 김광우, 앞의 책, p. 82.
52) *FMC* 1921, p. 135.
53) *FMC* 1914, p. 104.

어슨이 다시 병원 일을 맡아 계속 병원을 발전시켰으며, 1917년에는 40개의 병상을 갖춘 병원을 완공하였다.[54] 이 병원은 3·1운동시 만세운동의 중심지로 기능하였으며, 이를 독려한 그리어슨은 기소되었다가 국제여론으로 인해 집행유예로 풀려나기도 하였다. 그러나 함께 일하던 한국인 의사들이 개업을 하면서 떠나고 일제의 도립병원이 완공됨에 따라 병원 운영도 어려움을 겪기 시작하였다.

용정의 의료사업은 마틴(S. H. Martin, 閔山海) 의사 부부에 의해 이루어졌다.[55] 1915년에 용정에 도착한 이들은 쉴새 없이 환자를 돌보았으며, 1916년에는 총 12,000명의 환자를 치료하는 놀라운 활동을 보였다. 1918년에는 1916년부터 짓기 시작한 병원 건물이 완공되어[56] 제창병원(St. Andrew Hospital, 濟昌病院)이 설립되었다. 이 병원은 길이 30m의 현대식 건물로 30개의 병상을 갖춘 남녀 입원실과 수술실, X선 촬영실 등을 갖추고 있었다. 이 병원도 독립운동의 중심부 역할을 담당하였으며 마틴 의사는 1919년 3월 13일에 간도에서 항일독립운동이 일어났을 때 일본군에 희생된 부상자를 치료하고, 일제의 총알과 직접 찍은 사진을 증거로 그들의 만행을 세계에 폭로하기도 하였다.[57]

4. 일제의 간섭과 의료 선교의 쇠퇴

일제의 식민지 지배가 강화되면서 한국의 보건의료 상황은 점차 일제의 정책에 종속되어 갔다. 일제는 강점 초기부터 민족차별적이고 침략주의적인 위생방역시책을 써 왔으며, 위생과 보건에 관한 각종 법령을 제정하여 민중의 삶을 조직적으로 규제해 왔다. 1920년에 일제는 '조선중앙위생회규정'을 발포하여 총독부 안에 식민지 보건의료 정책을 보좌하기 위한 조선중앙위생회를 설치하였다.[58] 그뿐 아니라 일제는 사회 전반적인 수탈과 함께 도립병원의 치료비와 약품값 등을 통한 의료경제수탈을 자행하였다. 이러한 일제의 식민지 보건의료정책 아래서 민중의 삶은 더욱더 깊이 그 지배에 종속되어 갔다. 한편 식민치하에서 선교사들의 전도와 교육·의료 활동은 적어도 외적으로는 보장되었다. 그러나 그것은 어디까지나 일제 식민지배의 한도내에서만 허락되었을 뿐, 의료선교사들은 각종 법령에 의해 그 자격과 활동을 규제당하게 되었다. 이런 어려움 속에서도 의료선교사들과 한

---

54) *FMC* 1918, p. 120.
55) *FMC* 1916, p. 152.
56) *FMC* 1919, p. 120.
57) 《大韓民國獨立運動功勳史》, 韓國民族運動硏究所, 1971, pp. 1,068~1,070 ; 《한국기독교의 역사 II》, pp. 120~121에서 재인용.
58) 홍순원, 앞의 책, pp. 292~293.

국인 의사·간호사들이 보여준 헌신과 정성, 특히 3·1운동 때나 전염병이 만연하였을 때에 보여준 희생적인 간호는 민중들에게 깊은 인상을 주었다. 그리하여 이는 1920년대 이후 기독교가 크게 성장하는 한 요인이 되었다. 그러나 일제는 끊임없이 각종 법령과 제도를 통해 선교사들의 의료활동에 간섭하는 한편 식민지정책의 일환으로 도립자혜병원을 계속 증설하였다.[59] 이러한 여건으로 인해 몇몇의 대형 선교병원을 제외한 나머지 선교병원들은 시설도 미비하고 재정도 적어서 그 활동이 위축받게 되었다.

이런 상황 속에서 1924년에 한국의료선교사회(KMMA)에서는 또다시 의료 선교 지속 문제를 놓고 논쟁이 벌어졌다.[60] 의료 선교 폐지를 주장하는 선교본부에 대해 일선 선교사들은 의료 선교의 지속과 확대를 요구하였다. 그러나 현 상황에서 선교병원을 확대하는 것은 불가능했다. 따라서 지방병원은 '1인 의사 병원'으로 유지하자는 안이 채택되었다. 그리하여 장로교의 경우 서울·대구·평양을 제외한 나머지 지역에서는 선교부의 직접 운영 체제를 폐지하고 한국인 의사가 이를 맡는 방안이 모색되었다.[61] "의료 선교는 여전히 필요하며 한국인이 이 사업을 자주적으로 운영할 수 있게 되기까지 지속되어야 한다"[62]는 주장은 1930년대에도 계속 제기되었다. 그러나 일제 말기까지 한국교인들에 의한 주체적인 의료 선교사업 참여는 실현되지 않았으며, 일제의 탄압과 재정적인 어려움으로 선교병원들도 그 규모가 축소된 채 간신히 유지되고 있었다. 게다가 의료선교사의 수도 계속 줄어서 북장로회의 경우 1930년까지 전체 선교사 가운데 20%가 의료선교사였으나 1935년에는 12%에 불과하게 되었다.[63]

이와 같이 의료 선교의 여건이 악화되는 가운데 선교병원들은 혹은 성장하기도 하고 혹은 쇠락하기도 하였다. 북장로회와 북감리회가 연합으로 운영하던 평양 기홀병원은 계속 발전하여서 1927년에 의사 6명, 간호사 32명, 병상수 50개, 진료환자수 34,000명이던 것이 1932년에는 의사 11명, 간호사 41명, 병상수 54개, 진료환자수 56,809명으로 증가하였다.[64] 병원 직원도 1925년에 60명이던 것이 1936년

---

59) 1920년대 말까지 설립된 도립병원의 수는 전국에서 약 30개에 이르렀다. 도립병원들의 연간 진료환자 수는 대개 10,000명에서 40,000명 정도였는데, 특히 평양·함흥·군산·대구 등의 도립병원은 연간 환자수가 42,000명이 넘었다. 朝鮮總督府, 《朝鮮衛生要覽》, 1929.
60) *North Presbyterian Board Letter,* No. 629, 1923. 6. 26.
61) *N. P. Board Letter,* No. 655, 1924. 12. 16.
62) A. G. Anderson, "Medical Missions, Some General Aspects", *KMYB* 1932, p. 45.
63) *History of Korea Mission Presbyterian Church U.S.A.* (이하 *HKMP*), Vol.II, p. 273.
64) *HKMP,* Vol. II, p. 436.

에는 120명으로 늘었다.[65]

북감리회의 해주구세병원은 1924년에 하이디 의사가 병원을 사임하고 미국으로 돌아가면서 어려움을 겪게 되었다. 그러나 한국인 의사와 런드(Lund) 간호사의 노력으로 꾸준히 진료가 행해졌고,[66] 곧이어 홀(Sherwood Hall) 의사 부부가 파견되어 옴으로써 병원은 다시 정상적으로 운영되었다.[67] 홀(Marian Hall) 부인은 여성과 어린이를 위한 의료사업을 시작하여 큰 성과를 거두었다.[68] 그러나 계속적인 재정 압박과 외적인 상황의 변화로 병원사업은 늘 어려움에 부딪혀야 했다.

북장로회의 선천 미동병원은 1924년부터 키스홀름 의사 부부에 의해서 계속 운영되었다. 병원 시설도 증가하여 1922년에는 간호사 기숙사가, 그리고 1924년에는 격리병동이 완공되기도 하였다. 그러나 진료환자수는 계속 감소하여 1925년에 26,000여명이던 진료환자수가 1930년대 후반에는 평균 13,000여명이 되어 거의 절반으로 줄었다.

남감리회의 송도 남성병원은 재정적인 어려움을 겪기는 하였지만 1925년에는 침상 50개, 병실 6개에 현대식 식수장치와 자동보온장치 그리고 X-ray 시설을 갖춘 현대식 병원으로 성장하였다.[69] 병원의 진료활동도 활발하여서 1925년에 입원환자 532명에 진료환자 11,809명이던 것이 1939년에는 입원환자 631명에 진료환자 14,000명으로 늘었다.

역시 남감리회가 운영하던 원산구세병원도 계속 발전하여 1928년에는 외국인 의사 1명, 한국인 의사 1명, 외국인 간호사 1명, 한국인 간호사 3명, 보조간호사 8명이 일하게 되었다. 병원 규모도 커져서 처음에 40개 병상으로 출발하였던 것이 1930년대에는 50~60개의 병상을 갖춘 대형병원으로 성장하였으며, 연평균 800명의 입원환자와 21,847명의 외래환자를 진료하였다.

캐나다장로회의 함흥 제혜병원은 맥밀란 의사의 사망으로 제대로 운영되지 못하다가 1924년 10월 머레이(F. J. Murray, 慕禮理) 여의사가 의료사업을 속개하였다.[70] 이 병원은 1930년대 초반에 재정난으로 어려움에 부딪혔지만 선교사들과 한국인 의사 고병간(高秉幹)의 노력으로 병원사업이 지속되었고, 1936년에는 새 수술실을 짓기도 하였다.

성진 제동병원은 1925년 한해에 11,525명의 환자를 진료하고 병원 유지비의 70%

---

65) 〈감리교 서부연회 제6회 회록〉 1937, p. 83.
66) *ARMEC* 1925, p. 96.
67) *ARMEC* 1925, p. 116.
68) *ARMEC* 1928, p. 104.
69) 金光祐, 앞의 책, p. 82.
70) *FMC* 1925, p. 120.

를 진료비로 충당할 수 있을 정도로 활발한 활동을 보였다.[71] 그러나 한국인 의사들이 병원을 사임하고 또 일제의 도립병원이 발전하는 것과 대조적으로 선교부 보조금까지 감소하는 등 여러 가지 어려움에 부딪히게 되어 결국 1935년에는 병원 문을 닫고 말았다.[72]

용정 제창병원은 마틴 의사가 세브란스로 옮겨가자 중국에서 활동하던 블랙(D. M. Black, 陸長安) 의사가 부임해 왔다.[73] 그의 활동으로 병원은 계속 성장하여 1925년에 진료환자 12,140명이던 것이 1938년에는 30,000명으로 늘었다. 그러나 1939년부터 국제정세의 불안과 물가의 폭등으로 선교병원은 심각한 어려움에 처하게 되었다.[74] 1940년에는 환자수가 줄지 않았음에도 불구하고 어쩔 수 없이 무료환자수를 줄이게 되었다. 그후 간도의 선교사들은 강제로 추방당하였고 병원도 문을 닫게 되었다.

〈표 III-15〉 서울과 북한의 병원 통계(1928~1929)[75]

선교지	서 울	평 양	선 천	해 주	송 도	원 산
병상수	177	59	40	40	40	45
진 료	77,701	69,169	10,479	11,330	3,704	19,240
입 원	2,641	1,892	504	400	275	721

이와 같이 선교사들과 한국인 의사들의 노력에도 불구하고 1930년대와 40년대를 지나면서 의료 선교사업은 계속 쇠퇴의 길을 걸을 수밖에 없었다. 1930년대의 대공황으로 선교본부는 선교자금을 축소할 수밖에 없었으며, 신학적 논쟁 속에서 외국선교에 대한 열의가 감소하였기 때문에 한국의 선교 및 의료 활동도 이에 영향을 받게 된 것이다. 거기다가 1937년에 중일전쟁을 도발하는 등 제국주의 야욕에 광분한 일제는 선교활동을 더욱 압박하기 시작하였다. 그리하여 1940년 11월에는 1차로 160명의 선교사들이 철수하였다.

1941년에 다시 태평양전쟁을 일으킨 일제는 선교사들에 대한 감시를 더욱 철저히 하고 심지어는 몇몇 선교사와 교인들을 간첩혐의로 구속하기도 하였다. 의료

---

71) *FMC* 1926, p. 311.
72) *FMC* 1936, p. 96.
73) *FMC* 1927, p. 107.
74) *FMC* 1940, p. 116.
75) *KMF* 1930. 3, pp. 98~99.

선교사 가운데는 선천의 스미스(R. K. Smith) 의사 부부와 잉거슨(V. F. Ingerson) 간호사, 함흥의 머레이(F. Murray) 의사 등이 자택연금을 당하였고, 서울의 레이나 간호사는 12월 27일부터 5월 26일까지 투옥당하기도 하였다. 1942년에 전쟁의 위기에 몰린 일제는 강압적으로 선교사 전원 추방령을 내렸다. 이에 따라 같은 해 6월 1일에 선교사들의 "잠정적인" 최종철수가 이루어짐으로써 의료선교진을 포함한 모든 선교사들이 부산항을 떠나 고국으로 돌아갔다.

선교사들이 출국한 후에도 선교병원은 한국 의료진들에 의해서 계속 운영되었으며, 환자수나 재정면에서도 꾸준히 성장하였다. 그러나 치료행위에서 더 이상 선교적인 목적은 존재하지 않았다. 개인적으로 그리스도의 정신을 실천한 의사들도 있었겠지만 이는 미미한 형편이었고, 모든 병원은 이제 일종의 군인병원으로서 침략전쟁을 뒷받침하는 하나의 기관으로 되어버렸다. 따라서 선교사들의 출국과 함께 1884년 이후 약 60년간 제국주의 횡포의 틈바구니에서 그리스도적인 헌신과 희생으로 지속되었던 의료 선교사업도 마침내 그 막을 내리게 되었다.

2. 기독교 교육기관

1. 한국선교의 시작과 교육 선교

선교사들이 선교 초기부터 착수한 교육사업은 의료사업과 함께 한국에 기독교가 뿌리를 내리는 데 중요한 역할을 하였다. 의료사업이 건강과 질병이라는 구체적인 상황 속에서 치유를 통해 복음이 뿌리내리는 기반을 만들어 주었다면, 교육사업은 지금까지 배움의 길이 제한되었던 민중에게 배움과 실천의 기회를 제공하고 아울러 기독교정신과 민족의식을 겸비한 지도자와 일꾼들을 길러냄으로써 한국교회의 성장과 성숙에 기여하였다.

1885년 4월에 교사의 신분으로 내한한 언더우드와 아펜젤러는 8월경부터 제중원과 정동진료소에서 각각 2, 3명씩을 가르치고 있었다.[76] 그러던 가운데 아펜젤러가 동년 11월에 미국공사 폴크(G. C. Foulk)를 통해 고종으로부터 학교 설립 허가를 받았으며,[77] 다음해 6월 8일 2명의 학생으로 배재학당(培材學堂)을 열었다.[78] 언

---

76) H. G. Underwood's Letter to Dr. Ellinwood, 1885. 8. 29.
77) *ARMS* 1886, p. 238 ; H. H. Underwood, *Modern Education in Korea*, New York : International Press, 1926, p. 11.
78) *H. G. Appenzeller Diary*, 1886. 6. 16 ; 신영복, 《배재사─창립 70주년 기념》, 1955,

더우드도 1886년 1월부터 고아나 극빈자 아동들을 수용해서 기술을 가르치는 일종의 기술학교를 구상하였으며, 같은 해 5월 11일에 정동에 한옥을 구입해 수리하고 학생 1명으로 후일 경신학교(儆新學校)의 전신인 언더우드학당을 열었다.[79] 이해 5월 31일에는 북감리회의 스크랜톤 부인(Mrs. Scranton)이 한국 최초의 여학교인 이화학당(梨花學堂)을 시작하였다. 이들 기독교계 사립학교의 설립 목적은 예수 그리스도의 희생정신에 기초하여 인재를 육성하는 것이었다.[80]

선교사들과 기독교 민족 지도자들이 세운 사립학교들은 전근대적 봉건사회가 무너지고 근대사회가 성립되던 시기에 민족정신과 기독교 신앙으로 다져진 일꾼을 양성하는 데 중요한 공헌을 하였다. 물론 기독교계 사립학교의 교육이 당시에 전혀 문제가 없었던 것은 아니다. 특히 기독교계 사립학교의 교과과정이 서구학문을 중심으로 이루어져 있었다[81]는 것은 서구에서 이식된 근대교육의 근본적인 한계를 보여준다고 할 수 있다. 그러나 당시 근대교육의 서구편향성은 비단 기독교계 학교만의 문제가 아니라 관공립학교에서도 얼마든지 볼 수 있는 현상이었다. 이는 한국사회가 서구형 모델을 좇아 근대사회로 변해가던 시기에 나타난 사회전반적 특성이 교육 분야에서도 반영된 것일 뿐이다. 서구형 모델을 따른 근대교육이긴 하지만 그래도 거기에서는 나름대로 한국 역사·문화·전통·풍속을 토대로 하여 교육이 실시되었으며,[82] 이는 학생들로 하여금 민족의식을 발견하게 해주는 역할을 할 수 있었다. 이와 같이 기독교계 사립학교는 한편으로 서구 근대성이 이식되는 통로로 기능하였을 뿐 아니라 다른 한편으로 민족정신의 중요한 거점으로서 민족적 일꾼과 지도자를 낳는 모태가 되기도 하였던 것이다.

---

pp. 46~47.
79) H. G. Underwood's Letter to Dr. Ellinwood, 1886. 1. 31 ; 1887. 6. 17.
80) 김득룡, "기독교계 초·중등학교 교육연구 : 한말·총독부 초기", 〈신학지남〉 43-1, 1976. 3, p. 41.
81) 이만열, 《한국기독교문화운동사》, 대한기독교출판사, 1987, p. 201. 참고로 당시 학교의 교과과정을 살펴보면 다음과 같다. 배재학당의 경우 4개 학년의 주요교과목은 국한문·일어·역사·지리·수학·물리·박물·화학·실업·도화·체조·법제·창가·외국어 등이었다(《배재사》, p. 152). 오산학교의 교과목은 수신·일어 및 한문·조선어 및 한문·외국어·역사·지리·수학·박물·물리·화학·실업·경제·법제·도화·창가·체조 등이었다(오산중고등학교, 《오산팔십년사》, 1987, pp. 227~229).
82) 孫仁銖, 《韓國近代教育史》, 연세대출판부, 1971, p. 39.

2. 북한지역에서의 사립학교 설립과 발전

1) 선교사 계열의 사립학교

선교사들의 교육사업은 선교사업의 전국적인 확산과 함께 각 지방으로도 확산되어 각지에서 기독교계 사립학교가 계속 세워졌다. 1910년 2월까지 설립된 종교계 학교의 통계를 보면 장로교가 501학교, 감리교가 158학교, 성공회가 4학교, 안식교가 2학교, 천주교가 46학교, 교과 미상이 84학교, 불교가 5학교로서 모두 801학교였다. 그 가운데 북한에 세워진 종교계 학교의 통계는 〈표 Ⅲ-16〉과 같다.[83]

평양 1893년에 북장로회의 마펫과 리 두 선교사는 평양 선교를 시작한 후 1894년에 널다리골교회에서 이영언(李永彦)을 교사로 하여 사숙(私塾)을 시작하였다. 선교부는 이를 발전시켜서 1897년에 예수교학교를 설립하였으며 베어드 선교사를 초대교장으로 임명하였다. 개교 당시 학생수는 13명이었다. 학교의 설립목적은 ① 한국에 기독교 복음을 전파할 수 있는 교사와 교역자를 길러내는 것과 ② 유용한 지식을 다양하게 교수하여 실생활의 제분야에서 책임있는 일꾼을 양성하는 것이었다. 예수교학교는 1901년에는 평양 신양리에 새 교사를 지으면서 학교 이름을 숭실학교(崇實學校)로 개칭하였으며, 이 해에 최초의 졸업생 3명을 배출하였다. 1905년에는 학제가 5년제 중학과정으로 체계화되었으며, 9월부터는 대학과정을 신설하여 북감리회와 공동으로 운영하였다. 1908년에는 숭실학교의 대학과정이 분리되어 숭실대학으로 정식 인가받아 운영되었다.

평양의 여학교는 1897년에 리 선교사가 신양리의 사택에서 10명의 소녀를 모아 가르침으로써 시작되었다. 1903년에는 졸업생 3명이 배출되었는데, 여성중등교육

〈표 Ⅲ-16〉 1910년 북한의 종교계 사립학교

종파	장로교		감리교		안식교	천주교		교과 미상		불교	계
계열	한국	외국	한국	외국	외국	한국	외국	한국	외국	한국	
황해	0	133	0	37	0	5	4	4	0	0	183
평남	0	159	0	78	2	9	8	4	0	1	261
평북	53	42	0	9	0	1	0	16	0	0	121
함남	0	16	0	0	0	0	0	0	0	0	16
함북	0	0	0	0	0	0	0	0	0	0	0
전국	501		158		2	46		84		5	801

---

83) 손인수, 위의 책, p.86.

의 필요를 절감한 선교부는 이를 발전시켜서 1903년 상수구리에 숭의여학교(崇義女學校)를 설립하였다. 1907년에는 교사가 신축되었고 1908년에는 중등과 제1회 졸업생 5명이 배출되었다. 한편 마펫은 1894년에 숭인상업학교(崇仁商業學校)를 설립하여 상업교육을 시작하였다. 이 학교는 1907년에는 학교 체제를 정비하여 더욱 발전하였다.

북감리회도 비슷한 시기에 평양에서 학교교육을 시작하였다. 의료선교사였던 홀(W. J. Hall)은 1894년 4월 자신의 거처에서 13명의 소년을 모아 격물학당(格物學堂)이라는 이름의 학교를 열고 교육을 개시하였는데, 이것이 광성학교(光星學校)의 시작이다. 1899년 5월 13일에는 여선교사 노블 부인(M. W. Noble)에 의해 정의여학교(正義女學校)가 설립되었으며, 그 해에 46명의 학생이 입학하였다.[84]

재령 황해도의 기독교 교육은 북장로회가 1898년에 재령읍교회 부설로 교육을 시작함으로써 시작되었는데, 이후 헌트(Wm. B. Hunt) 선교사가 이를 활성화시켜 명신학교(明信學校)로 발전시켰다.[85]

선천 미북장로회 선교부와 협력하던 양전백(梁甸伯), 안준(安濬), 김병농(金炳濃), 김석창(金錫昌) 등은 1906년 4월 18일에 신성학교를 설립하였다. 초대 교장에는 휘트모어(N. C. Whittemore) 선교사가 선임되었으며, 이 학교는 평북지역 유수의 사학으로 성장하였다.

강계 평북 강계의 기독교 학교도 역시 북장로회에 의해 시작되었다. 1908년에 차학연(車學淵)이 영실학교를 설립하였으며, 선교부의 운영으로 학교는 크게 발전하였다.

함경도 및 간도 함흥의 교육사업은 캐나다장로회의 맥레 부인(Mrs. MacRae)에 의해 시작되었다. 1901년부터 전도여행을 통해 남편과 함께 함흥 선교를 개척해 온 맥레 부인은 자신의 숙소에 의지할 데 없는 아이들을 데려다 가르쳤다. 1903년에 정식으로 선교부가 설치되자 그녀는 4월 20일부터 교인 신사라(申士羅)의 집에서 6명의 소녀를 모아 가르치기 시작하였는데, 이것이 바로 영생여학교(永生女學校)의 시작이다. 맥레 부인은 또한 미망인들을 모아 부인성경반을 조직하여 성경을 가르치고 동시에 그 자녀들도 가르치기 시작하였다. 부인성경반은 그후 여자신학원으로 발전하였고, 자녀들의 학습반도 1907년 9월 15일에 영생남학교로 개교하였다. 이외에도 캐나다장로회는 성진에 보신남·녀학교(普信男·女學校)를, 원

---

84) 이만열, 앞의 책, pp. 190~192.
85) 위의 책, p. 193.

산에 보광학교(普光學校)를, 그리고 간도에는 은진중학교(恩眞中學校)와 명신여자중학교(明信女子中學校)를 각각 설립·운영하였다.[86]

원산 원산은 개항의 충격을 겪은 민중이 1883년에 자발적으로 최초의 근대학교인 원산학교(元山學校)를 설립한 바 있는 곳이다.[87] 이곳에 기독교계 학교가 세워진 것은 남감리회 선교사 캐롤(Arrea Caroll)이 1903년 11월 19일에 15명의 소녀를 모아 가르치기 시작하면서부터였다. 교장과 부교장에는 각각 캐롤과 노울스(Mary Knowles)가 취임하였다. 1907년에는 메이어(M. D. Mayer)가 교장으로 취임하였으며, 학제를 학년제로 개편하였다. 이후 학생이 점점 늘어나자 미국 캐롤라이나주 감리회여선교회장인 루씨 커닝햄의 재정지원으로 4층 교사가 신축되었다. 이 학교는 1913년에 루씨여학교(樓氏女學校, Lucy Cunningham Girl's Institute)라는 명칭으로 정식 인가를 받았으며,[88] 부설 유치원도 설립하였다.

개성 개성의 교육사업은 1904년에 남감리회에 의해 시작되었다. 남감리회의 선교사 캐롤과 와그너(E. Wagner)는 이 해 12월 14일부터 12명의 소녀를 가르치기 시작하였는데, 이것이 개성에서 이루어진 최초의 여성교육이었다. 이 학교는 처음에 개성여학교라고 부르다가 1906년부터는 그동안 학교를 지원해 준 독지가 탈룰라의 이름을 따서 두을라학당(杜乙羅學堂, Tallula Institute)이라 불렀다.[89] 학교는 계속 발전하여서 1909년 4월에는 새로이 중학과가 설치되었고, 같은 해 6월에는 미국 홀스톤 지방의 독지가 스텔리(T. F. Staley) 박사가 별세한 모친을 기념하기 위해 희사한 기금으로 3층짜리 교사가 신축되었다. 그리고 학교 이름은 스텔리의 고향 이름을 따서 중학과는 호수돈여학교(好壽敦女學校)라 하고, 소학과는 호수돈지여숙(好壽敦之女塾)이라 하였다. 호수돈여학교는 1909년에 구한국정부로부터 학교 인가를 받았으며,[90] 1918년에는 교육령에 따라 중학과와 소학과를 각각 호수돈여자고등보통학교와 호수돈여자보통학교로 개칭하였다.[91]

개성에는 또한 미리흠여학교(美理欽女學校, Mary Helm School)[92]와 한영서원(韓英

---

86) 위의 책, pp. 195~196.
87) 愼鏞廈, "우리나라 最初의 近代學校", 〈문학과 지성〉 5-1, 1974, p. 53.
88) 吳利副(Bessie Oliver), "樓氏女子普通學校歷史", 양주삼 편, 《조선남감리교회삼십년기념보》, 1930, pp. 103~105.
89) 西村綠也, 《朝鮮教育大觀》, 1930, p. 58 ; 이만열, 앞의 책, p. 197에서 재인용.
90) 늬클쓰(Lillian Nichols), "好壽敦女子高等普通學校歷史", 양주삼 편, 앞의 책, pp. 96~102.
91) 金光祐, 《韓國監理教會百年》, 展望社, 1990, p. 80.
92) I. Itankins, *History of Mary Helm School*, 1903, p. 132 ; 이만열, 앞의 책, p. 197.

書院)이 있었다. 미리흠여학교는 1906년에 여성들을 위하여 설립된 학교이다. 한영서원은 남감리회가 한국선교를 시작하는 데 중요한 역할을 하였던 윤치호(尹致昊)가 선교부의 후원을 얻어 1906년 10월에 설립한 학교이다. 윤치호는 미국 유학 중이던 1893년에 학비 200달러를 남감리회의 캔들러(W. A. Candler) 감독에게 기탁하여 한국선교와 교육사업을 당부한 적이 있는데, 캔들러가 한국에 오게 되었을 때 그 기금으로 개성교회에서 운영해오던 야학을 발전시켜 한영서원을 설립한 것이다. 1908년에는 석조건물로 기숙사가 세워졌으며 실업교육도 병행되었다. 1917년에 이 학교는 교육령에 따라 송도고등보통학교(松都高等普通學校)로 명칭을 바꾸었다.[93]

2) 민족주의계 사립학교

한편 선교사들의 영향을 받은 한국인 지도자들도 사학을 설립하여 민족의 일꾼을 양성하기에 힘썼다. 안창호(安昌浩)는 1899년에 고향인 평남 강서에 돌아와 점진학교를 세웠으며, 1907년 2월에는 미국에서 귀국하여 평양에 대성학교(大成學校)를 세웠다.[94] 안창호의 영향을 받은 이승훈(李昇薰)은 구국의 길이 교육에 있다고 생각하여 사재를 털어 1907년 8월 고향인 평북 정주에 초등학교인 강명의숙(講明義塾)을 설립하였으며,[95] 이어서 12월 24일에는 오산학교(五山學校)를 설립하였다.[96] 오산학교의 설립 당시 학생수는 7명이었으며,[97] 1909년에는 학부로부터 중학교 설립 인가를 받았다. 이승훈은 1910년에 기독교 신앙을 갖게 되었으며, 따라서 이 때부터 오산학교는 기독교 정신을 바탕으로 삼기 시작하였다. 같은 해에 이승훈은 일제의 탄압을 피하기 위해 미북장로회와 제휴하여 선교사 로버츠(S. L. Roberts, 羅富悅)를 명예교장으로 추대하였다.[98] 오산학교는 1926년에 오산고등보통학교로 승격하였으며,[99] 이승훈이 1930년에 사망한 후에도 조만식 등 당대 민족운동가들의 노력으로 학교는 계속 발전하였다.

3) 신학교육

평양은 한국교회 신학교육의 중심지로 성장하였다. 1890년에 서울에 사경회 형

---

93) 林斗華, "松都高等普通學校歷史", 양주삼 편, 앞의 책, pp. 79~88.
94) 김영식, "평양대성학교와 안창호", 〈삼천리〉 1932년 1월호.
95) 《오산팔십년사》, pp. 75~76.
96) 위의 책, p. 85.
97) 김기석, 《남강 이승훈》, 현대교육총서출판사, 1964, p. 90.
98) 《오산팔십년사》, pp. 108~112.
99) 위의 책, p. 220.

태의 신학반이 개설된 후 1893년에는 평양에도 이러한 신학반이 개설되어 이것이 장로회신학교의 기원이 되었다.[100] 그후 정규 신학교 설립의 필요성이 강조되어 1900년에 장로교 평양공의위원회가 공의회에 신학교 설립을 헌의하고 이듬해에는 방기창(邦基昌), 김종섭(金鍾燮)을 목사 후보생으로 하여 평양신학교가 시작되었다.[101] 처음에는 북장로회 단독으로 시작하였으나 1906년부터는 남장로회, 오스트레일리아장로회, 캐나다장로회도 참여하여 일종의 한국장로회연합신학교로 발전하였고, 1907년에는 7명의 제1회 졸업생을 배출하였다.[102] 학교는 계속 발전하여 1921년에는 교사를 신축하였고, 학생수는 100명을 넘었다. 1924년에는 한국인 김선두가 최초로 강의를 시작하였으며, 1925년에는 남궁혁 박사가 한국인 최초로 전임교수로 취임하였다. 이 해에 신학교는 총독부로부터 재단법인 인가를 받았으며, 1929년부터는 총회에서 재정의 일부를 책임지기 시작하였고, 각 노회에서 신학교 위원이 선정되었다.

여성 신학교육 기관으로는 1906년에 남감리회가 시작한 원산의 보혜여자관과 1908년에 역시 원산에서 시작된 캐나다장로회의 마르다윌슨여자신학원이 있어서 많은 여전도사와 여성 지도자를 배출하였다.[103] 그밖에도 장로교회는 평신도를 위한 성경과 신학교육도 중요시하여 평양여자성경학원(1897), 선천성경학원(1898)을 비롯하여 강계(1902), 재령(1912) 등지에서 평신도 성경학원이 운영되었다.

3. 사립학교에 대한 일제의 탄압

1910년에 일제의 강점과 함께 모든 교육 행정은 총독부 학무국 소관으로 이관되었으며, 이로 인해 선교사들과 민족지도자들의 사학운동도 시련을 겪게 되었다. 일제는 식민지 지배의 기초 공작으로 먼저 교육개혁을 단행하였다. 일제는 우민화를 기본 방침으로 점진적인 동화정책을 추진하고자 관공립학교를 확장하고, 일본어 보급에 중점을 두며, 친일교육을 강화하는 식민교육을 실시하였다.[104] 일제는 이미 1908년 8월 26일에 전문 17조로 된 '사립학교령'[105]을 공포하여 기독교계와 민족주의계의 사립학교에 대해 본격적으로 간섭해 왔다. 사립학교령은 사립학교

---

100) 《長老會神學校要覽》, 야소교서회, 1916, p. 6.
101) 위의 책, p. 7.
102) 이들이 졸업하던 해에 최초로 한국 장로교회의 독노회가 조직되었다.
103) 이 학교는 1941년에 폐교되었다.
104) 김득룡, 앞의 논문, pp. 47~49.
105) 學部, "私立學校令", 1908, pp. 1~4.

의 교육열을 식히는 한편 점차 사립학교를 자멸케 하려는 악랄한 술책이었다.[106] '합방' 후에 일제는 더욱 본격적으로 민족교육을 말살하기 위해 1911년 2월 23일 '조선교육령'을 공포하였다. 조선교육령은 일황(日皇)의 교육칙어 정신에 입각하여 "충량한 제국 신민을 양성하는 것"을 근본 목적으로 한 것이다.[107] 일제는 여기서 그치지 않고 동년 11월 1일에 종래의 사립학교령을 개정하여 '사립학교규칙'[108]을 공포하였으며, 또다시 1915년 3월에 '개정사립학교규칙'[109]을 공포함으로써 사립학교에 대한 규제와 감시를 더욱 강화해 갔다.

사립학교에 대한 일제의 간섭으로 각종 사립학교들은 상당한 타격을 입어서 1910년에 2,080개 학교였던 것이 1915년에는 1,154개 학교로, 1923년에는 649개 학교로 줄게 되었다.[110] 1915년의 개정사립학교규칙은 특히 기독교계 사립학교들을 규제하기 위한 목적으로 제정된 것이다. 이 규칙에 따라 한국사 과목과 성경과목이 폐지되었다. 심지어 일제는 학교내의 예배마저 금지하고자 하였다.

이런 탄압에 대한 기독교계의 반응은 두가지로 나타났다. 하나는 기독교 교육이 불가능하다면 학교의 존립이 무의미하다는 장로교계의 입장이고, 다른 하나는 표면적으로 기독교 교육을 포기한다 하더라도 간접선교의 일환으로 학교는 유지되어야 한다는 감리교계의 입장이다. 각 교파의 입장에 따라 북한의 사립학교들도 변화를 겪게 되어서 감리교계 학교인 평양 광성학교와 정의여학교, 개성 호수돈여학교와 송도학교, 원산 루씨여학교가 고등보통학교로 교명을 바꾸었다. 그러나 평양 숭실학교 등의 장로교계 학교들은 기독교 교육을 포기할 수 없다는 입장을 고수하였으며[111] 따라서 일제는 장로교계 학교들을 지정학교로 만들고 온갖 제약을 가하였다. 이로 인해서 많은 학생들이 장로교계보다 감리교계나 관공립학교를 선호하게 되었고, 장로교계 학교내에서는 학교당국에게 일제의 요구를 수락하라고 종용하는 학생들이 동맹휴학을 하는 등 마찰이 있기도 하였다.

장로교계 가운데 보수적인 색채가 비교적 적은 캐나다장로회의 학교들은 일제의 정책에 다소 유연한 태도를 보였다. 따라서 1931년에는 함흥 영생학교와 영생여학교가 고등보통학교로 개편을 단행하였다.[112] 기독교 민족주의계 사립학교인 정주 오산학교도 1926년에 형식적으로는 고등보통학교로 변경하기는 하였지만,

---

106) 〈대한매일신보〉 1908년 9월 20일자.
107) 高僑濱吉, 《朝鮮教育史考》, 帝國地方行政學會 朝鮮本部, 1927, p. 397.
108) 朝鮮總督府, 〈官報〉 315, 1911. 9. 14.
109) 高橋濱吉, 앞의 책, p. 69 ; 이만열, 앞의 책, p. 228.
110) H. H. Underwood, 앞의 책, p. 173.
111) 곽안전, 《한국교회사》, pp. 149~150.
112) 손인수, 앞의 책, p. 118.

일제의 간섭에 대한 학생들의 저항은 계속되었다. 일제는 학교승격을 위한 조건으로 조만식 교장의 퇴임을 요구하였는데, 이에 반발한 700여명의 학생들이 일제히 동맹휴학에 들어갔다. 그리하여 결국 일제는 어쩔 수 없이 조만식 선생이 계속 교장직에 있을 것을 허락하게 되었다.[113]

4. 기독교 학교의 민족운동

한말과 일제를 거치면서 기독교계 사립학교들은 많은 사람들에게 민족의식을 심어주는 역할을 하였고, 민족운동의 한 거점이 되었다. 서재필 등이 주도한 협성회와 전덕기 목사 중심의 상동파, 그리고 서울과 각지의 YMCA는 기독교계 학생들이 민족운동을 전개한 대표적인 사례이다. 북한에서는 평양 숭실학교 학생들이 중심이 되어 1917년 3월에 비밀결사인 조선학생국민회가 조직되었다. 이들은 국내 조직을 확대하면서 장기투쟁이 용이한 간도로 주력을 옮기고, 미국이나 중국 내의 독립운동 단체와도 긴밀한 연락관계를 취하였다. 그러나 1918년 2월 9일에 조직이 발각되면서 많은 학생들이 체포되었고, 그 가운데 12명이 송치되었다.[114] 평양에서는 또한 숭의여학교내에 송죽결사대가 조직되어 사회계몽과 봉사를 통해 여성민족운동을 전개하였다. 송죽결사대는 3·1운동 때에 태극기를 제작·운반하는 중심지 역할을 하기도 하였다.[115]

기독교계 학교들은 3·1운동이 일어났을 때에도 전국적으로 이에 참가하여 민족 구성원으로서의 책임을 다하고자 하였다. 3·1운동에 동참하였던 학교들 가운데 북한지역의 기독교 학교들을 보면 다음과 같다.

〈표 Ⅲ-17〉 3·1운동에 참가한 기독교계 학교들[116]

지역	학 교	참가 상황 및 주도자
개성	호수돈여학교	1919년 3월 1일 어윤희(魚允熙)가 독립선언서를 받아 3일 전교생이 시위. 권애라·류정희·조화벽·김낸시·이봉근·조숙경·김신렬·최옥순
	송도고보	김익중·송영록·심적룡·김정식·안종화·김수천

---

113) 《오산팔십년사》, pp. 221~222.
114) 국사편찬위원회, 《한국독립운동사 2》, pp. 490~494.
115) 손인수, 앞의 책, pp. 141~142.
116) 이만열, 앞의 책, pp. 240~243.

재령	사립숭의학교	3월 10일 기독교인 중심의 시위대가 교정에 모여 독립선언식을 가짐
	명신학교	4월 2일 재령보통학교 학생들과 연합으로 대대적인 시위를 벌임. 명신학교 교장 부인 김성무가 장선회로부터 독립선언서를 수령, 배포함
평양	숭덕학교	3월 1일 장로교 측의 황제봉도식 및 독립선언식 거행 장소. 교사 곽원웅·장찬영·윤원삼 등이 시위 주도. 마펫이 내빈으로 참석. 교장 모우리가 체포·파면됨
	숭실전문학교	3월 4일 평양 학생 거사를 주도. 김태술·이겸호·이보식 등이 〈독립신문〉을 비밀 배포
	숭실중학교	3월 4일 학생 거사 참여. 홍인화·박기복, 교사 김영순·질리스(A. W. Gillis)·이인선·이양식
	숭의여학교	3월 4일 학생 거사 참여. 3·1 시위 대거 참여
	광성학교	3월 4일 학생 거사 참여. 3·1 시위 대거 참여
	취명학교	대동군 시위 주도
선천	신성중학교	3월 1일 교사 홍성익·김지웅·양준명·정상인과 학생 장일현·고병건·박찬빈·김봉성·김선량·김하현·이정화·김용수·독고선·장동근·양시홍·김우문·김병옥·김득영·최중옥·이기동·허군청·김종욱·백시찬·계시항·김상옥·김병규·김승광·정치화·김진수·김득학 등이 선천 시위를 주도하고 투옥됨
	보성여학교	3월 1일 신성학교 학생들과 함께 시위 주도. 1920년 3월 1일 1주년 기념 시위. 교사 강기일·김성모, 학생 자경신·오순애가 주도
정주	오산학교	설립자 이승훈, 교장 조만식, 교사 조철호·심재덕·박기준, 학생 이기칙·이위춘 등 3·1운동에 큰 영향을 줌. 일제의 보복으로 학교 건물 방화됨
의주	양실학교	의주 3·1운동의 모의처로 학교 사용됨. 3·1운동에 학생들이 시위 주도. 4일 학생 600여명이 별도 시위. 6일에도 시위 재개
강계	영실학교	교사 김경하·정준, 학생 김성길·문태선·강석문·김명하·김형준 등이 시위 주도. 정준이 순국
	명신학교	직원 한봉민의 시위 주도
원산	진성여학교	원산 만세시위 모의처. 시위 참여
성진	보신학교	독립선언서 인쇄 장소
함흥	영생학교	함산학우회에 참여한 학생들이 함흥 만세시위를 주도. 한명환·이봉선·김치선·박희성·도상록·곽선죽

3·1운동후에도 기독교 학생들의 민족운동은 계속되어서 1920년에는 서울에서 각 지방 학생들로 구성된 조선학생대회가 조직되었고, 이를 모태로 하여 1922년 11월에는 조선학생회가 창립되었다.[117] 평양 숭실전문학교의 김두식(金斗植), 박두하(朴斗夏), 박경호(朴慶浩) 등은 연희전문학교생들과 함께 조선학생회의 창립중앙 집행위에 참가하였으며, 곧이어 숭실전문학교생이었던 한경직(韓景職), 박성덕(朴聖德), 장애경(張愛敬) 등도 이들과 함께 활동하였다. 이들은 일제의 민족차별과 교육정책에 대한 반대운동을 전개하였으며, 무자격 교원문제, 시설문제, 일제축제일의 기피 등으로 동맹휴학을 주도하기도 하였다.[118]

1926년에는 연희전문학교생들이 중심이 되어 6·10만세운동이 일어났으며, 이를 전후로 하여 전국 각지에서도 동맹휴교가 잇달았다. 북한에서는 오산고보·숭실학교·광성고보 등이 여러 차례 동맹휴교를 벌였다. 1929년에는 광주학생항일운동이 일어났는데, 이를 시발로 전국 각지의 학생들이 계속 이 항쟁에 참여하였다. 그 해 12월 10일에는 개성 송도고보가 동맹휴학을 하였고,[119] 호수돈여학교와 미리흠여학교도 이에 연합하여 대대적인 가두시위를 벌였다. 평양에서는 숭실전문학생들이 백지동맹을 벌이고, 숭인상업학교생들이 동맹휴학을 하였으며, 이후에도 숭실중학교, 숭의여학교, 정의여고보 학생들이 동참한 가운데 대대적인 가두시위가 벌어지기도 하였다.[120] 정주의 오산학교도 1930년 1월 18일에 교내시위를 벌인 후 가두진출을 하여 많은 학생들이 검거되었다.[121] 선천 신성학교도 1월 23일에 시위를 벌여 주동자들이 무기정학을 당하였으며,[122] 함흥 영생남녀학교도 1월 11일에 격렬한 가두시위를 벌였다.[123] 원산의 루씨여고보도 인근의 다른 학교들과 함께 시위에 참여하였다.[124]

5. 일제말 신사참배 강요와 기독교 학교의 대응

신앙과 민족정신에 바탕을 둔 기독교계 사립학교의 교육활동은 1930년대에 일제 식민통치가 군국주의화되면서 어려움에 부딪히게 되었다. 이는 신사참배 강요

---

117) 손인수, 앞의 책, p. 201.
118) 이만열, 앞의 책, pp. 244~245.
119) 〈조선일보〉 1929년 12월 28일자.
120) 〈조선일보〉 1929년 12월 26일자.
121) 〈동아일보〉 1930년 2월 2일자.
122) 〈조선일보〉 1930년 1월 24일자.
123) 〈조선일보〉 1930년 1월 12일자.
124) 이만열, 앞의 책, pp. 246~247.

라는 구체적인 문제로 나타났다. 신사참배문제로 인한 기독교계 사립학교와 총독부의 갈등은 이미 1910년대부터 시작되었다. 그러나 1925년 조선신궁진좌제(朝鮮神宮鎭座祭)를 고비로 기독교계 학교의 반발이 거세지자 총독부의 강요정책은 일단 후퇴하였다.[125] 그후 신사문제가 다시 대두한 것은 1930년대에 들어서였다. 1931년에 만주사변을 일으킨 일제는 대륙침략을 사상적으로 뒷받침하기 위해 각종 행사를 개최하고 여기서 신사의식을 강요하였던 것이다. 이에 대해서 일부 기독교계 학교들은 강경한 거부의지를 표명하였다. 1932년에 전남 광주의 기독교계 학교들이 "황군에 대한 기원제에 참가하지 않은"[126] 데 이어서, 평양의 기독교계 학교들은 동년 9월 18에 열린 만주출정 전몰전사 위령제에도 역시 참가를 거부하였으며,[127] 또다시 11월에는 숭실학교 등 평양의 10개 기독교계 학교들이 위령제에 불참하였다.[128]

평남 도당국은 기독교 학교들의 위령제 불참을 묵인하여 왔으나 문제가 심각해지자 그 해 9월에 공사립 중등학교 교장을 소집하여 위령제에 학생들을 참여시킬 것을 통고하였다. 그러나 학교측은 또다시 이를 거부하였다.[129] 1933년에는 캐나다 장로회 소속의 원산 진성여자보통학교와 함흥 영생학교가 만주사변 2주년 기념일 순난자 위령제에 참여를 거부하였다.[130] 그 이듬해 12월 23일에는 영생학교가 주일이라는 이유로 황태자 탄신 봉축일 행사에 참석하지 않았다.[131] 이와 같은 기독교계 학교들의 위령제 참가 거부에 대하여 총독부는 시말서를 제출하게 하고 엄중한 경고를 하면서 각 학교에 대한 시찰과 감시를 강화하였다.

일제는 1935년부터 신사문제를 가지고 기독교계 학교에 직접적인 탄압을 가하기 시작하였다. 이 해 11월에 평안남도 지사 야스타케(安武)는 공사립 초중등학교 장회의를 소집하였다. 초등학교장회의가 끝난 후 야스타케가 신사참배를 종용하

---

125) 김승태, "日本神道의 침투와 1910~1920년대의 「神社問題」", 《한국기독교와 신사참배문제》(김승태 엮음), 한국기독교역사연구소, 1991, pp. 189~246.
126) 〈木浦新聞〉 1932년 1월 14일자, "皇軍에 대한 기원제에 참가하지 않은 광주의 그리스도 학교".
127) 민경배, 《한국기독교회사》, p. 426.
128) 〈每日申報〉 1932년 11월 12일자, "平壤府內 私立十敎 慰靈祭場에 不參".
129) 〈大阪每日新聞〉(朝鮮版) 1932년 11월 9일자, "崇實校 비롯한 十校에 始末書 如何로 斷然 폐교 처분, 전몰자 위령제에 不參拜"; 같은 신문 11월 12일자, "기독교 학교의 전몰자 위령제 불참배문제".
130) D. M. MacRae's Collection 중 "Copies Notes, Shrine Issue(1933년 9월 14, 16일)", 〈朝鮮新聞〉 1933년 9월 27일자, "진성여자보통학교가 위령제 참렬을 거부".
131) 〈朝鮮新聞〉 1934년 12월 30일자, "御誕辰 奉祝日에 基督敎校 不參加"; 김승태, 앞의 논문, p. 270.

였으나 기독교계 학교 교장들은 이에 참여하지 않고 퇴장하였다. 며칠 후에 열린 중등학교장회의에서 야스타케는 이번에는 개회에 앞서 신사참배를 강요하였다. 그러나 숭실학교장 매큔(G. S. McCune, 尹山溫), 숭의여학교 교장대리 정익성(鄭益成), 안식교의 순안 의명학교 교장 리(H. M. Lee)가 이를 거부하였다.[132] 이에 대해 도당국은 서면회답을 요구하고 회답여부에 따라 책임자의 파면은 물론 폐교까지 강행하겠다는 방침을 세웠다. 이에 대해 리는 안식교단의 공식적 입장에 따라 신사참배를 인정하였으나, 매큔과 숭의여학교장 스눅(V. L. Snook, 鮮于里)은 끝까지 이를 거부하여 1936년 1월에 교장직에서 파면되었다.

일제의 신사참배 강요에 대하여 북장로회 내부에서는 일정한 합의가 이루어지지 않고 있었다. 그러나 남장로회가 1937년 2월에 공식적인 거부입장을 표명하자[133] 이에 영향을 받아 북장로회도 신사참배 거부를 공식화하였다. 이에 따라 동년 10월에 숭의전문학교·숭실중학교·숭의여학교가 일제히 폐교하였다. 장로교계 학교들의 이런 입장은 1938년 제27회 장로교 총회가 신사참배를 가결한 후에도 변함이 없었으며, 선교사들과 평양신학교 학생들은 총회의 결정에 반대하여 결국 신학교를 폐쇄하기에 이르렀다.[134] 남북장로회와 호주장로회 등 장로교계의 학교들이 신사참배를 완강히 거부하여 수난을 당한 반면 감리교와 천주교계의 학교들은 처음부터 '신사는 종교가 아니요 국민의 의무'라고 생각하였으므로 큰 문제가 발생하지 않았다.[135] 또한 처음에는 신사참배를 거부하던 캐나다장로회의 학교들도 결국 이를 받아들이게 되었다.[136] 선교사들은 이 문제에 대하여 이렇게 말하고 있다.

> 정부는 문서를 통해 혹은 구두로 이렇게 말하였다. 우리가 참여하도록 요구받고 있는 신사참배는, 비록 신사에서 이루어지고 있기는 하지만, 종교와 무관한 순수하게 애국적(purely patriotic)인 의례라고. 우리 선교부의 학교들은 정부의 이 해석을 받아들이며, 존경과 연대감 그리고 애국심을 공식적으로 표명하는 기회를 제공하는

---

132) 《日本外務省文書》米一機密 제58호, 1936년 4월 16일자, "米人 선교사 지·에스·매큔의 평양신사 不參拜에 관한 건".
133) G. W. Brown, *Mission to Korea*, 1962, pp. 152~153.
134) 폐쇄된 신학교는 1939년 총회에서 신학교육부를 소집하여 신학교육을 계속할 것이 결의됨으로써 다음해에 신학교 시설을 총회가 인수하여 학교가 재건되었다가 (교장은 채필근) 해방후 북한 정권하에서 다시 폐쇄되었다. 이만열, 앞의 책, p. 284.
135) 한석회, "신사참배 강요와 저항," 《한국기독교와 신사참배문제》, p. 66.
136) 澤正彦, "일제하 「신사문제」와 기독교주의학교", 《한국기독교와 신사참배문제》, p. 417.

의례인 신사참배에 참여한다. 우리는 이 이상 더 어찌할 수가 없다(Further than this we cannot go).[137]

1938년 일제는 황국신민의 교육방침으로 '국체명징(國體明徵), 내선일체(內鮮一體), 인고단련(忍苦鍛鍊)'을 주요 내용으로 한 조선교육령을 선포하여 더욱 철저한 식민지화를 꾀하였다. 이에 따라 각급 학교의 명칭이 바뀌었으며,[138] 사립학교의 교장과 교무주임을 일본인으로 대치하였고, 온갖 수단을 써서 사립학교를 공립화하고자 하였다. 일제는 특히 기독교계 학교에 대해서는 한국인이나 일본인 재단에 학교를 이관하는 작업을 1939년 전후로 거의 완결하였다.[139] 또한 각 학교에서는 한국어 사용이 금지되고 일상어로 일본어를 사용할 것이 강요되었다. 1943년에는 개악된 조선교육령에 따라 수업연한이 단축되고 이에 맞게 교과서도 개편되었다. 그뿐 아니라 일제는 학생들에게 근로작업을 강요하여 군수물자의 지원에 동원하였으며, 학도병을 징발하여 전쟁터로 내모는 만행을 저지르기도 하였다. 1945년 5월에 전쟁의 막바지에 이르자 일제는 전시교육령을 선포하여 각급 학교의 교직원 전원과 학생들로 학도대를 결성하고 이들을 침략 전쟁에 총동원하는 체제를 마련하였다. 이와 같은 일제의 강압에 의해 기독교계 학교들은 폐지되거나 강제 인수되어 결국 해방이 되기까지 기독교 정신에 따른 교육의 이념은 설 자리를 잃고 말았다.

3. 북한의 기독교 사회사업기관

가난하고 어려운 처지에 있는 사람을 돕고 사랑을 베풀려는 정신은 비단 기독교뿐 아니라 대부분의 종교에서 볼 수 있는 보편적인 인간애의 결실이다. 그런데 기독교는 특히 이런 사랑의 정신을 신적인 기원에, 곧 '하나님이 자기 아들을 내어주신 사랑'에 두면서 다른 어느 종교보다도 어려운 이들을 돕기에 열심이었다. 이는 한국에 들어온 선교사들도 마찬가지였다. 그들은 선교 초기부터 가난한 이들과 병든 이들, 그리고 농맹인(聾盲人)처럼 사회적 능력이 없는 사람들에게 큰

---

137) *The United Church of Canada Year Book*, 1938, p. 90.
138) 보통학교는 심상소학교(후에 다시 국민학교로 바뀜)로, 고등보통학교는 중학교로, 여자고등보통학교는 여자중학교로 바뀌었다.
139) 그 결과 루씨여학교가 공립화되었고, 연희전문학교가 경성공업전문학교로, 이화여자전문학교가 경성여자전문학교로, 세브란스의학전문학교가 아사히의학전문학교로 강제 개편되었다.

관심을 보여주었다.

　선교사의 사회사업 가운데 최초의 일은 1898년에 미국 북감리회 선교사 홀 여사가 평양에서 맹인보호소(House for the Blind)를 설치 운영한 것이다. 그녀는 평양주재 전도사 오형석의 딸 오봉래에게 점자 읽기와 쓰기, 뜨개질 등을 가르친 후 교사로 삼았으며,[140] 1899년에 죽은 딸의 이름을 딴 에디스 마가렛 어린이병동(Edith Margaret Children Wards)을 설치하여 한국 최초로 맹인교육을 실시하였다.[141] 이듬해에 학생수는 4명이 되었으며, 여기서는 소녀 원아들에게 수공업 노동을 하게 하여 재정에 보탬을 삼았다.[142] 그후 평양여학교에도 맹인반이 설치되었으며, 홀 부인은 뉴욕 점자법을 바탕으로 한국어 점자를 만들어 보급하는 등 맹인을 위한 사회사업에 계속적으로 힘을 쏟았다.

　기독교의 사회사업은 구세군의 두드러진 활동으로 활기를 띠었으며, 1910년대부터는 각 교파별로 고아원사업, 빈민의료 및 구라사업, 맹인사업, 양로원사업 등 다양한 사회사업을 전개해 갔다. 감리교 여선교회는 여성과 아동의 복지사업을 추진하기 위해 사회관(Social Center)을 설립하였다. 감리교는 1919년에 3·1운동의 진원지였던 명월관을 인수해 태화기독교사회관을 만든 데 이어 개성에 고려여자관을 그리고 원산에 보혜여자관을 설립하였다.[143] 이러한 사회관에서는 여성의 직업교육과 아동보건사업, 여성의식개발을 위한 다양한 프로그램을 실시하였다.[144]

　1920년을 전후해서는 기독교인들이 개인적으로 사회사업을 추진하는 일이 많아졌다. 1918년에는 선천의 이창석(李昌錫) 장로가 창신양로원을 설립하였다.[145] 이창석의 아들 이영학(李英學)은 1935년에 사재를 들여 3층짜리 선천회관을 건립하여 이를 지역사회 복지기관으로 사용케 하였다. 1921년에는 평양의 교인 박경석(朴經錫)이 평양고아원을, 1926년에는 선천의 주현측 장로가 대동고아원을 설립하였으며,[146] 1934년에는 김진국(金鎭國)이 원산에 고아원을 설립하였고, 1936년에는 평양의 정지강(鄭志强) 목사가 애린원이라는 고아원을 설립하였다.[147]

---

140) *WFMS* 1899~1900, p. 83.
141) S. Hall,《닥터 홀의 조선회상》, p. 147.
142) *WFMS* 1904~1905, p. 191.
143) F. E. C. Williams, G. Bonwick ed., *The Korea Missions Year Book*, Seoul: The Chritian Literature Society of Korea, 1928, p. 113·118 ; 양주삼 편,《조선남감리교회삼십년기념보》, pp. 111~122.
144) E. T. Rosenberger, "Seoul Social Evangelistic Center", *Fifty Years of Light*, pp. 28~33.
145) 宣川郡誌編纂委員會,《宣川郡誌》, 1977, pp. 219~220.
146) 총독부 기록에는 1916년으로 되어 있다.〈표 Ⅲ-18〉참조.
147) 김덕준, "한국기독교의 사회사업",《기독교대백과사전》8, p. 675.

다음의 〈표 Ⅲ-18〉은 선교 초기부터 1930년대까지 설립된 기독교 사회사업기관들을 정리한 것이다.[148]

총독부 자료에는 북한을 포함하여 전국에 있는 36개의 사회기관들이 수록되어 있다. 특히 이 자료에는 개성 남성병원(1907), 평양 연합기독병원(1895), 해주 구세병원(1910)과 부속결핵요양소(1928), 평원 순인병원(1910), 선천 미동병원(1901), 함흥 제혜병원(1905), 원산 구세병원(1898)과 같은 기독교 의료기관도 사회사업기관으로 수록되어 있는데, 이는 당시 기독교 의료기관이 단지 진료만 한 것이 아니고 빈민진료와 특수사업(결핵·나병) 등을 통해 하나의 사회사업기관 역할을 하였음을 보여준다.

선교사와 한국교인들의 사회사업의 의의는 1920년대 이후 사회주의자들과 진보세력들에 의해 기독교가 타계지향적이 되고 개인주의화되어 간다고 비난받던 와중에서도 사회사업을 꾸준히 실천함으로써 사회에 대한 교회의 책임을 이루어갔다는 데 있다. 그러나 선교사와 교회의 자선행위에도 문제점은 있었다. 그들은 가난의 원인에 대한 본질적인 통찰도 없이 그저 현상적으로 나타난 가난과 질병에만 관심을 가졌을 뿐, 가난과 질병을 야기하는 사회구조의 문제에는 거의 관심을

〈표 Ⅲ-18〉

명 칭	소재지	창립년월일	교 파	사 업 종 류
평양맹아학교	평양	1898. 2. 28	개신교	특수교육사업
순안의명여학교	평원	1906. 1	안식교	빈아(貧兒)교육사업
선천대동고아원	선천	1908	개신교	육아사업
평양구활원	평양	1912. 11. 20	개신교	빈민구조사업
대동고아원	선천	1916. 8. 15	·	육아사업
선천창신양로원	선천	1918. 12		양로사업
평양고아원	평양	1921	·	육아사업
영유양로원	평원	1925. 10. 1	천주교	
의주천주교양로원	의주	1925. 10		
진남포양로원	진남포	1933. 11		
(원산)고아원	원산	1934	개신교	·
애린원	평양	1936	·	

148) 이 표는 총독부 자료인 《朝鮮社會事業要覽》(朝鮮總督府學務局社會果, 1936, pp. 1~161)을 토대로 하여 작성한 것이며, 필요에 따라 필자가 보충한 것이다.

기울이지 않았다. 또한 그들의 자선행위는 마치 더 큰 것(복음)을 주기 위한 예비선물 정도로 인식되는 경우가 대부분이어서 보편적인 인류애의 정신이 희석되는 위험을 늘 가지고 있었다. 따라서 그들의 자선행위는 임시방편적이고 제한적일 수밖에 없었다. 그뿐 아니라 이런 시혜주의적(施惠主義的) 자선행위는 자칫하면 그 혜택을 받는 민중이 스스로를 자기 삶의 주체로 자각하지 못하게 만드는 역효과를 가져오기도 한다. 그러나 선교사와 교회의 자선사업은 가난하고 자활능력이 없는 사람들에 대한 사회적 관심이 그리 크지 않던 시대에 이들에 대한 적극적인 관심을 가지고서 그들의 존재를 사회의 표면으로 떠오르게 하였다는 점에서 중요한 의의를 가진다고 할 수 있을 것이다.

4. 북한의 기독교인이 운영한 회사

한말부터 일제하를 거치면서 우리 사회에서는 민족의 독립을 이룩하기 위하여 무장투쟁을 전개하려는 입장과 교육과 산업을 육성하여 먼저 독립의 기초를 닦으려는 입장이 공존하였다. 그 가운데에서 후자는 한말 자강운동의 맥을 이으면서 등장한 일종의 실력양성운동론으로 그 안에서는 또다시 일제에 병합되어서라도 그 성장을 이루어야 한다는 입장과 민족독립의 능력만큼은 우리 스스로의 힘으로 마련해야 한다는 입장이 대립하고 있었다.[149] 이런 배경 속에서 북한에서는 한말과 일제를 거치면서 민족기업가들에 의한 회사와 공장들이 속속 설립되었으며, 여기에는 기독교인들이 상당히 많이 관여하고 있었다.

북한에서 민족산업을 육성하는 데 가장 큰 공헌을 한 사람은 기독교인 민족주의자 이승훈(李昇薰)이다. 그는 일제 등의 경제적 침탈에 직면하여 민족의 위기를 느끼면서 민족산업 육성의 필요성을 절감하고, 외국자본의 침투에 대항하기 위해서는 서북지방의 상공업자들만이라도 합력해서 토착자본에 바탕을 둔 대기업을 이루어야 한다는 관서자문론(關西資門論)[150]을 주장하였다. 또한 평양 창전동교회의 장로 이춘섭(李春燮)은 1911년에 105인 사건으로 옥고를 겪고 나오면서 "일제의 가혹한 탄압이 민족교육은 물론 장차 독립운동까지도 어렵게 만들고 있다"고 생각하여 "산업에서 민족갱생의 먼 장래를 기약하는 것이 당면한 길"이라 확신하게 되었다.[151]

---

149) 실력양성론의 형성과 전개에 대해서는 박찬승의 《한국근대정치사상연구》, 역사비평사, 1993 참조할 것.
150) 金亨錫, "南岡 李昇薰 硏究", 〈東方學誌〉 46·47·48 합본, 1985, p. 635.

이렇게 민족산업을 육성하려는 노력이 북한에서 처음 결실을 맺은 것은 1908년에 평양 마산동에 설립된 자기회사였다. 회사설립은 이승훈에 의해 주도되었으며, 그밖에도 정인숙(鄭寅淑), 이덕환(李德煥), 한삼순(韓三順), 윤재명(尹在明), 윤성운(尹聖運), 전재풍(田在豊), 최유문(崔有文) 등의 재력가들이 이에 동참하였다.[152] 이 회사는 근대적인 의미의 회사설립으로서는 한국 최초의 것이었다. 이 회사는 값싼 유기를 제작·공급하여 사람들의 생활에 도움을 주고, 산업 진흥을 통해 부국강병의 토대를 다지며, 민족의 오랜 문화유산을 보존하고자 하는 목적으로 설립·운영되었다.[153] 그러나 이승훈의 헌신적인 노력과 평안남도 안주의 자산가 김인오(金仁梧)의 도움 속에서 회사가 대규모로 발전하려던 때에 일제가 한국을 강점하였고, 그후 이 회사도 일제의 손으로 넘어가고 말았다.

일제 강점 이후 북한의 민족산업은 3·1운동이 지난 1920년대부터 다시 활기를 띠기 시작하였다. 그리고 그 중심지는 역시 관서지방이었다. 이렇게 관서지방에서 민족산업이 중흥한 데에는 양말공장이나 고무공장을 설립·운영한 기독교인 기업가들의 역할이 상당히 컸다. 평양에 처음으로 양말공장이 세워진 것은 1906년의 일로서 그것을 설립한 사람은 김기호(金基浩), 이진순(李鎭淳), 노덕규(盧德奎) 등이다.[154] 그러나 평양의 양말공업이 크게 성장하기 시작한 것은 1910년대에 손창윤(孫昌潤)이 삼공(三共)양말을, 방윤(方潤)이 대원(大元)양말을 그리고 이용석(李用錫)이 영신(永信)양말을 설립하면서부터이다. 이들 기업을 경영하였던 기업인들은 모두 교회의 장로나 집사였다.

삼공양말은 1920년대부터 평양의 주요 기업으로 등장하기 시작하였다. 회사설립자 손창윤은 회사 자체적으로 원사(原絲)를 염색하는 공장도 세우고, 1926년에는 편직기를 생산하는 기계제작소를 설립하는 등 기업을 "동양 굴지의 대규모 메리야스 공장"[155]으로 성장시켰다. 그는 민족산업의 중흥을 위해서는 산업인력을 지속적으로 양성하는 것이 중요하다고 생각하여 1935년에는 평양공업학교(平壤工業學校)를 설립하였다. 이 학교에는 기계과, 응용화학과, 방직과가 설치되었으며 부설로 야간학교도 운영되어서 직공에게는 교육의 기회를 주고 학생에게는 실습의 기회를 줄 수 있었다. 손창윤은 계속해서 양말공장을 더욱 확장하고 평양시내 여

---

151) 閔庚培,《韓國民族敎會形成史論》, 연세대출판부, 1974, pp. 223~225.
152) 윤경로, "기독교 민족경제운동가 이승훈",《한국근대사의 기독교사적 이해》, 역민사, 1992, p. 375.
153) 민경배, 앞의 책, pp. 221~222.
154) 平壤商工會議所,《平壤洋襪工業의 沿革調査書》, 1927, p. 11 ; 민경배, 위의 책, p. 225에서 재인용.
155) 趙璣濬,《韓國資本主義成立史論》, 고려대출판부, 1973, p. 485.

러 곳에 공장을 더 설립하는 등 기업을 더욱 큰 규모로 발전시켰다.

영신양말을 설립한 이용석은 유력한 자산가인 이재홍(李載弘)의 아들로 동경에서 메리야스 생산기술을 습득하고, 개성의 디일 작업장에서 수련을 받은 후, 평양에서 공장을 설립하였다. 그는 일본에서 돌아올 때 자동 양말기계를 가지고 들어와 평양의 양말공업에 새 기원을 마련하였다. 대원양말을 설립한 방윤은 선교사의 후원으로 미국 유학을 다녀온 신진 기업인이기도 하였다.[156]

1920년대에는 평양 등지에 고무공장들이 속속 설립되어 관서지방의 민족산업 중흥에 또다른 견인차 역할을 하였다. 1920년에는 기독교 신자인 이병두(李丙斗)가 최향준(崔享俊), 최규봉(崔奎鳳) 부자 등과 함께 정창공업사(正昌工業社)를 설립하였다. 이 회사는 한국 재래의 짚신 모양을 본딴 신발을 만들어서 큰 성과를 거두었다. 1923년에는 장로 이춘섭이 대동(大同)고무공업사를 설립하였다. 이춘섭은 활발한 기업활동과 사회활동으로 평양상공회의소 평의원 및 평양부 협의원을 지내기도 하였다. 1925년에는 방윤이 서경(西京)고무공업사를 설립하였는데, 이 회사는 1927년에 자본금 50만원으로 서경상공주식회사(西京商工株式會社)로 확장되었다.

그밖에도 기독교 교육자 및 기업인으로 북한에서 활동한 사람으로 김동원(金東元)과 김항복(金恒福)이 있다. 김동원은 숭덕학교와 숭의학교 그리고 오산학교에서 교편을 잡다가 32세에 실업계에 뛰어들어 1919년에는 서울에 있던 동익사(東益社)의 전무 취체역으로 있다가 1932년에는 그 회사의 사장직을 맡았다. 그는 민족주의자 조만식(曺晩植) 등과 함께 평양 산정현교회의 장로로 있으면서 숭인상업학교, 숭실전문, 세브란스의전의 이사를 역임하였으며, 상공회의소 특별평의원을 지내기도 하였다. 그후 그는 1936년에 설립된 평양고무공업주식회사의 취체역을 지냈다. 그는 동우회(同友會)에도 가입하여 민족운동에 앞장섰으며, 1941년에는 수양동우회 사건으로 징역 3년을 언도받기도 하였다. 장로 김항복은 일본에서 유학을 하고 돌아와 1928년부터 10년간 평양 숭인상업고등학교의 교장을 역임하였으며, 나중에는 김동원의 방계회사인 농민고무공업사를 맡아 경영하였다. 김항복은 해방후에 독립문표 메리야스 회사를 운영하였다.

이들 기독교 기업인들은 확고한 민족정신을 가지고 있었으며, 서로 굳게 맺어져 평양의 고무공업계를 장악하고 일본 상인의 침투를 억제할 수 있었다. 그리하여 1930년에 서울에 있던 고무공장 가운데 한국계가 13개, 일본계가 10개였던 데 비해, 평양에서는 한국계 공장이 10개였던 반면, 일본계 공장은 1개에 지나지 않

---

156) 민경배, 앞의 책, pp. 226~227.

았다.[157] 이와 같이 관서지방에서는 일본 상인과 자본의 진출이 제한되어 있었고, 특히 기독교인을 중심으로 민족기업이 융성하였던 개성·평양·선천·재령·안악 등지에는 일본 상인의 침투가 거의 불가능하였다.

　1930년대 후반에 들어 기독교적 배경을 가진 혹은 갖지 않은 민족기업인들의 끈질긴 노력으로 발전하고 있던 북한의 민족기업들은 일제의 간섭으로 어려움을 겪게 되었다. 총독부는 1937년에 '섬유공업설치제한령'을 공포하여 메리야스 공장의 신설과 증설을 제약하고 원료공급을 통제하였다. 그후 1938년에는 다시 '조선공업조합령'을 내려 공업활동을 더욱 규제하였다.[158] 그러나 이와 같이 한편으로는 일제의 제재를 받고 다른 한편으로는 일본 등의 외국자본과 겨루면서도 민족기업들은 해방의 날까지 민족자본과 민족정신의 저장고 역할을 충실히 수행하였다.

---

157) 위의 책, pp. 229~232.
158) 위의 책, p. 228.

Ⅳ. 해방 이후 북한교회의 역사

북한 기독교의 상징으로 1988년에 세워진 평양의 봉수교회 모습

제 1 장　교회의 재건과 부흥
제 2 장　기독교의 정치화와 내적 갈등의 심화
제 3 장　기독교의 분단과 위축
제 4 장　반종교운동과 기독교의 위기
제 5 장　반종교운동의 부분적 이완과 사회주의화된
　　　　　기독교의 점진적 활성화
제 6 장　신종교정책의 등장과 사회주의형 기독교의 발전

제1장 교회의 재건과 부흥

1. 해방 전후의 교회사정과 재건의 과제

1. 해방 당시의 교세 동향

해방을 맞을 당시 북한지역에는 어느 정도의 기독교 신자들이 살고 있었으며, 지역적 분포실태는 어떠하였는가? 개신교의 경우 이를 정확히 알 수 있게 해주는 자료는 거의 없다. 참고로 1940년 신구파 기독교의 지역별 교세분포와 개신교 각 교파별, 지역별 교세분포를 살펴보면 각각 〈표 Ⅳ-1〉, 〈표 Ⅳ-2〉와 같다.

〈표 Ⅳ-1〉 1940년 북한지역 신구파 기독교의 지역별 교세분포

구분	개 신 교			천 주 교		
	교당수	교직자수	신자수	교당수	교직자수	신자수
평안남도	608	521	68,170	60	28	14,862
평안북도	549	782	87,407	43	13	2,967
황 해 도	561	346	48,078	66	19	9,589
함경남도	249	205	13,375	14	71	7,434
함경북도	130	129	11,309	9	11	2,094
계	2,097	1,983	228,339	192	142	36,946

＊《기독교대사전》, 기독교문사, 1992에서 재구성.

〈표 Ⅳ-1〉에서 보듯이, 1940년 북한지역에는 약 23만명의 개신교 신자가 살고 있고, 교회수는 약 2천 1백개소, 교직자수는 약 2천명에 이른다. 또한 같은 시기에

북한지역 개신교 신자들의 68.1%가 평안도에, 21.1%가 황해도에, 10.8%가 함경도에 살고 있다. 북한지역 개신교 인구의 약 9할이 평안도와 황해도를 포함한 서북지역에 거주하고 있다. 북한지역에 소재한 교회수의 약 82%, 교직자수의 약 83%가 역시 서북지역에 몰려 있어 개신교 교세의 서북 중심성을 입증해주고 있다. 같은 시기에 개신교 신자수의 약 16%에 해당하는 3만 7천여명의 천주교 신자가 북한지역에 거주하고 있고, 교회는 190여개소, 교직자는 140여명에 이른다. 개신교 각 교파를 고려하면 천주교는 북한에서 장로교에 이어 두번째의 교세를 갖고 있는 셈이다. 북한지역 천주교 신자는 평안도에 48.3%, 황해도에 26.0%, 함경도에 25.8%의 비율로 분포하고 있다. 개신교와 유사하게 평안도 신자의 비율이 높고, 서북지방에 거주하는 신자가 74.3%에 이르는 등 서북 중심성이 강하게 나타난다. 교회의 분포에서도 서북지방이 북한 전체의 88.0%나 차지하여 서북지방 편중성을 보여주지만, 교직자는 오히려 전체의 57.7%가 관북지방에 거주하는 기형적 모습을 보여주고 있다. 이는 덕원교구에 신학교와 대규모의 수도원이 자리잡고 있었기 때문으로 풀이된다.

〈표 Ⅳ-2〉 1940년 북한지역 개신교 각 교파의 지역별 교세분포[신자수/(교당수/교직자수)]

	평안남도	평안북도	황해도	함경남도	함경북도	계
조선예수교 장로회	49,584 (402/373)	81,975 (481/747)	40,894 (352/251)	9,365 (180/153)	9,436 (92/97)	191,254 (1,507/1,621)
기독교조선 감리회	13,471 (105/81)	3,203 (36/8)	5,453 (130/42)	1,014 (12/10)	124 (1/)	23,265 (284/141)
동양선교회 (성결교)	474 (6/13)	2,029 (10/11)	229 (10/7)	1,565 (20/22)	1,155 (12/15)	5,452 (58/68)
안식교회	1,639 (41/12)	(4/1)	289 (12/7)	661 (14/3)	76 (7/4)	2,665 (78/27)
성공회	1,386 (30/13)		424 (14/19)			1,810 (44/32)
구세군	100 (3/3)	(1/1)	247 (14/13)	291 (6/7)	75 (3/1)	713 (27/25)
조선회중교회	430 (2/2)	(6/5)	(1/1)			430 (9/8)
조선기독교회		(1/1)	413 (21/2)			413 (22/3)

	평안남도	평안북도	황해도	함경남도	함경북도	계
하느님의 교회	386 (3/1)	(1/1)	(1/2)			386 (5/4)
동아기독교회 (침례교)		(1/1)		34 (2/3)	125 (2/1)	159 (5/5)
예수교회	(2/3)		(3/)	137 (2/1)		137 (7/4)
나사렛교회	92 (1/2)					92 (1/2)
기독교조선 복음교회				(1/)	87 (6/1)	87 (7/1)
그리스도의 교회				50 (7/)		50 (7/)
기타 (일본계포함)	608 (13/18)	200 (8/6)	129 (3/2)	258 (5/6)	231 (7/10)	1,426 (36/42)
계	68,170 (608/521)	87,407 (549/782)	48,078 (561/346)	13,375 (249/205)	11,309 (130/129)	228,339 (2,097/1,983)

* 출처 : 〈표 Ⅳ-1〉과 같음.

또 〈표 Ⅳ-2〉에서 보듯이, 1940년 북한지역에서 1천명 이상의 신자를 보유한 개신교 교파는 모두 5개로서, 장로교·감리교·성결교·안식교·성공회의 순서로 나타난다. 장로교와 감리교의 양대 교파를 합치면 북한지역에 거주하는 개신교 신자 전체의 94.0%를 차지하고, 5대 교파를 합치면 98.3%에 이르러 거의 모든 개신교 신자가 이 다섯 교파 소속임을 알 수 있다. 장로교는 북한지역 개신교 신자 전체의 83.8%를 차지하고, 평북지역 개신교 신자의 93.8%, 황해도의 85.1%, 함북의 83.4%, 평남의 72.7%, 함남의 70.0%가 장로교 신자이다. 평안북도와 황해도·함경북도에서 장로교 신자의 비율이 특히 높게 나타난다. 감리교는 북한지역 개신교 신자 전체의 10.2%를 차지하고 있고, 각 도별로는 평남의 19.8%, 황해도의 11.3%, 함남의 7.6%, 평북의 3.7%, 함북의 1.1%로 나타나 평안남도와 황해도에서 평균 이상의 분포를 보이고 있다. 성결교는 북한 개신교 신자의 2.4%로, 함경남도(11.7%)와 함경북도(10.2%)에서 높은 분포를 보이는 반면, 평안남도(0.7%)와 황해도(0.5%)에서는 매우 낮은 분포를 보였다. 안식교는 북한지역 개신교 인구의 1.2%(함남 4.9%, 평남 2.4%, 함북 0.7%, 황해 0.6%, 평북 0.0%), 성공회는 0.8%(평남 2.0%, 황해 0.9%, 평북과 함경도 0.0%)를 차지한다.

장로교의 경우 1940년대 초에 북한지역의 신자가 전체 신자 가운데 차지하는 비율은 65% 안팎으로 나타난다(〈표 Ⅳ-3〉 참조). 1940년 말 감리교 신자 총수는 57,487명으로서,[1] 이 가운데 북한지역의 신자 비율은 40.5%에 해당한다. 1941년 성결교 통계에 따르면, 전체 신자 23,417명 가운데 북한지역 신자는 13,989명으로,[2] 그 비율은 59.7%에 이른다. 또 1939년 전국의 성공회 신자가 9,750명이었으므로,[3] 1940년대 초에 북한지역에 거주하던 성공회 신자의 비율은 전체의 20% 정도였다고 볼 수 있을 것이다. 1940년 말의 천주교 전체 신자는 177,038명(연길교구 포함)으로,[4] 북한지역 신자의 비율은 약 21%에 해당된다고 볼 수 있다.

앞에서 언급하였듯이, 일제시대 말기에 교회의 활동 전반이 심각한 정체상태에 빠졌으므로 신자수 역시 크게 감소하였으리라 추측된다. 장로교의 경우를 살펴보더라도 이같은 추측은 어느 정도 사실로 나타난다. 1938년에 이르러 362,077명까지 증가하였던 장로교 신자수는 1939년부터 감소추세로 돌아서, 1939년(360,838명)에는 전년도보다 근소하게 감소하며(전년 대비 ↓0.3%), 1940년(328,648명)에는 큰 폭으로 감소하였다가(↓8.9%), 1941년(354,913명)에는 큰 폭으로 증가하며(↑8.0%), 1942년(249,666명)에는 엄청난 비율로 다시 감소하였다(↓29.7%).[5] 교단 자체를 해산당한 성결교와 안식교에 대해서는 말할 필요조차 없을 것이다. 성공회의 경우도 1939년에는 신도 9,750명, 영성체자 5,522명, 입교예비자 580명이었던 교세가 1946년 9월 경에는 신도 4,961명, 영성체자 2,462명, 입교예비자 214명으로 절반 가량 줄어들었다.[6] 1940년 북한지역 개신교 교단 가운데 여섯번째 규모였던 구세군은 해방 당시에 이르기까지 교세 추이를 엿볼 기회를 제공하는 거의 유일한 개신교 사례이다. 구세군의 경우 1939년까지 33,299명으로 신자수가 증가하였다가 감소추세로 돌아서 1944년에는 12,620명이 됨으로써,[7] 불과 5년 사이에 신자수가 거의 3분의 1 수준으로 떨어지고 있다. 거의 모든 개신교 교단들이 일제 말엽에 교세의 급격한 축소를 경험한 것과는 대조적으로 천주교는 이 시기에도 꾸준한 교세 성장을 계속하였다. 천주교의 신자수는 1938~1941년 사이에 매년 3.4%의

---

1) 김광우,《한국감리교회 백년》, 전망사, 1990, p. 265.
2) 기독교대한성결교회 역사편찬위원회,《한국성결교회사》, 기독교대한성결교회 출판부, 1992, p. 366.
3) 이재정,《대한성공회 백년사》, 대한성공회 출판부, 1990, p. 204.
4) 한국가톨릭대사전편찬위원회,《한국가톨릭대사전(부록)》, 1985, p. 324.
5) 노치준, "일제하 한국 장로교회 총회 통계에 대한 연구", 한국사회사연구회 편,《현대 한국의 종교와 사회》, 문학과 지성사, 1992, p. 68 참조.
6) 이재정, 앞의 책, pp. 204, 216~217.
7)《기독교대연감》, 기독교문사, 1986, p. 663.

비율로 성장을 계속하였고, 독일계 선교사들의 활동이 완전히 자유로웠던 함경도 지역(함흥 및 덕원 교구)에서도 1938~1942년 사이에 동일한 증가추세를 확인할 수 있다.[8] 여기에는 개신교에 비해 신사참배로 인한 내외적 갈등도 덜하였고, 국내에서 민족운동에 참여한 분파도 사실상 부재하였으며, 선교사 추방도 부분적으로만 이루어졌던 천주교의 특성이 크게 작용하였을 것이다.

이처럼 일제시대 말기에 개신교 신자수의 감소는 전국적, 초교파적으로 공통된 현상이었다. 그러나 신자수의 감소가 지역에 따라 차별적으로 진행되지는 않았는지, 그래서 해방 당시 신자의 지역별 분포는 1940년대 초의 그것과 대체로 유사한 상태로 유지되었으리라고 추론할 수 있을지의 여부는 여전히 분명치 않다. 이 문제와 관련하여 1942년까지 만주나 일본 지역을 제외하고 한반도내의 장로교 세례교인만을 대상으로 각 도별 인원을 집계한 서명원 선교사의 통계를 살펴보면 다음과 같다(〈표 Ⅳ-3〉).

〈표 Ⅳ-3〉 장로교 세례교인들의 지역별 증감추세(1937~1942)

연도	평안도	황해도	함경도	북한(A)	남한	전국(B)	A/B
1937	54,874	13,264	7,201	75,339	43,954	119,293	63.2%
1938	57,340	15,537	6,107	78,984	46,981	125,965	62.7%
	(↑4.5%)	(↑17.1%)	(↓15.2%)	(↑4.8%)	(↑6.9%)	(↑5.6%)	
1939	59,168	15,822	7,412	81,402	44,768	127,170	64.0%
	(↑3.2%)	(↑1.8%)	(↑21.4%)	(↑3.1%)	(↓4.7%)	(↑1.0%)	
1940	55,714	18,198	7,838	81,750	37,387*	119,137	68.6%
	(↓5.8%)	(↑15.0%)	(↑5.7%)	(↑0.4%)	(↓16.5%)	(↓6.3%)	
1941	54,531	18,903	7,579	81,013	40,465	121,478	66.7%
	(↓2.1%)	(↑3.9%)	(↓3.3%)	(↓0.9%)	(↑8.2%)	(↑2.0%)	
1942	49,456	17,204	7,868	74,528	35,474	110,002	67.8%
	(↓9.3%)	(↓9.0%)	(↑3.8%)	(↓8.0%)	(↓12.3%)	(↓9.4%)	
1939~1942	↓16.4%	↑8.7%	↑6.2%	↓8.4%	↓20.8%	↓13.5%	

* 경기·충청 지역의 통계치가 누락되어 있으나 전년도의 수치를 그대로 적용할 경우임.
** 자료 : 서명원, 《한국교회성장사》(이승익 역), 대한기독교서회, 1966, pp. 285~286에서 재구성.

---

8) 〈경향잡지〉 1945년 1월호, pp. 6~9 ; 〈경향잡지〉 1949년 9월호, p. 138 ; 한국가톨릭대사전편찬위원회, 앞의 책, p. 324 ; 한국교회사연구소 편, 《함경도 천주교회사 자료집 3》, 한국교회사연구소, 1989, pp. 154~160 참조.

앞에서 소개한 장로교 전체 신자수의 추이와 마찬가지로, 〈표 Ⅳ-3〉에서 전국적 통계치는 장로교의 세례교인수가 1939년까지 계속 증가하다가 1940년에 크게 감소한 후 1941년에는 다시 증가하며, 1942년에 다시 한번 크게 감소됨을 보여준다.[9] 그러나 자세히 보면 남한지역과 북한지역간에, 또한 북한의 평안도 지방과 나머지 지방간에 변화유형의 상당한 차이를 발견할 수 있다. 1939년부터 1941년 사이에 남북한지역은 성장과 쇠퇴라는 면에서 거의 상반되는 패턴을 보여주며, 그 결과 1939~1942년 사이의 신자 감소비율도 남북한간에 두배 이상의 차이를 보인다. 이 때문에 장로교의 신자분포는 일제 말기의 신자감소기를 통해 더욱 '북한 중심적인' 것으로 변하였다고 말할 수 있게 된다. 또한 북한내의 평안도 지역이 남한지역과 비교적 유사한 변화를 보이는 반면, 황해도와 함경도 지역은 놀랍게도 전체적인 증가세를 보였다. 이 때문에 북한 전체의 장로교 신자에 대한 서북지역 신자의 비율은 1937년의 90.4%에서 1942년의 89.4%로 큰 변화가 없지만, 같은 시기에 북한지역의 장로교 신자에 대한 평안도 지역 신자의 비율은 72.8%에서 66.4%로 크게 감소하였다. 타교파의 경우에는 자료의 부족으로 상황을 파악하는 것 자체가 곤란하지만, 장로교의 압도적 교세우위를 감안할 때 이같은 변화를 확인한 것만으로도 충분히 의미가 있다.

지금까지 우리가 해방 당시의 기독교 상황을 재구성하기 위해 상당한 논의를 하였음에도 불구하고 '해방을 맞는 시점에 북한에 도대체 어느 규모의 기독교 인구가 살고 있었는가' 하는 기초적인 문제에 대답하는 것은 여전히 쉽지 않다. 특

---

9) 여기서 주목해야 할 점은 전체 교인수의 변동보다 세례교인수의 변동이 한층 완만하게 나타난다는 것이다. 이 현상의 한가지 원인은 청소년 및 유년층 신자 인구의 유동성이 성인 세례교인보다 더욱 컸던 때문인 것으로 보인다. 예컨대 남장로교의 선교구역이었던 호남 및 제주 지역의 경우, 1939년부터 1940년 사이에 세례교인은 14,621명에서 14,301명으로 2.2% 감소한 데 그쳤지만, 주일학교 학생수는 62,641명에서 38,439명으로 38.6%나 감소하였다(George Thompson Brown, "A History of Korea Mission, Presbyterian Church, U. S. : From 1892 to 1962", D. D. diss., Union Theological Seminary, Richmond, 1963, p.689). 같은 시기에 북장로교 선교지역에서 일어난 신자수 변동은 한층 흥미로운데, 성인 세례교인수는 86,673명에서 95,517명으로 오히려 크게 증가한 반면(↑10.2%), 유아 세례교인수와 주일학교 출석자수는 228,568명에서 225,344명으로 근소하게 감소(↓1.4%)한 것을 확인할 수 있다 (Harry A. Rhodes and Achibald Campbell ed., *History of the Korea Mission, Presbyterian Church in the U.S.A. : 1935-1959*, New York : Commission on Ecumenical Mission and Relations, United Presbyterian Church in the U.S.A., 1965, p.398). 따라서 일제시대 말기의 신자수 감소는 아마도 장로교 신자 구성상에서 '장년 및 노년 중심성'을 다소 심화시키지 않았나 생각된다. 신자들의 평균연령 상승은 정치적, 종교적 태도 면에서 보수성을 강화할 가능성이 높다고 말할 수 있을 것이다.

히 1940년대 전반의 북한지역에 관한 개신교 통계가 부재하거나 불명확하기 때문이다. 더욱이 이 시기는 급격한 교세 감소로 특징지워지는, 극히 유동적인 때였으므로 어느 정도의 속도로 이 과정이 진행되었는가를 판단할 수 없어 추산하기도 어렵다. 해방을 맞아 상당한 기간이 지난 후에도 교회를 재건하는 과정과 기독교 지도자들이 해방 정국에 개입하는 활동이 중첩되어 정확한 신자 통계를 낼 만한 여유가 거의 없었다.

우리가 현재 갖고 있는 자료들은 정확성을 결여한 몇 가지 단서에 불과하다. 우선 1946년 10월 말엽 이북5도연합노회가 발표한 성명은 북한지역의 교세를 "2천 교회와 30만 기독교 신도"[10]로 주장하고 있다. 또 월남한 기독청년면려회 서북연합회가 1947년 5월 말에 만든 전단에는 북한지역 기독교 신자의 숫자가 35만명인 것으로 주장되고 있다.[11] 기독청년면려회 북조선연합회는 1947년 6월 말에 발표한 '연합국 원수에게 보내는 메시지'에서 "북조선 2,350여 교회, 교역자 2,500여명"[12]이라는 구체적인 수치를 제시하였다. 같은 해 6월 중순 재남(在南) 이북기독교도연합회 회장인 한경직 목사와 기독청년면려회 서북연합회 부회장 김봉서 및 총무 김두영의 명의로 발표된 '기독교계에서 미소공동위원회에 제출한 건의서'에서는 "북한에 거주하는 30만 기독교도"[13]에 대해 언급하고 있다. 각종 성명서나 건의문의 발표 주체로 미루어, 여기서 '기독교도'란 개신교 신자들을 가리킨다고 보아야 할 것이다.

이 수치들은 해방후 1년 내지 2년이 경과한 시점을 기준한 것으로, 해방 당시의 기독교 교세를 말해주는 것은 아니다. 앞으로 살펴보듯이 북한에서 해방 직후 일정한 교세 성장이 이루어졌음을 고려할 때, 개신교 신자 가운데 상당수가 해방 후 1~2년 사이에 월남하였음을 인정하더라도 해방 당시의 신자수는 이보다 적을 가능성이 높다. 더욱이 이 수치들은 한결같이 과장되기 쉬운 맥락속에 위치해 있다. 이 점들을 감안할 때 천주교인을 제외한 해방 당시의 북한지역 기독교인수는 30만명 이하임이 분명하다. 더구나 비록 일제당국에 의해 지나치게 적게 집계되었을 가능성은 있을지라도 1940년 당시의 북한 개신교 인구가 23만명 가량으로 파악되고 있는 점, 1930년대 말부터 해방 시점까지의 신자수가 꾸준히 감소하는 추세였던 점 등을 함께 고려하면, 해방 당시의 북한지역 개신교 신자수는 20만명에도 미치지 못할 가능성이 높다.

해방 당시의 개신교 인구를 정확히 추정하는 것이 사실상 불가능한 반면, 천주

---

10) 김양선, 《한국기독교 해방 10년사》, 예장총회 종교교육부, 1956, p. 68.
11) 북한연구소 편, 《북한민주통일운동사(1) : 평안남도편》, 북한연구소, 1990, p. 3.
12) 위의 책, p. 401.
13) 위의 책, p. 402.

교의 경우에는 당시의 신자분포를 비교적 정확히 알 수 있다. 이미 언급하였듯이 개신교와는 달리 1930년대 말과 1940년대 초반에도 신자수의 꾸준한 증가를 경험하였던 천주교의 해방 당시 교세는 다음과 같다.

⟨표 Ⅳ-4⟩ 1944년 북한지역 천주교 교세

	신자수	주교	신부(외국인)	수사(외국인)	수녀(외국인)	신학생
함경도						
덕원교구	5,370	1	22(20)	37(25)	36(13)	22
함흥교구	5,474		16(11)	1(1)	19(6)	
평안도						
평양교구	28,400	1	14		31	19
황해도*						
서울교구	11,584		12***	0	미상	미상
강원 북부**						
춘천교구	2,367		미상	0	미상	미상
계	53,195	2	64	38		

* 출처 : 변진홍, "해방공간에서의 북한 공산정권과 교회", 《가톨릭교회와 민족복음화》, 일선기획, 1990, p.169 ; 한국교회사연구소 편, 《황해도천주교회사》, 한국교회사연구소, 1984, p.134 ; ⟨경향잡지⟩ 1945년 1월호, p.6.
** 38선 이북지역만 포함시킴. 강원 북부지방은 추정치.
*** 1945년의 수치임.

1944년 말 북한과 만주지역에는 덕원교구 5,370명, 함흥교구 5,474명, 평양교구 28,400명, 연길교구 17,764명 등 모두 57,008명의 천주교 신자가 신앙활동을 하고 있었다. 이 네 교구의 주교는 3명, 사제는 80명(이 가운데 외국인 54명), 수사는 56명(이 가운데 외국인 43명), 수녀는 123명(이 가운데 외국인 37명), 신학생은 56명이었다. 여기서 연길교구를 빼고, 다시 38선 이남인 황해도 연안과 옹진 지방을 제외한 황해도 지역의 신자숫자(1944년) 11,584명을 더하고, 38선 이북의 강원도 지역 신자수 추정치 2,367명을 더하면, 해방 당시 38선 이북지역의 천주교 신자수는 대략 53,000명 정도가 된다. 이 수치는 1944년 말 당시 남북한을 합한 천주교 신자수 165,902명(연길교구 제외)의 약 32%에 해당된다.

일제말 기독교의 침체는 해방과 함께 부흥의 추세로 반전된 것으로 보인다. 개신교와 천주교 교회들은 해방 직후부터 교세가 다시 급성장하기 시작하였다. 해방 직후 북한에서는 '기독교로의 거대한 운동'이 일어났던 것이다.[14] 종교영역의 확장은 비단 기독교에만 국한된 현상은 아니었던 것 같다. 불교와 천도교 등 민족종교들도 해방 이후 교세의 빠른 증가를 경험하였다. 예컨대 천도교는 해방 직후부터 '배가포덕운동'을 전개하였는데, 이 운동의 영향도 일정하게 반영하여 1946년과 1947년초에 걸쳐 천도교의 교세가 급팽창하였다. 이에 따라 해방후 약 2년이 지난 1947년 6월 당시의 신자수는 169만명에 이르렀으며, 1950년 3월에 이르면 286만명으로 급증한다. 천도교 청우당의 당원수도 창당 1년 반만에 60만명으로 급증한다.[15]

해방후 종교인구가 이처럼 급성장한 원인을 어디서 찾을 수 있을까? 우선, 일제에 의한 종교탄압이 종식됨으로써 많은 이들이 자유롭게 종교활동에 참여할 수 있는 여건이 조성된 것을 꼽을 수 있을 것이다. 이와 유사한 맥락에서, 친일과 교권집단에 의해 소외되었던 층이 다시 교회운영에 동참할 수 있게 된 것도 신앙생활을 활성화하는 데 중요한 요인으로 작용하였으리라고 생각된다. 다음으로, 대부분의 종교들이 해방후 전개한 전교운동이 신자수를 늘리는 데 기여한 것으로 보인다. 장로교에서 벌인 독립기념전도운동이나, 천도교의 배가포덕운동 등이 그러한 예에 속한다. 또한 해방과 함께 만주지역에 거주하던 신자들이 대거 귀환한 것도 종교인구의 급속한 확대에 기여하였을 것으로 보인다. 마지막으로, 당시의 정치상황이 대단히 유동적이고 미래가 불투명하였던 사실도 종교인구의 팽창과 관련이 있을 것이다.

2. 교회 재건의 과제

이미 앞 장에서 서술한 바와 같이, 일제시대 말기에 이르러 한국 기독교회는 심각한 시련과 위기를 맞고 있었다. 1930년대 중반 이후 일제의 억압적 개입은 갈수록 심해지고 있었다. 일제의 개입은 교리적, 조직적, 인적 측면을 망라하는 전면적인 것이었다. 일제는 한국교회의 최고의결기관으로 하여금 일본 민족 고유의 종교의식을 실행할 것을 공식적으로 결의하도록 압력을 가하였다. 이 과정에서 신사참배를 거부하여 수많은 교역자들이 투옥되었고, 그 가운데 수십명이 감옥에서 목숨을 잃었다. 나아가 일제는 일제지배의 종말이나 우리 민족의 해방에 대한 기대를 조장할 가능성이 있는 성서본문이나 찬송가들을 체계적으로 검색하여 사용을 금지시켰다. 교역자들의 강론은 경찰이나 매수된 신자들에 의한 노골적인 감

---

14) Rhodes and Campbell, *op. cit.*, p. 210.
15) 표영삼, "북한의 종교실태 : 천도교", 《북한의 종교실태》, 민족통일중앙협의회, 1981, pp. 174~177.

시 앞에 노출되었다. 특히 일제는 종교단체법을 제정하여 교회의 설립과 교역자의 자격은 물론이고, 교규(敎規)와 종제(宗制) 문제에 이르기까지 일일이 간섭을 일삼았다. 일제는 신학교와 교회계통 학교에서 일제 지배를 찬양하는 교과목들이 교육되도록 강제하였다.

일제는 한국인 신자들의 의사를 거슬러 교단과 교회기관들을 일본교회에 예속 혹은 병합시켰고, 1940년대에 이르러서는 통제의 효율성을 높이고자 교파합동운동을 벌이고, 결국 해방 직전에는 장로교와 감리교·구세군 등을 단일기독교교단의 틀 안에 강제로 통합시켰다. 천주교의 일부 교구와 성공회의 경우에는 일본인이 한국교회를 직접 다스리게 되었다. 종말론적 교리를 강조하여 신사참배 요구에 끝까지 비협조적이었던 많은 군소교단들은 해산을 강요당하였다. 동아기독교(침례교)와 동양선교회(성결교), 안식교가 그 희생양들이었다. 민족운동과 연계된 많은 유능한 지도자들이 '수양동우회 사건'이나 '흥업구락부 사건' 등으로 붙잡혀갔다.

태평양전쟁은 새로운 시련들을 교회에 안겨주었다. 일제의 총동원령에 따라 수많은 교회건물과 시설물들이 징발되고, 교직자들을 포함한 다수의 신도들이 징용 혹은 징병에 의해 전쟁터로 끌려갔다. 일본의 적성국 출신 선교사들에 대한 추방조치가 내려져, 개신교 선교사 전원과 평양교구를 맡고 있던 천주교 선교사들이 어쩔 수 없이 본국으로 돌아갔다. 영미권(英美圈)에서 공부한 한국인 지도자들도 강단으로부터 추방당하거나 일상적인 감시의 대상이 되었다. 신학교를 비롯한 수많은 교회기관들이 선교비 보조의 중단으로 인해 문을 닫거나 매각되거나 활동의 침체에 빠졌다. 이전까지 교회운영의 주도권을 행사하고 있지 못하던 한국인 지도자들은 끊임없는 시행착오에 시달려야 하였다. 한국교회는 어쩔 수 없이 극도의 침체상태에 빠진 채 일제 지배로부터의 해방을 맞이하게 되었다.

또한 일제의 억압은 그에 동조하는 한국인 지도자들을 양산함으로써 한국교회에 지울 수 없는 상처를 남겼다. 일제의 종교탄압에 의해 상당수의 교회 지도자들이 시무처에서 쫓겨나거나 정신적 압박을 받거나 투옥되거나 심지어는 목숨을 잃는 비참한 상황을 기독교신학을 동원하여 적극적으로 정당화하던 사람들이 있었다. 대개 그들은 일제의 후광을 업고 교회의 최고지도층으로 군림하였다. 일제의 기독교 탄압은 종교단체법 등 법률적 조치를 통해 전반적으로 통제를 강화하는 한편, 기독교 내부에 잠재해 있던 교권이나 교리 해석을 둘러싼 분열의 토대를 이용하여 이를 극대화시킴으로써 교회 지도자들이 힘을 모아 탄압에 효과적으로 대응하는 것을 불가능하게 만들었다. 이처럼 한국교회가 일제의 억압에 대응하는 과정은 교회안에 또 하나의 깊은 분열의 골을 파놓았으며, 양측간에 이를 조정할 여력이 전무한 상태에서 예기치 못한 해방을 맞이하였다.

따라서 일제 지배로부터의 해방과 함께 북한지역의 신자들에게 주어진 일차적

과제는 일제 및 그에 협력한 일부 지도자들에 의해 만신창이가 된 교회를 '재건'하는 것이었다. 이 때 크게 보아 교회의 '재건'은 두가지의 초점을 갖는 것이었다.

그 하나는 일제에 의해 인위적으로 재편된 교계질서를 원상회복하는 것이었다. 여기에는 신자 다수의 의사와 상관없이 강압적으로 통합 혹은 해체된 교단조직을 재건하는 일, 교단별로 교직자 양성을 위한 신학교육체계를 복구시키고 교육 내용을 정상화시키는 일, 일제 말기에 선교사들의 추방과 함께 사실상 단절된 선교부들과의 관계를 회복하는 일, 일제 말기에 흩어진 신자를 다시 모으는 일 등이 포함된다.

또 다른 하나는 교회 내부의 친일적 잔재들을 청산하고, 특히 친일적 인사들을 배제 혹은 징계하는 방식으로 교권구조를 재편함으로써 분열된 교회를 통합하기 위한 기초를 다지는 것이었다. 여기에는 신사참배 결의나 일제의 제국주의 전쟁에 대한 교회 차원의 협력 등 일제시대에 저지른 죄과를 회개하고, 이같은 움직임을 주도하였던 교계 인사들에 대해 응분의 처벌을 내리고, 일제의 부당한 간섭에 저항하다가 고통을 당한 인사들을 복권시키고, 해방후 온 국민이 공감하고 있던 자주적 민족국가 건설이라는 과제에 교회 차원에서 기여할 수 있는 방법을 모색하는 일 등이 포함될 것이다.

여기서 우리는 재건의 과제를 더욱 복잡하게 만드는, 서로 연관된 몇 가지 상황 변수들을 추가해야 한다. 우선 민족의 해방은 38도선과 함께 왔다는 사실이다. 38도선을 경계로 한 민족의 분할과 미소(美蘇)의 군정 시행이라는 조건은 교회의 재건을 지역에 따라 상이한 과제로 제기하도록 만들었을 뿐 아니라, 이 문제를 민족의 통합이라는 문제와도 긴밀히 연관시켰다. 둘째, 민족의 해방은 한국 민중에게 민족국가 수립의 거대한 열망을 분출시키는 계기로 작용하였고, 그와 함께 장차 수립될 민족국가의 성격을 둘러싸고 격렬한 사회갈등이 전개되었다는 점이다. 일종의 혁명적 갈등의 상황에 처하여, 교회 지도자들은 주어진 정치환경과 무관하게 교회재건의 과제를 해결해나가기 어렵게 되었다. 교회의 정치화가 충분히 예견되는 상황이었다. 셋째, 해방과 함께 북한지역에 진주한 소련군은 북한사회의 사회주의화를 후원하였다는 것이다. 1920년대에 사회주의운동의 발흥에 직면하여 사회주의에 대한 입장을 정리해야 했던 한국교회는 해방후 북한의 친(親)사회주의적 정세에 직면하여 다시 한번 사회주의라는 난제에 해답을 구해야 했다. 이 문제가 이전에는 교회의 일부 계층에 국한된 것이었고 또 다분히 이론적인 접근을 하는 것이었다면, 이제는 교회에 몸담고 있는 모든 사람들이 절박하게 피부로 느끼는 문제로 발전하였다. 이 세가지는 모두 해방을 맞는 북한 신자들에게 엄청난 '도전'이었다. 어떻게 하면 이 도전들을 교회의 발전을 위한 '기회'로 삼을 수 있겠는가 하는 것이 해방과 함께 북한지역 신자들에게 던져진 숙제였다.

2. 해방후 교파교회들의 재건과 부흥

해방 당시 한국의 4대 종교 가운데 천도교와 개신교는 북한지역에 주된 신자기반을 갖고 있었던 반면, 불교와 천주교는 남한지역에서 강세를 보였다. 이미 살펴본 것처럼, 장로교의 신자분포는 일제 말기의 신자감소기를 통해 더욱 북한지역에 편중되게 되었다. 한편 해방후 교회의 재건은 38선을 중심으로 한 미소간의 남북한 분할점령이라는 현실을 피해갈 수 없었다. 따라서 대부분의 주요 교파들은 남한과 북한 지역에서 독립적으로 교회재건을 추진할 수밖에 없었다. 그러나 미소공동위원회가 최종적으로 결렬되어 남북한 양측에서 분단이 기정사실화해가는 1947년 말경까지는 남북한 종교인간의 연락이나 공동보조도 어느 정도 가능하였고, 분단으로 인한 지역적 이질성도 격화되지는 않았다고 볼 수 있다. 따라서 우리는 이 시기의 남북 기독교 분할을 교회의 '임시적 분단', 혹은 '제1단계의 분단'이라고도 부를 수 있을 것이다.

해방후 주요 교파들의 재건과정은 다음과 같다. 서술의 순서는 해방 당시 각 교파들의 신자규모에 따르기로 한다.

1. 장로교의 재건과 재건파의 형성

장로교의 재건은 두 갈래로 진행되었다. 하나는 신사참배 반대로 투옥되었다가 해방과 함께 출옥한 교역자들이고, 다른 하나는 평양을 중심으로 한 평안도 지역 교역자들이었다. 전자는 '출옥성도'(出獄聖徒)라고 추앙받을 만큼 교회를 재건할 주체로서 신자대중의 기대를 모으고 있었지만, 오랜 감옥생활로 인해 교회내의 현실적인 기반은 취약하였다. 더욱이 이들은 일제시대부터 교권에서 소외된 세력이었으며, 신사참배를 거부한 강도에 따라 내적인 이질성도 상당한 집단이었다.[16] 후자는 해방 직전까지도 교회를 맡고 있었으므로 교회내의 기반은 확고하였지만, 친일전력시비에 시달릴 사역자들을 다수 포함하고 있다는 취약점을 갖고 있었다.

우선 해방이 된 지 이틀 후인 1945년 8월 17일에 평양지역의 교역자들은 '평양성 도당회'를 열고, 22일부로 일제히 교회문을 열기로 결정하였다. 9월 4일부터는 3일간 부흥회를 겸한 평양임시노회를 열어 신사참배의 죄과를 반성하였다. 임시노회에서는 1개월간의 근신기간을 정하였고, 이에 따라 교역자들은 평북 정주의

---

16) 최훈,《한국재건교회사》, 성광문화사, 1979, pp. 90~94 참조.

옥호동 약수터에서 퇴수회를 가졌다.[17]

한편 신사참배를 거부하여 투옥되었다가 1945년 8월 17일 평양감옥에서 출옥한 이기선·채정민 목사 등 20여명의 장로교 교직자들은 본래의 시무처로 흩어지지 않고 한국 장로교의 심장부인 평양에 남아 교회재건을 위해 힘을 합치고자 하였다. 이들은 신사참배문제로 순교한 주기철 목사가 시무하였던 평양 산정현교회에서 2개월간 함께 기도하면서 한국교회 재건의 방향을 논의하였다. 그러나 이 집단 내부에서는 한상동·이기선 목사 등 기성교회 내부로 들어가 이를 개혁하자는 온건한 입장, 그리고 김린희·최덕지 전도사와 박신근·이광록 집사 등 친일파와 완전히 절연하고 기성교회 밖에서 새로운 교회를 재건하자는 급진적 입장이 서로 대립하였다. 이 때문에 한국교회의 재건원칙을 수립하는 데서도 어려움이 많았다.[18] 이들은 결국 1945년 9월 20일에 공동으로 5개항의 기본원칙을 발표하였는데, 4개항에 걸친 기존 교역자에 대한 방침과 신학교의 재건에 관한 1개항을 포함한 것이었다. 물론 그 핵심은 기존 교역자들이 "모두 신사에 참배"하였다는 전제 위에 목사들에게 "최소한 2개월간 휴직하고 통회자복할 것"을 요구한 점에 있었다. 이같은 요구는 결과적으로 출옥성도 집단내에서는 비교적 온건한 입장을 표명하던 사람들의 입장이 주로 반영된 것이었다. 이 성명의 전문은 다음과 같다.

1. 교회의 지도자(장로 및 목사)들은 모두 신사에 참배하였으니, 권징의 길을 취하여 통회정화(痛悔淨化)한 후 교역에 나아갈 것.
2. 권징은 자책(自責) 혹은 자숙(自肅)의 방법으로 하되, 목사는 최소한 2개월간 휴직하고 통회자복(痛悔自服)할 것.
3. 목사와 장로의 휴직 중에는 집사나 혹은 평신도가 예배를 인도할 것.
4. 교회재건의 기본원칙을 전한(全韓) 각 노회 또는 지교회에 전달하여 일제히 이것을 실행케 할 것.
5. 교역자 양성을 위한 신학교를 복구재건할 것.[19]

이 두 흐름은 같은 해 11월 14일부터 선천 월곡동교회에서 1주일간 열린 '평북 6노회 교역자 퇴수회'에서 만나게 된다. 실제로 이 모임은 평북지역에 국한하지 않고 함경도를 포함한 북한 전역에서 무려 2백여명의 교역자들이 참석한 가운데 열렸으며, 여기에는 감리교와 성결교의 교직자들도 일부 포함되어 있었다. 그리고 모임의 취지 역시 북한교회의 재건을 논의하고자 했던 것으로 보인다.[20] 이른바

---

17) 황은균, "8·15 해방과 평양의 교계", 《해방후 북한교회사》, pp. 329~330.
18) 전택부, 《한국에큐메니칼운동사》, 한국기독교교회협의회, 1979, p. 272.
19) 김양선, 앞의 책, p. 45.

'출옥성도' 그룹은 이처럼 광범위하고 초교파적인 성격을 갖는 모임에서, 만주로 망명하였다 돌아온 박형룡 목사를 통해 이전에 발표하였던 교회재건원칙을 재차 공표하고 교역자 다수의 지지를 얻어냄으로써 자신들의 지도하에 교권구조를 재편하려 시도하였다. 그러나 홍택기 목사를 비롯한 친일 교역자층이 거세게 반발하는 데 밀려 출옥성도측이 내세운 재건원칙은 관철되지 못하였다.

나아가 여기에 참여한 많은 교역자들은 친일파에 대한 단죄보다는 공산세력에 대한 공동전선을 구축하는 것이 더욱 시급하다는 주장을 제기하였던 듯하다. 실제로 퇴수회가 열리는 동안 인근의 용암포에서 기독교인들과 공산당 추종세력간의 무력충돌이 벌어지고 기독교사회민주당에 대한 탄압이 가중되는 등 외부상황이 매우 급박하게 돌아가고 있었다. "기독교 지도자에 대한 조사가 진행됨을 보아 소련의 한국에 대한 야망이 녹녹지 않음이 예감되었던 고로 이에 대결하기 위한 교회의 공고한 단합이 요구"된다는 이유로,[21] '평북6노회 교역자 퇴수회'는 출옥성도 그룹의 의도와는 달리 북한지역만의 장로교 조직을 복원시키는 계기로 작용한다. 즉 이 모임에서 평북지역의 6개 노회 대표들은 북한 전역을 망라하는 연합노회를 조직하기로 합의한 후, 평양노회와 협력하여 북한에 산재한 16개 노회에 모두 연락을 취하여 준비위원회를 결성하였다. 그리고 이 준비위원회가 중심이 되어 연합노회 조직에 대한 절차를 결정한 후 5도연합노회를 정식으로 회집하였던 것이다.[22] 5도연합노회의 이같은 결성과정에서 우리는 연합노회가 출발부터 북한 정치상황의 변동과정에 깊숙이 휩쓸려들고 있음을 읽을 수 있다.

지금까지의 과정에서 보듯이, 북한에서 진행된 초기의 재건과정은 초교파적인 협조 아래 친일전력을 가진 교역자들에게 응분의 처벌을 가함으로써 교회의 일치를 강화하고 그럼으로써 교파교회의 한계도 상당 부분 극복할 가능성을 보여주었으나, 실제로는 교파교회로의 환원이 당연시된 가운데 친일파에 대한 처벌과 교권재편보다는 당장의 현실적 요구에 떠밀려 형식적으로 북한지역 교회들을 통합하는 데 그치고 말았다. 그 결과 등장한 것이 '이북5도연합노회'(이하에서는 '연합노회'로 약함)였다. 연합노회는 1945년 12월 초에 평양의 장대현교회에서 결성되었고, 평양의 마포삼열기념관에 사무실을 두었다.[23] 첫번째 연합노회에서 평양 신암

---

20) 위의 책, pp. 45~46; 김광수,《한국기독교재건사》, 기독교문사, 1981, pp. 40~41; 곽안전,《한국교회사》(심재원 역), 대한기독교서회, 1961, pp. 188~189 참조. 김양선 목사는 이 모임이 1945년 10월에 열린 것으로 보고하고 있으나, 김광수 목사와 곽안전 선교사는 11월로 보고하고 있다. 여기서는 다수설인 11월설을 따르기로 한다.

21) 김광수, 위의 책, p. 42.

22) 김양선, 앞의 책, pp. 46~47.

23) 북한연구소,《북한민주통일운동사 1 : 평안남도 편》, 1990, p. 395. 김광수 목사(앞의

교회의 김진수 목사가 회장, 장대현교회의 김화식 목사가 부회장으로 선출되었고, 이외에도 김철훈·이유택·김길수 목사 등이 주도적인 역할을 담당하였다.[24] 첫번째 연합노회의 주요 결정사항은 다음과 같았다.

1. 북한5도연합노회는 남북통일이 완성될 때까지 총회를 대행할 수 있는 잠정적 협의기관으로 한다.
2. 총회의 헌법은 개정 이전의 헌법을 사용하되 남북통일총회가 열릴 때까지 그대로 둔다.
3. 전(全)교회는 신사참배의 죄과를 통회하고 교직자는 2개월간 근신할 것.
4. 신학교는 연합노회 직영으로 한다.
5. 조국의 기독교화를 목표로 독립기념전도회를 조직하여 전도교화운동을 대대적으로 전개한다.
6. 북한교회를 대표한 사절단을 (남한에) 파견하여 연합국사령관에게 감사의 뜻을 표하기로 한다.[25]

연합노회가 "총회를 대행할 수 있는" 기관으로 자리매김된다는 것은 장로교회 차원에서 '제1단계의 분단'이 이미 가시화되고 있음을 의미한다. 그러나 전체적으로 볼 때, 북한지역에서 총회를 대행할 한시적인 기관이 세워졌다 하더라도, 창립회의에서 채택된 결정사항에 "북한교회를 대표한 사절단을 파견하여 연합국사령관에게 감사의 뜻을 표하기로 한다"는 점이 포함되고 이것이 실행에 옮겨지는 모습에서 보듯이, 남북한 교회간의 분단은 아직 심각한 상태는 아니었던 것으로 보인다. 남북교회의 분단은 연합노회 간부의 상당수가 남하하여 1947년 남한지역 교회가 장로회 전체총회를 계승하기로 결정함으로써 비로소 현실화되었다고 할 수 있다.

한편 우리는 연합노회가 사절단을 남한에 파견하여 "연합국사령관에게 감사의 뜻을 표하기로" 한 결정을 다른 각도에서 해석해 볼 수도 있다. 연합노회는 이 결정에 따라 증경총회장인 이인식 목사와 평동노회장인 김양선 목사를 대표로 선출하여 남한으로 파견하였다. 그러나 사절단의 한사람이었던 김양선 목사는 이것은 명분일 뿐이고, 실은 남한교회와의 연락, 이승만과 김구 예방을 목적한 것이었다고 설명하고 있다.[26] 이처럼 연합노회는 처음부터 고도로 정치화되어 있었을 뿐만

책, p. 42)는 연합노회의 창립일자를 1945년 12월 1일이라고 구체적으로 밝히고 있다.
24) 김광수, 앞의 책, p. 43 ; 김양선, 앞의 책, p. 47 ; 북한연구소, 위의 책, p. 408.
25) 김양선, 위의 책, pp. 47~48.
26) 위의 책, p. 49.

아니라 남한에서 진행되는 상황에 자신을 일체화시키고 있었다. 이 점은 북한교회의 순탄치 않을 앞날을 예고하는 것이기도 하였다.

또한 헌법 개정을 무효로 돌리고 신사참배의 죄과를 회개하며 교직자들에게 근신을 요구하고 현저한 친일전력이 있는 인사들을 간부직에서 배제[27]하는 등 일제의 잔재를 청산하려는 노력이 없었던 것은 아니지만, 애초에 출옥성도 그룹에 의해 요구되었던 2개월간의 '휴직'은 '근신'으로 완화되었고 연합노회의 활동 중점 역시 '교회재건'에서 '전도교화운동'으로 변질되었다는 점도 주목해야 할 부분이다. 요컨대 연합노회는 적극적 친일파와 적극적 반일파 모두가 배제되고 그 사이의 중간집단이 중심이 되는 절충적인 구도를 갖추게 된 것이다.

또 "신학교는 연합노회 직영으로 한다"는 결정에도 암시되어 있듯이, 연합노회 결성 이전에 장로회의 신학교는 이미 재건되어 있었다. 바로 평양신학교와 평양여자신학교가 그것이었다. 1942년에 일제가 기존 신학교들을 통합하여 경성기독교 교사연성소를 세움으로써 폐교의 운명을 맞았던 평양신학교는 해방 직후인 1945년 10월에 다시 문을 열었다. 당시의 이사장은 김화식 목사, 교장은 김인준 목사였다.[28] 새로 개교한 신학교에는 많은 신학지망생들이 모여들었다. 예컨대 1947년 4월에 블레어 선교사가 평양을 방문하였을 당시에 평양신학교에는 164명이 재학하고 있었고, 여자신학교에도 90명의 학생이 공부하고 있었다.[29] 연합노회에서 평양신학교를 직영하기로 하였지만 지교회들의 재정사정이 빈곤하여 신학교 후원을 제대로 못하게 되자, 연합노회는 '신학교주일'을 정하고 이날에는 신학생들을 각지 교회에 파견하여 헌금을 하도록 독려하여 재정을 조달하였다고 한다.[30]

한편 해방 직후 박상순·조승익·강양욱·조순천·나시산 목사 등 평서노회의 중진들이 모여 진남포 득신학교의 재건을 결의함과 동시에, 이전까지 초등교육과정이었던 것을 신학교 예과과정으로 승격시키기로 합의하였다. 이에 따라 1946년 10월에 평서노회 직영으로 득신고등성경학교가 개교하게 되는데, 교장은 조순천

---

27) 그러나 새로운 지도층이 과연 친일시비로부터 완전히 자유로울 수 있는가 하는 문제는 논란의 여지가 있다. 예컨대 연합노회의 회장인 김진수 목사는 1943년 당시 평북노회장으로서 '일본기독교 조선장로교단'을 설립하려는 총회의 교권세력(교단파)에 맞서 기존의 총회체제를 유지하려는 이른바 '호법파'(護法派)를 이끌어 감으로써 저항적 지도자로서의 이미지를 구축할 수 있었다. 그러나 호법파와 교단파간의 갈등은 "교회의 변질을 막기 위한 근본적인 문제를 둘러싼 것이라기보다는 교단의 개조 내지 부일 방법 및 교단의 주도권을 둘러싼 분쟁"(한국기독교역사연구소, 앞의 책, p.315)이라는 평가도 내려지고 있다.

28) 윤춘병, 《성화가 걸어온 발자취》, 성화회, 1990, p.79.
29) Rhodes and Campbell, op. cit., p.94·264·275.
30) 북한연구소, 앞의 책, p.411.

목사, 이사장은 조승익 목사가 맡았다. 득신고등성경학교에도 수많은 학생들이 모여들었는데, 1948년의 새 학기에는 무려 460명이 등록하기도 하였다.[31]

연합노회는 첫번째 회합에서부터 "조국의 기독교회를 목표로 독립기념전도회를 조직하여 전도교화운동을 대대적으로 전개"할 것을 결의하였다. 이에 따라 연합노회는 희년기념전도회의 총무를 역임한 바 있던 전재선 목사를 '독립기념전도회'의 총무로 임명하고, 각 노회와 지교회에 지부를 설치하였다. 이같은 탄탄한 조직적 기초 위에서 북한교회는 적극적으로 전도활동을 펼쳤고 큰 성과를 거두었다.[32] 1947년 4월 블레어 선교사의 방북 당시에도 평양에서는 장로교와 감리교 연합으로 '대부흥운동 40주년기념 부흥회'가 벌어지고 있었으며, 약 2만명의 신자가 여기에 참여하였다.[33]

1945년 12월 말에는 면려청년회 서북연합회도 재건되어 마포삼열기념관에 본부를 설치하였다. 마포삼열기념관에는 주일학교연합회도 재건되어 사무실을 두고 있었다. 1946년 2월 23일부터 3일간은 평양 서문밖교회에서 평양노회 소속 180여 교회의 청년들이 운집한 가운데 해방후 최초의 면려청년대회가 개최되었다. 같은 해 부활절에는 면려청년회 주최로 숭실전문학교에서 연합예배를 드렸고, 그 직후인 4월 12일부터 청년들은 8개 반으로 나뉘어 지방전도활동을 펼치기도 하였다.[34]

이미 지적하였듯이, 연합노회는 출옥성도 그룹으로 대표되는 적극적 반일파를 대부분 배제하는 방식으로 조직되었다. 이런 점 때문에 연합노회의 발족은 장로교과의 내부분열이 본격화되는 계기로 작용하게 된다. 자신들이 합의한 교회재건 원칙이 기존 교역자들의 강력한 반발로 인해 관철될 수 없음이 명백해지자, 출옥성도 그룹과 그 추종자들은 연합노회에서 이탈하여 별도의 소집단으로 분화되었다. 앞에서 언급하였듯이 이들 가운데는 기성교회 내부에서 개혁운동을 벌이자는 입장과 친일의 죄과에서 벗어날 수 없는 기성교회와는 단절하고 새롭게 교회를 세우자는 입장이 대립하고 있었지만, 온건한 입장이나 급진적 입장 모두가 시기의 차이가 있을 뿐 결국에는 기성교회와 단절하게 되는 동일한 결과로 귀착된다. 또한 공민증[35]을 '적(敵)그리스도 짐승의 표'라 하여 거부하거나, 모든 형태의 정치

---

31) 위의 책, p. 404·406·410. 득신고등성경학교의 교장과 이사장으로 선임된 조순천 목사와 조승익 목사는 해방 직후 평남 용강의 진지동교회에서 열린 평서노회에서 각각 노회장과 노회 서기로 선출되었다(같은 책, p. 407).
32) 김양선, 앞의 책, pp. 48~49 ; 원용국, 《기독교와 공산주의》, 성광문화사, 1980, p. 252.
33) Rhodes and Campbell, op. cit., p. 94.
34) 북한연구소, 앞의 책, p. 395·396.

참여를 철저히 거부하는 등[36] 특유의 극단적인 신학적 보수주의로 인해, 이들은 북한사회에 뿌리를 내리지 못하고 결국 대부분 월남하고 만다.

우선, 김린희 전도사와 박신근 집사는 연합노회가 창립된 지 1개월 후인 1946년 1월 초에 열린 평북 차련관교회의 심령부흥회를 계기로 독자적인 조직화를 개시하였다. 이 움직임에는 만주 심양감옥에서 출옥한 신사참배 반대운동가들의 일부가 합류하였다. 이들은 차련관교회 심령부흥회에서 '재건교회 창설준비위원회'를 조직하고, 같은 해 4월에 평북 선천에서 신의주구역 31명, 선천구역 17명, 만포구역 7명, 평양구역 16명 등 71명의 대표들이 참석한 가운데 평안도를 중심으로 재건교회를 정식으로 창립하였다. 재건교회는 특별한 조직 없이 김린희·박신근 양인의 직접적 치리에 의해 운영되었는데, 꾸준히 교세가 성장하여 한국전쟁 이전까지 신의주구역 27개, 선천구역 17개, 평양구역 16개, 만포구역 7개 교회 등 모두 67개 교회와 53명의 교역자를 가진 건실한 교파로 성장하였다. 재건교회는 시종 북한 당국과 격렬하게 충돌하였는데, 1946년의 선거에 불참함으로써 거센 탄압을 받았고, 북조선기독교도연맹에 가입하지 않았을 뿐 아니라, 교인 가운데 상당수가 공민증 발급을 거부함으로써 탄압을 받기도 하였다. 이 와중에 1947년 가을에 김린희 전도사가 탄압을 피해 월남하고, 한국전쟁을 거치면서 대부분의 교역자들이 월남함으로써 북한지역 교회들은 사실상 공동화되었다.[37] 또 1951년 현재 교역자 53명 가운데 월남자가 11명, 구금 14명, 희생자 7명, 생존자 13명, 미상 8명으로 나타나는 데서 보듯이, 교단 자체가 많은 희생을 치러야만 했다.[38]

다음으로, 김린희·박신근 등과 유사한 입장을 취하였던 최덕지 전도사와 이광록 집사는 1945년 12월부터 이듬해 1월 사이에 일찌감치 월남하여 경남지역을 중심으로 기성교회와 무관하게 재건운동을 전개하였다. 그리하여 1948년 2월 18일에는 경남 동래에서 50여 교회의 대표들이 참석한 가운데 임시중앙위원회를 소집하여 예수교장로회 재건교회라는 새로운 교파를 창설하였다.[39] 이와는 별도로 함

---

35) 북한에서는 1946년 8월 9일 북조선임시인민위원회 결정 제57호로 '공민증 발행에 관한 건'이 공표되는데, 이에 따라 모든 북한주민들은 당국으로부터 공민증을 교부받아야만 하였다(위의 책, p. 438).

36) 최훈, 앞의 책, p. 131 ; 민경배, 《대한예수교장로회 백년사》, 예장총회 교육부, 1984, pp. 536~537.

37) 최훈, 위의 책, pp. 110~120, 125~131, 139~152.

38) 김문제, 《수진재단 재건교회》, 대한예수교장로회 재건서울중앙교회, 1962, pp. 75~79.

39) 최훈, 앞의 책, pp. 120~124 ; 최종규, 《이 한 목숨 주를 위해—최덕지 목사 전기》, 진서천, 1981, p. 96 이하.

북지방에서는 이계실 목사가 덕천교회를 중심으로 재건운동을 전개하였는데, 한국전쟁기간 동안 이목사와 신자들 대부분이 월남하였다.[40]

한편 처음에는 기성교회에 들어가 이를 재건하자는 입장을 취하였던 이기선 목사는 그후 반대론자들과 절연하기로 하고, 평양 산정현교회를 비롯하여 평남북, 황해도 일원 30여개의 교회가 참여한 가운데 1949년 5월에 '혁신복구파'(革新復舊派)로 불리기도 하였던 독노회(獨老會)를 조직하였다.[41] 이기선 목사와 유사한 입장을 취하였던 한상동 목사는 1945년 9월부터 평양 산정현교회를 맡아 시무하였다. 그러나 모친상을 치르러 1946년 5월에 월남한 후에는 경남노회를 중심으로 재건운동을 전개하여 고신파(高神派)를 창설하였다.[42]

2. 감리교의 재건과 부흥

북한지역 감리교회의 재건작업은 장로교에 비해 다소 늦게 진행되었다. 우선 해방이 되자 1945년 9월 경 북한지역의 감리교 목사 40~50명은 평양중앙교회에 모여 5일간의 감리교교역자 심령부흥회를 갖고 신사참배 등 일제시대의 죄과를 회개하였다.[43] 그러나 이 움직임이 본격적인 교회재건작업으로 이어진 것은 아니었다. 그런 가운데 급한 대로 개별 교역자 수준에서 시무교회의 이동과 조정이 비교적 활발하게 이루어졌다. 1944년 4월에 목사직에서 파면당하였던 송정근 목사가 1945년 10월경 북한 감리교의 모교회격인 평양 남산현교회로 부임하고, 강원도 고성구역에서 시무하던 이진구 목사가 원산중앙교회로 부임하였던 사례들이 그러한 움직임에 속한다.[44]

정식으로 서부연회가 재건된 것은 교역자부흥회가 있은 지 약 일년 후인 1946년 10월이었다.[45] 이로써 1941년 10월 정춘수 감독에 의해 연회가 해산당한 지 정

---

40) 최훈, 앞의 책, p. 153.
41) 김광수, 앞의 책, p. 42 ; 최훈, 위의 책, pp. 85~87, 91~92.
42) 한상동 목사 10주기 전집발간위원회, 《한상동 목사 그의 생애와 신앙》, 광야, 1986, p. 17·241.
43) 이윤영, 《백사 이윤영 회고록》, 사초, 1984, p. 103 ; 북한연구소, 앞의 책, p. 421.
44) 윤춘병, 《8·15 이후 감리교 서부연회 수난사》, 기독교대한감리회 원로목사회, 1987, pp. 46~48, 72.
45) 그러나 이윤영 목사의 회고에 따르면, 해방 직후의 교역자부흥회에서 이윤영 목사가 서부연회 회장으로 추대되어 연회도 조직하고 각 교회들로 목사를 파송하기도 하였다고 한다(이윤영, 앞의 책, p. 103). 이것이 사실이라면, 서부연회가 재건된 시점은 윤춘병 목사의 기록보다 무려 1년 이상 앞당겨지게 된다. 교역자부흥회에서 서부연회의 재건문제가 논의되는 것은 충분히 있을 법한 일이지만, 이 자리에서

확히 5년만에 서부연회가 재건되었다. 서부연회는 1949년 7월까지 네차례 소집되고 폐지되며, 그후로는 초교파적인 조선기독교도연맹이 그 기능을 대신하게 된다.

평양중앙교회에서 소집된 해방후 제1회 서부연회는 평양 남산현교회의 송정근 목사를 연회장으로, 원산중앙교회의 이진구 목사를 부회장으로, 평양 박구리교회의 이피득 목사를 서기로 선출하였다. 이 회의의 주요 결정사항은 다음과 같았다.

1. 이남교회와 연합하여 총회를 열 때까지 이북교회 단독으로는 총회를 열지 아니한다.
2. 서부연회장은 이남교회와 연합하여 총회를 열고 감독을 선출할 때까지 감독의 직무(교역자 임면권과 목사 안수례, 기타)를 대행한다.
3. 서부연회지역은 이남교회와 합류할 때까지 38선 이북 전(全)지역으로 한다.
4. 일정시대에 목사직의 정지·파면당하였던 교역자는 자신이 원할 때에는 언제든지 복직할 수 있다.
5. 구(舊)요한학교의 6년 과정(본과 3년, 연구과 3년)을 마친 자에게는 신학교 졸업과 동등으로 취급한다.
6. 협동회원(본처 목사)으로서 왜정의 박해에도 굴하지 아니하고 목회를 하여 공을 남긴 이에게는 특전을 베풀어 정회원에 허입케 한다.[46]

"구(舊)요한학교의 6년 과정을 마친 자에게는 신학교 졸업과 동등으로 취급한다"는 연회의 결정에 따라 조기호·윤리인·이영순·강용직 등이 1946년에 교회를 새로 맡게 되었다. 또 "협동회원으로서 왜정의 박해에도 굴하지 아니하고 목회를 하여 공을 남긴 이에게는 특전을 베풀어 정회원에 허입케 한다"는 결정에 따라 유종학·김유해·변학용·박용익·김영신·김낙현·한성옥 등이 정회원으로 승진하였다.[47] 한편 해방후 최초의 서부연회에서 연회장에게 교역자 임면권과 목사 안수례의 권한을 포함하여 "감독의 직무를 대행"하도록 한 것이나, 연회의 관할지역을 "38선 이북 전지역"으로 확대한 결정은 장로교의 뒤를 이어 북한 제2의 교파인 감리교에서도 제1단계의 분단이 완료되었음을 보여준다.

해방후 첫번째 서부연회의 또다른 특징은 일제시대에 박해를 당한 이들에게 복

정식으로 서부연회가 조직되었다고 보기는 어려울 것 같다. 현재로서는 보다 많은 이들의 기억과 증언에 토대하고 있는 윤춘병 목사의 기록이 더욱 신뢰할 만한 것으로 보이기 때문이다.

46) 윤춘병,《8·15 이후 감리교 서부연회 수난사》, p. 50.
47) 위의 책, pp. 50~51.

권이나 특전을 제공한다는 결정만 있을 뿐, 신사참배를 회개한다거나 친일인사들을 처벌한다는 등의 움직임이 전혀 없다는 점이다. 이 점은 장로교와 대조적인데, 아마도 감리교의 경우 신사참배의 수용을 둘러싼 갈등이 장로교보다 덜하였고, 북한출신 인사들이 일제 말기에 교권으로부터 상대적으로 소외되었던 사정을 반영하는 것이 아닌가 생각된다. 이와 관련하여, 1941년 11월 이후 배덕영 목사가 이끄는 평양여자고등성경학교 및 자매학교격인 평양요한학교측을 한편으로 하고 정춘수 감독이 이끄는 총리원측을 다른 한편으로 한 갈등이 계속되었고,[48] 해방 후 평양여자고등성경학교와 평양요한학교에 관계하였던 교역자들이 서부연회의 재건을 주도하게 되는 맥락에 주목해 볼 필요가 있다.

또 장로교와는 달리 연회의 결정사항에 정치적 색채를 띤 조항이 발견되지 않는 것도 특징적이라고 할 수 있다. 그러나 실제로는 감리교 교역자들 역시 정치정세의 변화에 민감하게 반응하거나 적극적으로 개입하였다. 이윤영 목사와 전영택 목사가 조선민주당의 창립 때부터 주도적인 역할을 하고 있었고, 서부연회의 최고지도층이 직접 정당을 결성하려고 시도하기도 하였다. 이로 인해 연회의 운영 자체가 순조롭지 못하였는데, 예컨대 해방후 두번째로 열린 1947년 5월의 서부연회는 후술할 '기독교자유당 사건'으로 연회장인 송정근 목사와 서기인 이피득 목사가 모두 구속되어 송목사 대신에 신석구 목사가 구속되기로 결정하는 등의 우여곡절을 겪어야 하였다.[49]

서부연회가 재건된 것을 계기로 하여 각 지방회들도 대부분 재건된 것으로 보인다. 일제시대 말기에 애국기헌납자금을 모은다는 명목으로 총리원에 의해 매각되었던 북한지역의 13개 교회 가운데 채관리교회·박구리교회·창광산교회·류정교회·선교리교회·신리교회 등이 해방 직후에 재건되었다. 또한 일제 말에 화재로 소실되어 재건축하던 중이었던 평양 남산현교회도 해방후 10여 차례의 헌금을 모아 2년여만에 완성되었다.[50]

연회와 지방회, 개교회들이 재건됨에 따라 신자수도 다시 늘어난 것으로 보인다. 특히 남산현교회는 해방후 주일예배에만도 1천여명이 회집하는 성황을 이루었다고 한다.[51] 또 이미 소개하였듯이, 제2회 서부연회가 열리기 직전인 1947년 4월에는 약 2만명의 신자가 참여한 가운데 평양에서 장로교와 연합으로 대부흥운동 40주년기념 부흥회를 열기도 하였다. 또 1949년 6월에 열린 제4회 남포지방회

---

48) 윤춘병,《성화가 걸어온 발자취》, pp. 52~57 참조.
49) 윤춘병,《8·15 이후 감리교 서부연회 수난사》, pp. 70~72 ; 북한연구소, 앞의 책, pp. 423~424.
50) 윤춘병, 위의 책, p. 36·52·72.
51) 위의 책, p. 73.

회록에 포함된 감리사 보고에는 정부당국과의 관계에서 여러 가지 어려움이 가중되고 있는 와중에도 "작년 추수감사일이며 성탄축하하는 일들을 통하여 지방내 각 교회는 확실히 부흥 발전하고 있는 것이 사실"이라는 내용이 포함되어 있는 점이 주목된다.[52]

해방후 제1회 서부연회는 신학교에 관한 아무런 결정도 내리지 않고 있었다. 그러나 해방을 맞을 당시 감리교에는 1942년에 일제에 의해 폐교령이 내려졌지만 신입생을 받지 않고 한해에 한 학년씩만 졸업시켜 마지막 학년만 있는 상태였던 4년제 평양여자고등성경학교가 문을 연 채 남아 있었다. 평양여자고등성경학교의 자매학교격이었던 평양요한학교는 1944년 봄에 이미 폐교된 상태였다. 해방 직후 평양여자고등성경학교는 성화여학교로 교명을 고쳐 1946년 봄에 6백명 가량의 신입생을 받았다. 성화여학교는 교장인 배덕영 목사의 주도로 본과 3년의 학제를 갖는 성화신학교로 발전되어 같은 해 9월부터 신입생을 받아들이게 된다. 당시의 교직원은 이사장 송정근 목사, 교장 배덕영 목사, 교수 김용욱 목사, 이두성 목사, 이재면 목사, 한승호, 이병섭, 강사 박대선 목사, 윤창덕 목사, 김용련 목사, 이피득 목사 등이었다. 성화신학교는 1947년 신학기부터 고등성경과(3년), 예과(2년), 본과(3년)로 다시 학제를 변경하였다.[53]

따라서 제1회 서부연회가 열린 1946년 10월 당시에는 이미 성화신학교가 설립되어 북한지역의 교역자 양성기관으로 기능하고 있었다. 그러나 성화신학교와 서부연회의 관계는 아직 명백하게 정리되지 않은 채였다. 서울에 총회 직영의 신학교가 이미 존재하고 있는 점도 고려해야 하였을 것이다. 이 문제는 1947년 5월 평양 신양리교회에서 열린 제2회 서부연회에서 해결되었다. 여기서 신학교 교장인 배덕영 목사는 성화신학교를 서부연회 직영으로 해줄 것을 요청하고, 연회는 몇 가지 조건을 달아 이를 승인하였던 것이다. 연회의 결정사항은 다음과 같다.

　1. 성화신학교는 남북통일이 이루어질 때까지 잠정적으로 운영하고 통일이 되면 폐지한다.
　2. 성화신학교의 재정책임은 연회가 진다(각 교회 부담금으로).
　3. 성화신학교의 이사는 연회에서 선출하고 이사장은 직권상 연회장이 된다.
　4. 성화신학교 졸업생은 서부연회 교역자로 등용한다.[54]

연회 차원의 중앙조직이 재건되었는지 여부는 불확실하지만, 지방회나 개교회

---

52) 김홍수, 앞의 책, pp. 463~475에 그 전문이 수록되어 있다.
53) 윤춘병,《성화가 걸어온 발자취》, pp. 60~64.
54) 위의 책, p. 66.

차원의 엡윗회나 주일학교, 부인회도 대부분 재건된 것으로 보인다. 예컨대 제4회 남포지방회의 회록에는 개교회의 주일학교 교장과 엡윗회, 부인회 대표들, 그리고 지방회 본부 간부들의 명단이 제시되어 있음을 확인할 수 있다.[55] 그러나 일제 말에 선교사들이 추방당한 후부터 폐교되거나 운영이 마비상태에 빠졌던 감리교 운영의 학교와 병원들은 대부분 해방후에도 재건되지 못하였다. 다만 일제 말에 폐교된 진남포 삼숭학교가 해방 직후 정춘용 목사 등에 의해 중앙가정의숙이라는 이름으로 재건되었으나, 1948년 당국에 의해 다시 폐교당하였다.[56]

3. 성결교의 재건

북한지역의 성결교 교세는 1930년대에 눈부시게 확장되어, 1939년에 제2회 연회가 개최되었을 당시에는 북부(함북)지방 13개, 함남지방 18개, 서부(평안도와 황해도)지방 21개 교회 등 모두 52개의 교회가 설립되기에 이르렀다. 1940년에 연회가 총회로 승격됨에 따라 경기 이북지역은 북부연회로 승격되어 1941년에 제1회 북부연회를 개최한다. 비록 교회수에서는 남한지역에 크게 뒤지지만, 1942년의 제2회 남북연합연회 당시 북부연회의 연회원수는 68명(목사 47명, 장로 18명, 전도사 3명)으로 남부연회의 연회원수 53명(목사 29명, 장로 12명, 전도사 12명)을 능가하게 된다.[57] 이에 따라 성결교는 북한지역 제3의 교파로 확고하게 발돋움하였다. 그러나 1943년부터 불어닥친 성결교회에 대한 억압으로 인해 부흥의 역사가 강제로 중단되었다. 교역자들은 해방 직전 일제검속에 시달렸고 신자들은 뿔뿔이 흩어졌다.

성결교의 재건은 남한지역을 중심으로 이루어졌다. 1945년 11월 9일에는 서울의 경성신학교에서 재흥총회가 개최되는데, 여기에 북한지역의 대표자들은 참석하지 못하였다. 이 총회에서는 교구제를 채택하고, 전국을 서부(평안·황해), 북부(함경), 중부(경기·강원), 충호(충청·전라), 영남(경상) 등 5개 교구로 나누었다.[58]

---

55) 위의 책, pp. 464~465, 468~470, 475.
56) 윤춘병, 《8·15 이후 감리교 서부연회 수난사》, pp. 37, 51~52.
57) 기독교대한성결교회 역사편찬위원회, 《한국성결교회사》, 기독교대한성결교회 출판부, 1992, pp. 355, 358~360, 366.
58) 위의 책, p. 406·412·781. 김광수 목사(앞의 책, p. 31)와 전택부(《한국교회발전사》, 대한기독교출판사, 1987, p. 278)는 1945년 9월 10일의 재건총회에 38선 이북에서 이성봉·조기함·조한수·이용선·최학철 목사 등이 참석하였다고 기록하고 있다. 그러나 재흥총회가 열린 시점은 그보다 두달 후인 점을 감안하면, 김광수 목사와 전택부가 말하는 '재흥총회'는 1945년 9월 첫주일에 서울지역 신자 300여명이 참석한 가운데 경성신학교에서 열린 '재흥예배'를 가리키는 것이 아닌가 생각된다.

선임의 시점과 교구회가 정례적으로 개최되었는가는 불확실하지만, 서부교구장과 북부교구장이 모두 선출되었음은 분명하다. 1947년에 발간된 〈활천〉지에는 서부교구장인 문이호 목사와 북부교구장인 조기함 목사에 관한 기사가 게재되고 있고, 조목사가 서울에서 열린 1947년 5월의 교구회에 직접 참석하였다가 다시 북한의 임지로 돌아갔음을 전하고 있기 때문이다.[59]

일제 말에 폐쇄된 북한지역 성결교회들의 재건과정에서는 일제의 탄압을 피해 만주지역으로 피신해 있던 교역자들이 결정적인 역할을 담당하였다. 1946년에 중공군의 만주 점령으로 교회가 위기에 직면하자 만주지역의 교역자들은 다시 북한과 남한으로 피신하게 된다. 이 가운데 남만주에서 활동하던 이성봉·김홍순·박용현 목사는 북한으로 넘어와 평양과 진남포에서 목회를 재개하며, 동만주지역의 윤광선·인광식·김명순 목사 등은 남한으로 귀환하였다.[60] 북한으로 귀환한 교역자 가운데서도 이성봉 목사가 북한 각 교회를 순회하면서 북한교회 재건을 주도하였다. 그의 정력적인 활동이 기초가 되어 함북지방회의 회령교회·청진교회 등 10개 교회, 함남지방회의 함흥 복부정교회·산수정교회 등 9개 교회, 서부지방회의 신의주서부교회·의주교회 등 10개 교회, 황해도 지역 교회인 사리원교회·신천교회 등 5개 교회 등이 재건되었다. 이외에도 경기도와 강원도 북부지역인 개성동부교회, 개성서부교회·연안교회·철원교회·김화교회 등 5개 교회도 재건되었다. 따라서 38선 이북에서 모두 39개소의 교회들이 해방후 단기간 내에 재건되었다.[61] 이 가운데 적어도 16개 내지 17개의 교회들이 이성봉 목사에 의해 그가 월남하는 1946년 봄 이전에 직접 재건되었다.[62]

그러나 신속하게 재건된 북한교회들은 이성봉·이천영 목사를 비롯하여 1946년부터 가속화된 교역자들과 신자들의 월남으로 인해 운영에 큰 어려움을 겪었던 것으로 보인다. 그러나 이 와중에도 상당한 교세의 부흥이 발견된다. 1947년 10월에 발간된 〈활천〉지에서 같은 해 초반의 북한교회 사정을 어느 정도 읽을 수 있다. 우선 1947년 초 무렵 서부교구인 평안도와 황해도 지역의 성결교회 현황은 〈표 Ⅳ-5〉와 같다.

서부교구의 경우 1947년 중반까지 이미 목사 12명 가운데 42%인 5명이 월남하였지만, 부분적인 정체 혹은 신자감소 그리고 당국과의 상당한 마찰에도 불구하고 이 지역의 15개 교회들은 전반적인 활성과 부흥기조를 유지하고 있음을 볼 수 있다. 같은 책에 실린 북부교구의 사정을 보면, 서부교구지역보다 당국의 탄압은

---

59) 〈활천〉 232호, 1947. 10, pp. 34~35.
60) 기독교대한성결교회 역사편찬위원회, 앞의 책, p. 424.
61) 위의 책, p. 403.
62) 〈활천〉 230호, 1946. 4, p. 28.

〈표 Ⅳ-5〉 1947년 초의 성결교 서부교구 현황

교회명	교역자	교회상황
신의주 동부교회	최헌 목사 최애주·박영애 전도부인	회집인원 200명으로 부흥. 중·대형 쇠종각을 새로 세움
신의주 서부교회	최헌 목사 겸임 백동수 전도부인	회집인원은 한때 150명까지 늘었으나 장이초 목사의 전근후 100명으로 감소. 주택에서 예배 보다 교회건물을 되찾고 부흥
의주교회	이용선 목사(월남) 이봉녀 전도부인	해방후 북한 제일의 교회로 성장. 회집인원이 150명까지 늘었으나, 1947년 봄 40명 월남. 1946년 3월의 폭동으로 교회 일부 파손. 교회 재건축 움직임
양시교회	김상운 목사	회집인원 300여명. 장년·유년 모두 부흥. 하느님의교회 예배당을 매수
비현교회	문이호 목사	장년 회집인원만 100명. 문목사가 서부교구장으로 당국과 마찰 있으나 부흥중
평양 대동교회	김홍순 목사(수감 중) 정진경 전도사(월남) 전도부인 3명	김봉업 장로 취임후 초기의 침체 극복하고 급속히 부흥. 매주 십일조 바쳐 교역자 가족에 매월 2만여원 지급하고 예배당도 수리
신홍교회	이원근 목사(월남)	회집인원 60~70명. 강진국 장로의 주도로 부흥중
용암교회		회집인원 40~50명. 직원들이 적극적으로 활동
진지동교회	장이초 목사	회집인원 70~80명. 장목사 부임 이후 부흥
진남포교회	박용현 목사	해방후 부흥하였으나 생활고로 월남자 속출
사리원교회	강태집 목사 (전임 이천영 목사 월남)	
북율교회		회집인원 60~70명. 송계순 장로의 적극적 활동으로 부흥중
신천교회	김기석 목사(월남) 임광수 전도사	임 전도사 부임 이후 크게 부흥. 지교회 설치
문화교회		회집인원 40~50명. 직원들이 적극적 활동
해주교회	최학철 목사(월남)	회집인원 150명. 최목사 월남후 이기백 장로의 적극적 활동으로 부흥. 월남자들의 일시 대기소 역할

* 출처 : 〈활천〉 232호, 1947. 10, pp. 34~35.

심한 편이지만 모두 17개 교회가 집회를 계속하고 있다. 특히 함흥의 두 교회와 북청·청진교회가 크게 부흥하고 있고, 나머지 교회들도 "부흥의 기미가 농후"하였다고 한다.[63]

4. 제칠일안식일예수재림교(안식교)의 재건

안식교 재건과정의 특징은 지역적으로는 서울을 중심으로 이루어졌지만, 북한지역교회의 지도자들이 초기의 과정을 주도해간다는 점이다. 해방 나흘 후인 1945년 8월 19일에 정동심·이여식 등 서울지역 지도자 13명이 모여 교회재건사업을 논의하고, 조선교회를 재건하기 위해 전국신도대회를 열 것, 조선합회 유지재단에 속한 동산과 부동산을 교회가 해산된 날인 1943년 12월 28일 이전으로 회복할 것 등을 결의하였다. 경성삼육원, 경성요양병원, 시조사, 조선연합회 본부건물 등 교회재산의 환수작업은 비교적 순조롭게 진행되었다. 한편 전국신도대회는 북한에서 상경한 임성원 목사가 대회준비위원장을 맡아 준비작업을 진행시켰다.[64]

1945년 10월 18일부터 28일까지 열린 전국신도대회[65]에는 모두 146명이 참가하였는데, 서선 55명, 북선 8명 등 참가자 가운데 8할이 38선 이북에서 온 사람들이라는 점이 주목된다. 이 대회에서는 연합회의 신임원과 합회 평의원을 선출하고 지역 선교책임자들을 임명하였는데, 여기서도 북한에서 참석한 교역자들이 다수 포함되었다. 합회장으로 선출된 임성원 목사, 시조사 총무로 선임된 송용환을 비롯하여, 이 두사람을 포함하여 15명으로 구성되는 연합회 평의원으로 선출된 김진택·임병의·김병목·김동규·정예환 등이 그들이다. 대회에서는 교역자들에게 신임서를 발급하기도 하였는데, 북한지역의 교역자들만 보면 목사 임성원, 선교인 송용환, 자급전도사로 김봉덕(진남포·석성리·광량만), 최성훈(대동군 일대), 전가혁(황해도 일대), 김덕순(평원군 일대), 김동규(안주 이북), 임성해(강서읍·기장리·국안리·운북리), 이혁(입석리·주흥리·오작리), 박원실(원산 이북), 김진택(고산 사리), 정예환(합종 일대, 정양리·대마리·갈현리), 김병목(서선지방 회계) 등이다.[66]

---

63) 〈활천〉 232호, 1947. 10, pp. 35～36.
64) 이영린, 《한국재림교회사》, 시조사, 1965, pp. 80～82 ; 오만규 편저, 《재림교회사》, 성광문화사, 1980, p. 338.
65) 이 대회는 1948년 6월에 열린 제15회 합회 총회에서 제14회 총회로 계수하기로 결정된다(이영린, 위의 책, p. 87).
66) 이영린, 위의 책, pp. 82～83 ; 오만규, 앞의 책, p. 338·341. 1947년 4월에 열린 평의원회는 다시 교역자들의 담당구역을 조정하였는데, 이에 따라 김국연은 평양지방과 서선대회 회계를 겸임하게 되었고, 박원실 목사는 원산에 주재하면서 함흥

그러나 1945년 12월 22일에 열린 조선연합회 평의원회에서는 38선 이북사업은 교통이 불편한 관계로 이를 제거하기 위해 서선지방에 임시평의원회를 두기로 결정하고, 김병목·정예환·임병의·최성훈·김호규·김봉덕 외 1인을 임명하였다. 원동지회에 의해 한국연합회장으로 임명받아 재입국한 와츠(R. S. Watts, 元倫常) 목사를 맞아들인 1946년 4월의 평의원회에서는 임성원 목사를 서선지방에 주재하게 하고 그에게 38선 이북지역의 책임을 맡겼다. 따라서 그 때까지 한국연합회장이었던 임성원 목사는 이 자리를 와츠 목사에게 이양하고 북한지역만을 담당하게 되었다.[67] 타 교파에 비해서는 아직 그 정도가 약하지만, 1945년 말부터 안식교에서도 제1단계의 분단이 서서히 가시화되기 시작함을 볼 수 있다. 그러나 그 후에도 남북한에 단독정부가 수립되기까지 서울에 있는 본부와 북한교회의 연락은 계속되며, 본부가 계속 인사권을 행사하는 사실을 확인할 수 있다. 그런 면에서 안식교회는 북한의 모든 교파 가운데 가장 덜 분단지향적이었다는 평가를 받을 만하다.

해방후 북한의 안식교는 대단한 활력을 보여주었다. 특히 해방 초기부터 공산주의 추종세력이 강력하였던 함경도 지역에 비해 서북지방의 활성이 두드러졌다. 1945년 12월부터 이듬해 2월까지 임성원 목사는 북한지역 교회들을 순회하는데, 이미 17개 이상의 교회들이 재건되어 순방대상이 되고 있다. 또 1946년 4월의 합회 평의원회가 임성원 목사로 하여금 서선에 주재하면서 북한지역의 책임을 맡도록 결정함에 따라 1946년 10월 16일부터 3일간 입석리교회에서 약 280명의 각 교회 대표자들이 참가한 가운데 '북한지방 신도대회'가 개최된다. 이 대회에서는 임성원 목사가 북선대회장으로, 송용환이 서기 겸 회계로, 박원실 목사가 지방목사로, 전가혁이 전도사로 임명되었고, 그외에 상당수가 자급전도인으로 임명되었다. 당시 북선대회의 교회수는 안식교 해산 당시의 52개소를 능가하는 약 60개소였으며, 북선대회의 사무실은 평양교회내 순명학교에 두었다.[68] 월평균 연금과 십일조는 32,000원 정도였고, 사역자들의 생활비는 신자들이 내는 십일조로 충당되었다.[69]

    일대를 맡고, 차영준 목사는 함흥 이북지역을 담당하게 되었다(이영린, 위의 책, p. 84).

67) 이영린, 위의 책, p. 84.
68) 1947년 6월에 열린 조선연합회 평의원회는 한국을 북선·중선·남선의 3개 대회로 분할하였고(오만규, 앞의 책, p. 339), 1948년 6월에 있은 제15회 합회 총회는 북선대회장에 임성원 목사, 서기 겸 회계에 김겸목을 임명하였다(이영린, 위의 책, p. 88). 이로써 동북선지방과 서북선지방으로 나뉘어 있던 북한교회도 북선대회로의 제도적 통합이 완료되었다.
69) 이영린, 위의 책, pp. 274~275. 교역자들의 생활비를 조달하기 위한 십일조는 그

북선대회가 조직될 당시 북한 안식교회의 교역자는 대회장까지 목사 2명, 전도사 1명, 회계 1명 등 4명뿐이었으나, 1948년 3월 경 교회와 예배처수는 65개소로, 교역자수는 7명으로 늘어났다. 1948년 6월에 서울에서 열린 제15회 합회 총회에서 북선대회장인 임성원 목사가 보고한 바에 따르면, 지난 2년간의 수침자는 299명, 1947년 말 현재의 교인수는 866명, 안식일학교 학생수는 2,265명이었다. 해방후 신설된 교회는 석이리교회(강서군), 파동교회(황해도 봉산군), 백노리교회(황해도 신천군 백련리), 백마교회(의주군), 화인리교회(성천군), 화봉리교회(중화군), 홍수리교회(봉산군), 훈융교회(함북 온성군), 종성교회(함북), 상청계리교회(함남 풍산군), 신천교회(황해도) 등이었다.[70] 원산에 주재하던 박원실 목사는 1947년까지 만주지역의 교인들을 방문하곤 하였다고 한다.[71] 1948년 초의 한 보고에 따르면, "교인들은 모든 예배 집회에 열심히 모이고, 십일금을 바치는 일에 열심이며, 교회는 일로 부흥하는 중에 있다."[72] 이같은 활성은 한국전쟁이 발발하기 전까지 계속되었다. 1952년 5월의 제16회 합회 총회에서 임성원 목사가 보고한 바에 따르면, 전쟁 전 북선대회는 17개소의 교회, 45개소의 안식일학교, 도합 62개소의 집회소를 운영하였으며, 안식일학교 학생수는 2,400명, 1948년도의 수침자는 137명, 1949년도의 수침자는 157명이었다. 또 북선대회는 전쟁전에 기관지《빛》을 여러 차례 발간하였으며, 인쇄를 위해《예언의 신》,《선지자와 왕》도 번역을 거의 마친 상태였다고 한다.[73]

특히 안식교의 청년신자들은 이같은 해방후의 부흥을 주도한 원동력이었다. 일찍이 1945년 11월 15일부터 2주 동안 평남 대동군 장매리교회에서는 약 60명이 참가한 가운데 해방후 최초로 '서선지방 청년수양회'가 열렸다. 1946년 11월 19일부터 무려 두달 동안 순안교회에서는 제1회 북선대회 청년수양회가 진행되었다. 수양회에 참여한 청년들은 동지회를 조직하여 북한전도를 위해 힘쓰기로 결의하고, 수양회가 끝난 직후부터 북한지역 거의 모든 교회에서 1주일씩의 사경회를 주도하였다. 1948년 3월 10일부터 20일까지 강서군 기장리교회에서는 서선지방 성경연구회가 개최되었는데, 이 모임은 300여명의 청년들로 대성황을 이루었다. 1948년 11월 중순부터 50일 동안 순안에서 제2회 청년수양회가 개최되는데, 강사는 전가혁·박원실 목사였고, 약 200명의 청년들이 참여하였다.[74]

    후 현물로 바쳐졌다(같은 책, p. 276).
70) 위의 책, p. 276.
71) 위의 책, p. 317.
72) 위의 책, pp. 275~276.
73) 위의 책, p. 278.
74) 위의 책, pp. 274~275, 277.

5. 성공회·구세군·침례교의 재건문제

여기서는 해방전 북한에서 다섯번째의 교세를 유지하였던 성공회와 여섯번째인 구세군, 그리고 교세는 취약하지만 북한에서의 재건과정이 비교적 착실하게 진행되었던 침례교의 재건문제를 다루기로 한다. 이 가운데 성공회와 구세군은 남한을 중심으로 재건이 진행되며 결과적으로 북한지역 교회들을 재건하는 데 실패하고 말았고, 침례교는 남북한에서 각각 재건이 추진되었지만 북한지역이 좀더 중심적인 역할을 담당하였다는 특징을 보여준다.

우선 성공회의 경우, 교단의 재건은 1946년 4월 19일에 쿠퍼 주교가 재입국하는 것을 계기로 개시되고, 약 1년후인 1947년 5월 23일부터 3일간 1939년 이래 열리지 못하였던 전도구연합회와 교구의회를 재개함으로써 본격화되었다. 이 회의에는 남한의 성직자 14명과 10명의 교역자, 30여명의 평신도만이 참석하였을 뿐, 북한에서는 아무도 참여하지 못하였다.[75] 일제 말기를 겪으면서 워낙 교세의 감소가 심각하였으므로, "일제 치하에서의 교회에 대한 어떠한 회개나 청산작업도 하지 못한 채 교회는 '생존'하기에 급급"하였던 것이 성공회 재건과정의 한 특징이었다.[76] 해방전 북한지역에 있던 50여개소의 교회들은 주교의 통제권 밖에 놓여 있었고, 이 지역의 사제 5명과도 연락이 두절되었다. 이 가운데 2명의 신부는 1947년 상반기에 월남하고, 다른 1명은 1948년 초에 사망하였다. 나머지 사제들의 활동에 대해서는 알려진 바가 거의 없다.[77]

구세군도 성공회와 마찬가지로 남한중심의 재건이 진행되고 북한교회의 재건에는 실패한 경우이다. 해방전 38선 이북지역에는 개성지방 소속의 개성·장단 등 20개 영문, 해주지방의 해주·사리원·진남포·평양·신의주 등 44개 영문, 원산지방의 고산·김화·원산·함흥·성진·청진 등 28개 영문 등 모두 합쳐 92개의 영문이 세워졌다.[78] 해방후 구세군의 재건은 1945년 11월 9일 서울에서 소집된 전국총회가 본격적 계기가 되었다. 당시에는 모두 54명 정도의 사관이 남아 있었으며, 이 가운데 북한지역에는 해주의 권경찬, 사리원의 조용봉, 원산의 안길화, 김화의 이완용 등의 사관들이 머물러 있었다.[79] 1946년 4월에는 '기독교조선구세교회 교칙'이 통과되었고, 같은 해 9월에는 서울에서 만국본영의 태평양지구 사태파악사절로 내한한 데이비슨(Charles Davison) 부령이 참석한 가운데 총회가 열려 '구세단'

---

75) 이재정, 앞의 책, pp. 216~219.
76) 위의 책, p. 221.
77) 위의 책, pp. 217~218, 225, 229, 250.
78) 장형일,《한국 구세군사》, 구세군대한본영, 1975, pp. 373~388.
79) 위의 책, p. 170.

을 '구세군'으로 복귀시키고 직제 역시 종전대로 환원하기로 결정하였다. 1947년 4월에는 한국구세군 사령관으로 임명된 로드(Herbert A. Lord) 참장(參將)이 내한하여 구세군의 재조직에 착수하게 된다.[80] 1946년부터 다음해까지 이어진 일련의 재건노력에 의해 일제 말에 폐쇄되었던 대부분의 지방영들이 재건되었지만, 이는 남한지역에 국한된 것이었다. 권경찬·안길화·이완용 등 해방 당시 북한에 남아 있던 사관들이 1946년 5월부터 본격적으로 월남하게 되고, 나머지 사관들과의 연락은 두절된 채 그들의 활동상에 대한 아무런 정보도 얻을 수가 없는 상태가 되었다.[81]

1944년 5월에 교단해체의 비운을 맞았던 침례교단의 재건은 남한과 북한 지역에서 별도로 진행되었는데, 남한쪽이 시기적으로 앞서갔다. 그러나 남한쪽의 재건과정이 지지부진하였던 반면, 북한에서는 출발이 다소 늦긴 하였으나 총부와 총회의 재건에 성공하였다. 1940년 무렵 동아기독교(침례교)의 교세는 만주지역 57개 교회, 러시아 및 연해주 지역 44개 교회, 북한지역 36교회(경흥구역 15교회, 회령구역 12교회, 원산구역 9교회), 남한지역 42교회 등으로 분포되어 있고, 원산에 총부가 위치하면서 북한과 만주·시베리아 포교에 주력해왔으므로, 신자수도 남한보다는 북한과 만주·시베리아 지역이 압도적으로 많았다.[82] 이런 사정으로 인해, 김용해 목사 등 남한지역의 교역자들이 1946년 2월 9일 충남 칠산에서 '교단 재건회의'를 소집하였으나, 이 회의를 통해 수습할 수 있는 남한교회는 40개 교회당에 신자 350명에 불과하였다.[83] 한편 북한지역의 경우도 처음에는 사정이 좋지 못하였다. 해방후 출옥한 교단 지도자들은 거의 건강을 잃어 활동이 불가능하였을 뿐 아니라 호구지책도 어려운 상황이었으므로 공백상태가 장기화되었다. 해방 직후 이종근 감목은 만주로 이주하고, 총부 일을 책임졌던 안대벽은 월남하였으며, 원산 총부에는 김영관·김일제 두 목사만 남게 되었고, 1946년 10월에는 김일제 목사마저 나주로 이주하였다. 그러나 만주에서의 기독교 탄압으로 상황이 반전되었다. 이를 계기로 박형순 목사가 나진으로, 이종근 목사는 종성동으로, 최성업 목사는 청진으로, 최헌 목사는 종관진교회로 재차 이주해왔던 것이다. 재집결한 교단 지도자들은 1947년 초에 나진교회에서 총부의 재건과 교단수습을 위한 총회를 개최하여, 남북 미통합상태의 회집임을 고려하여 종전의 감목을 총회 의장으로, 의회행정을 각 부서가 관리하게 하는 '총회제'로 헌법을 변경하였다. 또한 각 구역은 구역감로와 교사들에게 위임하여 구역순찰과 교회재건을 진행하도록 하였다. 이

---

80) 위의 책, pp. 170~173.
81) 위의 책, p. 172.
82) 이정수,《한국침례교회사》, 침례회출판사, 1990, pp. 133~137, 149.
83) 위의 책, pp. 150~151.

총회에서 이종근 목사가 총회장으로, 박형순 목사가 부회장으로, 김영관 목사가 고문으로 선임되었다. 1948년 2월에는 나진교회에서 제2회 총회가 열렸는데, 최성업 목사가 총회장으로, 박형순 목사가 부회장으로, 이종근 목사가 고문으로 각각 선출되었다.[84]

6. 천주교의 재건과 부흥

천주교회는 일제시대 말기에 일본인 지배자들에 의해 조직을 크게 손상당하지 않았기 때문에, 다른 종교와는 달리 해방과 함께 '교회재건'의 문제가 대두되지 않았다. 개신교의 일부 군소교파들이 강제로 해산당하고 장로교와 감리교는 해방 직전에 교파통합을 강요당하였던 데 비해, 천주교는 고유의 교구조직을 그대로 유지한 채 해방을 맞았던 것이다.

평양교구는 1940년대 초에 메리놀회 소속의 미국인 신부와 수도자들이 추방당한 공백을 홍용호 주교를 위시한 한국인 신부와 수녀들이 메꾸고 있었고, 해방이 된 이후에도 메리놀회 선교사들의 복귀가 성사되지 못한 것 정도가 변화라고 할 수 있었다. 함흥·덕원 교구의 경우에는 교회조직은 물론이고 선교사들도 건재하였다. 태평양전쟁이 발발하면서 평양교구의 미국인 선교사들이 일본과의 적성국 국민으로 모두 추방당하였던 반면, 함흥·덕원·연길 교구의 독일인 선교사들은 동맹국 국민이라고 해서 선교활동을 거의 방해받지 않았고 그 상태에서 해방이 되었기 때문이다. 일본군의 무장해제를 명분으로 38도선 이북지역을 점령한 소련군도 독일인 선교사들을 전범(戰犯)으로 취급하지는 않았던 것 같다. 해방후부터 1949년에 이르기까지 함흥·덕원 교구의 독일인 사제 및 수도자들은 소련군 인사들을 제외하면 북한에 거주하였던 거의 유일한 외국인들이었을 것이다.

여타 종교들과 비교할 때 해방을 맞이할 당시 북한 천주교의 두드러진 특징은 사회주의혁명을 지지하고 그에 동참하는 세력이 거의 부재하고, 최소한 교권(敎權) 주변에서조차 친일적인 요소에 대한 문제제기가 전혀 이루어지지 않았다는 점이다. 이는 일제하에서 한국 천주교회의 지도부가 총체적으로 친일화되었던 데다, 적어도 1920년대 중반 이후에는 교회내에서 민족주의적인 색채를 띠는 움직임이 완전히 사라졌던 사실과 관련이 깊은 것 같다.[85] 이같은 사실들로 인해 천주교회의 경우 개신교 주요 교파들에서처럼 친일파문제로 내분을 겪을 필요는 없었지만, 공산주의자들에 의해 교회 전체가 혁명의 대상으로 위치지워질 가능성이

---

84) 위의 책, pp. 154~155.
85) 문규현,《한국천주교회사(1)》, 빛두레출판사, 1994 참조.

높았다.

해방과 함께 천주교의 교세는 급신장세를 보였다. 예컨대, 평양교구는 매일 미사 참여자수가 해방전에 비해 거의 10배가 늘어났고, 본당신자의 80%를 신입교우로 채우게 될 정도였다.[86] 또한 해방 직후 서울교구가 황해도 지역에 대해 계속 치리권을 행사하거나 북한교구들과 남한교구간의 연락이 계속되는 등 교회 차원의 분단은 아직 고착화되고 있지 않았다고 볼 수 있다. 우선 서울교구는 해방후에도 황해도 지역 본당에 대해 사제의 인사발령을 내렸으며,[87] 황해도 지역의 교구장 권한대행이었던 박철우 신부는 38선을 넘나들면서 서울교구장에게 업무보고를 계속하였다.[88] 또한 평양교구는 미소공동위원회가 열리고 있던 기간에 평양주재 미군 연락장교단을 통해 남한교회와 연락을 주고받았으며,[89] 영원한 도움의 성모수녀회의 원장으로 선임된 장정온 수녀는 1946년 4월부터 1950년 초까지 미국의 메리놀회 본부와 서신을 주고받았다.[90] 덕원면속구의 경우도 토지개혁 이후에 신주교가 서울교구에 경제적 지원을 요청하고 서울교구에서 모금한 구호금품을 덕원교구에 전달하였고,[91] 포교 성베네딕도수녀회의 원장이던 암브로시아 수녀도 평양의 미군연락장교단 등을 통해 1947년부터 1949년 봄까지 독일 및 스위스의 총원과 연락을 주고받았다.[92]

개신교에 한정하여 해방후 남한지역에서 진행된 교회재건과정과 비교할 때, 북한에서의 재건은 다음과 같은 몇 가지 특징들을 보여준다. 우선 남한에서와는 달리 일제 말의 교단연합조직을 유지할 것인가, 아니면 이를 해체하고 교단별 조직으로 환원할 것인가를 둘러싼 갈등이 북한에서는 발생하지 않았다. 1945년 11월에 장로교의 평안노회와 함경노회의 대표들, 그리고 감리회 및 성결교회의 몇몇 대표들이 한자리에 모여 교회재건을 위한 예비회의를 가졌지만, 여기서 교단연합조직의 유지 혹은 교단별 환원을 둘러싼 논의가 이루어졌다는 증거는 없다. 나중에는 북조선기독교도연맹이 그같은 역할을 일정하게 수행하는 것은 사실이지만,

---

86) 평양교구사 편찬위원회 편,《천주교 평양교구사》, 분도출판사, 1981, pp. 204~208.
87) 1946년 12월에 서울교구의 전덕표 신부가 사리원본당의 보좌신부로 발령받아 38선을 넘어 임지로 부임하였다(한국교회사연구소,《황해도 천주교회사》, p. 135).
88) 위의 책, p. 483.
89) 평양교구사 편찬위원회, 앞의 책, pp. 196~199 참조.
90) 영원한 도움의 성모수녀회 50년사편찬위원회,《영원한 도움의 성모수녀회 50년사》, 영원한 도움의 성모수녀회, 1983, pp. 89~112 참조.
91) 한국교회사연구소 편,《함경도 천주교회사 자료집 3》, p. 92를 참조.
92) 이정순 편,《포교 성베네딕도수녀회 원산수녀원사》, 포교성베네딕도수녀회, 1988, p. 243.

교파환원 이후에도 남한의 조선기독교연합회(NCC)와 같은 상설적 초교파기관이 부재하였던 것도 또다른 특징이었다. 장로교와 감리교·안식교·침례교를 제외한 나머지 교파들은 북한지역에 소재한 지교회들을 단일한 교단으로 결집하는 데 실패하였던 점 역시 남한의 경우와 다른 점이었다. 교세의 지역적 비중의 차이, 종교자유의 보장 정도가 남북한에서 차등적으로 나타났던 점 등이 이러한 사태를 낳았을 것이다.

일제 말기에 선교사들의 추방과 함께 사실상 단절된 선교부들과의 관계를 회복하는 일도 북한에서는 전혀 실현되지 못하였다. 이는 해방후 재입국한 선교사들이 대부분 미군정과 밀착되어 있었던 반면, 미국과 소련의 관계가 점점 악화되어 갔던 사정과 무관하지 않을 것이다. 선교사들과 북한교회의 접촉은 한국전쟁 때까지 재개되지 못하였으며, 그 이전에는 1947년 4월에 블레어(Blair) 선교사가 개인자격으로 북한을 방문하여 김일성과 회담한 것[93]이 유일한 접촉사례였다.

---

93) 〈크리스챤신문〉 1970년 5월 23일자 ; William Scott, *Canadians in Korea*, 1975, p. 160.

제 2 장 기독교의 정치화와 내적 갈등의 심화
(1945. 8~1947 초반)

1. 인민정권의 수립과 종교정책의 형성

1. 인민정권의 수립과 '민주개혁'

　해방이라는 역사적 사건이 조성한 당연한 기대이기도 하였지만, 해방 직후부터 북한주민들 사이에서는 '자주적이고 근대적인 국민국가의 수립'이라는 과제에 대한 폭넓은 합의가 형성되었다. 해방 이후 북조선인민위원회가 수립되는 1947년 초에 이르기까지의 기간 동안 북한에서는 소련군정의 후원을 받은 공산주의자집단의 주도성이 점차 뚜렷해지는 가운데, 광범한 통일전선에 기초한 인민정권이 수립되고, 그 국가권력을 매개로 하여 토지개혁 등 제반 '민주개혁'과 함께 일제의 사상적 잔재를 청산하기 위한 노력이 진행되었다.

　일제지배로부터 해방된 북한에서는 1945년 8월 17일에 기독교 민족주의자들이 중심이 된 평남건국준비위원회가 결성된 것을 시발로 하여, 도·시·군별 건국준비위원회(이하 '건준'으로 약함) 지부가 속속 결성되었다. 남한에서와 마찬가지로, 건준은 초기의 행정공백상황에서 과도적 통치기관의 역할을 수행하였다. 조직된 지 약 열흘 후에 평남건준은 소련 군정당국의 권고를 받아들여 조선공산당 평남 지구위원회와 동등한 비율로 새로운 행정기관인 평남인민정치위원회를 구성하였다.[1] 이같은 움직임은 "공산주의자와 민족주의자의 합작에 의한 인민위원회에 권력을 이양하고 간접통치를 시행한다"는 소련군의 방침[2]과도 부합하는 것이었다.

---

1) 변영호, "해방 직후 북한에 있어서 통일전선", 연세대 대학원 북한현대사연구회 편, 《북한현대사 1》, 공동체, 1989, p. 227.

제 2 장 기독교의 정치화와 내적 갈등의 심화   377

　북한지역에서 양대 정치세력이었던 민족주의자들과 공산주의자들의 통일전선은 1945년 말까지 비교적 순조롭게 발전되었다. 그러나 각도의 인민정치위원회가 5도행정국으로 발전하면서부터 두드러지게 공산측의 주도성이 강화되었고, 우파적 색채를 강하게 띠고 있던 민족주의분파들은 상대적으로 주변화되었다. 전체적으로 볼 때, 소련군의 후원도 가세하여, 민족주의자-공산주의자간의 통일전선에 의해 주도된 당시 북한의 정세는 반제반봉건적(反帝反封建的) 개혁을 표방하는 진영에 유리하게 조성되어갔다. 북조선민주여성동맹, 직업동맹, 민주청년동맹, 농민총동맹 등의 대중조직들이 연이어 결성됨에 따라 종전의 통일전선은 더욱 강화되었다. 이처럼 광범하고 강화된 통일전선을 기초로 하여 1946년 2월 8일에는 사실상의 정부기구로서 통일전선정권 혹은 인민정권의 성격을 띠는 북조선임시인민위원회가 탄생하였다.

　북조선임시인민위원회가 조직된 이후의 북한정치과정은 인민정권의 강화, 그리고 통일전선내 좌파 지도력의 제고로 특징지워진다. 각계 각층의 자발적인 대중조직들이 임시인민위원회에 적극적으로 참여하고 있었을 뿐 아니라, 1946년 2월에는 기존의 조선민주당과 북조선공산당 외에도 주로 농민층의 이해를 대변하는 북조선천도교청우당, 그리고 근로대중의 폭넓은 이해를 대변하면서도 지식층의 상당수를 포괄하였던 조선신민당이 창당되어 임시인민위원회에 동참하였다. 그러나 1946년 초에 이르면 신탁통치문제를 둘러싸고 조선민주당내의 우파 민족주의계열과 친공산계열간에 분열이 생겨 친공산계열을 중심으로 당이 재편됨에 따라, 우파 민족주의자들의 대부분이 통일전선에서 멀어지게 된다. 따라서 이후 북한에서의 통일전선은 '좌파-우파'간의 그것이라기보다, '중간파-좌파'간의 협력방식으로 굳어지게 된다.

　비교적 광범한 대중적 기반 그리고 소련군정측의 강력한 후원에 힘입어, 임시인민위원회는 1946년 3월부터 비교적 수월하고 빠르게 '민주개혁'으로 불리운 일련의 과정을 진척시켰다. 이 개혁은 당시 인구의 대부분을 포괄하고 있던 농민층의 토지문제 해결, 그리고 주요 산업시설의 국유화로 집중되었다.[3] 우선 토지개혁은 1946년 3월 '무상몰수 무상분배'의 방식에 따라 불과 20일만에 완료되었다.[4] 같은 해 8월에는 일본인 및 친일파 소유자산에 대한 국유화법령이 발표되었다. 이외

---

2) 위의 글, p. 219 ; 서대숙,《한국공산주의운동사연구》(현대사연구회 역), 화다, 1985, p. 284.
3) 정대화, "북한의 사회주의건설사", 안병우·도진순 편,《북한의 한국사인식 2》, 한길사, 1990, p. 389 ; 김명섭, "해방 이후 북한현대사 개괄",《북한현대사 1》, p. 36.
4) 북한연구소, "북한의 계급정책",《북한사회의 재인식 1》, 한울, 1987, pp. 230~239 참조.

에도 노동법령(1946. 6. 24), 남녀평등권에 관한 법령(1946. 7. 30), 개인소유권 보호와 산업 및 상업활동 장려를 위한 결정(1946. 10. 4) 등이 임시인민위원회에 의해 차례로 시행되었다.

이같은 개혁의 결과 기존의 소상품 경제형태와 자본주의적 경제형태 외에 사회주의적 경제형태가 강력하게 부상하였다. 1946년 말에 이르러 북한의 공업생산에서 사회주의경제가 차지하는 비율은 72.4%로 높아졌다.[5] 또 계급구성면에서는 지주층이 완전히 배제되고, 부농층은 크게 약화되었으며, 고농(雇農)·머슴·빈농층이 자작농으로 변모하였다. 동시에 개혁에 의한 사회경제구조와 정치구조의 변화에 따라 이른바 "제국주의의 잔재"도 상당 부분 청산되었다. 우선 토지개혁과 주요산업 국유화조치에 의해 대표적인 친일세력이었던 지주와 매판자본가층이 계급적으로 소멸되었다. 또한 국가기구의 재조직에 의해 일제의 지배기구에 기생해 있던 친일파나 민족반역자들도 대부분 제거되었다. 나아가 일련의 개혁과정에서 대중의 정치의식이 성장함으로써 친일파 혹은 민족반역자들의 정치적 사회적 재기는 거의 불가능하게 되었다.

마지막으로, 개혁은 북한의 공산주의자들과 그들이 주도하는 인민정권에 대한 대중적 지지를 강화하는 결정적인 계기로 작용하였다. 무엇보다 북조선노동당의 당원 숫자가 개혁을 거치면서 급증하는 양상을 보여준다. 즉 1946년 4월에는 2만 6천명, 1946년 조선신민당, 북조선공산당이 합당할 당시에는 36만 6천명(이 때 북조선공산당의 당원은 27만 6천명이었다), 제2차 당대회가 개최된 1948년 1월에는 75만명으로 늘어나 전인구의 8%를 점하기에 이른다.[6] 또한 '민주개혁'이 추진중이었던 1946년 7월에는 공산주의자들의 주도하에 북조선민주주의민족통일전선(이하 '민전'으로 약함)이 결성되었는데, 여기에는 앞서 말한 주요 4당과 4개 주요 대중조직이 망라되었을 뿐만 아니라 발족 당시에 이미 전 인구의 절반 가량이 편입되어 있었다.

한편 개혁이 일정하게 마무리되는 시점부터는 사상 혹은 문화적 측면에서 대중의 의식 속에 남아 있는 식민지적·봉건적 요소들을 척결하기 위한 운동이 대대적으로 벌어졌다. 사실 이 문제는 애국심의 고취, 국민교육제도의 개선과 민족문화의 회복, 인민들을 대상으로 한 광범한 문화계몽사업 등의 측면에서 일찍부터 강조되어 왔으나,[7] 1946년 12월 초에 북조선노동당이 건국사상총동원운동을 국가적

---

5) 김명섭, 앞의 글, p. 39.
6) 이정식·스칼라피노, 《한국공산주의운동사 2》(한홍구 역), 돌베개, 1986, p. 450 ; Dae-Sook Suh, *Korean Communism 1945~1980*, Hawaii : University Press of Hawaii, 1981, p. 355.
7) 대표적인 것으로, 1945년 10월 14일 평양시 환영군중대회에서의 김일성의 연설("모든 힘을 새 민주조선 건설을 위하여", 《원자료로 본 북한》, 동아일보사, 1989,

사업으로 추진할 것을 제안함으로써 더욱 대중적인 운동으로 전개되기 시작하였다.[8] "사상의식면에서의 반제반봉건민주주의혁명"으로 규정된 건국사상총동원운동은 일제의 사상잔재, 봉건사상의 잔재 등을 일소하고 민주주의적 의식을 고취할 것을 목표로 삼았다. 주목할 만한 사실은 이 운동이 경제건설을 위한 증산 및 절약 운동과 결부되어 전개되었다는 점이다.[9]

2. 기독교정책의 형성과 특징

이미 살펴본 바와 같이, 해방 당시 대략 10만~20만명의 개신교 신자들과 약 5만 3천명의 천주교 신자들이 북한지역에 살고 있었다. 1946년 말 현재 북한인구 925만 7천명[10]을 기준으로 하면 당시의 기독교 인구는 총인구의 약 2~3%에 해당되었다. 또 이미 살펴보았듯이, 해방후 신구교를 막론하고 상당한 교세성장이 이루어졌음을 고려하면 1946년 말 현재의 총인구대비 기독교 인구의 비율은 실제로는 이보다 약간 높게 나타날 것이다. 총인구에서 차지하는 기독교 인구의 비율은 낮은 편이지만, 특히 개신교 교회는 북한내에서 지식층이 집결된 곳이었다. 따라서 당시의 기독교 교회는 단순한 수치 이상의 정치적·사회적 영향력을 행사할 잠재력을 가진 사회집단이었다. 이로 인해 기독교세력과 여타 사회부문들이 어떠한 관계를 맺게 되는가가 북한사회의 성격과 진로에 중대한 영향을 미칠 것이었다. 똑같은 이유로, 북한에 새로 수립될 국가에게도 기독교부문에 대한 정책이 차지하는 비중은 결코 적지 않을 것이었다.

이같은 취지에서 당시의 기독교부문을 둘러싸고 형성된 넓은 의미의 정치적·사회적 요구, 그리고 좁게는 국가정책의 윤곽을 간략히 정리하기로 하자. 이 경우 정치영역에 참가한 기독교 민족주의자들과 교회에 대한 국가(여기서는 인민정권을

---

    pp. 32~33), 1945년 10월 18일 평남인민정치위원회가 주최한 김일성 장군 환영회 겸 가족위안회에서 한 정견발표("산업을 급속회복 통일적 전선을 수립", 《북한현대사 1》, p. 322), 1946년 2월 8일 민주주의 각 정당·사회단체·행정국·인민위원회 대표 확대협의회에서 김일성이 행한 보고("목전 조선정치형세와 북조선임시인민위원회의 조직문제에 관한 보고", 같은 책, pp. 551~552)를 참조. 또한 북조선임시인민위원회의 '20개 정강' 중 1, 16, 17항 그리고 북조선노동당의 강령 10항(같은 책, pp. 362~363, 419~420)도 참조.
8) 이강렬, "북한의 연극(2) : 1930~1960년대를 중심으로", 김문환 편, 《북한의 예술》, 을유문화사, 1990, p. 296 ; 김한길, 《현대조선역사》, 일송정, 1988, pp. 201~203.
9) 정해구, "북한의 혁명론과 실천과정", 〈사회와 사상〉 1988년 12월호, p. 149.
10) Nicholas Eberstadt and Judith Banister, *The Population of North Korea*, Institute of East Asian Studies, University of California, Berkeley, 1992, p. 32.

말한다)의 태도는 구분해서 접근해야 할 것이다. 그러나 다음 절에서 살펴보듯이, 당시의 교회들이 대단히 정치화되어 있었기 때문에 때로는 이 둘을 구별해내기가 쉽지 않다. 또 기독교에 대한 정책 혹은 정치사회적 요구는 일반적인 종교정책 혹은 정치사회적 요구와도 많은 부분 중첩되어 있을 것이다. 따라서 여기서는 일반적인 종교정책 혹은 종교에 대한 정치사회적 요구를 개관하면서, 기독교에 대해 독특한 정책 혹은 요구를 제기한 부분이 있을 경우 별도로 언급하기로 한다.

우선, 북한의 공산주의자들은 당면한 '민주개혁'의 방향에 찬성하는 진보적 종교집단과의 통일전선을 구축하는 것이 중요함을 강조하였다. 초기 인민정권의 수립 자체가 기독교 민족주의자들과의 합작에 의존한 것이었고, 기독교인들을 포함한 상당수의 종교인들이 정치권력을 부분적으로 분점(分占)하였다는 사실은 이 점을 잘 보여준다. 북한의 마르크스주의자들이 신간회나 조국광복회 등 일제하의 민족해방운동과정에서 종교인들과 협력한 경험을 갖고 있다는 사실도 이같은 태도 형성에 긍정적인 영향을 미쳤을 것이다.[11]

둘째로, 북한의 공산주의자들은 대다수의 종교인들이 통일전선을 형성해야 할 대상이지만, 개혁에 반대하는 이른바 '반동적 종교인들'에 대해서는 어느 정도의 억압이 필요하다고 보았다. 초기의 '반제반봉건민주주의혁명' 혹은 '민주개혁'의 단계에서는 친일파로 인정되거나 지주인 종교인들이 여기에 해당하였을 것으로 보인다. 그러나 이 시기에는 국가권력이 직접 종교영역에 개입하기보다는, 외부로 표출된 위법행위에 대해서만 처벌하고, 개혁에 부정적인 요소들이 종교영역 자체의 내부적 노력에 의해 청산되도록 진보적 종교세력을 후원하는 정도에 그쳤던 것 같다. 기독교의 경우, 북한 공산주의자들은 북조선기독교도연맹이 그같은 역할을 수행해주기를 기대하였던 것으로 보인다. 종교영역 내부의 반혁명요소를 제거하기 위해 국가권력이 종교영역에 개입하는 정도는 시간의 흐름에 따라 점차 강화되고 폭도 넓어지지만, 직접적·전면적으로 개입하는 것은 1958년 이후인 것으로 보인다.

셋째로, 북한 공산주의자들은 민주주의적 권리의 보장이라는 차원에서 종교의 자유를 보장하되, 이것이 새로운 사회 건설의 기본질서를 침해할 정도로 특권화되어서는 안된다는 점을 강조하였다. 종교의 자유는 당면한 혁명의 성격이 반제반봉건민주주의혁명이라는 점에 의해, 또한 종교집단의 다수가 통일전선과 국가권력에 동참하고 있었던 사실에 의해 뒷받침되고 있었다.[12] 그러나 여기에는 "통

---

11) 이 점과 관련하여 북조선임시인민위원회의 '20개조 정강'이 조국광복회의 '10대강령'에 기초한 것이라는 사실은 주목할 필요가 있다(김일성, "사상사업에서 교조주의와 형식주의를 퇴치하고 주체를 확립할데 대하여", 《원자료로 본 북한》, p. 147 ; 김한길, 앞의 책, p. 187 참조).

일전선적 질서와 규율의 준수"라는 단서가 따랐다. 북한에서 종교의 자유는 이처럼 이중적 측면을 갖는 '제한적인' 것이라고 볼 수 있다. 더욱이 공산주의자 집단이나 지역에 따라 종교의 자유가 적용되는 데 정도의 차이가 있었던 것 같다. 전체적으로 볼 때, 중앙에 비해 지방에서, 서북지방에 비해 관북지방에서, 소련 군정당국에 비해 토착 공산주의자들에 의해 종교자유가 자의적으로 침해당하는 경우가 많았던 듯하다.[13] 당시 자의적인 종교자유의 침해사례로는 기독교인들에게 공직에 접근할 기회를 제한하거나 기독교인의 자녀들이 상급학교로 진학할 때 불이익을 주는 행위, 일요일에 공적인 행사를 개최하여 결과적으로 교회출석을 방해하는 행위, 학교에서 공공연하게 반종교적인 교육을 하는 행위, 성직자를 모욕하거나 예배를 방해하는 행위, 교회시설물을 강점하는 행위 등이 여러 곳에서 보고되고 있다.

한편 이 즈음만 해도 '민주개혁'에 대한 종교인들의 적극적인 참여는 강조되고 있는 반면, '정교분리'(政敎分離)라는 맥락에서 종교의 자유가 해석되고 있지는 않은 듯하다. 우리는 1946년 12월에 관영 방송국인 해주방송국에서 크리스마스를 맞아 특집 프로그램을 방송하는 모습을 볼 수도 있다.[14] 그러나 1947년 7월 발표된 "쏘미공동위원회 공동결의 제6호 '조선민주주의 임시정부 정책'에 대한 북조선노동당 해답서에 종교와 교육의 분리가 언급되고 있는 것으로 보아,[15] 북조선인민위원회가 출범한 때부터 '조선민주주의인민공화국'이 설립되는 시기 사이에 정교

---

12) 당시 종교자유를 언급하는 문건은 일일이 열거하기 어려울 정도로 많지만, 중요한 것만 살펴보면 다음과 같은 것들을 들 수 있다. 우선 소련군 당국의 공식문서로는, 1945년 9월 20일 발표된 "북조선 현지 당국 및 주민과 소련군의 상호관계에 관하여 극동지역 소련군 총사령관 연해주 군관구 및 제25군 군사회의에 보낸 적군 최고총사령부의 훈령" 7항, 또 1945년 10월 12일 발표된 "북조선주둔 쏘군 25군 사령관의 성명서" 2의 다항 등이 있다. 이외에도 1946년 3월 23일 발표된 북조선 임시인민위원회 정강 3항과 5항, 1946년 8월 29일 발표된 북조선노동당 강령의 7, 8, 10항 등이 있다. 1947년 2월 이후에는 북조선노동당 중앙위원회가 동년 7월 3일에 발표한 "쏘미 공동위원회 공동결의 제5호, 제6호 해답서", 1948년 9월 9일에 공포된 조선민주주의 인민공화국 헌법 12조와 14조가 대표적인 문서이다.
13) 안식교의 경우 관북지방에서 좌익세력에 의해 종교활동의 지장이 초래되는 일이 많았지만, 나진교회에서는 해방 직후 소련군 장교가 지방관청의 반대를 무릅쓰고 일본인이 남기고 간 절을 예배당으로 내주는 호의를 베풀기도 하였다(이영린, 앞의 책, p. 307). 신의주 사건의 처리과정에서도 지방 공산주의자들의 태도와 소련 군정 및 중앙행정기구의 태도간에 상당한 차이를 발견할 수 있다.
14) 한국교회사연구소,《황해도 천주교회사》, p. 347.
15) 연세대 대학원 북한현대사연구회, 앞의 책, p. 477.

분리사상의 골격이 점차 형성된 것이 아닌가 추측해 볼 수 있다. 따라서 오늘날 북한에서 일반화된 표현인 "(종교를) 장려하지도 박해하지도 않는다"는 국가의 종교적 중립성 명제도 이 무렵에 정립된 것이라 추정할 수 있을 것이다.[16] 다른 자료를 보더라도 교회와 학교의 분리, 즉 공교육체계가 완성된 것은 1948년 하반기에 가서의 일임이 확인된다. 이 시기에 신학교를 제외하고 교회에서 운영하는 많은 중등 이상의 학교들이 국공립화되었다.[17] 또 비슷한 무렵에 교회계통에서 운영하는 학교일지라도 완전히 비종교화된 것으로 보인다.[18]

그러나 1948년 이전에도 교육분야에서는 종교활동에 여러 가지의 제한이 가해졌음을 확인할 수 있다. 다만 몇몇 제한조치들은 북한 전역에서 통일적으로 시행된 정책인지 국지적으로만 적용된 정책인지 여부가 불분명하다. 우선, 일반학교에서의 공공연한 종교선전은 상당한 압력에 직면하였던 것 같다.[19] 또한 1946년 봄 이전부터 18세 이하의 청소년에게는 신학이나 전문적인 성경교육을 시킬 수 없도록 하였다.[20] 또 북한당국은 1946년 3월 25일 "학교교육에 대한 개선책에 관한 결정"에 따라 5년제 의무교육제를 실시하였는데, 이로 인해 교회들이 운영하는 초등교육기관들이 모두 국유화되었다.[21] 이 조치는 여러 종교 가운데서도 교회 부설학교의 압도적 다수가 초등교육기관이었던 천주교회에 매우 큰 타격으로 작용하였을 것이다. 1946년 가을에는 유치원교육을 학교교육에 편입시키는 조치가 취해져 교회가 운영하는 모든 유치원들이 국유화되었다.[22]

마지막으로, 북한 공산주의자들은 기독교가 민족자주성 위에 서 있어야 한다는 요구를 제기하고, 외세와의 관계문제를 기독교에 대한 태도를 정립하는 데 매우 중요한 기준으로 정립하였다. 이같은 요구는 "조선의 하늘을 믿으라"는 표현으로 요약된다. 이 말은 1946년 10월 25일, 연합노회와 이른바 주일선거문제를 놓고 논

---

16) 이 원칙에 관한 상세한 서술은 박일석,《종교와 사회》, 삼학사, 1980, pp. 34～48을 참조.
17) 평양교구사편찬위원회, 앞의 책, pp. 195～196을 참조.
18) 황해도 매화동천주교회에서 운영하는 봉삼학교의 교원이었던 강양자 수녀는 1948년 9월 말에 수녀복을 입은 채 교사직을 계속할 수 없다는 도(道)학무과장의 통보를 받고 사직하게 되었다고 증언하고 있다(한국교회사연구소,《황해도 천주교회사》, p. 805).
19) 홍동근, "평양의 기독교와 주체사상의 만남",〈옵서버〉1990년 6월호, p. 334를 참조.
20) 윤춘병,《성화가 걸어온 발자취》, p. 60.
21) 임건묵, "해방 직후 북한기독교와 공산세력의 관계연구", 감신대 대학원 신학석사 학위논문, 1987, p. 41.
22) 한국교회사연구소,《황해도 천주교회사》, p. 457.

전이 벌어질 당시 김일성이 진보적 목사들과 대화하는 자리에서 처음 말한 것으로 알려지고 있다. 그는 여기서 "미국의 하늘을 보고 기도하지 말고 조선의 하늘을 보고 기도하라"고 하는가 하면, "조선의 예수를 믿으라"고 말하기도 하였다고 한다.[23] 역시 그 무렵 김일성은 "이제부터는 종교도 국가와 인민의 이익에 복종되어야 하며, 우리 민족의 이익을 위한 종교로 되어야 한다. 그러한 종교만이 조선 사람이 믿을 수 있는 종교로 될 수 있다"고 하면서, "하느님을 믿어도 남의 나라 하느님이 아니라 조선의 하느님을 믿어야 하며, 숭미사상을 퍼뜨리는 신자가 될 것이 아니라 조국의 자주독립을 위하여 투쟁하는 애국적 종교인이 되라"고 말하였다 한다.[24] 이 요구는 그 이후에도 기독교인들에게 꾸준히 그리고 좀더 대중화된 형태로 제기되었던 것으로 보인다.[25]

2. 기독교의 정치화와 갈등

1. 개신교의 정치화

이미 여러 차례 지적하였듯이, 해방 직후부터 기독교인들의 행동방식은 놀랄 만큼 정치화되었다. 해방이라는 사태를 맞아, 개신교 지도자들은 북한의 정치 및

---

23) 홍동근, 앞의 글, p. 330과 〈옵서버〉 1990년 4월호, p. 235를 참조.
24) 〈평양신문〉 1987년 6월 24일자, 8월 27일자 ; 김홍수, 앞의 책, p. 514에서 재인용.
25) 김재준 목사는 한국전쟁 때 공산 치하의 서울에서 조사받는 도중에 파출소장으로부터 "예수를 믿어도 미국식 예수는 믿지 마시오"라는 충고를 듣는다(장공 김재준 목사 기념사업회, 《김재준 전집 13 : 범용기 1》, p. 260). 또 1972년 12월 남북적십자회담 당시 남한측 기자들과 회견하는 가운데 조기련 위원장 강양욱은 "나는 조선의 하늘을 믿는다"고 말하였다(박일석, 앞의 책, p. 49). 최근 북한을 방문한 재미 언론인 조광동도 북한의 종교관계자가 "모든 종교는 조선의 하늘을 섬겨야 한다"고 말한 것으로 전하고 있다(〈한겨례신문〉 1991년 6월 2일자). 여러 자료를 종합해 판단할 때, 최초의 표현은 "조선의 하느님을 믿으라"는 것이었으나, 시간의 흐름에 따라 "조선의 하느님"이 "조선의 하늘"로 변화되어 나간 것으로 보인다. 아마도 이 표현이 애초에는 기독교만을 구체적으로 지시하였던 것이었으나, 점차 북한의 종교들 모두가 지향해야 할 보편적인 규범적 목표로 발전하면서 표현도 좀더 일반적이고 범종교적인 것으로 되어가지 않았을까 생각된다. 북한에서 오늘날까지도 종교가 '애국적인가' 아니면 '숭미사대주의적인가'를 특정 종교의 사회적 기능을 평가하는 중심적인 기준으로 삼고 있고, 천도교나 불교 등 민족적인 색채가 더욱 강한 종교와 기독교에 대해 상이한 대응을 해온 것은 바로 이같은 인식을 반영한 것이라고 이해할 수 있을 것이다.

종교집단들을 통틀어 가장 신속한 대응을 보였다. 해방과 거의 동시에 북한 전역에서 결성되기 시작한 건준 내지 지역자치조직 가운데 함경도를 제외한[26] 평남건준(위원장 조만식 장로), 황해도건준(위원장 김응순 목사), 평북자치위원회(위원장 이유필 장로)는 모두 유력한 개신교 지도자들에 의해 주도되었다.

특히 북한정치의 중심부였던 평남지역의 경우 개신교 지도자들의 주도성이 현저하였다. 평남건준의 위원장인 조만식 장로, 부위원장인 오윤선 장로를 비롯하여, 치안부장 최능진, 생활부장 이종현, 지방부장 이윤영 목사, 교육부장 홍기주 장로 등 9명의 부장들 가운데 4명이 개신교 신자이고, 무임소위원에도 김병연·한근조·박현숙 등이 포함되어 있다. 평남건준의 사무실도 평양의 백선행기념관에 설치되었다. 평남건준은 이처럼 개신교 지도자들이 주도하였지만, 처음부터 이주연·김광진·한재덕 등의 좌익인사들을 포함시킬 만큼 좌우합작의 성격을 띤 조직이기도 하였다. 평남건준이 좀더 본격적으로 공산당과 합작하여 평남인민정치위원회를 구성할 당시에도 위원장 조만식, 부위원장 오윤선, 재정위원 김병연, 운수통신위원 이종현, 인사위원 이윤영, 평양시장 한근조, 대동군인민위원장 홍기주 등 개신교 지도자들이 조직의 한 축을 이루었다.

1945년 8월 16일에 결성되어 평북지역 지역자치위원회들의 모태가 된 신의주치안유지위원회는 이유필 장로에 의해 지도되었으며, 용암포자치위원회와 용천군자치위원회의 위원장을 함석헌이 맡았다. 같은 해 8월 26일에 평북자치위원회가 구성되었을 때 이유필 장로가 위원장으로 추대되었으며, 함석헌은 문교부장에 올랐다. 건준과 자치위원회 조직이 인민정치위원회로 개편되었을 때에도 이유필 장로와 김응순 목사는 각각 평북과 황해도 지역의 책임자로 추대되었다. 그러나 1945년 11월 중순에 조직구성이 완성된 5도행정국과 이것이 발전되어 1946년 2월에 구성된 북조선임시인민위원회 단계에서는 좌파중심의 구성이 분명해지며, 우파적인 기독교 민족주의자들은 대부분 배제된다. 김일성이 위원장을 맡은 북조선임시인민위원회에는 좌파성향의 강양욱 목사가 서기장으로 참여하였을 뿐이었다.[27]

당시 기독교인들의 정치화 정도를 좀더 선명하게 드러내주는 것은 한국기독교 역사상 전무후무하게 기독교정당의 결성이 두차례나 시도되고, 인적 구성으로 보아 기독교정당을 방불케 하는 강력한 정당이 조직된다는 사실이다. 이들 정당들이 모두 서북지역을 지역기반으로 삼고 있다는 점에서, 우리는 이 지역에서 기독

---

26) 함경도 지역에서는 장로교의 조희렴 목사가 원산시장으로 추대된 것 정도만을 파악할 수 있을 뿐이다(김춘배,《한국교회 수난사화》, 성문학사, 1969, p. 265).

27) 각 지역 인민위원회의 세부적인 인적 구성에 대해서는, 김용복, "해방 직후 북한 인민위원회의 조직과 활동",《해방전후사의 인식 5》, 1989, pp. 203~219를 참조.

교의 영향력이 얼마나 컸던가를 새삼 확인할 수 있다. 같은 시기의 남한에서도 기독교인들의 활발한 정치참여가 이루어졌지만, 기독교 정당을 결성하는 등의 시도는 발견되지 않는다.

여기서 우리는 계층적으로 볼 때 서북지역 개신교 신자들이 일찍부터 상인층과 민족자본가층·중농 이상의 농민층에 집중적으로 분포해왔다는 점[28]에 주목해 볼 필요가 있다. 그렇다면 개신교 신자들이 정당을 결성할 경우 이 정당의 정치적 지향 역시 우파적 성격을 띨 가능성이 높다고 보여지기 때문이다. 이같은 맥락에서 사와 목사의 다음과 같은 관찰은 매우 통찰력 있는 것이라 생각된다. "토지개혁은 해방후 북한 인구의 80%에 해당되는 소작인·빈농에 대한 일종의 인기정책이었는데, 대부분의 기독교도는 이 정책의 수혜자라기보다는 피해자의 입장에 놓였던 것 같다. 이는 북한에서 기독교도의 사회계층이 이른바 부르주아에 가깝고, 중소산업 및 상업경영자나 중소지주, 그리고 인텔리에 집중되고 있었고, 북의 체제가 새로운 계급으로 규정한 노동자·농민에는 기독교의 뿌리가 없었다는 사실을 보여준다고 할 것이다."[29]

우선 조만식을 중심으로 평남건준으로 집결하였던 기독교인들은 평남인민정치위원회를 거쳐 1945년 11월 3일에 조선민주당으로 정치세력화하였다. 이들은 1945년 말까지 공산주의자들과 함께 정세를 주도해간 세력 가운데 하나였다. 특히 1945년 말 현재 북조선공산당의 당원수가 4,530명에 불과하였던 점을 감안할 때, 결성 3개월 후의 당원수가 무려 50만명으로 추정되는 이 집단의 영향력은 대단한 것이었다.[30] 당시 조선민주당은 기관지만 해도 중앙당 기관지인 〈조선민보〉외에도 〈평북민보〉, 〈황해민보〉, 〈강원민보〉 등 3개의 도당 기관지를 발행하고 있었다.[31]

1945년 12월까지 조선민주당은 기독교인들에 의해 확고하게 주도되었다. 창당

---

28) 서북지역 개신교 신자들의 사회경제적 성향에 대해서는, 이광린, 《한국개화사상연구》, 일조각, 1979, pp. 239~254 ; 민경배, 《한국기독교사회운동사》, 대한기독교서회, 1987, pp. 140~144 ; 서명원, 앞의 책, pp. 178~188 ; 민경배, 《대한예수교장로회 백년사》, p. 100 ; 강명숙, "1920년대 조선 개신교의 사회주의 인식", 〈한국기독교역사연구소소식〉 18호, 1995. 1, pp. 13~14 등을 참조.
29) 사와 마사히코, "해방 직후의 북한사회와 기독교"(평화통일연구모임 자료집 1), 숭실대 기독교사회연구소, 1987. 11, p. 13.
30) 연세대 대학원 북한현대사연구회, 앞의 책, p. 329 ; 장병욱, 《6·25 공산남침과 교회》, 한국교육공사, 1983, p. 25 ; 홍만춘, "북한정권 초기의 기독교와 강양욱", 〈북한〉 1990년 2월호, p. 81 ; 사와 마사히코, "해방 이후 북한지역의 기독교", 《해방후 북한교회사》, p. 37 참조.
31) 한병구, "북한의 신문", 유재천 편, 《북한의 언론》, 을유문화사, 1989, p. 94.

대회에서 선출된 간부진용에는 당수 조만식, 부당수 이윤영을 비롯하여, 이종현·김병연·백남홍·정인숙·박현숙·오영진·이호빈 등의 개신교 지도자들이 포함되어 있었다. 오산학교의 교장이었던 주기용은 평북도당 위원장으로 참여하고 있었다.[32] 그러나 평남건준이나 인민정치위원회와 마찬가지로, 조선민주당 역시 출발부터 공산측과의 합작이라는 성격을 부분적으로 띠고 있었다. 창당 간부중에는 김일성이 추천한 오산학교 출신의 최용건이 부당수로, 김책이 서기장 겸 편집부장으로 참여하고 있었기 때문이다.[33]

조선민주당에 참여한 기독교인들은 일제하에서부터 신간회에 참여하는 등 "민족사회주의 혹은 기독교사회주의의 색채가 농후한 사람들"이었고, 해방 당시 종교부문에서 강력한 사회주의시책과 중립적인 국가관리가 요청된다는 점을 인정하고 있었다.[34] 또한 조선민주당의 노선은 "민족독립·남북통일·민주주의 확립"이었는데,[35] 이는 당시의 반제반봉건민주주의혁명이라는 사회적 요구와 대체로 부합하는 것이었다고 할 수 있다. 그러나 이정식과 스칼라피노가 지적하고 있듯이, 특히 초기의 조선민주당은 '우익민족주의자와 반공주의자들의 피난처 역할'도 하였던 것으로 보인다.[36] 더욱이 상당수의 개신교인 간부들은 일제 말기에 친일파로 전향한 색채가 진하였던 만큼, 이들이 1920~1930년대에는 민족주의적인 기독교사회주의자였을지라도 해방 당시에는 더 이상 민족주의자로 단순히 분류하기가 어렵게 되었다. 어쨌든 일제 말엽 기독교의 현저한 특징이었던 '종교적 진보세력의 정치적 어용화' 현상[37]을 어느 정도 반영하면서 조선민주당은 상당한 내적 취약성과 이질성을 노출하고 있었다고 말할 수 있다. 또한 조선민주당의 계급적 기반이 중소기업가·수공업자·소상인·중농 이상의 농민층 등 다양한 소부르주아적 요소에 두고 있었다는 사실에 대해서는 연구자의 시각이 거의 일치한다.[38] 이미 언급하였듯이, 조선민주당의 지역적 기반은 주로 개신교의 교세가 강력하였던 서북지방에 있었다. 따라서 우리는 여기서 서북지역 개신교인들의 사회경제적 성향과 조선민

---

32) 사와 마사히코, "해방 이후 북한지역의 기독교", 《해방후 북한교회사》, p. 43.
33) 김용복, 앞의 글, pp. 195~196.
34) 변영호, 앞의 글, p. 229.
35) 위의 글, p. 226.
36) 이정식·스칼라피노, 앞의 책, p. 448.
37) 강인철, "월남 개신교·천주교의 뿌리 : 해방후 북한에서의 혁명과 기독교", 〈역사비평〉 1992년 여름호, pp. 104~107 참조.
38) 변영호, 앞의 글, pp. 221~230 ; 김일성, "평남 순천군당 제2차 당대표자회의에서의 연설", 《북한현대사 1》, pp. 503~504 ; M. E. 뜨리구벤꼬, "한반도 분단상황에서의 인민민주주의혁명의 성격", 같은 책, p. 162 ; 이찬행, "북한의 '조선사회민주당'", 〈겨레의 길〉 1991년 5월호, p. 163 ; 김명섭, 앞의 글, p. 38 등을 참조.

주당의 계급적 기반이 중첩되고 있음을 확인할 수 있다. 이른바 '노획문서'에 포함된 '선천군 학교관계 조사철'과 '선천군내 주일학교 조사관계철'을 보더라도, 개신교 신자들 가운데는 조선민주당 당원이 많고, 이들은 타종교 신자나 무종교자들에 비해 중농 이상 계층이 많음을 알 수 있다.[39]

조선민주당에는 연합노회의 지도급 인사들도 상당수 참여하였던 것 같다. 예컨대 장로교 연합노회의 초대 회장이었던 김진수 목사는 조선민주당에 참여하여 선천군당을 조직하였고,[40] 함경노회장이었던 안봉진 목사는 북청군당 위원장을 맡았다.[41] 또 조선민주당에는 천주교 신자 일부도 참여하였던 것으로 보인다. 평양교구 정주·섭가지·서포 본당의 회장을 역임한 김관택은 조선민주당 정주군당 위원장이기도 하였다.[42] 또 황해도 은율본당의 지도자 가운데 한사람이었던 최익찬은 조선민주당 은율군당 위원장이었다.[43] 장련본당 신자였던 노광명은 조선민주당 장련면당 위원장으로 조선민주당 은율군당 반공사건에 연루되어 투옥, 살해되었고, 1947년 여름에 신계지방에서 조선민주당 당원들에 대한 일제검거가 있었을 때 체포된 15명 가운데에는 신계군 정봉본당의 천주교 신자 3명이 포함되었다.[44]

조선민주당은 1946년 1월 초부터 신탁통치문제를 둘러싸고 조만식을 중심으로 한 우파민족주의자들이 공산당과 대립함으로써 큰 위기에 처한다. 이 위기는 우파 당지도자들이 조선민주당으로부터 축출되는 결정적 계기가 되는데, 조선민주당내 좌파세력은 1946년 2월에 열린 '북조선민주당 열성자대회'(이른바 혁신대회)를 통해 반탁문제로 당수직을 사퇴한 조만식 등 우파세력을 축출하고 강양욱·최용건 등 친공산당계 인사들로 당 수뇌부를 교체하였다. 이 때 축출된 조선민주당의 간부들은 대거 월남하여, 이듬해 4월 서울로 중앙당본부를 이전시킨다고 선언한다.[45] 부당수 이윤영 목사를 비롯해 이종현·김병연·박현숙·오영진·이호빈·선우훈·한근조·전영택 등 조선민주당 중앙간부직을 구성하였던 개신교인들의 대부분이 이 대열에 가담함으로써 이후 당과 개신교인들의 관계는 크게 느슨해진 것

---

39) 국사편찬위원회 편,《북한관계사료집 X(1946~1950)》, 국사편찬위원회, 1990, pp. 198~310 참조.
40) 이규일 편,《순교자 정일선 목사의 생애》, 소망사, 1991, p. 158.
41) 사와 마사히코, "해방 이후 북한지역의 기독교", p. 35.
42) 윤선자, "한국교회의 인물상(20) : 김관택",〈교회와 역사〉189호, p. 20.
43) 한국교회사연구소,《황해도 천주교회사》, pp. 159~303.
44) 위의 책, p. 437·506. 또한 1988년 6월 현재에도 천주교인들이 이 당의 당원중에 일부 포함되어 있음을 확인할 수 있다(이찬행, 앞의 글, p. 168 참조).
45) 김갑철, "북한에서의 '인민정권'의 수립과정", 전인영 편,《북한의 정치》, 을유문화사, 1990, p. 49.

으로 보인다. 신탁통치문제를 계기로 한 조선민주당의 분열, 그리고 조선민주당과 공산당간의 갈등은 지방당 수준에서도 매우 격렬하게 진행되었던 것으로 보인다. 예컨대, 안주군당은 '반탁시민성토대회'를 개최하고 소련군사령부와 공산당 안주군당부 앞에서 시위를 벌이다가 소련군의 발포로 해산되기도 하였다.[46] 우파 지도자들이 대거 물러나고, 1946년 3월의 토지개혁으로 당의 농촌기반이었던 중소지주층이 소멸하게 됨으로써 조선민주당의 세력은 급속히 위축되어 1949년 가을 경에는 당원숫자가 10만명 이하로 감소된다. 이밖에 1946년 11월 선거에서 '모집식'으로 당원을 확대한 결과 당내의 이질성이 심화되고 당간부와 당원들의 정치의식이 매우 낮아지자, 이후 입당절차를 '보증제'로 전환하고 당단체 및 당원들을 심사하여 반공주의자들을 출당시키는 일련의 조치들을 진행하는 점 또한 당세위축의 한 요인이었다.[47]

또한 해방된 지 불과 보름만인 1945년 9월 초에는 미국유학 출신인 신의주의 윤하영·한경직 두 목사의 주도로 평북지방의 개신교인들에 기반을 둔 기독교사회민주당이 결성되었다. 당수는 평북자치위원회 위원장이었던 이유필 장로가 추대되었다. 이 당은 한국 역사상 최초의 기독교정당이었다. 기독교사회민주당의 당세는 거의 알려진 바가 없지만, 당지부들이 대체로 평북지방에 한정되어 있고, 지부를 조직하는 과정에서 당의 해체를 강요당하였던 점으로 미루어 당원수가 그렇게 많지는 않았던 듯하다. 계급적 지지기반은 조선민주당과 비슷하였을 것으로 생각된다.

기독교사회민주당은 "민주주의 정부의 수립과 기독교 정신에 의한 사회개량"을 정강으로 삼고, 창당 직후에 조직확대를 위해 사회민주당으로 당명을 바꾼 것으로 알려져 있다.[48] 한경직 목사가 최근들어 밝힌 바에 따르면, 애초에는 '민주당'이라는 당명으로 창당하려 하였으나 대지주의 횡포를 막고 대기업의 국가관리를 위해 '사회민주당'으로 정하였다고 한다.[49] 이는 소련군정이 성립될 즈음의 북한이데올로기지형의 '좌경화' 현상을 소극적으로나마 반영한 것으로 보이지만, 공산당의 급속한 조직에 자극받고 또 이에 대항하기 위한 목적으로 이 당이 만들어졌음도 분명히 하고 있는 점으로 미루어 공산주의자들과의 협력가능성은 처음부터 배제되었던 것으로 보인다. 정강에 '반제'(反帝)의 과제가 생략되어 있는 점 역시 공산주의자들과 명백히 구분되는 점이라고 할 수 있다. 당의 최고 지도자 가운데 한사

---

46) 북한연구소, 앞의 책, p. 283.
47) 이찬행, 앞의 글, pp. 163~164 ; 이정식·스칼라피노, 앞의 책, p. 493.
48) 김양선, 앞의 책, p. 62.
49) 손규태, "분단상황에서의 기독교의 역할", 〈신학사상〉 1988년 여름호, pp. 346~334 ; 이만열, "한경직 목사를 만남", 〈한국기독교와 역사〉 1, 1991, pp. 154~155.

람이었던 윤하영 목사가 1939년에 결성된 국민정신총동원 예수교장로회연맹의 이사장으로 추대되어 이듬해 장로회 총회에서 이 단체의 화려한 친일활동 성과를 보고하기도 한 전력을 가진 점에 비추어 보면,[50] 기독교사회민주당은 당시 통일전선에 참여하기 위한 요건으로 폭넓게 인정되었던 이른바 '반일(反日)민주주의정당'으로 분류하기도 어려우리라 생각된다.

사회민주당은 '지부당'을 결성하는 과정에서 공산주의 추종자들과 자주 충돌하였다. 특히 1945년 11월 16일에 있었던 용암포지부 결성대회는 당 자체가 와해위기에 처하는 계기로 작용하였다. 여기서 공산당원들로 보이는 용암포의 경금속공장 노동자들이 대회장을 습격하고 위원장인 장원봉 집사를 비롯한 간부들을 폭행하여 장로 한사람이 타살되고, 교회건물과 당간부 주택이 크게 파손되었다. 이 사건은 11월 23일부터 인근 신의주에서 벌어진 학생시위사건의 도화선으로 작용하는데, 주동학생들은 공산당과 인민위원회 본부 등을 습격하기 직전에 대표를 기독교사회민주당 본부로 보내 시위계획을 보고하고 사후 수습책을 부탁하게 된다. 기독교사회민주당 간부들은 즉시 시위현장으로 달려가 당원들을 중심으로 사망자 처리와 부상자 치료 등 사태수습에 노력을 기울였다. 이 날 소련군당국은 계엄령을 선포하여 기독교사회민주당 간부들에 대한 일제검거에 나섰다.[51] 기독교사회민주당은 신의주 사건을 계기로 결정적으로 약화되었다. 더욱이 이 무렵 윤하영 목사와 한경직 목사 등 최고지도자들도 월남하고 만다. 따라서 이 시기 이후로는 기독교사회민주당이 북한의 정세진전과정에서 의미 있는 역할을 담당하지 못하였던 것 같다.

기독교사회민주당 외에 시도된 또 하나의 기독교정당은 기독교자유당이었다. 그러나 엄격하게 말하면, 이 당은 두차례에 걸친 결당시도를 합쳐 가리키는 것이며, 또한 이 가운데 두번째의 결당시도는 기독교자유당과 기독교민주당이라는 별개의 정당조직 움직임이 하나로 합류되는 과정을 거쳤다. 아마도 정당으로서의 활동을 제대로 시작하기도 전에 해체당하였기 때문이겠지만, 기독교자유당은 그 중요성에도 불구하고 지금까지 충분한 주목을 받지 못하였다. 기독교자유당이 중요하게 취급되어야 하는 이유는 이것이 연합노회와 서부연회라고 하는 장로교와 감리교 공식대표기관의 최고지도자들에 의해 직접 추진되었다는 점에 있다. 또한 기독교자유당의 조직 움직임이 발각되어 당국의 탄압을 받았던 사건 이후에 연합노회와 서부연회의 활동이 크게 위축되었던 것도 기독교자유당을 중요한 교회사적 사건으로 만드는 요인이다. 따라서 우리는 이 사건을 좀더 자세히 살펴볼 필요

---

50) 한국기독교역사연구소, 《한국기독교의 역사 Ⅱ》, 기독교문사, 1990, p. 311.
51) 북한연구소, 앞의 책, pp. 533~534.

가 있다.

　1945년 11월 초 평양신학교 이사장이자 그 직후에 연합노회의 부회장으로 선출되는 평양 장대현교회의 김화식 목사를 중심으로 하여 평양 신현교회의 이유택 목사, 의산노회장 김관주 목사, 황봉조 목사, 우경천 목사 등 장로교 지도자들이 비밀리에 평북 정주에 모여 기독교자유당의 결성을 논의하고 정강을 작성하였다. 이 자리에서 김화식 목사는 "머지않아 통일이 될 때 기독교를 널리 전도하기 위해서는 기독교가 단합된 면모로 사회에 임해야 하며, 이를 위해 기독교자유당의 결성이 필요하다"고 역설하였다고 한다.[52] 이에 따르면, 통일에 대비하여 기독교 전파를 위한 기독교인의 단결이 정당결성의 이유였던 셈이다. 김양선 목사는 약간 다른 어감을 주는 설명을 제공하고 있는데, "민주주의정부의 수립을 확보하기 위하여 기독교인을 기반으로 한 강력한 민주주의 정당의 조직"이 이 모임의 이유였다고 한다.[53] 김양선 목사의 표현대로라면, 1945년 말에 추진된 기독교자유당 결성시도는 소련과 공산주의자들이 주도하는 북한의 정세진전을 비판적으로 바라보면서, 이를 제어하기 위한 의도를 포함하는 것이었다고 볼 수 있다. 바로 이것이 이들이 비밀리에 모일 수밖에 없었던 이유이기도 하였을 것이다. 그러나 분명치 않은 이유로 제1차 기독교자유당 결성시도는 여기서 중단되고 만다.

　이후 1946년을 거치면서 장로교와 감리교에서 각각 기독교정당을 창설하고자 하는 움직임이 진행되었다. 장로교에서는 김화식 목사가 중심이 되어 기독교자유당이 추진되었고, 감리교에서는 기독교민주당의 조직이 추진되었다. 1947년으로 접어들면서 두 흐름은 하나로 합류하게 되는데, 이로써 제2차의 기독교자유당 결성시도는 장로교와 감리교 양대 교파의 최고지도자들이 모두 망라되는 움직임으로 발전하게 된다. 장로교에서는 연합노회 부회장이자 평양신학교 이사장인 김화식 목사가 주도적 역할을 하였지만, 기독교자유당 관련자가 체포될 당시 연합노회장인 김진수 목사도 포함되어 있는 것으로 보아 김진수 목사도 이 움직임에 가담하였던 것으로 보인다.

　김화식 목사는 기독교자유당 결성의 필요성에 대해 감리교 서부연회장 송정근 목사, 서부연회 서기인 이피득 목사, 감리교 중진인 신석구 목사, 성화신학교 교장인 배덕영 목사의 동의를 얻은 후, 1947년 2월 15일에 자신이 시무하는 평양 장대현교회의 목사관에서 송정근·배덕영·전준삼·이근영·우경천·김병섭·김두영·김관주·황봉찬·고한규·신석구 등 장감 양교단의 지도자들이 참석한 가운데 시국간담회를 가졌다. 이 자리에 참석한 교회 지도자들은 기독교자유당과 기독교민주당

---

52) 북한연구소, 위의 책, p. 415.
53) 김양선, 앞의 책, p. 64.

을 통합하는 문제를 논의하여, 당명을 기독교자유당으로 하자는 데 합의하였다고 한다. 이와 함께 이날 토론된 내용은 대략 다음과 같이 요약될 수 있다. "1947년 7월부터 평양에서 미소공동위원회가 재개되는데, 이 때 각 정당 사회단체가 답신서를 제출하여 민의를 반영하도록 되어 있다. 그런데 북한에는 조선민주당이 있기는 하나 북조선공산당의 시녀 정당으로서 정당의 역할을 올바르게 다하고 있지 못한 실정이며, 공산정권에 대항할 만한 힘과 조직이 없어 수많은 기독교인이 억울하게 탄압을 당하고 있다. 따라서 공산당에 대응하기 위해 빠른 시일내에 기독교자유당을 창당해야 한다. 재개되는 미소공동위원회가 장차 수립될 통일된 임시정부 수립을 목적으로 하고 있으므로, 이 기회에 정당을 조직하고 미소공동위원회에 등록하여 협의대상으로 활동하자."[54]

이 첫번째 모임 이후 기독교자유당의 창당 움직임이 본격화되었다. 같은 해 3월 하순에는 평양 장대현교회에서 두번째 회합이 열려 창당준비위원회가 구성되었다. 4월 초순에는 이유택 목사가 시무하는 평양 신현교회에서 세번째 모임이 열려, 김화식 목사, 김관주, 신일평 등에게 창당 취지문과 당강 초안을 작성하도록 하였고, 발기인 선정작업에 착수하기로 하였다. 또 면려청년회 서북연합회 간부인 김병섭이 사무담당자로 임명되었다. 세번째 모임이 있은 지 약 한달 후인 1947년 5월 초순에는 평양신학교 지하실에서 120명의 발기인들이 모인 가운데 발기인대회가 열려 당헌과 강령을 채택하고, 지방조직에 착수하기로 결정하였다. 또 미소공동위원회에 제출할 답신서는 오영진이 작성하여 조만식에게 보고하기로 하였다.[55] 여기서는 당간부들의 선임도 이루어진 듯한데, 1947년 5월에 감리교 서부연회장인 송정근 목사가 기독교민주당(기독교자유당의 오기인 듯하다)의 부당수로 선출되었다는 윤춘병 목사의 기록[56]은 바로 이것을 가리키는 것이 아닌가 생각된다. 창당발기인대회가 열리기 직전인 4월 27일에는 평양 장대현 숭덕학교에서 종교탄압에 대한 항의를 위한 평양시내 초교파 연합신도대회(대회장 김화식 목사)가 열리는데, 이 대회는 기독교자유당 창당을 위한 예비대회의 성격을 띤 것이었다고 한다.[57]

기독교자유당의 창당 움직임은 김현석 장로를 매개로 한 남한의 김구—황은균 목사 그리고 북한의 김화식 목사—면려청년회 서북연합회 간부들—조만식간의 조

---

54) 북한연구소, 앞의 책, pp. 416~423 ; 김기혁,《김현석 장로 전기》, 맥밀란, 1981, p. 349 참조.
55) 북한연구소, 위의 책, pp. 416~420 ; 김기혁, 위의 책, pp. 349~350.
56) 윤춘병,《한국감리교 수난 100년사》, 기독교대한감리회 본부교육국, 1988, p. 178.
57) 북한연구소, 앞의 책, pp. 396~398.

직적인 연계활동이라는 또하나의 흐름과 중첩되고 있었다. 1947년 5월 중순 산정현교회의 장로이자 기독교자유당 창당준비위원회 재정책임자인 김현석 장로는 같은 해 2월에 이어 두번째로 월남하여, 황은균 목사가 배석한 가운데 김구와 만난 후 조만식에게 보내는 김구의 편지를 갖고 다시 월북하였다. 김장로는 김화식 목사, 면려회 간부들을 만나 남한 정세를 설명하고 김구의 편지에 대해 협의하였으며, 평양에서 열릴 미소공동위원회와 정당 사회단체의 합동회의에 대비한 준비사항을 토의하였다고 한다.[58] 아마도 이같은 움직임은 북한당국으로 하여금 기독교자유당 조직 노력을 더욱 불온한 것으로 보도록 만드는 데 기여하였을 것이다.

그러나 1947년 6월 15일경부터 북한정권은 기독교자유당의 창당발기인들을 검거하기 시작하여, 김화식 목사를 비롯하여, 장로교 연합노회장 김진수 목사, 감리교 서부연회장 송정근 목사, 서부연회 서기 이피득 목사, 김길수 목사, 김현석, 이학봉, 허천기, 지형순, 강문구, 조연창 등이 체포되었다. 북한당국은 기독교자유당이 미소공동위원회를 방해하고 궁극적으로는 북한의 인민정권을 전복하려 하였다는 혐의를 두었다.[59] 아마도 이같은 검거선풍이 기독교자유당의 창당일정과 활동목표를 수정하게 만든 계기가 된 듯하다. 일제검속으로 인해 7월 이전 창당이 불가능해지자 검속으로부터 풀려나온 김화식 목사 등은 1947년 9월 말 유엔총회에서 한국문제를 토의하기로 결정되었다는 소식에 고무되어, 남북통일정부 수립에 대비하고자 결당식 날짜를 1947년 11월 19일로 수정하고 창당준비를 재차 진척시켰다. 그러나 창당 하루 전인 11월 18일에 이 계획이 내무서에 탐지되어 김화식 목사 등 40여명이 투옥되었다고 한다.[60] 이로써 장로교와 감리교의 최고지도자들이 망라되어 추진된 두차례의 기독교자유당 결성시도는 완전히 실패로 돌아가고 말았다. 기독교자유당은 북한 기독교의 정치화가 어느 정도나 심각하게 진전되었는가를 보여주는 중요한 사례일 뿐만 아니라, 1948년 이후에 연합노회와 서부연회가 급속하게 세력을 잃는 반면 북조선기독교도연맹은 빠르게 그 세를 확장해가는 배경을 이해하는 데서도 중요한 단서를 제공해준다. 우리는 다음 절에서 이 과정에 대해 자세히 살펴보게 될 것이다.

또한 황해도 지역을 중심으로 하여 한독당에 가담하였던 기독교 인사들도 다수 있었던 것 같다. 장병욱 목사에 따르면, 황해도의 경우 "한독당의 거점은 거의 교회가 그 장소였고 동시에 핵심인물도 거반이 크리스챤"이었다.[61] 북조선기독교도

---

58) 북한연구소, 위의 책, pp. 420~421 ; 김기혁, 앞의 책 ; pp. 343~348, 351, 366.

59) 북한연구소, 위의 책 ; 김기혁, 위의 책, p. 366. 북한당국의 이같은 인식은 김현석 장로에 대한 기소장(김기혁, 같은 책, pp. 363~368에 그 전문이 실려 있다)에 잘 나타나 있다.

60) 김양선, 앞의 책, p. 65 ; 북한연구소, 위의 책, p. 536.

연맹에 황해도 지역 교역자들이 대부분 가담하였던 것도 한독당과 관련을 맺고 있던 교역자들이 이 관계를 은폐하기 위한 의도에서였다는 주장도 있다.[62]

2. 국가와의 갈등과 기독교의 분열

건준과 인민정치위원회의 구성, 조선민주당의 창당과정 등에서 확인할 수 있었듯이, 해방 직후 기독교회와 소련군정 및 공산주의자들의 관계는 비교적 우호적인 것이었다. 우리가 기독교자유당에 대해 논하면서 김현석 장로의 열렬한 반공활동에 대해 살펴보았지만, 1945년 9월 하순에는 김장로의 집에서 평양시내 기독교계 인사들을 비롯하여 김일성·최용건·소련군경비사령관 등이 참석한 가운데 '김일성 환국 환영예배'가 드려지기도 하였다.[63]

그러나 이같은 우호관계는 오래 지속되기 어려웠다. 무엇보다도, 장병욱 목사의 지적대로 당시 "북한교회의 남한 선호도와 이승만에 대한 지지는 절대적이었다."[64] 또 연합노회에서 활동하였던 황은균 목사가 "비밀히 미군정과 연락"하고 있었음을 밝히고 있듯이,[65] 연합노회 회원의 대다수가 강력한 친미주의자들이기도 하였다. 연합노회의 주동인물 가운데 한사람이었던 김철훈 목사는 조만식이 이끄는 건준에 가담하여 밀서를 갖고 월남하여 이승만과 연락을 취하고 돌아가기도 하였다.[66] 이미 살펴보았듯이, 연합노회와 서부연회의 간부들은 반공적 색채를 강하게 띤 기독교정당 혹은 준(準)기독교정당에 깊숙이 개입하고 있기도 하였다. 여러모로 연합노회, 서부연회와 북한 국가권력간의 충돌을 피하기는 어려웠던 게 객관적인 현실이었다.

1945년 말까지 북한 기독교인들은 종교적으로나 정치적으로나 공산주의자들과 비교적 우호적이고 협조적인 관계를 유지하였다. 두 세력간의 균열은 모스크바삼상회의의 신탁통치결정에 조만식 장로 등 조선민주당 지도부가 강경한 반대입장을 밝히면서 비롯되었다. 그러나 이것이 비교적 조선민주당에 국한된 것이었다면, 장로교의 연합노회와 감리교의 서부연회 간부들이 중심이 된 기독교세력이 1946

---

61) 장병욱, 앞의 책, p. 51.
62) 김기혁, 앞의 책, p. 65 ; 김양선, 앞의 책, p. 69 참조.
63) 김기혁, 위의 책, pp. 273~278 ; 북한연구소, 앞의 책, p. 284.
64) 장병욱, 앞의 책, p. 37.
65) 이덕주, "한국교회 신앙고백을 찾아서 : 민족분단에 관한 교회의 입장", 〈기독교사상〉 1990년 4월호, p. 164.
66) 김광수, 앞의 책, pp. 44~45.

년 3·1절 행사를 통해 반공·반탁의 입장을 관철하려 시도하게 되면서부터 갈등의 주체와 폭은 급격히 확장되어갔다. 기독교세력은 3월 1일부터 곳곳에서 공산당 세력과 정면으로 충돌하였다. 기독교 지도자들은 이 행사를 통해 조선민주당 내의 우파 기독교인들을 측면지원하려 하였던 것 같다. 기독교 지도자들은 신탁통치안이 당시 민중에게 사실상의 독립 좌절로 이해되었던 분위기를 조선의 독립을 지향하였던 3·1운동에 대한 기억과 연결시켰다.

갓 출범한 북조선임시인민위원회는 해방후 처음 맞는 3·1운동 기념행사를 평양시민대회로 성대하게 치르려고 계획하였지만, 1946년 2월 21일에 평양시내의 장로교와 감리교 교역자들은 서문밖교회에 모여 독자적인 3·1절 기념예배를 드리기로 결정하였다. 이 날 이후로 집요하게 계속되는 임시인민위원회의 만류에도 불구하고 2월 24일에 목사 50여명은 장대현교회에 다시 모여 독자적 행사를 강행한다는 입장을 재확인하였다. 2월 23일부터 25일까지 평양 서문밖교회에서는 장로교의 면려청년회 서북연합회가 주최하는 면려청년대회가 열렸는데, 이 집회는 조만식 등 교회 지도자의 구금에 대한 항의집회의 성격을 강하게 띠고 있었다.[67] 임시인민위원회는 2월 25일부터 예비검속에 나서 교역자 55명을 체포하였다. 그러나 3월 1일에 장대현교회에는 약 5천명의 신자들이 모여 기념예배를 예정대로 거행하였다. 더욱이 창동교회의 황은균 목사 등이 이 자리에서 신탁통치를 지지하는 공산당을 격렬하게 비난하고 이에 대해 적위대 대원들이 황목사를 연행하기 위해 교회 내부로 진입하자, 신자들은 태극기와 십자가를 앞세우고 예배 방해와 교역자 감금에 항의하는 가두시위 전개에 나서 적위대원들과 충돌하는 사태로 발전하였다.[68] 같은 날 의주동교회에서도 수천명이 모여 김석구 목사의 사회로 3·1절 기념예배를 강행하였다. 그러나 임시인민위원회측의 기념행사에 참가하였던 군중이 교회에 난입하여 교인들을 내쫓고 김석구 목사를 끌어내 목에 '민족반역자', '미국의 주구' 등의 문구를 걸어 달구지에 싣고 시내를 일주하는 일이 벌어졌다. 평북도내의 도처에서 이와 유사한 일들이 벌어졌다고 한다.

강화되는 탄압에 대응하여 의산노회장인 김관주 목사는 3월 17일 신도대회를 소집하고 공산세력의 이같은 만행을 성토하였다.[69] 면려청년회도 1946년 부활절에 연합예배를 개최하고 직후에 지방전도활동에 나서게 되는데, 이는 3·1절 장대현교회 사건 이후의 기독교탄압에 대응하여 신자청년들의 단결을 강화하기 위한 것이었다고 한다.[70] 이에 앞서 3월 13일에는 일부 기독교신자 청년들이 북조선임시

---

67) 북한연구소, 앞의 책, p.395.
68) 위의 책, pp.387~391.
69) 북한연구소 편, 《북한민주통일운동사 2 : 평안북도 편》, 북한연구소, 1990, p.537.

인민위원회의 서기장으로 3·1절 예배의 독자개최에 반대하는 강양욱 목사의 집에 폭탄을 투척하여 다른 두 목사와 강목사의 자녀들이 폭사하는 사건도 발생하였다.[71] 일부 문헌에는 이 사건이 임정계의 하부조직인 이른바 '대북정치공작대'에 의해 이루어진 것으로 주장되고 있다. 이 단체는 신익희를 대장으로 하여 월남한 서북출신 청년들로 구성되어 있었는데, 증경 평서노회장 조승익 목사의 아들인 조중서가 조직부장으로서 북한의 김현석 장로나 조선민주당 기간당원들과 연락이 닿고 있었다고 한다. 이들은 김일성과 최용건·강양욱을 차례로 저격대상으로 삼았는데, 장대현교회의 홍민규 장로는 자신의 집을 저격조의 은신처로 제공하고 자금을 제공하였으며, 평양신학교 학생들과 다른 기독교 인사들도 이 공작에 도움을 주었다고 한다.[72]

이처럼 1946년 3월 초를 고비로 하여 기독교와 공산세력간의 갈등이 전면화된 데에는 신탁통치안에 대한 지지여부 그리고 이와 연관된 조선민주당의 위기상황이 작용하고 있었지만, 그 저변에는 같은 달에 전격적으로 시행된 토지개혁이라는 '촉진요인'이 자리잡고 있었던 것으로 보인다. 말하자면 임박한 토지개혁에 대한 거부감이야말로 3·1절 사건의 숨겨진 의미였다고도 볼 수 있는 것이다. 이미 언급하였듯이, 전체적으로 볼 때 기독교인들은 토지개혁의 '수혜자'라기보다 '피해자'에 가까웠기 때문이다. 북한당국자들도 똑같은 눈으로 기독교 지도자들을 바라보고 있었다. 예컨대 1948년 3월에 열린 노동당 제2차 당대회에서도 김일성은 "…… 악질적인 장로·목사로서 땅이 없던 자는 거의 없고, 이들은 이 때까지 놀고 먹기만 하였기 때문에 우리에게 불평을 가지고 있습니다"라고 말한 바 있다.[73] 홍동근 목사가 전하는 토지개혁 직후의 평양 교계 분위기도 이와 크게 다르지 않다. "그 때 평양 교회들엔 반공부흥회가 밤마다 있었다. 공산당을 공공연하게 욕할수록 능력있는 설교가요 순교자적 목사로 찬미됐다."[74] 1946년 8월에 시행된 주요산업 국유화법령에 의해 과거 선교부 소속이었던 건물들이 대부분 적산으로 간주당하여 몰수되었던 사실[75] 역시 기독교의 물적 기반을 급격히 약화시킴과 동시

---

70) 북한연구소,《북한민주통일운동사 1》, pp. 395~396.
71) 홍만춘, 앞의 글, p. 82 ; 장병욱, 앞의 책, p. 47. 1943년 평양신학교를 졸업한 후, '제2의 김익두 목사'라는 말을 들을 정도로 부흥목사로 이름을 날린 강양욱은 해방 당시 평양의 고정교회에서 시무하고 있었다. 그가 1946년 3월에 피습당한 곳도 고정교회의 목사관이었다(북한연구소,《북한민주통일운동사 1》, pp. 294~298). 그는 김일성의 인척이기도 하였다.
72) 북한연구소,《북한민주통일운동사 1》, pp. 284, 286~305 참조.
73) 연세대 대학원 북한현대사연구회, 앞의 책, p. 552.
74) 홍동근, "평양의 기독교와 주체사상의 만남(상)",〈옵서버〉1990년 4월호, p. 230.

에 기독교 지도자들의 반공적 태도를 강화하는 한 요인으로 작용하였을 것이다.

한편 토지개혁의 또다른 중요한 결과는 기독교인 가운데도 땅을 빼앗긴 이들과 땅을 얻은 이들이 갈라지고, 그에 따라 기독교인들이 당면한 현실을 보는 눈도 달라지게 되었다는 점이다. 따라서 교회와 국가간의 갈등과 함께, 교회내에서 보수세력과 혁신세력간의 분열이 발생하고 이들간에 대립이 발생할 가능성은 점점 커져갔다. 재건교회 분파들의 이탈로 귀결된 1945년 후반의 출옥성도 그룹과 교권 그룹간의 갈등이 친일파의 처리방식을 초점으로 한 교회 '재건'의 문제에서 비롯된 것이었다면, 1946년 봄 이후의 분열과 갈등은 북한 정세의 진전방향을 초점으로 한 보수 대 혁신의 대립구도로 특징지워진다.

이같은 상황변화를 배경으로 하여 개혁을 지지하고 공산당과의 통일전선적 협조를 추구하는 기독교인들도 강양욱 목사를 중심으로 독자적인 조직화를 시도하게 된다. 그 결과 1946년 봄경에[76] 북조선기독교연맹이 탄생하였다. 북조선기독교연맹은 1946년 11월 28일에 평양 신양리교회에서 창립대회를 갖고,[77] 북조선기독교도연맹(이하에서는 '기독교도연맹'으로 약함)으로 단체명을 바꾸었다. 이 자리에서 발표된 기독교도연맹의 강령은 다음과 같다.

1. 기독교의 박애적 원칙에 기초하여 인민의 애국열을 환기하며 조선의 완전독립을 위하여 건국사업에 일치 협력할 것.
2. 민주조선 건국에 해독인 죄악과 항쟁하고 도의(道義) 건설을 위하여 분투할 것.
3. 언론·출판·집회·결사 및 선교의 자유를 보장하기 위하여 진력할 것.
4. 기독교의 발전을 위하여 매진할 것.[78]

강령의 우선순위로 보나 각 항목의 내용으로 보나, 이 단체는 정치적·사회적 목적을 전면에 내세우고 있을 뿐 아니라 친공산당적 지향도 분명히 하고 있다. 또

---

75) 윤춘병,《성화가 걸어온 발자취》, p. 63.
76) 사와 마사히코, "해방 이후 북한지역의 기독교", p. 30. 기독교연맹이 조직된 일자는 분명하지 않다. 북한의 기독교도연맹은 지금까지도 매년 11월 28일을 창립일로 기념하고 있다. 〈평양신문〉 1987년 6월 24~25일자는 1946년 11월 3일의 인민위원회선거가 있은 며칠후 김일성이 강양욱 목사에게 기독교인들을 애국주의적으로 교양할 단체를 하나 만드는 게 좋겠다고 권유한 것이 기독교도연맹을 결성하는 직접적인 계기가 된 것으로 보도하고 있다(김홍수, 앞의 책, p. 526). 그러나 기독교연맹이 1946년 11월 3일 선거와 관련하여 성명을 발표하였던 것이 명백한 사실이라면, 창립일은 당연히 그보다 선행되어야 할 것이다.
77) 윤춘병,《성화가 걸어온 발자취》, p. 67.
78) 고태우,《북한의 종교정책》, 민족문화사, 1988, p. 124.

제 2 장 기독교의 정치화와 내적 갈등의 심화

기독교도연맹은 처음부터 초교파적으로 조직되었다. 애초에 기독교도연맹 추진세력은 개신교의 여러 교파뿐 아니라, 천주교까지 망라한 조직을 구성하려고 시도하였다. 이와 관련하여 장병욱 목사는 기독교도연맹대회를 준비하는 과정에서 개신교와 천주교측에 중앙위원 4인씩을 선정하여 창립대회에 참석토록 하였다고 전하고 있다.[79] 그러나 천주교회에서는 기독교도연맹에 참여하는 것을 공식적으로 금지하였으며, 따라서 기독교도연맹은 개신교만의 초교파조직이 되었다.[80] 실제로 기독교도연맹은 개신교내에서도 장로교 인사들에 의해 주도되었다.[81] 저명한 부흥사이자 황해노회장을 역임한 장로교측의 김익두 목사가 초대 위원장으로, 김응순 목사가 부위원장으로 선출되었고, 이 단체의 실질적인 실력자도 장로교의 강양욱 목사였다. 기독교도연맹 창립대회에서 중앙위원으로 선출된 중앙위원 15인은 강양욱·김치근·배덕영·박건수·박성채·박상순·조희렴·김응순·김태은·강석록·변봉조·김은석·최수걸·나시산·이피득 등이었다.[82] 이 가운데 감리교의 배덕영 목사나 이피득 목사는 그후 기독교자유당에 가담하는 만큼 어쩔 수 없이 참여한 경우라 해도 좋을 것이다. 결성 당시 기독교도연맹에는 북한지역 개신교 목사의 3분의 1 가량이 참여한 것으로 알려지고 있다.[83] 지역적으로 보면 함경도와 황해도가 주를 이루고 평안도 지역에는 별 기반이 없었던 것으로 알려지고 있다. 특히 황해도에서는 연맹 가입여부를 둘러싸고 극단적인 분열이 있었다.[84]

여기서 짚고 넘어가야 할 점은 기독교도연맹이 공산당이 주도하는 '민주개혁'을 지지하는 혁신적인 입장을 표방하였다고 해서, 그 주도세력이 일제시대에 민족운동에 적극적으로 참여한 사람들이었다고 보기는 어렵다는 점이다. 특히 부위원장인 김응순 목사는 1942년에 장로교 총회장으로서 친일행각 일색인 총회를 주도하였을 뿐 아니라, 1943년에는 국민총력연맹 장로회연맹 이사장으로 귀금속헌납운동을 주도한 경력을 갖고 있다.[85] 기독교도연맹의 서기였던 조택수 목사도 명백한

---

79) 장병욱, 앞의 책, p. 59.
80) 그럼에도 불구하고 천주교측의 기독교도연맹 불참방침이 반드시 일사불란하게 관철된 것은 아니었다. 예컨대 본인의 자발적 의사에 따른 것 같지는 않지만, 황해도 안악본당의 김경민 신부는 기독교도연맹의 지역조직에 가담하고 있었다(한국교회사연구소,《황해도 천주교회사》, pp. 468~469).
81) 그러나 장로교내에서도 소수파인 재건교회 그룹들은 기독교도연맹에 대한 참여를 완강히 거부하였다.
82) 고태우, 앞의 책, p. 125.
83) 김성재 외, "심포지엄 : 북한 사회주의와 종교", 〈신학사상〉 1989년 여름호, p. 359.
84) 사와 마사히코, "해방 이후 북한지역의 기독교", pp. 31~33.
85) 한국기독교역사연구소, 앞의 책, p. 312 ; 민경배,《대한예수교장로회 백년사》, pp. 524~525.

친일행위를 하였던 전력이 있다. 이같은 내부구성은 초기 기독교도연맹의 취약성을 잘 보여준다. "강양욱의 노선을 따르던 교역자의 대부분은 일제시대 때 신사참배문제에 동조하던 목사들이었다"는 보수인사들의 비난[86]은 이런 면에서 부분적으로 타당하다.

어쨌든 보혁(保革)대결구도를 갖는 북한 개신교 양대조직의 등장으로 인해 1946년 중반 이후로는 보수세력이 결집한 연합노회 및 서부연회측과 진보적 이념을 표방한 기독교도연맹측간의 대립이 노골화된다. 양자간의 첫 충돌은 일요일에 치러진 1946년 11월 3일의 북조선인민위원회 위원선거에 참가할 것인가의 문제를 둘러싸고 벌어졌다.

연합노회측은 10월 20일 경에 다음과 같은 결의문을 발표하여 주일에 치러지는 선거참여를 거부하겠다는 입장을 밝혔다.

1. 성수주일(聖守主日)을 생명으로 하는 교회는 주일에는 예배 이외의 여하한 행사에도 참가하지 않는다.
2. 정치와 종교는 이를 엄격히 구분한다.
3. 예배당의 신성(神聖)을 확보하는 것은 교회의 당연한 의무요 권리이다. 예배당은 예배 이외에는 여하한 경우도 이를 사용함을 금지한다.
4. 현역 교역자로서 정계에 종사할 경우에는 교직을 사면해야 한다.
5. 교회는 신앙과 집회의 자유를 확보한다.[87]

같은 해 10월 21일 강서 기양교회에서 열린 평서노회에서도 독자적으로 다음과 같은 취지의 결의문을 채택하고, 이를 효과적으로 실천하기 위해 지역별로 시찰 책임자를 선출하였다.

1. 우리 기독교인들은 주일인 11월 3일에 실시하는 총선거에 참여하지 않는다.
2. 북조선임시인민위원회는 기필코 일요일을 총선거일로 정한 저의를 밝혀야 한다. 따라서 지금이라도 날짜를 변경하라.
3. 부득이 주일에 선거를 실시한다면 선거참여 여부는 인민들 각자 의사에 맡기라. 자유로운 선거권을 보장하라.

---

86) 북한연구소, 《북한민주통일운동사 1》, p. 409.
87) 김양선, 앞의 책, p. 68. 이 성명서가 발표된 시점이나 형식 등에는 논란의 소지가 많다. 성명서의 발표시점이 10월 24일이라는 주장이 있고(북한연구소, 《북한민주통일운동사 1》, p. 403), 발표형식도 장대현교회에서 열린 제2회 연합노회에서 발표된 것이라는 주장(같은 책)과 수양회에서 발표되었다는 주장(같은 책, p. 408)이 엇갈리고 있다.

제 2 장 기독교의 정치화와 내적 갈등의 심화 399

    4. 주일은 예수 그리스도와 교회행사 외의 어떠한 사회행사에도 참여하지 않는다.
    5. 노회내 지교회 담임목사에게 주지시켜 행동통일하는 데 각 노회 지교회는 이에 협조해야 한다.[88]

며칠후 기독교도연맹은 이에 맞서 김일성 정부에 대한 지지와 선거 참여의사를 밝히는 성명을 발표하였다. 성명의 취지는 대략 다음과 같은 것이었다.

    1. 우리는 김일성 정부를 절대 지지한다.
    2. 우리는 남한정권을 인정치 않는다.
    3. 교회는 민중의 지도자가 될 것을 공약한다.
    4. 그러므로 교회는 선거에 솔선 참가한다.[89]

그러나 이같은 대립은 단지 교회내에 국한된 갈등만은 아니었다. 여기에는 북한의 정권당국도 긴밀히 개입하고 있었다. 연합노회를 비롯한 기독교계에서 선거 불참 움직임을 보이자, 김일성은 선거 직전에 장로교와 감리교 지도자 10여명을 북조선임시인민위원회 청사로 불렀다. 이 자리에서 김일성은 성경에도 좋은 일은 안식일에도 할 수 있다고 쓰여 있으며, 안식일에 좋은 일을 하는 예수를 힐난하다가 창피를 당한 바리새인들의 실례를 들어 선거참여의 필요성을 역설하는 등 해박한 성서지식을 과시하며 지도자들을 설득하였다고 한다.[90] 동시에 이 사건은 이중적 측면을 갖는 북한의 종교자유개념을 둘러싼 논전의 성격도 띠고 있었다. 우선, 기독교내 보수세력을 대표하는 연합노회측은 일요일에 선거를 치르는 것과 예배당을 정치집회의 장소로 활용하는 것이 종교의 자유를 침해한 것이라고 이해하였다. 당시의 여러 사정을 고려할 때 이같은 해석이 종교의 자유와 정교분리의 개념을 엄격하게 또한 좁게 해석한 것임은 분명해 보인다. 한편 이와 대립하는 입장이었던 기독교도연맹측은 당면한 정치적 과업에 적극 참여하는 것이 종교활동의 중요한 일부이며, 따라서 주일선거는 종교의 자유와 모순되지 않는다는 주장을 폈다. 마지막으로, 김일성은 11월 1일의 평양시 '민주선거' 경축대회에서 연설하는 가운데 이렇게 말하였다. "교인들과 승려들과 목사들이 자기 조국과 인민을 위하여 사업하는 것을 금지하는 그러한 종교란 있을 수 없습니다. …… 그들이 진정한 애국자라면 자기 인민을 위하여 사업할 수 있을 뿐만 아니라 응당 사업하여야 할 것이라고 생각합니다."[91] 그는 나아가 종교활동가 가운데 종교의 전통과 교

---

  88) 북한연구소,《북한민주통일운동사 1》, p. 408.
  89) 김양선, 앞의 책, p. 69.
  90) 김흥수, 앞의 책, pp. 522~525.
  91) 박일석, 앞의 책, p. 61에서 재인용.

리를 이유로 선거참가를 반대한다면, 이는 외국에 매수당한 스파이로서 종교를 체제파괴활동에 이용하고 있음이 틀림없으며, 선량하고 애국적인 종교인이라면 누구나 인민위원에 당선될 수 있고 또 그렇게 해야만 한다고 덧붙이고 있다. 여기서 김일성은 정치와 종교의 관계를 해석하는 데 연맹측과 입장을 같이하면서, 위압적인 어조로 종교자유의 한계를 명확히 규정하였던 것이다.

실제로 평안도 지역을 중심으로 많은 기독교인들이 이 선거에 불참하였다.[92] 그러나 천주교에서는 주일선거를 특별히 문제삼지 않았던 듯하다. 예컨대 영원한 도움의 성모회의 서포수녀원에서는 주일선거 참가여부를 놓고 논란이 있었으나 모두 참석하기로 결정하여 선거에 참여하였다.[93] 개신교의 선거 거부입장과 대비할 때 천주교의 입장은 '참여 속의 반대'에 가까웠다.

연합노회 및 서부연회측과 기독교도연맹측간의 대립이 노골화함에 비례하여 설사 겉으로는 정교분리를 표방하고 있었을지라도 두 세력은 총체적으로 '정치화'되어갔다. 신탁통치안의 수용여부, 그리고 좀더 근본적으로는 당시 진행되고 있던 '민주개혁'에 대한 반대 혹은 지지 여부가 이 대립의 저변에 자리잡고 있었다. 정치영역에서 보면, 보수세력의 상당수가 기독교자유당이나 기독교사회민주당으로 결집하였던 반면, 조선민주당에는 보수세력과 진보세력이 섞여 있었다. 그러나 1946년 2월에 강양욱 목사와 최용건을 중심으로 재편된 이후의 조선민주당은 새롭게 출발한 기독교도연맹과 긴밀한 관계를 유지하였다. 개혁이 성공적으로 완수되고 1947년 2월 성립된 북조선인민위원회에 기독교도연맹측 인사들이 대거 발탁되면서 기독교 보수-혁신세력간의 관계는 혁신세력에게 더욱 유리하게 변화되어 갔다.[94] 한편 초교파적인 기독교도연맹에 대립하여, 1947년으로 접어들면서 장로교단(연합노회)과 감리교단(서부연회)간의 연합운동이 부쩍 활성화되었다. 해방 직후에는 비교적 부진하였던 북한의 에큐메니칼운동이 기독교도연맹의 등장과 강화되는 탄압에 대한 대응이라는 맥락에서, 또한 대단히 정치화된 형태로 재활성화된다는 점에 주목할 필요가 있다. 이에 비례하여 북한정권과의 갈등도 더욱 심각해졌다.

이미 살펴보았듯이, 1947년 2월부터 (제2차) 기독교자유당을 결성하려는 움직임이 장·감 양대 교단 최고지도자들의 협조하에 진행되고 있었다. 1947년 3월 1일에는 해방후 두번째의 3·1절 기념예배가 평양 장대현교회에서 1천여명이 모인

---

92) 사와 마사히코, 앞의 글, p. 25.
93) 영원한 도움의 성모수녀회 50년사 편찬위원회, 앞의 책, p. 93 ; 북한연구소,《북한민주통일운동사 1》, p. 439.
94) 그러나 다음 장에서 살펴보듯이, 기독교도연맹측의 지도력이 제도적으로 확립된 것은 1949년에 가서의 일이다.

가운데 개최되는데, 예배가 끝난 후에는 연합노회 부회장 김화식 목사와 서부연회 회장 송정근 목사 등의 주도하에 반탁강연과 가두시위가 벌어졌다.[95] 또한 1947년 4월에는 장감연합으로 대부흥운동 40주년기념 부흥회가 대규모로 열린다는 사실에 대해서도 이미 지적한 바 있다. 같은 달에 북한당국이 반공운동에 적극적이었던 장로교 면려청년회에 대해 사회단체로 등록할 것을 요구하며 단체를 강제로 해산시키려 하자, 4월 27일 장감교단 지도자들은 종교탄압에 항의하기 위한 평양시내 초교파 연합신도대회를 평양 장대현 숭덕학교에서 열었다. 이미 지적하였듯이, 이 집회는 기독교자유당의 창당을 위한 예비대회의 성격도 띠고 있었다. 이 집회에서는 ① 김인준·전홍준·김길수·한의문·김자수·지형순 목사를 석방할 것 ② 기독청년면려회의 해체를 철회할 것 ③ 기독교의 집회를 자유롭게 허락할 것 등을 요구하는 진정서를 채택하고, 40명의 위원을 파견하여 북조선인민위원회 위원장인 김일성에게 제출하였다. 그러나 이 진정서 제출건으로 인해 18명이나 구속되는 수난이 뒤따랐다.[96] 그리고 이미 살펴보았듯이, 이 해 6월과 11월에는 기독교자유당 사건으로 인해 기독교 지도자들이 대규모로 구속되는 사태가 벌어지고, 그 결과 연합노회와 서부연회의 활동은 결정적으로 위축되었다. 더구나 1946년과 1947년을 거치면서 수많은 지도급 기독교 인사들이 북한을 탈출하여 남한으로 빠져나왔으므로, 반공적이고 보수적인 기독교세력의 약화는 더욱 가속화될 수밖에 없었다.

---

95) 북한연구소,《북한민주통일운동사 1》, p. 285.
96) 위의 책, pp. 396~398.

제 3 장 기독교의 분단과 위축(1947 후반~1958)

1. 사회주의화의 본격적 추진

1946년 11월의 선거를 거쳐 1947년 2월에 출범한 북조선인민위원회는 1년전에 수립된 북조선임시인민위원회를 더욱 발전시킨 것으로, 사회주의로의 이행을 추진하는 기능을 수행하였다.[1] 이와 함께 북조선인민위원회내에서 노동당의 지도적 지위도 확고해져서, 노동당은 22명의 위원 가운데 16명을 차지하기에 이르렀다. 도·시·군 인민위원의 81.4%를 노동자와 농민·사무원층이 차지할 정도로 권력구조 역시 사회주의적으로 변화하였다.[2] 북조선인민위원회는 이같은 권력구조변동을 바탕으로 하여 "이미 청산된 계급들의 반항의 진압과 외부로부터 침입하는 반혁명세력과의 투쟁"을 정치적 과제로 내세웠다. 산업분야에서 북조선인민위원회는 사회주의적 경제형태를 확대함과 동시에 자본주의적 경제형태와 소상품경제형태를 사회주의적으로 개조하는 정책을 추진하였다. 이같은 정책적 관심은 1947년과 1948년에 각각 1년씩 실시된 경제계획으로 구체화되었으며, 그 결과 1946년의 국유화 조치로 72.4%까지 상승하였던 국영부문의 비중은 1949년에 이르러 무려 90.7%에 달하게 되었다.[3]

한편 1947년 9월 미소공동위원회가 완전히 결렬되자 미국은 조선문제를 유엔으로 이관함으로써 남한지역에서 분단정권 수립을 추진하였다. 따라서 이후의 상황은 남북한 각각에 분단정권이 수립되는 방향으로 진행되었다.[4] 단정(單政)수립 움

---

1) 김명섭, "해방 이후 북한현대사 개괄", pp. 38~39 ; 김주환, "반제반봉건 민주주의 혁명과정",《북한의 한국사인식 2》, pp. 337~338.
2) 이정식·스칼라피노,《한국공산주의운동사 2》, pp. 469~473.
3) 김명섭, 앞의 글, pp. 39~40.

제 3 장 기독교의 분단과 위축 403

직임을 저지하기 위한 일각의 노력에도 불구하고 1948년 여름에는 남북한에 적대적인 두 정권이 들어서게 되었다. 1949년 6월 남북한의 민전이 통합하여 '조국통일민주주의전선'(이하에서는 '조국전선'으로 약함)을 결성하고, 남한과 북한의 노동당이 합당하여 조선노동당을 결성한 것은 이같은 분단의 재확인에 다름아니었다. 이에 따라 혁명과 반혁명의 갈등은 통일을 둘러싸고 남북의 정권이 무력으로 대치하는 상황으로 나아갔고, 이는 남한내의 무장투쟁, 38선상의 빈번한 군사적 충돌로 나타나다가 결국 한국전쟁이 촉발되는 상황으로 발전하였다. 이 전쟁은 남북한 정부간의 내전으로 시작하였지만, 전세계적으로 구축되어가던 냉전질서를 매개로 하여 급속하게 국제전으로 비화되었다.

3년간의 전쟁은 직접적으로는 남북한 쌍방에 막대한 피해를 낳았고, 두 사회에 준전시체제가 지속됨으로써 남북한의 군사적 대치로 인한 적대감이 고조되었으며, 구조적으로는 남북한이 각기 독자적인 체제를 구축해나가도록 만들었다. 이 전쟁으로 인해 북한주민 가운데 약 250만명(민간인 2백만명, 군인 50만명)이 사망함으로써 총인구의 4분의 1 이상이 감소하였다. 또한 8,700여개의 공장과 기업소들이 완전히 파괴되었고, 공업생산은 64%로 줄어들었으며, 주요도시들은 90% 이상이 파괴되었다. 또한 관개시설의 파괴와 농토에 대한 융단폭격으로 인한 농촌의 황폐화와 농민생활의 몰락은 농민의 계층별 구성을 크게 바꿔놓았다. 그 결과 빈농의 구성비는 40%로 크게 늘어났으며, 중농은 빈농과 별 차이가 없게 되었고, 부농은 단지 0.6%만을 점하는 상황이 되었다.[5] 한국전쟁으로 말미암은 계급구성상의 변화는 이후 진행된 생산관계의 사회주의적 개조에서 핵심을 이루는 농업의 집단화에 매우 유리한 여건으로 작용하였다.

동시에 한국전쟁을 계기로 북한은 본격적으로 독자적인 사회주의체제를 형성해나갔다. 경제적으로는 농업과 상공업 분야에서 사회주의적 개조를 본격화하여 1958년 8월에 이 과정을 완결하였고, 전후 복구의 과정에서 자립적 민족경제정책

---

4) 최장집·정해구, "해방 8년사의 총체적 인식", 《해방전후사의 인식 4》, 한길사, 1989, p. 24. 제1차 미소공동위원회가 무기한 연기된 1946년 5월경부터 분단은 이미 현실적인 일정으로 떠올랐다고 볼 수 있다. 이 무렵부터 미·소 대결이 전세계적 수준에서도 격화되기 시작하고, 남한에서는 좌익세력과 미군정간의 갈등이 급속히 심화되는 가운데, 이승만을 중심으로 單政이 실제적으로 추진되기에 이른다. '미국 등 연합국의 현재적 진보성'을 인정해오던 북조선노동당도 이 무렵부터 '미제국주의'라는 표현을 사용하기 시작하면서 '민주개혁', 임시인민위원회의 구성 등을 통해 이른바 '민주기지'건설의 기초작업을 벌여나가게 된다(사쿠라이 히로시, "북조선노동당의 통일정책 : 민주기지노선의 형성", 《북한현대사 1》; 최장집·정해구, 위의 글, p. 18 ; 변영호, 앞의 글, pp. 219~221, 240~241 참조).
5) 최장집·정해구, 위의 글, pp. 42~43 ; 김명섭, 앞의 글, pp. 44~46.

을 추구하였다. 정치적으로는 한국전쟁과 전후복구과정에서 김일성을 중심으로 하는 단일지도체제가 형성되어갔다. 사상적으로는 '자주'(自主)를 핵심적 내용으로 하는 '주체사상'이 형성되었다. 즉 1950년대 초반에서 중반에 이르기까지 일련의 권력투쟁을 거치면서 1958년 경에는 김일성의 노동당내 지도력이 확고해지며, 이 과정에서 그가 제시한 노선이 주체사상으로 구체화되어갔다.[6]

휴전 직후인 1953년 8월에 열린 제6차 노동당 중앙위 전원회의는 전후건설에서 "중공업의 우선적 발전을 보장하면서 경공업과 농업을 동시에 발전시킬 것"을 기본노선으로 정하였다. 이는 "중공업을 우선으로 하되 중공업을 위한 중공업이 아니라 경공업과 농촌경리발전에 효과적으로 복무할 수 있는 중공업을 건설"함으로써 산업부문간의 균형을 이루어나간다는 경제전략을 뜻하였다. 아울러 이 전략은 내부예비를 동원한 최대한의 증산과 절약으로 자금문제를 해결하고 "자기 기술, 자기 자원, 자기 민족간부, 자기 인민의 힘"에 의거하여 경제를 건설한다는, 이른바 '자력갱생'과 '군중노선'에 입각한 '자립적 민족경제 건설노선'의 형성을 보여주는 것이기도 하였다.[7] 노동당은 군중노선을 실현하기 위해 1956년 12월에 '당의 총노선'으로서 '천리마운동'을 전개할 것을 결정하였다.

북한 당국은 농업협동화를 추진하면서 "중농을 고립화하고 부농의 반항을 분쇄한다"는 새로운 계급정책을 표방하였다. 한국전쟁 과정에서 부농이 미미한 존재로 약화된 농촌계급 구성의 변화, 전쟁 중에 체제불만세력이 노출되어 대거 월남함으로써 이들을 기존 체제내로 수용해야 할 부담이 상대적으로 줄어들었던 점 등의 요인으로, 공산주의 분파들간의 경쟁을 제외하면 농업집단화작업은 매우 순조롭게 진행되어 1957년 경에는 이미 기대하였던 목표에 근접해갔다.[8] 농업집단화와 함께 공업과 상업 부문의 사회주의화도 활발히 진행되어, 1958년 8월에는 농·공·상업의 사회주의적 개조가 어느 정도 완결되었다.

2. 사회주의적 종교정책의 형성과 반기독교 정서의 확산

간략히 살펴본 대로, 북한에서 1947년 후반부터 1958년까지의 기간은 북조선인민위원회의 성립과 생산관계의 사회주의적 개조 노력, 분단정권의 성립과 뒤이은 3년간의 전쟁, 전후복구와 급속한 사회주의혁명, 김일성을 중심으로 한 항일빨치

---

6) 최장집·정해구, 위의 글, p. 43.
7) 김귀옥, "북한의 '자립적 민족경제건설노선'", 〈겨레의 길〉 1991년 5월호.
8) 김명섭, 앞의 글, pp. 50~51.

산 집단의 지도력 강화와 주체사상의 발전 등 복잡다단한 궤적을 보여주고 있다. 이같은 북한사회 발전과정과 맞물리면서 같은 시기의 기독교 교회에 가해진 사회적 압력과 종교정책은 어떤 모습으로 나타났는가를 살펴보자. 여기서 우리는 한국전쟁 이전과 발발 이후의 시기로 구분하여 북한 당국의 종교정책과 북한 주민들이 종교를 바라보는 태도상의 변화를 서술하고자 한다.

1. 기독교 통제의 강화와 사회주의적 종교정책의 점진적 확립

이미 언급하였듯이, 북조선인민위원회는 "이미 청산된 계급들의 반항의 진압과 외부로부터 침입하는 반혁명세력과의 투쟁"을 정치적 과제로 삼았다. 북한의 지배세력이 이른바 '반항하는 청산계급들'과 '외부로부터 침입하는 반혁명세력과 연계된 집단'에 대한 공격을 강화하였던 것도 이 무렵부터였다. 중요한 사실은 두 범주의 반체제세력에는 기독교인들을 비롯하여 다수의 종교인들이 포함된 것으로 간주되었다는 점이다.

예컨대 김일성은 노동당 2차 대회가 열리는 1948년 3월을 전후하여 '친미적이며 지주적인 장로·목사들'과 천도교 청우당내의 '일부 반동분자와 도시 건달꾼들'에 대해 공격의 강도를 높이고 있다. 여기서 주목할 점은, "일부 악질적 장로들과 목사들"이 노동당에 반대하는 '3대세력' 가운데 하나로 간주되고 있을 정도로[9] 북한당국은 반공적인 기독교세력을 위협적인 반체제세력으로 인식하고 있다는 사실이다. 또 미소공동위원회의 평양주재 미군연락장교들을 통해 남한교회와 연락하고 있던 천주교회가 1947년 6월 경부터 '남한과의 비밀연락의 근거지'라는 혐의로 조사를 받게 되거나,[10] 1948년 6월에 서울에서 열린 안식교의 제15회 합회 총회에 참석하였다가 북한의 임지로 돌아가던 임성원 목사와 박원실 목사가 '미국과 접촉하였다'는 죄목으로 체포되는 사건[11] 등에서 보듯이, 북한당국은 교회가 남한이나 미국과 연계된 집단이라는 의심을 강하게 품고 있었다.

정치문제를 의도적으로 회피해왔던 천주교에 비해 적극적으로 정치영역에 뛰어들었던 개신교의 경우 우선적인 탄압의 대상이 되었다. 특히 이전의 민주개혁과정에서 반체제적 지향을 분명히 하였던 세력, 즉 이전의 기독교사회민주당 추종세력, 장로교 연합노회와 감리교 서부연회 간부들이 망라되었던 기독교자유당 추진세력을 비롯하여, 조선민주당의 조만식 추종세력, 남한의 임정계열과 연계되어

---

9) 연세대 대학원 북한현대사연구회, 앞의 책, p. 546.
10) 평양교구사편찬위원회, 앞의 책, pp. 196~199 참조.
11) 이영린, 《한국재림교회사》, p. 276.

반공투쟁을 벌였던 황해도 지역의 기독교세력 등이 북한지배세력의 일차적인 탄압대상으로 부각되었다. 이같은 맥락에서 기독교인들이 중심이 된 반공주의적 결사체들이 집중적으로 적발되어 가혹한 처벌을 받았다. 이에 대해서는 다음에 다시 언급할 것이다. 천주교의 경우 개신교에 비해 국가와의 별다른 마찰이 없었고 탄압의 시기도 그만큼 늦었으나, 탄압의 강도나 폭이라는 측면에서는 가장 극단적인 것이었다. 1949년 5월부터 전쟁 직전에 이르기까지의 약 1년 사이에 월남한 극소수를 제외한 거의 대부분의 천주교 성직자들이 체포당하였다.

북한당국은 북조선인민위원회가 수립된 1947년 2월 이후부터 종교활동에 대한 규제를 전반적으로 강화하였다. 토지개혁이나 중요산업 국유화조치 등 1946년에 완료된 일련의 개혁조치들이 기독교로부터 물질적 기반을 박탈하는 효과를 발휘하였다면, 1947년 이후에는 좀더 조직화되는 기독교인들의 반공적 활동을 배경으로 하여 더 직접적으로 종교활동을 제한하는 단계로 이행하였다고 볼 수 있다. 이같은 움직임은 1947년 4월 27일자로 발표된 '북조선 기독교 각교파 연합신도대회' 명의의 건의문에 잘 반영되어 있다. 이 건의문에서는 "최근에 이르러 북조선 정부의 기독교 탄압이 노골화하는 경향"으로서, ① 북조선 장로교회 최고책임자 김진수 목사 검속사건 ② 기독교청년면려회에 대한 해산명령 ③ 북조선 각 기업소, 기관에서의 기독교인 추방 ④ 유력 교회 지도자들의 검속 ⑤ 자유로운 종교집회의 해산 ⑥ 교회축전행사에 대한 감시와 해산 등이 열거되고 있다.[12]

북한 당국은 1947년 2월 이후 개신교회와 천주교성당에 대한 실태조사와 정비작업을 진행하여 일정한 신자수에 미달하는 교회는 폐쇄하여 타용도로 전용하였다고 한다.[13] 이외에도 북한당국은 신자 자녀의 교회출석을 억제하기 위해 일요일을 폐지하고 일요일을 노동일로 정하는 한편 월요일 휴일제를 포고하였고, 1947년 6월 중순에는 오후 6시 이후 통행금지령을 포고함으로써 이 시간 이후에 시작되는 주일과 수요일의 저녁예배를 사실상 불가능하게 만들었다고 한다.[14] 같은 해 5월 중순에는 평양시내 인민학교 교장회의에서 주일학교 출석을 제지하기 위해 일요일에도 등교를 강요하고 일요일에 각종 행사와 훈육시간을 두어 유물사상의 함양을 꾀하기로 결의하였다고도 한다.[15] 북한당국은 이보다 한달 전인 1947년 4월에는 모든 기독교신학교들에 대해 ① 김일성 초상화를 교실 정면에 게시하고, ② 인민과목을 매주 2시간 이상 강의하고, ③ 교수는 기독교도연맹에 가입한 자에

---

12) 북한연구소, 《북한민주통일운동사 1》, p. 397.
13) 고태우, 앞의 책, p. 185.
14) 위의 책, p. 401. 같은 달에 일요일과 삼일(수요일)기도회 외에는 종교집회를 금지하는 조치가 내려졌다는 주장도 있다(〈활천〉 232호, 1947. 10, p. 36 참조).
15) 북한연구소, 《북한민주통일운동사 1》, p. 403.

한해 강단에 세우고, ④ 새로운 입학생은 당회장 추천서 외에 해당지역 기독교도 연맹 위원장의 추천서를 제출할 것을 요구하는 지시를 내렸다고 한다.[16] 1950년 초에는 장로교와 감리교의 신학교를 통합하고 각각 600명으로 모두 1,200여명에 이른 신학생 숫자를 120명선으로 감소시켰다. 1949년 1월 초에는 안식교의 임성원 목사 등 교회 간부들이 사경회 때 숙박계를 내지 않았다는 이유로 검속되기도 하였다.[17]

그러나 이 시기에 진행된 기독교에 대한 공격이 무차별적인 것은 아니었던 듯하다. 북한의 지도층은 한편으로 노동당이나 국가의 종교영역 개입이 간접적으로 이루어져야 함을 강조하고, 다른 한편으로는 통일전선을 내세워 기독교도연맹을 중심으로 한 진보적 기독교세력을 후원하면서 그들과의 연대를 시도하였다. 전자의 측면과 관련하여, 김일성은 1948년 초의 노동당 2차 대회에서 "친미적이며 지주적인 장로·목사들"을 강도높게 비판하면서도 여전히 "(노동)당의 선전사업 및 교양사업을 강화"하는 과제가 우선적임을 강조함으로써 기독교인들에 대한 공격에서 보다 조심스럽고 유연한 입장을 취하고 있다.[18] 또한 같은 무렵 김일성은 조선민주당과 천도교 청우당내의 "사대주의적"인 "일부 목사들과 장로들" 그리고 "일부 반동분자와 도시 건달꾼들"에 대한 대처방안을 밝히는 가운데, "우당(友黨) 당원들을 경유하여" 제때에 적발하도록 협조할 것을 강조하면서, 우당 내부에 직접 개입함으로써 우당과의 통일전선사업에 지장을 주지 말 것을 강조하고 있다.[19]

또 이 시기에 이르면 정교분리(政敎分離)의 원칙이 확립되고, 이에 근거하여 종교의 자유 보장, 종교와 교육의 분리 등이 이루어지는 듯하다. 북한에서 정교분리의 원칙은 북한 고위 관리들이 종종 거론하는, "종교를 장려하지도 박해하지도 않는다"는 주장에 함축적으로 표현되어 있다. 이같은 국가의 비종교성 내지 종교적 중립성 주장은 종교활동을 '사적(私的)인' 행위로 분류하는 것과 맞물려 있다. 1953년에 김일성은 이를 매우 명료하게 표명한 바 있다. "공화국 헌법에는 신앙의 자유를 보장한다고 지적되어 있습니다. 예수를 믿는가 안 믿는가 하는 것은 '개인의 사사로운 문제'입니다"(강조는 인용자).[20] 김일성의 말대로, 북한당국은 1948년 9월 9일 공표된 인민공화국 헌법의 14조에서 "공민은 신앙 및 종교의식 거행의 자유를 가진다"고 명시하였다. 그러나 앞에서도 지적하였듯이 이 때의 종교자유

---

16) 위의 책, p. 406. 1949년 경에는 인민과목에 헌법강의를 삽입하라는 추가공문이 내려졌다(같은 책, p. 410).
17) 이영린, 앞의 책, p. 277.
18) 연세대 대학원 북한현대사연구회, 앞의 책, p. 546.
19) 위의 책, pp. 502~505.
20) 극동문제연구소 편,《원전공산주의대계》, 극동문제연구소, 1984, p. 445.

가 국가간섭의 완전한 배제를 뜻하거나, 따라서 종교의 자유가 무제한적이라는 뜻은 결코 아니라는 점에 유의해야 한다. 더욱이 북한당국의 공식해석에 의하면, 이 때 신앙의 자유에는 '무신론의 자유'와 '반종교선전의 자유'까지 포함된다.[21] 종교에 대한 공공연한 반대와 비판을 허용할 뿐만 아니라 그것을 부분적으로 후원한다는 점에서 북한에서의 종교자유는 다른 사회주의사회들에서처럼 다분히 반종교적 색채를 띠고 있기도 하다. 물론 아직 이 시기에는 체계적이고 조직적인 반종교선전이 행해진 징표는 발견되지 않는다.

또한 사회주의사회의 경우 자본주의사회에 비해 공공질서나 사회질서의 개념 자체가 당면한 혁명과 관련하여 더욱 구체적이고도 협소하게 제시되는 경우가 대부분인데, 이같은 측면은 "종교의 자유를 보장하지만, 그것을 악용하여 반국가적 행위를 하는 종교인에 대해서는 다른 범죄자와 마찬가지로 취급한다"는 북한 고위관리들의 빈번한 언명을 통해서도 어느 정도 확인할 수 있다. 이와 관련하여 한국전쟁 직전에 공표된 북한형법의 규정은 이같은 현실을 단적으로 보여준다. 1950년 형법의 "관리질서 침해에 관한 죄"의 항목 가운데는 "종교단체에서 행정적 행위를 한 자는 1년 이하의 교화노동에 처한다"(258조), "종교단체에 기부를 강요한 자는 2년 이하의 징역에 처한다"(259조)는 부분이 포함되어 있다.[22] 여기서 제258조의 "행정적 행위"가 무엇을 뜻하는가가 분명치 않다는 것이 문제이다. 이 조항이 종교업무를 주관하는 행위를 포괄적으로 금지하는 것이라고 해석하는 것은 지나친 듯하고 성직자가 전문행정인을 고용하는 행위를 금지하였던 것이 아닌가 생각되지만, 어쨌든 이 두 조항은 자의적으로 해석될 소지가 있는 것이 사실이고 따라서 종교활동을 위한 재정조달이나 교회의 규모확대를 일정하게 제약하는 효과를 발휘하였을 것으로 생각된다. 또 북한당국은 1947년부터 이듬해 말에 걸쳐 종교단체에서 운영하는 학교를 모두 몰수하여 공교육체계로 전환시킨 것으로 보이는데, 이 역시 공립학교와 사립학교의 병존을 허용하지 않고 사립학교에 대한 일방적인 몰수방식으로 진행되었다는 점에서 사회주의적 정교분리의 특성이 여실히 드러난다고 볼 수 있다. 이 조치로 인해 교회는 신학교를 제외하면 어떠한 중고등교육기관도 운영할 수 없게 되었고, 선교와 사회적 영향력의 유지라는 측면에서 심각한 손실을 감수할 수밖에 없었다.

기독교인들이 다수를 차지하는 반체제적 종교인들에 대한 강화된 탄압, 종교영역에 대한 국가개입의 확대 등으로 기독교는 이미 이 무렵부터 교세의 심각한 위

---

21) 이문웅, "북한의 사회문화적 변동 : 사회조직 및 신앙체계를 중심으로", 한상복 편, 《한국인과 한국문화 : 인류학적 접근》, 심설당, 1982, p. 206.
22) 윤이흠, "종교단체와 종교생활", 최명 편, 《북한개론》, 을유문화사, 1990, p. 523.

축경향을 드러내게 된다.

2. 전쟁에 따른 통일전선정책의 강화, 휴전후 반종교적 정서의 확산

　북한의 공산주의 지도자들은 한국전쟁을 "북한에서 이미 완료되었으나 남한지역에서는 지연되고 있던 반제반봉건민주주의혁명을 전국적으로 확대수행"하는 계기로 이해하였다. 따라서 전쟁 시기에는 해방 직후와 같은 매우 광범한 통일전선 정책이 추구되었다. 이 점은 전쟁으로 인한 불가피한 인적, 물적 손실에도 불구하고 기독교의 재활성화를 촉진하는 요소로 작용하였다.

　전쟁 직전과 전쟁중에 집총을 거부하는 안식교 청년신자들로 인해 국가와 분쟁이 발생하였을 때도 북한당국은 비교적 관대하게 문제를 처리하였다. 평남 강서군 기장리교회와 창매리교회의 이창수·김봉락·박영락·최순영 등 청년들은 북한당국으로부터 여러 차례 인민군지원을 강요받고도 끝내 응하지 않고 있다가 1950년 3월에 강제징집을 받았으나 북한 당국은 끝내 집총을 거부하는 이들을 일단 귀가조치하였다. 이 가운데 김봉락은 전쟁 발발후 재차 징집되었는데, 인민군대는 계속 집총을 거부하는 그를 피복창에 배치시켰다. 또 북한대회의 서기 겸 회계였던 김겸목도 징집되었으나 끝까지 거부해 결국 불구자부대에 편입되었다.[23]

　또한 전쟁중에는 조선민주당의 상당수 당원들이 반공활동에 가담해 논란을 빚게 되는데, 이에 대해 노동당 지도부는 반당활동을 한 개인은 처벌하되 우당(友黨)과의 통일전선은 지속한다는 입장을 재확인한다. 한국전쟁중에 상당수의 조선민주당원과 청우당원들이 반공단체에 가담한 사실로 인해 '우당 폐기론'이 제기되었을 때, 김일성은 우당 내부사업에 간섭함으로써 통일전선이 파괴되지 않도록 주의할 것과, "우당원 자신들의 내부투쟁으로써 불순분자들을 제거하도록 도와주어야" 한다고 강조하고 있다.[24]

　그러나 우리가 특히 주목해야 할 점은 한국전쟁 과정과 그 이후에 일종의 '종교허무주의' 내지 '반기독교적 사회풍조'가 북한주민들 사이에 만연하였으며, 이와 관련하여 이른바 '탈교붐'이 조성되었다는 사실이다. 그리고 이 현상이 특히 기독교와 집중적으로 관계된다는 점에서, 반기독교적 사회풍조는 전쟁후 북한에서 반미의식이 강력한 사회통합 이데올로기로 정착될 만큼 팽배하게 되었다는 사실과도 무관하지 않다.

　전후에 북한사회에 널리 자리잡은 반기독교적 사회풍조는 다음의 몇 가지 사실

---

23) 이영린, 앞의 책, pp. 248~250.
24) 《원자료로 본 북한》, pp. 85~86, 90~92.

과 관계된다고 생각된다. 첫째, 미군의 무차별 공중폭격과 관련이 있다. 미군의 폭격은 규모가 엄청났을 뿐 아니라 무차별적인 것이었고, 여기에는 교회도 물론 포함되었다.[25] 이같은 반복되는 체험이 기독교와 미국을 종종 동일시하였던 많은 신자들과 북한주민들로 하여금 기독교에 환멸을 느끼도록 이끌었다는 것이다. 둘째, 북진과 1·4후퇴 당시 반공단체에 소속한 일부 기독교인들이 직·간접으로 저지른 가혹행위와 관계가 있다. 북진 당시 군과 합류하였던 국민방위군이나 수복지구의 간부로 임명되어 치안활동을 빙자한 학살행위에 가담하였던 이들은 기독교 청년들이 포함된 월남자들이 다수를 이루었다.[26] 셋째, 군종으로 참전한 미국인 선교사들과 한국인 성직자들이 직·간접으로 만행에 가담하였다는 믿음 때문이다. 한국전쟁 당시 사실여부와는 무관하게, 군종으로 참전한 미국인 선교사와 이북출신으로 월남하였던 한국인 목사들이 여러 학살사건에 개입되었다는 믿음이 북한 주민들 사이에 널리 퍼졌다고 한다.[27]

이와 관련하여 최근까지 기독교도연맹의 서기장을 역임하였던 고기준 목사는 전쟁후 기독교가 직면해야 했던 상황을 다음과 같이 술회하였다.

> 전쟁 때 미군이 들어와 폭격을 하고 사람을 많이 죽였는데 목사나 장로들이 같이 춤추고 뒤에서 조절하는 일을 한 사람이 많았다는 것입니다. 말로는 이웃과 원수를 사랑하고 화해하라고 하였는데 미군이 들어오니까 보복하고 복수하는 데 앞장섰으니 기독교인들이 얼마나 원한을 샀겠습니까? 전쟁이 끝난 후에 기독교인들이 얼굴

---

25) 전쟁 당시 인구 40만명이었던 평양에 무려 42만개의 폭탄이 투하되는 등 전쟁기간 동안 북한지역에 투하된 미군의 폭탄수는 제2차세계대전 동안 유럽 전체에 투하된 것보다 많았다고 한다. 또 원자폭탄을 사용할 것이라는 풍문도 무성하였다 ["The North Korean Catholic Church", *Yi China Message*, 1990. 2, p. 2 ; 한국기독교교회협의회, "민족의 통일과 평화에 대한 한국기독교회선언", 한국기독교장로회총회교육원 편, 《분단의 실상과 교회의 통일운동》, 한신대출판부, 1991, p. 170 ; D. 콩드, 《한국전쟁 또하나의 시각 1, 2》(최지연 역), 과학과 사상, 1988 ; 강정구, "미국과 한국전쟁", 〈역사비평〉 1993년 여름호 참조]. 일례로 영원한 도움의 성모수녀회 서포수녀원 원장이었던 장정온 수녀와 그 일행은 1950년 7월 말 평양일대에 유엔군이 원자폭탄을 투하한다는 유언비어가 퍼져 모든 사람들이 피난을 간다고 소동을 벌이고 있어 70여리 떨어진 영유본당 소속 송림리공소로 피신하였다(영원한 도움의 성모수녀회 50년사 편찬위원회, 앞의 책, p. 122).

26) 특히 1950년 10월 38선 돌파 시기에 북한 해방지역에서 복수와 테러를 감행하는 것을 한가지 목표로 하였던 50만명 규모의 국민방위군은 각종 우익 청년단체들이 모여 조직되었는데, 이 가운데 가장 큰 단체가 서북청년단이었고, 이 단체의 핵심은 신의주 사건에 연루되어 월남한 사람들이었다고 한다(콩드, 위의 책, p. 278).

27) 박일석, 《종교와 사회》, pp. 78~79.

을 들고 다니지 못하였습니다. 그래서 이런 기독교를 믿지 않겠다고 교인들이 많이 떠났습니다.[28]

한국전쟁을 거치면서 남한에서 '반공주의'가 지배이데올로기로 확고히 자리잡듯이 북한에서도 '반미주의'가 지배이데올로기로 굳혀졌다는 사정을 감안할 때, '철천지 원수'로 선전된 미국과 기독교인이 한통속으로 치부되는 북한의 사회분위기는 기독교의 발전에 치명적인 악영향을 미쳤을 것이다. 전쟁 당시 미국의 가혹행위를 선전하는 박물관에는 미국인 선교사가 직접 사람을 죽이는 장면이 전시되고 있다고 하는데,[29] 사실여부를 떠나서 이런 상황이 북한주민들에게 어떤 영향을 줄런지는 상상하고도 남음이 있다. 역시 사실여부와 무관하게, 김일성의 다음과 같은 묘사는 더욱 섬짓하다. "과거 조선에 들어와 신의 사도처럼 행세한 아메리카 선교사들은 오늘날 칼빈총을 들고 임신부를 수십명씩 모아 한꺼번에 쏘아죽이고 있으며, 차로 어린이를 깔아죽이고 있다. 오만하게도 자유의 여신을 뽐내는 이 신사들은 오늘날 조선의 처녀들을 차례차례 자동차와 탱크에 태우고 인간으로서는 상상도 할 수 없는 치욕과 폭행을 가하고 있다."[30] 또 한국전쟁으로 부모를 잃고 동유럽지역의 김일성학원에 분산수용된 7~12세의 어린이들이 인근 교회당에 몰려가 건물을 파손하고 교역자를 모욕하는 일이 자주 있었다는 사실[31] 역시 북한 기독교인들이 처한 곤혹스런 처지를 잘 보여준다.

이같은 북한사회의 상황을 배경으로 하여 전쟁후 북한당국은 한층 가혹하게 기독교인들을 대하였던 것 같다. 노동당 정치국 고위관리이자 조평통 정책부장을 맡은 인사는 북한을 방문한 루이제 린저에게 당시 상황을 이렇게 요약하였다. "당신은 우리가 기독교에 대해 얼마나 환멸을 가졌는지도 생각하셔야 합니다. 선교사들 가운데는 CIA 요원들도 있었습니다. 그리고 그들에 의해 개종된 우리나라 사람 중에는 간첩과 밀정이 있었습니다. 기독교를 사랑의 종교로서 가르쳤던 바로 그 사람들이 우리 조선인을 미국인에게 넘겼고, 우리 빨치산의 은신처와 탄약고를 자백하도록 그들을 고문하게 하였습니다. 그런 것이 기독교라면 딱 질색입니다. 그래서 우리는 기독교를 근절시켰습니다. 우리는 기독교를 뿌리째 뽑아버리려 하였던 것입니다." 이 고위인사는 루이제 린저에게 북한당국이 반체제적인 기독교인들을 추방하였을 뿐 아니라, 그 가운데 많은 사람들을 죽였고 일부는 죽을 때까지 강제수용소에 가두었다는 사실을 인정하였다.[32]

---

28) 조광동, 《더디 가도 사람 생각 하지요》, 지리산, 1991, pp. 122~123.
29) 사와 마사히코, "해방 직후의 북한사회와 기독교", p. 17.
30) 위의 글에서 재인용.
31) 박일석, 앞의 책, p. 80.

3. 기독교 영역의 분단 및 재편

앞에서 살펴보았듯이, 1947년부터 1958년에 이르는 기간 동안 상당수의 기독교인들이 반체제적 활동에 가담함으로써 북한지배세력 일각으로부터 강력한 반발을 초래하였음에도 불구하고, 전체적으로는 기독교 진보세력과의 통일전선적 협조관계를 유지하면서 '반혁명분자'에 국한하여 처벌한다는 노선이 재확인되었다. 그러나 본격적인 반종교운동이 시도되지 않았음에도 불구하고, 전쟁 등 많은 사건들을 통해 드러난 기독교인들의 뿌리깊은 반공적 성향은 북한사회 안에 반기독교적인 분위기가 만연하도록 만들었다. 이 시기와 관련하여 우리가 특히 눈여겨보아야 할 대목은 북한사회의 사회주의적 발전을 둘러싸고 기독교 내부에 심각한 대립상황이 조성되었으며, 이것이 전쟁 이전과 전쟁중의 대규모 월남을 매개로 하여 기독교의 남북분단으로 귀착되었다는 점이다. 대규모 월남과 탈기독교 움직임으로 인해 전쟁후 북한 기독교인들은 사회적인 영향력 면에서 미미한 집단으로 전락하였다. 뿐만 아니라 기독교 내부의 대립 및 교권구조의 재편과정이 상당 부분 국가권력에 의존하여 진행되었고, 친공산주의적 기독교세력이 당면한 사회변화에 대응할 만한 신학적 자원을 거의 갖추지 못하였기 때문에, 북한교회는 전쟁 이후 북한사회에 만연한 반기독교적 정서를 추스릴 독자적 역량을 결핍하고 있었다. 같은 주님을 고백하는 갈라진 형제들과 적대하고 기존의 신자들은 교회를 떠나가는 이중의 고통 속에서, 북한교회의 생명력은 급속하게 소진되어갔던 것이다.

기독교 내부의 변화, 북한 당국의 종교정책 및 북한주민들이 종교를 바라보는 태도상의 변화 등에 주목할 때, 이 기간 동안의 교회사는 다시 세개의 소시기들로 구분하여 접근할 수 있다. 우선 1947년 후반부터 한국전쟁이 발발할 때까지, 둘째로 한국전쟁 기간, 마지막으로 한국전쟁이 끝난 후 생산관계의 사회주의적 개조가 완료되는 시점인 1958년 무렵까지로 구분해 볼 수 있다.

1. 기독교의 반공투쟁과 교권의 재편(1947년 후반~한국전쟁 직전)

북조선인민위원회가 수립되어 기독교에 대한 국가적 규제가 점차 강화되고 북한 당국의 후원을 받는 기독교도연맹이 세력을 확장해나가는 가운데, 반체제적 기독교인들의 반공투쟁 역시 더욱 조직적인 양상을 띠기 시작하였다. 기독교인들의 조직적인 반공투쟁은 북한 전역을 무대로 벌어졌다.

---

32) 루이제 린저, 《또하나의 조국》, 공동체, 1988, p. 180.

제3장 기독교의 분단과 위축   413

이미 언급하였듯이, 장·감 두 교단의 최고지도층이 주도한 기독교자유당 결성 기도는 대표적인 움직임이었다. 1947년 4월 3천여명의 기독교인 청년들이 참석한 가운데, 재령 서부교회에서 열린 황해노회 청년면려대회는 반공집회로 탈바꿈하여 강사인 연합노회 회장 김진수 목사를 비롯하여 석옥린 목사, 임기주 목사 등이 체포되었다. 1947년 5월에 열린 제2회 서부연회 직후 해주 남본정감리교회의 최창주 장로를 중심으로 한 일단의 기독교인들이 남한의 한독당과 관계를 맺고 지하조직활동을 벌이다 발각되어 다수의 청년들이 체포되고, 감리교 원로인 신석구 목사와 마경일 목사가 구금되기도 하였다. 황해도 사리원에서도 장성칠 목사 등을 중심으로 하여 한독당과 연계되어 반공활동을 벌이던 집단이 1948년에 적발되어 많은 희생자들이 발생하였다. 강원도 철원읍 장흥리교회의 청년들은 박승백 장로를 중심으로 신한청년단이라는 조직을 만들어 반공선전과 남한과의 연계활동을 벌이다가 1949년 여름에 발각되었다. 1948년 6월에는 평남 강서군 신정면 관동감리교회의 권사였던 김약숭이 공산당 타도를 목표로 기독교 청년들로 구국기독청년회를 조직하고 이 조직의 총무인 윤성근을 월남시켜 서북청년회와 연락을 꾀하다가 검거되는 사건이 발생하였다. 또 1948년 중반에는 많은 기독교인들이 북한에서 진행된 총선거를 반대하는 조직적인 활동을 감행하였다. 평남 순천군과 평북 용천군·선천군·박천군·운산군·황해도의 일부 지방에서 그같은 일들이 진행되었다. 1949년 상반기에는 기독교인들이 다수 포함된 조선민주당 당원들이 평북 희천에서 반공단을 조직하고, 평남 강서에서는 통일봉화단을 조직하여 반공활동을 전개하다가 적발되었다.[33]

위의 사례들처럼 조직적이거나 지속적이지는 않지만, 개인 혹은 집단적으로 많은 기독교인들이 반공운동을 벌인 사례들도 다수 보고되고 있다. 예컨대, 1947년 5월에는 정주의 오산학교 학생들이 학교를 공산화하려는 움직임에 항의하는 집단시위를 벌였다.[34] 또한 많은 목사들이 교회 강단을 이용하여 반공주의를 고취시켰다. 한 예로, 황해도 평산군 문구리장로교회의 조봉환 목사는 전도강연을 통해 반체제적 발언을 계속하다가 재판에 회부되어 징역 4년형을 선고받기도 하였다.[35]

---

33) 이 사건들에 대해서는 북한연구소, 《북한민주통일운동사 1》, p. 415·424 ; 김영국, 《북한종교말살의 실상》, 백합출판사, 1979, pp. 82~83 ; 이항구, "북한의 종교탄압과 신앙생활", 〈현실초점〉 1990년 여름호, pp. 27~29, 45~53 ; 장병욱, 앞의 책, pp. 45~53 ; 임건묵, "해방 직후 북한기독교와 공산세력의 관계 연구", 감신대 석사학위논문, 1987, pp. 48~53 ; 이규일, 앞의 책, p. 145·158 ; 사와 마사히코, "해방 이후 북한지역의 기독교", p. 44 등을 참조.
34) 사와 마사히코, 위의 글, p. 43.
35) 김홍수, 앞의 책, pp. 430~443에 실려 있는 조봉환 목사 재판기록 참조.

보수적 기독교진영의 강화된 반공운동은 조선민주당내 좌파 기독교인들과 기독교도연맹으로 대표되는 진보적 기독교진영의 친공산주의적 활동과 대립적으로 진행되었다. 따라서 이 과정은 두 진영간의 갈등을 더욱 심화시키는 효과를 발휘하게 되었다. 1948년 3월 25일에 기독교도연맹은 "남조선 단독정부 수립을 반대하는 남조선 정당, 사회단체에 고함"이라는 성명을 발표하여,[36] 같은 시기에 보수적 기독교인들이 전개하던 북한총선거 반대투쟁과는 뚜렷이 대조되는 입장을 표명하였다. 기독교도연맹은 북한에서 열린 남북한 제정당·사회단체연석회의에도 적극적으로 참여하였다. 당시 기독교도연맹의 입장은 이 회의에 참석하였다가 월북자로 남은 김창준 목사의 연설에 나타나는 대로, '남조선 단선단정 반대, 미소양군 철수'로 요약된다.[37] 기독교도연맹의 지도자들은 이후 최고인민회의와 조국전선 등에도 적극적으로 참여하였다.

연합노회와 서부연회를 한편으로 하고 기독교도연맹을 다른 한편으로 한 기독교의 보혁(保革)대결은 시간의 흐름에 따라 혁신진영의 우위로 기울어졌다. 무엇보다도 보수진영은 기독교에 대한 규제를 점점 강화하고 사회주의적 색채를 갈수록 강하게 띠어가는 국가와의 힘겨운 싸움을 계속해야 하였던 반면, 혁신진영은 국가의 강력한 후원을 등에 업을 수 있었기 때문이었다. 기독교 내부의 갈등적 세력재편은 한국전쟁 이전에 대체로 완료되는 것으로 보인다.

양자간의 갈등은 기독교도연맹의 주도자들인 강양욱 목사와 박상순 목사가 속해 있던 장로교 평서노회에서 특히 현저하였던 것 같다. 노회장 조순천 목사를 비롯하여 평서노회의 다수세력을 이루었던 보수진영은 1948년 10월 요촌교회에서 열린 정기노회에서 기독교도연맹에 대한 노회 차원의 지지를 얻어보려는 강양욱 목사 등의 노력을 완전히 좌절시켰다. 이 노회에서 보수진영은 '정치 참여 목사는 정직을 원칙으로 한다'는 1946년 10월의 노회 결의를 내세워 박상순, 강양욱 목사에게 언권을 허락하지 않았고, 노회규칙과 질서유지의 필요를 들어 노회석상에서의 기독교도연맹 가입선전을 막았을 뿐 아니라, 기독교도연맹이 후원하는 나시산 목사를 노회장으로 선출하지도 않았다. 또 노회에서 직영하는 득신고등성경학교는 북한헌법과 사회과학을 교수하라는 인민위원회의 지시사항을 유물사관을 비판하는 수단으로 교묘하게 역이용하고, '정당이나 사회단체에 가담한 학생은 소속정당 및 사회단체장의 탈퇴증명서가 없으면 입학을 허락하지 않는다'는 학생수칙을 내세워 기독교도연맹계열의 학생들에게 입학자격을 주지 않았다. 그러나 1949년

---

36) 변진홍, 《평양에 부는 바람》, 사람과 사람, 1993, p. 281.
37) 김흥수, "해방 직후 북한교회의 정치적 성격", 《해방후 북한교회사》, pp. 64~65 참조.

11월 하순에 열린 평서노회는 기독교도연맹측이 이 모든 일들을 들어 보수진영을 추궁하는 자리로 변하였다.[38]

　기독교도연맹은 1948년부터 평신도들에게도 가입을 허용하여 면·군·도의 연맹 지부를 결성하는 등 조직을 확대해 갔다. 이에 따라 1948년 9월 1일 현재 기독교도연맹의 회원수는 85,118명으로 늘어났다.[39] 1948년 말까지 기독교도연맹은 함경도지역에서 압도적인 우세를 차지하게 되었고, 평안남도를 제외한 나머지 지역에서도 상당한 영향력을 행사하기에 이르렀다. 1949년 4월 경에는 평양을 포함한 북한 전역의 목사들이 대부분 기독교도연맹에 가입하게 된다.[40]

　1949년 봄까지 북한 기독교의 주도권을 장악한 기독교도연맹은 이 해 말에 이르러 북한의 기독교 전체를 그 산하에 재조직하려고 시도하게 된다. 우선, 1949년 12월에 기독교도연맹은 각도 대표자회의를 열어 조직확대작업을 마무리지었다. 또 같은 시기에 기독교도연맹은 북한 최대의 기독교단인 장로교에 먼저 개입하여, 5도연합노회를 해산하고 직접 장로교 총회를 조직하였다. 기독교도연맹 지도자들은 남한에서도 이미 단독으로 총회를 세웠으므로 북한에도 총회를 세워야 한다고 주장하여, 평양 서문밖교회에서 조선예수교장로회 총회를 조직하고 회장에는 김익두 목사, 부회장에 김응순 목사를 선출하였던 것이다. 이로써 한국 장로교는 제도적인 차원에서 완전한 분단에 도달하게 되지만, 더욱 중요한 사실은 이 자리에서 기독교도연맹에 가입하지 않은 목사들을 노회장직 박탈과 함께 제명처분하기로 결정한 점이었다.[41] 기독교도연맹이 장로교 총회의 상위에 군림하게 된 셈이다. 이 때부터 현직 시무목사와 기독교도연맹이 파견한 목사 사이에 분쟁이 자주 발생하였다고 한다.[42]

　장로교 총회를 조직하고 장악하려는 기독교도연맹의 시도는 장로교의 평양신학교를 장악하려는 노력과 병행되었다. 기독교도연맹의 강양욱 목사는 1949년 12월 초에 열린 평양신학교의 이사회에 참석하여 평양신학교를 기독교도연맹 직영으로 하고, 교수와 학생에게 연맹 가입을 의무화할 것을 제의하였다. 이사회가 이 제안을 거부하자, 1950년 2월 기독교도연맹과 조선예수교장로회 총회는 일방적으로 김지학 목사를 교장으로, 나시산 목사를 교감으로 발령하여 부임하도록 조치하였

---

38) 북한연구소,《북한민주통일운동사 2》, pp. 409~411 참조.
39)《조선중앙연감(1949년도)》, 조선중앙통신사, 1949, p. 92.
40) 계창주, "북한 기독교도연맹의 정체",《해방후 북한교회사》, pp. 338~339.
41) 위의 글, p. 340. 1950년 8월 5일자로 발표된 "전조선 애국적 기독교도들과 전체 종교인들에게 보내는 호소문"(김흥수, 앞의 책, pp. 503~504)에도 김익두 목사가 장로교총회 회장으로, 김응순 목사가 장로교총회 부회장으로 명시되어 있다.
42) 북한연구소,《북한민주통일운동사 1》, p. 409.

다. 또한 기존의 이사장인 이학봉 목사를 비롯하여 노회파견 이사인 한덕교·조순천 목사 등을 해임시키고, 강양욱 목사, 박상순 목사, 안창호의 동생으로 여성동맹 부위원장이던 안신호 등으로 하여금 이사회 권한을 대행하도록 하였다.[43] 기독교도연맹은 교수들까지 연맹측 인사들로 교체한 후, 신학교의 예과 2학년 학생 백여 명을 해산시키고 본과 편입시험을 치러 연맹을 지지하는 학생들에게만 입학을 허락하였다.[44]

기독교도연맹측이 장로교 평양신학교를 수중에 넣을 무렵, 북조선인민위원회 교육부는 당사자들의 반발에도 불구하고 평양신학교와 감리교의 성화신학교를 통합시키는 계획을 강압적으로 추진하였다. 이 계획에 따르면, 학교 명칭은 평양기독교신학교로 하고, 교장은 장로교측의 이성휘 목사, 교감은 감리교측의 송정근 목사가 맡도록 하였다. 또한 학생수는 두 신학교 재학생 1,200명 가운데서 선발된 120명으로 축소하며, 1950년 3월부터 통합된 신학교 체제로 개교한다는 것이었다.[45] 통합된 기독교신학교는 기독교도연맹의 직접적인 주관 아래 놓이게 되었다.[46] 장로교의 총회가 기독교도연맹의 주도로 조직되고 평양신학교 역시 기독교도연맹의 주도하에 재편되었을 뿐 아니라, 기독교자유당 사건으로 감리교 서부연회가 정상적 기능을 상실하고 성화신학교마저 평양신학교와 통합됨으로써, 기독교도연맹은 1950년 초까지 장로교와 감리교의 양대 교단을 자신의 통제하에 두는 데 성공하였다.

한편 조선민주당은 1946년 2월의 혁신대회에서 조만식 장로를 중심으로 한 우파 지도부를 축출하고 좌파 인사 중심으로 지도부를 교체한 후 당원의 구성이나 강령에서 친공산주의적 색채를 더욱 강화하였다. 즉 조선민주당은 2차(1947. 4), 3차(1948. 12) 당대회를 거치면서 당의 규율을 강화하고 당단체 및 당원을 재심사하며 당학교와 강습소를 설치하여 당원교육을 강화하고, 입당절차를 보증제로 전환하는 등의 조치를 취하였다. 또한 제3차 당대회시에는 강령을 새로 채택하여, 강령 전문에 "인공을 지지하며 인공 헌법과 정부 정강을 실천한다"는 표현을 삽입하였다. 그러나 우파 인사들의 배제로 1949년 말경에 이르러 조선민주당의 당세는 이미 1946년 초의 5분의 1 정도인 10만명 이하로 위축되었다.[47]

이미 서술하였듯이, 북한 당국의 기독교에 대한 강화된 통제, 보수적 기독교인

---

43) 위의 책, pp. 411~412.
44) 계창주, 앞의 글, p. 340.
45) 윤춘병, 《감리교서부연회 수난사》, pp. 160~163.
46) 사와 마사히코, "해방 이후 북한지역의 기독교", p. 33 ; 원용국, 앞의 책, p. 263 ; 장병욱, 앞의 책, pp. 93~96 ; 홍만춘, 앞의 글, pp. 76~78.
47) 이찬행, 앞의 글, pp. 163~164.

들의 치열한 반공투쟁과 그에 대한 당국의 탄압, 해방 직후부터 계속된 신자들의 월남 등으로 인해 이 시기에 기독교 인구는 크게 감소되었다. 1950년도의 《조선중앙연감》에 의하면 1950년 초의 개신교 신자수는 약 20만명이라고 하지만, 실제로는 12~15만명 정도에 머물렀다(〈표 Ⅳ-6〉 참조). 따라서 해방 당시 10만~20만명이었던 개신교 신자수는 1946년까지 25~30만명선까지 증가하였다가 1947년부터 다시 감소하기 시작하여 한국전쟁 직전에는 12~15만명선까지 감소한 것으로 보인다.

개신교 신자수의 감소는 천도교 신자수의 꾸준한 성장과 비교할 때 더욱 두드러진다. 해방 당시 170만명이던 천도교 신자수는 지속적인 증가세를 유지하여 1950년 초에는 약 287만명에 이르게 된다. 해방후 꾸준한 증가세를 유지하던 개신교 인구가 절반 가량 감소하였던 반면, 천도교 인구는 해방으로부터 한국전쟁 발발시점까지 약 5년 동안 무려 70%나 성장한 것이다. 개신교와 천도교 교세의 이같은 첨예한 엇갈림은 토지개혁 등 일련의 개혁이 두 종교의 사회적·계급적 기반에 어떻게 상반된 영향을 미쳤는가를 잘 보여준다고 생각된다. 천도교 청우당 당원의 95% 가량이 빈농을 중심으로 한 농민이었고 도시의 소부르주아층이 일부 포함되어 있어 농민층의 요구를 대표하였던 데 비해,[48] 개신교 신자 가운데는 중농과

〈표 Ⅳ-6〉 1950년 현재 북한 종교 현황

	신 자 수	성 직 자 수	교 회 수
개신교	약 12~15만명*	908명 (목사 410, 전도사 498)	약 2,000개소**
불교	375,488명***	승려 732명	518개소(사찰)
천도교	2,866,342명****		99개 시·군 종리원과 산하 구·면·리 종리원

* 캐나다교회협의회, "'조선민주주의인민공화국' 방문보고", 〈신학사상〉 1989년 여름호, p.383 ; 이승만, "북한의 교회", 《해외동포가 본 그들의 통일논의》, 민중사, 1988, p.99 ; 이영빈·김순환, 《통일과 기독교》, 고난함께, 1994, p.107.
** 개신교뿐 아니라 천주교 교회도 포함된 수치임.
*** 1949년 현재의 북조선불교도연맹의 회원 수치임. 따라서 실제 신자수는 적어도 50만명에 이를 것으로 추산됨(윤이흠, 앞의 글, p.513).
**** 한국전쟁 당시 북조선종무원 법도부장이었던 문경재가 월남하면서 갖고 온 자료에 근거한 것으로 1950년 3월 현재의 수치임(표영삼, 앞의 글, pp.174~177 ; 윤이흠, 같은 글, p.511).
***** 출처 : 조선중앙통신사, 《조선중앙연감》(1950년도), 조선중앙통신사, 1950.

지주층·상공업자들이 다수 포함되어 있었고 개신교 지도자들은 이들의 이해관계를 대표하여 반체제적 입장으로 기울었던 것이다.

지금까지 살펴본 것처럼, 1947년부터 1949년 말에 이르는 기간 동안 한국교회는 사실상 제도적 분단상태에 처하게 되었다. 남북한 각각에 장로교 총회가 조직되었고, 북한의 기독교는 북한사회의 사회주의적 발전을 지지하는 세력에 의해 확고하게 장악되었다. 북한체제에 반대하는 많은 기독교인들이 남한으로 내려왔고 북한체제에 동조하는 소수의 기독교인들이 1948년 초에 월북의 길을 택하였다. 이와 함께 선교사들과의 관계도 완전히 단절되었다. 1947년 4월에 개인자격으로 블레어 선교사가 5일간 북한을 방문하여 평양의 9개 교회를 순회하기도 하였지만, 같은 해 7월 미국 북장로교 대표단이 북한방문을 신청하였을 때 소련 군정 당국은 이를 거부하였다.[49] 이후로 한국전쟁 때까지 북한지역의 신자들은 선교사들과 아무런 접촉도 갖지 못하였다.

2. 전쟁과 월남, 기독교 분단의 완결(한국전쟁기)

한국전쟁은 북한교회에 엄청난 물적, 인적 손실을 초래하였다. 전쟁은 교역자와 신자수의 현격한 감소와 가시적 집회소의 완전한 소멸이라는 참담한 결과를 남겼다. 일부 몰수되거나 전용된 교회시설을 제외한 모든 교회소유 건물들이 초토화 전술에 입각한 미군의 대대적인 폭격으로 파괴되었다. 공산군측이 교회당 근처에 군사시설을 설치하여 고의적으로 교회를 폭격하게끔 유도하였다는 주장도 제기되고 있으나,[50] 어쨌든 미군의 폭격이 교회건물을 예외로 하지 않는 것이었음은 분명한 듯하다. 1950년 11월 8일 주일을 맞아 신의주 제일교회와 제이교회에 예배차 모였던 250여명의 교인들이 미군의 폭격으로 몰사하였다는 보고는 이를 뒷받침하는 하나의 사례이다.[51] "1950년 가을 미군폭격기 B-29가 80대 이상 연사흘 신의주를 폭격하고 특히 소이탄으로 폭격하여 전 도시, 집과 사람을 태워버렸다는 것이다. 신의주 20만 인구의 2/3의 사람이 타죽고 도시의 80%가 잿더미가 되

---

48) 이정식·스칼라피노, 앞의 책, p. 448.
49) Rhodes and Campbell, *op. cit.*, p. 29·94.
50) 김영국, 앞의 책, pp. 97~98 참조.
51) 박일석, 앞의 책, p. 77. 이 사건은 북한 사람들에 의해 자주 언급되는 것 가운데 하나인 듯하다. 1988년에 북한을 방문한 캐나다교회협의회 대표단도 보고서에서 이 사건에 대해 언급하고 있다(캐나다교회협의회, "'조선민주주의인민공화국' 방문 보고", 〈신학사상〉 1989년 여름호, p. 383). 이밖에도 김홍수, 앞의 책, pp. 499~500, 506 등을 참조.

었다"는 보고를 통해,⁵²⁾ 우리는 당시 신의주의 정황을 어느 정도 가늠해 볼 수 있다. 여러 가지 자료로 미루어, 전쟁 당시 이러한 일은 평양·원산·함흥 등 북한의 주요 도시 대부분에서 벌어졌음이 거의 확실하다. 전쟁전 1천개 이상이던 교회당은 전쟁이 끝났을 때 소수의 교회만이 남아 있게 되었다. 1950년 초에 개교한 기독신학교 역시 그 해 7월 5일에 제1회 졸업생을 배출한 후 문을 닫고 말았다.⁵³⁾

전쟁으로 인한 인적 손실 역시 대단히 컸다. 전쟁중의 사상자수면에서 북한측이 남한측의 2배에 이름을 감안할 때 희생된 신자들도 상당수에 이를 것이라고 생각된다. 전쟁중에 북한인구의 4분의 1이 사망하였으므로, 단순하게 계산하더라도 12~15만명에 이르던 신자들 가운데 3~4만명 정도가 양측의 교전으로 인해 사망하였을 것으로 생각된다.

전쟁시에 북한교회가 입은 인적 손실에는 북한 당국에 의해 희생된 사람들이 포함된다. 전쟁중 사망하거나 실종된 교역자들은 대부분 북한 당국에 희생된 것으로 보인다. 전쟁중에 북한 당국에 체포되어 사망하거나 실종된 북한지역의 목사와 남전도사들은 모두 350명에 이른다.⁵⁴⁾ 특히 국군의 북진시에 교역자들에 대한 대량학살이 집중되었던 것으로 보인다. 예컨대 이승만 목사는 이 시기에 자신의 아버지를 포함하여 "50여명의 목사들을 (대동강변에서) 한 구멍에 몰아넣고 사살해버린 것"을 목격하였다고 한다.⁵⁵⁾ 이같은 대량학살과 투옥, 그리고 나머지 대부분 목사들의 월남으로 인해 전쟁이 끝난 후 북한지역에 남아 있는 목사는 전부 20명도 되지 않았다.⁵⁶⁾ 물론 천주교 신부들은 단 한명도 남지 않았으며, 전쟁중의 인적 손실에는 1·4후퇴 당시 집중된 월남자들도 포함된다. 비록 해방 직후부터 월남한 사람들까지 포함한 추정치이긴 하지만, 대략 7만명 내외의 개신교 신자들이 전쟁이 끝날 때까지 월남하였다고 본다면,⁵⁷⁾ 전쟁후 북한지역에 남아 있는 기독교인 숫자는 5만명 이하였을 것으로 판단된다.

그러나 이에 못지 않게 중요한 사실은 전쟁후 기독교가 생명력을 유지할 수 있는 사회적 토양이 매우 척박하게 변하였다는 것이다. 여기에는 미국이 교회당을 공격목표로 삼지는 않으리라는 기대를 품고 교회로 피신한 많은 신자들과 비신자들이 무차별 폭격으로 사망하였다는 비극적인 이야기들도 포함되어 있었다. 전쟁

---

52) 강정구, 앞의 글, p. 209.
53) 윤춘병, 《감리교서부연회 수난사》, p. 163.
54) 사와 마사히코, "해방 이후 북한지역의 기독교", p. 34.
55) 이승만, "어떤 전쟁도 인간의 얼굴을 가질 수 없다", 〈말〉 1994년 7월호, p. 47.
56) 이영빈·김순환, 앞의 책, p. 107.
57) 강인철, "월남 개신교·천주교의 뿌리 : 해방후 북한에서의 혁명과 기독교", pp. 134~135 참조.

후 기독교의 사회적 존립기반을 협소화한 다른 중요한 요인은 많은 기독교인들이 전쟁 기간 동안 반공활동에 적극적으로 가담하였다는 사실이다. 따라서 "그 당시 이북 사회주의자들에게는 기독교인 대부분이 친미자들이요 미국의 정보원으로 취급당하였다."[58]

전쟁중에 북한의 기독교인들은 극단적인 분열로 빠져들었다. 북한 기독교인들은 전쟁의 어느 한편에 가담하지 않을 수 없었고, 많은 기독교인들이 파괴와 살인행위에 직·간접적으로 연루되었다. 전쟁과정에서 기독교인 상호간에 불신과 증오심이 극단적으로 증폭되었다.

전쟁기간 중에 기독교도연맹은 '미제국주의자들의 지배로부터 조국을 해방시키고 반제반봉건민주주의혁명을 전국적으로 확대수행한다'는 북한 지도층의 주장에 적극적으로 동조하였다. 1950년 7월 초 기독교도연맹은 1947년 2월에 결성되었다가 해산당하였던 '기독교민주동맹'을 서울을 중심으로 재건하였다. 기독교민주동맹의 조직에는 위원장인 김창준 목사, 총무인 박성채 목사, 장로교 책임자인 최문식 목사, 감리교 책임자인 최택 목사 등과 감리교의 심명섭 목사, 심 목사의 장인이자 당시 문교상이었던 이만규 등 월북한 기독교인들과 일부 남한 기독교지도자들이 중추적 역할을 하였다. 이후 남한지역에서의 기독교활동은 대부분 기독교민주동맹을 통해 이루어졌던 듯하다. 인민군환영대회, 신도궐기대회, 교역자 대상의 강연회, 국방헌금 모금, 노력동원, 자술서 쓰기와 사상전환을 위한 인민교육 등이 활동내용으로 확인되는 것들이다.[59]

한편 북한에서는 전쟁 직후에 장로교 총회장인 김익두 목사가 군기(軍器) 기금으로 10만원을 헌납하였다. 또 1950년 8월 5일 장로교·감리교·성결교·성공회 등 평양시 각 교파의 교역자들은 평양 서문밖교회에서 궐기대회를 열고 북한의 전기독교인들에게 전선의 승리를 위해 총궐기할 것을 호소하는 호소문을 만장일치로 채택하였다. 이날 발표된 호소문은 당면한 전쟁을 "내란 도발자와 침략자를 반대하여 조국의 통일과 독립과 민주와 자유와 평화를 위하여 싸우는 …… 정의의 전쟁이며 성스러운 전쟁"이라고 정의하고, 필승기원의 예배와 기도, 더 많은 군기기금 헌납운동을 호소하면서, 8월 13일을 '침략자 미제국주의자들과 망국노 이승만 도당을 완전 소탕하는 전승기원의 날'로 정할 것을 제의하였다.[60] 예정대로 8월 13일에는 북한 전역에서 '침략자 미제국주의자들과 망국노 이승만 도당을 완전 소탕하는 전승기원의 날' 행사가 치러졌고, 평양에서는 신양리교회에서 새벽부터

---

58) 이영빈·김순환, 앞의 책, p. 107.
59) 장병욱, 앞의 책, pp. 207~223.
60) 김홍수, 앞의 책, pp. 498~504.

전승기도회가 거행되었다. 그 직전인 1950년 7월 30일에는 원산제일교회에서 '원산시 기독교인 궐기대회'가 열려, "정의의 전쟁의 승리를 위하여 전체 인민들과 더불어 총궐기"하자는 내용의 결의문을 채택하였다.[61] 1950년 10월 국군이 평양에 진입하게 되면서 기독교도연맹의 활동은 잠시 중단되었으나, 전세가 역전되자 12월 초부터 다시 활동을 시작하였다.[62] 그러나 1950년 말 당시 함흥에서 교회는 유지되고 있었으나 그 80%가 여성이었다는 스코트 선교사의 보고에서도 확인되듯이, 전쟁은 북한교회의 활력을 대부분 앗아갔다.[63]

1950년 10월 유엔군측이 평양을 점령하게 되면서 짧은 기간이나마 월남하였던 교역자들과 선교사들이 종군목사 신분으로 북한지역에서 활동을 재개하였다. 북한의 수많은 기독교인들이 이들을 열렬하게 환영하였다. 1950년 10월 29일에는 약 3개월 전 전승을 기원하는 교역자궐기대회가 열렸던 평양 서문밖교회에서 선교사와 복귀한 한국인 교역자들을 환영하는 예배가 성황리에 열렸다.[64] 같은 해 11월 19일에는 함흥지역의 기독교인들이 미군 군목 환영예배를 개최하여, 보켈(Voelkel) 목사가 설교하였다. 함흥의 기독교인들은 군목들과 추수감사절 예배를 함께 드리기도 하였다.[65] 파괴된 교회와 기관들을 복구하고 스테이션을 재개설하려는 선교사들의 노력은 중공군의 개입으로 전세가 역전되면서 실패로 끝나고 말았다. 선교사들은 1950년 12월 유엔군이 다시 퇴각하게 되었을 때 북한지역의 기독교인들을 우선적으로 월남시키는 데 결정적인 기여를 하였다.

또한 전쟁 기간 동안 수많은 기독교인들이 적극적인 반공투쟁을 전개하였다. 기독교인들은 평북 정주군과 평남 안주군 등지에서 치안대를 조직하여 활발한 반공운동을 벌였다. 특히 정주의 치안대는 국군이 퇴각한 후인 1951년까지도 유격대를 조직하여 공산군측의 군사시설물에 대한 빈번한 파괴공작을 전개하였다.[66] 전쟁 발발 직후 함경북도의 모든 반공단체를 규합하여 유격대를 조직하고 비밀리에 함경북도의 자치조직을 결성하려고 하였던 대한청년단 사건에도 문준희 목사를 비롯한 다수의 기독교 지도자들이 참가하여 지도적 역할을 맡았다.[67] 전도민의 1할이 이념대립의 와중에서 학살당하였던 황해도에서는 은율·안악·신천·송화·재령 등지에서 반공투쟁을 주도하거나 적극 가담하였으며, 구월산지역에서 전개

---

61) 위의 책, p. 506.
62) 계창주, 앞의 글, p. 340.
63) W. Scott, *op. cit.*, p. 185.
64) Rhodes and Campbell, *op. cit.*, p. 100.
65) W. Scott, *op. cit.*, p. 185.
66) 김영국, 앞의 책, pp. 99~101.
67) 사와 마사히코, "해방 이후 북한지역의 기독교", p. 44.

된 대규모의 유격투쟁에서도 기독교인들이 중심적 역할을 담당하였다.[68] 해방후 북한지역에서 반공활동을 하다 월남하여 서북청년단 등에서 활동하던 많은 기독교청년들이 북진대열에 가담하여 공산당 부역자들을 색출하고 처형하는 일에 가담하기도 하였다. 또 전쟁중에 조선민주당의 상당수 당원들이 반공적인 활동을 적극적으로 전개하기도 하였다.

북한사회의 발전방향과 그에 대한 교회의 개입방식을 놓고 해방 직후부터 싹트기 시작한 북한 기독교인들의 대립은 한국전쟁이 발발하기 이전에 국가의 후원을 받는 친공산주의적 분파들의 우위로 귀결되는 듯 보였다. 그러나 이 과정이 반대파를 일방적으로 배제하는 방식으로 진행되었으므로, 불만의 불씨는 계속 잠복해 있었다. 전쟁이라는 돌발적인 사태를 맞아 북한의 기독교인들이 전쟁의 어느 한 편에 적극적으로 가담함으로써 이들간의 분열과 반목은 돌이킬 수 없을 정도가 되었다. 한국전쟁은 이 분열이 반공적 기독교인들의 대대적인 월남과 결합되어 이후 30년이 넘는 남북한 교회의 완전한 단절로 이어지는 계기가 되었다. 분단은 이제 교회제도에 의해 보장되게끔 되었을 뿐 아니라, 불신과 증오라는 심리적인 분단까지 중첩됨으로써 최종적으로 완성되기에 이르렀다.[69]

이와 관련하여 특기할 만한 일은 전쟁중에 교역자들이 대부분 월남하거나 학살 혹은 투옥되어 장로교의 총회와 노회, 감리교의 연회와 지방회가 기능을 상실하게 되고 다른 군소교파들도 유명무실하게 됨으로써, 전쟁이 끝난 후부터는 교파의 구분이 사실상 의미없게 되었다는 점이다. 천주교의 교구조직 역시 전쟁중 모두 붕괴되었다. 장로교의 노회조직과 감리교의 연회조직, 천주교의 교구조직은 모두 월남자들에 의해 남한에서 '망명교회' 형식으로 재건되었고, 책임자들 역시 새로 선임되었다. 따라서 기독교도연맹은 이제 교파와 상관없이 북한의 모든 기독교인들을 대표하는 유일한 기관이 되었다.

3. 기독교인들의 반미(反美) 사회주의화와 기독교의 위기상황(휴전~1958)

20여명의 목사와 5만명 이하의 신자, 단 하나도 남아 있지 않은 교회건물, 극도로 반기독교적인 사회분위기―이것이 한국전쟁이 끝난 후 북한 기독교인들에게 주어진 냉정한 현실이었다. 그러나 이처럼 기독교인의 숫자가 크게 감소하고 활

---

68) 중앙일보사 편, 《민족의 증언 5》, 중앙일보사, 1983, pp. 258~272, 299 ; 한국교회사연구소, 《황해도 천주교회사》 참조.
69) 한국전쟁 시기에 월남한 기독교인들이 남한교회에 편입되고 분단을 기정사실화하는 조치들이 이루어지는 과정에 대해서는, 강인철, "남한사회와 월남 기독교인", 〈역사비평〉 1993년 여름호 참조.

동영역이 축소되는 가운데서도, 전체 신자의 3분의 1 가량으로 추산되는 많은 반공적인 인사들이 대거 남하함으로써 북한에 남은 신자들의 내적인 동질성은 더욱 강화되었다. 여기서 강조해야 할 점은 전쟁의 경험이 북한에 남아 있던 기독교인들로 하여금 반미(反美), 반제(反帝)적 성격을 강화하는 결정적 계기로 작용하였다는 점이다. 이 점에서는 무신론자인 김일성이 객관적인 관찰자일 수도 있다. 그는 1953년 12월에 열린 노동당 중앙위원회 제7차 전원회의 석상에서 다음과 같이 말하였다.

> 기독교인들의 머리속에 숭미(崇美)사상이 오랜 기간에 걸쳐 뿌리깊이 박혔기 때문에 숭미사상을 뿌리빼기가 대단히 어려웠습니다. 그러나 전쟁을 통하여 그들이 숭미사상을 스스로 버리게 되었습니다. …… 전쟁전까지만 하여도 미제를 숭배하던 기독교인들이 전쟁을 통하여 미제야말로 세계에서 가장 악독한 침략자이며 강도이며 천하에 제일 비겁쟁이라는 것을 똑똑히 알고 그들을 저주하게 되었습니다. 이러한 조건에서 기독교인들과의 사업을 적극적으로 진행한다면 능히 그들을 우리편에 묶어 세울 수 있습니다.[70]

1994년 초까지 기독교도연맹의 서기장을 역임하다 타계한 고기준 목사도 "조선전쟁중에 숭미사상이 무너져갔다. 그 무차별할 정도의 공격을 보고 숭미는 잘못된 것이라고 느꼈다"고 술회한 바 있다.[71] 고기준 목사의 고백은 길지만 좀더 인용할 가치가 있다.

> 나는 솔직히 말해서 옛날에는 숭미적이고 반공적이었다. 그러나 지금에 와서 보면 오해를 하고 있었던 것 같다. 즉 가짜 공산주의자를 보고 공산주의를 오해하고 있었다. 차차 가짜 공산주의자와 진정한 공산주의자를 구별해서 인식하게 되었다. 토지개혁을 선두로 민주개혁이 이루어지는 속에서 과거에는 무권리상태에서 빈곤·좌절 속에 있던 사람들이 그 권리를 회복해가는 것을 보고 생각이 달라졌다. 현재 이 나라의 '주체사상'은 나 자신의 신앙생활과 공통성을 가지고 있다고 생각한다. 1945~47년 경 남하하는 사람이 많아지면서 나에게도 권유가 왔지만, 차차 북의 정책이 정당하다고 생각되어졌고 또 종교정책도 정당하다고 생각한다. …… 지금 여기에 남아 목사로서 일하고 있는 것에 후회는 하지 않고 있다. 북에 있는 신자들을 위해 일생을 바쳐야 한다고 생각하고 있다. …… 지금 우리나라에는 지주도 자본가도 없고, 근로자가 나라의 주인이다. 세금도 없고, 의료·교육도 무료이다. 인민이 나라의 주

---

70) 극동문제연구소, 앞의 책, p. 444에서 재인용.
71) 3개교단 청년연합회, 《하나인 민족 하나인 조국》, 1988년 여름대회 공동자료집, 1988, p. 118.

인인 것이다. 나도 기독교인으로서 억압이나 착취에 반대하고 있으나, 그 관점에서 보면 이 나라에서는 그것이 달성되고 있다.[72]

강원도 통천군 협곡교구 교회에서 시무하던 감리교 이풍운 목사의 사례 역시 이와 관련하여 소개할 만하다. 그는 한국전쟁이 북한의 기독교인에게 어떤 변화를 초래하였는가를 좀더 구체적으로 보여주고 있다. 그는 한국전쟁후 기독교와 사회주의의 관계를 적극적으로 이해하기 시작하였다. 그는 양자가 좋은 이웃관계로 발전해야 하며, 약한 자와 피해자를 도와주는 데는 기독교인보다 무신론자나 사회주의자가 더 실천적일 수도 있다고 생각하게 되었다고 한다. 따라서 그는 기독교인만 상대로 하는 목회가 아니라 가난한 사람과 같이 살고 일하는 목회를 하기 위해 협동농장의 창설에 적극적으로 참여하고 지도하였다고 한다. 1960년 그가 사망하자 협동농장원들은 협동조합 건설에 대한 공로를 기려 그를 농장 뒷산에 모시게 되었다고 한다.[73]

그러나 농업과 상공업의 집단화로 특징지워지는 1950년대 중후반의 시기에 기독교인들이 고기준 목사나 이풍운 목사처럼 순응적이었던 것만은 아니었다. 평북 용천군의 이만화 목사 사건은 기독교인들의 저항이 간헐적이나마 계속되었음을 보여주는 증거이다. 이목사는 한국전쟁후 용천군으로 이주하여 목사 신분을 감추고 농장원으로 생활하였다고 한다. 그는 신자들을 약 500개의 점조직으로 연결하여 외딴집이나 동굴·산속 등에서 3~5명씩 모여 예배드리게 하였다. 이렇게 조직된 기독교인 약 2천명이 1957년 8월의 제2기 최고인민회의 대의원선거에서 투표를 거부하였다. 이 사건으로 인해 이만화 목사는 신자 10여명과 함께 처형되었다고 한다.[74] 그럼에도 불구하고 여러 정황을 고려할 때, 한국전쟁 이후 그 이전과 같은 대규모 기독교 탄압사례나 저항사례가 상대적으로 적은 것은 기독교의 사회적 영향력이 감소한 탓도 크겠지만 무엇보다 북한 기독교인들의 의식변화 및 이질요소의 대규모 남하에 따른 북한 기독교의 내적 동질화를 반영한 것이라 해야 할 것이다.

앞에서 지적한 반기독교적 사회풍조는 기독교인들의 광범한 '탈교붐'을 불러일으켰고, 그 결과 기독교를 중심으로 종교들의 사회적 영향력과 교세는 전쟁후 다시 급속히 감소되어갔으리라고 생각된다. 이같은 반기독교적 사회분위기 속에서 새로운 세대에게 종교적인 설득력을 행사하는 것은 대단히 어려운 일일 수밖에

---

72) 마에지마 무네토시, "북한의 크리스찬교회", 한국기독교교회협의회 통일문제연구원 편,《한국교회 통일문제 주요 자료집(1984. 10~1988. 2)》, 1988, pp. 133~134.
73) 이영빈·김순환, 앞의 책, pp. 95~109.
74) 북한연구소,《북한민주통일운동사 2》, pp. 685~687.

없었다. 이밖에 전쟁이 후퇴와 진격을 거듭하는 가운데 교회건물은 물론이고 기존의 기독교 조직이 대부분 파괴되었지만, 전쟁이 끝난 뒤에도 이같은 반기독교적인 사회분위기에다 전후복구의 시급성 등으로 인해 전국적인 조직과 시설물들을 재건할 내적인 동력은 거의 형성되지 못한 것으로 보인다. 따라서 이때부터 소규모 가정예배형식의 신앙실천형태와 상층중심의 통일전선활동이라는 매우 불균형적인 종교활동이 이어져왔던 것으로 판단된다.

제4장 반종교운동과 기독교의 위기(1959~1971)

1. 사회주의혁명과 반종교운동의 전개

1. 사회주의 건설의 본격화와 사상개조사업

전후복구 3개년 계획의 성공으로 생산력을 전쟁전 수준으로 회복하고 생산관계의 사회주의적 개조를 마무리지은 북한의 지도부는 이 시기에 제1차 5개년 계획(1957~1960)과 제1차 7개년 계획(1961~1967)을 통해 생산력의 급속한 발전을 도모하면서 사회주의사회의 본격적인 건설을 주창하게 된다. 이같은 사회주의 건설과정에서도 이전 시기에 확립된 "중공업 우선발전, 경공업과 농업의 동시발전"이라는 노선이 견지되었다. 또 북한 지도자들은 중·소분쟁으로 주변 사회주의국가들의 원조가 점차 감소하는 조건에 대응하여 '자력갱생노선'과 '군중노선'을 더욱 강화해나갔다. 또한 베트남전쟁의 격화, 쿠바사태로 인한 미·소대립의 심화, 5·16 이후 남한의 강화된 반공주의, 중·소분쟁 등 급속하게 불안정해지는 국제정세에 대처하기 위해, 1962년 12월 노동당은 '경제건설과 국방건설의 병진정책'과 '4대 군사노선'을 추진하기로 결정하였다.

그러나 1961년만 해도 2.5%에 불과하던 국방비의 예산비중이 1967년부터는 30%를 상회하게 되면서 경제성장을 둔화시키고 산업간의 불균형을 심화시키는 요인으로 작용하기 시작하였다.[1] 이에 따라 북한 지도자들은 1970년부터 국방비의 비중을 다시 낮추고 균형노선으로 복귀하는 한편 서방과의 경제관계개선을 통해 경제적 어려움을 해결하고자 시도하지만, 과중한 국방비 부담은 여전히 경제발전을 제약하는 요인으로 작용하였다.[2]

---

1) 조민영, 《북한사회의 재인식》, 남풍, 1988, p. 100.

이 시기 북한사회에서 가장 두드러졌던 현상은 이른바 주체사상이 전면적으로 제기되었다는 점이다. 또 1955년 이후 북한 지도층이 '조선혁명을 대하는 자주적이고 주체적인 입장'을 대대적으로 강조하는 가운데 항일빨치산 그룹이 정치권력을 확고히 장악하게 되었다.[3]

이 시기에 북한 지도층은 생산관계의 사회주의화에 이어 사상의식을 사회주의적으로 개조해야 한다고 강조하였다. 이에 따라 1950년대 중반부터 '계급교양' 혹은 '공산주의교양'이 부쩍 강화되었다. 이같은 사상교양 내지 사상개조운동은 당원들로부터 시작하고, 당원들을 중심으로 다시 전인민으로 확대실시하는 발전과정을 거쳤다.[4] 1958년 5월 노동당은 "반혁명분자와의 투쟁을 전군중적으로 전개한 데 대하여"라는 결정을 채택하고, 이에 기초하여 1958년 말부터 1960년 말에 이르기까지 이른바 중앙당 집중지도사업을 전개한다. 중앙당 집중지도사업은 지방당조직에 대한 지도와 아울러 노동자·농민층에 대한 광범한 계급교양·공산주의교양을 수반하였다고 한다. 노동당은 이 사업을 통해 북한주민 가운데 '반혁명분자'를 적발하여 처단하고, 혁명적 요소와 중간층, 반혁명분자의 세 범주로 주민들의 성분을 분류하였다. 이와 유사한 맥락에서 1958년 8월부터는 '인텔리개조운동'이 전개되었다. 이 운동은 일제시대에 교육받은 낡은 인텔리층의 보수주의와 소극성을 청산하고, 노동자와 농민의 계급적 지위를 상대적으로 향상시킨다는 목표 하에 추진되었다. 또한 중앙당집중지도사업이 주민들 사이에 공포감과 불신감을 조장하는 부작용을 노출하자 노동당은 1961년 3월부터 이른바 '뚜껑벗기기운동'을 전개하여 사회분위기를 이완시키려고 시도하기도 한다. 그러나 이 운동이 혁명적 요소에 속하는 층의 사기를 떨어뜨리는 등의 새로운 부작용을 드러내자 이듬해 3월에 이를 중단하고, "대부분의 반혁명분자에 대해서는 대담하게 포섭하고 그 가운데 극소수의 극단적인 반혁명분자에 대해서는 독재를 보다 강화한다"는 결정을 내렸다.

중앙당집중지도사업, 뚜껑벗기기운동의 전개와 중단 등 일련의 시행착오를 거쳐, 1964년 2월 당 중앙위 제4기 8차 전원회의는 종전의 기술·문화 혁명에 덧붙여 사상혁명을 강조함으로써 3대혁명의 개념을 처음으로 정식화하고 "온사회의 혁명화·노동계급화"라는 새로운 구호를 제기하게 된다. 동시에 이 회의는 이른바

---

2) 정대화, "급변하는 동북아정세와 북한의 대응", 〈말〉 1991년 6월호, p. 46.
3) 정대화, "북한의 사회주의 건설사", 《북한의 한국사인식 2》, p. 401.
4) 이 시기에 전개된 사상개조사업과 주민성분조사에 관해서는 박재욱, "북한의 계급", 《북한의 사회》, 을유문화사, 1990 ; 북한연구소, "북한의 계급정책", 《북한사회의 재인식 1》; 이계희, "북한의 사상정책과 정치교육", 〈통일문제연구〉 1989년 봄호 ; 이병혁, "사회구조와 생활실태", 《북한개론》 등을 참고하였다.

주민등록사업이 시작되는 계기이기도 하였다. 이 사업은 북한주민들을 좀더 명확한 기준에 근거하여 재분류하고 일관성 있는 계급정책을 실시함으로써 계급노선과 군중노선을 올바르게 결합하여 각계각층의 주민들을 혁명화·노동계급화한다는 목표하에 추진되었다. 이에 따라 북한주민 전체를 기본군중(핵심군중·기본군중)과 복잡한 군중으로 나누고, 복잡한 군중을 다시 계급적 토대, 전쟁시의 태도, 이전의 직업, 도덕성 등에 비추어 세분하는 작업을 진행시켰다. 주민분류작업에서 중앙당집중지도사업에 비해 상대적으로 계급적 출신성분보다 본인의 당성·혁명성이 중시된 것이 이 사업의 특징이었다고 한다. 1964년 4월에 시작하여 1969년까지 계속된 이 사업의 결과 1971년에는 핵심·기본·적대계층의 3계층과 51부류의 '인간분류목록'이 작성되었는데, 이는 당간부나 상급학교 진학자, 군입대자 선발 등에 주요한 근거로 활용되었다고 한다. 따라서 이후 사상교양의 중점은 유사시 동요 및 적대세력으로 전환가능한 층에 집중되었다.

　마지막으로 이 시기에는 통일정책면에서 중요한 변화가 이루어졌다. 북한은 1955년 4월에 "미제국주의자들이 남한을 식민지로 삼고 있기 때문에 조선혁명은 복잡성과 간고성과 장기성을 띠게 되었다"고 하면서, 이른바 '남조선혁명론'의 체계화를 시도하였다. 이에 따르면 남조선혁명의 성격은 '반제반봉건민주주의혁명'의 성격을 띠며, 조국통일을 위해서는 북한에 강력한 '혁명적 민주기지'가 건설되어야 한다고 주장하였다. 또 1960년 8월에는 남북한총선거에 이르는 과도적 대책으로서 남북연방제안이 제기된다.[5] 1964년 2월 노동당 중앙위 4기 8차 전원회의에서는 이른바 3대혁명역량 강화론을 제시하였다.[6]

　그러나 1965년 4월에 이르면, 북한 지도자들은 "북조선과 남조선이 서로 다른 정세에 놓여 있으며 남북조선에서 혁명은 그 발전단계가 서로 다르다"는 점을 인정하고, "상이한 성격과 임무를 갖는 두개의 지역혁명으로 분리된 조선혁명"개념에 입각하여 북조선혁명과는 그 성격과 주체가 구분되는 새로운 남조선혁명론을 제기하게 된다.[7] 이후 1970년 11월의 제5차 당대회에서는 남조선혁명의 성격을 '민족해방인민민주주의혁명'으로 재정식화하였다.[8] 또 1971년 4월에는 과도적 연방제를 창설하기 위한 방안으로 남북조선정치협상회의를 제기하는데, 연방제 창설을 위해 남북한 정부 당국자간의 협의 대신 남북한의 정당·사회단체들의 대표들로 구성되는 남북정치협상회의 내지 대민족회의의 소집을 요구하는 점은 이후 북한측 통일방안의 주요 특징으로 자리잡게 된다.[9] 결국 통일정책과 관련된 이 시

---

　5) 《원자료로 본 북한》, pp. 128~136, 166~173 참조.
　6) 자세한 내용은 고준석, 《북한현대사 입문》, 함성, 1990, pp. 157~161를 참조.
　7) 신정현 편, 《북한의 통일정책》, 을유문화사, 1989, pp. 418~425 참조.
　8) 고준석, 앞의 책, pp. 162~164 참조.

기의 변화는 궁극적인 적화통일을 위한 북한의 주도성을 유지하면서도 과도적 연방제안과 두개의 지역혁명론을 통해 한반도의 분단현실을 부분적으로 수용하면서, 통일전선정책의 차원에서 남한의 반체제세력과 연대를 모색해나가는 것으로 요약할 수 있다. 이에 따라 1950년대에 비해 무력적 방식에 우선적으로 의존하는 태도는 크게 약화되었다고 볼 수 있다.

2. 종교정책의 전환 : 반종교투쟁

앞에서 살펴본 것처럼, 한국전쟁후 1950년대를 거쳐 생산관계의 사회주의적 개조와 노동당내 권력투쟁을 어느 정도 마무리지은 북한 지도층은 사회주의사회의 경제적 기초를 다지기 위한 노력으로 주민들을 광범하게 동원해야 할 필요성에 직면하였다. 이들은 전국민을 이데올로기적으로 통합할 사상적 장치로써 주체사상을 제기하기 시작하였고, 1950년대 말부터 주민들에 대한 성분조사와 함께 사상검열과 교육을 대폭 강화하였다. 이 때 주민성분조사라는 맥락에서 기독교인을 비롯한 종교인들은 잠재적인 반혁명분자로 지목되어 일상적인 감시하에 놓이게 되었고, 사상교육의 강화라는 맥락에서 이른바 반종교선전이 대대적으로 전개되었다. 기독교인과의 통일전선노선이 완전히 폐기되지는 않았다 하더라도, 반종교선전, 반기독교운동이 이를 압도하였던 것이 이 시기의 가장 중요한 특징이었다.

사상의식 개조작업의 일환으로 행해진 이 시기의 반종교운동은 대략 다음의 세 가지의 영역에서 추진되었던 것으로 보인다.[10] ① 종교가 발전할 수 있는 사회적 근원의 청산. 이 과업은 생산관계의 사회주의적 개조에 의해 착취계급이 소멸되었기 때문에 기본적으로 달성되었다고 판단하였다. ② 꾸준한 설득과 교양·계몽 그리고 사회주의적인 실천활동에의 참여 유도. 좀더 구체적으로는, 일반적인 지식수준을 제고하고, 신문·서적·영화·연극·강연 등 다양한 방법으로 종교의 반동성과 비과학성을 폭로하며, 종교인들로 하여금 사회주의 건설을 위한 실천적인 투쟁에 더욱 적극적으로 참여하도록 유도함으로써 종교의 내적 모순을 스스로 깨닫도록 한다는 것이다. ③ 남한으로부터 침습해 들어오는 사상, 사회주의 건설에 반대하는 일부 종교인들에 대한 엄격한 제재와 투쟁.

여기서 첫번째와 세번째 측면은 공산주의자들이 이전부터 이미 실천하였던 것

---

9) 김세균, "통일정책", 《북한개론》, 을유문화사, 1990, p. 657 ; 《원자료로 본 북한》, pp. 253~261 참조.
10) 정하철, "우리는 왜 종교를 반대하여야 하는가", 고태우, 앞의 책, pp. 287~293 참조.

이므로, 이 시기에 본격화된 반종교투쟁의 특징은 결국 두번째 측면에서 집중적으로 나타난다고 볼 수 있다. 현재 확인할 수 있는 사실은 노동당과 민주청년동맹이 반종교선전에서 주도적인 역할을 담당하였으며, 반종교선전용 책자가 쏟아져 나오는 1959년이 절정을 이루고, 1960년대를 통해 꾸준히 계속된다는 것이다(〈표 Ⅳ-7〉 참조). 또 1960년대 초까지는 문자매체가 주로 이용되었지만, 1960년대 후반 이후에는 영화나 연극 등의 시각매체가 반종교선전의 주된 수단으로 부각되는 듯하다.

〈표 Ⅳ-7〉 **북한에서 간행된 반종교이론 서적들**

저 자	저서 혹은 논문	출판사 혹은 잡지	출판연도
정하철	《우리는 왜 종교를 반대하는가》	로동당출판사	1959
김희일	《인민의 아편》	민청출판사	1959
로재선	《종교는 인민의 아편이다》	민청출판사	1959
로재선	《미제는 남조선에서 종교를 침략의 도구로 이용하고 있다》	로동당출판사	1959
백원규	《종교도덕의 반동성》	민청출판사	1959
	《생활과 미신》	조선여성사	1959
임 훈	"사회주의와 종교"	〈근로자〉	1963. 8
	"남조선에 대한 미제의 침략도구로서의 종교"	〈근로자〉	1965. 3
신영하	《유교철학의 전파와 그 해독성》	사회과학출판사	1976

* 출처 : 도홍렬, "사회·문화분야", 《남북한 비교총서》, 국토통일원, 1988, p. 152.

통상 반종교선전이 종교의 인지적(認知的) 지위에 대한 비판(이른바 '미신' 규정)과 종교의 사회적 기능에 대한 비판(이른바 '아편' 규정)이라는 두가지 초점을 갖게 된다고 볼 때, 이 시기에는 착취계급이 이미 소멸된 것으로 간주되었기 때문에 종교의 사회적 기능에 대한 비판은 기독교가 '제국주의적 침략의 도구'로 역할하였다는 점에 집중되었다. 동시에 종교가 비과학적인 관념으로서 저열한 인지적 지위를 갖고 있을 뿐이라는 점이 강조되고 있다.

1968년 1월부터 11개월간 북한에 억류되었던 미국의 푸에블로호 승무원들은 당시에 북한의 반종교선전이 기독교와 제국주의와의 연계를 폭로하는 데 집중되었음을 보여주는 한 증거를 제공한다. 다음은 푸에블로호 승무원들이 북한 장교들로부터 받은 교육내용 일부를 기술한 것이다. "강사가 말하였다. '선교사라는 작자들은 성경 속에 비밀정보를 넣어가지고 다니는 스파이들이오. 교회 지붕 꼭대기에 달려 있는 십자가는 그들의 본국에 정보자료를 전송해 보내기 위한 송신탑이오.' 영화를 보여주는데 신부 하나가 개를 시켜 어린아이를 물어오라고 훈련을 시키는 장면이 나왔다. 또 하나의 영화는 선교사가 사과 하나를 훔친 어린아이의 이마에다 '도둑놈'이라고 써붙여주는 장면을 보여주었다."[11]

이 시기의 반종교선전 논리는 기독교가 '제국주의 이데올로기'로 파악되고 있는 점을 제외한다면, 그 이전 시기에 소련이나 동유럽에서 체계화된 반종교논리를 대체로 답습하고 있다고 할 수 있다. 다시 말해 이 시기의 반종교적 문헌들은 관념론과 유물론의 대립이라는 다분히 형이상학적이고 존재론적인 도식, 그리고 지식의 인지적 지위를 중심으로 한 과학과 비과학의 대립이라는 인식론적 도식(이 경우 종교는 비과학적인 대표적 지식현상일 뿐 아니라 과학적 지식의 획득을 방해하는 반과학적 성격도 갖고 있다고 간주된다)에 입각하고 있었다. 따라서 논의 전반이 대단히 추상적이고 비역사적이며, 그 결과 구체적이고 역사적인 수준에서 특정 종교의 사회적 존재방식과 기능방식이 비판적으로 구명되지 못하는 한계를 공유하고 있었다. 반종교선전의 방법론적 원칙들도 거의 그대로 도입되었다. 또 종교연구나 반종교선전기구들의 배치면에서 소련만큼 체계적인 모습을 보여주지는 못하였지만, 북한에서의 반종교선전이 대대적인 주민성분조사와 시기적으로 중첩되었다는 점에서는 소련의 그것을 능가하는 반종교적 효과를 거두었다고도 볼 수 있다. 그러나 1959년과 1960년대 초반에 걸쳐 제시된 반종교논리의 골격은 나중에 자세히 살펴보듯이 1980년대 중반 이후에 중요한 수정을 겪게 된다.

이같은 반종교선전이 '반종교선전의 자유라는 신앙의 자유'의 정당한 행사라고 주장되었음에도 불구하고, 이것이 반드시 정교분리의 틀안에서 진행된 것은 아니었다. 북한사회처럼 '당(黨)-정(政) 융합'의 정도가 매우 높은 사회에서 노동당이 주도하는 반종교선전에 국가가 완전히 중립을 지킨다는 것은 사실상 불가능하다. 반종교선전에 국가기구가 직접 관여하는 대표적인 사례는 반종교적 논조를 띤 과목이나 교재를 정규교과과정에 편성하는 것이었고, 이것이 청소년들에게 중대한 영향을 미쳤을 것은 말할 나위도 없다.

또한 1950년대 후반부터 1960년대를 통해 진행된 주민성분조사 역시 반종교투쟁에 행정적인 압력이 개입하는 측면을 갖고 있다. 예컨대 중앙당 집중지도사업에 따르면, "종교인과 그 가족"은 반혁명적 요소로 구분되어 있고, 이들에 대해서는 사회주의 건설에 열성적으로 참여할 경우에도 감시의 대상이 되고, 요직에 등용하지 않으며, 만약 성분이 적대계급에 속하는 자는 사소한 문제라도 극형에 처하도록 하고 있다 한다.[12] 중앙당집중지도사업에 비해 더욱 관용적이었던 주민재등록사업에 의한 51부류의 '인간분류목록'에서도 이전의 조선민주당원(31 : 직책에

---

11) 돈 크로포드,《북한 335일》, 서광문화사, 1970, p. 100.
12) 북한연구소, "북한의 계급정책", p. 323.

따라 일반·특별감시 대상), 기독교인(37 : 일반·특별감시 대상) 등이 구체적으로 구분되어 있다고 한다.[13] 또 종교인 전체를 복잡계층 가운데 "사회도덕면에서 과오를 범한 계층"으로 구분하고, "종교계에서 간부직에 있던 자는 제재대상이며, 일반종교인도 감시대상"으로 규정하고 있다고 한다.[14] 이 때 파악된 종교인과 그 가족의 숫자는 약 10만 가구 45만명에 이른다고 한다.[15] 그리고 앞에서 지적하였듯이 이 분류체계는 당간부, 상급학교 진학자, 군입대자 선발에 주요근거로 활용되었다는 것이다. 실제로 종교인들이 이 때문에 심한 차별을 받았는지 여부는 아직 불분명하지만,[16] 어쨌든 반종교선전과 이같은 행정적인 압력이 중첩될 때 종교활동이 크게 위축될 것은 명확하다.

또한 이 시기부터 주체사상이 북한사회를 지배하는 원리로 자리잡아감에 따라 종교에 대해서도 주체를 세울 것이 더욱 강조되었을 것으로 추측된다. 아마도 앞에서 거론한 바 있는 "조선의 하늘을 믿으라"는 요구는 이 시기에 기독교인들에게 더욱 강력하게 가해졌을 것이다. 특히 당시 기독교는 제국주의적 침략의 도구로 간주되어 집중적인 공격을 받았으므로, 반종교투쟁의 파고 속에서 많은 기독교인들이 신앙을 포기하라는 압력을 받았을 가능성이 높다.

2. 기독교의 위기국면

앞장에서도 지적하였듯이, 이미 한국전쟁과 그 직후의 몇 년 동안 북한주민들 사이에서는 반기독교적 의식이 팽배해졌다. 뿐만 아니라 전쟁을 거치면서 많은 기독교인들도 일종의 '종교허무주의적인' 감정에 사로잡히게 되었다고 한다. 이같은 기독교 안팎의 상황은 광범한 '탈교붐'으로 나타났다. 따라서 한국전쟁 이후 기독교 인구는 또한번 급격한 감소추세를 보였을 것으로 예상된다. 1950년대 후반부터 본격화된 반종교투쟁 내지 반종교선전은 기독교의 외부 상황이 한층 부정적인 방향으로 발전되었음을 뜻한다. 이 시기부터 반기독교적인 사회풍조가 공산당이나 국가기관의 조직적인 반기독교선전과 결합되었기 때문이다. 종교의 소멸이 명시적인 국가적 목표로 제시되고 이를 위해 국가권력이 종교영역에 강력하게 개

---

13) 정신문화연구원 편,《북한의 실상》, 정신문화연구원, 1986, pp. 112~117 참조.
14) 북한연구소, "북한의 계급정책", p. 333.
15) 이항구, 앞의 글, p. 111.
16) 박일석, 앞의 책, pp. 116~117에 제시된 사례들은 기독교인들이 별다른 차별대우를 받지 않았음을 시사하기도 한다.

제 4 장 반종교운동과 기독교의 위기 433

입하는 상황에서 이미 약화될 대로 약화된 기독교가 적절한 대응을 하기는 거의 불가능하였을 것이다. 기존의 반기독교적 사회분위기에 힘입어 공산당과 국가가 주도하는 반종교선전은 상당한 대중적 설득력을 갖고 빠른 속도로 확산되었을 가능성이 높다. 그리고 그 결과 기독교의 교세는 재차 위축되었으리라고 판단된다. 한국전쟁을 거치면서 5만명 이하로 감소하였을 것으로 보이는 기독교인의 숫자는 1960년대에 이르러 1~2만명 수준으로 감소하였으리라고 추측된다.[17]

아울러 생각할 수 있는 것은, 이같은 사회적 분위기 속에서 기독교인들이 공공연하게 지역적 혹은 전국적인 집회나 행사를 갖는 것조차 상당히 어려웠을 것이라고 한다면, 안그래도 전쟁중에 크게 약화되고 그후로도 제대로 복원되지 못한 중앙종교조직과 그 하부조직간의 연계가 더욱 약화되었으리라는 점이다. 1972년 8월과 9월에 평양에서 열렸던 남북적십자회담 당시 기독교도연맹 위원장인 강양욱 목사가 남한 기자들에게 한 얘기는 북한에서 중앙조직과 지방 신자대중의 괴리를 여실히 보여준다. 그는 북한 기독교인의 숫자와 예배양식에 대해 설명해달라는 질문에 대해 다음과 같이 대답하였다. "교회당도 파괴됐고 신앙을 포기하는 사람이 많아져 누가 신도인지 알기가 곤란합니다. 개별적으로 혹시 있을지 모르겠습니다. 지방에 있는지는 모르겠습니다." 그는 또 기독교인들간에 모이는 일은 없는지를 묻는 질문에 대해, "그런 것은 많지 않다고 생각합니다. 지방에서 혹시 있을지 모르겠습니다"라고 대답하였다.[18]

1950년대 말부터는 기독교도연맹으로 대표되는 중앙조직의 활동마저 극도의 침체상태에 빠지는 것으로 보인다. 1957년 이후 기독교는 적어도 공식적인 언론매체에서는 거의 자취를 감추었다. 1961년 5월 김일성의 발기로 북한의 정당·사회단체 및 각계 인사들이 참여하여 '조국평화통일위원회'(이하에서는 '조평통'으로 약함)가 조직될 때 기독교도연맹이 참여하였다거나, 사회주의권 종교인들의 평화운동과 연대하는 차원에서 강양욱 목사가 기독교도연맹의 대표로서 1963년 10월 바르샤바에서 열린 '세계평화이사회'와 같은 해 11월에 열린 '평화옹호민족위원회' 등에 참가하였다는 정도가 공식적으로 확인될 따름이다.[19] 1966년부터 1972년까지의 약 6년간은 천도교 청우당, 그리고 기독교인들이 상당수 가담하고 있는 조선민주당을 제외하고는 사실상 모든 종교들이 공적 영역으로부터 사라졌다(〈표 Ⅳ-8〉 참조). 따라서 이 시기에 북한 기독교인들의 삶과 신앙이 어떠하였는가를 제대로

---

17) 1980년대 중반까지 파악된 개신교인이 1만명 가량이었고, 1960년대 이후 약 20년 동안 사망한 신자수를 감안한다면, 1960년대의 기독교인 숫자는 대략 1만명에서 2만명 사이가 아니었을까 생각해 볼 수 있다.
18) 김흥수, 앞의 책, pp. 507~508.
19) 홍만춘, "북한정권 초기의 기독교와 강양욱", p. 85.

〈표 Ⅳ-8〉 각종 종교단체의 연도별 출현현황(1946~현재)

단체명	46	47	48	49	50	51	54	55	57	60	61	62	63	64	66~72	72~
이북5도 연합노회	*	*	*	*												
조선예수교 장로회총회					*	*										
감리교 서부연회	*	*	*	*												
기독교 사회민주당	*															
기독교 자유당			*													
(북)조선 기독교도연맹	*	*	*	*	*	*	*	*		*		*				*
북조선 불교도총연맹	*	*	*													
북조선 불교연합회				*												
북조선 불교도연맹					*	*	*									
조선불교도연맹중앙위원회								*	*	*	*	*	*	*		*
북조선 불교총무원	*	*	*	*												
천도교 북조선종무원					*											
천도교중앙 지도위원회																*
천도교 청우당	*	*	*	*	*	*	*	*	*	*	*	*	*	*	*	*
전국 유교연맹		*	*	*	*	*	*	*								

 * 출처 : 〈내외통신〉 322호, 1983. 3. 11 ; 고태우, "북한 종교의 이해", 한국종교사회연구소 편저, 《한국종교연감》, 고려한림원, 1993, p.108에서 재인용하면서 수정.

파악하는 것은 거의 불가능하다. 물론 언론매체에 등장하지 않는다고 해서 기독교가 존재하지 않는다고 할 수는 없고 반종교선전이라는 맥락에서 일부러 언론보도를 통제하였을 가능성도 높지만, 어쨌든 이는 기독교가 의미있는 공적(公的) 세력으로서의 지위를 사실상 상실하였음을 뜻한다고 보아도 좋을 것이다.

그렇다면 중앙조직뿐만 아니라 이웃 교회공동체와의 연락도 거의 두절된 상태에서, 또한 기독교를 신봉한다는 것 자체가 남한이나 미국과의 연계를 입증하는 행위로 의심받는 분위기 속에서 북한 기독교인들은 어떻게 신앙생활을 계속해나갔을까? 대부분의 기독교인들은 반종교선전이 본격화되면서 다음 세가지 유형의 신앙행태 가운데 어느 하나로 기울어졌을 것으로 생각된다.

우선, 이 시기를 통해 조성된 적대적인 사회분위기로 인해 많은 기독교인들은 신자라는 사실을 감추고 개인수준에서 내면적으로만 신앙을 유지하였다. 많은 이들이 교리서나 성서, 찬송가집 등을 은밀한 곳에 "숨겨야" 했다.[20] 또한 반종교선전이 상급학교 진학이나 취직·군입대 등에서 차별을 강요하는 다양한 행정적인 압력을 동반할 가능성이 높았던 상황에서, 부모가 기독교인이라 하더라도 자식의 장래를 위해 신앙생활을 적극적으로 권유하지 않았을 가능성이 높다. 오늘날 북한 기독교인의 자녀들이 대부분 기독교인이 아니라는 사실은 이같은 추론을 뒷받침한다.

둘째, 일부 기독교인들은 자신의 직장이나 거주지에서 좀더 적극적으로 신앙생활을 하거나 전도를 시도하였던 것으로 보인다. 이 유형은 이른바 '박천 찬송가 사건'에 잘 나타난다. 이는 평북 박천군의 한 인민학교 여교사가 학생들에게 찬송가를 가르치다 1959년 봄 중앙당집중지도사업 지도원들에게 발각되어 체포된 사건으로, 이를 계기로 박천군내의 비밀 지하종교조직 몇몇이 발각되어 희생되었다는 것이다.[21] 아마도 이같은 사건들을 몇 차례 거치면서 기독교인들은 공공연하게 기독교를 전파하려는 노력을 거의 포기하게 되었을 가능성이 높다.

셋째, 상당수의 기독교인들은 사회주의 건설과정에 적극적으로 참여하는 길을 택하였다. 1968년에 사회주의 건설에 기여한 공로로 공화국창건 20주년 훈장, 국기훈장, 공로메달 등을 받은 한동규(감리교 목사), 이영태(용천군 백마교회 목사), 이순남(여전도사) 등을 바로 이같은 유형으로 구분할 수 있을 것이다.[22] 강양욱 목사나 김창준 목사 역시 이 범주에 속한다고 말할 수 있다. 강양욱 목사는 1959년부터 1972년에 국가부주석으로 선출되기까지 최고인민회의 상임위원회 부위원장으

---

20) *Yi China Message*, 1990. 2, p. 2 ; 3개교단 청년연합회, 앞의 책, p. 117.
21) 북한연구소,《북한민주통일운동사 2》, pp. 688~689.
22) 박일석,《종교와 사회》, p. 130.

로 재임하였으며, 김창준 목사는 1948년에 월북하여 1957년부터 최고인민회의 부의장으로 재직하다가 1959년 9월에 사망한 후 '애국열사'로 추대되어 애국열사릉에 묻히기도 하였다.[23] 또한 오늘날 기독교도연맹의 간부진을 이루고 있는 목사나 평신도들이 대부분 여기에 해당한다고 할 수 있겠다.

조선민주당에 몸담았던 상당수의 기독교인들 역시 사회주의 건설에 적극적으로 참여하기를 선택한 사람들이라고 할 수 있다. 전체적으로 볼 때 상공업자와 중농 이상의 농민·지식인층에 계급적 기반을 두고 있었던 조선민주당은 이전 시기에 진행된 상공업 및 농업의 집단화조치로 인해 크게 약화되어 있었다. 조선민주당은 1958년 11월에 제4차 당대회를 열고 "당의 정예화"를 슬로건으로 하여 당 내부사업에 주력하던 종래의 당건설방침을 "군중 속으로"로 바꾸었다고 한다. 이같은 변화는 사회주의 제도가 수립되고 계급적 관계가 변화된 새로운 조건하에서 당이 군중속으로 들어가 인민대중을 위하여 복무하고 사회주의 건설을 촉진하는 데 기여하는 활동을 벌임으로써 당의 위신과 영향력을 회복하고 당원수를 늘이며 당의 군중적 기반을 재구축한다는 목표하에 이루어진 것이었다.[24] 이 시기의 조선민주당은 노동당과 확고한 우당(友黨)관계를 확립하였다.[25]

이같은 복합적인 상황 속에서 이른바 '가정교회'라는 새로운 교회형태가 점차 정형화된 신앙실천양식으로 자리잡게 된 것으로 보인다. 당시 이 교회형태는 가시적인 교회시설이 전무하고 성직자가 거의 없는 상황에 적응하기 위한 어쩔 수 없는 선택이었을 것이다. 이 지극히 사적(私的)이고, 이웃관계나 친족적 유대로 연결된 친밀한 집단만이 참여하는 작은 신앙공동체는 평신도의 주도하에 주기적으로 모여 기도나 간단한 전례를 나누는 기능을 수행하였다. 가정교회의 형성과정에 대해 확인할 수 있는 직접적인 자료는 없지만, 추측컨대 이러한 신자들의 모임

---

23) 조광동, 《더디 가도 우리식대로 살지요》, 정보믹스, 1993, p. 304.
24) 이찬행, 앞의 글, p. 164.
25) 이 시기에 북한사회에 대한 노동당의 독점적 지도체계가 확립되어갔지만, 이것이 우당적 협조관계를 발전시키는 것과 모순되지는 않는다는 것이 조선민주당측의 입장이다. 상이한 정치적 견해를 갖고 정치권력 장악을 위해 집권당과 경쟁을 벌이는 자본주의적인 정치적 다원주의나 다당제와는 달리, 북한에서 말하는 우당이란 "노동계급의 당과 근본적인 리해관계를 같이하면서 노동계급의 당을 방조하는 당이며, 노동계급의 영도권을 지지하는 당이며, 온 사회가 노동계급화되어가는 조건에 서 있게 되는 정당들"로 인식되기 때문이다. 따라서 북한의 민주당과 청우당은 무계급사회와 남북통일이 이루어질 때까지, 농민·사무원 그리고 노동자계급 내부의 계급간·계급내 구성상의 다원성을 반영하면서 노동당과 통일전선적 협력을 계속해나간다고 이해되는 것이다. 이찬행, 위의 글, pp. 162~163 ; 이종석, "북한의 노동당", 〈말〉 1990년 9월호, pp. 83~84 참조.

방식은 일부 지역에서는 전쟁과정에서, 다른 일부 지역에서는 전쟁 직후부터 '자연발생적으로' 나타나기 시작하였을 것으로 보인다. 당시 가정교회가 시작되는 시기는 성직자의 존재유무와 집회소의 잔존여부에 따라 결정되었을 것이다. 그러나 시간이 지나면서 많은 기독교인들은 가정교회를 주어진 상황에서 신앙을 실천하는 최선의 방식으로 수용하게 되었을 가능성이 높다. 전쟁후 종교조직 및 시설의 복구가 허용되었음에도 불구하고 더욱 시급한 교육시설의 복구나 민생안정에 자발적으로 양보하고 이를 뒤로 미루었으며, 이후 예배당이 없는 생활이 습관화되면서 예배당을 짓자는 생각이 점차 사라져갔거나 이를 단념하게 되었다는 북한 기독교인들의 설명은 이러한 정황을 시사해준다.[26] 그러나 적대적인 사회분위기 때문에 지역적 조건에 따라 가정교회의 활성화 정도나 그 시점은 상당한 차이가 나타났을 것으로 보인다. 예컨대 화전민 부락과 같은 오지에서는 좀더 일찍부터, 그리고 다른 곳에서는 전쟁 직후의 사회적 분노가 어느 정도 사그러들고 생존조차 어려운 전후 복구의 각박한 시기가 지나가는 시점부터 몇몇 신자가정이 서로 연락을 취하면서 전례를 공유하기 시작하였을 것으로 판단된다.

　이 시기에 가정교회의 사회적 위치는 대단히 불안정하였을 것이다. 가정교회는 앞에서 말한 세가지 신앙실천유형의 복합적인 산물이었을 것으로 판단되기 때문이다. 가정교회는 한편으로 공격적이고 적대적인 사회분위기 속에서 다분히 '비밀스럽게' 운영되었을 것이다. 또한 가정교회를 이룬 사람들은 적대적이고 냉소적인 사회분위기 속에서도 신앙을 포기하지 않았을 뿐 아니라 집단적으로 신앙을 고백하는 용기를 발휘하였다. 마지막으로, 가정교회의 신자들은 대부분 사회주의를 주어진 기존 사회질서로 수용하는 사람들로 구성되었을 것이다. 소극적이나마 사회주의를 지지하면서도 사회로부터 정당한 시민권을 인정받지 못하는 사람들의 모임이 이 시기 가정교회의 솔직한 현실이었을 것이다.

　이상에서 살펴본 바와 같이, 기독교인의 숫자가 급격히 감소하고, 기독교인들의 중앙조직과 지방 하부조직간의 연계가 극도로 약화되고, 중앙조직조차 활동의 침체상태에 빠지고, 일반 신자들은 주변의 냉정한 시선을 피해 개인 혹은 소집단 수준에서 은밀하고도 조용히 신앙생활을 영위해가는 가운데, 기독교는 공적인 영역에서뿐 아니라 사적(私的)인 일상생활 영역에서조차 주변화되었던 것으로 보인다. 뿐만 아니라 이 시기는 기독교를 혐오하는 사회분위기도 여전하였고, 행정적 강제가 부분적으로 중첩된 반종교선전이 절정에 달해 있었다. 기독교가 편히 발을 디딜 땅은 1960년대의 북한사회 그 어느 곳에도 없었던 것이다. 그리고 이런 조건들은 "북한 기독교의 위기"라고도 부를 만한 상황을 창출하였다. 1960년대 초에

---

26) 박일석, 앞의 책, pp. 121~123.

북한을 방문한 한 일본인의 기행문은 당시 기독교의 비관적인 상황을 잘 보여준다. 북한 기독교의 실정에 관해 질문받은 북한 안내원은 여행자에게 다음과 같이 대답하였다. "물론 평양에는 교회가 없습니다. 전국 어디를 가도 교회는 찾아볼 수 없어요. 산 속에는 몇 개의 절이 아직 남아 있지만 그것들도 곧 없어질 것입니다. 조선에는 기독교도 불교도 금지되고 있지는 않습니다. 신앙의 자유는 보장되어 있죠. 그러나 아무리 하나님에게 정성껏 빌어보았자 먹을 음식이나 살 집을 얻을 수는 없어요. 김일성 수상의 지도 밑에서 열심히 일한다면 양식·의복 및 주택의 걱정은 조금도 없어집니다. 그러므로 기독교를 믿는 사람이 없어진 것은 아주 당연한 일이지요."[27]

이밖에 주체사상의 발전에 따라 이 시기에는 "조선의 하늘을 믿으라"는 요구, 다시 말해 '주체적 종교관'을 수립하라는 요구가 더욱 거세게 가해졌을 것으로 생각된다. 이같은 사회적 압력은 교리수준에서 주체사상과 기독교 교리의 관계에 대한 체계적인 연구를 요구하는 것이었으나, 이를 수용할 주체적인 기반은 여전히 미흡하였다. 또한 전쟁을 거치면서 북한 기독교인들의 반미(反美)의식이 뿌리내리게 되고, 북한 외부의 기독교인들과의 관계는 완전히 단절된 상태가 지속되었다. 이는 북한 기독교인들이 국제적인 기독교 공동체로부터 더욱 고립됨을 의미함과 동시에 남북한 기독교의 이질성이 갈수록 심화되고 있음을 의미하기도 한다. 또한 북한 지도층이 분단현실을 인정하게 됨에 따라 통일정책면에서 무력적 방식에 대한 의존을 약화시키고, 연방제 및 그 창설방안으로 남북한의 정당 및 사회단체 대표들로 구성되는 남북조선정치협상회의를 제기하게 되면서, 종교집단과의 통일전선이 확대될 가능성이 많아진 것은 사실이었다. 그러나 1960년대 남북한 정권간의 첨예한 대립은 이 가능성의 실현을 근본적으로 가로막았다.

---

27) 和田洋一, "北朝鮮の印象", 〈朝鮮研究月報〉 14, 1963 ; 이문웅, 앞의 글, p. 206에서 재인용.

제5장 반종교운동의 부분적 이완과 사회주의화된 기독교의 점진적 활성화(1972~1985)

1. 사회주의국가 선포와 반종교운동의 부분적 약화

1. 유일체제의 확립과 경제적 곤란

1960년대에 사회주의사회의 기반을 어느 정도 구축하는 데 성공하였다고 판단한 북한의 지도층은 1972년 12월에 사회주의헌법을 채택하고 북한이 사회주의국가임을 공식적으로 선언하였다. 스스로 사회주의국가임을 선언하고 그에 걸맞는 법적 장치를 구비하는 것을 계기로 하여 북한사회 안에서 국가부문은 두드러지게 강화되었다. 국가부문의 강화를 보여주는 가장 중요한 변화는 방대한 권한과 임무를 갖는 국가주석제도의 신설이었다. 북한 지도층은 국가주석제의 신설을 전후하여 이른바 '수령의 유일적 영도체계'를 강조하기 시작하였다. 여기서 수령의 유일적 영도체계란 "수령의 사상을 지도적 지침으로 하여 혁명과 건설을 수행하며 수령의 사상과 명령·지시에 따라 전당과 전인민이 하나와 같이 움직이는 체제"를 말한다.[1] 수령의 유일적 영도체계에 대한 강조는 수령·당·인민의 "유기적이고 전일체적인 관계"에 대한 강조를 동반하였다.[2] 주석제도의 신설과 수령의 유일적 영도체계 및 수령·당·인민의 유기체적 관계를 대대적으로 강조하는 과정에서 북한은 역사상 유례를 발견하기 힘든 고도로 중앙집권적인 통제사회로 개편되었다. 또한 북한 지도층은 1970년대부터 '계속혁명' 혹은 '혁명위업의 계승'의 필요성을 부각시키면서 이른바 '후계자론'을 거론하기 시작하였다. 북한 지도층은 후계자론

---

1) 정해구, "북한의 혁명론과 실천과정", 〈사회와 사상〉 1988년 12월호, p.152.
2) 김남식, "수령·당·대중조직", 〈사회와 사상〉 1988년 12월호 참조.

을 수령의 영도를 계승하는 문제로 정의하기도 하였다.[3] 이러한 맥락에서, 1970년 대 초 "당중앙"으로 호칭되면서 등장한 김정일에 의한 후계체제는 1980년 6차 당대회를 통해 더욱 공식화된다.

수령의 유일적 영도체계가 확립되는 것과 유사한 맥락에서 1970년대부터 주체사상의 지위가 더욱 격상되기 시작하였다. 1970년 11월에 열린 제5차 당대회에서 노동당은 당의 지도이념에서 아예 '마르크스-레닌주의'를 삭제하고 '김일성의 주체사상과 혁명사상'을 유일한 지도이념으로 부각시켰다. 1972년의 사회주의헌법에서는 주체사상이 국가 전체의 '지도적 지침'으로 규정되었다. 1974년 4월에는 김정일에 의해 유일사상체계확립 10대원칙이 제시되었는데, 이때부터 '온 사회의 주체사상화'라는 구호가 전면적으로 표방되었다. 1970년대는 주체사상의 일정한 체계화가 이루어지는 시기이기도 하다. 따라서 과거 역사를 포함하여 모든 것이 주체사상의 관점에서 재검토되고 재평가되었다. 이 과정에서 주체사상은 북한사회 전체를 장악하는 엄청난 물질적인 힘으로 전화해왔다. 주체사상의 지위가 격상되고 주체사상이 사회 전체에 대한 이데올로기적 지배력을 강화해가는 가운데, 사상·기술·문화 영역에서의 3대혁명의 중요성이 널리 강조되었다. 북한 지도층은 주체사상에 의거하여 사상혁명을 기술혁명과 문화혁명에 앞세우는 원칙을 견지해왔다. "사상·기술·문화 분야에서 낡은 사회의 유물을 청산하고 새로운 공산주의적 사상과 기술·문화를 창조하기 위한 투쟁"으로 정의되는 3대혁명은 1980년의 제6차 노동당대회 이래 '사회주의·공산주의 건설의 총노선'으로서의 위치를 부여받고 있다.[4]

또한 이 시기에 북한은 인민경제발전 6개년 계획(1971~1976)과 2차 7개년 계획(1978~1984)을 통해 사회주의 공업화 이후의 과제로 제기된 '인민경제의 주체화·현대화·과학화'와 함께 '3대기술혁명'을 본격적으로 추진해 나가게 된다. 이 가운데 3대기술혁명은 중노동과 경노동의 차이를 없애고, 농업노동과 공업노동의 차이를 줄이며, 여성을 가사노동의 무거운 부담에서 해방시키는 것을 목표로 삼고 있다. 그러나 공업화 이후의 과제로 제시된 '인민경제의 주체화·현대화·과학화'가 생각만큼 순조롭게 달성되고 있는 것 같지는 않다. 6개년 계획만 해도 2년간의 조정기간을 필요로 하였던 점이나, 2차 7개년 계획에서 소비재 부문과 건재·운수 부문 등의 실적이 저조하였던 점 등이 그 증거라 할 수 있다. 1970년대 이후 북한 경제가 부딪히고 있는 가장 큰 문제는 1957년부터 1970년 사이에 연평균 12.4%라는 높은 국민소득 성장을 가져온 원동력이었던 고도로 외연적인 경제발전논리,

---

3) 중앙일보사 편, 《북한소사전》, 중앙일보사, 1991, p. 66 참조.
4) 위의 책, p. 48.

그리고 그것을 강력하게 뒷받침하였던 자립적 민족경제건설노선과 군중노선이 그 한계에 직면하게 되었다는 사실에서 주로 오는 것 같다.[5] 북한은 이에 대해 '경공업혁명' 혹은 '인민봉사혁명'에 대한 대대적인 강조, 합영법 제정 등을 통한 서방과의 경제관계 개선노력, '정치도덕적 자극과 물질적 자극의 올바른 결합'에 대한 빈번한 강조, '연합기업소' 등 새로운 경제단위의 형성 및 경제의 분권화·자율화 시도 등을 처방으로 내놓고 있다.

이와 함께 통일정책면에서도 주요한 변화가 이 시기에 이루어진다. 가장 주목할 만한 변화는 1960년에 처음 제기된 이래 꾸준히 고수되어왔던 '과도적 연방제'안이 1980년을 고비로 "통일국가의 완성된 형태"로서의 연방국가인 '고려민주연방공화국' 통일방안으로 바뀐다는 점이다. 고려민주연방공화국 통일방안의 특징은 통일을 이른바 '남조선혁명'의 승리와 직접 연계시키지 않고, 남한에서 민족부르주아적 성격의 자주적 민주정권이 수립되면 이 정권과 북한정권이 연방제를 실시함으로써 당장 통일이 달성될 수 있다는 것이다.[6]

2. 반종교선전의 상대적 완화와 통일전선정책의 점진적 복원

1970년대에도 북한에서는 반종교선전이 계속되었다. 여전히 반종교선전의 대부분은 기독교가 미국제국주의의 사상적 침략도구로 이용되고 있다는 점과 기독교인들의 '숭미사대주의'에 대한 비난을 주된 내용으로 담고 있다. 그러나 종교에 대한 부정 일색의 태도는 상당히 약화되었다. 북한 당국은 1972년에 사회주의헌법을 채택하면서 종전까지 '신앙의 자유'에 포함되는 것으로 해석되는 데 그쳤던 '반종교선전의 자유'를 '신앙의 자유'와 구분하여 명시하였다. 그러나 이같은 조치가 반종교선전을 종전보다 더욱 강화하겠다는 의지의 표현이었다고 보기는 어렵다. 우선, 이 시기에는 반종교선전이 종전과는 달리 행정적 제재를 동반하는 빈도가 크게 줄어들었다. 반면에 계몽과 설득의 방식이 선호되는 듯하며, 이를 반영하여 이때의 반종교선전은 주로 영화·연극 등을 통해 이루어지고 있다. 1967년에 제작된 영화 "최학신의 일가", 1974년에 제작 상영된 영화 "종치기 노인의 생애"

---

5) 이에 대해서는 이태욱 편,《북한의 경제》, 을유문화사, 1990 ; 정대화, "북한의 사회주의 건설사",《북한의 한국사인식 2》; 같은 이, "급변하는 동북아정세와 북한의 대응"〈말〉1991년 6월호 ; 배손곤, "북한경제의 이론과 실제", 〈사회와 사상〉1988년 12월호 ; 잉그리트 헨첼, "북한경제의 위기의 본질", 〈말〉1990년 4월호 ; 역사문제연구소·한국역사연구회, "북한의 사회주의·공산주의 건설노선",《사회주의개혁과 한반도》, 한울, 1990, pp. 497~503 등을 참조.

6) 김세균, "통일정책", pp. 658~666.

와 "김목사의 일가", 1978년에 국립연극단이 재창작한 연극 "성황당"은 그 대표적인 사례들이다.[7] 나중에 상세히 살펴보듯이, 기독교를 비롯하여 1970년대 이후 활발해진 북한 종교단체들의 대외적인 활동은 압도적인 비중을 반미선전에 두고 있다. 이는 이제 기독교가 숭미사대주의의 전형적인 사례가 될 수 없음을 명확히 보여준다.

1970년대 이후 종교정책의 두번째 특징은 반종교선전의 파고가 상당히 누그러진 반면, 종교인들과의 통일전선적 협조관계를 구축하려는 노력이 크게 강화된다는 점이다. 종교인들과의 통일전선운동이 급속도로 활성화된 것은 대략 다음 네 가지 요인들이 상호작용한 결과라고 생각된다. 첫째, 종교영역의 사회주의적 개조가 완료되어 북한의 종교인들이 확고하게 사회주의를 지지하게 되었다는 인식이다. 둘째, 한반도 주변정세의 호전과 7·4 공동성명으로 상징되는 남북대화의 급진전이다. 셋째, 세계교회협의회(World Council of Churches : WCC)와 바티칸, 남미를 중심으로 한 '진보로의 선회', 유럽 기독교인과 마르크스주의자의 대화, 통일전선의 구축을 최우선 과제로 부각시킨 각국 공산당들의 종교정책 수정 움직임 등 국제적인 종교정세의 변화이다. 넷째, 남한 기독교인들이 이 무렵부터 적극적으로 반정부투쟁에 참여하게 된다는 점이다. 따라서 이 시기 들어 부쩍 활발해진 북한 종교인들의 국제적 교류와 협력노력은 국제적인 종교정세의 변화에 능동적으로 동참하고자 하는 의지의 산물로 볼 수 있다. 또한 남한 기독교인들의 비판적 사회참여활동은 범민족적인 통일전선운동내에서 북한 종교인들의 입지를 강화시킬 가능성이 높다.

이 시기 종교정책의 마지막 특징은 전통종교나 민족종교에 대한 부정적인 평가가 강화된 반면, 기독교에 대한 긍정적인 평가가 점증한다는 점이다. 우선, 1970년대 이후 주체사상의 체계화가 본격화됨에 따라 전통종교와 민족종교에 대한 부정적인 평가가 강화되었다. 1960년대까지만 하더라도 근대 이전[8]의 종교들에 대한

---

7) 이 연극들에 대해서는, 박일석,《종교와 사회》, p. 69 이하 ; 고태우,《북한의 종교정책》, pp. 137~142 ; 김문환, "북한의 연극 3", 김문환 편,《북한의 예술》, 을유문화사, 1990 등을 참조. 이 시기에 반종교선전 목적의 단행본은 발견되지 않고, 다만〈천리마〉나〈근로자〉등의 잡지를 통해 "미제의 사상문화적 침투" 및 숭미사대주의와 연관된 반기독교적 주장이 부분적으로 개진되고 있음을 볼 수 있다. 이 글들에 대한 상세한 소개는 고태우, 앞의 책, pp. 267~270을 참조.

8) 북한의 관점에서 보면 병인양요(1866) 이전 시기를 가리킨다. 북한의 근현대사 시기구분문제에 대해서는, 이병천 편,《북한학계의 한국근대사논쟁 ; 사회성격과 시대구분문제》, 창작과 비평사, 1989 ; 이윤상, "근현대사의 시기구분",《북한의 한국사인식 2》을 참조.

제 5 장 반종교운동의 부분적 이완과 사회주의화된 기독교의 점진적 활성화 443

역사연구에서는 "민족문화유산의 전면적 계승발전"이라는 시각에 의해 긍정성을 강조하던 경향이 지배적이었다. 그러나 주체사상의 우월성과 독창성이 강조되는 1970년대 이후에는 "민족문화유산의 비판적 계승"이라는 관점에 입각하여 전근대 사상들에 대해 발전적 측면보다는 그 한계에 주목하여 이해하려는 경향으로 방향 전환이 이루어진다. 이에 따라 주체사상 이전의 저술인 《조선철학사》(1960)와 주체사상의 입장이 불철저한 《조선통사》(1963)에 비해 주체사상의 입장이 철저히 반영된 《조선전사》(1979~1982)나 《우리 철학사》(1986), 《조선철학사(이조편)》(1987)에서는 불교와 유교 연구가 심화되고 대상이 확장되었음에도 불구하고 봉건지배이데올로기로서의 불교 및 유교의 사회적 기능이 더욱 부정적으로 서술되고 있다.[9] 같은 맥락에서 갑오농민전쟁의 해석에서도 동학과 농민전쟁의 유기적 관련을 차단시키고, "선진계급의 지도부재"를 강조하여 그 실패의 측면을 부각시키고 있다.[10]

반면에 기독교와 기독교인에 대해서 긍정적인 평가를 내리는 빈도도 점차 늘어난다. 이미 1973년에 김일성은 "기독교가 민중의 해방을 위한 자원을 갖고 있음"을 공식적으로 인정한 바 있다.[11] 기독교에 대한 긍정적 평가로의 전환은 남한 기독교인들에 대한 재평가가 중심적인 축을 형성하고 있다. 1976년에 노동당의 이론가인 허종호는 남조선혁명론을 해설하는 가운데, 처음으로 종교인들을 혁명의 보조역량에 포함시키고, 종교인들과 통일전선사업을 진전시켜야 할 필요성을 강조하였다. 그는 남한의 "상층 종교계 인사들 가운데는 하층 신도들과 함께 현 군사파쇼 통치를 반대하여 싸우고 있는 사람들이 적지 않은 것"으로 보고, "현 시기 남조선에서 종교인들과의 통일전선은 반파쇼민주화의 정치적 목표를 그 기초로 한다"고 말한다.[12] 여기서 '종교인들'은 곧 개신교와 천주교의 기독교인들을 가리키는 것임이 분명하다.

남한 기독교인들의 민주화 투쟁은 1980년대 초부터 공식적인 역사서에도 기록될 만큼 큰 비중으로 처리된다. 예컨대 1983년 사회과학원 역사연구소에서 간행된 김한길의 《현대조선역사》에서는 "1973년부터 남조선 종교인들이 반파쇼 민주

---

9) 조성을, "불교의 수용과 발달", 《북한의 한국사인식 1》, 한길사, 1990 ; 같은 이, "유학의 수용과 발달", 같은 책 ; 안병무, "민족문화유산 평가의 기준과 내용", 같은 책, pp. 426~428 참조.
10) 하원호, "부르주아 민족운동의 발생·발전", 《북한의 한국사인식 2》, pp. 109~113.
11) 《조선중앙연감》, 1974, p. 261 ; 홍성현, 《맑스주의자들의 종교비판》, 제3세계신학연구소, 1988, p. 187에서 재인용.
12) 허종호, 《주체사상에 기초한 조국통일리론과 남조선혁명》, 사회과학출판사, 1976, pp. 112~113 ; 양호민, "북한사회주의의 실상", 《소련·동구·중국·북한》, 민주이념연구소, 1991, pp. 210~211에서 재인용.

화 투쟁의 중요한 세력으로 등장하여 박정희 도당의 파쇼적 탄압에 항거하는 투쟁을 힘있게 벌임으로써, 남조선 인민들의 대중적 공동투쟁이 더욱 확대되었다"고 쓰고 있다.[13] 또 1970년대부터는 남한 기독교인들의 민주화운동이 〈로동신문〉 등 언론을 통해 북한 주민들에게도 상세히 알려지기 시작하였다.[14]

전체적으로 볼 때, 1970년대부터 1980년대 초반까지 북한당국의 기독교에 대한 태도는 일관성을 결여하고 있는 듯하다. 한편으로는 기독교가 미제국주의의 사상적 침략도구로 이용되고 있으며 기독교인들이 숭미사대주의에 빠져 있다는 주장을 내세워 기독교 비판을 반종교선전의 초점으로 계속 부각시키고 있다. 그러나 다른 한편으로는 남한 기독교인들의 민주화운동을 적극적으로 지지하면서 기독교인과의 통일전선적 협조가 중요함을 강조하고 있다. 이같은 모순된 태도는 1980년대 이후 점차 극복되는 것으로 보인다. 북한당국은 1980년대 초부터 해외동포 기독교인들과의 대화와 교류를 활성화하면서 비단 '남한 기독교인들' 뿐만 아니라 '기독교 자체'에 대한 평가를 수정하기 시작하였던 것이다.

2. 사회주의형 기독교의 부분적 활성화

이상에서 살펴보았듯이, 1970년대 이후 기독교를 둘러싼 정치적·사회적 환경은 비교적 우호적인 방향으로 변화되었다. 이같은 환경변화에 따라 전쟁으로 인한 인적·물적 손실, 전후의 반기독교적 사회분위기와 반종교선전 등으로 인해 한국전쟁 이래 지속적 쇠퇴의 길을 걸어왔던 기독교는 조금씩 활력을 되찾기 시작하였다. 북한 기독교공동체의 재활성화는 조직적·신학적 측면, 대내외적 연대활동의 측면으로 나누어 고찰해 볼 수 있다.

1. 조직적·신학적 발전

첫째, 중앙조직이 재정비되고 지역조직도 점차 재건되는 등 기독교도연맹의 조직적 발전이 현저하였다. 총회, 9인으로 구성되는 중앙위원회, 중앙위원회 산하의 부서체계가 정비되었고, 지역위원회를 중심으로 한 지역조직도 확충되었다. 1985

---

13) 김한길,《현대 조선 역사》, p. 483.
14) 1981년 9월에 북한을 방문한 홍동근 목사는 그곳에 사는 동생들이 신문을 통해 문익환 목사와 박형규 목사를 이미 알고 있음을 전하고 있다(홍동근, "미완의 귀향일기",《분단을 뛰어넘어》, 중원문화, 1988, p. 171).

제5장 반종교운동의 부분적 이완과 사회주의화된 기독교의 점진적 활성화 445

년 현재 기독교도연맹은 중앙위원회 밑에 조직·선전·해외관계·총무의 4개 부서를 두고 전국을 10개 지역으로 분할하여 모두 50개 도시에 지역위원회를 운영하고 있다고 한다.[15] 1981년에 북한을 방문한 홍동근 목사가 "35개 지역위원회"를 언급하고 있는 것으로 보아 약 4년 동안 약 15개의 지역위원회가 신설되었음을 확인할 수 있다. 1985년에 약 100명이 새로 연맹에 가입하는 등 회원숫자도 완만하게 증가하고 있다.[16]

둘째, 기독교도연맹의 활동이 공식적인 언론기관을 통해 빈번하게 보도되거나, 활동반경이 국제적으로 확대되는 등 기독교도연맹의 정치·사회적 지위가 종전보다 격상되고 공식화되었다. 이에 대해서는 다시 상세히 살펴보게 될 것이다. 이와 관련하여 주목해야 할 또하나의 변화는 1972년 12월에 신헌법에 따라 주석제도가 신설되면서 기독교도연맹의 위원장인 강양욱 목사가 국가 부주석으로 선출되었다는 사실이다. 강목사의 국가 부주석 피선은 1970년대 초부터 기독교도연맹이 급속하게 발전하는 데, 또한 다른 어떤 종교들에 비해서도 활발하게 국제적 교류를 추진하는 데 강력한 지렛대로 역할하였을 것이다.

셋째, 1950년 이래 문을 닫았던 신학교가 22년만에 기독교도연맹 산하에 재건되었다. 기독교도연맹은 1972년부터 평양신학교의 전통을 이어받은 3년제의 평양신학원을 재개하였다. 성직자 충원구조의 재창출은 교리적 정통성의 전승과 발전, 신자공동체의 유지와 확대를 위해 가장 중요한 기반이 구비되었음을 뜻한다. 평양신학원의 교수는 해방 이전에 목사 안수를 받은 기독교도연맹 소속의 원로목사들이 맡고 있으며, 1930년대 평양신학교에서 사용되던 교재들이 대부분 그대로 쓰이고 있다. 1974년 이래 1980년대 말까지 평양신학원에서 20명 내지 30명의 목사가 새로 배출되었고, 교육과정을 마친 이들은 대부분 출신지역으로 돌아가 가정교회에서 봉사하고 있다고 한다.[17]

---

15) 1985년에 기독교도연맹 대표단이 중국교회를 방문하였을 때 서기장인 고기준 목사가 밝힌 내용이다(고태우, 《북한의 종교정책》, 국토통일원 통일연수원, 1989, pp. 164~165). 또 1988년 11월 북한을 방문한 캐나다교회협의회 대표단의 보고에서도 같은 사실을 확인할 수 있다(캐나다교회협의회, 앞의 글, p. 385).

16) "미국교회협의회 남북한 방문 보고",《한국교회 통일문제 주요 자료집(1984. 10~1988. 2)》, p. 65. 또한 "남북교회 상봉기 4 : '동아시아의 평화에 관한 교회의 사명' 회의 참가 보고", 한국기독교교회협의회 통일위원회 편,《남북교회의 만남과 평화통일신학》, 한국기독교사회문제연구원, 1990, p. 51 ; 캐나다교회협의회, 위의 글, p. 384 ; 고태우, 위의 책, p. 164를 참조.

17) NCCCUSA, "Report of the Official Delegation Visit to North and South Korea", in Christian Conference of Asia(CCA) and International Christian Network for Democracy in Korea(ICNDK) ed., *Reunification, Peace and Justice in Korea : Christian*

넷째, 기독교도연맹에 의해 해방후 처음으로 신·구약성서와 찬송가가 현대어법에 맞게 발간되었다. 이 가운데 신약성서와 찬송가는 1983년에, 구약성서는 1984년에 각각 발행되었다. 성서와 찬송가의 발간은 기존 조직성원에 대한 관리뿐 아니라, 새로운 신자들의 확보에 중요한 첫걸음이 된다고 볼 수 있다. 북한에서 새로 발간된 성서는 남한의 공동번역성서를 북한식 표현으로 부분적 수정만 가한 것이다.[18] 이는 북한의 기독교인들이 독자적으로 성서번역사업을 진행할 만한 내적인 역량이 부족한 데다 성서보급이 워낙 시급한 과제였기 때문일 것으로 생각되며, 어떤 면에서는 남한 기독교와의 유대감을 간접적으로 표시한 것으로 볼 수도 있겠다.

다섯째, 북한 전역에 산재한 '가정교회'가 활성화되었다. 1980년대 후반에 이르면, 기독교도연맹의 기본조직단위로서 10명 안팎으로 구성되는 가정교회는 평양의 30~40개소를 비롯하여 전국 500여곳에 예배처소를 갖고 있으며, 200여명의 전도사와 집사·장로 등이 여기서 봉사하고 있다고 한다. 1980년대에 들어서는 가정예배처들이 외부의 방문객들에게도 공개되기 시작하였다. 1980년대 초에 북한의 가정교회를 방문하였던 이들에 따르면, 북한 기독교인들은 개인적으로 간직하였던 성경과 찬송가를 갖고 참석하여 일제시대와 마찬가지의 순서대로 장로교식의 주일예배를 진행하고 있었다.[19] 예배처소는 신자가정들을 순회하는 방식이 아니라 어느 한곳으로 고정되어 있다. 개별 가정교회들간의 수평적 교류는 상대적으로 단절되어 있고, 특별한 절기에만 인근 지역의 가정교회 신자들이 함께 모이고 있다. 예컨대 개성시의 경우, 3개의 공동체가 크리스마스와 부활절 때 함께 만나고 있다. 몇 개소의 가정교회를 담당하고 있는 목사나 전도사들이 평소에 신자 가정을 자주 심방하는 것도 아니다.[20]

1980년대 초 당시 평양지역의 가정예배는 목사나 전도사 등의 인도하에 이루어지고 있었는데, 처음에는 기독교도연맹의 중앙조직과 연계됨이 없이 일반 평신도층의 주도하에 자발적으로 진행되던 주일예배가 기독교도연맹의 지역위원회 조직

    Responses in the 1980s, 1988. 2, pp. 66~67 ; 한국기독교교회협의회 통일위원회, 위의 글, p. 52 ; 에리히 바인가르트너, "WCC 북한방문보고(1985. 11. 11~19)", 《한국교회 통일문제 주요 자료집》, p. 25 ; 〈신학사상〉 1989년 여름호, p. 385.

18) 북한에서 간행된 성서에 대한 상세한 비교분석으로는, 김우규, "북한에도 성경이 있다", 〈공산권연구〉 1990년 2월호 ; 같은 이, "북한기독교의 실상", 〈공산권연구〉 1990년 5월호를 참조.

19) 전충림, "혈육이 묻혀 있는 땅", 《분단을 뛰어넘어》, pp. 72~74 ; 송석중, "보고 듣고 느낀 대로", 같은 책, pp. 216~218 ; 차상달, "이북이 이룩한 사회", 같은 책, p. 327 등을 참조.

20) NCCCUSA, op. cit., p. 68.

이 정비되고 확대되면서 교직자들 중심으로 발전하지 않았을까 생각된다. 1980년대 말 경에는 500여개소로 파악된 가정교회들이 대부분 기독교도연맹의 지역위원회 지도 아래 들어간 것으로 보인다.[21] 기독교도연맹에서는 한 달에 한번씩 도·시·군 단위로 지도자들이 모임을 갖고 그 달의 설교방향을 제시한다고 한다.[22]

2. 대내적 연대활동의 강화

이 시기에 북한 기독교인들이 전개한 연대활동은 편의상 대내적 측면과 대외적 측면으로 구분해서 살펴볼 수 있다. 대내적 측면에서 볼 때, 북한 당국이 종교인과의 통일전선을 강조함에 따라 기독교도연맹과 여타 정치·사회단체간의 협력이 부쩍 강화되었다. 통일전선의 특성상 국가적, 사회적 과제들을 협력대상으로 삼는 것은 어쩔 수 없다 하더라도, 이 시기에 기독교도연맹이 참여한 대내적 연대활동은 대부분 남한의 인권문제와 통일문제로 제한되어 있다. 우선, 1970년대 이후 기독교도연맹은 통일문제나 종교탄압 등 남한의 인권문제에 활발하게 개입하기 시작하였다.[23]

〈표 IV-9〉 기독교도연맹의 독자적 대남활동(1972~1981)

시기	주체	주요 활동 내용
1972. 8	강양욱·김성률	남북적십자회담 참여
1972. 9	강양욱 목사	남북한 기독교인 직접 접촉 제의
1974. 2	기독교도연맹	비상군법회의 관련 비난성명 발표
1974. 8	기독교도연맹	민청학련사건 재판과 관련한 비난성명 발표
1976. 8	기독교도연맹 중앙위원회	민주구국선언 관련자 재판에 대한 비난성명 발표
1980. 7	기독교도연맹	김대중 관련 담화 발표
1980. 7	기독교도연맹	한국사태에 관한 편지 발송
1981. 11	기독교도연맹	연맹 창립 35주년기념 중앙보고대회. 연방제 지지, 민족통일촉진대회 소집 요구 등 결의
1981. 7	기독교도연맹	주한미군에 대한 고소장 발표

---

21) 조광동,《더디 가도 사람 생각 하지요》, p. 119 참조.
22) 한국기독교교회협의회 통일위원회, 앞의 글, p. 52.
23) 이하의 표들은 북한연구소, "종교실태",《북쪽사회 어디까지 와 있나》, 북한연구소, 1986, pp. 147~154 ; 북한연구소 편, "북한의 종교",《북한총람》, 북한연구소, 1983, pp. 1236~1238 ; 고태우, 앞의 책, pp. 230~234 ; 윤동현,《북한의 종교실태》, 국토통일원 통일연수원, 1988, pp. 39~46 등에서 정리한 것이며, 〈내외통신〉도 참고하였다.

또한 이 시기에 기독교도연맹은 조선불교도연맹과 조선천도교 중앙지도위원회 등 다른 종교단체와의 협력을 강화하였다. 여기서도 여타 종교인들과의 연대활동의 초점은 남한 종교인들에 대한 탄압에 항의하거나 북한 당국의 통일방안을 지지하는 데 모아져 있다. 기독교도연맹을 포함한 종교 3단체간의 연대활동 사례는 대략 〈표 Ⅳ-10〉과 같다.

〈표 Ⅳ-10〉 종교 3단체의 연대활동(1974~1983)

시 기	주요 활동 내용
1974. 2	남한 비상군법회의의 종교인 탄압에 대한 비난성명 및 남조선 종교인과 해외조선인 종교단체와 세계 각국 종교단체들에게 보내는 호소문 발표
1974. 7	지학순 주교, 김지하 등 종교인들이 연루된 민청학련사건 비난성명 및 세계 각국 종교단체들과 종교인들에게 보내는 호소문 발표
1975. 2	국민투표관련 종교인 탄압 비난성명 발표
1975. 4	유신정권의 종교인 탄압 비난성명 발표
1976. 3	신·구교 성직자들이 다수 가담한 3·1민주구국선언사건과 관련한 비난성명 발표
1979. 2	조국전선의 남북관계성명에 대한 지지담화 발표
1980. 10	고려연방제 지지성명 발표
1982. 3	100인 정치인연합회의를 제안한 김일 담화 지지성명 발표
1983. 1	남북한 제정당·사회단체연석회의방안 지지성명 발표

기독교도연맹은 자신이 그 일원으로 가입되어 있는 조평통과 조국전선을 포함한 북한내의 여러 정치·사회단체들과 연대하여 활동하기도 하는데, 이 역시 북한 당국의 정책방침을 지지하거나 남한정부를 비난하는 데 목적으로 두고 있다는 점에서는 앞서의 연대활동들과 대동소이하다(〈표 Ⅳ-11〉참조).

〈표 Ⅳ-11〉 기독교도연맹의 정당·사회단체와의 연대활동(1974~1985)

시 기	주 체	주요 활동 내용
1974. 6	사회·종교 단체 연합	6·3사태기념일에 즈음한 성명 발표
1980. 8	정당·사회단체 연합	남한정부에 대한 비난성명 발표
1981. 8	23개 정당, 사회단체 연합	민족통일촉진대회 소집 제창
1985. 12	21개 정당, 사회·종교 단체	핵군축 및 핵전쟁방지에 합의한 미·소 정상회담 지지성명 발표

이밖에 조선민주당을 통한 조선노동당·천도교 청우당과의 우당(友黨)정책 추구, 기독교도연맹 간부들의 최고인민회의와 다른 국가기관에의 참여라는 형태의 통일전선활동은 종전과 같이 계속되었다. 특기할 만한 점은 기독교도연맹과 긴밀한 협조관계에 있는 조선민주당이 1981년 1월의 제6차 당대회를 계기로 획기적인 변모를 시도하였다는 것이다. 이는 당대회의 사업총화보고에서 당 중앙위원회 부위원장이자 기독교도연맹 부위원장이었던 염국렬이 보고하고 있듯이, "오늘의 우리나라 현실은 우리 당으로 하여금 종래 반제반봉건의 과업을 목표로 내세웠던 당의 민주주의적 강령을 사회경제발전의 새 요구에 맞게 보다 높은 사회주의적 강령으로 전변시킬 것을 요구"하고 있다는 인식을 전제하고 있다. 이에 따라 당명을 조선민주당에서 조선사회민주당으로 개칭하였고, 당이 지향하는 정치이념을 '민족사회민주주의'로 정식화하였다. 조선사회민주당은 이 대회에서 '민족사회민주주의' 정치이념에 기초하여 10대 강령을 제시하였는데, 여기에는 인민대표제, 다당제, 지방정권기관의 권한 확대 등 정치적 민주화를 위한 정책들과 함께, 생산수단의 사회화를 기본으로 하면서도 개인의 창의를 결합하고 계획화와 동시에 경제적 민주주의를 발양시킨다는, 조선노동당과 일정한 차별화를 시도하는 듯한 독자적인 정책대안들이 포함되어 있다.[24]

3. 국제적 연대활동의 강화

1970년대 이후 기독교도연맹의 대외적 혹은 국제적 연대활동은 놀랄 만큼 활성화되었다. 이 시기의 국제적 연대활동은 대상면에서 해외동포 기독교인들과의 연대활동과 국제기독교조직과의 연대활동으로 나누어볼 수 있다. 이 가운데 국제기독교조직과의 연대활동은 세계기독교평화회의(WCPC)와 아시아기독교평화회의(ACPC)를 중심으로 한 사회주의 및 비동맹진영 기독교권과의 연대활동, 그리고 WCC와 회원국 교회들을 중심으로 한 자본주의진영 기독교권과의 연대활동으로 다시 구분할 수 있다.

기독교도연맹은 1970년대 초부터 약 30년간 단절되었던 서방진영 기독교권과의 관계개선에 적극적인 태도를 보이기 시작하였다. 1970년대까지는 이전부터 유지해왔던 사회주의 및 비동맹권과의 연대활동이 지배적인 흐름을 이루었지만, 1980년대 이후에는 서방진영 및 해외동포 기독교인들과의 연대활동이 전자를 압도하게 되었다. 이같은 변화에는 북한이 1970년대부터 대서방 경제관계개선의 노력을 전개해왔고, 1980년대 들어서는 1984년에 합영법을 제정하는 등 이 방면의 노력

---

24) 이찬행, 앞의 글, pp. 164~173 참조.

이 가속화되는 사정도 크게 작용하였을 것이다. 서방진영 및 해외동포 기독교인들과의 연대활동은 1980년대 중반 이후 본격화되는 남북한 기독교인들간의 직접적 교류와 연대를 실현하는 데 결정적으로 기여하였다고 볼 수 있다.

우선, 기독교도연맹은 1970년대에 WCPC와 ACPC의 각종 모임에 참여하여 북한 당국의 입장을 대변하고 남한문제와 한반도 통일문제에 대한 국제적 여론을 환기시키는 활동을 전개하였다. 앞 절에서 언급하였듯이, 기독교도연맹은 이미 1960년대 초부터 소련 및 동유럽 기독교인들이 전개해온 평화운동에 적극적으로 동참해왔다. 기독교도연맹은 1975년 1월 인도 고타얌에서 열린 ACPC 총회에 김성률 등 3명의 대표를 파견하여 북한교회가 사회주의국가 건설에 적극 참여하고 있음을 밝히고, 참가자들과 한반도문제에 관한 결의문을 공동으로 발표하였다. 기독교도연맹은 또 1976년 11월 체코의 부르노에서 개최된 WCPC 정치·경제토론회에 김성률 등을 참여시켰는데, 여기서 조선에 관한 결의문 및 성명이 채택되었다. 또 1980년 7월에는 광주민주화운동에 대한 유혈진압, 김대중 사건 등에 대한 비난성명을 WCPC 위원장에게 발송하기도 하였다. 이후에는 1985년 5월에 기독교도연맹 대표단이 중국 '애국교회'의 초청으로 중국을 방문하고 비슷한 무렵에 러시아정교회를 방문한 적이 있을 뿐 공산권 기독교인들과의 교류는 상대적으로 빈도나 비중이 감소한 것으로 보인다.

이미 언급하였듯이, 기독교도연맹은 1970년대 초부터 서방진영 기독교권과의 단절된 관계를 복구하려는 노력을 시작하였다. 기독교도연맹은 이같은 노력의 일환으로 WCC에 가입하려고 시도하게 된다. 연맹은 1974년 8월과 1981년 11월의 두차례에 걸쳐 WCC에 가입하려고 시도하였지만, WCC측은 북한교회 현실에 대한 정보부족을 이유로 이를 거부하였다.[25] 그러나 1980년대 중반 무렵부터 WCC는 북한 기독교와의 적극적인 관계개선쪽으로 입장을 전환하였다.[26]

1984년에 WCC는 산하 국제문제위원회(CCIA) 주최로 같은 해 10월 29일부터 11월 2일까지 일본 도잔소에서 열린 협의회에 처음으로 기독교도연맹을 공식초청하였다. 후에 '도잔소협의회'로 불리게 되는 이 회의의 주제는 '동북아시아에서의 정의와 평화 : 갈등의 평화적 해결을 위한 전망'이었다. 결국 이 회의에 북한교회 대표는 참석하지 못하였지만, 그럼에도 불구하고 도잔소협의회는 이후 북한교회

---

25) 최근 박상증 목사는 기독교도연맹이 WCC 가입을 처음 신청한 때가 1972년이었다고 밝혔다. 그에 의하면, 기독교도연맹이 1972년에 제네바 주재 세계보건기구 대표부의 서기관 2명을 WCC 본부로 보내 가입의사를 밝히는 공식서한을 전달하였다는 것이다(박상증,《제네바에서 서울까지》, 새누리신문사, 1995, p. 41).
26) 1981년 중순경에는 WCC가 이미 조선기독교도연맹과 몇 차례 비공식 접촉을 가졌음이 확인되고 있다(이영빈·김순환, 앞의 책, p. 246 참조).

와 서방측 세계교회, 북한교회와 남한교회를 맺어주는 결정적 계기로 작용하였다. 20개국 65명의 교회 지도자들이 참석한 이 회합에서는 북한 기독교공동체와 직접 접촉하도록 노력할 것을 각 회원국 교회들에 촉구하는 건의안이 작성되었고, 이에 따라 WCC 산하의 각국 교회협의회들과 북한교회의 접촉 및 교류가 급속하게 활성화되었기 때문이다. 도잔소협의회가 열린 직후인 1985년 2월에는 미국기독교교회협의회(USNCC) 대표 4명이 비공식으로 북한을 방문하여 그 결과를 WCC에 보고하게 된다.[27] 1985년 11월에는 WCC-CCIA 대표 2명이 기독교도연맹과 조평통의 초청으로 처음으로 북한을 공식방문하였다. 기독교도연맹과 WCC의 활발한 접촉은 결국 1986년에 WCC의 주선으로 남북한 기독교인들이 직접적인 만남을 갖는 역사적 사건으로 이어지게 된다.

남북한 기독교인들간의 직접적인 만남으로 가는 또 하나의 길은 해외동포 기독교인들과의 연대 및 교류활동을 통해 준비되었다. 이같은 움직임은 1980년대 초부터 급속히 활성화되는 양상을 보인다. 1980년대 중반까지 해외동포 기독교인들과의 연대활동은 대부분 북한을 방문한 인사들에 의한 개인수준의 것이었지만, 1981년 11월 오스트리아 빈에서 처음 열린 이래 거의 매년 개최된 '조국통일을 위한 북과 해외동포 기독자간의 대화'는 더욱 조직적인 연대활동이라고 할 수 있다. 이 모임이 성사되는 데는 유럽지역에서 활동하는 진보적인 기독교인들의 주도로 1980년에 결성된 조국통일해외기독자회가 북한측의 기독교도연맹, 조선사회민주당, 해외동포원호회, 조평통과 함께 주도적인 역할을 담당하였다.[28] 또 여기에 북한측 학자들까지 가세함으로써 이 모임의 명칭은 '조국통일에 관한 해내외 통일문제 전문가·기독교신자·동포들의 대화'로 바뀌고, 모임의 성격도 기독교 교류와 통일논의의 장(場)으로서뿐 아니라 '한반도판 마르크스주의자와 기독교인의 대화'로서의 성격을 띠게 되었다. 해외동포 기독교인들과의 대화가 처음 제기되었을

---

27) 이보다 앞선 1980년 9월에는 미국 퀘이커교의 사회봉사단체인 미국친우봉사위원회(American Friends Service Committee)의 대표 3명이 조선대외문화연락위원회의 초청으로 북한을 11일간 방문한 적이 있다. 따라서 이것이 한국전쟁 이후 미국교회가 북한과 접촉을 가진 최초의 사례라고 할 수 있지만, 이들의 방문목적에는 종교적인 것이 포함되지 않았고, 북한에서 기독교인들을 만나지도 못하였다(양은식·김동수 외, 《분단을 뛰어넘어》, pp. 339~356에 이들의 "북한방문 보고서"가 실려 있다). 또 1982년 7월에는 차상달이 미국 퀘이커 태평양연회의 지원으로 북한을 방문하여 3곳의 가정예배처를 돌아보기도 한다.

28) 이 모임이 성사된 상세한 경위에 대해서는 이영빈·김순환, 앞의 책, p. 203 이하를 참조. 이 과정에서 WCC 국제부에서 비공식적인 협조를 제공한 반면, 한국기독교교회협의회(KNCC)는 이를 '적색분자 기독교인의 회의'라고 하여 강력한 반대를 표명하였다(같은 책, pp. 246~248).

때 조선노동당내에서 반대의견도 강력하게 제기되었지만, 북한 당국은 제2차 회의에 장관급 인사가 6명이나 포함된 대표단을 파견함으로써 기독교인과의 접촉을 대단히 중시하고 있음을 보여주었다. 5명의 목사가 포함되어 있기는 하나 무신론을 신봉하고 있는 북한 고위관리들이 대거 포함된 북한측 대표단은 대화모임을 예배로써 시작하는 데 동의하였다.[29] 이 대화모임이 차후에 이루어지는 남북한 기독교인들간의 모임에 원형을 제공하였을 뿐 아니라, 북한 당국자들로 하여금 종교에 대한 새로운 평가와 견해를 모색케 하는 데 중요한 기여를 하였을 것이라는 점에서 그 의의는 대단히 크다고 할 수 있다. 각 모임의 일정 및 장소, 주요 참석자와 논의내용은 〈표 Ⅳ-12〉와 같다.

〈표 Ⅳ-12〉 '조국통일을 위한 북과 해외동포 기독자와의 대화'를 통한 기독교인 교류(1)

일정 및 장소	주요 참석자	논의 내용 및 성과
1981. 11. 3~5 (1차, 빈)	북한측 5명: 염국렬(기독교도연맹 부위원장) 김득렬(〃) 고기준(기독교도연맹 서기장) 전금철(조평통 부위원장) 허영숙 해외측 13명: 이영빈·선우학원·이화선·강위조·임민식·강원진 등	고려연방제 통일방안 논의 통일을 위한 기독자의 자세 논의 통일과 외세문제 논의
1982. 12. 3~6 (2차, 헬싱키)	북한측 약 15명: 전금철·양형섭(조선사회과학원장)·고기준 등 5인의 목사 해외측 50여명: 최기환·홍동근·김성락·강위조·선우학원·이영빈 등	북한의 통일방안 논의 민족화해와 통일을 위한 기독교인의 책임과 사명 논의 한국사회의 민주화와 김대중 석방 요구 주체사상과 통일문제 논의
1984. 12. 15~17 (3차, 빈)	1, 2차 참여자들	공동성명 채택 반전 반핵 평화운동 전개 결의 한반도의 핵무기 철거 요구

* 출처: 류성민, 《남북한 사회문화교류에 관한 연구》, 현대사회연구소, 1993; 이영빈·김순환, 앞의 책; 통일신학동지회 편, 《통일과 민족교회의 신학》, 한울, 1990, pp. 299~309; 양은식·김동수 외, 《분단을 뛰어넘어》, pp. 385~397.

---

29) 양은식, "누군가 먼저 꿈을 가지고", 《분단을 뛰어넘어》, pp. 390~393.

제 5 장 반종교운동의 부분적 이완과 사회주의화된 기독교의 점진적 활성화 453

북한 기독교의 국제적 교류에서 또다른 한 축을 형성한 것은 개인적으로 북한을 방문한 해외교포, 특히 재미교포 기독교인들과의 만남이었다. 1976년부터 미국 정부가 북한·쿠바·알바니아·베트남 등에 대한 방문금지조치를 해제함으로써 미국에 거주하던 교포 기독교인들의 북한방문이 활기를 띠기 시작하였다.[30] 비록 1980년대 중반까지는 북한지역에 고향을 둔 해외교포들만이 고향방문 내지 이산가족 상봉의 명목으로 북한을 방문할 수 있었지만, 이후에는 북한 당국이 관광목적의 입국을 허용함에 따라 북미나 유럽지역에 거주하는 해외교포들의 북한방문이 폭증하게 되었다. 1977년 경부터 약 10년 동안 거의 3천명의 재미교포들이 북한을 다녀갔다.[31] 북한을 방문한 재미교포들의 상당수가 기독교인이었고, 이들 가운데 일부는 기독교도연맹이나 가정교회의 북한 기독교인들과 만날 수 있었다. 북한 당국은 1978년 평양에서 열린 세계탁구대회를 계기로 북한을 방문한 교포들에게 주일 가정예배에 참석하는 것을 알선하기 시작함으로써 북한 기독교의 실상이 외부세계에 널리 알려지게 되었다.[32] 1981년에 김성락 목사가 북한을 방문한 이후에는 목사들의 북한방문도 허용되기 시작하였다.[33] 1970년대부터 1980년대 중반까지 북한을 방문하였던 기독교인들 가운데 중요한 사례들을 추려보면 〈표 Ⅳ-13〉과 같다.

이 사례들 가운데 이승만 목사, 조국통일해외기독자회 대표단, 김성락 목사, 홍동근 목사, 고종옥 신부 등은 이후 북한을 자주 방문하면서 남북한 기독교간의 직접적인 교류의 기초를 놓은 사람들로서 주목해볼 가치가 있다. 이승만 목사는 1978년의 방북 당시 미국 연합장로교 선교부의 중동지역 총무라는 주요 직책을 맡고 있었다. 그는 미국의 장로교는 물론이고 미국교회 전체가 한반도문제에 적극적으로 개입하는 데 결정적인 매개역할을 담당하였을 뿐 아니라, 1990년대에는 미국교회협의회의 회장으로 선출되어 북한교회와의 관계개선을 주도하였다. 1981년 6월 이화선 목사, 이영빈 목사, 김순환으로 구성된 조국통일해외기독자회 대표단의 방북은 이미 서술한 '조국통일을 위한 북과 해외동포 기독자와의 대화'로 결

---

30) 조광동, 《더디 가도 사람 생각 하지요》, p.166 ; 김기항, "꿈을 다짐한 방문길", 《분단을 뛰어넘어》, p.304.
31) 한국기독교사회문제연구원, 《해외동포가 본 그들의 통일논의》, 민중사, 1988, pp.172~186.
32) 고 마태오, 《깨어진 꿈을 안고》, 빛들, 1989, p.187. 1970년대 말에는 일본에서 목회하고 있던 박일석 목사가 북한을 방문한 후 1980년에 북한 종교의 실상을 담은 《교회와 사회》라는 책을 출판하기도 하였다.
33) 조동진, "분단과 통일운동 50년사의 해부와 민족교회 형성을 위한 배경 연구", 제10회 기독교문학회 발표논문, 1994. 2, p.37.

454 Ⅳ. 해방 이후 북한교회의 역사

〈표 Ⅳ-13〉 개인적으로 방북한 해외교포 기독교인들(1976~1985)

일 시	방 북 자	주 요 활 동
1976	양은식(고려연구소 소장)	고향방문
1976	선우학원(미국 센트럴메소디스트대 교수)	고향방문
1978	이승만 목사(미국장로교선교부 중동지역 총무)	고향방문 강양욱 목사의 초청, 강목사와 면담
1979. 4~5	전충림(〈뉴코리아타임스〉 발행인, 터론토교회 장로)	고향방문 (부친이 함경도 서호진교회 목사)
1979. 4	노의선(나성한인연합교회 목사)	고향방문. 강양욱 목사와 면담
1981. 6	조국통일해외기독자회 대표단 (이화선·이영빈·김순환)	'북과 해외동포 기독자와의 대화' 준비차 방북. 조평통 위원장(김일) 등과 회담. 평양시 환영군중대회에 참가
1981. 6	김성락 목사(전 숭실대 총장, 미국 한인교회연합회 조국통일촉진회)	김일성과 강양욱 목사 면담 기독교도연맹 방문
1981. 9~10	홍동근 목사	고향방문 기독교도연맹 방문
1982. 7~8	차상달	미국 퀘이커 태평양연회의 지원으로 방문. 3곳의 가정예배처 방문
1982. 9	김성락 목사 외 3명	기독교도연맹에 성경과 찬송가 전달 김일성 면담
1982. 10~11	전충림	가정예배 2회 참여 성서·찬송가 전달
1983. 7	민족통일 심포지엄 교수방문단 (김동수·송석중·선우학원·최익환·양은식·김기항 등)	조평통과 해외동포원호회의 초청 기독교도연맹 방문, 함께 예배 평양의 가정예배처 방문
1984. 3	고종옥(마태오) 신부	고향방문 신부로는 전쟁 후 최초

* 조동진, 앞의 글, p. 34 ; 양은식·김동수 외,《분단을 뛰어넘어》; 변진홍,《평양에 부는 바람》, 부록 ; 이승만, "어떤 전쟁도 인간의 얼굴을 가질 수 없다", 〈말〉 1994년 7월호, p. 49.

실을 맺었다.

미국의 김성락 목사가 북한을 처음 방문한 것도 1981년 6월로서 조국통일해외기독자회 대표단의 방북과 시기적으로 일치한다. 김목사는 당시 기독교도연맹 위원장이자 국가 부주석이었던 강양욱 목사와 평양신학교 동기동창으로, 북한을 방문하는 동안 국가 주석인 김일성의 오찬초대를 받아 김일성의 부탁으로 식사기도를 한 사실은 북한주민들에게 널리 알려졌다. 더욱이 이미 밝힌 바와 같이, 김목사의 방북 이후 재미교포 목사들의 북한방문이 활발해졌다. 김성락 목사의 방문을 계기로 교포 목사들의 방북이 잇따르고, 같은 해 11월에 기독교도연맹이 WCC에 가입을 신청하고, 같은 달에 '조국통일을 위한 북과 해외동포 기독자와의 대화'가 처음 열리는 등의 사실들로 미루어 볼 때, 1981년은 북한 당국이 기독교계와의 관계를 새롭게 정립하는 데 중요한 전환점을 이루는 것으로 보인다. 김성락 목사는 이듬해 9월에도 다시 북한을 방문하여 기독교도연맹에 남한에서 발간된 신구약 합본 성서와 찬송가집 수백권을 전달하였다. 1981년 9월에는 홍동근 목사가 고향방문차 북한을 방문하게 되는데, 그는 10년 후 김일성대학에서 기독교학을 강의하게 된다.

1984년 3월에 북한을 방문한 고종옥(마태오) 신부는 방북 직후인 1984년 7월에 남한천주교회 북한선교부에 의해 해외활동위원으로 위촉받음으로써 남북한 천주교 신자들을 연결하는 교량으로 역할하게 된다. 1985년 9월에는 남한의 지학순 주교(원주교구장)가 수녀 한사람과 함께 남북이산가족 고향방문단의 일원으로 북한을 방문하였다. 그러나 그는 북한의 천주교 신자들을 만나지는 못하였고, 단지 평양의 고려호텔에서 미사를 집전하였을 따름이었다. 더욱이 지주교의 방북은 남한교회안에서 북한 당국에 대한 불신을 가중시켜 고종옥 신부를 통해 이루어지고 있던 고위 성직자의 방북 가능성 타진 등의 활동이 침체상태에 빠지는 결과를 낳았다.[34] 북한 당국 역시 1985년 8월 말 〈로동신문〉을 통해 북한선교부의 발족을 "종교의 탈을 쓴 반공 광대놀음"이라고 격렬하게 비판한 바 있다.[35] 따라서 이후 남북한 천주교 신자들의 만남은 남한교회와 직접적인 접촉보다는 교황청을 매개로 한 길, 공식 교계조직과는 별도로 남한의 정의구현사제단을 통한 길, 미주의 해외교포나 교포사목에 종사하는 남한교회 소속 사제들을 통한 길 등 세갈래로 전개되었다.

4. 사회주의에 적응한 기독교

1980년대 중반까지 북한의 기독교는 약 40년 동안 독특한 사회주의사회 안에서 존재하면서 이 사회와 상호작용해왔다. 이미 살펴본 바와 같이, 북한에서 기독교와 사회주의사회간의 상호작용은 공산주의적 집권세력에 대한 기독교인들의 치열한 투쟁을 포함하는 것이었고, 그 과정에서 기독교인들은 교세와 사회적 영향력

---

34) 변진홍, "남북한 종교교류의 전개과정", 《한국사회와 복음선교》, 빅벨, 1994, p. 419.
35) 한국천주교 주교회의 북한선교위원회, 《한국천주교 통일사목자료집 1》, 사람과 사람, 1992, pp. 414~415.

면에서 미미한 존재로 전락하게 되었다. 그러나 이는 북한의 기독교인들이 적극적으로든 소극적으로든 사회주의사회에 적응해가는 과정이기도 하였다. 북한의 기독교인들은 북한사회의 급격한 변화와 적대적인 사회분위기에 적응하고 생존을 유지하고자 노력하는 가운데 독특한 종교적·사회적 존재양식을 발전시켰다. 1970년대 말부터 북한을 방문한 사람들을 통해 외부에 알려진 북한 기독교의 모습은 1950년 이전의 반공적이고 근본주의적인 서북 기독교를 기억하는 사람들에게는 충격적이기조차 하다. 적어도 1970년대 이후 북한 기독교가 드러내고 있는 존재양식 및 의식구조상의 특징들은 대략 다음과 같이 정리할 수 있다.

첫째, 북한의 기독교는 자생력이나 자율성이 매우 적은 교회이다. 자율적인 시민사회가 사실상 부재하고 국가의 통제력이 주민들의 일상생활에까지 정교하게 행사되는 북한사회의 특성상 국가로부터 일정한 자율성을 유지하는 민간부문은 애초부터 존재하기 어렵다. 특히 북한사회 구성원들의 강한 반종교적 성향으로 인해 북한의 기독교인들이 국가의 강력한 반대에도 불구하고 존립할 수 있는 내적인 사회적 기반은 거의 없다고 할 수 있다. 기독교도연맹이 대외적인 활동에서 북한의 공식적 입장을 충실하게 대변해왔다는 사실은 이 점을 입증하는 중요한 증거이다. 기독교도연맹의 이같은 활동은 WCPC나 ACPC를 통해서, 혹은 1970년대 이후 남한의 정국과 관련하여 기독교도연맹이 발표한 수많은 성명들을 통해서, 혹은 해외교포 기독교인이나 서구 기독교 지도자들과의 접촉을 통해서 잘 드러났다. 더욱이 북한교회가 전개하는 대외적 활동 역시 국가의 사전 양해 없이는 이루어지기 힘든 것이 사실이다. 따라서 북한교회는 교세는 대단히 미약하지만, 다시말해 국민의 압도적 다수가 기독교를 신봉하는 상황과 거리가 먼 데도 불구하고, 국가의 우위 혹은 지배 아래 국가권력과 교회가 밀착되어 있다는 면에서 외형상 '국가교회'(state church)와 유사한 모습을 보여준다고도 할 수 있다. 북한 기독교인들에게 국가로부터의 자율성을 확보하려고 하는 욕구가 전혀 없는 것은 아니라고 해도,[36] 불원간 그같은 자율성을 실제로 누리게 될 가능성은 매우 적어 보인다.

둘째, 이와 유사한 맥락에서 북한의 기독교인들은 사회주의를 주어진 현실로 수용하고 있다. 이같은 태도는 북한에서 기독교인들이 생존을 유지하기 위해 불

---

36) 예컨대 북한을 방문한 미국교회 대표들은 "북한 기독교인 중에서 종교자유의 실제상의 확대와 종교적 신앙 표현의 기회가 더욱 많아지기를 염원하는 뜻을 감지"할 수 있었다고 보고하였다("미국교회협의회 남북한 방문 보고", p. 65). 또 조선천주교인협회 중앙위원회 위원장인 장재철은 1989년에 북한을 방문한 홍콩의 〈이차이나메시지〉 편집자에게 "우리 교회는 정부와 아무런 특별한 관계도 없다. 우리는 자주적이다"라고 말하기도 하였다("North Korean Pyongyang Catholic Church", *Yi China Message*, 1990. 2, p. 7).

제5장 반종교운동의 부분적 이완과 사회주의화된 기독교의 점진적 활성화 457

가피한 선택이기도 하였지만, 시간이 지남에 따라 더욱 많은 기독교인들이 사회주의를 긍정적인 눈으로 바라보게 되었다. 1970년대 이후 외부에 알려진 기독교도연맹의 활동을 통해 북한 기독교인들이 북한사회의 사회주의적 발전과 주체사상을 명확히 지지하고 있음을 거듭 확인할 수 있다. 이 점에서 1988년에 북한을 방문하였던 캐나다교회협의회 대표단의 관찰은 매우 정확한 것이다. "우리는 북한의 그리스도인들이 북한사회의 한 구성원으로서 북한의 업적을 자랑스럽게 여기고 있다는 사실을 확인하였다.……북한의 그리스도인들은 그들의 나라가 이룩한 업적을 향유하고 경축하며, 북한의 발전계획과 이데올로기적 틀 속에서 그들의 위치를 정립하고 있었다."[37] 기독교도연맹의 지도자들이 국가기관에 참여하고 있고, 조선민주당의 간부직을 맡아 조선노동당과 우당관계를 지속하고 있는 데서도 우리는 동일한 사실을 확인할 수 있다. 기독교도연맹은 북한의 기독교인들로 하여금 나라의 발전에 참여하도록 독려하는 일, 정당이나 여타의 사회단체들과 우호적인 관계를 증진하는 일, 평화와 민족의 통일을 위한 투쟁에 공헌하는 일 등을 담당하고 있다.[38]

더 나아가 북한 기독교인들은 사회주의 그리고 북한식 사회주의인 주체사상이 기독교와 모순되지 않는다고 보고 있다. 심지어 그들은 공산주의자들이 기독교인들보다 기독교의 정신을 더욱 잘 실천하고 있다고 말한다. 1982년 12월 헬싱키에서 열린 제2차 '조국통일을 위한 북과 해외동포 기독자와의 대화'에서 북한의 목사들은 "전쟁이 남긴 폐허 속에서 헐벗고 굶주리는 이웃을 돕던 사람들은……이른바 예수쟁이들이 아니고 예수님의 정신을 실천과 행동으로 옮긴 북한 공산주의자들이었다"고 말하였다.[39] 그러나 북한 기독교인들이 주체사상과 기독교의 상호보완적인 관계에 대해 언급하는 것은 자주 보게 되지만, 비판적 긴장의 가능성까지 포함하여 양자의 차이가 무엇인지를 밝히려는 체계적인 노력을 발견하기는 힘들다. 예컨대 북한 기독교인들에게 종말론적인 구원의 전망에 비추어 현세의 정치질서를 상대화하는 비판적인 안목은 거의 존재하지 않는 듯 보인다. 이 문제에 대한 북한 기독교인들의 사고는 매우 소박한 수준에 머물러 있다.[40] 미국교회협의

---

37) 캐나다교회협의회, 앞의 글, pp. 380~384.
38) 위의 글, p. 384. 1981년 11월 28일자 평양방송에 따르면, 기독교도연맹은 이날 창립 35주년기념 중앙보고대회를 갖고, "김일성의 영도와 배려"로 기독교도연맹이 "지상낙원으로 변모된 공화국 북반부"에서 지난 35년간 신도들의 권익을 보장하면서 사회주의 건설과 자주적 통일을 위한 투쟁을 적극 전개하였다고 평가하였다.
39) 양은식, 앞의 글, pp. 394~395.
40) 북한을 방문한 캐나다교회의 대표들은 대부분의 북한 종교단체들이 주체사상과 본질적인 측면에서 조화를 이루고 있다고 말하고 있음에도 불구하고 몇몇 기독교

회 방북 대표단의 표현대로, "북한 크리스천들은 무엇보다 자신들의 종교적 신앙을 국가와 김일성, 북한사회에서 길러져 온 집단주의의 정신에 대한 충성과 통합시킴으로써 조선인으로서의 자신들의 아이덴티티를 주장하고 입증"하는 데 몰두해온 것으로 보인다.[41] 그러나 주체사상이 기독교를 향해 제기하고 있는 '도전'이 상당한 '기회'를 동반하고 있는 1970년대 이후, 이 기회를 활용하여 '조선인으로서의 아이덴티티'와는 일정하게 구분되는 '기독교인으로서의 아이덴티티'를 구축하려고 적극적으로 노력하지 않는 한 북한주민들을 교회공동체로 끌어들이기는 어려울 것이다. '조선인으로서의 아이덴티티'를 강조하는 것이 북한주민들의 기독교에 대한 관용성을 높이는 데는 확실히 기여하겠지만, 그같은 관용성이 기독교 신자로서의 투신을 보장하는 것은 결코 아니기 때문이다.

셋째, 북한 기독교인들은 교회의 형식적 발전이나 신자 개개인에 대한 종교의 심리적 기능보다는 종교의 '정치사회적 기능'을 매우 중시하고 있다. 이와 유사한 맥락에서 그들은 개인구원보다는 '사회구원'을 강조하는데, 이는 북한사회내에 구현된 집단주의적 전통과 맥락을 같이한다. 그들은 북한의 사회주의 건설에 적극적으로 동참하였을 뿐 아니라 애국심의 고양이나 민족통일을 위해 헌신적으로 노력해왔다. 종교의 정치사회적 기능을 중시하고 사회적 구원을 강조하는 북한 기독교인들의 태도는 전례의 수행과 신자공동체의 관리 등 본연의 종교적 기능과 아울러 정치사회적 참여 기능이라는 '이중적' 기능을 수행하는 기독교도연맹 방식의 조직형태에 잘 반영되어 있다.

또한 북한 기독교인들이 기독교의 정치사회적 기능을 강조하는 것은 그들이 '인간의 역사 내(intra-historical) 역할'에 높은 가치를 부여하는 태도와도 일맥상통한다. 예컨대 기독교도연맹의 신학적 입장을 묻는 질문에 대해 고기준 목사는 "물론 우리 그리스도인들은 전능하신 창조주 하느님을 믿습니다. …… 그러나 우

───────────

인들은 둘 사이에 약간의 차이가 있음을 개인적으로 인정하였다고 보고하였다(캐나다교회협의회, 앞의 글, p. 394). 물론 이 "약간의 차이"가 구체적으로 무엇을 가리키는가는 여전히 모호하다. 주체사상과 기독교 신앙의 관계를 묻는 한 남한교회 지도자의 질문에 대해 고기준 목사는 "주체사상과 하나님사상은 다르며, 우리 기독교인은 하나님의 사상이 아닌가"라고 반문한 적이 있다고 한다(〈한국일보〉1994년 4월 25일자). 또 1989년 3월 문익환 목사 방북시 한 개신교 지도자는 기독교 신앙과 유물론 사이에 아무런 갈등이 없느냐는 질문에 기독교는 유심론이고 공산주의는 유물론이라고 대답하였다고 한다. 이에 대해 문 목사는 "이런 전통신학을 가지고는 공산주의와 유물론과 진정한 대화를 못하겠구나" 하는 생각을 하였다고 한다(문익환 외, 《가슴으로 만남 평양 : 문익환 목사 북한방문기》, 삼민사, 1990, pp. 85~86).

41) "미국교회협의회 남북한 방문 보고", p. 66.

제5장 반종교운동의 부분적 이완과 사회주의화된 기독교의 점진적 활성화 459

리는 모든 것을 하느님께 맡기지는 않습니다. 우리 인간은 하느님으로부터 받은 은사와 지혜와 능력을 총동원하여 우리가 해야 하는 일들을 완수하도록 노력해야 합니다"라고 대답한 바 있는데, 이 말은 구속사에서 인간의 능동적인 역할을 강조하는 시각을 잘 표현하고 있다.[42]

넷째, 한국전쟁 이후 북한 기독교는 교파주의(denominationalism)로부터 완전히 벗어났다. 교파주의는 전래 이래 한국 개신교를 성격지운 중요한 요소일 뿐 아니라, 오늘날 남한교회의 중요한 특징을 이루고 있기도 하다. 그러나 한국전쟁 과정에서 장로교와 감리교를 비롯한 개신교 각 교파들의 교단조직이 붕괴되면서 기독교도연맹이 초교파적인 단일기독교조직으로 자리잡게 되었다. 1980년대 말까지 기독교도연맹에는 일부 천주교 신자들까지 포함되어 있었다. 이같은 변화는 한국전쟁 이후 신자들의 월남과 탈교로 인해 왜소화된 개별 교파공동체들을 유지하는 것이 현실적으로 불가능해졌고, 강화된 국가의 억압과 극도로 적대적인 사회분위기에 적응해나가기 위한 불가피한 선택이었을 것이다.

이같은 조직적 변화는 각 교파가 고수하고 있던 교리나 전례에도 중요한 변화를 가져왔을 것이다. 교파의 통합이 어쩔 수 없는 상황적 요인에 의해 강요된 것이었기 때문에 개별 교파들의 헌법이나 신앙고백을 종합하기 위한 정교한 논의는 애초부터 불가능하였을 것이다. 한국전쟁 이후 기독교도연맹이 어떤 교리적 입장을 정립해왔는가를 정확히 알 수는 없다. 평양신학원에서 가르치고 있는 교과내용이 정확히 파악되어야 교파통합이 초래한 교리적 변화의 내용을 제대로 알 수 있게 될 것이다. 다만 오늘날 기독교도연맹에 소속된 개신교 신자들은 이전 장로교인들의 숫적 우세를 반영하여 대체로 장로교의 전례를 따르고 있는 것으로 확인되고 있다.

다섯째, 북한 기독교인들은 주체사상의 영향으로 인해 교회의 운영 및 의사결정·재정·신학 등에서 외국교회의 간섭에 대해 극도로 비판적이다. 외국교회의 간섭을 막기 위해 그들은 서구교회들과 맺어온 기존의 관계들을 철저히 단절하는 길을 선택하였다. 이는 해방 직후부터 '조선의 하늘을 믿으라'는 종교적 자주성 요구에 대해 북한 기독교인들이 적극적으로 반응한 결과이기도 하다. 1970년대 초까지 북한 기독교인들이 외국의 기독교인들과 맺은 관계라고는 사회주의권의 기독교인들이 모이는 회의에 참석하여 북한에서 이루어진 사회주의적 발전의 성과를 선전하거나 한반도문제 및 남한문제에 대한 국제적 관심을 환기시키는 정도에 그쳤다. 1970년대 중반 이후로는 북한 기독교인들도 서방진영 교회들과의 관계를 복구시키려고 노력하게 되지만, WCC나 서방교회들과 관계를 강화하는 과정에서

---

42) 캐나다교회협의회, 앞의 글, p. 384.

도 '종교적 자주성'을 강력하게 주장하였다.[43]

종교적 자주성에 대한 북한 기독교인들의 강조는 조직 측면에서만이 아니라 교리 해석에서도 나타나고 있다. 민족주의적 담론이 북한의 기독교신학에서 중요한 비중을 차지하고 있음은 분명하다. 이런 맥락에서 북한 기독교인들은 '애국과 민족적 자존 및 평화적 통일'을 매우 중시한다. 예컨대 1989년 9월 한 가정교회에서 설교하는 가운데 기독교도연맹 평양시위원회 부위원장인 김운봉 목사는 "현시점에서 가장 중요한 복음은 평화와 통일"임을 강조하였다.[44] 그러나 자주성에 대한 극단적인 강조는 대외적 연대활동에 대한 소극적인 태도를 낳아 신학적·교리적 낙후성과 고립을 초래하였던 것도 사실이다. 더욱이 북한 기독교인들이 종교적 민족주의를 강조해왔다고 해서 종교의식 등의 토착화에 큰 노력을 기울이고 있는 것도 아니다.

여섯째, 북한 기독교인들은 '가정교회'라는 매우 작고, 전면적인 공동체적 투신이 가능한 독자적인 교회형태를 개발해냈다. 여러 가지 이유로 인해 북한 기독교인들은 교회의 형식적·제도적 발전을 도모하기가 어려웠다. 전쟁으로 대부분의 교회당이 파괴되었지만, 가시적인 교회의 재건이라는 목표는 우선순위면에서 다른 긴급한 경제적·사회적 시설들의 복구에 밀려났다. 전쟁이 끝났을 때 교회의 재건을 주도할 성직자들도 거의 남아 있지 않았다. 북한주민들의 차가운 눈초리와 강화되는 반종교선전, 기독교인들에게 가해지는 행정적 제재에도 불구하고 교회시설들을 복구한다는 것은 상당한 위험부담이 따르는 일이기도 하였을 것이다. 이같은 상황의 산물이 바로 가정교회였다고 할 수 있다. 집회가 가정에서 이루어진다는 사실 때문에 이 교회는 비공식성과 함께 일상적인 외양이 제공하는 엄폐의 기능을 충분히 발휘할 수 있었을 것이다. 전쟁 이후 약 20년 동안 가정교회는 일종의 '지하교회'로 기능하면서, 신자들의 신앙심을 유지하고 북한사회의 완전한 탈기독교화를 막는 역할을 수행하였다. 또한 '교회가 되는' 전혀 새로운 방식으로서의 가정교회는 북한 기독교인들로 하여금 교역자가 극히 부족한 상황에 적응할 수 있는 능력을 제공해주었으며, 동시에 평신도층의 지도력과 자발적 참여를 유

---

43) 북한 기독교인들은 같은 맥락에서 1980년대 중반 이후 남한교회와 교류하면서도 '상호인정'과 '평화적 공존'을 받아들이도록 요구하였다(박종화, "남북교회 상봉기 3 : 한반도의 평화와 통일을 위한 워싱턴협의회의 배경", 《남북교회의 만남과 평화통일신학》, p. 49).

44) 한국기독교교회협의회 통일위원회, 앞의 글, p. 52. 또 1991년 3월 11일자 평양방송에 의하면, 1991년 3월 평양 봉수교회에서 열린 '세계기도주일 예배'에서 설교하는 가운데 고기준 목사는 "민족의 단합으로 조국의 평화통일을 이루는 일이 우리 기독교인들에게 내리는 하나님의 명령이며 선차적인 선교과업"이라고 주장하였다.

제 5 장 반종교운동의 부분적 이완과 사회주의화된 기독교의 점진적 활성화 461

도하는 효과를 낳았다.

 일곱째, 북한 기독교인들은 교회안에 '노동의 문화'를 도입하였다. 이는 교역자가 절대적으로 부족할 뿐 아니라 신자들의 헌금으로 생계를 영위하는 전문 종교인의 존재가 허용되지 않는 상황에 적응하기 위한 불가피한 선택으로서의 성격을 강하게 띠고 있다. 성직자와 평신도를 막론하고 모두가 직장에 나가 일을 해야만 하였다. 직장생활의 부담 때문에 수요기도회와 주일저녁예배의 전통도 점차 사라졌다. 신자들의 헌금에만 의존하지 않고 직접 노동을 통해 생계를 조달함으로써 성직자들이 유한계급처럼 비쳐질 가능성도 함께 사라졌다. 동시에 이는 성직자들을 신자들의 일상생활과 더욱 밀착시키고, 아울러 교회안에 경직되고 권위주의적인 위계적 교권구조가 뿌리내리는 것을 일정하게 제약하는 숨은 기능도 발휘하였을 것이다. 사회의 사회주의적 발전에 따라 기독교인들내의 계급적인 차이가 축소된 데다가, 사회적 냉대로 인해 기독교인 전체가 특권층으로 출세할 가능성을 봉쇄당해온 현실 또한 평신도와 성직자 사이, 그리고 평신도 내부의 권력분화를 억제하는 힘으로 작용하였을 것이다. 1980년대 이후에는 신자들이 바치는 헌금에만 의존하여 생계를 조달하는 전문 종교인도 일부 생겨나고 있지만, 아직도 대다수의 교역자들은 직장생활을 병행하고 있다. 또 신학생들도 사회에서 일정 기간 노동을 한 후 원서를 제출하여 시험을 보도록 되어 있다.[45]

 반면에 노동의 문화는 성직자들이 종교적 카리스마를 유지·배양하고 조직관리와 선교활동을 위해 투입할 자원과 시간의 부족을 낳았다. 이같은 상황에서 교회의 급속한 제도적 발전을 기대하기는 곤란할 뿐만 아니라, 신자들의 종교적 욕구를 만족시키기도 어렵다. 1980년대 이후 신자수와 지역조직이 확대되고 가시적 교회가 건립되면서 다시 '전임' 성직자층이 형성되기 시작하는 것은 이러한 어려움을 타개하려는 시도의 일환으로 해석된다.

 마지막으로, 북한의 기독교인들은 독특한 '영성'(spirituality) 혹은 독특한 '기독교적 멘탈리티'를 발전시켰다. 이 영성은 '보수주의적 신앙형태'와 '사회참여 및 정치적 진보주의'가 기묘하게 결합된 결과이다. 북한 기독교인들의 보수주의적 신앙형태는 또 북한사회를 지배하는 '집단주의적 의식'과도 무리없이 결합되어 있다. 많은 면에서 북한교회의 시계는 1940년대에 멈춰져 있는 것처럼 보인다. 북한의 기독교인들은 1930, 40년대에 사용되던 성경과 찬송가를 1980년대 중반까지 그대로 사용해왔고, 당시에 지배적이던 축자적인 해석방법론에 따라 성경을 읽었으며, 당시의 신자들을 사로잡았던 엄격한 윤리의식과 경건주의를 간직해왔고, 1970년대 이후에도 근본주의적 정신으로 씌어진 1930년대의 평양신학교 신학교재로 신학생

---

45) 고태우,《북한의 종교정책》, 국토통일원 통일연수원, 1989, p. 164.

들을 가르쳐왔다. 해방후 수십년간 진행된 북한사회의 급격한 변화를 적절하게 설명할 진보적인 새 신학이 나타났던 것도 아니다. 적어도 외양면에서 북한 기독교인들이 보여주는 신앙생활은 다분히 '근본주의적'이다. 그러나 이들이 동시에 현세와 역사적 인간의 적극적 의의를 강조하고, 심지어는 사회주의적 프로젝트를 수용한다는 점에서, 1930년대에 신사참배 요구에 대한 저항에서 비롯된 근본주의와 대(對)국가투쟁의 결합과도 크게 다른 것이다. 이런 면에서 북한 기독교인들이 발전시킨, 어쩌면 '금욕적 참여주의'나 '근본주의적 자유주의'라고나 불러야 할 독특한 영성은 역사적으로 유례를 찾기 힘든 것이라고 할 수 있겠다.

제 6 장 신종교정책의 등장과 사회주의형 기독교의 발전(1986~1995 현재)

1. 위기와 개혁, 그리고 신종교정책의 등장

1. 심화되는 위기와 가속화되는 개혁

북한의 공식적인 사회성격 규정이라는 측면에서 볼 때, 현재의 북한사회는 1960년대의 그것과 본질적으로 동일하다. 북한은 프롤레타리아독재가 실시되는 시점에서부터 착취제도가 근절되는 사회주의혁명단계를 거쳐 '사회주의의 완전한 승리'가 이루어지는 시점까지를 '과도기'로 설정한다. 또 프롤레타리아독재가 시작되는 시점부터 사회주의혁명단계와 '사회주의의 완전한 승리'를 위한 단계를 거쳐 '공산주의의 높은 단계'에 이르러 전세계적으로 '사회주의의 종국적 승리'가 보장될 때까지를 '프롤레타리아독재의 기간'으로 간주한다.[1] 이런 면에서 1960년대와 70년대 이후의 북한사회는 과도기와 프롤레타리아독재의 기간에 속하면서, 동시에 '승리한 사회주의사회'로서 '사회주의의 완전한 승리를 위한 계속혁명'을 수행하고 있는 것으로 간주된다. 따라서 생산관계의 개조가 완결되고 경제부문에서 사회주의 제도가 수립된 1958년 이후의 북한사회는 기본적으로 동질적인 성격을 띤다는 것이다.

---

1) 북한의 '과도기론'과 '프롤레타리아독재론'에 대해서는, 사회과학출판사 편,《사회주의·공산주의건설이론》, 태백, 1989 ; 김남식, "북한연구현황과 주체사상",《한국근현대 연구입문》, 역사비평사, 1988, pp. 212~219 ; 정해구, "북한의 혁명론과 실천과정", 〈사회와 사상〉 1988년 12월호, pp. 141~143 ; 역사문제연구소·한국역사연구회, "북한의 사회주의·공산주의 건설노선", pp. 471~481 등을 참조.

나아가 오늘날의 북한사회는 여러 면에서 1970년대 초에 확립된 정치원리들에 의존하고 있다. 프롤레타리아독재와 '사회주의의 완전한 승리를 위한 계속혁명, 수령의 유일적 영도체계, 혁명위업의 계승, 당의 유일사상체계와 온 사회의 주체사상화, 3대혁명' 등은 오늘날에도 북한의 국내정치를 지배하고 있는 '공식적 수사들'이다. 이 측면에 국한하면, 북한은 1970년대 이래 동일한 과제를 추구해온 것처럼 보인다. 1994년 7월에 김일성이 급작스럽게 사망하자 북한의 지도세력은 이미 20년전부터 확립되어온 후계자론에 의거하여 김정일에게 권력을 승계하는 절차를 진행시켰다.

북한의 경우 중국 등의 다른 사회주의사회와는 달리, 이데올로기적 수준에서는 마르크스-레닌주의의 정통성 고수에 덜 집착한다는 면에서 상당한 융통성을 보여주지만, 이미 공식화된 지도이념을 실제로 적용하는 현실정치 수준에서는 상대적인 경직성을 드러내는 특성을 보여준다.[2] 이 점은 북한에서 지난 수십년 동안 '사상혁명의 우월성' 내지 '정치도덕적 자극의 중요성'을 주장해온 데서도 확인되듯이, 북한의 지도층이 사회주의의 건설과정에서 경제적 유인보다는 이데올로기적 유인을 중시한 결과라고 볼 수 있을 것이다. 나아가 이는 사회주의운동의 역사에서 주체사상이 차지하는 독창적인 지위를 무엇보다 강조하고, 지도자의 개인적 카리스마에 과도하게 의존하고 있는 북한사회의 특징을 반영하는 것이기도 하다. 그러나 북한경제의 장기적이고 구조적인 침체, 사회주의 블럭의 붕괴에 따른 북한의 국제적 고립이라는 새로운 상황은 북한사회를 심각한 위기로 몰아가고 있고, 북한 당국으로 하여금 현실정치의 수준에서 무언가 변화를 시도하지 않을 수 없도록 강제하고 있다. 이러한 복잡한 사정으로 인해 오늘날 북한에서는 비록 과도적일지라도 '외면상의 연속성과 내면상의 변화가 일정한 시간지체를 동반하면서 동시적으로 진행되는 상황'이 조성되고 있다. 따라서 오늘날의 북한사회는 공식적인 정치적 수사와 현실정치의 괴리현상이 그 어느 때보다도 현저한 특징을 보여주고 있다고 할 수 있다.

변화의 원동력은 경제와 외교, 통일분야에서 발생하고 있다. 국내정치영역에서와는 달리, 이 세 영역에서는 교조의 무의미한 반복이 더이상 발견되지 않는다. 1980년대와 1990년대를 거치면서 북한의 경제사정은 더욱 악화되었다. 1986년에 새로 제기된 제3차 7개년 계획(1987~1993)은 "사회주의의 완전 승리가 목전의 과업으로 제기되고 있는 단계에서 추진되는 경제계획"으로 성격지워지고 이같은 맥락에서 1990년대 초반에는 선진국으로 발돋움할 것이 전망되었으나,[3] 현실은 그

---

2) 변진홍, "주체사상의 종교이해", 〈신학과 사상〉 12, 1994. 12, pp. 260~266 참조.
3) 역사문제연구소·한국역사연구회, 앞의 글, p. 469.

반대로 가고 있다. 자력갱생노선과 군중노선을 골간으로 하는 자립경제건설노선의 한계, 그와 연관된 대외경제정책의 실패, 남한과의 경제력 격차의 확대, 군사비의 과중한 부담 등이 오늘날까지도 북한경제를 압박하는 요인들로 작용하고 있고, 이는 정치·경제·대외관계 등의 측면에서 다양한 개혁을 강제하고 있다고 말할 수 있다.

1980년대 중반 이후 북한 당국은 서방국가들과의 경제협력 강화쪽으로 경제문제 해결의 기본방향을 잡아가는 듯하다. 북한 지도층은 1984년 9월에 제정된 합영법의 성과가 부진하자 1988년에는 정무원 산하에 합영공업부를 신설하고 대서방 경제관계 개선에 매진하고 있다. 1991년부터는 합영법의 구상을 한단계 발전시켜 함경북도 나진과 선봉에 중국식 경제특구를 설치하려는 움직임이 본격화되었다. 1992년 10월 최고인민회의 상설회의는 '조선외국인투자법'과 '외국인기업법', '합작법' 등을 채택하여 이같은 구상을 법적으로 뒷받침하였다. 특히 조선외국인투자법은 북한내 전역에서의 합작·합영과 함께 자유경제무역지대내에서의 단독투자를 허용할 뿐 아니라, 소득세 등 세금 감면, 은행 대부의 우선적 제공, 수출입 무관세와 본국으로의 과실송금 허용, 임대받은 토지에 대해 최고 50년에 이르는 임대기간내에서의 양도나 상속 허용 등 파격적인 조치들을 포함하고 있다.[4] 북한의 나진-선봉 자유경제무역지대 설치계획은 1990년대 들어 유엔개발계획(UNDP)이 추진하고 있는 '두만강지역개발계획'과 맞물려 있기도 하다. 북한이 서방과의 관계개선에 경제문제 해결에 중점을 두는 노선으로 선회한 데에는 사회주의 블럭의 붕괴라는 요인도 크게 작용한 것으로 보인다.

북한은 1980년대 중반 이후 급속히 확산되다 1989년을 고비로 사회주의 블럭의 대붕괴로 이어진 소련 및 동유럽 사회주의국가들의 개혁 움직임을 비판적인 시각으로 보아왔다. 1980년대 당시의 북한 입장을 요약하면, "사회주의개혁은 제국주의의 분열책동에 기인한 것이며 따라서 사회주의국가와 제3세계 비동맹국가들이 반제·반미전선을 강화해야 한다"는 것, 그리고 "사회주의국가들의 개혁은 관료주의 등 개별 사회주의국가들의 내부문제에 의한 것이며 북한은 이러한 문제들과 무관하다"는 것이었다.[5] 그러나 북한의 이같은 단호한 입장에도 불구하고 사회주의개혁은 사회주의국가들로부터의 원조 중단, 원유공급량 감소, 무역시 경화결제 요구 등의 압력으로 현실화하였다. 무역규모가 큰 것은 아니지만 이들 사회주의국가들과의 무역비중이 80%를 차지하는 현실[6]에서 이 모든 요소는 북한경제를

---

4) 변진홍, 앞의 책, p. 150.
5) 정대화, "김정일 권력승계와 북한정치구조의 변화", 〈역사비평〉 1990년 가을호, pp. 36~37.
6) 잉그리트 헨첼, "북한경제의 위기의 본질", p. 161.

직접적으로 압박하는 요소로 탈바꿈하였다. 1970년대의 대서방 무역확대시도가 오일쇼크라는 암초에 걸려 좌초되었듯이, 1980년대에는 사회주의 블록의 개혁과 붕괴라는 사태가 북한경제의 발전을 가로막았던 것이다. 이같은 사태에 직면하여, 북한은 1990년대로 접어들면서 사회주의 블록의 붕괴라는 현실을 기정사실로 수용하면서, 서방국가와의 관계개선에 더욱 적극적인 자세로 임하기 시작하였다.

  1980년대와 1990년대에 북한이 서방과의 경제협력을 모색하는 방식을 비교해 보면, 1990년대에 북한에서 일어나는 변화가 의미하는 바가 더욱 분명하게 드러난다. 1980년대까지 북한의 선택은 근본적으로 '정치와 경제의 분리' 혹은 '최소한의 정치적 양보와 최대한의 경제적 협력'이라는 논리에 기초한 경제활성화전략이었다. 그러나 이 전략은 결과적으로 북한의 국제정치적 고립을 심화시켰고, 경제활성화라는 본래의 목표에도 거의 도움을 주지 못하였다. 정치적 위험부담에 대한 경계가 서방자본의 유입을 방해하고 있음이 분명하였다. 더욱이 탈냉전체제에서 세계의 유일 초강대국으로 부상한 미국이 북한측의 변함없는 공격성을 들어 북한을 압박하고 있는 상황에서 서방과의 순조로운 협력을 기대하기는 어려웠다.

  1990년대로 접어들면서 북한은 미국과의 과감한 관계개선을 통해 '경제문제의 정치적 해결방식'을 추진하는 쪽으로 선회하였다. 북한은 1988년 말부터 시작된 북경에서의 참사관급 대미(對美) 접촉을 계속하는 한편, 1990년 5월부터 수차례에 걸쳐 한국전쟁 당시 실종된 미군의 유해와 유품을 미국측에 인도하는 의미있는 제스처를 취하였다. 1991년 이후의 대일(對日)관계 정상화시도에서도 북한은 이같은 의도를 숨기지 않고 있다. 나진-선봉 자유경제무역지대 설치계획에서처럼, 서방자본과의 '합영'문제에서도 상당한 정치적 부담이 뒤따르는 방식이 모색되기에 이르렀다. 이미 지적하였듯이 북한은 사회주의 블록의 붕괴도 기정사실로 수용하게 되었고, 심지어 1991년에는 김일성이 동유럽 민주화의 의의를 인정하기까지 하였다. 그리하여 경제문제는 정치외교문제와 동전의 양면처럼 다시 결합되었다. 1993년의 핵사찰공방에서 북한은 내내 이같은 복안을 갖고 사태진전에 대응하였던 것으로 보이며, 결국 미국과의 정치협상을 통해 상당한 경제적 실리를 확보하는 데 성공하였다.

  이와 함께 통일정책면에서도 주요한 변화가 진행되었다. 북한은 이미 1980년에 연방제 국가를 통일국가의 완성된 형태로 상정하는 '고려민주연방공화국' 통일방안을 내놓은 바 있다. 1991년에는 다시 기존의 고려민주연방공화국 통일방안을 남한의 국가연합안으로 보다 근접시킬 수도 있음이 시사되었다. 기존의 고려민주연방공화국 통일방안에서 '고려' 명칭과 외교권 및 군사권을 지역정부에 이양하는 등 내용 일부를 수정할 수 있다는 것이 그 내용이었다.[7] 뿐만 아니라 북한은 1991년 8월의 남북한 동시 유엔 가입, 1990년 9월부터 개시된 남북고위급회담과

1991년 12월의 남북한 합의서 채택 등을 거치면서 남한정부의 정치적 실체를 사실상 인정하기에 이르렀고, 그 과정에서 '남조선혁명론'은 점점 실효성을 상실하게 되었다. 오늘날 북한은 흡수통합 가능성에 대비하여, 한반도문제와 관련하여 1970년대 이래 남한과 미국이 발전시켜왔던 바로 그 구상, 즉 주변열강에 의한 교차승인과 분단질서의 장기화로 사태를 이끌어 가려고 애쓰고 있다.

1980년대 중반부터 가시화되고 있는 이른바 '신종교정책'은 바로 이같은 북한사회의 중장기적 정세변화를 배경으로 삼고 있다. 다시 말해 신종교정책은 북한 당국이 추진하고 있는 개혁조치의 일환 내지 다른 개혁조치들의 효과를 높이기 위한 수단의 하나라는 성격을 갖고 있는 것으로 보인다.

2. 신종교정책의 등장 : 새로운 종교론의 등장과 통일전선의 전면적 발전

해방후 오늘에 이르기까지 북한당국의 종교정책에는 몇 차례의 중요한 전기가 있었다. 가장 최근에는 1970년대 초부터 반종교선전이 상대적으로 약화되고 통일전선적 협조의 측면이 재차 강화되는 변화가 있었다. 그러나 1980년대 중반부터 가시화되고 있는 변화는 변화의 폭과 깊이에서 1970년대의 그것과는 비교가 되지 않을 정도이다. 북한 당국의 종교정책면에서 1970년대와 1980년대 중반 이후에 발견되는 '질적인' 차이를 강조하여, 우리는 1980년대 중반 이후의 북한 종교정책을 '신종교정책'으로 부르고자 한다.

그 이유는 대략 세가지로 정리될 수 있다. 첫째, 이 무렵부터 북한의 지도층은 이른바 '주체사상의 관점에서 본 종교론'이라는 것을 제시하면서 마르크스-레닌주의의 종교관이 잘못된 것임을 맹렬히 공격하기 시작하였다. 주체사상이 북한의 유일한 사상적 지도원리인 한, 주체사상의 관점에서 종교에 대한 새로운 인식을 정립함으로써 비롯되는 파급력은 광범하고도 지속적일 수밖에 없다. 북한 지도층이 새롭게 제기하는 종교론에서는 다른 모든 사회주의사회에서, 그리고 1980년대 중반 이전의 북한사회에서 사회주의를 달성하는 필수적인 수단으로 간주되어온 '반종교선전' 내지 '반종교투쟁'이 완전히 부정될 가능성도 있다.

둘째, 1950년대 이후 북한사회에서 민족자주성과 반미주의가 지배이데올로기로 자리잡으면서 기독교가 평가절하되는 반면 전통종교나 민족종교가 상대적으로 우대받아온 경향이 이 무렵부터 역전되기 시작하였다. 1980년대 이후 주체사상의

---

7) 1991년 6월에 윤기복 조국평화통일위원회 부위원장은 교토통신 평양방문단과의 회견에서, "남북 자치정부가 외교, 군사상 권한을 보유하는 연방제안"을 언급하였는데, 이는 김일성이 1991년 신년사에서 밝힌 "자치정부에 더 많은 권한을 부여"할 수 있다는 입장을 구체화한 것이다(〈통일못자리〉 6, p.3 참조).

관점에서 역사서들이 새로 쒸어지면서 불교와 천도교에 대한 평가가 더욱 부정적으로 변화된 반면, 기독교에 대해서는 민주주의와 민중해방, 심지어는 민족해방에도 기여가 크다는 점이 지적되고 있다. 나아가 1990년대로 접어들면서 기독교는 뛰어난 물적 동원능력과 국제적 조직망으로 인해 단순한 종교집단을 넘어 북한 당국의 정치적·경제적 하위파트너(junior partner)로서의 지위를 새롭게 부여받고 있다.

셋째, 이같은 일련의 변화, 특히 기독교에 대한 평가절상은 북한경제의 구조적 결함에 따른 대서방 관계개선노력과 체계적으로 연계되어 있다는 점이다. 북한경제의 구조적 재편이 장기적인 투자를 요구하고 그 재원이 서방과의 관계개선을 통해서만 조달될 수 있다면, 북한 당국의 기독교에 대한 우호적 태도 역시 결코 단기적인 선심일 수만은 없다는 것이다.

이처럼 1980년대 중반 이후 종교 혹은 종교인들에 대한 북한 당국의 태도에서 발견되는 변화는 한편으로 '주체사상의 종교론'의 등장이라는 이론적, 이데올로기적 측면과 함께, 다른 한편으로 반종교선전의 측면이 최소화되는 반면 종교세력과의 통일전선이 최우선의 과제로 부각되는 제도적·실천적 측면을 모두 포함하고 있다. 이제 신종교정책의 이론적·이데올로기적 측면과 그것의 제도적·실천적 측면을 구분하여 변화의 내용을 상세히 살펴보도록 하자.

1) 신종교정책의 이론적·이데올로기적 측면

주체사상이 북한사회를 특정한 방향으로 이끌어온 '지도이념'이라는 사실에 대해서는 의심의 여지가 없다. 따라서 주체사상의 틀 안에서 종교문제가 어떻게 이해되고 평가되는가를 살펴보는 것이 대단히 중요하게 된다. 최근 주체사상의 이론가들은 주체사상이 종전의 마르크스주의와는 매우 다른 종교관을 갖고 있다고 주장하였다. 이 문제에 비교적 체계적으로 접근하고 있다고 생각되는 견해들을 순서대로 정리해보자.

먼저, 조국평화통일위원회의 선임연구원인 김영철은 1985년 12월 북한을 방문한 WCC 대표단에게 주체사상과 종교의 관계를 다음과 같이 설명하였다.[8]

1. 종교와 주체사상은 인간의 존엄성을 옹호한다는 공통점을 지니고 있다.
2. 가난한 사람을 비참한 상태에서 구원하기 위해 생겨났다는 점에서 종교와 주체사상은 동일한 발생원인을 갖고 있다.
3. 종교가 사회변혁에 참여해야 한다고 주장하는 진보적 신학은 주체사상에 접근하지만, 주체사상은 배타적으로 인간의 노력에만 의존한다는 점에서 서로 다르다.

---

8) 에리히 바인가르트너, 앞의 글, pp. 39~40.

제6장 신종교정책의 등장과 사회주의형 기독교의 발전

다음으로, 사회과학원 주체사상연구소 소장 박승덕은 1988년 스톡홀름에서 개최된 주체사상에 대한 학술심포지엄에서 발표한 논문에서 주체사상의 종교관이 지닌 독자성을 다음과 같이 서술하였다.[9]

1. 지난 시기 마르크스주의 방법론은 종교를 취급할 때, 그것이 현실세계를 과학적으로 반영한 세계관인가 비과학적 세계관인가의 견지에서만 다루었다. 그러나 주체사상은 특정 사상을 평가할 때 그것이 사람들의 어떠한 이해와 요구를 반영하였는가 하는 견지에서 취급하는 새로운 방법론을 제시하였다. 그러므로 예컨대 기독교가 로마제국의 예속하에 있던 억압받고 착취당하는 민중의 요구를 반영해서 출현하였고 또 현대의 기독교 정치신학이 피억압자들의 요구 위에 서 있다는 점 등은 정당하게 평가되어야 한다.
2. 지금까지 마르크스주의자들은 종교의 사회적 기능을 평가할 때, 종교가 지배계급과 야합하여 인민을 착취하고 억압하는 하나의 수단이라는 관점만을 고수해왔다. 이는 중세와 자본주의 시기에 나타난 종교의 사회적 기능을 보편적인 명제로 잘못 일반화한 것으로, 종교의 역사적 변천과정을 보지 못하는 태도이다. 종교도 발전의 내적 법칙성을 지니는 사회적 의식의 독자적인 한 형태인 것이다.
3. 주체사상이 이처럼 역사적인 견지에서 종교를 평가하므로, 특정 종교에 대해 제기하는 요구 또한 종전의 마르크스주의자들의 그것과 상이할 수밖에 없다. 주체사상은 종교가 언제나 계급지배의 수단으로 기능하기 때문에 당장 역사로부터 사라지라고 주장하는 대신에, 종교가 더이상 제국주의 지배계급의 이용물로 될 것이 아니라 지배계급을 반대하고 민중을 해방하는 데 기여해야 한다고 요구한다.
4. 진보적인 종교사상에 대한 정당한 평가가 중요하다면, 공동의 과제를 갖고 그들과 협력하는 것 또한 긴요하다. 조국통일문제에서도 민족의 화합과 조국통일이라는 공통분모가 있는 조건에서, 종교인들은 통일전선에서 대상이 되면 되었지 결코 배척의 대상이 될 수 없다.

세번째로, 1989년에 방북한 일본기독교협의회 대표단에게 황장엽 노동당 서기는 주체사상의 종교관이 지닌 특징들을 다음과 같이 요약하였다.[10]

---

9) 이와 비슷한 시기인 1988년 11월에 북한을 방문한 캐나다교회협의회 대표단에게 그는 다음과 같이 말하기도 하였다. "위대한 종교는 평등·사랑, 그리고 영원한 삶을 강조합니다. 그 누구도 죽기를 원하지 않습니다. 또한 불평등하게 살거나 증오심에 싸여 살기를 원하는 사람도 없습니다. 물론 주체사상은 종교가 강조하는 이 세 가지 점에 동의합니다. …… 종교는 인류에게 공통되는 문제들에 관심을 갖습니다. 이 세계인구 중 20억 이상의 사람이 종교인입니다. 우리는 이들과 연대해야 한다고 생각합니다."(캐나다교회협의회, 앞의 글, p. 394)
10) 수미야 미키오, "북한을 방문하고서", 《한국교회 통일문제 주요자료집》, p. 129.

1. 북한은 주체사상에 기초하여 종교에 대해 종래의 마르크스주의와는 다른 견해를 갖고 있다.
2. 마르크스주의에 따르면 원래 종교는 사회체제의 모순의 반영이고 미신이라고 생각되어져 왔고 공산주의의 실현에 의해 소멸되어야 하는 것이었으나, 소련이나 동유럽의 현실은 그렇지가 않다.
3. 종교는 인간존재의 본질에 관련되는 것이고 주체사상은 인간의 주체성과 창조성을 중시하기 때문에, 종교의 중요성도 인정하고 있다.
4. 종교와 주체사상은 모두 사랑이나 믿음을 중시하고 있으나, 양자가 다른 것은 그 실현의 방법이다.

박승덕은 이후에도 주체사상과 종교의 관계에 대해 가장 체계적인 입장을 몇 차례 피력하였다. 그는 1990년에 열린 북미기독학자회의 제24차 연례대회에 참석하여 "기독교에 대하는 주체사상의 새로운 관점"이라는 논문을 발표하였다.[11] 여기서 그는 주체사상의 단계에 이르러 기독교의 역사적 형태를 원시 기독교, 국교화된 기독교와 자본가계급에 복무한 기독교, 현대 기독교의 세가지로 구분할 수 있게 되었으며, 주체사상은 두번째 형태를 제외한 기독교의 역사적 형태들에 대해 긍정적인 평가를 내리고 있다는 점을 강조하였다. 또 그는 같은 논문에서 서구에서 마르크스주의와 기독교의 대화가 오랜 역사에도 불구하고 실패한 것은 인간의 운명문제를 중심으로 삼지 못하고 추상적으로 흘렀기 때문이라는 지적을 하기도 하였다. 그는 이듬해에 열린 북미기독학자회의 제25차 연례대회에도 참석하여 "주체사상의 종교관"이라는 논문을 발표하였다.[12] 여기서 그는 주체사상이 종교의 본질(발생원인)과 내용(교리), 역할(사회적 기능)을 어떻게 이해하고 있는가에 대해 흥미로운 논의를 제시하고 있다. 우선, 그는 종교의 본질은 객관적 세계를 왜곡하여 반영한 전도된 세계관이 아니라, 압박과 착취, 예속과 불평등에서 벗어나려는 사회적 인간의 본성적 요구와 이해관계를 반영하는 데 있다고 주장하였다. 또 종교의 내용을 모두 허위적인 것으로 보는 것은 잘못이며, 대부분의 종교가 내세우는 사랑과 평화, 사회정의와 평등, 영생은 인류의 보편적 이념을 구현한 훌륭한 사상이라고 주장하였다. 마지막으로, 종교의 역할이 착취계급에 봉사하는 반동적이라고 보는 것은 일면적인 견해이며, 종교의 역사적 변화를 경험적으로 연구할 필요가 있다고 하였다. 그런 견지에서 보면 민중의 해방 열망을 표현하고 있는 초기 종교야말로 "본래적 의미의 종교"이며, 노예소유자국가와 봉건국가의 국교화

---

11) 박승덕, "기독교에 대하는 주체사상의 새로운 관점", 북미주기독학자회의 편, 《기독교와 주체사상》, 신앙과 지성사, 1993.
12) 박승덕, "주체사상의 종교관", 위의 책.

된 종교와 착취계급에게 복무한 종교는 "초기 종교의 타락되고 개악된 역사적 형태"이다. 그런 면에서 마르크스-레닌주의의 창시자들은 착취계급에게 복무한 종교의 반동적 역할을 '종교의 본래적인 역할'과 구분하지 못한 잘못을 저질렀다는 것이다. 박승덕은 1991년 4월에 북한을 방문한 재미 언론인 조광동에게도 비교적 상세히 주체사상의 종교관에 대해 설명한 바 있는데, 특히 성서해석에서 창세기보다는 출애굽기를 기본으로 하는 것이 더 합리적이며, 이같은 인간해방이 원시 기독교의 본질적인 면이라는 주장을 펴기도 하였다.[13]

이 모든 논의의 핵심적 주장을 추리자면, 주체사상의 관점에서 볼 때 "종교는 반드시 부정적 기능만을 수행하는 것이 아니며, 따라서 문제는 특정 시점, 특정 사회에서 종교의 다양한 역사적 발현형태와 다양한 사회적 기능들 가운데 어떤 것이 보다 지배적인 것이 되느냐 하는 점"이라는 것이다. 이같은 견해가 '새롭다'는 것은, 이것이 북한에서 1950년대 후반부터 본격적으로 제기된 이래 1980년대 초반에 이르기까지 반종교선전물들을 이론적으로 뒷받침해온 논리와 매우 다른 것이라는 점에서도 확인할 수 있다. 동시에 위에서 여러 논자들, 특히 박승덕에 의해서 비판받고 있는 "종전의 마르크스주의자들" 속에는 1950~1960년대의 김일성[14]은 물론 여기 소개된 황장엽[15]도 포함되어야 할 것처럼 보이기 때문이다.

1980년대 이전까지는 북한에서 지배적인 지위를 차지하였던 것으로 보이는 이른바 '과학적 무신론'과 비교할 때, 최근 북한에서 제시되고 있는 이같은 실용주의적 견해는 다음과 같은 차이들을 보여준다고 생각한다. 우선, 최근의 견해는 '종교의 기원과 발생'에 대해 기존의 견해와 상이한 설명방식을 취하고 있다. 1980년대 이전까지 북한에서 종교는 그 발생에서부터 지배계급의 조작 혹은 피지배계급의 현실에 대한 무지 내지 그것으로부터의 환상적 도피라는 맥락에서만 이해되어 왔으나, 최근에 와서는 압박과 착취, 예속과 불평등에서 벗어나려는 인간의 본성적 요구와 이해관계를 반영하여 종교가 발생하였다고 설명하고 있다. 둘째, 최근의

---

13) 조광동,《더디 가도 사람 생각 하지요》, pp. 215~216.
14) 종전까지 종교정책과 관련하여 가장 자주 인용되었던 김일성의 교시는《김일성저작집》제5권에 실려 있는 다음과 같은 것이었다. "종교는 반동적이며 비과학적인 세계관입니다. 사람들이 종교를 믿으면 계급의식이 마비되고 혁명하려는 의욕이 없어지게 됩니다. 결국 종교는 아편과 같은 것이라 할 수 있습니다."
15) 황장엽,《인류사회는 어떻게 발생하였으며 발전해 왔는가》, 나라사랑, 1989를 참조. 이 책은 원래 1955년에 조선노동당출판사에서 간행되었다. 이 책에서 황장엽은 "하나님이 사람을 만들었다는 헛소리로 근로인민들에게 믿게 하려는 술책 …… 기독교의 성경으로 사람들을 홀려서 근로인민들에 대한 착취를 강화 ……"(p. 12) 등에서 보듯이, 다분히 형이상학적 유물론에 입각하여 기독교에 대해 부정적 서술로 일관하고 있다.

견해는 '종교의 사회적 기능'면에서도 그 부정적 측면보다는 긍정적 측면을 강조하고 있다는 점에서 종전까지 일반화된 주장과 구분된다. 더욱이 종교의 역사적 발전과정에서 보다 현대에 가까울수록 종교의 긍정적인 사회적 기능이 확대되고 있다는 인식이 새롭게 제시되고 있다. 셋째, 종교의 기원과 기능에 대한 재해석에 바탕하여 '종교의 역사적 소멸의 문제'는 부차화 내지 주변화되는 듯하고, 그 대신 '종교집단과의 통일전선 구축문제'가 당면과제로서 전면화되고 있다. 만약 이같은 입장이 계속 견지되면서 발전되어나간다면, 반종교선전이 더이상 사회주의사회의 본질적 특징 가운데 하나로서 간주되지 않을 가능성도 있다. 마지막으로 또한 가장 주목되는 측면으로서, 주체사상과 종교사상간의 '세계관 차원의 접근가능성'이 조심스럽게 모색되고 있다.

이같은 새로운 입장이 기존의 종교론을 물리치고 공식적인 지위를 확보하게 될지, 또한 북한주민들 특히 젊은층의 완고한 반종교의식에도 불구하고 대중 속에 뿌리를 내리는 데 성공하게 될지의 여부는 여전히 불투명해 보인다. 그럼에도 불구하고 엄청난 현실의 변화를 전제로 하지 않을 때 이같은 시도가 결코 가능하지 않으리라는 점을 감안한다면, 이 시도 자체가 대단한 실천적·이론적 의의를 지니고 있음을 인정해야 할 것이다. 그리고 우리가 특히 주목해야 할 점은 주체사상의 관점에서 본 새로운 종교론이 대개 기독교에 대한 재해석을 중심으로 이루어지고 있다는 사실이다.

한편 1990년대 들어 김일성 자신이 종교에 대해 새로운 해석을 주도하였다. 1991년 8월 1일에 제2차 범민족대회와 관련하여 발표한 김일성의 담화는 다음과 같은 부분을 담고 있다. "종교에 대한 올바른 이해를 가지고 종교를 믿는 사람들과의 사업을 잘 하는 것이 매우 중요합니다. 사람들이 종교를 믿게 되는 것은 대체로 현실생활에서의 고통과 불행을 숙명적인 것으로 받아들이고 내세에 가서라도 행복한 생활을 누려보자는 염원으로부터 출발한 것입니다. 그러므로 종교를 믿는 사람을 나쁘다고 할 수 없습니다. …… 진보적인 종교인들은 사람들이 서로 사랑하면서 화목하게 살 것을 바라고 있습니다. 오늘 남조선 종교인들은 외래 침략자들이 우리 민족을 인공적으로 분열시켜 놓고 통일을 요구하는 사람들을 총칼로 탄압하는 데 반대하고 있습니다. 우리는 남조선 종교인들이 조국통일을 위하여 헌신적으로 투쟁하고 있는 것을 높이 평가하여야 하며 그들과 단결해야만 합니다."[16]

김일성은 또 1992년 8월에 회장인 이승만 목사 등 미국교회협의회의 방북대표단을 접견한 자리에서도 "기독교가 과거에 독립운동을 위해 크게 기여하였으며,

---

16) 김일성, "우리 민족의 대단결을 이룩하자", 《한국천주교 통일사목자료집 I》, p. 429.

제 6 장 신종교정책의 등장과 사회주의형 기독교의 발전 473

오늘의 통일운동에도 큰 공헌을 하고 있다"는 취지의 발언을 하였다고 한다.[17] 북한 당국의 어떤 역사서에도 기독교인들이 독립운동에 기여하였다거나 외세에 저항하는 일에 앞장서고 있다는 기록이 없는 현실에서, 김일성의 이같은 기독교 평가는 매우 의미심장한 변화의 징후라 할 만하다.

김일성은 80회 생일을 맞은 1992년 4월에 유년시절부터 1930년대까지의 회고록 《세기와 더불어》를 출간하였다. 여기서 김일성은 자신의 종교관과 종교정책, 그리고 자신을 포함한 가계의 기독교적 배경을 상세히 서술하고 있다.[18] 우리가 관심을 갖는 것은 이 책에 기술된 내용의 사실 여부에 관한 것이 아니라, 이 책이 출간된 1992년이라는 시점에 종교인들과 연루된 과거의 사건들이 어떻게 해석되고 있으며, 김일성 자신의 종교에 대한 태도가 어떻게 나타나고 있는가 하는 점이다.

이 책에 의하면, 김일성은 일제시대에 종교인이나 기업가와 단절할 것을 주장하는 극좌파에 맞서, 종교인·민족자본가들도 혁명의 동력이 될 수 있다고 주장하였다. 일제시대에 천불교문제가 대두되었을 때, 그는 "종교를 아편이라고 한 마르크스의 명제를 나는 물론 부정하지 않는다. 그러나 이 명제를 어떤 경우에나 다 적용할 수 있다고 생각한다면 그것은 오산이다. 일본에 천벌을 내리고 조선민족에게 복을 달라고 비는 천불교를 아편이라는 감투를 함부로 씌울 수 있겠는가. 나는 천불교를 애국적인 종교라고 생각하며 이 교의 신자들을 애국자라고 생각한다. 우리가 할 일은 이 애국자들을 하나의 역량으로 묶어 세우는 것 뿐이다"라고 동료들을 설득하였다고 한다. 또 해방후 안창호의 동생이자 목사의 부인인 안신호를 찾아, 그녀가 "밤낮 성경책만 끼고 다니는 여자인데 독실한 신자 같다"는 보고를 받고도 "안신호가 이름난 애국열사의 동생이기 때문에 종교를 믿어도 애국심만은 있을 것이니 당적 영향을 주면서 잘 이끌어 참조"하라고 말하고 그녀를 여성동맹의 부위원장으로 등용하였다.[19] 그는 또 "어떤 사람들은 내가 성장하는 과정에서 기독교적인 영향을 많이 받지 않았느냐고 묻는데 나는 종교적인 영향은 받지 않았지만 기독교 신자들에게서 인간적으로 도움은 많이 받았다. 온 세상 사람들이 평화롭고 화목하게 살기를 바라는 기독교적 정신과 인간의 자주적인 삶을 주장하는 나의 사상은 모순되지 않는다고 나는 생각한다"고 말하기도 한다. 그는 회고록에서 자신이 어렸을 때 칠골에서 기독교계 학교에 다녔으며, 아버지 김형직은 숭실학교 출신으로 평양에 있을 때부터 손정도 목사 집안과 '뜨거운 우정'으로 결합하였고, 손정도 목사가 임시정부를 떠나 길림에서 예배당을 운영할 때 김

---

17) 조광동,《더디 가도 우리식대로 살지요》, p. 284.
18) 위의 책, pp. 258~280 참조.
19) 안신호는 1948년에 최고인민회의의 제1기 대의원에 선출되며, 이미 서술하였듯이 1950년 2월에는 평양신학교의 이사직을 맡기도 하였다.

일성은 이 예배당을 대중 교양장소로 널리 이용하였고, 손목사를 친아버지처럼 따르고 존경하였다고 술회하였다. 김일성 자신의 이런 고백들이 이 책을 '필독서'로 읽게 될 북한의 일반주민들에게 어떤 영향을 미칠지는 짐작하고도 남음이 있다.

2) 신종교정책의 실천적·제도적 측면

지금까지의 논의가 종교, 특히 기독교에 대한 북한 당국의 변화된 태도의 이론적·이데올로기적 측면들을 보여준다면, 다음의 몇 가지 사실은 실천적·제도적 측면의 변화를 보여준다.

먼저, 1989년 1월 1일에 김일성은 남북정치협상회의를 개최하자고 제안하면서 남한의 각 정당 총재와 재야지도자들을 북한으로 초청하였다. 그런데 초청대상인 재야지도자 3인 가운데 두사람은 김수환 추기경과 문익환 목사였다. 이 사건은 최근에 이르러 북한 당국이 기독교와의 통일전선을 얼마나 중시하고 있는가를 단적으로 보여준다.

또한 최근 북한 당국이 종교의 진보적 잠재력을 인정하고 그와의 통일전선을 강화하려고 노력함에도 불구하고 다른 한편으로는 비록 약화되었을지라도 반종교선전이 여전히 계속되고 있고, 각종 사전과 역사서 등 공식문헌들에 반종교적·반기독교적 서술이 그대로 남아 있는 모순적인 상황은 상당한 혼란과 마찰을 빚어낼 가능성이 있는 것이 사실이다. 따라서 이같은 잠재적 마찰의 소지를 줄이려는 시도로 주목되는 몇 가지 변화들이 이루어졌다. 북한은 1992년 4월의 최고인민회의 제9기 3차회의에서 종교와 관련된 헌법 조항을 개정하였다. 개정된 헌법의 제68조는 "공민은 신앙의 자유를 가진다. 이 권리는 종교건물을 짓거나 종교의식 같은 것을 허용하는 것으로 보장된다. 누구든지 종교를 외세를 끌어들이거나 국가사회질서를 해치는 데 리용할 수 없다"고 하여,[20] 종전의 '반종교선전의 자유' 구절을 삭제하고 종교자유의 내용을 더 구체적으로 밝혔다. 1992년에 발간된 《조선말대사전》(사회과학원 어학연구소) 역시 동일한 맥락에서 이해될 수 있는데, 여기서는 1981년에 발행된 《현대조선말사전》(사회과학원 어학연구소)에서 두드러졌던 종교관련 항목에 대한 부정적인 서술이 중립적인 기술로 모두 바뀌어졌다. 또 종교와 미신을 구분하여 종교 일반을 미신으로 간주하지 않음을 보여주고 있다.[21]

---

20) "조선민주주의인민공화국 사회주의헌법", 한국천주교 통일사목연구소 편, 《북한선교와 통일문제》, 사람과 사람, 1993, p. 359.

21) 양자에 대한 체계적인 비교를 위해서는 류성민, 《북한종교연구 II》, 현대사회연구소, 1992, pp. 31~76 ; 같은 이, "달라진 종교해석의 현주소 : 조선말사전 1981, 1992년판 비교를 중심으로", 〈통일못자리〉 11, 1993을 참조.

김일성은 1990년 1학기부터 김일성대학 역사학부 안에 종교학과를 개설하고, 주체과학원에서 신학을 집중적으로 연구하도록 지시하였다.[22] 그리고 1990년 11월부터 이듬해 1월까지 남한출신의 진보적 신학자인 홍동근 목사가 김일성대학 종교학과에서 기독교학을 강의하는 역사적인 사건으로 발전하였다. 이같은 일련의 조치들은 1920~1930년대의 소련이나 1960년대의 북한에서처럼 반종교선전의 효과를 높이기 위한 종교연구가 결코 아니라, 기독교인들과의 통일전선적 협력을 강화하기 위한 기초작업의 일환이라고 생각된다.

이 점은 작업의 실무책임자들의 설명을 통해서도 확인되는 사실이다. 홍목사를 초청한 최고책임자인 조국평화통일위원회 위원장 윤기복은 "남의 1천만 기독교 신자와 통일의 대화를 위해서도 북은 기독교를 알아야겠다"는 열망이 이 일을 추진하는 동기라고 밝혔다. 윤기복은 또 지난 시기 기독교를 포함한 종교가 민족문제에 대해 외면함으로써 많은 실망을 주었으나, 오늘 해외기독자들과 남의 기독교 목사·신부·학생·지식인·민중이 역사상 그 어느 때보다 민족의 자주통일에 높은 사명감을 가지고 투쟁함으로써 북의 인민에게 새로운 인식을 가지게 하였다고 말하였다.[23] 1991년 4월 김일성대학의 최장룡 부총장 역시 종교학과에 기독교 강좌를 개설하고 홍동근 목사로 하여금 강의를 하도록 한 데 대해 유사한 설명을 제시하였다. "주체사상이 사람중심 사상인데 기독교를 중심한 종교가 사람을 기본으로 하고 인간적인 지향이 있기 때문에 종교를 외면할 근거가 없다고 보는 것입니다. 물론 마르크스가 종교를 인민의 아편이라고 하였는데 그런 측면이 있는 것만은 사실이 아닙니까? …… 그러나 우리는 종교가 그런 면만 있다고 생각지는 않습니다. 만약 종교가 그런 것만 있다면 어떤 강제력을 가지고도 종교를 이렇게 세계에 퍼뜨릴 수가 없다는 것입니다. 무엇인가 인간적인 지향점이 있다는 것을 포착하였기 때문에 종교를 외면할 것이 아니라 종교를 연구하고 좋은 면이 무엇인지 살펴봐야 하고 그렇기 위해서는 종교학자를 키워야겠다는 것입니다. 그리고 종교인이 많은데 그 사람들과 교제하는 데 종교를 모르면 되겠는가 하는 생각도 할 것입니다."[24]

1995년 8월 북한의 중앙인민위원회는 기독교도연맹 서기장을 지내다 사망한 고기준 목사에게 1990년에 제정된 '조국통일상'을 수여하였다. 1990년에는 문익환 목사도 이 상을 받은 바 있다.[25] 이같은 사실 역시 북한 당국자들의 변화된 기독

---

22) 〈한국일보〉 1989년 10월 22일자.
23) 홍동근, "평양의 기독교와 주체사상의 만남(상)", 〈옵서버〉 1990년 4월호, pp. 225~226.
24) 조광동, 《더디 가도 사람 생각 하지요》, p. 117.
25) 〈새누리신문〉 1995년 9월 9일자.

교 인식을 반영하는 것으로 해석할 수 있다.

아울러 우리는 1980년대 후반부터 북한사회 전반의 강고한 반종교적 분위기가 이완될 조짐에도 주목해야 한다. 다시 말해 '대중적인' 수준에서 북한의 기독교 인식이 변화되는 징후들이 여러 곳에서 발견된다는 것이다. 이미 앞에서 든 사례들은 북한주민들에게도 종교에 대한 인식과 태도를 변화시키는 데 중대한 영향을 미칠 것임에 틀림없다. 이외에도 북한 기독교인들의 활동상이 〈로동신문〉이나 평양방송, 중앙방송 등 언론매체에 의해 갈수록 빈번하게 보도된다는 점, 1981년 이후 기독교인이 다수를 차지하는 해외교포들의 잦은 방북, 1990년 4월 청년학생축전행사의 일환으로 대규모의 '국제평화예배'가 평양시내에서 치러진 사실 등은 이같은 변화가 북한사회의 '보통사람들'에게 일어날 가능성을 보여주는 몇 가지 사례들이다.

특히 1989년에 북한을 방문한 남한의 기독교인들은 북한사회에 대단한 '선교적 충격'을 가한 듯하다.[26] 문익환 목사, 문규현 신부, 임수경 등이 방북기간 동안 행하였던 기도와 강론, 예배와 미사 등이 북한 전역에 생생하게 방송됨으로써 북한주민들이 기독교에 대해 이전과는 전혀 다른 인식을 갖게 되었다는 것이다. 홍동근 목사의 표현대로, "한사람 문목사의 방북이 선교사 300명을 파견하는 소위 교회선교를 덮고도 남음이 있었다." 또 그에 따르면, 임수경의 방북 이후 북한의 여인들과 어린이들은 슬프거나 어려움에 부딪혔을 때 성호를 그어 그녀를 기억한다고 한다. 1992년에 북한을 방문한 조광동 기자에게 평양의 한 여성 접대원은 문규현 신부의 방북 이후 "신부나 목사는 미국 사람들 앞잡이 노릇만 하는 줄 알았는데 나라와 통일을 위해 저렇게 감옥까지 가면서 애쓰는 분들도 있구나 하는 것을 알았지요"라고 말하였다.[27] 북한의 기독교인들 자신이 세사람의 북한방문이 기독교 소생의 결정적인 계기로 작용하였음을 강조하고 있다. 조광동에 의하면, "종교가 조심스럽게 싹을 터 올리면서 대지 위에 숨을 쉬게 된 것은 임수경 씨와 문익환 목사 그리고 문규현 신부의 힘이 컸다고 기독교인들과 천주교인들은 말하고 있다. 특히 천주교 신자인 임수경 씨와 문규현 신부의 방북은 북한에 천주교를 부활시키는 데 결정적인 힘을 주었다고……강조하였다. 기독교인을 바라보는 눈에 애국적인 이미지를 심어주었고 또한 기독교가 자랄 수 있는 토양도 넓혀 주었다고 설명하였다."[28]

---

26) 홍동근, "평양의 기독교와 주체사상의 만남(상)", pp. 225~227.
27) 조광동, 《더디 가도 사람 생각 하지요》, p. 69.
28) 위의 책, p. 70. 같은 맥락에서 조선천주교인협회의 간부중 한사람인 고영희는 "문규현 신부님과 임수경 양 같은 사람이 신자라면 지지하겠다는 사람들이 많습니다"라고 말하였다(같은 책, p. 189).

최근 북한종교영역에서 일어난 변화 가운데 가장 두드러진 특징의 하나는 종전과는 달리 오히려 기독교 분파들이 민족종교 혹은 토착종교들보다도 북한 당국의 더 많은 관심과 후원을 받게 되었다는 점이다. 해방후 북한에서 민족자주성이라는 가치가 절대화됨에 따라, 외국의 제국주의자들과 연관된 것으로 간주된 외래종교인 기독교는 다른 민족 혹은 토착종교들에 비해 상대적으로 더욱 심한 압박에 노출되었던 것이 사실이다. 그러나 1980년대 중반 이후 북한이 서방국가들과의 관계 개선을 적극적으로 추진하고 기독교인들의 통일노력을 긍정적으로 평가하게 되면서 이같은 상황이 역전되기 시작하였다. 뿐만 아니라 최근 기독교는 단순히 종교집단임을 넘어서, 북한 당국의 정치적·경제적 협력과 교류 파트너라는 새로운 지위를 얻어가고 있다.

　　해외와 남한의 기독교인들은 1980년대 초부터 활성화된 북한측과의 교류를 통해 한반도문제에 대한 국제여론을 꾸준히 환기시킴으로써 훌륭한 '정치적' 하위 파트너임을 스스로 입증해왔다. 이 과정에서 특히 개신교측의 세계교회협의회와 미국·캐나다·일본의 교회협의회들이 중요한 역할을 담당하였다. 1990년대 이후 기독교인들은 북한과의 경제적 협력의 파트너라는 새로운 지위를 조금씩 확보해 가고 있다. 재미교포들과의 경제협력이 점차 중요해지고 이들의 압도적 다수가 기독교 신자들이라는 점도 경제협력과 기독교의 결합을 촉진하는 한 요인으로 작용하고 있다.

　　북한측은 최근 나진-선봉 자유경제무역지대에 남한 기업인들을 끌어들이기 위해 기독교계를 루트로 삼거나, 남한 기독교계와의 접촉에서 자유경제무역지대에 교회나 회관을 지을 수도 있다는 선교적 목적의 부분적 수용가능성을 내세워 투자유치상담을 적극 유도하고 있기도 하다.[29]

2. 사회주의형 기독교의 점진적 발전

　　신종교정책이 특히 기독교에 대한 재해석과 재평가를 축으로 하고 있으므로, 이 정책의 등장은 북한 기독교의 활성화를 가능케 하는 우호적인 정치사회적 환경을 형성하였다. 따라서 기독교는 이전 시기보다 더욱 빠르게 발전할 수 있었다.

---

29) 변진홍, 앞의 책, p. 151. 이와 관련하여, 실제적인 방북으로 이어지지는 못하였지만 1995년 5월 한국정부로부터 북한방문을 허용받은 남한 천주교 사제 4명과 개신교 목사 4명이 모두 북한 대외경제협력추진위원회의 초청을 받았다는 점은 크게 주목할 만하다.

그러나 앞에서 살펴보았듯이 북한의 기독교는 이미 사회주의사회에 잘 적응해 있는 상태이므로, 이 시기에 이루어진 북한 기독교의 발전은 '사회주의형 기독교의 점진적 발전'이라고 부르는 것이 정확하다. 이를 몇 가지 측면으로 구분하여 살펴보기로 하자.

1. 기독교의 사회적 지위 향상과 조직적 발전

1980년대 중반 이후 북한 기독교의 제도적 발전 가운데 가장 주목할 만한 점은 기독교의 '공적'(公的) 지위와 종교활동의 '공식성'이 제고되었다는 사실이다. 이는 우선 한국전쟁 이래 처음으로 가시적인 교회들이 건립되는 것으로 나타났다. 이 교회들은 국가의 토지증여와 무이자대부에다 신자들의 헌금을 합쳐서 건립된 것으로, 국가의 적극적인 지원이 주목된다. 최초의 교회는 1988년 10월 평양에 세워진 개신교의 봉수교회와 천주교의 장충성당이었다. 그로부터 4년 후인 1992년 말에는 평남 대동군에 칠골(곡)교회가 건립되었다. 특히 칠골교회는 주석인 김일성 자신과 그의 가족이 밀접한 관계를 갖고 있다는 점에서 특별한 의미가 있다. 칠골교회는 김일성의 외할아버지인 강돈욱이 시무장로로 재직하였던 교회이고, 어머니인 강반석이 태어나고 자라면서 다녔던 곳이며, 김일성 자신도 어렸을 때 이 교회에 다녔고, 부주석을 지낸 강양욱 목사 역시 어린 시절을 보낸 교회이기도 하다. 이 지역에 어느 정도의 신자들이 살고 있는지는 분명치 않으나, 칠골교회는 거의 완성된 건물을 전면적으로 개축하는 등 북한 당국으로서도 각별한 정성을 쏟아 만들어졌다.[30] 1989년 말에 북한을 방문하였던 이정근 목사에 따르면, 기독교도연맹은 앞으로 북한 8도에 1개씩 교회를 건립할 계획을 갖고 있다고 한다.[31] 또 1990년 12월의 제3차 글리온회의에서 북한 대표가 밝힌 바에 따르면, 봉수교회와 칠골교회에 이은 제3의 교회 예정지는 이미 2백명 정도의 신자들이 확인되고 있는 원산으로 모아지고 있으며, 이외에도 최소한 2개소의 교회를 추가로 건립하는 문제를 검토하고 있다고 한다.[32]

또한 1989년 10월 중순에 개최하기로 하고 추진되었던 기독교평양복음화대회와 1990년 4월 평양에서 치러진 청년학생축전행사의 일환으로 열린 국제평화예배 등 대규모 기독교 행사가 기획 혹은 거행되는 것[33]도 기독교의 사회적 입지를 강화하

---

30) 북한연구소,《북한민주통일운동사 1》, p. 295 ; 조광동,《더디 가도 사람 생각 하지요》, pp. 157~158 ; 홍동근, "미완의 귀향일기", p. 136.
31) 〈기독교신문〉 1989년 12월 24일자.
32) 〈종교신문〉 1990년 12월 19일자 ; 〈한국일보〉 1990월 12월 9일자.
33) 김주완, "기독교평양복음화대회",〈자유공론〉 1989년 10월호 ; 〈크리스챤신문〉

는 데 기여한 것으로 보인다. 기독교평양복음화대회는 1989년 8월 북한측의 기독교도연맹 중앙위원회와 조평통, 해외측의 미국남가주기독교교회협의회 사이에 개최를 위한 합의문이 작성되었다. 이 대회는 조선기독교도연맹 위원장인 강영섭 목사와 해외동포측의 임동선 목사가 명예대회장, 미주기독교남북한대책협의회의 회장인 김의환 목사를 대회장으로 하고, 북한측 1천명, 해외교포 1천명, 남한 기독교 신자 2백명이 참가한 가운데 1989년 10월에 열흘간 평양에서 개최되기로 예정되어 있었다. 2차 대회는 이듬해 4월 서울에서 열도록 계획되었다. 이 대회의 지향은 "사랑과 화해, 일치의 복음을 선교한다"는 것을 비롯하여, 민족적 화해와 단합, 하나의 조국으로의 통일 등으로 설정되었다. 이 대회를 준비하는 기독교도연맹의 파트너가 처음으로 NCC 계통이 아닌 보수 기독교 인사들이었다는 점도 주목할 만하다. 그러나 이 대회에는 정치적 의도가 강하게 담겨 있었고 결국 그 때문에 성사되지도 못하였지만, 한국전쟁 이래 최초로 선교목적의 대규모 기독교인 집회가 추진되었다는 것 자체가 기독교의 지위가 크게 향상되었음을 뜻한다고 볼 수 있다.

또 국제평화예배는 청년학생축전 참가자들을 대상으로 열렸는데, 북한당국이 직접 기독교 행사를 기획하였다는 자체가 놀라운 사실이다. 청년학생축전 기간중에는 청년학생종교인토론회도 열었다.[34] 이 행사들에 북한의 청년들이 얼마나 참석하였는지는 불분명하지만, 이같은 대규모 행사가 수도인 평양에서 열렸다는 점에서 북한주민들에게 주는 영향은 매우 컸을 것으로 판단된다.

기독교단체의 활동이 〈로동신문〉 등 공식적인 보도기관을 통해 일반 주민들에게 공공연히 알려지고 있다는 점도 기독교의 사회적 지위가 높아짐을 보여주는 중요한 증거이다.[35] 이는 기독교의 사회적 영향력을 확장하고 기독교에 대한 북한

1989년 9월 30일자 ; 〈기독교신문〉 1989년 12월 24일자 ; 〈복음신문〉 1989월 12월 24일자 ; 홍동근, "평양의 기독교와 주체사상의 만남(하)", p. 331.
34) 안동일, 《갈라진 45년 가서 본 반쪽》, 돌베개, 1990, p. 126 참조.
35) 다음의 표는 조선천주교인협회의 결성 시점부터 1991년 말까지 천주교의 경우를 예로 든 것인데, 주요한 대외적 활동상이 거의 빠짐없이 공개적으로 보도되고 있음을 알 수 있다.

〈표 Ⅳ-14〉 조선천주교인협회('협회')의 활동상에 관한 북한 당국의 공식적 보도상황

활동 내용(일자)	보도매체(보도일자)
협회 결성(1988. 6. 30)	민주조선
회장 담화(1989. 1. 10)	로동신문(1989. 1. 11)
중앙위원회 성명(1989. 8. 22)	로동신문(1989. 8. 23)
위원장 담화(1989. 12. 26)	로동신문(1982. 12. 28)

주민들의 부정적 태도를 완화시키며, 기독교 신자들 자신에게 자신감을 심어주고, 별도의 기관지가 없는 상태에서 전국에 산재한 신자들간의 의사전달매체로 기능하기도 한다.

1989년 5월 조선종교인협회가 창립된 사실도 장기적으로 기독교의 사회적 지위를 높이는 데 기여할 것으로 보인다.[36] 1970년대에도 기독교·불교·천도교 등 북한 종교단체들간의 연대활동은 때때로 이루어졌지만 일회성을 벗어나지 못하였던 데 비해, 조선종교인협회의 창립은 일차적으로 종교단체들간에 상설적인 연대활동을 위한 조직적 틀이 마련되었다는 의미가 있다. 그러나 이는 단순히 하나의 조직이 추가되었다는 점을 넘어 북한사회의 점진적인 분화를 재촉하는 역할을 할 수도 있다. 북한 당국으로서도 통일문제를 다루는 한 채널로 활용하고자 하는 정치적 의도를 품고 이 조직의 구성을 허용한 것으로 보이지만,[37] 이것이 장기적으로는 북한 당국의 의도와 무관하게 사회의 다른 영역들과는 구분되는, 독자적인 종교영역이 형성되는 단초가 될 수 있다. 특히 종교인협회가 북한사회안에서 종교인들의 권익을 옹호하거나 비종교인들을 상대로 종교의 필요성과 정당성을 홍보하는 활동을 전개하게 될 경우, 북한주민들은 점차 사회의 제도화된 영역 가운데 하나로서 종교를 인정하게 될 가능성도 있다. 창립 이후 수년 동안 두드러진 활동이 발견되지 않는 상황에서 이같은 추측이 어느 정도의 현실성을 가질지 판단하기는 어렵지만, 어쨌든 북한사회내에서 분화된 사회영역으로 종교가 점진적으로 자리잡아 나가게 된다면 기독교의 사회적 입지 역시 강화될 것이다.

1980년대 중반 이후 북한 기독교의 제도적 발전 가운데 두번째로 지적할 점은

위원장 담화(1990. 1)	로동신문(1990. 1. 14)
중앙위원회 성명(1990. 1)	로동신문(1990. 1. 31)
위원장 담화(1990. 8. 10)	로동신문(1990. 8. 12)
중앙위원회 대변인 담화(1990. 8. 13)	로동신문(1990. 8. 14)
장충성당 특별기도회(1990. 7. 28)	로동신문(1990. 8. 20)
위원장 부활절 메시지(1991. 3. 28)	로동신문(1991. 3)
위원장 담화(1991. 12. 24)	로동신문(1991. 12. 25)

* 출처 : 《한국천주교 통일사목자료집Ⅰ》, pp. 416~432 ; 류성민, 《북한종교연구Ⅱ》, pp. 23~26.

36) 이 단체의 초대 회장은 천도교측의 최덕신이 맡았고, 불교·개신교·천주교의 대표들이 공동 부회장으로 선임되었다. 최덕신 사후에는 조선천주교인협회의 장재철 위원장이 회장직을 맡고 있다.

37) 종교인협회의 첫 행동이 남북 종교인 교류 제의라는 점에서도 이같은 의도를 어느 정도 읽을 수 있다. 조선종교인협회 위원장 최덕신은 협회의 창립 직후인 1989년 5월 30일과 6월 2일 두차례에 걸쳐 남북한종교인회의를 제안한 바 있다.

제 6 장 신종교정책의 등장과 사회주의형 기독교의 발전 481

　기독교의 내적 분화와 다원화가 이루어졌다는 사실이다. 이는 천주교와 개신교의 분화로 나타났다. 1987년 10월 조선천주교인협회 준비위원회가 발족된 데 이어 1988년 6월에는 조선천주교인협회가 결성되었다. 한국전쟁 이후 사제와 교회건물이 전혀 없는 상태에서 일부 천주교 신자들이 기독교도연맹이나 조선민주당에 가입하여 공적인 활동을 해왔다는 사실[38]은 조선천주교인협회의 창립을 기독교의 내적 분화로 간주할 수 있는 가장 명백한 증거이다. 천주교인협회에 대해서는 다음 절에서 상술하게 될 것이다.

　셋째, 1980년대 후반 이래 조직과 선교기반이 한층 강화되었다. 우선 이미 앞장에서 지적하였듯이, 중앙의 기독교도연맹과 전국 각지에 흩어져 있는 가정교회들간의 조직적 연계가 강화되었고, 따라서 상대적으로 고립되어 있던 개별 가정교회들은 종전에 비해 좀더 안정적인 외부로부터의 지원을 받게 되었고 다른 가정교회들과의 횡적인 연계도 강화되었다. 1980년대 초반에 50개 지역에 기독교도연맹의 지역위원회가 자리잡게 됨에 따라 500여개소에 이르는 대부분의 가정교회들은 연맹 지역위원회의 지도를 받게 되었다. 기독교도연맹에서는 매월 지역 단위로 지도자모임을 갖고 가정교회에서 행해질 그 달의 설교방향을 제시하고 있다. 기독교도연맹은 또 매년 두차례씩 5~6개소의 가정교회 신자들이 모인 가운데 군 단위로 지역위원회 사무실에서 성례전을 거행하고 있다.[39]

　또한 기독교도연맹은 1980년대 초반에 신구약성서를 발간한 데 이어, 1990년 4월에는 신구약 합본 성경, 그리고 악보가 수록된 찬송가를 각각 1만부씩 발간하여 가정교회들에 배포하였다.[40] 북한의 개신교 신자가 약 1만명이고 이 가운데 약 6천명이 연맹에 가입하고 있으므로,[41] 기독교도연맹은 회원과 비회원 모두에게 성

---

38) 1985년 11월 북한을 방문한 WCC 국제문제위원회 대표단에게 기독교도연맹의 고기준 목사는 최근 천주교 신자 몇 명이 기독교도연맹에 가입하였다고 말하였다고 한다(에리히 바인가르트너, "한반도의 평화와 통일을 위한 세계교회의 노력", 《한국교회 통일문제 주요자료집》, pp. 43~44). 기독교도연맹 간부는 북한을 방문한 미국교회협의회 대표단에게도 일부 천주교 신자들이 연맹의 성원으로 가입되어 있다고 말한 바 있다(NCCCUSA, op. cit., p. 66). 이승만 목사는 1985년에 북한을 방문하였을 때, 천주교 신자들이 기독교도연맹에서 보는 예배에 참석해 개신교식 예배를 보고 있다는 얘기를 들었다고 보고한 바 있다(이승만, "북한의 교회", pp. 98~99).
39) 캐나다교회협의회, 앞의 글, p. 385 ; 한국기독교교회협의회 통일위원회, 앞의 글, p. 52. 세례는 18세 이상 연령층에게만 허용되며, 세례문답 전에 6개월간의 학습과정을 거쳐야 한다고 한다(캐나다교회협의회, 같은 글).
40) 〈동아일보〉 1990년 11월 7일자.
41) 캐나다교회협의회, 앞의 글, p. 383.

경과 찬송가를 한권씩 배부한 셈이 된다. 이로써 오랫동안 숨겨온 낡고 각양각색인 성서와 찬송가를 사용하거나, 아예 이를 갖지 못하고 있던 북한의 신자들은 시대변화에 부응하여 새롭게 번역된 통일된 성서에 기초하여 신앙생활을 할 수 있게 되었다.

기독교도연맹이 운영하는 평양신학원에서 배출된 목사와 전도사들은 중앙과 지방에서 기독교공동체의 활성화에 크게 기여하고 있다. 앞 장 말미에서 언급한 바와 같이, 1980년대 후반은 북한 기독교에서 신자들의 자발적 희사에 의존하여 오로지 종교업무에만 전념하는 전문 종교인이 재등장하는 시기이기도 하다. 과거에 목사들은 별도의 직장을 갖고 생계를 조달해야 하였지만, 오늘날 신자들이 바치는 헌금은 교회와 기독교도연맹의 운영비뿐만 아니라, 목사들의 봉급을 지급하는 데도 쓰이고 있다.[42] 전문 종교인의 재등장은 교회안에 위계적 교권구조가 재등장하는 계기가 될 수도 있으나, 북한 기독교의 과도한 종교외적 관심을 대신하여 종교 고유의 이해관계와 관심을 강화하고 신자공동체에 대한 조직적·심리적 관리를 더욱 충실하게 만듦으로써 북한 기독교의 발전에 크게 기여할 것으로 예상된다. 전문 종교인 집단의 등장에 따라 평신도에 의해 인도되던 가정교회들은 전문적인 신학훈련을 받은 목사나 전도사들에 의해 인도되는 경우가 점차 많아졌다. 세례나 결혼·장례식도 목사의 주관하에 기독교식으로 치러질 수 있게 되어 가정교회 신자들은 더욱 온전한 신앙생활을 영위할 수 있게 되었다.

1980년대 이후 서구국가들에 거주하는 교포 기독교인들의 빈번한 방북과 북한교회의 대외적 교류의 활성화가 가져온 중요한 부산물 가운데 하나는 북한교회에 대한 외부로부터의 재정적 지원이 크게 증가하였다는 점이다. 물론 외부로부터

---

42) 조광동,《더디 가도 사람 생각하지요》, p. 123. 북한의 기독교인들이 교회운영 등을 위해 헌금을 바치는 관행 자체가 1980년대 중반에 와서야 정착된 것으로 보인다. 예컨대 1982년에 여러 곳의 가정예배에 참석해 본 전충림과 차상달은 모두 신자들이 헌금을 바치지 않고 있음을 증언하고 있다(전충림, 앞의 글, pp. 72~74 ; 차상달, 앞의 글, p. 327). 이 때 전충림은 1982년 10월 평양시 낙원동 예배처를 방문하고서 "예배순서는 헌금만 있을 뿐 일제하의 교회 예배순서와 동일하다"고 기록하고 있는데, 문맥과 역사적 사실로 보아 이는 '헌금만 없을 뿐'이라는 표현의 오기임이 분명하다. 그러나 1985년 이후에 가정예배처를 방문한 사람들은 예배순서에 봉헌이 포함되어 있음을 분명히 전하고 있다. 예컨대 1985년에 가정예배를 참관한 이승만 목사나 1986년에 들른 미국교회협의회 대표단, 1987년에 방문한 일본 기독교협의회 대표단은 모두 헌금순서가 있었음을 말하고 있다(이승만, "북한의 교회", p. 99 ; NCCCUSA, op. cit., p. 68 ; 마에지마 무네토시, "북한의 크리스천교회",《한국교회 통일문제 주요자료집》, p. 135). 이로 미루어 북한에서 헌금제도가 정착된 것은 1980년대 중반 내지 후반의 일이라고 볼 수 있는 것이다.

북한교회에 제공되는 지원이 단순히 경제적인 것만은 아니다. 특히 남한교회와 연관된 기관이나 개인들이 제공하는 신학·종교 관련 서적들은 북한교회의 발전에 귀중한 정신적 자극이 되고 있을 뿐 아니라, 홍동근 목사나 조동진 목사 등 남한출신 신학자들이 북한에서 행한 일련의 신학강의는 북한 정책담당자들의 기독교에 대한 인식을 변화시키는 데 크게 기여하였다. 또한 외부로부터 제공되는 재정적 지원은 빈약한 교세와 신자들의 어려운 경제사정으로 인해 충분치 못한 북한교회의 내부 자원을 보충하는 주요한 원천이 되고 있다. 북한교회 지도자들 자신이 기독교도연맹과 교회의 운영자금을 신자들의 헌금과 해외로부터 오는 희사금으로 주로 충당하고 있다고 말하고 있을 만큼, 해외 기독교인들의 재정적 지원은 북한교회를 지탱하는 중요한 한 축으로 기능하고 있다.[43]

기독교도연맹은 1990년에 원산농과대학과 함흥화학대학을 통한 성인직업교육을 위해 6만달러를 요청하는 등, 이 해부터 WCC에 재정지원을 요구하고 있기도 하다.[44] 1992년에도 북한교회는 WCC에 4만달러의 재정지원을 요청한 것이 《WCC 자원공유연감》을 통해 확인된다. 이 가운데 2만 5천달러는 기독교도연맹의 활동지원을 위한 것으로, 구체적으로 인물교환교육에 5천달러, 훈련과 세미나 등에 5천달러, 신학교 운영에 1만달러 등이 책정되어 있다. 나머지 2만달러는 어부(漁夫)들을 위한 교육비 지원 명목으로 되어 있다.[45] 또 일본 기독교인들의 예를 들자면, 1989년 8월에 재일대한기독교회 총회가 칠골교회의 건립을 위해 1만달러를 헌금한 것,[46] 또한 1989년 9월 일본기독교협의회가 기독교도연맹에 13만 1천엔을 헌금한 것[47] 등이 지적될 만하다.

북한교회의 조직 및 선교기반의 확충과 관련하여 마지막으로 언급할 만한 일은 한국전쟁후 최초의 가시적 교회인 평양 봉수교회에 부인전도회가 조직되어 있다는 사실이다.[48] 이 단체가 실제로 여성들을 상대로 '전도' 활동을 활발하게 전개하고 있는가는 의문이지만, 어쨌든 부인전도회의 존재는 북한 기독교인들이 미약하나마 교세 확장을 위한 노력을 단순한 희망의 차원을 넘어 실행의 차원으로 발전시키고 있음을 보여준다. 동시에 이는 북한교회가 신자들의 관리와 조직화라는 면에서 지역별 조직화를 넘어 성별 조직화로 나아가는 단계에 있음을 시사하기도

---

43) 변진홍, 앞의 책, p. 203.
44) 〈기독교신문〉 1990년 11월 11일자.
45) 〈기독교신문〉 1992년 10월 25일자.
46) 〈복음신문〉 1989년 11월 26일자.
47) 〈기독교신문〉 1989년 10월 8일자.
48) 이 사실은 1989년 5월 10일의 북한 중앙방송을 통해 확인할 수 있는데, 회장은 박정열 권사라고 한다.

한다.
 그러나 비교적 단기간에 걸쳐 기독교의 사회적 지위가 상승하고 중장기적으로 중요한 의미를 갖는 몇 가지 제도적 발전이 있었음에도 불구하고, 이같은 변화가 신자수의 급속한 확대로 이어지지는 못하고 있다. 개신교의 경우 1980년대 중반부터 현재까지 신자수가 대략 1만명선에서 정체되어 있고, 천주교의 경우에는 최근 빠른 속도로 신자수가 늘어나고 있지만 그 대부분은 새로 입교한 사람들이 아니고 단지 최근에서야 신자임이 확인된 '구'신자들이다. 신자수가 크게 늘어나지 못하는 데는 다양한 요인들이 작용하고 있고, 그 일부에 대해서는 앞 장에서 이미 서술한 바 있다. 여기서는 북한 기독교를 특징짓는 두가지 서로 연관된 사실들을 덧붙이고자 한다.
 우선 신자들의 고령화가 교세 성장을 가로막고 있다. 1980년대 초부터 신자수가 증가하기 시작하여 매년 50~100명 정도의 새 신자가 생겨나고 있지만, 고령 신자들의 사망이 성장률을 둔화시키는 주된 요인으로 작용하고 있다.[49] 개신교의 경우 이미 1987년 경에 신자들의 평균연령이 55세 정도라고 보고되고 있고,[50] 천주교의 사정도 이와 크게 다르지 않다. 다음으로는 젊은 층의 종교적 무관심으로 인한 어려움이다. 북한의 기독교인들 가운데 40대 초반 이하의 연령층을 발견하기란 거의 불가능하다.[51] 북한에서 20대부터 40대 초반까지의 연령층은 반종교선전이 광범위하게 행해진 1950년대 말부터 1970년대 말 사이에 유년기 혹은 청소년기를 보내면서 국가에 의해 체계적으로 통제된 교육을 받은 사람들이다. 따라서 오늘날 북한 젊은이들의 종교에 대한 태도는 린코프의 관찰대로, "냉정하거나 적대적이라기보다는 멸시적이고 야유적"인 지경에까지 이르게 되었다.[52] 이런 상황에서 신자들은 자기 자녀들에게조차 입교를 적극적으로 권하고 있지 못한 실정이다. 따라서 북한 기독교의 세대간 단절현상, 다시 말해 신자들의 고령화와 젊은 층의 충원 부진 현상이 지속될 경우, 앞으로 10년 이내에 북한 기독교는 존립 자체를 위협받는 심각한 위기상황에 직면하게 될지도 모른다.

---

49) 한국기독교교회협의회 통일위원회, 앞의 글, p. 51 ; 캐나다교회협의회, 앞의 글, p. 384 ;〈새누리신문〉1990년 7월 21일자 참조.
50) NCCCUSA, op. cit., p. 67.
51) 1994년 1월에 북한을 방문하였던 빌리 그레이엄 목사 일행은 개신교 신자 가운데 여고생이 포함되어 있음을 확인하였다고 한다(〈기독교선교신문〉1994년 2월 23일자). 그러나 이를 북한 청소년들이 기독교로 돌아서고 있는 증거로 판단하기는 이른 것 같다.
52) 안드레이 린코프,《평양의 지붕밑》, 연합통신, 1991, pp. 78~79.

2. 천주교회의 재등장

이미 앞 절에서 밝힌 바와 같이, 한국전쟁 이후 북한에서 천주교회가 재등장한 사실은 1988년 6월에 조선천주교인협회가 결성됨으로써 외부에도 알려지게 되었다. 조선천주교인협회는 특정 종교단체나 정당에 소속되지 않은 채 가정교회에서 혹은 개인적으로 신앙생활을 해온 사람들, 기독교도연맹에 가맹해 있던 일부 천주교 신자들, 그리고 조선민주당과 그 후신인 사회민주당에 가입해 있던 일부 천주교 신자들에 의해 구성된 것으로 판단된다. 1987년 10월에 조직된 조선천주교인협회 준비위원회는 평양시에 거주하는 가정교회 신자들이 주축이었던 것으로 알려지고 있다.[53]

조선천주교인협회는 기독교도연맹과 마찬가지로, 정치사회적 기능과 종교적 기능을 동시에 수행할 것을 지향하고 있다. 조선천주교인협회측이 밝힌 바에 따르면, 이 협회의 목적은 ① 천주교 신자들의 신앙의 자유와 권익 옹호 ② 신자들을 애국애족정신으로 교양 ③ 교인들 사이의 연합 도모 ④ 나라의 부강 발전과 조국의 자주적 평화통일을 실천 ⑤ 외국 천주교 신자 및 단체와의 친선관계 발전 ⑥ 세계평화를 위한 노력 등으로 나타나고 있다.[54] 이 가운데 ②, ④, ⑥ 항이 좀더 정치적 성격을 띤다면, ①과 ③ 항, 그리고 ⑤ 항은 종교적 목적을 표현하고 있다고 할 수 있다.

1987년 10월에 조선천주교인협회 준비위원회를 조직하면서 천주교 신자들은 곧바로 성당의 건립을 추진하여, 천주교인협회가 창립된 지 불과 넉달만에 완공하였다. 평양지역 신자들만으로 준비위원회를 구성하였으나, 협회의 결성과 성당 건립을 동시에 추진한다는 소식이 〈민주조선〉을 통해 보도되면서 남포·원산·함흥·개성·신의주·강계 등 전국에 산재한 8백여명의 천주교 신자들로부터 성당 건립을 위한 금품이 답지하였다고 한다.[55]

결국 장충성당의 건립은 알려지지 않은 전국의 천주교 신자들의 존재를 확인시켜주었고, 이들을 하나로 묶어내는 데 크게 기여한 셈이었다. 협회의 결성 이후 천주교인협회가 가장 역점을 두고 추진한 사업 역시 지방조직을 확대하면서 전국에 산재한 천주교 신자들을 찾아내는 일이었다. 〈표 Ⅳ-15〉에 나타나듯이 이 사업

---

53) "The North Korean Catholic Church", *Yi China Message*, 1990. 2.
54) 변진홍, "민족복음화의 십자로", 〈사목〉 1990년 5월호, p. 36.
55) "평양 장충성당 신자와의 만남(1)", 〈통일못자리〉 7, 1992. 7, p. 24 ; "평양 장충성당 신자와의 만남(3)", 〈통일못자리〉 9, 1992. 9, pp. 29~30.

은 대단한 성공을 거두어, 1988년 11월에는 8백명에 불과하던 천주교 신자가 1991년 3월에는 1,258명, 1995년 2월에는 3,005명으로 급증하고 있다. 이에 따라 평양시에 거주하는 천주교 신자도 1989년 2월에는 130명만이 파악되었으나, 1991년 3월에는 350명으로 늘어났다.[56] 1988년부터 1989년 사이와 1991년부터 1993년 사이에 신자찾기사업이 급진전되었음을 알 수 있다. 특히 1995년 들어서는 천주교측의 신자찾기사업에 북한 당국도 적극적으로 협조하였다. 즉 이 해 1월에는 북한 당국이 천주교를 믿는 사람이 있으면 나서라는 공문을 말단 행정조직인 인민반에까지 내려 신자를 찾은 적이 있다고 한다.[57]

〈표 Ⅳ-15〉 천주교 신자찾기사업의 진전상황

일 시	신자수	출 처
1988. 11	800명	1988년 11월 북한을 방문한 캐나다교회 남북한 방문단에게 천주교인협회 문창학 부위원장이 밝힘 ①
1989. 12	약 1,200명	1989년 12월 북한을 방문한 〈이 차이나 메시지〉의 장상뢰 신부 등의 보고 ②
1991. 3	1,258명	1991년 5월 북한을 방문한 김현욱·박관용 의원에게 천주교인협회 간부가 밝힘 ③
1993. 4	약 3,000명	1993년 4월 일본에서 천주교인협회 대표단이 밝힘 ④
1995. 1	3,005명	1995년 2월 천주교인협회 장재철 위원장이 미국에서 〈평화신문〉 기자와의 회견중에 밝힘 ⑤

* ① 조관호, "평양성당에서의 감격의 눈물", 〈생활성서〉 1988. 12 ; ② "The North Korean Catholic Church" ; ③ 이동호, "북한교회의 현황과 한국교회의 북한선교 노력", 〈통일못자리〉 9, 1992. 9, p. 11 ; ④ 변진홍, 《평양에 부는 바람》, p. 201 ; ⑤ 〈평화신문〉 1995년 2월 12일자.

조선천주교인협회는 1995년 초까지 덕원·원산, 남포, 황남, 평남 지구 등 4개 지구로 전국조직을 완성하였다.[58] 전국적으로 지구조직을 건설하는 일은 신자들이 집중된 지역에 지구위원회와 연결된 공소(公所)를 세우려는 시도를 포함하고 있다. 이 경우 한국전쟁 당시까지 천주교 교세가 강력하였고, 이미 신자들이 매주 모여 집회를 갖고 있는 것으로 확인된 원산이 첫번째 공소의 후보지로 유력하게 거론되어 왔다. 원산 다음으로는 남포나 함흥·청진·개성·평성 등이 공소 후보지

---

56) "평양 장충성당 신자와의 만남(3)", p. 30 ; 이동호, 앞의 글, p. 11.
57) 〈평화신문〉 1995년 5월 14일자.
58) 〈평화신문〉 1995년 2월 12일자, 5월 7일자.

제 6 장 신종교정책의 등장과 사회주의형 기독교의 발전 487

로 물망에 오르고 있다.[59] 1995년 2월에는 천주교인협회 장재철 위원장이 남한 천주교회가 나진·선봉지구에 성당을 짓고 사제를 파견해 줄 것을 요청한 바도 있다.[60]

그러나 기존의 신자를 발견해서 조직화하려는 시도 외에 적극적인 선교활동을 통해 새로운 신자를 발굴하려는 노력은 거의 이루어지지 못하고 있다. 장충성당 차성근 회장의 다음과 같은 말은 북한 천주교의 현실을 잘 보여준다. "현재로서는 교회활동무대가 제한돼 있습니다. 북반부 체제하에서는 모든 사람들이 관리조직에 있습니다. 그 조직을 뚫고 들어가 교회를 선교하지는 않습니다. 현단계에서는 신자 가정들이 자기가 일하는 매 처소에서 자기를 성화해서 실천적 모범으로 사회에 봉사하고 빛이 돼서 따라오도록 하는 방향으로 포교활동을 하고 있습니다."[61]

그러나 장충성당 부회장인 동희만은 선교의 한계를 인정하면서도 직장에서의 개인적인 전도의 성과를 소개하기도 하였다. 그에 따르면, 같은 직장에 다니는 나이어린 여자들에게 성당에 나오도록 권유하여 그 가운데 몇 사람이 성당에 다니는데, 젊은 여자들은 대개 성당의 피아노와 성가에 매력을 느낀다는 것이다.[62] 또한 기혼인 신자 대부분이 혼자만 신자이며 부인에게나 남편에게조차 신앙을 전할 수 없었던 현실에 비추어 볼 때,[63] 비신자인 가족을 대상으로 한 전교활동은 이미 활성화되고 있다고 볼 수 있다.

천주교인협회는 1991년 이후 지금까지 4권의 천주교 관련서적을 출판하였다. 협회는 1991년 10월 1일자로 두권의 교리서(《천주교를 알자》, 《신앙생활의 걸음》)와 《카톨릭기도서》를 출판하였다. 이 가운데 《천주교를 알자》(206쪽)는 엄진섭과 1990년 이후 장충성당 신도회장을 맡고 있고 독신으로서 신부지망자인 차성근, 장충성당의 성가대 반주를 맡고 있고 수녀지망자인 김은주 등 3인이 집필한 책으로, 믿을 교리, 지킬 계명, 은총을 얻는 방법, 부록으로 구성되어 천주교의 정통적 교리를 해설하고 있다. 《신앙생활의 걸음》(173쪽)은 천주교인협회 국제부 소속인 고영희가 집필한 책으로, 신자와 비신자에게 천주교를 초보적으로 안내하는 역할을 하고 있다. 《카톨릭기도서》(599쪽)는 '침묵의 교회를 위한 기도'가 삭제된 대신 8월 15일에 '조국통일기원미사'가 첨가되어 있을 뿐 남한교회에서 사용하고 있는

---

59) "평양 장충성당 신자와의 만남(3)", p. 30 ; 이동호, 앞의 글, p. 12 ; 김현욱, "평양 장충성당 신자와의 대화", 《한국천주교 통일사목자료집 I》, p. 243 ; 〈평화신문〉 1995년 5월 7일자, 5월 14일자 참조.
60) 〈평화신문〉 1995년 2월 12일자.
61) 조광동, 《더디 가도 사람 생각 하지요》, p. 182.
62) 위의 책, p. 183.
63) 남해근, "북미 가톨릭 관광단 평양 장충성당 방문기", 《한국천주교 통일사목자료집 I》, p. 228.

《가톨릭기도서》의 내용을 그대로 수록하고 있는 것이 특징이다. 북한의 천주교 신자들은 《카톨릭기도서》가 발행되기 이전에는 몇몇 신자들이 갖고 있던 낡은 선교공과를 이용하였으며, 1988년에 남한의 장익 신부가 미사경본을 기증한 이후에는 이것을 사용해왔다.[64] 또 발행일자를 확인할 수는 없지만, 《선택과 실천》이라는 12쪽 분량의 소책자도 천주교인협회 중앙위원회에 의해 간행되었다. 이 소책자는 신자교육용으로 제작된 것으로 보이는데, 민족통일의 당위성과 고려연방제 통일방안의 정당성을 성서에 근거하여 밝히고 있다. 또한 북한의 천주교 신자들은 기독교도연맹에서 발간한 공동번역본 성경을 사용하고 있다.[65]

그러나 조선천주교인협회의 결성, 장충성당의 건립과 다른 공소의 설립 추진, 신자찾기운동의 순조로운 진전, 신앙서적의 발간 등 1988년 이후 이루어진 많은 발전상에도 불구하고, 북한 천주교회는 평신도로만 구성되어 있을 뿐 성직위계를 갖추지 못하고 있다는 면에서 여전히 교회법상 '불완전한' 교회이다. 단 한명의 성직자도 보유하고 있지 못한 사실은 북한 천주교의 발전을 제약하는 결정적인 약점으로 작용하고 있다. 또 이 때문에 신자들의 신앙생활도 불완전하게 이루어지고 있다. 이들은 신부가 없기 때문에 정식의 미사를 거행하지 못하고, 고해성사를 할 수도 없으며, 입교(入敎)를 원하는 예비신자에게 영세를 줄 수도 없다. 현재까지는 교황청에서 남한교회의 김수환 추기경과 이동호 아빠스를 각각 평양교구장 서리와 함흥교구장 서리로 임명한 상태이므로, 교회법상으로는 북한의 신자들이 김추기경과 이아빠스를 교구장으로 인정하고 이들이 북한지역에 파견하는 남한 출신의 사제를 받아들이거나, 북한 신자 가운데 누군가가 사제서품을 받은 후 해당 교구장의 인정을 받는 길만이 남아 있는 셈이다.

북한의 신자들은 여러 차례 김수환 추기경의 북한 방문을 요청하는 방식으로 김추기경의 교구장 지위를 인정하는 듯한 태도를 보여왔다. 또 북한의 신자들은 남한교회의 사제 혹은 남한 출신으로 제3국에서 활동하고 있는 사제를 영입할 가능성을 배제하지 않으면서도, 북한 신자 가운데 사제 지망자가 외국의 신학교에 유학한 후 사제서품을 받는 길을 더욱 선호하는 태도를 취하고 있다.[66] 이와 관련하여, 1992년 4월 중국 천주교주교단 단장인 종회이더[宗懷德] 주교가 북한을 방문하였을 때, 북한 천주교 신자들이 사제 양성을 위해 북경신학교에서 공부할 수 있게 해달라고 요청하였던 일은 주목할 필요가 있다. 당시 종회이더 주교는 평양

---

64) "평양 장충성당 신자와의 만남(2)", 〈통일못자리〉 8, 1992. 8, p. 22.
65) 조관호, 앞의 글.
66) 조광동, 《더디 가도 사람 생각 하지요》, p. 23 ; "평양 장충성당 신자와의 만남(3)", p. 30을 참조.

을 관할하고 있는 김수환 추기경의 허락을 받을 것을 요구하면서 이같은 요청을 거절하였다.[67] 북한 신자들이 사제서품을 위한 구체적인 유학대상지로 중국을 거론하였던 것은 중국의 '애국교회'처럼 교황청과 독자적인 노선을 견지하고자 하는 의도를 가진 행동으로 볼 수도 있으나, 어쨌든 1992년 봄에 이같은 시도가 좌절된 이후에는 그같은 선택이 일단 배제되고 있는 것으로 보인다. 1995년 2월 미국을 방문한 조선천주교인협회 중앙위원회 장재철 위원장은 남한 천주교회에서 운영하는 〈평화신문〉의 기자에게 자신들이 평양 및 함흥 교구에 상주할 성직자를 갈망하고 있으며, 김수환 추기경의 방북이 이루어진다면 사제영입문제와 함께 장충성당 차성근 회장의 부제 또는 사제서품을 간청해보겠다고 말하였는데,[68] 이는 사제양성을 위한 북한 신자들의 계획이 어떻게 달라졌는가를 잘 보여준다. 따라서 전체적으로 볼 때, 북한교회의 지도자들은 '애국교회'와 지하교회의 분열로 고통을 당하고 있는 중국교회의 예로 비추어 교황청과의 관계를 악화시키는 것은 불필요하다는 판단을 하고 있는 듯하며, 그같은 맥락에서 남한교회의 교회법적 우위성을 노골적으로 부정하지 않고 있다고 생각된다.

그러나 현재 남북한 교회의 관계개선을 가로막는 요소들 역시 적지 않다. 우선, 북한교회 지도자들은 남한교회가 직접 북한 신자들을 치리하는 것을 수용할 경우, 북한교회 나름의 독자성이 훼손될 수도 있다고 판단하고 있는 듯하다. 북한 신자 가운데 최초의 사제가 나오는 쪽을 강력하게 선호하는 태도에서 이같은 판단의 일단을 엿볼 수 있다. 이 때문에 북한교회 지도자들은 남한 천주교 인사와의 개별적 교류는 계속하면서도, 남한교회의 공식조직과의 대화에는 소극적인 태도를 취할 가능성이 높다. 둘째로, 남북한 정부간의 관계가 정상화되지 않는 한 남한 국적의 사제가 북한에서 장기간 활동한다는 것은 실현되기 어렵다. 또 남한 출신으로 제3국에서 활동하고 있는 사제가 북한에 부임한다 하더라도 활동의 범위는 크게 제약될 것이다. 1992년 4월의 개정 헌법 제68조에서 "누구든지 종교를 외세를 끌어들이거나 국가사회질서를 해치는 데 리용할 수 없다"고 규정하고 있는 데서도 선교사의 성격을 띠는 외부인사가 북한사회안에서 자유롭게 활동할 가능성이 적음을 짐작할 수 있다. 최근 북한을 방문하였던 몇몇 남한 출신 사제들이 귀국후 북한교회와 신자들에 대해 자주 부정적인 발언을 하여 북한 신자들을 자극한 사실 역시 북한 신자들로 하여금 외부 사제의 영입을 꺼리게 만드는 요인일 것으로 생각된다.

셋째로, 1989년에 김일성의 방북 초청을 받을 정도로 진보적인 인사로 간주되

---

67) 〈가톨릭신문〉 1995년 10월 8일자.
68) 〈평화신문〉 1995년 2월 12일자.

490 Ⅳ. 해방 이후 북한교회의 역사

어온 김추기경과는 대조적으로, 북한 신자들이 함흥교구장 서리인 이동호 아빠스에 대해서는 전혀 언급한 적이 없다는 사실도 남북한 교회의 관계개선이 순조롭지 않을 것임을 예견케 한다. 이와 관련하여 1985년 8월 31일자 〈로동신문〉이 이동호 아빠스가 위원장을 맡고 있는 북한선교위원회의 전신인 북한선교부와 북한선교후원회의 결성을 "종교의 탈을 쓴 반공광대놀음"이라고 격렬하게 비난하였던 일[69]을 주목해 볼 필요가 있다. 넷째로, 최근 김추기경은 천주교인협회를 교회로 인정할 수 없다는 태도를 고수하고 있어,[70] 남북한 교회간의 관계개선에 대한 북한 신자들의 소극적인 태도를 조장하고 있다. 다섯째로, 북한교회의 지도자들이 직접 영세를 주는 등 사제의 고유권한을 침해하는 행동을 하고 있어 남한교회와 마찰을 빚고 있다. 평양 장충성당의 박경수 회장은 1991년까지 21명에게 영세를 준 적이 있고,[71] 그의 후임인 차성근 회장도 새 신자들에게 교리를 가르쳐 영세를 베풀고 있다. 최근 들어 차회장은 공소예절을 주관하면서 사제만이 착용할 수 있는 장백의를 입고 영대(領帶)까지 두르고 있었다.[72] 초기 천주교회의 가성직제도(假聖職制度)를 연상시키는 이같은 행태는 남한교회의 경계심과 우려를 빚어내고 있다.

마지막으로, 조선천주교인협회의 창립 이후 북한 천주교인과 교황청의 관계가 오히려 소원해졌다. 1980년대 들어 교황청은 북한정부와의 관계개선을 조심스럽게 추진하였는데, 이같은 기조위에서 개별적인 북한 천주교인과 교황청의 접촉이 개시되었다. 교황청은 1987년 6월 평양에서 개최된 비동맹 특별각료회의에 주세페 베르텔로 몬시뇰과 장익 신부를 파견하였는데, 바티칸측은 그 이전에 산하원조기관(CCFD)을 통해 북한에 약 50만달러의 원조를 제공하여 북한 당국과의 대화채널을 마련해두고 있었다.[73] 북한 역시 1985년 8월에 토고 주재 북한대사인 김양황으로 하여금 교황청을 방문하여 교황 요한 바오로 2세를 알현하도록 한 바 있다.[74] 1987년의 평양 비동맹 각료회의에 참석한 장익 신부는 기독교도연맹 관계자들을 통해 5명의 천주교 신자들을 만날 수 있었고, 교황청은 이듬해 4월 부활절에 이 5명의 신자들을 로마로 초청하여 교황을 알현할 기회를 부여하였다. 북한 당국도 이에 대응하여 교황청에서 직영하는 로마의 울바노대학에 유학생을 파견하였다. 그러나 이 유학생이 천주교 신자는 아니고 대외기관 요원으로 파견근무

---

69) 《한국천주교 통일사목자료집 Ⅰ》, p. 414.
70) 변진홍, 앞의 책, p. 201.
71) 김현욱, 앞의 글, p. 245.
72) 〈평화신문〉 1995년 5월 7일자.
73) 변진홍, "남북한 종교교류의 전개과정", p. 52.
74) 《한국천주교 통일사목자료집 Ⅰ》, p. 512.

를 하는 중에 로마로 보내진 것으로 보이며 1년만에 소환되었다.[75] 장익 신부는 평양 장충성당이 완공되었을 때 다시 북한을 방문하여 축성미사를 집전하였다. 그러나 1988년 이후 북한 정부와 교황청의 관계가 별다른 진전을 보여주지 못하는 것과 마찬가지로, 북한 천주교인들과 교황청의 관계도 장충성당 축성미사 이후 답보상태를 면치 못하고 있다. 교황청은 조선천주교인협회에 대해 '제2의 애국교회'라는 혐의를 두고 있는 듯 하고, 교황청과 조선천주교인협회의 관계가 우호적이지 못한 상태에서 남한교회가 북한 천주교인들과의 관계개선을 위해 적극적인 자세를 취하기를 기대하기도 어려운 것이다.

북한의 천주교 신자들 역시 개신교 신자들처럼 기독교와 공산주의, 기독교와 주체사상이 양립하는 데 아무런 문제가 없다고 생각하고 있다. 또한 천주교인협회의 창립목적에도 나타나 있듯이, 천주교 신자들은 북한의 국가적 목표를 자신들의 것으로 수용하고 있다. 천주교 지도자들은 국가기관에도 적극적으로 진출하고 있는데, 예컨대 천주교인협회의 장재철 위원장은 1990년 4월의 제9기 최고인민회의 대의원선거에서 '조국전선'의 후보로 추천되어 대의원으로 선출되었고, 그 후 최고인민회의 상설회의의 외교위원으로 피선되었다.[76]

3. 대내적 연대활동

이전 시기와 마찬가지로, 이 시기에도 북한 기독교인들이 북한사회내의 다른 정치·사회단체들과 함께한 대내적 연대활동은 대부분 통일전선운동이라는 맥락 속에 위치해 있다. 따라서 기독교도연맹의 대내적 연대활동은 여전히 정치적 색채를 강하게 띠고 있으며, 특히 남한의 정세와 통일문제에 초점을 맞추고 있다. 〈표 Ⅳ-16〉에는 1986년부터 1993년 8월까지 남한 정세 및 통일문제와 관련하여 기독교도연맹이 독자적으로 전개한 활동이 정리되어 있지만, 넓은 의미에서 통일전선운동의 범주에 넣을 수 있다. 이전 시기에 비해, 한국기독교교회협의회 등 남한교회를 비롯하여 미국교회와 일본교회와의 연대하에 이루어지는 활동이 크게 늘어났음을 발견할 수 있다. 그리고 남한의 민주화를 요구하는 주장이 크게 약화된 반면, 통일문제가 전면에 부각되어 있음을 확인할 수 있다. 다소 중요성은 감소하였지만 북한 당국의 정책에 대한 지지활동 역시 여전히 상당한 비중을 차지하고 있다.

---

75) 변진흥, "남북한 종교교류의 전개과정", pp. 52~53.
76) 이동호, 앞의 글, p. 11 ; 〈통일못자리〉 9, 1992. 9, p. 31.

〈표 Ⅳ-16〉 남한 정세 및 통일문제와 관련한 기독교도연맹의 독자적 활동
(1986~1993)

일 시	주 체	주 요 내 용
1988. 4. 7	기독교도연맹 중앙위	남한 기독교인들에게 보내는 호소문 발표. 한국기독교교회협의회의 선언 지지 및 연대투쟁 강조
1989. 5. 9	기독교도연맹 중앙위	문익환 목사 관련 비상회의 개최 문익환 목사 구속에 즈음하여 세계 각국 기독교 단체들과 기독교인들에게 보내는 편지 발표
1989. 8	기독교도연맹	문규현 신부와 임수경의 석방 촉구 기도회 개최
1990. 1. 3	강영섭 위원장	김일성 신년사 지지하는 내용의 담화 발표
1990. 8. 12	기독교도연맹	봉수교회에서 조선의 평화와 통일을 위한 세계기도주일 행사 개최
1991. 3. 31	봉수교회	부활절 맞아 문익환 목사 활동 지지 및 임수경·문규현·유원모의 석방기원 기도회 개최
1991. 6. 28	강영섭 위원장	한반도 비핵평화지대화에 관한 정당·단체 연합성명 지지 담화 발표
1991. 8. 11	기독교도연맹	봉수교회에서 조선의 평화와 통일을 위한 세계기도주일 행사 개최
1992. 2. 15	강영섭 위원장	KNCC 14차 총회에의 북한대표단 불참 관련 대남 비난 담화 발표
1992. 3. 30	기독교도연맹	일본기독교협의회와 공동선언 발표. 주한미군 철수, 방북 구속자 석방, 연방제 통일, 일본의 핵무기개발 포기 및 군축 요구
1992. 8. 9	기독교도연맹	봉수교회에서 조선의 평화와 통일을 위한 세계기도주일예배 개최
1992. 8. 9	기독교도연맹	미국의 전국기독교교회협의회 방북 대표단과 공동선언
1992. 10. 30	강영섭 위원장	남북교회 나눔운동 추진본부 발족계획 비난 담화 발표
1993. 1. 2	고기준 서기장	문익환 목사에게 보내는 편지 발표
1993. 3. 25	기독교도연맹 중앙위	핵확산금지조약 탈퇴 지지성명 발표
1993. 4. 5	기독교도연맹	남한 부활절 연합예배위원회의 제의에 대해, 남북교회 부활절 예배·설교·기도문 교환 및 공동낭독을 추진하기로 수락
1993. 8. 9	고기준 서기장	남북인간띠잇기대회와 범민족대회의 동시개최를 한국기독교교회협의회에 제의

* 출처 : 변진홍, "남북한 종교교류의 전개과정"; 같은 이, 《평양에 부는 바람》, 부록; 류성민, 《북한종교연구 Ⅱ》, pp. 23~26 ; 같은 이, 《남북한 사회문화교류에 관한 연구》, 현대사회연구소, 1993 ; 《한국천주교 통일사목자료집 Ⅰ》; 〈통일못자리〉의 매호에 실린 "동향일지".

제 6 장   신종교정책의 등장과 사회주의형 기독교의 발전   493

　　1988년에 창립된 조선천주교인협회도 창립 직후부터 활발한 대내적 연대활동을 전개하는데, 1991년 말까지 이 단체 단독으로 행해진 주요 활동은 〈표 Ⅳ-17〉과 같다. 개신교의 기독교도연맹과 마찬가지로 천주교인협회의 경우에도 남한교회의 진보세력과의 연대, 그리고 통일문제가 활동의 초점을 이루고 있고, 북한 당국의 정책을 지지하는 활동도 비교적 중요한 비중을 차지하고 있다.

　　한편 기독교도연맹 혹은 천주교인협회가 불교나 천도교 등 다른 종교단체들과 함께 벌인 주요한 대내적 연대활동은 〈표 Ⅳ-18〉과 같이 나타난다. 내용면에서는 앞에서와 마찬가지로 통일문제를 중심으로 하고 있다. 그러나 기독교도연맹이나

〈표 Ⅳ-17〉 남한 정세 및 통일문제와 관련한 조선천주교인협회의 독자적 활동(1989~1991)

일 시	주 체	주 요 내 용
1989. 1. 10	장재철 위원장	김일성 신년사 지지 담화(사상과 이념, 제도와 신앙의 차이를 초월하여 조국통일을 실현하자) 발표
1989. 8. 22	조선천주교인협회 중앙위	문규현 신부, 임수경 구속 항의성명 발표
1989. 12. 26	장재철 위원장	구속 종교인 석방 요구 담화 발표
1990. 1. 4	박경수 회장 (장충성당)	평양방송 통해 문규현 신부에게 보내는 편지 발표
1990. 1	장재철 위원장	김일성 신년사 지지 담화(남조선 당국자들은 분열책동을 그만두고 협상제안에 지체없이 호응해나와야 한다) 발표
1990. 1	조선천주교인협회 중앙위	임수경과 문규현 신부 석방 촉구 성명
1990. 7. 28	조선천주교인협회	장충성당서 문규현 신부와 임수경의 석방을 요구하는 특별기도회 개최
1990. 8. 10	장재철 위원장	남한 천주교인의 방북 제의 환영 담화 발표 정의구현사제단의 방북 협의를 위한 실무접촉 제의 (8월 13일에 재차 제의)
1991. 3. 31	장충성당	부활절 맞아 문익환 목사 활동 지지 및 임수경·문규현·유원모의 석방기원 기도회 개최
1991. 7. 28	조선천주교인협회	장충성당에서 통일애국인사의 무조건 석방을 촉구하는 특별기도회 개최
1991. 8. 15	조선천주교인협회	장충성당서 조국평화통일 촉진 특별기도회 개최
1991. 12. 24	장재철 위원장	남북 기본합의서 채택과 관련한 담화 발표. 팀스피리트 훈련 중지, 방북인사 석방 요구

　＊ 출처 : 〈표 Ⅳ-16〉과 같음.

천주교인협회의 단독적인 활동에 비해, 종교인협회를 통한 연대활동에서는 북한 당국의 정책에 대한 지지활동이 좀더 큰 비중을 차지하고 있다. 또한 형식면에서 1989년에 조선종교인협회가 창립된 이후에는 종교인협회가 종교인들의 대내적 연대활동을 위한 주된 채널로 자리잡고 있는 점이 특징이라고 할 수 있다. 또한 종교인들의 연합조직이라는 특성에 걸맞게 범종교적으로 남북한의 종교인들이 만나자는 제안을 하고 있는 점도 주목된다. 기존에 남북 종교인간의 교류가 개별 종교의 범위를 넘어서지 못하였음에 비추어, 이는 남북한 종교인간의 연대활동을 위한 새로운 모델을 시사하는 것이기도 하다.

〈표 Ⅳ-18〉 타종교 단체와의 주요 연대활동(1986~1993)

일 시	주 체	주 요 내 용
1986. 2. 26	기독교도연맹, 조불련	팀스피리트 훈련 비난 담화 발표
1989. 6. 2	조선종교인협의회	한국종교인협의회에 남북종교인회담 제의하는 편지 발표
1992. 3. 18	조선종교인협의회	핵확산금지조약 탈퇴와 관련한 비상확대회의 개최 국제 종교기구와 단체들에 보내는 호소문 채택
1993. 4. 24	조선종교인협의회	김일성의 전민족대단결 10대 강령 지지 성명 발표
1993. 4. 27	조선종교인협의회	확대회의 열고, 남한 종교단체와 종교인들에게 보내는 편지 채택. 전민족대단결 10대 강령에의 호응 촉구
1993. 6. 21	기독교도연맹, 조불련, 천도교 중앙위	남한의 핵무기 개발 관련 비난 담화 발표

* 출처 : 〈Ⅳ-16〉과 같음.

이전 시기와 마찬가지로 1980년대 중반 이후에도 북한의 기독교인들은 북한의 정치·사회 단체들과 연대하여 정치활동을 전개하고 있다. 이는 더 전형적인 통일전선운동에 해당된다고 볼 수 있다. 1980년대 중반 이후 북한에서 종교인들을 타도의 대상이라기보다 통일전선적 연대의 대상으로 보는 입장이 현저히 강화됨에 따라 기독교인들과 정치·사회 단체들간의 연대활동은 더욱 강화되어 갈 것이라고 예측할 수 있다. 몇 가지 사례만을 제시하면 〈표 Ⅳ-19〉와 같다.

북한의 기독교인들은 최고인민회의나 정부기관에 대표를 파견하는 방식으로 대내적 연대활동을 수행하고 있기도 하다. 국가 부주석직에까지 올랐던 강양욱이 사망한 이후에도 역대 기독교도연맹의 중앙위원회 위원장들은 최고인민회의 대의원에 선임되고 있음을 확인할 수 있다(〈표 Ⅳ-20〉 참조).

〈표 Ⅳ-19〉 정치·사회 단체와의 주요 연대활동(1986~1991)

일 시	주 체	주 요 내 용
1989. 3. 27	24개 정당, 사회 단체 연합	남북간 민간급 대화를 다방면으로 발전시키기 위한 5개항 제의
1989. 9. 29	당국·정당·사회 단체 연합	민족통일협상회의 소집 제의
1991. 6. 10	20개 정당·단체 연합	남북한 핵 동시사찰 및 주한미군 핵무기 철수를 주장하는 연합성명 발표

* 출처 : 변진흥,《평양에 부는 바람》, p. 326.

〈표 Ⅳ-20〉 역대 조선기독교도연맹 중앙위원회 위원장의 재임기간과 겸직사항

역대	이 름	재임기간	겸 직 사 항
1	강양욱	1946. 11~1983. 1 (1983. 1 사망)	최고인민회의 상임위 부위원장, 조평통 부위원장, 체육지도위원장, 대외문화연락협회 위원장, 국가 부주석, 중앙인민위
2	김성률	1986. 2~1989. 2	평양시 인민위원회 부위원장, 최고인민회의 대의원
3	강영섭	1989. 2~1995	최고인민회의 대의원 겸 통일정책심의위원

* 출처 :〈표 Ⅳ-19〉와 같음.

조선민주당의 후신인 조선사회민주당에 대한 기독교인들의 참여 역시 계속되고 있다. 1988년 6월 현재 조선사회민주당의 당원수는 모두 2만 9천명이고, 이 가운데 종교인은 11%인 약 3,190명이었다.[77] 종교인 당원의 대부분은 기독교 신자일 것이다. 그러나 사회민주당 당원 가운데 기독교인 비중은 점차 감소해온 것으로 추측된다. 또 1988년에 봉수교회당 옆에 기독교도연맹의 본부 사무실과 교육센터로 사용될 건물이 완성될 때까지 기독교도연맹은 사회민주당과 같은 건물을 쓰고 있었다.[78]

그러나 사회민주당 중앙위원회 위원장이었던 강양욱 목사가 사망한 이후 기독교도연맹 간부가 사회민주당 지도부를 구성하는 정도는 크게 약화된 것으로 보인다. 기독교도연맹의 주요 간부들은 창당 당시부터 조선(사회)민주당의 주요 간부직을 겸하고 있었다. 예컨대, 1946년 기독교도연맹 창립 당시부터 중앙위원회 위원장을 맡아온 강양욱 목사는 1959년에 조선민주당 위원장으로 선출되었고, 1981

---

77) 이찬행, 앞의 글, p. 167.
78) 에리히 바인가르트너, "한반도의 평화와 통일을 위한 세계교회의 노력", p. 42.

496 Ⅳ. 해방 이후 북한교회의 역사

년의 제6차 당대회에서 조선민주당이 조선사회민주당으로 개편되면서 다시 중앙위원회 위원장으로 선출되었으며, 1975년에 기독교도연맹 부위원장으로 선출되었다. 1986년에 위원장으로 추대된 김성률은 1945년 조선민주당 창당 당시 중앙위원으로 선출되었고 1956년에는 당 평양시위원회 위원장, 1977년 당시 중앙위원회 부위원장, 6차 당대회에서 중앙위원회 부위원장으로 선출되었다. 6차 당대회 당시 기독교도연맹 부위원장이었던 염국렬과 김득룡은 이 대회에서 각각 중앙위원회 부위원장과 중앙위원으로 선출되었다.[79] 그러나 강양욱 목사의 아들로서 1989년 이후 기독교도연맹의 3대 위원장으로 선출된 강영섭 목사의 경우 사회민주당내의 직책이 무엇인지 분명치 않다. 또한 강양욱 목사 사후 사회민주당 중앙위원회 위원장을 맡은 이계백이나 김병식은 모두 재일(在日)조총련 출신으로, 기독교적 배경을 발견하기는 힘든 사람들이다.[80] 따라서 전체적으로 볼 때 사회민주당과의 유대는 지속되고 있지만, 오히려 1980년대 말부터 기독교도연맹과 조선민주당과의 관계는 전보다 약화된 듯하다. 따라서 이같은 추세가 계속될 경우 북한 기독교를 이해하는 데서 사회민주당은 더이상 의미있는 변수가 되지 못할 것이다. 그러나 기독교도연맹과 조선민주당과의 관계가 점차 약화되어가는 것은 장기적으로 기독교도연맹을 탈정치화의 방향으로 변화시키게 될 가능성도 배제할 수 없다.

4. 국제적 연대활동(1) : 기존의 채널들

북한 기독교의 대외 연대활동은 1980년대 중반 이후 '질적인 비약'을 이룩한

---

79) 1981년 11월 28일자 평양방송 ; 중앙일보사 편, 《북한인명사전》, 중앙일보사 동서문제연구소, 1990 참조.
80) 참고로 조선(사회)민주당 역대 위원장의 재임기간과 주요 경력을 소개하면 다음과 같다.

〈표 Ⅳ-21〉 역대 조선(사회)민주당 중앙위원장

역대	이름	재임기간	주요 경력
1	조만식	1945. 11~1946. 2	평남도 인민정치위원장
2	최용건	1946. 2~1959. 1 (1976. 9 사망)	내각 부수상 겸 민족보위상, 내각 체육지도위원장, 당 중앙위 부위원장 겸 상무위원
3	강양욱	1959. 1~1983. 1 (1983. 1 사망)	최고인민회의 상임위 부위원장, 조평통 부위원장, 내각 체육지도위원장, 대외문화연락협회 위원장, 국가부주석, 중앙인민위원, 조선기독교도연맹 위원장
4	이계백	1989. 4~1993. 1 (1993. 1 사망)	전 재일조총련 부의장, 최고인민회의 상설회의 의원
5	김병식	1993. 7~현재	전 재일조총련 제1부의장

* 출처 : 변진홍, 《평양에 부는 바람》, p. 316.

다. '질적인 비약'의 핵심에는 남북한 교회간의 교류와 협력이 자리잡고 있다. 이와 함께 기존의 대외 연대 채널들, 즉 세계기독교평화회의(WCPC)에의 참여, WCC 및 각국 교회협의회와의 교류, 해외동포와의 대화모임, 남한출신 기독교인들의 개인적 방북에 의한 교류 등도 계속 유지되었다. 그러나 상황의 변화에 따라 각 연대 채널이 갖는 상대적 중요성 역시 큰 변화를 겪었다. 이 절에서는 이같은 기존의 국제적 연대 채널들에 대해 살펴보고, 그 상대적 비중이 어떻게 변화하였는가를 살펴보고자 한다.

　북한의 기독교인들은 1980년대 중반 이후에도 사회주의 및 비동맹권 기독교인들의 모임인 WCPC와의 관계를 유지하였다. 예컨대 기독교도연맹은 1986년에 열린 WCPC 총회에 대표단을 파견하였다.[81] 그러나 오늘날 북한의 기독교인들이 과거에 비해 WCPC 채널의 중요성을 더 낮게 평가하고 있음은 분명하다. 오히려 북한 기독교인들의 대외적 연대 채널로서 서방 혹은 자본주의국가의 교회들과 유대를 강화하는 것이 일차적인 관심사로 부각되어 있다. 이같은 전환을 보여주는 중요한 사건 가운데 하나는 기독교도연맹과 조선천주교인협회가 1991년 10월 주로 자본주의권 종교인들이 참여하고 있는 아시아종교인평화회의(Asian Conference on Religion and Peace : ACRP) 제4차 총회에 대표단을 파견한 것이다.[82]

　1984년의 도잔소협의회, 그리고 1985년의 WCC 국제문제위원회 대표단의 북한 방문으로 개시된 북한 기독교인과 WCC의 관계가 1980년대 후반부터 급격히 발전되었다는 점도 북한 기독교인들이 서방교회와의 관계 개선에 적극적인 태도를 취하고 있음을 보여주는 또다른 증거이다. 1980년대 후반에 북한 기독교인과 WCC의 관계가 급진전된 계기는 후술할 글리온회의였다. 1986년의 제1차 글리온 회의에 참석한 북한교회 대표단은 먼저 제네바에 들러 이 회의를 주선한 WCC의 에큐메니칼센터를 방문하였다. 또 북한 대표단은 글리온회의 기간 중에 카스트로 총무를 비롯한 WCC의 고위 실무자들을 만났으며, 이 회의에서 기독교도연맹 대표들과 세계개혁교회연맹(WARC) 및 루터교세계연맹(LWF) 지도자들과의 만남도 이루어졌다.[83] 1989년 7월에 모스크바에서 개최된 WCC 중앙위원회는 글리온선언의 주요 골격을 삼아 1995년을 통일희년의 해로 제정하는 내용의 '평화와 한국의 통일을 위한 WCC 정책건의서'를 채택하였는데, 이 자리에는 북한교회의 대표로서 기독교도연맹 서기장인 고기준 목사 등 3명이 '방문자'의 자격으로 참석하였다.[84] 한반도 통일문제와 관련된 1989년의 WCC 정책선언의 내용은 북한교회의

---

81) 캐나다교회협의회, 앞의 글, p. 384.
82) 〈통일못자리〉 7, p. 32.
83) 에리히 바인가르트너, "WCC 국제문제위원회 글리온회의 참관기", 《한국교회 통일문제 주요 자료집》, pp. 77~78.

공식적 입장과 대체로 부합하는 것이었다. 세계개혁교회연맹(WARC)도 1989년 8월 서울에서 있은 제22차 총회 중에 정책성명을 채택하여, 1988년 2월의 KNCC 통일선언과 같은 해 11월의 글리온선언, 1989년 7월의 WCC 중앙위원회 성명을 WARC의 공식입장으로 인준하였다.[85] 기독교도연맹 대표 4명은 1991년 2월 호주 캔버라에서 열린 WCC 제7차 총회에 옵서버 자격으로 처음 참석하기도 하였다. 그리고 앞에서 이미 언급하였듯이, 1990년대 이후 WCC는 북한교회에 상당액의 재정지원을 시작하였다.

우리는 앞 장에서 도잔소협의회에서 북한 기독교공동체와 직접 접촉하도록 노력할 것을 각 회원국 교회들에 촉구하는 건의안이 작성되었음을 살펴본 바 있다. 도잔소회의 건의에 따라 1980년대 후반부터 미국·일본·캐나다의 교회협의회 등이 북한교회를 방문하였다. 1986년 이후 북한교회를 공식방문한 WCC 계통의 교회협의회들은 〈표 Ⅳ-22〉와 같다.

〈표 Ⅳ-22〉 북한교회를 방문한 WCC 계통의 교회협의회들(1986년 이후)

방 문 시 기	방 문 단 체
1986. 4~5	미국교회협의회(1차)
1987. 5	일본교회협의회
1987. 6	미국교회협의회(2차)
1987. 11	세계교회협의회(2차)
1988. 11	캐나다교회협의회
1990. 1	미국교회협의회(3차)
1992. 8	미국교회협의회(4차)

이 가운데 북한교회와 미국교회간의 새로운 관계정립은 대단히 중요한 의미를 지닌다. 한국전쟁 이후 '미국 제국주의와의 연루'라는 혐의가 북한의 기독교를 질식시켜 온 주요한 원인이었기 때문이다. 1970년대 이후 기독교가 비록 민주화에 기여할 수 있다는 점은 인정되더라도 민족적 이해의 증진에는 기여하지 못한다는 평가가 지배적이었으나, 1986년 이후 미국교회의 공식적 대표단이 네차례나 북한을 방문한 사실은 북한 당국이 기독교를 더이상 '제국주의 지배의 도구'로 간주하

---

84) 〈동아일보〉 1989년 7월 26일자 ; 〈기독교신문〉 1989년 8월 13일자 ; 〈기독교연합신문〉 1989년 8월 6일자 ; 〈크리스챤신문〉 1989년 8월 12일자.

85) 통일신학동지회 편,《통일과 민족교회의 신학》, 한울, 1990, pp. 337~343 ; 김형기, "제22차 세계개혁교회연맹 총회에 참석하고 나서", 〈기독교사상〉 1989년 10월호, pp. 115~116 ; 〈한겨레신문〉 1989년 8월 27일자 참조.

제 6 장 신종교정책의 등장과 사회주의형 기독교의 발전 499

지 않고 있음을 보여준다. 더욱이 북한 당국이 1988년 말에 이르러서야 미국정부와 북경에서 참사관급 접촉을 개시하였음을 감안할 때, 1986년과 1987년의 두차례에 걸친 미국교회협의회 대표단 방북은 북-미간 정부 차원의 관계개선을 선도하는 역할을 수행한 것으로 평가할 수 있다. 특히 1990년 6월 미국장로교 총회는 북한의 기독교도연맹 관계자와 함께 한시해 조평통 부위원장을 초청함으로써 북한과 미국간 정부차원의 접근을 유도하기도 했다.[86]

미국교회협의회는 1986년에 《한국의 평화와 통일》(Peace and Unification of Korea)이라는 정책서를 발표하고, 한반도 통일을 위해 특별한 관심과 노력을 할 것을 결의한 바도 있다. 특히 1992년에 이루어진 미국교회협의회의 네번째 북한 공식방문은 미국교회 역사상 처음으로 한국계 미국인으로 회장에 선출된 이승만 목사가 15명으로 구성된 대표단을 이끌었는데, 대표단에는 장로교 총회장인 제임스 앤드류스 목사, 디사이플 처치 회장인 마릴린 마켓 여사, 미국교회협의회 차기 회장 고딘 서머 목사 등 미국 기독교계의 핵심적 지도자들이 포함되어 있었다. 또한 미국교회 대표단은 조평통 위원장인 윤기복, 외교부장인 김용순 등과 만났으며, 세 차례의 방북 가운데 처음으로 김일성과도 장시간 면담하였는데, 이 자리에서 김일성은 통일운동에 대한 기독교의 공헌을 치하하였다고 한다. 또 대표단은 기독교도연맹과의 공동선언을 발표하였으며, 여기에는 기독교도연맹의 입장이 많이 반영된 것으로 알려지고 있다.[87]

미국교회와 기독교도연맹의 관계는 1990년대 들어 비(非)WCC 계통의 교회 인사들을 포함하는 방향으로 다변화되었다. 가장 주목할 만한 사건은 1992년 3월과 1994년 1월에 복음주의 계통의 빌리 그레이엄 목사가 북한을 방문한 일이다. 그레이엄 목사 일행은 관광과 선교를 목적으로 내세웠던 첫번째 방문 때 봉수교회와 장충성당을 방문하였고, 김일성대학에서 4백여명의 학생에게 '종교가 미국사회에 미친 영향'이라는 주제로 강의를 하였다.[88] 두번째 방문 때 그는 외국인으로서는 처음으로 칠골교회에서 설교하는 기회를 가졌으며, 김일성과 면담하고 클린턴 대통령의 친서를 전달한 후 김일성의 친서를 받아 클린턴에게 전하기도 하였다. 이밖에도 1993년 5월에는 빌리 그레이엄 목사의 아들인 레드 그레이엄 목사가 북한을 방문하였다.[89]

1988년 11월에 북한을 방문한 캐나다교회협의회 대표단은 기독교도연맹이 독자적으로 초청한 최초의 사례로, 서방교회와의 빈번한 연대활동을 통해 높아진 북

---

86) 이승만, "민족공동체의 미래상", 〈교회와 세계〉 1991년 10월호, p. 55 참조.
87) 조광동, 《더디 가도 우리식대로 살지요》, pp. 283~286 ; 〈통일못자리〉 10, p. 27.
88) 〈교회와 세계〉 1992년 5월호, p. 87.
89) 〈기독교선교신문〉 1994년 2월 23일자 ; 〈한국일보〉 1994년 4월 25일자.

한교회의 정치적 위상을 보여준다. 아울러 캐나다교회협의회의 방북 대표단 5명 가운데는 개신교 인사뿐 아니라 천주교 신부도 포함되어 있었다는 점을 지적해 둘 만하다.[90]

1990년대에 발견되는 한가지 특징은 북한 기독교인들의 외국교회 방문이 크게 증가하였다는 점이다. 이에 따라 북한 기독교의 국제적 '교류'도 좀더 명실상부한 것이 되었다. 개신교의 경우 대부분 이전에 북한을 방문하였던 각 나라 교회협의회들을 답방하는 형식을 취하고 있다. 또 개신교의 경우 1985년 중반 중국 '애국교회'와 러시아정교회를 방문한 이후에는 모두 서방권 국가를 방문대상으로 하고 있는 반면, 천주교는 예외적으로 1990년대에 두차례나 중국을 방문하고 있는 점도 특징적이다. 이미 언급하였듯이, 1992년 부활대축일에는 중국 천주교주교단 단장

〈표 Ⅳ-23〉 북한 기독교인들의 외국교회 방문(1986~1995)

시 기	방 문 자	방문국	교 류 내 용
1991. 7. 2	기독교도연맹	일본	
1991. 9. 2	천주교인협회	중국	천주교 '애국교회'의 초청
1991. 6	기독교도연맹	미국	미국장로교 총회 초청
1991. 10~11	기독교도연맹	미국	미국교회협의회 총회에 참석
1993. 4	천주교인협회	일본	나고야교구장 소마 주교의 초청
1995. 1~2	북한종교인 대표단 (단장 장재철)	미국	빌리 그레이엄 목사의 초청 워싱턴의 조찬기도회에 참석 필라델피아 한인성당에서 미사 봉헌
1995. 4	천주교인협회	중국	천주교 '애국교회'의 초청
1995. 6~7	기독자 대표단 (단장 강영섭)	미국	미국장로교 총회의 초청 평화통일 희년예배, 통일음악회, 통일부흥회, 통일세미나 참석 미국 국무부 실무자들과 회동

* 출처 : 류성민,《남북한 사회·문화교류에 관한 연구》;〈통일못자리〉각호에 게재된 일지 ; 한국천주교 통일사목연구소 편,《가톨릭교회와 남북교류》, 사람과 사람, 1992, pp. 351~354의 "1991년도 남북 종교관계 일지" ; 변진흥,《평양에 부는 바람》, pp. 200~201 ;〈평화신문〉1995년 2월 12일자, 5월 7일자 ;〈한겨레신문〉1995년 7월 7일자 ;〈한겨레 21〉1995. 7. 13, pp. 34~35.

---

90) 캐나다교회협의회, 앞의 글, pp. 381~382. 이 천주교 인사는 캐나다 스카보로 외방선교회의 갤라거(Terry Gallagher) 신부로, 그는 남한 천주교회의 북한선교위원회와 교황청의 장익 신부로부터 북한방문후 북한교회의 소식을 자세히 전달해 달라는 부탁을 받았다(조관호, 앞의 글).

인 종휘이더 주교가 북한을 방문하여 장충성당에서 미사를 집전하기도 하였다. 각종 회의 참석을 위한 외국방문을 제외한 북한 기독교인들의 외국교회 방문을 시기순으로 살펴보면 앞의 〈표 Ⅳ-23〉과 같다.

1980년대 중반 이후에도 해외동포와의 대화모임('조국통일을 위한 북과 해외동포 기독자와의 대화')은 계속되었다. 그러나 남북한 교회의 직접적 교류가 활성화됨에 따라 이 모임이 차지하는 비중이 크게 감소하였고, 모임의 활성도 다소 감소되었다. 또한 이 모임에서 기독교인은 여전히 중심적인 역할을 담당하고 있기는 하나, 1990년대에는 기독교인들 못지 않게 통일문제 전문가 내지 학자들을 중요한 참여자로 규정함으로써 기독교 교류의 성격이 다소 약화되고 폭넓은 학술적 교류의 장으로서의 성격이 상대적으로 강화되었다. 또 1988년 대화모임부터는 천주교측에서도 옵서버로 참석하기 시작하여, 대화의 폭이 더욱 넓어졌다. 1984년에 열린 제3차 모임에 이어 4차부터 6차 모임까지의 주요 참여자와 대화내용을 정리하면 〈표 Ⅳ-24〉와 같다.

〈표 Ⅳ-24〉 '조국통일을 위한 북과 해외동포 기독자와의 대화'를 통한 기독교인 교류(2)

일정 및 장소	주요 참석자	논의내용 및 성과
1988. 7. 15~18 (4차, 헬싱키)	북한측 전금철 등 해외측 선우학원, 홍동근 목사, 강위조, 김동수, 이영빈 목사 등. 천주교측 옵서버로 고종옥 신부와 오석근 참석	
1990. 1. 23~25 (5차, 헬싱키)	북한측 한시해, 한웅식, 기독교도연맹 대표 등 해외측 김현환, 양은식 등	한웅식과 김현환의 기조보고 결의문 채택 ① 장벽 제거, 자유왕래, 전면개방을 위한 운동 전개 ② 주한미군 철수 촉구 ③ 북·미간 평화협정 체결 촉구
1991. 1. 30~2. 3 (6차, 프랑크푸르트)	북한측 전금철, 기독교도연맹 대표 등 해외측 선우학원, 강위조, 이영빈 목사, 조독천 목사, 안중식, 김순환, 홍동근 목사, 고종옥 신부 등	통일방안 논의 민족교회신학 정립문제 논의 통일에 관한 공동선언 채택 대남 항의문 발표 불가침조약 체결, 핵무기 철거, 유엔 단일가입 요구

* 출처 : 류성민, 《남북한 사회·문화교류에 관한 연구》;〈북한〉1990년 4월호, pp. 24~25 ; 고 마태오, 《깨어진 꿈을 안고》, 빛들, 1989, pp. 162~163.

마지막으로, 1980년대 중반 이후에도 남한 출신 기독교인들의 개인적 방북에 의한 교류는 계속되었다. 이 시기의 특징이라면, 앞 장에서도 말한 바와 같이 1980년대 중반 무렵부터 북한 당국이 고향방문뿐만 아니라 관광목적의 입국도 허용함에 따라 해외교포들의 북한방문이 크게 늘어났다는 점, 그리고 비록 소수이나 남한 기독교인들의 북한교회 방문이 시작되었다는 점이다.

해외교포로서는 홍동근 목사가 이미 1991년 6월까지 12차례나 북한을 방문하였고, 이승만 목사는 1992년 8월까지 10차례, 조동진 목사는 1994년 초까지 7차례나 북한을 방문하였다.[91] 특히 1992년 5월에 있은 조동진 목사의 방북은 남한의 한국기독교출판협의회에서 수집한 신학 및 기독교 관련서적 2천 5백여권을 전달하기 위한 것이었다는 점에서도 주목할 가치가 있다. 그는 윌리엄케리대학 총장단과 함께 북한을 방문하여 최장룡 부총장 등 김일성대학 간부들이 참석한 가운데 도서기증식을 갖고, '주체사상 국가에 있어서의 기독교 이해와 민족교회 형성의 진로를 위하여'라는 특별강연을 하기도 하였다.[92]

소망교회 당회장인 곽선희 목사, 천주교의 문규현 신부는 남한교회 소속이면서도 북한을 두차례씩 방문하였다. 문규현 신부를 포함하여, 문익환 목사와 그 부인인 박용길 장로는 남한정부의 허가 없이 북한을 방문한 경우이다. 그러나 이미 지적한 바 있듯이, 1989년에 이루어진 문익환 목사와 문규현 신부의 방북은 북한사회안에서 기독교의 위상을 크게 높여준 계기로 작용하였다. 1992년 1월에 성사된 권호경 목사의 방북은 개인자격이 아니라 기독교도연맹의 남한측 파트너로 역할해온 KNCC의 총무자격으로, 후술할 글리온회의에서 합의한 희년5개년사업에 대하여 협의할 목적으로 이루어졌다는 점에서 중요한 의의가 있다. 특히 그가 기독교도연맹의 대표와 함께 김일성을 만나 남북교회간 교류에 대한 협조를 약속받은 것은 북한교회의 사회적 위상을 크게 높여준 일로 평가된다.[93] 그러나 이전 시기와 마찬가지로, 북한 기독교인들의 남한교회 방문은 한번도 이루어지지 못하였다.

1980년대 중반 이후 북한을 방문한 남한출신 기독교인들의 주요 사례를 개신교인과 천주교인으로 구분하여 표로 정리하면 〈표 Ⅳ-25〉, 〈표 Ⅳ-26〉과 같다.

---

91) 홍동근, "평양의 기독교와 주체사상의 만남(하)", p.334 ; 조광동, 《더디 가도 우리 식대로 살지요》, p.285 ; 조동진, 앞의 글, p.4.
92) 〈크리스챤신문〉 1992년 6월 20일자.
93) "좌담: 통일희년운동의 성과와 전망", 〈기독교사상〉 1992년 3월호 참조.

〈표 Ⅳ-25〉 1988년 이후 남한출신 개별 기독교인의 북한방문에 의한 주요 교류사례(개신교)

방문시기	방북자	주요 활동
1988. 2	조동진 목사 (고려연구소 소장)	봉수교회에서 예배
1988. 9	홍동근 목사 등 5명 (조국통일북미주협회)	조선해외동포원호위원회의 초청으로 9·9절 축하단으로 방문
1988. 11 ~12	박요한 목사 (헐리우드 한인교회)	대한민국 여권으로는 최초의 방북(관광목적) 봉수교회에서 축도
1989. 3~4	문익환 목사	봉수교회 부활절 예배, 장충성당 미사 참석 신구교 지도자들과 환담 2차에 걸쳐 김일성과 회담 조평통과 공동성명 발표
1989. 3	이승만 목사(미국 NCC 아시아담당 총무), 전충림 등	봉수교회에서 부활절 예배
1989. 5	조동진 목사	봉수교회에서 예배.
1989. 7	홍동근 목사외 160명	제13차 세계평양평화축전 참가 홍동근 등 통협 대표 5인 김일성 면담
1989. 7~8	이대경 목사(재일대한기독교총회 총무) 등 재일기독교회 대표 10명	선교 및 남북의 전반적인 문제 논의 JNCC 초청 방문시 간담회와 기독자 도쿄회의 준비 남한정부가 허가한 최초의 방북 봉수교회와 원산가정교회에서 예배
1989. 8	김의환 목사(나성한인교회), 이윤영 장로	'기독교평양복음화대회' 개최에 합의
1989. 9	오은철 목사(평양복음대회 준비위원장), 임호 장로 (동 준비위원)	'평양복음화대회' 2차 협상단으로 방북. 대회 무산을 확인
1989. 9	박경서(WCC 아시아 지역 국장)	WCC와 기독교도연맹간의 관계 협의 봉수교회에서 예배
1989. 12	이정근 목사(미주기독교남북한대책협의회 의장), 김의환 목사(동회 총무)	'평양복음화대회'를 위한 협의
1990. 3	홍동근 목사	김일성대학 기독교학과 방문교수로 임명됨
1990. 4	홍동근 목사, 홍정자, 선우학원 등	평화축전에 재미예술단과 참가 김일성 면담
1990. 5	조동진 목사, 윌리엄 케리대 총장단	김일성대학 방문
1990. 8	홍동근 목사	범민족대회 참가
1990. 8	김계용 목사(전 영락교회 목사) 외	고향방문
1990. 9	홍동근 목사, 이진숙 (김계용 목사 부인) 등	김계용 목사 사망사건 조사 목적
1990. 11	조동진 목사, 윌리엄 케리대 총장단	김일성대학, 김형직사범대학 방문

방문시기	방북자	주요 활동
1990. 11 ~1991. 1	홍동근 목사	김일성대학 종교학과 기독교학 강좌 방문교수로 김일성대학 및 평양신학원에서 강의
1991. 4	선우학원·김현환 등	김일성 79회 생일 축하
1991. 7~8	재일대한기독교회 대표단	제2차 도쿄회의에의 기독교도연맹 대표단 참석에 대한 답방
1991. 9	조동진 목사	방문교수로 평양신학원에서 강의
1991. 9	곽선희 목사 (소망교회 담임)	남북교류협력법 제정 이후 국내 거주자 중 최초로 방북. 치과병원 지원 협의
1992. 1	권호경 목사	기독교도연맹과 희년5개년 사업 협의 KNCC 총회에 기독교도연맹 대표단 초청 김일성과 면담. 봉수교회에서 설교
1992. 5	조동진 목사	한국기독교출판협의회가 보내는 기독교도서 2,517권을 김일성대학에 기증 김일성대학 및 평양신학원에서 강의 김일성 면담. 봉수교회에서 설교
1992. 9	조동진 목사, 윌리엄 케리대 총장단	김일성대학 방문
1993. 3~4	조동진 목사	김일성대학 초청 봉수·칠골 교회에서 부활절예배 설교 김일성대학 및 평양신학원에서 강의
1995. 2	조동진 목사	조미이해교류협회 대표로 방북. 미국 공화당내 의원 및 우익 기독교세력과 북한간의 관계 개선 위한 활동 전개
1995. 2	김정호 목사, 선우학원 등	미주지역 '해방50주년 대축제협의회' 대표로 방북 북한 당국과 백두산 나무로 십자가 2만 2천개를 제작하기로 합의
1995. 4	재미교포 기독교인 (30여명)	평양국제체육문화축전 참관을 위한 재미동포관광단으로 방북. 해방후 최초로 봉수교회에서 북한 신자들과 연합예배
1995. 7	박용길 장로 (문익환 목사 부인)	김일성 사망 1주기 추모식 참석 김정일과 면담. 판문점 통해 귀환
1995. 8	이승만 목사	기독교도연맹의 미국장로교회 방문에 대한 답방 미국 장로교인 3천명의 통일염원 담은 기념품 전달
1995. 8	곽선희 목사	치과병원 건립문제 협의. 친인척 상봉 남북 기독교인 교류방안 협의 기독교도연맹 위원장을 남한에 초청

* 출처 : 조동진, 앞의 글, p.49 ; 변진흥, "통계로 본 북한 48년", 《평양에 부는 바람》; 박요한, 《평양의 낮과 밤》, 부흥출판사, 1989 ; 문익환 외, 앞의 책, pp.56~105 ; 박경서, "통일을 위한 남북교회의 역할", 〈기독교사상〉 1991년 10월호 ; 〈기독교신문〉 1989년 7월 23일자, 12월 24일자 ; 〈크리스챤신문〉 1989년 9월 30일자, 1995년 9월 2일자 ; 〈복음신문〉 1989년 11월 26일자 ; 〈한국기독공보〉 1989년 11월 25일자 ; 〈새누리신문〉 1995년 3월 4일자, 9월 9일자 ; 〈종교신문〉 1991년 6월 26일자 ; 〈조선일보〉 1989년 7월 7일자, 9월 29일자, 1995년 5월 1일자.

〈표 Ⅳ-26〉 남한출신 개별 기독교인의 북한방문에 의한 교류(천주교)

방문시기	방 북 자	주 요 활 동
1987. 6	장익 신부	평양 '남남협력을 위한 비동맹 특별각료회의'에 바티칸 대표단 일원으로 참석 천주교 신자 5명 면담
1988. 10	장익·정의철 신부	교황청 특사 자격으로 방문 장충성당에서 축성미사 집전 성작과 미사경본 등 미사도구 기증
1989. 2	박창득·남해근·조영희 신부 외 교포 신자 8명	북미주 가톨릭관광단으로 방문 장충성당에서 미사 봉헌
1989. 6	문규현 신부	천주교정의구현사제단에서 파견 통일기원 미사의 남북 동시봉헌 목적
1989. 7~8	문규현 신부	천주교정의구현사제단에서 파견 전대협 대표 임수경의 귀환동행 목적 판문점 통해 귀환
1989. 10	박창득·남해근·김광남 신부 외 미주교포신자 16명	미주한인신자 북한방문단(1차)으로 방문 장충성당에서 남북한 합동미사 봉헌
1991. 3~4	고종옥 신부	장충성당에서 부활대축일미사 봉헌
1991. 4	김현욱·박관용	IPU 평양총회 참석차 방문 장충성당 방문. 피아노 기증
1992. 9	홍문택 신부	제8차 남북고위급회담 취재기자단 일원으로 방문
1995. 4	안상인·고석준 신부 외 미주교포신자	미주한인신자 북한방문단(2차)으로 방문 김수환 추기경의 메시지 전달 묵주와 기도서 등을 선물

* 출처: 이동호, 앞의 글;《한국천주교 통일사목자료집 Ⅰ》;〈평화신문〉1995년 4월 30일자, 5월 14일자.

5. 국제적 연대활동(2) : 남북한 기독교인들의 만남

1980년대 중반 이후에 남북한 교회간의 교류가 활성화됨으로써 북한 기독교는 새로운 역사적 전기를 맞게 된다. 이전까지 냉전적 분단체제하에서 이질성을 심화시켜왔던 남북한 교회가 이제 분단의 상처를 치유하려는 적극적인 노력을 기울이기 시작한 것이다. 이 시기 남북한 교회간 교류와 협력의 활성화는 다음의 세 측면들을 포함한다. 먼저 이 시기에 남북한 기독교인들간의 직접적인 교류와 연대가 비로소 '개시'되었다. 또한 남북한 기독교인들간 만남의 '빈도'가 급격히 증가하였다. 마지막으로 남북한 기독교인들간 만남의 방식이 '다변화'되었다. 남북한 기독교인들이 만나는 방식 가운데 중요한 것으로는 ① WCC를 통한 '남북기독교 국제협의회'(이른바 글리온회의), ② WCC 계열의 각국 교회협의회를 통한 만남, ③ 재일대한기독교회 총회를 통한 '조국의 평화통일과 선교를 위한 기독자 도쿄회의'(이른바 도쿄회의), ④ 북미주기독학자회의 연례대회를 통한 모임 등을 들 수 있다. 각각에 대해 순서대로 살펴보도록 하자.

우선, 글리온회의로 불리고 있는, WCC를 통한 남북기독교 국제협의회가 1986년에 개시되어 1995년까지 네차례 개최되었다. 이 모임은 WCC가 주선하는 만남인만큼 남한교회의 NCC 가맹 교단들과 북한의 기독교도연맹간의 연대활동으로 특징지워진다. 1986년 9월 남북한 개신교 대표자 11명은 스위스 글리온에서 한국전쟁 이후 최초의 역사적인 재회를 하였다. 이 만남은 1984년의 도잔소회의 이래 남북한 개신교인들과 WCC측의 끈질긴 노력이 맺은 결실이었다. 2년후인 1988년 11월에는 남북한 개신교 대표 18명이 참가한 두번째의 회합이 같은 장소에서 열렸다. 여기서 남북한 개신교도들은 1995년을 "통일 희년의 해"로 선포함으로써 민족의 평화적 통일을 이룩하는 데 기독교인들이 앞장설 것을 강력히 결의함과 아울러, 한반도에서의 긴장완화와 평화구축문제에 관해 포괄적이고도 전향적인 합의에 도달하였다. 또 이 회의에서는 매년 8월 15일 직전 주일을 공동기도일로 지킬 것을 약속하였다. 다시 2년후인 1990년 12월에 세번째 회의가 개최되었다. 3차 회의에서 남북한 교회 대표들은 1995년의 희년까지 '희년5개년사업'을 추진하기로 합의하였다. 이후 남북관계가 경색됨으로써 글리온회의는 5년간이나 열리지 못하였고, 1988년 제2차 글리온회의에서 통일희년으로 정한 1995년에야 네번째 회의가 열릴 수 있었다. 이 해 1월 북경에서 있은 준비회의를 거쳐 3월에 열린 4차 회의에서는 통일희년을 맞아 남북한 기독교인들이 판문점에 모여 '8·15 희년 공동예배'를 열기로 합의하였다. 그러나 판문점 희년 공동예배는 남한 당국의 불허로 무산되었다.

글리온회의는 이 시기에 이루어진 다양한 남북한 기독교인들의 교류 가운데서도 가장 비중있고, 또한 가장 풍요로운 성과를 산출한 만남이었다. 또 이로써 기독교도연맹으로 결집한 북한 기독교인들은 길게는 분단 이래, 짧게는 1970년대 이래 민족의 이해관계에 헌신하는 기독교상을 당국과 주민들에게 제시하려는 노력에서 가장 괄목할 만한 성과를 거두었다고 말할 수 있다. 4차에 걸친 글리온회의의 일정과 참석자, 주요 논의내용과 성과를 요약하면 〈표 Ⅳ-27〉과 같다. 이 회의는 1차부터 3차까지는 스위스 글리온에서, 4차 회의는 일본의 간사이에서 열렸다.

〈표 Ⅳ-27〉 세계교회협의회를 통한 남북한 기독교인 교류(글리온회의)

일 정	참 석 자	논의 내용 및 성과
1986. 9. 2~5 (1차, 글리온)	북한측 고기준·김남혁·김운봉·김재연·김혜숙 등 5명 남한측 강문규·김봉록·김준영·김소영·김윤식·이영찬 등 6명	양측의 주제 발표(고기준·강문규) 남북한 대표들의 공동 성만찬 거행 정치적 차이를 고려하여 공동성명은 발표하지 않기로 합의
1988. 11. 23~25 (2차, 글리온)	북한측 고기준·김남혁·김운봉·김혜숙·엄영선·이문영 등 7명 남한측 강문규·김준영·김성수·장기천·박봉배·조용술·이의호·김석태·윤영애·김형태·이효재 등 11명	'한반도의 평화와 통일을 위한 글리온선언' 채택, 7개항을 공동결의 ① 1995년을 통일희년으로 선포 ② 평화통일 5대 원칙 채택 ③ 분단고착정책의 배제 ④ 상호신뢰 회복을 위한 우선순위 채택 ⑤ 불가침선언, 군축 및 비핵화, 외국군 철수 요구 ⑥ 이산가족 재회를 포함한 교류와 군사정치 대결 해소를 위한 동시적 접근 추진 ⑦ 기독교도연맹과 NCC의 에큐메니칼 교류 통로 개설 매년 8·15 직전 주일을 '평화통일 기도주일'로 정하고 '공동기도문' 채택
1990. 12. 2~4 (3차, 글리온)	북한측 고기준·김혜숙·박춘근·량수웅·김철민·최인덕 등 6명 남한측 김성활·권호경·장기천·이재정·박봉양·서광선·강문규·인명진·	'한반도 평화와 통일희년 준비를 위한 5개년 공동작업계획' 9개항에 합의 ①'민족통일을 위한 세계기도주일'을 위한 남북 공동예배 및 공동기도문 작성 ② 남북교회내에서의 평화·통일교육 실시 ③ 민족통일을 위한 남북교회의 연대사업 전개

	김소영·주계명·강병훈· 김순진·곽선희·최세웅 등 14명	④ 남북당국간 상호불가침선언, 단계적 군축 실현 및 대규모 군사훈련 즉각 중지 촉구 ⑤ 통일관련 구속인사 석방운동 ⑥ 당국의 남북교류 창구단일화 반대, 민간접촉에 장애가 되는 법률·제도 폐지운동, 남북 기독교인들의 평양·서울 방문 노력 ⑦ 이산가족 상봉과 고향방문 실현을 위해 노력 ⑧ 세계교회와 통일 관련사업 공동 추진 ⑨ 공동사업 추진을 위해 필요한 실무기구 설치
1995. 3. 28~31 (4차, 간사이)	북한측 강영섭·유병철 등 5명 남한측 오충일·박종화·이 삼열 등 21명	공동 합의문 채택 ① 판문점에서 8·15 희년 공동예배 개최 ② 통일의 법적 장애물 제거에 노력 ③ 남북 기본합의서 이행 촉구 ④ 비핵화선언 이행 촉구 ⑤ 장기수 송환, 양심수 석방, 정신대문제 사과와 보상 및 배상 촉구

* 출처 : 류성민, 《남북한 사회·문화교류에 관한 연구》, pp. 44~47 ; 에리히 바인가르트너, "WCC 국제문제위원회 글리온회의 참관기" ; 강문규, "남북교회의 만남과 앞으로의 과제", 〈기사연무크〉 3호, 1991, p. 79 ; 강문규, "한반도 평화통일을 위한 제2차 글리온회의", 〈교회와 세계〉 1989 ; 김순진, "통일희년 성취를 위한 계획수립", 〈기사연무크〉 3호 ; 통일신학동지회, 앞의 책, pp. 332~334 ; 박성준, "1980년대 한국기독교 통일운동에 관한 고찰", 〈신학사상〉 1990년 겨울호, pp. 963~964 ; 김소영, "코리아 평화와 통일을 위한 제4차 국제협의회", 〈기독교사상〉 1995년 5월호 ; 이삼열, "희년맞이 교토회의의 낙수", 〈기독교사상〉 1995년 5월호.

글리온회의에서 남북한 교회 대표들이 1995년을 통일희년으로 선포함에 따라 이에 따른 다양한 프로그램들이 진행되었다. 1988년에 있은 제2차 회의의 결의에 따라 1989년부터 남북한 교회는 매년 8·15 직전 주일을 '평화통일을 위한 기도주일'로 정하고 공동 예배문으로 기도해왔다. 1993년부터는 남한교회에서 구상하고 북한교회에 제안하여 긍정적 반응을 얻음으로써 '평화와 통일을 바라는 남북인간 띠잇기대회'가 추진되었다. 이는 1993년부터 1995년까지 3개년계획으로 구상된 것으로서, 1993년에는 독립문－판문점－개성, 1994년에는 대전－판문점－평양, 1995년에는 한라산－판문점－백두산까지 인간띠를 이음으로써 민족적으로 통일의식의 확산을 기하자는 것이었다. 이를 위해 1993년 7월 권호경 NCC 총무가 북경에서 기독교도연맹 국제부 김철수 부부장과 실무협의를 진행시키기도 하였지만,

첫해부터 북한 기독교인들의 참여는 성사되지 못하였다.[94]

남북한 교회들의 만남과 연대가 이루어지는 또다른 채널은 미국·독일·일본·캐나다 등 WCC 회원교회들의 주선에 의한 것이었다(〈표 Ⅳ-28〉참조).

기독교도연맹 대표들은 위에서 지적한 사례 외에도 세차례에 걸쳐 미국교회의 초청으로 미국을 방문하여 남한 기독교 대표들과 만날 기회를 가졌다. 우선, 1991년 11월에 고기준 목사 등 기독교도연맹 대표단은 미국교회협의회(NCCCUSA) 총회에 초청을 받아 KNCC의 권호경 총무를 비롯한 2명의 남한교회 대표와 만났다. 대표단은 같은 시기에 '평화통일 선교대회'에서 남한의 김영주 목사를 비롯한 4명과도 접촉하였다. 또 기독교도연맹 대표단은 미국장로교 총회의 초청으로 미국에서 두번 남한교회 대표들과 만날 수 있었는데, 그 첫번째 만남은 1991년 6월에 미국장로교 총회 석상에서 고기준·이성봉 목사 등이 남한측의 남정규 목사와 장기천 감독을 만난 것이었다.[95] 두번째 만남은 1995년 7월 강영섭·이창순 목사, 리성숙 전도사 등 9명으로 구성된 북한 기독교 대표단이 미국장로교 총회가 주최한 '평화통일 희년예배'에 김기수·배야섭·김옥인 목사, 이삼열 교수 등 남한에서 온 48명의 기독교 지도자들과 함께 참여한 일이었다. 이 예배에서는 한라산과 백두산에서 각각 가져온 나무로 십자가를 만드는 예식을 가졌으며, 이외에도 남북한 교회 지도자들은 희년축제와 통일음악회를 함께하였다.[96]

1990년대에 들어서면서 남북한 교회 지도자들은 재일대한기독교회 총회를 통한 또다른 만남의 채널을 얻을 수 있었다. '조국의 평화통일과 선교에 관한 기독자도쿄회의'가 바로 그것인데, 1990년부터 1995년까지 모두 네차례에 걸쳐 열렸다. 북한교회 대표들은 네번의 모임에 모두 참여하였지만, 남한교회 대표들은 남북 기독자가 자주적으로 한반도에서 만나기로 한 글리온회의의 결정을 들어 세번

---

94) 1993년 대회에는 남한교회만으로 독립문에서 임진각까지 6만 5천여명에 의해 48km의 인간띠가 형성되었다. 1994년의 인간띠잇기대회는 남한의 NCC가 중심이 되어 개신교·천주교 등 6개 종단, YMCA 등 6개 시민단체로 참가범위를 확대하여 추진되었고 북한의 조선종교인협의회에 공동개최를 제안하기도 하였으나, 남한 당국의 자제요청에 따라 '평화통일기원대회'로 전환하여 각 종단과 시민단체 대표 2천여명만이 참가한 가운데 치뤄졌다(편집부, "평화와 통일을 바라는 남북인간띠잇기대회", 〈기독교사상〉1993년 9월호 ; 김상근, "통일희년운동의 평가와 전망", 〈기독교사상〉1994년 12월호 ; 강문규, "인간띠잇기대회와 통일희년", 〈기독교사상〉1994년 8월호).

95) 류성민, 《남북한 사회·문화교류에 관한 연구》, p.34 ; 〈종교신문〉1991년 6월 26일자.

96) 〈한겨레신문〉1995년 7월 7일자 ; 〈한겨레 21〉1995년 7월 13일자, pp.34~35 ; 〈크리스챤신문〉1995년 8월 12일자.

〈표 Ⅳ-28〉 각국 교회협의회를 통한 남북한 기독교인 교류

주최	일정 및 장소	주요 참석자	논의내용 및 성과
미국	1989. 4. 23~26 워싱턴	북한측 고기준·김운봉·김남혁·김혜숙 등 4명 남한측 권호경·박봉배·박종화·정광훈·송미현 등 5명	기조연설(권호경·고기준), 문화의 밤 행사 한반도 평화통일을 위한 화해의 캠페인 선언서 채택 1990년 KNCC 총회와 '정의·평화·창조질서 보전(JPIC)' 서울대회에 기독교도연맹 대표 참석 노력에 합의
독일	1989. 6. 10 베를린	북한측 이성봉 등 4명 남한측 안병무·배성룡 등 5명	독일교회의 '교회의 날'(Kirchentag) 행사에 독일개신교총회(EKD)가 초청 한독문화협회가 주최한 '통일염원제'에 참가
일본	1989. 9. 29~30 도쿄	북한측 이철·김운봉·김남혁·량수웅 등 4명 남한측 권호경·강문규·유경재·강신석·한경수·이삼열·전병호·박달용·정철범·전용휘 등 10명(NCC 비가맹교단인 예장 개혁측에서 변남주·조경대·김규섭 목사가 옵서버로 참석)	통일신학의 구성문제, 통일방안 등 논의 남북한 교회 대표 세차례 공동예배 북한측에 신학서적 300여권 전달 1990년의 KNCC 총회와 서울 JPIC 대회에 북한대표 참여 약속. 여기서 희년준비를 위한 구체적 방안 마련하기로 합의
캐나다	1990. 10 토론토	북한측 고기준 등 5명 남한측 권호경 등 8명	통일희년 5개년 공동사업에 대한 실무협의 진행 KNCC와 기독교도연맹으로 교류창구의 단일화에 합의

* 출처:류성민,《남북한 사회·문화교류에 관한 연구》, p.49; 이삼열, "한국 개신교회의 통일운동,〈사목〉1992년 6월호; 권호경, "워싱턴에서 만난 남북의 교회",〈기독교사상〉1989년 6월호; "좌담:통일희년운동의 성과와 전망",〈교회와 세계〉1991년 11월호, p.69;〈크리스챤신문〉1989년 6월 24일자;〈기독교신문〉1989년 10월 8일자.

째 회의에 불참하였다.[97] 개최지를 따서 통상 '도쿄회의'로 불리고 있는 이 모임은 2차 글리온회의와 3차 글리온회의의 성과를 구체화하는 기능을 발휘하였다. 또 이 회의는 비록 KNCC 가맹 교단들이 주도권을 행사하였으나, 비가맹 교단들의 참여폭이 점점 확대됨으로써 북한교회에게 남한의 보수 교단들과 대화할 기회를 제공하기도 하였다. 특히 1994년에 열린 4차 회의는 재일대한기독교회뿐 아니라, KNCC 가맹 교단인 한국기독교장로회, 기독교대한감리회, 대한예수교장로회 통합측이 비가맹 교단인 대한예수교장로회 합동측 및 대한예수교장로회 대신측과 공동으로 주최하였다. 재일대한기독교회 총회 대표단은 도쿄회의와 관련하여 두차례에 걸쳐 북한을 방문하기도 하였는데, 1989년 7월의 첫번째 방문에서는 도쿄회의를 위한 준비작업이 이루어졌고, 1991년 7월부터 8월까지의 두번째 방문은 제2차 도쿄회의에 기독교도연맹 대표들이 참석한 데 대한 답방형식으로 이루어졌다.[98] 이 회의의 일정과 주요 참석자, 주된 논의내용과 성과를 정리하면 〈표 Ⅳ-29〉와 같다.

〈표 Ⅳ-29〉 재일대한기독교회 총회를 통한 남북한 기독교인 교류(도쿄회의)

일정	주요 참석자	논의 내용 및 성과
1990. 7 10~13 (1차)	북한측 고기준·김운봉·엄영선·김남혁·조길남 등 5명 남한측 강문규·권호경·장명석·노정선·이경숙 등 NCC 및 5개 교단 대표 34명 해외측 김인식·이승만·이창식·김원삼(미국)·정동석·이성갑·박철순·엄영흠(캐나다)·신홍섭(독일)·이대경·김군식 등 7인(일본) 등 16명, 기타 옵서버 30여명	주제강연과 분과토의, 성서연구, 공동예배와 성찬식, 특별공개강연, 해외동포교회들의 평화통일운동 보고, 환영만찬과 문화의 밤 평화통일희년을 향한 합의문 채택 ① 통일의 출발점으로 '화해와 공존'의 자세 확인. 분단 죄책의 회개운동 전개 ② 남북간 자유왕래와 개방 위한 법적·제도적 조치, 이산가족 상봉, 구속자 석방 촉구 ③ 군축, 평화협정, 불가침선언, 외세 및 핵무기 철수 등 글리온선언 내용 지지 ④ 남북고위급회담 실현 촉구. 남북교회 만남과 협의 희년계획 수립 및 실천 ⑤ 평화통일기도주일행사 등 공동의 행사 준비, 상호교류 ⑥ 남북교회의 한반도내 만남 위해 노력 ⑦ 해외교회와의 연대 강화

---

97) 〈한국기독공보〉 1992년 10월 10일자.
98) 〈종교신문〉 1991년 6월 26일자.

1991. 7. 9~12 (2차)	북한측 고기준 목사 등 4명 남한측 박순경 교수 등 37명 해외측 20여명	주제강연, 북한교회의 글리온 및 도쿄합의문 실천에 대한 보고, 해외동포교회들의 평화통일운동 보고, 한국의 밤 축제 결의문 채택 ① KNCC와 기독교도연맹의 통일운동 지지 ② 평화통일해외동포협의회 결성 위해 노력 ③ 희년 5개년 사업의 지원과 실천 다짐. 모든 평화통일운동단체들과의 협력
1992. 10. 20~22 (3차)	북한측 5명 남한측 불참	주제 : 민족 대단결에 대한 신학적 평가 주제강연, 성경연구, 예배와 경건회 결의문 채택 ① 민족대단결에 기초한 자주평화통일원칙 확인 ② 남북합의서, 비핵화공동선언 이행 촉구 ③ 남북교회 교환방문에 의한 통일기도회 개최
1994. 5. 31~6. 2 (4차)	북한측 강영섭·이천민·황시천·이춘구 목사·김남혁 등 5명 남한측 5개 교단 및 NCC, 관계기관, 개신교측 옵서버 등 74명 해외측 38명 천주교·불교 옵서버 3명	주제 : 민족대단결원칙을 실현하기 위한 교회의 역할 주제강연, 성서연구, 예배 및 경건회, 성찬식, 지역보고, 통일잔치 결의문 채택 ① 남북한 당국에 정치군사적 경쟁과 불신, 외세간섭 배제 촉구 ② 한민족의 공존을 위한 핵문제 해결 촉구 ③ 전쟁분위기를 조성하는 군사훈련 반대 ④ 통일기도회, 연합예배, 상호간 선교유적지 탐방, 선교역사 공동집필 추진 ⑤ 남한의 교과주의, 정복주의 전도운동 반대 ⑥ 재일동포 불평등대우 시정요구 ⑦ 해외교회, 평화통일운동단체와의 연대 ⑧ 통일조국 성취로서의 희년 실현 위해 노력

* 출처 : 류성민,《남북한 사회·문화교류에 관한 연구》, pp.47~49 ; 변진홍, "남북한 종교교류의 전개과정", pp.407~408 ;《제4회 조국의 평화통일과 선교에 관한 기독자 도쿄회의' 자료집》1994. 5. 31 ;〈한국기독공보〉1990년 7월 21일자 ;〈기독신보〉1990년 7월 21일자 ;〈복음신문〉1990년 7월 22일자.

남북한 교회 지도자들이 정례적으로 만날 수 있었던 또다른 채널은 북미주기독학자회의의 주선에 의한 것이었다. 북미주기독학자회의는 1989년부터 매년 열리는 학술대회에 남북한의 기독교 학자들과 북한의 지도급 학자들을 초청하여 통일을 지향하는 학문적 토론을 주선해왔다. 1989년과 1990년에는 북한과 남한이 번갈아 불참하여 반쪽 대회가 되고 말았다. 그러나 1991년부터는 남북한 모두가 참가한 가운데 통일에 기여하는 기독교인의 역할에 관한 활발한 토론이 이루어졌다. 이 모임은 남북한 교회간의 교류와 연대에 관한 정책적 결정이 내려지는 자리는 아니지만, 남북한 기독교인들로 하여금 상대방의 의식세계를 더욱 심층적으로 이해할 수 있는 기회를 제공하였다. 이런 면에서 북미주기독학자회의는 1980년대 초부터 계속된 '조국통일을 위한 북과 해외동포 기독자와의 대화'와 유사한 기능을 수행하면서도, 이를 한단계 발전시켰다고 할 수 있다. 북미주기독학자회의가 연례 학술대회에 남북한 학자들을 초청하기 시작한 1989년부터 최근까지 이 모임의 개요를 정리하면 〈표 IV-30〉과 같다.

이밖에도 남북한 기독교 지도자들은 1980년대 중반 이후 몇 차례 제3국에서 만날 기회를 가졌다. 이미 지적한 바 있듯이, 1989년 8월 모스크바에서 개최된 WCC 중앙위원회에서 남북한 교회 지도자들이 만날 수 있었다. WCC 중앙위원회에 참석한 남한교회 인사는 중앙위원인 김형태·김준영 목사와 국제문제위원인 강문규 YMCA 총무였으며, 북한에서는 기독교도연맹 서기장인 고기준 목사와 조직부장인 엄영선, 통역관인 김형덕이 방문자 자격으로 참석하였다.[99] 또 1991년 10월에는 네팔에서 열린 제4차 ACRP 총회에 남북한 종교인들이 동시에 참석함으로써 서로 만날 기회를 가졌는데, 특히 천주교 신자인 임진창 서강대 교수는 조선천주교인협회 중앙위원인 한인철과 만나 남북한 신자간의 교류협력방안을 논의하기도 하였다.[100] 또 1991년에 있었던 제1회 대회(워싱턴)에 이어 1992년 10월 도쿄에서 열린 '제2회 코리아기독교평신도세계대회'에서도 남북한 기독교인들의 만남이 이루어졌다. 코리아기독교평신도세계협의회(대표회장 정연택)가 주관한 이 모임에는 기독교도연맹을 대표한 북한측 기독교 지도자 5명이 참가하여 '선교와 통일'이라는 주제로 특강을 맡았으며, 남한측에서는 역시 특강을 맡은 오관석, 김소영 목사를 비롯한 다수의 평신도 지도자들이 참여하였다.[101]

마지막으로, 남북한 기독교인들간의 직접적인 만남은 이루어지지 못하였으나, 남한 기독교인이 북한학자나 사회단체 지도자들과 만남을 가진 사례들도 몇 차례

---

99) 〈기독교신문〉 1989년 8월 13일자 ; 〈기독교연합신문〉 1989년 8월 6일자.
100) 《한국천주교 통일사목자료집 I》, p. 532.
101) 〈한국기독공보〉 1992년 11월 14일자 ; 〈기독교신문〉 1992년 10월 18일자.

〈표 IV-30〉 '북미주기독학자회의'를 통한 남북한 기독교인 교류

일정 및 장소	주요 참석자	주 제
1989. 6. 1~3 (23차 대회) 미국 뉴저지주 성엘리자베스대학	북한측 불참 남한측 1명(목원대 송기득 교수)	민중신학과 주체사상의 통일지향 사상으로의 발전가능성
1990. 8. 9~11 (24차 대회) 중국 북경	북한측 김운봉·이성봉·최옥희·박승덕 등 4명 남한측 불참	우리 민족사에 있어서 기독교의 위치
1991. 5. 28~30 (25차 대회) 미국 뉴욕주 스토니포인트	북한측 최옥희·박승덕·한시해·김구석 등 8명 남한측 이만열·한완상·박순경·송건호·지명관 등 6명	새 민족공동체 형성을 위한 기독인의 사명
1992. 7. 9~11 (26차 대회) 미국 뉴욕주 호프스트라대학	북한측 강영섭·박승덕 등 남한측 서광선·이삼열·박명철·윤정옥·김윤옥 등	민족통일을 위한 신학과 민족주의 재정립
1994. 8. 19~21 (27차 대회) 미국 애틀란타주 에모리대학	북한측 김일성 애도기간으로 불참 남한측 노정선 등 중국 대표 3명 참석	한반도 통일과 가치체계

* 출처 : 북미주기독학자회, 앞의 책 ; 변진홍, "남북한 종교교류의 전개과정", pp. 411~412 ; 노정선, "김일성시대 이후 북한 핵문제와 통일운동의 길", 〈기독교사상〉 1994년 10월호, pp. 152~153.

있었다. 우선, 1991년 3월 미국 캘리포니아대학 종교평의회와 한인학생회가 공동 주관한 '한반도의 평화통일을 위한 전망'이라는 주제의 심포지엄에 북한에서는 박영수 조평통 부위원장과 김경남 통일문제연구소 연구원, 남한에서는 박형규 목사가 이영희·정현백 교수 등과 함께 주제발표를 한 바 있다.[102] 또 1991년 5월(도쿄)과 11월(서울), 1992년 9월(평양)의 세 차례에 걸쳐 남북한 여성대표들이 일본 여성계 지도자들의 주선으로 '아시아의 평화와 여성의 역할'이라는 토론회에서 만났는데, 토론회 자체가 기독교적 모임도 아니었고, 북측은 물론이고 일본측도 일부만이 기독교인이었으나, 남측 대표단은 거의 기독교인으로 구성되어 있었다.[103] 또

---

102) 《한국천주교 통일사목자료집 I》, p. 529 ; 〈통일못자리〉 3, p. 8.

1994년 2월 남북한 종교학자 및 신학자들이 모인 가운데 국제고려학회 주최로 북경에서 열린 '통일을 지향하는 철학'이라는 주제의 제2차 국제학술토론회에는 목원대학의 송기득 교수가 '한국의 그리스도교신학은 겨레의 통일을 위해 무엇을 할 것인가?'라는 주제발표를 하는 등 남한 기독교계 인사들(안병무·박성준·채수일·송기득 등 4명)이 불교·원불교 계통 학자들과 함께 참여하였다.[104] 1992년 8월과 1994년 8월에는 남한의 한국신학연구소와 일본 도미사카 그리스도교센터가 공동주관하는 '동아시아의 연대성 발전을 위한 국제학술토론회'가 각각 도쿄와 상해에서 개최되었다. '제1차 세계대전 이후 동아시아에는 어떤 가능성이 있었는가?'라는 주제로 열린 제1차 학술토론회는 북한측 학자들이 참석하지 못하였지만, '제2차 세계대전 이후 동아시아의 평화문제'를 주제로 한 제2차 토론회에는 박승덕 등 5명의 북한학자들이 참석하였다. 남한측에서는 주제발표를 맡은 고려대 최장집 교수를 비롯하여 김경재 등 다수의 학자들이 참여하였다. 이 토론회의 참석자들은 1996년에 서울에서 '동아시아의 평화를 어떻게 실현할 것인가?'라는 주제로 토론회를 계속하기로 결정하였다.[105] 비록 북한의 기독교인이 직접 참여한 것은 아니라 해도, 이상의 여러 만남들은 남한의 진보적인 신학계를 대표하는 인사들이 북한 학자들과 접촉할 수 있는 기회를 제공함으로써 북한 지도층의 기독교에 대한 변화된 태도를 조성 혹은 강화하는 데 간접적으로 기여하였으리라고 생각된다.

이상에서 살펴본 것처럼, 1980년대 이후 남북한 기독교 지도자들의 교류와 연대활동이 급속하게 활성화되었음에도 불구하고, 제3국이 아닌 한반도에서의 만남은 성사되지 못하였다. 그러나 한반도에서의 만남을 위한 남북 기독교인들의 노력은 이 사이에도 꾸준히 계속되었다. 특히 1989년 9월에 열린 일본교회협의회 주최의 '동아시아의 평화와 교회의 사명 협의회'에서 다시 만난 남북한의 기독교 지도자들은 향후에는 '우리 땅'에서 만나기로 합의하였다. 이를 위해 일차로 1990년 2월 남한에서 열리는 NCC 총회에 북한교회 대표가 참가하기로 하고, 이것이 성사되지 못하면 1990년 6월 이전에 해외에서 다시 만나기로 하였지만, 두가지 계획은 모두 성사되지 못하였다.[106] 1990년의 제3차 글리온회의에서도 남북한 교

---

103) 김윤옥, "아시아의 평화와 여성의 역할 : 평양토론회의 보고와 전망", 〈기독교사상〉 1992년 10월호.
104) 〈새누리신문〉 1994년 3월 12일자. 1차 토론회는 1991년 7월 중국 길림시에서 개최되었다.
105) 김경재, "동아시아의 평화와 연대성 발전 : 참관기", 〈신학사상〉 1994년 가을호. 두차례의 회의에서 발표된 논문들은 〈신학사상〉 1992년 겨울호와 1994년 가을호에 실려 있다.
106) 박성준, 앞의 글, p. 963.

회 지도자들은 통일희년을 준비하기 위해서는 매년 서울과 평양을 왕래하는 정례적인 모임이 필요하다는 데 합의하고, 1991년에는 9월에 평양에서 만나자고 약속한 바 있다. 1991년 2월 호주 캔버라에서 열린 WCC 7차 총회에 참석한 남북한 기독교 지도자들은 '남북한 평화통일을 위한 기독자회의'를 그 해 9월 평양에서 열기로 재차 합의하고 이의 구체적 일정협의를 위해 6월에 서울에서 예비실무회담을 갖기로 하였으나, 이 역시 성사되지 못하였다. 드디어 1992년에는 KNCC의 권호경 총무가 직접 평양을 방문하여 이 해 2월의 제41차 NCC 총회에 북한교회의 대표단이 참여할 것에 합의한 후 김일성으로부터 협조를 약속받았고, 그 직후에 판문점에서 남북한 교회 대표들이 다시 만나 실무회담까지 가졌으나 남한정부의 비협조로 무산되고 말았다.[107] 이밖에도 남한의 한국기독교남북대책위원회에서 1989년 성탄절과 1990년 부활절에 북한대표를 초청하거나,[108] KNCC와 한국기독교장로회에서 평양 칠골교회 헌당예배에 대표단을 파견키로 하거나,[109] 천주교정의구현전국사제단이 조선천주교인협회와의 협조 아래 1990년 8월 평양과 판문점에서 공동미사를 봉헌하기로 추진하는[110] 등 다양한 시도가 있었지만, 남북한 당국의 비협조로 끝내 결실을 맺지 못하였다. 가장 최근에는 1995년 3월에 있은 제4차 글리온회의에서 통일희년을 기념한 공동예배를 8월에 판문점에서 갖자고 약속하였지만, 북한교회는 8월 13일 판문점에서 단독으로 희년기념예배를, 남한교회는 서울에서 국제희년예배를 따로 가질 수밖에 없었다.[111] 한반도에서의 만남을 위한 기독교인들의 여정은 계속되고 있지만, 이 길은 민족통일로의 여정처럼 험난하기만 하다.

---

107) 〈교회와 세계〉 1992년 3월호, pp. 71~75 참조.
108) 〈한국교회신문〉 1989년 10월 29일자 ; 〈기독교연합신문〉 1990년 1월 21일자.
109) 〈크리스챤신문〉 1989년 10월 21일자.
110) 〈가톨릭신문〉 1990년 8월 12일자, 8월 19일자.
111) 〈새누리신문〉 1995년 9월 9일자.

□ 부록 1

해방 이전 북한지역에 설립된 교회

* 1945년 이전에 북한지역에 설립된 교회(교회 이름 가나다 순, 만주지역 포함).

이 자료는 장로교의 총회록, 감리교의 연회록, 〈감리회보〉, 《조선야소교장로회연감》(총회종교교육부, 1940), 《재만기독교개황》(민생부 후생사, 1940), 〈조선총독부관보〉, 《한국구세군사》(장형일, 1975) 등을 조사하여 한국기독교역사연구소에서 1994년에 데이터베이스화한 것으로, 문화체육부에서 발행한 《북한지역 종교자료집》(1994)에 부록으로 실어 공개한 바 있는 것을 보완하였다.

교회 이름	교 파	설립연도	설 립 자	소 재 지
가당(柯堂)교회 1	장로교			황해도 은율군 이도면 가당리
가당(柯堂)교회 2	장로교			황해도 장연군 낙도면 낙홍리
가도(枷島)교회				평북 철산군 백량면 가도동
가동(茄洞)교회	장로교			평남 용강군 오신면 가양리
가목사교회	침례교	1937	황영권	북만주
가물(加物)교회	장로교			평북 강계군 이서면 가물동
가물남(嘉物南)교회	장로교	1905	정용경 외 1	평북 선천군 수청면 가물남동
가사당(佳仕堂)교회	장로교			평북 후창군 칠평면 중흥동
가생리(可生里)교회	감리교			평남 강서군 수산면 가생리
가암리(加岩里)교회	장로교			평남 중화군 풍동면 가암리
가양리교회	장로교			평남 용강군 오신면 오신리
가여주교회	감리교			평천지방
가정(佳井)교회	감리교			황해도 김천군 동화면 매서리
가진(加進)교회	장로교			함남 영흥군 고녕면 가진리
가창(加倉)교회	장로교			평북 벽동군 가별면 가창동
가채동(歌採洞)교회	감리교			황해도 신계군 미수면 가무리
가토미교회	감리교			경기도 개풍군 북면 가토미리
가평교회	감리교			강원도 통천군 벽양면 가평리
가현(可峴)교회	감리교			평남 강서군 수산면 가현리
가현(加峴)교회	장로교			평남 대동군 임원면 가현리

교회명	교파	설립연도	설립자	위치
가흥동(可興洞)교회	장로교			중국 간도 명월구
각금리(覺今里)교회 1	장로교	1900	강승국 등	평남 대동군 남곳면 각금리
각금리(覺今里)교회 2	장로교	1913	한용찬 등	평남 중화군 천곡면 각금리
간대리(間垈里)교회	장로교			평북 초산군 송면 원대동
간도(間島)교회	침례교	1912. 5		만주 간도성 연길현
간동(間洞)교회	장로교	1922		평북 선천군 신부면 농건동
간동장리(看東場里)교회	장로교	1899	현봉주 등	평남 중화군 간동면 간동장리
간리(間里)교회 1	장로교	1901		평남 대동군 남곳면 간리
간리(間里)교회 2	장로교	1908		평남 대동군 재경리면 간리
간성(干城)교회	장로교			황해도 신천군 가산면
간성교회	감리교	1911		황해도 고성군 오대면 산북리
간장암(間獐岩)교회	장로교	1923	강백규 등	북만주 간도
간중리(間中里)교회	장로교			평남 대동군 율리면 한간리
간지정리(千支井里)	장로교			평남 중화군 간동면 간지정리
간촌(間村)교회	장로교	1895	김예상 외 1	황해도 봉산군 서종면
간평(間坪)교회	성결교			함남 북청군 속원면
갈곡(葛谷)교회	장로교			평북 강계군 공북면 향하동 갈곡
갈산(葛山)교회 1	장로교	1916	김결백	평남 평원군 조운면 갈산리
갈산(葛山)교회 2	장로교	1934		평북 고읍
갈산(葛山)교회 3	장로교	1934		평북 정주군 갈산면 홍독동
갈산리(葛山里)교회	장로교	1907	이찬용 외 1	황해도 쟁령군 하성면 갈산리
갈원(葛院)교회 1	장로교	1897	마펫 외 12	평남 평원군 미륵리
갈원(葛院)교회 2	장로교			평남 평원군 청산면 구원리
갈전(葛田)교회	장로교			평북 장진군 중남면 갈전리
갈정(葛井)교회	감리교			평남 강서군 신정면 회현리
갈천교회(葛川)교회	장로교			평남 용강군 양곡면 갈천리
갈현(葛峴)교회	장로교	1918	이성해 외 1	평북 선천군 신부면 안상동
갈현리(葛峴里)교회	감리교			황해도 해주군 대차면 갈현리
감토동(甘土洞)교회	장로교			함남 풍산군 안수면 감토리
갑산읍(甲山邑)교회	장로교	1910	그리어슨 외 4	함남 갑산군 장평면 북부리
갑암(甲岩)교회 1	장로교	1906	김기반 외 4	평북 선천군 용연면
갑암(甲岩)교회 2	장로교	1936		평북 창성군 창성면 갑암동
강계읍(江界邑)교회	장로교	1900	김관근 외 4	평북 강계읍
강동읍(江東邑)교회	장로교	1898	송린서 외 2	평남 강동군 강동면 아달리

부록 1 해방 이전 북한지역에 설립된 교회 519

강동촌(江東村)교회	장로교			황해도 재령군 북율면 석해리
강동하리(江東下里)교회	장로교			평남 강동군 강동면 하리
강령(康翎)교회	감리교			황해도 옹진군 부민면 강령리
강밀봉(江密峰)교회 1	침례교	1929	사창환	만주 길림성 액목현
강밀봉(江密峰)교회 2	조선기독교회	1923. 3		만주 영길현 강밀봉역
강북동교회	감리교			평남 태천군 서성면 송귀동
강서리(江西里)교회	장로교	1894	한치순 외 2	황해도 재령군 북율면
강서읍(江西邑)교회	감리교			평남 강서군 강서면 덕흥리
강암(江岩)교회	장로교			평북 철산군 서림면 강암동
강으재교회	침례교	1910	박윤근	만주 연추
강진(降眞)교회	장로교	1897	한석진 외 3	황해도 수안군 공포면 대달리
강창(江倉)교회	장로교			평북 초산군 강면 용성동
강촌(康村)교회 1	감리교			평북 운산군 운산면 입석하동
강촌(康村)교회 2	장로교			평남 평양부 서성리
강현교회	감리교			황해도 연백군 유곡면 빙성리
개고개(价古介)교회	감리교			평북 희천군 북면 개고개동
개산둔(開山屯)교회	장로교	1937		만주 화룡현
개성(開城)교회	성결교			개성부 동본정
개성영	구세군	1909. 8. 2		개성군 북본정
개안교회	감리교			연백지방
개운성(開雲城)교회 1	장로교	1926		함남 삼수군 관흥면 개운성
개운성(開雲城)교회 2	성결교	1928		함남 삼수군 관흥면
개원(開原)교회	장로교	1922		남만주 개원
개천읍(价川邑)교회		1905	이치수 외 3	평남 개천군 개천면 봉명리
객동(客洞)교회	장로교			함남 북청군 이곡면 상리 객동
갯굽교회	침례교	1914	박성도	만주 훈춘
거동(車洞)교회	장로교			평남 대동군 고평면 거리
거류하(巨流河)교회	장로교			중국 요녕성 신빈현
거문산(巨文山)교회	장로교			평북 강계군 어뢰면 풍청동 거문산리
거배관(車輩舘)교회	장로교			평북 철산군 참면 유정동
거산(居山)교회	장로교	1927		함남 북청군 거산면
거성리교회	감리교			강원도 이천군 안협면 거성리
거촌(車村)교회	장로교			황해도 송화군 연방면 연교리
건산(乾山)교회	장로교	1906	한영희	평남 중화군 당정면 건산교리

교회명	교파	설립연도	설립자	소재지
건산(建山)교회	장로교	1917	박선옥 외 6	평북 선천군 남면 건산동
건지리(乾芝里)교회	감리교			평남 대동군 자족면 건지리
건천리(乾川里)교회	장로교	1908	김진옥	황해도 평산
건포덕(乾浦德)교회	장로교			평북 자성군 여연면 만흥동
건하동(乾下洞)교회	장로교	1929		평북 자성군 여연면 건하동
건하리(乾下里)교회	장로교	1916	안상옥	평북 강계군 외귀면 건하동
걸쌍(杰雙)교회	장로교			평북 초산군 성면 성동동
검대(儉垈)교회	장로교	1908		황해도 수안
검바위영	구세군			황해도 연백군 해룡면
검불랑영	구세군	1929. 2. 20		강원도 평강군 고산면 원남리
검산(檢山)교회	장로교	1917		평남 평원군 검산면 검흥리
검수(儉水)교회	장로교			황해도 봉산군 사인면
검암(儉岩)교회	감리교			평남 중화군 당정면 양나리
검포(鈐浦)교회	장로교			평북 용천군 부라면 삼용동 검포
견룡리(見龍里)교회	장로교	1920		평남 순천군 후탄면 견룡리
견일(見一)교회	장로교	1936		평북 용천군 양서면 견일동
겸이포(兼二浦)교회	성결교	1932. 7	김제근	황해도 황주군 겸이포
겸이포중앙(兼二浦中央)교회	장로교	1905	홍종두 외 1	황해도 황주군 겸이포 욱정
경도리(敬道里)교회	장로교	1908	최선택 외 1	황해도 수안군 대오면 경도리
경산리(慶山里)교회	장로교			평남 평양부 경산리
경성북창(慶城北昌)교회	조선기독교회			만주 경성현 북창농장
경성읍(鏡城邑)교회	장로교	1903	그리어슨 외 5	함북 경성군 오촌면 숭암동
경신동(敬信洞)교회	감리교	1937. 11. 20		만주 간도성 훈춘현 경신촌
경원(慶源)교회	장로교	1918	이용호 외 5	함북 경원군 경원면 회동
경전(耕田)교회	감리교			평남 용강군 용월면 계명리
경창리(景昌里)교회	장로교			평남 평양부 경창리
경창문외(景昌門外)교회	장로교			평남 평양부 기림리
경천리(敬天里)교회 1	장로교	1894	마펫 외 6	황해도 봉산군 영천면
경천리(敬天里)교회 2	장로교	1900	정한영 등	황해도 황주군 천주면 경천리
경호동(敬湖洞)교회	감리교			만주 간도성 훈춘현 경호동
경흥읍(慶興邑)교회	장로교	1910	김계언 외 2	함북 경흥군 경흥면 경흥동
계남(溪南)교회	장로교	1908	이욱 외 1	함남 고원군 계남리
계동(桂東)교회	장로교	1901		황해도 봉산군 사인면
계림(桂林)교회	장로교	1901	우종서	황해도 은율군 남부면 계림리

부록 1 해방 이전 북한지역에 설립된 교회 521

교회명	교파	연도	설립자	위치
계림(鷄林)교회	장로교	1934		북만주 동안성 밀산현
계명동(桂明洞)교회	감리교			평남 강서군 용월면
계방(桂芳)교회	장로교	1934		평북 강계군 입관면 계방시
계화(桂花)교회	장로교	1920		황해도 곡산군 서촌면
고답동(古畓洞)교회	감리교			황해도 옹진군 서면 동문외리
고당(古堂)교회	장로교	1918		평북 강계군 공서면 고당동
고대(姑垈)교회	장로교			황해도 평산군 고지면 고대리
고덕(高德)교회	장로교	1908		황해도 안악군 안악면 신덕리
고덕리영	구세군	1926. 1		경기도 개풍군 영북면 고덕리
고라치(古羅峙)교회	장로교	1898		평북 선천군 남면 신미동
고랑포교회	감리교			황해도 장단군 장남면 고랑포리
고령(高寧)교회	장로교	1906		평북 용천군 동하면 고령동
고령(高嶺)교회	장로교			함북 회령군 화풍면 인계동
고무산(古茂山)교회	장로교			함북 부녕군 고무산역전
고무산교회	침례교	1938	유종환	함북 회령
고방산(高坊山)교회	장로교	1926		평남 대동군 임원면 고방산
고봉동(高鳳洞)교회	장로교	1906	방기창 외 3	평남 용강군 해운면 연봉리
고봉리(古鳳里)교회	장로교	1922		평남 강동군 삼등면 고봉리
고부(古府)교회	장로교	1907	홍서주	평북 선천군 군산면 고부동
고비리(高飛里)교회	장로교		이석문	평남 강동군 원탄면 고비리
고산(孤山)교회	장로교	1936		평남 대동군 남형제산
고산(高山)교회	장로교			함남 안변군 위익면 구고산리
고산(高山)영	구세군	1920. 11. 15		함남 안변군 위익면 고산리
고산자(孤山子)교회	장로교			중국 요녕성 유하현
고산진(高山鎭)교회	장로교	1906	신영호 등	평북 강계군 고산면 고산진
고성(古城)교회	장로교	1917	김종흡	평북 박천
고성읍교회	감리교			황해도 고성군 고성면 동리
고성동(古城洞)교회	장로교	1916		함북 경흥군 경흥면
고수리영	구세군			황해도 해주군 도운면 공수리
고식(高殖)교회	장로교	1898		평남 평원군 서해면 연풍리
고신(古申)교회	장로교	1902		황해도 곡산군 서촌면 고신리
고신은(古新恩)교회	감리교			황해도 신계군 미수면 추천리
고안촌(高安村)교회	장로교			중국 길림성 동녕현
고암(高岩)교회	장로교	1928		평북 철산군 부서면 고암동

교회명	교파	설립연도	설립자	위치
고암(鼓岩)교회	장로교	1936		황해도 은율군 서부면
고양리(高陽里)교회	장로교	1933		함남 함주군 천서면
고원(高原)교회	성결교	1932. 8		함남 고원군 하발면
고원읍(高原邑)교회	장로교			함남 고원군읍
고유수(孤楡樹)교회	감리교	1932. 5. 6		만주 길림성 이통현 낙유진보
고읍(古邑)교회 1	장로교	1899	방기창 등	평남 진남포
고읍(古邑)교회 2	장로교	1907	노효준 등 4	평북 선천군 수청면 고읍동
고읍(古邑)교회 3	장로교	1907	안순영	함북 경흥군 경흥면 고읍동
고읍(古邑)교회 4	성결교			평북 정주군 갈산면
고읍(古邑)교회 5	장로교			평북 후창군 동흥면 고읍동
고읍교회1	감리교			영변지방
고읍교회2	침례교	1909	황태영	함북 경흥군
고인(古仁)교회	장로교			평북 강계군 화경면 고인동
고잔리(古棧里)교회	감리교			평남 중화군 양정면
고장(古場)교회 1	장로교			평북 초산군 고면 용연동
고장(古場)교회 2	감리교			평북 운산군 위연면 상원동
고저교회	감리교			강원도 통천군 고저면 상고저리
고정(高町)교회	장로교	1923		평남 평양 기림리
고정(高井)교회	장로교	1939		황해도 은율군 이도면 고정리
고정(古亭)교회	장로교			평남 대동군 임원면 고정
고창동(高昌洞)교회	장로교	1896	방기창 외 2	평남 강서군 잉차면 삼리
고토수(古土水)교회	장로교			함남 장진군 신남면 고토수리
고포리영	구세군	1921. 4		황해도 해주지방
고향둔(顧鄕屯)교회	감리교	1932. 4. 5		만주 빈강성 합이빈시 고향둔
고현(古懸)교회	장로교	1907		황해도 은율군 이도면 고현리
고현(高峴)교회	장로교			평북 정주군 고현면 탄우동
고흥동(古興洞)교회	장로교			함남 장진군 신남면 고토수리
곡구(谷口)교회	장로교	1908	한진하 등	함남 이원군 동면 곡구리
곡산(谷山)교회	성결교	1932. 7		황해도 곡산군 곡산면
곡산읍(谷山邑)교회	장로교	1894	김재정 외 3	황해도 곡산군 곡산면 읍내
곡전교회	감리교			평남 용강군 용월면 계명
공수리영	구세군			황해도 해주군 동운면 공수리
공수전(公須田)교회	장로교	1937		함남 안변군 신방면
공인동(公仁洞)교회	장로교	1910	김운기 외 2	평북 강계

공주령(公主嶺)교회	감리교	1934. 3. 5		만주 길림성 회덕현 공주령가
공태보(公太堡)교회	장로교	1919		만주 봉천성 신민현
곶동(串洞)교회	감리교			평남 강서군 신정면 하청리
곽산(郭山)교회	장로교	1900	강제건 외 6	평북 정주군 곽산면 조산동
관계리(冠鷄里)교회	장로교	1903	이상하 외 1	평남 강동군 원단면
관교동(館橋洞)교회	감리교			함남 원산부 남촌동
관대참(館垈站)교회	장로교			평북 초산군 도원면 관대동
관덕정(觀德井)교회	감리교			황해도 연백군 봉북면 소성리
관도구교회	침례교	1913	최승낙	만주 간도
관동(館洞)교회	장로교	1931		평북 구성군 천마면 관동
관동교회	감리교			평남 강서군 신정면 하청리
관동(館東)기도처	장로교			평북 희천군 장동면
관리(館里)교회	장로교	1901	김영근 외 6	평북 의주군 고관면 관동
관면(觀面)교회	장로교			평북 벽동군 관회면 관상동
관북(館北)교회	장로교	1919		평북 의주군 고관면 관북동
관산(觀山)교회 1	장로교	1907	김익주 외 1	평북 정주군 관주면 관삽동
관산(觀山)교회 2	장로교	1916	고현교회	황해도 은율군 북부면 운산리
관산(寬山)교회	장로교			평남 대동군 용악면 하차리
관학리(冠鶴里)교회	장로교			평남 강동군 고천면 관학리
관해리(觀海里)교회	장로교			황해도 은율군 장연면 관해리
광대(光大)교회	장로교			평북 강계군 곡하면 광대동
광덕(廣德)교회	장로교			함남 북청군 이곡면 광덕리
광덕리(廣德里)교회	장로교	1926		평남 강동군 고천면 광덕리
광석동(廣石洞)교회 1	장로교	1893	고찬익 등	함남 원산부 광석동
광석동(廣石洞)교회 2	장로교	1901		황해도 곡산군 청계면
광석리(廣石里)교회	장로교			평남 중화군 해압면 광석리
광성(廣城)교회	장로교	1900	서필환	평북 강계군 용림면 광성동
광암(廣岩)교회	장로교	1914	이창언 등	간도
광암(筐岩)교회	장로교			중국 간도
광양만(廣梁灣)교회	감리교			평남 용강군 금곡면 우등리
광제리(廣濟里)교회	감리교			평남 강서군 증산면 광제리
광제암(廣濟岩)교회	장로교	1906	김연보 외 2	북간도
광제촌(廣濟村)교회	장로교	1913	안극선 외 1	간도
광탄(廣灘)교회 1	장로교	1899	김여욱 외 3	황해도 재령군 삼강면 광탄리

교회명	교파	설립연도	설립자	소재지
광탄(廣灘)교회 2	감리교			황해도 김천군 서북면 광신리
광평(廣坪)교회	장로교			평북 벽동군 오북면
광풍(光楓)교회	장로교	1938		황해도 안악군 대행면
광화(光化)교회	장로교	1905	김영근 외 11	평북 용천군 양광면 용계동
괘송(掛松)교회	감리교			평남 양덕군 대륜면 괘송리
괘암리영	구세군			황해도 옹진근 홍미면 괘암리
교구정(橋口町)교회	성결교			평남 평양부 교구정
교동(橋洞)교회 1	장로교	1894	조동직 외 1	황해도 안악군 대원면 가양리
교동(橋洞)교회 2	장로교	1927		평북 삭주군 외남면 교동
교암리교회	감리교			강원도 양양군 토성면 교암리
교하(蛟河)교회	장로교	1936		동만주 길림성 교하현
구거비(求去非)교회	장로교	1925		평남 중화군 상원면 구거비리
구동창(舊東倉)교회	장로교	1907	장천교회	평남 대동군 율리면 구동창리
구동촌(九洞村)교회	장로교			황해도 신천군 남부면 한홍리
구란리(邱蘭里)교회	감리교			황해도 김천군 서천면 유정리
구룡(九龍)교회	성결교			함남 홍남읍 구룡리
구룡평(九龍坪)교회	장로교			동만주 연길현 위란촌
구만리(九灣里)교회	감리교			황해도 신계군 율면 구만리
구문화읍(舊文化邑)교회	장로교	1901	사평리교회	황해도 신천군 문화면
구미단(龜尾端)교회	성결교	1931		함남 북청군 덕성면
구봉(鳩鳳)교회	장로교	1902	이시권 외 3	평북 용천군 내중면 옹산동
구사평(九沙坪)교회	감리교	1924. 3. 17		만주 간도성 훈춘현 경신촌
구사평(九沙平)교회	장로교	1912	이태	간도
구산시(邱山市)교회 1	장로교			중국 간도 2도구
구산시(邱山市)교회 2	감리교			만주 간도성 화룡현 구산시
구성동(舊城洞)교회	장로교	1906	송영래 외 2	평북 자성군
구성읍(龜城邑)교회	장로교	1905	김재준 외 1	평북 구성군 구성면 우부동
구세동(救世洞)교회	장로교			중국 간도 2도구
구암(龜岩)교회	장로교	1900	김동규 외 1	황해도 재령군 은용면 구연리
구암(九巖)교회	장로교	1920		평북 구성군 사기면 구암동
구연둔(勾蓮屯)교회	성결교			만주 봉천시 구연둔
구연리(龜蓮里)교회	감리교			평남 강서군 신홍면
구읍(舊邑)교회 1	장로교	1898	김세범 외 6	평북 박천
구읍(舊邑)교회 2	장로교	1906	한재희 외 2	평북 용천군 동상면 서부동

부록 1 해방 이전 북한지역에 설립된 교회   525

구읍(舊邑)교회 3	일본장로교			함남 장진군 구읍면
구읍(舊邑)교회 4	감리교			평남 양덕군 동양면 상석리
구읍리교회	감리교			함남 통천군 답전면 구읍리
구이리(九伊里)교회	장로교	1923		황해도 황주군 천주면
구자오(舊者五)교회	장로교			황해도 재령군 북율면
구장(球場)교회	감리교			평북 영변군 용산면 구장동
구정리(九政里)교회	장로교			평남 덕천군 일하면 구정리
구중영(舊中營)교회	장로교			평북 자성군 삼풍면 구중영
구참(九站)교회	장로교			중국 길림성 목릉현
구창평(舊倉坪)교회	장로교			평북 강계군 종포동 창평참
구평(龜坪)교회	장로교	1907	이용빈 외 1	평북 초산군 남면 용상동
구항교회	감리교			강원도 통천군 고저면 구항리
구호동(救護洞)교회	장로교	1918	김상설 외 2	간도 하광포
구화(口花)교회	장로교			황해도 평산군 상월면 용수리
구화장교회	감리교			경기도 장단군 강상면 구화리
국자가(局子街)교회	장로교	1911	유기연	간도 연길
국현(菊峴)교회	장로교			황해도 장연군 소택면 국현리
군량골영	구세군	1909. 4. 15		황해도 동운면 군량골
군선(群仙)교회	장로교	1910		함남 이원군 동면 군선리
군우리(軍隅里)교회	장로교			평남 개천군 외서면 군우리
굴포(窟浦)교회	성결교			함북 경흥군 호서면 굴포동
궁이덕(弓二德)교회	장로교			평북 자성군 여연면 만흥동
귀락(貴洛)교회	장로교			함북 경흥군 상면 귀락동
귀락리(貴洛里)교회	장로교	1921		황해도 곡산군 동촌면
귀룡(龜龍)교회	장로교			평북 초산군 동면 귀룡리
귀인동(貴仁洞)교회	장로교			평북 자성군 자성면 상평동
귀일(貴逸)교회	장로교	1905	간동장로교회	평남 중화군 천곡면 귀일리
극동(極洞)교회	장로교	1928		함북 명천군 동면 극동
근외리(芹外里)교회	감리교			함남 안변군 문산면 근외리
금강(金剛)교회	장로교			황해도 안악군 문산면 금강리
금강교회	감리교			원산지방
금곡(錦谷)교회	장로교	1906	강한영	황해도 평산
금곡(金谷)교회 1	장로교	1909	윤봉호	황해도 송화군 운유면 당관리
금곡(金谷)교회 2	감리교			평남 순천군 내남면

금곡영				황해도 해주지방
금광(金光)교회				평북 의주군 송장면 금광동
금당(金塘)교회	장로교			중국 간도
금당리(金塘里)교회	감리교			평남 용강군 금곡면 석포리
금당촌(金唐村)교회	장로교	1911	오재영	동만주 훈춘현 경신향
금당촌(金塘村)교회	침례교	1923. 7		만주 훈춘현 경신촌
금덕산(金德山)교회	장로교			함남 북청군 이곡면 창성리
금동(金洞)교회	장로교	1907		황해도 장연군 목감면 당안리
금동(琴洞)교회	장로교			평북 강계군 입관면 금동
금사동(金沙洞)교회	장로교			평북 초산군 성면 성남동
금사리(金沙里)교회	감리교			평남 용강군 귀림면
금산(金山)교회 1	장로교	1908	박익수 외 1	황해도 쟁령군 삼강면 하금산리
금산(金山)교회 2	장로교	1916		황해도 황주군 주남면 금산리
금산(金山)교회 3	장로교			황해도 안악군 용순면 장산리
금산리영	구세군	1932		황해도 해주지방
금생동(今生洞)교회	장로교			함북 회녕군 팔을면 금생동
금성(金城)교회	장로교	1929		평남 덕천군 성양면 금성리
금성교회	감리교			강원도 김화군 금성면 방충리
금수정리(金水井里)교회	장로교			평남 중화군 중화면 금수정리
금월동(金月洞)교회	장로교			함북 경원군 동원면 금월동
금전동교회	침례교	1912	최명국	만주 수청
금정리(金井里)교회	감리교			평남 용강군 귀성면 금정리
금천(錦川)교회	장로교	1926		함북 길주군 덕산면 금천동
금천(金泉)교회	장로교			중국 요녕성 유하현
금천읍교회	감리교			황해도 금천군 금천면 금릉리
금평교회	감리교			강원도 평강군 유진면 적전리
금현(錦縣)교회	성결교			만주 금주성 금현
기리(基里)교회	장로교	1909	박이혁 외 4	평남 강서군 쌍용면 기리
기린(麒麟)교회	장로교			황해도 평산군 기산면 기린리
기린도교회	감리교			황해도 옹진군 용천면 기린도리
기림(箕林)교회	장로교			평남 평양 기림리
기림리(箕林里)교회	성결교	1932. 7		평남 평양부 기림리
기산(箕山)교회	장로교			황해도 송화군 장양면 자양리
기성(奇聖)교회	장로교			평남 대동군 임원면 노성리

부록 1 해방 이전 북한지역에 설립된 교회 527

교회명	교단	설립연도	설립자	위치
기성(箕城)교회	일본조합교회	1911	와다세	평남 평양시 경창리
기탄(崎灘)교회	장로교	1897	이응익 외 4	평남 순천군 자산면 기탄리
길림(吉林)교회 1	침례교	1929	주배준	만주 길림시
길림(吉林)교회 2	조선기독교회	1920. 4		만주 길림시 팔경로
길상(吉祥)교회	장로교	1905	최현보	평북 구성군 이현면 길상동
길상영	구세군			개성군 영북면 길상리
길주(吉州)교회	성결교	1932. 12		함북 길주군 길성면
길주읍(吉州邑)교회	장로교	1897		함북 길주군 길성면 길남동
김두화(金斗火)교회	장로교	1911	박응서 외 2	남만주 통화현 김두화
김천읍(金川邑)교회	감리교			황해도 김천군 김천면 금릉리
김화교회	감리교			강원도 김화군 김화읍
김화영	구세군	1932		강원도 철원군 김화면 중리
까스구교회	침례교	1937	최명국	북만주
나남(羅南)교회 1	장로교	1904	김승오 등	함북 경성군 나남읍 생구정
나남(羅南)교회 2	성결교	1932. 7	박성도	함북 경성군 나남읍
나산동교회	침례교	1920		함북 경흥
나석동(羅石洞)교회	장로교			함북 부녕군 관해면 나석동
나옥동(羅玉洞)교회	조선기독교회	1931. 1	강용해	황해도 수안군 율계면
나자유(羅子流)교회	감리교			만주 간도성 왕청현 나자유
나재구교회	침례교	1916	김영진	만주 왕청
나죽(羅竹)교회	장로교			평북 후창군 동흥면 나죽동
나진(羅津)교회	성결교			함북 나진부 동원정
나진제이(羅津第二)교회	장로교	1938		함북 나진시 창평동
나진제일(羅津第一)교회	장로교	1933		함북 나진시 금동
나흥(羅興)교회	장로교			함남 풍산군 웅이면 나흥리
낙송정(落松亭)교회	감리교			황해도 김천군 현내면 삼산리
낙원(樂原)교회	장로교			황해도 장연군 낙도면 삼천리
낙원동(樂園洞)교회 1	장로교	1908	김창건 외 1	평북 의주군 고진면 낙원동
낙원동(樂園洞)교회 2	장로교	1917	공이준	만주 간도 명월구
낙전(樂田)교회	장로교			평남 평원군 용호면 낙전리
낙흥(樂興)교회	장로교	1925		황해도 장연군 낙도면 낙흥리
난마리(蘭麻里)교회	장로교	1908	배정일 외 3	평남 용강군 다미면 난마리
난산(卵山)교회	장로교	1912		평남 성천군 삼흥면 난산리
난석산(亂石山)교회	장로교	1927		만주 철령현 난석산

교회명	교파	설립연도	설립자	소재지
남가재교회	침례교	1936	성춘보	북만주
남경(南京)교회	장로교			평남 대동군 시족면 남경리
남관리(南官里)교회	장로교	1911	이동석	평남 대동군 부산면
남구교회	침례교	1915	정명보	만주 간도
남구(南區)교회	안식교	1934. 2		만주 간도성 연길현
남궁리(南宮里)교회	장로교	1900	이세주 외 2	평남 대동군 부산면 남궁리
남동(南洞)교회	장로교	1907	김용승 외 2	평북 의주군 월하면 남동
남면(南面)교회	장로교	1912	김태형 외 2	평북 벽동군 성남면 남중동
남문밖(南門外)교회	장로교	1903	장대현교회	평남 평양부 남문정
남별리(南別里)교회	장로교	1914	모태환 외 1	만주 간도
남본정(南本町)교회	감리교			황해도 해주군 해주읍 남본정
남부(南部)교회	감리교			경기도 개성부 경정
남사동구(南社洞口)교회	장로교			평북 후창군 동흥면 남사동
남산(南山)교회 1	장로교	1898	조용렴 외 5	평북 의주군 고진면 남재동
남산(南山)교회 2	장로교	1920		평남 용강면 양곡면 남산리
남산(南山)교회 3	장로교	1937		평북 정주군 남서면 남양동
남산리영	구세군	1930		황해도 평산군 신암면 남산리
남산역(南山驛)교회	감리교			함남 안변군 위익면 신대리
남산현(南山峴)교회	감리교			평남 평양부 수옥리
남상(南上)교회	장로교			평북 강계군 고산면 남상동
남서구(南西溝)교회	장로교			중국 간도 하광포
남석골교회	침례교	1910	임학준	만주 연추
남성포영	구세군	1925		함남지방
남시(南市)교회 1	장로교	1904	오의광 외 4	평북 구성군 방현면 하단리
남시(南市)교회 2	장로교	1906	김두범 등	평북 용천군 외상면 남시동
남신리(南新里)교회	장로교			평남 평양부 신리
남신의주(南新義州)교회	장로교	1939		남신의주
남압(南鴨)교회	장로교			평북 용천군 외하면 남압동
남양(南陽)교회	장로교			함남 정평군 고정면 남양리
남양동(南陽洞)교회	장로교			중국 간도
남양리(南陽里)교회	장로교			평남 성천군 능중면 남양리
남양평(南陽坪)교회	장로교	1924		만주 화룡현 팔도하자
남욱정(南旭町)교회	감리교			황해도 해주군 해주읍 남욱정
남장대(南章坮)교회	장로교			평북 강계군 강계읍 동부동

부록 1 해방 이전 북한지역에 설립된 교회 529

남전자(南甸子)교회 1	감리교	1938. 3. 15		만주 모란강성 연안현 남전자
남전자(南甸子)교회 2	조선기독교회			만주 빈수선 해림역
남정리(南亭里)교회	감리교			황해도 김천군 백마면 남정리
남정리(南井里)교회	장로교			평남 대동군 남곶면 남정리
남정리(楠亭里)교회	장로교			황해도 수안군 대천면 남정리
남주(南州)교회	장로교			평북 강계군 곡하면 오주동
남진맹(南秦孟)교회	장로교			중국 간도
남창(南昌)교회	장로교			평북 삭주군 외남면 대안동
남창(南倉)교회 1	장로교	1896	김응규	평남 중화군
남창(南倉)교회 2	장로교			평북 창성군 창성면 평암동
남창(南倉)교회 3	장로교			평남 평원군 풍산면 성남리
남천리(南川里)교회	감리교			황해도 평산군 보산면 신남리
남천영	구세군			황해도 평산군 보산면 남천리
남칠(南七)교회	장로교			평남 안주군 신안주 청송리
남포(藍浦)교회	장로교			평남 순천군 선소면 남포리
남호(南湖)교회	장로교	1898	이정선 외 3	평북 박천군 박천면 남호동
남흥(南興)교회	장로교			평북 강계군 용림면 남흥동
남흥동교회 1	침례교	1911	윤감노	만주 수청
남흥동교회 2	침례교	1932	김화경	만주 왕청
남봉(拉鳳)교회	장로교			중국 요녕성 통화현
남자(磖子)교회	장로교			중국 간도 옹성
낭성리(浪城里)교회	장로교	1896	박홍식	함남 안변군
낭촌(浪村)교회	장로교			황해도 재령군 은용면 낭촌리
내교리(內橋里)교회	장로교	1916	박형채 등	황해도 황주군 천주면 내교리
내금강교회	감리교			철원지방
내남(內南)교회	감리교			황해도 김천군 동화면 내남리
내도(萊島)교회	장로교			평남 대동군 청룡면 내도리
내도리(來島里)교회	장로교	1908	과읍교회	평남 대동군 임원면
내동(內洞)교회 1	장로교	1901	길종수 외 1	평북 선천군 심천면 마성동
내동(內洞)교회 2	장로교	1902	한병직 외 3	평남 중화군 상도면
내동(內洞)교회 3	장로교			평북 강계군 성간면 내동
내동(內洞)교회 4	장로교			평북 위원군 화창면 신흥동
내동(內洞)교회 5	장로교			황해도 은율군 이도면 지내리
내동(內東)교회	장로교	1906	조승택	평남 개천군 조양면 용봉동

내동리(內洞里)교회	장로교			평남 중화군 풍동면 내동리
내리(內里)교회	장로교	1904	장대현교회	평남 대동군 서천면 내리
내안(內安)교회	장로교			황해도 송화군 진풍면 내안리
내연(內淵)교회	장로교			평북 초산군 성서면 내연동
내토동(內土洞)교회	장로교	1916	김종경 외 1	황해도 재령군 은룡면 신유리
내평(內坪)교회	장로교			평북 강계군 종서면 신성동
내포(內浦)교회	장로교			함북 명천군 상우남면 고성동
내포리(內浦里)교회	장로교	1903	유상환 외 4	평남 덕천군 잠상면 내포리
내포리교회	감리교			강원도 철원군 철원면 내포리
내피구(來皮溝)교회	감리교	1934. 5. 3		만주 간도성 왕청현 내피구둔
내함리(內咸里)교회	장로교			황해도 황주군 주남면 내함리
냉정(冷井)교회	장로교	1900	김재택	황해도 봉산군 기천면 냉정리
냉정리(冷井里)교회	감리교			황해도 해주군 검단면 냉정리
노남(魯南)교회	장로교			평북 강계군 시중면 남남동
노동(蘆洞)교회 1	장로교			황해도 황주군 도치면 노동
노동(蘆洞)교회 2	감리교			평남 성천군 영천면 노동리
노두구(老頭溝)교회 1	장로교	1924		만주 연길현 노두구시
노두구(老頭溝)교회 2	침례교	1931. 5		만주 연길현 유서촌
노북(蘆北)교회	장로교	1908		평북 의주군 피현면 노북동
노분예수교회	침례교	1912	강용남	만주 수청
노서둔(老西屯)교회	안식교	1936. 5		만주 간도성 연길현
노성(魯聖)교회	장로교	1922	황촌리교회	평남 대동군 임원면
노암리(櫓岩里)교회	장로교			함남 풍산군 웅이면 노암리
노적산영	구세군			황해도 해주군 동운면
노전동(蘆田洞)교회	감리교			황해도 신계군 고면 무고리
노전리(蘆田里)교회	장로교			평남 중화군 수산면 노전리
노정(蘆井)교회	장로교	1896	최경현 외 2	평남 진남포
노천구(魯川溝)교회	장로교			중국 간도
노촌(蘆村)교회	장로교	1921	오근배 외 1	황해도 황주군 도치면 노촌
노하(路下)교회	장로교	1908		평북 선천군 동면 노하동
노하리(路下里)교회	감리교			평남 용강군 귀성면 노하리
녹등교회	침례교	1912	한기철	만주 연추
농건동(農建洞)교회	장로교	1911	김명철 등	평북 선천군 신부면 농건동
농성동(農城洞)교회	장로교	1909	조경백	함북 성진군 학중면 농성동

교회명	교파	설립연도	설립자	소재지
농포동(農圃洞)교회	장로교			함북 종성군 용성면 농포동
누천(漏川)교회	장로교			황해도 평산군 세곡면 누천리
누촌(樓村)교회	장로교			황해도 은율군 일도면 누리
눌산(訥山)교회	장로교	1938		황해도 장연군 순택면 눌산리
느불미교회	침례교	1912	한창락	만주 연추
늑동(勒洞)교회	장로교	1933		황해도 안악군 서하면 신장리
능동(菱洞)교회	장로교	1900	이도형 외 3	황해도 수안군 오동면
능동(陵洞)교회	장로교	1928		황해도 신천군 남부면 능동리
능라리(綾羅里)교회	장로교	1906		평남 대동군 대동면 능라리
능리(陵里)교회 1	감리교			황해도 서흥군 도면 능리
능리(陵里)교회 2	조선기독교회	1920. 8		황해도 수안군 율계면
능성리(綾盛里)교회	장로교	1905	김석흡	평남 중화군 풍동면 능성리
능전(陵前)교회	장로교			함남 문천군 군초면 능전리
능현동교회	감리교			경기도 장단군 소남면 유덕리
니망지리(泥望只里)교회	성결교			함북 북청군 덕성면
다기봉(多奇峰)교회	장로교	1920		평남 중화군 동두면 다기장리
다리목교회	침례교	1913	최성업	만주 수청
다조구(茶條溝)교회	장로교	1926		동만주 경도선 다조구
다지도(多智島)교회	장로교	1908	김봉삼 등	평북 의주군
단구리(丹邱里)교회	감리교			황해도 평산군 평산면 단구리
단도(緞島)교회	장로교	1900	장관선 외 4	평북 철산군 운산면 단도동
단산촌(丹山村)교회	장로교	1895	최정엽 외 2	황해도 봉산군 서종면 단장리
단천(端川)교회	성결교			함남 단천군 파도면
단천읍(端川邑)교회	장로교	1900	스왈른 외 4	함남 단천군 파도면 동하리
달대하(達大河)교회	장로교			중국 길림성 요하현
달리동(達利洞)교회	장로교			함북 성진군 송남면 달리동
달미교회	침례교	1909	최성업	만주 연추
달전(達田)교회	장로교			평남 덕천군 일면 달하리
달천(達泉)교회	장로교			황해도 신천군 초리면 달천리
달하리(達下里)교회	장로교	1898	김윤옥 외 4	평남 덕천군 일면 달하리
담부리(擔釜里)교회	감리교			평남 용강군 금곡면 담부리
답동(畓洞)교회	장로교	1919		황해도 황주군 도치면 기와리
답동영	구세군			황해도 황주군 월녹면 답동
당곡(堂谷)교회 1	장로교	1895(?)		황해도 안악군 대원면 장전리

교회명	교파	설립년도	설립자	소재지
당곡(堂谷)교회 2	장로교	1907	전신종 외 2	평북 선천군 심천면 인두동
당구(棠舊)교회	장로교	1912	임준철 등	평북 박천군
당동(堂洞)교회	장로교	1909		평북 박천군 동남면 당상동
당령(堂嶺)교회	장로교	1908	차수경 등	평북 용천군 내중면 당령리
당목(棠木)교회	장로교	1906	이기형 외 2	평북 의주군 옥상면 당목동
당우리(堂隅里)교회	장로교			함남 덕원군 적전면 당하리
당우리(唐隅里)교회	장로교			함남 북청군 후창면 당우리
당원리(堂院里)교회	장로교	1908	김정교	황해도 은율군
당점(堂岾)교회	장로교	1903	죽본리교회	평남 용강군 서화면 자복리
당평동(堂坪洞)교회	장로교	1914	주하룡	평북 초산군 남면
당포동(唐浦洞)교회	장로교	1893	한치순 부부	황해도 봉산군 사인면 당포리
당후(堂後)교회	장로교	1904	최명준 등	평북 의주군 괴현면 당후동
대관(大館)교회	장로교	1907	전문헌 외 2	평북 삭주군 외남면 대관동
대교(大橋)교회	장로교	1918	신경신 외 3	평남 안주군 연호면 남일리
대구리(大九里)교회	장로교			황해도 봉산군 덕재면 대구리
대금(大金)교회	장로교	1935		황해도 안악군 대원면 하금리
대기암(大奇岩)교회	장로교	1896	박진준 외 1	평남 중군군 신흥면 대기암리
대대(大垈)교회	장로교			중국 관순현 추과벽면 추과동
대대리교회	감리교			함남 통천군 학일면 대대리
대동(大同)교회 1	장로교	1893	한치순 외 6	황해도 안악군 서하면 상촌리
대동(大同)교회 2	장로교	1931		함남 함주군 덕산면 대동리
대동(大同)교회 3	성결교			평남 평양부 인흥정
대동(大洞)교회 1	장로교	1904	김준환 등	평남 덕천군 일하면 상계리
대동(大洞)교회 2	장로교	1938		평북 창성군 동창면 대동
대동(垈洞)교회	감리교			황해도 서흥군 도면 국대리
대동교회	감리교			황해도 이천군 판교면 명덕리
대동리(大同里)교회	장로교	1929		황해도 황주군 송림면 대동리
대두리(大頭里)교회	감리교			평남 진남포부 대두리
대두자(大豆子)교회	장로교			중국 요녕성 유하현
대두천교회(大肚川)교회	감리교	1924. 2. 1		만주 간도성 왕청현 대두천시
대둔(大屯)교회	조선기독교회			만주 빈수선 해림역
대랍자(大拉子)교회	장로교			만주 간도성 화룡현
대련(大連)교회	장로교	1930		만주 관동군 대련시
대류리(大柳里)교회	장로교			평남 중화군 동부면 대류리

부록 1 해방 이전 북한지역에 설립된 교회 533

대리영	구세군	1932. 9		강원도 평강군 현내면 신대리
대목(大睦)교회	장로교	1911	김경현 등	평북 선천군 신부면 대목동
대문동(大門洞)교회	장로교	1910	김지선 등	평북 의주군 송장면
대병리(大兵里)교회	장로교			평남 중화군 천곡면 대병리
대봉동(大峰洞)교회	장로교			황해도 안악군 은홍면 약봉리
대사탄(大沙灘)교회	장로교	1913	이윤팔 외 2	남만주 통화현 유하
대산(臺山)교회	장로교	1927		평북 용천군 동하면 대산동
대서차(大西岔)교회	장로교			중국 요녕성 신빈현
대성(大成)교회 1	장로교	1905	이치전 등	평북 용천군 내중면 사직동
대성(大成)교회 2	장로교	1931		만주 밀산현 조양촌
대송리(大松里)교회 1	장로교	1906	조왕리교회	평양 대동군 남곶면 대송리
대송리(大松里)교회 2	장로교	1915	이봉조 등	황해도 황주군 도치면
대수리(大水里)교회	장로교			평남 대동군 청룡면 대수리
대안(大安)교회 1	장로교	1895	김웅주 외 3	평남 강서군 성암면
대안(大安)교회 2	장로교	1921		평북 삭주군 외남면 대안동
대안(大安)교회 3	장로교	1936		황해도 서홍군 매양면
대암(臺岩)교회	장로교	1910	이자운 외 1	함북 명천군
대암동(臺岩洞)교회	장로교	1936		함북 경홍군 노서면 대암동
대야동(大野洞)교회	장로교	1910	이인휘 등	평북 위원군 화창면 대야동
대양세(大陽歲)교회	장로교	1932		만주 동풍현 중복촌
대오시천(大五是川)교회	장로교	1910		함남 혜산군 운홍면 대오시리
대오유리(大五柳里)교회	장로교	1910	김윤상 등	평남 대동군 청룡면 대오유리
대왕구(大旺溝)교회	장로교			중국 요녕성 유하현
대우동(大牛洞)교회	장로교	1907	김봉원 등	평북 구성군 관서면 대우리
대웅동(大雄洞)교회	장로교			함남 혜산군 운홍면 대웅동
대원(大院)교회	장로교	1898	엄태섭 등	평남 대동군 대동강면
대원리(大元里)교회	장로교	1914		황해도 사리원읍 대원리
대유동(大楡洞)교회	장로교	1911	김익용 외 1	평북 창성군 동창면 대유동
대유리(大柳里)교회	장로교			평남 중화군 동두면 대유리
대이도리(大耳島里)교회	장로교	1933		평남 대동군 남곶면
대정(大井)교회	감리교			평남 강서군 신정면 연하리
대정리(大井里)교회	장로교	1927		평남 중화군 상원군 대정리
대정리(大靜里)교회	장로교			황해도 수안군 천곡면 대정리
대중동(大中洞)교회	장로교			평북 자성군 자성면 호례동

교회명	교파	설립연도	설립자	소재지
대진교회	침례교	1917	윤조산	만주 수청
대진(大津)교회	장로교	1932		함북 경흥군 웅기읍 웅상동 대진
대창(大昌)교회	장로교	1933	노동관 외 1	평북 창성군 대창면 봉룡동
대천리(大泉里)교회	장로교	1907		평남 대동군 부산면
대천안(大泉眼)교회	감리교	1934. 6. 8		만주 길림성 회덕현 대천안촌
대청(大廳)교회	장로교			황해도 재령군 하성면 대청리
대촌리(垈村里)교회	감리교			황해도 평산군 금암면 대촌리
대침동(大砧洞)교회	장로교			중국 간도 3도구
대타령(大駝嶺)교회	장로교	1912		평남 대동군 용산면 대타령리
대평(大坪)교회	감리교			황해도 수안군 대평면 대평리
대평(大平)교회	장로교	1915		평북 벽동군 대평면 평와동
대평동(大平洞)교회	장로교			평남 대동군 대보면 대평외리
대포리(大浦里)교회	장로교			평남 평원군 덕산면 대포리
대하산(大蝦山)교회	장로교			평북 의주군 고령삭면
대한대(大漢垈)교회	장로교	1926		함남 신흥군 동상면 대한리
대한동교회	침례교	1914	김현재	만주 도비허
대홍기하(大紅祺河)교회	장로교			중국 간도
대홍리(大洪里)교회	장로교	1931		황해도 재령군 북률면 대홍리
대황구(大荒溝)교회 1	장로교	1910	김하정 외 1	동만주 간도성 훈춘현
대황구(大荒溝)교회 2	장로교	1913	김백원 외 2	남만주 봉천성 해룡현
대흥(大興)교회 1	장로교	1927		평남 중화군 천곡면 대흥리
대흥(大興)교회 2	장로교			평북 후창군 칠평면 대흥동
덕동(德洞)교회 1	장로교	1908	김경섭 외 3	평북 용천군 양광면 용덕동
덕동(德洞)교회 2	감리교			평남 용강군 대벌면 덕동리
덕동(德洞)교회 3	감리교			황해도 김천군 구이면 덕안리
덕동(德洞)교회 4	장로교			황해도 장연군 해안면 병산리
덕리(德里)교회 1	장로교	1897	정한주	황해도 안악군 서하면 덕일리
덕리(德里)교회 2	장로교	1915	조봉균 등	평북 선천군
덕봉(德峰)교회	장로교	1932		평북 용천군 용천면 덕봉동
덕산(德山)교회 1	장로교	1893	한치순 외 1	황해도 안악군 은홍면 학산리
덕산(德山)교회 2	장로교	1922		함남 함주군 덕산면 회양리
덕성(德星)교회	장로교	1913		평북 정주군 덕언면 덕성동
덕안(德安)교회				평북 박천군 수안면 사륙동
덕안리(德安里)교회	장로교	1893	김원여 외 1	황해도 송화군 진풍면 덕안리

교회명	교파	설립연도	설립자	위치
덕암(德岩)교회 1	장로교	1908	유찬주 외 1	평북 정주군 고덕면 관해동
덕암(德岩)교회 2	장로교			평남 중화군 풍동면 덕암리
덕양리(德陽里)교회	장로교	1910	유광록	황해도 황주군 구락면
덕연리(德連里)교회	장로교			평남 성천군 능중면 덕연리
덕우(德隅)교회	장로교			황해도 황주군 귀락면 덕우시
덕원읍(德源邑)교회	장로교			함남 덕원군 덕원읍
덕전(德田)교회	장로교			평북 후창군 후창면 회동
덕정(德井)교회	장로교	1929		황해도 송화군 진풍면 덕정리
덕지(德池)교회 1	장로교	1897	김병두 외 5	평남 평원군 노지면 용암리
덕지(德池)교회 2	장로교	1898	장두익 외 2	함남 고원군 군내면 상석연리
덕천동(德川洞)교회	장로교	1899	김건주 외 1	평북 용천군 부라면 송현동
덕천읍(德川邑)교회	장로교	1899	장수만 외 9	평남 덕천군 덕천읍면 남리
덕촌(德村)교회	장로교	1922		황해도 신천군 가연면 난전리
덕해(德海)교회	장로교	1895	방기창 외 3	평남 용강군 오신면 덕해리
덕흥(德興)교회 1	장로교	1900	김학호 외 6	평북 용천군 동하면 덕흥동
덕흥(德興)교회 2	장로교	1909	감기봉 외 5	평북 정주군 덕언면 덕성동
도경(道景)교회	장로교			황해도 장연군 용연면 도경리
도경리영	구세군			경기도 장단군 용연면 도경리
도관동(都館洞)교회	감리교			평북 영변군 남신현면 도관동
도덕리(道德里)교회	장로교	1898	송인서 외 6	평남 강동군 고천면 도덕리
도령(都嶺)교회	장로교	1914		평북 의주군 가산면 도령동
도리동(挑李洞)교회	장로교	1897	김두호 외 1	황해도 곡산군 화촌면 도리동
도목구(倒木溝)교회 1	장로교			만주 간도성 연길현
도목구(倒木溝)교회 2	장로교			중국 요녕성 통화현
도문(圖們)교회 1	감리교	1936. 9. 20		만주 간도성 연길현 도문가
도문(圖們)교회 2	성결교	1936. 10		만주 간도성 도문가
도비허교회	침례교	1914	최응선	만주 도비허
도새평교회	침례교	1911	임선재	만주 훈춘
도안리(道安里)교회	장로교	1920		함남 신흥군 동상면 도안리
도안역전(道安驛前)교회	장로교	1929		함남 신흥군 동상면 도안역전
도원교회	감리교			옹진지방
도은리(道隱里)교회	장로교	1908	김정섭 외 2	황해도 송화군 상리면 도은리
도이리(桃李里)교회	장로교			황해도 곡산군 화촌면 도이리
도이포리(桃李浦里)교회	장로교			황해도 곡산군 서촌면 도이포리

도일교회	감리교			강원도 통천군 고저면 도일리
도전리(島田里)교회	장로교			황해도 수안군 천곡면 도전리
도지평(都地坪)교회	일본장로교			함남 풍산군 안산면
도직가(道直街)교회	장로교	1900	전광묵 외 2	황해도 황주군 삼전면 도직동
도촌(道村)교회	감리교			황해도 연백군 남월면 환성리
도하리(陶河里)교회	감리교			황해도 수안군 성동면 도하리
도학리(島鶴里)교회	장로교	1912		평남 용강군 오산면 도학리
도회(都會)교회	장로교	1928		평남 안주군 안주읍 도회리
도흥(桃興)교회				평남 순천군 선소면 용암리
독가리교회	감리교			경기도 장단군 장도면 오읍리
독장영	구세군			황해도 해주지방
독좌동(纛坐洞)교회	장로교	1900	양돈 외 4	평남 강서군 성태면 성육리
독진(獨津)교회	장로교			함북 경성군 오촌면 독연동
돈화현(敦化縣)교회	장로교			중국 길림성
동가상(東街上)교회	장로교			중국 요녕성 통화현
동간진교회	침례교	1925	종영희	함북 회령
동강교회	감리교			옹진지방
동개동(東開洞)교회	일본장로교			함남 장진군 구읍면 동개동
동경성(東京城)교회	장로교			만주 모란강성 영안현
동곡(桐谷)교회	장로교	1936		황해도 신천군 문무면 동곡리
동곡(東谷)교회	장로교			평북 자성군 삼풍면 신풍동
동관진(潼關鎭)교회	장로교			함북 종성군 종성면 동관진
동남차(東南岔)교회	장로교			중국 간도
동당(東堂)교회	장로교	1936		평북 용천군 중면 동당동
동대원(東大院)교회	장로교	1896		평남 대동군 대동강면 동대원리
동로(東路)교회	장로교	1920	김인성 외 1	평북 정주군 임해면 동로동
동림(東林)교회	장로교	1901	김봉헌 외 4	평북 선천군 심천면 동림동
동묘리(東杳里)교회	장로교			함남 영원군 소백면 동묘리
동문(東門)교회	장로교	1906	김성수 외 2	평북 철산군 백량면 동문동
동문내(東門內)교회	감리교			경기도 개성부 고려정
동문동(東文洞)교회	장로교	1909	엄병하 외 2	평북 박천군 가산면 동문동
동문외(東門外)교회	장로교	1898	신경천 외 7	평북 용천군
동부(東部)교회 1	장로교	1895		황해도 재령군 재령읍 수창리
동부(東部)교회 2	장로교	1923		황해도 사리원읍 북리

부록 1 해방 이전 북한지역에 설립된 교회 537

동부(東部)교회 3	장로교	1933		황해도 신천군 신천읍
동부(東部)교회 4	장로교			함북 청진부 고사정
동부동(東部洞)교회	감리교			평북 영변군 영변면 동부동
동북리(東北里)교회	장로교	1930		평남 대동군 용악면
동불사(銅佛寺)교회	장로교	1918		만주 간도성 연길현 하광포
동불사교회	침례교	1925	이송	만주 간도
동사동(東沙洞)교회	장로교	1909	위원석 외 1	평북 강계군
동산(東山)교회 1	장로교	1907		황해도 신천군 산천면 동산리
동산(東山)교회 2	장로교	1916	조형신 외 1	평북 용천군
동산(東山)교회 3	장로교	1922		만주 간도성 연길현 용정
동산대(東山臺)교회	장로교	1931		평남 평원군 동송면 군자리
동산리(東山里)교회 1	감리교			황해도 해주군 청룡면 학월리
동산리(東山里)교회 2	감리교			황해도 김천군 좌면 북산리
동산리(東山里)교회 3	감리교			평남 강서군 동진면 학송리
동삼리(東三里)교회	장로교	1902	김창희 등	평남 강동군 봉진면 동삼리
동상(東上)교회 1	장로교	1907	김희진 외 1	평북 의주군 고관면 동상동
동상(東上)교회 2	장로교	1908	김지용 등	평북 용천군 양서면 동상동
동상(東上)교회 3	장로교	1912	김종정	평북 벽동군 벽동면 동상동
동성(東城)교회	장로교	1934		평북 용천군 내중면 동성동
동송현(東松峴)교회	장로교	1912	최진유 등	평북 선천군
동신리(東新里)교회	장로교			함남 혜산군 운흥면 동신리
동양교회	침례교	1918	김반장	만주 간도
동장(東場)교회 1	장로교	1900	이승락 외 1	평북 초산군 동면 구룡동
동장(東場)교회 2	장로교	1907	이혜련	평북 위원군 봉산면 고보동
동전리(東剪里)교회	장로교			평남 용강군 다미면 동전리
동점(銅店)교회	장로교			평북 후창군 남신면 동점동
동창(東倉)교회 1	장로교	1900	한석규	황해도 안악군 용문면 동창리
동창(東倉)교회 2	장로교	1935		평북 영변군 백령면
동창(東倉)교회 3	감리교			평남 맹산군 학천면 소창리
동창구(東昌溝)교회	장로교			중국 요녕성 신빈현
동창리(東倉里)교회	장로교	1908	장관옥 외 2	황해도 신천군 북부면 동창리
동창포(東倉浦)교회	조선기독교회	1919. 11	김은수	황해도 안악군 용문면
동천(東川)교회	장로교	1921	최문규 등	평북 철산군 철산면 동천동
동촌(東村)교회 1	장로교	1900		황해도 안악군 안곡면 동과리
동촌(東村)교회 2	장로교	1912	김관영	황해도 장연군

교회명	교파	설립일	설립자	위치
동평리(東坪里)교회 1	장로교	1896	이채영	함남 신흥군 영고면 동평리
동평리(東坪里)교회 2	장로교	1897	신효범 등	평남 평원군 순안읍
동평리(東坪里)교회 3	성결교	1925. 9		함남 홍원근 용천면
동평양(東平壤)교회	장로교	1923		평남 평양부 선교리
동해안(東海岸)교회	장로교			함북 청진부 동해안
동해주교회	감리교			해주지방
동홍동교회	침례교	1914	주관삼	만주 도비허
동홍리(東興里)교회	장로교	1905		함남 함주군 홍남읍 동흥리
동홍진(東興嶺)교회 1	감리교	1923.12.21		만주 간도성 훈춘현 춘화촌
동홍진(東興嶺)교회 2	장로교	1930		만주 간도성 훈춘현
두남리(斗南里)교회	감리교			함남 덕원군 현면 두남리
두단리(斗團里)교회	장로교	1908	최철 외 1	평남 대동군 대동강면 두단리
두대동(斗垈洞)교회	장로교	1897	김수봉 외 1	황해도 수안군 천곡면 대정리
두도구(頭道溝)교회 1	장로교	1911	강찬규 외 1	만주 삼랑성 의란현
두도구(頭道溝)교회 2	장로교	1914	구문현 외 1	만주 간도성 훈춘가
두도구(頭道溝)교회 3	안식교	1916. 4		만주 간도성 두도촌
두도구(頭道溝)교회 4	감리교	1922.4.19		만주 간도성 연길현 두도구촌
두라(斗羅)교회	장로교			황해도 안악군 은홍면 두양리
두로도(豆老島)교회	감리교		스왈른 외 2	평남 대동군 고평면 상단리
두릉동(杜陵洞)교회	감리교			황해도 김천군 합탄면 도천리
두림(豆林)교회	장로교			함북 회령군 회령읍 오산동
두만리(斗滿里)교회	감리교			평남 강서군 증산면 두만리
두무리(杜茂里)교회	감리교			황해도 서홍군 도면 도무리
두암리(頭岩里)교회	장로교	1905	김천일 외 5	평남 맹산군 지덕면 두암리
두지동(杜芝洞)교회	장로교			평북 후창군 동신면 두지동
두현(斗峴)교회	감리교			황해도 김천군 숙인면 장포리
등공(登公)교회	장로교			평북 강계군 이서면 등공동
등암리(登岩里)교회	장로교			함남 삼수군 자서면 등암리
라진교회	침례교	1939	박진덕	함북 경홍
로토구교회	침례교	1936	한창화	만주 간도
리란구교회	침례교	1915	한경은	만주 간도
마가점(馬家店)교회	감리교	1938. 5. 4		만주 빈강성 연수현 송점촌
마도석(磨刀石)교회	장로교	1920		만주 모란강성 목능현
마동(馬洞)교회	감리교			황해도 봉산군 토성면 마산리

교회명	교파	설립년도	설립자	소재지
마룡(麻龍)교회	장로교	1904	김영선 외 1	평북 의주군 월화면 마룡동
마마하류(嗎嗎河流)교회	장로교			중국 요녕성 신빈현
마명(馬明)교회	장로교	1920		평남 용강군 양곡면 마명리
마방리교회	감리교			강원도 철원군 내문면 마방리
마산(馬山)교회 1	장로교	1906	박민식 외 3	함남 영흥군 덕흥면 마산리
마산(馬山)교회 2	장로교	1924	이봉혁	평북 선천군 수청면 가물남동
마산(馬山)교회 3	감리교			황해도 옹진군 마산면 온천리
마산동(馬山洞)교회	장로교	1907	최재훈 외 3	평남 대동군 용악면
마산리(馬山里)교회	장로교			평남 대동군 부산면 마산리
마용교회	감리교			연백지방
마유(馬喩)교회	장로교			황해도 장연군 낙도면 세마리
마유(馬踰)교회	장로교			황해도 평산군 안성면 마유리
마장(馬場)교회	장로교			함남 영흥군 덕흥면 마산리
마전(麻田)교회 1	장로교	1905	최덕홍 등	평북 의주군 광성면 마전동
마전(麻田)교회 2	장로교	1921		평북 강계군 곡하면 마전동
마전동(麻田洞)교회	성결교	1937		평북 의주군 광성면
마촌(馬村)교회	장로교	1899	정국현 등	평남 평원군 영유면 화림리
마탄리교회	감리교			강원도 이천군 서면 문암리
마패교회	침례교	1919	김우룡	만주 간도
마한(馬韓)교회	장로교			황해도 신천군 용진면 토문리
마해(馬海)교회	장로교	1911		평북 강계군 공북면 동사동
마호(馬號)교회	장로교	1931		만주 돈화현 마호
만구(彎溝)교회	장로교	1919	삼원포교회	만주 모란강성 영안현
만달(萬達)교회	장로교			중국 요녕성 무순현 만달옥
만성(萬城)교회	장로교			평남 안주군 대미면 만성리
만수동(萬壽洞)교회	장로교	1909	차병주 외 3	평북 박천군 청룡면 만수동
만지(蔓芝)교회	감리교			황해도 평산군 보산면 두무리
만진기(滿眞基)교회	장로교	1910	한수현 외 2	만주 간도성 화룡현
만진기교회	침례교	1916	손상열	만주 간도
만포(滿浦)교회	장로교			평북 강계군 문옥면 만포동
만풍(萬豊)교회	장로교	1937		황해도 안악군 대행면 생근리
만항리(滿項里)교회	장로교			함남 북청군 덕성면 만항리
만흥(晩興)교회	장로교			평북 자성군 여연면 만흥동
말음(末陰)교회	장로교			함북 부녕군 말음동

말휘리교회	감리교			강원도 회양군 내금강면 말휘리
망덕리(望德里)교회	장로교	1899	강유훈 등	황해도 대동군 재경리면 망덕리
망양(望洋)교회	장로교	1930		평북 용천군 양광면 망양동
망포교회	감리교			경기도 개풍군 홍교면 지현리
매곡(梅谷)교회	감리교			황해도 김천군 숙인면 결운리
매양(梅陽)교회	성결교			황해도 서흥군 매양면
매하구(梅河口)교회 1	장로교			만주 봉천성 해룡현
매하구(梅河口)교회 2	침례교			만주 봉천성 동풍현
매현리(梅峴里)교회	장로교			평남 중화군 해압면 매현리
매화동(梅花洞)교회	장로교	1895	김성보 외 2	황해도 평산군
매화치(梅花峙)교회	장로교	1901	암동식 등	평남 순천군 순천면 매화동
맹동(孟洞)교회	감리교			황해도 김천군 함탄면 매후리
맹산읍(孟山邑)교회	장로교	1912	차국헌	평남 맹산군 맹산읍 수창리
맹중리(孟中里)교회	장로교			평북 박천군 남면 맹중동
맹해리영	구세군			황해도 해주지방
머스구교회	침례교	1919	허심(中)	만주 왕청
명고리교회	감리교			함남 통천군 흡곡면 명고리
명구리(名區里)교회	장로교	1928		평남 중화군 간동면 명구리
명당동(明堂洞)교회	장로교	1893	송인서 외 4	평남 평원군 청산면 남홍리
명당현(明堂峴)교회	장로교			중국 간도
명동(明東)교회	장로교			중국 간도 용정
명선동(明善洞)교회	감리교			평남 강서군 함종면
명성리(明城里)교회	감리교			황해도 김천군 백마면 용성리
명신(明新)교회	침례교	1921. 2		만주 화룡현 명신촌
명신동(明信洞)교회	장로교	1913	이봉구	만주 간도성
명오동(明梧洞)교회	감리교			평남 대동군 부산면 수산리
명월구교회	침례교	1917	김달곤	만주 간도
명월구(明月溝)교회 1	성결교	1934. 9		만주 간도성 명월구
명월구(明月溝)교회 2	감리교	1922. 9. 20		만주 간도성 연길현 명월구촌
명의리(明義里)교회	장로교			평남 강동군 강동면 명의리
명천리영	구세군			황해도 해주지방
명천읍(明川邑)교회	장로교			함북 명천군 하우면 명천동
명촌(明村)교회	장로교	1909	김택보	평남 대동군 고평면
모동(慕洞)교회	장로교			황해도 봉산군 영천면 경천리

교회명	교파	설립일	설립자	소재지
모란강(牡丹江)교회 1	감리교	1937. 9. 13		만주 모란강성 모란강시 서장안
모란강(牡丹江)교회 2	조선기독교회			만주 모란강시
모란강(牡丹江)교회 3	성결교			만주 모란강성 모란강시 서장안
모란지(牡丹池)교회	감리교	1935. 10		만주 간도성 왕청현 춘륭촌
모란천(牡丹川)교회	감리교	1935. 11. 1		만주 간도성 왕청현 춘륭촌
모록구교회	침례교	1914	최두현	만주 간도
모아산(帽兒山)교회 1	장로교	1908	이용현 외 1	만주 간도성 연길현
모아산(帽兒山)교회 2	감리교	1937. 5. 4		만주 빈강성 주하현 모아산참전
모안(慕顔)교회	장로교			평북 정주군 덕언면 대산동
모풍(牡豊)교회	장로교			함남 홍원군 학천면 도남리
목감(牧甘)교회	장로교	1937		황해도 장연군 목감면 지촌리
목당강교회	침례교	1937	조용석	북만주
목사대(牧使垈)교회	장로교			평북 선천군 수청면 목사대동
몽금포(夢金浦)교회	장로교			황해도 장연군 해안면 선교리
몽상(蒙尙)교회	장로교			함북 경흥군 웅기읍 몽상동
묘동(妙洞)교회	장로교			황해도 신천군 온천면 송정리
묘산(卯山)교회	장로교			평남 성천군 삼흥면 묘산리
묘향산(妙香山)교회	감리교			평북 영변군 북신현면
무동(茂洞)교회	장로교	1895		황해도 안악군 용문면 상무리
무릉리(武陵里)교회	장로교	1894	조문백 외 4	황해도 곡산군 도화면 무릉리
무본리(務本里)교회	감리교			평남 강서군 증산면 무본리
무봉촌(無鳳村)교회	장로교	1917	배용규	만주 간도성 연길현
무산(舞山)교회	장로교	1906	허승원 외 2	평북 용천군 내중면 송산동
무산(茂山)교회	장로교			황해도 장연군 목감면 무산리
무산읍(茂山邑)교회	장로교	1916	프레이저 외 3	함북 무산군 무산읍 남산동
무석(武石)교회	장로교	1893	장석두 외 1	황해도 안악군 안악읍 평정리
무선동(務善洞)교회	장로교	1909	오현척	평북 자성군
무순(撫順)교회 1	장로교	1919	김홍진	만주 요녕성 무순시동
무순(撫順)교회 2	성결교			만주 무순시 영안보
무신(戊辰)교회	장로교	1902	한석진 외 1	평남 대동군 율리면 무신리
무주(武州)교회	장로교			평북 강계군 전천면 무평시
무진대(無盡垈)교회	장로교	1904	김여현 외 1	함남 개천군 중남면 삼신리
무창(武昌)교회	감리교			평북 영변군 봉산면 고성동
무창(茂昌)교회	장로교			평북 후창군 동신면 무창동

교회명	교파	설립년	설립자	위치
무초동(茂草洞)교회	장로교	1909	송화읍교회	황해도 송화군 송화면 무당리
묵시동(墨時洞)교회	감리교			평북 영변군 오리면 묵시동
묵천리(墨川里)교회	장로교	1906	김동규 외 1	황해도 봉산군 기천면
묵화(墨花)교회	감리교			황해도 연백군 석산면 묵화리
문개교회	감리교			황해도 해주군 내성면 오봉리
문구(文區)교회	장로교			황해도 평산군 문무면 문구리
문동교회	감리교			강서지방
문발리(文發里)교회	장로교	1905	허섭 외 1	평남 대동군 남곶면
문사(汶沙)교회	장로교	1915	문경록 외 7	평북 선천군 남면 문사동
문산(文山)교회	장로교	1897	김영숙 외 1	황해도 신천군
문산리영	구세군	1933		함남 평강군 현내면 문산리
문성(文城)교회	장로교			황해도 곡산군 멱미면 가리문성
문성동(文城洞)교회	장로교	1909	김관일 외 3	황해도 곡산군 멱미면 문성동
문수리(文修里)교회	감리교			황해도 김천군 외유면 문수리
문악(文岳)교회 1	장로교			평북 강계군 문옥면 문악동
문악(文岳)교회 2	장로교			황해도 서흥군 용평면 월은리
문악동(文岳洞)교회	장로교			평북 장진군 상남면 문악리
문암(文岩)교회 1	장로교			함남 북청군 신포읍 문암리
문암(文岩)교회 2	장로교			황해도 재령군 하성면 갈산리
문암리교회	감리교			강원도 이천군 서면 문암리
문애리(文艾里)교회	감리교			진남포지방
문원리(文源里)교회	장로교			평남 성천군 삼덕면 문원리
문인(文仁)교회	장로교	1938		평북 정주군 옥천면
문정(文井)교회	장로교	1923		황해도 재령군 하성면 대청리
문창리(文昌里)교회	장로교	1901	마펫 외 10	평남 순천군 은산면 문창리
문천(文川)교회	장로교	1896	게일 외 2	함남 문천군 문천읍
문평(文坪)교회	장로교	1910		함남 문천군 북성면
문평리(文坪里)교회	장로교	1909	이종훈 외 3	함남 이원군 이원면 문평리
문화(文化)교회	성결교			황해도 신천군 문화면 서정리
문흥리(文興里)교회	장로교			평남 성천군 통선면 문흥리
물뢰교회	감리교			강원도 양양군 강현면 물뢰리
물아시(勿兒視)교회	장로교			평남 성천군 통선면 백원리
미곡(嵋谷)교회	장로교	1907		황해도 봉산군 영천면 미곡리
미둔리(彌屯里)교회	장로교	1911		함남 고원군 영동면 미둔리

부록 1 해방 이전 북한지역에 설립된 교회 543

미림(美林)교회	장로교			평남 대동군 추을미면 미림리
미산(美山)교회	장로교	1905	장유관 등	평북 의주군 수진면 미산동
미산(眉山)교회	장로교			황해도 곡산군 문암면 미산리
미생촌(美生村)교회	장로교	1906		황해도 재령군 북률면 남지리
미전교회	침례교	1932	최창호	만주 훈춘
미전리(米田里)교회	일본장로교			함남 풍산군 안수면 미전리
미정리(美井里)교회	장로교	1900	윤태흠	평남 대동군 추을미면
미타동(美他洞)교회	장로교			평북 강계군 고산면 미타동
미현(美峴)교회	장로교	1910	신웅상 외 3	함남 안변군 미현리
민포리(敏浦里)교회	성결교			평북 의주군 광성면
박구리교회	감리교			평양지방
박천읍(博川邑)교회	장로교	1906	김학인 외 6	평북 박천군 박천읍 동부동
반궁(盤弓)교회	장로교			평북 용천군 외하면 반궁동
반삼리(班三里)교회	장로교	1915		평남 강서군 반석면 반삼리
반석(班石)교회	장로교	1896	노기수 외 2	평남 강서군 반석면 반육리
반석(磻石)교회	장로교	1901		평남 용강군 해운면
반석(磐石)교회	장로교	1934		만주 반석현 소남문외
반석교회	감리교			옹진지방
반석포(磐石浦)교회	감리교			황해도 평산군 보산면 수일리
반석현(磐石縣)교회	침례교			만주 길림성 반석현
반정(班亭)교회	감리교			황해도 연백군 용도면 옥야리
반정(泮亭)교회	장로교	1935		황해도 신천군 용문면 반정리
반천리(反川里)교회	장로교	1905		평남 대동군 대보면 반천리
발누애교회	침례교	1915	윤반장	만주 수청
발북(鉢北)교회				평남 안주군 대니면 발북리
발산(鉢山)교회	장로교	1936		황해도 신천군 온천면 별산리
발산외동(鉢山外洞)교회	감리교			평남 강서군 신흥면
발우동(鉢隅洞)교회	감리교			황해도 연백군 해룡면 대흥리
발은(發銀)교회	장로교	1935		평북 초산군 남면 발은리 동산
방곡리(防谷里)교회	감리교			황해도 서흥군 소사면 방곡리
방남(芳枏)교회	감리교			황해도 연백군 해월면 용봉리
방목리교회	감리교			강원도 회양군 안풍면 방목리
방산(方山)교회	장로교	1915	휘트모어 외 2	평북 의주군 가산면 방산동
방천항교회	침례교	1922	손윤원	만주 훈춘

교회명	교파	설립연도	설립자	위치
방촌(方村)교회	장로교			함남 북청군 하차서면 방촌리
방포교회	감리교			강원도 통천군 통천면 방포리
방화동교회	감리교			경기도 장단군 소남면 두곡리
배산점(裵山店)교회	장로교	1894		평남 대동군 용악면 하리
배천교회	감리교			연백지방
배촌교회	감리교			평남 봉산군 구연면 배촌리
배치교회	감리교			원산 지방
백마(白馬)교회	장로교	1906		평북 의주군 위원면 서하동
백석(白石)교회	장로교	1920		황해도 신천군 가산면 백석리
백암(白岩)교회 1	장로교	1909	장효량	평북 용천군 북중면 백암동
백암(白岩)교회 2	장로교			함남 혜산군 백암역앞
백양리(白陽里)교회	감리교			황해도 김천군 호현면 백양리
백운평(白雲坪)교회	장로교	1918	권두혁 외 1	만주 간도성 청산리
백의(白義)교회	장로교			평북 의주군 옥상면 중태곡
백자동(栢子洞)교회	일본장로교			함남 풍산군 안산면 노은리
백천읍(白川邑)교회	감리교			황해도 연백군 운천면 연남리
백초구(百草溝)교회	감리교	1924.11.1		만주 간도성 왕청현 백초시
백촌(白村)교회	장로교	1899	최긍주	황해도 장연군 신화면 효제리
백학동(白鶴洞)교회	장로교			함북 경흥군 웅기읍 백학동
백현(白峴)교회	장로교	1906	김원부 등	평북 선천군 신부면 백현동
백화리(白華里)교회	장로교	1910	김중표 외 1	황해도 송화군 연방면
번치거우교회	장로교			중국 간도 하광포
법동(法洞)교회	장로교	1908		평북 자성군 자하면 법동리
법천(法川)교회	감리교			황해도 김천군 동화면 법천리
법화리(法樺里)교회	장로교	1930		평남 중화군 상원면
법흥(法興)교회	성결교			평북 용천군 동하면
벽단(碧團)교회	장로교	1906	신효일 외 5	평북 벽동군 송서면 사서동
벽동읍(碧潼邑)교회	장로교	1903	김서면 외 2	평북 벽동군 벽동읍 이동
벽란리(碧瀾里)교회	감리교			황해도 연백군 해월면 벽란리
벽산교회	감리교			강원도 통천군 벽양면 차성리
벽지도(碧只島)교회	장로교	1899	정익로 외 4	평남 대동군 남곶면 벽지도리
벽하리(碧霞里)교회	장로교	1933		평남 중화군 풍동면
변산(弁山)교회	장로교			평북 구성군 방현면 변산동
변양구(邊陽溝)교회	장로교			중국 요녕성 신빈현

부록 1 해방 이전 북한지역에 설립된 교회 545

변촌(邊村)교회	장로교			황해도 황주군 도치면 변촌
별기(別岐)교회	장로교	1901	김치삼 외 3	황해도 은율군 이도면 생괄리
별장(別場)교회	장로교	1925		평북 벽동군 가별면 태안동
별하(別河)교회	장로교	1919	이만기 외 1	평북 강계군 성간면 별하동
병산(柄山)교회	감리교			황해도 연백군 유곡면 충무리
병점(餠店)교회	감리교			황해도 김천군 고동면 송현리
보덕(補德)교회	장로교			평남 평원군 서해면 보덕리
보령(寶嶺)교회	장로교	1907		황해도 신천군 궁흥면 월봉리
보산(保山)교회 1	장로교	1909	박찬서 등	평북 철산군 백양면 자작동
보산(保山)교회 2	장로교			평북 철산군 운산면 보산동
보신(保新)교회	장로교	1905	김치원 외 4	평북 선천군 용연면 보암동
보영동(寶靈洞)교회	장로교			황해도 신천군 궁흥면 월봉리
보전리(保田里)교회	장로교			함남 혜산군 보천면 보전리
보천(堡川)교회	감리교			황해도 연백군 용도면 체산리
보흥둔(普興屯)교회	장로교	1913		만주 모란강성 목룡현
복계영	구세군			강원도 평강군 평강면 복계리
복녕교회	감리교			경기도 개풍군 중서면 곡녕리
복동(福洞)교회	장로교			중국 간도 하광포
복부정(福富町)교회	성결교			함남 함흥부 복부정
복양리(福陽里)교회	장로교	1908	김익두 외 2	황해도 신천군 용문면 복우리
본궁(本宮)교회	장로교			함남 함흥부 외본궁역전
본영교회	감리교			황해도 옹진군 북면 화산중리
봉곡리(鳳谷里)교회	장로교	1904	이행규 외 1	황해도 안악군 안곡면
봉관동(鳳寬洞)교회	장로교	1910	김영경	황해도 곡산군 도의면
봉내리(鳳萊里)교회	장로교	1917	이기반 외 1	평남 강동군 삼등면 봉내리
봉당리(鳳塘里)교회	장로교	1914		평남 강동군 봉진면 봉당동
봉대(峰臺)교회	장로교			황해도 장연군 대구면 구미리
봉동(鳳洞)교회	장로교	1913		평북 선천군 남면 삼봉동
봉두리(鳳頭里)교회	장로교	1932		함남 갑산군 운흥면 봉두리
봉명(鳳鳴)교회	장로교	1910		평남 개천군 조양면
봉미동(鳳尾洞)교회	장로교			황해도 안악군 안악면 봉곡리
봉밀동(峰蜜洞)교회	장로교			중국 간도 하광포
봉산구읍(鳳山舊邑)교회	감리교			황해도 봉산군 동선면 기양리
봉산동(鳳山洞)교회	장로교			중국 간도 3도구

봉서교회	감리교			연백지방
봉서리(鳳捿里)교회	장로교			평남 안주군 안주면 봉서리
봉소리(鳳所里)교회	감리교			황해도 옹진군 북면 봉소리
봉의(鳳儀)교회	장로교			함북 회령군 봉의면 포을동
봉창(鳳倉)교회	장로교	1920		평남 개천군 봉동면 봉창리
봉창리(鳳倉里)교회	장로교	1918	최근준 외 2	평남 순천군
봉천(蓬泉)교회	장로교	1914		황해도 재령군 재령읍 봉천리
봉천(奉天)교회 1	장로교			만주 봉천성 서탑
봉천(奉天)교회 2	성결교	1932. 4		만주 봉천시 대화구
봉천제삼(奉天第三)교회	장로교	1937		만주 봉천시 공업구
봉천제이(奉天第二)교회	장로교	1936		만주 봉천시 황고둔
봉태(烽台)교회	장로교	1914		황해도 장연군 대구면 구미리
봉현(鳳峴)교회	장로교	1908		황해도 곡산군 도화면 갈천리
봉현리(鳳峴里)교회	감리교			평남 성천군 연천면
봉황성(鳳凰城)교회 1	장로교	1933		만주 안동성 봉성현
봉황성(鳳凰城)교회 2	침례교	1936. 7	신혁균	만주 안동성 봉성현
부감덕교회	장로교			평북 자성군 여연면 만흥동
부개리교회	침례교	1942	유치옥	함북 회령
부거(富居)교회	장로교	1914		함북 부녕군 부거면 부거동
부녕(富寧)교회	장로교			함북 부녕군 하무산면 부녕동
부둔(富屯)교회	장로교	1930		황해도 안악군 대행면 적둔리
부백(孚白)교회	장로교	1905	고사영 등	평남 평원군 동암면 부백리
부상리(扶桑里)교회				평북 의주군 고령삭면 부상리
부성리(富城里)교회	장로교	1914	이진영 외 2	황해도 재령군 재령면 부성리
부용리(芙蓉里)교회	감리교			황해도 신계군 미수면 부용리
부유가(富有街)교회	장로교	1938		만주 통화성 즙안현
부정(婦貞)교회	장로교	1912		황해도 신천군 남부면 부정리
부토리영	구세군			황해도 연백군 해룡면 부토리
부평(富坪)교회 1	장로교			평북 초산군 강면 용성동
부평(富坪)교회 2	장로교			평북 초산군 남면 부평동
부포교회	감리교			옹진지방
부호(鳧湖)교회	장로교	1925		평북 정주군 남서면 남양동
부흥동(復興洞)교회	장로교	1905	오문진 외 1	평남 덕천군 일하면 상계리
북갑상(北閘上)교회	장로교	1922		만주 봉천성 심양현

교회명	교파	설립연도	설립자	위치
북구(北溝)교회	장로교			중군 간도 하광포
북대지(北大地)교회	장로교	1929		만주 간도성 연길현
북동교회	침례교	1914	신성균	만주 도비허
북동(北洞)교회	일본장로교			함남 장진군 신남면
북률(北栗)교회	성결교	1929. 1		황해도 재령군 북율면
북릉(北陵)교회	성결교	1932. 8		만주 봉천시 북릉구
북면원리(北面院里)교회	감리교			평남 개천군 북면원리
북부(北部)교회	감리교			경기도 개성부 북본정
북산진(北山鎭)교회	장로교			중국 요녕성 해룡현
북상서현교회	침례교	1913	최응선	만주 수청
북서구(北西溝)교회	장로교			중국 간도 하광포
북신리(北新里)교회	장로교			평남 평양부 신리
북영교회	감리교			개성지방
북원(北院)교회	감리교			평남 개천군 북면 봉천리
북주동(北州洞)교회	장로교			함남 함주군 북주동면 회양리
북지동교회	침례교	1921	박희규	함북 회령
북진(北鎭)교회	감리교			평북 운산군 북진면 홍수리
북창(北倉)교회 1	장로교	1902	장채봉 외 1	평북 위원군 화창면
북창(北倉)교회 2	감리교			평남 순천군 북창면 북창리
북창(北倉)교회 3	장로교			평남 맹산군 옥천면 북창리
북창(北倉)교회 4	장로교			평남 평원군 공평면 신화리
북청읍(北靑邑)교회	성결교	1922. 4		함남 북청군 북청읍
북촌교회	감리교			강원도 평강군 현내면 북촌리
북평(北坪)교회	장로교	1908	박문근 등	평북 용천군 양서면 북평동
북하(北下)교회 1	장로교	1913		평북 의주군 위화면 북하동
북하(北下)교회 2	장로교	1930		평북 벽동군 오북면 북하동
북합마당(北蛤蟆塘)교회	장로교			중국 간도
북홍동교회	침례교	1924	백남조	만주 간도
분토(盆土)교회	장로교			평북 강계군 고산면 분토동
불로(不老)교회	장로교	1908	박병수	함북 길주군 동해면 불로동
비석리(碑石里)교회 1	장로교	1897	김원섭 외 5	평남 진남포 용정리
비석리(碑石里)교회 2	감리교			평남 진남포부 비석리
비현(批峴)교회	성결교			평북 비현면 찬마동
빙장(氷庄)교회	장로교	1899	강유훈 외 3	평남 대동군 재경리면 빙장리

사가방(四家房)교회	장로교			동만주 길림성 여란현
사거동교회	침례교		김화경	만주 간도
사고리(沙皐里)교회	장로교			함남 안변군 배화면 사고리
사곶(沙串)교회	장로교			황해도 장연군 백령면 진촌리
사교(沙橋)교회	장로교	1915	고부교회	평북 선천군 군산면 사교동
사도구(四道溝)교회	장로교	1914	이정권 외 1	동만주 간도성 춘경촌
사도하(四道河)교회	장로교			중국 요녕성 청원현
사동(寺洞)교회 1	장로교	1907		황해도 장연군 목감면 기동리
사동(寺洞)교회 2	감리교			평남 대동군 대동강면 의암리
사동(寺洞)교회 3	감리교			황해도 신계군 미수면 사암리
사둔리(沙屯里)교회	장로교			평남 덕천군 잠상면 주회리
사령(沙嶺)교회	장로교	1916		만주 심양현 5구 사령
사룡리(寺龍里)교회	장로교	1906	이태항 등	평남 중화군 중화면 사룡리
사리영	구세군	1929. 10. 26		함남지방
사리원(沙里院)교회 1	감리교	1920		황해도 봉산군 사리원읍 북리
사리원(沙里院)교회 2	성결교	1926. 9	이준수	황해도 봉산군 사리원
사리원(沙里院)교회 3	하느님의교회	1937. 4	안형주	황해도 봉산군 사리원
사리원(沙里院)교회 4	일본감리교			황해도 봉산군 사리원
사리원(沙里院)교회 5	조선기독교회	1920. 9	이문재 외 5	황해도 봉산군 사리원
사리원동부(沙里院東部)교회	장로교			황해도 봉산군 사리원면 북리
사리원서부(沙里院西部)교회	장로교	1897. 3	이재선 외 3	황해도 봉산군 사리원면 북리
사리원영	구세군	1938		황해도 봉산군 사리원읍 북정
사산(蛇山)교회	장로교	1893		평남 평원군 서해면 사산리
사수(泗水)교회	장로교			함남 장진군 중남면 사수리
사인암(舍人岩)교회	장로교			황해도 송화군 하리면 수사리
사인장(舍人場)교회	장로교	1900	김제현 외 2	평남 순천군 사인면 사인리
사지동(四芝洞)교회	장로교	1938		함북 무산군 연사면 사지동
사창(私倉)교회	장로교	1905	문재법 외 4	평북 창성군 창주면 사창동
사창리(社倉里)교회 1	장로교			황해도 수안군 대천면
사창리(社倉里)교회 2	감리교			황해도 수안군 대천면 사창리
사창리(社倉里)교회 3	장로교			함남 영원군 대흥면 사창리
사채자(四寨子)교회	장로교	1937		만주 개원현 제3구
사천(沙川)교회	장로교	1903	반석교회	평남 강서군 반석면 상사리
사천리(沙川里)교회	감리교			평남 용강군 대벌면

부록 1 해방 이전 북한지역에 설립된 교회 549

사타자교회	장로교			중국 요녕성 철령현 사타자
사통교(四通教)교회	감리교			평남 대동군 율리면 헌교리
사평(沙坪)교회 1	장로교	1893	양성칙 외 1	황해도 신천군 산천면 사읍리
사평(沙坪)교회 2	감리교			평남 순천군 내남면
사평가(四平街)교회 1	장로교			만주 통화성 집안현
사평가(四平街)교회 2	감리교	1925. 6. 1		만주 길림성 사평가시 북이조
사평가(四平街)교회 3	장로교			중국 요녕성 해룡현 소양
사평가교회	침례교	1929	전경운	만주 간도
사평산(四平山)교회	장로교			중국 길림성 요하현
사포(泗浦)교회	장로교			함남 명천군 하가면 사포동
사회교회	침례교	1939	김대남	함북 경흥
삭녕교회	감리교			경기도 연천군 삭녕면 삭녕리
삭주읍(朔州邑)교회	장로교	1896	백유계 외 3	평북 삭주군 삭주읍 서부동
산곡교회	감리교			사리원지방
산구리교회	감리교			경기도 개풍군 대선면 산구리
산단동(山端洞)교회	일본장로교			함남 풍산군 안산면
산동(山東)교회	장로교			평북 선천군 남면 문사동
산봉(蒜峯)교회	장로교	1916		황해도 황주군 주남면 정방리
산북리교회	감리교			강원도 고성군 간성면 하리
산사리(山寺里)교회	장로교			평남 대동군 청룡면 산사리
산산(蒜山)교회	장로교	1906	김병훈 외 2	황해도 봉산군 사인면 산산리
산서동(山西洞)교회	장로교	1936		함북 경원군 아산면 산서동
산성동교회	침례교	1914	조참봉	함북 회령
산성진(山城嶺)교회	장로교	1922		만주 사평성 해룡현
산수리(山水里)교회	장로교	1905		평남 대동군 금제면 산수리
산수정(山手町)교회	성결교			함남 함흥부 산수정
산시(山市)교회	감리교	1938. 9. 4		만주 모란강성 영안현 신사참
산정(山亭)교회	장로교	1903	유상희 외 2	평북 의주군 광성면 성외동
산정현(山亭峴)교회	장로교	1905		평남 평양시 계리
산죽리(山竹里)교회	장로교	1927		황해도 신천군 북부면 산죽리
산하둔(山河屯)교회	장로교			동만주 남빈성 산하둔
산현(山峴)교회	장로교			황해도 안악군 안악읍 관리
삼가리(三街里)교회	장로교			황해도 송화군 장양면 애천리

삼가자(三家子)교회	조선기독교회	1938. 1		만주 연길현 제6구
삼강(三江)교회 1	장로교	1923		평북 강계군 문옥면 옥동 삼강
삼강(三江)교회 2	장로교			평북 장진군
삼관(三館)교회	장로교	1896	송국진 등	평남 평원군 용호면 관성리
삼기(三岐)교회	장로교			함남 북청군 이곡면 삼기리
삼기리기도처	감리교			평남 강서군 강서면 현봉리
삼기지교회	침례교	1930	채청국	만주 간도
삼덕(三德)교회	장로교			함남 삼수군 관흥면 삼덕리
삼도강자(三道岡子)교회	장로교	1932		만주 삼강성 의란현
삼도구(三道溝)교회 1	안식교	1919. 11		만주 간도성 화룡현
삼도구(三道溝)교회 2	장로교			중국 요녕성 유하현
삼도황구(三道荒溝)교회	장로교			동만주 간도성 돈화현
삼동포(三東浦)교회	장로교			중국 간도 화룡현
삼등(三登)교회	장로교			평남 강동군 삼등면 봉의리
삼룡(三龍)교회	장로교	1929		평북 용천군 부라면 삼룡동
삼봉(三峯)교회	장로교			함북 종성군 남산면 삼봉동
삼봉교회 1	감리교			옹진지방
삼봉교회 2	침례교	1946	사창환	함북 회령
삼부동(三府洞)교회	감리교			평남 강서군 적송면
삼산(三山)교회	감리교			황해도 평산군 서봉면 삼산리
삼상(三上)교회	장로교	1893	신학보	황해도 안악군
삼성(三姓)교회	장로교	1936		만주 삼강성 의란현
삼성(三省)교회	장로교			평북 선천군 남면 삼성동
삼성리(三成里)교회	장로교	1925		평남 강동군 고천면 삼성리
삼원포(三源浦)교회 1	장로교	1911	안동식 외 4	남만주 통화성 유하현
삼원포(三源浦)교회 2	장로교			중국 요녕성 해룡현
삼일(三一)교회	장로교			평북 의주군 광성면 미륵동
삼장(三長)교회	장로교			함북 무산군 삼장면 삼상동
삼정(三井)교회	감리교			평남 대동군 용연면 향목리
삼차구(三岔口)교회	장로교	1934		동만주 간도성 왕청현
삼천리교회	감리교			경기도 연천군 중면 삼천리
삼평(三平)교회	장로교	1933		함남 함주군 삼평면 동오리
삼하(三下)교회	장로교	1906		평북 의주군
삼합당(三合堂)교회	장로교	1938		만주 삼강성 의란현

삼합리(三合里)교회 1	장로교	1906	이시영 외 2	평남 중화군 양정면 삼합리
삼합리(三合里)교회 2	장로교	1915	홍성모 외 5	평남 대동군 청룡면 삼합리
삼향동(三鄕洞)교회	장로교			함북 명천군 서면 삼향동
삼현리영	구세군			황해도 해주지방
삼호(三湖)교회	장로교	1909	최장환	함남 홍원군 삼호면 신덕리
삼화(三和)교회 1	장로교	1906	한계봉 등	평북 의주군 옥상면 삼화동
삼화(三和)교회 2	감리교			평남 용강군 삼화면 옥정리
상거동(上居洞)교회	장로교	1893	유동빈	황해도 재령군 북률면 내종리
상광교회				평북 의주군 광평면 상광동
상구리(上九里)교회	장로교			황해도 수안군 오동면 상구리
상귀동(上貴洞)교회	장로교	1911	채정민 외 3	평남 중화군 상원면 상귀동리
상농(上農)교회	장로교			함남 단천군 수하면 상농
상단(上端)교회 1	장로교	1901		평북 의주군 위화면 상단동
상단(上端)교회 2	장로교	1935		평북 정주군 남서면 상단리
상단(上端)교회 3	장로교			평북 의주군 월화면 화합상동
상덕(上德)교회	장로교	1913		황해도 안악군 용문면 상덕리
상동(上洞)교회	장로교	1916	최원순 외 3	평북 후창군 남신면 상동
상리영	구세군			경기도 장단군 장도면 상리
상매리(上梅里)교회	장로교	1932		황해도 황주군 인교면 상매리
상벌리(上筏里)교회	장로교	1895	이한두	황해도 안악군 용문면 상벌리
상사리(上舍里)교회	감리교			황해도 김천군 서천면 상사리
상산리(商山里)교회	조선기독교회	1921. 10		황해도 황주군 도치면 상산리
상서평(上西坪)교회	장로교			평북 자성군 삼흥면 서해동
상서해평리(上西海平里)교회	장로교			평북 자성군 자하면 상서해평리
상서현교회	침례교	1913	한맹학	만주 수청
상석(常石)교회	장로교			평북 철산군 여한면 상석동
상석리(上石里)교회	장로교	1906	염치언 외 2	황해도 서홍군 내덕면 상석리
상선구(上船口)교회	장로교			중국 길림성 밀산현
상성간(上城干)교회	장로교	1936		평북 강계군 성간면 쌍방동
상소덕(上所德)교회	장로교			평북 자성군 이평면 진송동
상수리(上需里)교회	신의교회			평남 평양부 상수리
상암리(祥岩里)교회	감리교			황해도 수안군 연암면 상암리
상양진(晌陽鎭)교회	장로교			중국 요녕성 유하현
상원리영	구세군			강원도 평강군 현내면 상원리

상육도구(上六道溝)교회	장로교			만주 안동현 상육도구
상장(上章)교회	장로교	1927		평북 후창군 후창면 장홍동
상지리(上池里)교회	장로교			평남 대동군 김제면
상통습자(相桶習子)교회	장로교	1915	황병길	동만주 간도성
상팔(上八)교회	장로교			평남 안주군 연호면 상팔리
상평리(上坪里)교회	조선기독교회	1927. 5		황해도 서흥군 용평면
상화리(上和里)교회	장로교			평남 맹산군 지덕면 상화리
상흥리(上興里)교회	장로교			평남 대동군 서천면 상흥리
새물똥교회	침례교	1915	한공새	만주 간도
새재례교회	침례교	1910	정천일	만주 수청
새치재교회	침례교	1923	최응선	만주 해삼위
새터교회	장로교			황해도 곡산군 도화면 갈천리 석정
생금(生金)교회	감리교			황해도 연백군 괘궁면 생금리
생기령(生氣嶺)교회	장로교			함북 종성군 오촌면 소동
생양별(生陽別)교회	일본장로교			함남 풍산군 안산면 황수원리
생왕리(生旺里)교회	장로교	1907	김재근	황해도 곡산군 멱미면 생왕리
생포리(生浦里)교회	장로교			함남 문천군 구산면 생포리
서가산(西加山)교회	장로교			동만주 간도성 훈춘현
서개동(西開洞)교회	장로교			중국 요녕성 장백현 18도구 서개동
서구(西溝)교회	장로교			중국 간도
서기리(西綺里)교회	장로교	1925		평남 대동군 대보면 서기리
서노만(西老灣)교회	장로교	1936		만주 해성현 이가가촌
서대파(西大坡)교회	감리교	1935. 8. 10		만주 간도성 왕청현 서대파둔
서도몰영	구세군	1910		경기도 장단군 장도면 서도정리
서동(瑞洞)교회	장로교	1912	김성호 외 2	평남 성천군 영천면 용암리
서리(瑞里)교회	장로교			함남 풍산군 웅이면 서리
서면(西面)교회	장로교	1905	선우성일 1	평북 정주군 남서면 하단동
서문동교회	침례교	1928	임학준	만주 훈춘
서문밖교회	장로교			평남 평양시 하수구리
서문외(西門外)교회	장로교			중국 훈춘
서부(西部)교회	장로교			황해도 재령군 재령읍 국화리
서부동(西部洞)교회	감리교			평북 영변군 영변면 서부동
서산(西山)교회	장로교	1933		평북 구성군 서산면 신덕동
서산평(西山坪)교회	장로교	1921		평북 강계군 종남면 한전동

교회명	교파	설립연도	설립자	위치
서상리(西上里)교회	장로교	1927		함남 함주군 주서면 서상리
서석(西石)교회	장로교	1899	최처도 외 3	평북 용천군 외상면 서석리
서성(西城)교회	장로교	1924		평남 평양시 서성리
서수덕(西水德)교회	장로교			평북 자성군 여연면 만흥동
서수라(西水羅)교회 1	장로교	1921		함북 경흥군 노서면 성수라동
서수라(西水羅)교회 2	성결교	1932. 9		함북 경흥군 성전면
서수리(西水里)교회	장로교	1933		평북 자성군 중강면 만흥동 서수리
서신리(西新里)교회	장로교	1934		평남 평양시 신리
서의동(西儀洞)교회	장로교			황해도 장연군 신화면 서곶리
서재동(書齋洞)교회	감리교			황해도 김천군 월성면 부압리
서전(瑞坰)교회	장로교			중국 간도
서점창구(西粘倉溝)교회	장로교			동만주 간도성 왕청현
서제산(徐祭山)교회	장로교			평남 대동군 금제면 황각리
서창(西倉)교회	감리교			평북 회천군 서면 극성동
서촌(西村)교회	장로교			황해도 평산군 마산면 서촌리
서촌교회	침례교	1940	이종열	함북 회령
서탑(西塔)교회	장로교	1914	김병룡	만주 봉천시 대화구
서평양교회	감리교			평양지방
서포항(西浦項)교회	장로교	1911	이자운	함북 경흥군 노서면 서포항동
서풍(西豊)교회	장로교	1938		만주 철령현 서풍역전
서하리(西下里)교회	감리교			평남 강서군 강서면
서현(西峴)교회	장로교			평북 용천군 동상면 대인동
서호(西湖)교회	장로교	1937		함남 함주군 홍남읍 서호진
서호리(西湖里)교회	장로교	1935		평남 중화군 양정면
서호진(西湖津)교회	성결교	1933. 1		함남 서호진
서황니하자(西荒泥河子)교회	장로교			동만주 간도성 돈화현
서홍(瑞興)교회	감리교			황해도 서홍군 서홍면 영파리
서홍(西興)교회	장로교			함남 북청군 덕성면 서홍리
서홍읍(瑞興邑)교회	장로교	1903	최승현 외 2	황해도 서홍군 서홍읍 명의리
석가장(石家庄)교회	장로교	1938		만주 하북성 석가장시
석건평(石建坪)교회 1	감리교	1936. 8. 26		만주 간도성 화룡현 석건평둔
석건평(石建坪)교회 2	장로교			중국 간도
석곡창(石谷倉)교회	장로교			평북 위원군 화창면 대야동
석교(石橋)교회 1	장로교	1904		황해도 장연군 용연면 석교리

교회명	교파	설립연도	설립자	위치
석교(石橋)교회 2	장로교	1924		평북 삭주군 삭주면 대대동
석교(石橋)교회 3	장로교			평남 순천군 은산면 석교리
석교교회	감리교			강원도 철원군 마장면 장포리
석교리(石橋里)교회 1	장로교	1930		평남 중화군 당정면 석교리
석교리(石橋里)교회 2	감리교			황해도 신계군 사지면 석교리
석달리(石達里)교회	장로교			황해도 수안군 수구면 석달리
석당(石塘)교회	장로교	1909		황해도 신천군 북부면 석당리
석동(石洞)교회	장로교			함남 삼수군 삼수면 석동
석목리(石木里)교회	장로교	1907		평남 대동군 추을미면
석사동(石砂洞)교회	장로교			함남 북청군 이곡면 보성리
석사리영	구세군	1924. 3		황해도 평산군 용산면 석사리
석산(石山)교회	장로교	1937		만주 봉천성 금관현
석산리(石山里)교회	장로교			황해도 황주군 구성면 석산리
석삼리(石三里)교회	감리교			평남 강서군 적송면 석삼리
석상(石上)교회	감리교			평북 희천군 진면 마선동
석소안리(石所安里)교회	감리교			평남 강서군 장안면
석수리영	구세군	1926. 2		황해도 해주지방
석순리교회	감리교			경기도 연천군 서남면 석순리
석암(石巖)교회	장로교	1907	강성엽 외 1	평남 평원군 석암면 석암리
석양(石楊)교회	감리교			평남 중화군 양정면 석양리
석우(石隅)교회	장로교	1934		평남 순천군 사인면
석우동(石隅洞)교회	장로교	1926		함남 원산시 본동
석우리(石隅里)교회	장로교			함남 원산부 석우동
석월동(石月洞)교회	감리교			황해도 김천군 좌면 구성리
석정(石井)교회 1	장로교	1897	리	황해도 황주군 청수면 석정리
석정(石井)교회 2	장로교	1928		평남 중화군 양정면
석탄(石灘)교회 1	장로교	1907	김동형 외 3	황해도 황주군 송림면 석탄리
석탄(石灘)교회 2	장로교	1908	오영현 외 1	황해도 송화군 천동면 석탄리
석포(石浦)교회	장로교	1928		함북 부령군 관해면 나석동
석포동(石浦洞)교회	장로교	1899	황봉규 외 1	평북 위원군 위원면 석포동
석포리영	구세군	1928		황해도 옹진군 홍미면 석포리
석현(石峴)교회 1	장로교	1926		평북 용천군 동하면 대인동
석현(石峴)교회 2	감리교	1923. 6. 5		만주 간도성 연길현 석현둔
석화(石和)교회	장로교	1922	김우석 등	평북 선천군 남면 석화동

석화(石花)교회 1	장로교	1926		평북 박천군 동남면 석화동
석화(石花)교회 2	장로교			황해도 신천군 용문면 곡우리
선교리(船橋里)교회 1	감리교			평남 평양부 선교리
선교리(船橋里)교회 2	성결교	1932. 6		평남 평양부 선교리
선구(船口)교회	장로교	1930		만주 동안성 밀산현
선덕(宣德)교회	장로교			함남 정평군 선덕면 장리
선도동(仙挑洞)교회	감리교			황해도 김천군 함탄면 도천리
선미교회	감리교			경기도 개풍군 상도면 상인리
선사(宣沙)교회	장로교	1905	정해룡 외 4	평북 철산군
선암(仙岩)교회 1				평북 철산군 백량면 선암동
선암(仙岩)교회 2	장로교			황해도 곡산군 하도면 선암시
선천남(宣川南)교회	장로교	1911	선천읍교회	평북 선천군 선천읍 옥동
선천동(宣川東)교회	장로교	1931	선천남교회	평북 선천군 선천읍 황금동
선천북(宣川北)교회	장로교	1897	노효준 외 21	평북 선천군 선천읍 창동
선천중앙(宣川中央)교회	장로교	1930	선천북교회	평북 선천군 선천읍 명치정
설매(雪梅)교회	장로교	1898	이성하 외 3	평남 중화군 동두면 설매리
설을(雪乙)교회	장로교			평남 용강군 서화면 죽본리
설현리(雪峴里)교회	감리교			황해도 평산군 안성면 설현리
성남리영	구세군			함남지방
성내(城內)교회	장로교			평북 위원군 위원면 성내동
성대리교회	감리교			강원도 양양군 토성면 성대리
성덕평(盛德坪)교회	장로교			동만주 간도성 화룡현
성동리(城東里)교회 1	장로교	1910	신재용 외 1	황해도 황주군 도치면 성동리
성동리(城東里)교회 2	장로교	1910		평남 성천군 능중면 명덕리
성라리(星羅里)교회	감리교			함남 덕원군 현면 성라리
성리(城里)교회	장로교	1938		함남 영흥군 선흥면
성면(城面)교회	장로교	1911	김화집	평북 벽동군 성남면 성상동
성문(聖文)교회	장로교			평남 대동군 시족면 성문리
성미(聖美)교회	장로교	1896	함치순 외 2	황해도 신천군 호월면 정례리
성북리교회	감리교			함남 덕원군 현면 성북리
성암리(星岩里)교회	장로교	1906	양선보	황해도 신천군 궁흥면 성암리
성자(城子)교회	장로교			만주 모란강성 영안현
성장(成章)교회	장로교			평북 강계군 종남면 성장동

교회명	교파	설립연도	설립자	주소
성재리(成財里)교회	장로교			황해도 황주군 영풍면 성재리
성재리(城才里)교회	장로교			평남 중화군 성재면 수산리
성주동(城主洞)교회	장로교			황해도 봉산군 귀연면 화간리
성진(城津)교회 1	장로교	1901	그리어슨 외 2	함북 성진군 성진읍 욱정
성진(城津)교회 2	성결교	1932	이정원	함북 성진읍 욱정
성진교회	감리교			원산지방
성진영	구세군	1939. 6		함북 성진읍 욱정
성진중앙(城津中央)교회	장로교	1931	성진교회	함북 성진읍 욱정
성천리(城川里)교회	장로교	1915	박성실	평남 중화군 신흥면 성천리
성천읍(成川邑)교회	장로교	1904	정찬모 외 3	평남 성천군 성천면 하부리
성현(城峴)교회 1	장로교	1929		평남 중화군 양정면
성현(城峴)교회 2	장로교			평남 평원군 공평면 성교리
성현리(城峴里)교회	감리교			평남 용강군 해운면 성현리
세거리영	구세군	1918		황해도 해주군
세동(細洞)교회	장로교			황해도 해주군 도치면 세동
세심(洗心)교회	장로교			평남 강동군 강동면
세심리(洗心里)교회	장로교	1909	최승언 외 1	평남 성천군 능중면 숭덕리
세장영(새평영)	구세군			황해도 해주지방
세평(世平)교회	장로교			평북 철산군 여한면 원세평동
세포교회	감리교			강원도 평강군 고삽면 세포리
세포리영	구세군			함남 안변군 위익면 세포리
소강교회	감리교			황해도 옹진군 서면 읍저리
소고동(所高洞)교회	장로교	1911	박치영	황해도 곡산군 청계면 문양리 소고동
소광(小廣)교회	장로교			황해도 봉산군 사리원면 대원리
소래(松川)교회	장로교	1884	서상륜	황해도 장연군 대구면 송천리
소룡동(小龍洞)교회	감리교			평남 강서군 수산면 어경리
소룡리(小龍里)교회	장로교	1933		평남 대동군 용산면 소룡리
소류하(小流河)교회	장로교			중국 요녕성 무순현 소류하자
소매(小梅)교회	장로교			황해도 황주군 인교면 소매시
소명월구(小明月溝)교회	감리교	1923. 5		만주 간도성 연길현 명월구촌
소백초구(小百草溝)교회	감리교	1935. 11		만주 간도성 왕청현
소북수(小北水)교회	장로교			평북 후창군 칠평면 대홍동
소성자(小城子)교회	장로교	1936		동만주 길림성 여란현
소수(小水)교회	장로교	1916	김지선	평북 의주군 수진면 소수동

교회명	교파	연도	설립자	위치
소순(小蓴)교회	장로교			황해도 장연군 해안면 소계리
소양수하자(小楊樹河子)교회	장로교			만주 사평성 해룡현
소완재교회	침례교	1928	임학준	만주 훈춘
소왕청교회	침례교	1929	김순철	만주 왕청
소장자(小莊子)교회	장로교	1938		만주 금주성 반산현
소죽(蘇竹)교회	장로교	1896	한병직 외 4	평남 평원군 조운면 순정리
소중강(小中江)교회	장로교			평북 자성군 여연면 만흥동
소후주(小厚州)교회	장로교			평북 후창군 동흥면 남사동
속사곡(束沙谷)교회	장로교			평북 강계군 공북면 향하동 창목첨
속새말교회	장로교			황해도 곡산군 도화면 갈천리 봉현
속화락(束伙落)교회	장로교			중국 요녕성 신빈현
속후(俗厚)교회	장로교			함남 북청군 속후면 서호리
속후교회	침례교	1910		함남 원산
속후간평(俗厚間坪)교회	장로교			함남 북청군 속후면 간평리
솔봉교회	침례교	1916	박성은	함북 경흥
송간(松澗)교회	장로교	1937		황해도 벽성군 서석면
송경(松坰)교회	감리교			평남 강서군 함종면 송경리
송교(松橋)교회	장로교			평북 철산군 철산면 송교동
송귀(松貴)교회	감리교			평북 태천군 서성면 송귀동
송단(松端)교회	장로교	1909	이동휘 외 1	함남 이원군 남송면 송단리
송당리(松堂里)교회	장로교			황해도 안악군 대행면
송덕(松德)교회	장로교			평북 박천군 박천면 송덕동
송동(松洞)교회	감리교			평남 강서군 함종면
송두리교회	장로교			평남 강동군 원탄면 송두리
송림교회	감리교			옹진지방
송림동(松林洞)교회	장로교			평남 평원군 양화면 상송리
송방교회	침례교	1910		함남 원산
송산(松山)교회 1	장로교	1907	이상겸 등	평북 용천군 내중면 송산동
송산(松山)교회 2	장로교			평남 덕천군 대극면 송산리
송산리(松山里)교회	장로교	1900	스왈른 외 2	평남 대동군 고평면 송산리
송삼(松三)교회	장로교	1932		평북 벽동군 송서면 송상동
송암동(松岩洞)교회	장로교	1905		평북 자성군 자하면 송암동
송암리(松岩里)교회	장로교	1905	장대현교회	평남 대동군 임원면
송언시교회	침례교	1913	김화경	만주 간도

교회명	교파	설립연도	설립자	소재지
송오(松塢)교회	감리교			평남 중화군 당정면 양라리
송오동(松塢洞)교회	장로교	1905	이석문 외 2	평남 강동군 원간면
송일(松一)교회	장로교	1937		평북 벽동군 송서면 송일동
송전(松田)교회	장로교			함남 문천군 명효면 추매리
송전리(松田里)교회 1	감리교			황해도 서흥군 소사면 송전리
송전리(松田里)교회 2	성결교			함남 북청군 평산면
송정동(松井洞)교회	장로교	1900	강유훈 외 4	평남 평원군 해소면
송정리(松亭里)교회 1	장로교	1900	김동규 외 2	황해도 봉산군 구연면 송정리
송정리(松亭里)교회 2	장로교	1908	오계한	황해도 안악군 대원면 송산리
송정리(松亭里)교회 3	장로교			평남 덕천군 풍덕면 송정리
송정리영	구세군	1924. 2		황해도 봉산군 쌍산면 송정리
송중창(松中倉)교회	장로교			평북 초산군 송면 송수동
송천(松泉)교회	감리교			평남 강서군 수산면 쌍송리
송천(松川)교회 1	장로교			황해도 장연군 대구면 송천리
송천(松川)교회 2	장로교	1916	황사성 외 1	평북 의주군 수진면 송천동
송탄(松灘)교회 1	장로교	1908		황해도 재령군 은룡면 창전리
송탄(松灘)교회 2	장로교	1937		황해도 장연군 대구면 송탄리
송탄(松灘)교회 3	장로교			황해도 수안군 공포면 송산리
송평(松坪)교회	장로교			함북 경흥군 옹기읍 송평동
송평영	구세군			함북 청진부 서송향정
송현(松峴)교회 1	장로교	1910	한홍인 등	함남 고원군 상산면
송현(松峴)교회 2	장로교			황해도 봉산군 기천면 혹천상리
송호리(松湖里)교회	장로교	1898	서화순 등	평남 강서군 초리면 송호리
송화리(松花里)교회	감리교			황해도 서흥군 도면 송화리
송화읍(松禾邑)교회	장로교	1907	홍성서	황해도 송화군 송화면 읍내리
송흥리(松興里)교회	장로교			함남 덕원군 적전면 송흥리
수교(水橋)교회	장로교			황해도 송화군 봉래면 수교리
수구(水口)교회	장로교	1908		평북 의주군 수진면 수구동
수동(水東)교회	장로교	1919		만주 간도성 연길현 명월구
수동교회	감리교			황해도 옹진군 북면 삼산리
수두리(水頭里)교회	장로교	1905	박명근 외 5	평북 정주군 옥천면 문인동
수명(遂明)교회	장로교			평북 강계군 어뢰면 수명동
수부(壽富)교회	장로교	1908	이종석 외 4	평북 철산군 백양면 수부동
수북(水北)교회	장로교			함북 종성군 어랑면 용강동

교회명	교파	설립연도	설립자	위치
수사리(水舍里)교회	장로교	1916	장덕상 외 2	황해도 송화군 하리면 수사리
수산동(秀山洞)교회	장로교	1906	김용주 등	평남 강서군
수서동(水西洞)교회	장로교	1908	김공훈	함북 명천군 상가면 수서동
수성(輸城)교회	장로교			함북 종성군 용성면 수성동
수안읍(遂安邑)교회	감리교			황해도 수안군 수안면 창후리
수완교회	감리교			사리원지방
수우(水隅)교회	장로교	1900	김두영 외 5	평남 대동군 부산면 중리
수우동(修隅洞)교회	감리교			평북 영변군 독산면 수우동
수일리(水日里)교회	감리교			평남 용강군 신영면 수일리
수저(水底)교회	장로교	1901	왕병기 등	평남 덕천군 일하면 상신리
수칠구(水七溝)교회	감리교	1936. 3		만주 간도성 연길현 용정가
수침(水砧)교회	장로교			평북 초산군 초산면 수침동
수침동교회	침례교	1915	정명화	만주 간도
수풍(水豊)교회	장로교	1927	전영기	평북 삭주군 수풍면
수하(水河)교회	장로교	1926		함남 신흥군 동상면
수하자(樹河子)교회	장로교			중국 요녕성 해룡현 소양
수항(壽巷)교회	장로교	1913		함남 이원군 남면 수항리
수화농(綏化農)교회	조선기독교회			만주 빈북선 진가역
숙천(肅川)교회	성결교			평남 평원군 숙천면 관전리
숙천읍(肅川邑)교회	장로교	1896	마펫 외 5	평남 숙천군 숙천읍
순덕(順德)교회	장로교	1939		만주 북지방합현
순안읍(順安邑)교회	장로교	1897	홍청여 외 4	평남 평원군 순안면 남창리
순천읍(順川邑)교회	장로교	1900	김찬성 외 4	평남 순천군 순천읍 관하리
순천읍교회	감리교			평북 순천군 순천면 관하리
숭덕리(崇德里)교회	감리교			평남 순천군 용화면
슬복(瑟伏)교회	장로교			황해도 평산군 적암면 금룽리
승방동(承芳洞)교회	장로교			평북 강계군 공북면 승방동
승삼파(承三坡)교회	장로교			평북 강계군 종서면 종포동
승암동(勝岩洞)교회	장로교			함북 경성군 경성면 승암동
승지동(承旨洞)교회	장로교	1915	전인상 외 3	평북 선천군 신부면 승지동
승호리동부(勝湖里東部)교회	장로교	1918	방건중 외 4	평남 강동군 만달면 승호리
승호리중부(勝湖里中部)교회	장로교		승호리교회	평남 강동군 만달면 승호리
시가보(施家堡)교회	장로교	1938		만주 개원현 시가촌
시건평교회	침례교	1920	김우용	만주 간도

시다이가교회	침례교	1923	최창호	만주 해삼위
시대표교회	침례교	1929	전반장	만주 왕청
시변리(市邊里)교회	감리교			황해도 김천군 서천면 시변리
시영구교회	침례교	1910	유조산	만주 수청
시와재교회	침례교	1924	김희경	만주 왕청
시지미교회	침례교	1910	최상진	만주 연추
시천리교회	감리교			함남 통천군 학일면 시천리
시천장(時川場)교회	장로교	1933		평북 강계군 시중면 시천시
식송(植松)교회	장로교	1919		평남 순천군 자산면 용암리
식여리(食餘里)교회	감리교			황해도 옹진군 흥치면 식여리
신갈파(新乫波)교회	장로교			함남 삼수군 강진면 신갈파
신강리(新江里)교회	감리교			황해도 김천군 호현면 신강리
신건원(新乾原)교회	장로교			함북 경원군 동원면 신건원
신경(新京)교회 1	감리교	1921. 4. 5		만주 신경시 서정
신경(新京)교회 2	조선기독교회	1935. 3		만주 신경시 입선정
신경중앙(新京中央)교회	장로교	1936		만주 신경시 해기정
신계교회	감리교			평천지방
신계읍(新溪邑)교회	감리교			황해도 신계군 신계면 향교리
신고산(新高山)교회 1	감리교			함남 안변군 위익면 신대리
신고산(新高山)교회 2	성결교			함남 안변군 위익면
신고산영	구세군	1926. 2. 12		함남지방
신고천교회	감리교			함남 안변군 위익면 신대리
신곡(新谷)교회	장로교	1916	김성대 외 4	평북 철산군 참면 신곡동
신기리(新基里)교회	장로교	1907	황용규 외 1	황해도 은율군 서부면 신기리
신남시(新南市)교회	장로교	1921	조홍욱	평북 용천군 외상면 정거동
신덕리(新德里)교회 1	장로교	1908	최성보	황해도 재령군 은룡면 신덕리
신덕리(新德里)교회 2	감리교			평남 성천군 영천면
신덕리(新德里)교회 3	감리교			평남 용강군 신영면 신덕리
신덕리(新德里)교회 4	장로교			함남 영원군 소백면 신덕리
신도(薪島)교회	장로교	1908	한경희	평북 용천군 신도면 남주동
신도장(新島場)교회	장로교	1907	최경주 등	평북 초산군 초산면 양토동
신동(新洞)교회	장로교			황해도 신천군 온천면 장재리
신령리(新嶺里)교회	장로교	1904	박제홍 외 1	황해도 장연군 신화면 신령리
신리(新里)교회 1	감리교			평남 평양부 신리

교회명	교파	설립연도	설립자	소재지
신리(新里)교회 2	장로교		노수복 외 1	평남 강동군 봉진면 신리
신리(新里)교회 3		1913		평남 안주군 대니면 금계리
신립둔(新立屯)교회	장로교	1940		만주 금주성 반산현
신막(新幕)교회 1	성결교	1932. 4		황해도 서흥군 화회면 신막리
신막(新幕)교회 2	감리교			황해도 서흥군 화회면
신막(新幕)교회 3	장로교	1908		황해도 서흥군 신막읍 신막역전
신미도(身彌島)교회	장로교	1904	최용하	평북 선천군 신미도
신복(新福)교회	장로교			함남 단천군 북두일면 대신리
신북청(新北靑)교회 1	성결교	1929. 5		함남 북청군 양가면
신북청(新北靑)교회 2	장로교	1930		함남 북청군 신북청면
신상교회	침례교	1910		함남 원산
신상(新上)교회	장로교			함경선 신상역전
신서동(新西洞)교회	장로교	1910	문종언 외 2	평북 용천군 양서면 신서동
신성(新星)교회	장로교	1937		평북 철산군 부서면 성암동
신성동(新星洞)교회	감리교			황해도 신계군 미수면 신성리
신성리(新成里)교회 1	장로교	1904	박문근 외 1	평북 용천군 양서면 신성동
신성리(新成里)교회 2	장로교	1920		함남 신흥군 동토면 신성리
신성촌(新成村)교회	장로교	1932		만주 삼강성 의란현
신성촌(信聖村)교회	장로교			중국 길림성 밀산현
신시(新市)교회	장로교	1895	김관근 외 5	평북 구성군 사기면 신시동
신아산(新阿山)교회	장로교			함북 경원군 신아산면 신아산동
신안(新安)교회	장로교	1910	주백영 등	평북 삭주군 구곡면 신안동
신안리교회	감리교			강원도 회양군 회양면 신안리
신안주(新安州)교회 1	장로교	1905		평남 안주군 신안주면 운홍리
신안주(新安州)교회 2	성결교	1932. 4		평남 안주군 신안주면
신안진(新安鎭)교회	장로교			동만주 모란강성 영안현
신암(新巖)교회	장로교	1913		평남 평양시 신양리
신암동(新岩洞)교회	장로교			함북 청진부 신암동
신암리(新岩里)교회	감리교			평남 용강군 신영면 신암리
신양리(新陽里)교회	감리교	1911		평남 평양부 남산정
신언리(新彦里)교회	장로교			황해도 곡산군 봉명면 신언리
신원(新院)교회 1	장로교	1895	노홍인 등	황해도 봉산군 구연면 신원리
신원(新院)교회 2	조선기독교회	1918. 7	김곡장	황해도 봉산군 산수면
신원리(新院里)교회	장로교	1908	신종호 외 1	황해도 재령군 신원면 신원리

신유리(新柳里)교회	감리교			평남 용강군 양곡면 신유리
신읍(新邑)교회 1	장로교	1897	채정민	평남 중화군 상원면 신읍리
신읍(新邑)교회 2	감리교			평남 양덕군 양덕면 용계리
신읍(新邑)교회 3	장로교			평북 위원군 읍내
신의주(新義州)교회	감리교	1937. 7	김지웅 외 3	평북 신의주
신의주동부(新義州東部)교회	성결교	1934. 7	신의주서부	평북 신의주 초음동
신의주서부(新義州西部)교회	성결교	1927. 4	김제근	평북 신의주 미륵동
신의주영	구세군			평북 신의주 미륵동
신의주제사(新義州第四)교회	장로교	1934		평북 신의주 미륵동
신의주제오(新義州第五)교회	장로교	1937		평북 신의주 미륵동
신의주제이(新義州第二)교회	장로교	1924	신의주제일	평북 신의주 매지정
신의주제일(新義州第一)교회	장로교	1911	이신화 등	평북 신의주 매지정
신장(新場)교회	감리교			황해도 김천군 산외면 신명리
신적(信積)교회	장로교			평북 강계군 화경면 신적동
신적자교회				평북 용천군 신도면 신적동
신정리(新井里)교회	장로교	1918	조성일	황해도 황주군 삼전면 신정동
신정시(新井市)교회	감리교			평남 강서군 신정면 구연리
신주동(信主洞)교회	장로교			황해도 황주군 영풍면 신정리
신참(新站)교회 1	장로교	1935		동만주 길림성 교하현
신참(新站)교회 2	장로교			함북 무산군 동면 신참
신창(新倉)교회 1	장로교	1898	조학룡 외 2	평북 용천군 양하면 신창동
신창(新倉)교회 2	장로교	1910	백여화	평북 삭주군 남서면 창신동
신창(新倉)교회 3	감리교		홍태하 외 2	평남 순천군 신창면 신창리
신창(新昌)교회	장로교	1908		함남 북청군 신창읍 신창리
신창보(新倉堡)교회	장로교	1936		만주 사평성 해룡현
신천(信川)교회	성결교	1933. 1		황해도 신천군 신천읍
신천동(新泉洞)교회	감리교			평북 영변군 연산면 신천동
신천동부(新川東部)교회	장로교	1933	신천읍교회	황해도 신천군 신천읍
신천서부(新川西部)교회	장로교	1903	김익두 외 2	황해도 신천군 신천읍 척서리
신초덕(新草德)교회	장로교	1924		함북 종성군 영충면 북창평동
신촌(新村)교회 1	장로교	1912	덕흘리교회	황해도 송화군 천동면 신촌리
신촌(新村)교회 2	장로교			황해도 평산군 사월면 신촌리
신촌지영	구세군			황해도 해주지방
신평(新坪)교회	장로교	1920	김병섭 외 1	황해도 곡산군 문암면 신평동

신포(新浦)교회	장로교	1908		함남 북청군 신포읍 노암리
신풍(新豊)교회 1	장로교	1908	뇌석분교회	만주 남만주
신풍(新豊)교회 2	장로교	1911	진형권	동만주 간도성 훈춘현
신풍(新豊)교회 3	장로교	1916	한원신	평북 삭주군 남서면 송풍동
신풍(新豊)교회 4	감리교			평북 희천군 신풍면 서동
신풍동(新豊洞)교회	장로교			평북 위원군 위송면 신풍리
신풍리(新豊里)교회	장로교	1899		함남 원산 신풍리
신한동교회	침례교	1914	김제영	만주 도비허
신한촌(新韓村)교회	장로교			중국 길림성 밀산현
신합촌(新合村)교회	장로교	1936		만주 사평성 해룡현
신향목성(新香木星)교회	감리교			평남 대동군 용연면
신현(新峴)교회	장로교	1934		평남 평양시 장별리
신현리영	구세군			함남지방
신환포(新煥浦)교회	장로교	1893	마펫 외 10	황해도 재령군 서호면 신환포리
신흥(新興)교회 1	장로교	1919	이태현	동만주 간도성 연길현
신흥(新興)교회 2	장로교	1938. 5		만주 봉천성 동과중
신흥(新興)교회 3	장로교			황해도 은율군 북부면 신흥리
신흥(新興)교회 4	감리교			평북 연변군 용산면 신흥동
신흥(新興)교회 5	장로교			평북 자성군 삼풍면 신흥동
신흥동(新興洞)교회	장로교	1910	김낙호	평북 위원군 화창면 신흥동
신흥동교회 1	침례교	1910	박윤근	만주 연추
신흥동교회 2	침례교	1917	김규만	만주 간도
신흥동교회 3	침례교	1912	이원근	만주 훈춘
신흥리교회	감리교			함남 통천군 답전면 신흥리
신흥리(新興里)교회 1	장로교	1895	박관선 외 3	평남 대동군 고평면 신흥리
신흥리(新興里)교회 2	장로교	1908	임소천	함남 이원군 서면 신흥리
신흥리(新興里)교회 3	감리교			평남 진남포부 신흥리
신흥읍(新興邑)교회	장로교	1919	도양숙모 2	함남 신흥군 신흥면
심무림동(沁武林洞)교회	장로교			중국 길림성 호림현
심정리(心貞里)교회	장로교	1902	김용기 외 3	평남 강서군 동진면 심정리
심촌(沈村)교회	장로교			황해도 황주군 청룡면 심촌시
십기가(十騎街)교회	장로교			동만주 간도성 안도현
십리평(十里平)교회	장로교	1918	함광실 외 2	동만주 간도성 춘경촌 하광포
쌍류하(雙流河)교회	장로교	1909	자피구교회	만주 쌍류하

쌍포(雙浦)교회	장로교	1926		함북 성진시 쌍포동
쌍하진(雙河鎭)교회	조선기독교회			만주 봉길현 쌍하진역
아간장(阿間場)교회	장로교	1909	김계안 외 1	함북 명천군 아간면 아간장
아오지(阿吾地)교회	장로교	1925		함북 경흥군 상면 아오지
아지미교회	침례교	1910	한반장	만주 연추
아파(丫波)교회	감리교			평남 성천군 영천면 아파리
안곡(安谷)교회	장로교	1900	이양풍	함남 북청군 신북청면
안구진(安口嶺)교회	장로교	1911		만주 통화성 도화현
안국리(安國里)교회	장로교			평남 순천군 사인면 안국리
안도(安道)교회	장로교			평북 강계군 이서면 송학동
안도현가(安圖縣街)교회	장로교			만주 간도성 안도현가
안동(安東)교회	성결교	1931. 2		만주 안동시 사번통
안동제삼(安東第三)교회	장로교	1937		만주 안동시 양두구
안동제이(安東第二)교회	장로교	1933		만주 안동시
안동제일(安東第一)교회	장로교	1914	안동현교회	만주 안동시 대화구
안동중앙(安東中央)교회	장로교	1931	안동제일교회	만주 안동시 북이조
안동현(安東縣)교회	성결교	1931. 10		만주 안동현 사번통
안락리(安樂里)교회	감리교			황해도 옹진군 흥치면 안락리
안변교회	감리교			원산지방
안변(安邊)교회	성결교			함남 안변군 학성면
안변읍(安邊邑)교회	장로교	1896	김계선 외 4	함남 안변읍 영춘리
안산(鞍山)교회 1	장로교	1931		만주 봉천성 안산시
안산(鞍山)교회 2	침례교			만주 봉천성 안산시
안성교회	감리교			철원지방
안심촌(安心村)교회	장로교	1897		황해도 황주군 영풍면 안심촌
안악읍(安岳邑)교회	장로교	1893	김백영 외 3	황해도 안악군 안악읍 비석리
안원(安原)교회	장로교			함북 경원군 안농면 안원동
안주동(安州東)교회	장로교	1899	이진방 외 1	평남 안주군 안주읍 건인리
안주중앙(安州中央)교회	장로교	1924	안주읍교회	평남 안주군 안주읍 건인리
안찬(安贊)교회	장로교			평북 초산군 성면 안찬동
안평(安平)교회	장로교	1931		평북 용천군 외상면 안평동
안평(安坪)교회	장로교			평북 구성군 오봉면 양지동
안협교회	감리교			경기도 이천군 안협면 읍내리
암산점(岩山店)교회	장로교	1913	사인장교회	평남 대동군

교회명	교파	설립년도	설립자	위치
암저리(巖底里)교회	감리교			평남 강서군 강서면 암저리
암정(岩町)교회	성결교			평남 암정
압막동(壓幕洞)교회	장로교	1915	최치도 외 1	동만주 간도성
애도(愛島)교회	장로교	1936		평북 정주군 갈산면 애도동
애자지(艾子支)교회	장로교			황해도 신천군 가산면 간성리
애정(艾井)교회	장로교			황해도 재령군 재령읍 봉천리
애창(藹倉)교회	장로교	1903	벡커 외 2	평남 맹산군 애전면 창리
액륵혁(額勒赫)교회	장로교		김경율	만주 길림성 액목현
야죽리(野竹里)교회	장로교			황해도 신천군 북부면 야죽리
야태(野汰)교회	장로교			함남 덕원군 북성면 야태리
약삼교회	침례교	1938	박진덕	함북 경흥
약수평(藥水坪)교회	감리교			평남 강서군 강서면 정화리
약전(藥田)교회	장로교			평남 평원군 용호면 약전리
양가(良家)교회	장로교			함남 북청군 양가면 초리
양가자(兩家子)교회		1935		만주 회덕현 양가자
양강(兩江)교회 1	장로교	1913	이신섭	평북 위원군 화창면
양강(兩江)교회 2	장로교			평북 초산군 송면 양강동
양강구(兩江口)교회	장로교			만주 간도성 안국현
양거수(梁巨水)교회	장로교			평북 장진군 상남면 양거수리
양대성자(楊大城子)교회	장로교	1939		만주 회덕현 양대성자
양덕동(陽德洞)교회	감리교			황해도 봉산군 운정면 어수리
양동(陽洞)교회	장로교	1912	계이영 외 7	평북 선천군
양목정(陽木亭)교회				만주 간도성 화룡현
양무정자(揚武亭子)교회	장로교	1906	안순영	동만주 간도
양방삼(兩方三)교회	장로교	1938		만주 길림성 서란현
양병대(亮兵臺)교회	장로교			만주 경도선 양병대역
양생촌(養生村)교회	장로교	1906	김여옥 외 3	황해도 재령군
양시(楊市)교회 1	장로교	1901	이치국 외 8	평북 용천군 양하면 시남동
양시(楊市)교회 2	성결교	1933. 1		평북 용천군 양하면
양양읍교회	감리교			강원도 양양군 양양면 성내리
양자동(楊子洞)교회	장로교			함남 풍산군 안산면 노은리
양장(良長)교회	장로교			황해도 신천군 신천면 양장리
양지(陽地)교회	장로교			평남 덕천군 덕안면 구정리
양지동(陽池洞)교회 1	장로교			황해도 송화군 상리면 도은리

양지동(陽池洞)교회 2	장로교			황해도 송화군 연정면 고양리
양지리(陽池里)교회	장로교	1909	김성수 등	평남 대동군 청룡면 양지리
양책(良策)교회	장로교	1911	윤의창 등	평북 용천군 동상면 양책동
양천(楊川)교회	성결교			함남 북청군 양천면
양추천교회	침례교	1928	최성업	만주 훈춘
양평(楊平)교회 1	장로교	1930		함남 풍상군 웅이면 양평리
양평(楊平)교회 2	장로교	1931		평북 벽동군 대평면 양평동
양평(楊平)교회 3	神의교회		김영락 외 1	평북 용천군 양하면
양포(兩浦)교회	장로교	1900		평남 순천군 후탄면 양포리
양학리(陽鶴里)교회	조선기독교회	1921. 10		황해도 서흥군 도면
양화(良化)교회	장로교			함북 명천군 서면 양화동
양화(陽化)교회	장로교			함남 북청군 양화면 양화리
양화서촌(陽化西村)교회	장로교			함남 북청군 양화면 양화리
어경(於京)교회	감리교			평남 강서군 수산면 어경리
어곡동(漁谷洞)교회	장로교			평북 위원군 대덕면 어곡동
어궁(御宮)교회	장로교	1909	원형중	평북 구성군 관서면 어궁동
어대진(魚大津)교회	장로교	1921		함북 종성군 어량면 어대진
어량자(魚亮子)교회	장로교	1919		만주 통화현 유하
어룡리(魚龍里)교회	감리교			황해도 서흥군 세평면 어룡리
어부산(魚鳧山)교회	장로교	1905	문명선 등	평남 중화군 중화면 어부산리
어운교회	감리교			강원도 통천군 고저면 어운리
어은동(漁隱洞)교회	장로교	1915		평남 대동군 대보면 팔정리
어파(漁波)교회	장로교			평남 평원군 영유면 어파리
어포리(魚抱里)교회	성결교	1922. 9		함남 북청군 청해면
어화도(漁化島)교회	감리교			황해도 옹진군 동남면 어화도리
억량기(億兩機)교회 1	장로교	1897	김원섭 외 2	평남 진남포부 억량기리
억량기(億兩機)교회 2	감리교			평남 진남포부 억량기리
엄동(嚴洞)교회	장로교			함남 북청군 하차서면 엄동
엄양동(嚴陽洞)교회	장로교			황해도 장연군 순택면 전산리
엄장(嚴庄)교회	장로교			평북 정주군 관재면 초장동
여해진(汝海津)교회	장로교	1910	이동휘	함남 단천군 이중면 여해진
역동교회	감리교			황해도 연백군 해성면 초양리
역전교회	침례교	1928	김증선	만주 왕청

부록 1 해방 이전 북한지역에 설립된 교회 567

교회명	교파	설립연도	설립자	소재지
역포(力浦)교회	감리교			평남 대동군 용연면 검포리
연곡(燃谷)교회	장로교			황해도 안악군 안악면 연곡리
연교리(燕郊里)교회	장로교	1908	박문규	황해도 송화군 연방면 연교리
연길(延吉)교회 1	감리교	1924. 3		만주 간도성 연길현 연길가
연길(延吉)교회 2	안식교	1936. 5		만주 간도성 연길시
연길(延吉)교회 3	성결교	1916. 4		만주 간도성 연길현
연길(延吉)교회 4	침례교	1922	김은준	만주 간도
연길동아(延吉東亞)교회	침례교	1918. 7		만주 연길현 평안촌
연남리(煙南里)교회	감리교			평남 강서군 풍정면
연다우재교회	침례교	1909	함희준	만주 연추
연두도리교회	감리교			함남 덕원군 현면 연두도리
연동(蓮洞)교회	장로교	1905	김성각 외 2	평남 안주군 연호면
연등리(燃燈里)교회	장로교	1907	임상권 외 1	황해도 안악군 연등리
연리(蓮里)교회	장로교	1909	고응택 외 1	평남 강동군 봉진면 연리
연백교회	감리교			연백지방
연봉(延峰)교회	장로교	1908	이동준 외 6	평북 정주군 고안면 연복동
연봉리(燕峯里)교회	장로교	1897	김백영 외 2	황해도 황주군 송림면 연봉리
연봉리(延鳳里)교회	장로교	1904	방기창 등	평남 용강군 연봉리
연산(煙山)교회				평북 의주군 고성면 연산동
연산리(蓮山里)교회	장로교			황해도 송화군 장양면 연산리
연상(延上)교회	장로교			평북 강계군 고산면 연상동
연수(蓮水)교회	장로교	1894	장관선 등	평북 철산군 여한면 연수동
연수(延壽)교회	감리교	1937. 6. 4		만주 빈강성 연수현
연수동(延壽洞)교회	장로교	1916	김경일 외 1	간도 칠도구
연안(延安)교회 1	성결교	1932. 10		황해도 연백군 연안면
연안(延安)교회 2	감리교			황해도 연백군 연안면 봉남리
연안영	구세군			황해도 해주지방
연천읍교회	감리교			경기도 연천군 연천면 차탄리
연추교회	침례교	1910	이창수	만주 연추
연통산(煙筒山)교회	장로교	1935		만주 길림성 반석현
연평교회	감리교			철원지방
연평(延坪)교회				평북 삭주군 구곡면 연동동
연포(煙浦)교회	장로교	1915	박남훈 외 1	평북 강계군 문옥면 연포동
연풍(延豊)교회	장로교			평북 자성군 자하면 연풍동

연풍덕교회	장로교			평북 자성군 여연면 만흥동
연화동(蓮花洞)교회	장로교	1911	남문밖교회	평남 평양부 팔천대정
염방(簾坊)교회	장로교	1900	최관흘 외 8	평북 정주군 해산면 염호동
염불리(念佛里)교회	감리교			황해도 옹진군 서면 속오리
염성교회 1	침례교	1910		함남 원산
염성교회 2	감리교			강원도 통천군 임남면 외렴성리
염촌(鹽村)교회	장로교			황해도 송화군 진풍면 태을리
영구(營口)교회	장로교	1934		만주 영구시
영대(靈臺)교회	감리교			평남 순천군 신창면 영대리
영동(嶺洞)교회	장로교	1905	김성수 외 2	평북 철산군 백양면 영동
영릉가(永陵街)교회	장로교			중국 요녕성 신빈현
영무(靈武)교회	장로교			함남 홍원군 용원면 영덕리
영미(嶺美)교회	장로교			평북 박천군 양가면 영미동
영변교회	감리교			영변지방
영변동교회	감리교			영변지방
영산(永山)교회	장로교			평북 의주군 고령면 영산시
영삼리(永三里)교회	장로교			평남 중화군 해압면 영삼리
영생동(永生洞)교회	장로교	1914	유우일 외 2	동만주 간도 명월구
영소(靈沼)교회	감리교			평남 순천군 밀전면
영신동(永信洞)교회	장로교	1917	이봉섭 외 2	간도 청산리
영안(寧安)교회	감리교	1925. 6. 1		만주 모란강성 영안현 영고탑시
영안(永安)교회	장로교			만주 안동현 마자구
영액포(英額布)교회	장로교			중국 요녕성 통화현
영원동(永遠洞)교회	장로교	1901	김모니카 외 4	함북 경성군
영원읍(寧遠邑)교회		1901	박정찬 외 5	평남 영원군 영원읍 영영리
영유읍(永柔邑)교회	장로교	1903	오익현 외 2	평남 평원군 영유면 괴천리
영정리영	구세군			황해도 해주군 동운면 영정리
영정영	구세군			황해도 연백군 목단 영정
영제촌(永濟村)교회	장로교			만주 봉천선 해룡현
영천리(靈泉里)교회	감리교			평남 강서군 증산면 영천리
영춘원(永春院)교회	장로교	1913	김상용 외 1	남만주 통화현 유하
영평(永平)교회	장로교	1905	전연준 등	평북 의주군 비현면 영평동
영평리(永平里)교회	장로교	1925		평남 강서군 성암면 영평리

교회명	교파	설립연도	설립자	위치
영학촌교회	감리교			강원도 회양군 난곡면 천읍리
영화(永和)교회	장로교	1938		만주 개원현 경운촌
영흥(永興)교회	성결교	1932. 7		함남 영흥군 홍인면
영흥읍(永興邑)교회	장로교	1903	맥레 외 2	함남 영흥군 영흥면 남산리
예간리(刈間里)교회	장로교			평남 중화군 당정면 예간리
예노리(禮老里)교회	장로교			황해도 봉산군 서종면 예노리
예동(禮洞)교회 1	장로교			황해도 평산군 인산면 수마리
예동(禮洞)교회 2	장로교	1901	그리어슨 외 2	함북 성진군 학남면 예동
예명(藝明)교회	장로교	1899	방기창 외 2	평남 진남포부
예원리(藝園里)교회	성결교	1922. 10		함남 북청군 청해면
예현(乂峴)교회				평북 선천군 대산면 길성동
오가자(五家子)교회	장로교	1937		만주 길림성 회덕현
오가황(吳家荒)교회	장로교	1913		만주 번양현 오가황
오구(五區)교회	감리교	1938. 7. 1		만주 빈강성 주하현
오납가(烏拉街)교회	장로교	1935		만주 길림성 오납가
오노리(五老里)교회	장로교	1908		함남 함주군 상기천면 오노리
오도구(五道溝)교회	장로교			만주 통화성 유하현
오동리(梧洞里)교회	조선기독교회	1922		황해도 서흥군 율리면
오륜대(五倫臺)교회	장로교			평북 위원군 밀산면 송진동
오리정교회	감리교			강원도 철원군 연목면 승양리
오매(梧梅)교회	장로교			함남 북청군 속후면 오매리
오봉동(梧鳳洞)교회	장로교			함북 경흥군 상하면 오봉동
오봉리교회	감리교			강원도 양양군 죽왕면 오봉리
오산(五山)교회	장로교	1909	이중호 외 1	평북 정주군 갈산면 익성동
오산리교회	감리교			함남 안변군 문산읍 오산리
오서동(五栖洞)교회	장로교			함남 정평군 광석면 용응리
오용배(五龍背)교회	장로교			만주 오용배역전
오운리(五雲里)교회	조선기독교회	1919. 12		황해도 서흥군 서흥면
오유리(五柳里)교회	장로교	1908		평남 대동군 청룡면
오윤대(五倫臺)교회	장로교	1915	김여철 외 1	평북 위원군 위원면 송진리
오촌리(鰲村里)교회	장로교	1904	최치량	평남 대동군 대동강면 오촌리
오흥리(吳興里)교회	감리교			평남 강서군 증산면 오흥리
옥검리(玉儉里)교회	장로교			황해도 수안군 도소면 옥검리
옥계(玉溪)교회	장로교			평북 창성군 우면 옥계동

교회명	교파	설립연도	설립자	위치
옥련동(玉蓮洞)교회	장로교	1909	고갑교회	황해도 수안군 천곡면 옥련동
옥산교회	감리교			경기도 개풍군 대성면 대성리
옥정리(玉井里)교회	감리교			평남 용강군 삼화면
옥천동(玉泉洞)교회	장로교	1910	이춘	동만주 경신향
옥포(玉浦)교회	장로교			함북 길주군 웅평면 쌍용동
옥포동(玉浦洞)교회		1909	김계안	함북 길주군 옥포동
온성(穩城)교회 1	장로교	1917	전은혜 외 2	함북 온성군 온성읍 동화동
온성(穩城)교회 2	성결교	1932. 7		함북 온성군 온성면
온성교회	침례교	1943	전병운	함북 경흥
온정(溫井)교회 1	장로교			평북 삭주군 삭주면
온정(溫井)교회 2	장로교			황해도 안악군 은홍면 온정리
온정(溫井)교회 3	장로교			황해도 평산군 적암면 온정원리
온정교회	감리교			연백지방
온정리(溫井里)교회	감리교			평남 용강군 귀성면 석찬리
온정리교회	감리교			강원도 고성군 외금강면 온정리
온천(溫泉)교회	장로교			황해도 신천군 신천면 원암리
온천교회	감리교			연백지방
옹성나자(甕聲磀子)교회	장로교	1918	이윤지 외 1	동만주 간도
옹성습자(甕聲褶子)교회	성결교	1932. 8		만주 간도성 연길현
옹점동(甕店洞)교회	장로교	1914	김준건 외 1	남만주 통화성 통화현
옹진읍교회	감리교			옹진지방
와동(瓦洞)교회	장로교	1912	길창록 외 1	평남 맹산군 대홍리
와룡동(臥龍洞)교회	장로교	1907	하디 외 1	동만주 간도 연길현
와산(臥山)교회	장로교			평남 대동군 임원면 와산리
와연동(瓦硯洞)교회	장로교	1912	김계안 외 5	함북 명천군 상가면 와연동
와평(臥坪)교회	장로교			황해도 재령군 삼강면
완풍(完豊)교회	장로교	1938		평북 창성군 신창면 완풍동
왕청(旺淸)교회	침례교	1928	윤성보	만주 간도성 왕청현
왕청문(旺淸門)교회	장로교	1910	장경현	남만주 홍경
왕청문강동(旺淸門江東)교회	장로교			중국 요녕성 신빈현
왕청문동보(旺淸門東堡)교회	장로교			중국 요녕성 신빈현
왜궁(倭肯)교회	장로교	1938		만주 도가선 왜궁역전
외귀진(外貴鎭)교회	장로교	1910	김호순	평북 강계군 외귀면 손이동
외나무정교회	침례교	1909	박윤근	만주 연추

교회명	교파	연도	설립자	위치
외서창(外西倉)교회	장로교	1894	김영광 외 3	평남 평원군 한천면 감오리
외석교리(外石橋里)교회	장로교	1913		함남 안변군 안변면 외석교리
외성간(外城干)교회	장로교			평북 강계군 성간면 외중리
외신리(外新里)교회	감리교			평남 대동군 대동강면 신리
외암리(外岩里)교회	장로교	1902	두대교회	황해도 수안군 대평면 외암리
외차구(外岔溝)교회	장로교	1934		만주 통화현 유하
외촌리(外村里)교회	성결교			강원도 철원군 철원읍
외하리(外下里)교회	장로교	1900	리, 김재목 외 1	황해도 황주군 천주면 외하리
요덕(耀德)교회	장로교			함남 영흥군 요덕면 인상리
요자구(腰子溝)교회	장로교			만주 간도성 왕청현
요정교회	침례교	1922	박기현	만주 간도
요촌(腰村)교회	장로교			평남 선강선역전
요포(瑤浦)교회	장로교	1931		평남 중화군 해압면
요하(繞河)교회	장로교	1932		만주 의란현 요하가
용강(龍江)교회	감리교			평북 영변군 소림면 용강동
용강동(龍江洞)교회	장로교	1920		만주 간도성 연길현
용강읍(龍岡邑)교회	장로교	1902	방기창 외 3	평남 용강군 용강면 옥도리
용경(龍耕)교회	장로교	1907	최덕윤	평북 선천군 용연면 용경동
용담(龍潭)교회	장로교	1919	백용길 등	평남 안주군 용화면 용담리
용담포교회	감리교			해주지방
용대(龍臺)교회	장로교	1929		함북 성진군 학남면 용대동
용덕교회	감리교			강서지방
용덕리(龍德里)교회 1		1905	김홍련 외 2	평남 맹산군 지덕면 용덕리
용덕리(龍德里)교회 2	감리교			평남 강서군 증산면 용덕리
용덕리(龍德里)교회 3	장로교			함남 영원군 온화면 용덕리
용도리(龍島里)교회	감리교			진남포지방
용동(龍洞)교회 1	장로교	1908	박병수	함북 길주군 동해면 용동
용동(龍洞)교회 2	장로교			평남 용강군 오신면 구룡리
용두산(龍頭山)교회	장로교			만주 길림성 서란현
용마촌(龍麻村)교회	일본장로교			함남 풍산군 안산면
용매(龍媒)교회	감리교			황해도 해주군 청룡면 용매리
용모(龍帽)교회	장로교	1910	이형태 등	평북 철산군 철산면 용모동
용목동(龍牧洞)교회	장로교			만주 간도성 훈춘현
용문리(龍門里)교회	감리교			평남 용강군 삼화면 용문리

교회명	교파	연도	설립자	위치
용문리(龍文里)교회	장로교			평남 순천군 풍산면 용문리
용반리(龍磻里)교회	장로교			평남 용강군 해운면 용반리
용복(龍伏)교회	장로교			평남 안주군 운곡면 용복리
용봉(龍峰)교회	장로교	1907	김익범 등	평북 용천군 양서면 용봉동
용봉(龍奉)교회	장로교	1917		평남 안주군 대미면 용봉리
용봉(龍鳳)교회	감리교			평남 성천군 영천면 용봉리
용북동교회 1	침례교	1914	김명보	함북 회령
용북동교회 2	침례교	1938	이피득	함북 경흥
용북동(龍北洞)교회	장로교	1936		함북 경원군 용덕면 용북동
용산(龍山)교회 1	장로교	1901	장덕노 외 4	평북 의주군 고성면 용산동
용산(龍山)교회 2	장로교	1922	곽효성 외 1	평북 철산군 참면 용산동
용산(容山)교회	장로교	1907		황해도 안악군 대행면 생근리
용산리(龍山里)교회 1	장로교	1898	채연민 외 3	평남 중화군 동두면 용산리
용산리(龍山里)교회 2	장로교	1932		평남 중화군 해압면
용산시(龍山市)교회	감리교			평북 영변군 팔원면 용산동
용상(龍上)교회 1	장로교	1907	노석태 등	평북 의주군 고진면 용상동
용상(龍上)교회 2	장로교	1939		평북 용천군 동상면 상북동
용성리(龍城里)교회	장로교	1902	최양섭 등	평남 대동군 부산면 용성리
용소리(龍沼里)교회	장로교	1909	김진모	평남 순천군 순천면 용소리
용수동(龍水洞)교회 1	장로교		김태윤 외 3	황해도 황주군 주남면 용수동
용수동(龍水洞)교회 2	감리교			황해도 해주군 금산면 송전리
용수동(龍水洞)교회 3	장로교			중국 간도
용수평(龍水坪)교회	장로교			중국 간도 하광포
용승리교회	감리교			평남 성천군 삼덕면 원덕리
용승리(龍昇里)교회 1	감리교			평남 순천군 신창면 용승리
용승리(龍昇里)교회 2	감리교			평남 순천군 용화면
용악리(龍岳里)교회	장로교	1900	홍갑길 외 2	평남 대동군 용산면 용악리
용암(龍岩)교회 1				평남 순천군 선소면 용암리
용암(龍岩)교회 2	장로교			평북 자성군 장토면 용암동
용암(龍岩)교회 3	장로교			황해도 신천군 궁흥면 용암리
용암(龍岩)교회 4	장로교			함북 명천군 안간면 용암동
용암리(龍岩里)교회	장로교			평남 성천군 영천면 용암리
용암제일(龍岩第一)교회	장로교	1905	최현보 외 1	평북 용천군 용천면 운흥동
용양리(龍陽里)교회	장로교			함남 단천군 북두일면

부록 1 해방 이전 북한지역에 설립된 교회 573

교회명	교단	설립연도	설립자	소재지
용연(龍淵)교회	장로교	1898		황해도 장연군 용연면 용연리
용연리(龍淵里)교회 1	장로교	1897	최덕준 외 2	황해도 황주군 흑교면 용연리
용연리(龍淵里)교회 2	장로교	1901	모동교회	황해도 봉산군 용연리
용운(龍雲)교회	장로교	1909	김득길 외 3	평북 의주군 수진면 용운동
용원(龍源)교회 1	장로교			함남 단천군 수하면 용원리
용원(龍源)교회 2	장로교			함남 홍원군 용원면 용원리
용유(龍遊)교회	장로교	1908	김봉문 등	평북 용천군 양광면 용유동
용전(龍田)교회	장로교	1897	양진탁	평남 안주군 운곡면 용전리
용정(龍井)교회 1	감리교	1922. 4	정재덕	만주 간도성 연길현 용정가
용정(龍井)교회 2	성결교	1925. 3	박기래 외 2	만주 간도 용정촌
용정(龍井)교회 3	장로교	1929		평남 평원군 노지면 용정리
용정(龍井)교회 4	안식교	1916. 5		만주 간도성 용정가
용정동(龍井洞)교회	장로교	1901	김인호 외 2	황해도 장연군 용연면 용정동
용정중앙(龍井中央)교회	장로교	1908	이화춘 외 3	간도성 연길현 용정가
용천리(龍泉里)교회	장로교			평남 강동군 고천면 용천리
용천중앙(龍川中央)교회	장로교	1931		평북 용천군 용천면 운흥동
용택(龍澤)교회	가리교			평남 성천군 영천면 용택리
용포(龍浦)교회 1	장로교	1921		황해도 은율군 장연면 용포리
용포(龍浦)교회 2	장로교	1921		평남 안주군 안주면 용포리
용포(龍浦)교회 3	장로교			평북 강계군 곡하면 용포동
용포리(龍浦里)교회	장로교	1936		함남 안변군 신방면 용포리
용현(龍峴)교회	감리교			평북 영변군 용산면 용현동
용현리(龍峴里)교회	감리교			황해도 수안군 천곡면 용현리
용호(龍湖)교회 1	장로교	1922		함북 성진군 학동면 용호동
용호(龍湖)교회 2	장로교			평남 안주군 대미면 용호리
용호도(龍湖島)교회	감리교			황해도 옹진군 동남면 용호도리
용흥(龍興)교회 1	장로교	1936		함남 홍남읍 용흥리
용흥(龍興)교회 2	장로교	1939		평북 영변군 독산면 용흥동
용흥(龍興)교회 3	성결교			함남 함주군 홍남면
용흥(龍興)교회 4	감리교			평남 중화군 신흥면 신흥리
우굴로교회	침례교	1923	최창호	만주 해삼위
우등리(牛登里)교회	감리교			평남 용강군 금곡면
우목동교회	감리교			경기도 개풍군 중서면 곡녕리
우밀리(右密里)교회	장로교	1911	김웅선 등	황해도 곡산군 운중면 우밀리
우사장(雩社場)교회	장로교			함북 명천군 상우남면 상장동

교회명	교파	연도	설립자	위치
우일리(右逸里)교회	장로교			평남 강서군 동진면
우지거우교회	장로교			중국 간도 하광포
우지미교회	침례교	1916	윤반장	만주 수청
운담(雲潭)교회	장로교	1930		함남 풍산군 안수면 평산
운봉(雲峰)교회 1	장로교			평북 자성군 삼흥면 운봉동
운봉(雲峰)교회 2	장로교			황해도 황주군 황주면 운봉리
운산(雲山)교회	장로교			평북 정주군 대전면 운산동
운산리(雲山里)교회	감리교			평남 중화군 신흥면
운산읍(雲山邑)교회	감리교			평북 운산군 운산면 읍내동
운서리(雲西里)교회	장로교			함남 풍산군 안수면 운서리
운연(雲淵)교회	성결교			함북 회령군 운두면
운용(雲龍)교회 1	장로교	1919	심성택 형제	평북 용천군 부라면 운용동
운용(雲龍)교회 2	감리교			평북 영변군 남신현면 운용동
운용리(雲龍里)교회	장로교			함남 갑산군 운흥면 운용리
운장(雲場)교회	장로교	1920	박정흠	평북 벽동군 운시면 운하동
운전(雲田)교회	장로교	1908	최순백 외 2	평북 정주군 대전면 운전동
운전리(運田里)교회				평남 성천군 구룡면 운전리
운천(雲川)교회	장로교	1905	안승원 등	평북 서흥군 구포면 운천리
운천리(雲川里)교회 1	감리교			황해도 평산군 보산면 운천리
운천리(雲川里)교회 2	감리교			평북 용천군 부라면 중단동
운향(運餉)교회	장로교	1925		평북 용천군 부라면 중단동
운흥(雲興)교회	장로교			평북 정주군 관주면 근담동
운흥리(雲興里)교회	장로교	1927		함남 함흥부 춘일정
웅기교회	침례교	1919	박원영	함북 경흥
웅기(雄基)교회	성결교	1929. 3		함북 경흥군 웅기읍
웅기중앙(雄基中央)교회	장로교	1915		함북 경흥군 웅기읍 상본정
웅상(雄尙)교회	장로교	1909		함북 경흥군 웅기읍 웅상동
원남(元南)교회	장로교			평북 박천군 북면 원남동
원남리영	구세군			강원도 평강군 고압면 원남리
원내동(垣內洞)교회	장로교			황해도 재령군 청천면 원내리
원당(院堂)교회	장로교	1908	김정교	황해도 은율군 남부면 남창리
원대리(元垈里)교회	장로교			평북 초산군 송면 원대동
원덕(院德)교회	장로교			함남 삼수군 삼남면 원덕리
원덕리(院德里)교회	장로교	1903	고인보 외 5	함남 단천군

교회명	교파	설립연도	설립자	소재지
원동(遠洞)교회	장로교			평북 자성군 장토면 호서동
원동(院洞)교회 1	장로교	1905	유상환 외 4	평북 선천군 신부면 원동
원동(院洞)교회 2	장로교			함북 경성군 주북면 영원동
원동(院洞)교회 3	장로교			황해도 해주군 흑교면 원동
원동(元洞)교회 1	장로교	1919	김병집 부부	황해도 안악군 대원면 원용리
원동(元洞)교회 2	장로교			중국 간도 하광포
원리(院里)교회	장로교	1900	김관일 외 5	평남 대동군 용악면
원문(圓門)교회	감리교	1936. 9		만주 간도성 연길현
원봉(圓峰)교회 1	장로교	1913		평북 의주군 고령삭면 원봉동
원봉(圓峰)교회 2	장로교			평북 선천군 태산면 원봉동
원봉(圓峰)교회 3	장로교			함북 경흥군 신안면 신안동 원봉
원봉(元峰)교회	감리교			평남 순천군 내남면 원봉리
원산(元山)교회	침례교	1909	펜윅	함남 원산
원산영	구세군			함남 원산부 남촌동
원산제이(元山第二)교회	성결교			함남 원산부 영정
원산제일(元山第一)교회	성결교			함남 원산부 상리 1동
원산중앙(元山中央)교회	감리교	1901	하디	함남 원산
원상(院上)교회	감리교			평북 태천군 원면 원풍동
원성(元城)교회	장로교	1907	함세형 등	평북 용천군 부라면 원성동
원세평(元世平)교회	장로교	1898	방원태 외 5	평북 철산군 여하면 원세평동
원송(元松)교회	장로교			평북 용천군 북중면 원송동
원용리(元龍里)교회	조선기독교회	1934. 1	황두병	황해도 안악군 대원면
원읍리(元邑里)교회	감리교			평남 용강군 귀성면 원읍리
원장(院場)교회	장로교	1900	임찬모 외 3	평남 대동군 김제면 원장리
원주고읍(原州古邑)교회	장로교			평북 후창군 동흥면 고읍동
원창(院倉)교회	장로교			평북 구성군 이현면 원창동
원평동(院坪洞)교회	장로교	1927		평북 강계군 종남면 원평동
원풍(元豊)교회	장로교	1918	이연숙	함남 신흥군 동상면 원풍리
원풍동(院豊洞)교회	장로교	1917	백윤홍	평북 삭주군 양산면 원풍동
원홍리(圓興里)교회	장로교	1930		평남 강동군 원탄면 원홍리
월매리(月梅里)교회	장로교			평남 용강군 오신면 월매리
월안(月安)교회	장로교	1901	정봉엽	평북 철산군 참면 월안동
월정리교회	감리교			강원도 철원군 어운면 중강리
월천(越川)교회	장로교	1917	고기엽	평북 선천군 선천읍 월천동

교회명	교파	연도	설립자	위치
월탄(月灘)교회	장로교			평남 순천군 후탄면 월탄리
월평(越坪)교회	장로교	1908	양석규	황해도 곡산군 이령면 난전리
월화동(月華洞)교회	장로교			평북 의주군 월화면
위계(圍溪)교회	장로교			황해도 장연군 장연면 첨북리 위계동
위남리영	구세군	1924		함남지방
위동(位洞)교회	장로교			황해도 평산군 적암면 위동리
위북리(衛北里)교회	장로교			함남 안변군 위익면 위북리
위사하(葦沙河)교회	장로교			만주 통화성 집안현
위원리(渭院里)교회	감리교			평남 중화군 당정면
위원읍(渭原邑)교회	장로교	1905	김정록	평북 위원군 위원읍 구읍동
위창(渭倉)교회	장로교			평북 위원군 위송면 용탄동
유가둔(劉家屯)교회	장로교	1936		만주 반산현 유가둔
유담(柳潭)교회 1	장로교	1932		함남 장진군 서한면 유담리
유담(柳潭)교회 2	장로교			평북 장진군 서현면 유담리
유도(柳島)교회	장로교	1905		함남 영흥군 억기면 율산리
유동교회	침례교	1910		함남 원산
유동(柳洞)교회	장로교			중국 간도 하광포
유동(楡洞)교회	장로교			황해도 봉산군 만천면 유정리
유리(柳里)교회	장로교	1902	김상규 등	평남 대동군 용연면 유리
유복동(有福洞)교회	장로교			황해도 봉산군 서종면 홍수리
유사리(柳沙里)교회	감리교			진남포지방
유선동(遊仙洞)교회	장로교			함북 회령군 운두면 유선동
유성리교회	감리교			평양지방
유수천(柳樹泉)교회	장로교			만주 경도선 유수천
유순리(兪順里)교회	장로교	1900	최형신	황해도 안악군 용순면 유순리
유신리(柳新里)교회	감리교			평남 대동군 율리면 유신리
유점(鍮店)교회	장로교			평북 위원군 대덕면 독산동
유정(柳町)교회	감리교			평남 평양부 유정
유정(楡亭)교회	장로교	1907	유진국	황해도 봉산군 만수면
유지동교회	침례교	1939	유치옥	함북 회령
유천(柳川)교회 1	장로교	1905	강영애 등	황해도 봉산군 사인면 명유리
유천(柳川)교회 2	감리교			황해도 연백군 유곡면 유천리
유천(柳川)교회 3	장로교			황해도 신천군 용진면 유천리
유초(柳草)교회	장로교	1909	김신일 등	평북 의주군 광성면 유초동

유평동(楡坪洞)교회				함남 무산군 삼사면 유평동
유포(柳浦)교회	장로교			황해도 봉산군 사인면 명유리
유하(柳河)교회	장로교	1933		만주 통화현 유하
유하향(柳河鄕)교회	감리교	1927. 5. 4		만주 빈강성 연수현 유하향
유흥(儒興)교회	장로교			함남 정평군 광덕면 유흥리
육관항(六官巷)교회	장로교	1939		만주 봉천성 해룡현
육대(六臺)교회	장로교			함남 북청군 신포면 노암리
육도구(六道溝)교회	감리교	1930. 8. 3		만주 간도성 훈춘현 춘화촌
육도포교회	침례교	1914	임선재	만주 간도성 훈춘현
육령리(六嶺里)교회	장로교			황해도 수안군 공포면
육성(六星)교회	장로교	1923	이원준	평북 철산군 부서면 육성동
육하장(六河莊)교회	장로교	1932		만주 의란현 육하장
육합둔(六合屯)교회	장로교	1938		만주 의란현 육합둔
율기(栗技)교회	장로교			함남 이원군 남면 율기리
율동(栗洞)교회 1	감리교			황해도 해주군 동운면
율동(栗洞)교회 2	감리교			평남 중화군 중화면 진율리
율동(栗洞)교회 3	장로교			황해도 은율군 장연면 율리
율랑리영	구세군			경기도 장단군 강상면 율랑리
율리(栗里)교회 1	장로교	1911	장몽원	평남 강서군
율리(栗里)교회 2	감리교			황해도 수안군 연암면 율리
율리교회	감리교			평양지방
율사(栗寺)교회	장로교			황해도 신천군 궁흥면 용암리
율상리(栗上里)교회	감리교			평남 용강군 삼화면
율지(栗枝)교회	장로교	1907	어파교회	평남 평원군 해소면 종율리
율현(栗峴)교회	장로교			황해도 장연군 소택면 율현리
으르싯쓰교회	침례교	1925	최창호	만주 수청
은구리(銀口里)교회	장로교			평남 중화군 수산면 은구리
은봉(殷峰)교회 1	장로교	1907	허정 등	평북 구성군 사기면 은봉동
은봉(殷峰)교회 2	장로교	1910	계익겸 외 1	평북 선천군 군산면 은봉동
은봉(殷蜂)교회	장로교	1906	김기반 외 4	평북 선천군 용연면 은봉동
은북지(銀北只)교회	장로교	1906	김재민 외 2	황해도 재령군
은산리(殷山里)교회	장로교	1905	김봉한 외 3	평남 순천군 은산면 은산리
은용덕(隱龍德)교회 1	장로교	1909	이동휘	함남 이원군
은용덕(隱龍德)교회 2	장로교			함남 단천군 북두일면 용양리

은율읍(殷栗邑)교회	장로교	1898	언더우드 외 4	황해도 은율군 은율읍 남천리
은점시(銀店市)교회	감리교			황해도 신계군 마서면 은점리
은정(銀井)교회	장로교	1936		황해도 재령군 삼강면 은정리
은질지(銀叱只)교회	장로교			황해도 재령군 삼강면 은정리
은파(銀波)교회	장로교		김현점 외 1	황해도 봉산군 초와면 은파리
은포(隱浦)교회	장로교	1911	김약연 외 2	동만주 은포
은행정교회	감리교			황해도 이천군 학봉면 은행정리
은행정(銀杏亭)교회		1907	이익성 외 1	황해도 장연군 목감면 노평리
음양동교회	장로교	1923		황해도 장연군 순택면 발산리
읍동리(邑洞里)교회	감리교			황해도 연백군 호남면 읍동리
읍항리(邑抗里)교회	감리교			황해도 연백군 호남면 읍항리
응곡(應谷)교회	장로교			평북 강계군 곡하면 홍주동 용포첨
응봉(鷹峰)교회	장로교	1939		평북 박천군 청룡면 응봉동
응산(鷹山)교회	장로교	1900		평북 용천군 내중면 응산동
응산교회	침례교	1921	최원영	함북 경흥
응암(鷹岩)교회	장로교			중국 간도 하광포
응조암(鷹鳥岩)교회	장로교	1915	최병주	동만주 간도
의동(儀洞)교회	장로교	1895	김석호 외 3	황해도 장연군 신화면
의동(義洞)교회	장로교	1922		황해도 황주군 인교면 의동
의산(義山)교회	장로교			평북 창성군 우면 인산동
의성(義成)교회	장로교	1932		평북 벽동군 학회면 사상동
의암(衣岩)교회	장로교	1925		평남 대동군 대동강면 의암리
의주(義州)교회	성결교	1932. 7		평북 의주군 의주읍
의주동(義州東)교회	장로교	1907	의주서교회	평북 의주군 의주읍
의주서(義州西)교회	장로교	1886	백홍준 등	평북 의주군 의주읍
의창(義昌)교회	장로교			평북 창성군 우면 의산동
의흥(義興)교회	장로교	1922		평북 벽동군 송서면 삼서동
이남(吏南)교회	장로교			평북 강계군 외귀면 남동
이남제이(吏南第二)교회	장로교			평북 강계군 외귀면 노첨
이남제일(吏南第一)교회	장로교			평북 강계군 이남면 용문첩
이노리(伊老里)교회	장로교	1899	안창호 등	평남 강서군 초리면 이노리
이덕(梨德)교회	장로교	1909	모학수 외 5	함남 이원군 이원면 이덕리
이도(耳島)교회	장로교			황해도 장연군 후남면 도지리
이도구(二道溝)교회	감리교	1922. 7		만주 간도성 연길현 서성촌

부록 1 해방 이전 북한지역에 설립된 교회 579

이도하자(二道河子)교회	장로교			만주 봉천성 청원현
이란촌교회	침례교	1930	최화윤	북만주
이령(吏嶺)교회	장로교			평북 강계군 이서면 이령동
이만(梨滿)교회	장로교			평북 강계군 화경면 사평동
이목(梨木)교회 1	장로교			황해도 황주군 천주면 이목리
이목(梨木)교회 2	감리교			황해도 해주군 검단면 온천리
이목동(梨木洞)교회 1	장로교	1899	김웅주 외 3	평남 강서군 반석면 반이리
이목동(梨木洞)교회 2	감리교			황해도 신계군 사지면 이목리
이목리(梨木里)교회	장로교	1910	김성수 등	평남 대동군 추을면 이목리
이밀(二密)교회	장로교	1911	한석규 외 2	만주 통화현
이설포교회	침례교	1916	성상환	함북 회령
이수구(梨樹溝)교회	감리교	1935. 10. 1		만주 간도성 훈춘현 춘화촌
이수진(梨樹鎭)교회	장로교	1935		만주 목릉현 이수진
이안리(二安里)교회	장로교	1904	송계천 외 2	평남 중화군 영율면 이안리
이양자(裡楊子)교회	장로교	1898	이성삼 외 1	남만주 즙안현
이언(伊彦)교회	장로교	1928		평북 정주군 덕언면 대성동
이영리(二靈里)교회	장로교	1899	김세민	평남 안주군 이영리
이원읍(利原邑)교회	장로교	1909	그리어슨 외 1	함남 이원군 이원면 남문리
이응(二鷹)교회	장로교	1939	정송학	평북 철산군 참면 이응동
이인반(二人班)교회	장로교	1936		만주 밀산현 이인반
이천(梨川)교회	장로교	1904	이홍언 외 4	평남 대동군 추을미면 이천리
이천읍교회	감리교			경기도 이천군 이천면 탑리
이평(梨坪)교회 1	장로교	1922	이동율	평북 자성군 이평면 이평동
이평(梨坪)교회 2	장로교			평북 후창군 후창면 장흥동
이향리(履鄕里)교회	감리교			평남 평양부 이향리
이현(梨峴)교회	장로교	1904	이성삼 등	평북 구성군
이현리(梨峴里)교회	장로교	1935		평남 대동군 청룡면
이호래(二戶來)교회	장로교			중국 요녕성 즙안현
이흥리(利興里)교회	감리교			평남 강서군 증산면
인가해(仁可海)교회	장로교			평북 강계군 공북면 공인동
인곡(寅谷)교회	장로교			평북 구성군 사기면 인곡동
인곡(仁谷)교회	장로교	1912	박문환 외 6	평북 선천군 동면 인곡동
인덕(仁德)교회	장로교	1913	안국정 외 2	평남 맹산군 지덕면 용덕리
인덕동(仁德洞)교회	장로교	1909	윤익주 외 4	평북 박천군 청룡면 인덕동

교회명	교파	연도	설립자	위치
인덕리(仁德里)교회		1909	오홍진 등	황해도 황주군 청룡면 인덕리
인두문(引豆門)교회	장로교			함남 안변군 문산면 인두문리
인산(麟山)교회	장로교	1911	임준호 등	평남 진남포시 인산리
인산리(隣山里)교회	장로교	1911	임준호 등	평남 용강군 오신면 인산리
인인정포(人吝井浦)교회	장로교			함남 갑산군 인인정포
인포리(仁浦里)교회	장로교	1917	한양벽 등	황해도 황주군 청수면 인포리
인흥(仁興)교회	장로교			평남 강동군 삼등면 인흥리
인흥리(仁興里)교회	장로교			평남 평양부 인흥리
일리(一里)교회	장로교			함남 북청군 후창면 일리
일면산(一面山)교회	장로교			중국 요녕성 신빈현
일상동(一上洞)교회	장로교			황해도 안악군 안곡면
일송정(一松亭)교회	장로교	1911	공원보 외 1	동만주 간도
일신교회	감리교			연백지방
일온리영	구세군	1923. 9. 1		함남 안변군 위익면 일온리
일유동(日柳洞)교회	장로교			함북 경흥군 풍해면 일유동
일작모(一作毛)교회	장로교			중국 길림성 밀산현
일화리(日和里)교회	장로교			평남 대동군 우평면
임강현(臨江縣)교회	침례교			만주 통화현 임강
임단리영	구세군			강원도 평강군
임명(臨溟)교회	장로교			함북 성진군 학중면 임명동
임암(林岩)교회	장로교	1929		평북 정주군 안흥면 임암동
임원면(林原面)교회	장로교	1920	김명주	평남 대동군 임원면
임자동(荏子洞)교회 1	장로교	1920	영	함남 북청군 하거서면 임자동
임자동(荏子洞)교회 2	성결교			함남 북청군 하거서면
임천교회	침례교	1915	이설포	함북 회령
임촌(林村)교회	장로교	1904	박수장 외 1	황해도 봉산군 사인면 계동리
입석(立石)교회 1	장로교	1905	박학인 외 2	평남 안주군 입석면 입석리
입석(立石)교회 2	장로교	1905	정진호 등	평북 철산군
입석(立石)교회 3	장로교	1911	강일선 외 1	평북 강계군 입관면 입석시
입석(立石)교회 4	장로교			평남 용강군 서화면
입석(立石)교회 5	장로교			평북 강계군 고산면 미타동
입석리(立石里)교회	장로교			함남 안변군 안도면 낭성리
입암(立岩)교회 1	장로교	1904	윤치홍 등	평북 용천군 양하면 입암동
입암(立岩)교회 2	장로교	1911	이근재	황해도 서홍군 목감면

부록 1 해방 이전 북한지역에 설립된 교회 581

입암(立岩)교회 3	장로교	1907	선천읍교회	평북 선천군 군사면 대목동
자노비(慈老碑)교회	장로교			평남 평원군 공평면 퇴현리
자덕(自德)교회	장로교	1895	마펫 외 6	평남 평원군 공덕면 간리
자산(慈山)교회 1	장로교	1933		평남 순천군 자산면 자산리
자산(慈山)교회 2	장로교			함남 영흥군 인흥면 자산리
자성동(紫星洞)교회	장로교			함남 풍산군 안산면 자성리
자성읍(慈城邑)교회	장로교	1908	이종희 외 1	평북 자성군 자성읍
자유동(紫柳洞)교회	감리교			평남 대동군 형제산면
자작(自作)교회	장로교			평남 평원군 자덕면 간리
자지리(紫芝里)교회	감리교			평남 대동군 자족면
자파교회	감리교			순천지방
작동(鵲洞)교회	장로교			함남 정평군 광석면 작동 남곡
잠진(箴津)교회	장로교	1934		평남 강서군 잉차면
장경(長景)교회	장로교	1911	박도나	평북 정주군 옥천면 상안동
장공(長公)교회	장로교	1917	김정찬 등	평북 선천군 군산면 장공동
장곶(長串)교회	장로교			황해도 안악군 안악면 장월리
장구연(長溝沿)교회	장로교	1938		만주 봉천 철령현
장국리(墻菊里)교회	장로교	1931		황해도 재령군 장수면 장국리
장단남교회	감리교			개성지방
장단동교회	감리교			개성지방
장단읍교회	감리교			경기도 장단군 장단면 읍내리
장당(章薰)교회	장로교			만주 봉천 무순현
장대제교회	장로교		길선주	평남 평양
장대현(章臺峴)교회	장로교	1894	마펫 외 2	평남 평양부 관후리
장덕(長德)교회	장로교			함남 풍산군 웅이면 장덕리
장동(章洞)교회	장로교			중국 간도
장동(長洞)교회 1	장로교	1905	이재중 외 1	황해도 황주군 영풍면 장동
장동(長洞)교회 2	장로교	1906	주림동교회	황해도 은율군 남부면 장암리
장동(長洞)교회 3	감리교			황해도 신계군 미수면 강성리
장동(長洞)교회 4	장로교			황해도 은율군 일도면 장도리
장락동(長樂洞)교회	장로교	1918	문경풍 외 1	만주 간도 명월구
장림(長林)교회	감리교			평남 성천군 사가면 장림리
장림동교회	감리교			강원도 김화군 금화면 생창리
장문리(場門里)교회	장로교	1910	임득율 등	함남 이원군 동면

교회명	교파	연도	설립자	위치
장방(長榜)교회	장로교	1920		황해도 장연군 장연면 선정리
장방리영	구세군			황해도 해주지방
장백현(長白縣)교회	장로교	1911	이은경 외 2	동만주 봉천성 장백현
장사평(藏思坪)교회	장로교			중국 간도 2도구
장산(章山)교회	장로교			평북 벽동군 우시면 운중동
장산(長山)교회 1	장로교	1898	김치규	평남 중화군 중화면 장산리
장산(長山)교회 2	장로교	1924		평북 용천군 북중면 원성동
장산(長山)교회 3	장로교	1937		함북 부령군 관해면 장산동
장상리(長上里)교회	감리교			평남 성천군 삼덕면 장상리
장서교회	침례교	1909	이존수	만주 연추
장성(長城)교회	장로교	1910	안병송 외 1	평북 자성군 장토면 호서리
장수원(長水院)교회	장로교	1931		평남 대동군 자족면
장양(長陽)교회	장로교	1925	이병삼	황해도 은율군 일도면 구양리
장연읍(長淵邑)교회	장로교	1893	언더우드 외 1	황해도 장연군 장연읍 내리
장연읍(長連邑)교회	장로교	1903	오순형 외 3	황해도 은율군 장연면 동부리
장요(長腰)교회	장로교	1905	유상찬 등	평북 정주군 관주면 관삽동
장원리(長院里)교회	장로교	1905	리 외 5	평남 중화군 중화면 장원리
장월(長月)교회	장로교	1917		황해도 안악군 안곡면 장월리
장은평(藏恩坪)교회	장로교	1911	양진섭	동만주 연길현 서성촌
장의교회	침례교	1910		함남 원산
장재리(長財里)교회	장로교	1903	정기영 외 3	황해도 신천군 온천면 장재리
장재촌(長材村)교회	장로교	1932		동만주 연길현 광성촌
장전교회	감리교			원산지방
장좌(長佐)교회	장로교	1910	정창학 등	평북 철산군 부서면 장좌동
장좌리(長佐里)교회	장로교			황해도 황주군 천주면 장좌리
장진(將進)교회	감리교			평남 대동군 대동면
장진(長津)교회	장로교			함남 장진군 장진읍
장진교회	침례교	1910		함남 원산
장진리교회	감리교			평남 평양부 장진리
장천리(將泉里)교회	장로교	1897	한석진 외 2	평남 대동군 율리면 장천리
장촌(長村)교회	장로교	1898	한정일 외 4	황해도 송화군 연방면 마산리
장추동교회	감리교			경기도 개풍군 광덕면 사익리
장태동(蔣泰洞)교회	장로교	1905		평남 대동군 재경리면
장통(長通)교회	장로교	1923	김창건 외 1	황해도 은율군 일도면 장통리

부록 1 해방 이전 북한지역에 설립된 교회 583

장평동(長平洞)교회	감리교	1933	장익부	평북 철산군 백량면 장평동
장평리(長坪里)교회	장로교			함남 풍산군 안수면 장평리
장항(獐項)교회	장로교	1911	김재균 외 5	평북 선천군
장현(長峴)교회	장로교	1900	임기준 외 4	평남 대동군 금제면 외제리
장현동(長絃洞)교회	감리교			황해도 연백군 해성면 초양리
장현동(將峴洞)교회	장로교			함북 성진군 학성면 장현동
장현리(長峴里)교회	감리교			황해도 옹진군 가천면 장현리
장호(長湖)교회	장로교			함남 북청군 청회면 장호리
장흥(獐興)교회	장로교			함남 북청군 이곡면 성대면 평리
장흥동(長興洞)교회 1	장로교			동만주 연길현 장흥동
장흥동(長興洞)교회 2	감리교			만주 간도성 명월구시외
장흥리교회	감리교			강원도 철원군 동송면 장흥리
재령(載寧)교회	성결교			황해도 재령군 북요면
재령동부(載寧東部)교회	장로교	1895	김백영 외 1	황해도 재령군 재령읍 수창리
재령서부(載寧西部)교회	장로교	1916	임택권 등	황해도 재령군 재령읍 국화리
재령중앙(載寧中央)교회	장로교	1938	헌트	황해도 재령군 재령읍 일신리
재원(在院)교회	일본장로교			함남 장진군 신남면 재원리
재재합이(齋齋哈爾)교회	장로교			만주 재재합이 용승호
재천(財泉)교회	장로교	1926		황해도 재령군 서호면 재천리
저도(猪島)교회	장로교	1936		황해도 안악군 대행면 저도리
저동교회	감리교			강원도 이천군 동면 하식참리
적도(適道)교회	장로교	1936		북만주 일산현 적통
적안평(赤岸坪)교회	장로교	1911	김계안 외 2	동만주 연길현 조양천
적암평(赤岩坪)교회	장로교			중국 간도
전구리(磚九里)교회	감리교			평남 평양부 전구리
전당리(錢塘里)교회	감리교			황해도 옹진군 동남면 전당리
전산(錢山)교회 1	감리교			황해도 연백군 해룡면 용남리
전산(錢山)교회 2	장로교			평남 강서군 성태면
전산지영	구세군			함남 고산군 내면 전산리
전석동(磚石洞)교회	장로교	1918	안영환	만주 간도
전선촌(電線村)교회	장로교	1915	방두원 외 2	동만주 훈춘현 전선촌
전암(傳岩)교회	감리교			평북 개천군 중서면 전암리
전자구(剪子口)교회	장로교	1936		만주 해성현 제4구
전장대(田莊臺)교회	장로교	1938		만주 반산현 유가보

교회명	교파	연도	설립자	주소
전창(田倉)교회	장로교	1915	김상륜 외 3	평북 창성군 창주면 신평동
전천(前川)교회	장로교	1917		평북 강계군 전천면 장흥동
전천교회	감리교			강원도 통천군 고저면 전천리
절갈영	구세군			
점암동영	구세군			황해도 해주군
정가둔(鄭家屯)교회	장로교	1938		만주 정가둔 역전
정가장자(丁家庄子)교회	장로교	1937		만주 무순현 제5구
정곡(貞谷)교회	장로교			황해도 서흥군 용평면 수곡리
정녀동(貞女洞)교회	장로교	1896	한치순 외 2	황해도 신천군 노월면 정례리
정동(正東)교회	장로교	1911	강익태 외 2	만주 동만주
정동교회	감리교			연백지방
정량동(正良洞)교회	감리교			평북 개천군 중서면 전암리하참
정리(井里)교회	장로교			평남 대동군 금제면 정리
정림교회	장로교			황해도 봉산군 산수면 용현리
정산(亭山)교회	장로교	1926		평북 의주군 비현면 정산동
정심(正心)교회	장로교	1905		평북 의주군 위원면 정심동
정오(貞梧)교회	장로교	1926		평남 평양 오야리
정주읍(定州邑)교회	장로교	1899	유상도 외 3	평북 정주군 정주읍 성내동
정지리(正沚里)교회	장로교	1938		평남 중화군 중화면 정지리
정척리(正陟里)교회	장로교			평남 중화군 중화면 정척리
정평읍(定平邑)교회	장로교	1903	차을경 외 3	함남 정평군 정평읍
정향둔(丁香屯)교회	장로교			중국 요녕성 심양현
제남(濟南)교회	장로교	1938		만주 제남시 남시가
제풍교회	감리교			황해도 해주군 해주읍 제풍정
제현(祭峴)교회	장로교	1897	김효섭 외 3	평남 용강군 용동면 갈현리
제흥(第興)교회	장로교	1918		만주 경도선 명월구
조가(趙家)교회	장로교	1937		만주 해륜현 조가농장
조가둔(趙家屯)교회	조선기독교회			만주 연길현 제1구
조강교회	감리교			경기도 개풍군 임한면 하조강리
조남(洮南)교회	장로교	1935		만주 조남역전
조래(鳥來)교회	장로교	1909	김정희 외 2	함남 홍원군 경덕면 좌상리
조산교회	감리교			강원도 양양군 양양면 조산리
조산동(造山洞)교회	성결교			함북 경흥군 노서면
조성리교회	감리교			강원도 김화군 창도면 조성리

교회명	교파	설립연도	설립자	위치
조아동(照牙洞)교회	장로교	1927		평북 자성군 장토면 토성리
조아평(照牙坪)교회	장로교			평북 자성군 삼흥면 조아동
조악(造岳)교회	장로교	1925		평북 구성군 관서면 조악동
조암교회	감리교			연백지방
조양구(朝陽溝)교회	장로교	1913	이성백	만주 관전현
조양리(朝陽里)교회	장로교			황해도 수안군 오동면 상조양리
조양진(朝陽鎭)교회	장로교	1931		남만주 봉천성 조양진
조양천(朝陽川)교회 1	장로교	1933		동만주 연길현 조양천
조양천(朝陽川)교회 2	안식교	1935. 3		만주 간도성 조양천촌
조양천(朝陽川)교회 3	성결교	1933. 2		만주 간도성 조양천
조양천(朝陽川)교회 4	감리교			만주 간도성 연길현 조양천
조양촌(朝陽村)교회	장로교			중국 간도
조왕리(助王里)교회	장로교	1900	이영복 등	평남 대동군 대동강면 조왕리
조파(釣坡)교회	장로교			평북 강계군 입관면 용문동
종고대(鍾高台)교회	성결교			함남 북청군 가회면
종산(鍾山)교회	장로교	1907	우종서 외 2	황해도 신천군 초리면 월산리
종상(從上)교회	장로교			평북 강계군 어뢰면 종상동
종성(鍾城)교회 1	장로교	1909	고일섭 외 1	함북 종성군 종성읍 금산동
종성(鍾城)교회 2	성결교			함북 종성군 종성면
종성동교회	침례교	1913	조정립	만주 간도
종자곡(種子谷)교회	장로교			평북 자성군 이평면 이평동
종포진(從浦鎭)교회	장로교	1918	곽치서	평북 강계군 이서면 송학동
좌곡(左曲)교회	장로교	1896	김병육 외 1	황해도 재령군 남율면 좌곡리
주가동(朱哥洞)교회	장로교			평남 평원군 덕산면 주촌리
주달(周達)교회	장로교	1909	재현교회	평남 용강군 용월면 주달리
주동(注洞)교회	장로교	1907	김화목 외 1	황해도 황주군 삼전면 주동
주막거리(主幕巨里)교회	장로교			평북 강계군 주막거리
주산동교회	감리교			경기도 장단군 진남면 동장리
주은동(主恩洞)교회	감리교			황해도 신계군 사지면 막대리
주을(朱乙)교회	장로교	1939		함북 경성군 주을면
주을온(朱乙溫)교회	장로교			함북 경성군 주을온면 온정동
주음(奏音)교회	장로교			평북 의주군 월화면 주음동
주의동(主義洞)교회	장로교			함남 북청군 덕성면 주의동
주촌(朱村)교회 1	장로교	1896	송인서 등	평남 평원군 덕산면 주촌면

교회명	교파	설립연도	설립자	소재지
주촌(朱村)교회 2	장로교	1908		황해도 재령군 재령읍 부성리
주하(珠河)교회	감리교	1935. 4. 5		만주 빈강성 주하현 신춘가
죽근리(竹根里)교회	감리교	1932		함남 안변군 신고산면 죽근리
죽본리(竹本里)교회	장로교	1893	방기창 외 6	평남 용강군 서화면
죽전(竹田)교회	장로교			함남 북청군 덕성면 죽전리
중가와(仲家窪)교회	장로교			만주 산동 청도시
중강자(中岡子)교회	장로교	1919	김관식	만주 간도
중강제이(中江第二)교회	장로교	1932	중강제일교회	평북 자성군 중강면 중상동
중강제일(中江第一)교회	장로교	1903	변경준 외 4	평북 자성군 중강면 중상동
중기(中基)교회	장로교	1939		황해도 안악군 서하면 중기리
중남구(中南溝)교회	장로교			중국 간도
중단(中端)교회 1	장로교	1900	장제명 외 4	평북 의주군 고관면 중단동
중단(中端)교회 2	장로교	1908	김준건 등	평북 의주군 의원면 동상동
중돌(中乧)교회	장로교	1921		함남 북청군 상차서면 중돌리
중동(中洞)교회	장로교			평북 자성군 여연면 건하동
중류촌(中流村)교회	장로교	1938		만주 안동현 중류촌
중리(中里)교회 1	장로교			평남 대동군 부산면
중리(中里)교회 2	장로교			함남 북청군 양가면 중리
중방(中坊)교회	장로교	1931		평북 구성군 노동면 중방동
중봉동교회	침례교	1919	박희규	함북 회령
중봉리(仲峰里)교회	장로교			함남 혜산군 운흥면 중봉리
중성간(中城干)교회	장로교			평북 강계군 성간면 외중동
중악리교회	감리교			평남 용강군 귀성면 중악리
중앙(中央)교회 1	성결교			함남 흥남읍 하덕리
중앙(中央)교회 2	감리교			평남 진남포부 비석리
중앙(中央)교회 3	감리교			경기도 개성부 북본정
중앙(中央)교회 4	감리교			평남 평양부 죽전리
중앙(中央)교회 5	감리교			함남 원산부 남촌동
중앙(中央)교회 6	감리교			만주 도문시 남구
중앙(中央)교회 7	장로교			함북 성진군 성진읍 욱정
중앙(中央)교회 8	장로교			함남 북청읍
중앙(中央)교회 9	장로교			함남 함흥부 중앙
중앙(中央)교회 10				평북 철산군 철산면 중부동
중앙(中央)교회 11	장로교			중국 간도 용정

중앙(中央)교회 12	장로교			평북 선천군 선천읍 천북동
중연교회	감리교			경기도 개풍군 광덕면 중연리
중이리(中二里)교회	장로교	1924	장대현교회	평남 대동군 부산면 중이리
중창(中倉)교회	장로교			평북 초산군 송면 송수동
중청리(中淸里)교회	감리교			함남 덕원군 현면 중청리
중청리교회	감리교			함남 원산부 중청정
중촌(中村)교회	감리교			황해도 해주군 추화면 만송리
중평(仲坪)교회 1	장로교	1903	그리어슨 외 4	함남 단천군 수하면 중평리
중평(仲坪)교회 2	장로교			함남 삼수군 삼수면 중평장리
중평(中坪)교회 1	장로교	1923		황해도 장연군 후남면 중평리
중평(中坪)교회 2	감리교			평남 순천군 내남면 중평리
중평리(仲坪里)교회	장로교			함남 안변군 안도면 중평리
중하리(中荷里)교회	장로교	1910	영 등	함남 함흥부 중하리
중화교회	감리교			평양지방
중화동(中化洞)교회	장로교	1898	김성진 외 4	황해도 장연군 백령면 연화리
중화읍(中和邑)교회	장로교	1897	마펫 등	평남 중화군 중화면 초현리
중흥(中興)교회				평북 용천군 용암포읍 중흥동
중흥동(中興洞)교회	장로교	1895	김치삼	황해도 은율군 장연면 직전리
중흥시(中興市)교회	장로교	1916		평북 후창군 칠평면 중흥시
중흥촌(中興村)교회	장로교			동만주 연길현 토성보
증산(甑山)교회	감리교			평남 강서군 증산면 이안리
증산교회	침례교	1909	김규명	함북 경흥군
증악리(甑岳里)교회	감리교			평남 용강군 귀성면 증악리
지경동(地境洞)교회	장로교	1907	이창호	황해도 장연군 낙도면 지경리
지경동교회	감리교			강원도 김화군 갈말면 토성리
지경리(地境里)교회	장로교			황해도 수안군 상도면 지경리
지금리교회	감리교			경기도 장단군 소남면 화금리
지남리(指南里)교회	감리교			황해도 해주군 검단면 지남리
지내(池內)교회	장로교	1908	장홍섭	황해도 은율군 이도면 지내리
지능(芝陵)교회	장로교	1894		황해도 안악군 대원면 상산리
지동(智洞)교회	장로교	1925		평남 중화군 풍동면 지동리
지동(芝洞)교회	감리교			황해도 신계군 미수면 지리
지봉(芝峰)교회	장로교	1903		황해도 신천군 가연면 지봉리
지석교회 1	감리교			강원도 김화군 통구면 지석리

지석교회 2	감리교			황해도 이천군 낙양면 지하리
지성(智城)교회	장로교	1903	방경수 외 1	평남 맹산군 지덕면 덕화리
지이재교회	침례교	1909	황운봉	만주 연추
지현(智峴)교회	장로교	1906	이용린 등	평남 용강군 다미면 지사동리
진곡리(津曲里)교회	조선기독교회	1923. 5	박종혁	황해도 봉산군 서경면
진남포(鎭南浦)교회 1	감리교	1897	노블 외 1	평남 진남포
진남포(鎭南浦)교회 2	장로교	1899	방기창 외 4	평남 진남포
진남포(鎭南浦)교회 3	성결교	1927. 4		평남 진남포부 신흥리
진남포(鎭南浦)교회 4	신의교회			평남 진남포부 비석정
진남포영	구세군	1917		평남 진남포부 용정리
진목(眞木)교회	장로교	1904	이재순 등	황해도 송화군 율리면 세진리
진석(眞石)교회 1	장로교	1909	김창석	평북 선천군 군산면 진석동
진석(眞石)교회 2	장로교	1939		평북 박천군 동남면 진석동
진송(榛松)교회	장로교	1921		평북 자성군 이평면
진오(眞烏)교회				평북 구성군 이현면 진오동
진율리(眞栗里)교회	감리교			평남 중화군 중화면
진음동(秦音洞)교회	장로교	1908	조신관 등	평북 의주군 월화면 진음동
진지동(眞池洞)교회 1	장로교	1897	김창식 등	평남 용강군 지운면 진지동
진지동(眞池洞)교회 2	성결교			평남 용강군 지운면
진촌(鎭村)교회	장로교			황해도 장연군 백령면 진촌리
진평(陳坪)교회	장로교	1927		평북 자성군 중강면 진평시
진포리(進浦里)교회	감리교			황해도 평산군 서봉면 진포리
진하창(陳下倉)교회	장로교	1906	김민근 외 2	평남 영원군 덕화면 중흥리
진화둔(進化屯)교회	감리교	1936. 5		만주 간도성 연길현 도두구촌
진흥(鎭興)교회	장로교	1905	맥레 외 4	함남 영흥군 진평면 진흥리
짐치장교회	침례교	1913	박성은	함북 경흥
집안(輯安)교회	장로교	1934		남만주 통화성 집안현
집창자(集廠子)교회 1	장로교	1935		남만주 봉천성 화순현
집창자(集廠子)교회 2	장로교			중국 요녕성 유하현
차관리(叙貫里)교회	감리교	1903		평남 평양부 차관리
차구(此溝)교회	장로교	1913	안국광 외 1	남만주 통화성 통화현
차대인구(車大人溝)교회	장로교	1910	김강 외 2	동만주 간도성 훈춘현
차련관(車輦館)교회	장로교	1905	정기정 등	평북 철산군 참면 서부동
차리(車里)교회	장로교	1897	김웅주 등	평남 대동군 고평면

차유령(車踰嶺)교회	장로교	1905	이형원 등	평북 의주군 고령삭면 동고동
차창자(車廠子)교회	장로교			만주 간도성 훈춘현 덕화촌
차호(遮湖)교회	장로교	1898	스왈른 외 8	함남 이원군 남면 차호읍
찰옥(察郁)교회	장로교	1910	이용린 등	평남 강서군
창강(彰綱)교회	장로교	1914	박창익 외 2	만주 간도
창광산(蒼光山)교회 1	장로교	1932		평양 서성리
창광산(蒼光山)교회 2	감리교			평남 평양부 서성리
창덕(倉德)교회	장로교	1931		평북 강계군 전천면 창덕동
창도교회	감리교			강원도 김화군 창도면 창도리
창동(倉洞)교회	장로교	1905	장대현교회	평남 평양부 창전리
창리(倉里)교회	장로교			황해도 송화군 운유면 송학리
창린교회	감리교			옹진지방
창린도영	구세군	1925. 9		황해도 해주지방
창림교회	감리교			순천지방
창목(倉目)교회	장로교			평북 강계군 공북면 향하동
창사(倉舍)교회	장로교	1900	김석조 외 7	평북 의주
창성(昌城)교회	장로교	1922	전성재 외 1	평북 창성군 청산면 학송동
창성읍(昌城邑)교회	장로교	1897	문재범 외 3	평북 창성군 창성읍 성풍동
창송(蒼松)교회	장로교			평남 안주군 운곡면 창송리
창원(昌元)교회	장로교	1911	윤치주 등	평북 의주군 송장면 창원동
창전(倉前)교회	장로교	1908	박병수	함북 길주군 동해면 창촌동
창전리(倉田里)교회	장로교	1908	이동식	황해도 재령군 은룡면 창전리
창촌(倉村)교회 1	장로교	1895	최정엽 외 4	황해도 봉산군 토성면 창촌리
창촌(倉村)교회 2	장로교	1907	곽상빈 외 1	황해도 봉산군 영천면 미곡리
창평(昌平)교회	장로교	1918	박정흠 외 2	평북 벽동군 우시면 사하동 창하리
창평(昌坪)교회	장로교			평북 창성군 창주면 창평동
창평(倉坪)교회	장로교	1928		평북 강계군 우북면 남동 창평시
창평동(倉坪洞)교회	장로교			함남 북청군 성대면 창평리
창하연(彰河沿)교회	장로교			중국 요녕성 철령현 창하연
채송리(蔡松里)교회	장로교	1898	설매동교회	평남 중화군 동두면 채송리
채청룡(蔡靑龍)교회	장로교			평남 강서군 성대면 대사리
천괘동(天掛洞)교회	장로교			황해도 곡산군 상도면
천교리(泉橋里)교회	감리교			평남 용강군 양곡면
천기리(天畿里)교회	장로교			함남 흥남읍 천기리

천남리(川南里)교회	장로교			평남 대동군 임원면 천남리
천대(天台)교회	감리교			황해도 연백군 용도면 천대리
천리(泉里)교회	장로교			평북 초산군 송면 송성동
천마(天摩)교회	장로교	1903	한득룡 등	평북 의주군 고령삭면 천마동
천보산(天寶山)교회	장로교			중국 간도 하광포
천북리(川北里)교회	장로교	1939		황해도 송화군 풍해면 천북리
천사리영	구세군			황해도 해주지방
천상리교회	감리교			황해도 옹진군 부민면 천상리
천상수덕교회	장로교			평북 자성군 여연면 만흥동
천성(天城)교회	장로교			평북 강계군 어뢰면 천성동
천진(天津)교회	장로교	1934		만주 천진시 안록대가
천태교회	감리교			황해도 연백군 용도면 천태리
천태동(天台洞)교회	장로교	1920		평북 정주군 임포면
천평(川坪)교회	장로교			함남 삼수군 삼수면 천평리
철도(鐵島)교회	장로교	1914	임정재 외 1	황해도 황주군 삼전면 철도리
철령(鐵嶺)교회	장로교	1918		만주 철령시 북오조통
철봉(鐵峯)교회	장로교			평남 대동군 시족면 철봉리
철산(鐵山)교회	장로교	1906	김여연 등	평남 강서군
철산읍(鐵山邑)교회	장로교	1897	김경일 외 6	평북 철산군 철산읍 동부동
철서(鐵西)교회	장로교	1934		만주 봉천시 철서구
철원읍교회	감리교			강원도 철원군 철원읍 관전리
철원제이교회	감리교			강원도 철원군 철원읍 사요리
철점(鐵店)교회	장로교			평북 위원군 대덕면 독산동
청간리교회	감리교			강원도 양양군 토성면 청간리
청강(淸江)교회	장로교	1924		평북 선천군 심천면 고군영동 청강
청계(淸溪)교회 1	장로교	1908		황해도 장연군 장연읍 죽계리 청계
청계(淸溪)교회 2	장로교	1918		평남 안주군 대인면 용호리
청계(淸溪)교회 3	장로교			평북 삭주군 외남면 청계동
청계리영	구세군	1923. 11		황해도 연백군 용도면 청계리
청단(靑丹)교회	감리교			황해도 해주군 추화면 약현리
청령자(靑嶺子)교회	장로교	1914	박영호 외 1	만주 간도 유하현 청령자
청룡(靑龍)교회 1	장로교	1905		평남 대동군 청룡면
청룡(靑龍)교회 2	장로교	1938		만주 발리최 복전농장
청룡동(靑龍洞)교회	장로교			평남 강서군 성태면 태사리

교회명	교파	설립연도	설립자	위치
청산(青山)교회 1	장로교	1905	서경조	황해도 장연군 신화면 군산리
청산(青山)교회 2	장로교			평북 창성군 청산면 학송동
청산포(青山浦)교회	장로교	1894	안창호 외 5	평남 강서군 잉차면 팔리
청석두(青石頭)교회	장로교	1916		황해도 재령군 상성면 청석두리
청성(淸城)교회	장로교	1922	김이신 등	평북 의주군 광평면 청성동
청송(青松)교회 1	장로교	1935		황해도 신천군 자산면 청송리
청송(青松)교회 2	장로교	1920		평남 안주군 신안주면 청송리
청송(青松)교회 3	장로교			평남 순천군 자산면 청송리
청수(淸水)교회	장로교	1917		평북 의주군 광평면 청수동
청수리(淸水里)교회	장로교		장신희 외 3	황해도 재령군 청천면
청암(青岩)교회	감리교			황해도 해주군 청룡면 영양리
청옥(青玉)교회				평남 순천군 사인면 청옥리
청원(淸原)교회	장로교	1925		만주 봉천성 청원현
청재동교회	침례교	1919	김종호	만주 수청
청전(青田)교회	장로교	1906	이현묵 등	평북 의주군 의주읍 청전동
청정(淸亭)교회	장로교	1901	이준영 외 4	평북 정주군 마산면 청정동
청정리(青井里)교회	감리교			평남 용강군 해운면
청진(淸津)교회	성결교	1927. 3		함북 청진부 신암동
청진교회	침례교	1946	김은준	함북 회령
청진교회	감리교			원산지방
청진서부제일(淸津西部第一)교회	장로교			함북 청진시 포항동
청진영	구세군	1939. 6. 15		함북 청진
청진중앙(淸津中央)교회	장로교	1898		함북 청진시 신암동
청천저자(青天咀子)교회	장로교	1934		만주 해성현 청천저자
청풍리(淸風里)교회	감리교			황해도 해주군 영동면 청풍리
청호리(青湖里)교회	장로교	1913	마펫 등	평남 대동군 임원면 청호리
체마(替馬)교회	장로교	1901	이기수 등	평북 의주군 비현면 체마동
초남리(樵枏里)교회	감리교			평남 용강군 양곡면 초남리
초도(椒島)교회	장로교			황해도 송화군 풍해면 초도리
초리(草里)교회	감리교			평남 성천군 삼덕면 삼덕리
초목동(椒木洞)교회	장로교			평남 중화군 상원면 법화리
초봉(初峰)교회	장로교	1928		평남 중화군 천곡면 초봉리
초산읍(楚山邑)교회	장로교	1901	이승락 외 9	평북 초산군 초산면 성서동
초양구(草陽溝)교회	장로교			중국 요녕성 신빈현

교회명	교파	연도	설립자	위치
초원(草原)교회	장로교			함남 정평군 장원면 초원리
초전동교회	감리교			강원도 김화군 서면 청양리
초정(椒井)교회	장로교	1908	장덕상	황해도 안악군 서하면 초정리
초추리교회	감리교			평남 용강군 양곡면 초추리
초평(草坪)교회	감리교	1924. 10. 11		만주 간도성 훈춘현 춘화촌
총령(蔥嶺)교회	장로교	1906	김인석 등	황해도 수안군 천곡면
총막(蔥幕)교회	장로교			황해도 수안군 천곡면 총막리
최촌(崔村)교회	장로교			황해도 장연군 낙도면 삼천리
추당동(楸堂洞)교회	감리교			평남 중화군 배화면
추동교회	감리교			강원도 고성군 외금강면 추동리
추동(楸洞)교회 1	장로교	1905	김공근 등	평남 덕천군 풍덕면 추동리
추동(楸洞)교회 2	장로교	1907	정상룡	평북 의주군 가산면 추동
추동(楸洞)교회 3	장로교	1913	김창인 외 1	황해도 신천군 온천면
추빈리(楸斌里)교회	장로교	1900	남응우 외 3	평남 대동군 율리면 추빈리
추자도(楸子島)교회	장로교	1907		평남 대동군 고평면 추자리
추정(楸亭)교회	장로교	1931		평북 용천군 북중면 추정동
추정리(楸井里)교회	감리교			황해도 연백군 호남면 추정리
춘곡(春谷)교회	장로교	1908		평북 의주군 고관면 춘곡동
춘양(春陽)교회	장로교			만주 도가선 춘양역전
춘정(春昢)교회	장로교			만주 간도성 훈춘현
충상동(忠上洞)교회	장로교	1937		평북 초산군 남면 충상동
충신장(忠信場)교회	장로교	1915		만주 간도성 화룡현
취봉(鷲峰)교회	장로교	1911	원세택 등	평북 의주군 월화면 회하동
취야(翠野)교회	감리교			황해도 해주군 가좌면 국봉리
취엽하(取葉河)교회	장로교			만주 길림성 연길현
취원창(聚源昶)교회	조선기독교회			만주 하성현 취원창
치도구교회	침례교	1916	윤관현	만주 간도
치머우교회	침례교	1918	함반장	만주 수청
친거우재교회	침례교	1923	최응선	만주 해삼위
칠곡(柒谷)교회	장로교	1893	서경조 외 2	황해도 장연군
칠동(漆洞)교회	장로교			황해도 장연군 장연읍 칠남동
칠산(七山)교회 1	감리교	1899		평남 대동군 율리면
칠산(七山)교회 2	감리교			평남 대동군 대동강면 칠산리
칠정(七井)교회	장로교	1906	임우수 외 2	황해도 송화군 하리면 청량리

칠평(七坪)교회	장로교	1909		평북 후창군 칠평면
칠호동교회	침례교	1928	최창호	만주 훈춘
침촌(沈村)교회	장로교	1930		황해도 황주군 청룡면 소곶리
쾌대무자(快大茂子)교회	장로교			만주 통화현 유하
탄동(炭洞)교회	장로교			황해도 평산군 문무면 청수리
탄부(坦釜)교회	감리교			진남포지방
탄포리(灘浦里)교회	장로교	1894	안창호 등	평남 강서군 동진면 탄포리
탑골영	구세군			황해도 해주지방
탑동(塔洞)교회 1	장로교	1916		평북 구성군 천마면 탑동
탑동(塔洞)교회 2	장로교			함북 회령군 벽성면 탑동
탑련(塔蓮)교회	장로교	1933		만주 무순시 탑련가
탑만(塔灣)교회 1	성결교	1933. 1		만주 심양현 제9구
탑만(塔灣)교회 2	장로교	1937		만주 봉천시 황고둔구
탑신리교회	감리교			강원도 회양군 내금강면 장연리
탑촌리(塔村里)교회 1	감리교			황해도 봉산군 구연면 탑촌리
탑촌리(塔村里)교회 2	조선기독교회	1923. 2	정용현 외	황해도 봉산군 구연면
탑현(塔峴)교회	장로교	1899	송기선 등	평남 평원군 평원면 자일리
태산(台山)교회 1	장로교	1906	이유정 등	평북 의주군 고성면 태산동
태산(台山)교회 2	장로교			평북 용천군 동상면 태상동
태성리(台城里)교회	장로교	1901	김용기 등	평남 강서군 동진면 태성리
태안진(泰安鎭)교회	장로교	1937		만주 재북선 태안진
태양동(太陽洞)교회	장로교	1916	김봉택 외 2	동만주 화룡현 용화촌
태을(太乙)교회	장로교	1907	김영하 외 4	함남 영흥군
태을리(太乙里)교회	장로교	1898	하대룡 외 4	황해도 송화군 진풍면 태을리
태이성교회	침례교	1909	박윤근	만주 연추
태천읍(泰川邑)교회	감리교	1908	박용학 외 1	평북 태천군 태천면 서부동
태탄(笞灘)교회	장로교	1897	김승록 등	황해도 장연군 연달면 태탄리
태평(太平)교회	장로교	1911	김학선 외 2	평북 벽동군 대평면 평외동
태평(泰平)교회	감리교			평북 영변군 태평면 관상동
태평동(太平洞)교회 1	장로교	1896	홍수길 등	평남 대동군 대보면 태평외리
태평동(太平洞)교회 2	장로교	1922		동만주 연길현 노두리
태평동(太平洞)교회 3	장로교			평남 중화군 수산면 건천리
태평촌(太平村)교회	장로교			중국 길림성 밀산현
태향산(汰香山)교회	장로교	1923		평남 안주군 입석면 태향산리

택동교회	감리교			황해도 연백군 해성면 초양리
택인리(擇仁里)교회	장로교	1936		황해도 곡산군 봉오면 택인리
탱석(撑石)교회	장로교			황해도 장연군 목감면 원촌리
토교(土橋)교회	장로교	1906	양준식 외 3	평북 의주군 고관면 토교동
토리(土里)교회	장로교			함북 경흥군 노서면 토리동
토문자(土門子)교회	장로교			동만주 훈춘현 동홍진
토산읍(兎山邑)교회	감리교			황해도 김천군 월성면 당관리
토산자(土山子)교회	장로교			동만주 연길현 토산자
토성(土城)교회	장로교	1910	조선주 외 1	평북 자성군 장토면 토성동
토성교회	감리교			경기도 개풍군 남면 조제리
토성리(土城里)교회	장로교	1912	은파교회	황해도 봉산군 토성면 토성리
토성보(土城堡)교회	장로교	1920		만주 연길현 경화촌
토성포(土城浦)교회	장로교	1920	용정교회	만주 간도
토정(土井)교회	장로교	1916	김달주 등	황해도 송화군 진풍면 동현리
토포리(土浦里)교회	장로교	1911	임상화 등	평남 대동군 자족면 토포리
통요(通遼)교회	장로교	1936		만주 흥안성 통요현
통자구(通子口)교회	장로교	1927		만주 해성현 마가택촌
통천교회	침례교			함남 원산
통천읍교회	감리교	1910		함남 통천군 통천면 서리
통피(通披)교회	장로교			함남 북청군 이곡면 상리 통피
통하(通河)교회	장로교	1935		북만주 삼강성 통하현
통호리(通湖里)교회	장로교	1897	마펫 외 4	평남 평원군
통화(通化)교회	장로교			만주 통화성 통화현
퇴조(退潮)교회	장로교			함남 홍원군 퇴조역전
틀래미교회	침례교	1910	최반장	만주 연추
파능리(巴陵里)교회	장로교	1908	김석흡	평남 강동군 만달면 파능리
파발리(把發里)교회	장로교			함남 풍산군 안산면 내중리
파춘(播春)교회	장로교			함남 정평군
판교(板橋)교회	감리교			황해도 김천군 현내면 원명리
판교자(板橋子)교회	장로교			중국 요녕성 심양현
판막(板幕)교회	장로교			평북 후창군 동홍면 판막리
판장(板場)교회	장로교			평북 초산군 판면 판장시
팔과수(八果樹)교회	감리교	1933. 8		만주 간도성 왕청현 춘릉촌
팔과수(八課樹)교회	장로교			남만주 길림성 반석현

팔도구(八道溝)교회	장로교	1925		동만주 연길현 태왕촌
팔동(八洞)교회	장로교	1899	김찬성 등	평남 평원군 평원면
팔면통(八面通)교회	장로교	1931		만주 목릉현 팔면통
팔왕조(八王朝)교회	장로교	1918		남만주 통화성 즙안현
팔청리(八淸里)교회	장로교	1898	김응주 등	평남 대동군 대보면 팔청리
팔학리(八鶴里)교회	감리교			황해도 해주군 내성면 팔학리
팔학리영	구세군	1921		황해도 해주지방
편용남자(偏甬拉子)교회	장로교			동만주 춘경촌 나자구
평강(平康)교회	장로교	1926		평남 평양 서성리
평강읍교회	감리교			강원도 평강군 평강면 서변리
평남진(平南鎭)교회	장로교			평북 강계군 용림면 평남진
평당(坪塘)교회	장로교	1910		평북 초산군 풍면 용당동
평동(平東)교회	성결교			평남 평양부 신리
평로(坪路)교회	장로교			평북 창성군 창성면 평로동
평리(坪里)교회	장로교	1895		평남 평원군 양화면 평리
평산(坪山)교회	성결교	1922		함남 북청군 평산면
평산(平山)교회	감리교	1938. 9		만주 빈강성 아성현 평산참
평산읍(平山邑)교회	감리교			황해도 평산군 평산면 빙고리
평안참(平安站)교회	장로교	1936		동만주 길림성 서란현
평양남산현(平壤南山峴)교회	감리교	1893. 4	홀, 김창식	평양 대찰리
평양상수리(平壤上需里)교회	성결교	1925. 6	이건 외 1	평남 평양 상수리
평양영	구세군	1912		평양부 신양리
평양일본영문	구세군			평양부 수정
평양제삼(平壤第三)교회	성결교	1931. 11		평남 평양부 암정
평양제이(平壤第二)교회	성결교	1931. 9		평남 평양부 유정
평양제일(平壤第一)교회	성결교	1925. 8		평남 평양부 상유리
평양중앙(平壤中央)교회	감리교	1932		평남 평양 이향리
평원(坪院)교회	장로교	1912	신윤협 외 1	황해도 수안군 천곡면 평원리
평율(平栗)교회	장로교	1916		평남 안주군 동면 평율리
평장(平場)교회	장로교			평북 초산군 풍면 용당동
평창(平倉)교회	감리교			평남 양덕군 쌍룡면 평창리
평촌(坪村)교회 1	장로교	1906		황해도 송화군 장양면 평촌리
평촌(坪村)교회 2	장로교	1918	김관일 외 1	황해도 곡산군 하도면 하남리
평촌(坪村)교회 3	장로교			황해도 신천군 남부면 정예리

교회명	교파	연도	설립자	위치
평촌영	구세군	1932		황해도 해주지방
평풍동(平豊洞)교회	장로교			함남 풍산군 안산면 평풍동
포가둔(鮑家屯)교회	장로교	1917		만주 무순현 포가둔
포남(浦南)교회	장로교	1896		황해도 황주군 청룡면 포남리
포동(浦洞)교회	감리교			평남 강서군 쌍용면 다족리
포북(浦北)교회	장로교	1930		황해도 황주군 청룡면 포북리
포셋트교회	침례교	1909	모이스	만주 연추
포은동(浦恩洞)교회	장로교	1922	선우화 등	동만주 훈춘현 경신촌
포음리(浦音里)교회	감리교			황해도 신계군 사지면 사이곡리
포중(浦中)교회	장로교	1921		함북 명천군 상고면 포중동
포지구(浦芝溝)교회	장로교			중국 요녕성 청원현
포항(浦項)교회 1	장로교	1911	이동휘 외 1	함남 이원군 차호읍 포항리
포항(浦項)교회 2	장로교	1913	김유보 외 4	함북 청진군 포항동
포항동(浦項洞)교회	성결교			함북 청진군 포항동
표대리(表垈里)교회	장로교	1908	김성수 외 1	평남 강동군 원탄면 표대리
풍계(楓溪)교회	감리교			평남 양덕군 화촌면 풍계리
풍곡(楓谷)교회	장로교	1938		황해도 안악군 대행면 풍곡리
풍기(豊基)교회	장로교	1937		만주 의란현 소괄양둔
풍기촌(豊基村)교회	장로교	1939		북만주 삼강성 화천현
풍동리(豊東里)교회	장로교			함남 신흥군 상원천면 풍동리
풍룡(豊龍)교회	장로교			평북 강계군 어뢰면 풍룡동
풍산읍(豊山邑)교회	장로교			함남 풍산읍
풍양리(豊陽里)교회	감리교			황해도 연백군 봉북면 풍양리
풍인교회	침례교	1927	박승옥	함북 경흥
풍전(豊田)교회 1	장로교	1897		평남 순천군 자산면 제일리
풍전(豊田)교회 2	장로교	1899	김공근 외 1	평남 영원군 태극면 풍전리
풍전리(豊田里)교회	장로교	1900	김공근 등	평남 덕천군 일하면 사둔리
풍정(楓井)교회	장로교	1909	능선리교회	평남 중화군 풍동면 풍정리
풍천(豊川)교회	장로교	1907	김민철 외 1	평북 선천군 백양면 풍천동
풍천읍(豊川邑)교회	장로교			황해도 송화군 풍해면 성상리
풍화(豊和)교회	장로교			함남 단천군 하다면 풍화
피목골(皮木골)교회	장로교			평북 위원군 위송면 용난동
하갈시(下碣市)교회	장로교	1924		함남 장진군 신남면
하갈우(下渴隅)교회	장로교			함남 장진군 신남면 하갈우리

하건포(下乾浦)교회 1	장로교			평북 후창군 남신면 부흥동
하건포(下乾浦)교회 2	장로교	1908	오문경 외 1	평북 자성군 중강면 하건포
하검대(下儉坮)교회	장로교	1908	이희삼	황해도 수안군 도소면
하고읍(下古邑)교회	장로교	1908	김상건 등	함남 고원군 군내면 하고읍리
하광동(下廣洞)교회	장로교			중국 간도 3도구
하구(河邱)교회	장로교	1904		황해도 안악군 용순면 유순리
하구비(下仇非)교회	장로교			평북 후창군 동흥면 나죽동
하구태(下九台)교회	장로교	1937		만주 장춘현 하구태역
하금동(下金洞)교회	장로교			황해도 서흥군 내덕면 작시리
하남교회	침례교	1915	정전빈	만주 왕청
하남(河南)교회 1	장로교	1937		북만주 밀산현 하남
하남(河南)교회 2	장로교			황해도 수안군 하도면 하남리
하남주(下南州)교회	장로교			평북 강계군 곡하면 홍주동 하남주
하내촌(下奈村)교회	감리교			황해도 김천군 호현면 벽파리
하단(下端)교회 1	장로교			평북 선천군 산면 하단동
하단(下端)교회 2	장로교			평북 초산군 성면 내연동
하단리(下端里)교회	장로교	1908	전관일	황해도 곡산군 멱미면 하단리
하동(河東)교회	감리교	1922. 5		만주 간도성 연길현 하동둔
하동남(河東南)교회	감리교	1929. 6. 1		만주 빈강성 주하현 하동농장
하동북(河東北)교회	감리교	1929. 6. 1		만주 빈강성 주하현 하동농장
하래성남(河來城南)교회	장로교	1914	김종필	만주 간도성
하리(下里)교회 1	장로교	1899	이영언 등	평남 대동군 용산면 하리
하리(下里)교회 2	장로교	1900	최봉준 외 1	평남 대동군 용악면 하리
하리(下里)교회 3	장로교	1901	전희관 등	평남 순천군 순천읍 하리
하리(下里)교회 4	장로교	1924		평남 강동군 강동면
하리(下里)교회 5	감리교			평남 용강군 금곡면
하리(下里)교회 6	장로교			평북 강계군 외귀면 건하동
하마호(河馬滸)교회	장로교	1911	조봉경 외 2	만주 통화현
하문(河門)교회	장로교			중국 간도
하복리영	구세군			
하북동(下北洞)교회	장로교	1901	백한모	평북 의주군
하사리영	구세군			
하삼(下三)교회 1	장로교	1896		평남 평원군 옹호면 뇌송리
하삼(下三)교회 2	장로교			평남 순천군 풍산면 하리

교회명	교파	연도	설립자	소재지
하서(河西)교회	장로교	1936		북만주 목릉현 팔면통
하서평(下西坪)교회	장로교			평북 자성군 삼홍면 서해동
하서해평리(下西海平里)교회	장로교			평북 자성군 자하면 하서해평리
하선교리(下船橋里)교회	장로교	1935		평남 평양 하선교회
하설(下雪)교회	장로교			황해도 안악군 용순면 가정리
하수구리(下水口里)교회	장로교			평양시 하수구리
하수영자(下壽永子)교회	장로교			만주 간도성 화룡현 용화촌
하수회리교회	감리교			강원도 이천군 안협면 하수회리
하심도(河深道)교회	장로교	1935		북만주 밀산현 하심촌
하운동(下雲洞)교회	장로교			황해도 서홍군 목감면 입암리
하장(下場)교회	장로교			중국 간도 하광포
하장배(下長俳)교회	장로교			평북 자성군 여연면 중덕동
하전(荷田)교회	장로교	1908	조덕수	함남 이원군 이원면
하진창(下陳倉)교회	장로교	1906	김학봉 외 1	평남 영원군 영락면 중홍리
하차리(下次里)교회				평남 대동군 용악면 하차리
하창(下倉)교회	장로교			평북 삭주군 수풍면
하청동(河淸洞)교회	장로교			평남 강서군 신홍면
하투(河套)교회	장로교	1939		만주 회덕현 하투
하평(荷坪)교회	장로교	1937		함북 명천군 하고면 하평동
하합마당(下蛤蟆塘)교회	장로교			중국 간도
하호(下虎)교회	장로교	1914		평북 용천군 외하면 하호동
학교리(鶴橋里)교회	장로교	1901	이윤모 등	평남 대동군 남형제산면 학교리
학교촌(學校村)교회	장로교			중국 간도
학남리(鶴南里)교회	장로교	1930		평남 강서군 보림면 학남리
학동(鶴洞)교회	장로교			만주 간도성 연길현 평강
학령(鶴嶺)교회	장로교	1908	송준홍 등	평북 용천군 동하면 당령동
학로리(學魯里)교회	장로교	1901	김지수 등	평남 대동군
학리(鶴里)교회	장로교	1902	하승익 외 5	평북 벽동군 학회면 학상동
학봉리교회	감리교			황해도 이천군 학봉면 학봉리
학산(鶴山)교회	장로교			함남 홍원군 학천면 학산리
학산리(鶴山里)교회	장로교			평남 대동군 부산면 학산리
학소(鶴巢)교회	장로교	1935		평북 용천군 외상면 학소동
학암(鶴岩)교회	장로교	1897	유상돈 외 7	평북 철산군 서림면 학암동
학원촌(學院村)교회	장로교			동만주 모란강성 영안

교회명	교파	설립연도	설립자	위치
학현(鶴峴)교회	장로교			평북 선천군 수청면 학현동
한달리(閑達里)교회	장로교	1921	박마태 외 1	황해도 곡산군 동촌면 한달리
한대(閒垈)교회	장로교			황해도 봉산군 덕재면 적성리
한동(閑洞)교회	장로교			함남 성진군 학동면 한동
한봉(鷳峰)교회	장로교	1907		황해도 안악군 대행면 한봉리
한상리(閑上里)교회	일본장로교			함남 장진군 구읍면 한상리
한석동(寒石洞)교회	장로교			평남 용강군 오신면
한성촌(韓成村)교회	장로교			중국 길림성 호림현
한왕(漢王)교회	감리교			평남 강동군 봉진면 한왕리
한장(漢場)교회	장로교	1909	이기락	평북 위원군 숭정면 신명동
한전(閑田)교회	장로교	1911	윤석주	평북 강계군 종남면 한전동
한천(漢川)교회	장로교	1892	송인서 외 4	평남 평원군 한천면 감괄리
한천동(寒川洞)교회	감리교			경기도 개성부 남산정
한평(漢坪)교회	감리교			평남 강동군 마산면
한포(汗浦)교회	감리교			황해도 평산군 금암면 한포리
한흥동교회	침례교	1924	박창석	만주 수청
함부동(咸富洞)교회	장로교	1925		평북 강계군 이서면 함부동
함전(咸田)교회	장로교			함남 북청군 이곡면 초리 상성동
함종(咸從)교회	감리교		전삼덕	평남 강서군 함종면 함종리
함흥남부(咸興南部)교회	장로교	1916		함남 함흥 황금정
함흥영	구세군	1937. 6. 20		함남 함흥부 본정
함흥제이(咸興第二)교회	성결교	1932. 8		함남 함흥부 산수정
함흥제일(咸興第一)교회	성결교	1924. 4		함남 함흥부 복부정
함흥중앙(咸興中央)교회	장로교	1896. 8	신창희 외 2	함남 함흥읍 주길정
합니하(哈呢河)교회	장로교	1913	미시영 외 2	남만주 통화성 통화현
합달문(哈達門)교회	장로교			동만주 훈춘현 달문
합마당(蛤蟆塘)교회	장로교	1913	구춘선 외 3	동만주 왕청현 춘화촌
합성(合成)교회	장로교	1938		북만주 삼강성 의란현
합성리(合成里)교회	장로교			동만주 연길현 용정가
합수평(合水坪)교회	감리교			만주 간도성 연길현 합수평
합이빈(哈爾濱)교회 1	감리교	1920. 8. 5		만주 빈강성 합이빈시 공창가
합이빈(哈爾濱)교회 2	성결교	1932. 8		만주 빈강성 합이빈시
합이빈(哈爾濱)교회 3	조선기독교회	1935. 2		만주 빈강성 합이빈 신안부
항내동(恒內洞)교회	장로교	1895	김백영 외 6	황해도 재령군

항현리영	구세군			황해도 해주지방
해남이(海拉爾)교회	감리교	1925. 5. 6		만주 흥안북성 해남이
해랑동교회	감리교			경기도 개풍군 남면 후석리
해룡(海龍)교회	장로교			만주 봉천성 해룡현
해림(海林)교회	감리교	1922. 11		만주 모란강성 영안현 해림참
해삼위교회	침례교	1921	김창호	만주 해삼위
해주(海州)교회	성결교	1932. 6		황해도 해주군 해주읍
해주남본정(海州南本町)교회	감리교	1902	하춘택	황해도 해주읍 남본정
해주남욱정(海州南旭町)교회	감리교	1922	해주읍교회	황해도 해주읍 남욱정
해주서동교회	감리교			해주지방
해주영	구세군			황해도 해주군 북욱정
해주항(海州港)교회	성결교			해주부 동부리
해창(海昌)교회	장로교	1900	김백영 외 1	황해도 재령군 남률면 해창리
해창(海倉)교회	장로교	1921		황해도 안악군 안악읍 해창리
해천(蟹川)교회	장로교			평북 의주군 월화면 추봉동
행산(杏山)교회	감리교			평남 맹산군 원남면 행산리
행영(行營)교회	장로교			함북 종성군 행영면 행영동
행영교회	침례교	1916	손상열	함북 회령
행정(幸町)교회 1	장로교	1924		함북 성진군 성진읍 행정
행정(幸町)교회 2	감리교			황해도 해주부 북행정
행정(杏亭)교회 1	감리교			평북 영변군 북신현면 노하동
행정(杏亭)교회 2	장로교			황해도 봉산군 쌍산면 행정리
행정(杏亭)교회 3	장로교			황해도 안악군 은홍면 학산리
향봉(香峯)교회				평남 순천군 자산면 향봉리
허가동교회	침례교	1915	최응선	만주 수청
현교리(絃橋里)교회	감리교			평남 대동군 대동강면 현교리
현리(懸裏)교회 1	장로교			중국 요녕성 신빈현
현리(懸裏)교회 2	장로교			중국 요녕성 청원현
현리(懸裏)교회 3	장로교			중국 요녕성 통화현
현리교회	감리교			강원도 김화군 통목면 현리
현리교회	감리교			강원도 회양군 난곡면 현리
현성(峴城)교회	장로교	1906		평북 평원군 공덕면
현암(絃岩)교회	장로교	1897	박승규 외 3	평남 용강군 지운면 현암리
현암영	구세군	1928		황해도 해주군

부록 1 해방 이전 북한지역에 설립된 교회 601

협성(協成)교회	장로교	1936		북만주 삼강성 의란현
협피구(夾皮溝)교회	감리교	1934. 5		만주 간도성 왕청현
협피구(狹皮溝)교회	장로교			중국 간도 하광포
형제정(兄弟井)교회	장로교	1921	곽공서 외 1	황해도 황주군 겸이포 관본정
형포(炯浦)교회	장로교			평북 강계군 문옥면
혜산(惠山)교회	장로교	1916	김택서 외 1	함남 갑산군 보혜면 혜산진
혜산진(惠山鎭)교회	성결교	1931. 5		함남 갑산군 혜산읍
호동(湖東)교회	장로교			동만주 모란강성 영안현
호동(芦洞)교회	장로교			평북 자성군 자하면 호동
호란(呼蘭)교회	장로교			남만주 길림성 반석현
호상중동(湖上中洞)교회	장로교	1929		평북 자성군 장토면 호상중동
호선당(湖仙堂)교회	장로교	1921		동만주 연길현 노두구
호암(虎岩)교회	장로교	1905	김유현 외 5	평북 의주군 월화면 화합하동
호암(好岩)교회	장로교	1938		평북 정주군 안흥면
호예(湖芮)교회	장로교	1905	최광숙	평북 자성군 장토면 호하동
호천포(湖泉浦)교회	장로교	1909	최봉렬 외 4	동만주
호하동(湖下洞)교회	장로교	1905		평북 자성군 장토면 호하동
호현(狐峴)교회	장로교			황해도 재령군 장수면 호현리
혼수포(渾水泡)교회	장로교			만주 안동현 혼수포
혼하(渾河)교회	장로교	1936		만주 심양현 익지촌
홀동(笏洞)교회	장로교	1910	백여배	황해도 수안군 수구면 실광리
홍교동(紅橋洞)교회	장로교			평남 대동군 율리면 유신리
홍기하(紅旗河)교회	장로교			동만주 훈춘현 용지촌
홍선동교회	침례교	1921	김규만	만주 간도
홍송구(紅松溝)교회	장로교			동만주 연길현 모란천
홍원(洪原)교회	성결교			함남 홍원군 주익면
홍원읍(洪原邑)교회	장로교	1901	맥레 외 7	함남 홍원군 홍원읍
홍의동교회	침례교	1939	최춘영	함북 경흥
홍촌(洪村)교회	장로교	1896	리	황해도 황주군 구성면
홍현(紅峴)교회	감리교			황해도 연백군 유곡면 영성리
화동(花洞)교회 1	장로교			평남 개천군 운양면 화동
화동(花洞)교회 2	장로교			평남 평원군 공덕면 간리
화동리(和洞里)교회	장로교	1904		황해도 황주군 구성면 화동리
화룡현교회	침례교	1914	김하범	만주 간도

교회명	교파	설립연도	설립자	위치
화룡현(和龍縣)교회	장로교	1911	남성호	동만주 화룡현
화림(華林)교회 1	장로교			평남 평원군 해소면 용현리
화림(華林)교회 2	장로교			평남 평원군 영유면 화림리
화사리교회	감리교			강원도 김화군 통목면 화평리
화산(華山)교회	장로교			황해도 송화군 연방면 백화리
화송(花松)교회	장로교			평남 평원군 양화면
화순리(和順里)교회	장로교	1917	박문백 등	평남 덕천군 대극면 화순리
화암(花岩)교회 1	장로교	1910		황해도 곡산군 먹미면 하단리 화암동
화암(花岩)교회 2	장로교	1914	한택서	황해도 재령군 청천면 송암리
화암리(禾岩里)교회	장로교			평남 중화군 천곡면 화암리
화양(化陽)교회	장로교			평북 강계군 입관면 화양동
화오리(和五里)교회	장로교	1906	최현모 외 1	평남 순천군 후탄면 화오리
화전리(花田里)교회	장로교			평남 중화군 수산면 화전리
화전자(花甸子)교회	장로교			남만주 통화성 즙안현
화전현(樺甸縣)교회	장로교	1922		남만주 길림성 화전현
화창(和昌)교회	장로교			평북 위원군 화창면 대안동
화천(花川)교회 1	장로교	1914		황해도 은율군 장연면 화천리
화천(花川)교회 2	장로교			황해도 평산군 문무면 화랑리
화천리(貨泉里)교회	장로교	1898	김재정 외 2	황해도 곡산군 서촌면
화촌영	구세군	1909.4.15		황해도 평산군 용산면 화촌리
화탄(化炭)교회	장로교	1907	문상린 등	평북 청산군 서림면 화탄동
화태(花台)교회	장로교	1910	이두섭 외 6	함북 명천군 하가면 화태동
화평(和平)교회	장로교			평북 벽동군 오북면 오상동
화평(和坪)교회	장로교			평북 후창군 남신면 유화동
화평리교회	감리교			강원도 김화군 통목면 화평리
화학리(和鶴里)교회	장로교			평남 강서군 보림면 화학리
화합(化合)교회	장로교	1906	한응범 등	평북 의주군
화합상동(化合上洞)교회	장로교			평북 의주군 월화면
화합하동(化合下洞)교회	장로교			평북 의주군 월화면
황강교회	감리교			경기도 개풍군 광덕면 황강리
황거우교회	침례교	1930	김반장	만주 왕청
황거주재교회	침례교	1917	최웅선	만주 수청
황기둔(黃旗屯)교회	장로교			동만주 모란강성 영안현
황대(黃垈)교회	장로교	1907	곽기방	황해도 곡산군 동촌면 황대동
황만동(黃萬洞)교회	장로교			함북 부녕군 석막면 황만동

황면리(黃面里)교회	감리교	1904	무어 외 1	평남 대동군
황성(皇城)교회	장로교	1933		만주 통화성 집안현
황용리(黃龍里)교회	성공회			황해도 김천군 산외면
황주(黃州)교회	성결교			황해도 황주군 황주면
황주읍(黃州邑)교회	장로교	1897	김월룡 외 4	황해도 황주군 황주읍 황강리
황직이(荒直伊)교회	장로교			중국 간도
황철리(黃鐵里)교회	장로교			함남 삼수군 자서면 황철리
황청동(黃淸洞)교회	장로교			평북 강계군 종서면 황청동
황촌(黃村)교회	장로교			황해도 은율군 서부면 신기리
황추(黃秋)교회	장로교			평북 강계군 어뢰면 황추동
황토강자(黃土崗子)교회	장로교			중국 요녕성 신빈현
회당(檜塘)교회	장로교			평북 철산군 서림면 회당동
회동(灰洞)교회	감리교			황해도 수안군 수안면 옥현리
회동(檜洞)교회	장로교			함남 북청군 이곡면 정성리
회령(會寧)교회 1	장로교	1908	안순용 외 4	함북 회령군 회령읍
회령(會寧)교회 2	성결교	1925		함북 회령군 회령읍
회령교회	침례교	1909	이창환	함북 회령군
회막동(灰幕洞)교회	장로교	1917		동만주 연길현 회막동
회목동(檜木洞)교회	장로교	1919		평북 초산군 도원면 회목동
회문(會文)교회	장로교	1929		함북 종성군 주북면 용중동 회문역
회산리교회	감리교			강원도 철원군 북면 회산리
회서구(回西溝)교회	장로교			중국 간도
회석리(檜石里)교회	조선기독교회	1921. 1		황해도 수안군 율계면
회암(灰岩)교회 1	장로교	1937		함북 경흥군 아오지읍 회안동
회암(灰岩)교회 2	성결교			함북 경흥군 상하면
회양읍교회	감리교			함남 회양군 회양읍 읍내리
회유리(回楡里)교회	장로교	1901	이원도 외 3	평남 중화군 중화읍 회유리
회중(會中)교회	장로교	1934		남만주 통화성 집안현
회창(檜倉)교회	장로교			평남 성천군 숭인면 창인리
회천읍교회	감리교			평남 희천군 희천면 읍하동
횡도하자(橫道河子)교회 1	장로교	1913	임사옥 외 2	남만주 동풍현 횡도하자
횡도하자(橫道河子)교회 2	장로교			중국 요녕성 해룡현
횡산(橫山)교회	장로교	1907	이은하 등	평북 의주군 고관면 횡산동
효자(孝子)교회	장로교	1915	계지도 외 4	평북 선천군 군산면 장공동
효자리(孝子里)교회	장로교			함남 안변군 신모면 효자리

교회명	교파	설립연도	설립자	위치
후서강교회	감리교			경기도 개풍군 서면 강리
후육교회	감리교			개성지방
후장교리(後長橋里)교회	감리교			평남 중화군 당정면 후장교리
후지동(厚地洞)교회	장로교			평북 강계군 용림면 후지동
후창읍(厚昌邑)교회	장로교	1912	조구만 외 3	평북 후창군 후창읍 내동
후창제이(厚昌第二)교회	장로교	1922		함남 북청군 후창면 일리
후창제일(厚昌第一)교회	장로교			함남 북청군 후창면 당양리
후호(厚湖)교회	장로교			함남 북청군 양화면 후호리
훈계(訓戒)교회	장로교	1930		함북 온성군 훈계면 훈계동
훈춘(琿春)교회 1	장로교	1909	오병묵 외 3	동만주 훈춘성
훈춘(琿春)교회 2	침례교	1920. 2		만주 훈춘현 지등평
훈춘(琿春)교회 3	침례교	1928	김화준	만주 간도성 훈춘현
훈춘(琿春)교회 4	감리교	1930. 7. 15		만주 간도성 훈춘현 훈춘가
휘남(輝南)교회	장로교			만주 봉천성 휘남현
휴산(休山)교회	장로교			황해도 장연군 신화면 휴동리
흑교(黑橋)교회	장로교	1908	윤홍선 등	황해도 황주군 흑교면 흑교리
흑자수(黑子首)교회	장로교			황해도 봉산군 토성면 토성리
흑천(黑川)교회	장로교	1915		황해도 황주군 흑교면 흑천리
흑태(黑台)교회	장로교	1937		북만주 밀산현 흑태역
흔희동(欣喜洞)교회	장로교	1906	강사겸 등	평남 중화군
홀루루교회	장로교	1907	한경희	남만주
흥남(興南)교회	성결교			함남 함주군 흥남읍
흥동(興洞)교회	장로교	1909	최선탁 외 1	황해도 수안군 도소면 흥동
흥미지교회	침례교	1910	최응선	만주 수청
흥상(興上)교회	장로교			함남 함흥부 외흥상역전
흥수원(興水院)교회	장로교	1890		황해도 봉산군 귀연면 신원리
흥원진(興源鎭)교회	장로교			중국 길림성 목릉현
흥인(興仁)교회	침례교			만주 훈춘현 흥인촌
흥주동(興州洞)교회	장로교	1908	주명우 외 1	평북 강계군
흥판동(興判洞)교회	장로교	1910	전병헌	평북 강계군 외귀면 흥판동
희망봉(希望峰)교회	장로교	1914	최창규 외 4	만주 간도
희천(熙川)교회	성결교			평북 희천군 동창면
희천읍(熙川邑)교회	감리교			평북 희천군 희천면 읍하동
히정제교회	침례교	1912	김규면	만주 간도성 훈춘현

□ 부록 2

북한교회 인물

이 자료는 《한국기독교인물 100년》(한영제 편, 기독교문사, 1987)과 《기독교대백과사전》을 참조하여 작성한 것이다. 여기에는 우선적으로 북한에서 태어나고 그곳에서 활동한 사람들을 주로 포함시켰으며, 다른 지방 출신이면서 북한에서 활동한 사람이나 북한 출신이면서 다른 지방에서 활동한 사람도 포함시켰다. 분류항목은 활동 내용에 따라 초기 천주교인, 개척전도인, 신앙운동가, 신학자, 목회자, 독립운동가·민족운동가, 교육가, 평신도, 사회운동가 등으로 하였다.

* 초기 천주교인

김이쁜(1811~1866) 황해도 / 순교자 / 병인박해 때 양화진에서 군문효수당함.
옥천희(玉千禧, ?~1801) 평북 선천 / 순교자 / 황사영을 돕다가 신유교난 때 잡혀 서소문 밖에서 참수당함.
우세영(禹世英, 1845~1866) 황해도 서흥 / 성인 / 병인박해 때 체포되어 일시 배교하였으나 다시 자수하여 새남터에서 군무효수당함. 1984년에 시성됨.
유정률(劉正律, 1837~1866) 평남 대동 / 성인 / 병인교난 때 체포되어 배교한 교인들에게 매를 맞아 순교함. 1984년 5월 6일에 시성됨.
윤창혁(尹昌赫, 1862~1895) 평남 중화 / 평신도 / 병인박해 후 만주로 피신해 살다가 1882년 조선에서 체포되어 형리들에게 전도. 평안도 지방 전교에 힘씀.
이덕보(李德甫, 1824~1866) 황해도 신천 / 평신도 / 평안도에서 전교활동.
이의송(李義松, 1821~1866) 황해도 백천 / 순교자 / 병인박해 때 체포되어 양화진에서 순교.
정국보(1799~1839) 경기도 개성 / 성인 / 양반 출신으로 기해박해 때 체포되었으나 일시 배교. 다시 자수하여 곤장 맞고 사망. 1984년에 시성됨.
최설애(崔雪愛, ?~1801) 황해도 안악 / 순교자 / 황사영의 피신을 도운 죄로 순교.

* 개척전도인

고찬익(高燦益, 1861~1908) 평남 안주 / 장로교 장로 / 갖바치 출신으로 연동교회 초대 장로가 됨.

김세지(金世智, 1865~ ?) 평남 영유 / 초기 여성신도 / 평양에서 애국부인회 창설.

김약연(金躍淵, 1868~1942) 함북 회령, 호는 규암(圭巖) / 장로교 목사, 독립운동가 / 간도에서 목회 / 명동교회 설립. 명동학교·연변교민회 창설. 간도 3·1운동 주도.

김이련(金利鍊, 1833~1899) 평북 의주 / 평신도, 초기 기독교인.

김창식(金昌植, 1857~1929) 황해도 수안 / 한국 최초의 개신교 목사(감리교) / 진남포·삼화·강서·수안·연변·평양·원산·해주 등지에서 목회 / 광성학교 창립.

동석기(董錫琪, 1881~1972) 함남 북청 / 목사, 독립운동가 / 감리교 목사로 서울·수원·만주에서 목회 / 1930년에 그리스도의교회를 창설하고 이후 북청·서울에서 목회.

방기창(邦基昌, 1851~1911) 황해도 신천 / 황해도 및 평남에서 목회 / 장로교 최초 7인 목사 중 1인.

백홍준(白鴻俊, 1848~1893) 평북 의주 / 초기 기독교 신자, 장로교 장로, 로스번역성서 번역자, 권서인, 순교자.

서경조(徐景祚, 1852~1938) 평북 의주 / 소래교회 창설자 / 장연·서울·김포·통진에서 목회.

서상륜(徐相崙, 1848~1925) 평북 의주 / 한국개신교 개척자, 권서인, 로스번역성서 번역자 / 소래교회 및 새문안교회 설립.

송인서(宋麟瑞, 1867~ ?) 평양 / 장로교 최초 7인 목사 중 1인 / 진남포에서 목회.

양주삼(梁柱三, 1879~1950) 평남 용강, 호는 백사당(白沙堂) / 감리교 목사, 협성신학교 교수, 개성 한영서원 부원장, 기독교조선감리회 초대통리사, 대한적십자사 초대총재 / 샌프란시스코 한인교회 설립. 6·25사변 중 납북됨.

이기풍(李基豊, 1865~1942) 평양 / 장로교 최초 목사 7인 중 1인, 제주도 선교사 / 광주·고흥·순천·제주·벌교에서 목회 / 신사참배 반대로 일제에 검속됨.

이종덕(李鐘德, 1884~1950) 충남 공주 / 침례교 목사 / 원산에서 펜윅에게 성경 배움. 동아기독교 제2대 감목. 간도에 성경학원 설립. 신사참배 반대로 옥고 치름, 6·25 때 공산군에게 총살당함.
이창직(李昌稙, 1866~1936) 황해도 해주 / 평신도, 성서번역가 / 게일을 도와 성서 번역 및 기독교 문헌 번역.
차을경(車乙慶, 1871~1912) 평북 박천 / 장로교 장로, 전도인 / 함경도 전도에 공헌.
최치량(崔致良, 1854~1930) 평양 / 장로교 장로, 전도인, 평양 최초의 교인 중 1인.
한석진(韓錫晋, 1868~1939) 평북 의주 / 장로교 최초 목사 7인 중 1인 / 마펫에게 전도받고 세례받음, 〈예수교회보〉 사장 역임 / 평양·의주·신의주·마산·서울에서 목회 / 금강산 기독교수양관 건립.

* 신앙운동가

고흥봉(高興鳳, 1894~1954) 함남 / 장로교 목사 / 신사참배 반대운동을 벌이다가 투옥됨.
길선주(吉善宙, 1869~1935) 평남 안주, 호는 영계(靈溪) / 장로교 최초 목사 7인 중 1인, 민족대표 33인 중 1인, 부흥사 / 평양에서 목회.
김린희(金麟熙, 1908~1950) 평북 선천 / 장로교 전도사, 신사참배 반대운동가, 재건교회 지도자 / 6·25 때 납북됨.
김익두(金益斗, 1874~1950) 황해도 안악 / 장로교 목사, 부흥사 / 재령·선천·서울에서 목회 / 기독교도연맹 총회장 역임, 6·25 때 공산군에게 피살됨.
김인서(金麟瑞, 1894~1964) 함남 정평 / 장로교 목사, 문필가 / 부산에서 목회 / 일제시대에 연통제 사건으로 옥고 치름, 〈신앙생활〉 발행.
박관준(朴寬俊, 1875~1945) 평북 영변, 호는 염광(鹽光) / 장로교 장로, 의사, 신사참배 반대운동가 / 안이숙과 함께 일본 중의원회에서 종교법안 반대 문서 소동을 일으켜 투옥, 금식기도 끝에 병보석 출옥후 해방전에 별세함.
박신근(朴信根, 1907~ ?) 평북 선천 / 재건교회 집사 / 신사참배 거부하다 옥고 치름, 해방후 선천·평양에서 재건교회 지도.
박의흠(朴義欽, ? ~1941) 평북 정주 / 장로교 전도사 / 곽산·봉천에서 목회 / 신사참배 반대운동을 전개하다 체포되어 옥사.
방계성(方啓聖, 1887~ ?) 평북 철산 / 장로교 장로 / 신사참배 거부로 옥고 치름.
서정환(徐廷煥, 1906~1952) 평북 강계 / 장로교 목사 / 강계·대구에서 목회 / 신사참배를 반대하다가 옥고 치름.

이기선(李基善, 1878~1950) 평북 박천 / 장로교 목사, 신사참배 반대운동가 / 의주·울산·김해에서 목회 / 해방후 혁신복구파 창설, 6·25 때 월남하지 못함.

이용도(李龍道, 1901~1933) 황해도 금천 / 감리교 목사, 부흥사 / 3·1운동에 가담하여 옥고 치름 / 홍천·서울에서 목회 / 예수교회 창립에 참여하고 초대 선도감 역임.

전재선(全載先, 1893~1969) 평남 대동 / 장로교 목사, 부흥사 / 곡산·양산·만주·인천에서 목회.

주기철(朱基徹, 1897~1944) 경남 창원, 호는 소양(蘇羊) / 장로교 목사, 신사참배 반대운동가 / 오산중학교·평양장로회신학교 졸업 / 부산·마산·평양에서 목회 / 신사참배 반대운동으로 투옥되어 옥사.

최봉석(崔鳳奭, 1869~1944) 평양 / 장로교 목사, 일명 최권능(崔權能) / 벽동·만주·강동·평양에서 목회 / 신사참배 반대운동으로 투옥. 금식기도후 병보석. 석방후 별세.

최한기(崔漢起, 1917~ ?) 평북 선천 / 장로교 전도사 / 만주에서 목회 / 신사참배를 거부하다 옥고 치름.

* 신학자

고려위(高麗偉, 1890~1947) 평북 선천 / 장로교 목사, 신학자, 신학교 교수 / 일본·철산에서 목회.

김교신(金敎臣, 1901~1944) 함남 함흥 / 기독교인, 교육가, 무교회주의자, 양정고보·영생고보·송도고보·경성고보 교사 / 〈성서조선〉 창간.

김용옥(金龍玉, 1920~1981) 평남 강서 / 감리교 목사, 신학자, 감리교신학대학 교수 및 학장 역임 / 평양에서 목회.

김재준(金在俊, 1901~1987) 함북 경흥, 호는 장공(長空) / 장로교 목사, 신학자, 교육가, 민권운동가.

남궁혁(南宮爀, 1882~1950) 서울 / 장로교 목사, 신학자, 교육가, 평양신학교 교수, 한국기독교연합회 총무 / 6·25 때 납북됨.

박형룡(朴亨龍, 1897~1978) 평북 벽동 / 장로교 목사, 신학자, 교육가, 평양신학교·만주신학원·장로회신학교·총회신학교 교수.

백낙봉(白洛鳳, 1901~1967) 평북 선천 / 장로교 목사, 신학자 / 의주·대전에서 목회 / 대전성서학원 원장 역임.

백낙준(白樂濬, 1895~1985) 평북 정주, 호는 용재(庸齋) / 장로교 목사, 사학자,

교육가, 연희대학교 총장.

송창근(宋昌根, 1898~1950) 함북 경흥, 호는 만우(晩雨) / 장로교 목사, 신학자, 교육가, 민권운동가 / 평양·김천·부산·서울에서 목회 / 수양동우회 사건으로 옥고 치름. 조선신학교 설립후 교장 역임 / 6·25 때 납북됨.

이성휘(李聖徽, 1889~1950) 평북 철산 / 장로교 목사, 신학자, 숭실전문학교·평양신학교 교수 / 6·25 때 피살됨.

이환신(李桓信, 1902~1984) 평남 강동 / 감리교 목사, 신학자, 연희대학교·감리교신학대학 교수, 감리교 감독, 평양요한신학교 교장, 대한 YMCA연맹 총무, 이화학당 이사장 역임.

조희염(曺喜炎, 1885~1950) 함남 함흥 / 장로교 목사, 신학자, 마르다윌슨여자신학교 교수 / 6·25 때 공산군에게 피살됨.

채필근(蔡弼近, 1885~1973) 평남 중화 / 장로교 목사, 신학자 / 평양·제주도·부산에서 목회 / 평양장로회신학교 교장, 일본기독교조선장로교단 통리 역임.

최태용(崔泰瑢, 1897~1950) 함남 영흥 / 복음교회 창설자 / 금마·서울에서 목회 / 〈천래지성〉〈영과 진리〉발행. 6·25 때 공산군에게 피살됨.

* 목회자(생몰연도 / 출생지 / 주요사역지 / 비고 순. 특별한 언급이 없는 경우는 직분이 목사임)

〈장로교〉

강두송(姜斗松, 1880~ ?) 함남 함흥 / 북간도·회령·청진·나남·경성.
강두화(姜斗和, 1874~ ?) 함남 정평 / 용정·경성·경흥·주을·나진.
강원모(姜元模, 1894~1983) 황해도 재령 / 재령·가평·청평·소사.
강유훈(姜有勳, 1854~1913) 평남 / 순안·영유.
계시항(桂時恒, 1876~ ?) 평북 선천 / 선천·곽산.
계창봉(桂昌鳳, 1909~1967) 평북 강계 / 봉천·선천·부산·하동.
계택선(桂澤宣, 1867~1917) 평양 / 만주·봉천.
고봉윤(高鳳允, 1905~1970) 평북 의주 / 선천·정주·대동·철산·평양·서울.
고사영(高士英, 1868~ ?) 평남 평원 / 평원.
권형모(權衡模, 1885~ ?) 평북 용천 / 북만주.
기주복(奇周福, 1898~1950) 황해도 수안 / 수안·겸이포·곡산읍 / 6·25 때 행방불명됨.
길종수(吉宗秀, 1882~ ?) 평북 선천 / 선천.
김강선(金剛璿, 1880~ ?) 평남 강서 / 강서·만주.

김건주(金建柱, 1870~1946) 평북 용천 / 용천.
김경삼(金敬三, 1872~1937) 평양에서 목회.
김경순(金慶淳, 1900~1950) 함남 영흥 / 영흥·고원 / 여전도사. 6·25 때 피살됨.
김경종(金庚鐘, 1894~1950?) 함남 홍원 / 혜산진·북청·함흥 / 6·25 때 행방불명됨.
김관근(金灌根, 1864~1913) 평북 의주 / 의주·구성·철산·용천·삼화·연평.
김국주(金國柱, 1872~1960) 평북 용천 / 용천·덕천.
김기형(金琪亨, 1875~ ?) 평북 위원 / 강계.
김길수(金吉洙, 1905~1950?) 평남 용강 / 평양 / 1950년 3월에 공산군에게 납치됨.
김낙영(金洛泳, 1884~1969) 황해도 송화 / 연안.
김능백(金能百, 1901~1965) 평남 강서 / 평양·만주·예산.
김두석(金斗錫, 1890~1950?) 함남 함흥 / 함흥·만주·파주·서울 / 6·25 때 납치됨.
김두칠(金斗七, 1894~1963) 평북 용천 / 의주·중국·이리·마산.
김득창(金得昌, 1889~ ?) 평북 선천 / 만주.
김민철(金敏鐵, 1878~1951) 평북 / 철산·의성·영천·마산.
김병희(金炳熙, 1886~1950?) 평북 선천 / 선천·의주·벽동·철산 / 6·25 때 납치됨.
김선두(金善斗, 1876~1949) 평양 / 평양·선천·성진·만주·봉천·서울.
김성여(金聖與, 1898~1968) 평남 덕천 / 만주·부산.
김성탁(金聖鐸, 1875~1939) 평양 / 평양.
김순호(金順好, 1902~1950) 황해도 재령 / 산동·동만주에서 선교 / 여전도사. 6·25 때 신의주에서 피살됨.
김신영(金信永, 1902~1977) 평북 삭주 / 선천·정주·구성·신의주·벽동·서울.
김양선(金良善, 1907~1970) 평북 의주 / 정주·구성 / 기독교박물관 설립.
김영옥(金永玉, 1871~1952) 황해도 배천 / 철원·원주·안동.
김영주(金英珠, 1896~1950?) 함북 명천 / 일본·서울 / 창세기 모세저작 부인사건을 일으킴. 6·25 때 행방불명됨.
김영훈(金永勳, 1877~1939) 평북 의주 / 중국 산동 선교사.
김용국(金容國, ? ~1950) 황해도 / 장연 / 6·25 때 피살됨.
김윤점(金允漸, 1874~1945) 황해도 수안 / 사리원·봉산·재령·장연·백령도.
김은석(金殷錫, 1900~1964) 평남 / 평남·군산.
김응순(金應珣, 1891~1958) 황해도 장연 / 장연·해주·인천.

김의창(金義昌, 1887~1962)　평양 / 중화·덕천·개천·신의주·평양·대구·서울.
김이현(金利鉉, 1891~1960)　함남 덕원 / 덕원·부산 / 원산시장 역임.
김익수(金益洙, 1882~1954?)　황해도 재령 / 장연·남만주·길림·신환포·송화·재령.
김인실(金仁實, 1890~ ?)　평남 영유 / 대동·평양.
김인준(金仁俊, ? ~1950?)　평양에서 목회 / 해방후 이북5도연합노회 구성. 공산군에게 체포된 후 행방불명됨.
김일선(金一善, 1896~ ?)　평북 선천 / 철산.
김정묵(金正默, 1886~1972)　황해도 송화 / 장연·송화·재령·평양·인천.
김주현(金周鉉, 1903~1950)　함북 북청 / 홍남·원산·함흥·김제 / 6·25 때 전주에서 피살됨.
김중석(金仲錫, 1883~ ?)　평남 맹산 / 함흥.
김지학(金智學, 1894~1970)　평남 / 용강·김제.
김진근(金振瑾, 1867~1940)　평북 구성 / 강계·서간도·용천·곽산.
김진수(金珍洙, 1900~1950)　평북 선천 / 선천 / 해방후 이북5도연합노회장 역임. 6·25 때 피살됨.
김창원(金昌源, 1869~1941)　용강·만주.
김청달(金淸達, 1888~1979)　평북 용천 / 의주·삭주·용천·옥천.
김태석(金泰錫, 1878~1950?)　황해도 은율 / 안악·은율 / 6·25 때 행방불명됨.
김홍직(金弘稷, 1897~ ?)　평북 의주 / 만주.
김화식(金化湜, 1894~1947?)　평남 숙천 / 안주·평양 / 해방후 공산군에 납치됨.
나기환(羅基煥, 1893~1967)　황해도 / 평양·제주도.
노인묵(盧仁默, 1875~ ?)　평북 철산 / 중화·대동.
문준희(文準熙, 1908~1950)　북간도 / 경성 / 6·25 때 피살됨.
문진훤(文晋烜, 1862~ ?)　평북 용천 / 용천.
문찬규(文燦奎, 1891~1971)　함남 고원 / 부안·홍원·만주·밀양.
박경구(朴敬求, 1903~1950)　황해도 황주 / 대동·장연·겸이포 / 교육가. 6·25 때 공산군에 체포되어 옥사함.
박규현(朴奎顯, 1860~1928)　평북 정주.
박기철(朴基哲, 1873~ ?)　황해도 재령 / 재령.
박기환(朴基煥, 1907~1948)　황해도 황주 / 김제·중화·정주·봉화·영덕.
박상건(朴相樵, ? ~1950)　충북 / 만주 봉천·하얼빈·서울 / 6·25 때 납치됨.
박상순(朴尙純, 1887~ ?)　평양 / 산동 / 선교사. 해방후 기독교도연맹 위원장 역임.

박성겸(朴聖謙, 1910~1984)　황해도 안악 / 송화·백령도·서울 / 예장총회장 역임.
　　은성문화사 창설.
박성점(朴聖點, ?~1950)　황해도 봉산 / 강서·용강.
박영근(朴英根, ?~1950)　평북 철산 / 철산 / 6·25 때 피살됨.
박예헌(朴禮憲, 1879~1963)　평남 영유 / 원산·간도·서울.
박인도(朴麟道, 1884~?)　평북 의주 / 삭주·만주·안동·의주.
박정찬(朴貞燦, 1862~1945)　평남 평원 / 평양·청주·서울·시베리아·원산·간도.
박찬목(朴燦穆, 1915~1979)　황해도 안악 / 안악·광주·서울 / 예장총회장 역임.
박찬식(朴贊植, 1898~1948)　평남 강서 / 강서 / 해방후 공산당에게 피살됨.
박창영(朴昌英, 1880~1940)　함남 단천 / 성진·이원·서호·시베리아·은성.
박형빈(朴衡斌, 1872~1934)　의주에서 목회.
방준원(方濬原, ?~1950)　평남 / 대동·강서 / 6·25 때 순안에서 피살됨.
방학성(方學聖, 1886~1973)　황해도 은율 / 은율·김제.
방화일(方華日, 1923~1952)　평북 선천 / 신의주·상해 / KNCC 간사. 6·25 때 미
　　군에게 피살됨.
방효원(方孝元, 1886~1953)　평북 철산 / 중국 산동 선교사로 활약. 선천·부산에
　　서 목회.
백병민(白炳旻, 1891~?)　평북 용천 / 용천.
백봉수(白奉守, 1898~1949)　평북 선천 / 의주·만주·철산·선천.
백승건(白承健, 1873~?)　황해도 황주 / 황주·재령 / 1950년 초 공산군에게 피
　　살됨.
백영엽(白永燁, 1892~1973)　평북 의주 / 중국 남경·만주·봉천·선천에서 목회 /
　　독립운동가, 평북도지사 역임.
백인숙(白寅淑, 1917~1950)　평북 신의주 / 평양 / 여전도사. 6·25 직전에 공산군
　　에게 피살됨.
백준걸(白俊杰, 1897~1974)　평북 영변 / 강계·삭주·정주.
변봉조(邊鳳朝, 1879~?)　평남 대동 / 용강·만주·강서·평원·순천.
사병순(史秉淳, 1878~?)　평남 / 산동 선교사.
서경연(徐景淵, 1889~1950)　황해도 송화 / 송화 / 6·25 때 피살됨.
서동원(徐東元, 1910~1950)　황해도 송화 / 재령.
서용문(徐用文, 1905~1950)　평북 강계 / 만주·강계·평양 / 6·25 때 피살됨.
석근옥(石根玉, 1883~?)　평남 평원 / 순안·평원·안주 / 조선주일학교연합회 총
　　무 역임.
석옥린(石玉麟, 1900~1950)　평남 평원 / 평원 / 6·25 때 피살됨.

선우훈(鮮于燻, 1890~1932)　평남/대동·중화·평양.
송윤진(宋潤鎭, 1872~ ?)　평북 위원/만주·초산·벽동·용천.
신봉정(申鳳廷, 1898~ ?)　평북 의주/의주·선천·용천.
안병한(安秉翰, 1894~1948?)　평북 신의주/전도사. 신의주에서 복음서관 설립. 공산군에게 납치되어 행방불명됨.
안봉주(安鳳周, 1870~1938)　평남 안주/갑산·곡산·평양·안주.
안봉진(安鳳鎭, 1897~1950?)　함남 북청/감리교 목사로 통천·원산·화양에서, 장로교 목사로 북청에서 목회/6·25 때 납치됨.
안치호(安致澔, 1873~1918)　평남 강서/강서·황주·겸이포.
양성춘(楊性春, 1870~1931)　평양/대동.
엄치상(嚴致相, 1885~1973)　함남 고원/안변·문천·여수.
염학섭(廉學燮, 1897~1970)　함남 이원/풍산·안수·성진·북청·이원·서울.
오순형(吳蕣炯, 1880~1973)　황해도 장연/블라디보스토크·서울·장연·재령/동경한인교회 창설.
오의명(吳義明, 1896~1950?)　황해도 황주/강서/6·25 때 납치됨.
오택윤(吳宅允, 1885~ ?)　황해도 봉산/안악·재령.
우봉순(禹鳳淳, ? ~1950)　황해도 신천/전도사. 6·25 때 피살됨.
우종서(禹種瑞, 1871~ ?)　황해도 신천/종산·문화·은율·신천/구월산대사건에 연루되어 옥고 치름.
원춘도(元春道, 1887~1950)　황해도 안악/신천·안악·장연·은율/6·25 때 피살됨.
유만섭(柳萬燮, 1877~ ?)　황해도/송화.
유사현(柳四鉉, 1911~1976)　평남/평양·수원·서울.
유정철(劉禎哲, 1905~1950?)　황해도/장연·영흥·평양·진남포/6·25 때 납치됨.
유해천(柳海天, 1878~1950)　황해도 신천/신천·안악/6·25 때 피살됨.
윤옥경(尹玉景, 1905~1951)　평남 대동/중화.
윤희복(尹希福, 1876~1915)　평북 철산/철산.
이기영(李基英, 1871~1921)　황해도 봉산/사인.
이기혁(李基爀, 1898~1984)　평북 용천/용천·인천/예장통합 증경총회장.
이병하(李炳夏, 1877~ ?)　평남 강서/강서·만주.
이보식(李輔植, 1889~1966)　평남 중화/평양·의주·인천/〈아이동무〉 발행.
이상조(李商祚, 1877~1947)　평북 철산/철산.
이선용(李善用, ? ~1950)　평남 개천/함북 음성·구례/6·25 때 피살됨.
이성국(李成國, 1885~1966)　평남/평남·간도·함북·서울.

이성주(李聖柱, 1914~1950)　평남 안주 / 선천 / 6·25 때 피살됨.
이순경(李順璟, 1918~1982)　평양 / 순안·무산·서울.
이승철(李承哲, 1871~1967)　황해도 장연 / 장연.
이원민(李元敏, 1879~1922)　황해도 봉산 / 사리원.
이윤모(李潤模, 1873~ ？)　평남 대동 / 대동.
이인섭(李寅涉, 1888~ ？)　함남 북청 / 나고야·북청.
이재규(李載珪, 1904~1950)　평북 의주 / 의주·만주·익산 / 6·25 때 피살됨.
이재풍(李在豊, 1869~1927)　평남 대동 / 대동·거창·통영.
이정섭(李禎燮, 1895~1950?)　함북 명천 / 덕천·안주 / 6·25 때 납치됨.
이준화(李俊化, 1866~ ？)　평북 의주 / 의주.
이지은(李持恩, 1873~ ？)　평북 정주 / 만주.
이창섭(李昌燮, 1899~1981)　함남 단천 / 간도·원산·서울.
이춘형(李春瀅, 1886~1926)　황해도 재령 / 당포·장촌.
이치수(李致洙, 1867~ ？)　평남 / 개천·숙천·안주.
이학봉(李學鳳, 1896~1950)　평북 용천 / 해주·원산·함흥·평양 / 6·25 때 피살됨.
이항섭(李恒燮, 1892~ ？)　황해도 봉산 / 안악·봉산.
임기주(林岐周, 1896~1947?)　평남 순천 / 정주·재령 / 공산군에게 납치됨.
임종순(林鐘純, 1875~1947)　황해도 곡산 / 곡산·동경·평양.
임주호(林周鎬, 1898~ ？)　평북 의주 / 벽동.
장규명(張奎明, 1891~ ？)　평북 용천 / 선천 / 장로교 총회장. 해방후 공산군에게 체포되어 행방불명.
장석인(張錫仁, 1901~1966)　평북 의주 / 신의주·삭주·부산·서울.
장수은(張受恩, 1920~1950)　황해도 서흥 / 평양 / 여전도사. 6·25 직전에 피살됨.
장운경(張雲景, 1894~ ？)　평남 강동 / 강동·성천·황주.
장운식(張運拭, 1876~1917)　평북 의주 / 의주.
장응곤(張應坤, 1891~ ？)　황해도 장연 / 은율·장연·신천·연평·청주.
장홍범(張弘範, 1787~ ？)　황해도 안악 / 안악·재령·사리원 / 장로회총회장, 조선주일학교연합회 회장 역임.
전훈석(全勳錫, 1867~ ？)　함남 문천 / 마산·동만주.
정기정(鄭基定, 1875~1935)　평북 철산 / 철산·정주·용암포.
정석종(鄭碩鐘, 1876~ ？)　평남 순천 / 순천.
정용현(鄭龍鉉, 1903~1950)　황해도 은율 / 평양·사리원·신천 / 6·25 때 옥사.
정원형(鄭元衡, 1874~ ？)　황해도 북률 / 재령·신환포·풍천·신천.

정응주(鄭應周, 1905~ ?) 함남 강진 / 평원·창성.
정일선(丁一善, 1883~1950) 황해도 신천 / 평양·안악·장연 / 6·25 때 피살됨.
주채원(朱採元, ? ~1950?) 함남 북청 / 함주·성진·서울 / 6·25 때 납치됨.
지형순(池亨淳, 1911~1950) 평양 / 강서·선천·평양 / 6·25 때 피살됨.
차재명(車載明, 1881~1947) 평북 용천 / 서울·양평·고양 / 장로회총회장, 예수교 연합공의회 회장.
차형준(車亨駿, 1879~1943) 평북 용천 / 정주·만주·용천·철산.
채정민(蔡廷敏, 1872~1953) 평남 중화 / 곡산·수안·중화.
최감은(崔感恩, 1905~1950) 평남 대동 / 안주·평양 / 6·25 때 피살됨.
최관흘(崔寬屹, 1877~ ?) 평북 정주 / 시베리아 선교사.
최덕준(崔德俊, 1860~ ?) 황해도 황주 / 황주·만주.
최득의(崔得義, 1888~ ?) 평북 / 의주·신의주·만주·인천.
최병은(崔秉恩, 1863~ ?) 황해도 재령 / 봉산.
최상은(崔相殷, ? ~1950?) 황해도 / 영흥·서울 / 6·25 때 행방불명.
최선탁(崔善鐸, 1875~1921) 곡산·간도에서 목회.
최준극(崔俊剋, 1889~1968) 평북 정주 / 구성·초산·중강진·만주·후창.
최중해(崔重海, 1916~1986) 평북 정주 / 영주교회 담임. 북한선교회대책위원장.
최창근(崔昌根, 1896~ ?) 황해도 신천 / 대동·영원.
최택규(崔宅奎, 1902~1949?) 평북 선천 / 정주 / 해방후 납치되어 행방불명.
한경희(韓敬禧, 1881~1935) 평북 의주 / 의주·용천·만주 / 공산군에게 피살됨.
한득룡(韓得龍, 1861~ ?) 평북 의주 / 의주·선천·이원·단천·삼수·갑산·성진.
한병직(韓秉職, 1866~1928) 평남 평원 / 홍원·북청·함흥·성진·평원.
한병혁(韓秉赫, 1904~1984) 평북 의주 / 중국 강소·용천·평양·인천·서울.
한승곤(韓承坤, 1881~ ?) 평양 / 평양·로스엔젤레스.
한응수(韓應洙, 1863~ ?) 평북 / 선천·용천.
함 열(咸 說, 1880~ ?) 평북 / 의주·광주·고양·서울·부산·만주.
함석규(咸錫奎, 1881~1950?) 평북 용천 / 용천·의주 / 6·25 때 납치됨.
허 섭(許 燮, 1873~ ?) 평남 대동 / 대동.
허 은(許 殷, 1813~1950?) 평북 철산 / 철산·서울 / 6·25 때 납치됨.
허 정(許 鼎, 1880~1946) 평북 구성 / 구성.
허덕화(許德化, 1900~1956) 평북 용천 / 용천·진남포·철산·거제도·익산.
허두칠(許斗七, 1893~ ?) 평북 대동 / 대동·구성·선천.
허천기(許天機, ? ~1950?) 평북 철산 / 용천·철산·평양 / 6·25 때 납치됨.
현태룡(玄泰龍, 1889~ ?) 황해도 / 재령·서울.

홍승한(洪承漢, 1881~1958)　평북 철산 / 대구·중국 산동·철산·만주·부산.
홍종만(洪鐘萬, 1930~1982)　평북 철산 / 서울·홍콩.
홍종섭(洪宗涉, 1893~ ?)　평북 용천 / 철산·용천.
홍택기(洪澤麒, ? ~1950?)　평북 선천 / 선천·철산 / 장로회 증경총회장.
황구학(黃龜鶴, 1901~1933)　안주·개천에서 목회.
황금천(黃金泉, 1913~1977)　황해도 송화 / 풍천·서울 / 예장합동 증경총회장.
황득환(黃得煥, 1906~1968)　평북 의주 / 용천·인천.
황은균(黃殷均, 1902~1959)　평남 / 평양·서울 / 〈기독공보〉 주필.
황인성(黃寅晟, 1870~ ?)　황해도 재령 / 재령.
황재경(黃材景, 1906~1984)　함남 안변 / 미국에서 목회 / 방송인. 미국의 소리 방송국 아나운서.
황재연(黃材淵, 1900~ ?)　함남 안변 / 안변.

〈감리교〉
강승남(姜勝男, 1913~1950)　함남 북청 / 6·25 때 공산군에게 피살됨.
강학권(姜學權, 1903~1979)　황해도 / 해주·춘천·강경·논산.
권원호(權元浩, 1904~1941)　평남 중화 / 원산 / 전도사. 일제 말기에 불경죄로 체포되어 옥사.
김관주(金觀周, 1915~1984)　평남 용강 / 강서·서울·마산·부산 / 마산결핵요양원 등을 맡음.
김동철(金東哲, 1899~1950)　함북 길주 / 만주·서울 / 6·25 때 납치되어 행방불명됨.
김영만(金永萬, ? ~1950)　6·25 때 황해도 연백에서 공산군에게 피살됨.
김영순(金靈淳, 1904~1977)　해주·연안·진남포 / 연세의료원 원목.
김유순(金裕淳, 1882~1950?)　황해도 신천 / 평양·홍성·해주·천안·서울 / 감리교 9대 감독. 6·25 때 납치되어 행방불명.
김의근(金義根, 1915~1950)　평남 용강 / 평양 / 전도사. 6·25 때 피살됨.
김익주(金翼柱, 1926~ ?)　평남 용강 / 진남포 / 전도사. 6·25 때 피살됨.
김재찬(金在燦, 1861~1950)　평양 / 증산·함종·맹산·강서·봉산·영덕·원주.
김종삼(金宗三, 1876~ ?)　황해도 장연 / 신화·장연.
김종섭(金鐘燮, 1862~1940)　평양 / 대동·평양.
김찬흥(金燦興, 1875~ ?)　봉산·영변·진남포·평양·인천.
김창규(金昌奎, ? ~1950)　평북 철산 / 철산 / 6·25 때 개천탄광에서 공산군에게 피살됨.

김창덕(金昌德, 1891~1964) 황해도 은율 / 만주 신경.
김창준(金昌俊, 1888~ ?) 평남 강서 / 평양·서울 / 6·25 때 남선기독교도연맹
    위원장으로 있다가 월북.
노형근(盧馨根, 1867~1960) 황해도 금천 / 이천·평산·한포·광덕·개성.
명제영(明濟英, 1889~1966) 평북 / 태천·갈산·오천.
박계화(朴季化, 1870~ ?) 황해도 / 해주.
박덕수(朴德洙, 1893~1950) 경북 영천 / 만주·시베리아·원산 / 6·25 때 피살됨.
박선제(朴璇齊, 1884~1950) 평남 강서 / 강서·진남포 / 국제손해보험 사장. 6·25
    때 납치됨.
박원백(朴元百, 1872~1938) 평남 강서 / 해주·원주·강릉.
박종현(朴宗賢, ? ~1943) 평양 / 평양.
박진하(朴鎭夏, 1887~1937) 평북 영변 / 가평·철원·개성·원산.
박태로(朴泰魯, 1870~ ?) 황해도 황주 / 산동 선교사.
박화준(朴和濬, 1906~ ?) 평남 강서 / 강서·옹진·충주·철원.
방기순(方基淳, 1884~1970) 황해도 장연 / 평양·영변·인천·해주.
배영초(裵英楚, 1908~1950) 평남 용강 / 용강·강서 / 전도사. 6·25 때 피살됨.
배형식(裵亨植, 1874~1955) 평남 / 서울에서 목회 / 독립운동가. 만주 선교사.
백용흥(白容興, 1850~1927) 경기도 이천 / 만주 선교사.
백학신(白學信, 1899~1950?) 평북 용천 / 철원·삭령·강경·순천·만주·강화 /
    6·25 때 강화에서 납치됨.
서원필(徐元弼, 1888~1974) 함남 안변 / 안변·덕원·고성·이천·속초.
송재우(宋在佑, 1895~1970) 황해도 송화 / 송화·옹진·매화·무의·영천.
송정근(宋貞根, 1895~1950?) 황해도 서흥 / 양양·고성·강서·평양 / 성화신학교 부
    교장. 6·25 때 납치됨.
송창식(宋昌植, 1876~1968) 평남 강서 / 증산·신계·칠산·진남포·서울.
송희봉(宋禧鳳, 1860~1926) 평북 희천 / 평양·희천·태천·신창·서흥·진남포.
신공숙(申公淑, 1884~1967) 경기도 개성 / 개성·장단·풍덕·서울·동경·김포.
신광현(愼光顯, 1894~1971) 함남 정평 / 만주·남양·온양·수원.
신흥철(申興哲, 1899~1984) 개성·평천·강화·서울에서 목회 / 호수돈여학교 이
    사장 역임.
안명진(安明鎭, 1898~1968) 평양 / 장로교 목사로 아오지·간도에서, 감리교 목사
    로 부산·제주·후포에서 목회.
안석준(安錫濬, 1887~1947) 평남 용강 / 진남포·강서·사리원·영변.
오기선(吳基善, 1877~1946) 평남 강서 / 함종·해주·서울·평양·동경·진남포·

인천.
유백희(柳百熙, 1891~ ?)   황해도 금천 / 서울·평산·개성·만주.
유산성(劉山成, 1906~1959)   황해도 연백 / 영변·서울·평천·금화.
유석홍(庾錫弘, 1862~1946)   황해도 평산 / 풍산·평산·영풍·이천.
유종학(劉鐘鶴, 1888~1950)   평남 / 영변 / 6·25 때 피살됨.
이겸로(李謙魯, 1894~ ?)   평남 / 사리원·영변.
이경중(李敬重, 1892~1956)   경기도 개성 / 개성·춘천·서울.
이관운(李觀運, 1889~ ?)   평남 평원 / 고성·서울·개성·사리원.
이기연(李基淵, 1893~1966)   황해도 황주 / 개성·북진·철원·만주·옹진.
이수만(李壽萬, 1894~1949)   경기도 개성 / 토산·이천·포천·원산.
이용국(李龍國, 1900~ ?)   평남 / 희천·해주·신창.
이원섭(李元燮, 1895~ ?)   황해도 벽성 / 장단·장포·통천·안변.
이윤영(李允榮, 1890~1975)   평북 영변 / 진남포·개성·평양 / 제헌국회의원. 국무총리서리 역임.
이응교(李應敎, 1925~1950)   황해도 서흥 / 평양에서 목회 / 전도사. 6·25 때 공산군에게 피살됨.
이익모(李益模, 1869~1944)   평남 용강 / 진남포·평양·인천·서울.
이창주(1877~1950) 평남 용강 / 삼하·중화·덕동·강서·진남포 / 6·25 때 납치됨.
이피득(李彼得, 1903~1975)   평남 용강 / 신계·함종·진남포·평양·수원·인천.
이호긍(李浩兢, 1913~1979)   평남 진남포 / 신탄진·제주도·북청·평창에서 목회 / 목사 겸 의료인. 진남포회생의원 경영.
임두화(林斗華, 1886~ ?)   평남 대동 / 개성·서울·진남포·샌프란시스코·하와이.
임의걸(林義杰, 1899~1952)   평남 대동 / 대동·수안 / 6·25 때 공산군에게 피살됨.
임진국(林鎭國, 1884~1967)   경기도 개성 / 연안·배천·신창·공주.
장병익(張炳翼, 1888~ ?)   평북 정주 / 춘천·개성·남천·평산.
전병룡(田炳龍, 1883~ ?)   황해도 평산 / 개성·연천·장단.
정재덕(鄭在德, 1868~ ?)   경기도 개성 / 이천·평산·시베리아·북간도·개성.
정재호(鄭在浩, 1898~1943)   평북 선천 / 은율.
정진수(鄭鎭洙, 1872~1949)   평남 용강 / 중화·삼화·진남포·평양·영변.
정진현(鄭瑨鉉, 1874~1938)   평남 강서 / 강서·사리원·매동.
정춘용(鄭春鎔, 1915~1982)   평남 진남포 / 진남포·용강·서울.
조석훈(趙錫勳, 1905~1950)   황해도 송화 / 은율 / 6·25 때 피살됨.

조순천(趙順天, 1907~1949?) 평남 대동 / 강서·진남포 / 해방후 행방불명.
조택수(1903~1979) 평남 대동 / 황주·곡산·춘천·부산.
조황균(趙滉均, 1877~ ?) 평북 정주 / 박천·정주.
주공삼(周孔三, 1875~ ?) 평양 / 영유·동경·평양 / 해방후 납치됨.
주관유(周觀裕, 1894~1945) 함남 함주 / 요코하마·함흥.
최나오미(崔耐娛美, 1873~ ?) 경기도 개성 / 개성·서울·시베리아 / 여전도사.
최수영(崔壽永, 1873~ ?) 경기도 개성 / 홍천·가평·금천·만주.
최일영(崔日永, 1877~ ?) 평남 / 옹진·해주·연백·희천.
최종묵(崔宗默, 1897~1950?) 평남 강서 / 진남포·용강·만주·서울 / 6·25 때 행방불명됨.
최창신(崔昌信, 1888~ ?) 평남 / 평양.
한국보(韓國補, ? ~1950) 회령·성천에서 목회 / 6·25 때 공산군에게 피살됨.
한규철(韓奎哲, 1894~1949) 서울 / 개성·장단·신계.
한사연(韓士淵, 1879~1950) 평남 안주 / 회양·삭녕·평강·금성·철원·금화 / 6·25 때 공산군에게 피살됨.
현병찬(玄炳讚, 1899~1950?) 서울 / 회양·원산·서울·진남포 / 6·25 때 행방불명됨.
홍순탁(洪淳倬, 1878~1947) 황해도 연백 / 해주·배천·서울·인천·홍천·영변·철원.
홍종숙(洪鍾肅, 1877~ ?) 경기도 개성 / 개성·춘천·서울·홍천.

〈성결교〉
강송수(姜松洙, 1891~1970) 함남 북청 / 기독교성결교 증경총회장.
강태집(姜泰緝, 1890~1974) 평남 용강 / 규암·사리원·군위.
김명곤(金命坤, 1913~1976) 함남 북청 / 금릉·흑산도·부여.
김상준(金相濬, 1881~1933) 평남 용강 / 개성·신계 / 성결교 최초 목사 중 1인.
김영범(金永範, 1897~1950) 함남 이원 / 청진 / 6·25 때 이원에서 공산군에게 피살됨.
김인석(金仁錫, 1905~1950) 경북 / 만주·회령 / 6·25 때 피살됨.
오덕삼(吳德三, 1897~1950?) 평남 용강 / 대구·평양·진남포 / 6·25 때 피살됨.
이 건(李 鍵, 1900~1950) 함남 북청 / 평양·서울 / 서울신학교 교수 역임. 6·25 때 납치되어 행방불명됨.
이명헌(李命憲, 1876~1928) 경기도 이천 / 개성·서울·원산·사리원 / 경성성서신학교 교수 역임.

이성봉(李聖鳳, 1900~1965) 평남 강동 / 수원·목포·신의주·만주.
이원근(李元根, 1885~1963) 평남 대동 / 북간도·충남.
이정순(李禎淳, 1884~ ?) 함남 북청 / 김천·간도·웅기·나남 / 해방후 공산군에게 납치되어 행방불명됨.
이정원(李禎源, 1891~ ?) 함남 북청 / 북청·청진·성진·간도·회령 / 해방후 공산군에게 납치되어 행방불명됨.
이정활(李禎活, 1899~1968) 함남 북천 / 길주·고원·이원·서울.
이종익(李鐘翊, 1899~1937) 함남 홍원 / 의흥·군위.
전기찬(全基璨, 1904~1948) 함남 북청 / 온성·만주·혜산진·개운성 / 해방후 공산군에게 피살됨.
조승각(趙承珏, 1898~1945) 평남 순천 / 안변·간도.
조한숙(趙漢璹, 1893~1949?) 함남 북청 / 청진·북청 / 해방후 납치됨.
한성과(韓聖果, 1906~ ?) 신의주·만주·서울.
한익찬(韓益燦, 1877~1926) 평남 삼화 / 서울·부여·안성.
함석진(咸錫珍, 1902~ ?) 평북 선천 / 부산·평양·광주.

〈침례교〉
김영관(金榮官, 1897~ ?) 함북 종성 / 만주·시베리아·원산 / 일제 말기에 원산 헌병대에 구금됨.
김영국(金榮國, 1884~1932) 함북 종성 / 간도에서 전도하던 중 공산군에게 피살됨.
김영진(金榮鎭, 1887~1932) 함북 종성 / 간도에서 전도하던 중 공산군에게 피살됨.
김재형(金在衡, 1882~ ?) 충북 단양 / 경흥·시베리아·북간도·원산 / 일제 말기에 일본헌병대에 체포되어 옥고 치름.
박문기(朴文基, ? ~1925) 전도사. 북만주에서 전도하다가 독립군에게 피살됨.
손상열(孫相烈, ? ~1921) 자성·만주에서 목회.
이종근(李鐘根, 1891~ ?) 함북 회령 / 경흥·만주·종성 / 동아기독교 감독 역임.
최성업(崔成業, 1883~1957) 함북 경성 / 시베리아·만주·청진·나진·대전·수원·강릉.
한기춘(韓基春, 1892~1977) 함남 북청 / 경흥·만주·서귀포·점촌 / 대한침례교신학교 교장.
한봉관(韓鳳官, 1888~1942) 함북 경흥 / 종성·경흥·시베리아·만주.

〈천주교〉

노기남(盧基南, 1902~1984) 신부. 한국인 최초의 주교. 세례명 바오로. 서울교구장 거쳐 주교가 된 후 쁘로꼰꿀라레 대주교로 승품됨. 한국종교인협회 회장.

이보환(李普煥, 1893~1944) 황해도 수안 / 원주·은율·횡성본당 주임신부.

전덕표(全德杓, 1920~1950) 황해도 은율 / 신부. 사리원본당을 시작으로 전교에 힘쓰다가 북한정치보위부원에게 납치된 후 피살됨.

조문국(趙文國, 1921~1950?) 평남 평양 / 관후리·기림리 주임신부. 진남포본당 사목. 공산군에게 체포된 후 행방불명.

조인원(趙仁元, 1907~1978) 황해도 장연 / 신부. 춘천본당·논산본당·청량리본당에서 사목. 대건학원 창설. 한국천주교중앙협의회 사무국장.

홍용호(洪龍浩, 1906~ ?) 평남 평원 / 주교. 평양교구 제5대 교구장. 〈가톨릭연구〉 주필. 1949년 특별정치범으로 평양교화소에 수감된 후 행방불명됨.

〈기타 교단〉

김장호(金庄鎬, 1881~ ?) 황해도 / 봉산에서 목회 / 장로교 목사였다가 조선기독교회를 창설.

백남주(白南柱, ? ~1948) 함남 갑산 / 평신도. 신비주의 사상가. 새주교회 창설.

변남성(邊南星, 1900~1939) 평남 용강 / 하느님의교회 목사. 성결교 목사로 사리원·평양에서 목회하다가 하느님의교회 창설에 참여.

변성옥(邊成玉, 1892~1950) 평남 / 조선기독교회 목사. 감리교 목사로 만주에 파송되었다가 거기서 조선기독교회를 창설. 중앙신학교 교장 역임.

오계식(吳癸植, 1903~1948?) 평양 / 진남포에서 목회 / 하느님의교회 목사. 공산군에게 납치됨.

이계실(李桂實, 1890~1971) 함남 함주 / 함주·덕천·부산·거제에서 목회 / 순장로교 목사. 순장로교단 창설.

이의순(李宜順, 1901~1976) 경기도 개성 / 해주·고산·의성·서울에서 목회 / 구세군 여사관.

이태석(李泰錫, 1901~1950) 평양 / 금산·강경·군산·평양에서 목회 / 하느님의교회 목사.

정남수(鄭南洙, 1895~1967) 평남 강서 / 나사렛교회 목사, 부흥사. 〈성화〉 발행. 한국 하느님의교회 및 나사렛교회 창설.

최상현(崔相鉉, 1891~1950?) 평남 용강 / 서울에서 목회 / 그리스도의교회 목사.

한동규(韓東圭, 1898~ ?) 만주에서 목회. 성결교 목사였다가 조선기독교회 창
    립.
한의정(韓義貞, 1898~1950) 대구 / 원산·평양에서 목회 / 예수교회 여전도사.
    6·25 때 공산군에게 피살됨.

* **독립운동가·민족운동가**

강규찬(姜奎燦, 1874~1945) 평북 선천 / 장로교 목사 / 105인 사건 및 3·1운동으
    로 투옥됨.
강봉우(姜鳳羽, 1888~1969) 함남 함흥 / 장로교 장로, 독립운동가, 교육가 / 간도
    3·1운동 주도.
강우규(姜宇奎, 1856~1920) 평남 덕천 / 독립운동가 / '사이토총독 암살미수사건'
    으로 체포되어 서울에서 처형됨. 건국공로훈장 받음.
강조원(姜助遠, 1875~ ?) 경기도 양주 / 감리교 목사 / 서울·개성에서 목회 / 개
    성 3·1운동 주도.
강종근(姜琮根, 1904~1942) 평남 강서 / 감리교 목사 / 양주·철원에서 목회 / 일
    제말 '사상범 예비검속령'으로 옥고 치름.
계리영(桂利榮, 1881~ ?) 평북 선천 / 선천·만주·용천 / 3·1운동과 관련되어
    국외로 추방됨.
고종철(高鐘哲, 1880~1919) 평남 용강 / 평신도, 독립운동가 / 을사늑약 체결을
    반대하여 비밀결사를 조직하여 투쟁. 3·1운동을 주도하고 음복 자결.
김경념(金敬念, 1882~1950) 평북 용천 / 평신도, 독립운동가, 교육가 / 서북지역
    3·1운동 주도. 연통제에 참여하여 독립운동자금 모금.
김경희(金敬喜, 1889~1920) 평양 / 여성교육가, 독립운동가 / 평양 3·1운동과 애
    국부인회에 가담.
김광연(金光淵, ? ~1919) 평남 강서 / 평신도, 독립운동가 / 사천 3·1운동에 참
    여하여 시위도중 피살됨.
김규면(金圭冕, 1881~ ?) 함북 경흥 / 대한기독교 대한성리회 목사 / 1929년에
    고려공산당에 가입함.
김근하(金根河, 1889~ ?) 황해도 재령 / 장로교 목사, 독립운동가 / 북경·봉천·
    봉산에서 목회.
김내범(金迺範, 1869~ ?) 평남 평원 / 간도에서 목회 / 간도 3·1운동을 주도.
김도준(金道俊, 1870~1910) 평북 용천 / 장로교 장로 / 만주에서 독립운동에 투
    신. '한족회 사건'으로 일본군에게 피살됨.

김도태(金道泰, 1891~1956) 평북 정주 / 평신도, 교육가 / 3·1운동 민족대표 가운데 1인.

김동원(金東元, 1884~1950) 평양 / 장로교 장로, 독립운동가 / 6·25 때 납치되어 행방불명.

김마리아(金馬利亞, 1892~1944) 황해도 장연군 소래 / 여성독립운동가, 교육가, 원산 마르다윌슨신학교 교수 / 2·8독립선언과 3·1운동에 참여. 대한애국부인회 사건으로 투옥.

김명하(金明河, 1902~1919) 평북 강계 / 영실중학교 학생 / 강계 3·1운동에 참여하여 일경에게 태형을 맞고 숨짐.

김백원(金百源, 1860~ ?) 평남 대동 / 장로교 목사, 독립운동가 / 1919년 3월 12일 보신각 앞에서 〈조선독립탄원서〉 낭독.

김병규(金炳奎, 1890~1967) 평북 구성 / 장로교 목사, 산동 선교사 / 선천·의주·평원·순천·정주·박천·목포·수원에서 목회. 105인 사건, 3·1운동, 선천경찰서 폭탄투척사건에 연루됨.

김병농(金炳濃, 1876~ ?) 평북 / 장로교 목사 / 전주·철산·만주에서 목회 / 3·1운동 당시 독립선언서를 상해에 전달.

김병연(金炳淵, 1896~1965) 평양 / 평신도, 정치인 / 3·1운동에 참여하여 옥고 치름.

김병조(金秉祚, 1877~1947) 평북 정주 / 장로교 목사 / 3·1운동 민족대표 33인 중 1인. 해방후 소련군에게 체포되어 시베리아로 유배당하여 그곳에서 옥사.

김봉규(金鳳圭, 1879~ ?) 평남 대동 / 장로교 장로 / 평양 3·1운동에 참가. 군자금모금운동을 벌이다가 발각되어 옥고 치름.

김봉수(金鳳秀, 1895~1971) 평북 의주 / 장로교 장로, 독립운동가 / 만주에서 국민부 및 조선혁명당 창립에 참여.

김상옥(金相沃, 1901~1960) 평북 선천 / 평신도, 독립운동가 / 3·1운동에 참여. 만주에서 중국학생구국연맹을 조직하여 독립운동을 전개.

김상현(金尙鉉, ? ~1949) 평북 철산 / 장로교 목사 / 용암포·철산·위원·용천·선천에서 목회 / 3·1운동에 가담. 해방후 철산에서 공산당의 구타로 사망.

김석창(金錫昌, 1876~1950) 평북 철산 / 장로교 목사, 평북노회장 예장총회장 역임 / 선천 3·1운동, 선천경찰서 폭탄투척사건에 연루되어 투옥됨. 6·25 때 피살됨.

김선량(金善亮, 1899~1984) 황해도 안악 / 장로교 장로, 독립운동가, 보성여학교 교장 역임 / 수양동우회 사건으로 투옥됨.

김성무(金聖姆, 1891~1967) 평북 용천 / 장로교 권사, 여성교육가 / 선천 3·1운동에 참여. 선천 YMCA 창설. 대한기독교여자절제회 창설. 3·1여성동지회 창설.

김성호(金成鎬, 1891~1927) 평북 선천 / 평신도 / 선천 3·1운동에 참여. 만주에서 대한의정단에 가입. 선천경찰서 폭탄투척사건에 연루되어 투옥됨.

김순애(金淳愛, 1889~1976) 황해도 장연 / 장로교 권사, 여성독립운동가 / 상해에서 애국부인회 창설.

김승만(金承萬, 1889~1938) 평북 의주 / 장로교 장로 / 의주 3·1운동 주도.

김승주(金承柱, 1878~1940) 평남 중화 / 중화·간도에서 목회 / 중화 3·1운동에 참여하여 옥고 치름.

김시현(金時顯, 1868~1942) 평북 정주 / 평신도 / 곽산 3·1운동 주도하고 옥고 치름.

김신애(金信愛, 1879~ ?) 평북 강계 / 여성독립운동가 / 군자금모금운동을 전개.

김영학(金永學, 1850~1920) 함북 명천 / 평신도, 독립운동가 / 간도에서 국민회 조직. 3·1운동 주도.

김영학(金永鶴, 1877~1932) 황해도 금천 / 평산·금천·장연·철산·서울에서 목회. 양양 3·1운동 주도. 시베리아에서 선교하던 중 공산군에 체포되어 옥사.

김예진(金禮鎭, 1898~1950) 평남 강서 / 장로교 목사 / 순천·평양·순안·만주·서울에서 목회. 상해에서 독립운동. 6·25 때 서울에서 공산군에게 피살됨.

김원벽(金元壁, 1892~1928) 황해도 안악 / 평신도, 독립운동가 / 3·1운동 당시 파고다공원에서 만세시위를 주도.

김이제(金利濟, 1873~ ?) 평남 강서 / 대동·진주·평양에서 목회 / 대동 3·1운동을 주도.

김점현(金漸鉉, ? ~1919) 평남 강서 / 평신도, 기리교회 장로 / 강서 3·1운동 중 체포되어 고문으로 사망.

김지간(金志侃, 1881~1969) 평남 평원 / 평신도, 독립운동가 / 조선민주당 창당에 참여.

김지환(金智煥, 1892~1972) 평북 정주 / 감리교 전도사, 교육가, 독립운동가 / 3·1운동 민족대표 48인중 1인.

김찬성(金燦星, 1869~ ?) 평남 숙천 / 안주에서 목회 / 안주·만주에서 독립운동에 참여.

김창건(金昌健, 1872~1937) 평북 의주 / 장로교 목사 / 의주에서 목회 / 105인 사건에 연루되어 옥고 치름.

김창욱(金昌郁, 1883~ ?) 평북 강계 / 장로교 목사 / 강계·용천에서 목회 / 강계

3·1운동에 참여.

김태연(金泰淵, ?~1921) 황해도 장연/평신도/독립운동 전개.

김홍서(金弘敍, 1888~1961) 평남 강서/평신도/상해 임시정부 요인으로 활동.

김홍식(金弘植, 1878~1950) 평남 진남포/강서·진남포·평양/감리교 목사/평양 3·1운동을 주도. 6·25 때 피살됨.

김홍일(金弘壹, 1898~1980) 평북 용천/장로교 장로, 군인, 정치인, 독립운동가.

나진강(羅鎭鋼, 1889~1979) 평남 대동/평신도/대동청년단을 조직하여 항일운동 전개.

남천우(南天祐, 1895~1969) 강원도 홍천/감리교 목사, 독립운동가/양구·홍천·만주·원산에서 목회/일제시대에 십자가당 사건으로 투옥됨.

도인권(都寅權, 1880~1969) 평남 용강/감리교 목사/간도·시베리아·제주도에서 목회/상해 임시정부 의정원 부의장 역임.

모학수(毛鶴壽, 1877~1935) 평북 정주/장로교 장로/함흥에서 민족운동 전개.

문치정(文治政, 1880~1914) 함북 종성/평신도, 민족운동가/간도에서 명동서숙 창설에 참여.

박병룡(朴炳龍, 1890~1975) 평남 선천/장로교 목사/평양·대동·선천·인천에서 목회/대동 3·1운동에 참여하고 옥고 치름.

박석훈(朴錫薰, 1888~1919) 평남 강서/감리교 목사/평양에서 목회/평양 3·1운동을 주도하고 체포되어 옥사.

박세건(朴世鍵, 1889~1930) 평북 선천/평신도, YMCA운동가/선천 3·1운동 및 선천경찰서 폭탄투척사건에 연루되어 옥고 치름.

박승일(朴昇壹, 1895~1950) 평남 강서/평신도, 여성독립운동가, 대한애국부인회 평양지회장/6·25 때 공산군에게 피살됨.

박승호(朴承浩, 1866~1922) 평북 선천/장로교 목사/선천에서 목회/선천 3·1운동 및 선천경찰서 폭탄투척사건에 연루되어 옥고 치름.

박원혁(朴元赫, 1893~1943) 함남 덕원/장로교 목사, 함흥영생학교 교목/연통제 사건에 연루되어 옥고 치름.

박인관(朴仁寬, 1893~ ?) 평남 대동/장로교 목사/대동에서 목회/평양 3·1운동에 참여하여 옥고 치름

박종은(朴種恩, 1885~1924) 평남 용강/장로교 조사, 교육가, 독립운동가/대동·진남포에서 목회/상해에서 독립운동을 하던 중 사망.

박찬빈(朴贊斌, 1890~1959) 평북 철산/장로교 장로, 교육가/선천 3·1운동에 참여하여 옥고 치름.

박찬소(?~1919) 평북 창성/장로교 집사/창성 3·1운동을 주도하던 중 시위

현장에서 총을 맞고 사망.

박치간(朴致幹, 1886~1966) 황해도 안악 / 장로교 장로, 독립운동가 / 안악 3·1운동을 주도하고 옥고 치름.

박치은(朴致恩, 1887~1953) 평남 대동 / 여성독립운동가 / 평양 3·1운동에 가담. 군자금모금운동을 벌이다가 옥고 치름.

박치의(朴治毅, 1900~1921) 평북 선천 / 평신도, 독립운동가 / 선천경찰서 폭탄투척사건 주범으로 체포되어 평양에서 처형됨.

박현숙(朴賢淑, 1896~1980) 평양 / 감리교 장로, 여성교육가, YWCA운동가, 국회의원 / 평양 3·1운동 및 애국부인회 사건에 연루되어 옥고 치름.

박희도(朴熙道, 1889~1951) 황해도 해주 / 감리교 전도사, YMCA운동가 / 3·1운동 민족대표 33인 중 1인. 〈동양지광〉 주간.

방주익(方周翼, 1880~ ?) 함남 단천 / 장로교 장로 / '단천자립단', '대한독립군비단원' 사건으로 옥고 치름.

방화중(邦華中, ? ~1939) 평양 / 장로교 전도사, 민족운동가 / 샌프란시스코에서 〈공립신보〉 주필 역임.

백기환(白基煥, 1883~1972) 평양 / 평신도, 독립운동가 / 서로군정서 특파원으로 항일운동 벌이다가 옥고 치름.

백시찬(白時贊, 1873~ ?) 평북 선천 / 장로교 목사 / 선천 3·1운동 및 선천경찰서 폭탄투척사건에 연루되어 옥고 치름.

백이옥(白履玉) 평남 강서 / 장로교 영수, 독립운동가 / 강서 3·1운동을 주도.

백일진(白日鎭, 1883~1921) 평북 의주 / 장로교 전도사 / 105인 사건에 연루되어 옥고 치르고 만주에서 독립운동을 벌이다가 체포되어 옥고 치름.

변인서(邊麟瑞, 1882~ ?) 평양 / 장로교 목사 / 평양·대동·철산에서 목회 / 105인 사건에 연루되어 옥고 치름.

서기풍(徐基豊, 1880~1951) 평남 용강 / 감리교 목사 / 진남포·강서·평양·대동에서 목회 / 105인 사건 및 평양 3·1운동에 연루되어 옥고 치름. 6·25 때 용강에서 피살됨.

서병호(徐丙浩, 1885~1972) 황해도 장연 / 장로교 장로, 독립운동가, 교육가, 상해 임시정부 내무위원, 경신학교 교장 역임.

서영복(徐永福, 1888~ ?) 함북 종성 / 감리교 목사 / 만주·시베리아·임계·묵호·후포에서 목회 / 만주 3·1운동을 주도.

선우혁(鮮于爀, 1879~1949?) 평북 정주 / 평신도, 독립운동가, 교육가 / 105인 사건에 연루되어 옥고 치름. 상해에서 독립운동 전개. 상해에서 공산군에게 납치됨.

선우훈(鮮于燻, 1892~1961) 평북 정주 / 평신도, 독립운동가, 정치인, 조선민주당 최고위원 역임.

손정도(孫貞道, 1882~1931) 평남 강서 / 감리교 목사, 독립운동가, 상해 임시정부 초대부의장 역임 / 진남포·만주·서울에서 목회.

송문정(宋文正, 1898~ ?) 평북 용천 / 장로교 목사 / 의주에서 목회 / 창성 3·1운동을 주도.

송병조(宋秉祚, 1877~1942) 평북 용천 / 장로교 목사, 독립운동가 / 용천·상해에서 목회 / 용천 3·1운동을 주도.

신애균(申愛均, 1899~1987) 함남 북청 / 여성독립운동가, 보신여학교 교사, 애국부인회 간부, 여전도회 전국대회 회장, 이화여대 이사 역임.

심병조(沈秉祚, 1894~ ?) 평북 선천 / 평신도, 독립운동가 / 선천 3·1운동을 주도. 만주에서 독립운동을 전개하다가 옥고 치름.

안 준(安 濬, 1867~1922) 평북 의주 / 장로교 장로, 독립운동가 / 105인 사건에 연루되어 옥고 치름.

안경록(安慶祿, 1882~1945) 평남 진남포 / 감리교 목사 / 평양·영월·진남포·강릉·만주에서 목회 / 105인 사건 및 강릉 3·1운동에 연루되어 옥고 치름.

안경신(安敬信, 1887~ ?) 평남 대동 / 평신도, 여성독립운동가 / 평양 3·1운동, 평남도청 폭탄투척사건에 연루되어 옥고 치름.

안명근(安明根) 황해도 신천 / 천주교인, 독립운동가, 안중근의 종제 / 안악사건에 연루되어 10여년간 복역하다가 출옥후 만주 길림성에서 사망.

안병균(安秉均, 1892~1940) 평북 선천 / 장로교 장로, 독립운동가, 교육가, 선천 YMCA 총무 / 선천 3·1운동 및 선천경찰서 폭탄투척사건으로 옥고 치름.

안병선(安秉善, 1897~1908) 평북 선천 / 장로교 장로, 독립운동가 / 만주에서 독립운동을 전개하다가 옥고 치름. 대아중고등학교 설립.

안상익(安相益, 1900~1921) 평남 강서 / 평신도, 독립운동가 / 강서 3·1운동에 참여한 후 옥중에서 사망.

안승원(安承源, 1872~1941) 평북 철산 / 장로교 목사 / 초산·신의주에서 목회 / 신의주 3·1운동을 주도하고 옥고 치름.

안정석(安貞錫, 1883~ ?) 평양 / 평신도, 여성독립운동가 / 평양 3·1운동, 애국부인회 사건에 연루되어 옥고 치름.

안중근(安重根, 1879~1910) 황해도 해주 / 천주교인, 독립운동가 / 세례명 도마 / 삼흥학교·돈의학교 설립. 이토 히로부미 암살후 처형됨.

안창호(安昌浩, 1878~1938) 평남 강서, 호는 도산(島山) / 독립운동가, 교육가 / 신민회 흥사단 창설. 〈공립신보〉 창간. 샌프란시스코 대한인국민회 창설.

상해 임시정부 조직에 참여. 윤봉길 의사 폭탄투척사건과 수양동우회 사건에 연루되어 투옥됨.

안태국(安泰國, 1874~1920) 평양/평신도, 독립운동가/신민회 창설. 105인 사건으로 옥고 치름.

안태영(安泰英, 1893~ ?) 평북 철산/평신도, 독립운동가/철산 3·1운동을 주도하고 옥고 치름.

양전백(梁甸伯, 1870~1933) 평북 의주, 호는 격헌(格軒)/장로교 최초 목사 7인 중 1인/교육가/명신학교·신성중학교·선천대동고아원 설립. 105인 사건으로 옥고 치름. 3·1운동 민족대표 33인 중 1인으로 옥고 치름.

양준명(梁濬明, 1878~ ?) 평북 선천/평신도, 독립운동가/105인 사건에 연루되어 옥고 치름. 상해로 망명하여 독립운동 전개.

양형식(梁衡植, 1884~ ?) 함북 성진/장로교 장로, 독립운동가/만주에서 독립운동 전개.

오능조(吳能祚, 1889~1929) 평남 중화/장로교 목사/만주에서 목회/만주에서 대한독립청년단을 조직하여 독립운동 전개.

오순애(吳順愛, 1892~1968) 평북 선천/장로교 권사, 교육가, 독립운동가/보성여학교 교사로 3·1운동 1주년기념만세시위를 주도하고 옥고 치름. 서울에서 보성여학교 재건에 공헌.

오신도(吳信道, 1860~1933) 평남 강서/평신도, 여성독립운동가/애국부인회 총재로 활약하다가 옥고 치름.

오현경(吳玄卿, ? ~1951?) 황해도 해주/감리교 목사/해주·서울·연백에서 목회/해주 3·1운동을 주도하고 옥고 치름. 6·25 때 납치됨.

오화영(吳華英, 1879~1950) 황해도 평산/감리교 목사, 조선민족당 당수, 2대 국회의원/3·1운동 민족대표 33인 중 1인/개성·원산·서울에서 목회/6·25 때 납북됨.

옥관빈(玉觀彬, 1891~1934) 평남 대동/평신도, 독립운동가/105인 사건, 연통제 사건에 연루되어 옥고 치름. 상해에서 대한교육회 조직.

옥성빈(玉成彬, 1886~1935) 평양/평신도, 독립운동가/105인 사건, 대한적십자 사건으로 옥고 치름.

유두환(劉斗煥, 1877~1967) 감리교 목사, 독립운동가/신창·운산에서 목회/신창읍 3·1운동 주도. 만주에서 독립군 활동.

유여대(劉如大, 1878~1937) 평북 의주/장로교 목사/3·1운동 민족대표 33인 중 1인/의주에서 목회.

유자훈(劉子勳, 1901~ ?) 함남 이원/감리교 전도사, 독립운동가/시베리아·

홍천·만주에서 목회 / 홍천 십자가당 사건으로 옥고 치름.

유택보(兪宅寶, 1888~ ?) 평남 대동 / 감리교 여전도사 / 평양에서 목회 / 독립운동자금 모금운동을 벌이다가 옥고 치름.

윤동주(尹東柱, 1917~1945) 북간도 명동촌 / 시인, 독립운동가 / 광명중, 연희전문 문과, 일본 유학후 귀국길에 오르기 직전에 사상범으로 체포되어 옥사함. 유고시집 〈하늘과 바람과 별과 시〉 출간.

윤문옥(尹文玉, 1862~1937) 장로교 목사 / 황해도 재령 북률에서 목회 / 북률면 3·1운동을 주도하고 옥고 치름.

윤원삼(尹原三, 1885~ ?) 평양 / 장로교 장로, 독립운동가 / 평양 3·1운동을 주도. 상해 임시정부 교통위원 역임.

윤하영(尹河英, 1889~1956) 평북 의주 / 독립운동가 / 용천·신의주에서 목회 / 기독교사회민주당 창당. 충북도지사 역임.

윤형도(尹亨道, ? ~1919) 평남 대동 / 평신도, 독립운동가 / 강서 3·1운동 주도. 만세시위 도중 일본 헌병에게 피살됨.

윤화락(尹和洛, 1888~1961) 함남 정평 / 장로교 장로, 독립운동가 / 정평 3·1운동을 주도하고 옥고 치름.

윤화수(尹和洙, 1884~1951) 함남 정평 / 평신도, 독립운동가 / 정평 3·1운동을 주도. 간도에서 〈간도신보〉 발행. 6·25 때 정평에서 공산군에게 피살됨.

이 강(李 剛, 1878~1964) 평남 용강 / 평신도, 독립운동가 / 〈공립신보〉〈대동공보〉 편집 발행. 강우규 사건에 연루되어 옥고 치름.

이가순(李可順, 1866~ ?) 함남 원산 / 평신도, 여성독립운동가 / 원산 3·1운동을 주도하고 옥고 치름.

이근진(李根鎭, 1875~1920) 평북 선천 / 독립운동가 / 간도에서 한족공의회, 의용단을 조직함.

이기락(李基洛, ? ~1920) 평북 위원 / 장로교 영수, 독립운동가 / 위원 3·1운동을 주도하고 체포되어 옥사함.

이대위(李大偉, 1896~1982) 평북 용천 / 장로교 목사 / 수양동우회 사건으로 옥고 치름. 건국대학교 부총장, 흥사단 이사장 역임.

이덕환(李德煥, 1876~ ?) 평양 / 장로교 장로, 실업인, 독립운동가 / 평양 3·1운동을 주도하고 옥고 치름.

이동휘(李東輝, 1873~1935) 함남 단천 / 평신도, 독립운동가 / 서북학회 신민회 창설에 참여. 상해 임시정부 국무총리 역임.

이명룡(李明龍, 1873~1956) 평북 철산 / 장로교 장로 / 3·1운동 민족대표 33인 중 1인. 105인 사건과 3·1운동에 연루되어 옥고 치름. 평동중학교 설립. 조선민주당 최고고문 역임.

이봉우(李鳳雨, 1873~1921)　부산 / 평신도, 독립운동가 / 만주·간도에서 독립운동 전개. 대한국민회 창설에 참여.

이순기(李舜基, 1890~1948)　함남 함주 / 장로교 장로, YMCA 운동가, 민족운동가, 함흥 YMCA 총무 역임 / 함흥 3·1운동을 주도하고 옥고 치름.

이승길(李承吉, 1887~1965)　황해도 황주 / 장로교 목사 / 장연·겸이포·옹진·연백에서 목회 / 안명근 사건에 연루되어 옥고 치름.

이승만(李承晩, 1875~1965)　황해도 평산 / 호는 우남(雩南) / 감리교 장로, 정치가, 상해 임시정부 국무총리, 대한민국 초대 대통령 / 협성회 활동. 만민공동회 조직. 4·19의거로 하야한 뒤 하와이로 망명.

이승무(李昇茂, 1895~1944)　평남 순천 / 평신도, 독립운동가 / 순천 3·1운동을 주도하고 옥고 치름.

이승훈(李昇薰, 1864~1930)　평북 정주, 호는 남강(南岡) / 장로교 장로, 교육가, 독립운동가 / 오산학교·평양 자기회사 설립. 105인 사건에 연루되어 옥고 치름. 3·1운동 민족대표 33인 중 1인. 〈동아일보〉 사장 역임.

이신애(李信愛, 1891~ ?)　평북 구성 / 평신도, 여성독립운동가 / 강우규 사건에 연루되어 옥고 치름. 대동단 단원으로 독립운동 전개.

이아주(李娥珠, 1899~1968)　평북 강계 / 평신도, 여성독립운동가 / 3·1운동 때 서울에서 만세시위에 참여하고 옥고 치름.

이애라(李愛羅, 1894~1919)　서울 / 평신도, 여성독립운동가, 이규갑의 부인 / 만주·간도에서 독립운동을 전개하다가 웅기에서 일본 헌병에게 피살됨.

이연희(李衍熙, 1887~1963)　평남 강서 / 장로교 장로, 독립운동가 / 강서 3·1운동을 주도하고 옥고 치름.

이용린(李用麟, 1880~ ?)　평남 평원 / 장로교 목사 / 평남에서 목회 / 평양 3·1운동에 가담하고 옥고 치름.

이용정(李容政, 1884~1966)　함남 함주 / 감리교 목사, 독립운동가 / 시베리아·북간도·강화에서 목회 / 간도·시베리아에서 독립군 양성사업 전개.

이원익(李元益, 1884~1963)　평북 선천 / 장로교 목사, 독립운동가 / 선천·영주·삼척에서 목회 / 의주 3·1운동을 주도. 상해 임시정부 상무위원 역임.

이유필(李裕弼, 1885~1945)　평북 의주 / 평신도, 독립운동가, 교육가 / 105인 사건에 연루되어 유배당함. 상해 임시정부 법무총장 역임.

이일영(李一永, 1874~1968)　평양 / 장로교 목사 / 평양에서 목회 / 평양 3·1운동에 가담하고 옥고 치름.

이재명(李在明, 1888~1910)　평북 선천 / 평신도, 독립운동가 / 이완용 암살미수사건의 주범으로 사형당함.

이정숙(李貞淑, 1899~ ?) 함남 북청/평신도, 여성독립운동가/혈성애국부인회 및 대한민국애국부인회 창설로 옥고 치름.

이지양(李枝陽, 1885~1965) 황해도 은율/장로교 목사/은율 3·1운동을 주도하고 옥고 치름.

이창록(李昌祿, 1875~ ?) 평북 의주/장로교 장로/중원학교 설립. 상해 임시정부 국내 연락책으로 활약하다 옥고 치름.

이창석(李昌錫, 1895~1939) 평북 선천/장로교 장로, 사회사업가/명신학교·신성학교 설립에 참여. 창신양로원 설립. 105인 사건에 연루되어 옥고 치름.

이창실(李昌實, 1890~1949?) 황해도 송화/장로교 목사, 독립운동가/은율 3·1운동을 주도. 상해 임시정부 파견을 받아 무력항일운동을 벌이다 옥고 치름. 해방후 공산당에게 납치되어 행방불명.

이춘섭(李春燮, 1878~ ?) 평양/장로교 장로/105인 사건으로 옥고 치름.

이태준(李泰俊, 1893~1972) 평남 평원/장로교 목사, 교육가, 은진중학교 교사/간도·서울에서 목회/간도 3·1운동 주도.

이헌교(李憲敎, 1882~ ?) 평남 강서/장로교 목사/강서에서 목회/강서 3·1운동을 주도하고 옥고 치름.

이혜경(李惠卿, 1890~1968) 황해도 해주/평신도, 여성독립운동가, 마르다윌슨신학교 교수/애국부인회 사건으로 옥고 치름.

이효덕(李孝德, 1895~1978) 평남 용강/감리교 여전도사, YMCA 운동가/중화 3·1운동에 참여하고 옥고 치름. 전주 YMCA 창설.

임이걸(林利杰, 1888~1951) 평남 대동/평신도, 독립운동가/강서 3·1운동을 주도하고 옥고치름.

임준철(林俊哲, 1879~1944) 평북 박천/장로교 목사/삭주·만주·봉천·철산·박천·용천에서 목회/삭주 3·1운동을 주도하고 옥고 치름.

장관선(張寬善, 1866~1937) 평북 철산/장로교 목사, 독립운동가/철산·만주에서 목회/105인 사건으로 옥고 치름. 철산 3·1운동 주도. 만주로 망명하여 독립운동 지원.

장덕로(張德櫓, 1883~1950?) 평북 의주/장로교 목사, 독립운동가/신의주·상해·서울에서 목회/상해에서 흥사단 운동을 주도. 6·25 때 납치되어 행방불명.

장선희(張善禧, 1894~1970) 평양/평신도, 여성독립운동가, 정신여학교 교사/장선희조화연구소 설립. 대한애국부인회 사건으로 옥고 치름.

장이욱(張利郁, 1896~1983) 평남 강서/장로교 장로, 교육가, 독립운동가, 신성중학교 교장. 선천북교회 장로. 평양자동차공업주식회사 사장. 서울대학교 총장. 흥사단 이사장 / 숭실중학교 졸업후 미국 유학.

장익부(張益富, 1891~1938) 평북 철산 / 장로교 장로, 독립운동가 / 숭의단 부단장으로 독립운동을 전개하다가 체포되어 옥고 치름.

장인환(張仁煥, 1875~1930) 평남 대동 / 독립운동가 / 미국으로 이민. 샌프란시스코에서 스티븐스 저격.

장일현(張日炫, 1896~ ?) 평북 용천 / 평신도, 독립운동가 / 선천 3·1운동에 가담하여 옥고 치름.

장죽섭(張竹燮, 1888~1975) 평북 용천 / 감리교 목사, 독립운동가 / 시베리아·만주·북경에서 목회 / 백일세 사건으로 옥고 치름.

장준하(張俊河, 1915~1975) 평북 의주 / 평신도, 민족운동가, 사상가 / 만주에서 광복군 활동. 〈사상계〉 발행.

전영기(田永基, 1883~1967) 평북 삭주 / 장로교 장로 / 삭주 3·1운동에 참여.

전희철(田熙哲, 1894~1983) 독립운동가, 교육가 / 인천·해주·대전·서울에서 목회 / 해주결핵요양원 원장, 기감 전도국 총무, 대전신학대학장 역임.

정명채(鄭明采, 1893~ ?) 평북 선천 / 장로교 목사, 독립운동가 / 의주·강동·평양에서 목회 / 의주 3·1운동을 주도하고 옥고 치름.

정인과(鄭仁果, 1888~1972) 평남 순천 / 장로교 목사, 상해 임시정부 외무부 차장, 장로회총회 종교교육부 총무.

정재면(鄭載冕, 1884~1964) 평남 순천 / 장로교 목사, 독립운동가 / 북간도·함흥·원산에서 목회 / 신민회 회원. 간도 3·1운동 주도. 은진중학교 교감. 조선어학회 사건으로 옥고 치름.

정찬성(鄭燦聖, 1886~1950?) 평북 박천 / 장로교 여전도사, 독립운동가 / 순천에서 목회 / 향촌회 군자금 모금운동을 벌이다가 옥고 치름. 6·25 때 행방불명됨.

정택현(鄭澤鉉, 1891~ ?) 황해도 은율 / 장로교 목사 / 은율·봉산·재령·선천에서 목회 / 안악 사건으로 유배형을 받음.

조덕찬(趙德燦, 1868~ ?) 평북 정주 / 장로교 목사 / 북만주·용천에서 목회 / 105인 사건으로 옥고 치름.

조만식(趙晩植, 1883~1950) 평남 평양, 호는 고당(古堂) / 장로교 장로, 민족운동가, 교육가, 오산학교 교장, 평양 YMCA 총무, 조선물산장려회 회장 / 조선민립대학기성회 조직. 조선일보 사장. 6·25 때 공산군에 피살됨.

조상섭(趙尙燮, 1884~ ?) 평북 의주 / 장로교 목사, 독립운동가 / 의주·상해에서 목회 / 상해 임시정부 학무국 차장. 한국노병회·상해 한독당 창설.

부록 2 북한교회 인물 633

조신성(趙信聖, 1867~1953)   평북 의주/평신도, 여성교육가, 독립운동가/평양 진명학교 설립. 신민회·대한독립청년연합회·근우회 창설에 참여. 민주당 고문.

조유승(趙有承, 1883~ ?)   평북 의주/장로교 목사, 독립운동가/의주·만주에서 목회/독립운동을 벌이다가 옥고 치름.

조진탁(趙振鐸, 1867~1922)   평남 강서/장로교 장로, 독립운동가/강서 3·1운동을 주도. 독립운동자금 모금운동을 벌이다가 체포되어 평양에서 사형당함.

조형균(趙衡均, 1873~ ?)   평북 정주/장로교 장로, 독립운동가/서울에서 3·1운동에 참여하고 옥고 치름.

주기원(周基元, 1883~1955)   평양/감리교 목사/평양 3·1운동을 주도하고 옥고 치름.

주시경(周時經, 1876~1914)   황해도 봉산/평신도, 한글학자, 상동청년학원 교사/조선어강습원 설립. 조선어학회 사건으로 옥고 치름.

주하룡(朱夏龍, 1885~ ?)   평북 자성/장로교 목사/위원·강계·중강진에서 목회/강계 3·1운동을 주도하다 옥고 치름.

주현측(朱賢則, 1883~ ?)   평북 선천/장로교 장로, 의사, 독립운동가/인제병원 설립. 선천 YMCA 총무 역임. 수양동우회 사건으로 옥고 치름.

차경신(車敬信, 1892~1978)   평북 선천/장로교 권사, 여성독립운동가, 교육가, 진성여학교 교사/상해·LA에서 독립운동 전개.

차병수(車炳修, 1873~1928)   평남 용강/평신도, 독립운동가/군자금 모금운동을 벌이다 옥고 치름.

차이석(車利錫, 1881~1945)   평남 강동/평신도, 독립운동가, 교육가, 상해 임시정부 의정원 국무위원.

채혜수(蔡惠洙, 1896~1978)   평남 평양/감리교 장로, 여성독립운동가/평양 3·1운동을 주도하고 옥고 치름. 전영택 목사의 부인.

최광옥(崔光玉, 1880~1912)   평북/평신도, 국어학자, 독립운동가/해서교육총회 조직. 대성학교 교장 역임. 안명근 사건, 105인 사건으로 옥고 치름.

최광혜(崔光惠, 1874~ ?)   평북/장로교 장로, 독립운동가/강계 3·1운동을 주도하고 옥고 치름.

최능찬(崔能贊, 1881~1932)   평남 강서/평신도, 독립운동가/강서 3·1운동을 주도하고 옥고 치름

최능현(崔能賢, 1887~1933)   평남 강서/장로교 장로, 독립운동가/강서 3·1운동을 주도하고 중국에 망명하여 독립운동 전개.

최명식(崔明植, 1880~1961)   황해도 재령/평신도, 독립운동가/신민회에 가입.

안명근 사건으로 옥고 치름. 민주국민당 중앙위원 역임.

최명흠(崔明欽, ?~1919) 평남 강서/장로교 집사, 독립운동가/강서 3·1운동을 주도하고 옥사.

최성득(崔聖得, 1876~1951) 평북 정주/장로교 장로, 독립운동가/정주 3·1운동을 주도하고 옥고 치름.

최성주(崔聖柱, 1878~1953) 평북 정주/장로교 목사/만주·숭주에서 목회/105인 사건에 연루되어 옥고 치름.

최영반(崔靈盤, 1878~ ?) 장로교 여전도사, 독립운동가/평남 강서에서 대한독립여자청년단 조직하여 독립자금을 모음.

최은희(崔恩喜, 1904~1984) 황해도 배천/여성독립운동가, 언론인/3·1운동을 주도하여 옥고 치름. 〈조선일보〉 기자. 근우회 창설.

최일명(崔日明, 1895~1976) 평양/장로교 장로, 독립운동가/평양 폭탄사건으로 옥고 치름.

최혁주(崔赫宙, 1905~1977) 평북 선천/장로교 목사, 독립운동가/만주에서 혁명동지회 회원으로 활약/만주·서울에서 목회/육군준장.

최현식(崔賢植, ?~1923) 황해도/장로교 목사, 독립운동가/문화에서 목회/문화 3·1운동을 주도하고 옥고 치름.

탁창국(卓昌國, ?~1919) 평북 강계/평신도, 교육가, 독립운동가/강계 3·1운동을 주도하고 체포되어 태형을 맞고 사망.

한봉민(韓奉珉, 1894~ ?) 평북 강계/장로교 장로, 독립운동가/강계 3·1운동을 주도하고 옥고 치름.

한상칠(韓相七, 1896~1921) 황해도 은율/평신도, 독립운동가/은율 3·1운동을 주도. 국민회 간사로 활약하다가 체포되어 옥고 치름.

한영신(韓永信, 1887~1969) 인천/감리교 권사, 여성독립운동가/평양 3·1운동을 주도하고 애국부인회 사건에 연루되어 옥고 치름.

한예건(韓禮健, 1880~ ?) 평남 강서/감리교 목사/강서·황주·진남포·용강에서 목회/강서 3·1운동을 주도하고 옥고 치름.

한진석(韓鎭錫, ?~1920) 평북 정주/평신도, 독립운동가/정주 신안학교 교장. 만주에서 한족회 총관으로 활약하다가 일본군에게 피살됨.

함석은(咸錫殷, 1890~1928) 평북 용천/평신도, 교육가, 독립운동가/평양 3·1운동 주도. 만주에서 독립운동을 주도하여 옥고 치름.

함일형(咸一亨, 1861~1932?) 평북 용천/장로교 영수, 교육가, 민족운동가/덕일학교 설립. 연통제 용천군감 역임.

함태영(咸台永, 1873~1964) 함북 무산/장로교 목사, 독립운동가, 정치인/3·1

운동을 주도하고 옥고 치름. 장로교 총회장, 조선신학원 이사장, 한신대 학장, 심계원장, 부통령 역임.

허성묵(許聖默, 1891~1931) 황해도 장연/장로교 전도사, 독립운동가/만주에서 독립운동을 하다 체포되어 옥고 치름.

허응숙(許應淑, 1889~1980) 황해도 장연/장로교 목사/장연·용정·송화·대동·안악에서 목회/안악 3·1운동을 주도하고 옥고 치름.

홍석찬(洪錫燦, 1888~1970) 평남 강서/감리교 장로, 독립운동가/강서 3·1운동을 주도.

홍성익(洪盛益, 1883~1920) 평북 정주/장로교 장로/105인 사건 및 선천 3·1운동을 주도하고 옥중에서 사망.

홍성환(洪性煥, 1885~ ?) 황해도 연백/감리교 목사, 독립운동가/연백 3·1운동을 주도하고 옥고 치름.

홍순관(洪淳寬, 1881~1959) 황해도 금천/감리교 목사, 독립운동가/개성·이천·홍천·서울에서 목회/장단 3·1운동을 주도하고 옥고 치름.

황신덕(黃信德, 1898~1983) 평남 평양/평신도, 여성독립운동가, 교육가/2·8독립선언에 참가. 근우회 창설. 추계학원 설립.

황애덕(黃愛德, 1892~1971) 평남 평양/평신도, 여성독립운동가/3·1운동에 가담하여 옥고 치름. 송죽학원 설립.

황원후(黃元厚, 1897~1920) 평북 용천/평신도, 독립운동가/만주에서 의용단 단장으로 활약하다가 일본군에게 피살됨.

황하운(黃夏雲, 1891~ ?) 함남 북청/장로교 목사, 독립운동가/장진·제천·서울에서 목회/북청 3·1운동을 주도하고 옥고 치름.

* 교육가

강기일(姜基一, 1893~1956) 평북 곽산/평신도, 여성교육가, 보성여학교 교사.

계병호(桂炳鎬, 1896~1979) 평북 선천/장로교 장로, YMCA 운동가, 보성여중고·영락중·상고 교장.

고한규(高漢奎, 1880~1962) 평양/장로/숭실대학 재건에 공헌.

곽재근(郭載根, 1893~1970) 평남 강서/하느님의교회 목사/한양신학교 설립.

길진형(吉鎭亨, 1891~1917) 평양/평신도, 교육가/105인 사건에 연루되어 투옥됨.

김건호(金鍵昊, 1893~1959) 평남 대동/장로교 목사/평양·서울에서 목회/피어선성경학원 학감.

김능근(金能根, 1904~1972) 함남 홍원 / 장로교 장로, 숭실대 교수.
김득수(金得洙, 1884~1963) 평양 / 감리교 장로, 광성학교 교장.
김성찬(金聖贊, 1890~1977) 평북 용천 / 장로교 장로, 숭실·대광고교 교사.
김성호(金成鎬, 1892~1974) 평양 / 평신도, 교육가 / 이화여전·배재·신성학교에서 봉직.
김유연(金有淵, 1901~1950?) 황해도 옹진 / 성결교 목사 / 서울·안성·신의주에서 목회 / 경성신학교 교수. 6·25 때 행방불명됨.
김준옥(金俊玉, 1893~ ?) 경기도 개성 / 감리교 목사, 송도중학교 교장.
김창화(金昌化, 1916~1950) 평북 의주 / 평신도 / 의주·서울에서 교편 잡음. 6·25 때 피살됨.
김취성(金聚成, 1895~1977) 평양 / 장로교 장로, 숭덕학교·숭실고교 교장.
김함라(金涵羅, 1887~ ?) 황해도 장연 / 평신도, 여성교육가 / 남궁혁 박사의 부인.
김항복(金恒福, 1900~1970) 평남 / 장로교 장로, 실업인, 교육가, 숭실전문학교 교수, 숭인상업고등학교 교장, 대한메리야스 사장.
김형남(金瀅南, 1905~1978) 평남 강서 / 평신도, 실업인, 교육가, 전남방직·일신방직 회장, 숭전대학교 총장.
독고선(獨孤璇, 1899~1971) 평북 선천 / 평신도, 교육가, 음악가 / 중앙보육학교·이화여전에서 강의.
문이호(文履浩, 1901~1974) 평북 용천 / 성결교 목사 / 신의주·김천·서울에서 목회 / 서울신학교 교수.
박영일(朴永一, 1881~1911) 평남 증산 / 장로교 전도사 / 동경한인교회 설립에 참여. 숭실학교 교감.
박인덕(朴仁德, 1896~1980) 평남 진남포 / 평신도, 여성교육가 / 인덕실업학교 설립.
서창균(徐昌均, 1895~1976) 평남 대동 / 평신도, 교육가, YMCA 운동가 / 영생고보·배재고보·이화여대에서 강의.
서창제(徐昌濟, 1889~1971) 함북 명천 / 천주교인, 국어학자, 보신·동흥중학교 교사, 관북대·한양대·서울대·가톨릭대 교수 역임.
오윤선(吳胤善, 1878~1950) 평남 대동 / 장로교 장로 / 숭인상업학교 설립. 백선행기념사업을 주도.
왕재덕(王在德, 1858~1932) 황해도 신천 / 평신도 / 신천농민학교 설립.
우호익(禹浩翊, 1897~1983) 평남 강서 / 장로교 장로 / 숭실대학 부학장 역임.
이덕요(李德堯, 1881~1941) 평남 대동 / 장로교 장로 / 대동군에서 신흥학교 설립.

이매리(1903~1983) 황해도 평산 / 평신도, 정치인, 이화여대 교수, 국회의원 역임.

이호운(李浩雲, 1911~1969) 평남 강동 / 감리교 목사 / 평양·서울·시카고에서 목회 / 감리교 신학대학 교수, 찬송가 편찬위원 역임.

임종호(林鍾鎬, 1890~1971) 블라디보스토크 / 장로교 여전도사 / 부산·서울에서 목회 / 평양여자신학교 교장.

임택권(林澤權, 1885~ ?) 황해도 안악 / 장로교 목사 / 재령·신천에서 목회 / 명신중학교 교장, 장로회 증경총회장.

장규섭(張奎燮, 1884~1944) 황해도 장연 / 천주교인, 독립운동가 / 장연군 낙홍학교 교장, 장연본당 회장, 〈조선일보〉 등의 일간지 지국장.

장기원(張基元, 1903~1966) 평북 용천 / 평신도, 수학자, 이화여전·연세대학교 교수.

장애경(張愛敬, 1896~1969) 평북 의주 / 장로교 장로, 일신학교·정선중학교·영동중학교 교장 역임.

전경준(田敬俊, 1894~ ?) 평남 강동 / 평신도, 덕수국민학교·삼광국민학교·매동국민학교 교장 역임.

전영택(田榮澤, 1894~1968) 평남 평양, 호는 늘봄·추호(秋湖)·불수레 / 감리교 목사, 소설가 / 문예지 〈창조〉 동인으로 활동. 2·8독립선언에 참가. 〈새사람〉 창간. 평양의전·감리교신학교 교수. 국립맹아학교 교장.

정상인(鄭尙仁, 1894~ ?) 평북 철산 / 장로교 목사 / 선천·만주·용천에서 목회 / 만주신학원장 역임.

정일형(鄭一亨, 1904~1982) 평남 진남포 / 감리교 목사, 정치인, 감리교신학교 교수, 국회의원, 신민당 부총재.

주요섭(朱耀燮, 1902~1972) 평양 / 평신도, 교육가, 문인, 〈신동아〉 주간 역임.

진석오(陳錫五, 1891~1973) 함남 정평 / 장로교 장로, 교육가, 경신중고등학교 교장 역임.

차광석(車光石, 1897~1976) 평양 / 침례교 목사, 교육가 / 장로교 목사로 단천·웅기·서울에서, 침례교 목사로 서울에서 목회 / 숙명여대 교수 역임.

차희선(車熙善, 1890~1972) 평북 선천 / 장로교 장로, 독립운동가, 교육가 / 105인 사건에 연루되어 옥고 치름. 숭신학교 교장 역임.

최득원(崔得元, 1912~1941) 평신도, 교육가, 신성중학교 교장 역임.

최윤호(崔尹鎬, 1879~1943) 평남 평원 / 평신도, 교육가, 숭전대 교수 / 수양동우회 사건에 연루되어 옥고 치름.

하란사(河蘭史, 1875~1919) 평남 평양/평신도, 여성교육가/이화학당 교사/여성개화운동 주도.
한치관(韓稚觀, 1890~1929) 평남 용강/평신도, 과학자, 교육가/연희전문학교 교수
한치진(韓稚振, 1892~1950?) 평남 용강/평신도, 철학자, 교육가/감리교신학교 교수/6·25 때 공산군에 납치됨.
허 간(許 侃, 1885~1972) 황해도 장연/장로교 목사, 교육가/강동·태탄·장연·백령도에서 목회/백령자육원 설립.
현원국(玄垣國, 1889~1937) 함남 함주/장로교 목사, 교육가/길주·함흥에서 목회/영생고등학교 교목.
황성택(黃聖澤, 1902~1979) 함남 이원/성결교 목사, 교육가/신의주·서울·부산에서 목회/예성 증경총회장. 성결교신학교 총장.

* 평신도

강수악(姜壽岳, 1907~1973) 함북 회령/언론인/〈기독시보〉〈교회연합신보〉 창간.
계정식(桂貞植, 1903~1974) 평양/음악인/이화여전에서 강의.
고명우(高明宇, 1883~1950?) 황해도 장연/장로교 장로, 의사/6·25 때 납북됨.
고응진(高應振, 1916~1986) 황해도/장로교 장로, 동산교회 장로/제일제침 대표이사.
김계안(金桂顔, 1860?~1929) 함북 성진/장로교 장로/승려 출신으로 기독교인이 된 후 길주·명천·북간도 등지에서 전도.
김동인(金東仁, 1900~1951) 평양/평신도, 문학가.
김명선(金鳴善, 1897~1982) 황해도 장연/장로교 장로, 의사, 교육가, 예술원 회원.
김병수(金炳洙, 1858~1934) 함남 단천/장로교 장로, 교육가, 실업가, 독립운동가.
김성찬(金聖贊, 1934~1950) 함남 원산/해방후 학생 신분으로 반공운동에 투신. 6·25 때 피살됨.
김응락(金應洛, 1906~1950) 평북 의주/장로교 장로, 신의주제일교회·영락교회 장로/6·25 때 피살됨.
김정식(金貞植, 1862~1937) 황해도 해주/YMCA 운동가.
김준성(金俊星, 1898~1978) 함남 단천/교육가, YMCA 운동가.

김희렴(金熙濂, 1901~1950?) 함남 단천 / 평신도, 음악가 / 6·25 때 납치됨.
노천명(盧天命, 1912~1957) 황해도 / 천주교인, 여류문필가, 〈매일신보〉·〈서울신문〉 기자 역임.
마해송(馬海松, 1905~1966) 경기도 개성 / 천주교인, 아동문학가, 수필가 / 연극을 통해 민족의식을 고취함. 국방부 한국문화연구소 소장.
손원일(孫元一, 1909~1980) 평남 강서 / 감리교 장로, 정치인 / 초대 해군참모총장, 국방부 장관 역임. 한국해군 창설지.
안익태(安益泰, 1905~1965) 평양 / 천주교인, 작곡가, 지휘자, 마드리드 마요르카 교향악단 상임지휘자 / 1937년에 애국가 작곡.
오문환(吳文煥, 1903~1962) 장로교 장로, 교육가, 실업인 / 로스목사기념전도회 창설. 〈장로회보〉〈경성일보〉〈기독공보〉 등 발행.
오신혜(吳信惠, 1913~1978) 함남 단천 / 평신도, 시인.
오인명(吳仁明, 1893~1976) 황해도 해주 / 장로교 장로 / 기문사 설립.
오정모(吳貞模, 1903~1947) 평남 강서 / 장로교 집사, 주기철 목사의 부인.
오중락(吳中洛, 1897~1979) 평남 강서 / 장로교 장로, 법조인, 진남포 시장 역임.
원이길(元利吉, 1909~1976) 평북 구성 / 의료인, 세브란스병원 간호원장 / 송죽원 설립.
유계준(劉啓俊, 1879~1950) 평남 안주 / 장로교 장로 / 6·25 때 피살됨.
유일한(柳一翰, 1895~1971) 평양 / 기업인 / 유한양행·유한중학교 설립.
윤용하(尹龍河, 1922~1974) 황해도 은율 / 천주교인, 작곡가, 조선인합창단 단장 역임.
이동훈(李東勳, 1922~1974) 평북 용천 / 평신도, 음악가 / 새한교향악단 창설.
이범선(李範宣, 1920~1982) 평남 신안주 / 평신도, 소설가, 한국외국어대학교·한양대학교 교수 역임.
이병학(李炳學, 1898~1963) 평양 / 평신도, 체육인 / 중앙체육연구소 창설. 대한체육회 부회장 역임.
이인범(李仁範, 1914~1973) 평북 용천 / 평신도, 음악가, 교육가, 연세대학교 음악대학장 역임.
이창희(李昌熙, ?~1925) 동아기독교 전도인 / 만주에서 전도하던 중 독립군에게 피살됨.
이필빈(李弼斌, ?~1950?) 함남 북청 / 장로교 장로, 법조인 / 6·25 때 납치되어 행방불명됨.
이효정(李孝貞, 1897~1965) 함남 영홍 / 평신도, 여성의료인, 마산결핵병원 간호장.

임뵈뵈(1854~ ?) 함남 함흥 / 장로교 여전도사 / 간도 용정에서 평생전도회 조직하여 전도에 전념.

장정심(張貞心, 1898~ ?) 경기도 개성 / 여류시인, 여성운동가.

전삼덕(全三德, 1843~1932) 평남 강서 / 여전도인 / 숭덕학교 설립.

전택보(全澤珤, 1901~1980) 함남 문천 / 실업인 / 천우사 창설. 대한상공회의소 회장, 한국경제협의회 부회장 역임.

주요한(朱耀翰, 1900~1979) 평양 / 평신도, 문인, 언론인, 정치인 / 〈동광〉 편집. 〈새벽〉 창간. 〈대한일보〉 사장. 상공부장관 역임.

최인화(崔仁化, 1910~1943) 평양 / 장로교 장로, 동화작가 / 〈삼천리〉 〈동화〉 편집.

허봉락(許奉洛, 1900~1983) 평북 정주 / 장로교 장로, 실업인, 일신방직 이사장 / 〈장로회보〉 창간.

* 사회운동가

김병찬(金炳贊, 1889~1950) 평양 / 장로교 장로, 사회사업가 / 경성보육원 설립.

김치묵(金致默, 1910~1979) 평북 용천 / 장로교 목사, YMCA 운동가 / 북경에서 목회 / 대한 YMCA 부총무 역임.

김필례(金弼禮, 1891~1983) 황해도 소래 / 장로교 권사, YWCA 운동가, 여성운동가, 수피아여고 교장, 정신여중고 교장 역임.

김필순(金弼淳, 1880~1922?) 황해도 장연 / 평신도, 독립운동가, 의사, YMCA 운동가.

김희선(金熙善, 1904~1983) 평북 의주 / 평양·서울 / 평양 자생원·부산 한나모자원·서울 순혜원 원장 역임.

모학복(毛鶴福, 1888~1973) 평북 정주 / 장로교 장로, 의사 / YMCA 운동 전개. 함흥에서 함제의원 개설.

문택수(文宅洙, 1899~1977) 함남 흥남 / 장로교 장로 / 양로원 설립.

박학전(朴鶴田, 1905~1972) 평남 안주 / 장로교 목사, 농촌운동가 / 농우회 사건으로 옥고 치름. 인천시장 역임.

방애인(方愛仁, 1909~1933) 황해도 황주 / 평신도, 여성교육가, 사회사업가.

백남훈(白南薰, 1885~1967) 황해도 장연 / 평신도, YMCA 운동가, 동경조선 YMCA 총무, 민주당 최고위원 역임.

백선행(白善行, 1848~1933) 평양 / 평신도, 사회사업가.

안인애(安仁愛, 1893~1969) 황해도 장연 / 평신도, 사회사업가 / 인천양로원 설립.

양매륜(梁邁倫, 1888~1980) 평남 / 감리교 장로, YMCA 운동가 / 양주삼 목사의 부인.

여병현(呂炳鉉, 1867~ ?) 황해도 / 평신도, YMCA 운동가 / 황성기독교청년회 창설자의 한사람.

이영춘(李永春, 1903~1980) 평남 용강 / 평신도, 의료인, 교육가, 사회사업가 / 시그레이브기념 개정병원 설립.

이찬영(李讚永, 1870~ ?) 황해도 해주 / 사회사업가 / 광선중학교 설립.

이창호(李昌浩, 1896~1952) 평북 용천 / 장로교 목사, 사회사업가 / 평양·제주도에서 목회 / 맹인학교 교사.

정순석(鄭淳石, 1922~1981) 평북 용천 / 성결교 목사, 사회사업가 / 서산에서 목회 / 나병환자 정착촌 영락원 설립.

정찬유(鄭讚裕, 1881~1944) 황해도 재령 / 장로교 장로, 실업인, 사회사업가.

조민형(趙敏衡, ? ~1950?) 함남 북청 / 평신도, 농촌운동가 / 김포농장 설립. 백천군수 역임. 6·25 때 장성에서 공산군에 피살됨.

조상옥(趙尙玉, 1884~1927) 평북 의주 / 감리교 목사 / 〈신학세계〉〈기독신보〉 주필.

차형은(車亨恩, 1897~1945) 함남 원산 / 장로교 장로, 의사, YMCA 운동가 / 원산 구세병원·중앙병원·고려병원·반도병원 설립. 원산 YMCA 창설에 참여.

최용신(崔容信, 1909~1935) 함남 덕원 / 감리교 전도사, 여성농촌운동가 / 원산 루씨여학교 졸업. 협성여자신학교 중퇴. 황해도 수안·경기도 수원 샘골에서 농촌운동 전개.

황광은(黃光恩, 1923~1970) 평북 용천 / 장로교 목사, 문학가, 사회사업가 / 삼동 서년촌 창설.

□ 부록 3

북한교회사 연표

1682년 천주교인 이득보, 황해도와 평안도에서 전교
1683년 베르뇌 주교, 황해도에서 전교
1832년 2월 27일 귀츨라프, 로드 앰허스트호를 타고 황해도 장산곶 부근 백령도에 도착
1865년 9월 런던선교회 윌리암슨, 제1차 한국방문
      9월 13일 토마스, 황해도 옹진군 창린도 해안 자라리에 도착
1866년 9월 5일 개신교 선교사 토마스, 제너럴 셔먼호 사건으로 대동강가에서 평양군민에게 타살
1867년 10월 스코틀랜드성서공회 윌리암슨, 고려문 전도 시작
1874년 천주교인 최지혁, 산동에서 귀국. 개신교 선교사 로스, 고려문에서 한국인들과 접촉. 이응찬, 로스의 어학선생이 되어 우장으로 동행
1877년 9월 리델 주교, 장연에서 최지혁을 만나 두세 로베르 신부와 함께 입국
      10월 평양에 척사기적비(斥邪紀積碑) 건립
1878년 1월 리델 주교와 최지혁 체포
      6월 리델 주교 추방
      7월 최지혁 옥사
1879년 3월 이응찬·백홍준 등, 만주에서 매킨타이어에게 수세
1880년 로스 목사와 한국인 번역자들, 4복음서와 사도행전의 한글번역 완료
1882년 서상륜, 만주에서 로스에게 수세. 로스와 서상륜 등, 만주에서 최초의 한글성서 《예수성교 누가복음》과 《예수성교 요안늬복음》 출간
1883년 백홍준, 입국하면서 복음서를 반입하고 의주교회 개척에 노력
1884년 황해도 소래교회 설립. 로스 목사, 서간도에서 한인 15명에게 세례
1886년 미감리회 스크랜톤이 함경도 시찰
1887년 아펜젤러 평안도 순회전도. 만주에서 로스 목사와 한국인 번역자들에 의하여 신약전서 《예수성교견셔》 완역 출간
1891년 마펫·게일 선교사, 만주 봉천 전도여행시 로스 목사와 상면하고 서북지방 순회전도
1892년 7월 북장로회의 파송을 받은 게일이 평양 도착
      8월 미감리회에서 홀을 평양개척선교사로 임명

11월 의료선교사 하디, 원산에서 선교 및 의료 활동 시작
1893년 1월 북장로회, 마펫·리·스왈른 등을 평양개척선교사로 임명
2월 미감리회, 평양에 선교기지 설치
5월 북장로회, 평양에 선교기지 설치
11월 평양에서 교리학습반 조직
미감리회 의료선교사 맥길이 원산에 정착하여 의료활동
마펫 선교사, 한석진·김판근에게 평안도 전도 책임 부여. 북장로회 평양선교부 개설. 평양 남산현교회(감리교) 설립
1894년 1월 8일 마펫, 한인 7인에게 세례주고 평양 널다리골교회(장대현교회) 설립
4월 7일 평양에서 전도인 한석진·김창식 일시 투옥
4월 광성학교 설립. 평양 숭실학교 설립. 홀 부인, 평양 맹아학교 설립
1896년 황해도 지역 교회, 천주교회측과 심한 마찰. 삭주읍교회 설립. 평양에 본당 설립. 최 루도비꼬 신부가 부임. 침례교에서 원산에 선교본부 설치
1897년 2월 남감리회의 리드·콜리어·윤치호 등 개성 답사
3월 24일 사리원서부교회 설립
10월 10일 평양 숭실학교 정식 개교. 선천북교회 설립
11월 남감리회에서 개성에 선교기지 설치
1898년 1월 평양 최초의 사경회 개최
9월 개성 남부교회 설립
천주교 섭가지본당 설립. 황해도 재령에 명신학교 설립. 개성 남성병원 설립. 선천선교부 개설. 캐나다장로회 원산선교부 개설. 평양 맹아학교에서 최초의 점자교육 시행
1899년 2월 황해도 황주교회, 불량배에 의해 소실
1900년 6월 평양 외국인학교 설립
동아기독교 만주선교 시작. 성진 제동병원 설립. 원산 중앙감리교회 설립. 평양 성경학교 설립. 선천 미동병원 설립. 천주교 진남포본당 설립
1901년 3월 남감리회 의료선교사 하디가 지경터에서 복음 전파
북장로회, 선천에 선교기지 설치, 평안북도 관할. 미감리회가 남감리회에 원산지역 양도. 해서교안 발생
1902년 천주교 영유본당 설립
1903년 10월 평양 숭의여학교 설립
11월 19일 원산 루씨여학교 설립
남감리회 선교사들을 중심으로 원산부흥운동 전개

1904년 캐나다장로회 함흥선교부 개설. 원산 창전교회에서 장·감연합 사경회 시작. 평양에 예수교서원 설립. 장·감선교회, 세브란스·평양기독병원 합동경영을 결의
1906년 10월 6일 강경에서 대한기독교회 설립, 초대 감목으로 펜윅 선출
북장로회, 재령에 선교기지 설치, 황해도 관할. 북장로회와 미감리회, 평안남도 지역에서 선교지역 분할협정. 송도 송계학당(미리흠여학교 전신), 선천 신성학교 설립. 윤치호, 개성에 한영서원 설립. 평양에서 새벽기도회 시작. 미북장로회 재령선교부 개설
1907년 1월 6일 장대현교회에서 평양 대부흥운동 시작, 전국으로 확산
10월 평양 조합교회 설립. 함흥 영생학교·강계 성경학교·정주 오산학교 설립. 평양신학교, 장로회신학교로 개칭하고 제1회 졸업생 7명 배출, 장로교 초대목사 안수
1908년 8월 구세군 호가드 일행이 개성에 지방영 설치하고 선교 시작
9월 16일 남감리회 만주선교 시작
안식교 순안진료소 개설. 북장로회 만주 안동선교부 개설. 남감리회 간도 선교회 조직. 동양선교회, 평안도에서 전도 시작. 강계에 선교지부 설립
1909년 5월 성결교에서 개성선교 착수
11월 평남 순천에서 기독교인들을 중심으로 시장세 불납운동 전개
홀 부인, 평양에서 농아교육 시작. 북장로회 강계선교부 개설. 최관홀, 시베리아에 파송. 남감리회에서 원산에 성서학원 설립
1910년 9월 백만구령운동 시작
만주 왕청문교회 설립. 재령성경학교 설립. 미감리회 만주선교 시작. 평양 장대현교회에서 한국 최초의 성가대 조직. 미감리회에서 해주구세병원 설립. 캐나다장로회 선교구역을 원산·함흥·성진·회령·동만주 등으로 획정
1911년 1월 안악 사건(안명근 사건) 발생
2월 선천성경학원 설립
9월 데라우치 암살음모사건 조작으로 기독교계 지도자 검거 시작(105인 사건)
12월 8일 황해노회 조직. 선천남교회 설립
구세군 호가드 사령관이 피그스와 맨톤을 평양지방관으로 임명. 천주교 의주본당과 비현본당 설립
1912년 1월 18일 평남노회 조직
1월 29일 함경노회 조직
2월 15일 평북노회 조직. 캐나다장로회 용정선교부 개설

1913년 4월 1일 용정 명신여학교 설립
　　　　8월 시베리아 치타에서 〈대한인정교보〉 창간
　　　　9월 장로교회, 김영훈·박태로·사병순 목사를 중국 산동 선교사로 파송
　　　　11월 15일 원주기독병원 설립
　　　　남감리회 원산여선교회 조직. 평양양로원 설립. 캐나다선교회에서 함흥에 제혜(濟惠)병원 설립. 구세군 권태화·강형원 사관이 진남포에서 전도. 평양 숭의여학교 교사 및 학생들을 중심으로 송죽회 결성
1914년 봉천 서탑교회 설립
　　　　최봉석·최성주 목사, 서간도 전도. 한경희 목사, 만주 길림지역 선교
1915년 3월 평양에서 숭실학교 학생들을 중심으로 조선국민회 결성
1916년 11월 만주 용정 제창병원 설립. 재령 서부교회 설립. 평양 여자고등성경학교 설립. 감리교 손정도 목사 퇴거 명령으로 시베리아 선교 중단
1917년 2월 13일 산서노회 설립
　　　　9월 1일 장로교 방효원·홍승한, 산동성에 제2대 선교사로 파송
　　　　11월 20일 함북노회 설립
1918년 3월 27일 함남노회 설립
　　　　7월 김장호 목사가 황해도 봉산에서 조선기독교회 설립
　　　　9월 박상순을 산동, 김현찬을 시베리아에 파송
　　　　11월 27일 의산노회 설립
　　　　12월 선천 창신양로원 설립
　　　　동아기독교회의 박노기·김희서·김영태·최응선, 시베리아에서 순교
1919년 3월 1일 전국 교회에서 3·1운동 전개
　　　　3월 3일 강서교회 학살사건
　　　　3월 6일 곽산교회 학살사건
　　　　9월 신의주 YMCA 창립
　　　　10월 간도교회 박해사건
　　　　11월 평양에서 대한애국부인회 결성
　　　　정주읍교회 방화사건. 평양장로회신학교 무기휴교. 김윤식 의사, 산동 내양현에 선교병원 개설
1920년 2월 4일 간도 은진중학교 설립
　　　　7월 30일 조만식 중심으로 조선물산장려회 발족
　　　　8월 25일 천주교 함경도 및 간도 지방이 서울교구에서 독립하여 원산교구로 분립
　　　　8월 28일 천주교 원산교구 분립

9월 선천 출신 기독교인 박치의, 선천경찰서에 폭탄투척
덕원신학교와 수도원병원 건설. 남만노회 조직. 남감리회 철원선교부 개설. 평양기독병원 설립
1921년 6월 3일 간도 용정에 명신여자중학교 설립. 박경석, 평양고아원 설립
12월 1일 간도노회 설립
영국성공회, 평안남도에서 전도 시작
1922년 1월 평양노회 설립
2월 안주노회 설립, 평서노회 설립
3월 북간도 용정중앙교회, 영신중학교 설립
5월 개성 고려여자관 개관
7월 천주교 원산교구로부터 만주의 연길교구 분립
성결교에서 함경도 전도 시작. 천주교 신의주본당 설립. 해주구세병원에 결핵요양원 설치
1923년 1월 31일 시베리아노회 설립
11월 6일 평양 숭실중학교 교직원, 지정학교 승격과 교원자격 문제로 총사직
이대영 목사, 중국 산동성에 선교사로 파송. 평양여자신학교 설립. 천주교 메리놀 외방전교회에서 평안도 사목 담당
1924년 12월 성결교회 만주선교 착수
1925년 6월 캐나다연합교회 한국선교회 조직
7월 25일 원산 YMCA 설립
이병준, 선천에 대동고아원 설립. 동아기독교 이창희·박문기·김이주·윤학주, 만주 길림성에서 순교
1926년 12월 선천에서 사각소년회 조직
1927년 3월 17일 천주교 서울교구에서 평양교구 분립
4월 성결교 신의주서부교회 설립
5월 토마스 목사 순교기념전도회 설립
11월 26일 천주교 번 주교, 초대 평양교구장에 착좌
천주교, 덕원에 성 베네딕트 수도원 설립
1928년 12월 천주교 연길교구 설립
1929년 10월 숭실학교 애국가 사건. 장로교 농촌부 평양지역 농사강습회 개최
1930년 11월 4일 천주교 모리스 신부 제2대 평양교구장에 임명
11월 동석기 목사, 북청에서 그리스도의교회 조직
1931년 9월 11일 금강산 기독교수양관 봉헌

　　　　　9월 박두성, 《점자마태복음》 발행
1932년 6월 27일 평양에 천주교 영원한 도움의 성모회 창설
　　　　　9월 감리교 김영학 목사, 시베리아에서 순교
　　　　　10월 동아기독교의 김영진·김영국 선교사, 만주에서 순교
　　　　　평양 서기산 춘기황령제에 기독교 학교 불참하여 신사참배문제 표면화. 북만노회 설립. 평양에 토마스목사기념예배당 건립. 평양에 장로교 고등농사학원 설립
1933년 6월 이용도를 비롯한 90여 교인이 평양에서 예수교회 창립
　　　　　7월 원산의 장로교 여신도 최영혜 외 110명 함남노회에 여장로제 헌의
　　　　　10월 총회에서 앞의 헌의를 비성서적이라 하여 부결
1934년 7월 성결교 신의주동부교회 설립
　　　　　10월 16일 삼산노회 설립. 만주 희년전도회 창설
　　　　　천주교 평양교구 평신자대회 개최, 평양교구 가톨릭운동연맹 조직
1935년 1월 장로교 한경희 목사, 북만주에서 순교
　　　　　10월 22일 봉천노회 설립
　　　　　마포삼열기념관 건립. 박형룡, 《기독교근대신학난제선평》 출간. 평양기도단, 장로교회에서 정죄. 평양 애린원 설립. 평양 맹아학교 확장 개교
1936년 1월 16일 평남 평양, 각 기독교 단체에 신사참배 여부 확답 강요
　　　　　1월 20일 숭실전문학교 교장 매큔, 신사참배 거부로 전문학교장·중학교장 인가 취소
　　　　　1월 21일 숭의여학교 신사참배 불참 선언
　　　　　1월 22일 숭의여학교 스눅 교장 인가 취소. 숭실전문·숭실중학·숭의여중 경영권 이관
　　　　　11월 평양에서 하느님의교회 창설
1937년 6월 서북계 기독교인이 다수 포함된 수양동우회 사건
　　　　　7월 4일 감리교 신의주교회 설립
　　　　　10월 29일 숭의·숭실 등 평양의 북장로회계 학교, 신사참배 거부문제로 폐교
1938년 2월 9일 평북노회 신사참배 결의
　　　　　2월 13일 평양신학교 교수 박형룡 외 학생 7명, 신사참배 반대로 구속
　　　　　12월 23일 천주교 오세아 주교, 평양교구 감목 취임
　　　　　한국교회 청도선교 개시. 평양장로회신학교 폐교. 구세군 권영상 사관이 신의주에서 전도
1939년 9월 26일 황동노회 설립

10월 24일 평동노회 설립
10월 평양장로회신학교, 한국인 중심으로 재건
1940년 1월 13일 천주교 원산교구, 함흥·덕원 교구로 분립
2월 평양신학교 총독부 인가. 평양 천주교 성당을 일본군 막사로 징발
1941년 일제가 평북지방 일부 교회에 주일폐지 강요, 교회를 가마니공장으로 징발. 봉천신학교 설립. 만주국 조선기독교연맹 결성
1942년 9월 외국인 선교사 전원 출국
천주교 평양교구 오세아주교 사임. 보성여학교, 선천여자상업학교로 개칭. 만주기독교회를 통합, 만주조선기독교회를 결성하여 일본기독교회의 한 지파로 통제. '원산사건'으로 동아기독교인들 다수가 구속되고 집회는 금지
1943년 홍용호 신부가 천주교 평양교구장에 임명
1944년 1월 평양 남산현교회 주기철 목사 순교
1945년 7월 19일 일본기독교조선교단 조직
8월 평북인민정치위원회 조직(위원장 백영엽·이유필). 황해도인민정치위원회 조직(위원장 김응순)
8월 17일 평남건국준비위원회 결성(위원장 조만식, 부위원장 오윤선). 신사참배 거부자 10여명 평양감옥에서 출옥
8월 26일 평남인민정치위원회 조직(위원장 조만식, 부위원장 현준혁)
9월 18일 신의주에서 윤하영·한경직 목사 등이 기독교사회민주당 결성
9월 20일 '출옥성도' 한국교회재건 5대원칙 발표
10월 12일 〈북조선주둔 소련 25군사령관 성명서〉에서 '교회에서 예배하는 일을 허가한다'고 명기
10월 30일 천도교 청우당 결성
11월 평양의 김화식·김관주·황봉찬·우경천 등이 기독교자유당 결성을 모의하다 당국에 적발
11월 3일 조선민주당 창립(당수 조만식, 부당수 이윤영·최용건)
11월 7일 함흥에서 반공학생사건(사상자·피검자 50여명)
11월 16일 기독교사회민주당 용암포지구 결당식 폭행사건(홍석황 장로 피살)
11월 18일 신의주 반공반소학생의거(사망 23명, 중경상 700여명)
12월 1일 이북5도연합노회 발족(회장 김진수 목사). 김인준 목사, 평양 장로회신학교 교장에 피임. 독립기념전도회 조직(총무 전재선 목사). 이북5도연합회에서 김양선·이인식 목사를 남한교회와의 연락을 위해 파송키로 결정

12월 13일 장로교 이북5도연합노회 개최
12월 26일 북조선불교도연맹 창립
12월 28일 모스크바삼상회의에서 한국신탁통치안 가결
1946년 1월 5일 조만식이 고려호텔에 감금되고 최용건이 조선민주당 당수로 추대
2월 5일 조선민주당 열성자협의회 개최, 조만식 규탄선언문 등 채택
2월 7일 북조선임시인민위원회 성립
2월 18일 천도교 청우당, 정당으로 발족
2월 26일 기독교계의 3·1절 기념행사를 방해하기 위해 평양의 교계 지도자 60여명을 체포
3월 1일 평양 장대현교회 3·1절 기념행사 사건. 의주동교회 3·1절 기념행사 사건. 평양 역전에서 김일성 저격 사건
3월 5일 북조선임시인민위원회(위원장 김일성, 서기 강양욱) 명의의 토지개혁결정 발표에서 몰수 대상에 종교 재산 포함
3월 11~13일 강양욱 자택 폭탄투척 사건에 일부 기독교인들이 연루
3월 13일 함흥학생 사건
3월 17일 김관주 목사, 3·1절 신도대회 소집하고 피체
4월 13일 북조선임시인민위원회 제1차 확대집행위원회에서 종교 소유지가 전체 몰수 토지의 1.4%인 14,855정보임을 김일성의 보고로 발표
4월 15일 장연중학교 동맹휴학 사건
5월 북한의 독일인 신부 18명, 수사 17명, 수녀 3명 피체
9월 평북 철산군 백량면 조선민주당 사건
9월 5일 북조선임시인민위원회에서 11월 3일 주일을 인민위원 선거일로 결정
10월 20일 이북5도연합노회에서 주일선거 반대결의문 발표
10월 28일 기독교도연맹 결성
11월 1일 평양시 민주선거경축대회에서 김일성이 교회의 주일선거 반대를 비판
11월 3일 주일선거 문제로 많은 기독교인들이 선거 불참. 인민위원 당선자 3,459명 중 94명(2.7%)의 종교인 포함
11월 13일 임시인민위원회에서 '미신타파돌격사업' 추진
11월 28일 북조선기독교도연맹 창립
12월 김병조·김영석을 중심으로 정주에서 공산주의 배격사건
12월 5일 조선민주당 당원 500여명 봉기 음모 혐의로 체포
1947년 1월 20일 김인준 목사 연행되고 이성휘 목사가 평양신학교 교장에 임명

　　　　　2월 황해도 장연여중 반공삐라 살포사건
　　　　　2월 24일 김창준 목사, 서울에서 기독교민주동맹 결성하고 위원장에 취임
　　　　　2월 25일 문천군에서 강석구·석하연을 주동으로 한 천도교 청우당원 10여
　　　　　　명이 선거방해 공작활동을 하다 피살
　　　　　5월 13일 북조선불교도연맹 중앙위원회 창립
　　　　　5월 23일 정주 오산학교 데모사건
　　　　　11월 18일 기독교자유당 결당식 직전 40여명 체포
1948년 3월 20일 황해 은율군 통일단(統一團) 사건
　　　　　3월 25일 북조선기독교도 및 불교도연맹, 남조선 단독정부 반대하는 '남조
　　　　　　선 정당사회단체에 고함'이라는 성명 발표
　　　　　4월 19일 평양에서 남북협상회의 개최. 황주교회 등사판 사건
　　　　　5월 8일 덕원수도원 몰수 사건
　　　　　5월 8일 김창준 최고인민회의 상임위원, 조국통일민주전선 중앙위원회 서
　　　　　　기장에 임명
　　　　　6월 11일 평양의 김필현(金泌現), 최항준(崔恒俊) 신부 당국에 체포
　　　　　9월 8일 〈북조선헌법〉 제14조에서 '공민은 신앙 및 종교 의식 거행의 자유
　　　　　　를 갖는다'고 명기. '조선민주주의인민공화국' 수립
　　　　　9월 9일 공화국 헌법 제14조에 '모든 인민은 신앙 및 종교적인 활동의 자
　　　　　　유를 가진다'고 명시
　　　　　10월 평양 성모(聖母)학교·동평(東平)학교, 의주 해성학교 등 강제 몰수
　　　　　10월 20일 통일단 사건. 철원 신한청년단 사건
　　　　　12월 6일 박롱옥(朴瓏玉), 서운석(徐雲錫), 이재호(李載虎), 장두봉(張斗鳳)
　　　　　　신부 당국에 체포
　　　　　12월 24일 신창(新昌)교회 안봉진(安鳳鎭) 목사, 당국에 연행되어 행방불명
1949년 2월 기독교도연맹 총회 결성(총회장 김익두, 부회장 김응순, 서기 조택수)
　　　　　2월 28일 평북 희천반공단 사건
　　　　　봄 비밀리에 평양교구 성소(聖召)후원회 조직
　　　　　4월 평양교구 대성당 책임자인 노 에우세비오 수사 추방
　　　　　5월 8일 덕원수도원의 신부·수녀 50여명 체포, 수도원 몰수
　　　　　5월 14일 홍주교 피납
　　　　　5월 22일 평남 강서부 통일봉화단(統一烽火團) 사건
1950년 1월 6일 천도교 중앙대회에서 김달현 등이 주축이 되어 채택한 결의문에
　　　　　　공산당을 지지하는 내용 수록
　　　　　3월 1일 3·1절 행사를 폐지하고 행사 금지

3월 북조선장로교 총회 조직(총회장 김익두). 기독교신학교 설립(교장 이성휘, 부교장 배덕영)
5월 15일 평양 서포수녀원 몰수
6월 강문구·김하원·이성휘·이학봉·장윤성·최지화·홍하순 목사 등 북한 장로교 교역자들 투옥. 함북 대한청년단 사건
6월 11일 북한 천주교 평양교구 부주교 김필현, 주교비서 최항준 체포
6월 25일 6·25 전쟁 발발
7월 서울에서 교역자 60여명 납북
7월 5일 기독교신학교 졸업식
7월 10일 서울 YMCA 회관에서 기독교민주동맹 재건
8월 5일 서울에서 기독교교역자 궐기대회 강행
8월 21일 기독교민주동맹, 서울 진주 북한군 체육대회 개최
9월 북한의 기독교 교역자 및 신도들이 집단 피살. 서울 YMCA 회관·성서공회·기독교서회 등 기독교 주요 건물들이 전소
10월 14일 김익두 목사 피살
10월 18일 조만식 장로 피살
10월 19일 평양 수복
10월 29일 남한교회 사절단이 평양 서문밖교회에서 주일예배
1953년 6월 18일 반공포로 25,000여명 탈출
7월 27일 휴전협정 조인
1958~1960년 중앙당 집중지도사업의 일환으로 종교인과 그 가족들을 반혁명계층으로 분류하고 특수지역에 그들의 거주를 제한하고 반종교사상을 주입
1959년 정하철 지음, 《우리는 왜 종교를 반대하는가?》(노동당출판사)라는 반종교 지침서 발간
1963년 10월 세계평화회의(WPC)에 강양욱 참석
1967~1970년 주민재등록 사업에 의거, 북한 주민들을 51계층으로 분류하면서 종교인들에게는 별개의 분류번호(기독교인 37, 불교인 38, 천주교인 39)를 부여하여 감시대상으로 구분
1971년 김일성, 미노베와의 대담에서 북한에 종교가 없음을 인정
6월 15일 대한예수교장로회 북한선교위원회(위원장 한경직) 주관으로 범교단적 북한자유화 촉진대회 개최
1972년 7·4남북공동선언 이후 기독교도연맹 평양신학원 개원
7월 20일 기독교대한감리회, 북한선교단 결성 및 기금 1천만원 모금 결정
8월 2일 조선기독교도연맹에서 세계교회협의회(WCC)에 가입신청

8월 9일 평양에서 남북적십자회담 개최
9월 9일 남북적십자회담 남한대표 정희경이 북한의 강양욱으로부터 기독교 대표가 서로 만나자는 제의를 받았다고 발표
12월 27일 신헌법 제54조에 '공민은 신앙의 자유와 반종교 선전의 자유를 가진다'고 명시

1973년 8월 조선불교도연맹 중앙위원회 활동 재개

1974년 반종교 선전영화 "종치기 노인의 생애"와 "김목사의 일가"를 전국적으로 무료 상영
2월 천도교 중앙위원회 활동 재개
2월 4일 조선기독교도연맹과 조선불교도연맹, 천도교중앙위원회 등이 남한의 비상군법회의가 종교인을 탄압하고 있다는 비난성명 발표
2월 25일 한국예수교협의회, 조선기독교도연맹 명의로 세계 각국 기독교인에게 보낸 편지(2. 16)에 대한 반박성명 발표
2월 27일 조선기독교도연맹과 조선불교도연맹, 천도교중앙위원회 등이 서해어선 월경사건과 관련하여 대남 비난성명 발표
7월 15일 조선기독교도연맹과 조선불교도연맹, 천도교중앙위원회 등이 남한의 민청학련 사건과 관련하여 대남 비난성명 발표
8월 2일 WCC 중앙위원회, 조선기독교도연맹의 WCC 가입신청을 기각
10월 김태용 목사의 지하실 교회 발각

1975년 1월 인도 고타얌에서 열린 아시아기독교평화회의(ACPC)에 기독교도연맹 대표로 김성률 참석, 대남 비방 선전
2월 8일 조선기독교도연맹과 조선불교도연맹, 남한의 국민투표와 관련하여 종교인들을 탄압하고 있다는 비난성명 발표
4월 23일 〈로동신문〉통해 남한 종교인들의 반정부 투쟁에 대한 적극 지원을 언급
4월 26일 조선기독교도연맹과 조선불교도연맹, 남한의 유신체제와 관련하여 종교인들을 탄압하고 있다는 비난성명 발표
6월 용강에서 성경책 발각사건

1976년 3월 8일 조선기독교도연맹과 조선불교도연맹, 남한의 3·1 민주구국선언과 관련하여 성명 발표
7월 26~28일 일본 도쿄에서 열린 제4차 아시아불교도 평화회의에 조선불교도연맹 부위원장 홍학두 외 대표 2명의 참가 시도가 거부되자 조총련을 참가시켜 이 회의에 가입
8월 20일 KNCC, 8·18 판문점 도끼만행에 대한 규탄성명 발표 및 희생자

추도예배 개최
11월 25일 체코의 부르노에서 열린 기독교평화회의 정치·경제 토론회에 참석, 〈조선에 관한 결의문 및 성명〉 채택
1978년 반종교 연극 "성황당" 50주년 기념공연을 TV 등으로 방영
1979년 1월 23일 조선기독교도연맹 부위원장 김성률과 조선불교도연맹 부위원장 홍학두, 조국통일민주주의전선의 남북관계 성명에 대한 지지담화 발표
1980년 7월 22일 조선기독교도연맹 명의로 광주사태·김대중 사건 등에 대한 비난 서한을 세계기독교평화협의회 위원장에게 발송
1981년 불교 대표단 10명이 북한정권 수립 후 최초로 인도·스리랑카·태국·버마 등지 순방
6월 재미한인교회 원로목사 김성락 목사 방북, 김일성과 면담 및 평양에 성경 150권과 찬송가 100권 전달. 해외교포 목사의 평양방문 허락
9월 홍동근 목사 방북
11월 3일 '제1차 조국통일을 위한 북과 해외동포 기독교인간의 대화' 오스트리아 빈에서 회합
11월 28일 조선기독교도연맹 창립 35주년 기념집회
1982년 5월 조선기독교도연맹, 한국의 일부 기독교인들의 반박성명 발표에 따른 대남비방 서신을 해외 각종 기독교 단체에 발송
8월 조선불교도연맹, 몽고 울란바트르에서 열린 제6차 불교도평화회의에 참가, 한국 문제에 대한 특별 결의문 채택
12월 3일 핀란드 헬싱키에서 '제2차 조국통일을 위한 해외동포 기독신자와의 대화' 회합
1983년 1월 9일 강양욱 사망
4월 2일 조선불교도연맹 제8차 대회 개최
5월 KNCC 통일문제연구원에서 통일문제협의회 취지문 발표
10월 5일 신약성서와 찬송가 출간
1984년 구약성서 출간
3월 5일 '인간문제를 왜곡하는 부르죠아 철학의 반동적'이라는 북한 〈로동신문〉의 논설 통해 반종교 선전
10월 일본에서 열린 WCC 국제위원회에서 조선기독교도연맹을 초청
1985년 2월 미국교회협의회(NCCCUSA) 대표 4명 방북
8월 8일 토고 주재 북한대사 김양황, 교황 바오로 2세와 악수로 인사
9월 22일 남북적십자회담 고향방문단이 방북하여 황준근 목사 인도로 평양에서 6·25 이후 최초로 공식예배

11월 세계교회협의회 기독교국제위원회(WCC-CCIA) 대표 방북. 일본교회협의회(JNCC) 대표 방북

1986년 2월 29일 조선기독교도연맹과 조선불교도연맹, 팀 스피리트 '86을 반대하는 담화문 발표

4월 18~29일 NCCCUSA 소속 한국계 김인식·손명결·이승만 목사 등 3인과 로버트 스마일리 목사 등 7인이 방북

9월 5일 WCC-CCIA 주최 제1회 글리온 한반도 평화통일을 위한 협의회에 조선기독교도연맹 대표 참가(남한대표 강문규·김봉록·김준영·김소영·김원식·이영찬, 북한대표 김재연·김남혁·김운봉·김지윤)

1987년 김일성종합대학에 기독교학 강좌 개설

6월 17~26일 NCCCUSA 방북

10월 핀란드 헬싱키에서 '조국통일을 위한 북과 해외동포 기독학자간의 대화'

12월 17일 비엔나에서 제3차 남북 해외동포 회합

1988년 2월 고려연구소장 조동진 목사 방북, 봉수교회에서 예배

2월 29일 KNCC가 '민족의 통일과 평화에 대한 한국 기독교회' 선언문 발표

6월 30일 조선천주교인협회 결성

9월 21~11월 21일 KNCC, 평양 봉수교회 비품기증을 위한 '기독청년 1인 1천원 헌금운동'(283만원 모금) 전개

11월 평양 장충성당 축성미사. 캐나다교회협의회(CNCC) 대표 방북. 남북한 기독교 대표, 스위스 글리온에서 제2차 회합

11월 6일 평양 봉수교회 헌당예배

11월 23일 WCC-CCIA 주최 제2회 한반도 평화통일을 위한 협의회. '글리온선언' 발표

1989년 3월 13일 조선기독교도연맹 대표가 중국 '애국교회' 방문

3월 25일 문익환 목사, 북한 조국평화통일위원회 초청으로 방북

3월 27일 문익환 목사, 김일성과 면담

4월 2일 문익환·허담, 공동성명 발표

5월 조동진 목사 방북

6월 1~9일 제23차 북미기독학자회 연례대회에서 '민중신학과 주체사상의 통일지향사상으로서의 발전 가능성'을 주제로 학술회의(남북대표 초청, 뉴욕) 개최

7월 27일 WCC 총회에서 '한반도의 평화와 통일' 정책을 설명

8월 26일 세계개혁교회연맹(WARC) 총회가 '한반도의 통일과 화해' 결의

문 채택
1990년 조동진 목사 방북. 신구약 합본성경과 곡조찬송가 발간. 평양에 제2교회로 칠골교회 건축
　1월 23~25일 '조국통일을 위한 북과 해외동포 기독학자간의 대화'(핀란드 헬싱키)
　3월 김일성대학 역사학부에 종교학과 개설. 홍동근 목사, 김일성종합대학 기독교학과 방문교수로 임명
　4월 23일 미국교회협의회 '한반도 평화와 통일에 관한 회의' 개최
　5월 윌리암케리대학 총장단과 고려연구소장 조동진 목사, 김일성종합대학 방문
　7월 9일 제2차 조국의 평화통일과 선교에 관한 기독교 도쿄회의 개최
　8월 9~11일 제24차 북미기독교학자회 연례대회에서 '우리 민족사에 있어서 기독교의 위치'를 주제로 학술회의(남한대표 불참, 북경) 개최
　8월 23일 김계용 목사 방문
　11월 윌리암케리대학 총장단과 고려연구소장 조동진 목사, 김일성종합대학과 김형직사범대학 방문
　12월 스위스 글리온에서 제2차 WCC 주최 남북한 교회대표 회담
1991년 1981년도판《조선말사전》의 종교관계 낱말 뜻풀이 개정
　2월 호주 캔버라에서 열린 WCC 제7차 총회에 조선기독교도연맹 대표 2명이 옵서버로 참석
　5월 28~30일 제25차 북미기독교학자회 연례대회에서 '새 민족공동체 형성을 위한 기독인의 사명'을 주제로 학술회의(남북대표 참석, 뉴욕) 개최. 북미주기독학자회 뉴욕대회에 북한교회 대표 참석
　6월 14일 조선기독교도연맹 일행이 미국 윌리암케리대학에서 한국교회 지도자와 회합
　9월 고려연구소장 조동진 목사, 방문교수로 평양신학원에서 강의
　9월 24일 곽선희 목사, 방북하여 치과병원 건립지원 협의
　10월 KNCC와 조선기독교도연맹 대표 캐나다에서 회합
　11월 1일 KNCC와 조선기독교도연맹 대표 뉴욕에서 회합(남한대표 박봉양·전병호 목사, 북한대표 고기준·박춘근 목사)
1992년 김일성, 회고록에서 자신의 가정과 교회의 관계를 공식 언급
　1월 7~12일 한국기독교교회협의회(KNCC) 총무 권호경 목사가 조선기독교도연맹 고기준 목사의 초청으로 방북, 김일성 주석과 면담 및 평양 봉수교회에서 설교

1월 20일 권호경 목사, KNCC 제41차 정기총회에 조선기독교도연맹 대표들도 참석할 것이라고 회견
2월 10일 남북한 교회 대표 판문점에서 회담(남한대표 권호경·장기천 목사, 북한대표 고기준·김운봉 목사). KNCC 초청으로 북한교회 대표 서울 방문하기로 합의
2월 14일 KNCC, 조선기독교도연맹에서 보낸 서울 방문 취소 전문을 공개
2월 17일 KNCC, '민족의 통일과 평화에 대한 제41회 총회선언문' 발표. 총회에 북한을 포함한 해외인사를 초청하기로 결의
2월 18일 KNCC, 조선기독교도연맹대표단 방문 보류 경위 대책위원회에서 성명서 발표
3월 31일 빌리 그레이엄 목사 방북, 김일성대학에서 외국인으로는 첫 설교
5월 고려연구소장 조동진 목사, 김일성종합대학에 기독교도서 2,570권을 공식기증하고 동 대학과 평양신학원에서 강의 및 김일성 주석 접견
5월 23일 한국기독교출판협회에서 2,517권의 도서를 북한에 기증. 김일성종합대학교 본관 대회의실에서 기증식 거행
7월 9~11일 제26차 북미기독학자회 연례대회에서 '민족통일을 위한 신학과 민족주의의 재정립'을 주제로 학술회의(남북대표 참석, 뉴욕) 개최
9월 윌리암케리대학 총장단과 고려연구소장 조동진 목사, 김일성종합대학 방문
9월 16일 미국교회협의회 대표단 대거 방북, 봉수교회 예배에 참석
12월 22일 평양 칠골교회 헌당예배
1993년 3~4월 조동진 목사, 김일성종합대학 초청으로 평양방문. 동 대학과 평양신학원에서 강의하고 칠골교회 및 봉수교회에서 부활절 예배 설교
4월 6일 KNCC, 1993년도 평화통일 기도주일을 조선기독교도연맹과 공동으로 개최할 것을 제안
4월 27일 남북나눔운동 창립대회(정동제일교회, 1천여명 참석)
4월 28일 평화통일을 바라는 남북인간띠잇기대회를 조선기독교도연맹에 제안
6월 9일 남북인간띠잇기대회 제안에 대한 답신 접수
7월 22~24일 제27차 북미기독학자회 연례대회에서 '민족통일의 당위성'을 주제로 학술회의(북한대표 불참, 워싱턴 D.C. 외곽 버지니아) 개최
8월 15일 평화통일을 바라는 남북인간띠잇기대회(독립문-임진각 총 48km)
11월 중국 북경에서 권호경 총무와 기독교도연맹 대표와의 회담, 1994년 2월 서울 KNCC 총회 참석에 합의

1994년 1월 21일 KNCC, '고 문익환 목사에 대한 북의 조문사절단 파견에 대한 입장' 발표

1월 27일 빌리 그레이엄 목사 방북

1월 29일 빌리 그레이엄 목사, 김주석과 면담하고 인민학습당에서 외국인으로는 최초 연설

2월 3일 UN 주재 박길연 북한대사가 미국국가조찬기도회에 참석

2월 14일 기독교도연맹, 서울 KNCC 총회 불참을 통보

8월 15일 남북인간띠잇기 대회본부가 정부의 자제요청으로 6개 종단, 11개 사회단체가 연합하여 임진각에서 평화통일기원대회 개최. 종교인 33인이 '평화통일선언문' 발표

1995년 2월 조동진 목사, 조미이해교류협회 대표로 방북. 미국 공화당내 의원 및 우익 기독교세력과 북한간의 관계개선을 위한 활동. 김정호 목사, 미주지역 '해방 50주년 대축제협의회' 대표로 방북. 북한 당국과 백두산 나무로 십자가 2만 2천개를 제작하기로 합의

3월 28~31일 남한측 오충일·박종화·이삼열 등 21명과 북한측 강영섭·유병철 등 5명, 일본 간사이에서 공동합의문 채택

4월 재미교포 기독교인 30여명, 평양국제체육문화축전 참관을 위한 재미동포관광단으로 방북. 해방후 최초로 봉수교회에서 북한신자들과 연합예배

7월 박용길 장로(문익환 목사 부인), 김일성 사망 1주기 추모식 참석

8월 곽선희 목사, 방북하여 치과병원 건립 및 남북기독교인 교류방안 협의

찾아보기

ㄱ

가성직제도 490
가정교회 436, 437, 446, 447, 453, 460, 481, 482, 485
〈가톨릭연구〉 88
〈가톨릭조선〉 88
간도성회 199
간도지방회 199
간도협약(間島協約) 35
간민교육회(墾民敎育會) 194, 271
간민회(墾民會) 194, 271
간장암교회 222
감리교서부연회 434
갑오농민전쟁 443
강(姜, Josephus Cassidy)신부 88
강계교회 89
강규찬(姜奎燦) 257, 259
강대려(姜大呂) 180, 181
강돈욱 478
강두화(姜斗華) 110
강명석(姜明錫) 124
강명의숙 325
강문구 392, 513
강반석 478
강백규 194
강서(江西) 사건 258
강석록 397
강신극 소동 301
강양욱 358, 384, 387, 395~398, 400, 414, 416, 433, 435, 445, 454, 478, 494~496
강영섭 479, 496, 509
강용직 362
강우규(姜宇奎) 254, 256
〈강원민보〉 385

강제건 69
강제희(姜濟羲) 259
강촌교회 144
강태온 177
강학린(姜鶴麟) 111, 113
강형원 74
강화도조약 93
〈개벽〉 127
개성교회 325
개성기독교여자절제회 177
개성동부교회 366
개성서부교회 366
개성여학교 174, 324
개성중앙회관 176
갬블 174, 294
건국사상총동원운동 378, 379
건준 384, 393
게일(J. S. Gale) 36, 95~97, 100
격물학당 323
겸이포교회 146
겸이포중앙교회 146
경성교회 208
경성기독교 교사연성소 358
경성삼육원 368
경성신학교 365
경성요양병원 368
경신학교 321
계성수 267
고기준 410, 423, 424, 458, 475, 497, 509, 513
고든(A. J. Gordon) 99
고딘 서머 499
고려민주연방공화국 441
고려민주연방공화국 통일방안 466
고려여자관(高麗女子館) 172, 176, 334

고병간(高秉幹) 318
고신파(高神派) 361
고영희 487
고요한 107
고종옥 453, 455
고찬익(高燦益) 96
고한규 390
공동번역성서 446
공립협회(公立協會) 245~247
곽권웅 113
곽선희 502
곽재근(郭載根) 87, 90, 121
곽진근 231
관동감리교회 413
관서자문론(關西資門論) 250, 336
관우리교회 187
관후리본당 75
광동(光東)학교 270
광문사(廣文社) 252
광성고보 330
광성학교 323, 327
광제암교회 193
광주민주화운동 450
광주학생운동 330
광진(光振)학교 270
광혜여원(廣惠女院) 306, 313
광혜원(廣惠院) 303
구국기독청년회 413
구니야(國谷喜之介) 72
구니토모(國友尙謙) 214
구세동교회 222
구연둔교회 198
구의주교회 87
구춘선(具春先) 194, 197, 272
'국가교회' 456
국가주석제 439
국민정신총동원 예수교장로회연맹 389
국민회(國民會) 194, 271
국제고려학회 515
국제문제위원회 450

국제평화예배 478, 479
국채보상기성회(國債報償期成會) 241, 253
국채보상운동 249, 252, 253
군무도독부(軍務都督府) 273
군중노선 426
권경찬 371, 373
권승경 192, 193
권영상 74
권인채(權仁采) 180
권일신 36
권장회(勸獎會) 242
권태화 74
권호경 502, 508, 509, 516
귀츨라프(K. F. A. Gützlaff) 25, 39~41, 131, 132
그로브 148
그리스도의교회 123, 124
그리어슨(R. G. Grierson) 102~104, 109~111, 114, 193, 251, 282, 283, 309, 315
근우회(槿友會) 225
글리온선언 498
글리온회의 497, 502, 506~509, 511, 515, 516
급진파(急進派) 274
《기독교 근대신학 난제선평》 281
기독교도연맹 397~400, 406, 407, 410, 412, 414~416, 420, 421, 423, 433, 436, 444~449, 451, 453~460, 475, 478, 479, 481~483, 485, 488, 490~499, 502, 506~509, 511, 513
기독교민주당 389~391
기독교민주동맹 420
기독교사회민주당 356, 388, 389, 400, 405, 434
기독교에 대한 지도대책 227, 229
기독교자유당 389~393, 397, 400, 401, 405, 413, 434
기독교자유당 사건 363, 416
기독교조선감리교단 164
기독교조선감리회 83, 85, 118, 164

기독교조선복음교회 123
기독교평양복음화대회 478, 479
기독동명(東明)학교 270
기독청년면려회 349
기명(箕明)학교 75
기성교회 217
기양교회 398
기장리교회 370, 409
기하라(木原外七) 208
기홀병원 306, 311, 313, 317
길(吉, Parick Cleary)신부 88
길동(吉東)중학교 270
길선주(吉善宙) 77, 257, 279, 280, 286~290, 293
김겸목 409
김경남 514
김경엽(金京燁) 144
김경재 515
김경흡 198
김경희(金敬喜) 254
김관근(金灌根) 69
김관식 111, 235
김관주 390, 391, 394
김관택 387
김광기 174
김광제(金光濟) 252
김광진 384
김광표(金光票) 110
김구(金九) 210, 211, 357, 391, 392
김규면(金圭冕) 119, 273
김규엽 146
김기범 147, 149, 287
김기수 509
김기순(金基純) 117
김기호(金基浩) 263, 337
김길수 357, 392, 401
김낙구 63
김낙선 71
김낙현 362
김내범(金迺範) 109, 110, 194

김대중 사건 450
김덕순 368
김덕해 191
김동규 368
김동원(金東元) 257, 262, 263, 265, 338
김두식(金斗植) 330
김두엽 177
김두영(金斗英) 267, 349, 390
김두찬 145
김두천 259
김득룡 496
김린(金麟) 215
김린희 355, 360
김명순 366
김목사의 일가 442
김문근 253
김문삼 193
김백영(金伯榮) 145
김병농(金炳濃) 323
김병목 368, 369
김병섭 390, 391
김병식 496
김병연 384, 386, 387
김병오 158
김봉덕 368, 369
김봉락 409
김봉서 349
김봉조 191
김사겸(金仕謙) 108
김상년 191
김상덕(金相德) 180, 181
김상순 199
김상준 199
김석구 394
김석창(金錫昌) 76, 323
김석현 315
김선두(金善斗) 259, 266, 326
김성도(金成道) 90, 91
김성락 453, 454, 455
김성률 450, 496

김성심　267
김성오　252
김성찬　74
김성택(金聖澤)　257
김성홍　195
김소영　513
김수환　474, 488, 489
김순명　159
김순환　453
김승교　145
김약승　413
김약연(金躍淵)　110, 193, 194, 197, 271
김양선　357, 390
김양황　490
김연　116
김영관　121, 372, 373
김영국　199
김영렬(金英烈)　200
김영신　362
김영제(金永濟)　109
김영주(金英珠)　281, 283, 284, 509
김영준(金永俊)　109
김영진　119, 199, 314
김영철　468
김영태　199
김영학　194, 197
김예준　198
김예진(金禮鎭)　91
김옥인　509
김용련　364
김용배　309, 315
김용순　499
김용옥　364
김용제　211
김용준　116
김용해　372
김우범　314
김운봉　460
김원배　114
김유보(金有甫)　108

김유해　362
김윤오　158
김은석　397
김은주　487
김응순　384, 397, 415
김응태　195, 235
김의창　267
김의환　479
김이순　259
김이제　259
김이주　199
김이현　110
김익두　141, 142, 145, 288, 295~300, 397, 415, 420
김익수　145
김인석(金麟瑞)　91
김인오(金仁梧)　337
김인준　358, 401
김일룡　73
김일성　375, 383, 384, 386, 393, 395, 399~401, 407, 423, 433, 440, 443, 454, 458, 464, 466, 471~475, 478, 489, 499, 502, 516
김일성대학　455, 475, 499, 502
김일제　372
김자수　401
김장호(金庄鎬)　92, 123, 146, 152, 153
김재선　71
김재준　300
김재형　119
김정규　193, 194
김정일　440, 464
김종섭(金鐘燮)　109
김종섭(金鍾燮)　239, 280, 326
김준건　96
김준영　513
김중렬　200
김지학　415
김진국(金鎭國)　264, 334
김진수　357, 387, 390, 392, 406, 413

김진오 200
김진택 368
김찬홍 261
김창건(金昌鍵) 69, 259
김창식(金昌植) 63, 71, 149, 287
김창준 414, 420, 435, 436
김책 386
김철수 508
김철회(金喆會) 180, 181
김철훈 357, 393
김청송 49, 51
김춘배(金春培) 281, 283
김치근 397
김칠룡(金七龍) 180
김태은 397
김평세 314
김하규 193
김하석 86
김하원(金河苑) 245
김한길 443
김항복(金恒福) 338
김혁준(金赫濬) 73
김현석 391~393, 395
김현찬 110, 192
김형남 158, 159
김형덕 513
김형락 267
김형직 473
김형태 513
김호규 369
김홍량 210, 211
김홍식(金弘植) 245
김홍연 191
김화교회 366
김화식 357, 358, 391, 392, 401
김환복 263
김흥순(金興順) 182, 366
김희서 199
김희영 313
김희준 151

ㄴ

나사렛교회 90
나시산 358, 397, 414, 415
나옥동교회 153
나진교회 372, 373
남궁억(南宮檍) 239
남궁혁 326
남대문교회 284
남만노회 191~193
남문안교회 109
남본정감리교회 413
남본정교회 148
남부교회(南部敎會) 164
남북연방제안 428
남북조선정치협상회의 428
남산현교회 220, 258, 261, 361~363
남성병원 98, 172, 177, 308, 315, 318, 335
남정규 509
남조선혁명론 428, 467
남촌예배당 98
내선(內鮮)기독교연합회 117
《내외역사》(內外歷史) 270
널다리골교회 65, 322
네비어스(J. L. Nevius) 66
네비어스 선교정책 66
노광명 387
노덕규(盧德奎) 263, 337
노동당 430, 436
노병선(盧炳善) 63, 71
노블(M. W. Noble) 323
노블(W. A. Noble) 82, 209
노울스(Mary Knowles) 98, 324
노자와(野澤) 251
노재천 119, 199
노튼(A. H. Norton) 148, 309, 310, 314
녹스(G. W. Knox) 53
농민고무공업사 338
농민총동맹 377
능리교회 153

ㄷ

다우트웨이트(Arthur Douthwaite) 42
단금(單金) 193
〈달편지〉 120
당포동교회 144
대동(大同)고무공업사 338
대동고아원 264, 334
대동교회 119, 144
《대동역사략》(大東歷史略) 270
대부흥운동 78, 95, 106, 108, 139, 279, 280, 284, 286~294
대성학교 242~244, 270, 325
대영성서공회 49, 51
대원(大元)양말 337, 338
대한국민회(大韓國民會) 255, 272, 273
대한기독교회 99, 100, 119
대한노인동맹단(大韓老人同盟團) 256
대한독립군 273
대한독립대동청년단(大韓獨立大同靑年團) 255
대한독립부인청년단(大韓獨立婦人靑年團) 256
대한독립애국단 180
대한독립일신청년단(大韓獨立日新靑年團) 255
〈대한매일신보〉 241, 253
대한민국부인향촌회(大韓民國婦人鄕村會) 256
대한민족자결회(大韓民族自決會) 255
대한신민단(大韓新民團) 272, 273
대한애국부인회(大韓愛國婦人會) 254~256
《대한역사》(大韓歷史) 270
대한의민단 273
대한의원 312
대한청년단 사건 421
대황구(大荒溝)교회 273
《WCC자원공유연감》 483
덕산면교회 144

덕원 성 베네딕트 수도원 122
덕천교회 361
데라우치(寺內正毅) 79, 210, 211, 217
데밍(C. S. Deming) 148
데이비슨(Charles Davison) 371
도(都, Patrick Duffy)신부 88
도미사카그리스도교센터 515
도인권(都寅權) 197, 211, 257
도잔소협의회 450, 451, 197, 498
도잔소회의 506
도쿄회의 509, 511
독노회(獨老會) 361
독립기념전도운동 351
독립기념전도회 357, 359
독립협회 239, 240, 278
동림교회 70
동석기(董錫祺) 123, 124, 195
동아기독교 197, 199, 200, 235, 351
동아기독교회 92, 119, 121
동아기독대 120
동양선교회 198, 351
동양선교회복음전도관 86, 121
동양선교회홀리네스교회 91, 123
동우구락부 265
동우회(同友會) 261, 265, 338
동익사(東益社) 338
동제회(同濟會) 242
동창(東昌)학교 270
동창포교회 153
동희만 487
두올라학당(杜乙羅學堂) 174, 324
득신고등성경학교 358, 359, 414
득신학교 358
뚜껑벗기운동 427

ㄹ

래드(G. T. Ladd) 207, 214
래드(C. A. Ladd) 307
래드 그레이엄 499

래드병원 307, 311
램버트 117
러셀(R. Russell) 310
런던선교회 41, 43, 44
런드(Lund) 318
럽(A. F. Robb) 104, 107, 109, 111, 113, 283, 285
레이너(E. M. Reiner) 313
〈로동신문〉 444, 455, 476, 479, 490
로드(Herbert A. Lord) 372
로드 앰허스트호 40
로버츠(S. L. Roberts) 281, 284, 325
로서(Rosser) 315
로스(A. R. Ross) 104, 109, 194
로스(Cyril Ross) 69
로스(J. B. Ross) 98, 251, 308, 314, 315
로스(John Ross) 33, 39, 42, 47, 49, 51
로우덴(Lowden) 315
로웰(P. Lowell) 35
로즈 45
루미스(H. Loomis) 53
루씨여고보 330
루씨여학교 98, 117, 324, 327
루씨 커닝햄 324
루이제 린저 411
루터교세계연맹 497
류정교회 363
리(Graham Lee) 61, 62, 64, 144, 146, 289, 290, 307, 322
리(H. M. Lee) 231, 232, 332
리드(C. F. Reid) 162, 163, 175, 176, 308
리드(W. T. Reid) 294, 308, 315
리성숙 509
리준수 154
린제이(H. H. Lindsay) 40
린취벅교회(Church in Lynchburg) 175
림택권 297, 299

ㅁ

마가이 107
마경일 413
마르다윌슨여자신학원 326
마르크스-레닌주의 440, 464, 467, 471
마릴린 마켓 499
마쉬(G. Marsh) 234
마진 194
마틴(S. H. Martin) 195, 222, 316, 319
마펫(S. A. Moffett) 61~65, 76, 95, 144, 209, 231, 261, 280, 306, 307, 322, 323
마포삼열기념관 356, 359
만민공동회 240
만주조선기독교연맹 199
만주지방회 195, 196
매컬리(L. H. McCully) 104, 106
매케이(M. Mackay) 113
매켄지(W. J. McKenzie) 37, 38, 100~103, 154
매큔(G. S. McCune) 62, 231, 232, 290, 332
매클레이(R. S. Maclay) 303
매킨타이어(John MacIntyre) 39, 42, 47, 48
맥길(William B. McGill) 97, 304, 308
맥도날드(D. A. Macdonald) 109, 110, 283
맥도날드(D. W. MacDonald) 112, 113
맥레(D. M. McRae) 102, 104, 105, 109, 110, 282, 283, 308, 309, 323
맥레란(Enda McLellan) 109
맥리언(J. MacLean) 113
맥밀란(Kate McMillan) 104, 105, 309, 315, 318
맥이크렌(Ethel McEachren) 109
맨스필드(T. D. Mansfield) 109, 315
맨톤(Manton) 74
머레이(Florence J. Murray) 116, 318, 320
머피(G. Murphy) 113
메리놀(Maryknoll) 외방전교회 75, 88
메리 햄(Mary Halm) 174

메어(Catherine F. Mair) 104, 105
메이어(M. D. Mayer) 324
메이어즈 308
메이첸(G. Machen) 281
면려청년회 서북연합회 359
면학회(勉學會) 211, 242
명덕학교(明德學校) 174
명동교회 193, 222
명동성당 247
명동(明東)학교 193, 194, 270
명신여자중학교 324
명신여학교 194
명신학교 323
모동교회 139, 146
모리슨(R. Morrison) 40
모세오경 저작부인 사건 281
모스크바삼상회의 393
'모식신자'(謀食信者) 237
모아산교회 193
모우리(E. M. Mowry) 261
모학복(毛鶴福) 105, 315
모학수(毛鶴壽) 96, 109
목(睦, Joannes Morris)신부 88
묄렌도르프 51
무라타(村田重次) 208
무순교회 198
무스(J. R. Moose) 182, 186
무어헤드(Wm. Muirhead) 43
문구리장로교회 413
문규현 476, 502
문이호 366
문익환 474~476, 502
문장호(文章灝) 144
문재현(文在賢) 144
문정호 193
문준희 421
문창모(文昌模) 151
문치정 193, 194
뮈텔 122, 156, 200
미국교회협의회 499

미동병원 307, 314, 318, 335
미리흠여학교(美理欽女學校) 172, 174, 175, 324, 325, 330
미소공동위원회 391, 392, 402, 405
미주기독교남북한대책협의회 479
민병석(閔丙奭) 63
민영익 303
민족기업 육성운동 262
민족해방인민민주주의혁명 428
'민주개혁' 376, 380
《민주조선》 485
민주청년동맹 377, 430
밀러(I. M. Miller) 310, 314
밀즈(R. G. Mills) 310

ㅂ

바커(A. H. Barker) 109, 271
바커(D. A. Barker) 194, 195
박건병(朴健秉) 180
박건수 397
박경석(朴經錫) 264, 334
박경수 490
박경호(朴慶浩) 330
박관수 71
박관준(朴寬俊) 266
박구리교회 362, 363
박규현 191
박기래(朴祺來) 198
박기양 199
박노기 199
박노희 198
박대선 364
박동완 265
박두하(朴斗夏) 330
박만준 211
박무림(朴茂林) 193
박문기 199
박문영 193
박문익(朴文翼) 198

박상순　358, 397, 414, 416
박서양　313
박석훈　261
박성덕(朴聖德)　330
박성도　119
박성은　119
박성준　515
박성채　397
박성홍　119
박세평　197
박승길(朴承吉)　273
박승덕　469, 470, 471, 515
박승백　413
박승일(朴昇一)　255
박신근　355, 360
박에스더　306
박연삼　200
박연서(朴淵瑞)　180, 181
박영락　409
박영수　514
박영효(朴永孝)　52
박예헌(朴禮憲)　109
박용길　502
박용익　362
박용현　366
박원실　368~370, 405
박윤순　198, 199
박의흠(朴義欽)　267
박장환(朴章煥)　198
박재순　159
박재환　158
박정찬(朴禎燦)　110, 193
박정협　191
박정희　444
박찬(朴燦)　110
박창빈(朴昌彬)　259
박창식　191
박창영(朴昌英)　109
박천찬송가 사건　435
박철우　374

박춘권(朴春權)　46
박치록(朴致祿)　76, 289
박치의(朴致毅)　254, 256
박치형(朴致衡)　109, 110
박태로　145
박태순(朴泰淳)　315
박태환(朴泰煥)　296
박현숙　384, 386, 387
박형규　514
박형룡　279, 281, 282, 284, 356
《박형룡 박사 저작전집》　281
박형순　372, 373
박희도　148
반공단　413
반기독교선전　432
반석대한애국여자청년단(盤石大韓愛國女子青年團)　256
반일민주주의정당　389
반전기도일 사건　234
반제반봉건민주주의혁명　380, 386, 428
반종교선전　429, 430, 432, 437, 441, 460, 467, 468, 472, 474, 475, 484
반종교투쟁　432
반탁시민성토대회　388
발로우(Jane Barllow)　314
방(方, Patrick J. Byrne)신부　88
방곡령　94
방기창(邦基昌)　239, 326
방윤(方潤)　263, 337, 338
배가포덕운동　351
배경진　211
배덕영　363, 364, 390, 397
배선표　188
배야섭　509
배영조　146
배재학당　239, 320
배형식　195
백남주(白南柱)　90, 91, 125, 301
백남홍　386
백노리교회　370

백마교회　370
백만구령운동　78, 209, 288, 293, 294, 295
백선행기념관　384
105인 사건　79, 142, 197, 210~212, 215, 240, 242, 250, 257, 336
백운평교회　222
'백일세(百一稅) 사건'　251
백천성당　151, 152
백홍준(白鴻俊)　47, 48, 51
번즈(Beulah Bourns)　116
번하이슬(C. F. Bernheisel)　62
베네딕투스회　122, 200
베르모렐(J. Vermorel)　94, 200
베시(F. G. Vesey)　112, 113
베어드(William M. Baird)　62, 128, 276, 322
변남성(邊南星)　87, 154
변봉조　397
변성옥　197
변인서(邊麟瑞)　244, 257
변학용　362
병인교난(丙寅敎難)　37
보광학교　324
보구녀관(保救女館)　305
보나파시오 사우에르(Bonifacius Sauer)　122
보민회　272
보스톤선교훈련학교　99
보신남·녀학교　323
보켈(Voelkel)　421
보혜여자관　98, 118, 326, 334
복부정교회　366
봉수교회　478, 483, 495, 499
봉천교회　198
봉천노회　192
봉천장로교회　196
봉황기독교　199
부민단(扶民團)　273
부인여성해외선교회　102
북감리교 한국선교연회　82

북경신학교　488
북관12종도　200
북로군정서(北路軍政署)　273
북룡교회　198
북만노회　192
북미주기독학자회의　470, 513, 514
북부교회　166
북조선공산당　377, 385
북조선기독교각교파연합신도대회　406
북조선기독교도연맹　360, 374, 380, 392, 396
북조선노동당　378
북조선민주당열성자대회　387
북조선민주여성동맹　377
북조선민주주의민족통일전선　378
북조선불교도연맹　434
북조선불교도총연맹　434
북조선불교연합회　434
북조선불교총무원　434
북조선인민위원회　376, 381, 400, 401, 404~406, 412, 416
북조선임시인민위원회　377, 384, 394, 399, 402
북청교회　368
북하단동교회　267
북한선교위원회　490
브라운(A. J. Brown)　214
브레(L. E. A. Bret)　94, 200
브레헤르(T. Breher)　200, 201
블랙(D. M. Black)　109, 194, 319
블레어(W. N. Blair)　62, 69, 289, 358, 359, 375, 418
비거(J. D. Bigger)　313
비숍(I. B. Bishop)　35
비현본당　75
빈튼(C. C. Vinton)　97, 304
빌렘(Wilhelm)　132, 133, 156
빌리 그레이엄　499
빌헬름(J. Wilhelm)　37
〈빛〉　370

ㅅ

사리원교회 149, 153, 366
사립학교규칙 216, 217, 225
사립학교령 209
사병순(史秉淳) 76
사이토(齋藤實) 224, 226, 256
사천교회 258
사천대한독립청년회(沙川大韓獨立靑年會) 255
사회민주당 485
사회주의헌법 439, 440, 441
산수정교회 366
산정현교회 267, 281, 338, 355, 361, 392
삼공(三共)양말 337
삼국전도회 194
삼단동맹회 272
삼대혁명역량강화론 428
삼숭학교 365
삼약회(三約會) 170
상거동교회 144
상동교회 110, 241, 246
상동병원 305
상동예배당 109
상동청년학원 241
상동청년회 245
상무동사(商務同事) 249
상산리교회 153
상수리성결교회 90
상청계리교회 370
상평리교회 153
새문안교회 279
샌들(A. Sandell) 105
샤록스(A. M. Sharrocks) 69, 307, 314
샤펜버그(Mimi Scharffenberg) 310
샤프(Charles Edwin Sharp) 137
샬트르 성 바오로 수녀회 75, 88
서(徐, Josephus Sweeney)신부 88
서경(西京)고무공업사 338
서경상공주식회사 338
서경조(徐景祚) 37, 51, 132, 279
서명원(Roy E. Shearer) 133, 140, 141, 276, 347
서문밖교회 394, 415, 420, 421
서부교회 291, 413
서북청년단 422
서북청년회 413
서북학회 207
서상돈(徐相燉) 253
서상륜(徐相崙) 48, 51, 95, 132
서상용(徐相庸) 272
서영복 197
서재철(徐載喆) 87
서재필 239, 278, 328
서포수녀원 400
석옥린 413
석이리교회 370
선교리교회 363
선돌교회 72
선돌사숙 86
선우혁(鮮于爀) 243, 257
선우형 258
선우훈 213, 387
《선지자의 왕》 370
선천성경학원 326
선천읍교회당 263
선천읍 남예배당 76
선천의성회(宣川義成會) 253
선천회관 264, 334
《선택과 실천》 488
섬유공업설치제한령 339
섭가지본당 75
성리교회 119
성모(聖母)여학교 75
성주(聖主)교회 89, 90, 91, 123
성화신학교 364, 390, 416
성화여학교 364
세계개혁교회연맹 497, 498
세계교회협의회 442, 477
세계기독교여자절제회 263

세계기독교평화회의 449, 497
세계평화이사회 433
《세기와 더불어》 473
세브란스병원 311, 313
세브란스연합의학전문학교 311, 313, 338
셔우드(Rosetta Sherwood) 304
소래교회 101, 131, 135, 144, 157
소래 신앙공동체 52
손상렬 199
손정도(孫貞道) 195, 473
손진실(孫眞實) 255
손창윤(孫昌潤) 263, 337
손필환(孫弼煥) 119
손홍조(孫興祚) 72
솔타우(T. S. Soltau) 192
송기득 515
송도고등보통학교 173, 325, 330
송도고보전도단 173
송도심상소학교 172
송도중고등학교 173
송도중학교 172
송도학교 327
송병준 247
송상석 264
송용환 368, 369
송은범(宋殷範) 144
송인서(宋麟瑞) 144
송정근 361~364, 390~392, 401, 416
송정신(宋正信) 145
송죽결사대 328
송죽회(松竹會) 254
송창근 235, 265
송천교회 37, 38
송태용(宋台用) 87, 90
송현근 258
쇼(W. E. Shaw) 151
수양동맹회 265
수양동우회 265
수양동우회 사건 338, 351
순명학교 369

순안교회 370
순안병원 86, 310
순인병원 335
숭덕고등보통학교 258
숭덕학교 258, 259, 338, 391, 401
숭실대학 322
숭실전문학교 230, 258, 330, 338, 359
숭실중학교 331, 332
숭실학교 231, 232, 242, 254, 258, 322, 326, 327, 330, 473
숭실학당 128
숭의여학교 231, 232, 254, 258, 323, 328, 330, 332, 338
숭의전문학교 332
숭인상업학교 323, 330, 338
숭현여학교 258
스눅(V. L. Snook) 232, 332
스미스(Esther Smith) 109
스미스(R. K. Smith) 320
스미스(W. R. Smith) 73, 310
스왈른(W. L. Swallen) 61, 62, 96, 141, 290, 296
스칼라피노 386
스코트(W. Scott) 115, 116, 283, 421
스코틀랜드성서공회 41~43, 47, 49
스코틀랜드자유교회선교부 192
스코틀랜드장로교회 191
스크랜톤(Wm. B. Scranton) 97, 303, 304
스크랜톤 부인 321
스탤리(T. F. Staley) 174, 324
스톡스(M. B. Stokes) 117, 294
스티븐스(D. W. Stevens) 207, 214, 245, 246
스피어(Speer) 37, 67
시베리아노회 192
시병원(施病院) 304
시조사 368
신간회 225, 261, 265, 380, 386
신광현(愼光顯) 197
신기초 191

신리교회　363
신명균　119, 199
신미양요(辛未洋擾)　47
신민회(新民會)　211, 240~244, 248, 249, 257
신빠벨　193
신사라(申士羅)　323
신사참배 거부운동　80, 266
신상완(申尙玩)　181
신석구　363, 390
신성규(申聖奎)　180
신성학교　79, 256, 323, 330
신암교회　356
《신앙생활의 걸음》　487
신양리교회　364, 396, 420
신원교회　146, 152, 153
신원식(申元湜)　198
신의균　115
신의주감리교회　85
신의주교회　86, 87
신의주본당　75
신의주 사건　389
신의주서부교회　87, 366
신의주제이교회　418
신의주제일교회　418
신의주치안유지위원회　384
신익희　395
신일평　391
신자찾기사업　486, 488
신종교정책　467, 468, 474, 477
신창감리교회　259
신창리교회　109, 110, 111
신창희　313
신천교회　141, 296, 366, 370
신탁통치　388, 393, 394, 400
신태정(申泰鼎)　45, 46
신풍(新豊)야소학교　270
신필균　115
신한청년단　257, 413
신해혁명　271

신혁균　199
신현교회　390, 391
신현구(申鉉久)　180, 181
신환포교안　158
신환포교회　144
신흥학교　114
심명섭　420
쓰다센(津田仙)　52
쓰유게쓰초교회(露月町敎會)　52

ㅇ

아관파천　38
아시아기독교평화회의　449
아시아종교인평화회의　497
아이비(W. C. Ivey)　175
아이비기념병원　175, 176, 308
아펜젤러(H. G. Appenzeller)　53, 54, 71, 132, 303, 320
안길화　371, 372
안대벽　372
안동교회　279
안명근　210, 211
안병무　515
안봉진　387
안석용　259
안성찬　199
안세환(安世桓)　257
안순영(安順永)　193
안승원(安承源)　191
안승주　115
안식일학교　370
안신호　416, 473
안악교회　141, 296
안악국채보상탈환회(脫環會)　253
안악 사건　210, 215
안악읍교회　296
안이숙(安利淑)　266
안정석(安貞錫)　254, 255
안준(安濬)　323

안중근　210, 246, 247
안지선　118
안창모　198
안창호(安昌浩)　239~241, 244, 247, 248, 325, 416, 473
안태건　158
안태국　211, 248
안형주(安衡柱)　87, 90
알렌(H. N. Allen)　303
암브로시아　374
암스트롱(A. L. Armstrong)　194
'애국교회'　450, 489, 500
애국단강원도단　180
애린원　264, 334
애오개진료소　305
앤더슨(A. G. Anderson)　313
앤더슨(E. B. Anderson)　315
앤더슨(E. W. Anderson)　183, 186
앤더슨(M. E. Anderson)　113
앨런(Allan)　105
야마시타(山下篤志)　208
야소(耶蘇)학교　270
야스카와(安川亭)　52
야스타케(安武直夫)　231, 331, 332
양기섭(梁基涉)　88
양기탁(梁起鐸)　211, 240, 241, 253
양무정자교회　193, 222
양산학교　211
양시교회　87
양실학교　242
양전백(梁甸白)　69, 80, 141, 214, 257, 296, 323
양주삼(梁柱三)　117, 196
양준명(梁濬明)　243, 244
양학리교회　153
어윈(Cordelia Erwin)　183, 186
언더우드(H. G. Underwood)　38, 52~54, 103, 132, 145, 154, 155, 303, 304, 320
언더우드학당　321
엄영선　513

엄진섭　487
에디스 마가렛 어린이병동　307, 334
에비슨(O. R. Avison)　100, 103, 304, 307, 313
엘라 씽 기념선교회　99
엘러즈(Annie J. Ellers)　304
엠블링(Hugh Embling)　152
엡윗회　365
여권문제 필화사건　281, 284
여자기독교금주동맹회　186
연변교민회(延邊僑民會)　194, 271
연안교회　366
연안읍교회　147
연통제　255
연합기업소　441
연합병원　313
연합종교회건백서　224
열패교회　288
염국렬　449, 496
염봉남　231
영(L. L. Young)　104, 105, 109, 110, 112, 113, 283
영구노회　192
영생남학교　323
영생여학교　105, 323, 327
영생학교　230, 327, 330, 331
영신(永信)양말　337, 338
영실학교　323
영원한 도움의 성모수녀회　88, 374, 400
영유본당　75
〈예수〉　125
예수교서회　262
예수교장로회 재건교회　360
예수교학교　322
예수교회　89, 90, 123, 124, 125, 284
《예수성교본》　49
《예수성교 누가복음젼셔》　49
《예수성교문답》　49
《예수성교성셔 누가복음 데자힝격》　49
《예수성교성셔 말코복음》　49

《예수셩교셩셔 맛더복음》 49
《예수셩교셩셔 요안너복음》 49
《예수셩교요령》 49
《예수셩교 요안너복음 이비쇼셔신》 49
《예수셩교 요안너복음젼셔》 49
《예수셩교견셔》 49
《예언의 신》 370
오계식(吳癸植) 87
오관석 513
오긍선(吳兢善) 265
오기선 197
오대규(吳大奎) 274
오도연합노회 356, 415
오도행정국 377
오동리교회 153
오리정(五里亭)교회 185
오문근 110
오봉래 334
오산고등보통학교 325, 330
오산학교 266, 325, 327, 338, 386, 413
오신도(吳信道) 255
오영진 386, 387, 391
오운리교회 153
오윤선 262, 384
오천영 231
오형석 334
오화영 149, 262
옥관빈 211
옥정교회 114
옹성나자교회 198
와그너(E. Wagner) 174, 324
와다세(渡瀬常吉) 92, 208, 217, 218
와룡동교회 193
와츠(R. S. Watts) 369
와타나베(渡邊暢) 214
왓슨(A. W. Wasson) 173
왕수용 119
외국인기업법 465
요촌교회 414
요한 바오로 2세 490

요한학교 362
용암동교회 87
용암포자치위원회 384
용정교회 110, 198, 222
용천군자치위원회 384
용흥사숙 86
우경천 390
《우리 철학사》 443
우연준 246
우인철 197
우태호(禹泰浩) 120, 121
우호익 264
울바노대학 490
워너(Warner) 151
원산구세병원 308, 313~315, 318, 335
원산농과대학 483
원산병원 118
원산부흥운동 105, 294
원산상리교회 98
원산신학산(元山神學山) 90
원산연합구세병원 315
원산연합기독병원 308
원산제일교회 421
원산중앙교회 361, 362
원산학교 324
원용리교회 153
원장교회 258, 259
월곡동교회 355
《월남망국사》(越南亡國史) 270
웰즈(J. Hunter Wells) 307, 313
웹스터(J. Webster) 33, 49
위병언 115
윌리암슨(Alexander Willamson) 39, 41~44, 47
윌리엄케리대학 502
《유년필독》(幼年必讀) 270
유동열(柳東說) 240, 244, 248
유명화(劉明花) 90, 124, 301
유문환(柳文煥) 109
유신회 사건 215

유억겸 231, 265
유여대 259
유은현 72
유일선(柳一宣) 92
유정율 37
유종학 362
유찬희 194
유철수(劉轍洙) 117
유패룡 200
유형기 197
6·10만세운동 330
윤광선 366
윤기복 475, 499
윤리인 362
윤석구 44
윤성근 413
윤성운(尹聖運) 337
윤원삼(尹愿三) 257
윤재명(尹在明) 337
윤창덕 364
윤치호(尹致昊) 97, 162, 173, 174, 211, 239, 278, 325
윤하영 388, 389
윤학영 199
은율읍교회 145
은진중학교 194, 324
'을사조약' 35, 205~207
의란구교회 222
의명학교 86, 231, 232, 310
의법청년회(懿法靑年會) 255
의용단(義勇團) 274
의주교회 366
의주동교회 394
의주본당 75
의주서부교회당 259
의주 신앙공동체 51
의화단의 난 104
이갑(李甲) 240, 248
이건(李鍵) 86
이건순 263

이건혁(李建赫) 162, 163
이계백 496
이계실(李桂實) 115, 361
이광록 355, 360
이광태 195
이권찬 264
이근영 390
이기범(李基範) 245
이기선(李基善) 267, 355, 361
이기풍 279
이덕환(李德煥) 257, 263, 337
이도선 200
이동녕(李東寧) 240, 241
이동춘 271
이동호 488, 490
이동휘(李東輝) 194, 240, 248
이두섭(李斗涉) 109, 110, 111
이두성 364
이만규 420
이만화 목사 사건 424
이벽 36
이병두(李丙斗) 263, 338
이병섭 364
이병준(李炳準) 180
이북5도연합노회 349, 356, 434
이삼열 509
이상근 145
이상재(李商在) 214, 239, 265
이상촌 건설운동 266
이성봉(李聖鳳) 86, 366, 509
이성휘 416
이수정 52~54
이순기 116
이순남 435
이승길 146, 211
이승만(대통령) 357, 393, 420
이승만(목사) 419, 453, 472, 499, 502
이승혁 159
이승훈(李昇薰) 36, 211, 243, 244, 250, 257, 258, 262, 265, 266, 325, 336, 337

이시영(李始榮) 245
이양자(裡楊子)장로교회 191
이여식 368
이영빈 453
이영순 362
이영언(李永彦) 276, 322
이영태 435
이영학(李英學) 264, 334
이영희 514
이완용(李完用) 247, 371, 372
이용구 247
이용도(李龍道) 89, 90, 124, 125, 288, 300 ~302
이용석(李用錫) 263, 337, 338
이용정 197
이용혁(李龍赫) 243
이용화 244
이원근(李元根) 198
이원긍 214
이원민(李元敏) 139
이유신(李維信) 90
이유택 357, 390, 391
이유필 384, 388
이윤영(李允榮) 259, 363, 384, 386, 387
이윤용 199
이응찬(李應贊) 48
이응현(李應賢) 193
이인식 231, 357
이일영 259
이재면 364
이재명(李在明) 247, 248
이재홍(李載弘) 338
이정근 478
이정식 386
이종근 119, 121, 372, 373
이종덕(李鐘德) 100, 118, 199
이종현 384, 386, 387
이주연 384
이진구 361, 362
이진순(李鎭淳) 337

이찬영 145
이창석(李昌錫) 264, 334
이창수 115, 409
이창순 509
이창직(李昌稙) 96
이창현 199
이천영 366
이춘섭(李春燮) 336, 338
이충신 119
이치복 158
이토 히로부미(伊藤博文) 206, 208, 246, 247
이풍운 424
이풍익 42
이피득 362~364, 390, 392, 397
이학면(李學勉) 89
이학봉 231, 392, 416
이항선 71
이혁 368
이현서(李賢瑞) 144
이현익(李玄益) 45
이호빈(李浩彬) 124, 125, 197, 386, 387
이호조 113
이홍주 195
이화선 453
이화춘(李化春) 193, 197
이화학당 321
이홍수 114
인간띠잇기대회 508
인광식 366
인민정치위원회 384, 393
인삼진료소 175
인텔리개조운동 427
일본기독교조선감리교단 118, 235
일본기독교조선교단 235
일본기독교조선장로교단 117, 235
일본기독교협의회 483
일본기독교회 91
일본메소디스트교회 91, 123
일본조합교회 91, 123, 208, 217

일본중앙선교연회　208
일신학교　242, 247
임군석　191
임기반(林基磐)　72
임기주　413
임동선　479
임두화(林斗華)　84
임병의　368, 369
임성원　368~370, 405, 407
임성해　368
임수경　476
임이걸　259
임종순　288
임진창　513
임치정　211, 248
입석리교회　369
잉거슨(V. F. Ingerson)　320

ㅈ

자력갱생노선　426
자유교회　89
자혜병원　177
장·감전도구역위원회　196
장기천　509
장대현교회　77, 78, 91, 107, 139, 280, 286, 289, 295, 356, 357, 390, 391, 394, 395, 400
장두익　109
〈장로교인〉(Presbyterian)　101
장매리교회　370
장병욱　397
장성칠　413
장애경(張愛敬)　330
장연교안　158
장예학　109
장원봉　389
장은평교회　222
장응진　244
장익　488, 490, 491

장인환(張仁煥)　245, 246
장재철　487, 489, 491
장정온　374
장종식(張宗湜)　185
장죽섭　197
장충성당　478, 485, 487~491, 499, 501
장현도　191
장홍리교회　413
재건교회　360
재령병원　310
재령읍교회　145, 276, 323
재미국민회　255
재일대한기독교회　483
재일미국성서공회　53
《장원량우상론》　280
전가혁　368~370
전계은(全啓殷)　96, 104, 107, 109, 110, 285, 287
전국신도대회　368
전국유교연맹　434
전덕기(全德基)　240, 241, 328
전명운(全明雲)　245, 246
전봉준(全琫準)　37
전영택　363, 387
전용기　71
전재선　359
전재풍(田在豊)　337
전준삼　390
전치규　119, 121
전홍준　401
전훈석(全燻錫)　109
절제운동　263
정공빈　132
정기정(鄭基定)　69, 76
정낙영　191
정남수(鄭南水)　90, 288
《정도계명》(正道戒命)　47
정동심　199, 368
정연택　513
정예환　368, 369

정의여고보 330
정의여학교 323, 327
정이헌(鄭利憲) 144
정익성(鄭益成) 231, 332
정인과 231
정인숙(鄭寅淑) 337, 386
정일선 259
정재덕(鄭在德) 196
정재면 193
정주교회 69
정지강(鄭志强) 264, 334
정찬유 145
정창공업사 338
정춘수(鄭春洙) 98, 107, 285, 287, 361, 363
정춘용 365
정현백 514
제너럴 셔먼호 39, 42, 45, 46
제너럴 셔먼호 사건 42, 47
제니 럽(Jennie B. Robb) 104
제동병원 309, 315, 319
제성성당 151
제임스 앤드류스 499
제중병원 313
제중원 97, 103, 304, 320
제창(濟昌)병원 194, 195, 271, 316, 319
제혜병원 105, 309, 315, 318, 335
조광동 471, 476
조국광복회 380
조국통일민주주의전선 403
조국통일을 위한 북과 해외동포 기독자와의 대화 452, 501
조국통일해외기독자회 451, 453, 454
조국평화통일위원회 433, 468, 475, 479, 499, 514
조기준 262
조기함 366
조기호 362
조능봉 46
조동진 483, 502

조만식 263~265, 325, 328, 338, 384~387, 391~394, 405, 416
조병길 158
조병식 94
조봉환 413
조선공업조합령 339
조선교육령 215
조선국민회(朝鮮國民會) 254, 255
조선기독교도연맹 362, 434
조선기독교여자절제회 264
조선기독교연합회 117, 375
조선기독교절제회 264
조선기독교회 92, 123, 146, 152, 153, 197
《조선기독교회소사》 153
조선노동당 403, 449, 452, 457
조선독립기성회(朝鮮獨立期成會) 272
《조선말대사전》 474
조선물산장려운동 262
조선물산장려회 262
〈조선민보〉 385
조선민주당 363, 377, 385~388, 391, 393~395, 400, 405, 407, 409, 413, 414, 416, 422, 433, 436, 449, 457, 481, 485, 495, 496
조선민주주의인민공화국 381
조선불교도연맹 448
조선불교도연맹중앙위원회 434
조선사회민주당 449, 451, 495, 496
조선신궁진좌제 331
조선신민당 377, 378
조선신학교 진정서 사건 281
조선여자기독교절제회연합회 263
조선연합회 368
조선예수교연합공의회 113
조선예수교장로회총회 415, 434
조선외국인투자법 465
조선전도론 208
《조선전사》 443
조선종교인협회 480, 494
조선주일학교연합회 264

찾아보기 677

조선중앙위생회　316
조선천도교 중앙지도위원회　448
조선천주교인협회　481, 485~491, 493, 494,
　　497, 513, 516
《조선철학사》　443
《조선통사》　443
조선학생국민회　328
조선학생대회　330
조선학생회　330
조선회중교회　91, 92
조순천　358, 414, 416
조승익　358, 359, 395
조양천교회　198
조연창　392
조영순　71
조영신　111
조옥현　191
조용봉　371
조종대(趙鍾大)　181
조중서　395
조택수　397
조한수　71
조합교회　119, 214, 218
조희렴　397
존스턴(Howard Agnew Johnston)　286
존 스톤　175
종관진교회　372
종교교회　148
종교단체법　351
종교단체법요강　234
종교단체법초안　234
종성교회　370
종치기 노인의 생애　441
종휘이더[宗懷德]　488, 501
《죠선예수교회 이젹명증》　299
주겸조　71
주공삼(朱孔三)　76, 139
주기용　386
주기원　261
주기철(朱基徹)　267, 300, 355

주민등록사업　428
주상도　191
주석제도　445
주세페 베르텔로 몬시뇰　490
주일선거문제　382
주일학교연합회　359
주체사상　438, 440, 442, 443, 457~459,
　　464, 467~472, 491
주한명　198
주현측[朱賢則]　264, 334
중국내지선교회　42
중앙가정의숙　365
중앙회관　172
증산리교회　119
지산은　191
지석용　259
지형순　392, 401
직업동맹　377
진곡리교회　153
진남포본당　75
진명학교　86
진성여자보통학교　115, 230, 331
진흥섭　174
진흥운동(Forward Movement)　112

ㅊ

차련관교회　360
차병규　259
차병수(車炳修)　245
차성근　487, 489, 490
차을경(車乙慶)　96, 104
차이석　244
차재명　231
차종학(車宗學)　144
차학연(車學淵)　89, 323
창광산교회　363
창동(彰東)학교　270
창동(昌東)학교　270
창동교회　172, 394

창매리교회 409
창석리교회 153
창성교회 259
창신(昌信)양로원 264, 334
창앞[倉前]예배당 106
창앞교회 109
창전동교회 336
채관리교회 363
채수일 515
채정민 267, 355
채필근(蔡弼近) 110, 264
천도교북조선종무원 434
천도교중앙지도위원회 434
천도교 청우당 351, 377, 405, 407, 433, 434, 449
《천로역정》 96, 280
《천주교를 알자》 487
천주교정의구현전국사제단 455, 516
천주교회 200
철원교회 366
철원농업학교 180
철원애국단 180
철원읍교회 183
철원지방실업장려회 187
청년전도회(靑年傳道會) 255
청년학우회(靑年學友會) 242, 243
청년회(靑年會) 274
청진교회 366, 368
청진성경학교 122
청호(淸湖)학교 270
총독부의원 312
최관흘(崔寬屹) 110, 192
최광옥 244
최규봉(崔奎鳳) 338
최규여 200
최능진 384
최덕지 355, 360
최루도비꼬(Ludovicus Le Gendre) 75
최린(崔麟) 94
최명식 210, 211

최명오 132
최문식 420
최병헌 214, 278
최봉기 193
최봉석(崔奉錫) 274
최봉성 191
최봉환(崔鳳煥) 251
최석모(崔錫模) 198
최석주(崔錫柱) 124
최석호 145
최선훈 368
최성균 48
최성모 148
최성업 119, 199, 372, 373
최성훈 369
최수걸 397
최순영 409
최승현 308
최시형(崔時亨) 37
최영식 198
최용건 386, 387, 393, 395, 400
최용삼 267
최유문(崔有文) 337
최웅선 199
최익세 200
최익찬 387
최인모 314
최일형 193
최장룡 475, 502
최장집 515
최재명(崔在明) 180
최재청(崔在淸) 180
최재학(崔在學) 245
최제우(崔濟愚) 37, 159
최종신 158, 159
최종엽(崔宗燁) 144
최중진(崔重珍) 89
최진동(崔振東) 273
최진환 252
최창주 413

최태현 199
최택 420
최학봉 252
최학성 252
최학신의 일가 441
최향준(崔享俊) 338
최헌 372
최홍종(崔興宗) 192, 193
출옥성도(出獄聖徒) 354~359, 396
츄(N. D. Chew) 148
치쿠지교회(築地敎會) 52
칠골교회 478, 483, 499, 516

ㅋ

카스트로 497
《카톨릭기도서》 487, 488
캐나다교회협의회 499, 500
캐나다연합교회 112, 113, 283
캐넌(G. Kennan) 207, 214
캐롤(Arrea Caroll) 98, 166, 167, 324
캐롤(E. Carrol) 174
캐스(G. L. Cass) 194
캔들러(W. A. Candler) 173, 325
커(William C. Kerr) 152
커틀러(M. M. Cutler) 263
케네디(J. S. Kennedy) 310
케네디병원[桂禮知病院] 310
켄트(E. W. Kent) 310
코르프(C. J. Corfe) 73
코리아기독교평신도세계협의회 513
콜리어(C. T. Collyer) 103, 162, 163, 164, 173, 182
콥(Alice Cobb) 98
쿠퍼(Ceril Cooper) 152, 294, 371
쿡(W. T. Cook) 192
쿤스(E. W. Koons) 137, 139, 209
크램(W. G. Cram) 173, 174, 196
클린턴 499
키스홀름(Wm. H. Chisholm) 314, 318

ㅌ

탈룰라 324
탑촌리교회 153
태극서관 248
태화기독교사회관 334
토마스(Robert J. Thomas) 37, 39, 41~46, 132
토성보교회 194
통일봉화단 413
통일전선정책 441
통천읍교회 300
트롤로프(M. N. Trollope) 73, 151, 152
틴링(C. I. Tinling) 263
팁톤(S. P. Tipton) 314

ㅍ

파동교회 370
파리외방전교회 94, 122, 200
펜윅(M. C. Fenwick) 99, 100, 118~120, 199
평남건국준비위원회 376, 384
평남인민정치위원회 376, 384, 385
평북6노회 교역자 퇴수회 355, 356
평북노회 191
〈평북민보〉 385
평북자치위원회 384, 388
평북전도회 191
평서노회 414
평양고무공업주식회사 338
평양고아원 264, 334
평양공업학교 337
평양교구 가톨릭운동 연맹 88
평양교구 평신자 대회 88
평양교회 80, 290
평양기도단 89, 91
평양기독교신학교 416
평양기독교청년회 265
평양기독교친목회 80

평양맹인학교 264
평양상슈구밧신학교 139
평양서문밖교회 359
평양성 도당회 354
평양신학교 76, 91, 113, 226, 281, 358, 390, 391, 395, 415, 416, 445, 454, 461
평양신학원 445, 459, 482
평양여자고등성경학교 363, 364
평양여자성경학원 326
평양여자신학교 358
평양여학교 334
평양연합기독병원 313, 335
평양요한학교 363, 364
평양장로교신학교 141, 264, 296, 326
평양중앙교회 361, 362
〈평화신문〉 489
평화옹호민족위원회 433
포교규칙 216
포교 성베네딕도수녀회 374
포사이드(W. H. Forsythe) 294
포하교회 198
폴웰(E. D. Follwell) 306, 309, 313
폴크(G. C. Foulk) 320
푸트(W. R. Foote) 102, 103, 109, 110, 282, 283, 308
프란슨(F. Franson) 106
프레스톤(Preston) 45
프레이저(E. J. O. Fraser) 116, 194, 283
프록터(S. J. Proctor) 109, 113
프에블로호 430
플레쳐(A. G. Flecher) 312
피그스(Piggs) 74
피어선성경학교 197
피어슨(A. T. Pearson) 99
피현교회 87
필드(F. W. Field) 72

ㅎ

하느님의교회 87, 89, 90
하디(R. A. Hardie) 97, 98, 100, 106, 167, 175, 181, 285, 294, 307, 308
하보(S. B. Harbough) 167
하세가와(長谷川好道) 217, 224
하우저(E. Branche Hauser) 315
하워드(Meta Howard) 304, 305
하이디(K. W. Hidy) 314, 318
하춘택 147
하트(R. Hart) 43
한가자 193
한경신 198
한경직(韓景職) 330, 349, 388, 389
한국기독교교회협의회 491
한국보(韓國輔) 197
한국선교연회 117
한국순회전도단 99
한국신학연구소 515
한국의료선교사회 317
《한국의 종교적 각성》 291, 292
《한국의 평화와 통일》 499
한국장로교선교사연합공의회 103
한근조 384, 387
한덕교 416
한독당 392, 393, 413
한동규 197, 435
한득룡(韓得龍) 69, 109
한미수호조약 47
한민회(韓民會) 255
한병직(韓秉職) 109
한복현 115
한봉관 119
한삼순(韓三順) 337
한상동 355, 361
한상몽 115
한석진(韓錫晋) 61~65, 76, 239, 279, 280
한선주(韓善周) 144
한성옥 362
한순직 211
한승호 364
한시해 499

한양교회 217
한양신학교 90
한영서원(韓英書院) 173, 324
한영신(韓永信) 255
한윤몽 115
한의문 401
한인철 513
한재덕 384
한준명(韓俊明) 125, 301
한치국(韓致國) 198
한치상 115
한치순(韓致淳) 144, 158, 159, 276
한치진(韓稚振) 177
한태영 199
함명사숙 86
함북노회 193
함북성경학원 114
함석헌 384
함흥구국투쟁위원회사건 116
함흥성경학교 122
함흥헌병대 사건 116
함흥화학대학 483
해리스(M. C. Harris) 207, 208, 214
해서교안(海西教案) 37, 133, 155, 157
해주 결핵요양원 306
해주 구세병원 148, 149, 151, 310, 314, 318, 335
해주 구세요양원 264
해주읍교회 147, 149
허드슨 테일러 42
허선로(許善老) 274
허염 266
허종호 443
허천기 392
헌트(B. F. Hunt) 267
헌트(Wm. B. Hunt) 137, 145, 290, 323
헤론(J. W. Heron) 95, 99, 304
헨더슨(L. P. Henderson) 192
혁신교단 85
《현대조선말사전》 474

《현대조선역사》 443
현성원 197
현토성서(懸吐聖書) 53
협성동사(協成同事) 249
협성여자신학교 175
협성회(協成會) 239, 328
형제정교회 146
호가드(Robert Hoggard) 45, 74, 177
호수돈고등여학교 172
호수돈여숙(好壽敦女塾) 174
호수돈여자고등보통학교 324
호수돈여자보통학교 324
호수돈여자심상소학교 172
호수돈여학교(好壽敦女學校) 174, 176, 324, 327, 330
호수돈지여숙(好壽敦之女塾) 324
호영백 195
호즈미(穗積八束) 215
호튼(Lilias S. Horton) 154, 304
혼다(本多庸一) 208
홀(R. S. Hall) 264
홀(S. Hall) 151, 318
홀(W. J. Hall) 63, 71, 72, 304, 306, 323, 334
홍기주 384
홍동근 395, 445, 453, 455, 475, 476, 483, 502
홍민규 395
홍범도(洪範圖) 273
홍병용 158, 159
홍성린 213, 244
홍성서 145
홍순국(洪淳國) 111, 193, 309
홍순목 44
홍용호(洪龍浩) 89, 373
홍종두 146
홍종선 115
홍종현 115
홍택기 356
홍혜범 191

화란선교회 40
화봉리교회 370
화이트(M. C. White) 106, 285, 294
화이팅(H. C. Whiting) 307, 310
화인리교회 370
〈활천〉 366
황덕영 159, 469, 471
황면규 174
황봉조 390
황봉찬 390
〈황사영백서〉 36
황성기독교청년회 206, 207, 215, 253
황에스더 254
황은균 391~394
황의돈(黃義敦) 270
황정모 71
황준식 109
황해도건준 384

《황해도향토지》 127, 128, 129, 130, 134
〈황해민보〉 385
황희수(黃熙秀) 180
회령교회 366
회령읍교회 111
훈융교회 370
훈춘남별리교회 222
훈춘 사건 274
훈춘한민회 273
휘트모어(N. C. Whittemore) 62, 69, 76, 103, 191, 323
흥사단 265
홍수리교회 370
흥업구락부 사건 351
희년기념전도회 359
희명학교 86
힌즈(F. Hinds) 166, 167

연구총서 5

북한교회사

초판 1쇄 인쇄 1996년 4월 30일
4쇄 발행 2021년 9월 10일

지은이 한국기독교역사연구소
       북한교회사집필위원회
펴낸이 김 승 태
펴낸곳 한국기독교역사연구소

서울 마포구 동교로 23길 118 열송재(悅松齋)(성산1동)
전화번호 02-2226-0850 ‖ 팩스 02-325-0849
www.ikch.org ‖ E-Mail: ikch0102@hanmail.net

등록 1991년 5월 27일 제313-2011-173호

ISBN 978-89-85628-05-1 93230 값 22,000원

* 파본은 구입하신 서점이나 연구소로
  연락주시면 교환해드리겠습니다